J. von Staudingers
Kommentar zum Bürgerlichen Gesetzbuch
mit Einführungsgesetz und Nebengesetzen
Buch 2 · Recht der Schuldverhältnisse
§§ 652–661a
(Maklervertrag und Auslobung)

Kommentatorinnen und Kommentatoren

Dr. Christoph Althammer
Professor an der Universität Regensburg

Dr. Georg Annuß, LL.M., M.A.
Rechtsanwalt in München, Außerplanmäßiger Professor an der Universität Regensburg

Dr. Christian Armbrüster
Professor an der Freien Universität Berlin, Richter am Kammergericht a. D.

Dr. Arnd Arnold
Professor an der Universität Trier, Dipl.-Volksw.

Dr. Karin Arnold
Wiss. Mitarbeiterin an der Universität Tübingen

Dr. Markus Artz
Professor an der Universität Bielefeld

Dr. Martin Avenarius
Professor an der Universität zu Köln

Dr. Ivo Bach
Professor an der Universität Göttingen

Dr. Christian Baldus
Professor an der Universität Heidelberg

Dr. Wolfgang Baumann
Rechtsanwalt und Notar a. D. in Wuppertal, Professor an der Bergischen Universität Wuppertal

Dr. Winfried Bausback
Professor a. D. an der Bergischen Universität Wuppertal, bayerischer Staatsminister der Justiz a. D., Mitglied des Bayerischen Landtags

Dr. Oliver Becker
Notarassessor Notarkammer Pfalz

Dr. Roland Michael Beckmann
Professor an der Universität des Saarlandes, Saarbrücken

Dr. Andreas Bergmann
Professor an der Fernuniversität in Hagen

Dr. Falk Bernau
Richter am Bundesgerichtshof, Karlsruhe

Dr. Felix Berner, M. Jur.
Akad. Rat a. Z., Privatdozent an der Universität Tübingen

Dr. Martin Bialluch, LL.M.
Rechtsanwalt in Hamburg

Dr. Stephanie Bialluch-von Allwörden
Notarin in Hamburg

Dr. Marcus Bieder
Professor an der Universität Osnabrück

Dr. Werner Bienwald †
Professor an der Evangelischen Fachhochschule Hannover, Rechtsanwalt in Oldenburg

Dr. Tom Billing
Rechtsanwalt in Berlin

Dr. Reinhard Bork
Professor (em.) an der Universität Hamburg

Dr. Jan Busche
Professor an der Universität Düsseldorf

Dr. Georg Caspers
Professor an der Universität Erlangen-Nürnberg

Dr. Dr. h. c. Tiziana Chiusi
Professorin an der Universität des Saarlandes, Saarbrücken

Dr. Michael Coester, LL.M.
Professor an der Universität München

Dr. Dr. h. c. Dagmar Coester-Waltjen, LL.M.
Professorin an der Universität Göttingen

Dr. Johanna Croon-Gestefeld, LL.M.
Professorin an der Universität Lüneburg

Dr. Thomas Diehn, LL.M.
Notar in Hamburg, Lehrbeauftragter an der Universität Hamburg

Dr. Katrin Dobler
Richterin am Oberlandesgericht Stuttgart

Dr. Heinrich Dörner
Professor an der Universität Münster

Dr. Werner Dürbeck
Vorsitzender Richter am Oberlandesgericht Frankfurt a. M., Honorarprofessor an der Universität Frankfurt a. M.

Dr. Anatol Dutta, M. Jur.
Professor an der Universität München

Dr. Christina Eberl-Borges
Professorin an der Universität Mainz

Dr. Dres. h. c. Werner F. Ebke, LL.M.
Professor an der Universität Heidelberg

Dr. Jan Eickelberg, LL.M. †
Professor an der Hochschule für Wirtschaft und Recht, Berlin

Jost Emmerich
Richter am Oberlandesgericht München

Dr. Volker Emmerich †
Professor an der Universität Bayreuth, Richter am Oberlandesgericht Nürnberg a. D.

Dr. Cornelia Feldmann
Rechtsanwältin in Freiburg i. Br.

Dr. Matthias Fervers
Professor an der Universität zu Kiel

Dr. Timo Fest, LL.M.
Professor an der Universität Erlangen-Nürnberg

Dr. Karl-Heinz Fezer
Professor em. an der Universität Konstanz, Honorarprofessor an der Universität Leipzig, Richter am Oberlandesgericht Stuttgart a. D.

Dr. Philipp S. Fischinger, LL.M.
Professor an der Universität Mannheim

Dr. Holger Fleischer
Direktor am Max-Planck-Institut für ausländisches und internationales Privatrecht in Hamburg, Professor an der Bucerius Law School, Hamburg

Dr. Robert Freitag, Maître en droit
Professor an der Universität Erlangen-Nürnberg

Dr. Jörg Fritzsche
Professor an der Universität Regensburg

Dr. Tobias Fröschle
Professor an der Universität Siegen

Dr. Susanne Lilian Gössl, LL.M.
Professorin an der Universität Bonn

Dr. Beate Gsell, Maître en droit
Professorin an der Universität München, Richterin am Oberlandesgericht München

Dr. Thomas Gutmann, M. A.
Professor an der Universität Münster

Dr. Martin Gutzeit
Professor an der Universität Gießen

Dr. Martin Häublein
Professor an der Universität Innsbruck

Dr. Johannes Hager
Professor an der Universität München

Dr. Felix Hartmann, LL.M.
Professor an der Freien Universität Berlin

Dr. Wolfgang Hau
Professor an der Universität München, Richter am Oberlandesgericht München a. D.

Dr. Rainer Hausmann
Professor an der Universität Konstanz

Dr. Stefan Heilmann
Vorsitzender Richter am Oberlandesgericht Frankfurt, Honorarprofessor an der Frankfurt University of Applied Sciences

Dr. Jan von Hein
Professor an der Universität Freiburg i. Br.

Dr. Jörn Heinemann
Notar a. D. in Neumarkt i.d. Opf., Professor an der Hochschule für Wirtschaft und Recht, Berlin

Dr. Christian Heinze
Professor an der Universität zu Köln

Dr. Stefan Heinze
Notar in Köln

Dr. Tobias Helms
Professor an der Universität Marburg

Dr. Silas Hengstberger, LL.B.
Wiss. Mitarbeiter an der Universität Mannheim

Dr. Dr. h. c. mult. Dieter Henrich
Professor an der Universität Regensburg

Dr. Carsten Herresthal, LL.M.
Professor an der Universität Regensburg

Christian Hertel, LL.M.
Notar in Weilheim i. OB.

Dr. Stephanie Herzog
Fachanwältin für Erbrecht in Würselen

Dr. Clemens Höpfner
Professor an der Universität zu Köln

Dr. Bernd von Hoffmann †
Professor an der Universität Trier

Dr. Rainer Hüttemann
Professor an der Universität Bonn

Dr. Martin Illmer, M. Jur.
Richter am Landgericht Hamburg, Privatdozent an der Bucerius Law School

Dr. Florian Jacoby
Professor an der Universität Bielefeld

Dr. Ulrich von Jeinsen
Rechtsanwalt und Notar in Hannover, Honorarprofessor an der Universität Hannover

Dr. Dagmar Kaiser †
Professorin an der Universität Mainz

Dr. Bernd Kannowski
Professor an der Universität Bayreuth

Dr. Christoph A. Kern, LL.M.
Professor an der Universität Heidelberg

Dr. Christian Kesseler
Notar in Düren, Honorarprofessor an der Universität Trier

Dr. Martin Kessen
Richter am Bundesgerichtshof, Honorarprofessor an der Universität zu Köln

Dr. Walter Klein
Rechtsanwalt in Köln

Dr. Fabian Klinck
Professor an der Universität Bochum

Dr. Frank Klinkhammer
Richter am Bundesgerichtshof a.D., Karlsruhe, Honorarprofessor an der Universität Marburg

Dr. Steffen Klumpp †
Professor an der Universität Erlangen-Nürnberg

Dr. Jürgen Kohler
Professor an der Universität Greifswald

Dr. Sebastian Kolbe
Professor an der Universität Bremen

Dr. Stefan Koos
Professor an der Universität der Bundeswehr München

Dr. Lena Kunz, LL.M.
Professorin an der Universität zu Kiel

Dr. Steffen Kurth, LL.M.
Rechtsanwalt, Fachanwalt für Erbrecht, Notar und Fachberater für Unternehmensnachfolge (DStV e.V.) in Bielefeld

Dr. Friederike Lang
Richterin am Oberlandesgericht Celle

Dr. Clemens Latzel
Privatdozent an der Universität München

Dr. Arnold Lehmann-Richter
Professor an der Hochschule für Wirtschaft und Recht Berlin

Dr. Saskia Lettmaier, B.A., LL.M.
Professorin an der Universität Hamburg, Richterin am Schleswig-Holsteinischen Oberlandesgericht in Schleswig

Stefan Leupertz
Richter a. D. am Bundesgerichtshof, Honorarprofessor an der TU Dortmund

Dr. Johannes Liebrecht
Professor an der Universität Zürich

Dr. Jan Lieder, LL.M.
Professor an der Universität Freiburg i. Br., Richter am Schleswig-Holsteinischen Oberlandesgericht

Dr. Dimitrios Linardatos
Professor an der Universität des Saarlandes, Saarbrücken

Dr. Martin Löhnig
Professor an der Universität Regensburg

Dr. Dirk Looschelders
Professor an der Universität Düsseldorf

Dr. Stephan Lorenz
Professor an der Universität München

Dr. Sigrid Lorz
Professorin an der Universität Greifswald

Dr. Katharina Lugani
Professorin an den Universitäten Düsseldorf und Linz

Dr. Tobias Lutzi, LL.M., M. Jur.
Professor an der Universität Augsburg

Dr. Gerald Mäsch
Professor an der Universität Münster, Richter am Oberlandesgericht Hamm a. D.

Dr. Robert Magnus
Professor an der Universität Bayreuth

Dr. Ulrich Magnus
Professor an der Universität Hamburg, Affiliate des MPI für ausländisches und internationales Privatrecht, Hamburg, Richter am Hanseatischen Oberlandesgericht zu Hamburg a. D.

Dr. Mark Makowsky
Professor an der Universität Mannheim

Dr. Peter Mankowski †
Professor an der Universität Hamburg

Dr. Dr. h. c. Heinz-Peter Mansel
Professor an der Universität zu Köln

Dr. Peter Marburger †
Professor an der Universität Trier

Dr. Wolfgang Marotzke
Professor an der Universität Tübingen

Dr. Sebastian A. E. Martens
Professor an der Universität Passau

Dr. Dr. Dr. h. c. mult. Michael Martinek, M.C.J.
Professor an der Universität des Saarlandes, Saarbrücken, Honorarprofessor an der Universität Johannesburg, Südafrika

Dr. Annemarie Matusche-Beckmann
Professorin an und Vizepräsidentin der Universität des Saarlandes, Saarbrücken, Stellv. Richterin am Verfassungsgerichtshof des Saarlandes

Dr. Felix Maultzsch, LL.M.
Professor an der Universität Frankfurt a. M.

Dr. Johannes Meier
Akad. Rat a. Z. an der Universität Marburg

Dr. Patrick Meier
Notar in Bischofsheim i.d. Rhön, Privatdozent an der Universität Würzburg

Dr. Dr. Detlef Merten
Professor an der Deutschen Universität für Verwaltungswissenschaften Speyer

Dr. Tanja Mešina
Staatsanwältin, Stuttgart

Dr. Rudolf Meyer-Pritzl †
Professor an der Universität zu Kiel, Richter am Schleswig-Holsteinischen Oberlandesgericht in Schleswig

Dr. Morten Mittelstädt
Notar in Hamburg

Dr. Oliver Moufang
Rechtsanwalt in Frankfurt a. M., Honorarprofessor an der Hochschule Wiesbaden

Dr. Peter O. Mülbert
Professor an der Universität Mainz

Dr. Hans-Heinrich Nöll
Rechtsanwalt in Hamburg

Dr. Jürgen Oechsler
Professor an der Universität Mainz

Dr. Hartmut Oetker
Professor an der Universität zu Kiel, Richter am Thüringer Oberlandesgericht in Jena a. D.

Wolfgang Olshausen
Notar a. D. in Rain am Lech

Dr. Dirk Olzen
Professor an der Universität Düsseldorf

Dr. Sebastian Omlor, LL.M., LL.M.
Professor an der Universität Marburg

Dr. Gerhard Otte
Professor an der Universität Bielefeld

Dr. Frank Peters †
Professor an der Universität Hamburg, Richter am Hanseatischen Oberlandesgericht zu Hamburg a. D.

Dr. Christian Picker
Professor an der Universität Tübingen

Dr. Andreas Piekenbrock
Professor an der Universität Heidelberg

Dr. Jörg Pirrung †
Richter am Gericht erster Instanz der Europäischen Gemeinschaften i. R., Honorarprofessor an der Universität Trier

Dr. Paul Popescu
Rechtsanwalt in Köln

Dr. Maximilian Freiherr von Proff zu Irnich
Notar in Köln

Dr. Lukas Rademacher M. Jur.
Professor an der Universität zu Kiel

Dr. Thomas Raff
Notar in Ludwigshafen

Dr. Manfred Rapp †
Notar a. D., Landsberg am Lech

Dr. Dr. h.c. Dipl. math. Thomas Rauscher
Professor a. D. an der Universität Leipzig, Professor h.c. an der Eötvös Loránd Universität Budapest

Dr. Peter Rawert, LL.M.
Notar in Hamburg, Honorarprofessor an der Universität zu Kiel

Dr. Wolfgang Reetz
Notar in Köln

Eckhard Rehme
Vorsitzender Richter am Oberlandesgericht Oldenburg i. R.

Dr. Moritz Renner
Professor an der Universität Mannheim

Dr. Tilman Repgen
Professor an der Universität Hamburg

Dr. Robin Repnow, M.A.
Akademischer Mitarbeiter an der Universität Heidelberg

Dr. Bettina Rentsch, LL.M.
Professorin an der Freien Universität Berlin

Dr. Philipp Reuß, M. Jur.
Professor an der Universität Göttingen

Dr. Christoph Reymann, LL.M. Eur.
Notar in Landsberg am Lech, Professor an der Privaten Universität Liechtenstein

Dr. Reinhard Richardi †
Professor an der Universität Regensburg, Präsident a. D. des Kirchlichen Arbeitsgerichtshofs der Deutschen Bischofskonferenz, Bonn

Dr. Volker Rieble
Professor an der Universität München, Direktor des Zentrums für Arbeitsbeziehungen und Arbeitsrecht

Dr. Daniel Rodi
Akad. Rat a. Z. an der Universität Heidelberg

Dr. Christian Rolfs
Professor an der Universität zu Köln

Dr. Dr. h. c. Herbert Roth
Professor an der Universität Regensburg

Dr. Ludwig Salgo
Apl. Professor an der Universität Frankfurt a. M.

Dr. Adam Sagan, M. Jur.
Professor an der Universität Bayreuth

Dr. Anne Sanders
Professorin an der Universität Bielefeld

Dr. Daniel Schäuble
Notar in Waldshut-Tiengen

Dr. Renate Schaub, LL.M.
Professorin an der Universität Bochum

Dr. Martin Josef Schermaier
Professor an der Universität Bonn

Dr. Gottfried Schiemann
Professor an der Universität Tübingen

Dr. Eberhard Schilken
Professor an der Universität Bonn

Dr. Martin Schmidt-Kessel
Professor an der Universität Bayreuth

Ulf Schönenberg-Wessel
Notar und Rechtsanwalt in Kiel

Dr. Günther Schotten
Notar a. D. in Köln, Honorarprofessor an der Universität Bielefeld

Dr. Andrea Schulz
Bundesministerium der Justiz und für Verbraucherschutz

Dr. Holger Schulz
Direktor des Amtsgerichts Meldorf

Dr. Roland Schwarze
Professor an der Universität Hannover

Dr. Andreas Schwennicke
Rechtsanwalt und Notar a. D. in Berlin

Dr. Stephan Seiwerth, LL.M.
Professor an der Universität Halle-Wittenberg

Dr. Stephan Serr
Notar in Ochsenfurt

Dr. Reinhard Singer
Professor an der Humboldt-Universität Berlin, Richter am Oberlandesgericht Rostock a. D.

Dr. Stephanie Sittmann-Haury, M.M.
Wiss. Mitarbeiterin an der Universität Mainz

Dr. Martin Soutier
Notar in Roth

Dr. Dr. h. c. Ulrich Spellenberg
Professor an der Universität Bayreuth

Dr. Ansgar Staudinger
Professor an der Universität Bielefeld

Dr. Björn Steinrötter
Professor an der Universität Potsdam

Dr. Malte Stieper
Professor an der Universität Halle-Wittenberg

Dr. Markus Stoffels
Professor an der Universität Heidelberg

Dr. Benedikt Strauß
Notar in Illertissen

Dr. Michael Stürner, M. Jur.
Professor an der Universität Konstanz, Richter am Oberlandesgericht Karlsruhe

Dr. Felipe Temming, LL.M.
Professor an der Universität Hannover

Burkhard Thiele
Präsident des Oberlandesgerichts Rostock a. D., Präsident des Landesverfassungsgerichts Mecklenburg-Vorpommern a. D.

Dr. Christoph Thole
Professor an der Universität zu Köln

Dr. Karsten Thorn
Professor an der Bucerius Law School, Hamburg

Dr. Gregor Thüsing, LL.M.
Professor an der Universität Bonn

Dr. Madeleine Tolani, LL.M.
Professorin an der Hochschule Wismar

Dr. Johannes Ungerer, LL.M. oec.
Senior Research Lecturer in Law an der University of Oxford, Global Associate Professor of Law an der University of Notre Dame (USA) in England

Dr. Barbara Veit
Professorin an der Universität Göttingen

Dr. Bea Verschraegen, LL.M., M.E.M.
Professorin an der Universität Wien, adjunct professor an der Universität Macao

Dr. Klaus Vieweg
Professor an der Universität Erlangen-Nürnberg

Dr. A. Olrik Vogel
Rechtsanwalt in München

Dr. Markus Voltz
Notar in Offenburg

Dr. Reinhard Voppel
Rechtsanwalt in Köln

Dr. Rolf Wagner
Professor an der Universität Potsdam, Ministerialrat im Bundesjustizministerium

Dr. Christoph Andreas Weber
Privatdozent an der Universität München

Gerd Weinreich
Vorsitzender Richter am Oberlandesgericht Oldenburg a. D., Rechtsanwalt in Oldenburg

Dr. Matthias Wendland, LL.M.
Professor an der Universität Oldenburg

Dr. Domenik H. Wendt, LL.M.
Professor an der Frankfurt University of Applied Sciences

Dr. Olaf Werner
Professor an der Universität Jena, Richter am Thüringer Oberlandesgericht Jena a. D.

Dr. Denise Wiedemann, LL.M.
Professorin an der Universität zu Kiel

Dr. Daniel Wiegand, LL.M.
Rechtsanwalt in München

Dr. Wolfgang Wiegand †
Professor an der Universität Bern

Dr. Peter Winkler von Mohrenfels †
Professor an der Universität Rostock, Richter am Oberlandesgericht Rostock a. D.

Dr. Felix Wobst
Notar in Gerolzhofen

Dr. Luitpold Graf Wolffskeel von Reichenberg, LL.M.
Notar in Bamberg

Dr. Hans Wolfsteiner †
Notar a. D., Rechtsanwalt in München

Dr. Anton S. Zimmermann, B.Sc.
Professor an der Universität Heidelberg

Dagmar Zorn
Dipl.-Rechtspflegerin, Großbeeren

Redaktorinnen und Redaktoren

Dr. Christian Baldus

Dr. Christine Budzikiewicz

Dr. Dr. h. c. mult. Christian von Bar, FBA

Dr. Tobias Fröschle

Dr. Hans Christoph Grigoleit

Dr. Johannes Hager

Dr. Rafael Harnos

Dr. Dr. h. c. mult. Dieter Henrich

Dr. Carsten Herresthal, LL.M.

Sebastian Herrler

Dr. Jürgen Kohler

Stefan Leupertz

Dr. Dr. h. c. Manfred Löwisch

Dr. Robert Magnus

Dr. Heinz-Peter Mansel

Dr. Peter O. Mülbert

Dr. Gerhard Otte

Dr. Thomas Raff

Dr. Volker Rieble

Dr. Christian Rolfs

Dr. Markus Stoffels

Dr. Barbara Veit

J. von Staudingers Kommentar zum Bürgerlichen Gesetzbuch mit Einführungsgesetz und Nebengesetzen

Buch 2
Recht der Schuldverhältnisse
§§ **652–661a**
(Maklervertrag und Auslobung)

Neubearbeitung 2026
von
Arnd Arnold
Andreas Bergmann
Carsten Herresthal

ottoschmidt – De Gruyter · Berlin

Die Kommentatorinnen und Kommentatoren

Neubearbeitung 2026
Vorbem zu §§ 652–656d; §§ 652–655; § 656;
§§ 656a–656d: ARND ARNOLD
§§ 655a–655e: CARSTEN HERRESTHAL
§§ 657–661a: ANDREAS BERGMANN

Neubearbeitung 2020/2021
Vorbem zu §§ 652ff; §§ 652–655; § 656;
§§ 656a–656d: ARND ARNOLD
§§ 655a–655e: CARSTEN HERRESTHAL
§§ 657–661a: ANDREAS BERGMANN

Neubearbeitung 2016
§§ 652–655, 656: ARND ARNOLD
§§ 655a–655e: CARSTEN HERRESTHAL
§§ 657–661a: ANDREAS BERGMANN

Neubearbeitung 2010
§§ 652–655; 656: DIETER REUTER
§§ 655a–655e: SIBYLLE KESSAL-WULFV

Neubearbeitung 2006:
§§ 657–661a: ANDREAS BERGMANN

Sachregister

Dr. ANDREAS PICHLMEIER, Regensburg

Zitierweise

STAUDINGER/ARNOLD (2026) Vorbem 1 zu §§ 652–656d
STAUDINGER/HERRESTHAL (2026) § 655a Rn 1

Zitiert wird nach Paragraph bzw Artikel und Randnummer.

Hinweise

Der **Staudinger ist auf juris und Otto Schmidt online** abrufbar.
Nähere Angaben dazu finden Sie auf www.staudinger-bgb.de.

Der **Stand der Bearbeitung** ist März 2026.

Am Ende eines jeden Bandes befindet sich eine Übersicht über den aktuellen Stand des Gesamtwerks STAUDINGER.

Die Deutsche Nationalbibliothek verzeichnet diese Publikation in der Deutschen Nationalbibliografie; detaillierte bibliografische Daten sind im Internet über http://dnb.dnb.de abrufbar.

ISBN 978-3-8059-0005-8

Satz: jürgen ullrich typosatz, Nördlingen.

Druck und Bindearbeiten: CPI books GmbH, Leck.

Umschlaggestaltung: Bib Wies, München.

♾ Gedruckt auf säurefreiem Papier, das die DIN ISO 9706 über Haltbarkeit erfüllt.

Fragen zur allgemeinen Produktsicherheit: productsafety@degruyterbrill.com

Inhaltsübersicht

Seite*

* Zitiert wird nicht nach Seiten, sondern nach Paragraph bzw Artikel und Randnummer; siehe dazu auch „Zitierweise“.

Titel 10
Maklervertrag

Vorbemerkungen zu §§ 652–656d

Schrifttum

ALTHAMMER, Ersatz vergeblicher Maklerkosten nach der Schuldrechtsreform, NZM 2003, 129
ders, Die Maklerklausel im notariellen Grundstückskaufvertrag (2004)
ders, Die Bedeutung von Maklerklauseln in notariellen Grundstückskaufverträgen, ZfIR 2012, 765
ALTMEPPEN, Provisionsansprüche bei Vertragsauflösung (1987)
ANTOGNAZZA, Voraussetzungen der Mäklerprovision (Diss Zürich 1965)
BECKER, Grundsatzregelungen des neuen Maklerrechts, ZRP 1978, 284
BEGEMANN, Die Beziehung zwischen Maklertätigkeit und Abschluss des Hauptvertrages nach § 652 I 1 BGB (1988)
BETHGE, Zur wirtschaftlichen Identität und stillschweigenden Verlängerung beim Maklervertrag, ZMR 2000, 104
ders, Maklerklauseln in notariellen Kaufverträgen, NZM 2002, 193
ders, Wird der Makler zum Anlagevermittler?, ZfIR 2001, 177
ders, Provisions- und Beratungsprobleme bei der Immobilienvermittlung durch Banken, ZfIR 1998, 325
ders, Vereinbarungen zur Freistellung von Maklerprovisionen, NZM 2000, 122
BENEDICT, Die rechtliche Einordnung des Anlagevermittlers, AcP 204 (2004) 697
BENÖHR, Anm zum Urt des LG Frankfurt v 17. 4. 1973 – 2/16 S 6/73, NJW 1973, 1976
BEUTHIEN, Pauschalierter Schadensersatz und Vertragsstrafe, in: FS Karl Larenz (1973) 495
BONNET, Staatliche Regelungen für Immobilienmakler (1973)
BRANDT, Kommt das neue Maklerrecht?, ZRP 1978, 157
ders, Das Recht des Immobilienmaklers (11. Aufl 2003)
BREIHOLDT, Gesetz zur Regelung der Wohnungsvermittlung, MDR 1972, 918
dies, Wer ist Verwalter im Sinne von § 2 II Nr 3 WoVermG?, NJW 1988, 398
dies, Rechtsprobleme bei Gemeinschaftsgeschäften unter Maklern, BB 1993, 600
dies, Rechtsprobleme bei der Zusammenarbeit mehrerer Makler, MDR 1986, 549
dies, Zur üblichen Höhe von Innenprovisionen, ZMR 2007, 93
BURGHART, Die Treuepflicht des Grundstücksmaklers, AcP Bd 140 (1935) 81
DAMKE, Die Auswirkung von Vertragsmängeln im vom Immobilienmakler vermittelten Hauptvertrag auf seinen Provisionsanspruch im deutschen und österreichischen Recht (1999)
DEHNER, Das Maklerrecht – Leitfaden für die Praxis (2001)
ders, Das Verflechtungsproblem im Maklerrecht, NJW 1993, 2225
ders, Die Entwicklung des Maklerrechts seit 1989, NJW 1991, 3254
ders, Die Entwicklung des Maklerrechts seit 1992, NJW 1993, 3236
ders, Die Entwicklung des Maklerrechts seit 1994, NJW 1997, 18
ders, Die Entwicklung des Maklerrechts seit 1997, NJW 2000, 1986
ders, Zum Provisionsanspruch des Nachweismaklers, BB 1999, 1021
DIEBOLD, Voraussetzungen des Provisionsanspruchs (1987)
DÖDERLEIN, Die „andere Vertragsbereitschaft“, ZMR 2006, 656
ders, Maklerprovision bei Wegfall der Verkaufsabsicht, ZMR 2010, 930

Doll, Zur Frage der Aktivierung von Maklergebühren bei Anmietung von Geschäftsräumen, DB 1979, 614
Drasdo, Die „Maklerklausel" im Grundstückskaufvertrag, NJW-Spezial 2021, 289
ders, Maklers Reservierungsvereinbarung – Das „gefahrgeneigte" Geschäft, NJW-Spezial 2024, 225
Dyckerhoff, Das Recht des Immobilienmaklers (9. Aufl 1986)
Dyckerhoff/Brandt, Das Recht des Immobilienmaklers (10. Aufl 1993)
Eggert, Die Maklerprovision bei Hauptvertragsstörungen und Pflichtverletzungen (2006)
Ellger, Bereicherung durch Eingriff (2002)
Fischer, Fehler- und lückenhafte Maklerprovisionsabreden in der Praxis, NZM 2002, 480
ders, Nachweis- und Vermittlungsleistung im Lichte der maklerrechtlichen Rechtsprechung, NJW 2007, 183
ders, Rechtsfolgen für den Makler bei unberechtigter Wohnungsvermittlung, NZM 2005, 731
ders, Die Entwicklung des Maklerrechts seit 2003, NJW 2007, 3107
ders, Die Entwicklung des Maklerrechts seit 2007, NJW 2009, 3210
ders, Die Entwicklung des Maklerrechts seit 2009, NJW 2011, 3277
ders, Die Entwicklung des Maklerrechts seit 2011, NJW 2012, 3283
ders, Die Entwicklung des Maklerrechts seit 2012, NJW 2013, 3410
ders, Die Entwicklung des Maklerrechts seit 2013, NJW 2014, 3281
ders, Die Entwicklung des Maklerrechts seit 2014, NJW 2015, 3278
ders, Die Entwicklung des Maklerrechts seit 2015, NJW 2016, 3281
ders, Die Entwicklung des Maklerrechts im zweiten Halbjahr 2016, NJW 2017, 1219
ders, Die Entwicklung des Maklerrechts im ersten Halbjahr 2017, NJW 2017, 3278
ders, Die Entwicklung des Maklerrechts im zweiten Halbjahr 2017, NJW 2018, 1145
ders, Die Entwicklung des Maklerrechts im ersten Halbjahr 2018, NJW 2018, 3287
ders, Die Entwicklung des Maklerrechts im zweiten Halbjahr 2018, NJW 2019, 1182
ders, Die Entwicklung des Maklerrechts im ersten Halbjahr 2019, NJW 2019, 3277
ders, Die Entwicklung des Maklerrechts im zweiten Halbjahr 2019, NJW 2020, 1268
ders, Die Entwicklung des Maklerrechts im ersten Halbjahr 2020, NJW 2020, 3289
ders, Die Entwicklung des Maklerrechts im zweiten Halbjahr 2020, NJW 2021, 1202
ders, Die Entwicklung des Maklerrechts im ersten Halbjahr 2021, NJW 2021, 3294
ders, Die Entwicklung des Maklerrechts im zweiten Halbjahr 2021, NJW 2022, 1212
ders, Die Entwicklung des Maklerrechts im ersten Halbjahr 2022, NJW 2022, 3265
ders, Die Entwicklung des Maklerrechts im zweiten Halbjahr 2022, NJW 2023, 1178
ders, Die Entwicklung des Maklerrechts im ersten Halbjahr 2023, NJW 2023, 3270
ders, Die Entwicklung des Maklerrechts im zweiten Halbjahr 2023, NJW 2024, 1173
ders, Die Entwicklung des Maklerrechts im ersten Halbjahr 2024, NJW 2024, 3270
ders, Die Entwicklung des Maklerrechts im zweiten Halbjahr 2024, NJW 2025, 1174
ders, Die Entwicklung des Maklerrechts im ersten Halbjahr 2025, NJW 2025, 3270
ders, Familienrechtliche Fragestellungen im Maklerrecht, NZM 2014, 449
ders, Der makelnde Rechtsanwalt, NJW 2016, 3220
ders, Die wirtschaftliche Betrachtungsweise im Immobilienmaklerrecht, NZM 2016, 117
ders, Das Bestellerprinzip im Maklerrecht, WuM 2016, 391
ders, Das Kausalitätserfordernis im Maklerrecht, WM 2020, 1757
ders, Unbefugte Weitergabe von Maklernachweisen und deren Sanktion, NJW 2023, 2521
ders, Maklerrecht (8. Aufl 2025)
Fuchs, Das Recht des Zivilmaklers und seine Fortbildung in der höchstrichterlichen Rechtsprechung (1975)
vGerkan, Nochmals: Maklerklauseln in notariellen Grundstückskaufverträgen, NJW 1983, 859
Gerold, Zweifelsfragen zu § 93 RAGebO, MDR 1954, 23
Gilles, Zur aktuellen Zivilrechtsproblematik gewerbsmäßiger Ehevermittlung, JZ 1972, 377

ders, Verbraucherpolitische Vertragsrechtsreformen im Bürgerlichen Gesetzbuch, ZRP 1979, 265
Glaser, Die Tätigkeit des Maklers für beide Parteien (Doppeltätigkeit), MDR 1971, 271
ders, Tod des Auftraggebers eines Maklers, DB 1965, 697
ders, Abwälzen der Maklerprovision auf den Vertragspartner des Auftraggebers, MDR 1970, 385
Glaser/Warncke, Das Maklerrecht in der Praxis (7. Aufl 1982)
vGriessenbeck, Zur Anwendbarkeit des § 98 HGB auf Emissionsgehilfen beim Vertrieb von Anteilen einer Publikums-KG, BB 1988, 2188
Gross, Der Vertrieb von Maklerdienstleistungen im Franchise-Verfahren (1994)
Grziwotz, Grundstückskaufverträge – Aufnahme und Gestaltung von Maklerklauseln, MDR 2004, 61
Hamm, Maklerrecht (8. Aufl 2023)
Hartl, Der Maklervertrag des BGB – noch zeitgemäß? (2001)
Harz, Zahlungsanspruch des Maklers gegen den Interessenten bei fehlendem und unwirksamem Maklervertrag, 2004
Hecker/Götze, Die Allgemeinen Geschäftsbedingungen der Immobilienmakler (2. Aufl 1972)
Hees, Die vertragstypologische Bestimmung des Vorkaufsfalls und die Wirkungen einzelner Vereinbarungen und Störungen des Drittvortrages für das Vorkaufsverhältnis (1991)
Helmholz, Die private Arbeitsvermittlung im Berufssport. Dargestellt am Beispiel der Spielervermittlung im Bereich des Profifußballs (2005)
Hesse, Der handelsrechtliche Provisionsanspruch des Zivilmaklers, NJW 2002, 1835
Hitzelberger, Nochmals: Maklerklauseln in notariellen Grundstückskaufverträgen, NJW 1982, 2854
Hinz, Die Haftung des Maklers Schuldhafte Falschangaben – über die Geltung der Mietpreisbremse, MDR 2025, 1505
vHoyningen-Huene, Maklerprovisionsanspruch bei Vermittlung einer Wohnung des Ehegatten, BB 1974, 258
Hubertus, Der verbraucherschützende Widerruf im Immobilienmaklerrecht unter Berücksichtigung der Frage nach einer notwendigen Neuausrichtung von Erfolgsprinzip und Maklervertragsdognmatik (2024)
Hülsmann, Verweisungs- oder Hinzuziehungsklauseln – ein Maklerrisiko, WuM 2005, 753
Ibold, Maklerrecht (2003)
Jacusiel, Anmerkung zu RG vom 11. 10. 1929, JW 1930, 1498
Jansen, Die Nebenpflichten im Maklerrecht (1999)
Joerges, Verbraucherschutz als Rechtsproblem (1981)
Joussen, Die Maklerprovision des WEG-Verwalters, NZM 2004, 761
Jung, Das neue Maklervertragsrecht, ZIP 1984, 901
Kanzleiter, Die Bedeutung der Verordnung zur Durchführung des § 34c der Gewerbeordnung für die notarielle Praxis, DNotZ 1974, 542
Karle, Die Honorarberatung durch den Versicherungsmakler, VersR 2000, 425
ders, Zum Maklerwechsel und zu den Folgen für die Courtageansprüche, VersR 2001, 825
Keim, Maklerprovision bei arglistbedingter Wandelung des Hauptvertrags, NJW 2001, 3168
Kempen, Der Provisionsanspruch der Zivilmakler bei fehlerhaftem Hauptvertrag (1984)
Klenner, Das Bestellerprinzip bei der Wohnraumvermittlung auf dem Prüfstand, ZRP 2013, 98
Knieper, Der Maklervertrag im System des BGB, NJW 1970, 1293
Knütel, Zur Bedeutung der Kenntnis des Auftraggebers von der Maklertätigkeit für den Provisionsanspruch, ZHR Bd 135 (1971) 528
ders, Die Provisionsteilung bei Mitwirkung mehrerer Makler oder Handelsvertreter, ZHR Bd 144 (1980) 289
R Koch, Der Provisionsanspruch des Immobilienmaklers (2005)
Kohler, Die Ersatzansprüche des Grundstücksmaklers bei nichtigen Kaufverträgen, NJW 1957, 327
Krause, Studien zum Recht des Grundstücksmaklers, in: FS Erich Molitor (1962) 383
Krehl, Die Pflichtverletzungen des Maklers (1989)
Krueger-Doyé, Der Alleinauftrag im Maklerrecht (1977)

Kubisch, Anmerkung zum Urteil des OLG Köln v 5. 7. 1968 – 9 U 81/68, NJW 1969, 53
Lange/Werneburg, Makler und Verbraucher im Internet, NJW 2015, 193
Langemaack, Änderung der Maklerprovision durch schlüssiges Verhalten, NZM 1999, 1129
ders, Maklerprovision für WEG-Verwalter – Selbständiges Versprechen, NZM 2003, 466
Lau, Bemerkungen zum Wohnungsvermittlungsgesetz, ZMR 1974, 65
Lauer, Die Unterbrechung des Kausalzusammenhangs im Maklerrecht, MDR 1986, 809
Lechner, Der Immobilienmakler in den Fängen des Europarechts, NZM 2013, 751
Leisau, Die Rechtsbeziehungen zwischen Auftraggeber und Makler im Maklervertrag (1967)
Lieb, Bauherrenmodell: Anspruch des Vertriebsunternehmens auf Maklerprovision bei gesellschaftsrechtlicher Verflechtung mit dem Treuhänder?, DB 1981, 2415
ders, Wende in der Verflechtungsrechtsprechung – Anmerkungen zu den Entscheidungen des OLG Köln vom 18. 3. 1982, WM 1982, 782
Lierow, Der Provisionsanspruch des Grundstücksmaklers bei Nichtzustandekommen oder Fehlschlagen des Hauptvertrages im deutschen und englischen Recht (1979)
Löden, Atypische Maklerverträge im Grundstücksverkehr – insbesondere der Maklerdienstvertrag, unter Berücksichtigung der Allgemeinen Geschäftsbedingungen der Grundstücksmakler (1966)
Löwe, Entwicklungstendenzen im Maklerrecht, ZRP 1971, 221
Lüke, Der Informationsanspruch im Zivilrecht, JuS 1986, 2
Lutter, Zur Haftung des Emissionsgehilfen im grauen Kapitalmarkt, in: FS Johannes Bärmann (1975) 605
Marcks, Die Verordnung zur Durchführung des § 34c der Gewerbeordnung, DNotZ 1974, 524
Marschner, Die neuen Regelungen zur privaten Arbeitsvermittlung, DB 1994, 1774
Martinek, Franchising (1987)
ders, Der Maklervertrag als wucherähnliches Rechtsgeschäft?, JZ 1994, 1048
Martinek/Bergmann, Künstler-Repräsentanten – Agenten und Manager als Handelsvertreter: Konkurrenzvertretung und Interessenwahrnehmung als Grundlagenprobleme des Handelsvertreterrechts, WRP 2006, 1047
Meier, Der Provisionsanspruch des Maklers bei anfänglichem Leistungshindernis des Hauptvertrages, ZMR 2015, 100
Michalski, Die erfolgsunabhängige Maklerprovision, NZM 1998, 209
Micklitz, Maklerrecht im Binnenmarkt, EWS 1995, 296
Möller, Wesen und Arten der Vermittlerverträge, in: FS Leo Raape (1948) 341
Moraht, Anwendbarkeit des Fernabsatzgesetzes auf Immobiliennachweis- und -vermittlungsverträge?, NZM 2001, 883
dies, Die Entwicklung des Maklerrechts im Jahr 2011, DWW 2012, 203
dies, Die Entwicklung des Maklerrechts in 2010, DWW 2011, 162
Mormann, Die Rechtsprechung des Bundesgerichtshofs zum Maklerrecht des BGB, WM 1968, 954; 1971, 1066; 1975, 70
Müller-Eising, Keine Maklerprovision mehr für WEG-Verwalter?, MDR 1991, 818
Neises, Konsequenzen für Immobilienmakler aus dem Fernabsatzgesetz?, NZM 2000, 889
Ostermeyer/Schuster, Maklerrecht (1996)
Pauly, Zur Frage der treuwidrigen Vereitelung des Hauptvertrages beim Maklervertrag, JR 1998, 353
ders, Gemeinschaftsgeschäfte unter Maklern, NZM 2006, 161
Pikart, Mäklervertrag und Kommissionsgeschäft in der neueren höchstrichterlichen Rechtsprechung, WM 1956, 110
Rebmann, Regelung der Wohnungsvermittlung, DB 1972, 125
Reichel, Die Mäklerprovision (1913)
Reuter, Das Maklerrecht als Sonderrecht der Maklertätigkeit, NJW 1990, 1321
ders, Zur Maklerprovision bei einer Maklerklausel in einem Grundstückskaufvertrag bei möglicher Verflechtung, JZ 1998, 952
ders, Grenzen der Vertragsfreiheit im Maklerrecht, in: FS Picker (2010) 653
Rieble, Maklerprovision für Personalvermittler – Ihre Begrenzung durch die ArbeitsvermittlerVO und ihre Ermäßigung nach § 655 BGB, DB 1994, 1776
Roth, Maklerprovisionsvereinbarungen und

Maklerklauseln in Grundstückskaufverträgen, ZfIR 2014, 85
Rozijn, Der Unternehmensmaklervertrag (2001)
Rust, Der Alleinauftrag des Immobilienmaklers, MDR 1957, 205
ders, Der Maklerlohn bei unvollkommenem Hauptvertrag, MDR 1959, 449
Schäfer, Die Gefahr mehrfacher Provisionszahlung beim Erwerb eines maklergebundenen Objekts, MDR 1988, 534
ders, Der Maklervertrag – ein ungeeigneter Vertragstyp, NJW 1989, 209
ders, Schadensersatzansprüche des Maklers – auch auf entgangene Provision bei vertragswidrigem Verhalten des Auftraggebers, BB 1990, 2275
Scheibe, Der Provisionsanspruch des Maklers bei Vertragsschluss durch einen mit dem Auftraggeber nicht identischen Dritten, BB 1988, 849
P C Schmidt, Der Provisionsanspruch des Zivilmaklers bei Störungen des Hauptvertrages (1995)
Schmidt-Salzer, Probleme des Maklerrechts, DB 1969, 1091, 1137
ders, Der Vertragsabschluss im Maklerrecht, MDR 1969, 182
Schneevogl, Kausalität und Zurechnung im englischen und deutschen Maklerrecht (2001)
Schöpf, Recht und Praxis der modernen Heiratsvermittlung (1962)
F J Scholz, Kreditvermittler in der Rechtsprechung, MDR 1977, 887
Schubert (Hrsg), Die Vorlagen der Redaktoren für die erste Kommission zur Ausarbeitung des Entwurfs eines Bürgerlichen Gesetzbuchs, Recht der Schuldverhältnisse, Teil 2, BT (1980)
Schulz, Die Rechtsprechung zum Maklerrecht im Jahr 2000 (Teil I), ZMR 2002, 11
Schwarn, Das Mäklerrecht, Entscheidungen und Gutachten zu §§ 652–654 BGB von 1900–1951 (1952)
Schwarz, Das Ende der „Gleichstellungsklausel“ in Makler-AGB – Ein Pyrrhussieg des Verbraucherschutzes?, NJW 1993, 306
Schwerdtner, Neue höchstrichterliche Rechtsprechung zum Maklerrecht, JZ 1983, 777
ders, Erfolg und Arbeitserfolg, NJW 1989, 2987
ders, Anmerkung zum Urteil des BGH v 4. 7. 1990 – IV ZR 174/89, JZ 1991, 310
ders, Die wirtschaftliche Gleichwertigkeit des Hauptvertrages und Abweichungen von den Preisvorstellungen der Vertragspartner im Maklervertragsrecht, in: FS Kramer (2005) 703
ders, Aushandeln einer erfolgsunabhängigen Maklerprovision NJW 1990, 369
Seydel, Maklerrecht (1988)
Siegers, Anmerkung zum Urteil des OLG Köln v 5. 7. 1968 – 9 U 81/68, NJW 1968, 2011
Simanek, Pflichtenkollisionen bei Doppelmaklertätigkeit zum Abschluss von Grundstückskaufverträgen (2005)
Tempel, Maklerrecht, in: Vertragsschuldverhältnisse (ohne Kaufrecht) (1974) 368
Theobald, Zum Provisionsanspruch des Maklers beim Rücktritt vom Hauptvertrag, JZ 1997, 1120
Thode, Die Rechtsprechung des Bundesgerichtshofes zum Maklerrecht des BGB, WM 1989 Sonderbeilage 6
Thomale, Der Maklervertrag als Hybrid der Vertragstypenlehre – Privatautonomie und gesetzliche Grenzen einer judikativen Ausgestaltung der §§ 652 ff BGB, JZ 2012, 716
Tiekötter, Zur Rechtsprechung des OLG Hamm zu Problemen aus dem Recht des Immobilienmaklers, in: FS Schwerdtner (2004) 485
Timmermann, Makler-Unabhängigkeit auf dem Prüfstein, BB 2025, 696
Tonner, Verbraucherschutz im Recht des Immobilienmaklers (1981)
ders, Zur Neuordnung des Maklerrechts im BGB, ZMR 1979, 1
ders, Die Reform des Maklervertragsrechts, BB 1984, 241
Ulmer, Teilunwirksamkeit von teilweise unangemessenen AGB-Klauseln?, NJW 1981, 2025
ders, Wirtschaftslenkung und Vertragserfüllung, AcP Bd 174 (1974) 167
Vollkommer, Das neue Maklerrecht – Ein Vorbild für die Überarbeitung des Schuldrechts?, in: FS Karl Larenz (1983) 663
ders, Zur Höhe der Maklerprovision, JZ 1985, 879
Voss, Grundlagen des Mäklervertrags (1960)
Waas, Risikoverteilung zwischen Auftraggeber und Makler beim fehlerhaftem Hauptvertrag, NZM 2001, 453

Waibel/Reichstädter, Maklerrecht im Überblick, JURA 2002, 649
Wank, Die Verflechtung des Maklers mit einer Vertragspartei, NJW 1979, 190
ders, Das neue Maklerrecht, DB 1979, 1877
Warncke, Der Begriff des Alleinauftrags in der Rechtsprechung, MDR 1961, 725
Wegener/Sailer, Der Makler und sein Auftraggeber (4. Aufl 1988)
Werner, Der Immobilienmakler in der Rechtsprechung, JURA 1970, 353
ders, Besprechung zu Peter Schwerdtner, Maklerrecht, AcP Bd 176 (1976) 267
ders, Wirksamkeit und Bedeutung der Vorkenntnisklausel in Maklerverträgen, NJW 1971, 1924
Wistokat, Verbraucherschutz im Immobilienmaklerrecht (2024)
ders, Maklerrechtliches „Dreierlei“: Dritterwerb, Verkäufermakler, neues Recht, NZM 2023, 112
ders, Typische Fallstricke im Maklergeschäft, NJW 2023, 3065
Wolf, Die Rechtsprechung des Bundesgerichtshofs zum Maklerrecht des BGB, WM 1978, 1282; 1981, 666; 1985, Sonderbeilage Nr 3
Würdinger, Allgemeine Rechtsgeschäftslehre und Unvollkommenheiten des Hauptvertrages im Immobilienmaklerrecht (2005)
ders, Maklerprovision bei anfänglicher Unmöglichkeit der Leistung des Hauptvertrages, ZMR 2005, 324
ders, Störung der Geschäftsgrundlage des Maklervertrags, ZMR 2006, 167
ders, Vorvertragliche Pflichtverletzung im Maklerprovisionsrecht, NZM 2009, 535
ders, Die drei Säulen des Maklerprovisionsrechts, JZ 2009, 349
ders, Keine Rosinentheorie im Maklerrecht! Zu den Fernwirkungen des Schuldrechtsmodernisierungsgesetzes auf den Provisionsanspruch des Maklers nach § 652 I BGB in den Fällen der Normenkonkurrenz, NZM 2010, 305
ders, Maklerrecht im Zeitalter der Europäisierung und Digitalisierung, NZM 2017, 545
Zaccaria, Zur Neuregelung des Maklerrechts in Italien, RIW 1995, 106
Zerres, Gemeinschaftsgeschäfte unter Immobilienmaklern, ZflmR 1999, 172
Zinnert, Zur Eigenhaftung des Mehrfachagenten, VersR 1999, 1343
ders, Das Recht des Versicherungsmaklers am Anfang des 21. Jahrhunderts, VersR 2000, 399
Zopfs, Das Maklerrecht in der neueren höchstrichterlichen Rechtsprechung (3. Aufl 1996)
ders, Maklerrecht (1. Aufl 2000).

Systematische Übersicht

Alphabetische Übersicht

I. Rechtsnatur und Wesen des Maklervertrages

1. Der gesetzliche Normalfall

a) Dogmatische Qualifikation

1 Der in der gesetzlichen Regelung der §§ 652 ff BGB angenommene Normalfall des Maklervertrages ist der **einseitig verpflichtende Maklervertrag** (Hamm Rn 38; MünchKommBGB/Althammer § 652 Rn 3; Mormann WM 1968, 954, 960). Insoweit bleiben die Handlungs- und Entschließungsfreiheit des Auftraggebers und des Maklers voll er-

halten. Der Maklervertrag berechtigt, **verpflichtet den Makler aber nicht**, zum Zweck des Nachweises bzw der Vermittlung einer Vertragsgelegenheit **tätig zu werden** (MünchKommBGB/Althammer § 652 Rn 3). Umgekehrt ist auch der **Auftraggeber nicht zum Abschluss des Hauptvertrages verpflichtet**, und zwar selbst dann nicht, wenn die vom Makler nachgewiesene oder vermittelte Abschlussmöglichkeit genau den Anforderungen des erteilten Auftrags entspricht (BGH NJW 1966, 1404, 1405; Erman/Fischer Vor § 652 Rn 18; Soergel/Engel § 652 Rn 130). Beim einseitig verpflichtenden Maklervertrag verpflichtet sich der Auftraggeber lediglich unter der aufschiebenden Bedingung, dass der von ihm gewünschte Vertrag infolge der Tätigkeit des Maklers zustande kommt, zu der Zahlung einer Vergütung (Hamm Rn 38; Mormann WM 1968, 954, 960). Den Makler treffen nur Nebenpflichten, insbesondere die Pflicht, bei Ausführung des Maklervertrags die Interessen des Auftraggebers zu wahren (vgl hierzu § 652 Rn 208 ff).

b) Wirtschaftliche Eigenart

2 In einem auffälligen Kontrast zur dogmatischen Qualifikation als eines einseitig verpflichtenden Vertrages steht die **wirtschaftliche Eigenart** des Maklervertrages. In wirtschaftlicher Sicht begründet der Maklervertrag nämlich ein **Austauschverhältnis**: Der Maklerlohn ist Entgelt zwar nicht für die Arbeitsleistung des Maklers, wohl aber für die gebotene und vom Auftraggeber genutzte Gelegenheit zum (Haupt-)Vertragsschluss. Die Gleichwertigkeit von Leistung und Gegenleistung ist tendenziell durch die **Entschließungsfreiheit des Auftraggebers** garantiert. Da erst die freie Entscheidung des Auftraggebers für die Inanspruchnahme der vom Makler gebotenen Vertragsgelegenheit den Maklerlohnanspruch auslöst, kommt der Makler im Prinzip nur dann zum Zuge, wenn „seine“ Vertragsgelegenheit im Verhältnis zu den konkurrierenden (= dem Auftraggeber ohne Makler zugänglichen oder von anderen Maklern zugänglich gemachten) Vertragsgelegenheiten trotz des Maklerlohns günstiger ist. Die Inanspruchnahme der vom Makler gebotenen Vertragsgelegenheit deutet deshalb auf einen Vorteil des Auftraggebers hin, der seinen Preis, den vereinbarten Maklerlohn, wert ist (übereinstimmend Martinek JZ 1994, 1048; Eggert 29 f; Simanek 25; Rozijn 244 f).

c) Unangemessenheit des Maklerlohns?

3 Die verbreiteten Vorbehalte gegen die **Angemessenheit des Maklerlohns** erweisen sich von daher als grundsätzlich ungerechtfertigt. Denn ganz überwiegend beruhen diese Vorbehalte darauf, dass man zu Unrecht den Maklerlohn am Aufwand des Maklers für den konkreten Nachweis bzw die konkrete Vermittlung der Vertragsgelegenheit misst, statt an den **Wert der Information bzw Unterstützung** für den Auftraggeber anzuknüpfen. Wenn ein Unternehmen technisches Know-how kauft, bezahlt es selbstverständlich nicht den Aufwand des Partners für den Erwerb dieses Know-how, sondern den Vorteil, den es daraus zieht. Das Gleiche sollte für das Verhältnis zwischen Auftraggeber und Makler anerkannt werden (zustimmend Simanek 25). Allerdings setzt diese Rechtfertigung des Maklerlohns voraus, dass ihre Prämisse – die Entscheidung des Auftraggebers für die vom Makler gebotene Vertragsgelegenheit als die trotz der Provisionspflichtigkeit im Vergleich mit den ihm ohnedem zugänglichen Vertragsgelegenheiten günstigere – nicht durch entsprechende Klauseln des Maklervertrags außer Kraft gesetzt wird. Wenn und soweit der Maklervertrag einen Provisionsanspruch unabhängig davon vorsieht, ob die Vertragsgelegenheit bereits bekannt gewesen ist oder nicht oder ob der Auftraggeber sie genutzt hat

oder nicht, schrumpft die Gegenleistung des Maklers auf eine je nach den Umständen des Einzelfalls mehr oder weniger bescheidene Dienstleistung zusammen. Und dann stellt sich in der Tat bei der typischen Höhe der Provision unabweisbar die Frage, ob Leistung und Gegenleistung noch in einem erträglichen Verhältnis stehen (vgl auch Martinek JZ 1994, 1048).

d) Der Maklervertrag als kaufähnlicher Vertrag

4 Die Einsicht, dass der Maklerlohn nicht die Arbeitsleistung des Maklers, sondern die gebotene und vom Auftraggeber genutzte Gelegenheit zum Vertragsschluss vergütet (Rn 2), begründet Vorbehalte gegen das herrschende Verständnis des Maklervertrags als **Geschäftsbesorgungsvertrag**. Zwar besorgt der Makler objektiv ein Geschäft des Auftraggebers, nimmt er diesem doch die Mühe der Suche nach einer seinen Wünschen entsprechenden Vertragsgelegenheit ab bzw unterstützt ihn bei der Überbrückung der Differenzen mit dem potenziellen Vertragspartner über den angemessenen Inhalt des Vertrags. Aber das ist nicht der Anknüpfungspunkt für die maklervertraglichen Rechte und Pflichten. Nach dem gesetzestypischen Maklervertrag soll die Geschäftsbesorgung – die Beschaffung der Vertragsgelegenheit – im Gegenteil ein **Geschäft des Maklers selbst sein** (zustimmend Rozijn 245; einschränkend MünchKommBGB/Althammer § 652 Rn 27: „solange es nicht zum Vertragsschluss kommt"). In der Sache enthält er nicht mehr als die Aufforderung des Auftraggebers, eine Vertragsgelegenheit zum Erwerb gegen ein prozentual bestimmtes Entgelt anzubieten. Erst mit der Annahme dieses Angebots durch Nutzung der Vertragsgelegenheit wird aus dem „geschäftlichen Kontakt" ein auf Leistung gerichtetes Schuldverhältnis. Wie in Staudinger/Reuter (2010) Vorbem 4 zu §§ 652 ff (siehe auch Reuter, in: FS Picker [2010] 653, 663 f) – zutreffend herausgearbeitet worden ist, gleicht der Maklervertrag also seiner Pflichtenstruktur nach sehr viel mehr einem **Kaufvertrag** (mit vorangehendem geschäftlichem Kontakt) als einem Geschäftsbesorgungsvertrag (zustimmend Simanek 23; Eggert 30; Jansen 2 ff; Harz 25; vorsichtig zustimmend Zopfs, Maklerrecht Rn 10 aE; krit MünchKommBGB/Althammer § 652 Rn 26; BeckOGK/Meier [1. 1. 2026] § 652 Rn 14 f, der stattdessen für eine werkvertragliche Einordnung plädiert; ablehnend Hesse NJW 2002, 1835, 1838; anders auch Benedict AcP 204 [2004] 697, 718: Maklervertrag als Verbindung von Elementen des Werkvertrags und der Auslobung).

5 Eine solche Feststellung hat durchaus nicht nur akademischen Wert, sondern handfeste praktische Konsequenzen. Sie schließt nämlich einmal die Forderung ein, dass die **Provisionszahlungspflicht strikt an der Qualität der verschafften und in Anspruch genommenen Vertragsgelegenheit zu orientieren** ist. Das Verhalten des Maklers kann lediglich insofern eine Rolle spielen, als die Vertragsgelegenheit Gegenstand seiner Nachweis- bzw Vermittlungstätigkeit sein muss (Erfordernis der vertragsadäquaten Kausalität der Maklertätigkeit für das Zustandekommen des Hauptvertrags, vgl § 652 Rn 123). Der BGH trägt dieser Forderung nur teilweise Rechnung. Zu ihr passt es zB, dass BGH NJW 1976, 2345, 2346 im Gegensatz zum OLG Hamburg (AIZ 1987 H 9 A 110 Bl 36) im Fall der Vorkenntnis des Auftraggebers von der Vertragsgelegenheit an das Schweigen gegenüber dem Makler nicht die Verwirkung des Vorkenntniseinwands knüpft, sondern im Gegenteil sogar eine dies anordnende AGB-Klausel als gemäß § 307 BGB unzulässige Abweichung vom gesetzlichen Leitbild des Maklervertrags verwirft. Da der Makler nicht für seine Arbeit entlohnt wird, kann man in der stillschweigenden Duldung weiterer Arbeit nicht, wie das OLG Hamburg annimmt, nach § 242 BGB einen Verzicht auf den Vorkenntniseinwand sehen. Allen-

falls kann der Makler aus Pflichtverletzung (§§ 280 Abs 1, 241 Abs 2 BGB) seinen durch die nutzlose Weiterarbeit entstandenen Schaden ersetzt verlangen (vgl § 652 Rn 204).

Dagegen bedient sich der BGH der Geschäftsbesorgungsperspektive, wenn er in ständiger Rechtsprechung analog § 654 BGB eine Verwirkung des Provisionsanspruchs in dem Fall bejaht, dass der Makler den Interessen des Auftraggebers „vorsätzlich, wenn nicht gar arglistig, zumindest aber in einer dem Vorsatz nahekommenden grob leichtfertigen Weise zuwiderhandelt, so dass er den Lohn nach allgemeinem Rechts- und Billigkeitsempfinden nicht verdient hat" (BGH NJW 1962, 734; BGH NJW 1981, 280; BGH NJW 1981, 2297). Wer den kaufähnlichen Charakter des Maklervertrags (Rn 4) im Auge behält, kann demgegenüber den Ausschluss des Provisionsanspruchs nur damit begründen, dass der tatsächliche Nutzen des Auftraggebers nicht dem im Maklervertrag vorausgesetzten entspricht. § 654 BGB besagt nichts anderes. Die Vorschrift erklärt sich zwanglos daraus, dass der Auftraggeber einen Doppelmakler im Ergebnis doppelt bezahlt: einmal aufgrund des eigenen Maklervertrags, zum anderen mittelbar deswegen, weil der Hauptvertragspartner die aufgrund Maklervertrags geschuldete Provision selbstverständlich mitrechnet, wenn er seine äußersten Vorstellungen über den Preis festlegt. Hat der Auftraggeber die Doppelmaklertätigkeit nicht oder nicht so gestattet, so ist der Nachweis bzw die Vermittlung eines bei Zustandekommen des Hauptvertrags ebenfalls provisionspflichtigen Interessenten nicht der Nachweis bzw die Vermittlung, für die die Provision versprochen worden ist. § 654 BGB lässt sich also schlüssig erklären als Spezialfall der fehlenden wirtschaftlichen Gleichwertigkeit des nachgewiesenen bzw vermittelten mit dem laut Maklervertrag angestrebten Hauptvertrag, die auch sonst den Provisionsanspruch sperrt (§ 652 Rn 77 ff; vgl auch § 654 Rn 1; zustimmend Eggert 53 f). 6

Mit dem hier bestrittenen Verständnis der Maklertätigkeit als Fremdgeschäftsführung hängt es auch zusammen, dass die wohl immer noch hM dem Makler mit Kaufmannseigenschaft im Falle des Zustandekommens des Hauptvertrags über § 354 HGB trotz Fehlens eines wirksamen Maklervertrags den Provisionsanspruch zuerkennt (vgl BeckOGK/Meier [1. 1. 2026] § 652 Rn 17 f; Grüneberg/Retzlaff § 652 Rn 10; Dehner NJW 2000, 1986, 1987; einschränkend Zopfs, Maklerrecht Rn 5 f), obwohl dadurch, wie auch eingeräumt wird (Hamm Rn 247 f; MünchKommBGB/Athammer § 652 Rn 92), die strengen Anforderungen an den Abschluss eines wirksamen Maklervertrags (vgl § 652 Rn 4 ff) leer laufen (vgl § 652 Rn 62 ff). Wer die Tätigkeit des Maklers wie die des Kaufmanns, der in der Hoffnung auf ein gutes Geschäft Gegenstände des Interesses von Kunden zu beschaffen versucht, als die Besorgung eines **eigenen** Geschäfts einstuft, kann § 354 HGB ohne weiteres ausschließen, weil ein Makler nicht „einem anderen" Geschäfte besorgt oder Dienste leistet (skeptisch auch MünchKommBGB/Althammer § 652 Rn 92). 7

Wenn man die Beschaffung der Vertragsgelegenheit nicht als Fremd-, sondern als Eigengeschäftsführung des Maklers einstuft, lässt sich schließlich die hM ohne weiteres rechtfertigen, dass der „Auftraggeber" dem (zukünftigen) Vertragspartner grundsätzlich nicht aus §§ 311 Abs 2, 278 BGB für falsche Angaben des Maklers haftet (BGH NJW 1995, 2550, 2551; Hamm Rn 472). Wer als Makler mit der Beschaffung einer Vertragsgelegenheit „beauftragt" ist, ist eben nicht – wie § 278 BGB voraussetzt – zum Handeln im fremden Rechtskreis bestellt. Vielmehr nimmt er, für den (zukünfti- 8 gen) Partner des Hauptvertrags erkennbar, eine eigene Angelegenheit wahr. Seine Vertrauenswerbung bezieht sich dementsprechend auf die eigene Person, nicht auf die Person des „Auftraggebers". Nur wenn ihm über das zur Beschaffung der Vertragsgelegenheit Notwendige hinaus Aufgaben übertragen sind (Führung der Vertragsverhandlungen für den Auftraggeber), gilt anderes (BGH NJW 1995, 2550, 2551; BGH NJW 1996, 451, 452; BGH NJW 2001, 2021, 2022; Bethge NZM 2002, 193, 198).

9 Die Vergleichbarkeit des Maklervertrags mit einem Kaufvertrag mit vorangehendem geschäftlichem Kontakt (Rn 4) verlangt zweitens eine dementsprechende Sicht der **Nebenpflichten** des Maklers. Wie sonst die Parteien eines geschäftlichen Kontakts treffen den Makler die Pflichten, die sich, wenn nicht aus speziellen Abreden, so doch aus spezieller Vertrauenswerbung gegenüber dem Auftraggeber ableiten lassen (vgl § 652 Rn 208 ff). Die hM leitet demgegenüber aus ihrem Verständnis des Maklervertrages als Geschäftsbesorgungsvertrag zwischen Makler und Auftraggeber ein **besonderes Treueverhältnis** ab, kraft dessen der Auftraggeber vom Makler im Zusammenhang mit dem geplanten Hauptvertrag eine umfassende Fürsorge erwarten kann (BGH NJW 1968, 150, 151; BGH NJW 1985, 2595; Mormann WM 1968, 954, 960). Dabei hat freilich namentlich die Rechtsprechung berücksichtigt, dass die Annahme einer Fürsorgepflicht, dh einer qualifizierten und intensiven Pflicht zum Tätigwerden zugunsten des Auftraggebers, jedenfalls für den normtypischen Maklervertrag in einem Spannungsverhältnis zum Fehlen einer Tätigkeitspflicht des Maklers steht. Folgerichtig hat der BGH entgegen den Implikationen der Fürsorgepflicht die Aufklärungspflichten des Maklers durchgängig auf die **ihm bekannten Umstände** beschränkt. Der Makler darf beim Nachweis bzw der Vermittlung einer Vertragsgelegenheit sein Wissen um für den Entschluss des Auftraggebers für oder gegen den Hauptvertrag relevante Umstände nicht unvollständig weitergeben (BGHZ 36, 323; BGH WM 1970, 1270; BGH WM 1973, 613, 614) und muss nicht selbst überprüfte Angaben als solche kennzeichnen (BGH NJW 1982, 1147). Aber er ist nicht verpflichtet, im Interesse des Auftraggebers Erkundigungen einzuziehen und Nachprüfungen anzustellen (BGHZ 36, 323, 328; BGH WM 1970, 1270, 1271). Die Beratungspflicht des Maklers ist ausschließlich gerechtfertigt als **„Gebrauchsanweisung" für die vermittelte Vertragsgelegenheit**. Der Makler hat die wirtschaftlichen und rechtlichen Risiken so zu erläutern, dass der Auftraggeber sich für oder gegen den Vertragsschluss entscheiden kann, ohne sich noch anderweitig fremde Entscheidungshilfe besorgen zu müssen, nicht anders als der Verkäufer eines technisch komplizierten Produkts, der ja auch verpflichtet ist, über die Art und Weise des gefahrlosen Umgangs damit zu unterrichten. Aber er braucht nicht wie ein Treuhänder das Interesse des Auftraggebers über sein eigenes Interesse zu stellen. Genauso wie ein Verkäufer die Vorzüge der Kaufsache darf der Makler die Vorzüge der vermittelten Vertragsgelegenheit hervorheben. Vorbehaltlich abweichender Vereinbarung kann der Auftraggeber nicht erwarten, dass der Makler in der Rolle des neutralen Ratgebers verharrt, wenn es darum geht, ob ein Provisionsanspruch entsteht oder nicht (§ 652 Rn 215). Aus dem gleichen Grund verletzt der Makler seine Nebenpflichten aus dem Maklervertrag nicht, wenn er, um seine Chance auf die Provision zu erhöhen, die dem Auftraggeber angebotene Vertragsgelegenheit noch weiteren Interessenten andient (§ 652 Rn 217).

10 Wegen seiner dogmatischen Qualifikation als einseitig verpflichtender Vertrag unterliegt der Maklervertrag hinsichtlich seiner Durchführung zwar **nicht** den **§§ 320 ff BGB** (Soergel/Engel Vor § 652 Rn 3; MünchKommBGB/Althammer § 652 Rn 3; **aA** Hartl 51;

Simanek 53). Er gilt vielmehr als **erfolgsbedingter Vertrag** (Schmidt-Salzer DB 1969, 1091, 1092) mit der Konsequenz, dass die Provisionszahlungspflicht des Auftraggebers außer im Fall des Nichtzustandekommens des Hauptvertrags auch im Fall der „Fehlerhaftigkeit“ der Vertragsgelegenheit entfällt (BGH WM 1982, 1098, 1099; MünchKomm-BGB/Althammer § 652 Rn 156 ff). Für die Antwort auf die Frage, inwieweit der „Fehler“ der Vertragsgelegenheit in den Risikobereich des Maklers und inwieweit er in den des Auftraggebers gehört, können indessen **die Wertungen der Regelungen für gegenseitige Verträge wichtige Anhaltspunkte liefern.** Da wirtschaftlich ein Austausch – Vertragsgelegenheit gegen Geld – stattfindet, kann die Verteilung des Risikos von Störungen prinzipiell nicht anders sein als im Falle sonstiger Austauschverhältnisse. Insbesondere bietet es sich danach an, zwischen den ursprünglichen (rechtlichen und wirtschaftlichen) Schwächen des Hauptvertrags und den nachträglichen zu unterscheiden. Denn auch bei sonstigen Austauschverträgen haftet der Schuldner eines Objekts für dessen Bonität bei Lieferung, während spätere Verschlechterungen Gläubigerrisiko sind. In der Konsequenz des Ansatzes liegt es anzunehmen, dass entgegen der hM (BGH NJW-RR 1991, 820; Dehner NJW 1993, 3236, 3238; offen BGH NZM 2001, 247, 248) Umstände, die nicht schon das Zustandekommen, sondern erst die Durchführung des Hauptvertrages verhindern, nicht schlechthin provisionsunschädlich sind. Vielmehr müssen auch den Entstehungshindernissen wirkungsgleiche **ursprüngliche** Durchführungshindernisse dem Provisionsanspruch entgegenstehen, will man die unzulässige Ungleichbehandlung im Wesentlichen gleichartiger Fälle vermeiden. Der zustande gekommene Hauptvertrag ist nicht nur dem im Maklervertrag vorgesehenen wirtschaftlich ungleichwertig, wenn er dem Auftraggeber seinem Inhalt nach, sondern auch dann, wenn er ihm wegen von vornherein vorhandener unbehebbarer Durchführungshindernisse nicht die erwarteten Vorteile gewährt. Denn wie im Parallelfall fehlt dann der vom Makler beschaffte Vorteil, der die Provision als Teilhabe des Maklers daran rechtfertigt (vgl § 652 Rn 78 f). Das trifft selbstverständlich nicht für alle ursprünglichen Durchführungshindernisse zu. Auch ursprüngliche Durchführungshindernisse sind provisionsunschädlich, wenn der Hauptvertrag – und sei es nur infolge von Schadensersatzansprüchen auf das Erfüllungsinteresse – gleichwohl das wirtschaftliche Interesse des Auftraggebers in dem vom Maklervertrag vorausgesetzten Umfang befriedigt (anders Waas NZM 2001, 453).

2. Der Alleinauftrag

a) Dogmatische Qualifikation

Der **Alleinauftrag** unterscheidet sich vom normalen Maklervertrag dadurch, dass der Makler zum Tätigwerden verpflichtet wird, während der Auftraggeber für die Laufzeit des Vertrags auf die Einschaltung anderer Makler verzichtet. Das Schrifttum sieht im Alleinauftrag zT einen gegenseitigen Vertrag. Im Gegenseitigkeitsverhältnis sollen die Tätigkeitspflicht des Maklers und die durch das Zustandekommen des Hauptvertrags bedingte Provisionszahlungspflicht des Auftraggebers stehen (MünchKommBGB/Althammer § 652 Rn 247; Knieper NJW 1970, 1293, 1298; Rust MDR 1957, 205, 207). Mit der hM (BGHZ 60, 377; OLG Zweibrücken AIZ 1992 H 4 A 101 Bl 5; OLG Koblenz BR 1998, 170 mAnm J Breiholdt; Hamm Rn 1083; Jauernig/Mansel § 652 Rn 34; Warncke MDR 1961, 725, 726; ausführlich Eggert 30 ff) ist dem zu widersprechen. Das durch den Alleinauftrag begründete Austauschverhältnis ist wie beim normalen Maklervertrag auf den Austausch der Vertragsgelegenheit gegen Provision bezogen, der als Spezifikum des Maklerrechts dogmatisch gerade nicht auf einem gegenseitigen Vertrag beruht. 11

Es bleibt, wie im Fall des normalen Maklervertrags, bei der eigentümlichen Technik, dass die Ausgewogenheit von Leistung und Gegenleistung nicht durch die Vereinbarung entsprechender wechselseitiger Rechte und Pflichten, sondern durch die Freiheit des Auftraggebers zur Wahl zwischen der mit der Provisionszahlungspflicht verbundenen Vertragsgelegenheit des Maklers und konkurrierenden Vertragsgelegenheiten verbürgt wird (vgl Rn 2).

12 Nach Ansicht des BGH (NJW-RR 1987, 944; NJW 1988, 967, 968) soll die Tätigkeitspflicht des alleinbeauftragten Maklers allerdings trotzdem dem Dienstvertragsrecht unterliegen. Der Alleinauftrag soll ein **Maklerdienstvertrag**, dh ein Typenkombinationsvertrag, sein (ebenso Zopfs, Maklerrecht Rn 175). Auch dem ist nicht zu folgen (skeptisch auch BeckOGK/Meier [1. 1. 2026] § 652 Rn 23). Das Dienstvertragsrecht betrifft entgeltliche Dienstleistungen; die Entgeltlichkeit bestimmt Art und Intensität der Pflichten. Eben das Merkmal der Entgeltlichkeit der Dienstleistung fällt aber aus, wenn der Provisionsanspruch nicht an das Vermittlungsbemühen, sondern an den Nutzen des Auftraggebers anknüpft, der vielleicht trotz mäßigen Aufwands eintritt und vielleicht trotz intensiven Aufwands – zB wegen Sinneswandels des Auftraggebers – nicht eintritt (**aA** MünchKommBGB/Althammer § 652 Rn 247; ausführlich wie hier Eggert 31 f). Allenfalls kann man sagen, dass der Alleinauftrag einen um die **Nebenabrede wechselseitiger Pflichten** (der Tätigkeitspflicht des Maklers einerseits und der Pflicht des Auftraggebers zum Verzicht auf die Einschaltung weiterer Makler andererseits) ergänzten Maklervertrag darstellt (BGHZ 60, 377, 381). Auf diese Nebenabrede mögen die §§ 611 ff BGB in den Grenzen der Vereinbarkeit mit dem Wesen des Maklervertrags anwendbar sein. Große Bedeutung kommt dem indessen nicht zu. Dass der Auftraggeber zB bei vorübergehender Verhinderung des Maklers zur Erfüllung seiner Tätigkeitspflicht infolge einer kurzen Krankheit nicht von seiner Pflicht zum Verzicht auf die Einschaltung anderer Makler befreit wird, ergibt sich wohl schon aufgrund der Auslegung des Vertrages, nicht erst aus § 616 Abs 1 BGB.

b) Systemwidrigkeit des Verbots von Eigenabschlüssen

13 Die zentrale Bedeutung der Entschließungsfreiheit des Auftraggebers für die Austauschgerechtigkeit im Verhältnis von Auftraggeber und Makler auch im Rahmen des Alleinauftrags rechtfertigt die Vorbehalte gegenüber Versuchen, Alleinaufträge durchzusetzen, die dem Auftraggeber neben dem Verzicht auf die Einschaltung anderer Makler selbst **Direkt- oder Eigenabschlüsse** untersagen (sog qualifizierter Alleinauftrag, BGHZ 60, 377, 382; BGH NJW 1984, 360; Schmidt-Salzer DB 1969, 1091, 1093, 1094). Derartige Versuche laufen darauf hinaus, dem Auftraggeber gerade das zu verwehren, was die Entschließungsfreiheit sichern soll, nämlich die freie Bewertung der gebotenen Vertragsgelegenheit durch den Vergleich mit konkurrierenden Vertragsgelegenheiten und die dementsprechende freie Entscheidung für oder gegen die gebotene Vertragsgelegenheit. Die schlichte Möglichkeit des Verzichts auf jeden Vertragsschluss versagt als taugliches Instrument der Abwehr von Übervorteilung zumindest dann, wenn der Auftraggeber innerhalb der Laufzeit des Alleinauftrags auf einen Abschluss angewiesen ist. Zu Recht stellt sich deshalb die Rechtsprechung auf den Standpunkt, das Verbot von Direktabschlüssen könne in Allgemeinen Geschäftsbedingungen des Maklers wegen unangemessener Benachteiligung des Auftraggebers (§ 307 BGB) nicht wirksam vereinbart werden (statt aller BGHZ 60, 377, 382; BGH NJW 1961, 307; BGH NJW 1984, 360; OLG Hamm 12. 6. 2023 – 18 U 43/22, NZG 2023, 1049, 1051).

3. Maklerdienst- und Maklerwerkvertrag

a) Darstellung und Kritik der hM

14 Die hM, die den Alleinauftrag als Maklerdienstvertrag auffasst, unterscheidet zwei Erscheinungsformen des Maklerdienstvertrags, nämlich einmal den (dem Alleinauftrag entsprechenden) Fall, dass der Makler eine Tätigkeitspflicht übernimmt, eine **Vergütung** aber **nur bei Zustandekommen des Hauptvertrags** erhält, zum anderen den Fall, dass der Makler sich zur Tätigkeit **unmittelbar gegen eine Tätigkeitsvergütung** verpflichtet (BGH NJW-RR 1991, 627, 628; OLGR Düsseldorf 1997, 158; MünchKommBGB/Althammer § 652 Rn 30). Freilich soll ein derartiger gemischter Vertrag einheitlich dem Vertragsrecht zu unterstellen sein, in dessen Bereich der Schwerpunkt des Vertrags liegt; ist die Vergütung daher vom Abschluss des vermittelten Vertrags abhängig, soll allein das Maklerrecht einschlägig sein (BGH 5. 6. 2025 – I ZR 160/24, NJW 2025, 2395, 2397; BGH 20. 11. 2025 – I ZR 60/25, NJW-RR 2026, 365, 367). In gleicher Weise soll für den Maklerwerkvertrag unterschieden werden. Nach hM gibt es also den Maklerwerkvertrag, der den Makler zur Beschaffung einer bestimmten Vertragsgelegenheit, den Auftraggeber aber nur bei Zustandekommen des Vertrags zur Bezahlung verpflichtet, und denjenigen, der die Beschaffung der Vertragsgelegenheit unmittelbar vergütungspflichtig macht (BGH NJW 1988, 967, 968). Der hM ist sowohl für den Maklerdienst- als auch für den Maklerwerkvertrag entgegenzuhalten, dass die Anwendung von Dienst- oder Werkvertragsrecht die Entgeltlichkeit der Dienst- bzw Werkleistung voraussetzt. Wenn der Vergütungsanspruch des Maklers nicht schon an die Dienst- oder Werkleistung, sondern erst an das Zustandekommen des Hauptvertrags anknüpft, entfällt die Entgeltlichkeit der Dienst- oder Werkleistung. Diese bleibt Eigengeschäftsführung des Maklers; der Auftraggeber bezahlt nicht für sie, sondern für die Nutzung ihres Ergebnisses (Rn 4). Man hat es dann mit einem **reinen (wenn auch durch Nebenabreden angereicherten) Maklervertrag** zu tun. Nicht zufällig ist der BGH in einem entsprechenden Fall bei dem Versuch eines Rückgriffs auf die werkvertragliche Mängelgewährleistung gescheitert (NJW 1988, 967, 968): Wandlung und Minderung schieden aus, da die Mangelhaftigkeit der nachgewiesenen bzw vermittelten Vertragsgelegenheit mangels Zustandekommens des im Maklervertrag vorausgesetzten Hauptvertrags schon die Entstehung des Provisionsanspruch verhindert; es blieb der Anspruch auf Schadensersatz wegen Nichterfüllung, der sich aus § 280 aF BGB wenigstens genauso ableiten ließ wie aus § 635 aF BGB. Umgekehrt führt die **Entgeltpflicht** des Auftraggebers **schon für das Bemühen** des Maklers **bzw die Beschaffung** der Vertragsgelegenheit ohne Rücksicht auf das Zustandekommen des Hauptvertrags zur ausschließlichen Anwendung von Dienst- bzw Werkvertragsrecht. Denn damit ist das **Essentiale des Maklervertrags abbedungen**. Folgerichtig hat der BGH (BGHZ 87, 309, 321) es abgelehnt, die Allgemeinen Geschäftsbedingungen eines (Ehe-)Maklerdienstvertrags solchen Typs am gesetzlichen Leitbild des Maklervertrags zu messen und stattdessen das gesetzliche Leitbild des Dienstvertrags zugrunde gelegt.

b) Dienst- und Werkverträge über Maklertätigkeiten

15 Die Rede vom Maklerdienst- oder Maklerwerkvertrag ist vor diesem Hintergrund allenfalls noch sinnvoll, um deutlich zu machen, dass die betroffenen Dienst- oder Werkverträge typische Maklertätigkeiten, nämlich den Nachweis bzw die Vermittlung von Verträgen, zum Gegenstand haben. Ihre spezifische Problematik wurzelt in der Frage, ob und gegebenenfalls inwieweit solche Dienst- und Werkverträge **überhaupt** den Anforderungen genügen können, die an **wirksame schuldvertragliche Ver-**

pflichtungen zu stellen sind. Schon die Verfasser des von den BGB-Vätern als Vorlage zugrunde gelegten Dresdener Entwurfs haben die eigentümliche dogmatische Konstruktion des Maklervertrags nach den §§ 652 ff BGB (Rn 1) nämlich ausdrücklich damit begründet, dass die Tätigkeit des Maklers „eine freie, seinem Ermessen nach Plan und Ausführung überlassene, von seiner Sach-, Orts- und Personenkenntnis abhängige sei, [die] weder erzwungen, noch in ihren einzelnen Leistungen abgeschätzt werden [kann]" (Schubert 757; vgl auch § 652 Rn 240).

16 Wenn das richtig ist, dann kommt ein wirksamer **Maklerdienstvertrag** grundsätzlich nicht in Betracht. Denn eine solche Feststellung bedeutet, dass die schuldrechtlich **notwendige Bestimmbarkeit** der Leistungspflicht (vgl MünchKommBGB/Bachmann § 241 Rn 15) **nicht erreicht** wird (ebenso OLG Hamm NJW-RR 1989, 1209). Zwar hat der BGH im Zusammenhang mit einem Eheanbahnungsdienstvertrag die Auffassung vertreten, es sei sogar möglich festzustellen, wie viele Inserate, wie viele Partnervorschläge und welche sonstigen Bemühungen notwendig seien, um den Auftraggeber mit hoher Wahrscheinlichkeit (!) in den Stand der Ehe zu führen (BGHZ 87, 309, 317). Aber dies überzeugt nicht; denn der Mensch ist nicht in dieser Weise ausrechenbar. Jenseits des Bereichs höchstpersönlicher Entscheidungen mag die Natur der Sache die ex-ante-Bestimmbarkeit der erforderlichen Nachweis- und Vermittlungsleistungen weniger deutlich abweisen. Doch ist die Skepsis der Väter des Dresdener Entwurfs gegenüber der Abschätzbarkeit der einzelnen Leistungen eines Maklers auch insoweit im Ergebnis zu bestätigen. Die Vermittlung des Verkaufs eines Wohnhauses kann genauso ohne jeden Aufwand gelingen wie trotz erheblichen Aufwands misslingen, ohne dass sich im Vorhinein verlässlich sagen lässt, wann das eine und wann das andere der Fall sein wird. Damit ist der Dienstvertrag über Maklertätigkeiten nicht völlig ausgeschlossen. **Doch müssen die geschuldeten Bemühungen nach Art und Umfang konkret vereinbart werden** (Beispiel BGH NJW-RR 1999, 1499). Die abstrakte Pflicht zur Nachweis- oder Vermittlungstätigkeit genügt entgegen der hM nicht. Entsprechende Maklerdienstverträge sind gemäß § 140 BGB in normale Maklerverträge umzudeuten, so dass das Entgelt lediglich zu zahlen ist, wenn der Auftraggeber die vom Makler gebotene Vertragsgelegenheit wahrnimmt (LG Aurich BB 1978, 733, 734; LG Frankfurt AIZ 1969, 319). Freilich bejaht auch die hM den Dienstvertrag über Maklertätigkeiten nicht ohne Einschränkung. BGH NJW 1987, 1634, 1636 fordert zwar nicht die Festlegung konkreter Aktivitäten des Maklers, wohl aber eine **Berechnung der Vergütung nach Zeitaufwand oder nach Zeitabschnitten**. Das verlangt dem Makler wenigstens die nachträgliche Darlegung konkreter Aktivitäten mit dem Ziel des Nachweises bzw der Vermittlung von Vertragsgelegenheiten ab.

17 Der **Maklerwerkvertrag**, dh die Verpflichtung des Auftraggebers zur Zahlung des Entgelts für ein bestimmtes Nachweis- bzw Vermittlungsergebnis (zB Beschaffung eines zahlungskräftigen Interessenten für das Wohnhaus des Auftraggebers, der dessen Mindestpreis akzeptiert) scheitert zwar nicht schon am schuldrechtlichen Erfordernis der Bestimmbarkeit der Leistungspflicht. Aber er stößt deshalb auf Bedenken, weil das vom Makler geschaffene **Werk keinen objektiven Wert** hat, der als Maßstab für das Entgelt dienen könnte. Möglicher Anknüpfungspunkt für die Entgeltpflicht ist allein der **subjektive Wert** für den Auftraggeber, und der kann sich zwischen dem Abschluss des Maklervertrags und der Präsentation des Nachweis- oder Vermittlungsergebnisses leicht in Nichts aufgelöst haben, sei es, weil der nachgewiesene Interessent anderweitig bekannt geworden ist, sei es, weil maklerunabhängige gleichwertige

Interessenten auf den Plan getreten sind, sei es schließlich, weil das Interesse des Auftraggebers an dem Hauptvertrag mittlerweile hinfällig geworden ist. Der Werkvertrag über Maklertätigkeiten ist also für den Auftraggeber ein ausgesprochenes Risikogeschäft, und zwar ohne dass – wie im Fall des Maklerrisikos beim Maklervertrag der §§ 652 ff BGB – zum Ausgleich die Chance auf besonders reichliche Belohnung winkt (übereinstimmend Eggert 33). Das gilt ganz besonders, soweit die Werkleistung sich in einer Nachweistätigkeit erschöpft. Es verwundert unter diesen Umständen nicht, dass schon im gemeinen Recht die Ansicht vorherrschte, der Provisionsanspruch dürfe kraft „Natur des Mäklergeschäfts und einem allgemeinen Brauche" ohne Zustandekommen des Hauptvertrags infolge des Nachweises bzw der Vermittlung nicht entstehen (Schubert 757). Die Konsequenz der Unangemessenheit des Maklerwerkvertrags (= des Werkvertrags über den Nachweis- und/oder die Vermittlung von Vertragsgelegenheiten) besteht zwar de lege lata nicht darin, dass er per se nichtig ist. Denn die in Betracht kommende Nichtigkeit nach § 138 Abs 1 BGB setzt nicht nur objektive Unangemessenheit des Vertragsinhalts, sondern darüber hinaus Verantwortlichkeit und verwerfliche Gesinnung des dadurch Begünstigten voraus (BGHZ 87, 309, 316). Wohl aber ist nach Treu und Glauben mit Rücksicht auf die Verkehrssitte (§ 157 BGB) ein Maklervertrag anzunehmen, wo der Wille der Vertragsparteien nicht eindeutig auf den Abschluss eines Maklerwerkvertrags gerichtet ist. Die Rechtsprechung trägt dem dadurch Rechnung, dass sie den Maklerwerkvertrag (mit erfolgsunabhängiger Vergütung, vgl Rn 14) im Wesentlichen auf Vermittlungstätigkeiten, insbesondere auf die Kreditvermittlung beschränkt (OLGR Düsseldorf 1997, 189). Besonderheiten gelten, wenn die Maklertätigkeit nur eine von mehreren Schuldgegenständen ist. Der Baubetreuungsvertrag im Rahmen eines Bauherrenmodells ist auch nicht teilweise Makler-, sondern reiner Werkvertrag, obwohl er die Finanzierungsvermittlung einschließt. Denn er sieht eine an der Wohnfläche des Bauprojekts ausgerichtete Gesamtvergütung vor, die unabhängig von der Inanspruchnahme des Kredits in ungeschmälerter Höhe anfällt (BGH AIZ 1991 H 9 A 103 Bl 53). Die Unangemessenheit des Maklerwerkvertrags bedingt ferner, dass die dafür konstitutive Provisionszahlungspflicht im Falle des vom Auftraggeber zu vertretenden Nichtzustandekommens des Hauptvertrags gemäß § 307 BGB nicht in Allgemeinen Geschäftsbedingungen bzw formularmäßig vereinbart werden kann (BGHZ 61, 17, 19 ff; BGH NJW 1967, 1225, 1226).

II. Abgrenzung des Maklervertrags zu verwandten Vertragstypen

1. Maklervertrag und Geschäftsbesorgungsverträge

a) Abgrenzung zum unentgeltlichen Auftrag

Vom **Auftrag** (§§ 662 ff BGB) zum Nachweis bzw zur Vermittlung einer Vertragsgele- 18
genheit unterscheidet sich der Maklervertrag durch die Provisionszahlungspflicht des „Auftraggebers", die freilich nach der hier vertretenen Auffassung (Rn 4) nicht aus der unentgeltlichen eine entgeltliche Geschäftsbesorgung macht, sondern wegen ihrer Abhängigkeit vom Zustandekommen des Vertrags ein kaufähnliches Verhältnis schafft. Der Makler besorgt bei seiner Nachweis- bzw Vermittlungstätigkeit kein Geschäft des „Auftraggebers", sondern ein eigenes Geschäft (vgl Rn 4; insoweit zustimmend Soergel/Engel Vor § 652 Rn 4; MünchKommBGB/Althammer § 652 Rn 27). Zu Unrecht wird im Schrifttum bestritten, dass die Provisionszahlungspflicht Wesensmerkmal des Maklervertrags ist (Hamm Rn 105; dagegen auch BeckOGK/Meier [1. 1. 2026] § 652 Rn 28 f).

Zwar ist die Provisionszahlungspflicht abdingbar. Aber dann handelt es sich nicht mehr um einen Maklervertrag, sondern je nachdem, ob eine Tätigkeitspflicht besteht oder nicht, um einen Auftrag oder eine Gefälligkeitsabrede ohne Rechtsbindung. Einen Maklervertrag ohne Provisionszahlungspflicht gibt es genauso wenig wie einen Kaufvertrag ohne Pflicht zur Zahlung eines Kaufpreises. Auch für die Pflichtenstruktur des Auftrags über eine unentgeltliche Maklertätigkeit sind die Wertungen des Maklerrechts grundsätzlich unerheblich (**aA** Hamm Rn 105). Dem altruistisch Handelnden können nicht die gleichen Pflichten auferlegt werden wie jemandem, der im eigenen Interesse tätig wird. Eine Ausnahme ist nur dann anzuerkennen, wenn der „Auftrag" ohne Provisionszahlungspflicht wie im Fall BGH NJW 1981, 1444 mit dem Einverständnis verbunden ist, dass der Makler mit der Gegenseite einen Maklervertrag mit Provisionspflicht schließt. In einem solchen Fall handelt der Makler nämlich genauso wie bei Vereinbarung einer erfolgsbedingten Provisionszahlungspflicht nicht altruistisch im Rechtskreis des „Erstauftraggebers", sondern besorgt durch den Nachweis bzw die Vermittlung der Vertragsgelegenheit mit dem „Zweitauftraggeber" ein eigenes Geschäft. Die Interessenlage unterscheidet sich von der im Falle des Abschlusses eines Maklervertrags nur insofern, als der „Erstauftraggeber" die Maklerprovision nicht unmittelbar, sondern mittelbar bezahlt, weil die Gegenseite die Provision natürlich einrechnet, wenn sie über die Grenzen ihrer Bereitschaft zur geforderten Gegenleistung entscheidet.

b) Abgrenzung zum entgeltlichen Geschäftsbesorgungsvertrag

19 Die Abgrenzung des Maklervertrags vom **entgeltlichen Geschäftsbesorgungsvertrag** ist mit derjenigen vom Maklerdienstvertrag und Maklerwerkvertrag identisch (vgl Rn 14 ff). Ein Maklerdienstvertrag oder ein Maklerwerkvertrag ist nichts anderes als „ein Dienstvertrag oder ein Werkvertrag, der eine Geschäftsbesorgung zum Gegenstande hat" (§ 675 BGB). Die Rechtsprechung hat sich mit der Abgrenzung des Maklervertrags vom Geschäftsbesorgungsvertrag vor allem im Zusammenhang mit Bauherrenmodellen zu beschäftigen gehabt. Konkret ging es jeweils darum, dass die von der Baubetreuungsgesellschaft eingeschaltete Anlageberatungsgesellschaft mit den geworbenen Kunden provisionspflichtige „Geschäftsbesorgungsverträge" abgeschlossen hatte, die neben der Vermittlung des Kontakts zwischen der Baubetreuungsgesellschaft und dem Kunden den Abschluss des Baubetreuungsvertrags im Namen und mit Vollmacht des Kunden vorsahen. Der BGH hat hier (im Ergebnis wegen der wirtschaftlichen Verflechtung zwischen Anlageberatungs- und Baubetreuungsgesellschaft nicht provisionspflichtige, vgl § 652 Rn 155 ff) Maklerverträge angenommen, und zwar namentlich mit der Begründung, die einzige entgeltwürdige Tätigkeit der Anlageberatungsgesellschaft sei das endgültige Zusammenbringen der Parteien des Baubetreuungsvertrags gewesen (BGH WM 1980, 1431, 1432; ähnlich BGH WM 1980, 1428, 1429; BGH WM 1977, 762; krit dazu Lieb DB 1981, 2415). Das entspricht den geäußerten Vorbehalten gegen Maklerdienst- und Maklerwerkverträge (Rn 16 f).

2. Makler und handelsrechtliche Zwischenpersonen

a) Kommissionäre und Spediteure

20 Soweit die handelsrechtlichen Vermittler – wie die **Kommissionäre** und **Spediteure** (§§ 383, 407 HGB) – den Hauptvertrag im eigenen Namen (wenn auch für fremde Rechnung) abschließen, fehlt es schon an der „Maklernähe". Makler können nicht Partei des Hauptvertrages sein.

b) Handelsvertreter

Sehr viel „maklernäher" ist die Tätigkeit des **Handelsvertreters** (§§ 84 ff HGB). Zwar gibt es keinen Nachweis-Handelsvertreter; Nachweistätigkeit ist stets Maklertätigkeit. Umgekehrt ist Abschlusstätigkeit am Auftraggeber vorbei nur dem Handelsvertreter möglich. Wer ohne Pflicht zur Rückfrage mit dem Abschluss von Verträgen beauftragt ist, ist gerade nicht nur zum Nachweis bzw zur Vermittlung berufen (BGH NJW 1985, 2473, 2474; LG Hamburg AIZ 1994 H 7 A 145 Bl 38). Wohl kann die **Vermittlungstätigkeit** entweder Handelsvertreter- oder Maklertätigkeit sein, weil auch beim Handelsvertreter der Auftraggeber grundsätzlich nicht zur Nutzung der gebotenen Vertragsgelegenheiten verpflichtet ist (Hopt/Hopt, HGB § 87 Rn 8). Der BGH (NJW 1992, 2818) will zur Abgrenzung auf das „Gesamtbild der tatsächlichen Handhabung" abstellen. Gegen die Makler- und für die Handelsvertretertätigkeit sollen Unbestimmtheit und Vielzahl der zu vermittelnden Geschäfte und das Interesse des Auftraggebers an Umsatzförderung sprechen, ebenso die Abhängigkeit von Weisungen des regelmäßig einzigen Auftraggebers. Diese Abgrenzung ist indessen unnötig vage (vgl Dehner NJW 1993, 2225, 2226). Handelsvertreter sind im Gegensatz zu Maklern Teil der Absatzorganisation ihrer Auftraggeber. Handelsvertretertätigkeit kommt daher nach allgM nur dann in Betracht, wenn der Auftraggeber ein Unternehmen betreibt und der Vermittler ständig mit der Vermittlung von Geschäften für ihn betraut ist. Dabei stellt man strenge Anforderungen: Das auftraggebende Unternehmen und der Handelsvertreter müssen durch ein vertraglich begründetes **Dauerschuldverhältnis** verbunden sein; eine lediglich wiederkehrende „ständige" Vermittlungstätigkeit für den gleichen Auftraggeber genügt nicht (BGH BB 1972, 11, 12; Hamm Rn 19). Dem entspricht, dass Tätigkeitsvergütungen für Handelsvertreter auf deutlich weniger Bedenken stoßen als für Makler (Rn 16 f): Was an Anstrengungen zu entwickeln ist, um eine dauerhaft erfolgreiche Vermittlungstätigkeit zu ermöglichen, lässt sich weit eher feststellen als der im Einzelfall erforderliche Aufwand. Insbesondere besteht die Möglichkeit, den Aufwand für die erfolgreichen Vermittlungsversuche mit dem für die vergeblichen auszugleichen, so dass die Höhe der Provision zumindest annähernd als **erfolgsbezogene Tätigkeitsvergütung** ausgehandelt werden kann (vgl Hopt/Hopt, HGB § 87 Rn 5). 21

Fehlt das vertraglich begründete Dauerschuldverhältnis, so wird aus der Handelsvertretertätigkeit eine (Vermittlungs-)Maklertätigkeit (Martinek/Bergmann WRP 2006, 1047, 1051: Makler als „Augenblicksvermittler"). Fehlt die Unternehmenseigenschaft, dh nach der Rechtsprechung (BGH WM 1982, 272, 273) das Gewerbe des Auftraggebers (§ 84 Abs 1 HGB), so will die hM trotz des Dauerschuldverhältnisses eine Maklertätigkeit annehmen (LG Köln NJW-RR 1993, 1208; BeckOGK/Meier [1. 1. 2026] § 652 Rn 33; MünchKommBGB/Althammer § 652 Rn 22 aE). Das entspricht der verbreiteten Lehre, das Maklerrecht habe im Verhältnis zum (Vermittlungs-)Handelsvertreterrecht, soweit nicht nach § 84 Abs 2 HGB Handlungsgehilfenrecht und allgemeines Arbeitsrecht eingreifen, eine **Auffangfunktion** (vgl ausführlich Möller, in: FS Raape [1948] 341 ff). Wer mit der hier vertretenen Auffassung im Gegensatz zur hM im Maklervertrag ein kaufähnliches Geschäft sieht, wird demgegenüber die Qualifikation als (selbstständiges) partiarisches Dienstverhältnis vorziehen. Denn ebenso wie im Fall des Handelsvertreters schwächt sich dank der Dauerbeziehung das für den Sondervertragstyp Maklervertrag charakteristische Problem der unzureichenden Verknüpfbarkeit von Tätigkeit und Entgelt (Rn 15 f) ab. Der sog Agenturvertrag kann daher nur dann Maklervertrag sein, wenn der Agent aufgrund von einzelfallbezogenen Verträgen 22 vom Auftraggeber frei nutzbare Vertragsgelegenheiten vermittelt. Das ist in den praktisch wichtigen Fällen der „Inzahlungnahme" von Gebrauchtwagen durch Kfz-Händler beim Neuwagenkauf nicht der Fall. Der Kfz-Händler handelt, soweit er den Gebrauchtwagen im Namen des Kunden weiterveräußert, als Abschlussvertreter; außerdem wählt er den Käufer ohne Mitwirkung des Auftraggebers aus. Daher ist der Kfz-Händler nicht eine besondere Erscheinungsform des Maklers, sondern Partner einer Geschäftsbesorgung mit Werkvertragscharakter (Kommissionsvertrag; ebenso BeckOGK/Meier [1. 1. 2026] § 652 Rn 31; MünchKommBGB/Althammer § 652 Rn 24).

23 Eine Vermittlungstätigkeit **für verschiedene konkurrierende Unternehmen** kann sowohl Makler- als auch Handelsvertretertätigkeit sein. Entscheidend ist, ob der Vermittler (mittels eines vertraglich begründeten Dauerschuldverhältnisses) in die Absatzorganisation des Auftraggebers eingegliedert ist oder nicht. Allerdings ist die Vermittlungstätigkeit für verschiedene konkurrierende Unternehmen als Handelsvertretertätigkeit im Zweifel unzulässig. Denn sie ist mit der Verpflichtung eines Handelsvertreters auf das Interesse jedes auftraggebenden Unternehmens – anders als mit den Pflichten des für verschiedene Auftraggeber tätigen Maklers (vgl § 652 Rn 208) – nicht vereinbar (vgl auch Martinek/Bergmann WRP 2006, 1047, 1056). Ebenso wenig lassen sich nach hM eine Vermittlungstätigkeit als Handelsvertreter für die eine und eine solche als Makler für die andere Vertragspartei miteinander in Einklang bringen. Als Handelsvertreter soll der Vermittler auf der Seite „seines" Unternehmens stehen, so dass dessen Vermittlung an den Kunden ohne ausdrückliche Vereinbarung keine provisionspflichtige Nachweis- oder Vermittlungstätigkeit darstellt (vgl krit § 652 Rn 150 f). Nicht zu folgen ist schließlich der Ansicht, es gebe Zwischenformen zwischen Handelsvertreter- und Maklertätigkeit (Hopt/Hopt, HGB § 84 Rn 20). Sobald die Vermittlungstätigkeit bei Abschlussfreiheit des Auftraggebers und Erfolgsabhängigkeit der Vergütung nicht im Rahmen eines vertraglich begründeten Dauerschuldverhältnisses stattfindet, ist sie Maklertätigkeit. Sobald sie jedoch auf einem Dauerschuldverhältnis beruht, ist sie entweder Handelsvertretertätigkeit oder allgemeine (partiarische) Geschäftsbesorgung (§ 675 BGB; **aA** die hM, zB LG Köln NJW-RR 1993, 1208 betr einen Wirtschaftsinformationsdienst). Der für die Möglichkeit einer Zwischenform zwischen Handelsvertreter- und Maklertätigkeit zitierte Fall OLG Stuttgart BB 1959, 573 (Kaufmann verpflichtet sich gegen Provision aus den Einzelabschlüssen zur Herstellung von Geschäftsverbindungen mit Warenhäusern sowie zur Kontaktpflege und Vorlage von Musterkollektionen) betrifft einen reinen Geschäftsbesorgungsvertrag (mit spezieller Entgeltabrede; vgl auch BGH NJW 1983, 42).

III. Zivilmakler und Handelsmakler

1. Abgrenzung

24 Vermittelt ein Makler gewerbsmäßig Verträge über die Anschaffung oder Veräußerung von Waren oder Wertpapieren, über Versicherungen, Güterbeförderungen, Schiffsmiete oder sonstige Gegenstände des Handelsverkehrs, so ist er **Handelsmakler** (§§ 93 ff HGB). Sonstige Gegenstände des Handelsverkehrs können sein: Patente, Muster- und Zeichenrechte, die Vermittlung von Bankkrediten, genormten Geschäftsanteilen, die Vermittlung von Verträgen mit Werbeagenturen, Diskontierungen, Beteiligungen an Abschreibungsgesellschaften (vgl RGZ 76, 250, 252; OLG München

NJW 1970, 1924, 1925; OLG Frankfurt WM 1979, 1393, 1396; Lutter, in: FS Bärmann 605, 613; vGriessenbeck BB 1988, 2188; bezüglich genormter Gesellschaftsanteile offen BGH WM 1984, 668). Bloße Nachweistätigkeit ist niemals Handelsmaklertätigkeit.

Unbewegliche Sachen sind kraft ausdrücklicher Bestimmung nicht Gegenstände des Handelsverkehrs. Immobilien- und Hypothekenmakler sind somit Zivilmakler. Diese Abgrenzung ist historisch bedingt (vgl Krause, in: FS Molitor [1962] 383 ff). Sie führt ua dazu, dass ein Makler, der sich im Wesentlichen mit der Vermittlung von Hypotheken befasst, Zivilmakler ist, während ein Makler, der hauptsächlich Bankkredite gegen hypothekarische Sicherheit vermittelt, Handelsmakler ist (vgl RG HansRGZ 1933 B 701). Ebenfalls bloße Zivilmakler sind die Unternehmensmakler (Hopt/Hopt/Roth, HGB § 93 Rn 12; BeckOGK/Meier [1. 1. 2026] § 652 Rn 39). **25**

Auf den Handelsmakler finden in erster Linie die Sonderregelungen der §§ 93 ff HGB und nur ergänzend die allgemeinen Regelungen der §§ 652 ff BGB Anwendung. Umgekehrt gelten die für Handelsmakler aufgestellten Grundsätze nicht für Zivilmakler (vgl Hamm Rn 15; OLG Hamburg MDR 1966, 143, 144 zu § 99 HGB). Vermittelt ein Handelsmakler einen Vertrag über einen Gegenstand, der nicht zu den Gegenständen des Handelsverkehrs zählt, kommen auf das Geschäft allein die Vorschriften der §§ 652 ff BGB zur Anwendung. Dasselbe gilt, wenn sich ein Handelsmakler schon für den Nachweis einer Abschlussmöglichkeit eine Provision ausbedungen hat (vgl MünchKommBGB/Althammer § 652 Rn 18; Glaser/Warncke 32). **26**

2. Besondere Erscheinungsformen des Handelsmaklers

Unter den Handelsmaklern sind folgende besondere Gruppen hervorzuheben: **27**

- Der Schiffsmakler: Er nimmt eine Sonderstellung ein, da er nach Handelsbrauch auch Dienste leistet, die keine Maklerdienste sind (vgl BGH NJW 1956, 1197, 1198).

- Der Versicherungsmakler: Versicherungsmakler ist nach § 59 Abs 3 VVG, wer gewerbsmäßig für den Auftraggeber die Vermittlung oder den Abschluss von Versicherungsverträgen übernimmt, ohne von einem Versicherer oder von einem Versicherungsvertreter damit betraut zu sein. Auch der Versicherungsmakler ist nach § 93 Abs 1 HGB Handelsmakler, nimmt aber in mehrfacher Hinsicht eine Sonderstellung ein. Obwohl er in vertraglichen Beziehungen nur zum Versicherungsnehmer steht, richtet sich sein Provisionsanspruch kraft Handelsbrauchs ausschließlich gegen den Versicherer. Der zusätzliche gesetzliche Anspruch des Handelsmaklers aus § 99 HGB gegen den Vertragsgegner des Auftraggebers wird also für den Versicherungsmakler zum ausschließlichen (Prölss/Martin/Dörner, VVG § 59 Rn 83 ff; Karle VersR 2000, 425). Ferner ist der Versicherungsmakler vom Auftraggeber/Versicherungsnehmer regelmäßig nicht nur mit der Vermittlung beauftragt; ihn trifft im Gegensatz zum Normalmakler eine Tätigkeitspflicht (BGH NJW 1985, 2595; 1988, 60, 61; OLG Düsseldorf VersR 1996, 1104; NJW-RR 1997, 756).

IV. Kaufmannseigenschaft von Maklern

1. Der Handelsmakler

28 Der Handelsmakler ist ohne Eintragung im Handelsregister allerdings nur dann Kaufmann, wenn sein Unternehmen nach Art oder Umfang einen in kaufmännischer Weise eingerichteten Geschäftsbetrieb erfordert. Nach § 93 Abs 3 HGB finden die Vorschriften über den Handelsmakler aber auch dann Anwendung, wenn das Unternehmen des Handelsmaklers nach Art oder Umfang einen in kaufmännischer Weise eingerichteten Geschäftsbetrieb nicht erfordert.

2. Der Zivilmakler

29 Auch der Zivilmakler ist mit einem Unternehmen, das nach Art oder Umfang einen in kaufmännischer Weise eingerichteten Gewerbebetrieb erfordert, ohne Weiteres Kaufmann. Auf die Eintragung im Handelsregister kommt es in einem solchen Fall nicht mehr an. Wohl kann der Makler gem § 2 HGB durch die Eintragung im Handelsregister die Kaufmannseigenschaft unabhängig von der Art oder dem Umfang seines Geschäftsbetriebs erwerben. Der Zivilmakler mit Kaufmannseigenschaft, der nicht Geschäfte des § 93 HGB vermittelt, ist nicht Handelsmakler. Auf ihn finden die §§ 93 ff HGB keine Anwendung, und zwar auch dann nicht, wenn er einen Vertrag über einen Gegenstand des Handelsverkehrs vermittelt, solange die Vermittlung gerade dieser Geschäfte nicht gewerbsmäßig erfolgt. Im Übrigen unterliegt er jedoch dem Handelsrecht: Er hat eine Firma (vgl zur Frage der Firmenfortführung eines Maklerunternehmens gem § 25 HGB BGH DB 1979, 1124, 1125) und kaufmännische Angestellte, er kann Prokura erteilen, er unterliegt der Buchführungspflicht. Auf seine Maklergeschäfte sind neben den §§ 652 ff BGB die §§ 343 ff HGB anwendbar.

V. Zusammenarbeit mehrerer Makler

1. Zusammenarbeit als Mitmakler

30 Soweit mehrere Makler gemeinsam einen Maklervertrag abschließen, sind sie nach gängiger Bezeichnung Mitmakler (Soergel/Engel § 652 Rn 184). In der Regel werden sie freilich untereinander eine rechtsfähige BGB-Gesellschaft (§ 705 Abs 2 BGB) mit dem Ziel bilden, ein größeres Objekt zu vermakeln (ebenso BeckOGK/Meier [1. 1. 2026] § 652 Rn 43). Vertragspartner ist dann nicht die Maklermehrheit, sondern die BGB-Gesellschaft. Überholt ist vor diesem Hintergrund die Ansicht des KG (KGR 1998, 189), ein Mitmakler müsse sich im Verhältnis zum Maklerkunden entgegenhalten lassen, dass der andere diesem eine bestimmte Provisionsteilung genannt habe, es sei denn, er habe seine (höhere) Provisionsforderung klargestellt. Denn der Provisionsanspruch steht insgesamt der BGB-Gesellschaft zu. Die interne Verteilung ist für das Außenverhältnis unerheblich.

2. Zusammenarbeit als Haupt- und Untermakler

a) Dogmatische Eigenart des Untermaklervertrags

31 Der **Untermaklervertrag** ist ein Hilfsvertrag zum Maklervertrag (RGZ 88, 1, 3; RG JW 1929, 3497, 3498; OLG Hamburg MDR 1964, 595, 596; AIZ 1986 H 12 A 175 Bl 1; Breiholdt MDR

1986, 549 f; GROSS 48). Der Hauptmakler schließt sich zur Durchführung eines ihm erteilten Auftrages mit einem weiteren Makler zusammen, wobei vereinbart wird, dass der Untermakler an der Provision des Hauptmaklers beteiligt sein soll (OLG Hamburg BB 1954, 173; JACUSIEL JW 1930, 1498). Bei dieser Konstellation bestehen nur vertragliche Beziehungen zwischen Auftraggeber und Hauptmakler sowie zwischen Hauptmakler und Untermakler (OLG Hamburg MDR 1964, 595). Hauptmakler und Untermakler werden aber bei dem angestrebten Hauptvertrag auf derselben Vertragsseite für denselben Auftraggeber tätig. Für den Auftraggeber ist der Hauptmakler Makler und der Untermakler dessen Gehilfe im Sinne des § 278 BGB (OLG Hamburg BB 1954, 173; OLG Hamm NJW-RR 2000, 59; HAMM Rn 38). Soweit der Untermakler die Vertragsgelegenheit nachweist, muss er das allerdings offen als Gehilfe des beauftragten Maklers tun, wenn der Nachweis diesem als provisionspflichtig zugerechnet werden soll. Anderenfalls kann der Auftraggeber nämlich davon ausgehen, dass der Nachweis derjenige eines von dem nachgewiesenen Interessenten beauftragten Maklers ist, dem gegenüber er nicht provisionspflichtig ist (OLG Hamm AIZ 1990 H 4 A 121 Bl 38).

Der Untermaklervertrag ist ein **Vertrag eigener Art**, der im BGB keine Regelung gefunden hat (RGZ 88, 1, 3; RGZ 148, 354, 356; RG JW, 1929, 3497, 3498; BGH MDR 1967, 40; BeckOGK/MEIER [1. 1. 2026] § 652 Rn 45). Er unterscheidet sich vom Gesellschafts-, Dienst- oder Werkvertrag dadurch, dass den Untermakler vorbehaltlich abweichender Vereinbarung keine Verpflichtung zum Tätigwerden trifft (RGZ 88, 1, 2 f; RG JW 1929, 3497, 3498; OLG Hamburg BB 1954, 173; GROSS S 49). Der Untermaklervertrag ist aber auch kein Maklervertrag iS der §§ 652 ff BGB, da dem Untermakler keine Provision für den Nachweis der gesuchten Abschlussmöglichkeit versprochen wird. Die Beteiligung an der Provision des Hauptmaklers wird dem Untermakler vielmehr als Vergütung für die Hilfeleistung bei der nachweisenden oder vermittelnden Tätigkeit für den Auftraggeber versprochen (RGZ 88, 1, 3; RG JW 1929, 3497, 3498). 32

b) Rechte und Pflichten der Vertragsparteien

Da der Untermaklervertrag gesetzlich nicht geregelt ist, ist er im Einzelfall inhaltlich nach den §§ 157, 242 BGB und bestehenden Handelsbräuchen auszufüllen (GLASER/WARNCKE 41; RGZ 88, 1, 3; RG JW 1918, 301; OLG Hamburg BB 1954, 173). Aus der Natur des Untermaklervertrages als Hilfsvertrag zur Erreichung der Ziele des Hauptmaklervertrages ergibt sich daher auch, dass gewisse rechtliche Eigenheiten des Maklervertrages sich auf den Untermaklervertrag erstrecken (RGZ 88, 1, 3; 148, 354, 356). So ist der Untermaklervertrag für beide Seiten frei widerruflich (RGZ 88, 1, 3). Der Hauptmakler ist ferner nicht verpflichtet, von der Tätigkeit des Untermaklers Gebrauch zu machen und die vom Untermakler beigebrachten Nachweise und Unterlagen zu verwenden (RGZ 88, 1, 3). Das gilt selbst dann, wenn die Nichtverwertung das Zustandekommen des Hauptvertrags verhindert. Der Hauptmakler ist befugt, sich allein von der verständigen und redlichen Wahrnehmung seiner eigenen Interessen leiten zu lassen. Er ist nicht verpflichtet, dem Auftraggeber das gewünschte Geschäft nachzuweisen oder zu vermitteln, nur damit der Untermakler seinen Provisionsanteil erhält (RGZ 88, 1, 3; RG JW 1918, 301; OLG Hamburg BB 1954, 173). Er muss lediglich den Untermakler ordnungsgemäß über das Zustandekommen und ggf den Inhalt des Hauptvertrags unterrichten, damit dieser sein Verhalten darauf einrichten kann (OLGR Stuttgart 2001, 79). Andererseits verdient der Untermakler seinen Provisionsanteil im Fall des Zustandekommens des Hauptvertrags schon dadurch, dass er die vereinbarte Hilfeleistung erbracht hat. 33

34 Bei Übereinstimmung mit der eigenen Interessenlage kann der Hauptmakler auf die Geltendmachung des schon verdienten Provisionsanspruchs verzichten, selbst wenn der Untermakler davon einen Teil beanspruchen könnte. Für die Frage, ob und wie der Hauptmaklervertrag durchgeführt wird, bleibt der Hauptmakler zuständig (RGZ 88, 1, 3; RG JW 1918, 301; OLG Hamburg BB 1954, 173). Dem Hauptmakler ist es nur verboten, den Untermakler arglistig auszuschalten und ihn damit um den Lohn seiner Tätigkeit zu bringen (RGZ 88, 1, 4; BGH BB 1968, 729; OLG Hamburg BB 1954, 173). Solange der Hauptmakler Gefahr läuft, die anteilige Provision aus eigener Tasche zahlen zu müssen, ist der Vergütungsanspruch des Untermaklers nicht fällig (Bondi Anm zu RG JW 1918, 301; ebenso BGH 28. 5. 1969 IV ZR 788/68, zitiert nach Mormann WM 1971, 1066, 1076; OLGR Stuttgart 2001, 79).

35 Die Parteien des Untermaklerverhältnisses unterliegen einer **nachwirkenden Treuepflicht** (BeckOGK/Meier [1. 1. 2026] § 652 Rn 49). Keine der beiden Parteien darf den von ihnen gemeinsam bearbeiteten Vertragsgegenstand nach Beendigung des Untermaklerverhältnisses an einen bereits während der Dauer des Untermaklervertrages hervorgetretenen Interessenten zum Verkauf bringen, ohne den anderen Teil an der Vergütung zu beteiligen (RGZ 148, 354, 356; OLG München AIZ 1966, 16). Diese Verpflichtung folgt aus § 242 BGB und entspricht den Grundsätzen des Maklerrechts über die Fortdauer der Vergütungspflicht nach Beendigung des Maklervertrages bei ursächlichem Zusammenhang zwischen späterem Geschäftsabschluss und Maklertätigkeit (vgl § 652 Rn 76). Wer den gemeinsam betriebenen Verkaufsgegenstand nach Beendigung des Untermaklervertrages an einen schon während des Untermaklervertrages hervorgetretenen Interessenten vermittelt, trägt die Beweislast für die fehlende Ursächlichkeit des damaligen Kontaktes (RGZ 148, 354, 357).

36 Wer § 654 BGB mit der hM als Ausdruck eines allgemeinen Verwirkungsgedankens begreift (vgl dazu krit § 654 Rn 1 ff), muss die Vorschrift auch im Untermaklerrecht entsprechend anwenden. Der Untermakler kann danach keinen Provisionsanteil beanspruchen, wenn er dem Sinn des Untermaklervertrages zuwider auch für den Auftraggeber tätig geworden ist (RG JW 1930, 1420, 1421 mAnm Jacusiel; Hamm Rn 40; **aA** BGH BB 1966, 1367). Das kann dann der Fall sein, wenn der Kontakt des Untermaklers mit dem Auftraggeber des Hauptmaklers den Erfolg des Maklervertrages gefährdet.

37 Da beim Untermaklervertrag Rechtsbeziehungen nur zwischen Hauptmakler und Untermakler, nicht aber zwischen Untermakler und Auftraggeber bestehen, kann der Untermakler seinen **Vergütungsanspruch nur gegen den Hauptmakler** geltend machen. Auch aus § 354 HGB (vgl für das Verhältnis Makler – Auftraggeber § 652 Rn 62 ff) kann der Untermakler keinen unmittelbaren Anspruch gegen den Auftraggeber herleiten, und zwar schon deshalb nicht, weil er seine etwaigen Dienste nicht dem Auftraggeber, sondern dem Hauptmakler geleistet hat (BGH BB 1964, 906 f).

38 Schaltet der vom Verkäufer oder Käufer eingeschaltete Makler einen weiteren Makler ein, so ist darin mindestens ein **stillschweigend geschlossener Untermaklervertrag** zu sehen (OLG München AIZ 1966, 16). Damit gilt auch die Provisionsbeteiligung als stillschweigend vereinbart. Die Höhe der Beteiligung ist dann nach dem am Ort geltenden Handelsbrauch zu bestimmen (BGH BB 1963, 835). Der Untermakler kann zur Durchsetzung seines Anspruchs gemäß § 810 BGB vom Hauptmakler Einsicht in die Provisionsabrechnung verlangen, die dieser von seinem Auftraggeber erhalten hat

(BGH LM § 810 BGB Nr 3). Der Hauptmakler kann von seinem Auftraggeber den gezahlten Untermaklerlohn nur nach Maßgabe des § 652 Abs 2 S 1 BGB ersetzt verlangen (BGH NJW 1965, 293, 294).

3. Der Zubringermakler

a) Dogmatische Eigenart

Im Gegensatz zum Untermaklervertrag, bei dem eine gewollte und auf Vereinbarung 39
beruhende Zusammenarbeit zwischen den Maklern stattfindet, treffen die Parteien beim Zubringergeschäft **keine Vereinbarung über eine Zusammenarbeit** (BGH BB 1963, 835). Die Tätigkeit des Zubringermaklers erschöpft sich in der Benennung eines Interessenten. Führt der Nachweis zum Erfolg, wird der Zubringer an der Provision beteiligt. Der Zubringervertrag ist ein Maklervertrag iS der §§ 652 ff BGB (BGH NJW 1974, 1081 f). Der Zubringer ist damit im Gegensatz zum Untermakler nur bei Ursächlichkeit seines Hinweises für den Erfolg des Hauptmaklervertrages an der Provision zu beteiligen (BeckOGK/Meier [1. 1. 2026] § 652 Rn 50; Mormann WM 1971, 1066, 1076). Im Zweifel hat er einen wesentlich geringeren Provisionsanteil zu beanspruchen als der Hauptmakler (BGH BB 1963, 835, 836; LG Hamburg AIZ 1992 H 9 A 178 Bl 10).

Haben mehrere Makler eine generelle Provisionsteilung vereinbart, so ist damit 40
noch keine ausreichende Grundlage für die Annahme von beiderseitigen Verpflichtungen zum Tätigwerden gegeben. Ein Gesellschaftsvertrag kann deshalb nicht angenommen werden (BGH BB 1968, 729). Ein Untermaklervertrag kann auch nicht angenommen werden, da keine Vereinbarung über eine Unterstützung des einen Maklers durch den anderen Makler bei der Durchführung von einzelnen Aufträgen getroffen wurde. Der Sinn der Regelung erschöpft sich daher darin, dass, wenn immer der eine Makler dem anderen einen Interessenten benennt und damit einen Zubringervertrag anbietet, die Provisionsverteilungsabrede Vertragsbedingung des einzelnen Zubringervertrages werden soll (BGH BB 1968, 729).

b) Abgrenzungsprobleme

Abgrenzungsschwierigkeiten zwischen Zubringervertrag und Untermaklervertrag er- 41
geben sich vor allem, wenn der Vertrag stillschweigend geschlossen wird. In diesem Fall ist es ein Indiz für einen Zubringervertrag, wenn der antragende Makler kein Büro unterhält und wenn bei ihm keine besonderen Geschäftskosten anfallen. Es kann dann angenommen werden, dass er sich damit begnügt, einem Maklerkollegen eine Geschäftsmöglichkeit gegen eine geringe Gebühr zu benennen (BGH BB 1963, 835).

Noch schwieriger ist die **Abgrenzung zum Gemeinschaftsgeschäft**. Zwar scheidet ein 42
Gemeinschaftsgeschäft aus, wenn der antragende Makler Interessenten benennen will, mit denen er selbst keinen Maklervertrag abgeschlossen hat (Rn 43). Umgekehrt ist es jedenfalls ein Indiz für ein Gemeinschaftsgeschäft, wenn der antragende Makler seinen Kunden nicht nur als Interessenten benennt, sondern sich an der Zusammenführung mit einem Kunden des annehmenden Maklers beteiligt (Rn 35). Erschöpft sich die Tätigkeit des antragenden Maklers in der Benennung eines Interessenten, so muss den bei Vertragsschluss von den Parteien abgegebenen Erklärungen entnommen werden, ob sie ein Gemeinschaftsgeschäft wollen oder ob die antragen-

de Partei einen Zubringervertrag schließen will (BGH BB 1963, 835; vgl auch BGH DB 1982, 170).

4. Das Gemeinschaftsgeschäft

a) Dogmatische Eigenart

43 Ein **Gemeinschaftsgeschäft** liegt vor, wenn ein Makler einem oder mehreren Maklern ein schriftliches Angebot über eine konkrete Geschäftsmöglichkeit zur gemeinsamen Bearbeitung macht und dieses Angebot angenommen wird (vgl § 1 Abs 1 der Geschäftsgebräuche für Gemeinschaftsgeschäfte unter Maklern [GfG], abrufbar unter https://ivd.net/wp-content/uploads/2023/05/Gemeinschaftsgeschaefte_20100611_ivd_gfg.pdf). Vom Untermaklervertrag unterscheidet sich das Gemeinschaftsgeschäft regelmäßig dadurch, dass die beteiligten Makler nicht auf der gleichen, sondern auf entgegengesetzter Seite – zB der eine auf der Käufer-, der andere auf der Verkäuferseite – tätig werden (OLG Hamburg AIZ 1992 H 4 A 175 Bl 3; MünchKommBGB/Althammer § 652 Rn 290). Ebenso wie der Untermaklervertrag begründet das Gemeinschaftsgeschäft zwischen den beteiligten Maklern ein partiarisches Rechtsverhältnis besonderer Art, kein Gesellschaftsverhältnis (BGH MDR 1967, 40; WM 1986, 1288; OLG Frankfurt AIZ 1981 H 6 A 190 Bl 3; BeckOGK/Meier [1. 1. 2026] § 652 Rn 53). Insbesondere fehlt die für ein Gesellschaftsverhältnis unerlässliche Bindung an das gemeinsame Interesse, die es den beteiligten Maklern verböte, den Erfolg des Gemeinschaftsgeschäfts durch Nutzung konkurrierender Vertragsgelegenheiten zu vereiteln (vgl § 4 GfG). Da die Makler ihrerseits von Parteien mit entgegengesetzten Interessen beauftragt sind, besteht vielmehr für sie eine **verschiedene Interessenbindung**, deren Verletzung nach hM analog § 654 BGB sogar mit der Verwirkung des Lohnanspruchs bedroht ist (vgl § 654 Rn 11 ff; ferner unter Rn 48).

44 Wie ein Gemeinschaftsgeschäft positiv einzuordnen ist, lässt sich unter diesen Umständen nur sehr schwer beurteilen. Der BGH vertritt insoweit die Auffassung, dass es keinen gesetzlichen Vertragstypus gebe, den man auf die Zusammenarbeit von Maklern anwenden könne; maßgeblich soll daher allein die vertragliche Vereinbarung zwischen den Beteiligten sein, die gegebenenfalls auszulegen sei (BGH NJW 1982, 1052; OLG Celle AIZ 1984 H 4 A 178 Bl 5).

b) Rechtsnatur der Geschäftsgebräuche für Gemeinschaftsgeschäfte (GfG)

45 Gemeinschaftsgeschäfte zwischen IVD-Maklern werden regelmäßig nach den von den früheren Maklerverbänden RDM und VDM entwickelten **GfG** (Rn 43) abgewickelt (vgl dazu Pauly NZM 2006, 161; Zerres ZfIR 2004, 361). Dabei handelt es sich selbstverständlich nicht um Rechtsnormen. Auch die Unterwerfung der Mitglieder der Maklerverbände unter die von ihrem Verband gesetzten Regelungen ändert daran nichts. Die Vereinsautonomie deckt nur die Gestaltung der **mitgliedschaftlichen Rechte und Pflichten**, nicht diejenige von Verträgen, die einzelne Mitglieder miteinander abschließen (insoweit richtig BGH WM 1986, 1288). Allenfalls können die Mitglieder durch die Verbandssatzung verpflichtet sein, ihre Verträge nach dem gewünschten Muster zu vereinbaren. Halten sie sich nicht daran, so mag der Verband zu Sanktionen berechtigt sein. Die Geltung der Musterinhalte ohne Vereinbarung ist auf jeden Fall ausgeschlossen (OLG Düsseldorf NJW-RR 1998, 1666). Nach Ansicht des BGH enthalten die GfG aber auch **keinen Handelsbrauch** im Sinne des § 346 HGB. Für ihre Geltung soll stets erforderlich sein, dass die am Gemeinschaftsgeschäft be-

teiligten Makler sie ausdrücklich oder stillschweigend zum Bestandteil ihrer Vereinbarungen gemacht haben. In concreto hat der BGH mit dieser Begründung einen Kundenschutz nach § 11 GfG abgelehnt (BGH NJW 1982, 1502; vgl auch BGH WM 1986, 1288; OLG Frankfurt AIZ 1992 H 3 A 175 Bl 2). Dieser Auffassung hat sich das Schrifttum mehrheitlich angeschlossen (BeckOGK/Meier [1. 1. 2026] § 652 Rn 59; MünchKommBGB/Althammer § 652 Rn 292; Soergel/Engel § 652 Rn 178; Hamm Rn 56; Pauly NZM 2006, 161; für Berücksichtigung im Rahmen des § 157 BGB Zopfs, Maklerrecht Rn 183). Demgegenüber ist von Reuter für die Annahme eines Handelsbrauchs plädiert worden (Staudinger/Reuter [2010] Vorbem 45 zu §§ 652 ff). Für den Standpunkt der hM spricht indes bereits, dass die GfG in ihrer Präambel selbst von ihrer Einbeziehung durch eine Vereinbarung durch die Parteien ausgehen. Große praktische Bedeutung hat das Problem im Übrigen nicht mehr, weil die Praxis sich inzwischen den Anforderungen des BGH angepasst hat. Dies wird ihr dadurch erleichtert, dass die Vereinbarung der GfG nur für die erstmalige Zusammenarbeit gefordert wird. Weitere Zusammenarbeit in der Folgezeit soll eine schlüssige Inbezugnahme enthalten (OLGR Frankfurt 1996, 229).

c) Rechte und Pflichten der Beteiligten nach den GfG

Voraussetzung eines Gemeinschaftsgeschäfts ist das **Vorliegen eines Maklervertrags** 46
beim anbietenden Makler (§ 2 Abs 1 GfG). Das bloße Wissen um eine Geschäftsmöglichkeit reicht nicht aus, so dass der Makler, der sein Wissen an einen anderen Makler weitergegeben hat, keinen Anspruch auf Beteiligung an der Provision erwirbt, wenn der andere die Geschäftsmöglichkeit mit Erfolg wahrnimmt (OLG Hamburg AIZ 1986 H 12 A 175 Bl 1). Als ordnungsgemäßes Angebot iS von § 1 Abs 1 GfG ist nur die unmittelbare Mitteilung über den Inhalt einer Geschäftsmöglichkeit mit allen wesentlichen Einzelheiten anzusehen (§ 3 Abs 1 GfG). Für den Abschluss eines Gemeinschaftsgeschäftes nach den GfG genügt es daher nicht, dass der erste Makler dem zweiten von dem Objekt lediglich Kenntnis gibt. Das Angebot muss so ausführlich sein, dass der zweite Makler anhand des Angebots eine Verkaufsaufgabe für einen Interessentenkreis fertigen kann. Der zweite Makler muss erkennen können, ob es sich lohnt, das Angebot anzunehmen und Kosten in die Vermittlung des Objekts zu investieren (OLG Hamburg MDR 1973, 225). Das Gemeinschaftsgeschäft kommt durch Annahme oder durch Verwertung des ordnungsgemäßen Angebots zustande (§ 1 Abs 1 GfG). Nicht als Annahme gilt die Verwertung ausnahmsweise dann, wenn der zweite Makler die Vertragsgelegenheit bereits gekannt hat. Dieser ist aber verpflichtet, das Angebot unverzüglich deshalb zurückzuweisen (§ 2 Abs 3 GfG).

Wesentlicher Inhalt der GfG sind die Regelungen über die Teilung der Provision (§ 9 47
Abs 2 GfG) und die Sicherung eines Kundenschutzes (§ 11 GfG). Nach § 11 GfG bleibt der Kundenschutz über eine Schutzfrist von grundsätzlich ein Jahr hinweg bestehen (zur Auslegung OLG Hamm AIZ 1994 H 5 A 178 Bl 12). Damit kann ein am Gemeinschaftsgeschäft beteiligter Makler gegen den Anspruch auf Provisionsteilung nicht geltend machen, der andere Makler habe das Gemeinschaftsgeschäft fristlos gekündigt (BGH DB 1969, 1985; vgl auch § 14 Abs 1 GfG). Nach OLG München AIZ 1965, 259 muss umgekehrt der fristlos kündigende Makler den für die Kündigung verantwortlichen anderen Makler nicht an der Provision beteiligen, wenn er nach der Kündigung den Hauptvertrag zustande bringt. Das Gemeinschaftsgeschäft wird auch nicht dadurch beendet, dass einer der beteiligten Makler seinen Auftraggeber infolge Kündigung des Maklervertrags verliert, und zwar auch dann nicht, wenn statt seiner der andere am Gemeinschaftsgeschäft beteiligte Makler beauftragt wird (OLG Frank-

furt AIZ 1992 H 3 A 175 Bl 2). Allerdings kann sich aus dem Inhalt des Gemeinschaftsgeschäfts etwas anderes ergeben (LG Landau AIZ 1990 H 7 A 178 Bl 9). Der Anspruch auf Beteiligung an der Provision wird fällig, wenn der forderungsberechtigte Makler sie erhalten hat (KGR 1998, 237). Will ein forderungsberechtigter Makler den Provisionsanspruch nicht gerichtlich durchsetzen, so hat er ihn einschließlich Übergabe der Unterlagen auf Verlangen an den anderen Makler abzutreten. Einen Anteil an der Provision hat er dann nicht mehr (vgl § 10 Abs 3 GfG; OLG Düsseldorf NJW-RR 1999, 1280).

48 Wer mit der hM in **§ 654 BGB** den allgemeinen Rechtsgedanken der Lohnunwürdigkeit eines Maklers verankert sieht, der gegenüber dem Auftraggeber Parteiverrat oder eine ähnliche schwerwiegende Verfehlung begangen hat (vgl dazu krit § 654 Rn 1 ff), muss folgerichtig analog § 654 BGB auch die Verwirkung des Provisionsteilungsanspruchs wegen gravierenden Verstoßes gegen die Gemeinschaftspflichten befürworten. Ein so schwerwiegender Verstoß kann nicht allein darin gesehen werden, dass der am Gemeinschaftsgeschäft beteiligte Makler vorsätzlich die Vereinbarung verletzt, einen dritten Makler nicht am Geschäft zu beteiligen. Vielfach ist die Beteiligung weiterer Makler am Gemeinschaftsgeschäft üblich. Eine Beteiligung kann sogar im Interesse des Auftraggebers liegen, so dass das vertragliche Beteiligungsverbot eine Pflichtenkollision erzeugt, auf die der berechtigte Partner des Gemeinschaftsgeschäfts Rücksicht nehmen muss (LG Mönchengladbach MDR 1970, 232). Unberührt von der Ablehnung eines schwerwiegenden Vertragsverstoßes im Sinne der analogen Anwendbarkeit des § 654 BGB bleibt die Schadensersatzpflicht des Maklers, der seine Pflichten aus dem Gemeinschaftsgeschäft verletzt (§ 14 Abs 2 GfG). Ist im Vertrag über das Gemeinschaftsgeschäft eine bestimmte Provisionshöhe vorgesehen, so schuldet der eine Partner dem anderen Schadensersatz, wenn er mit dem Auftraggeber ohne zwingenden Grund eine niedrigere oder überhaupt keine Provision vereinbart oder sich nachträglich mit der Herabsetzung einverstanden erklärt (BGH WM 1986, 1288, 1289; BGH AIZ 1996 A 178 Bl 15; OLG Karlsruhe NJW-RR 1993, 762, 763; OLG Frankfurt AIZ 1994 H 9 A 178 Bl 13). Das Gleiche gilt, wenn statt einer bestimmten Provision die ortsübliche (stillschweigend) im Gemeinschaftsgeschäft in Bezug genommen worden ist (OLG Frankfurt AIZ 1992 H 3 A 175 Bl 2).

d) Bedeutung des Gemeinschaftsgeschäfts im Außenverhältnis zu den Maklerkunden

49 Das Gemeinschaftsgeschäft macht den Makler **nicht** zum **Erfüllungsgehilfen** des jeweils anderen Maklers im Verhältnis zu seinem Auftraggeber. Da jeder Makler auf seiner Seite bleiben muss, scheidet eine bewusste Tätigkeit als Gehilfe im Dienst des Maklers der Gegenseite regelmäßig aus (BeckOGK/Meier [1. 1. 2026] § 652 Rn 56; MünchKommBGB/Althammer § 652 Rn 290). Allerdings ist zu beachten, dass der Erfüllungsgehilfe sich seiner Rolle nicht unbedingt bewusst zu sein braucht (BGHZ 13, 111, 114). Deshalb kommt es nicht auf das Innenverhältnis, sondern darauf an, wie das Handeln eines zweiten Maklers gegenüber dem Auftraggeber erscheint. Hat der erste Makler gegenüber seinem Auftraggeber den Eindruck erweckt, der zweite Makler sei sein Unter- oder Mitmakler und handele auf der gleichen Seite, so haftet er über § 278 BGB für ein Verhalten des zweiten Maklers, das in seiner eigenen Person eine Pflichtverletzung darstellen würde (vgl Hamm Rn 62). Denkbar ist auch, dass der zweite Makler zugleich als Makler der Vertragsgegenseite und als Erfüllungsgehilfe des ersten Maklers auftritt, so dass die Nachweistätigkeit des zweiten Maklers im Falle des Zustandekommens des Hauptvertrags den Provisionsanspruch des ersten Maklers begründet. Voraussetzung dafür ist, dass der erste Makler zuvor zu erkennen gegeben hat, er werde seine Nachweisobliegenheit nicht notwendig selbst, sondern uU auch durch den zweiten Makler erfüllen (ebenso MünchKommBGB/Althammer § 652 Rn 292; Soergel/Engel § 652 Rn 189; LG Düsseldorf AIZ 1990 H 6 A 178 Bl 8; tendenziell OLG Stuttgart NZM 2002, 828). Hat der Auftraggeber sich seinem Makler gegenüber ausdrücklich auch für den Fall des Nachweises durch den Makler der Gegenseite (und des Zustandekommens des Hauptvertrags) zur Provisionszahlung verpflichtet, so liegt ein selbstständiges Provisionsversprechen vor (BGH NJW-RR 1991, 686 f; vgl § 652 Rn 190 f).

Die Voraussetzungen des Provisionsanspruchs bestimmen sich nach den Parteien des **50** konkreten Maklervertrags. Provisionsschädliche Umstände in der Person anderer Beteiligter des Gemeinschaftsgeschäfts spielen keine Rolle. So kann ein mit seinem Auftraggeber institutionell verflochtener Makler die Provision auch dann nicht beanspruchen, wenn er mit dem Makler der Gegenseite auf der Grundlage eines Gemeinschaftsgeschäfts zusammenarbeitet. Weder wird dem Makler der Gegenseite die institutionelle Verflechtung seines Partners mit dem nachgewiesenen Interessenten noch dem institutionellen verflochtenen Makler die Maklertätigkeit seines Partners für die Gegenseite zugerechnet (OLGR Dresden 1997, 311).

5. Das Franchise-System

a) Dogmatische Eigenart

Vereinzelt werden Maklerleistungen auch nach dem **Franchise-System** angeboten. **51** Danach schließt ein Maklerunternehmen, der sog Franchise-Geber, mit anderen Maklern, den sog Franchise-Nehmern, Verträge ab, die es diesen gegen eine Gebühr erlauben, ihre Leistungen unter dem Markenzeichen und mit dem spezifischen Service-Paket des Franchise-Gebers anzubieten. Der Franchise-Geber fungiert außerdem als Zentrale, die zB ein Computer-System zum Zweck der Zusammenführung auch überregionaler Vertragsinteressenten unterhält. Die einzelnen Franchise-Nehmer schließen die Maklerverträge mit den Kunden im eigenen Namen und auf eigene Rechnung (Beschreibung praktischer Beispiele bei Gross 58 ff). Soweit sie sich zur Erfüllung ihrer Pflichten der Zentrale bedienen, haften sie für deren Fehlverhalten nach § 278 BGB. Die Rechtsnatur der Franchise-Verträge variiert je nach der Gestaltung der Beziehungen im Einzelfall. Anders als in den typischen Franchise-Systemen zwischen einem Warenproduzenten als Franchise-Geber und den Vertriebshändlern als Franchise-Nehmern sind allerdings im Zusammenhang mit Makler-Franchise-Systemen Geschäftsbesorgungsverträge im Sinne des § 675 BGB (mit anderstypischen Zusatzelementen – sog Subordinations-Franchising) nicht denkbar (**aA** Gross 73; vgl dazu Martinek, Franchising 247 f, 265 ff). Denn der Franchisenehmer verkauft nicht standardisierte Produkte des Franchisegebers, sondern beschafft am Markt auf die Bedürfnisse seiner Kunden hin maßgeschneiderte Vertragsgelegenheiten. Neben der Effizienzsteigerung durch die Koordination von Wissen um Geschäftschancen, die das Ziel aller Formen der Zusammenarbeit von Maklern ist, wird vor allem der Aufbau einer „Marke" angestrebt, die dem einzelnen Makler über die Teilhabe an einer einheitlichen Aus- und Fortbildung sowie über ein einheitliches Auftreten einen Wettbewerbsvorsprung verschafft (vgl dazu Gross 109 ff). Das sachgerechte Regelungsinstrument dürften vielmehr durch einen langfristigen Rahmenvertrag verbundene, parallele gemischttypische Austauschverträge mit lizenz-, dienst- und werkvertraglichen Elementen sein, kraft deren die Sicherung des für den gemeinsamen Erfolg notwendigen positiven Rufs des Systems Recht und Pflicht des Franchise-Gebers ist (sog **Koordinations-Franchising**, vgl MARTINEK, Franchising 251, 378 ff, 384 ff). Denkbar ist aber auch, dass die Austauschverträge mit dem Franchise-Geber durch horizontale Beziehungen der Franchise-Nehmer in der Rechtsform einer nicht rechtsfähigen GbR ergänzt und überlagert werden; die Franchise-Nehmer sind dann nicht nur gegenüber dem Franchise-Geber, sondern auch untereinander verpflichtet, sich den Systemanforderungen im gemeinsamen Interesse unterzuordnen (sog **Konföderations-Franchising**, vgl MARTINEK, Franchising 252, 410 ff).

b) Rechtliche Problematik

52 Die rechtliche Problematik des für das Makler-Franchise-System typischen **Koordinations-Franchising** knüpft einmal daran an, dass die es konstituierenden Vereinbarungen wegen des Bedürfnisses nach Systemeinheit geradezu begriffsnotwendig vom Franchise-Geber **einseitig vorformuliert** sind und deshalb den §§ 305 ff BGB unterfallen. Daraus wird man freilich für die werkvertraglichen, dienstvertraglichen usf Einzelelemente keine Bindung an das jeweilige gesetzliche Leitbild ableiten dürfen. Denn eine derartig isolierende Betrachtungsweise passt nicht damit zusammen, dass die Verbindung der Teile eine qualitativ besondere Interessenlage schafft (vgl MARTINEK, Franchising 100 ff). Das Koordinations-Franchising bildet grundsätzlich einen gesetzlich nicht geregelten Vertragstypus der Gruppenkoordination, dessen Leitbild erst noch zu entwickeln ist (**aA** GROSS 162: Typenkombinationsvertrag). Immerhin ist das speziell für das Makler-Franchising weniger selbstverständlich als sonst. Denn im Fall des Makler-Franchising fehlt das systemspezifische Produkt, das Bezugspunkt der Rechte und Pflichten im Franchisevertrag ist und ihrer Zusammenfassung eine andere Qualität als der Summe ihrer Einzelelemente verleiht. Im Kern verträgt die Orientierung der Maklertätigkeit am Bedarf des individuellen Kunden (Rn 48) Eingriffe in die Autonomie des Franchisenehmers nur, soweit es um die Betriebsmittel, nicht, soweit es um die Betriebsführung, dh die Bedienung der Kunden geht (GROSS 120). Die Beschränkung der Freiheit der Betriebsführung bedarf, damit sie der Inhaltskontrolle nach § 307 BGB standhält, einer besonderen Rechtfertigung. Das gilt insbesondere auch für die zugleich kartellrechtlich bedenklichen (BeckOGK/MEIER [1. 1. 2026] § 652 Rn 62) Gebietsbeschränkungen, die nicht weitergehen dürfen, als dies zur Aufrechterhaltung des Systems erforderlich ist (vgl GROSS 122). Darüber hinaus spricht schon im Ansatz viel dafür, das Koordinations-Franchising relativ lockeren Bindungen vorzubehalten. Werden die Franchise-Nehmer so sehr in das System integriert, dass sie sich daraus nur noch unter unverhältnismäßigen Schwierigkeiten lösen können, so wird die einseitige Dominanz des Franchise-Gebers über das System, insbesondere seine Anpassung an wechselnde Marktgegebenheiten, unerträglich. Das Koordinations-Franchising muss dann (mit der Folge des § 310 Abs 4 S 1 BGB) dem **Konföderations-Franchising** weichen, in dem die Einheitlichkeit des Images, die Marketinggemeinschaft, die Wettbewerbseinheit und die Systemkonsistenz auf einem **Gesamtwillen** beruhen (MARTINEK, Franchising 252). Namentlich haben dann die für das System wichtigen Entscheidungen in Gremien zu fallen, deren Besetzung und Willensbildungsprozess den Franchise-Nehmern einen angemessenen Einfluss sichern. Zum anderen ist zu beachten, dass das Koordinations-Franchising und erst recht das Konföderations-Franchising ein Dauerschuldverhältnis von verbandsähnlichem Zuschnitt erzeugen. Daraus ergibt sich für den Franchise-Geber ein Gleichbe-

handlungsgebot (aA Martinek, Franchising 622 ff: nur § 26 Abs 2 GWB aF) und im Verhältnis von Franchise-Geber und Franchise-Nehmern eine wechselseitige Treuepflicht (zum Ganzen grundlegend und ausführlich Gross 73 ff, der allerdings davon ausgeht, die in der Praxis vorhandenen Makler-Franchise-Systeme seien Fälle des Subordinations-Franchising. Konstitutiv für das Subordinations-Franchising ist der Geschäftsbesorgungscharakter, der beim Makler-Franchising mangels Besorgung eines Geschäfts des Franchisegebers – der Franchisenehmer setzt keine Dienstleistungen des Franchisegebers ab – von vornherein nicht denkbar ist).

Nichts mit Franchising zu tun haben Fallgestaltungen, in denen ein Maklerunterneh- 53
men durch ein Vertragssystem andere „Makler" an sich bindet, die die Maklerverträge mit den Kunden im Namen und für Rechnung der Zentrale abschließen (unrichtig BGH WM 1978, 245, 246; Hamm Rn 63; wie hier Gross 3). Diese „Makler" sind im Rechtssinne (Abschluss-)Handelsvertreter des als Zentrale fungierenden Maklerunternehmens (§ 84 HGB). Soweit sie Hauptverträge zwischen ihren Kunden vermitteln, wird die Zentrale wegen ihrer Stellung als Partei sämtlicher von ihren Handelsvertretern abgeschlossener Maklerverträge zum Doppelmakler. Es gilt also vorbehaltlich vereinbarter Doppelmaklertätigkeit § 654 BGB. Ferner kann auf der Grundlage der hM (vgl dazu krit § 654 Rn 1 ff) der Provisionsanspruch der Zentrale analog § 654 BGB verwirkt werden, wenn einer ihrer Handelsvertreter zugunsten eines von ihm bearbeiteten Kunden die ordnungsgemäße Erfüllung eines über einen anderen Handelsvertreter zustande gekommenen Maklervertrags hintertreibt (vgl auch BGH WM 1978, 245, 246).

VI. Maklertätigkeit als berufsfremde Tätigkeit

1. Allgemeines

Das wichtigste Betriebskapital des Maklers ist der Überblick über den Markt und 54
der Zugang zu Marktinformationen. Neben der Berufsgruppe der Makler haben auch **andere Berufsgruppen** detaillierten Einblick in besondere Märkte. Bestimmte Berufsgruppen wie Rechtsanwälte, Notare, Ingenieure und Architekten erwerben im Zusammenhang mit ihrer Tätigkeit zwangsläufig besondere Marktkenntnisse. Andererseits haben diese Berufsgruppen andersartige Funktionen zu erfüllen. Ihnen wird oft besonderes Vertrauen entgegengebracht. Der Gesetzgeber hat für sie besondere Berufsordnungen geschaffen. Verwerten Mitglieder dieser Berufsgruppen ihre Marktinformationen, so üben sie eine berufsfremde Tätigkeit aus.

2. Die Maklertätigkeit eines Rechtsanwalts

a) Bedeutung des Typenzwangs für Anwaltstätigkeit

In der Praxis kommt es häufiger vor, dass bei größeren Projekten ein **Rechtsanwalt** 55
mit der Vermittlung von Immobilien oder der Beschaffung von Krediten beauftragt wird (Finanzierungsmandat). Der Rechtsanwalt handelt dann nicht mehr im Bereich seiner eigentlichen Aufgabe, rechtlichen Beistand zu gewähren. Die Qualifikation eines Vertrages über solche Tätigkeiten als Anwalts- oder Maklervertrag unterliegt gleichwohl nicht der privatautonomen Vereinbarung. Vielmehr besteht für die Anwaltstätigkeit ein **Typenzwang**. Der „Flucht" in den Maklervertrag steht einmal § 3a RVG entgegen, der für die Honorarvereinbarung zum Schutz der Klienten ein zwingendes Formerfordernis aufstellt. Diese Schutzvorschrift könnte umgangen werden,

wenn die Vereinbarung eines Maklervertrages möglich wäre. Außerdem fordert die Stellung des Rechtsanwalts die zwingende Unterordnung unter das Recht des Anwaltsdienstvertrages, denn die Anwendung von Maklerrecht würde die Vereinbarung eines Erfolgshonorars zur Folge haben. Die Vereinbarung eines Erfolgshonorars ist zwar im Einzelfall im Interesse des Auftraggebers zulässig (§ 4a RVG, vgl auch BVerfG NJW 2007, 979). Grundsätzlich ist sie aber nach § 49b Abs 2 BRAO verbotswidrig und damit nach § 134 BGB nichtig. Als unabhängiges Organ der Rechtspflege hat sich der Anwalt bei der Erfüllung seiner Aufgaben allein von Rücksichten auf die betriebene Sache leiten zu lassen. Diese notwendige Objektivität ist im Zweifel konkret gefährdet, wenn die Höhe der Vergütung des Anwalts von dem Ausmaß des Erfolges in der Sache selbst abhängt (BGHZ 39, 142, 146 f; BGH WM 1976, 1135 ff; BGH WM 1977, 551 ff; BGH NJW-RR 1990, 948). Eine in der Hauptsache vermittelnde Tätigkeit ändert daran nichts. Auch dann besteht die Gefahr, dass der Rechtsanwalt, nur um einen möglichst günstigen Abschluss zu erreichen, im Widerspruch zur wahren Sach- und Rechtslage rechtlich nicht zu billigende Mittel einsetzt (BGH WM 1977, 551, 553). Erst wenn die Rechtsberatung und Rechtsbesorgung als völlig unwesentlich in den Hintergrund tritt, endet der Rechtsformzwang zugunsten des Anwaltsvertrags (OLG Hamm NJW-RR 1995, 951).

56 Dem Typenzwang für die Anwaltstätigkeit entspricht, dass **im Zweifel** nicht von einem Maklervertrag, sondern von einem **Anwaltsvertrag** auszugehen ist. Denn typischerweise will derjenige, der mit der Vermittlung eines Darlehens oder eines Grundstücks nicht einen berufsmäßigen Makler, sondern einen Rechtsanwalt beauftragt, die rechtliche Hilfe des Anwalts insbesondere für die Prüfung der Vertragsbedingungen in Anspruch nehmen (Gerold MDR 1954, 23). Dabei gilt der Typenzwang – der Reichweite des Vorbehalts gegen das Erfolgshonorar entsprechend – unabhängig davon, ob diese rechtliche Hilfe oder die Vermittlungstätigkeit den Schwerpunkt des Auftrags bildet (BGHZ 18, 340; BGHZ 57, 53; BGH WM 1976, 1135; BGH WM 1977, 551, 552; BGH WM 1985, 1401, 1402). Folge der Qualifikation als Anwaltsdienstvertrag ist, dass der Rechtsanwalt keinen Maklerlohn, sondern nur seine Vergütung als Rechtsanwalt fordern kann, in der die Vergütung für seine Maklertätigkeit aufgeht (BGH NJW 1971, 2227; BGH BB 1962, 1057 f). Neben dem Provisionsanspruch kann auch eine Vergütung nach der Gebührenordnung ausgeschlossen sein, wenn eine Provision vereinbart wurde, der Erfolg aber nicht eingetreten ist. Der Rechtsanwalt kann nämlich Gebühren nach dem RVG nicht geltend machen, wenn er sich dadurch in einer gegen Treu und Glauben verstoßenden Weise zu der Erklärung in Widerspruch setzt, die er bei Abschluss des von ihm vorgeschlagenen Maklervertrages abgegeben hat (BGHZ 18, 340; BGH WM 1976, 1135 ff). Dies ist etwa dann anzunehmen, wenn die rechtsberatende Tätigkeit durch den Maklerlohn mitabgegolten werden sollte. Ist das nicht der Fall, so kann der Anwalt auch bei Fehlschlagen seiner Vermittlungsbemühungen trotz Provisionsvereinbarung eine Vergütung für seine beratende Tätigkeit verlangen (vgl BGH WM 1976, 1135 ff).

b) Anforderungen an eine reine Maklertätigkeit des Anwalts

57 Eine **reine Maklertätigkeit** des Anwalts auf der Grundlage eines Maklervertrags kann **nur in besonderen Ausnahmefällen** angenommen werden (Gerold, Anm zu LG Stade NJW 1953, 1356; vgl auch die Fälle von OLG Hamburg HRR 1933 Nr 1574 = HansRGZ 1932 B 622; OLG Naumburg HRR 1940 Nr 222). Sie setzt voraus, dass die anwaltliche Tätigkeit gegenüber der Maklertätigkeit ganz zurücktritt, unwesentlich erscheint und keine Rolle

spielt (BGHZ 18, 340; BGH BB 1962, 1057; BGHZ 57, 53; BGH VersR 1970, 136; BGH WM 1976, 1135; BGH WM 1977, 551; BGH WM 1985, 1401; BGH NJW-RR 1990, 948; BGH NJW 1992, 681). Unter diesen Umständen wird die Anwaltstätigkeit neben der Maklertätigkeit auch rechtlich unerheblich. Soweit der Vertrag über eine solche Tätigkeit Anwaltsvertrag genannt wird, handelt es sich um eine falsa demonstratio; der Vertrag ist Maklervertrag und unterliegt demzufolge maklerrechtlichen Grundsätzen (OLG Hamm NJW-RR 1995, 951). Die Anforderungen an eine solche Fallgestaltung sind verschieden, je nachdem, ob der Anwalt sich als Nachweis- oder als Vermittlungsmakler betätigt. Ein Maklervertrag ist ohne weiteres anzunehmen, wenn die Maklertätigkeit sich auf den Nachweis einer Abschlussmöglichkeit beschränkt. Bei einem Vermittlungsauftrag müssen dagegen konkrete Anhaltspunkte für den Ausschluss einer anwaltlichen Tätigkeit vorliegen. So ist etwa denkbar, dass der Auftraggeber ausdrücklich nicht wünscht, anwaltlich beraten zu werden (vgl BGH BB 1956, 799; 1962, 1057). Der Auftraggeber kann auch dadurch, dass er den Rechtsrat eines ständig für ihn tätigen Rechtsanwalts einholt, zum Ausdruck bringen, dass der mit der Vermittlung beauftragte Rechtsanwalt gerade nicht in die Rechtsberatung eingeschaltet, sondern auf die Maklertätigkeit beschränkt sein soll (BGH VersR 1970, 136, NJW 1992, 681, 682). Schließlich liegt ein reiner Maklerauftrag auch dann vor, wenn sich der Auftrag des Rechtsanwalts darin erschöpft, den Kontakt zwischen den künftigen Vertragsparteien herzustellen oder einen potenziellen Partner unter Einsatz persönlicher Verbindungen für ein Geschäft zu interessieren (vgl BGH BB 1956, 799).

c) Standesrechtliche Bewertung der Maklertätigkeit von Anwälten

Soweit der Rechtsanwalt die vermittelnde Tätigkeit in Verbindung mit einer juristi- **58**
schen Tätigkeit ausübt und ein Anwaltsdienstvertrag abgeschlossen wird, ist die Vermittlung **standesrechtlich** einwandfrei (vgl Kimmig, Anm zu BGH, AnwBl 1956, 255, 257). Die reine Maklertätigkeit des Anwalts ist dagegen berufsfremd und deshalb standesrechtlich unerwünscht. Das zeigt sich auch daran, dass ein Makler nicht zur Rechtsanwaltschaft zugelassen wird, weil die Ausübung des Berufs eines Maklers mit dem Beruf eines Rechtsanwalts nicht vereinbar ist (vgl BGH NJW 1976, 628; BGB NJW 2008, 517, 518 [Immobilienmakler]; BGH NJW 2004, 212; Überblick auch bei Fischer NJW 2016, 3220, 3221). Allerdings wird die Wirksamkeit der von einem Rechtsanwalt abgeschlossenen Maklerverträge davon nicht berührt (BGH NJW 1981, 399; BGH NJW 1992, 681, 683; BGH NJW 2000, 3067, 3068; BGH NJW 2001, 1569).

3. Die Maklertätigkeit eines Notars

a) Das Vermittlungsverbot nach § 14 Abs 4 BNotO

Dem **Notar** ist es nach § 14 Abs 4 BNotO verboten, Darlehens- sowie Grundstücks- **59**
geschäfte zu vermitteln. Dieses Verbot erstreckt sich auf Rechtsanwälte, die mit einem (Anwalts-)Notar in einer Sozietät verbunden sind (BGH NJW 2001, 1569, 1570; Fischer NJW 2016, 3220, 3221; krit Dehner NJW 2002, 3747, 3750). Unter das Verbot fällt jede Tätigkeit, die darauf abzielt, Darlehens- und Kaufparteien zusammenzuführen. Verboten ist nicht nur eine vermittelnde, sondern auch eine nachweisende Tätigkeit. Das Verbot schließt jedoch nicht aus, dass der Notar gelegentlich aus Gefälligkeit einen Hinweis auf ein Kredit- oder Kauf- oder Verkaufsangebot gibt, das ihm zufällig bekannt geworden ist (BeckOK-BNotO/Sander [1. 2. 2026] § 14 Rn 16). Auch eine gelegentliche Vermittlertätigkeit aus Gefälligkeit ist dem Notar nicht verboten (LG Kiel NJW 1954, 1333). Ob das Verbot nur eine gewerbs- oder gewohnheitsmäßige Vermitt-

lung umfasst und eine nur gelegentliche entgeltliche Vermittlung zulässt oder ob jede entgeltliche Vermittlertätigkeit verboten ist, ist umstritten (dahingehend Bühling, Anm zu LG Kiel NJW 1954, 1333; **aA** BeckOK-BNotO/Sander [1. 2. 2026] § 14 Rn 116). Zuzustimmen ist der strengen, auch die gelegentliche entgeltliche Vermittlung ausschließenden Ansicht: Es beeinträchtigt das Vertrauen der Mandanten in die Objektivität der notariellen Tätigkeit, wenn diese mit Privatgeschäften verknüpft wird. Dem Notar kann auch die nach § 8 Abs 3 BNotO erforderliche Genehmigung zur Übernahme eines Aufsichtsratsmandats in einer Volksbank versagt werden, wenn diese sich nach ihrer Satzung mit Grundstücksgeschäften und der Vermittlung von Grundstücksgeschäften befasst (BGH NJW 2000, 3574).

b) Nichtigkeit des Maklervertrags nach § 134?

60 Die Verträge über eine Maklertätigkeit des Notars sind nach Ansicht des BGH (NJW-RR 1990, 948 f; NJW 2001, 1569) gemäß **§ 134 BGB** jedenfalls dann nichtig, wenn der Notar selbst die Beurkundung vornimmt (ebenso Soergel/Engel Vor § 652 Rn 12; Hamm Rn 213). Dem ist unter Hinweis darauf widersprochen worden, dass das Verbot sich allein gegen den Notar richte und auch nicht dem Schutz des Auftraggebers, sondern der Objektivität der Amtsausübung des Notars diene (Staudinger/Reuter [2010] Vorbem 60 zu §§ 652 ff). Die abweichende Auffassung der Rechtsprechung stehe außerdem im Widerspruch zur Beurteilung des Parallelproblems im Falle der Maklertätigkeit von Steuerberatern (BGH NJW 1981, 399). Diese Differenzierung ist indes vom BGH überzeugend mit der besonderen Unabhängigkeit und Unparteilichkeit des Notars begründet worden, angesichts derer eine berufsrechtliche Sanktionierung von Verstößen gegen § 14 Abs 4 BNotO nicht genüge: Der Schein der Parteilichkeit würde nicht ausgeräumt, wenn die Pflicht zur Zahlung des Maklerlohns an den beurkundenden Notar bestehen bliebe (BGH NJW-RR 1990, 948, 949). Ebenso ist es unerheblich, dass sich das Verbot nach § 14 Abs 4 BNotO allein gegen den beteiligten Notar richtet. Auch Verbote, die sich nur gegen eine Vertragspartei richten, können ausnahmsweise § 134 BGB unterfallen, wenn allein dies dem Sinn und Zweck der Regelung entspricht (siehe nur Erman/Arnold § 134 Rn 17 mwNw). Dies ist im Hinblick auf den andernfalls gegebenen Schein der Parteilichkeit des Notars bei § 14 Abs 4 BNotO aber der Fall. Die Norm wird daher von der hM zu Recht als Verbotsgesetz im Sinne des § 134 BGB angesehen.

4. Die Maklertätigkeit eines Steuerberaters

61 Dem **Steuerberater** ist nach § 57 Abs 4 Nr 1 StBerG jegliche gewerbliche Tätigkeit, mithin auch die gewerbliche Maklertätigkeit, untersagt. Der Verstoß dagegen ist eine Ordnungswidrigkeit, macht die Maklerverträge aber nicht nichtig (BGH NJW 1981, 399). Nichtig können die Maklerverträge jedoch dann sein, wenn sie darauf gerichtet sind, dass der Steuerberater die Nachweis- bzw Vermittlungstätigkeit gegenüber seinen Mandanten entfaltet, ohne über das Bestehen des Maklervertrags und die daraus für ihn oder einen nahen Angehörigen begründete Provisionsaussicht aufzuklären (BGH WM 1987, 959, 960; BGH NJW 1991, 1224), ebenso dann, wenn sie den Steuerberater zu einer den Interessen seiner Mandanten zuwiderlaufenden Beratungstätigkeit verpflichten (BGH WM 1987, 959, 960 betr Kundenschutzklausel; vgl auch BGH WM 1987, 960, 961).

5. Koppelungsgeschäfte von Ingenieuren und Architekten

a) Gesetzliche Regelung

Nach § 2 IngALG (Ingenieur- und Architektenleistungengesetz) ist eine Vereinbarung, durch die der Erwerber eines Grundstücks sich im Zusammenhang mit dem Erwerb verpflichtet, bei der Planung und Ausführung eines Bauwerks auf dem Grundstück die Leistung eines bestimmten Ingenieurs oder Architekten in Anspruch zu nehmen, unwirksam. Auslöser für diese Regelung waren Kopplungsgeschäfte, bei denen der Grundstückseigentümer einen Architekten oder Ingenieur nicht nur mit Baureifmachung des Grundstücks, sondern auch dessen Veräußerung beauftragte und als Gegenleistung für diese Geschäftsbesorgung in den Grundstückskaufvertrag die Klausel aufgenommen wurde, dass der Erwerber sich bei Errichtung eines Bauwerks auf dem Grundstück der Unterstützung des Architekts oder Ingenieurs zu bedienen habe (Korbion/Mantscheff/Vygen/Manteufel § 2 IngALG Rn 1). § 2 IngALG erklärt derartige Bestimmungen für unzulässig und soll damit eine Beschränkung des Wettbewerbs zwischen Ingenieuren und Architekten durch eine dem Beruf eines Ingenieurs oder Architekten fremde maklerähnliche Tätigkeit verhindern (BT-Drucks 6/1549, 14 f; BGH NJW 1975, 1218). 62

b) Einzelfälle

Im Zusammenhang mit dem Erwerb eines Baugrundstücks steht jede Verpflichtung des Erwerbers zur Inanspruchnahme von Ingenieur- oder Architektenleistungen, ohne die der Erwerber rechtlich oder tatsächlich das Grundstück nicht hätte erwerben können (BGH WM 1975, 520; BGH WM 1978, 1324; BGH WM 1979, 759 f). Ein solcher Fall liegt vor, wenn ein Architekt den Nachweis eines zum Verkauf stehenden Baugrundstücks von der Verpflichtung des Kaufinteressenten abhängig macht, seine Leistung bei der Planung oder Ausführung des Bauwerks in Anspruch zu nehmen (BGH DB 1975, 1118, 1119). Eine „Provision" in Gestalt des Anspruchs auf den Abschluss eines Architektenvertrags scheidet also aus. Ein Zusammenhang zwischen einer Verpflichtung zur Übertragung von Ingenieur- oder Architektenaufträgen und dem Erwerb eines Baugrundstücks ist ferner gegeben, wenn die Verpflichtung in einem Maklervertrag eingegangen wird, der auf den Grundstückserwerb gerichtet ist (BGH NJW-RR 1998, 952; LG Bonn NJW 1973, 1843). Insoweit ist die Koppelungsabrede unwirksam, im Übrigen bleibt der Maklervertrag bestehen. Ein auf den Nachweis oder die Vermittlung einer Koppelungsabrede gerichteter Maklervertrag stellt selbst eine verbotene Vereinbarung dar und ist damit nach § 134 BGB nichtig (BGH WM 1979, 759; BGH WM 1980, 17). Ist der Maklerauftrag auf den Nachweis oder die Vermittlung eines Architektenvertrages gerichtet und wird die Koppelung erst im Architektenvertrag herbeigeführt, ohne dass dies im Maklervertrag vorgesehen war, so ist der Maklervertrag wirksam. Ein Provisionsanspruch iS des § 652 Abs 1 BGB entsteht jedoch nicht, da der Architektenvertrag nichtig ist (BGHZ 70, 55, 57; BGH WM 1980, 17). Das gilt auch dann, wenn der Architektenvertrag durchgeführt wird. Treu und Glauben führen zu keinem anderen Ergebnis (BGH WM 1980, 17; vgl auch § 652 Rn 96). 63

Vermittelt der Makler ein architektengebundenes Grundstück, bei dem der Architekt gleichzeitig Eigentümer ist und die Vermittlung daher mit der Maßgabe erfolgt, dass auch der Architektenvertrag mitvermakelt wird, so kann der Makler keine Provision für den mitvermittelten Architektenvertrag verlangen, weil die Verpflichtung des Erwerbers nach § 23 IngALG unwirksam ist und der Makler damit seinen Pro- 64 visionsanspruch nicht verdient hat. Aber auch wenn der Erwerber die Architektenleistung in Anspruch nimmt und damit der wirtschaftliche Erfolg des Geschäfts eingetreten ist, kann der Makler für die Vermittlung des Architektenvertrages keine Provision beanspruchen; die Schutzfunktion des § 2 IngALG verlangt insoweit den Ausschluss des Provisionsanspruchs (vgl Hamm Rn 825). Der Provisionsanspruch des Maklers für den Nachweis oder die Vermittlung des Baugrundstücks selbst bleibt dagegen entsprechend § 2 S 2 IngALG bestehen.

6. Die Maklertätigkeit des Architekten

65 Der **Architekt** ist bisweilen außer zur technischen Betreuung auch zur Finanzierung eines Bauvorhabens eingeschaltet. Eine Vergütung dieser Tätigkeit hängt davon ab, dass sich die Parteien nicht nur über die Einschaltung des Architekten in die Durchführung der Finanzierung, sondern auch über ihre Entgeltlichkeit als Maklerleistung einig sind (BGH NJW 1964, 1024). Soweit keine Vereinbarung über die Höhe der Vergütung getroffen wurde, ist die Vergütung für maklerähnliche Architektenleistungen nach der für einen Finanzmakler üblichen Vergütung zu bemessen (BGH NJW 1969, 1855).

VII. Rechtsberatung durch Makler

66 Überschneidungen der Tätigkeitsbereiche von Rechtsanwalt und Makler ergeben sich dadurch, dass der Makler bei der Vermittlungstätigkeit **Einfluss auf die Vertragsgestaltung** nehmen kann. Ein Makler, der mit der Vermittlung eines Vertrages beauftragt ist, verstößt nicht gegen das Rechtsdienstleistungsgesetz (RDG), wenn er im Rahmen seiner Vermittlungstätigkeit den an dem Vertragsschluss interessierten Personen von ihm selbst ausgearbeitete Vertragsentwürfe zur Verfügung stellt. Diese Tätigkeit ist im Sinne des § 5 RDG als Erledigung einer rechtlichen Angelegenheit anzusehen, die **mit einem Geschäft seines Gewerbes in unmittelbarem Zusammenhang** steht (BGH WM 1974, 691 f). Dasselbe gilt auch für einen Makler, dem nur ein Nachweisauftrag erteilt wurde. Zwar ist die rechtsberatende Tätigkeit nach der Abwicklung des gewerblichen Geschäfts stets unerlaubt. Es muss jedoch berücksichtigt werden, dass der Lohnanspruch des Nachweismaklers vom Zustandekommen des Hauptvertrages abhängt. Deshalb muss auch der Nachweismakler die Gelegenheit haben, durch weiteres Tätigwerden für den Abschluss des Vertrages zu sorgen (OLG Hamm BB 1969, 895). BGH NJW 1981, 2685 (2686) nimmt sogar eine Pflicht des Maklers zur Rechtsberatung an, soweit der Nutzung des Gegenstandes des Hauptvertrags in Fachkreisen bekannte gesetzliche Hindernisse wie zB die Dreijahressperre für die Vermieterkündigung nach § 577a Abs 1 BGB entgegenstehen (vgl auch OLGR Köln 2001, 25 betr die Erteilung steuerrechtlicher Auskünfte). Vgl aber auch § 652 Rn 214.

67 Ein unmittelbarer Zusammenhang mit einem Geschäft seines Gewerbes ist auch gegeben, wenn ein Grundstücksmakler seinen Kunden in Grundbuchsachen oder im Verkehr mit Katasterbehörden Unterstützung gewährt (KG DJ 1939, 56). Dasselbe gilt, wenn sich ein Gaststättenmakler um eine Konzession für seinen Kunden bemüht (BGH NJW 1967, 1562, 1563) oder wenn ein Makler dem Vermieter ein Vertragsformular zur Verfügung stellt und Hilfe beim Ausfüllen verspricht (OLG Karlsruhe NZM 2011, 162). Anders ist jedoch der Fall zu beurteilen, dass sich ein Grundstückskäufer nach Erwerb des Grundstücks entschließt, eine Gaststätte einzurichten, und der Grund-

stücksmakler die Erteilung der Erlaubnis beantragt (KG DJ 1939, 56). Ebenso fehlt es am unmittelbaren Zusammenhang, wenn ein Versicherungsmakler von ihm geworbene Versicherungsnehmer bei der Geltendmachung von Schadensersatzansprüchen gegen Schädiger beraten hat (BGH WarnR 1967 Nr 108). Steht einem Makler die Provision auch im Falle des Erwerbs im Wege der Zwangsversteigerung zu (vgl dazu BGH NJW 1990, 2744; BGH NJW 1992, 2568), so verstößt die Beratung des Auftraggebers im Zwangsversteigerungsverfahren nicht gegen das RDG (OLG Düsseldorf JR 1968, 25, 27).

Rechtsfolge des Verstoßes eines Maklervertrags gegen das RDG ist die Nichtigkeit 68
nach § 134 BGB. Soweit der Makler als Doppelmakler zulässigerweise für beide Seiten tätig geworden ist, gilt das aber nur für den Maklervertrag, in dem die unerlaubte Rechtsberatung vereinbart gewesen ist. Die Wirksamkeit des Maklervertrags mit der anderen Seite bleibt unberührt (BGH NJW-RR 2000, 1502).

VIII. Werbung durch Makler

Die **Werbetätigkeit** des Maklers unterliegt dem **UWG**. Der Immobilienverband 69
Deutschland (IVD) hat dazu für seine Mitglieder vom Bundeskartellamt gem §§ 24 ff GWB anerkannte Wettbewerbsregeln aufgestellt, die im Wesentlichen die Anforderungen von Rechtsprechung und Schrifttum an die Lauterkeit des Wettbewerbs unter Maklern wiedergeben (abrufbar unter https://ivd.net/wp-content/uploads/2016/07/2008-05-20_IVD-Wettbewerbsregeln.pdf). Im Einzelnen gebietet § 5 UWG, dass der Makler sich in Immobilienanzeigen stets als solcher zu erkennen geben muss. Wenn er das versäumt, erweckt er nämlich bei den Interessenten die unrichtige Vorstellung, es mit einem wegen der fehlenden Provision tendenziell günstigeren Angebot von „Privat an Privat" zu tun zu haben. Dies gilt unabhängig davon, ob der Makler von den Adressaten der Anzeige Provision zu fordern beabsichtigt. Denn auch der Erstauftraggeber pflegt zu versuchen, die von ihm geschuldete Provision auf den Partner des Hauptvertrags abzuwälzen (OLG Hamm WRP 1984, 494; OLG Karlsruhe WRP 1984, 425). Soweit der Makler zugleich eine Finanzierungsvermittlung anbietet, muss er auch das deutlich zum Ausdruck bringen; Vermerke wie „Günstige Kaufpreisfinanzierung möglich" sind unzulässig (OLG Hamburg WRP 1984, 419; OLG Nürnberg WRP 1985, 239; **aA** OLG Frankfurt WRP 1984, 488; OLG Hamm WRP 1984, 34 f; WRP 1984, 219 f). Wegen Verstoßes gegen das StBerG iVm § 3a UWG unzulässig ist die Werbung eines Immobilienmaklers damit, dass seine Nachweis- bzw Vermittlungstätigkeit mit kostenloser Steuerberatung verbunden ist (OLGR Karlsruhe 2001, 80 [noch zu § 1 UWG aF]). Der Makler verstößt schließlich auch dadurch gegen § 5 UWG, dass er ohne Auftrag des Eigentümers ein Grundstück zum Kauf inseriert (KG DB 1982, 2079).

Wettbewerbsrechtlich relevant könnten auch Verstöße von Maklern gegen die Vor- 70
gaben der PrAngVO im Rahmen ihrer Werbung sein, da die PrAngVO eine Marktverhaltensregelung im Sinne des § 3a UWG darstellen soll (siehe nur Ohly/Sosnitza/Ohly UWG § 3a Rn 73). Die Rechtsprechung hat die gängige Inserierungspraxis der Makler aber gebilligt. So hat das KG keinen Verstoß gegen § 1 UWG aF iVm § 1 PrAngVO darin gesehen, dass ein Makler ein Wohngrundstück mit gängigen Angaben und dem Zusatz „VS" (= Verhandlungssache) zum Kauf andient. Mangels Angaben über Wohnfläche, Geschosszahl, Heizung, Isolierung und Finanzierbarkeit soll es an einem „Angebot", mangels einer Preisangabe an Werbung im Sinne des § 1 Abs 1 PrAngVO fehlen (NJW 1983, 894). Ist der Preis mit dem Zusatz „Vb" (= Ver-

handlungsbasis) verbunden, so liegt nach KG NJW 1983, 893 eine mit § 1 Abs 1 PrAngVO zu vereinbarende Preisangabe vor.

IX. Öffentliches Maklerrecht

71 Gewerbsmäßige Maklertätigkeit ist nach § 34c GewO erlaubnispflichtig; für Versicherungsmakler gilt Entsprechendes nach § 34d GewO. Das Fehlen der Erlaubnis hat jedoch keinen Einfluss auf die Wirksamkeit der abgeschlossenen Maklerverträge (BGHZ 78, 269). Ergänzende Anforderungen stellt die Makler- und Bauträgerverordnung (MaBV) vom 11. 6. 1975 (BGBl I 1351, in der Fassung vom 1. 7. 2005 [BGBl I 2005, 1666]). Die MaBV beruht auf der Ermächtigung des § 34c Abs 3 GewO. Sie verpflichtet den Makler ua zur Sicherheitsleistung für Vermögenswerte des Auftraggebers durch Bürgschaft oder Versicherung (§ 2 MaBV), zur getrennten Verwaltung von eigenem Vermögen und Auftraggebervermögen (§ 6 MaBV) und zur Rechnungslegung (§ 8 MaBV). Die Regelungen der MaBV sind zwingend (§ 12 MaBV), so dass entgegenstehende Vereinbarungen im Maklervertrag nichtig sind. Dem Zweck der Nichtigkeit entsprechend lässt sie jedoch die Gültigkeit des Maklervertrags insgesamt unberührt (vgl Erman/Fischer Vor § 652 Rn 4). Erst recht führt die Verletzung der Pflichten nicht zur Nichtigkeit von Maklerverträgen, die sich gar nicht zu ihnen äußern (OLG Frankfurt NJW 1979, 878; zur Verbraucherschutzgesetzgebung im Maklerrecht [Wohnungsvermittlung, Kreditvermittlung, Arbeitsvermittlung] vgl § 652 Rn 47 f; § 655 Rn 1 ff; § 655a Rn 4 ff).

X. Europarecht

72 Die europäische Einflussnahme auf das Maklerrecht beschränkt sich bisher auf die Vorgaben der Versicherungsvertrieb-Richtlinie (RL(EU) 2016/97, ABl L 26 v 2. 2. 2016, 19) für das Recht der Versicherungsmakler und der Verbraucherkreditrichtlinie (RL (EU) 2023/2225, ABl L v 30. 10. 2023) für Kreditvermittler. Aus diesen Vorgaben wird teilweise ein „Leitbildkonflikt“ zwischen deutschem und europäischem Recht abgeleitet. So ist angenommen worden, dass von Europa ein Impuls für ein Maklerrecht ausgehe, das sich vom „Leitbild des erfolgsbedingten einseitig verpflichtenden Vertrags löst und stattdessen die Qualität der Dienstleistung Makeln zu definieren sucht“ (Micklitz EWS 1995, 296, 297). Im Anschluss daran wird schon de lege lata eine größere Aufgeschlossenheit gegenüber der Vereinbarung erfolgsunabhängiger Entgelte für Maklerdienst- und Maklerwerkleistungen gefordert, da die europäische Dienstleitungsfreiheit ohnehin zu einer Neuausrichtung führen müsse (MünchKommBGB/Althammer § 652 Rn 8). Indessen ist das Europarecht seinem bisherigen Stand nach weit davon entfernt, eine solche Umorientierung zu erzwingen. Solange keine entsprechenden sekundärrechtlichen Vorgaben auf europäischer Ebene getroffen werden, ist ein Grund für eine Neuausrichtung nicht ersichtlich.

XI. Reformen

73 Der Plan einer Gesamtreform des Maklerrechts ist nicht weiterverfolgt worden. Der Gesetzesentwurf vom 16. 2. 1984 (BT-Drucks 10/1014) ist nicht nur nicht verabschiedet worden, sondern darüber hinaus in den folgenden Legislaturperioden ohne Nachfolger geblieben. An die Stelle der Gesamtreform ist eine verbraucherschutzrechtlich motivierte Teilreform getreten. Nachdem schon 1971 die Wohnungsvermittlung

durch das WoVermittG weitgehend zwingenden Schutzbestimmungen zugunsten von Wohnungssuchenden unterworfen worden ist, sind im Jahre 1991 in den §§ 15–17 VerbrKrG entsprechende Vorschriften zum Schutz der Kreditsuchenden hinzugekommen, die durch die Schuldrechtsreform gem §§ 655a ff BGB Bestandteil des BGB geworden sind. Diese Regelungen wurden in jüngerer Zeit nochmals durch das Gesetz zur Umsetzung der Verbraucherkreditrichtlinie, des zivilrechtlichen Teils der Zahlungsdiensterichtlinie sowie zur Neuordnung der Vorschriften über das Widerrufs- und Rückgaberecht vom 29. 6. 2009 (BGBl I 2355) und das Gesetz zur Einführung einer Musterwiderrufsinformation für Verbraucherdarlehensverträge, zur Änderung der Vorschriften über das Widerrufsrecht bei Verbraucherdarlehensverträgen und zur Änderung des Darlehensvermittlungsrechts vom 24. 7. 2010 (BGBl I 977) geändert. Neueren Datums sind auch Sondervorschriften über die Arbeitsvermittlung im Gefolge der Aufhebung des Arbeitsvermittlungsmonopols der Bundesanstalt für Arbeit (§§ 296 ff, 421g SGB III). Nicht verwirklicht worden ist die ursprünglich ebenfalls geplante Reform des Rechts der Ehevermittlung. Durch das Mietrechtsnovellierungsgesetz vom 21. 4. 2015 (BGBl I 610) wurde das sogenannte Bestellerprinzip bei der Wohnungsvermittlung eingeführt: Nach § 2 Abs 1a WoVermittG darf ein Wohnungsvermittler vom Wohnungssuchenden nunmehr für die Vermittlung oder den Nachweis der Gelegenheit zum Abschluss von Mietverträgen über Wohnräume kein Entgelt fordern, sich versprechen lassen oder annehmen, es sei denn, der Wohnungsvermittler holt ausschließlich wegen des Vermittlungsvertrags mit dem Wohnungssuchenden vom Vermieter oder von einem anderen Berechtigten den Auftrag ein, die Wohnung anzubieten. Damit soll die verbreitete Praxis unterbunden werden, dass der Mieter die Kosten des Maklers übernehmen muss, obwohl dieser vom Vermieter beauftragt worden ist. Mit Wirkung zum 23. 12. 2020 wurde durch das Gesetz über die Verteilung der Maklerkosten bei der Vermittlung von Kaufverträgen über Wohnungen und Einfamilienhäuser vom 12. 6. 2020 (BGBl I 1245) der Begriff des „Mäklers“ durchweg durch den des „Maklers“ ersetzt, und es wurden die §§ 656a–656d BGB ins Gesetz eingefügt. Diese sehen insbesondere vor, dass bei Maklerverträgen im Zusammenhang mit dem Kauf eines Einfamilienhauses oder einer Wohnung durch einen Verbraucher Käufer und Verkäufer die Maklerprovision zu gleichen Teilen zu tragen haben.

Im Folgenden werden nur die Gesetzestexte zur Wohnungs- und Arbeitsvermittlung **74** abgedruckt. Die Kommentierung erfolgt im Rahmen der Erläuterung zu §§ 652, 653 BGB (Wohnungsvermittlung) und zu § 655 BGB (Arbeitsvermittlung).

Das **WoVermittG** hat folgenden Inhalt: **75**

§ 1

(1) Wohnungsvermittler im Sinne dieses Gesetzes ist, wer den Abschluß von Mietverträgen über Wohnräume vermittelt oder die Gelegenheit zum Abschluß von Mietverträgen über Wohnräume nachweist.

(2) Zu den Wohnräumen im Sinne dieses Gesetzes gehören auch solche Geschäftsräume, die wegen ihres räumlichen oder wirtschaftlichen Zusammenhangs mit Wohnräumen mit diesen zusammen vermietet werden.

(3) Die Vorschriften dieses Gesetzes gelten nicht für die Vermittlung oder den Nachweis der Gelegenheit zum Abschluß von Mietverträgen über Wohnräume im Fremdenverkehr.

§ 2

(1) Ein Anspruch auf Entgelt für die Vermittlung oder den Nachweis der Gelegenheit zum Abschluß von Mietverträgen über Wohnräume steht dem Wohnungsvermittler nur zu, wenn infolge seiner Vermittlung oder infolge seines Nachweises ein Mietvertrag zustande kommt. Der Vermittlungsvertrag bedarf der Textform.

(1a) Der Wohnungsvermittler darf vom Wohnungssuchenden für die Vermittlung oder den Nachweis der Gelegenheit zum Abschluss von Mietverträgen über Wohnräume kein Entgelt fordern, sich versprechen lassen oder annehmen, es sei denn, der Wohnungsvermittler holt ausschließlich wegen des Vermittlungsvertrags mit dem Wohnungssuchenden vom Vermieter oder von einem anderen Berechtigten den Auftrag ein, die Wohnung anzubieten (§ 6 Absatz 1).

(2) Ein Anspruch nach Absatz 1 Satz 1 steht dem Wohnungsvermittler nicht zu, wenn

1. durch den Mietvertrag ein Mietverhältnis über dieselben Wohnräume fortgesetzt, verlängert oder erneuert wird,

2. der Mietvertrag über Wohnräume abgeschlossen wird, deren Eigentümer, Verwalter, Mieter oder Vermieter der Wohnungsvermittler ist, oder

3. der Mietvertrag über Wohnräume abgeschlossen wird, deren Eigentümer, Verwalter oder Vermieter eine juristische Person ist, an der der Wohnungsvermittler rechtlich oder wirtschaftlich beteiligt ist. Das gleiche gilt, wenn eine natürliche oder juristische Person Eigentümer, Verwalter oder Vermieter von Wohnräumen ist und ihrerseits an einer juristischen Person, die sich als Wohnungsvermittler betätigt, rechtlich oder wirtschaftlich beteiligt ist.

(3) Ein Anspruch nach Absatz 1 Satz 1 steht dem Wohnungsvermittler gegenüber dem Wohnungssuchenden nicht zu, wenn der Mietvertrag über öffentlich geförderte Wohnungen oder über sonstige preisgebundene Wohnungen abgeschlossen wird, die nach dem 20. Juni 1948 bezugsfertig geworden sind oder bezugsfertig werden. Satz 1 gilt auch für die Wohnungen, die nach den §§ 88d und 88e des Zweiten Wohnungsbaugesetzes, nach dem Wohnraumförderungsgesetz oder nach entsprechenden landesrechtlichen Vorschriften gefördert werden, solange das Belegungsrecht besteht. Das gleiche gilt für die Vermittlung einzelner Wohnräume der in den Sätzen 1 und 2 genannten Wohnungen.

(4) Vorschüsse dürfen nicht gefordert, vereinbart oder angenommen werden.

(5) Eine Vereinbarung ist unwirksam, wenn

1. sie von den Absätzen 1 bis 4 abweicht oder

2. durch sie der Wohnungssuchende verpflichtet wird, ein vom Vermieter oder einem Dritten geschuldetes Vermittlungsentgelt zu zahlen.

§ 3

(1) Das Entgelt nach § 2 Abs. 1 Satz 1 ist in einem Bruchteil oder Vielfachen der Monatsmiete anzugeben.

(2) Der Wohnungsvermittler darf vom Wohnungssuchenden für die Vermittlung oder den Nachweis der Gelegenheit zum Abschluß von Mietverträgen über Wohnräume kein Entgelt fordern, sich versprechen lassen oder annehmen, das zwei Monatsmieten zuzüglich der gesetzlichen Umsatzsteuer übersteigt. Nebenkosten, über die gesondert abzurechnen ist, bleiben bei der Berechnung der Monatsmiete unberücksichtigt.

(3) Außer dem Entgelt nach § 2 Abs. 1 Satz 1 dürfen für Tätigkeiten, die mit der Vermittlung oder dem Nachweis der Gelegenheit zum Abschluß von Mietverträgen über Wohnräume zusammenhängen, sowie für etwaige Nebenleistungen keine Vergütungen irgendwelcher Art, insbesondere keine Einschreibgebühren, Schreibgebühren oder Auslagenerstattungen, vereinbart oder angenommen werden. Dies gilt nicht, soweit die nachgewiesenen Auslagen eine Monatsmiete übersteigen. Es kann jedoch vereinbart werden, daß bei Nichtzustandekommen eines Mietvertrages die in Erfüllung des Auftrages nachweisbar entstandenen Auslagen zu erstatten sind.

(4) Eine Vereinbarung, durch die der Auftraggeber sich im Zusammenhang mit dem Auftrag verpflichtet, Waren zu beziehen oder Dienst- oder Werkleistungen in Anspruch zu nehmen, ist unwirksam. Die Wirksamkeit des Vermittlungsvertrags bleibt unberührt. Satz 1 gilt nicht, wenn die Verpflichtung die Übernahme von Einrichtungs- oder Ausstattungsgegenständen des bisherigen Inhabers der Wohnräume zum Gegenstand hat.

§ 4

Der Wohnungsvermittler und der Auftraggeber können vereinbaren, daß bei Nichterfüllung von vertraglichen Verpflichtungen eine Vertragsstrafe zu zahlen ist. Die Vertragsstrafe darf 10 Prozent des gemäß § 2 Abs. 1 Satz 1 vereinbarten Entgelts, höchstens jedoch 25 Euro nicht übersteigen.

§ 4a

(1) Eine Vereinbarung, die den Wohnungssuchenden oder für ihn einen Dritten verpflichtet, ein Entgelt dafür zu leisten, daß der bisherige Mieter die gemieteten Wohnräume räumt, ist unwirksam. Die Erstattung von Kosten, die dem bisherigen Mieter nachweislich für den Umzug entstehen, ist davon ausgenommen.

(2) Ein Vertrag, durch den der Wohnungssuchende sich im Zusammenhang mit dem Abschluß eines Mietvertrages über Wohnräume verpflichtet, von dem Vermieter oder dem bisherigen Mieter eine Einrichtung oder ein Inventarstück zu erwerben, ist im Zweifel unter der aufschiebenden Bedingung geschlossen, daß der Mietvertrag zustande kommt. Die Vereinbarung über das Entgelt ist unwirksam, soweit dieses in einem auffälligen Mißverhältnis zum Wert der Einrichtung oder des Inventarstücks steht.

§ 5

(1) Soweit an den Wohnungsvermittler ein ihm nach diesem Gesetz nicht zustehendes Entgelt, eine Vergütung anderer Art, eine Auslagenerstattung, ein Vorschuß oder eine Vertragsstrafe, die den in

§ 4 genannten Satz übersteigt, geleistet worden ist, kann die Leistung nach den allgemeinen Vorschriften des bürgerlichen Rechts zurückgefordert werden; die Vorschrift des § 817 Satz 2 des Bürgerlichen Gesetzbuchs ist nicht anzuwenden.

(2) Soweit Leistungen auf Grund von Vereinbarungen erbracht worden sind, die nach § 2 Absatz 5 Nummer 2 oder § 4a unwirksam oder nicht wirksam geworden sind, ist Absatz 1 entsprechend anzuwenden.

§ 6

(1) Der Wohnungsvermittler darf Wohnräume nur anbieten, wenn er dazu einen Auftrag von dem Vermieter oder einem anderen Berechtigten hat.

(2) Der Wohnungsvermittler darf öffentlich, insbesondere in Zeitungsanzeigen, auf Aushängetafeln und dergleichen, nur unter Angabe seines Namens und der Bezeichnung als Wohnungsvermittler Wohnräume anbieten oder suchen; bietet er Wohnräume an, so hat er auch den Mietpreis der Wohnräume anzugeben und darauf hinzuweisen, ob Nebenleistungen besonders zu vergüten sind.

§ 7

Die Vorschriften des § 3 Abs. 1 und des § 6 gelten nur, soweit der Wohnungsvermittler die in § 1 Abs. 1 bezeichnete Tätigkeit gewerbsmäßig ausübt.

§ 8

(1) Ordnungswidrig handelt, wer als Wohnungsvermittler vorsätzlich oder fahrlässig

1. entgegen § 2 Absatz 1a vom Wohnungssuchenden ein Entgelt fordert, sich versprechen lässt oder annimmt,

1a. entgegen § 3 Abs. 1 das Entgelt nicht in einem Bruchteil oder Vielfachen der Monatsmiete angibt,

2. entgegen § 3 Abs. 2 ein Entgelt fordert, sich versprechen läßt oder annimmt, das den dort genannten Betrag übersteigt,

3. entgegen § 6 Abs. 1 ohne Auftrag Wohnräume anbietet oder

4. entgegen § 6 Abs. 2 seinen Namen, die Bezeichnung als Wohnungsvermittler oder den Mietpreis nicht angibt oder auf Nebenkosten nicht hinweist.

(2) Die Ordnungswidrigkeit nach Absatz 1 Nummer 1 und 2 kann mit einer Geldbuße bis zu 25 000 Euro, die Ordnungswidrigkeit nach Absatz 1 Nummer 1a, 3 und 4 mit einer Geldbuße bis zu 2500 Euro geahndet werden.

§ 9

(1) *(aufgehoben)*

(2) *(aufgehoben)*

(3) § 2 gilt für das Land Berlin und für das Saarland mit der Maßgabe, daß das Datum „20. Juni 1948" für das Land Berlin durch das Datum „24. Juni 1948", für das Saarland durch das Datum „1. April 1948" zu ersetzen ist.

Die §§ **296 ff, 404 SGB III** haben folgenden Inhalt: **76**

§ 296
Vermittlungsvertrag zwischen Vermittlern und Arbeitssuchenden

(1) Ein Vertrag, nach dem sich ein Vermittler verpflichtet, einer oder einem Arbeitsuchenden eine Arbeitsstelle zu vermitteln, bedarf der schriftlichen Form. In dem Vertrag ist insbesondere die Vergütung des Vermittlers anzugeben. Zu den Leistungen der Vermittlung gehören auch alle Leistungen, die zur Vorbereitung und Durchführung der Vermittlung erforderlich sind, insbesondere die Feststellung der Kenntnisse der oder des Arbeitsuchenden sowie die mit der Vermittlung verbundene Berufsberatung. Der Vermittler hat der oder dem Arbeitsuchenden den Vertragsinhalt in Textform mitzuteilen.

(2) Die oder der Arbeitsuchende ist zur Zahlung der Vergütung nach Absatz 3 nur verpflichtet, wenn infolge der Vermittlung des Vermittlers der Arbeitsvertrag zustande gekommen ist und der Vermittler die Arbeitsuchende oder den Arbeitsuchenden bei grenzüberschreitenden Vermittlungen entsprechend der Regelung des § 299 informiert hat. Der Vermittler darf keine Vorschüsse auf die Vergütungen verlangen oder entgegennehmen.

(3) Die Vergütung einschließlich der darauf entfallenden gesetzlichen Umsatzsteuer darf 2000 Euro nicht übersteigen, soweit nicht ein gültiger Aktivierungs- und Vermittlungsgutschein in einer abweichenden Höhe nach § 45 Absatz 6 Satz 3 und Satz 4 vorgelegt wird oder durch eine Rechtsverordnung nach § 301 für bestimmte Berufe oder Personengruppen etwas anderes bestimmt ist. Für die Vermittlung einer geringfügigen Beschäftigung nach § 8 des Vierten Buches darf der Vermittler eine Vergütung weder verlangen noch entgegennehmen. Bei der Vermittlung von Personen in Au-pair-Verhältnisse darf die Vergütung 150 Euro nicht übersteigen.

(4) Arbeitsuchende, die dem Vermittler einen Aktivierungs- und Vermittlungsgutschein vorlegen, können die Vergütung abweichend von § 266 des Bürgerlichen Gesetzbuchs in Teilbeträgen zahlen. Die Vergütung ist nach Vorlage des Aktivierungs- und Vermittlungsgutscheins bis zu dem Zeitpunkt gestundet, in dem die Agentur für Arbeit nach Maßgabe von § 45 Absatz 6 gezahlt hat.

§ 296a
Vergütungen bei Ausbildungsvermittlung

Für die Leistungen zur Ausbildungsvermittlung dürfen nur vom Arbeitgeber Vergütungen verlangt oder entgegengenommen werden. Zu den Leistungen zur Ausbildungsvermittlung gehören auch alle Leistungen, die zur Vorbereitung und Durchführung der Vermittlung erforderlich sind, insbesondere die Feststellung der Kenntnisse der oder des Ausbildungsuchenden sowie die mit der Ausbildungsvermittlung verbundene Berufsberatung.

§ 297
Unwirksamkeit von Vereinbarungen

Unwirksam sind

1. Vereinbarungen zwischen einem Vermittler und einer oder einem Arbeitsuchenden über die Zahlung der Vergütung, wenn deren Höhe die nach § 296 Abs. 3 zulässige Höchstgrenze überschreitet, wenn Vergütungen für Leistungen verlangt oder entgegengenommen werden, die nach § 296 Abs. 1 Satz 3 zu den Leistungen der Vermittlung gehören oder wenn die erforderliche Schriftform nicht eingehalten wird und

1a. Vereinbarungen zwischen einem Vermittler und einer oder einem Arbeitsuchenden über die Zahlung einer Vergütung, wenn eine geringfügige Beschäftigung nach § 8 des Vierten Buches vermittelt werden soll oder vermittelt wurde,

2. Vereinbarungen zwischen einem Vermittler und einer oder einem Ausbildungsuchenden über die Zahlung einer Vergütung,

3. Vereinbarungen zwischen einem Vermittler und einem Arbeitgeber, wenn der Vermittler eine Vergütung mit einer oder einem Ausbildungsuchenden vereinbart oder von dieser oder diesem entgegennimmt, obwohl dies nicht zulässig ist, und

4. Vereinbarungen, die sicherstellen sollen, dass ein Arbeitgeber oder eine Person, die eine Ausbildung oder Arbeit sucht, sich ausschließlich eines bestimmten Vermittlers bedient.

§ 298
Behandlung von Daten

(1) Vermittler dürfen Daten über zu besetzende Ausbildungs- und Arbeitsplätze und über Ausbildungsuchende sowie Arbeitnehmerinnen und Arbeitnehmer nur verarbeiten, soweit dies für die Verrichtung ihrer Vermittlungstätigkeit erforderlich ist. Sind diese Daten personenbezogen oder Geschäfts- oder Betriebsgeheimnisse, dürfen sie nur verarbeitet werden, soweit die betroffene Person im Einzelfall eingewilligt hat; § 67b Absatz 2 und 3 des Zehnten Buches gilt entsprechend. Übermittelt der Vermittler diese Daten im Rahmen seiner Vermittlungstätigkeit einer weiteren Person oder Einrichtung, darf diese sie nur zu dem Zweck speichern, verändern, nutzen, übermitteln oder in der Verarbeitung einschränken, zu dem sie ihr befugt übermittelt worden sind.

(2) Von betroffenen Personen zur Verfügung gestellte Unterlagen sind unmittelbar nach Abschluss der Vermittlungstätigkeit zurückzugeben. Die übrigen Geschäftsunterlagen des Vermittlers sind nach Abschluss der Vermittlungstätigkeit drei Jahre aufzubewahren. Die Verwendung der Geschäftsunterlagen ist zur Kontrolle des Vermittlers durch die zuständigen Behörden sowie zur Wahrnehmung berechtigter Interessen des Vermittlers zulässig. Personenbezogene Daten sind nach Ablauf der Aufbewahrungspflicht zu löschen. Betroffene Personen können nach Abschluss der Vermittlungstätigkeit Abweichungen von den Sätzen 1, 3 und 4 gestatten; die Gestattung bedarf der Schriftform.

§ 299
Informationspflicht bei grenzüberschreitender Vermittlung

Bei einer grenzüberschreitenden Vermittlung hat der Vermittler die Arbeitsuchende oder den Arbeitsuchenden vor Abschluss des Arbeitsvertrages in schriftlicher Form und auf seine Kosten in der eigenen Sprache der oder des Arbeitsuchenden oder in einer Sprache, die die oder der Arbeitsuchende versteht, zu informieren über:

1. den Namen und die Anschrift des Arbeitgebers,

2. den vorgesehenen Zeitpunkt des Beginns und die vorgesehene Dauer des Arbeitsverhältnisses,

3. den Arbeitsort oder, falls die Arbeitnehmerin oder der Arbeitnehmer nicht nur an einem bestimmten Arbeitsort tätig sein soll, einen Hinweis, dass die Arbeitnehmerin oder der Arbeitnehmer an verschiedenen Orten beschäftigt werden kann,

4. die zu leistende Tätigkeit,

5. die vertragliche Arbeitszeit,

6. das vertragliche Arbeitsentgelt, einschließlich vorgesehener Abzüge,

7. die Dauer des vertraglichen Erholungsurlaubs,

8. die Fristen für die Kündigung des Arbeitsverhältnisses,

9. einen in allgemeiner Form gehaltenen Hinweis auf die Tarifverträge, Betriebs- oder Dienstvereinbarungen, die auf das Arbeitsverhältnis anzuwenden sind und

10. die Möglichkeit, die Beratungsdienste der Sozialpartner und staatlicher Stellen in Anspruch zu nehmen; hierbei sind mindestens beispielhaft die Beratungsstellen nach § 31 des Arbeitnehmer-Entsendegesetzes oder im Fall von Staatsangehörigen aus Drittstaaten mindestens beispielhaft die Beratungsstellen nach § 45b Absatz 1 Satz 1 und 2 des Aufenthaltsgesetzes zu nennen und die jeweils aktuellen Kontaktdaten der erwähnten Beratungsdienste anzugeben.

§§ 300

(weggefallen)

§§ 301
Verordnungsermächtigung

Das Bundesministerium für Arbeit und Soziales wird ermächtigt, durch Rechtsverordnung zu bestimmen, dass für bestimmte Berufe oder Personengruppen Vergütungen vereinbart werden dürfen, die sich nach dem der Arbeitnehmerin oder dem Arbeitnehmer zustehenden Arbeitsentgelt bemessen.

§ 404
Bußgeldvorschriften

(1) Ordnungswidrig handelt, wer

[...]

(2) Ordnungswidrig handelt, wer vorsätzlich oder fahrlässig

[...]

9. einer Rechtsverordnung nach § 292 zuwiderhandelt, soweit sie für einen bestimmten Tatbestand auf diese Bußgeldvorschrift verweist,

10. (weggefallen)

11. entgegen § 296 Abs. 2 oder § 296a eine Vergütung oder einen Vorschuss entgegennimmt,

12. (weggefallen)

13. entgegen § 298 Abs. 2 Satz 1 oder 4 eine Unterlage nicht, nicht richtig, nicht vollständig oder nicht rechtzeitig zurückgibt,

[...]

(3) Die Ordnungswidrigkeit kann in den Fällen der Absätze 1 und 2 Nummer 3 mit einer Geldbuße bis zu fünfhunderttausend Euro, in den Fällen des Absatzes 2 Nummer 1, 6 bis 9, 11 bis 13, 28 und 29 mit einer Geldbuße bis zu dreißigtausend Euro, in den Fällen des Absatzes 2 Nummer 2, 4, 16, 26 und 27 mit einer Geldbuße bis zu fünftausend Euro und in den übrigen Fällen mit einer Geldbuße bis zu zweitausend Euro geahndet werden.

Untertitel 1
Allgemeine Vorschriften

§ 652
Entstehung des Lohnanspruchs

(1) Wer für den Nachweis der Gelegenheit zum Abschluss eines Vertrags oder für die Vermittlung eines Vertrags einen Maklerlohn verspricht, ist zur Entrichtung des Lohnes nur verpflichtet, wenn der Vertrag infolge des Nachweises oder infolge der Vermittlung des Maklers zustande kommt. Wird der Vertrag unter einer aufschiebenden Bedingung geschlossen, so kann der Maklerlohn erst verlangt werden, wenn die Bedingung eintritt.

(2) Aufwendungen sind dem Makler nur zu ersetzen, wenn es vereinbart ist. Dies gilt auch dann, wenn ein Vertrag nicht zustande kommt.

Materialien: E II § 588; III § 643; Prot II 345.

Schrifttum

Vgl Vorbem zu §§ 652–656d.

Systematische Übersicht

Alphabetische Übersicht

I. Der Abschluss des Maklervertrags

1. Die besondere Problematik

1 Das **Zustandekommen** eines Maklervertrags setzt Angebot und Annahme, dh Willenserklärungen des Auftraggebers und des Maklers voraus, die darin übereinstimmen, dass der Makler entweder für den Nachweis der Gelegenheit zum Abschluss eines Vertrages (Nachweismaklervertrag) oder für die Vermittlung eines Vertrages (Vermittlungsmaklervertrag) von dem Auftraggeber einen Maklerlohn erhalten soll. Die Feststellung dieser Voraussetzungen hat im Vergleich zur Feststellung sonstiger Vertragsschlüsse Besonderheiten zu beachten, die sich aus der **Eigenart der Maklerleistung** ergeben.

2 Die Eigenart der Maklerleistung besteht erstens darin, **dass die Nachweis- oder Vermittlungstätigkeit** des Maklers objektiv **beiden Parteien** des (zukünftigen) Hauptvertrages **dient**, während das gesetzliche Leitbild des Maklervertrags – wie § 654 BGB belegt – vertragliche Beziehungen des Maklers nur zu einer Seite vorsieht. Sogar wer mit einem gewerbsmäßigen Makler in Kontakt tritt, muss deshalb nicht ohne weiteres davon ausgehen, dass der Makler seine Mitwirkung vom Abschluss eines Mak-

lervertrags mit ihm selbst abhängig macht. Soweit die Umstände auf ein Handeln des Maklers im Auftrag des (zukünftigen) Partners des Hauptvertrags hindeuten, kann er vielmehr grundsätzlich damit rechnen, dass der Makler sich an diesen Auftraggeber halten und mit der von ihm zu zahlenden Vergütung zufriedengeben wird, wenn er nicht eindeutig eine (zusätzliche) Provisionserwartung zum Ausdruck bringt. § 653 Abs 1 BGB steht dem nicht entgegen, setzt doch die dortige Vermutung der Provisionspflichtigkeit die Übertragung der Maklerleistung (= die Beauftragung des Maklers) voraus, die hier wegen der Ambivalenz des Maklerverhaltens – Angebot auf Abschluss eines neuen oder Erfüllung des mit einem Dritten geschlossenen Maklervertrags – gerade zweifelhaft ist (BGH BB 1971, 1124; BGH NJW 1981, 1444; BGH WM 1986, 1390 f; BGH WM 1986, 1502 f; BeckOGK/Meier [1. 1. 2026] § 652 Rn 112).

3 Die Eigenart der Maklerleistung besteht zweitens darin, dass ihr Gegenstand – die Vertragsgelegenheit – **kein dem Makler zugeordnetes Gut** ist, sondern von Interessenten auch aufgrund eigener Erkundungen in Erfahrung gebracht und kostenlos genutzt werden kann (**aA** Hamm Rn 101). Das wirkt sich auf das Zustandekommen eines (Nachweis-)Maklervertrages insofern aus, als die **Nutzung** der vom Makler zusammen mit seinem Angebot auf Abschluss eines (Nachweis-)Maklervertrags bekannt gegebenen Vertragsgelegenheit **nicht per se** den Erklärungswert einer **Annahme des Angebots** hat. Anders als (vorbehaltlich des § 241a BGB) die Ablehnung des Vertragsschlusses trotz der Inanspruchnahme eines vom Inhaber unter der Bedingung der Annahme eines gleichzeitig beigefügten Verkaufsangebots überlassenen **Rechts** ist die Ablehnung des Vertragsschlusses trotz der Inanspruchnahme einer vom Makler bekannt gemachten **Vertragsgelegenheit** keine unzulässige **protestatio facto contraria**, kann sich der Interessent doch darauf berufen, dass er die Vertragsgelegenheit ohne das Handeln des Maklers möglicherweise aufgrund eigener Erkundungen hätte erfahren können (BGH NJW-RR 1996, 1459; Soergel/Engel § 652 Rn 2). Genauso wie ein „Verkäufer" von Informationen sich das Geschäft verdirbt, wenn er diese preisgibt, bevor er mit dem Interessenten über den Preis einig geworden ist, verliert der (Nachweis-)Makler den Provisionsanspruch, wenn er sein Wissen voreilig mitteilt (BGH WM 1985, 1344 f; BGH WM 1986, 1390 f; OLGR Düsseldorf 1997, 224).

2. Die grundsätzlichen Anforderungen an die Vertragserklärungen von Makler und Auftraggeber

a) Auftreten des Maklers als Makler mit anderweitigem Auftrag

4 Soweit der Makler als (wirklicher oder auch nur scheinbarer) Beauftragter eines Dritten mit einem Interessenten in Kontakt tritt, muss er seine Provisionserwartung unmissverständlich zum Ausdruck bringen; diesbezügliche Unklarheiten gehen zu seinen Lasten (sog **Unklarheitenregel**; vgl BGH BB 1971, 1124 f; BGH NJW 1981, 1444; BGH WM 1986, 1390, 1391; BGH NJW-RR 1999, 361; BGH NJW 2000, 282; BGH NJW 2005, 3779; OLG Celle AIZ A 103 Bl 78; OLG Naumburg NJW-RR 2013, 564). Ein solches Auftreten als (wirklicher oder scheinbarer) Beauftragter eines Dritten wird in der Regel damit zusammenfallen, dass der Kontakt auf eine **Initiative des Maklers** – individuelle Ansprache oder auch Suchanzeige – zurückgeht (BGH BB 1971, 1124; OLGR Celle 1995, 301; OLG Hamm NJW-RR 1999, 127). Notwendig ist das aber nicht. Denkbar ist auch, dass der Interessent den Kontakt gesucht hat, um seine Vertragsbereitschaft gegenüber (bezüglich des Vertragsgegenstands näher spezifizierten) Auftraggebern des Maklers anzuzeigen. Reagiert der Makler darauf, so muss er seine Provisionserwartung deutlich

offenlegen, nicht anders, als wenn er selbst initiativ geworden wäre (OLG Koblenz AIZ 1986 H 11 A 103 Bl 26; OLG Hamm BB 1996, 980). Selbstverständlich ist, dass das Provisionsverlangen nicht wörtlich gestellt werden muss. Wie stets genügt konkludentes Handeln, vorausgesetzt, es lässt hinsichtlich der Provisionserwartung keinen Zweifel offen (LG Hamburg AIZ 1977, 287 f). Zuletzt hat der BGH (BGH NJW 2016, 2317, 2320) diese Grundsätze auch auf den Fall ausgedehnt, dass der Makler dem Interessenten das Exposé eines anderen Maklers übergibt: Auch in diesem Fall müsse die Provisionserwartung ausdrücklich formuliert werden. Andernfalls könne in der Übergabe eines fremden Exposés kein Antrag auf Abschluss eines Maklervertrages für sich selbst gesehen werden. Dies gelte auch dann, wenn der Makler für den Interessenten bereits vorher tätig geworden sei.

Dem Makler kraft der Unklarheitenregel die gesamte Erklärungsverantwortung auf- 5
zubürden, ist dann nicht mehr gerechtfertigt, wenn der Interessent die unmissverständliche **Offenlegung** der Provisionserwartung durch sein Verhalten **verhindert** hat. Insoweit geht die Unklarheit zu Lasten des Interessenten (BGH NJW 1958, 298 f). Das Gleiche soll nach LG Mannheim AIZ 1989 H 4 A 103 Bl 41 gelten, wenn der Interessent im Wirtschaftsleben erfahren ist und sich von dem gewerblichen Makler schon seit Jahren Objekte (ohne Zustandekommen des Hauptvertrags) hat nachweisen lassen. Aber geschäftliche Erfahrung ändert nichts daran, dass der Interessent ohne gegenteiligen Hinweis des (wirklich oder scheinbar) im Auftrag Dritter handelnden Maklers davon ausgehen kann, dieser suche keinen zusätzlichen Provisionsschuldner, sondern nur eine Möglichkeit, die Provision gegenüber den (Erst-) Auftraggebern zu verdienen. Erst recht ist nicht erkennbar, weshalb langjährige Zugehörigkeit des Interessenten zur Interessentenkartei des Maklers die Erklärungsverantwortung zu Lasten des Interessenten verschieben soll. Ungeklärt ist, ob und ggf inwieweit der Makler von seiner Erklärungsverantwortung auch dadurch entlastet sein kann, dass die **Doppelmaklertätigkeit** in einer Branche und/oder Region **üblich** geworden ist (vgl auch Dyckerhoff 8 f). BGH WM 1985, 1344, 1345 scheint eine solche Entlastung im Grundsatz bejahen zu wollen. Zwar hält das Urteil in concreto am Erfordernis des unmissverständlichen Provisionsverlangens des Maklers fest. Doch verwirft es den Hinweis auf die regionale Übung, die Provision auf den Käufer abzuwälzen, nicht als von vornherein unbeachtlich, sondern mit der Begründung, eine solche Übung sei von der Üblichkeit der Provisionspflichtigkeit des Käufers trotz Erstauftrags des Verkäufers zu unterscheiden. Andere Entscheidungen stehen wohl auf dem Standpunkt, das durch Unzulässigkeit einer Tätigkeit im Auftrag beider Seiten gekennzeichnete gesetzliche Leitbild (§ 654 BGB) lasse es nicht zu, unter Berufung auf die Üblichkeit der Doppelmaklertätigkeit den unmissverständlichen Hinweis des Maklers auf seine Provisionserwartung für entbehrlich zu erklären (ausdrücklich OLG Hamburg MDR 1966, 143, 144; in der Sache auch OLG Frankfurt AIZ 1981 H 3 A 103 Bl 7). Geht man mit der hier vertretenen Ansicht davon aus, dass der Makler ohne Gestattung der Doppeltätigkeit im Falle eines Provisionsverlangens gegenüber dem Interessenten nach § 654 BGB den Provisionsanspruch gegen den Erstauftraggeber verliert, weil er dadurch die Aussichten des Erstauftraggebers auf einen günstigen Vertragsschluss (mit der Folge der Ungleichwertigkeit des zustande gekommenen im Verhältnis zum beabsichtigten Hauptvertrag) verschlechtert (Vorbem 6 zu §§ 652–656d), so hat die zuletzt genannte Ansicht die besseren Argumente auf ihrer Seite. Es handelt sich dann nämlich bei der Üblichkeit der Doppeltätigkeit um eine Verkehrssitte, die nicht – wie § 157 BGB voraussetzt – im Einklang, sondern im Widerspruch zu Treu und Glauben steht. Im Zu-

sammenhang mit einem gesetzlich durchnormierten Geschäftstypus wie dem Maklervertrag entscheidet im Übrigen primär das dispositive Gesetzesrecht (konkret: die Wertung des § 654 BGB) über das, was Treu und Glauben mit Rücksicht auf die Verkehrssitte (§ 157 BGB) entspricht (vgl MünchKommBGB/Busche § 157 Rn 45; Flume § 16, 4 b). Eine dem dispositiven Verbot der Doppeltätigkeit widerstreitende Übung (= Verkehrssitte) kann deshalb dem Interessenten, der sich auf die unzureichende Offenlegung der Provisionserwartung durch den Makler beruft, nicht entgegengehalten werden (zustimmend MünchKommBGB/Althammer § 652 Rn 57). Etwas anderes gilt selbstverständlich, wenn der Interessent die Provisionserwartung infolge des Wissens um ihre Üblichkeit oder aufgrund anderer Umstände trotz der unzureichenden Offenlegung durch den Makler erkannt hat (BGH WM 1986, 1390, 1391; OLG Frankfurt AIZ 1991 H 8 A 121 Bl 42). Wo der wahre Wille des Erklärenden den Adressaten erreicht hat, erübrigt sich nach allgemeinen Grundsätzen die Feststellung des normativen Erklärungswerts (MünchKommBGB/Busche § 133 Rn 15).

b) Auftreten des Maklers als Makler ohne anderweitigen Auftrag

6 Soweit der Makler den Nachweis von Vertragsgelegenheiten bzw die Vermittlung eines Vertrags **nicht** als (scheinbarer) Beauftragter eines Dritten zusagt, kann der Interessent kein Handeln in Erfüllung eines Drittauftrags, sondern muss eine **Vertragserklärung gegenüber sich selbst** annehmen. Handelt es sich um einen gewerbsmäßigen Makler, so folgt prinzipiell aus **§ 653 Abs 1 BGB**, dass die Vertragserklärung auf einen Maklervertrag (und nicht bloß auf einen unentgeltlichen Auftrag) gerichtet ist. Entsprechend ist es in dieser Situation an dem Interessenten, einen etwa fehlenden Willen zum Provisionsversprechen (= die Ablehnung des Angebots) unmissverständlich zu erklären; Unklarheiten gehen zu seinen Lasten, im Prozess hat er die Beweislast für die Vereinbarung eines unentgeltlichen Auftrags statt eines Maklervertrags (BGH NJW 1981, 1444 f). Ein Fall, in dem der Makler nicht als (scheinbarer) Beauftragter eines Dritten auftritt, liegt in der Regel vor, wenn der Interessent den Kontakt initiiert hat. Doch ist zu unterscheiden: Ohne Weiteres gilt das nur, wenn die Kontaktaufnahme des Interessenten in der Erteilung eines Suchauftrags bestanden hat, der sich nicht auf den aktuellen Bestand des Maklers beschränkt (siehe zur Abgrenzung auch Fischer NZM 2011, 529, 531); in diesem Fall kann der Makler den Vertrag durch Aufnahme seiner Tätigkeit zustande bringen (BGH NJW-RR 2010, 257). Hat er lediglich um die Benennung eines Objekts aus dem Bestand des Maklers nachgesucht, so liegt die Erklärungsverantwortung nach BGH NJW 2005, 3779, 3780 trotz der Initiative des Interessenten beim Makler. Denn dann darf der Interessent vorbehaltlich abweichender Anhaltspunkte ebenso wie im Fall der Initiative des Maklers damit rechnen, dass der Makler mangels gegenteiliger Erklärung schon einen Auftraggeber hat und sich mit der von diesem zu zahlenden Maklerprovision zufrieden geben wird (ebenso schon OLG Hamm NJW-RR 1994, 1540; BeckOGK/Meier [1. 1. 2026] § 652 Rn 136; Schwerdtner ZfIR 1997, 505, 507; Tiekötter, in: FS Schwerdtner [2003] 485, 492 ff; **aA** die bis 2005 hM, an dieser festhaltend MünchKommBGB/Althammer § 652 Rn 57). Umgekehrt muss der Interessent trotz Initiierung des Kontakts durch den Makler seinen fehlenden Willen zur Zahlung der Provision unmissverständlich erklären, wenn der Makler sich als „Makler ohne Auftrag“ bekennt (ebenso OLG Karlsruhe AIZ 1990 H 4 A 103 Bl 46).

7 Die Erklärungsverantwortung des Interessenten für die Vereinbarung einer unentgeltlichen Maklertätigkeit (Rn 6) endet an den Grenzen des § 653 Abs 1 BGB, der voraussetzt, dass die dem Makler übertragene Leistung „den Umständen nach nur

gegen eine Vergütung zu erwarten ist". BGH NJW 1981, 1444 fordert dafür, die Umstände müssten zu der Annahme zwingen, die Maklerleistung werde unterbleiben, wenn dem Makler angesonnen werde, ohne Provision tätig zu werden (vgl auch BGH WM 1986, 1502). In diesem Zusammenhang kann auch und vor allem erheblich werden, dass es in der Branche und/oder Region eine Übung gibt, nach der der Makler Nachweis- und/oder Vermittlungsaufträge unentgeltlich hereinnimmt und sich seine Provision durch Maklerverträge mit den (zukünftigen) Gegenparteien der Hauptverträge sichert. Da die Übung (= Verkehrssitte im Sinne des § 157 BGB) insoweit nicht mit dem gesetzlichen Leitbild des Maklervertrags kollidiert (§ 654 BGB), sondern als relativierendes Moment in dieses Leitbild integriert ist (§ 653 Abs 1 BGB), vermag sie den Interessenten also – anders als den Makler (Rn 5) – durchaus von der Erklärungsverantwortung zu entlasten.

c) Annahme des Maklervertragsangebots durch Duldung und Verwertung der Maklertätigkeit?

Von dem in § 653 Abs 1 BGB angesprochenen Problem, mit welchem Inhalt der Vertrag zwischen Interessent und Makler – unentgeltlicher Auftrag oder provisionspflichtiger Maklervertrag – zustande kommt, zu unterscheiden ist die Frage, unter welchen Voraussetzungen **überhaupt Vertragserklärungen anzunehmen sind**. Diese Frage stellt sich nicht nur für das Verhalten des Maklers, das statt der Vertragserklärung gegenüber dem Interessenten nichtrechtsgeschäftliches Handeln im Auftrag eines Dritten sein kann (Rn 4 f), sondern auch für das **Verhalten des Interessenten**. Da die Nutzung der vom (Nachweis-)Makler bekannt gemachten Vertragsgelegenheit durch den Interessenten nicht per se den Erklärungswert einer Vertragserklärung hat (Rn 3), geht es jedenfalls in der Formulierung zu weit, wenn es heißt, der Interessent nehme das hinreichend deutliche Angebot des Maklers durch die **Duldung und die Verwertung** der Maklertätigkeit an (so noch BGH WM 1971, 904, 905; Mormann WM 1968, 954, 955). Tatsächlich bekundet der Interessent seinen Annahmewillen dadurch nur, soweit zusätzliche Umstände der Duldung bzw Verwertung ihren neutralen Erklärungswert nehmen. Das erkennt auch der BGH an. BGH WM 1985, 1344, 1345 fasst die Linie der Rechtsprechung dahin zusammen, dass das Verhalten des Interessenten nur dann den Erklärungswert eines Provisionsversprechens hat, wenn es sich als „bejahende Entscheidung" zwischen den Alternativen darstellt, die ihm gegen Entgelt angebotenen Dienste in Anspruch zu nehmen oder zurückzuweisen. Dies sei nicht gegeben, wenn der Interessent nach Erhalt der mit dem Provisionsverlangen verknüpften Information über die Vertragsgelegenheit ein weiteres Handeln des Maklers nicht wünscht oder sogar eine Provisionszusage ausdrücklich ablehnt (ebenso BGH WM 1986, 1390 f; BGH NJW-RR 1991, 371; BGH NJW-RR 1997, 506; OLG Schleswig AIZ 1988 H 11 A 103 Bl 34; OLG Schleswig AIZ A 103 Bl 89; OLG Düsseldorf MDR 1998, 1341; OLG Koblenz NJW-RR 2020, 814, 815). 8

Demnach gilt: Der Maklervertrag kann aufgrund des mit der Information über das Kaufobjekt verbundenen Vertragsangebots des Maklers einmal dadurch zustande kommen, dass der Interessent **die Annahme ausdrücklich erklärt**. Daneben ist auch eine konkludente Annahme möglich (siehe dazu Rn 14). Erklärt der Interessent die ausdrückliche Annahme, kommt es entgegen der Formulierung des BGH (BGH WM 1985, 1344) auch dann zu einem (Nachweis-)Maklervertrag, wenn der Interessent weiteres Tätigwerden des Maklers nicht begehrt. Denn der Maklervertrag kann auch über eine bereits erbrachte Maklerleistung geschlossen werden (BGH NJW-RR 1991, 9

820; BGH NJW-RR 2014, 1272, 1273; OLG Hamburg ZMR 2003, 274, 275 f; vgl aber auch OLG Düsseldorf NJW-RR 1997, 370). Soweit der Interessent weiteres Tätigwerden des Maklers begehrt, ohne sich im Übrigen zur Annahme des Vertragsangebots zu äußern, entscheidet der Empfängerhorizont des Maklers, ob darin eine (konkludente) Annahme zu sehen ist (§§ 133, 157 BGB). Das relative Gewicht des „weiteren Tätigwerdens" spielt keine Rolle, weil je nach den Umständen auch das Verlangen von Tätigkeiten von untergeordneter Bedeutung den Erklärungswert der Annahme erreichen kann. Erst recht ist unerheblich, ob der Makler die angesonnenen Tätigkeiten auch erbringt. Davon hängt nur ab, ob der Provisionsanspruch des Maklers nicht trotz wirksamen Maklervertrags deshalb entfällt, weil seine insgesamt entfaltete Tätigkeit nicht die Anforderungen eines ordnungsgemäßen Nachweises (Rn 35 ff) bzw einer ordnungsgemäßen Vermittlung erfüllt (Rn 42 ff). Selbstverständlich hat das Begehren weiteren Tätigwerdens nach dem unmissverständlichen Provisionsverlangen des Maklers dann nicht den Erklärungswert einer Annahme des Angebots auf Abschluss eines Maklervertrags, wenn der Interessent **gleichzeitig** die Provisionszahlung ausdrücklich ablehnt (BGH NJW-RR 1996, 114; BGH NJW-RR 1996, 1459). Denn dadurch gibt er zweifelsfrei zu erkennen, dass er das Tätigwerden des Maklers gerade nicht im Rahmen eines Maklervertrags mit Provisionspflicht, sondern entweder im Rahmen eines unentgeltlichen Auftrags oder deshalb wünscht, weil er es für seine Willensbildung hinsichtlich des Abschlusses des Hauptvertrags mit dem Erstauftraggeber des Maklers benötigt (BGH NJW 2002, 817; zur Diskussion um die Anwendbarkeit des § 354 HGB in diesem Fall vgl Rn 62). Soweit der Interessent sich die Hilfe des Maklers (bei der Besichtigung des Objekts) gefallen lässt, nachdem er zuvor eine provisionspflichtige Maklertätigkeit abgelehnt hat, kommt es darauf an, ob der Makler das als Bereitschaft auffassen kann, nunmehr doch einen Maklervertrag abschließen zu wollen. Wenn der Makler nicht seine Hilfe eindeutig von einer Provisionszahlung des Interessenten (und nicht nur des Anbieters des Objekts) abhängig gemacht hat, ist das im Zweifel nicht der Fall (BGH NJW 2002, 1945). Hat der Interessent die Provisionszahlung nur **in der vom Makler verlangten Höhe** abgelehnt, so kommt nach BGH NJW 2002, 817 (ebenso OLG Frankfurt NJW-RR 2000, 58) ein Maklervertrag mit ortsüblicher Provisionshöhe (§ 653 Abs 2 BGB) zustande. § 653 Abs 2 BGB ändert indessen nichts daran, dass die Vertragsparteien sich über die Essentialia des Maklervertrags einigen müssen. Hat der Interessent weiteres Tätigwerden des Maklers begehrt, ohne sich dessen bewusst zu sein, dass er dadurch eine ohnedem provisionsfreie Leistung provisionspflichtig macht, ist seine Annahmeerklärung zwar nicht nichtig. Wohl aber kann er analog § 119 Abs 1 BGB wegen fehlenden Erklärungsbewusstseins unverzüglich (§ 121 BGB) und mit der Folge der Schadensersatzpflicht (§ 122 BGB) anfechten (BGH NJW 1984, 2279 ff).

3. Einzelheiten

a) Auftreten des Maklers als Makler mit anderweitigem Auftrag

10 An die **Unmissverständlichkeit** des Provisionsverlangens des (wirklich oder scheinbar) im Auftrag eines Dritten handelnden Maklers (Rn 4) stellt die Praxis **strenge Anforderungen**: Notwendig soll ein ausdrückliches Provisionsverlangen selbst dann sein, wenn der Makler das Grundstück dem Interessenten bereits einige Jahre zuvor provisionspflichtig angeboten hatte (OLG Frankfurt NJW-RR 2011, 1500). Nicht ausreichen soll die Übergabe von Geschäftsunterlagen, in denen auf die Provision hingewiesen wird, weil noch unklar bleibt, ob damit die Abwälzung der Provisionspflicht des

(wirklichen oder scheinbaren) Erstauftraggebers durch den Hauptvertrag angekündigt oder eine (zusätzliche) Provisionspflicht des Interessenten begründet werden soll (BGH NJW 1958, 298). Aus dem gleichen Grund haben Hinweise des Maklers wie die, seine Gebühren betrügen einen bestimmten Prozentsatz des Verkaufswertes (OLG Hamburg MDR 1964, 233 f) oder es müsse für ihn ein bestimmter Provisionssatz herauskommen (LG Köln JR 1965, 347 f), nicht genügt. Auch wenn es in einem Verkaufsexposé heißt, der Käufer trage die „Erwerbsnebenkosten, dh x% Maklercourtage", ist das Verlangen nach (zusätzlicher) Maklerprovision nicht ausreichend gegen den Hinweis auf die eventuelle Abwälzungsabsicht des Erstauftraggebers abgegrenzt (BGH WM 1981, 495). Das Gleiche soll für die Formulierung: „Nachweiscourtage: 3,42 % des Kaufpreises inkl MwSt fällig und verdient bei Abschluss des Kauf- oder Kaufvorvertrages" gelten (OLG Düsseldorf NJW-RR 1990, 1013 f; OLG Düsseldorf NJW-RR 1997, 368; OLG Hamm NJW-RR 1994, 1078; OLG Hamm 1995, 819; OLG Dresden NZM 1998, 1016). Erst die Formulierung, die Maklergebühr von x% sei nicht im Kaufpreis eingeschlossen, hat als ordnungsgemäßes Provisionsverlangen höchstrichterliche Anerkennung gefunden (BGH WM 1983, 764, 765). Freilich verläuft die Entwicklung der Rechtsprechung nicht völlig geradlinig. Nach BGH WM 1971, 904, 905 soll nämlich der Provisionsvermerk im Exposé nur dann unklar sein, wenn sonstige Umstände hinzutreten, die die Vermutung begünstigen, es sei nicht an das Provisionsverlangen des Maklers gegenüber dem Interessenten, sondern an die Abwälzungsabsicht des Erstauftraggebers gedacht. Zuletzt hat es die Rechtsprechung (BGH NJW 2012, 2268, 2269; zust Roth LMK 2012, 334936; OLG Hamm NJW-RR 2013, 170, 171) genügen lassen, dass ein Immobilienmakler ein zum Verkauf stehendes Objekt im Internet (auf „Immobilienscout24") mit dem Hinweis „Provision x%" direkt unter der Angabe der Vermarktungsart und des Kaufpreises angeboten hat. Tatsächlich dürfte dies im Vergleich zu den rigiden Anforderungen früherer Urteile der zutreffende Standpunkt sein. Die Angabe etwa auf dem Exposé „Provision x% des Kaufpreises" drückt ein eindeutiges Provisionsverlangen gegenüber dem Käufer aus (ebenso OLG Hamburg AIZ A 133 Bl 36). Soweit nicht besondere Umstände eingreifen, kann man das schwerlich als Hinweis auf die Verkäuferprovision wegen eventueller Abwälzungsabsicht des Verkäufers missverstehen. Das gilt besonders dann, wenn der Makler das Exposé mit diesem Inhalt vom Käufer unterschreiben lässt (BGH NJW 2000, 282; dazu Besprechung Langemaack NZM 2000, 121).

Wie der Makler das unmissverständliche Provisionsverlangen erklärt, ist gleichgültig. 11
Der Hinweis in der Zeitungsanzeige des Maklers genügt jedenfalls gegenüber den Interessenten, die sich auf die Zeitungsanzeige – Gleiches gilt für die Internetanzeige (OLG Brandenburg NJW-RR 2009, 1145; OLG Hamm NJW-RR 2013, 170, 171) – hin melden (Hamm Rn 127). Zwar enthält die Zeitungsanzeige (Internetanzeige) auch mit Provisionsverlangen noch kein Angebot auf Abschluss eines Maklervertrags, sondern stellt sich als bloße invitatio ad offerendum dar (BGH WM 1971, 1098; OLG Frankfurt MDR 1975, 1019; OLG Hamm NJW-RR 1999, 127; OLG Brandenburg NJW-RR 2009, 1145; Schmidt-Salzer MDR 1969, 182, 183; Knieper NJW 1970, 1293, 1294; Eggert 34). Doch bestimmt die Bezugnahme des Interessenten auf die Zeitungsanzeige den Inhalt des Nachweis- oder Vermittlungsersuchens so, dass der Makler von einem Angebot auf Abschluss eines Maklervertrags ausgehen kann (BeckOGK/Meier [1. 1. 2026] § 652 Rn 118; MünchKommBGB/Althammer § 652 Rn 55; D Fischer NJW 2009, 3210, 3211; Soergel/Engel § 652 Rn 15). Auch in seinen AGB kann der Makler seine Provisionserwartung klarstellen (OLG Frankfurt AIZ 1987 H 12 A 121 Bl 29; OLG Hamburg AIZ 1983 H 10 A 103 Bl 14; OLG

Schleswig AIZ 1981 H 12 A 103 Bl 11). Dass AGB zu ihrer Wirksamkeit vereinbart werden müssen (§ 305 Abs 2 BGB; vgl auch Eggert 34), steht dem nicht entgegen. Die AGB wirken insoweit nicht kraft Rechtsverbindlichkeit, sondern – wie die Zeitungsanzeige – als Bezugspunkt der Vertragserklärungen, der deren rechtliche Bedeutung mitbestimmt. Freilich darf der Hinweis auf die Provisionspflichtigkeit nicht in den AGB versteckt sein, sondern muss deutlich hervortreten, damit er dem Interessenten auch ohne sorgfältige Lektüre ins Auge sticht. Denn der Hinweis auf die Provisionspflichtigkeit ist notwendig, um dem Interessenten überhaupt einen Anlass zur Annahme eines Vertragsangebots des Maklers mit näherer Ausgestaltung durch das „Kleingedruckte“ zu geben. Ohnedem hat der Interessent keinen Grund, sich mit den AGB zu beschäftigen (vgl auch OLG Nürnberg AIZ 1964, 237 f; OLG Düsseldorf NJW-RR 1997, 368, 369; Schmidt-Salzer MDR 1969, 182, 185).

b) Auftreten des Maklers als Makler ohne anderweitigen Auftrag

12 Soweit der Makler den **Interessentenkontakt nicht** (wirklich oder doch nach dem Empfängerhorizont des Interessenten) **im Auftrag eines Erstauftraggebers** sucht, entfällt das Klarstellungsbedürfnis hinsichtlich der Frage, ob der Interessentenkontakt nur der Erfüllung des Auftrags des Erstauftraggebers oder auch der Begründung eines provisionspflichtigen Maklervertrags mit dem Interessenten dienen soll. Schon deshalb bleibt für die Unklarheitenregel, wie die Rechtsprechung sie entwickelt hat (Rn 4), kein Raum. Denn diese besagt nichts anderes, als dass das Klarstellungsbedürfnis aufgrund der Ambivalenz des Interessentenkontakts des (wirklich oder scheinbar) im Auftrag eines Erstauftraggebers handelnden Maklers vom Makler zu befriedigen ist. Davon nicht berührt wird selbstverständlich, dass den Makler die Erklärungsverantwortung trifft, die derjenige, der eine Willenserklärung abgibt, allgemein zu tragen hat. Dabei handelt es sich indessen nicht um eine einseitige Verantwortlichkeit, die sich mit der durch die Unklarheitenregel umschriebenen vergleichen lässt. Gerade Vertragserklärungen sind Schlusssteine eines Kommunikationsprozesses, innerhalb dessen die Parteien ihre wechselseitigen Erklärungen – ihre Vorzüge und Mängel – beeinflussen. Deshalb kann aufgrund der Umstände die Verantwortung für Unklarheiten der Maklererklärung genauso bei dem Interessenten liegen wie umgekehrt die Verantwortung für Unklarheiten der Erklärung des Interessenten beim Makler. Zu Recht wird unter diesen Umständen gefordert, die Erklärung dem Erklärenden allein nach Maßgabe dessen zuzurechnen, was an Einflüssen aus seiner Sphäre stammt (Flume, Das Rechtsgeschäft § 16, 3 c, S 310 f). Die Unklarheitenregel auch außerhalb des Maklerhandelns im (scheinbaren) Auftrag Dritter anzuwenden, verbietet sich demgemäß nicht bloß wegen der Gefahr terminologischer Verwirrung, sondern darüber hinaus aus sachlichen Gründen (entgegen Schmidt-Salzer MDR 1969, 182, 186).

13 Im Einzelnen gilt: Bietet auf die Suchanzeige des Interessenten hin ein Makler seine Hilfe an und bittet der Interessent ihn daraufhin um die Übermittlung von Nachweisen, so kommt ein Maklervertrag mit (unmittelbarer oder mittelbarer – vgl Vorbem 18 aE zu §§ 652–656d) Provisionszahlungspflicht zustande (vgl LG Düsseldorf AIZ 1959, 47; Werner JURA 1970, 353, 372). Grundsätzlich anders ist es selbstverständlich zu beurteilen, wenn der Makler die Suchanzeige des Interessenten gleich mit einem Exposé beantwortet (krit BeckOGK/Meier [1. 1. 2026] § 652 Rn 137). Denn dann handelt er aus der Sicht des Interessenten im Auftrag eines Dritten, was Ambivalenz seines Verhaltens und demzufolge das Klarstellungsbedürfnis bezüglich des (zusätzlichen) Provisions-

verlangens begründet. Verletzt der Makler die Klarstellungsobliegenheit, so entfällt schon das Vertragsangebot, ganz abgesehen davon, dass die Preisgabe der Information dem Interessenten die Annahme (mit der Folge seiner Provisionspflichtigkeit) ohnehin erspart (Rn 8). Wenn der Interessent sich unmittelbar an den Makler wendet und diesen um den Nachweis oder die Vermittlung von Vertragsgelegenheiten ersucht, erteilt er nach § 653 Abs 1 BGB regelmäßig keinen „Auftrag" ohne Provisionszahlungspflicht (vgl Vorbem 18 zu §§ 652–656d). Von den Umständen hängt es ab, ob er sich bloß gleichsam als „Erfüllungsgelegenheit" im Hinblick auf die Drittaufträge des Maklers andient oder selbst ein Maklervertragsangebot abgibt. Letzteres soll nach BGH NJW 2005, 3779, 3780 nur dann der Fall sein, wenn der Interessent einen Suchauftrag erteilt, nicht schon dann, wenn er lediglich um den Nachweis von Vertragsgelegenheiten aus dem Bestand des Maklers bittet. In der zweiten Alternative soll es bei der Unklarheitenregel zu Lasten des Maklers bleiben (vgl Rn 6 aE). Lediglich in der Alternative Suchauftrag hat nicht der Makler sein Provisionsverlangen, sondern der Interessent seinen Wunsch nach unentgeltlicher Teilhabe an der Maklerleistung „klarzustellen". Tut er das nicht, so bringt die Übersendung des Objektangebots (OLG München AIZ 1989 H 8 A 103 Bl 40), uU sogar gemäß § 151 S 1 BGB schon die interne Vormerkung (BGH AIZ 1989 H 2 A 103 Bl 36 für den Fall einer Maklerfirma, die gewerbsmäßig Geschäftsräume vermittelt; BGH NZM 2009, 869) den Maklervertrag zustande.

c) Annahme des Vertragsangebots des Maklers durch den Interessenten

14 Die Anforderungen an die Vertragserklärung des Interessenten nach eindeutigem Provisionsverlangen des Maklers (= an die Annahme des Angebots auf Abschluss des Maklervertrags) hängen nicht zuletzt davon an, wie die **Eigenart der Maklerleistung in ihrer Bedeutung für den Erklärungswert des Duldens oder Verwertens der Maklertätigkeit** (vgl dazu Rn 3) bewertet wird. Zwar herrscht seit jeher Einigkeit darüber, dass ein Provisionsverlangen des Maklers nach Abschluss des Hauptvertrages vom Interessenten ohne negative Folgen ignoriert werden kann. Doch ist vertreten worden, der Abschluss des Hauptvertrags durch den Interessenten in **Kenntnis des Provisionsverlangens** des Maklers sei Annahme des Angebots auf Abschluss eines Maklervertrags, gleichgültig, ob das Provisionsverlangen vor, gleichzeitig mit oder nach Bekanntgabe der Vertragsgelegenheit gestellt worden sei (OLG Karlsruhe AIZ 1960, 206 f; KG NJW 1960, 1865; OLG Frankfurt AIZ 1987 H 12 A 121 Bl 29; LG Hamburg AIZ 1986 H 9 A 103 Bl 25; Schmidt-Salzer MDR 1969, 182, 184 f). Demgegenüber vertritt der BGH (NJW 1986, 177, 178) einen deutlich restriktiveren Standpunkt: Er verlangt für die Annahme eine „bejahende Entscheidung zwischen den Alternativen, die ihm gegen Entgelt angebotenen Dienste in Anspruch zu nehmen oder zurückzuweisen". Die bloße Verwertung der bekannt gewordenen Vertragsgelegenheit genüge nicht. Lege der Makler diese vor einem Vertragsschluss offen, handele er auf eigenes Risiko (BGH NJW 1986, 177, 178; siehe aus der Instanzrechtsprechung auch zuletzt OLG Koblenz NJW-RR 2020, 814, 815; im Schrifttum etwa BeckOGK/Meier [1. 1. 2026] § 652 Rn 127). Dem ist zu folgen; denn anderenfalls versetzt man den Interessenten in die Situation, dass er das Angebot nicht zurückweisen kann, wenn er nicht auf die Vertragsgelegenheit verzichten will (LG Hamburg WuM 1993, 58). Oder anders gewendet: Man gestattet dem Makler, eine **„gemeinfreie" Position** (Rn 3) **einseitig** zu Lasten des Interessenten in eine Position zu verwandeln, die dieser lediglich gegen ein Entgelt nutzen darf. Zu Unrecht meint das KG, eine solche Konsequenz sei schon deshalb unausweichlich, weil der Interessent auch ohne Vertragsschluss zumindest aus Bereicherung hafte (NJW 1960, 1865). Soweit damit ein Anspruch aus § 812 Abs 1 S 1 Alt 1 BGB gemeint

ist, scheitert diese Ansicht spätestens an § 814 BGB. Aber auch falls der näherliegende Anspruch aus § 812 Abs 1 S 2 Alt 2 BGB (sog condictio ob rem) angesprochen sein sollte, dringt sie nicht durch. Der Nachweis der Vertragsgelegenheit als Leistungsgegenstand hat nämlich – was auch RGZ 122, 229, 232 übersieht – **keinen objektiven Vermögenswert**, der über § 818 Abs 2 BGB (vgl dazu Reuter/Martinek, Ungerechtfertigte Bereicherung, Teilband 2, 320 ff) an die Stelle der unmöglichen Rückgabe in Natur treten könnte (ebenso Zopfs Rn 18). Ob und ggf wie viel der Nachweis **ihm** wert ist, kann nur der Empfänger beantworten, der sich unterschiedlich entscheiden wird, je nachdem, welche Möglichkeiten mit welchem Aufwand zur eigenen Markterkundung und welche alternativen Vertragsgelegenheiten für ihn bestehen. Informationen mehren nicht das Vermögen, sondern das Wissen (BGH NJW 2000, 72, 73). Deshalb kann insoweit nur der wirksame Vertrag eine Zahlungspflicht begründen (ausführlich Rn 58 mit Nachw auch zur Gegenansicht). Dessen Zustandekommen setzt im Fall der vorherigen Bekanntgabe der Vertragsgelegenheit voraus, dass der Interessent das Vertragsangebot entweder ausdrücklich oder durch das Begehren weiterer Leistungen des Maklers konkludent angenommen hat (vgl Rn 8 aE). Dabei erklärt ein Interessent, der in Kenntnis des eindeutigen Provisionsverlangens die Dienste des Maklers in Anspruch nimmt, grundsätzlich in schlüssiger Weise, dass er einen Maklervertrag abschließen will, falls er nicht deutlich macht, dass er eine entsprechende Erklärung nicht abgeben will (BGH NJW 2010, 2268, 2269; BGH NJW 2017, 1024, 1025). Als Inanspruchnahme einer derartigen maklertypischen Leistung kommt namentlich in Betracht, dass der Interessent mit dem Makler einen Besichtigungstermin vereinbart (BGH NJW 2017, 1024, 1025). Stets setzt die konkludente Annahme durch das Begehren weiterer maklertypischer Leistungen voraus, dass der Makler damit rechnen kann, der Interessent verlange die weiteren Leistungen **in Kenntnis seines Provisionsverlangens**. Das ist nicht der Fall, wenn der Makler dem Interessenten während der Besichtigung des Objekts ein Exposé mit Provisionsklausel in die Hand drückt, ohne dass dieser die Besichtigung sofort abbricht. Denn der Makler kann nicht erwarten, dass der Interessent das Exposé gleich durchliest und von der in ihm enthaltenen Provisionsklausel Kenntnis nimmt (BGH NJW-RR 1991, 371; OLG Schleswig NJW 2007, 1982, 1983; OLG Schleswig MDR 2010, 561). Aber auch soweit der Interessent die Besichtigung trotz Kenntnisnahme von dem Provisionsverlangen fortsetzt, muss das nicht den Erklärungswert der Annahme haben. Falls sich darin, für den Makler erkennbar, nur Hilflosigkeit gegenüber einer überraschenden neuen Situation dokumentiert, scheidet die Annahme des Vertragsangebots des Maklers ebenfalls aus (**aA** wohl OLG Koblenz AIZ 1988 H 12 A 103 Bl 35). Etwas anderes gilt selbstverständlich, wenn der Interessent in Kenntnis des Provisionsverlangens eine weitere Besichtigung vereinbart (OLGR Celle 2002, 117).

15 Der grundsätzliche Vorbehalt dagegen, den Abschluss des Hauptvertrages als Annahme des Vertragsangebots des Maklers durch den Interessenten zu qualifizieren, schließt nicht aus, dass der **Abschluss des Hauptvertrags aufgrund zusätzlicher Umstände** doch einen solchen Erklärungswert erhält. Das trifft selbstverständlich zu, soweit Interessent und Makler sich vorab darüber verständigt haben, dass die Nutzung der vom Makler bekannt gemachten Vertragsgelegenheit als Annahme des Maklerangebots gelten soll. Eine derartige Vorabverständigung kann sich auch konkludent daraus ergeben, dass ein Maklerkunde in der Vergangenheit wiederholt vom Makler unaufgefordert nachgewiesene Vertragsgelegenheiten genutzt und die Provision gezahlt hat. Ein genereller Vertrag über den Erklärungswert des Abschlusses des

Hauptvertrags in diesem Sinne lässt sich allerdings nicht schon daraus entnehmen, dass ein Makler einem Unternehmer regelmäßig Exposés übersendet, und zwar auch dann nicht, wenn der Eingang jeweils dankend bestätigt worden ist (LG Mönchengladbach AIZ 1993 H 8 A 103 Bl 58; **aA** wohl LG Mannheim AIZ 1989 H 9 A 103 Bl 41). Bittet der Interessent den Makler bloß „informationshalber" um die Zusendung von Exposés, so stellt zwar die mit dem Provisionsverlangen verbundene Zusendung durch den Makler das Maklervertragsangebot dar. Entsprechend gilt aber das unter Rn 14 Gesagte: Soweit der Interessent nicht danach noch weitere Maklerleistungen in Anspruch genommen hat, kommt ein Maklervertrag auch dann nicht zustande, wenn der Interessent den Hauptvertrag über eines der nachgewiesenen Objekte abschließt. Diese Rechtslage kann der Makler nicht schon dadurch zu seinen Gunsten korrigieren, dass er den Exposés AGB beifügt, denen zufolge die Entgegennahme der Exposés als Annahme des Maklervertrags gilt; die Wirksamkeit von AGB setzt das Zustandekommen des Vertrags voraus (MünchKommBGB/Athammer § 652 Rn 51 aE). Andererseits kann der Adressat sich nicht auf die Unwirksamkeit einer solchen AGB-Klausel berufen, wenn er in Kenntnis des Provisionsverlangens weitere Dienste des Maklers (zB Begleitung bei der Besichtigung des Objekts) in Anspruch nimmt (BGH NJW-RR 2007, 400, 401; missverständlich vWestphalen NJW 2007, 2228, 2234). Im Allgemeinen kann der Makler – vorbehaltlich seines Auftretens als Beauftragter eines Dritten – aus der Bitte um Zusendung der Exposés nach Treu und Glauben und mit Rücksicht auf die Verkehrssitte (§ 157 BGB) schließen, dass der Interessent die Nutzung einer nachgewiesenen Vertragsgelegenheit durch Abschluss des entsprechenden Hauptvertrages als Annahme des Maklervertragsangebots gelten lässt. Eine Bitte um Zusendung des Exposés liegt allerdings noch nicht darin, dass der Interessent auf den Hinweis des Maklers, es gebe in der Zeitung ein für ihn möglicherweise interessantes Angebot, schweigt und der Makler sich daraufhin zur Zusendung des Exposés veranlasst fühlt. Hier kommt ein Maklervertrag nicht zustande, so dass der Interessent das Angebot provisionsfrei nutzen kann, indem er sich mit dem Anbieter in Verbindung setzt und den Hauptvertrag am Makler vorbei schließt (BGH NJW-RR 1989, 1071).

Die **Annahmefähigkeit** des Angebots des Maklers **nach § 147 Abs 2 BGB** ist großzügig **16**
zu bemessen. Denn einerseits geht der Makler – jedenfalls im Normalfall des Maklervertrags – keine Bindung ein, die ihn – etwa im Hinblick auf seine Arbeitskapazität – in seinen Dispositionen behindert. Andererseits ist den Interessenten nicht selten an einer langen Überlegungsfrist gelegen. Zu Recht hat das OLG München deshalb für das Angebot eines Immobilienmaklers die Annahmefähigkeit noch nach mehr als zwei Monaten bejaht (OLGZ 1978, 444, 446). Soweit die Annahme ausnahmsweise doch verspätet ist, gilt sie nach § 150 Abs 1 BGB als neues Angebot, für dessen Annahme nach § 151 S 1 BGB auf den Zugang verzichtet worden ist (RGZ 103, 11, 13; OLG München OLGZ 1978, 444, 446 f).

Der Maklervertrag kann nach den Grundsätzen über das **Schweigen auf ein kaufmän- 17**
nisches Bestätigungsschreiben zustande kommen. Voraussetzung dafür ist, dass der Auftraggeber des Maklers Kaufmann ist oder doch, ohne Kaufmann zu sein, wie ein Kaufmann am geschäftlichen Verkehr teilnimmt (BGHZ 11, 1, 3; BGH WM 1973, 1376 ff; OLG Köln OLGZ 1974, 8). Das gleiche Erfordernis gilt für den Makler, der das kaufmännische Bestätigungsschreiben absendet (BGHZ 40, 42 ff; LG Mannheim AIZ 1987 H 4 A 115 Bl 18). Seinem Inhalt nach muss das Bestätigungsschreiben auf einen bereits ge-

schlossenen Maklervertrag Bezug nehmen. Dass es in Wirklichkeit an einem Vertragsschluss mit dem bestätigten Inhalt fehlt, schadet nicht, es sei denn, der Absender weiß das oder die Diskrepanz zwischen Bestätigung und wirklichem Geschehen ist so groß, dass mit einem Einverständnis des Adressaten vernünftigerweise nicht zu rechnen ist (RGZ 95, 48, 51; BGHZ 11, 1, 4; 40, 42, 44 f). Eine zu große Diskrepanz zwischen bestätigtem und wirklichem Geschehen ist von der Rechtsprechung namentlich angenommen worden, wenn das Bestätigungsschreiben erstmals das Provisionsbegehren des Maklers enthält (OLG Düsseldorf BB 1970, 595 f). Tatsächlich dürfte die Entscheidung nicht vom Gewicht des bestätigten Gegenstandes (Provision, Gegenstand der Vermittlung), sondern von den Umständen des Einzelfalls abhängen. Soweit die Rede von der Provision im ursprünglichen Kontakt lediglich wegen der an die Ambivalenz des Maklerhandelns anknüpfenden Unklarheitenregel den Erklärungswert des Maklerangebots verfehlt, sollte die widerspruchslose Entgegennahme des insoweit deutlichen Bestätigungsschreibens durch den (kaufmännischen oder kaufmannsähnlichen) Interessenten den Maklervertrag zustande bringen können. Umgekehrt sollte die Erweiterung des auf Ankauf gerichteten Maklervertrags um Anmietung scheitern, wenn der vorherige Kontakt keinerlei Anhaltspunkte dafür geliefert hat, dass auch die Anmietung Gegenstand des Nachweises bzw der Vermittlung durch den Makler hätte sein sollen.

18 Das Bestätigungsschreiben des Maklers an eine Privatperson – dh eine Person, die nicht in kaufmännischer Weise am geschäftlichen Verkehr teilnimmt oder doch konkret außerhalb ihrer Kaufmannsrolle handelt – bringt zwar den Maklervertrag weder zustande, noch verändert es den Inhalt der mündlichen Abrede. Doch soll das Schweigen des Auftraggebers dann nach Ansicht des LG Nürnberg-Fürth (LG Nürnberg-Fürth AIZ 1984 H 8 A 119 Bl 4) als **Beweismittel** für die Richtigkeit der Behauptung des Maklers herangezogen werden können, der mündliche Vertrag sei mit dem Inhalt des Bestätigungsschreibens abgeschlossen worden. Diese Ansicht ist offenbar alles andere als unproblematisch. Im Kern läuft sie darauf hinaus, dass man dem Normalbürger ebenso wie dem Kaufmann oder kaufmannsähnlichen Adressaten eine Widerspruchsobliegenheit auferlegt. Lediglich die Nachteile wegen Verletzung dieser Obliegenheit sind abgeschwächt. Wenn aber vom Normalbürger weder kraft Gesetzes noch kraft Verkehrssitte erwartet wird, dass er auf ein Bestätigungsschreiben mit unrichtigem Inhalt reagiert, dürfen an das Schweigen des Adressaten keine Nachteile anknüpfen, und zwar gleichgültig, ob sie sich als materielle Rechtsnachteile oder als „bloße" Beweisnachteile präsentieren. Man wird also zumindest fordern müssen, dass der Adressat des Bestätigungsschreibens aufgrund besonderer Umstände trotz fehlender Kaufmannsähnlichkeit zur Prüfung und ggf zum Widerspruch veranlasst gewesen ist. Ohne diese Einschränkung ist dem Standpunkt des LG Nürnberg-Fürth nicht zuzustimmen (für den Standpunkt des LG aber Hamm Rn 177; krit dagegen auch BeckOGK/Meier [1. 1. 2026] § 652 Rn 132.1).

4. Besonderheiten im elektronischen Geschäftsverkehr

18a Besondere Anforderungen gelten für den Abschluss eines Maklervertrags mit einem Verbraucher im elektronischen Geschäftsverkehr. Verträge im elektronischen Geschäftsverkehr sind nach § 312i Abs 1 BGB Verträge über die Lieferung von Waren oder über die Erbringung von Dienstleistungen, bei denen sich der Unternehmer zum Zwecke des Abschlusses digitaler Dienste nach § 1 Abs 4 Nr 1 DDG bedient.

Soweit es sich um einen Verbrauchvertrag im elektronischen Geschäftsverkehr handelt, der den Verbraucher zu einer Zahlung verpflichtet, gelten für den Vertragsschluss nach § 312j BGB Sonderregelungen. Hierunter fallen nach Auffassung des BGH auch Maklerverträge: Es handele sich um Verträge über die Erbringung von Dienstleistungen (BGH 9. 10. 2025 – I ZR 159/24, NJW 2026, 316 Rn 17). Ebenso enthielten Maklerverträge eine Zahlungspflicht des Verbrauchers; unbeachtlich sei, dass diese Zahlungspflicht von einer weiteren Bedingung – dem Abschluss des Hauptvertrags – abhängig sei (BGH 9. 10. 2025 – I ZR 159/24, NJW 2026, 316 Rn 24 f unter Berufung auf EuGH 30. 5. 2024 – C-400/22 *Conny*, NJW 2024, 2449 Rn 47; **aA** Hubertus 101 f). Dem ist zuzustimmen. Zwar handelt es sich beim Maklervertrags nach dem hier bevorzugten Verständnis um einen kaufähnlichen Vertrag (Vorbem 4 zu §§ 652–656d). Allerdings ist der Begriff der Dienstleistung im Hinblick auf die europäischen Vorgaben weit auszulegen (siehe schon zu § 312b aF BGH 7. 7. 2016 – I ZR 30/15, NJW 2017, 1024 Rn 33 ff). Ausgeschlossen ist die Anwendung der § 312j Abs 2–4 BGB gemäß § 312j Abs 5 BGB allein dann, wenn der Vertrag ausschließlich durch individuelle Kommunikation geschlossen wird. Hierzu soll es aber nicht genügen, wenn Angebot und Annahme per E-Mail erklärt werden, der Verbraucher aber den Inhalt aufgrund der Vorgaben des Unternehmers seine E-Mail nicht frei gestalten kann, weil er eine vorformulierte, durch Setzen eines Häkchens zu aktivierende Annahmeerklärung verwenden muss (BGH 9. 10. 2025 – I ZR 159/24, NJW 2026, 316 Rn 21 f).

Nach § 312j Abs 2 BGB hat der Unternehmer die Bestellsituation bei einem Ver- **18b**
brauchervertrag im elektronischen Geschäftsverkehr, der den Verbraucher zu einer Zahlung verpflichtet, so zu gestalten, dass der Verbraucher mit seiner Bestellung ausdrücklich bestätigt, dass er sich zu einer Zahlung verpflichtet. Erfolgt die Bestellung über eine Schaltfläche, ist diese Pflicht nur erfüllt, wenn diese Schaltfläche gut lesbar mit nichts anderem als den Wörtern „zahlungspflichtig bestellen" oder mit einer entsprechenden eindeutigen Formulierung beschriftet ist. Daher genügt etwa eine Beschriftung mit dem Wortn „Senden" nicht (BGH 9. 10. 2025 – I ZR 159/24, NJW 2026, 316 Rn 27). Erfüllt der Unternehmer seine Pflichten nach § 312j Abs 3 BGB nicht, kommt der Vertrag nach § 312j Abs 4 BGB nicht zustande. Damit wird nicht nur eine schwebende, sondern eine endgültige Unwirksamkeit angeordnet (BGH 9. 10. 2025 – I ZR 159/24, NJW 2026, 316 Rn 32). Dem Verbraucher bleibt allerdings die Möglichkeit der Bestätigung (§ 141 BGB). Hierfür soll allerdings nach Auffassung des BGH die Inanspruchnahme der Maklerleistung schon deshalb nicht genügen, weil die Bestätigung zur Vermeidung einer Umgehung des § 312j Abs 3 BGB voraussetzen müsse, dass sich der Verbraucher ausdrücklich zur Zahlung einer Maklerprovision verpflichte (BGH 9. 10. 2025 – I ZR 159/24, NJW 2026, 316 Rn 47 f). Ist der Vertrag aufgrund eines Verstoßes gegen § 312j Abs 3 BGB unwirksam, soll im Hinblick auf den Schutzzweck des § 312j Abs 4 BGB auch ein bereicherungsrechtlicher Anspruch des Maklers gegen den Verbraucher ausgeschlossen sein (BGH 9. 10. 2025 – I ZR 159/24, NJW 2026, 316 Rn 51). Dem ist im Ergebnis schon deshalb zuzustimmen, weil ein bereicherungsrechtlicher Ausgleich bei einem nichtigen Maklervertrag ohnehin ausscheiden muss (Rn 58 ff).

II. Die Form des Maklervertrags

1. Der Grundsatz

19 Maklerverträge sind grundsätzlich **formlos gültig**. Das gilt auch für den Geltungsbereich der Makler- und Bauträgerverordnung (MaBV; vgl Vorbem 71 zu §§ 652–656d; Dyckerhoff/Brandt 11). Zwar hat der Makler nach § 11 MaBV dem Auftraggeber im Fall eines Auftrags über die Vermittlung von Verträgen über Grundstücke oder über den Nachweis der Gelegenheit zum Abschluss solcher Verträge unmittelbar nach Annahme des Auftrags die in § 10 Abs 2 S 2a–f MaBV erwähnten Angaben und spätestens bei der Aufnahme der Hauptvertragsverhandlungen die Höhe der Maklerprovision schriftlich mitzuteilen. Doch handelt es sich dabei weder um ein Verbotsgesetz im Sinne des § 134 BGB noch um eine Formvorschrift im Sinne des § 125 BGB (OLG Frankfurt NJW 1979, 878; OLG München AIZ 1981 H 1 A 103 Bl 6; BeckOGK/Meier [1. 1. 2026] § 652 Rn 141). Eine echte Ausnahme vom Grundsatz der Formfreiheit von Maklerverträgen begründet aber § 656a BGB für Maklerverträge, die die Vermittlung von Wohnungen oder Einfamilienhäusern betreffen; diese müssen nunmehr der Textform genügen. Ebenso besteht ab 2015 auf dem Gebiet der Wohnungsvermittlung nach § 2 Abs 1 S 2 WoVermittG ein Textformerfordernis für den Vermittlungsvertrag; Verträge, die dieser Vorgabe nicht genügen, sind nach § 125 S 1 BGB nichtig (Fischer WuM 2016, 391, 394). Eine weitere Formvorschrift enthält § 655b BGB für Darlehensvermittlungsverträge, die zwischen einem Unternehmer und einem Verbraucher (§§ 13 u 14 BGB) geschlossen werden; Einschränkungen des Anwendungsbereichs ergeben sich aus § 655a Abs 1 S 2 BGB iVm § 491 Abs 2 BGB. Ferner sieht § 296 Abs 1 S 1 SGB III das Schriftformerfordernis für das Vergütungsversprechen des Arbeitsuchenden im Arbeitsvermittlungsvertrag vor.

20 Für Maklerverträge kann ein **rechtsgeschäftliches Formerfordernis** bestimmt sein, und zwar auch in den AGB des Maklers (OLG Nürnberg AIZ 1966, 96, 97; Hamm Rn 66). Voraussetzung für die Wirksamkeit ist jedoch stets die Vereinbarung durch Makler und Interessenten. Fordert der Makler eine schriftliche Annahme, so liegt in der mündlichen Annahme durch den Interessenten nach § 150 Abs 2 BGB eine Ablehnung und zugleich ein neues Angebot, das der Makler zB durch Verabredung eines Besichtigungstermins schlüssig annehmen kann (OLG Hamburg AIZ 1983 H 10 A 103 Bl 14; Hamm Rn 67). Soweit die Schriftform wirksam vereinbart ist, bindet sie nicht das einverständliche rechtsgeschäftliche Handeln von Makler und Auftraggeber. Denn die Aufhebung bzw Einschränkung eines vertraglichen Formerfordernisses durch die Vertragspartner ist mangels entgegenstehenden zwingenden Gesetzesrechts formfrei möglich (Hamm Rn 67). Praktische Bedeutung hat das in Formularverträgen oder AGB enthaltene rechtsgeschäftliche Schriftformerfordernis vor allem als **Einschränkung der Vertretungsmacht**, wenn Makler Maklerverträge nicht in Person, sondern durch Angestellte oder Handelsvertreter abschließen. Der Makler schützt sich dadurch vor der Zurechenbarkeit von mündlichen Nebenabreden seines Vertreters.

2. Die Bedeutung des § 311b Abs 1 BGB

a) Das Versprechen einer Reueprovision

21 Der Maklervertrag unterliegt einem gesetzlichen Formzwang nach **§ 311b Abs 1 BGB**, soweit der **Zweck dieser Vorschrift** das erfordert. Der Zweck des § 311b Abs 1

BGB ist ein mehrfacher, nämlich der, die an einem so wichtigen Vorgang wie der Aufgabe bzw dem Erwerb des Eigentums an einem Grundstück Beteiligten zu angemessener Willensbildung anzuhalten (Warnfunktion), den Inhalt der getroffenen Vereinbarung klar festzulegen (Beweisfunktion) und insbesondere für die geschäftlich weniger Erfahrenen eine sachkundige rechtliche Beratung durch den Notar zu sichern (Schutzfunktion, vgl MünchKommBGB/Ruhrwinkel § 311b Rn 2). Maklerverträge über Grundstücksrechte oder grundstücksgleiche Rechte können **nicht direkt** unter § 311b Abs 1 BGB fallen, wird doch die Entschließungsfreiheit des Auftraggebers im Hinblick auf den Abschluss des Hauptvertrags definitionsgemäß durch den Maklervertrag nicht angetastet. Anderes gilt nur, wenn der Auftraggeber sich besonders zum Verkauf oder Erwerb eines Grundstücks verpflichtet (BGH NJW-RR 1990, 57; Dehner NJW 1991, 3254, 3256). Ein Vertrag, in dem sich der Auftraggeber gegenüber dem Makler verpflichtet, sein Grundstück zu genau festgelegten Verkaufsbedingungen an einen nachgewiesenen kaufbereiten und zahlungsfähigen Interessenten zu veräußern und andernfalls eine „Reueprovision" zu zahlen, soll nach BGH NJW 1970, 1915 ein **Vertragsstrafeversprechen** im Sinne des § 339 BGB enthalten, das über § 344 BGB von der Formnichtigkeit nach den §§ 311b Abs 1, 125 BGB erfasst wird. Fehlt die Pflicht zum Abschluss des Kaufvertrags und knüpft das Versprechen der Reueprovision daher unmittelbar an die Abschlussverweigerung des Auftraggebers an, so soll ein **uneigentliches Strafgedinge** im Sinne des § 343 Abs 2 BGB vorliegen, das ebenfalls unter § 344 BGB fällt (BGH NJW 1971, 557; BGH BB 1973, 1141; anders – unmittelbare Anwendung des § 311b Abs 1 – BGH AIZ 1994 H 9 A 112 Bl 3). Zu Recht ist dagegen eingewendet worden, dass es dem Makler bei solchen Abreden nicht um den Abschluss des Hauptvertrags geht, wie es die Vorstellung von Vertragsstrafe oder uneigentlichem Strafgedinge impliziert, sondern ausschließlich um die Erfolgsunabhängigkeit seines Provisionsanspruchs (Hamm Rn 89; BeckOGK/Meier [1. 1. 2026] § 652 Rn 145; MünchKommBGB/Althammer § 652 Rn 65). Der Makler will die Provision unabhängig vom Zustandekommen des Kaufvertrags bereits dadurch verdienen, dass er eine den vorab fixierten Wünschen des Auftraggebers entsprechende Vertragsgelegenheit nachweist. In der Sache handelt es sich also nicht um einen Maklervertrag, sondern um einen **Maklerwerkvertrag** (vgl Vorbem 14 ff zu §§ 652–656d); das Provisionsversprechen ist Werklohnversprechen (**aA** BeckOGK/Meier [1. 1. 2026] § 652 Rn 145; MünchKommBGB/Althammer § 652 Rn 65 aE: dienstvertragsähnlicher Vertrag).

Allerdings – insofern ist dem BGH zuzustimmen – unterliegt auch dieser Maklerwerkvertrag den Anforderungen, die der Zweck des § 311b Abs 1 BGB stellt. Soweit er der Kontrolle nach § 138 Abs 1 BGB standhält (vgl Vorbem 17 zu §§ 652–656d), muss er, um als wirksam anerkannt zu werden, **zusätzlich notariell beurkundet** sein, es sei denn, die Entgeltpflicht wäre – vor allem, aber nicht nur wegen ihrer relativen Geringfügigkeit (BGH WM 1986, 1438, 1439: Grenze jedenfalls bei 10–15 % der vereinbarten Provision) – ungeeignet, einen mittelbaren Zwang zum Abschluss des Grundstückskaufvertrags auszuüben. Das folgt aber nicht aus § 344 BGB, sondern aus der **analogen Anwendung des § 311b Abs 1 BGB** (ähnlich auch BeckOGK/Meier [1. 1. 2026] § 652 Rn 148 f). Allenfalls kommt die Annahme eines Vertragsstrafeversprechens bzw eines uneigentlichen Strafgedinges in Betracht, wenn (wie in den Fällen BGH NJW 1971, 93 und OLG München NJW 1970, 709) die zukünftigen Vertragsparteien sich unter Mitwirkung des Maklers wechselseitig die Zahlung der Gesamtprovision (= Verkäufer- und Käuferprovision) für den Fall versprechen, dass der Abschluss des Hauptvertrags an einer von ihnen scheitert. Denn insoweit gibt es wenigstens einen gewissen Anknüp- 22 fungspunkt für die These, es solle per Vertragsstrafe bzw per uneigentlichem Strafgedinge das Interesse einer Partei am Abschluss des Hauptvertrags geschützt werden. Letztlich sprechen indessen auch hier die besseren Gründe gegen die Qualifikation als Vertragsstrafe. Im Vordergrund steht nämlich (wie in den Fällen BGH NJW 1970, 1915 und BGH NJW 1971, 557) das Interesse des Maklers an der Zahlung der Provision trotz Abstandnahme der Parteien vom Hauptvertragsschluss. Die Vereinbarung der zukünftigen Vertragspartner ist nur eine daran anschließende Zusatzabrede, die die Provisionszahlungslast intern nach der Verantwortlichkeit für das Scheitern des Hauptvertrags verteilt. Richtigerweise sind also Maklerwerkverträge des Maklers mit beiden Seiten des zukünftigen Hauptvertrags anzunehmen, verbunden mit einer wechselseitigen privativen Schuldübernahme der zukünftigen Vertragsparteien unter der Bedingung, dass den Übernehmenden die Verantwortung für das Scheitern des Hauptvertrags trifft.

23 Im Schrifttum wird vereinzelt die Auffassung vertreten, die (individuelle) Vereinbarung einer „Reueprovision" unterliege weder nach § 344 BGB noch nach § 311b Abs 1 BGB analog dem Beurkundungszwang. Die Praxis lasse sich nicht zu notariellen Verträgen zwingen, und der Schutz des Auftraggebers lasse sich sachgerechter durch die gerichtliche Kontrolle und ggf Herabsetzung der Provisionshöhe gem § 343 BGB oder § 655 BGB analog erreichen (Hamm Rn 96). Aber der Schutz des Auftraggebers vor übereilter Bindung in Grundstücksgeschäften ist unleugbar die Aufgabe des § 311b Abs 1 BGB; das Ausmaß der Analogiefähigkeit richtet sich grundsätzlich nach dem Zweck einer Norm. Außerdem überzeugt die Gegenargumentation auch in der Sache nicht. Wenn die Formbedürftigkeit in der Praxis vom Zustandekommen des Hauptvertrags unabhängige Provisionen für den Nachweis oder die Vermittlung einer Vertragsgelegenheit im Bereich der Immobilienmakelei verhindert, dann ist das angesichts der grundsätzlichen Unangemessenheit von Maklerwerkverträgen (Vorbem 17 zu §§ 652–656d) nicht zu bedauern, sondern zu begrüßen (vgl auch Rn 25).

b) Das Versprechen sonstiger Zahlungen

aa) Von § 311b Abs 1 BGB nicht erfasste Fälle

24 Für einen (echten) Maklervertrag kommt die Formbedürftigkeit analog § 311b Abs 1 BGB in Betracht, soweit der Auftraggeber für den Fall der Aufgabe des Geschäftswillens oder seiner Verwirklichung ohne die Hilfe des Maklers eine **von der Provision verschiedene Zahlung** verspricht.

Aus diesem Bereich sind zunächst die Konstellationen auszuscheiden, in denen das Zahlungsversprechen gar nicht an die Ablehnung der vom Makler gebotenen Vertragsgelegenheit anknüpft. Hat sich der Makler zB im Alleinauftrag eine Zahlung für den Fall versprechen lassen, dass der Auftraggeber während der Laufzeit des Alleinauftrags sein Grundstück pflichtwidrig von anderen Maklern vermitteln lässt, so hat das mit einer Bindung im Sinne des § 311b Abs 1 BGB nichts zu tun. Vielmehr handelt es sich um eine normale Vertragsstrafe im Sinne der §§ 339 ff BGB, die selbst bei Unverhältnismäßigkeit nicht unwirksam, sondern allenfalls nach § 343 BGB durch gerichtliches Urteil herabzusetzen ist (vgl auch Rn 261 f). Trotz eines womöglich beachtlichen mittelbaren Drucks zum Abschluss des Hauptvertrags **formfrei wirksam** ist ferner die Vereinbarung im Maklervertrag, dass der Auftraggeber dem Makler entgegen § 652 Abs 2 BGB seine **tatsächlich entstandenen Aufwendungen** zu ersetzen hat. Dabei sind auch Aufwandpauschalen zulässig, vorausgesetzt, sie orientieren sich am tatsächlichen konkreten Aufwand, beziehen also nicht etwa die anteiligen Generalkosten mit ein (OLG Hamburg AIZ 1976, 10; vgl auch BGHR BGB § 652 Abs 1 Formzwang 5; **aA** OLG Dresden MDR 1997, 1011: formfreie Vereinbarung einer Aufwandsentschädigung nur bis zur Maximalhöhe von 10 % der üblichen Käuferprovision). Die Rechtsprechung begründet das mit dem legitimen Interesse des Maklers daran, sich wenigstens gegen Verluste infolge willkürlicher Umdisposition des Auftraggebers zu schützen. Soweit sich daraus ein Druck auf den Auftraggeber ergibt, soll er jedenfalls **nicht unangemessen** sein (BGH NJW 1971, 557; vgl auch BGH WM 1986, 1438; unklar OLG Frankfurt DB 1986, 1065 f). Wieso die Angemessenheit des Drucks die Warnung und die Beratung, die mit dem Erfordernis der notariellen Beurkundung verbunden sind, entbehrlich macht, ist freilich undurchsichtig. Gemeint ist wohl, dass man dem Makler die Durchsetzung legitimer Anliegen nicht durch eine so prohibitive Formanforderung wie die notarielle Beurkundung verwehren will (vgl auch BGH WM 1987, 471, 473). Freilich ändert das nichts daran, dass die Entschließungsfreiheit des Auftraggebers im Hinblick auf das Grundstücksgeschäft beeinträchtigt ist, wenn er sich die Aufgabe des Geschäftswillens durch einen uU sehr belastenden Aufwendungsersatz erkaufen muss. Dem Ergebnis ist gleichwohl zuzustimmen: Die analoge Anwendung einer Vorschrift stößt nicht erst an eine Grenze, wo ihr Zweck gegenstandslos ist, sondern bereits dort, wo das von ihr geschützte Interesse mit einem **schutzwürdigen Gegeninteresse** kollidiert, das im unmittelbaren Anwendungsbereich entfällt. Es fehlt insoweit an der für eine Analogie erforderlichen Gleichheit der Interessenlage zwischen gesetzlich geregeltem Sachverhalt und Vergleichssachverhalt. Ein im unmittelbaren Anwendungsbereich des § 311b Abs 1 BGB fehlendes schutzwürdiges Gegeninteresse in diesem Sinne ist auch das Interesse des Maklers am Ersatz von Aufwendungen, die er infolge des Nichtzustandekommens des Hauptvertrags vergeblich getätigt hat.

bb) Das Versprechen eines Bemühungsentgelts

Übrig bleiben die Fälle, in denen der Makler sich bei Nichterreichung des eigentlichen Ziels – des Abschlusses des Hauptvertrags mit der Folge eines Anspruchs auf volle Provision – über den pauschalierten Aufwendungsersatz hinaus ein **„Bemühungsentgelt“** (BGH WM 1986, 1438) zu sichern versucht. Hier handelt es sich im Kern um eine Art „Mehrzweckvertrag“: In erster Linie soll der Vertrag Maklervertrag, hilfsweise soll er (Makler-)Dienstvertrag oder (Makler-)Werkvertrag sein. Dass eine derartige Verbindung der vollen Maklerchance mit dem Ausschluss des Maklerrisikos – anders als die Forderung von konkretem Aufwendungsersatz – nicht einem schutzwürdigen Interesse des Maklers entspricht, liegt auf der Hand. Zu Recht hält die Rechtsprechung sie für unvereinbar mit dem gesetzlichen Leitbild des Maklervertrags, so dass sie mittels AGB nicht wirksam vereinbart werden kann (BGH NJW 1967, 1225; BGH DB 1979, 159). Für Individualvereinbarungen folgt daraus, dass **ein die analoge Anwendung des § 311b Abs 1 BGB einschränkendes Gegeninteresse des Maklers nicht anzuerkennen** ist. Ein „Bemühungsentgelt“, das hinsichtlich des nachgewiesenen bzw vermittelten Grundstücksgeschäfts die Entschließungsfreiheit des Auftraggebers **spürbar** beeinträchtigt, unterwirft den Maklervertrag analog § 311b Abs 1 BGB dem Erfordernis der notariellen Beurkundung (BGH NJW 1980, 1622; BGH WM 1986, 1438; BGH WM 1989, 918; OLG Düsseldorf NJW 1983, 181; OLG Hamburg NJW 1983, 1502). Ist dieses Erfordernis nicht beachtet, so ist die Abrede über das „Bemühungsentgelt“ nach § 125 BGB unwirksam. Das Schicksal des Maklervertrags im Übrigen richtet sich nach § 139 BGB; im Normalfall wird der Wille der Beteiligten dahin gehen, den Maklervertrag ohne das Bemühungsentgelt aufrechtzuerhalten (Hamm Rn 89; vgl auch 25

OLG München NJW 1970, 709, 710 f; **aA** BGH WM 1987, 510). Dem Bemühungsentgelt gleichzustellen ist die **Reservierungsgebühr**, die sich Makler im Rahmen sog Reservierungsvereinbarungen bisweilen für den Fall versprechen lassen, dass der Versprechende von seiner mündlich erklärten Kauf- oder Verkaufsabsicht vor der notariellen Beurkundung des geplanten Grundstückskaufvertrags Abstand nimmt (zur allgemeinen Problematik vgl Rn 199 f). Denn auch eine solche Reservierungsgebühr verfolgt den Zweck, das Maklerrisiko durch Beschränkung der Entschließungsfreiheit der Hauptvertragspartner zu verringern (BGH NJW 1988, 1716, 1717; vgl auch schon OLG Düsseldorf NJW 1983, 181).

26 Unter welchen Voraussetzungen die **Entschließungsfreiheit** durch das Bemühungsentgelt **spürbar beeinträchtigt** wird, hängt vom Einzelfall ab. BGH NJW 1980, 1622, 1623 nennt eine zulässige Obergrenze von 10–15 % der für den Erfolgsfall vorgesehenen Provision neben dem Ersatz der konkreten Aufwendungen, sofern nicht außergewöhnliche Umstände vorliegen. BGH WM 1986, 1438 ergänzt und präzisiert den Gedanken durch den Hinweis, es komme für die Annahme außergewöhnlicher Umstände nicht auf das Ausmaß der nutzlosen Maklerleistung, sondern auf den Zwang für den Maklerkunden an, der uU wegen außerordentlich guter oder schlechter wirtschaftlicher Verhältnisse höhere Prozentsätze noch nicht oder geringere Prozentsätze schon mehr als „spürt" (krit dazu MünchKommBGB/Althammer § 652 Rn 66). Damit distanziert der BGH sich nicht nur von unterinstanzlicher Rechtsprechung, der zufolge weder das Verhältnis des Bemühungsentgelts zum Wert des Gegenstands noch die wirtschaftliche Lage des Interessenten eine Rolle spielen soll (LG Frankfurt MDR 1979, 1022), sondern stimmt wohl auch nicht mehr ganz mit dem Urteil BGH NJW 1980, 1622 überein, das er fortzusetzen und weiterzuführen vorgibt. In BGH NJW 1980, 1622, 1623 heißt es nämlich, außergewöhnliche Umstände dürften in Fällen, in denen eine Vergütung für den Makler nur wegen einer Nachweistätigkeit geschuldet sein könne, verhältnismäßig selten in Betracht kommen. Diese Bemerkung ergibt wohl nur dann einen Sinn, wenn man entgegen BGH WM 1986, 1438 die außergewöhnlichen Umstände doch wenigstens auch mit dem Ausmaß der nutzlosen Maklerleistung in Zusammenhang bringt. Den Vorzug verdient freilich der Standpunkt von BGH WM 1986, 1438. Das Risiko ergebnisloser Maklerbemühungen wird durch die Chance auf ein in Relation zu den Bemühungen unverhältnismäßig günstiges Entgelt bei Zustandekommen des Hauptvertrags adäquat aufgewogen, so dass ein die analoge Anwendbarkeit des § 311b Abs 1 BGB beschränkendes schutzwürdiges Gegeninteresse des Maklers, von so gravierenden Hindernissen für die Durchsetzung einer hilfsweisen Tätigkeitsvergütung wie dem Erfordernis einer notariellen Beurkundung verschont zu werden, nicht anzuerkennen ist. Die sowohl von BGH NJW 1980, 1622 als auch von BGH WM 1986, 1438 abweichende Entscheidung BGH WM 1976, 31 erklärt sich aus der bis 1973 geltenden Fassung des § 313 BGB (§ 311b Abs 1 BGB); sie ist heute überholt (vgl auch BGH NJW 1980, 1622, 1623 aE). Keine Rolle spielt seit 1973 auch, ob das Bemühungsentgelt im Maklervertrag mit einem Verkaufs- oder mit einem Kaufinteressenten vereinbart wird. Beide Male entsteht die Situation, dass der Maklerkunde sich für den Abschluss des Hauptvertrags entscheiden muss, wenn er nicht vergebliche Aufwendungen tätigen will (vgl BGH NJW 1980, 829; WM 1990, 77).

c) Grenzen der Formbedürftigkeit

27 **Bindungen des Maklers** können die Formnichtigkeit des Maklervertrags nicht begründen, und zwar auch dann nicht, wenn sie die Entschließungsfreiheit im Hinblick auf

das Zustandebringen eines Grundstückskaufvertrags spürbar beeinträchtigen. Das gilt für die schlichte Reservierungsvereinbarung ohne Reservierungsgebühr, soweit sie dem Makler das Suchen anderer Interessenten verbietet, schon deshalb, weil die **§§ 311b Abs 1 und 125 BGB nur die Selbstbindung der Hauptvertragsparteien**, nicht die des vermittelnden Dritten betreffen. Aber auch in dem Sonderfall, dass die Bindung des Maklers auf den Anbieter des Objekts durchschlägt, weil dieser dem Makler – zB aus qualifiziertem Alleinauftrag (Vorbem 11 zu §§ 652–656d) – verpflichtet ist, ändert sich an der Unanwendbarkeit der §§ 311b Abs 1 und 125 BGB nichts. Denn die Bindung wirkt sich allein als **Hindernis** für die Veräußerung aus, nicht als Druck zur Veräußerung. Die Verpflichtung, ein Grundstück nicht zu veräußern, fällt aber nicht unter die §§ 311b Abs 1 und 125 BGB, so dass erst recht die Schaffung eines bloß mittelbaren Hindernisses davon nicht erfasst sein kann (BGH NJW 1988, 1716, 1717). Ebenfalls nicht für formbedürftig gehalten hat der BGH einen Maklervertrag, in dem der Makler sich verpflichtet hatte, einen Zwischenkredit des Auftraggebers für den Fall zu finanzieren, dass es ihm bis zu einem bestimmten Termin nicht gelinge, einen Verkauf der Eigentumswohnung des Auftraggebers zustande zu bringen. Dass der Makler sich infolge des Vertrags aus wirtschaftlichen Gründen gezwungen sehen könnte, die Eigentumswohnung selbst zu erwerben, reicht nach Ansicht des BGH zur analogen Anwendung des § 311b Abs 1 BGB nicht aus (BGH NJW-RR 1988, 1196).

d) Heilung der Formnichtigkeit

Die Formnichtigkeit der Vereinbarung eines Bemühungsentgelts für den Immobilienmakler analog §§ 311b Abs 1 und 125 BGB kann **analog § 311b Abs 1 S 2 BGB geheilt** werden. Dabei tritt die Heilung nicht – wie es dem Wortlaut des § 311b Abs 1 S 2 BGB entspricht – erst mit Auflassung und Eintragung des Eigentumsübergangs in Vollzug des Hauptvertrags, sondern bereits mit dem wirksamen, insbesondere notariell beurkundeten Abschluss des Hauptvertrags ein (BGH WM 1987, 510; NJW-RR 1994, 559; Hamm Rn 88). Diese Lösung folgt aus dem Zweck der Formnichtigkeit. Mit der notariellen Beurkundung des Hauptvertrags erfüllt sich die Warn-, Beweis- und Schutzfunktion des § 311b Abs 1 BGB; die unzulässige Beeinträchtigung der Entschließungsfreiheit des Grundstücksveräußerers bzw -erwerbers durch das Versprechen eines Bemühungsentgelts im formlosen Maklervertrag wird dadurch überholt, dass er sich in der von § 311b Abs 1 BGB beabsichtigten Weise gebunden hat. Zu Recht verweist BGH WM 1987, 510 auf die Parallele zu dem nach §§ 311b Abs 1 und 125 BGB formnichtigen Vorvertrag, der nach ständiger Rechtsprechung (RGZ 169, 185, 189; BGHZ 82, 398) ebenfalls durch den formgerechten Abschluss des Hauptvertrags und nicht erst infolge des Übergangs des Grundstückseigentums geheilt wird. Bezieht sich der Maklervertrag auf den Vertrieb mehrerer Objekte, so wird er durch den Abschluss des notariellen Kaufvertrags teilweise geheilt. Dies gilt jedenfalls dann, wenn § 139 BGB durch eine salvatorische Klausel abbedungen ist (BGH AIZ 1994 H 9 A 112 Bl 3). 28

III. Der Gegenstand des Maklervertrags

1. Nachweis- und Vermittlungsmaklervertrag

a) Abgrenzung in Theorie und Praxis

§ 652 BGB unterscheidet zwischen Maklerverträgen, die auf den Nachweis der Gelegenheit zum Abschluss eines Vertrags, und solchen, die auf die Vermittlung eines 29

Vertrags gerichtet sind. Diese Maklervertragstypen lassen sich nicht etwa in der Weise einander zuordnen, dass der Vermittlungsmaklervertrag im Verhältnis zum Nachweismaklervertrag ein Mehr und umgekehrt der Nachweismaklervertrag im Verhältnis zum Vermittlungsmaklervertrag ein Weniger darstellt (vgl Breiholdt AIZ 1983 H 2 S 12 f). Vielmehr betreffen sie **qualitativ verschiedene Sachverhalte**: Aufgrund eines Nachweismaklervertrags verdient der Makler die Provision schon, aber auch nur, wenn er dem Auftraggeber die Kenntnis von der Vertragsgelegenheit verschafft hat, die in den Abschluss des Hauptvertrags gemündet ist (BGH NJW 2005, 753, 754). Ist die Vertragsgelegenheit dem Auftraggeber vorher bekannt gewesen, so entfällt der Provisionsanspruch selbst dann, wenn der Makler geltend machen kann, er habe durch Einwirkung auf den anderen Teil den Hauptvertrag zustande gebracht. Umgekehrt verdient der Makler die Provision aufgrund eines Vermittlungsmaklervertrages erst, aber dafür auch stets, wenn der Hauptvertrag infolge seiner Einwirkung auf den anderen Teil zustande kommt. Dass der Auftraggeber die Vertragsgelegenheit vorher gekannt hat, ist unschädlich (vgl BGH MDR 1981, 211; OLG München AIZ 1984 H 6 A 121 Bl 13). Ein Vermittlungsmaklervertrag liegt daher zB vor, wenn der von einer Enteignung bedrohte Grundstückseigentümer das Angebot eines Maklers annimmt, der durch Verhandlungen mit dem Bund oder Land statt der Enteignung einen günstigen Ankauf zu erreichen verspricht (OLG Düsseldorf AIZ 1981 H 11 A 120 Bl 1).

30 Die praktische Bedeutung der Unterscheidung von Nachweis- und Vermittlungsmaklervertrag ist weniger groß, als der theoretische Unterschied erwarten lässt. Dazu trägt vor allem bei, dass sich die gewerblichen Makler die Provision sehr häufig **sowohl für das Zustandekommen des Hauptvertrags durch Nachweis als auch für dasjenige durch Vermittlung versprechen lassen** (BeckOGK/Meier [1. 1. 2026] § 652 Rn 203). Da das Zustandekommen des Hauptvertrags Voraussetzung auch für den Provisionsanspruch des Nachweismaklers ist, muss der Makler sich nämlich ohnehin über den Nachweis hinaus um den Abschluss des Hauptvertrags bemühen. Andererseits ist die Beschränkung des Provisionsanspruchs auf die erfolgreiche Vermittlung nicht angezeigt, weil sie die Auftraggeber dazu provoziert, den Makler nach Bekanntmachung der Vertragsgelegenheit aus den Vertragsverhandlungen auszuschalten und damit die Vermittlung zu verhindern. Der Maklervertrag ist daher im Zweifel sowohl Nachweis- als auch Vermittlungsmaklervertrag (OLGR Düsseldorf 1995, 193). Die geschilderte Interessenlage ist auch zu beachten, soweit das **Vertragsangebot des Maklers seinem Wortlaut nach neutral** ist. Wendet der Makler sich zB mit allgemein gehaltenen Angaben an den Interessenten, die diesem den Kontakt mit dem zukünftigen Partner des Hauptvertrags allein über den Makler ermöglichen, so ist von einem Angebot auf Abschluss eines Nachweismaklervertrags auszugehen. Denn der Interessent kann nicht ernsthaft damit rechnen, dass der Makler ihm trotz der erkennbaren Reserve gegenüber einer vorzeitigen Preisgabe verwertbaren Wissens durch das Angebot von Vermittlungsmaklertätigkeit die Chance eröffnen will, die Provision per Verzicht auf weiteres Tätigwerden des Maklers nach Bekanntgabe der Vertragsgelegenheit zu ersparen. Das gilt auch dann, wenn der Makler anschließend nachhaltige Vermittlungsbemühungen entfaltet hat, hat doch der Nachweismakler nicht weniger als der Vermittlungsmakler ein Interesse daran, dass die Vertragsverhandlungen nicht scheitern (BGH NJW 1967, 1365 f; NJW 1980, 123 f; OLG Köln AIZ A 105 Bl 4; Werner JURA 1970, 353, 358). Anders ist selbstverständlich zu entscheiden, wenn das Angebot des Maklers sich auf Hauptverträge bezieht, die – wie zB Kreditverträge – eines Nachweises vertragsbereiter Personen nicht bedürfen, sondern die Einschaltung

eines Maklers lediglich als Vermittlungsmakler sinnvoll erscheinen lassen (vgl Dyckerhoff 11). Umgekehrt nimmt OLG München (NJW-RR 1996, 239) eine Vermutung für den Abschluss eines Nachweismaklervertrags an, soweit eine Vermittlung wegen in der Regel feststehender Hauptvertragsbedingungen (nach Ansicht des OLG auf dem Immobiliensektor) ungewöhnlich ist. Diese Vermutung soll selbst dann nicht widerlegt sein, wenn ausdrücklich eine „Vermittlungsprovision" gefordert wird (dazu Rozijn 252 f). Denkbar ist auch, dass aufgrund **besonderer Umstände** die vom Auftraggeber genutzte Vermittlungstätigkeit des Nachweismaklers eine konkludente Abänderung des Nachweismaklervertrags in einen Vermittlungsmaklervertrag nach sich zieht. Hat der Nachweismakler eine dem Interessenten bekannte Vertragsgelegenheit benannt und nimmt dieser gleichwohl bei den Verhandlungen mit dem Partner die Vermittlung des Maklers in Anspruch, so kann der Makler dies nach Treu und Glauben mit Rücksicht auf die Verkehrssitte (§ 157 BGB) als Angebot auf Umwandlung des Maklervertrags in einen Vermittlungsmaklervertrag auffassen und – durch die Vermittlungstätigkeit – annehmen. Der Makler verdient die Provision dann zwar nicht aufgrund des Nachweises, wohl aber aufgrund der Vermittlung, falls es ihm gelingt, dadurch die Abschlussbereitschaft des Partners zu fördern (BGH NJW 1976, 1844). Freilich setzt eine derartige Umwandlung des Nachweismaklervertrages in einen Vermittlungsmaklervertrag voraus, dass der Makler um den Ausfall der Nachweisprovision infolge der Vorkenntnis des Auftraggebers weiß. Anderenfalls schuldet der Auftraggeber lediglich Schadensersatz wegen Verletzung seiner (Neben-) Pflicht zur Information des Maklers (vgl dazu ausführlich Rn 204). Im Zweifel kommt von vornherein ein Vermittlungsmaklervertrag zustande, wenn der Auftraggeber bereits bei der ersten Kontaktaufnahme zum Ausdruck bringt, dass er die Maklerdienste trotz Vorkenntnis in Anspruch nehmen will (OLGR Köln 1997, 203). Wird ein Kaufinteressent, der sich an den Verkäufer wendet, von diesem an einen beauftragten Nachweismakler verwiesen, so kann letzterer nur noch als Vermittlungsmakler tätig sein. Schließt der Makler den Vermittlungsmaklervertrag mit dem Kaufinteressenten, so muss er, um die Provision zu verdienen, auf den bisherigen Auftraggeber mit dem Ziel des Zustandebringens des Kaufvertrags einwirken. Verhandelt er nur mit dem Kaufinteressenten selbst, so entsteht der Provisionsanspruch nicht (OLG Koblenz WuM 1992, 319).

b) Voraussetzungen und Inhalt der Nachweistätigkeit des Maklers

aa) Vorkenntnis des Auftraggebers

Der **Nachweismakler** muss, um den Provisionsanspruch zu begründen, den Auftraggeber von der Vertragsgelegenheit **in Kenntnis setzen**. Das kann er nur, wenn die Vertragsgelegenheit dem Auftraggeber noch unbekannt ist. Die **Vorkenntnis** des Auftraggebers (vgl auch Rn 125 f) von der Vertragsgelegenheit (nicht nur des Objekts, vgl OLGR Düsseldorf 1996, 238 betr Kenntnis des Objekts ohne Kenntnis der Verkaufsabsicht des Eigentümers) schließt deshalb bereits den Nachweis aus, nicht erst die Kausalität des Nachweises für das Zustandekommen des Hauptvertrags (OLG Frankfurt NJW 1979, 878, 879; OLG Köln NJW 1966, 1412). Die gegenteilige hM (BGH NJW 1980, 123, 124; BGH NJW-RR 1998, 411; OLG Köln AIZ 1991 H 7 A 110 Bl 54; AIZ 1992 H 6 A 110 Bl 58; Hamm Rn 311; Fischer WM 2020, 1757) erklärt sich aus der nicht überzeugenden Prämisse, der Makler werde – bedingt durch den Eintritt des vom Auftraggeber erstrebten Erfolgs – für die Besorgung eines fremden Geschäfts entlohnt (Vorbem 4 zu §§ 652–656d). Auf dieser Basis kann die Vorkenntnis in der Tat nur als Hindernis für die Kausalität zwischen Geschäftsbesorgung und Erfolgseintritt eine Rolle spielen. Denn sie ändert 31 nichts daran, dass der Makler die Nachweistätigkeit für den Auftraggeber entfaltet hat. Wer dagegen den Maklerlohn als Entgelt für den Nutzen des Auftraggebers betrachtet, der durch die Information des Maklers entstanden ist, gelangt zwangsläufig zur Unmöglichkeit des Nachweises im Fall der Vorkenntnis des Auftraggebers, genauso wie man zwangsläufig zur Unmöglichkeit der Eigentumsverschaffung gelangt, wenn der Käufer einer Sache schon Eigentümer ist (**aA** MünchKommBGB/Althammer § 652 Rn 197 unter Hinweis auf die Möglichkeit eines selbstständigen Provisionsversprechens. Das selbstständige Provisionsversprechen setzt jedoch den **beiderseitigen** Willen voraus, eine von den Voraussetzungen des § 652 BGB unabhängige Provisionspflicht zu schaffen; krit gegenüber dem hier vertretenen Ansatz auch BeckOGK/Meier [1. 1. 2026] § 652 Rn 237). Ob der Auftraggeber die Vorkenntnis von der Vertragsgelegenheit bei der Suche nach dem passenden Objekt oder zu einem Zeitpunkt erworben hat, in dem er noch desinteressiert war, spielt keine Rolle (ebenso BGH NJW-RR 1990, 1269).

32 Dieser Ansatz (Rn 31) bedingt, dass der Auftraggeber entgegen einer verbreiteten Ansicht den **Einwand der Vorkenntnis** nicht verliert, wenn er trotz ursprünglicher Vorkenntnis den Maklervertrag hinsichtlich der bekannten Vertragsgelegenheit abschließt (**aA** OLG München AIZ 1981 H 6 A 110 Bl 14; Hamm Rn 317 ff) oder die nachträgliche Vorkenntnis nicht unverzüglich dem Makler mitteilt, sondern, ohne dadurch den Nachweis- in einen Vermittlungsmaklervertrag abzuändern (Rn 30), dessen Dienste weiter in Anspruch nimmt (ebenso OLGR-Koblenz 1999, 253; **aA** OLG Hamburg NJW-RR 1987, 175; LG München I AIZ 1990 H 5 A 110 Bl 49; LG Hamburg AIZ 1992 H 5 A 110 Bl 57; LG Lüneburg AIZ 1994 H 8 A 110 Bl 66). Stattdessen wird er aus Verschulden bei Vertragsschluss (§§ 311 Abs 2 und 280 Abs 1 BGB) bzw wegen Pflichtverletzung (§§ 241 Abs 2 und 280 Abs 1 BGB) in Höhe des Vertrauensinteresses des Maklers **schadensersatzpflichtig** (vgl auch OLG Karlsruhe NJW-RR 1994, 509). Das entspricht der Interessenlage, und zwar selbst dann, wenn der Kunde die Vorkenntnis nicht nur verschwiegen, sondern auf Befragen des Maklers ausdrücklich verneint hat (für diesen Fall **aA** OLGR Düsseldorf 1999, 301). Der Makler kann billigerweise nicht erwarten, besser gestellt zu werden, als er stehen würde, wenn der Auftraggeber sich korrekt verhalten, dh wenn er wegen der Vorkenntnis auf den Abschluss des Maklervertrages verzichtet bzw seine Vorkenntnis gestanden hätte. Dann hätte der Makler lediglich die Möglichkeit gehabt, den für das Projekt getätigten Aufwand an Zeit und Geld zu sparen oder auf andere Projekte zu lenken. Das Ergebnis wird dadurch gestützt, dass der BGH nicht nur eine allgemeine Obliegenheit des Auftraggebers zur Mitteilung zwecks Aufrechterhaltung des Vorkenntniseinwands verneint, sondern darüber hinaus sogar die Einführung einer solchen Obliegenheit durch die AGB des Maklers wegen Widerspruchs zum gesetzlichen Leitbild des Maklervertrags (§ 307 Abs 2 BGB) verwirft (BGH NJW 1976, 2345, 2346; BGH WM 1984, 60, 62; vgl auch OLG Koblenz NJW-RR 1991, 248). Mit dem Ausgangspunkt der hM – der Vorstellung des Maklerlohns als Geschäftsbesorgungsentgelt – ist diese Rechtsprechung freilich nur schwer zu vereinbaren, mutet es doch merkwürdig an, dass der Auftraggeber – und zwar sogar im Falle gegenteiliger AGB – berechtigt sein soll, den Lohn zu verweigern, obwohl er die Gegenleistung im vollen Bewusstsein ihrer subjektiven Wertlosigkeit entgegengenommen hat (folgerichtige Kritik bei Hamm Rn 318). Nicht notwendig ist im Übrigen eine Mitteilung der Vorkenntnis, wenn diese dem Makler offenkundig sein muss (OLG Frankfurt 20. 1. 2023 – 19 U 120/22, NZM 2023, 127 Rn 75).

Da das Fehlen der Vorkenntnis anspruchsbegründende Tatsache ist, ist es grundsätzlich **vom Makler zu beweisen**. Das gilt unabhängig davon, ob man die Vorkenntnis mit der hier vertretenen Ansicht als ein den Nachweis oder mit der hM als ein die Kausalität zwischen Nachweis und Zustandekommen des Hauptvertrages ausschließendes Moment einordnet (**aA** OLG Nürnberg AIZ 1994 H 1 A 110 Bl 62). Doch kommen dem Makler die Grundsätze über den **Anscheinsbeweis** zur Hilfe. Wenn er darlegt und im Bestreitensfall beweist, dass der Auftraggeber in engem sachlichen und zeitlichen Zusammenhang mit dem Eingang seines Objektsangebots den dementsprechenden Hauptvertrag abgeschlossen hat, spricht die Lebenserfahrung für die Annahme, dass dem Auftraggeber die Kenntnis von der Vertragsgelegenheit durch den Makler verschafft worden ist. Es ist dann Sache des Auftraggebers darzulegen und notfalls zu beweisen, dass ihm **das Objekt** schon vorher bekannt gewesen ist, und dadurch den ersten Anschein fehlender Vorkenntnis der Vertragsgelegenheit zu zerstören. Gelingt ihm das, so hat der Makler wieder die volle Beweislast dafür, dass die Kenntnis des Objekts konkret noch nicht mit der Kenntnis der Vertragsgelegenheit identisch gewesen, sondern dazu erst durch ergänzende Informationen des Maklers über noch unbekannte Einzelheiten einschließlich der Lieferung wesentlicher Unterlagen geworden ist (für Gleichsetzung von Kenntnis des Objekts und Kenntnis der Vertragsgelegenheit dagegen OLG München AIZ 1989 H 7 A 110 Bl 44; ausdrücklich gegen diese Gleichsetzung BGH NJW-RR 1990, 1008; 1991, 950). In der Sache entspricht das der Rechtsprechung, die wegen ihrer Einordnung der Vorkenntnis als Kausalitätsproblem allerdings in der Terminologie abweicht (vgl BGH NJW 1971, 1133, 1134 f; BGH NJW 1976, 2345, 2346; BGH NJW 1979, 869; LG Kiel AIZ 1989 H 10 A 110 Bl 45). Im Schrifttum wird zT statt der Beweiserleichterung nach den Regeln über den Anscheinsbeweis eine echte Umkehr der Beweislast angenommen, die sich daraus legitimieren soll, dass die Vorkenntnis regelmäßig nur durch Vorgänge in der Sphäre des Auftraggebers bewiesen werden kann, die dem Makler verschlossen ist (MünchKommBGB/Alhammer § 652 Rn 208; Knieper NJW 1970, 1293, 1296; wohl auch Zopfs Rn 42 unter Berufung auf die Rechtsprechung des BGH; ebenso OLG Karlsruhe AIZ A 110 Bl 83). Aber das setzt eine richterliche Rechtsfortbildung voraus, für die angesichts hinreichender praktischer Leistungsfähigkeit der Lehre vom Anscheinsbeweis das praktische Bedürfnis fehlt (vgl auch Rn 142). 33

Soweit der Auftraggeber eine **juristische Person** oder eine **Personengesellschaft** ist, wird ihre Vorkenntnis nach allgemeinen Grundsätzen durch die Vorkenntnis auch nur eines Vorstandsmitglieds bzw vertretungsberechtigten Gesellschafters vermittelt (vgl BeckOGK/Segna [15. 1. 2026] § 26 Rn 56). Allerdings erfordert der Zweck des Erfordernisses fehlender Vorkenntnis eine Einschränkung. Entscheidend ist, ob die Information des Maklers für die juristische Person oder Personengesellschaft nutzlos ist oder nicht (ebenso Zopfs Rn 24). Deshalb ist anders als nach den allgemeinen Grundsätzen (BGH WM 1959, 81, 84; BGH NJW 1990, 975 f) die Kenntnis eines bereits ausgeschiedenen Vorstandsmitglieds oder Gesellschaftergeschäftsführers unerheblich. Ebenso irrelevant ist eine Vorkenntnis, die nicht mehr ohne weiteres verfügbar ist, weil sie in Vergessenheit geraten und nicht in der notwendigen Form aktenkundig gemacht worden ist. Juristische Personen und Personengesellschaften haben also zur erfolgreichen Abwehr des Provisionsanspruchs nicht nur die Vorkenntnis als solche, sondern auch ihre Verwertbarkeit im Zeitpunkt der Information des Maklers darzulegen und notfalls zu beweisen. Ebenfalls auf den Nutzen des Nachweises kommt es für die Antwort auf die Frage an, ob der (natürliche) Auftraggeber sich auf die Vorkenntnis seines **Ehepartners** berufen kann. Das OLG Stuttgart hat das in einem 34

Fall verneint, in dem ein Ehepaar ein Familienheim erworben hatte, mit dessen Eigentümer der Ehemann schon unabhängig vom Maklernachweis in Kontakt stand, das aber erst nach der in Unkenntnis dieses Kontakts erfolgten und vom Makler vermittelten Besichtigung durch die Ehefrau zur ersten Wahl geworden war. Die Begründung des OLG stützt sich im Einklang mit der hM (Rn 31) darauf, dass der Nachweis des Maklers trotz der Vorkenntnis des Ehemanns für den Erwerb ursächlich geworden sei (OLG Stuttgart AIZ 1990 H 8 A 110 Bl 50). Hätte das OLG, wie es der hier vertretenen Ansicht entspricht, darauf abgestellt, ob der Nachweis angesichts der Vorkenntnis des Ehemanns für die Auftraggeberin noch von Nutzen gewesen ist oder nicht, so hätte es die Berufung auf die Vorkenntnis wohl zulassen müssen. Dem Interesse des Maklers am Ausgleich für etwa nutzlose Aufwendungen genügt der Anspruch aus Pflichtverletzung. Der Auftraggeber hat die Pflicht, Vorkenntnis unverzüglich mitzuteilen (Rn 32). Soweit er andere Personen an der Suche nach geeigneten Objekten beteiligt, gehört dazu auch, dass er sich über den Stand der von diesen entfalteten Bemühungen informiert.

bb) Einzelelemente des Nachweises

35 **Der ordnungsgemäße Nachweis muss so beschaffen sein, dass der Auftraggeber in die Lage versetzt wird**, in konkrete Verhandlungen über den von ihm angestrebten Hauptvertrag **einzutreten** (BGH WM 1984, 560; BGH WM 1987, 23, 24; BGH NJW-RR 2009, 1282; OLG Koblenz WuM 1992, 319, 320; OLG München NJW-RR 1993, 1272; BeckOGK/Meier [1. 1. 2026] § 652 Rn 222). Nachzuweisen ist **nicht ein Objekt, sondern eine Vertragsgelegenheit** (BGH NJW-RR 1990, 1008; BGH NJW-RR 1991, 950; BGH NJW-RR 1997, 884). Der Immobilienmakler muss daher seinem am Kauf interessierten Auftraggeber im Allgemeinen nicht nur das konkrete Grundstück, sondern auch **den Namen und die Anschrift** des möglichen Verkäufers zur Kenntnis bringen (BGH WM 1984, 560; BGH WM 1987, 23 f; BGH NJW-RR 1988, 1398; BGH NJW-RR 1997, 506; BGH NJW 2005, 753; OLG Düsseldorf AIZ 1986 H 1 A 121 Bl 22; OLG Düsseldorf NJW-RR 1999, 349; LG München I AIZ 1984 H 6 A 120 Bl 5; OLG Koblenz VersR 2014, 374). Dies folgt schon daraus, dass der Auftraggeber die entsprechenden Informationen nicht ohne weiteres durch Einsicht ins Grundbuch erlangen kann; denn diese setzt ein berechtigtes Interesse voraus (§ 12 Abs 1 S 1 GBO), das bei bloßem Kaufinteresse noch nicht gegeben ist (vgl OLG Karlsruhe BWNotZ 2015, 84, 85). Lediglich wenn sich der mögliche Verkäufer gleichsam aus der Grundstücksangabe ergibt, soll die (ausdrückliche) Benennung des möglichen Partners entbehrlich sein (OLG Frankfurt NJW-RR 2018, 1206, 1207; OLG München NJOZ 2013, 974; vgl auch OLG Braunschweig AIZ 1994 H 1 A 110 Bl 63; OLGR Düsseldorf 1996, 165). Nach Ansicht des BGH fehlt es bereits an einem ordnungsgemäßen Nachweis, wenn der Auftraggeber sich den Namen und die Anschrift des möglichen Partners noch durch Einsicht des Grundbuchs oder Anfrage beim Einwohnermeldeamt besorgen muss (BGH WM 1987, 23, 24 aE; ebenso OLG Düsseldorf AIZ 1986 H 1 A 121 Bl 22; **aA** OLG Bamberg AIZ 1986 H 1 A 110 Bl 30; OLG Hamm AIZ 1988 H 1 A 110 Bl 37; Hamm Rn 273). Diese Anforderung erscheint gerechtfertigt, wenn man berücksichtigt, dass der Auftraggeber zB im Hinblick auf Nachweise anderer Makler nicht nur an der Möglichkeit der Kontaktaufnahme mit dem zukünftigen Partner, sondern auch an der unmittelbaren Erkennbarkeit der etwaigen Identität der von verschiedenen Seiten eingegangenen Nachweise interessiert ist (vgl auch Rozijn 259). Zutreffend hat das OLG Frankfurt (WM 1986, 432) mit dieser Begründung einen ausreichenden Nachweis auch für den Fall verneint, dass der Makler statt der Eigentümerin des Grundstücks deren Mutter benannt (und dadurch die Inanspruchnahme eines zweiten Maklers veranlasst) hat.

Ebenso genügt es nicht, wenn als Eigentümer eines Objekts nicht die Mitglieder der Erbengemeinschaft, sondern fälschlicherweise lediglich eine das Objekt bewohnende Haushälterin eines der Miterben benannt wird (OLG Düsseldorf MDR 2017, 1355, 1356). In der Konsequenz des Gedankens liegt es, einen Nachweis auch dann als unzureichend zu erachten, wenn statt des Eigentümers (nur) ein Bevollmächtigter benannt wird (ähnlich BeckOGK/Meier [1. 1. 2026] § 652 Rn 224; offengelassen von OLG Frankfurt WM 1986, 432; **aA** Hamm Rn 292). Denn das Fehlen oder Vorhandensein der Vollmacht des Nichteigentümers verändert nicht das Interesse des Auftraggebers daran, Nachweise über das gleiche Objekt identifizieren zu können, ohne dafür ein überdurchschnittliches Maß an Aufmerksamkeit aufwenden zu müssen. Ein schutzwürdiges Interesse des Maklers an weniger strengen Anforderungen ist nicht ersichtlich. Insbesondere folgt ein solches Interesse nicht daraus, dass der Makler „Alleingänge" des Auftraggebers bei den Verhandlungen mit dem nachgewiesenen Interessenten im Interesse der Sicherung seines Provisionsanspruchs verhindern möchte, indem er den Auftraggeber durch zurückhaltende Informationen von sich abhängig macht. Der richtige Weg ist insoweit die Vereinbarung einer Hinzuziehungspflicht des Auftraggebers (vgl auch OLG Düsseldorf AIZ 1986 H 1 A 121 Bl 22), deren Wirksamkeit allerdings die Individualabsprache verlangt (vgl Rn 225 f). Zu Recht hat der BGH (WM 1987, 23, 24) einem Makler den Provisionsanspruch versagt, der Name und Anschrift des Verkäufers zurückgehalten hatte, so dass sich der Auftraggeber die entsprechende Information über einen anderen Makler besorgen musste. Wird der Verkäufer benannt, so muss es sich nach Ansicht des BGH nicht unbedingt um den Eigentümer oder wenigstens einen Verfügungsberechtigten handeln (**aA** KG OLGZ 1985, 367, 369). Es genügt, wenn die als Verkäufer benannte Person das Objekt zwar noch erwerben muss, jedoch dazu und zur Weiterveräußerung bereit ist (BGH AIZ 1991 H 2 A 103 Bl 50; BGH NJW-RR 1996, 113; BGH NJW-RR 1997, 884; vgl auch OLG Hamm NJW-RR 1999, 632 betr Handeln eines Miteigentümers für die Miteigentümergemeinschaft). Umgekehrt reicht der Nachweis des Eigentümers nur dann, wenn dieser **im Nachweiszeitpunkt vertragsbereit** ist (BGH NJW 1999, 1255; 2005, 753, 754; OLG Frankfurt NJW-RR 2009, 642). Kommt der Hauptvertrag aufgrund einer erst später entstandenen Vertragsbereitschaft zustande, so hat der Makler mangels ordnungsgemäßen Nachweises keinen Provisionsanspruch (BGH NJW-RR 1992, 687 f; 1997, 884; OLGR Düsseldorf 1995, 193).

Der Makler kann sich mit einem weniger umfassenden und genauen Nachweis begnügen, soweit **das Interesse des Auftraggebers** dadurch für ihn **erkennbar voll befriedigt** wird. Wer sich um die Gelegenheit zum Ankauf von Holz bemüht, ist mit dem Hinweis auf ein Gut, zu dem ein käuflicher Waldbestand gehört, voll bedient, weil er dort den Gutsherrn und den Verwalter antrifft, den er zwecks Verhandlung über den Abschluss des Hauptvertrags ohnehin aufsuchen muss (RG LZ 1925, 260; BGH WM 1987, 23, 24; OLG Hamm AIZ 1989 H 1 A 110 Bl 41). Sogar die Benennung des Objekts ohne Angabe des Eigentümers kann ausreichen, nämlich dann, wenn der Auftraggeber erklärt, sich dieses erst einmal ansehen zu wollen, und danach am Makler vorbei mit dem selbst ermittelten Eigentümer verhandelt und abschließt (BGH WM 1984, 560; 1987, 511; BGH NJW 2006, 3062, 3063; BGH NJW 2016, 3217, 3219; OLG Hamm NJW-RR 1999, 632; OLG Rostock AIZ 2000 A 121 Bl 81). Unter solchen Umständen gibt der Auftraggeber zwar nicht zu erkennen, dass er bereits die Teilleistung für provisionspflichtig ansieht. Eine solche Auslegung ist in Wirklichkeit eine Fiktion (**aA** Hamm Rn 258; MünchKommBGB/Althammer § 652 Rn 112). Wohl aber hat der Auftraggeber die Ungenauigkeit des (für den Abschluss des Hauptvertrags kausalen!) Nachweises selbst 36 zu verantworten, so dass er sich nach dem **Rechtsgedanken des § 326 Abs 2 BGB** deswegen nicht der Provisionszahlungspflicht entziehen darf (im Ergebnis ebenso Rozijn 265; gegen die Anknüpfung an § 326 Abs 2 BGB MünchKommBGB/Althammer § 652 Rn 112). Deshalb entfällt die Provisionszahlungspflicht, wenn der Auftraggeber zwar zunächst auf den Namen des Eigentümers keinen Wert legt, dann aber vergeblich beim Makler nachfragt, so dass er zu unabhängigen Ermittlungsmaßnahmen (konkret: zur Einschaltung eines anderen Maklers) gezwungen ist (OLG Hamm AIZ 1992 H 4 A 103 Bl 55; OLG Hamm MDR 1997, 914; vgl auch OLG Oldenburg NJW-RR 1997, 887: uU kein ordnungsgemäßer Nachweis, wenn der Makler einen vom Auftraggeber erbetenen Besichtigungstermin nicht zustande bringt). Soweit der Auftraggeber den Namen des Eigentümers nicht in Reaktion auf eine erfolglose Nachfrage beim Makler selbst ermittelt, soll das nach OLGR Düsseldorf 2001, 221 allerdings nur dann dem ordnungsgemäßen Nachweis gleichzustellen sein, wenn der Auftraggeber den unvollkommenen Nachweis **arglistig** provoziert hat. Hat er auf Name und Anschrift des Eigentümers deshalb verzichtet, weil er noch unentschlossen gewesen ist, so soll der Abschluss des Hauptvertrags nach der eigenständigen Vervollständigung des Nachweises die Provisionszahlungspflicht nicht auslösen. Dem ist zu widersprechen. Jeder Kaufinteressent ist jedenfalls insofern unentschlossen, als er nicht ohne Rücksicht darauf kaufen will, ob das Grundstück seinen Bedürfnissen genügt. Zunächst wird er regelmäßig prüfen, ob das Grundstück dem äußeren Eindruck nach in Betracht kommt, bevor er es ernsthaft in Erwägung zieht. Die Ansicht des OLG Düsseldorf liefe unter diesen Umständen darauf hinaus, dass sich der Auftraggeber der Provisionszahlungspflicht leicht entziehen könnte. Denn wer das Grundstück kennt, wird in aller Regel auch Namen und Anschrift des Eigentümers mit einem Aufwand ermitteln können, den die Ersparnis der Provision mehr als lohnt. Demgegenüber entspricht es dem Rechtsgedanken des § 326 Abs 2 BGB, dass die Provision trotz Unvollständigkeit des Nachweises stets zu zahlen ist, wenn der Auftraggeber die Unvollständigkeit zu vertreten hat. Auf Arglist kann es nicht ankommen (bestätigend BGH NJW 2006, 3062, 3063; im Ergebnis ebenso OLGR Jena 1997, 345, freilich mit unrichtiger Begründung: Unzulässigkeit der Berufung auf Vorkenntnis). Keine Provisionszahlungspflicht soll im Übrigen bestehen, wenn der Interessent die für die Ermittlung des Eigentümers maßgeblichen Informationen nicht erst durch eine Leistung des Maklers. sondern bereits vorher auf anderem Wege – etwa durch einen zweiten Makler – erhalten hat (BGH NJW 2016, 2317, 2319).

37 Die frühere Rechtsprechung der Oberlandesgerichte hat für den Immobiliensektor angenommen, der Kaufinteressent brauche die Information über Name und Anschrift des möglichen Vertragspartners nicht, weil er diesen im Gegensatz zum Mietinteressenten (OLG Frankfurt MDR 1976, 664 f) aus dem Grundbuch entnehmen könne, das er normalerweise ohnehin einsehe (OLG Hamm BB 1974, 202). Seit BGH WM 1987, 23 ist diese Sichtweise überholt (vgl Rn 35). Überholt ist damit auch die Ansicht, für den Nachweis einer Kaufgelegenheit hinsichtlich des Grundstücks einer Erbengemeinschaft genüge die Angabe eines Miterben (so OLG Hamm BB 1974, 202; zustimmend MünchKommBGB/Althammer § 652 Rn 112; Hamm Rn 292; Soergel/Engel § 652 Rn 27). Eine Ausnahme, dh eine Rückkehr zur früheren Rechtsprechung der Oberlandesgerichte, mag vertretbar sein, soweit der Makler – zB weil ein Alleinauftrag vorliegt – mit Identifizierungsproblemen des Kaufinteressenten infolge des Nachweises identischer Vertragsgelegenheiten unter verschiedenen Namen nicht zu rechnen braucht.

Der Nachweis ermöglicht dem Auftraggeber die Aufnahme von Verhandlungen über den von ihm angestrebten Hauptvertrag trotz genauer Angabe des potenziellen Vertragspartners und Vertragsgegenstandes (die nach OLG Frankfurt NJW-RR 2009, 642 fehlt, wenn der Makler eine Gelegenheit zum Erwerb einer inhaltlich völlig offenen Beteiligung an einem Grundstück nachweist) nicht in der von § 652 BGB geforderten Weise, wenn er nicht zugleich den **Nachweis einer konkreten Vertragsbereitschaft** der benannten Person umfasst (BGH NJW-RR 1996, 113; OLG Frankfurt MDR 1999, 351). Dabei muss die Vertragsbereitschaft im Zeitpunkt des Nachweises bestehen. Wenn der „nachgewiesene" Grundstückseigentümer aktuell gar nicht verkaufen oder vermieten will, hat der Makler auch dann mangels Nachweises keinen Provisionsanspruch, wenn der Auftraggeber später aufgrund eines Sinneswandels des Eigentümers doch noch kauft bzw mietet (BGH NJW-RR 1992, 687; NJW-RR 1997, 884; NJW-RR 2008, 1281). Geringere Voraussetzungen verlangt BGH NJW-RR 2009, 1282 für die Vertragsbereitschaft des nachgewiesenen Kaufinteressenten. Da sich dessen Vertragsbereitschaft – im Gegensatz zu der des Verkaufsinteressenten – typischerweise nicht auf ein konkretes Objekt bezieht, soll es insoweit ausreichen, dass die Vertragsbereitschaft sich auf den Erwerb eines Objekts richtet, das dem vom Makler benannten ähnelt. Es darf auch nicht dem Auftraggeber noch obliegen, sich zu erkundigen, ob die benannte Person überhaupt für ihn als Vertragspartner in Betracht kommt (Werner JURA 1970, 353, 358). Zum ordnungsgemäßen Nachweis gehört daher zB beim Nachweis bzw der Vermittlung eines Verkaufspartners auch die Angabe des von diesem geforderten Kaufpreises (**aA** BGH NJW 1980, 123; wie hier Erman/Fischer § 652 Rn 12). Kein ordnungsgemäßer Nachweis liegt nach OLG Hamm NJW-RR 1999, 633 auch dann vor, wenn sich die Vertragsbereitschaft des Vertragsgegners (zunächst) auf einen anderen Personenkreis bezieht als den, dem der Auftraggeber angehört. Der BGH leitet aus der Notwendigkeit des Nachweises von **Vertragsbereitschaft** ua ab, dass der Nachweis der Möglichkeit des Erwerbs eines bestimmten Objekts in der **Zwangsversteigerung** kein ordnungsgemäßer Nachweis im Sinne des § 652 BGB ist (BGH NJW 1990, 2744, 2745; BGH NJW 1997, 1581; zustimmend Schwerdtner JZ 1991, 310, 312; Fischer NJW 2007, 183). Es soll sogar ausgeschlossen sein, im Wege einer AGB-Regelung den Erwerb in der Zwangsversteigerung dem Erwerb durch Vertrag gleichzustellen (BGH NJW 1992, 2568 f; BGH WM 1993, 799, 800). Diese Rechtsprechung überzeugt jedenfalls so, wie sie begründet wird, nicht (ebenso MünchKommBGB/Althammer § 652 Rn 119, 121; vgl auch Schwarz NJW 1993, 306). Bei der gebotenen teleologischen Betrachtung kann es entgegen der Ansicht des BGH (NJW 1990, 2744 f) nicht darauf ankommen, ob sich der Erwerb in der Zwangsversteigerung dogmatisch durch Vertrag vollzieht. Entscheidend ist vielmehr, dass der Auftraggeber vom Makler die Information über eine Gelegenheit zum (entgeltlichen) Erwerb erhält; gerade die allgemeine Verkehrsauffassung, auf die der BGH sich beruft, unterscheidet nicht nach dogmatischen, sondern nach wirtschaftlichen Kriterien (vgl auch OLG Köln NJW-RR 1989, 247, 249). Sinnvoll kann sich nur die Frage stellen, ob der Erwerb im Wege der Zwangsversteigerung dem normalen aufgrund Vertrags wirtschaftlich gleichwertig ist (vgl dazu Rn 81). Die unterinstanzliche Rechtsprechung folgt dem BGH unter diesen Umständen nicht ohne Grund zT nur sehr zögernd. OLG Hamburg NJW-RR 1993, 125 zB will eine formularvertragliche Vereinbarung von Provision für den Nachweis von Zwangsversteigerungsobjekten dadurch retten, dass es den Vertrag über einen solchen Nachweis dem Leitbild des Maklervertrags entzieht (ebenso auch OLG Jena 4. 6. 2014 – 2 U 1014/13). Auch nach Ansicht des BGH ist der Nachweis von Vertragsbereitschaft geliefert, wenn die Gelegenheit zu einer Vereinbarung über die Höhe und nähere Aus- 38 gestaltung des Geldabfindungsanspruchs im Rahmen eines Flurbereinigungsverfahrens nachgewiesen wird. Ausdrücklich lehnt der BGH es ab, diese Vereinbarung wegen der öffentlichrechtlichen Natur des Flurbereinigungsverfahrens der Vereinbarung über die Provisionspflicht des Nachweises der Gelegenheit zum Erwerb im Rahmen des Zwangsversteigerungsverfahrens gleichzustellen (BGH WM 1993, 302, 303).

39 Nicht ausreichend ist in jedem Fall die **Verschaffung einer Ermittlungsmöglichkeit**, wie sie darin zu sehen ist, dass ein Makler dem Verkaufsinteressenten eine Namensliste von ca 500 Personen übersendet, die der Auftraggeber anschreiben muss, um zu ermitteln, ob sich darunter jemand befindet, der sich konkret für sein Objekt interessiert (BGH NZM 2010, 629, 630). Wird der Auftraggeber auf diese Weise „fündig“, so schuldet er im Fall des Zustandekommens des Hauptvertrags die Provision nicht (OLG München BB 1973, 1551). **Sehr problematisch** ist auch die Praxis von Wohnungsmaklern, ihren sämtlichen Auftraggebern einheitliche Listen mit Vermietungsinteressenten auszuhändigen. Damit bleibt es nämlich dem einzelnen Auftraggeber überlassen zu erkunden, welche der Wohnungen noch frei sind, kaum anders, als wenn er den Anzeigenteil der Tageszeitung zu Rate zieht (vgl OLGR Hamburg 2001, 1). Zwar unterscheidet sich diese Fallgestaltung von der in OLG München BB 1973, 1551 insofern, als der Wohnungsmakler von vornherein nicht den Nachweis einer Vertragsgelegenheit, sondern die bloße Verschaffung einer Ermittlungsmöglichkeit anbietet. Doch kann nach § 2 Abs 1 WoVermittG eine Maklergebühr zwingend (arg e § 2 Abs 5 WoVermittG) nur entweder für die Vermittlung oder für den Nachweis der Gelegenheit zum Abschluss von Mietverträgen verlangt werden. Damit die Grenze vom Nachweis der Vertragsgelegenheit zur zwingend provisionsfreien Verschaffung der Ermittlungsmöglichkeit nicht überschritten wird, darf die Chance des einzelnen Auftraggebers, einen vertragsbereiten Vermieter anzutreffen, sicher nicht schlechter als 1:5 sein (krit Rozijn 268 f). Ähnliches gilt, wenn der Makler einen Vermietungsinteressenten nachweist, der über eine Vielzahl von Objekten verfügt. Auch insoweit muss der Nachweis grundsätzlich die Angabe eines oder mehrerer Objekte umfassen. Er darf es nicht dem Auftraggeber überlassen, sich aus dem Riesenangebot einer Versicherungsgesellschaft uä die passende Wohnung herauszusuchen (vgl LG Wiesbaden AIZ 1964, 95; vgl aber auch Rn 134). Zu Recht hat OLG Düsseldorf NJW-RR 1997, 1282 in diesem Sinn den Hinweis des Maklers auf ein Objekt mit einer mietbaren Bürofläche „von ca 1660 m^2, teilbar ab 200 m^2“ nur als nicht provisionspflichtige Verschaffung einer Ermittlungsmöglichkeit angesehen (zustimmend Dehner NJW 2000, 1986, 1990).

40 Kein Nachweis im Sinne des § 652 BGB ist der sog **indirekte Nachweis**, dh der Nachweis von Personen, die ihrerseits die Vertragsgelegenheit nachweisen (BGH AIZ 1994 H 9 A 112 Bl 3). Das gilt unabhängig davon, ob sich diese Personen selbst als Makler oder in anderer Eigenschaft als (entgeltliche oder unentgeltliche) Mittler betätigen (LG München AIZ 1962, 109; LG Wiesbaden AIZ 1964, 95). Gleichzustellen ist der Fall OLG Düsseldorf NJW-RR 1998, 1667. Wenn der Eigentümer eines Geschäftsgrundstücks einen Käufer sucht, dann ist der Hinweis auf einen Mietinteressenten, dessen Bereitschaft zur Anmietung einen Kaufinteressenten auf den Plan ruft, kein Nachweis der Gelegenheit zum Verkauf iS des § 652 Abs 1 BGB (**aA** Dehner NJW 2000, 1986, 1993 f). Folgerichtig hat der Hinweisgeber im Fall des Zustandekommens des Kaufvertrags keinen Provisionsanspruch, es sei denn, er hätte mit dem Grundstückseigentümer die Provisionspflichtigkeit des Hinweises besonders vereinbart. Entgegen der Ansicht des OLG ist dem gesetzlichen Leitbild des Maklervertrags ein Tipp-Makler mit einem Anspruch auf Tipp-Provision in der typischen Höhe von 1/3 der üblichen Nachweisprovision fremd (ebenso DEHNER NJW 2000, 1986, 1993 f). Nicht ein indirekter, sondern ein provisionspflichtiger direkter Nachweis ist dagegen anzunehmen, wenn der Makler einem Kaufinteressenten eine Vertragsgelegenheit nachgewiesen hat, die dieser wegen eines von der Verkäuferseite erteilten Alleinauftrags nur über den Abschluss eines weiteren Maklervertrags (mit dem schon auf der Verkäuferseite tätigen Makler) nutzen kann. Denn die Notwendigkeit der Inanspruchnahme eines anderen Maklers für die Vermittlung des Hauptvertrags ändert nichts daran, dass der Nachweis des Objekts und des (abstrakt) vertragsbereiten Verkäufers vom ersten Makler stammt (BGH NJW 1977, 41, 42). Nach Ansicht des BGH soll freilich etwas anderes gelten, wenn der Makler (bewusst oder unbewusst) fälschlich den Eindruck erweckt, der Auftraggeber könne mit dem Verkäufer ohne Einschaltung eines weiteren Maklers zu einer Einigung gelangen. Der Nachweis soll dann **ungeeignet** gewesen sein, das Zustandekommen des Hauptvertrags herbeizuführen (BGH NJW 1977, 41, 42). Die Bedenken dagegen liegen auf der Hand: Die Diskrepanz zwischen dem Nachweis der Vertragsgelegenheit als nicht maklerpflichtig und ihrer Inanspruchnahme als maklerpflichtig hat schwerlich zur Folge, dass ein fördernder Einfluss des Nachweises auf das Zustandekommen des Hauptvertrags verneint werden müsste. Die Verteuerung, die sich aus der Maklerpflichtigkeit ergibt, kann höchstens das Fehlen der wirtschaftlichen Gleichwertigkeit zwischen dem lt Maklervertrag beabsichtigten und dem zustande gekommenen Hauptvertrag (vgl dazu Rn 77 ff; § 654 Rn 10) bewirken. Das aber hängt nicht von der Divergenz zwischen „Anspruch und Wirklichkeit" des Nachweises, sondern vom Inhalt des Maklervertrags ab. Auf der Basis der hM mag man den Provisionsanspruch analog § 654 BGB versagen (vgl krit § 654 Rn 2 ff), falls der Makler das Interesse des Auftraggebers für das nachgewiesene Objekt durch eine bewusste Täuschung über die Maklerpflichtigkeit weckt und aufrechterhält (HAMM Rn 303).

cc) Nachweis ohne Herkunftshinweis?

Streitig ist, ob der **Nachweis** dem Auftraggeber vom Makler **mitgeteilt** werden muss. **41**
Die Rechtsprechung bejaht das mit der Folge, dass es für den ordnungsgemäßen Nachweis nicht genügt, wenn der Makler dem Auftraggeber einen Interessenten zuführt, der sich nicht als Mitteilungsbote als vom Makler geworben zu erkennen gibt. Die Begründung lautet, der Auftraggeber brauche die Kenntnis, um die Maklerprovision bei den Verhandlungen mit dem Interessenten kalkulieren zu können (RG JW 1937, 222; BGH AIZ 1961, 108; BGH NJW-RR 2009, 1282, 1283). Die Gegenansicht (MünchKommBGB/ALTHAMMER § 652 Rn 214; KNÜTEL ZHR 135 [1971] 527; HAMM Rn 710 ff) plädiert demgegenüber für die Aufgabe des „ungeschriebenen" Tatbestandsmerkmals Kenntnis des Auftraggebers von der Nachweis- (oder Vermittlungs-)tätigkeit des Maklers (so KNÜTEL ZHR 135 [1971] 527, 533 f). BGH NJW-RR 1994, 1260 folgt der Gegenansicht jedenfalls für den Fall, dass der Maklerkunde den Hauptvertrag unzweifelhaft auch bei Wissen um die Maklertätigkeit nicht anders abgeschlossen haben würde. Für die Rechtsprechung spricht, dass jede Leistung, um einem Rechtsverhältnis zugeordnet werden zu können, einer **Zweckbestimmung** des Leistenden bedarf, die in der Regel gegenüber dem Partner des Rechtsverhältnisses erfolgen muss, damit dieser sich auf die Leistung einstellen kann. Insoweit knüpft die Rechtsprechung also an die allgemeine Zivilrechtsdogmatik an; ihre Begründung ist in der Sache die Rechtferti-

gung dafür, dass im Zweifel die Empfangsbedürftigkeit der Zweckbestimmung nicht als abbedungen angesehen werden kann. Diesem dogmatischen Hintergrund wird BGH NJW-RR 1994, 1260 nicht gerecht. Dass die fehlende Kenntnis des Maklerkunden von der Herkunft der Vertragsgelegenheit keinen Einfluss auf seine Abschlussbereitschaft hat, ändert nichts an dem Bedarf für eine Zweckbestimmung, die die Vertragsgelegenheit für den Maklerkunden erkennbar als Folge der Tätigkeit seines Maklers ausweist und dadurch dem mit diesem geschlossenen Maklervertrag zuordnet. Genauso wenig wie eine Banküberweisung, deren Zweck für den Empfänger nicht erkennbar ist, eine Schuld des Absenders bei dem Empfänger tilgt, kann die Zuführung eines Interessenten, die nicht als vom Makler stammend erkennbar ist, der – unter der Bedingung des Zustandekommens des Hauptvertrags provisionspflichtige – Nachweis sein (vgl auch Rn 128, 141).

c) Inhalt und Grenzen der Vermittlungstätigkeit des Maklers

42 Der **Vermittlungsmakler** muss, um die Provision zu verdienen, auf den zukünftigen Hauptvertragspartner seines Auftraggebers mit dem Ziel der Herbeiführung des Hauptvertrags **einwirken** (BGH MDR 1968, 405; BGH NJW 1976, 1844; BGH 26. 11. 2020 – I ZR 169/19, NJW-RR 2021, 177, 179). Die Unterstützung des Auftraggebers ohne Beteiligung an den Verhandlungen reicht nicht aus (BGH BB 1967, 649; BGH MDR 1968, 405; OLG Nürnberg VersR 1960, 977; OLG Stuttgart NJW 1973, 1975 f). Der Vermittlungsmakler kann sich deshalb nicht damit begnügen, den Auftraggeber selbst zur Besichtigung des zukünftigen Vertragsobjekts und zur Verhandlung mit dem Inhaber zu schicken (BGH NJW-RR 2009, 1282; BGH NJW 2019, 1803, 1804). Selbst die Durchführung der Besichtigung genügt nur unter besonderen Umständen (OLG Karlsruhe AIZ A 106 Bl 102). Auch die Übersendung eines Exposés reicht nicht (BGH NJW-RR 2009, 1282, 1283). Erst recht reicht es nicht aus, dass der Makler dem Auftraggeber den bevorstehenden Telefonanruf des Interessenten avisiert (BGH NJW-RR 1989, 1071). Umgekehrt muss das Einwirken in der Förderung der Vertragsbereitschaft bestehen. Schaltet der Käufermakler die Miteigentümer des Kaufobjekts, die sich einer Veräußerung an den Auftraggeber widersetzen, dadurch aus, dass er einen veräußerungsbereiten Miteigentümer veranlasst, die Zwangsvollstreckung zur Aufhebung der Gemeinschaft zu betreiben, so entfaltet er jedenfalls allein damit noch keine provisionspflichtige Vermittlertätigkeit (OLG Dresden NZM 1998, 1017). Missverständlich ist es, wenn gefordert wird, der Vermittlungsmakler müsse mit **beiden Seiten**, also auch mit dem Auftraggeber verhandeln (BGH MDR 1968, 405; Hamm Rn 275). Denn das notwendige Verhandeln mit dem Auftraggeber liegt bereits im Abschluss des Maklervertrags. Einer zusätzlichen Verhandlung zwischen Makler und Auftraggeber bedarf es nicht (BGH WM 1974, 257; OLG Düsseldorf AIZ 1981 H 11 A 120 Bl 1; OLG Koblenz WuM 1992, 319, 320; Rozijn 280; dagegen Hamm Rn 275). Die Vermittlungstätigkeit ist **nicht höchstpersönlich**; die Vermutung des § 613 BGB ist mangels Vergleichbarkeit der Interessenlage des Vermittlungsmaklervertrags (Erfolgsabhängigkeit der Entgeltpflicht) mit der des Dienstvertrags (keine Erfolgsabhängigkeit der Entgeltpflicht) nicht anwendbar. Der Makler erhält die Provision nicht als Vergütung für je nach Qualifikation unterschiedlich wertvolle Dienste, sondern als Teilhabe an dem Nutzen, den er dem Auftraggeber auf welche Weise auch immer verschafft hat (Vorbem 4 ff zu §§ 652–656d). Der Vermittlungsmakler kann sich daher bei der Einwirkung auf den zukünftigen Hauptvertragspartner seines Auftraggebers eines Dritten bedienen (OLG Nürnberg BB 1960, 112).

Die Vermittlung setzt voraus, dass der zukünftige **Hauptvertragspartner nicht von vornherein bereit** ist, mit dem Auftraggeber zu dessen Bedingungen abzuschließen. Wie der Nachweis entfällt, wenn wegen der Vorkenntnis des Auftraggebers nichts nachzuweisen ist (Rn 31), so entfällt die Vermittlung, wenn es wegen fehlender Divergenz zwischen den zukünftigen Hauptvertragspartnern nichts zu vermitteln gibt. Und wie die Vorkenntnis des Auftraggebers den Provisionsanspruch des Nachweismaklers ausschließt, so schließt das Einigsein der zukünftigen Hauptvertragspartner den Provisionsanspruch des Vermittlungsmaklers aus. Das verbliebene Zusammenführen der Hauptvertragsparteien erfüllt nicht die Voraussetzungen der Vermittlung (ebenso Rieble DB 1994, 1776, 1777; **aA** Burghart AcP 140 [1935] 81, 82; Hamm Rn 276). Wohl wird der Maklervertrag in der Regel ergänzend so auszulegen sein, dass die Provision in einem solchen Fall auch schon für den im Zusammenführen der Hauptvertragsparteien liegenden **Nachweis** der Vertragsgelegenheit geschuldet sein soll. Denn im Zweifel werden Makler und Auftraggeber den Vermittlungsmaklervertrag nicht deshalb geschlossen haben, weil ihnen der Nachweis die Provision noch nicht wert zu sein schien, sondern weil sie für das Zustandekommen des Hauptvertrags die Vermittlung neben dem Nachweis für erforderlich hielten, wird doch durch die Provision nicht der Aufwand des Maklers, sondern der Wert der Vertragsgelegenheit für den Auftraggeber entgolten (Vorbem 4 f zu §§ 652–656d), der sich infolge der überraschenden Konzilianz des zukünftigen Hauptvertragspartners nicht mindert. Ist allerdings auch der Nachweis wegen Vorkenntnis des Auftraggebers nicht möglich (Rn 31), so entfällt der Provisionsanspruch zu Recht. Das „Zusammenführen" ist dann nämlich zumindest für den Auftraggeber nichts wert, wenn nicht sogar bereits begrifflich zu verneinen. Insoweit verwirklicht sich genuines Maklerrisiko. 43

Der Vermittlungsmakler erhält die Provision grundsätzlich nicht, wenn der Auftraggeber das gewünschte Grundstück (statt – wie beabsichtigt – durch Kauf) in der **Zwangsversteigerung** erwirbt. Die Gelegenheit zum Erwerb in der Zwangsversteigerung kann zwar nachgewiesen (BGH WM 1969, 884; BGH NJW 1983, 1849; OLG Frankfurt WM 1986, 1006; **aA** BGH NJW 1990, 2744 f; vgl Rn 38), nicht aber vermittelt werden (BGH NJW 1990, 2744, 2745; OLG Köln NJW-RR 1989, 247, 248; Hamm Rn 382). Die Rechtsprechung nimmt jedoch an, der Vermittlungsmakler könne durch eine sog Gleichstellungsabrede im Maklervertrag vereinbaren, dass er die provisionspflichtige Leistung bei Unmöglichkeit der Vermittlung durch Unterstützung mit Rat und Tat erbringen kann (OLG Düsseldorf JR 1968, 25 mit insoweit zustimmender Anm Wiedemann). Daran ist sicher richtig, dass der Makler sich gegen Entgelt zur Unterstützung im Zwangsversteigerungstermin verpflichten kann. Wer als Gegenstand der Maklerleistung den Wert des nachgewiesenen oder vermittelten Hauptvertrags für den Auftraggeber ansieht (Vorbem 2 zu §§ 652–656d), kann dagegen einer echten Gleichstellungsabrede nur mit erheblichen Vorbehalten begegnen. Denn dadurch tritt an die Stelle des Wertes des Hauptvertrags für den Auftraggeber eine normale Dienstleistung, für die man selbst unter Berücksichtigung des Misserfolgsrisikos schwerlich Provisionen in der für den Immobilienverkehr typischen Höhe von Maklerprovisionen vertreten kann. Mit Sicherheit kann dies (anders als die Gleichstellung des Nachweises der Gelegenheit zum Erwerb in der Zwangsversteigerung mit der Gelegenheit zum Erwerb durch Kaufvertrag, vgl Rn 38) nicht in AGB vereinbart werden (§ 307 BGB; **aA** MünchKomm-BGB/Althammer § 652 Rn 121). Ob eine entsprechende Individualabrede wirksam ist (§ 138 Abs 1 BGB), hängt von den Verhältnissen des Einzelfalls ab. UU bleibt die Umdeutung (§ 140 BGB) in einen Nachweismaklervertrag, die aber im Fall der – ge- 44 rade beim Erwerb im Wege der Zwangsversteigerung typischen – Vorkenntnis versagt (vgl Rn 31, 38).

45 Das OLG Düsseldorf (OLG Düsseldorf NJW-RR 1996, 1001) nimmt Unmöglichkeit der Vermittlung iS des § 652 Abs 1 BGB auch in einem Fall an, in dem ein Gerichtsdolmetscher sich von einem anderen Dolmetscher Provision unter der Voraussetzung hatte zusagen lassen, dass letzterer auf seinen Hinweis gegenüber dem Gericht hin ebenfalls als Gerichtsdolmetscher angefordert werde. Die Pflicht, geeignete Personen zu berufen, soll den Richter als Adressaten von Vermittlungsbemühungen ausschließen. Dem ist zuzustimmen, weil die Bestellung von Gerichtsdolmetschern nicht verhandelbarer Rechtsvollzug ist (Dehner NJW 1997, 18, 22). Gleichwohl hat das OLG dem „Hinweisgeber" eine sog **Tipp-Provision** zugebilligt, die sich von der Nachweis- bzw Vermittlungsprovision durch eine geringere übliche Höhe unterscheiden soll. Das ist irreführend. Das gesetzliche Leitbild des Maklervertrags kennt nur den Nachweis- und den Vermittlungsmakler. Das schließt zwar in den Grenzen der §§ 134 und 138 BGB nicht aus, dass die Provision unabhängig von einer Vermittlungstätigkeit des Maklers versprochen wird. Aber dazu bedarf es einer individuellen Sondervereinbarung, für die keine Vermutung streitet (vgl MünchKommBGB/Althammer § 652 Rn 123). Auch kann man entgegen der Ansicht des OLG die geringere Provision nicht damit begründen, dass der Tipp-Makler weniger Aufwand treiben muss. Die Provision entgilt nicht eine Dienstleistung, sondern schafft eine vom Aufwand unabhängige Teilhabe an dem Vorteil des Auftraggebers, den dieser durch den Abschluss des Hauptvertrags realisiert hat (Dehner NJW 2000, 1986, 1993 f).

46 Ist der Vermittlungsauftrag des Maklers auf einen bestimmten Erfolg bezogen, so begründet **nur die Herbeiführung dieses Erfolgs** den Provisionsanspruch. Ein Makler, der vom Verkäufer eingeschaltet worden ist, um einen bestimmten Kaufpreis herauszuholen, hat die Provision nicht verdient, wenn der Kaufvertrag zu einem niedrigeren Kaufpreis zustande kommt (BGH AIZ 1960, 13; Mormann WM 1968, 954, 959 f). Weist ein Makler unaufgefordert eine Vertragsgelegenheit nach, die der Kaufinteressent wegen zu hohen Kaufpreises unter Hinweis auf sein Interesse an einem Vertragsschluss zu einem niedrigeren Kaufpreis ablehnt, so ist darin die Ablehnung eines Angebots auf Abschluss eines Nachweismaklervertrags, verbunden mit einem Angebot auf Abschluss eines Vermittlungsmaklervertrags (mit dem Auftrag, eine Herabsetzung des Kaufpreises zu erwirken), zu sehen (BGH WM 1985, 1232 = AIZ 1986 H 5 A 103 Bl 24). Entgegen der Ansicht des RDM-Fachausschusses für Rechts- und Wettbewerbsfragen (Anm zu BGH AIZ 1986 H 5 A 103 Bl 24) entspricht es nicht der Interessenlage, in einem solchen Fall von der Annahme des Angebots auf Abschluss eines Nachweismaklervertrags mit dem zusätzlichen Wunsch einer Vermittlungstätigkeit des Maklers auszugehen. Da der Interessent den unverlangten Nachweis nutzen kann, ohne das Angebot auf Abschluss des Maklervertrags anzunehmen (vgl Rn 13), erschöpft sich sein Interesse in demjenigen an der Vermittlungstätigkeit des Maklers zum Zweck der Herabsetzung des Kaufpreises.

2. Besonderheiten der Wohnungsvermittlung

a) Der Einfluss des Verbraucherschutzes

47 Aus Gründen des **Verbraucherschutzes** haben Maklerverträge zur Wohnungsvermittlung (WoVermittG), Kreditvermittlung (§§ 655a ff BGB) und Arbeitsvermittlung

(§§ 291 ff SGB III, kommentiert unter § 655 BGB) die besondere Aufmerksamkeit des modernen Gesetzgebers auf sich gezogen. Ein historischer Vorläufer dieser Tendenz findet sich in § 655 BGB, der für die private Arbeitsvermittlung zum Schutz der Arbeitsuchenden eine gerichtliche Preiskontrolle vorsieht. Leitidee ist jeweils das Bestreben, traditionelle oder auch neu entdeckte Abhängigkeiten der Interessenten von wichtigen Gütern (Arbeitsplatz, Wohnung, Geld) durch mehr oder weniger „geordnete" Vermittlungsmärkte zu mildern. Aus diesem Schema bricht de lege lata die Ehevermittlung aus, die ihre Sonderregelung in § 656 BGB vor allem ethischen Vorbehalten des historischen Gesetzgebers verdankt (vgl Gilles JZ 1972, 377, 378).

b) Wohnungsvermittlung

Im Mittelpunkt des **WoVermittG** steht die zwingende Erfolgsabhängigkeit des Provisionsanspruchs (§ 2 Abs 1 und 5 WoVermittG), die ergänzt wird durch Vorschriften über den Ausschluss des Provisionsanspruchs für die Fortsetzung des ausgelaufenen Mietvertrags (§ 2 Abs 2 Nr 1 WoVermittG), bei Identität zwischen Makler und Eigentümer, Verwalter, Mieter oder Vermieter der vermittelten Wohnung (§ 2 Abs 2 Nr 2 WoVermittG), bei wirtschaftlicher Verflechtung zwischen Makler und Eigentümer, Verwalter oder Vermieter (§ 2 Abs 2 Nr 3 WoVermittG) und schließlich bei öffentlich geförderten Wohnungen (§ 2 Abs 3 WoVermittG; vgl dazu AG Meppen AIZ 1992 H 8 A 121 Bl 47) und auch bei Vereinbarung eines erfolgsunabhängigen Entgelts für mindere Tätigkeiten wie die Beratung bei der Wohnungssuche ausschließt (AG Ulm WuM 1993, 680). Vorschüsse sind nach § 2 Abs 4 WoVermittG unzulässig, § 3 WoVermittG regelt die Berechnung der Provision. Diese ist nach § 3 Abs 1 WoVermittG jedenfalls von einem gewerbsmäßigen Vermittler (§ 7 WoVermittG) in einem Bruchteil oder Vielfachen der Monatsmiete anzugeben. Vom Wohnungssuchenden dürfen nach § 3 Abs 2 WoVermittG maximal 2 Monatsmieten plus Umsatzsteuer (ohne Nebenkosten) gefordert werden. Nach § 3 Abs 3 WoVermittG darf Auslagenersatz voll nur statt der Provision, dh bei Nichtzustandekommen des Mietvertrags, neben der Provision dagegen nur verlangt werden, soweit die Auslagen nachgewiesenermaßen eine Monatsmiete übersteigen. § 3 Abs 4 WoVermittG enthält ein Kopplungsverbot (das sich nach S 2 nicht auf die Wirksamkeit des Maklervertrags auswirkt), § 4 WoVermittG eine Beschränkung von Vertragsstrafeklauseln, § 4a WoVermittG die Anordnung der Unwirksamkeit von (offenen und verdeckten) Entgeltversprechen des Wohnungssuchenden oder eines in seinem Interesse handelnden Dritten an den bisherigen Mieter für die Räumung der Wohnung und § 5 WoVermittG eine Verweisung auf das Bereicherungsrecht für die Rückzahlung von nach den §§ 2–4a WoVermittG zu Unrecht geleisteten Beträgen an den Maklerkunden mit Besonderheiten (keine Anwendung des § 817 S 2 BGB). Der gewerbsmäßige Wohnungsvermittler darf nach den §§ 6, 7 WoVermittG nur im Auftrag des Vermieters oder anderer Berechtigter den Nachweis bzw die Vermittlung von Wohnräumen anbieten; in öffentlichen Anzeigen muss er sich als Wohnungsvermittler bekennen und den geforderten Mietpreis plus etwaiger Nebenkosten mitteilen (vgl dazu OLG Schleswig WuM 1993, 681; OLG Bremen WuM 1993, 58). Verstöße gegen die §§ 6, 7 WoVermittG (und gegen § 3 Abs 1 und 2 WoVermittG) sind bußgeldbewehrte Ordnungswidrigkeiten, machen den Maklervertrag aber nach hM nicht nichtig (BGH ZMR 2002, 927; OLG Karlsruhe NJW 1976, 1408; OLG Frankfurt NJW 1979, 878, 879; AG Seligenstadt WuM 1988, 127 f; Erman/Fischer Vor § 652 Rn 3, 35; **aA** LG Hannover NJW-RR 1991, 1295; Hamm Rn 226; D Fischer NZM 2005, 731, 732; Tonner JZ 2003, 158). 48

48a Seit dem Mietrechtsnovellierungsgesetz vom 21. 4. 2015 (BGBl I 610) gilt das sogenannte „Bestellerprinzip" bei der Wohnungsvermittlung: Nach dem neuen § 2 Abs 1a WoVermG darf der Wohnungsvermittler vom Wohnungssuchenden für die Vermittlung oder den Nachweis der Gelegenheit zum Abschluss von Mietverträgen über Wohnräume kein Entgelt fordern, sich versprechen lassen oder annehmen, es sei denn, der Wohnungsvermittler holt ausschließlich wegen des Vermittlungsvertrags mit dem Wohnungssuchenden vom Vermieter oder von einem anderen Berechtigten den Auftrag ein, die Wohnung anzubieten. Der Wohnungssuchende soll also nicht verpflichtet sein, die eigentlich vom Vermieter geschuldete Provision zu zahlen.

49 Der Anwendungsbereich des WoVermittG ist durch seinen Schutzcharakter zugunsten von Mietern von **Wohnraum** bestimmt. Eine analoge Anwendung aller oder auch nur einzelner Vorschriften zugunsten der Mieter von Gewerberaum oder der Käufer von Wohnungsgrundstücken einschließlich Wohnungseigentum scheidet daher aus (OLG Hamburg AIZ 1992 H 6 A 141 Bl 9; LG Stuttgart AIZ 1991 H 3 A 142 Bl 5). Das gilt auch dann, wenn dem Mieter von Gewerberaum das Recht eingeräumt worden ist, Teile zu Wohnzwecken unterzuvermieten (LG Hannover AIZ 1988 H 4 A 121 Bl 32). Der Begriff des Wohnungsvermittlers bezieht sich nicht nur auf den Vermittlungs-, sondern auch auf den Nachweismakler (OLG Hamm NJW-RR 1986, 640 f). Er erstreckt sich ferner auf Fälle, in denen – wie von den sog Location Services – Wohnungsvermittlung im Rahmen umfassender Service-Pakete betrieben wird. Keine Wohnungsvermittler sind Personen, die Wohnungssuchenden gegen Entgelt bei der schriftlichen Ansprache von Vermietern und Maklern behilflich sind (BGH NJW-RR 1995, 880). Auch eine analoge Anwendung des WoVermittG kommt nicht in Betracht (**aA** KG AIZ 1992, A 150 Bl 2; zur Sonderregelung der Verflechtung zwischen Wohnungsvermittler und Vermieter vgl Rn 165, zur Berechnung der Provision Rn 175).

IV. Die Nichtigkeit des Maklervertrags

1. Die Nichtigkeitsgründe

a) Nichtigkeit nach § 134 BGB

50 Der Maklervertrag kann wegen Verstoßes gegen ein gesetzliches Verbot, **§ 134 BGB**, nichtig sein. Gesetzliche Verbote für die Maklertätigkeit begründen einmal die **Vermittlungsverbote**. Im Vordergrund stand lange das Vermittlungsmonopol der Bundesanstalt für Arbeit, das Arbeitsvermittlung außerhalb des künstlerischen Bereichs (Artisten, Bühne, Fernsehen, Film) verbot. Inzwischen ist das Verbot aufgehoben (§§ 296 ff SGB III). Ähnlich wie früher die Arbeitsvermittlung ist noch heute die Adoptionsvermittlung nach §§ 2, 5 AdVermiG den Jugendämtern und den anerkannten Wohlfahrtsverbänden (Caritas, Diakonisches Werk, Arbeiterwohlfahrt etc) vorbehalten. Die Vermittlung von Ersatzmüttern ist nach § 13c AdVermiG unzulässig. Nichtig nach § 134 BGB sind auch Verträge, die – entgegen § 49b Abs 3 S 1 BRAO – Rechtsanwälten entgeltlich Aufträge von Mandanten vermitteln (BGH 18. 4. 2024 – IX ZR 89/23, NJW 2024, 2179 Rn 24). Gesetzliche Verbote im Sinne des § 134 BGB sind auch die **Inhaltsverbote**. Soweit der Maklervertrag Vermittlungstätigkeit einschließlich verbotener Rechtsberatung vorsieht, ist er im Zweifel nach § 139 BGB insgesamt nichtig (BGHZ 37, 258, 262; BGH NJW 1998, 1955). Das Gleiche gilt für Maklerverträge, die § 2 WoVermittG (Rn 48) verletzen (LG Hamburg AIZ 1986 H 4 A 141 Bl 3). Aufgrund der Umstände verboten und nach § 134 BGB nichtig soll auch die Kreditvermittlung

im Reisegewerbe sein (§ 56 Abs 1 Nr 6 GewO; BGH NJW 1999, 1636, 1637; MünchKomm-BGB/Althammer § 652 Rn 84). Jedoch wird im Schrifttum zu Recht für die gegenteilige Auffassung plädiert, da der Verbraucher durch sein Widerrufsrecht nach § 312g BGB ausreichend geschützt ist (MünchKommBGB/Weber § 655a Rn 36; BeckOK-BGB/Möller [1. 5. 2025] § 655a Rn 6; gegen eine Nichtigkeit auch BeckOGK/Meier [1. 1. 2026] § 652 Rn 163). Nicht nach § 134 BGB nichtig sind Maklerverträge eines gewerbsmäßigen Maklers, der nicht über die nach § 34c GewO erforderliche Erlaubnis verfügt (BGHZ 78, 269; OLG Celle AIZ 1981 H 1 A 151 Bl 1; Hamm Rn 204). Nicht nach § 134 BGB nichtig ist auch der Maklervertrag des Wohnungsvermittlers, der entgegen § 6 Abs 1 WoVermittG die Mietwohnung nicht im Auftrag des Vermieters oder eines anderen Berechtigten anbietet (vgl Rn 48 aE). Doch kommt auf der Grundlage der Rechtsprechung zu § 654 BGB (dazu krit § 654 Rn 1 ff) ein Wegfall des Provisionsanspruchs analog § 654 BGB in Betracht (D Fischer NZM 2005, 731, 733). Nicht nach § 134 BGB nichtig sind schließlich Maklerverträge eines Maklers, die unter den Geltungsbereich der Makler- und Bauträgerverordnung (MaBV) fallen und deren Anforderungen nicht genügen (OLG Frankfurt NJW 1979, 878; vgl auch Rn 19 und speziell zu § 3 MaBV BGH NJW 1985, 438). Zur Maklertätigkeit als berufsfremder Tätigkeit vgl Vorbem 54 ff zu §§ 652–656d.

b) Nichtigkeit nach § 138 BGB

aa) Allgemeine Sittenwidrigkeit

Der Maklervertrag kann wegen Sittenwidrigkeit, **§ 138 BGB**, nichtig sein. **Wegen ihres Inhalts** sind Maklerverträge als sittenwidrig angesehen worden, die die entgeltliche Vermittlung von Mandaten durch Nichtanwälte an Anwälte (KG NJW 1989, 2893) oder Patienten durch Nichtärzte an Ärzte (OLG Hamm NJW 1985, 679) zum Gegenstand hatten. BGH NJW 1999, 2360 billigt diese Entscheidungen zwar, hält sie aber im Gegensatz zu OLG Düsseldorf MDR 1998, 1283 nicht für übertragbar auf die Vermittlung von Architektenverträgen. Im Verhältnis Architekt – Kunde soll es an der besonderen Vertrauensposition fehlen, die es im Verhältnis Anwalt-Mandant und Arzt-Patient verbietet, die Beziehung zum Gegenstand einer entgeltlichen Akquisition zu machen (krit dazu Dehner NJW 2000, 1986, 1989 f). Sittenwidrig ist trotz § 1 ProstG nach wie vor der Maklervertrag über den Nachweis oder die Vermittlung von Prostitution (Hamm Rn 233; MünchKommBGB/Althammer § 652 Rn709). Das ProstG dient dem Schutz der Prostituierten; es enthält keine sittliche Billigung der Prostitution (**aA** Dehner NJW 2002, 3747, 3748). Die Sittenwidrigkeit kann ferner daraus folgen, dass die **Art und Weise** der vom Makler übernommenen Vermittlung gegen die guten Sitten verstößt. BGH WM 1985, 830 erklärt in diesem Sinne einen Maklervertrag für sittenwidrig, in dem dem Makler eine Provision für die Vermittlung des Auftrags eines ausländischen Staates durch die Bestechung von Bediensteten dieses Staates versprochen worden ist. Das soll jedenfalls gelten, soweit eine derartige Hereinnahme von Schmiergeldern auch gegen die Rechtsordnung des ausländischen Staates verstößt (vgl auch BGH WM 1986, 209, 210; OLG Stuttgart 10. 2. 2010 – 3 U 179/09; krit Hamm Rn 235; MünchKommBGB/Althammer § 652 Rn 76). Ferner ist Nichtigkeit wegen Sittenwidrigkeit anzunehmen, wo der Maklervertrag in kollusivem Zusammenwirken eines vertretungsberechtigten Angestellten des Auftraggebers mit dem Makler zustande kommt (BGH MDR 1962, 980). Wie der Makler die Informationen beschafft hat, die er für die Fähigkeit zum Nachweis der Vertragsgelegenheit benötigt, spielt für die Wirksamkeit des Maklervertrags keine Rolle. Selbst die verbots- oder sittenwidrige Beschaffung macht den Maklervertrag weder zu einem Vertrag mit sitten- 51 widrigem Inhalt noch zu einem sittenwidrigen Verhalten gegenüber dem Maklervertragspartner (BGH WM 1985, 1232). BGH NJW-RR 1994, 559 hält einen qualifizierten Alleinauftrag für nichtig, wenn er nicht in angemessener Weise befristet ist. BGH NZM 1998, 677 bestätigt das, lässt aber offen, ob nicht im Anschluss an das Schrifttum (MünchKommBGB/Althammer § 652 Rn 252) statt Gesamtnichtigkeit im Wege der geltungserhaltenden Reduktion eine angemessene Befristung anzunehmen ist (vgl für eine entsprechende Lösung bei einem unbefristeten Alleinauftrag auch NJW 1966, 887). Sehr problematisch ist dagegen die Rechtsprechung, der zufolge der Widerspruch der Tätigkeit des Maklers zu seinen Pflichten gegenüber dem Partner des zukünftigen Hauptvertrags die Nichtigkeit des Maklervertrags gemäß § 138 Abs 1 BGB nach sich zieht (sog Beraterrechtsprechung, vgl OLG Zweibrücken LZ 1909, Sp 949; zustimmend Hamm Rn 230; MünchKommBGB/Althammer § 652 Rn 78). Denn dadurch wird letztlich derjenige getroffen, dem gegenüber der Makler durch die Maklertätigkeit seine Pflichten verletzt hat, kann dieser doch bei **wirksamem** Maklervertrag die Provision analog § 285 BGB von dem Makler herausverlangen. Noch fragwürdiger ist die Ansicht, der Kreditsachbearbeiter einer Bank könne über den Nachweis eines ihm dienstlich bekannt gewordenen Kaufs- oder Verkaufsinteressenten keinen wirksamen Maklervertrag abschließen (BGH MDR 1977, 209; BeckOGK/Meier [1. 1. 2026] § 652 Rn 179; MünchKommBGB/Atlhammer § 652 Rn 78; vgl auch RGZ 162, 323, 328). Die Bank ist dadurch mindestens dann nicht betroffen, wenn sie nicht selbst das Maklergeschäft betreibt. Andernfalls ist wiederum der Weg über den Provisionsherausgabeanspruch der Bank analog § 285 BGB der interessengerechtere. Betroffen sein könnte der nachgewiesene Bankkunde, der womöglich wegen der Provisionspflicht des Auftraggebers und Hauptvertragspartners weniger Konzessionsbereitschaft bezüglich des Kaufpreises vorfindet. Aber wer daran anknüpft, müsste in offenbar überzogener Weise das Maklergeschäft von Banken überhaupt unterbinden (so zu Recht die Kritik bei Hamm Rn 232). Zur Sittenwidrigkeit sog Reservierungsvereinbarungen vgl Rn 199.

bb) Wucherähnlichkeit

52 Sehr umstritten ist, ob und ggf unter welchen Voraussetzungen der Maklervertrag wegen **wucherischer Provisionsvereinbarung** nichtig sein kann. Das gilt zunächst für die reguläre **erfolgsabhängige Provision.** Die Rechtsprechung bejaht die Möglichkeit einer Nichtigkeit des Maklervertrags wegen zu hoher Provision nach § 138 BGB, ist aber in den konkreten Fällen eher tolerant (vgl auch Rn 252). BGH DB 1969, 1334 billigt unter besonderen Umständen eine (Übererlös-)Provision von 29 % des Kaufpreises. Den Gegensatz bildet BGH NJW 1994, 1475, der im Falle von 27,7 % für „Maklertätigkeit einfachster Art" ein Missverhältnis von Leistung und Gegenleistung angenommen hat. Auf der gleichen Linie liegt BGH NJW 2000, 2669, der das Missverhältnis bejaht bei 24 % Provision (damals absolut: 1,8 Mio DM). Bei absolut hohen Summen treten die Prozentsätze in den Hintergrund: Eine Provision von 1 Mio DM für die Vermittlung eines Kredites von 6 Mio DM ist trotz sehr hohen Aufwands des Maklers auch dem BGH zu viel gewesen (DB 1976, 573). Das OLG Oldenburg erachtet eine Provision in Höhe von 6 % für die Vermittlung eines Kredits von 1,2 Mio DM angesichts ortsüblicher Provisionen von nur 1 % für sittenwidrig (WM 1987, 992). Ähnlich begründet das LG Aachen die Sittenwidrigkeit einer Provision von 50.000 DM für die Vermittlung eines Kredits von 450.000 DM vor dem Hintergrund üblicher Provisionssätze von 1,5 % (NJW-RR 1987, 741).

Dieser Rechtsprechung ist schon im Ansatz **zu widersprechen**. Sie ist nämlich nicht damit vereinbar, dass der Maklerlohn nicht an den Aufwand des Maklers, sondern an den Nutzen des Auftraggebers anknüpft. Wer ein Missverhältnis zwischen Leistung und Gegenleistung prüft, darf daher allenfalls die Höhe der Provision mit dem Nutzen in Beziehung setzen, den die vom Makler nachgewiesene bzw vermittelte Vertragsgelegenheit für den Auftraggeber hat (insoweit zustimmend BGH NJW 2003, 1393, 1394; vgl auch Dehner NJW 1997, 18, 23; BeckOGK/Meier [1. 1. 2026] § 652 Rn 153; MünchKomm-BGB/Althammer § 652 Rn 72). Und dieser Nutzen lässt sich nicht objektiv bewerten, sondern hängt ganz von den Nutzenvorstellungen des konkreten Auftraggebers im Zeitpunkt des Zustandekommens des Hauptvertrages ab. Ist danach trotz der hohen Provision die vom Makler gebotene Vertragsgelegenheit günstiger als die für den Auftraggeber ohne Makler zugänglichen (oder von anderen Maklern zugänglich gemachten) Vertragsgelegenheiten, so ist unter dem Gesichtspunkt des § 138 BGB weder gegen eine absolute noch gegen eine prozentuale Provision von ungewöhnlicher Höhe etwas einzuwenden (**aA** Soergel/Engel § 652 Rn 35). Lediglich wenn und soweit der Auftraggeber seine Nutzenvorstellungen nicht rational gebildet hat und/oder nicht frei hat bilden können, kommt unter der zusätzlichen Voraussetzung, dass der Makler die Unerfahrenheit bzw Notlage des Auftraggebers beim Abschluss des Maklervertrages (!) zu seinem Vorteil ausgenutzt hat, die Nichtigkeit des Maklervertrages nach § 138 Abs 1 oder 2 BGB in Betracht (ausführlich Martinek JZ 1994, 1048 ff). Inwieweit diese Überlegungen die Rechtsprechung noch umstimmen können, ist unsicher. In NJW 2000, 2669 nimmt der 9. Senat des BGH zwar auf sie Bezug, will sie aber allenfalls als Zweifel daran anerkennen, dass auch bei Maklerverträgen eine Provisionshöhe von mehr als 100 % über der Normalprovision die sonst angenommene Vermutung für eine verwerfliche Gesinnung begründet. Folgerichtig hält OLG Nürnberg NZM 2001, 481 eine Provision von 11 % noch für normal. 53

In der Literatur ist vorgeschlagen worden, die Nichtigkeit wegen wucherischer Provisionsvereinbarung nach § 138 BGB durch eine gerichtliche Herabsetzungsbefugnis analog § 655 BGB zu ersetzen (Hamm Rn 882 f; MünchKommBGB/Althammer § 652 Rn 71; ablehnend BGH NJW 2016, 3233, 3235). Dies überzeugt nicht. Die analoge Anwendung des § 655 BGB auf alle Maklerverträge widerspricht dem Willen des historischen Gesetzgebers (Erman/Fischer § 655 Rn 3). Darüber hinaus stellt sich auch insoweit die nicht beantwortbare Frage, nach welchem Maßstab und aus welchem Grund herabgesetzt werden sollte. Richtig an dem Rückgriff auf § 655 BGB ist, dass sich der Korrekturbedarf gegenüber der Provisionshöhe vielfach nicht schon – wie § 138 BGB dies voraussetzt – beim Abschluss des Maklervertrags, sondern erst mit dem Zustandekommen des Hauptvertrags entscheidet. Das gilt vor allem (aber nicht nur) im Fall der sog Übererlösklausel (vgl BGH NJW 1969, 1628). Soweit die Maklervertragsparteien von einer wesentlich geringeren Provision ausgegangen sind, helfen indessen die Grundsätze über den Wegfall der Geschäftsgrundlage (BGH NJW 1969, 1928). Soweit diese versagen, verwirklicht sich mit der Pflicht zur Zahlung einer hohen Provision ein Risiko des Auftraggebers, das er kraft seiner Privatautonomie wirksam übernommen hat (vgl auch Martinek JZ 1994, 1048 ff). Soweit der Auftraggeber sich frei für den Abschluss des Hauptvertrages entscheidet, entspricht die Provision zumindest dem „Mehrwert", den das Geschäft für ihn im Vergleich mit konkurrierenden Möglichkeiten hat. Da der Nachweis bzw die Vermittlung für diesen „Mehrwert" kausal sein muss (vgl Rn 125 ff), geschieht dem Auftraggeber kein Unrecht, wenn er mit dem Makler „teilen" muss (vgl LG Hamburg NJW 1971, 1411, 1413; Mormann WM 1968, 954, 956). 54

Erst wenn die Freiheit durch wirtschaftliche Zwänge uä eingeschränkt ist, bedarf es der Intervention des Rechts. Liegen die Dinge aber so, dann enthält § 138 BGB sicher die bessere Lösung als § 655 BGB, der nach womöglich notgedrungener Zahlung der Provision keine Hilfe mehr bietet (vgl auch § 655 Rn 10).

cc) Erfolgsunabhängige Provision

55 Soweit eine **erfolgsunabhängige Provision** vereinbart ist, ändert sich der Maßstab für die Anwendung des § 138 BGB (dahingehend auch BeckOGK/Meier [1. 1. 2026] § 652 Rn 156). Die Gleichwertigkeit von Leistung und Gegenleistung lässt sich insoweit nicht mehr damit begründen, dass der freie Abschluss des Hauptvertrags einen Wert der Leistung des Maklers in Mindesthöhe der Provision belegt. Vielmehr hat man es mit einem Austausch von Arbeit gegen Entgelt zu tun, der die Frage aufwirft, ob eine Provision von womöglich mehreren Tausend Euro für wenige Stunden Aufwand noch hingenommen werden kann (vgl Vorbem 3 zu §§ 652–656d). Durchaus diskutabel hält Lopau (NJW 1973, 1971 f) nur entweder eine **geschäftswertbezogene erfolgsabhängige oder** eine **leistungsbezogene erfolgsunabhängige Maklervergütung** für zulässig; die Vereinbarung einer geschäftswertbezogenen erfolgsunabhängigen Vergütung soll regelmäßig die Grenzen der Vertragsfreiheit überschreiten (dagegen MünchKommBGB/Althammer § 652 Rn 73). Die Rechtsprechung lehnt dagegen die geschäftswertbezogene erfolgsunabhängige Vergütung lediglich nach § 307 Abs 2 Nr 1 BGB für den Fall ab, dass die Pflicht zur Zahlung der Provision ohne Rücksicht auf das Zustandekommen des Hauptvertrags sich aus AGB ergibt (vgl Rn 250, 260). Immerhin hat der BGH auch die individualvertraglich vereinbarte erfolgsunabhängige Maklerprovision für sittenwidrig gehalten, soweit sie mit Doppelmaklertätigkeit verbunden ist. Die Verpflichtung auch auf das Interesse der anderen Seite soll mit der Vereinbarung einer Rechtsposition, die den Provisionsanspruch ohne Rücksicht auf eine greifbare Gegenleistung begründet, schlechterdings unverträglich sein (BGHZ 61, 17; LG Frankfurt aM AIZ 1993 H 1 A 108 Bl 1).

c) Nichtigkeit nach sonstigen BGB-Vorschriften

56 Der Maklervertrag unterliegt schließlich den sonstigen, neben den §§ 134, 138 BGB bestehenden Vorschriften über die Nichtigkeit von Rechtsgeschäften (§§ 104 ff, 116 ff, 125, 142 iVm 119 ff, 154 f BGB). Dabei wird man trotz des in der Hauptsache einseitig den Auftraggeber verpflichtenden Charakters des normalen Maklervertrags davon ausgehen müssen, dass die Wirksamkeit auch auf der Seite des Maklers volle **Geschäftsfähigkeit** voraussetzt. Die weitgehenden Nebenpflichten des Maklers (vgl Rn 208 ff) schließen es aus, den Maklervertrag gemäß § 107 BGB als ein für den Makler lediglich rechtlich vorteilhaftes Rechtsgeschäft einzustufen (ebenso BeckOGK/Meier [1. 1. 2026] § 652 Rn 182). Auch sonst reichen Pflichten als Nebenfolge des Rechtsgeschäfts aus, um diesem die lediglich rechtliche Vorteilhaftigkeit zu nehmen (MünchKommBGB/Spickhoff § 107 Rn 44). Täuscht der Makler den Auftraggeber darüber, dass er mit dem zukünftigen Hauptvertragspartner ebenfalls einen provisionspflichtigen Maklervertrag abgeschlossen hat oder doch abzuschließen gedenkt, so ist die Rechtsfolge nach Ansicht des OLG Köln (NJW 1971, 1943 mit krit Anm U Werner) ausschließlich das **Anfechtungsrecht** des Auftraggebers nach § 123 BGB; § 654 BGB soll weder daneben noch stattdessen (analog) anwendbar sein. Dem ist zuzustimmen. Die direkte Anwendung des § 654 BGB scheidet aus, weil die Täuschung nicht zur Vereinbarung eines Verbots der Doppelmaklertätigkeit führt, die analoge, weil das Fehlverhalten des Maklers das vorvertragliche Stadium betrifft, das sich ebenso wenig wie

das Stadium nach Abwicklung des Maklervertrags durch Abschluss des Hauptvertrags und Zahlung der Provision (vgl dazu BGHZ 92, 184, 187) als Anknüpfungspunkt für eine Analogie zu § 654 BGB eignet (vgl § 654 Rn 11 ff). Sehr problematisch ist dagegen die ebenfalls vom OLG Köln (DB 1960, 1125) vertretene Ansicht, der Irrtum des Auftraggebers über die Vertrauenswürdigkeit und Zuverlässigkeit des Maklers berechtige den Auftraggeber nicht zur Anfechtung des Maklervertrags nach § 119 Abs 2 BGB, weil die Vertrauenswürdigkeit des Maklers beim Maklervertrag nicht eine verkehrswesentliche (= vertragswesentliche, BGHZ 88, 245 f) Eigenschaft sei. Das gilt jedenfalls, wenn man das durch den Maklervertrag begründete Rechtsverhältnis mit der hM (BGH NJW 1968, 150, 151; BGH NJW 1985, 2595, 2596) als ein besonderes Treueverhältnis qualifiziert. Aber auch nach der hier vertretenen Auffassung vom Maklervertrag als einem kaufähnlichen Vertrag (Vorbem 4 zu §§ 652–656d) bietet sich abweichend von der Ansicht des OLG Köln eine differenzierende Betrachtung an. Im Fall des Vermittlungsmaklervertrages dürfte die Vertrauenswürdigkeit des Maklers stets verkehrswesentliche Eigenschaft sein. Im Fall des Nachweismaklervertrages ist diese Konsequenz zwar weniger zwingend. Doch ist zu berücksichtigen, dass regelmäßig Vermittlungsbemühungen auch für den Nachweismakler zumindest Obliegenheit sind. Daher wird man selbst im Fall des Nachweismaklervertrags die Anwendbarkeit des § 119 Abs 2 BGB nur ganz ausnahmsweise verneinen können. Zur Formnichtigkeit vgl Rn 19 ff. Nicht die Nichtigkeit des Maklervertrags, sondern lediglich die der betroffenen AGB-Bestimmung ist regelmäßig (§ 306 BGB) die Folge des Verstoßes gegen §§ 307 ff BGB (vgl dazu ausführlich Rn 255 ff).

Wird der Maklervertrag auf Auftraggeberseite von einem Vertreter ohne Vertre- **57**
tungsmacht abgeschlossen, dann hängt die Wirksamkeit von der Genehmigung des Vertretenen ab (§ 177 BGB). Über die Genehmigung entscheidet der Vertretene frei. Er kann sie auch dann (mit der Folge der Unwirksamkeit des Maklervertrags) verweigern, wenn er die vom Makler im Hinblick auf den schwebend unwirksamen Maklervertrag nachgewiesene Vertragsgelegenheit (durch Abschluss des Hauptvertrags) nutzt. Darin liegt keine unzulässige protestatio facto contraria (vgl Rn 3; im Ergebnis übereinstimmend Hamm Rn 185). Der vollmachtlose Vertreter haftet in diesem Fall gemäß § 179 Abs 1 BGB auf die Provision, wenn er das Fehlen der Vollmacht gekannt hat (LG Berlin Grundeigentum 2001, 533). Aus § 179 Abs 1 BGB folgt auch, dass der in diesem Sinne bösgläubige vollmachtlose Vertreter zur Zahlung der Provision verpflichtet ist, wenn statt des Vertretenen er selbst die nachgewiesene Vertragsgelegenheit nutzt. Denn § 179 Abs 1 BGB gibt dem Vertragspartner nicht nur einen Anspruch darauf, so gestellt zu werden, wie er stehen würde, wenn die Vollmacht bestanden hätte (Schadensersatz), sondern wahlweise auch darauf, dass der vollmachtlose Vertreter an die Stelle des Vertretenen tritt (Erfüllung). Die darüber hinausgehende Ansicht, der vollmachtlose Vertreter schulde im Falle der Nutzung der Vertragsgelegenheit stets, dh unabhängig von Bös- oder Gutgläubigkeit die Provision (Hamm Rn 185), ist nicht begründbar. Allenfalls kommt für den gutgläubig vollmachtlosen Vertreter nach § 179 Abs 2 BGB eine Haftung auf das negative Interesse des Maklers in Betracht.

2. Die Nichtigkeitsfolgen

a) Entgeltpflicht des Auftraggebers nach §§ 812 Abs 1 S 1 Alt 1 und 818 Abs 2 BGB?

58 Die hM nimmt an, der Makler könne trotz **Nichtzustandekommens oder Nichtigkeit** des Maklervertrages zumindest die übliche Provision beanspruchen, wenn der Hauptvertrag infolge der Nachweis- oder Vermittlungstätigkeit des Maklers zustande komme, und zwar aufgrund der §§ 812 Abs 1 S 1 Alt 1 und 818 Abs 2 BGB (RGZ 122, 229, 232; KG NJW 1960, 1864, 1865; OLG Köln NJW 1971, 1943, 1944; LG Saarbrücken NJW-RR 1993, 316 f; Erman/Fischer Vor § 652 Rn 37; MünchKommBGB/Althammer § 652 Rn 89; vorsichtiger BGH NJW-RR 2005, 1572, 1573). Vereinzelt wird sogar vertreten, aus den §§ 812 Abs 1 S 1 Alt 1 und 818 Abs 2 BGB folge ein **Anspruch auf die unwirksam vereinbarte Provision**, weil der Auftraggeber durch die Provisionsvereinbarung und die Nutzung der gebotenen Vertragsgelegenheit zu erkennen gegeben habe, dass ihm die Maklerleistung so viel wert sei (Rust MDR 1959, 449; für einen Sonderfall auch LG Dortmund AIZ 1968, 31). Freilich ist nicht verborgen geblieben, dass diese Ansicht die strengen Anforderungen an das Zustandekommen und die Wirksamkeit von Maklerverträgen im Ergebnis ad absurdum führt. Denn die einzige Leistungspflicht, die der Maklervertrag erzeugt, nämlich die Provisionszahlungspflicht, entsteht dann unter anderem dogmatischem Etikett unabhängig vom Bestehen des Maklervertrags. Teilweise wird deshalb die Anwendbarkeit des Bereicherungsrechts mit der Begründung verneint, dass dadurch das Erfordernis der vertraglichen Festlegung der Provision unterlaufen werde (Hamm Rn 244). Nach **aA** scheidet der Bereicherungsanspruch (ebenso wie der Anspruch aus § 354 HGB) zumindest dann aus, wenn er dem Zweck des konkreten Hindernisses für das Vorliegen bzw die Wirksamkeit des Maklervertrags widerspricht. Letzteres soll zB der Fall sein, wenn ein Kreditvermittlungsvertrag wegen Verstoßes gegen § 655b BGB formnichtig ist (MünchKommBGB/Weber § 655b Rn 11). Tatsächlich scheitert der Bereicherungsanspruch schon daran, dass der Empfänger durch die rechtsgrundlose Leistung des Maklers nichts erlangt, was sich über § 818 Abs 2 BGB in einen Wertersatzanspruch (im Umfang der üblichen Provision) verwandeln könnte (ebenso OLG Dresden AIZ A 121 Bl 74; Dehner NJW 1993, 3236, 3241; Zopfs, Maklerrecht Rn 4; Martinek JZ 1994, 1043, 1052; Reuter, in: FS Picker [2010] 653, 665; BeckOGK/Meier [1. 1. 2026] § 652 Rn 189). Die abweichende Ansicht der hM erklärt sich daraus, dass sie den Leistungsgegenstand des Maklervertrags in der Geschäftsbesorgung für den Kunden sieht, der sie bei Zustandekommen des Hauptvertrags die übliche Provision als Marktwert zuordnet. Wer demgegenüber erkennt, dass nicht die Geschäftsbesorgung für den Kunden, sondern die Verschaffung einer vom Makler auf eigene Rechnung besorgten Vertragsgelegenheit der Leistungsgegenstand des Maklervertrages ist (Vorbem 4 zu §§ 652–656d), kann der Maklerleistung **keinen objektiven Wert** attestieren. Denn Vertragsgelegenheiten stellen **gemeinfreie Güter** dar, die in einer Marktwirtschaft im Prinzip jedermann kostenlos zugänglich sind (Rn 14). Soll ihre Inanspruchnahme etwas kosten, so muss das wirksam vereinbart sein (vgl auch Rozijn 319 f). Das Maklerrecht benennt die typischen Voraussetzungen, unter denen die Rechtsordnung die vertragliche Umwandlung der an sich kostenlosen Inanspruchnahme von Vertragsgelegenheiten in einen vergütungspflichtigen Vorgang anerkennt (im Wesentlichen übereinstimmende Argumentation bei Zopfs Rn 18; Martinek JZ 1994, 1043, 1052; ausführlich Harz 24 ff, 96 ff, vor allem 121; grundsätzlich Ellger 845; scharf ablehnend [„nicht begründbar"] MünchKommBGB/Althammer § 652 Rn 89; Hamm Rn 242; Fischer NZM 2002, 480, 481 Fn 19; gegen das Argument der Gemeinfreiheit, aber einen objektiven Wert ebenfalls

verneinend BeckOGK/Meier [1. 1. 2026] § 652 Rn 189). BGH NJW-RR 2005, 1572, 1573 bestätigt diesen Gedankengang zunächst ohne Abstriche: Die Privatrechtsordnung kenne keine Pflicht zur Vergütung ungefragt überlassener Informationen; ein Entgelt sei dafür lediglich auf vertraglicher Grundlage zu zahlen. Das gelte für den Maklernachweis; die Vermittlungsleistung sei ebenso zu beurteilen. Doch schreckt der Senat vor der Konsequenz, einen Anspruch aus § 812 BGB wegen rechtsgrundloser Maklerleistung generell zu versagen, (noch) zurück. Er lässt die allgemeine Frage offen und begnügt sich mit dem Hinweis, es seien ohnehin nur wenige Fragenkreise denkbar, die für die Anwendung des § 812 BGB wegen Inanspruchnahme einer Maklerleistung in Betracht kämen.

Entgegen der 12. Auflage dieses Kommentars (Rn 46) lässt sich ein Bereicherungsanspruch wegen rechtsgrundloser Maklerleistung auch nicht mit der Maßgabe begründen, dass der Makler zwar nicht die übliche Provision, wohl aber einen Ausgleich für seinen Arbeitsaufwand erhält. Denn auch der Verkäufer einer Sache kann zB im Falle der Unwirksamkeit des Kaufvertrags nicht nach Bereicherungsrecht einen Ausgleich dafür verlangen, dass er in die Beschaffung der Sache erhebliche Anstrengungen investiert hat, und zwar gleichgültig, ob er für die Sache eine anderweitige Verwendung hat oder nicht. Gewiss kommt im Fall des unwirksamen Maklervertrags hinzu, dass der Kunde als „Käufer" der Vertragsgelegenheit bei Zustandekommen des Hauptvertrages uU dank der Vorarbeit des Maklers eigenen wirtschaftlich bewertbaren Aufwand erspart. Aber dieser Vermögensvorteil des Kunden allein begründet noch keinen Bereicherungsanspruch des Maklers. Vielmehr muss er entweder aufgrund der Leistung oder in sonstiger Weise auf Kosten des Maklers eintreten. Eben daran fehlt es, weil die Vorarbeit weder Leistungsgegenstand des vermeintlichen Maklervertrags ist noch die vom Kunden in Anspruch genommene Vertragsgelegenheit zum Bestandteil des Maklervermögens macht (vgl Reuter/Martinek, Ungerechtfertigte Bereicherung 59 ff, 84 ff, 371 ff; Ellger 845; Harz 121). Es entspricht der Eigenart der Provision als eines Entgelts für die Verschaffung eines gemeinfreien Guts, dass der Makler über das Risiko des Nichtzustandekommens des Hauptvertrags hinaus auch das Risiko des Nichtzustandekommens des Maklervertrags trägt. 59

Wer mit der hM der rechtsgrundlosen Maklerleistung bei Zustandekommen des Hauptvertrags einen Vermögenswert in Höhe der üblichen Provision zuerkennt (Rn 58), muss dem **Konflikt zwischen dem „Abschlussmechanismus" des Maklervertragsrechts und bereicherungsrechtlichen Provisionsansprüchen** auf andere Weise begegnen. Der BGH hat sich mit dem Problem im Zusammenhang mit den Fällen beschäftigt, in denen der Makler sein Provisionsverlangen nicht so deutlich zum Ausdruck gebracht hat, dass der Adressat daraus auf den Willen zur Abgabe eines Maklervertragsangebots (statt zur bloßen Suche nach einer Vertragsgelegenheit für einen dritten Auftraggeber) schließen musste (vgl Rn 4, 10 f). Der BGH verneint insoweit eine rechtsgrundlose Leistung an den vermeintlichen Auftraggeber (= den Adressaten des zu undeutlichen Angebots) unter Berufung auf die bereicherungsrechtliche **Lehre vom Empfängerhorizont** (vgl dazu BeckOK-BGB/Wendehorst [1. 2. 2026] § 812 Rn 49 ff mwNw): Da dem vermeintlichen Auftraggeber der Nachweis der Vertragsgelegenheit bzw die Vermittlung des Vertrages als ausschließliche Leistung an den Vertragspartner (= Erstauftraggeber) habe erscheinen können, scheide eine Leistung des Maklers an den vermeintlichen Auftraggeber aus (WM 1985, 1344, 1346; ebenso zuletzt Fischer 60

NZM 2002, 480, 481). Das OLG Schleswig hat sich mit der Frage auseinandergesetzt, wie die Nutzung der vom Makler vor der Annahme des Maklervertragsangebots nachgewiesenen Vertragsgelegenheit bereicherungsrechtlich zu beurteilen ist, nachdem der BGH es in seiner neueren Rechtsprechung abgelehnt hat, die **Nutzung** selbst **als Annahme** zu qualifizieren. Das OLG hat gemeint, die rechtsgrundlose Leistung an den Angebotsadressaten hier ebenfalls unter Rückgriff auf die bereicherungsrechtliche Lehre vom Empfängerhorizont verneinen zu können (AIZ 1988 H 11 A 103 Bl 34), jedoch zu Unrecht: Deutlicher als dadurch, dass er den Nachweis mit dem Provisionsverlangen verbindet, vermag der Makler diesen nicht auf das (angestrebte) Rechtsverhältnis zu dem Angebotsadressaten zu beziehen. Der Provisionsanspruch aus ungerechtfertigter Bereicherung kann auf der Grundlage der hM allein deshalb scheitern, weil er ggf – als sog Vorleistungsfall (vgl Reuter/Martinek, Ungerechtfertigte Bereicherung 151 ff) – ein Anspruch aus § 812 Abs 1 S 2 Alt 2 BGB ist, der als solcher eine **Einigung über den Zweck der Zuwendung** – den Erhalt der Provision als Gegenleistung (eine Zweckabrede, vgl Reuter/Martinek, Ungerechtfertigte Bereicherung 149 f) – voraussetzt (Harz 109 f). Wenn der Angebotsadressat den Nachweis entgegennimmt und nutzt, dann reicht das nicht nur noch nicht zur Annahme des Maklervertragsangebots, sondern auch noch nicht zur Einigung im Sinne einer Billigung der Zweckbestimmung des Maklers durch den Angebotsadressaten (vgl BGHZ 44, 321 323). Soweit der Maklervertrag wegen Verbots- oder Sittenwidrigkeit nichtig ist, hilft die Kondiktionssperre nach **§ 817 S 2 BGB** gegen die Neutralisierung der Nichtigkeit durch bereicherungsrechtliche Provisionsansprüche (BGH WM 1978, 949: Vermittlung eines Arbeitsplatzes unter bewusstem Verstoß gegen den – inzwischen überholten – § 4 AFG).

61 Andere Nichtigkeitsgründe dagegen lassen, folgt man der hM, den Rückgriff auf Bereicherungsrecht zur Begründung des Provisionsbegehrens grundsätzlich unberührt. Das gilt für den Fall der arglistigen Täuschung des Auftraggebers durch den Makler beim Abschluss des Maklervertrags, weil die Kenntnis der Anfechtbarkeit bei dem Nachweis bzw der Vermittlung der Vertragsgelegenheit noch nicht die Kondiktionssperre nach § 814 BGB begründet (Reuter/Martinek, Ungerechtfertigte Bereicherung 132 f). Und im Fall der **Geschäftsunfähigkeit** des Auftraggebers gibt es nicht einmal einen regulären Ansatz, mit dem man der bereicherungsrechtlichen Neutralisierung der Nichtigkeitsfolge entgegenwirken könnte (deshalb folgerichtig für den bereicherungsrechtlichen Provisionsanspruch LG Dortmund AIZ 1968, 31). Der hM kann hier nur damit (Hamm Rn 484) argumentieren, dass der Schutz der geschäftsunfähigen oder beschränkt geschäftsfähigen Partei nicht dadurch ausgehebelt werden dürfe, indem der rechtsgeschäftlich nicht wirksam begründete Anspruch aus dem Bereicherungsrecht abgeleitet werde.

b) Entgeltpflicht des Auftraggebers nach § 354 HGB?

62 Ist der Makler – beim gewerblichen Makler der Regelfall (Soergel/Engel Vor §§ 652 ff Rn 7) – **Kaufmann**, so hält die hM trotz nichtigen Maklervertrags einen Provisionsanspruch nach **§ 354 HGB** für möglich (RGZ 122, 229, 232; BGH NJW 1964, 2343; BGH MDR 1966, 753; BGH NJW 1967, 198; OLG Frankfurt AIZ 1987 H 12 A 121 Bl 29; OLG Hamm VersR 1996, 1496, 1497 f; Grüneberg/Retzlaff § 652 Rn 10; Erman/Fischer Vor § 652 Rn 37; zuletzt Hesse NJW 2002, 1835; einschränkend Hamm Rn 246 ff [Anwendbarkeit des § 354 HGB nur bei aus formalen Gründen nichtigen Maklerverträgen]; Zopfs Rn 16 [Maklertätigkeit ohne wirksamen Maklervertrag ist keine befugte Geschäftsbesorgung]; MünchKommBGB/Althammer § 652 Rn 92; einschränkend auch BGH NJW-RR 2005, 1572, 1574: nur wenn die Anerkennung des Provisionsanspruchs nicht dem Schutzzweck des Nichtigkeitsgrundes widerspricht). Wer mit der hier vertretenen Ansicht den Makler als Verkäufer von Vertragsgelegenheiten ansieht, die er auf eigene Rechnung besorgt hat (Vorbem 4 zu §§ 652–656d), muss dem schon deshalb widersprechen, weil es an einer Geschäftsbesorgung oder Dienstleistung **für den Kunden** fehlt (vgl auch Reuter, in: FS Picker [2010] 653, 665; BeckOGK/Meier [1. 1. 2026] § 652 Rn 186; Rozijn 320). Denn die Zuwendung des Maklers an den Kunden betrifft auf dieser Basis allein das **Ergebnis** der Geschäftsbesorgung, die ihrerseits ausschließlich **Handeln des Maklers im eigenen Interesse** gewesen ist, und zwar gleichgültig, ob es zum Hauptvertrag kommt oder nicht. Die Vorstellung, das Handeln des Maklers im zunächst ausschließlich eigenen Interesse verwandle sich mit dem Abschluss des Hauptvertrags rückwirkend in die Besorgung eines fremden Geschäfts (so OLG Bremen OLGZ 1965, 20, 23; krit auch MünchKommBGB/Althammer § 652 Rn 91), ist ein gedanklich widersprüchliches Konstrukt. Zu Recht stellt BGH NJW 1984, 436 fest, nehme der Kaufmann sein eigenes Interesse wahr, so sei § 354 HGB selbst dann nicht anwendbar, wenn seine Bemühungen im Ergebnis auch einem anderen zugutekämen (widersprüchlich Zopfs, Maklerrecht Rn 5 einerseits und Rn 10 andererseits). Aber auch wenn man der hM in ihrem Verständnis der Maklerleistung als Geschäftsbesorgung folgt, ist die Begründbarkeit eines Provisionsanspruchs aus § 354 HGB im Falle des Nichtzustandekommens oder der Nichtigkeit des Maklervertrags zweifelhaft. Denn § 354 HGB setzt zwar nicht unbedingt einen wirksamen Vertrag voraus (str; ausführlich dazu teilweise gegen den hiesigen Text Harz 21 ff). Wohl aber erfordert die Vorschrift, wenn ein wirksamer Vertrag schon fehlt, zumindest eine **berechtigte Geschäftsführung** ohne Auftrag (Hopt/Leyens, HGB § 354 Rn 3; Canaris, HandelsR § 26 Rn 7), deren Tauglichkeit als Instrument zur Rückabwicklung fehlgeschlagener Geschäftsbesorgungsverträge außerordentlich umstritten ist. Während der BGH sie grundsätzlich bejaht (vgl statt aller BGHZ 37, 258; BGH 27. 11. 2014 – III ZA 19/14, NJW 2015, 1020), lehnt die hL (MünchKommBGB/Schäfer § 677 Rn 117 f mwNw) sie zu Recht ab. Denn die Rechtsprechung führt zu **eklatanten Wertungswidersprüchen**, je nachdem, ob ihr Gegenstand eine Geschäftsbesorgung ist oder nicht. Der Schutz des Schuldners nach § 818 Abs 3 BGB und die Anspruchssperre nach den §§ 814, 815 und 817 S 2 BGB sind nicht nur für die Rückabwicklung von unwirksamen Kauf- und Mietleistungen, sondern auch für diejenige von Werk- und Dienstleistungen gedacht (vgl ausführlich Reuter/Martinek, Ungerechtfertigte Bereicherung, Teilband 2, 54 ff). Nicht zuletzt wiederholt sich der schon im Zusammenhang mit der Diskussion eines bereicherungsrechtlichen Provisionsanspruchs zutage getretene Konflikt mit den Anforderungen an das Zustandekommen und die Wirksamkeit von Maklerverträgen. Diese Anforderungen werden ad absurdum geführt, wenn ihre hauptsächliche Rechtsfolge, die Entstehung des Provisionsanspruchs, im Normalfall des gewerblichen Maklers mit kaufmännischem Geschäftsbetrieb über § 354 HGB ohne Rücksicht darauf eintritt, ob sie erfüllt sind oder nicht. Daher kann § 354 HGB selbst dann keine Anwendung finden, wenn der Maklervertrag lediglich aus formalen Gründen nichtig ist (dafür Hamm Rn 248; im Ergebnis ebenso Zopfs, Maklerrecht Rn 5; für Anwendbarkeit darüber hinaus auch im Fall der sog Protestation – Kunde lehnt das Angebot auf Abschluss eines Maklervertrags ab, nimmt aber trotzdem weiter dessen Dienste in Anspruch – Hesse NJW 2002, 1835, 1836 f).

Die Rechtsprechung bejaht vor diesem Hintergrund zwar noch die grundsätzliche 63
Tauglichkeit des § 354 HGB als Grundlage eines von der Existenz eines wirksamen Maklervertrags unabhängigen Provisionsanspruchs. Aber sie setzt das in einer Weise um, die sich schwerlich mit den sonst anerkannten Grundsätzen zu § 354 HGB und

zu den der Vorschrift insoweit als Anknüpfungspunkt dienenden §§ 677, 683, 670 BGB in Einklang bringen lässt. So verneint BGH WM 1981, 495 f einen zusätzlichen Provisionsanspruch aus § 354 HGB gegen den Hauptvertragspartner seines Auftraggebers, weil der Wille des Maklers, auch für ihn zu handeln, diesem gegenüber nicht erkennbar geworden sei (vgl auch BGH JR 1953, 424; WM 1986, 1502, 1503; OLG Dresden NZM 1998, 1016, 1017; OLG Hamm AIZ A 121 Bl 65; zustimmend FISCHER NZM 2002, 480, 481). Das passt offenbar nicht zu der im Recht der Geschäftsführung ohne Auftrag herrschenden Ansicht, dass sich bei einem **auch – objektiv – fremden Geschäft der Fremdgeschäftsführungswille im Zweifel von selbst** versteht (statt aller BGHZ 38, 270; 40, 28; vgl auch OLG Frankfurt AIZ 1987 H 12 A 121 Bl 29). Denn dass der Nachweis eines Verkaufs- und eines Kaufinteressenten, wenn man ihn entgegen der hier vertretenen Auffassung überhaupt für Fremdgeschäftsführung hält (Vorbem 4 zu §§ 652–656d), objektiv beiden Seiten dient, und zwar in für beide erkennbarer Weise, lässt sich schlechterdings nicht bestreiten. Wenn der BGH gleichwohl abweichend entscheidet, so tut er dies offenbar deshalb, weil er die Aushöhlung der Anforderungen an den wirksamen Abschluss eines Maklervertrags mit dem bereits im Auftrag handelnden Makler über die inhaltsgleiche Wirkung des § 354 HGB vermeiden will, die anderenfalls im Verkehr von Maklern mit Kaufmannseigenschaft und Maklerkunden droht (vgl auch HAMM Rn 248). Nicht zufällig erwägt der BGH in WM 1981, 495, die Anwendbarkeit von § 354 HGB in Analogie zu § 93 Abs 2 HGB auf die Handelsmakler im Rahmen von Handelsmaklergeschäften zu beschränken. Für Handelsmaklergeschäfte ist nämlich nach **§ 99 HGB** vorbehaltlich abweichender Vereinbarung (einschließlich eines abweichenden Ortsgebrauchs) ein Provisionsanspruch gegen beide Parteien des Hauptvertrags vorgesehen, obwohl der Maklervertrag nur mit einer Seite abgeschlossen wird. Insoweit wird also der „Abschlussmechanismus" des Maklervertragsrechts nicht – jedenfalls nicht im Widerspruch zum gesetzlichen Regelungsprogramm – unterlaufen. Freilich liefert § 99 HGB zugleich ein Argument gegen die Anwendung des § 354 HGB im Maklerrecht (und damit für die hier vertretene Ablehnung des Geschäftsbesorgungscharakters der Maklerleistung, vgl Vorbem 4 zu §§ 652–656d). Denn für denjenigen, der § 354 HGB im Maklerrecht anwendet, muss § 99 HGB als eine überflüssige Norm erscheinen, weil der Vertrag mit einem Geschäftsherrn die Geschäftsbesorgung für einen anderen nach dem Recht der Geschäftsführung ohne Auftrag schon allgemein nicht ausschließt (sog auch-fremdes Geschäft). Umgekehrt spricht die Existenz des § 99 HGB dafür, dass sich seine Rechtsfolge nicht schon aus § 354 HGB ergeben kann.

64 Mit einem weiteren Konflikt zwischen dem Abschlussmechanismus des Maklervertragsrechts und der Anwendung des § 354 HGB hat sich das OLG Schleswig (AIZ 1988 H 11 A 103 Bl 34) auseinandergesetzt. Die Weigerung von BGH WM 1985, 1344 f, die Nutzung einer vom Makler **unaufgefordert nachgewiesenen Vertragsgelegenheit** durch den Interessenten als Annahme des Angebots zum Abschluss eines Maklervertrags anzuerkennen (vgl Rn 8, 14), liefe offenbar weitgehend leer, wenn der Makler mit Kaufmannseigenschaft die Vergütung der „aufgedrängten Maklerleistung" nach § 354 HGB trotzdem beanspruchen könnte. Das hat auch das OLG Schleswig so gesehen. In seinem Bemühen, dieser von BGH WM 1985, 1344, 1346 noch offen gelassenen Konsequenz zu entgehen, ist das OLG indessen ähnlich mit den für § 354 HGB sonst gültigen Regeln kollidiert wie BGH WM 1981, 495. Wenn der Makler einem Kaufinteressenten ein Kaufobjekt nachweist, dann handelt er (vorausgesetzt, es liegt überhaupt Fremdgeschäftsführung vor) entgegen der Ansicht des OLG nicht nur im Interesse des verkaufswilligen Eigentümers, sondern auch im Interesse des Kaufinteressenten selbst. Und mit dem Nachweis ist der Kaufinteressent, wie spätestens der nachfolgende Abschluss des Hauptvertrags zeigt, auch durchaus einverstanden. Nicht einverstanden ist er lediglich mit der Pflicht zur Zahlung der Provision, die nach § 354 HGB die gesetzliche Folge der berechtigten Geschäftsführung ohne Auftrag darstellt, also nicht schon ihrerseits vom Willen des Geschäftsherrn umfasst sein muss, damit eine berechtigte Geschäftsführung ohne Auftrag angenommen werden kann. Schließlich verstößt es gegen anerkannte Grundsätze zu § 354 HGB, wenn das OLG Dresden (AIZ A 121 Bl 74) meint, die dem Vertretenen unbekannte Maklertätigkeit aufgrund eines auf der Auftraggeberseite von einem Vertreter ohne Vertretungsmacht abgeschlossenen Maklervertrags sei keine „befugte" Dienstleistung. Nach dem Recht der Geschäftsführung ohne Auftrag kommt es weder darauf an, dass der Geschäftsherr die Geschäftsbesorgung im Zeitpunkt ihrer Vornahme kennt, noch darauf, dass ein für ihn Handelnder das Einverständnis mit Vertretungsmacht erklärt. Insgesamt: Einen wirklichen Ausweg aus der Gefahr inkonsistenter Ergebnisse weist allein die Einsicht, dass die Maklerleistung ihrer Eigenart nach schon gar keine Geschäftsbesorgung oder Dienstleistung iS des § 354 HGB ist (Vorbem 4 zu §§ 652–656d).

V. Die Beendigung des Maklervertrags

1. Die normale Beendigung

a) Der Maklervertrag auf unbestimmte Zeit

Der Maklervertrag **auf unbestimmte Zeit** ist nach herrschender, an das Auftragsrecht 65
(§ 671 BGB) angelehnter Terminologie für den Auftraggeber jederzeit frei widerruflich, für den Makler jederzeit frei kündbar. Das Widerrufsrecht des Auftraggebers entspricht seiner umfassenden, durch den Maklervertrag nicht angetasteten Entschließungsfreiheit hinsichtlich des Abschlusses des Hauptvertrags. Es kann fristlos ausgeübt werden, weil ein Anpassungsinteresse des nicht zur Nachweis- bzw Vermittlungstätigkeit verpflichteten Maklers entfällt (BGH NJW 1967, 198; WM 1986, 72, 73; OLG Hamm NJW 1966, 887). Für die ebenfalls fristlos mögliche (MünchKommBGB/Althammer § 652 Rn 96; Grüneberg/Retzlaff § 652 Rn 12; **aA** Jauerning/Mansel § 652 Rn 7: nur unter den Voraussetzungen des § 626 BGB) Kündigung des Maklers liegt die erforderliche entsprechende empfangsbedürftige Willenserklärung wegen der fehlenden Tätigkeitspflicht nicht schon darin, dass der Makler seine Nachweis- bzw Vermittlungsbemühungen in einer für den Auftraggeber erkennbaren Weise einstellt (Hamm Rn 256; **aA** Werner JURA 1970, 353, 373). Dem kann praktische Bedeutung zukommen, wenn der Makler später doch noch eine Vertragsgelegenheit nachweist, die der Auftraggeber nutzt. Der Auftraggeber kann sich dann nicht wegen „aufgedrängter Maklerleistung" unter Berufung auf das Fehlen eines Maklervertrags der Provisionszahlungspflicht entziehen, sondern muss den Nachweis noch als Leistung auf den früher abgeschlossenen Maklervertrag gelten lassen.

b) Der Maklervertrag auf bestimmte Zeit

Der Maklervertrag **auf bestimmte Zeit** endet durch Fristablauf, Aufhebungsvertrag 66
oder Kündigung aus wichtigem Grund. BGH NJW 1983, 1847, 1848 nimmt einen konkludenten Aufhebungsvertrag an, wenn der Makler nach dem Nachweis eines Verkaufsinteressenten dem Auftraggeber sein Eigeninteresse an dem Objekt erklärt

und ihm den Nachweis anderer Vertragsgelegenheiten anbietet, so dass der an seiner Kaufabsicht festhaltende Auftraggeber dem Verkaufsinteressenten mit Rücksicht auf die Konkurrenz des Maklers einen höheren Kaufpreis offerieren muss. Der Auftraggeber soll die Erklärung des Maklers in einem solchen Fall nach Treu und Glauben (§ 157 BGB) dahin auffassen dürfen, dass dieser aus dem Maklervertrag rückwirkend, dh mit der Folge des Wegfalls des Provisionsanspruchs bei Zustandekommen des Hauptvertrags infolge des Nachweises, entlassen werden will. Das entscheidende Argument für diese, auf den ersten Blick etwas überraschende Auslegung dürfte darin liegen, dass der Makler als heimlicher Konkurrent des Auftraggebers den Provisionsanspruch nach hM analog § 654 BGB verwirkt (BGH WM 1978, 245; ausführlich und krit dazu § 654 Rn 2 ff). Wenn aber die heimliche Konkurrenz die Voraussetzungen der für die Analogie zu § 654 BGB geforderten eklatanten Treuwidrigkeit erfüllt, muss in der Tat die offene (oder angekündigte) Konkurrenz aus der Sicht des Auftraggebers bedeuten, dass der Makler sich von seiner Treubindung und damit konsequenterweise auch von den Rechten aus dem Maklervertrag lösen will (vgl auch Hamm Rn 259).

c) Die Abdingbarkeit des Widerrufs und ihre Grenzen

67 Die **freie Widerruflichkeit** (Kündbarkeit) des Maklervertrags auf unbestimmte Zeit ist **abdingbar**. Die Grenzen dieser Abdingbarkeit können im Fall des **einfachen Maklervertrags** großzügig bemessen werden, weil die Entschließungsfreiheit des Auftraggebers unangetastet bleibt. Aus dem gleichen Grund ist es vertretbar, die Abbedingung durch AGB zuzulassen (OLG München DB 1967, 504 f). Zwar ist der unwiderrufliche einfache Maklervertrag für den Auftraggeber nicht völlig problemlos, wird er dadurch doch uU im Fall der Einschaltung anderer Makler zu Provisionszahlungen an mehrere gezwungen, die für das Zustandekommen des Maklervertrags mitursächliche Nachweise geliefert haben. Indessen dürfte das unentziehbare außerordentliche Kündigungsrecht (BGH NJW 1969, 1626 f) ausreichen, den Auftraggeber vor unzumutbaren Verhältnissen zu schützen (Werner JURA 1970, 353, 373; **aA** Hamm Rn 260). Im Fall des **Alleinauftrags** (Vorbem 11 zu §§ 652–656d) ist einerseits die Beschränkung der freien Widerruflichkeit auch ohne ausdrückliche Abrede anzunehmen. Die mit dem Alleinauftrag verbundene Tätigkeitspflicht des Maklers macht nach Treu und Glauben mit Rücksicht auf die Verkehrssitte (§ 157 BGB) eine an dem Zeitbedarf für eine erfolgversprechende Tätigkeit orientierte Mindestlaufdauer notwendig (Schmidt-Salzer DB 1969, 1091, 1093). Entsprechend ist der Widerruf nur mit der Wirkung möglich, dass der Alleinauftrag nach Ablauf einer angemessenen Frist erlischt (BGH NJW-RR 1994, 559; LG Nürnberg-Fürth AIZ 1984 H 8 A 112 Bl 2; BeckOGK/Meier [1. 1. 2026] § 652 Rn 196; Hamm Rn 1093). Andererseits darf die ausdrückliche Beschränkung des Widerrufs mit Rücksicht auf das Interesse des Auftraggebers an der Einschaltung anderer Makler bei Erfolglosigkeit des Alleinbeauftragten nicht unangemessen sein, widrigenfalls Nichtigkeit des Alleinauftrags nach § 138 Abs 1 BGB wegen sittenwidriger Knebelung eintritt (vgl Rn 50). Keinesfalls darf eine zeitlich unbegrenzte Bindung etwa „bis zum Verkauf des Objekts" bestehen (LG Hamburg ZMR 2014, 499). Die Rechtsprechung hat für einen normalen Grundstücksvermittlungsauftrag Bindungen von sechs bis acht Monaten als noch angemessen erachtet (OLG München NJW 1969, 1630 f; LG Hamburg ZMR 2014, 499), bei schwierigen Aufträgen aber auch drei (BGH WM 1976, 533, 534) und sogar fünf (BGH WM 1974, 257, 260) Jahre hingenommen. Für einen einfachen Alleinauftrag soll eine Frist von sechs Monaten auch in AGB regelmäßig wirksam vereinbart werden können (BGH NZM 202, 674, 676).

Soweit der **Widerruf** des Maklervertrags **zulässigerweise ausgeschlossen** ist, ist der gleichwohl ausgesprochene Widerruf des Auftraggebers unwirksam, nicht etwa nur pflichtwidrig mit der Folge der Schadensersatzpflichtigkeit (BGH WM 1970, 1457, 1459; OLG München NJW 1969, 1630 f; **aA** OLG München DB 1967, 504 f). Stets bleibt aber das außerordentliche Kündigungsrecht (BGH NJW 1969, 1626 f). Dieses greift zB ein, wenn der Makler trotz Tätigkeitspflicht (Alleinauftrag) untätig bleibt (Werner JURA 1970, 353, 373 f), dem Auftraggeber bewusst ohne entsprechende Warnung einen unseriösen oder zahlungsunfähigen Interessenten zuführt (BGH WM 1970, 1457) oder sonst die Interessen des Auftraggebers in schwerwiegender Weise gefährdet (BGH NJW 1969, 1626, 1627). Kein wichtiger Grund zur Kündigung ergibt sich nach OLG Köln (DB 1960, 1125, 1126) daraus, dass gegen den Makler ein Haftbefehl wegen nicht mit seiner Maklertätigkeit zusammenhängender Vorgänge ergangen ist. Die Ausschlussfrist des § 626 Abs 2 S 1 BGB gilt nicht für den Maklervertrag, und zwar auch nicht für den Maklervertrag in der Erscheinungsform des Alleinauftrags (unklar Soergel/Engel § 652 Rn 39, der allgemein auf § 626 BGB verweist). Das folgt nicht erst aus einer teleologischen Reduktion des § 626 Abs 2 S 1 BGB, sondern bereits daraus, dass der Maklervertrag einschließlich des Alleinauftrags kein Dienstvertrag ist (Vorbem 4, 14 zu §§ 652–656d). Soweit ein (Makler-)Dienstvertrag iS eines Austauschs von Dienstleistung (Nachweisbemühungen, Vermittlungsbemühungen) gegen Entgelt vorliegt (Vorbem 14–16 zu §§ 652–656d), ist § 626 Abs 2 S 1 BGB selbstverständlich anwendbar. 68

2. Besondere Beendigungsgründe

a) Tod

Der **Tod des Maklers** beendet den Maklervertrag jedenfalls dann nicht, wenn er mit einem Maklerbüro abgeschlossen worden ist, das nach dem Tode des Inhabers fortgesetzt wird (vgl Dyckerhoff/Brandt 32). Denn die Maklerleistung ist im Zweifel keine höchstpersönliche Leistung; Analogien zu den §§ 613, 673 BGB sind entgegen der hM (BGH NJW 1965, 964; vgl auch Hamm Rn 262; differenzierend BeckOGK/Meier [1. 1. 2026] § 652 Rn 200) fehl am Platze. Selbstverständlich kann Höchstpersönlichkeit der Maklerleistung vereinbart werden, und eine solche Vereinbarung kann sich auch aus den Umständen ergeben. Erlischt der Maklervertrag und wird aufgrund eines Nachweises des verstorbenen Maklers danach der Hauptvertrag abgeschlossen, so entsteht der Provisionsanspruch in der Person der Erben und fällt in den Nachlass (BGH NJW 1965, 964; BGH WM 1976, 503, 505). Das Gleiche gilt, soweit der Hauptvertrag aufgrund des Nachweises eines anderen Maklers zustande kommt, den der Auftraggeber in Verletzung eines Alleinauftrags des verstorbenen Maklers mit wirksamer Hinzuziehungsklausel (vgl dazu Rn 235 ff) eingeschaltet hat (BGH NJW 1965, 964; Hamm Rn 264). 69

Der **Tod des Auftraggebers** beendet den Maklervertrag regelmäßig nicht, es sei denn, der Maklervertrag ist seinem Inhalt nach dazu bestimmt, persönliche Bedürfnisse des Auftraggebers zu befriedigen. Auch nicht beendet wird der Maklervertrag durch den Eintritt der Geschäftsunfähigkeit des Auftraggebers (Hamm Rn 265). Ist der freie Widerruf des Maklervertrags – wie vor allem beim Alleinauftrag – ausgeschlossen, so können die Erben bzw der Vormund (Betreuer) den Maklervertrag aus wichtigem Grund kündigen, wenn die Fortsetzung durch den Tod bzw die Geschäftsunfähigkeit des Auftraggebers unzumutbar geworden ist. Freilich ist ein solcher Fall angesichts der Entschließungsfreiheit auf der Auftraggeberseite praktisch kaum vorstellbar (**aA** Glaser DB 1965, 697). 70

b) Insolvenz

71 Mit der **Insolvenz des Auftraggebers** soll der Maklervertrag nach hM (Hamm Rn 267; MünchKommBGB/Althammer § 652 Rn 9; Soergel/Engel § 652 Rn 41; Erman/Fischer Vor § 652 Rn 38) erlöschen. Ganz offenbar bezieht man sich dabei auf § 115 InsO, der das Erlöschen vom Gemeinschuldner erteilter unentgeltlicher und entgeltlicher Geschäftsbesorgungsverträge anordnet. Dem ist nicht zu folgen. Wirtschaftlich betrachtet ist der Maklervertrag unbeschadet seiner dogmatischen Struktur als einseitig verpflichtender Vertrag Kauf eines Ermittlungs- bzw Vermittlungserfolgs (Vorbem 4 zu §§ 652–656d). Mit Rücksicht auf die gerade in der Insolvenz gebotene wirtschaftliche Betrachtungsweise ist deshalb nicht der (ebenfalls nur analog heranziehbare) § 115 InsO, sondern § 103 InsO analog anzuwenden. Der Insolvenzverwalter kann also wählen, ob er an dem Vertrag festhalten oder davon Abstand nehmen will (ebenso Brandt 36). Das gilt unabhängig davon, ob der Maklervertrag ein einfacher Maklervertrag oder ein Alleinauftrag ist. Entscheidet sich der Insolvenzverwalter gegen ein Festhalten an dem Maklervertrag, so entsteht allerdings – anders als in den wirklichen Kauffällen – keine Insolvenzforderung des Maklers. Da der Makler ohne Abschluss des Hauptvertrags keinen Anspruch auf die Provision hat, kann die Nichterfüllung keinen Schadensersatzanspruch begründen.

72 Die **Insolvenz des Maklers** lässt den Maklervertrag unberührt (Hamm Rn 267; MünchKommBGB/Althammer § 652 Rn 99). Kommt der Hauptvertrag infolge des Nachweises oder der Vermittlung des Gemeinschuldners zustande, so fällt der Provisionsanspruch allerdings nach § 35 InsO trotzdem in die Insolvenzmasse.

3. Recht des Auftraggebers zum Widerruf des Maklervertrags aufgrund Verbraucherschutzrechts

73 Schon zu §§ 312b, 312d aF wurde überwiegend angenommen, dass auch bei Nachweis- und Vermittlungsmaklerverträgen als Haustür- und Fernabsatzgeschäft ein Widerufsrecht besteht (BGH NJW 2017, 1024, 1027 ff; BGH NJW-RR 2017, 368, 370 ff; BGH NJW 2017, 2337, 2338; ferner etwa OLG Jena MMR 2015, 438, 439; OLG Düsseldorf NZM 2015, 225, 226; Würdinger NZM 2017, 545, 547; anders für Fernabsatzverträge etwa Staudinger/Reuter [2010] §§ 652, 653 Rn 73 f). Zweifelsfragen ergaben sich allein im Hinblick auf den Begriff der „Dienstleistung“ in § 312b aF, der aber wegen der europarechtlichen Vorgaben weit auszulegen war. Mit der Umsetzung der Vorgaben der Verbraucherrechterichtlinie (ABl Nr L 304 v 22. 11. 2011, 64) durch das Gesetz zur Umsetzung der Verbraucherrechterichtlinie und zur Änderung des Gesetzes zur Regelung der Wohnungsvermittlung (BGBl 2013 I 3642 [27. 9. 2013]) hat sich auch diese Frage geklärt: Die Vorschriften über außerhalb von Geschäftsräumen geschlossene Verträge und Fernabsatzverträge setzen nunmehr einheitlich nach § 312 Abs 1 BGB einen Vertrag über eine entgeltliche Leistung voraus. Dabei ist die Art der Leistung unerheblich; daher sind auch Maklerverträge erfasst (BGH 26. 11. 2020 – I ZR 169/19, NJW-RR 2021, 177 Rn 32; BeckOGK/Meier [1. 1. 2026] § 652 Rn 191; Erman/R Koch § 312 Rn 8; Lange/Werneburg NJW 2015, 193, 194; Würdinger NZM 2017, 545, 547; Hubertus 88 f; zur Anwendbarkeit des § 312g BGB auch OLG Naumburg NJ 2018, 375). Wenn nach § 312 Abs 6 BGB auf Versicherungsvermittlungsverträge nur § 312a Abs 3, 4 und 6 BGB anzuwenden sind, spricht auch das dafür, dass im Übrigen die §§ 312 ff BGB uneingeschränkt für Maklerverträge gelten. Dem steht für Maklerverträge über Grundstücke auch § 312 Abs 2 Nr 2 BGB nicht entgegen, nach dem auf Verträge über die Begründung, den Erwerb oder die Übertra-

gung von Eigentum oder anderen Rechten an Grundstücken lediglich die § 312a Abs 1, 3, 4 und 6 BGB anzuwenden sind; denn diese Vorschrift wird man wie § 312b Abs 3 Nr 4 aF eng auslegen müssen. Damit besteht sowohl bei außerhalb von Geschäftsräumen geschlossenen Verträgen als auch bei Fernabsatzverträgen unzweifelhaft ein Widerrufsrecht nach § 312g BGB. Denkbar kann im Übrigen auch ein Widerrufsrecht nach §§ 485, 506 BGB sein, soweit die Maklerprovision in Teilzahlungen zu erbringen ist (BGH NJW 2012, 3428).

Die Widerrufsfrist beginnt nach § 355 Abs 2 S 2 BGB grundsätzlich mit dem Vertragsschluss. Nach § 356 Abs 3 BGB beginnt die Widerrufsfrist aber nicht, bevor der Unternehmer den Verbraucher entsprechend den Anforderungen des Art 246a § 1 Abs 2 S 1 Nr 1 EGBGB oder des Art 246b § 2 Abs 1 EGBGB unterrichtet hat; insbesondere ist damit über das Bestehen des Widerrufsrechts aufzuklären. Bei einem außerhalb von Geschäftsräumen geschlossenen Vertrag hat der Makler nach Art 246b § 4 Abs 2 S 1 EGBGB dabei die Informationen über die Bedingungen, die Fristen und das Verfahren für die Ausübung des Widerrufsrechts sowie das Muster-Widerrufsformular (Art 246a § 1 Abs 2 S 1 Nr 2 EGBGB) auf Papier oder, wenn der Verbraucher zustimmt, auf einem anderen dauerhaften Datenträger zur Verfügung zu stellen; tut er dies nicht, beginnt die Widerrufsfrist nach bisheriger Auffassung der Rechtsprechung nicht zu laufen (BGH 26. 11. 2020 – I ZR 169/19, NJW-RR 2021, 177 Rn 43). Allerdings hat der BGH dieses strenge Verständnis für einen Fernabsatzvertrag, bei dem nach Art 246a § 1 Abs 2 S 1 Nr 1, § 4 Abs 3 S 1 EGBGB entsprechende Vorgaben bestehen, zuletzt in Zweifel gezogen. Das Gericht hat dem EuGH die Frage vorgelegt, ob die Widerrufsfrist auch dann nicht zu laufen beginnt, wenn das Muster-Widerrufsformular nicht zur Verfügung gestellt wurde (BGH 22. 10. 2025 – I ZR 192/24, NZM 2026, 39 Rn 23). Auslöser der Vorlage ist die neuere Rechtsprechung des EuGH zur Verbraucherkreditrichtlinie, nach der die unvollständige oder unrichtige Information nur dann eine fehlerhafte Belehrung darstellen soll, wenn der Verbraucher durch sie in Bezug auf seine Rechte und Pflichten irregeführt wird (EuGH 21. 12. 2023 – C-38/21, C-47/21, C-232/21 *VK/BMW Bank GmbH ua*, EuZW 2024, 322 Rn 253). Freilich verweist der BGH bereits in seinem Vorlagebeschluss zu Recht darauf, dass das Muster-Widerrufsformular die Ausübung des Widerrufsrechts vereinfachen soll und es sich daher um eine wesentliche Information handelt, deren Fehlen den Beginn der Widerrufsfrist hindern könnte (BGH 22. 10. 2025 – I ZR 192/24, NZM 2026, 39 Rn 28). **74**

Selbst bei unterbliebener Belehrung erlischt das Widerrufsrecht nach § 356 Abs 4 S 1 BGB spätestens zwölf Monate und 14 Tage nach Vertragsschluss. Zudem kann das Widerrufsrecht auch nach § 356 Abs 5 Nr 2 BGB erlöschen (BGH 26. 11. 2020 – I ZR 169/19, NJW-RR 2021, 177 Rn 53; Lechner NZM 2013, 751, 755; zweifelnd noch Vorbearbeitung Rn 74): Die Vorschrift setzt voraus, dass der Unternehmer die Dienstleistung vollständig erbracht hat und mit der Ausführung der Dienstleistung erst begonnen hat, nachdem der Verbraucher dazu seine ausdrückliche Zustimmung gegeben hat und gleichzeitig seine Kenntnis davon bestätigt hat, dass er sein Widerrufsrecht bei vollständiger Vertragserfüllung durch den Unternehmer verliert. Zwar setzt die Vorschrift einen Vertrag über eine Dienstleistung voraus, während es sich beim Maklervertrag nach hiesigem Verständnis um ein kaufähnliches Geschäft handelt. Jedoch muss man den Begriff der Dienstleistung auch im Hinblick auf die europäischen Vorgaben weit auslegen. Allerdings wird man von einer vollständigen Leistungserbringung durch den Makler erst nach Abschluss des Hauptvertrags sprechen können (**aA** Hubertus 106 ff). **74a**

Zudem soll ein Erlöschen des Widerrufsrechts nach der bisherigen, zu einem außerhalb von Geschäftsräumen geschlossenen Maklervertrag ergangenen Rechtsprechung des BGH gemäß § 356 Abs 5 Nr 2 BGB voraussetzen, dass der Makler die Widerrufsbelehrung und das Muster-Widerrufsformular der Anlage 2 zum EGBGB dem Kunden aushändigt (BGH 26. 11. 2020 – I ZR 169/19, NJW-RR 2021, 177 Rn 67). Allerdings hat der BGH auch dies zuletzt für einen Maklervertrag im Fernabsatz im Hinblick auf die neuere Rechtsprechung des EuGH zur Verbraucherkreditrichtlinie (EuGH 21. 12. 2023 – C-38/21, C-47/21, C-232/21 *VK/BMW Bank GmbH ua*, EuZW 2024, 322 Rn 273, 279) in Zweifel gezogen: Er hat dem EuGH die Frage vorgelegt, ob nach der Verbraucherrechterichtlinie das Widerrufsrecht auch bei beiderseitiger vollständiger Erfüllung des Fernabsatzvertrags fortbesteht oder ob dies jedenfalls dann gilt, wenn das Muster-Widerrufsformular nicht zur Verfügung gestellt wurde (BGH 22. 10. 2025 – I ZR 192/24, NZM 2026, 39 Rn 35). Freilich zeigen die Ausführungen des BGH, dass er von einem Fortbestand des Widerrufsrechts ausgeht.

75 Wird der Maklervertrag widerrufen, sind nach §§ 355 Abs 3, 357 Abs 1 BGB die empfangenen Leistungen zurückzugewähren. Schwierigkeiten bereitet dabei der Ausgleich der Maklerleistung. § 357a Abs 2 BGB sieht eine Wertausgleichspflicht bei Dienstleistungen vor. Da der Begriff der Dienstleistung aufgrund der europäischen Vorgaben weit auszulegen ist, dürfte die Vorschrift grundsätzlich auch auf Maklerverträge anwendbar sein. Nach § 357 Abs 2 BGB schuldet der Verbraucher dem Unternehmer Wertersatz für die bis zum Widerruf erbrachte Leistung, wenn der Verbraucher von dem Unternehmer ausdrücklich verlangt hat, dass dieser mit der Leistung vor Ablauf der Widerrufsfrist beginnt. Dabei ist bei der Berechnung des Wertersatzes nach § 357a Abs 2 S 2 f BGB grundsätzlich die vereinbarte Gegenleistung zu Grunde zu legen; allein bei einem unverhältnismäßig hohen Gesamtpreis ist der Marktwert der erbrachten Leistung Berechnungsgrundlage. Systematisch bezieht sich die Vorschrift freilich nur auf den Fall einer Teilleistung, während bei einer vollständiger Dienstleistung das Widerrufsrecht regelmäßig bereits nach § 356 Abs 5 Nr 2 BGB ausgeschlossen ist. Beim Maklervertrag ist allerdings eine ersatzpflichtige Teilleistung nicht denkbar. Wenn schon bei einem wirksamen Vertrag die Zahlungspflicht von einem Abschluss des Hauptvertrags durch den Kunden abhängt, kann im Falle eines Widerrufs nichts anderes gelten; andernfalls würde systemwidrig eine Dienstleistung vergütet (siehe schon BeckOGK/Meier [1. 1. 2026] § 652 Rn 194; mit anderer Begründung auch Hubertus 121). Damit müsste man zu dem Ergebnis gelangen, dass regelmäßig schon gar kein Widerrufsrecht besteht. Selbst wenn man § 357a Abs 2 BGB grundsätzlich für anwendbar hielte (so offenbar BGH 26. 11. 2020 – I ZR 169/19, NJW-RR 2021, 177 Rn 67 ff ohne Berücksichtigung der vorstehend geschilderten Problematik), ist zu beachten, dass die Norm nicht nur voraussetzt, dass der Verbraucher vom Unternehmer ausdrücklich verlangt hat, dass mit der Leistung vor Ablauf der Widerrufsfrist begonnen werden soll (Nr 1), sondern dass auch der Unternehmer den Verbraucher nach Art 246a § 2 S 1 Nr 1 und 3 EGBGB informiert hat. Dabei muss der Unternehmer die Informationen bei einem außerhalb von Geschäftsräumen geschlossenen Vertrag ebenfalls dem Kunden nach § 246a § 4 Abs 2 EGBGB auf Papier oder, wenn der Kunde zustimmt, auf einem anderen dauerhaften Datenträger zur Verfügung stellen. Tut er dies nicht, kommt ein Anspruch auf Wertersatz von vornherein nicht in Betracht (BGH 26. 11. 2020 – I ZR 169/19, NJW-RR 2021, 177 Rn 72).

VI. Die Provisionszahlungspflicht des Auftraggebers

1. Bestehen eines Maklervertrags

Erste Voraussetzung für die Provisionszahlungspflicht des Auftraggebers ist eine wirksame **vertragliche Grundlage** der Maklertätigkeit. Entgegen der hM lässt sich weder aus § 354 HGB (vgl dazu Rn 62 f) noch aus § 812 Abs 1 S 1 Alt 1 BGB (vgl dazu Rn 14, 58 f) ein gesetzlicher Anspruch des Maklers auf Provision ableiten. Nicht erforderlich ist allerdings, dass der Maklervertrag im Zeitpunkt des Zustandekommens des Hauptvertrags noch besteht. Es genügt, dass der Makler während der Laufzeit des Maklervertrags seine Nachweis- bzw Vermittlungstätigkeit erbracht hat (BGH NJW 1966, 2008; NJW 1969, 1626, 1627; BGH 17. 10. 2018 – I ZR 154/17 , NJW 2019, 1226 Rn 17; OLG Frankfurt 16. 2. 2023 – 1 U 311/20 , NZG 2023, 528 Rn 43; Hamm Rn 481; Erman/Fischer § 652 Rn 30). Anderenfalls könnte sich ein Auftraggeber der Provisionszahlungspflicht durch den (grundsätzlich freien) Widerruf des Maklervertrags nach dem Nachweis bzw der Vermittlung und vor dem Abschluss des Hauptvertrags oder durch Zuwarten mit dem Abschluss des Hauptvertrags bis zum Ende der Laufdauer des Maklervertrages nach Belieben entziehen (vgl LG Braunschweig AIZ 1987 H 10 A 121 Bl 28). Auch soweit ein unwiderruflicher Maklervertrag infolge der Kündigung des Auftraggebers aus wichtigem Grund vorzeitig beendet worden ist, gilt nichts anderes. Einen Einfluss des der Kündigung zugrunde liegenden Fehlverhaltens des Maklers auf den Provisionsanspruch kann es allenfalls über die Analogie zu § 654 BGB (vgl § 654 Rn 11 ff) geben (**aA** LG Dortmund NJW 1979, 1711). 76

2. Das Zustandekommen des Hauptvertrags

a) Wirtschaftliche Gleichwertigkeit des zustande gekommenen mit dem lt Maklervertrag beabsichtigten Hauptvertrag

aa) Grundprobleme

Zweite Voraussetzung der Provisionszahlungspflicht des Auftraggebers ist das **Zustandekommen** des **beabsichtigten** Hauptvertrags. 77

Was der **beabsichtigte Hauptvertrag** ist, ergibt sich im Wege der **Auslegung des Maklervertrags**. Dabei entscheidet freilich nicht der Buchstabe, sondern das aus dem Maklervertrag ersichtliche **wirtschaftliche Ziel** des Auftraggebers (BGH WM 1973, 814, 815; BGH WM 1978, 983; BGH NJW 1982, 2662, 2663; BGH NJW-RR 2004, 851, 852). Wirtschaftlich unbedeutende Abweichungen von den im Maklervertrag fixierten Vorstellungen spielen keine Rolle (BGH AIZ 1960, 154; KG NJW 1961, 512; OLG Karlsruhe AIZ 1990 H 5 A 133 Bl 16). Das entspricht der Interessenlage zwischen Makler und Auftraggeber: Der Auftraggeber erhält den Vorteil, auf den es ihm angekommen ist; der Makler wird davor geschützt, dass der Auftraggeber sich durch Veränderung der vorgesehenen Konstruktion in unwesentlichen Details der Provisionszahlungspflicht entzieht. Selbstverständlich ist der Auftraggeber nicht gehindert, detaillierte **wirtschaftliche Vorstellungen** zu entwickeln und diese als für ihn wesentlich in den Maklervertrag einzubringen. Nicht eine abstrakte Verkehrsanschauung, sondern der Inhalt des Maklervertrags liefert den Maßstab dafür, ob Abweichungen wesentlich oder unwesentlich sind (BGH WM 1987, 510, 511; Schmidt-Salzer DB 1969, 1091). Umgekehrt kann der Makler – wenn auch nicht durch Formularvertrag oder AGB, sondern nur durch Individualvereinbarung (arg e § 307 Abs 1 BGB) – eine Regelung im Maklervertrag durchsetzen, die die Provisionszahlungspflicht auf den Nachweis bzw die Vermittlung von Vertragsgelegenheiten erstreckt, die objektiv den vom Auftraggeber angestrebten nicht gleichwertig sind. Soweit der Maklervertrag nichts anderes besagt – aber auch nur dann –, kommt es für die wirtschaftliche Gleichwertigkeit vor allem darauf an, ob der nachgewiesene bzw vermittelte Hauptvertrag im Verhältnis zu dem im Maklervertrag vorausgesetzten **drückendere Pflichten auferlegt oder weniger Vorteile gewährt** (RGZ 115, 266, 270; BGH WM 1984, 342; OLG Hamm NJW 1959, 2167; KG NJW 1961, 512; OLG Zweibrücken OLGZ 1977, 212, 213 f).

78 Problematisch ist, ob nur die **offene**, dh die sich schon aus dem Inhalt des Hauptvertrags ergebende oder ob auch die **verdeckte**, dh die sich erst aus der tatsächlichen Beschaffenheit von Vertragspartner und/oder -gegenstand ergebende wirtschaftliche Ungleichwertigkeit maßgebend ist. Die hM befürwortet die erste Alternative (keine Provisionsschädlichkeit von Durchführungshindernissen, vgl BGH NJW-RR 1993, 248 f; Soergel/Engel § 652 Rn 104; Zopfs Rn 39; Keim NJW 2001, 3168; 3169; ausdrücklich offen BGH NJW 2001, 966, 967; NJW-RR 2002, 50, 51), ohne sie konsequent durchzuhalten (vgl auch Dehner NJW 1993, 3236, 3238 ff). So hat schon das RG (RGZ 157, 243 f) dem Makler die Provision im Fall des Nachweises einer Kaufgelegenheit über ein mit einem gesetzlichen Vorkaufsrecht belastetes Grundstück nach Ausübung des Vorkaufsrechts versagt, weil das schon bei Abschluss des Kaufvertrags vorhandene Vorkaufsrecht die Maklerleistung latent für den Auftraggeber wirtschaftlich wertlos gemacht habe. Dem ist BGH NJW 1982, 2666 f gefolgt. BGH NJW 1999, 2271 betont in einer Entscheidung zur gleichen Problematik, der Hauptvertrag müsse ein jedenfalls im Zeitpunkt des Zustandekommens durchführbarer Vertrag sein. Von KG OLGZ 1985, 367, 369 wird die wirtschaftliche Ungleichwertigkeit daraus abgeleitet, dass der nachgewiesene Hauptvertragspartner nicht der verfügungsberechtigte Eigentümer des Vertragsgegenstandes gewesen ist. Dehner (NJW 2000, 1986, 1991) sieht darin eine Verkehrung des Sinns des Erfordernisses der wirtschaftlichen Gleichwertigkeit. Aus einem Merkmal, das die Provisionszahlungspflicht habe erweitern sollen, werde eine Einschränkung der Provisionszahlungspflicht gemacht (gegen die Rechtsprechung zu Vorkaufsfällen auch BeckOGK/Meier [1. 1. 2026] § 652 Rn 246). Aber diese Kritik überzeugt nicht: Wenn es nach Treu und Glauben mit Rücksicht auf die Verkehrssitte (§§ 133 und 157 BGB) darauf ankommt, dass das dem Maklervertrag zugrunde liegende wirtschaftliche Interesse des Auftraggebers befriedigt worden ist, dann kann das nicht nur zugunsten des Maklers wirken, sondern muss auch zu seinen Lasten berücksichtigt werden, wenn das – schon im Zeitpunkt des Abschlusses des Hauptvertrags – nicht der Fall ist (ausführlich P C Schmidt 76 ff). Freilich wird man differenzieren müssen: Soweit die ursprünglichen Durchführungshindernisse zu einem Anspruch des Auftraggebers gegen seinen Vertragspartner gem § 311a Abs 2 BGB auf Schadensersatz statt der Leistung führen, ändern sie nichts an der wirtschaftlichen Gleichwertigkeit des zustande gekommenen mit dem lt Maklervertrag beabsichtigten Hauptvertrag. Denn der Anspruch auf Schadensersatz statt der Leistung stellt den Berechtigten definitionsgemäß so, wie er bei ordnungsgemäßer, dh vertragsgerechter Leistung stehen würde (im Ergebnis ebenso BGH NJW-RR 2001, 562; NJW 2009, 2810; vgl auch Dehner NJW 2002, 3747). Anders ist zu urteilen, wenn die ursprünglichen Durchführungshindernisse die ordnungsgemäße Durchführung des Vertrags verhindern, ohne dass dies durch einen wirtschaftlich gleichwertigen Ersatzanspruch ausgeglichen wird (vgl Waas NZM 2001, 453 ff). Der Auftraggeber will im Zweifel den realen Nutzen entgelten, den ihm der maklervertragsgerechte Nachweis bzw die maklerver-

tragsgerechte Vermittlung verschafft. Mit diesem Willen ist es unvereinbar, anzunehmen, der Makler bekomme die Provision nicht, wenn der von ihm nachgewiesene Grundstückskaufvertrag die vom Auftraggeber vorausgesetzte Grundstücksqualität nicht ausweist, wohl aber, wenn er sie zu Unrecht ausweist (ohne dass der Auftraggeber darauf anders als durch Minderung – oder Rücktritt – reagieren kann). Soweit der Hauptvertrag von vornherein nicht hält, was er verspricht, kann der Makler nicht besser stehen, als wenn der Hauptvertrag gar nicht verspricht, wofür der Auftraggeber im Maklervertrag die Provision zugesagt hat. Die Provisionspflicht aufgrund des Zustandekommens des Hauptvertrags besagt nur, dass **danach begründete** Durchführungsmängel oder -hindernisse den Makler nichts mehr angehen, genauso wie den Verkäufer einer Sache nach Übereignung entstandene Mängel nichts mehr angehen (**aA** Würdinger 107).

Die (gelegentlich vermisste, vgl Würdinger 107) dogmatische Grundlage der Provisi- 79
onsschädlichkeit der verdeckten wirtschaftlichen Ungleichwertigkeit des zustande gekommenen im Vergleich mit dem lt Maklervertrag beabsichtigten Hauptvertrag ergibt sich aus der kaufähnlichen Natur des Maklervertrags (Vorbem 4 zu §§ 652–656d). Wie der Verkäufer einer Sache für die vertragsgemäße Beschaffenheit der Kaufsache im Zeitpunkt der Inbesitznahme durch den Käufer einzustehen hat, so hat der Makler für die vertragsgemäße Beschaffenheit der Vertragsgelegenheit im Zeitpunkt der Inanspruchnahme durch den Auftraggeber einzustehen. Dabei handelt es sich weder um eine Korrektur aus Billigkeitsgründen noch um einen Widerspruch zur gesetzlichen Risikoverteilung (so aber Würdinger 107 f). Eine Billigkeitskorrektur betreiben mehr oder weniger eingestandenermaßen die Stimmen (Grüneberg/Retzlaff § 652 Rn 35; MünchKommBGB/Althammer § 652 Rn 187; Dehner NJW 2002, 3747 [3748]; Ibold 100; Würdinger 109, 115, 170 f), die die Provisionsschädlichkeit auf den krassesten Fall des ursprünglichen Durchführungshindernisses, nämlich die nicht durch einen Anspruch auf Schadensersatz statt der Leistung kompensierte ursprüngliche Unmöglichkeit der Erfüllung des Hauptvertrags gemäß § 275 Abs 1 BGB beschränken wollen. Die gesetzliche Risikoverteilung besagt, dass der Makler trotz der Entschließungs- und Abschlussfreiheit des Auftraggebers das Risiko des Zustandekommens eines Hauptvertrags trägt, der jedenfalls zu diesem Zeitpunkt für den Auftraggeber den Vorteil beinhaltet, an dem der Makler durch die im Maklervertrag versprochene Provision beteiligt werden soll. Wenn der Hauptvertrag bereits im maßgebenden Zeitpunkt des Zustandekommens wegen der Durchführungshindernisse dem Auftraggeber gar keinen Vorteil verschafft, scheidet eine Teilhabe des Maklers daran sozusagen definitionsgemäß aus. Der Maklervertrag mag aleatorischen Charakter haben, aber nach der gesetzlichen Rollenverteilung ist der „Spieler" nicht der Auftraggeber, sondern der Makler (gegen Würdinger 108). Nicht berechtigt ist auch der Einwand, das Kriterium der verdeckten wirtschaftlichen Ungleichwertigkeit erzeuge eine unerträgliche Rechtsunsicherheit. Vergleichbare Quellen von Rechtsunsicherheit gibt es im Maklerrecht vielfach. Insbesondere unterliegt die Wirksamkeit des Hauptvertrags oft erheblichen Zweifeln, auch solchen, die wie zB die Unwirksamkeit wegen Anfechtung, im Zeitpunkt des Zustandekommens des Hauptvertrags gar nicht geklärt sein können (gegen Würdinger 108; vgl MünchKommBGB/Althammer § 652 Rn 174).

Wenn der Auftraggeber die vom Makler nachgewiesene bzw vermittelte Vertrags- 80
gelegenheit trotz erkannter wesentlicher Abweichung vom beabsichtigten Hauptvertrag nutzt, soll der Maklervertrag nach zT vertretener Ansicht konkludent abge-

ändert werden, so dass der Auftraggeber im Ergebnis doch die Provision schuldet (vgl Soergel/Engel § 652 Rn 108). Letztlich würde das darauf hinauslaufen, dass die Wesentlichkeit oder Unwesentlichkeit der Abweichung des zustande gekommenen vom beabsichtigten Maklervertrag gleichgültig wäre. Die Provisionszahlungspflicht des Auftraggebers würde immer entstehen, wenn infolge des Nachweises oder der Vermittlung des Maklers ein Hauptvertrag des Auftraggebers mit einem Dritten abgeschlossen wird (Hamm Rn 494). Tatsächlich bedeutet die bloße Nutzung der nicht vertragsmäßigen Nachweis- bzw Vermittlungsleistung indessen genauso wenig Annahme eines mit dem Nachweis bzw der Mitteilung über die Vermittlung verbundenen Änderungsangebots des Maklers, wie die bloße Nutzung der unverlangten Nachweis- bzw Vermittlungsleistung Annahme des damit verbundenen erstmaligen Maklervertragsangebots bedeutet (vgl Rn 8, 14). Will der Makler auch für den nicht vertragsgemäßen Nachweis bzw die nicht vertragsgemäße Vermittlung Provision erhalten, so muss er die Änderung des Maklervertrags anbieten und die Annahme des Angebots abwarten, bevor er seine Leistung erbringt (BGH NJW-RR 2000, 57 und dazu Langemaack NZM 1999, 1129; krit Bethge ZMR 2000, 104; damit kaum vereinbar freilich BGH NJW 1999, 1255, 1256: Aus der Aufnahme von Verhandlungen mit dem Verkäufer soll sich danach ergeben, dass der Käufer trotz Abweichung der Vertragsgelegenheit vom Maklervertrag – Eigentumswohnung ohne Balkon für DM 420.000 statt Eigentumswohnung mit Balkon für maximal DM 400.000 – den Nachweis als vertragsgerecht akzeptiert habe). Das muss selbstverständlich nicht ausdrücklich geschehen, sondern kann sich stillschweigend daraus ergeben, wenn der Auftraggeber den Makler weiter tätig sein lässt, nachdem klar geworden ist, dass das gewünschte Geschäft gar nicht oder nicht in der gewünschten Form zustande kommen kann (Hamm Rn 494). Das Vorhandensein einer Geschäftsverbindung begründet die berechtigte Erwartung des Maklers, dass der Auftraggeber unter solchen Umständen eine Vertragsänderung ausdrücklich ablehnt, wenn er damit nicht einverstanden ist (vgl auch OLG Düsseldorf JR 1968, 25, 26; OLG Karlsruhe AIZ 1990 H 5 A 133 Bl 16). Auch kann der Makler es als Angebot auf Änderung des Maklervertrags auffassen, wenn der Auftraggeber sich davon abweichende Vertragsgelegenheiten von ihm besonders erläutern und zugänglich machen lässt (Zopfs Rn 33).

bb) Fehlende Übereinstimmung hinsichtlich der Geschäftsart

81 Der zustande gekommene Hauptvertrag ist dem beabsichtigten in der Regel nicht wirtschaftlich gleichwertig, wenn die **Geschäftsart** nicht übereinstimmt. Der Nachweis bzw die Vermittlung eines Miet- oder Pacht- statt eines Kaufvertrags oder umgekehrt begründet keinen Provisionsanspruch (BGH AIZ 1976, 117; BGH WM 1973, 814; BGH WM 1976, 29, 30; OLG Karlsruhe NJW-RR 1995, 753; OLG Karlsruhe 30. 11. 2020 – 9 U 32/19, NJW-RR 2021, 712 Rn 332). Anders kann es uU sein, wenn Nachweis bzw Vermittlung statt eines (Raten-)Kaufs einen Leasingvertrag zustande bringen (vgl auch BGH WM 1978, 983). Denn der Leasingvertrag tritt in der Praxis vielfach aus steuerlichen Gründen ohne Änderung des wirtschaftlichen Zwecks an die Stelle des Kaufvertrags. Ebenfalls keinen Provisionsanspruch begründet der auf zwei Jahre befristete Untermietvertrag über ein Ladenlokal, wenn die Provision für den Nachweis der Gelegenheit zur (unbefristeten) Anmietung eines Ladenlokals versprochen worden ist (LG Münster NJW-RR 1992, 54 f). Nicht ausreichend ist auch die Vereinbarung eines Nießbrauchs statt eines Kaufvertrags (OLG Karlsruhe 30. 11. 2020 – 9 U 32/19, NJW-RR 2021, 712 Rn 30). Sehr problematisch ist, ob der Makler die Provision verdient, wenn der Auftraggeber statt des nachgewiesenen Grundstücks die Anteile der GmbH erwirbt, deren einziger Vermögensgegenstand das Grundstück ist. Der BGH hat das grundsätzlich bejaht

(NJW 1998, 2277). Dem ist unter der Voraussetzung zuzustimmen, dass die GmbH entweder keine Verbindlichkeiten hat oder der Anteilskaufvertrag eine Kürzung des Kaufpreises um die Verbindlichkeiten aufweist. Das Gleiche gilt für einen Unternehmenskauf, der nach dem Maklervertrag als Vermögenskauf (asset deal) beabsichtigt, aber als Kauf der wesentlichen Anteile an der das Unternehmen betreibenden Gesellschaft (share deal) zustande gekommen ist (BGH NJW 2005, 753). Folgerichtig entfällt der Provisionsanspruch, wenn die Gesellschafter der Auftraggeber-KG, statt die nachgewiesenen Grundstücke zu kaufen, (mit der Folge der Entstehung von Gesellschafterpflichten) in die Gesellschaft der Eigentümer eintreten (OLG Hamburg NZM 1999, 1158). Zweifelhaft ist vor dem Hintergrund der höchstrichterlichen Rechtsprechung (BGH NJW 1998, 2277) die Ansicht des OLG Zweibrücken (AIZ 145 Bl 41), der Erwerb sämtlicher Miterbenanteile an einer Erbengemeinschaft statt des im Maklervertrag vorgesehenen Grundstückskaufs sei auch dann nicht wirtschaftlich gleichwertig, wenn das Grundstück der einzige nennenswerte Nachlassgegenstand sei. Die Argumentation des BGH legt es nahe, entgegen der Ansicht des OLG nicht auf den abstrakten Unterschied zwischen der Rechtsstellung eines Grundstückskäufers und derjenigen eines Erbschaftskäufers abzuheben, sondern zu prüfen, welche Unterschiede **im konkreten Fall** bestehen. Nicht einmal eine Frage der wirtschaftlichen Gleichwertigkeit zwischen zustande gekommenem und beabsichtigtem Hauptvertrag ist nach BGH (BGH NJW 1990, 2744; 1992, 2568) die Provisionspflichtigkeit des Erwerbs in der Zwangsversteigerung auf der Grundlage eines Maklervertrags, der die Provisionspflichtigkeit eines solchen Erwerbs nicht individualvertraglich (!) besonders regelt. Vielmehr soll es insoweit bereits am Tatbestand des § 652 BGB (Nachweis der Gelegenheit zum Abschluss eines Vertrags) fehlen. Demgegenüber sprechen die besseren Gründe – wie unter Rn 38 dargestellt – für die frühere Rechtsprechung (BGH WM 1969, 884 f), die ein Problem der wirtschaftlichen Gleichwertigkeit angenommen hat. Und diese ist im Hinblick auf die Geschäfts**art** zu bejahen (offen BGH WM 1969, 884 f: jedenfalls Möglichkeit der Gleichstellung durch AGB; dafür: OLG München AIZ 1981 H 6 A 139 Bl 1; OLG Frankfurt WM 1986, 1006; dagegen: KG NJW 1961, 512, 514; OLG Nürnberg AIZ 1966, 17 f). Scheitern kann die wirtschaftliche Gleichwertigkeit wegen des Geschäfts**inhalts** (vgl auch OLG Frankfurt 1986, 1006, 1007): Ist das Bargebot höher als der in Aussicht genommene Kaufpreis oder belastet die Pflicht zur Bereitstellung des Erstehungspreises stärker als die in Aussicht genommene Zahlungsmodalität, so fehlt es an der wirtschaftlichen Gleichwertigkeit. Nicht wirtschaftlich gleichwertig sind grundsätzlich auch der Erwerb von 1/3 eines Grundstücks und die Übernahme der Gesellschaft, der die restlichen 2/3 gehören, statt des beabsichtigten Kaufs des Grundstücks insgesamt. Eine Ausnahme kommt nur in Betracht, falls sich das (Aktiv- und Passiv-) Vermögen der Gesellschaft in dem Grundstücksanteil erschöpft (vgl OLG Hamburg AIZ 1984 H 9 A 133 Bl 3).

cc) Fehlende personelle Kongruenz

Der zustande gekommene Hauptvertrag kann dem beabsichtigten uU auch deshalb 82
nicht gleichwertig sein, weil die vorausgesetzten und die wirklichen **Geschäftspartner** nicht übereinstimmen. Dabei kann sich die Problematik nicht nur im Hinblick auf einen Vertragsschluss mit einer anderen Person als den Auftraggeber stellen (dazu Rn 83 ff). Vielmehr kann es auch problematisch sein, ob ein Vertragsschluss mit einer anderen als der vom Makler benannten Person genügen kann. Dies gilt insbesondere beim Vermittlungsmakler. Dieser kann durchaus die Aufgabe haben, die Vertragsbereitschaft einer bestimmten Person zu fördern, so dass die Vermittlung des Ver-

trags mit einer anderen Person grundsätzlich nicht ausreicht. Hinzu kommt, dass es in Bezug auf den Dritten, der statt der vom Makler benannten Person den Vertrag schließt, an einer Vermittlungsleistung des Maklers fehlt (dazu BGH NJW 2019, 1803, 1805; OLG Düsseldorf MDR 2015, 935; MünchKommBGB/Althammer § 652 Rn 172). Ausnahmsweise soll hier ein Provisionsanspruch nur dann bestehen, wenn zwischen dem Interessenten und dem späteren Vertragspartner enge persönliche oder besonders ausgeprägte wirtschaftliche Beziehungen bestehen (BGH NJW 1976, 1844, 1845; BGH NJW 1984, 358, 359; BGH NJW 2019, 1803, 1805). Anders liegen die Dinge dagegen beim Nachweismaklervertrag: Da die Identität des Vertragspartners hier regelmäßig offen ist, kann hier ein Vertragsschluss mit einer anderen als der vom Makler benannten Person in weiterem Umfang unschädlich sein (ebenso BeckOGK/Meier [1. 1. 2026] § 652 Rn 263; MünchKommBGB/Althammer § 652 Rn 172). So soll etwa persönliche Kongruenz zu bejahen sein, wenn auf Veranlassung dieses Interessenten ein Dritter mit dem Auftraggeber kontrahiert (OLG Hamm NJW-RR 1995, 820, 821). Auch sei es unschädlich, wenn nicht der benannte Dritte, sondern sein Erbe den Vertrag abschließe (MünchKommBGB/Althammer § 652 Rn 172). Einen restriktiveren Standpunkt hat allerdings unlängst der BGH (BGH NJW 2019, 1803, 1806) eingenommen: Nach seiner Auffassung entsteht keine Provisionspflicht, wenn der Kunde sein Grundstück nicht an die vom Makler als Interessentin benannte GmbH, sondern an deren – bei der Besichtigung anwesenden – Geschäftsführer veräußert hat. Auf die besonders engen wirtschaftlichen Bindungen zwischen den Beteiligten komme es nicht, da dieses Merkmal nur für den Fall von Bedeutung sei, dass anstelle des Kunden ein Dritter Vertragspartner werde (dazu Rn 83). Dem ist nicht zu folgen (ablehnend auch MünchKommBGB/Althammer § 652 Rn 172; Würdinger NJW 2019, 1806; Wistokat NZM 2023, 112, 114; zustimmend dagegen Fischer NJW 2019, 1182, 1184). Es nicht nachvollziehbar, weshalb beim Vermittlungsmakler besonders enge wirtschaftliche Beziehungen einen Provisionsanspruch auch bei einem Vertragsschluss des Kunden mit einer anderen als vom Makler benannten Person rechtfertigen sollen, nicht aber beim Nachweismakler. Da der Kunde, dem es auf die Person des Vertragspartners nicht ankam, den gewünschten Vertrag geschlossen hat und dies auf einer Leistung des Maklers beruhte, besteht für eine Versagung des Provisionsanspruchs kein Grund.

82a Richtiger Ansicht nach (vgl Rn 78) ist nicht nur die Identität, sondern auch die **Qualität** des Vertragspartners ein denkbarer Anknüpfungspunkt für die Annahme wirtschaftlicher Ungleichwertigkeit zwischen (im Maklervertrag) vorausgesetztem und zustande gekommenem Hauptvertrag. Zwar entfällt der Provisionsanspruch bereits mangels Wirksamkeit des Hauptvertrags, wenn zB der Auftraggeber und Verkäufer den vermittelten Kreditkaufvertrag wegen Irrtums über die Kreditwürdigkeit des Käufers nach § 119 Abs 2 BGB angefochten hat. Die mangelnde wirtschaftliche Gleichwertigkeit zwischen dem beabsichtigten Kreditkaufvertrag mit einem kreditwürdigen und dem zustande gekommenen Kreditkaufvertrag mit einem kreditunwürdigen Käufer wird aber wichtig, wenn der Auftraggeber die Anfechtungsfrist (§ 121 BGB) verpasst oder – aus welchen Gründen auch immer – auf die Anfechtung verzichtet. Denn die dadurch bedingte endgültige Wirksamkeit des Kaufvertrags lässt seine Ungleichwertigkeit im Vergleich mit dem im Maklervertrag vorausgesetzten Hauptvertrag unberührt (vgl auch KG OLGZ 1985, 367, 369; zustimmend – trotz Distanz zur Lehre von der verdeckten Ungleichwertigkeit 105 f – Eggert 98 ff; ablehnend Würdinger 88 f). Nach Ansicht des OLG Karlsruhe (NJW-RR 1994, 508) fehlt es auch dann an der wirtschaftlichen Gleichwertigkeit, wenn infolge des Nachweises der Grundstückskaufvertrag statt mit dem Eigentümer oder doch wenigstens mit einer sonstigen verfügungsberechtigten Person mit jemandem zustande kommt, der sich zu Unrecht als Eigentümer ausgibt und daher den Kaufvertrag nicht oder doch erst nach einem Zwischenerwerb zu erfüllen vermag. Der BGH (NJW-RR 1996, 113) ist dem entgegengetreten: Die Frage der wirtschaftlichen Gleichwertigkeit stelle sich mangels inhaltlicher Differenz zwischen beabsichtigtem und zustande gekommenem Hauptvertrag nicht (ebenso DEHNER NJW 1997, 18, 20). Aber neben der offenen ist – wie mittlerweile auch der BGH nicht mehr ausschließt (NJW 2001, 966, 967) – ebenso die verdeckte Ungleichwertigkeit erheblich (Rn 78 f). Dem BGH ist gegenüber dem OLG Karlsruhe nur deshalb Recht zu geben, weil die Haftung des Verkäufers auf das positive Interesse die Gleichwertigkeit des Kaufvertrags mit dem Nichteigentümer wahrt (vgl Rn 78 und BGH NJW-RR 2001, 562). Der gleiche Gesichtspunkt trägt die Entscheidung BGH (NJW 1997, 1581), die einen Fall betrifft, in dem der Auftraggeber eine vom Makler nachgewiesene Vertragsgelegenheit durch Kauf eines in der Zwangsversteigerung befindlichen Grundstücks genutzt hatte. Die Begründung des BGH, es komme allein auf das Zustandekommen des Hauptvertrags, nicht auf seine (ursprüngliche) Durchführbarkeit an, greift einmal mehr zu kurz (Rn 78).

Der Schwerpunkt des Problems personeller Kongruenz liegt in Fällen, in denen **statt** 83
des Auftraggebers aufgrund des Nachweises des Maklers Dritte den Hauptvertrag schließen. Auszugehen ist dabei zunächst von der Vereinbarung zwischen Makler und Kunden. Sie kann im Einzelfall dazu führen, dass eine Provisionspflicht auch dann besteht, wenn nicht der Kunde Vertragspartner wird. Übernimmt der Kunde zB einschränkungslos eine Provisionsverpflichtung auch für den Fall, dass ein mit ihm „verbundenes Haus“ das Objekt erwirbt, ist er auch dann verpflichtet, wenn ein anderer wie sein Bruder den Vertrag schließt (BGH NZM 2018, 211, 212). Fehlt eine solche Vereinbarung, ist zu fragen, ob der Auftraggeber (nicht der Dritte, vgl BGH NJW-RR 1997, 1296) die Provision zahlen muss, weil nach dem Sinn des Maklervertrags der Vorteil des Dritten dem Vorteil des Auftraggebers selbst gleichzustellen ist (BGH NJW-RR 1998, 411). Da der provisionspflichtige Vorteil im Zeitpunkt des Abschlusses des Hauptvertrags entsteht, kommt es auch für die Zurechenbarkeit des Vorteils des Dritten an den Auftraggeber auf diesen Zeitpunkt an (BGH NJW 1998, 62; OLG Hamm AIZ A 133 Bl 44; OLG Karlsruhe NJW-RR 1995, 1136; MünchKommBGB/ALTHAMMER § 652 Rn 171). Im Einzelnen fehlt die wirtschaftliche Gleichwertigkeit zwischen beabsichtigtem und zustande gekommenem Hauptvertrag, wenn statt des Auftraggebers, konkret: einer AG, deren Aufsichtsratsvorsitzender die vom Makler nachgewiesene Vertragsgelegenheit nutzt. Das gilt nach OLG Hamburg (AIZ 1984 H 9 A 120 Bl 7) ohne Rücksicht darauf, dass der Aufsichtsratsvorsitzende die AG **beherrscht**. Dem ist mit der Einschränkung zuzustimmen, dass der Erwerb des Aufsichtsratsvorsitzenden der AG doch zugerechnet werden muss, wenn dieser der alleinige Gesellschafter ist und deshalb Interessen von Minderheitsgesellschaftern der **Identifikation** von Gesellschafter und Gesellschaft nicht entgegenstehen (vgl für das Verhältnis Vertriebs- und Betriebsgesellschaft OLG Koblenz WM 1984, 1191, 1193). Wo umgekehrt nicht der erwerbende Dritte den Auftraggeber, sondern der Auftraggeber den Dritten beherrscht, nimmt die Rechtsprechung dagegen zu Recht wirtschaftliche Gleichwertigkeit ohne Rücksicht auf das Vorhandensein von Minderheitsbeteiligungen an. Denn insoweit ähnelt das wirtschaftliche Interesse des Auftraggebers an dem zustande gekommenen Hauptvertrag demjenigen an dem laut Maklervertrag beabsichtigten (BGH MDR 1960, 283; BGH NJW 1976, 1844, 1845; BGH WM 1978, 983, 985; BGH WM 1984, 60; OLG Hamm WM

1984, 906). Das Gleiche gilt, wenn statt der Auftraggeber-GmbH eine GmbH mit einem identischen Gesellschafterkreis erwirbt, die den gleichen Geschäftsgegenstand wie die Auftraggeber-GmbH hat (BGH NJW 1995, 3311 mit Bespr Scheibe JuS 1999, 117 ff) oder wenn statt der Auftraggeber eine von ihnen gegründete GmbH kauft (BGH WM 1996, 722). BGH NJW-RR 2006, 496 nimmt wirtschaftliche Gleichwertigkeit an, wenn nicht – wie im Maklervertrag vorgesehen – die Auftraggeber-GmbH ihr Unternehmensvermögen, sondern ihre Gesellschafter ihre Geschäftsanteile an den nachgewiesenen Interessenten verkaufen. Nach Ansicht des OLG Hamm (OLG Hamm AIZ 1988 H 1 A 133 Bl 11) ist die wirtschaftliche Gleichwertigkeit zwischen dem im Maklervertrag vorausgesetzten und dem zustande gekommenen Hauptvertrag ebenfalls zu bejahen, wenn statt des Auftraggebers allein eine BGB-Gesellschaft, bestehend aus dem Auftraggeber und einer weiteren Person, das nachgewiesene Objekt erwirbt (ähnlich OLG Karlsruhe NZM 2002, 829). Diese Auffassung ist schwerlich haltbar. Denn sie läuft darauf hinaus, dass man die Hälfte als mit dem Ganzen wirtschaftlich gleichwertig ausgibt. Ähnliche Bedenken richten sich gegen die umgekehrte Annahme des BGH (BGH 28. 11. 1990 IV ZR 120/90 – zitiert nach Dehner NJW 1991, 3254, 3259), der Erwerb durch einen Gesellschafter statt durch die Gesellschaft sei wirtschaftlich gleichwertig und daher provisionspflichtig. Vertretbar dürfte das nur dann sein, wenn der Gesellschafter im Innenverhältnis für die Gesellschaft erwirbt (vgl auch BGH WM 1984, 342).

84 Wie die **gesellschaftsrechtliche** kann auch die **familienrechtliche** Verbindung zwischen dem Auftraggeber und dem an seine Stelle getretenen Partner des Hauptvertrags die wirtschaftliche Gleichwertigkeit zwischen dem beabsichtigten und dem zustande gekommenen Hauptvertrag begründen. Das ist angenommen worden für den Fall, dass statt des Auftraggebers (oder mit ihm zusammen) die Ehefrau oder ein im Haushalt lebendes minderjähriges Kind das nachgewiesene bzw vermittelte Hausgrundstück erwirbt (OLG Hamburg AIZ 1969, 42; LG Nürnberg-Fürth AIZ 1966, 18; OLG Schleswig AIZ 1982 H 4 A 118 Bl 4; OLG Stuttgart AIZ 1987 H 12 A 133 Bl 10; OLG Frankfurt AIZ 1993 H 5 A 145 Bl 29; LG Kaiserslautern AIZ 1990 H 2 A 133 Bl 13; OLG Koblenz NJW-RR 1994, 824; LG Oldenburg ZMR 2013, 324; LG Tübingen WuM 2017, 722, 723; vgl auch BGH WM 1984, 60). Dagegen löst ein Erwerb durch den Sohn des Maklerkunden allein die Provisionspflicht nicht aus, wenn keine Umstände vorliegen, die das Geschäft wirtschaftlich als eigenes des Kunden erscheinen lassen; die bloße verwandtschaftliche Beziehung genügt nicht (BGH NJW 2019, 1226, 1228). Maßgeblich ist also, dass aus Sicht des Auftraggebers das gewünschte wirtschaftliche Ergebnis erzielt wird, weshalb es auf eine rechtliche Einflussnahmemöglichkeit auf die betreffende Person nicht ankommt. BVerfG NJW 1988, 2663 hat daran im Prinzip nichts geändert. Denn das BVerfG verbietet nicht, die in der Normalehe bestehende Lebens- und Wirtschaftsgemeinschaft zu berücksichtigen, sondern verlangt nur die Beachtung atypischer Fälle (nicht die Prüfung in jedem Einzelfall; **aA** OLG Hamm NJW-RR 1988, 685 in Reaktion auf BVerfG NJW 1987, 2733). Unter besonderen oder zusammen mit zusätzlichen anderen Umständen kann nach Ansicht des BGH auch der Hauptvertrag, der statt dem Auftraggeber das im Maklervertrag vorgesehene Alleineigentum diesem und seinem Bruder Miteigentum verschafft, wirtschaftlich gleichwertig sein (BGH NJW 2008, 651, 652; vgl auch BGH NJW-RR 2004, 851, 852; zustimmend Würdinger JZ 2009, 349, 353). Freilich ist zweifelhaft, ob man in den entschiedenen Fällen wirklich noch davon sprechen kann, dass das wirtschaftliche Interesse des Auftraggebers durch den abweichenden Hauptvertrag noch genauso befriedigt wird, wie wenn der eigentlich angestrebte Vertrag ge-

schlossen worden wäre. Der Auftraggeber schuldet die Provision nicht für jeden Vorteil, den ihm die Nutzung der vom Makler beschafften Vertragsgelegenheit bringt, sondern nur für den Vorteil, für den er im Maklervertrag die Provision versprochen hat (zumindest missverständlich BGH NJW 2008, 651, 652 unter Rn 22). Selbstverständlich kann im Maklervertrag vereinbart werden, dass der Auftraggeber die Provision ohne Rücksicht auf die Existenz eines eigenen wirtschaftlichen Interesses auch im Falle des Erwerbs einer bestimmten anderen Person schulden soll. Gibt der Auftraggeber im Zusammenhang mit dem Abschluss des Maklervertrags zu erkennen, dass er das Objekt für sich oder eine bestimmte andere Person sucht, so hat er im Falle des (Mit-)Erwerbs dieser Person die Provision zu bezahlen (BGH WM 1984, 560, 561; BGH WM 1991, 78). Provisionsunschädlich ist es auch, wenn der wirtschaftliche Erfolg beim Auftraggeber auf Umwegen eintritt, indem der Hauptvertrag von einem anderen abgeschlossen wird, der den Gegenstand absprachegemäß an den Auftraggeber weitergibt (vgl BGH WM 1984, 342; OLG Hamm NJW-RR 1995, 820).

Nicht zu folgen ist der Ansicht, **Zurechnungskriterium** in den Fällen des Zustande- 85
kommens des Hauptvertrags mit einem Dritten statt mit dem Auftraggeber sei nicht das wirtschaftliche oder persönliche Interesse des Auftraggebers, sondern die spezielle **Gefährdung der Vertraulichkeit der Angaben des Maklers** (so Schwerdtner [4. Aufl 1999] Rn 419; sympathisierend wohl auch Dehner NJW 1991, 3254, 3259; dagegen MünchKommBGB/Althammer § 652 Rn 171). Die Provisionsansprüche des Maklers entgelten ausschließlich den Vorteil des Auftraggebers, der aus der Hilfe des Maklers beim Auffinden bzw Auswerten einer an sich gemeinfreien Gelegenheit erwächst. Dieser Vorteil entfällt, wenn weder der Auftraggeber noch seinem wirtschaftlichen Interesse verbundene Institutionen oder Personen den Hauptvertrag abschließen (OLG München NJW-RR 1995, 1525). Es bleibt allein ein grundsätzlich (vgl Rn 205) auf Ersatz des negativen Interesses gerichteter (BGH WM 1987, 632, 634; **aA** OLG Stuttgart AIZ 1987 H 12 A 133 Bl 10) Schadensersatzanspruch, der den Nachteil des Maklers infolge der pflichtwidrigen Weitergabe seiner Informationen durch den Auftraggeber ausgleicht (vgl auch Scheibe BB 1988, 849, 857). Wer wegen des (vermuteten) Bruchs der Vertraulichkeit einen Provisionsanspruch gibt, behandelt die Kenntnis von der Vertragsgelegenheit in unhaltbarer Weise wie ein dem Makler zugeordnetes Gut mit dem Vermögenswert der Provision. Entsprechend abzulehnen sind die aus der unrichtigen Prämisse abgeleiteten Folgerungen: Wenn die wirtschaftliche oder persönliche Bindung zwischen dem Auftraggeber und dem statt seiner am Hauptvertrag Beteiligten nach der Nachweistätigkeit, aber vor Abschluss des Hauptvertrages beendet worden ist, entfällt der Provisionsanspruch (OLG Hamm WM 1984, 906, 907; OLG Koblenz NJW-RR 1994, 180; Scheibe BB 1988, 849, 854 f). Zu weit geht es auch, den Hauptvertrag einer mit dem Auftraggeber in faktischer Lebensgemeinschaft lebenden Person ohne weiteres als wirtschaftlich gleichwertig einzustufen (MünchKommBGB/Althammer § 652 Rn 168; **aA** Grüneberg/Retzlaff § 652 Rn 44 unter Berufung auf BGH NJW 1991, 490: Im dort entschiedenen Fall war aber im Maklervertrag die Möglichkeit eines Miterwerbs der Lebensgefährtin vorgesehen, und darauf hebt der BGH auch entscheidend ab; differenzierend BeckOGK/Meier [1. 1. 2026] § 652 Rn 259). Wenn der Partner allein mit seinen Mitteln das nachgewiesene Hausgrundstück oÄ erwirbt, hat der Auftraggeber nicht einmal wie im Parallelfall einer Ehe unter Gütertrennung einen Anspruch auf Mitbenutzung, sondern ist ausschließlich auf das Wohlwollen des anderen Teils angewiesen. Nicht ausreichend ist ebenfalls der Erwerb durch die Mutter (**aA** OLG Hamm AIZ 1988 H 10 A 133 Bl 12) oder den Schwiegervater (**aA** OLG Frankfurt AIZ 1991 H 7 A 133 Bl 22) des Auftraggebers. Gegen

die allfällige Gefahr von Manipulationen zu seinen Lasten muss und kann der Makler sich dadurch schützen, dass er den Auftraggeber für den Fall der Nutzung der Vertragsgelegenheit durch Dritte infolge der Weitergabe der Information (wofür bei enger persönlicher Beziehung zwischen dem Dritten und dem Auftraggeber eine Vermutung sprechen mag) die Zahlung der Provision versprechen lässt. Dabei handelt es sich um eine Vertragsstrafe, die im Umkehrschluss zu § 309 Nr 6 BGB in AGB vereinbart werden kann und mit Rücksicht auf die Schwere der Vertragsverletzung sowie die Möglichkeit eines entsprechend hohen Schadens (vgl BGH NJW 1983, 942 f; NJW 1984, 921) auch der Verhältnismäßigkeitskontrolle nach § 343 BGB standhält (im Ergebnis ebenso BGH WM 1987, 632, 633). Auch für den Fall von OLG München (AIZ 1984 H 6 A 120 Bl 6; ähnlicher Fall OLG Koblenz NJW-RR 1991, 881 ff) – privater Abschluss des Hauptvertrags durch den Geschäftsführer der Auftraggeber-GmbH – gilt nichts anderes. Zu Recht hat das OLG München eine Provisionszahlungspflicht sowohl auf der Seite der GmbH als auch auf der Seite des Geschäftsführers verneint (**aA** Hamm Rn 534, die im konkreten Fall den Abschluss eines Maklervertrags auch mit dem Geschäftsführer annehmen). Allenfalls kommt in Betracht, dass der Geschäftsführer nach § 826 BGB auf Zahlung der Provision haftet, wenn er den Makler „von vornherein mit der Absicht kontaktiert (hätte), durch Vorspiegelung eines GmbH-Erwerbs Objektinformationen zu erhalten und (den Makler) auf dem Weg des schon beschlossenen Eigenerwerbs um die anderenfalls verdiente Provision zu prellen" (so OLG Koblenz AIZ 1992 H 1 A 133 Bl 23; ähnlich wohl Soergel/Engel § 652 Rn 52). Nicht ausreichend ist auch der Erwerb durch eine GmbH, die den vorher arbeitslosen Auftraggeber sodann beschäftigt (OLG Düsseldorf 20. 10. 2023 – 7 U 45/22, NZM 2023, 943 Rn 30 f).

dd) Fehlende Übereinstimmung hinsichtlich des Geschäftsinhalts

86 Der zustande gekommene Hauptvertrag ist dem beabsichtigten schließlich uU deshalb nicht wirtschaftlich gleichwertig, weil der erreichte **Geschäftsinhalt** von dem vorausgesetzten abweicht. Ist nach dem Maklervertrag der Nachweis einer Wohnung bestimmter Größe vorgesehen, so fehlt es bei Zustandekommen eines Mietvertrags über eine wesentlich kleinere Wohnung infolge des Nachweises des Maklers an der wirtschaftlichen Gleichwertigkeit (vgl auch LG Aschaffenburg AIZ 1980 H 4 A 110 Bl 10 betr Gewerberaum). Ebenso ist zu entscheiden, wenn der Maklervertrag eine Wohnung mit Zentralheizung vorsieht und der infolge des Maklernachweises geschlossene Hauptvertrag eine Wohnung ohne Zentralheizung betrifft (vgl AG Hamburg MDR 1966, 673 f). Nicht wirtschaftlich gleichwertig ist ein Geschäftspachtvertrag, aufgrund dessen der Auftraggeber dem Verpächter 7,5 % Umsatzbeteiligung als Pachtzins schuldet, wenn nach dem Maklervertrag ein Geschäftspachtvertrag zu einem Pachtzins von höchstens 5 % Umsatzbeteiligung zu vermitteln gewesen ist (OLG Celle AIZ 1979 H 7 A 133 Bl 1). Schließt der Makler mit einem Kaufinteressenten einen Maklervertrag über den Nachweis einer Eigentumswohnung mit einer monatlichen Belastung von ca 340 DM bei 20.000 DM Eigenkapital ab, so fehlt es im Fall einer wirklichen Belastung von 612 DM an der wirtschaftlichen Gleichwertigkeit jedenfalls dann, wenn die Höhe der Belastung für den Auftraggeber für den Makler bei Abschluss des Maklervertrags erkennbar von entscheidender Bedeutung ist. Daran ändert nichts, dass der Auftraggeber die nachgewiesene Wohnung wegen nachträglicher Verbesserung seiner wirtschaftlichen Verhältnisse durch Heirat trotz der höheren Belastung kauft (OLG Oldenburg AIZ 1982 H 12 A 121 Bl 7). Ebenfalls dem im Maklervertrag vorausgesetzten Hauptvertrag nicht wirtschaftlich gleichwertig ist der Vertrag des Verkäufers/Auftraggebers mit dem Käufer einer Eigentumswohnung, in dem der Verkäufer

unvorhergesehen die Abgeschlossenheitsbescheinigung nach § 7 Abs 4 S 1 Nr 2 WEG garantieren muss, wenn dazu Baumaßnahmen mit beträchtlichen Kosten durchzuführen sind (OLG Köln ZMR 1993, 76). Nicht infrage gestellt wird die wirtschaftliche Gleichwertigkeit des zustande gekommenen mit dem im Maklervertrag vorausgesetzten Hauptvertrag dadurch, dass der Auftraggeber als Vermieter dem Mieter ein Vorkaufsrecht einräumt. Da das Vorkaufsrecht den (freiwilligen) Verkauf an einen Dritten voraussetzt, wird der Auftraggeber dadurch nicht wesentlich belastet (OLG Zweibrücken OLGZ 1977, 212, 215 f). Generell ist die wirtschaftliche Gleichwertigkeit zu bejahen, soweit das im Maklervertrag vorausgesetzte und das im Hauptvertrag erfasste Objekt im Hinblick auf den Zweck des Auftraggebers austauschbar sind (Hamm Rn 492; MünchKommBGB/Althammer § 652 Rn 157).

Eine relativ große Rolle spielen in der Gerichtspraxis die Fälle, in denen der Haupt- **87**
vertrag **nur über einen Teil** der nach dem Maklervertrag nachzuweisenden bzw zu vermittelnden Leistung zustande kommt. Ob der Makler dadurch die Provision verdient, ist wie stets eine Frage der Auslegung des Maklervertrags. Dabei ist entscheidend, ob es dem Auftraggeber für den Makler erkennbar auf den Hauptvertrag über das Gesamtpaket ankommt oder nicht. Das ist im Zweifel zu verneinen, wenn der Maklervertrag sich über den Verkauf oder die Vermietung mehrerer Wohnungen eines Mehrfamilienhauses verhält. Der Makler hat also einen Provisionsanspruch, wenn infolge seiner Tätigkeit nur ein Teil der Wohnungen verkauft bzw vermietet werden kann (BGH WM 1987, 510, 511; Hamm Rn 509). Umgekehrt reicht es im Zweifel nicht aus, wenn der Makler mit der Vermittlung der Vollfinanzierung eines Bauvorhabens beauftragt worden ist und lediglich eine Teilfinanzierung zustande bringt (OLG Köln MDR 1960, 48). Ebenso ist die Provision nicht verdient, wenn Vermieter und Mieter sich nicht, wie im Maklervertrag vorausgesetzt, auf einen Mietvertrag über ein vollständiges Ladenlokal, sondern lediglich über die Hälfte der Verkaufsfläche einigen (OLG Hamm NJW-RR 1991, 1206 f; OLG Köln MDR 2001, 500). Wer mit der Vermittlung eines Wohnungsbaukredits beauftragt ist, hat im Zweifel neben dem Bausparvertrag auch den bis zur Auszahlung der Bausparsumme erforderlichen Zwischenkredit zu vermitteln (Hamm Rn 507). Nach Ansicht des BGH (NJW 1982, 2662, 2663) hängt der Provisionsanspruch des Kreditvermittlers nicht unbedingt davon ab, dass der Kredit in Höhe der im Maklervertrag vereinbarten Summe gewährt wird. Vielmehr soll, soweit der Maklervertrag nicht eindeutig anderes bestimmt, entscheiden, ob der dem Makler erkennbare Zweck des Kredits auch mit dem niedrigeren Betrag erreicht wird oder nicht. Konkret hat der BGH deshalb die Vermittlung eines Kredits von 96.000 DM zur Finanzierung eines Kaufpreises von 85.000 DM für provisionspflichtig erachtet, obwohl der Maklervertrag auf Vermittlung eines Kredits in Höhe von 100.000 DM lautete (krit Hamm Rn 508). Selbst wenn statt – wie im Maklervertrag vorgesehen – des gesamten Grundstücks nur die ideelle Hälfte erworben wird, soll nach BGH (NJW-RR 1996, 113) ein Provisionsanspruch nicht schlechthin ausscheiden. Vielmehr soll der Auftraggeber weitere Umstände vortragen und notfalls beweisen müssen, die die wirtschaftliche Gleichwertigkeit der Hälfte im Verhältnis zum Ganzen ausschließen (gegen diese Verteilung der Darlegungs- und Beweislast Dehner NJW 1997, 18, 21). Bleibt die Qualität der im Hauptvertrag vereinbarten Leistung hinter der nach dem Maklervertrag vorgesehenen zurück, so begründet auch das die wirtschaftliche Ungleichwertigkeit (BGH WM 1984, 412; Zopfs Rn 35). Das gilt nicht nur, wenn der Hauptvertrag die mindere Qualität vorsieht, sondern auch dann, wenn die „maklervertragsgerechte" Qualität zwar vereinbart, jedoch tatsächlich nicht erreich-

bar ist, so dass der Auftraggeber gegen den Hauptvertragspartner Rechte zum Rücktritt oder zur Minderung erwirbt (**aA** die hM, vgl Rn 78).

88 Nicht wirtschaftlich gleichwertig ist der zustande gekommene Hauptvertrag über den Verkauf von Eigentumswohnungen, wenn der Auftraggeber und Verkäufer darin die Kosten von Baumaßnahmen übernimmt, die das bei Abschluss des Maklervertrags erwartete Volumen erheblich überschreiten (OLG Köln VersR 1992, 3145; vgl auch OLGR Frankfurt 1996, 146). An der wirtschaftlichen Gleichwertigkeit zwischen beabsichtigtem und zustande gekommenem Hauptvertrag kann es auch fehlen, wenn die vermittelte Mietwohnung erst **wesentlich später** bezogen oder das nachgewiesene Grundstück erst wesentlich später erworben werden kann, als der Maklervertrag es vorsieht (BeckOGK/Meier [1. 1. 2026] § 652 Rn 270). Freilich ist gerade insoweit besonders streng darauf zu achten, dass man nicht die Wünsche des Auftraggebers mit der verbindlichen Festlegung des provisionspflichtigen wirtschaftlichen Erfolgs verwechselt. Da die Wünsche des Auftraggebers bei den Verhandlungen über den Hauptvertrag mit den konkurrierenden Wünschen des Hauptvertragspartners zum Ausgleich gebracht werden müssen, beschreiben sie im Regelfall nicht mehr als einen ungefähren Rahmen (vgl BGH WM 1987, 510, 511). Wirtschaftliche Gleichwertigkeit soll bei einem Kaufvertrag in zeitlicher Hinsicht zudem anzunehmen sein, wenn zwar anders als angestrebt nur ein Kaufvertrag mit hinausgeschobener Fälligkeit abgeschlossen werden kann, durch den zeitgleichen Abschluss eines Mietvertrags aber wirtschaftlich im Wesentlichen derselbe Erfolg erzielt wird (OLG Stuttgart NJW-RR 2019, 139, 1390). Auch bei **Preisvorstellungen** bilden die Wünsche des Auftraggebers nur einen groben Rahmen (vgl OLG Stuttgart NZM 2000, 918), so dass die Judikate zur wirtschaftlichen Ungleichwertigkeit wegen Abweichungen des Kaufpreises schwer verallgemeinerungsfähig sind (BGH NJW 2008, 651, 653: 15 % Preisnachlass für Käufer/Auftraggeber provisionsunschädlich; OLG Dresden NJW-RR 2009, 931: 25 % Preisaufschlag für Käufer/Auftraggeber provisionsschädlich; OLG Celle MDR 2007, 1410: 27 % Preisaufschlag für Käufer/Auftraggeber – Grenze der Provisionsschädlichkeit; OLG Brandenburg ZMR 2007, 973: 7 % Preisnachlass provisionsschädlich). Nach neuerer Rechtsprechung des Bundesgerichtshofs sollen beim Nachweis einer Kaufgelegenheit durch einen Immobilienmakler Preisnachlässe von 15 % die wirtschaftliche Kongruenz in der Regel nicht aufheben, während dies bei Preisnachlässen von mehr als 50 % regelmäßig anzunehmen sei (BGH NJW 2014, 2352, 2353: Hier war freilich die wirtschaftliche Gleichwertigkeit schon deshalb problematisch, da das ursprünglich als bebaut angebotene Grundstück später „zum Abbruch" verkauft wurde; BGH NJW-RR 2014, 1272, 1274: bei Preisnachlass von 25 % weder Vermutung für oder gegen Kongruenz; vgl auch OLG München MDR 2010, 615: keine Kongruenz bei Unterschreitung um 38,7 %). Entscheidend sei dabei, ob das abgeschlossene Geschäft sich als ein wirtschaftlich anderes darstellt als das nachgewiesene, wobei es bei Preisabweichungen zugunsten des Auftraggebers darauf ankomme, ob diese sich noch im Rahmen des Erwartbaren hielten (BGH NJW-RR 2014, 1272, 1274). Will der Auftraggeber Preisvorstellungen im Übrigen verbindlich machen, so muss er das eindeutig vereinbaren. Der Kaufinteressent muss also im Maklervertrag einen Höchstpreis, der Verkaufsinteressent einen Mindestpreis festlegen, wenn die Provisionszahlungspflicht im Falle eines ungünstigeren Hauptvertrages vermieden werden soll (vgl OLG Karlsruhe AIZ 1990 H 5 A 133 Bl 16). Dem Makler bleibt dann nichts anderes übrig, als seine Nachweis- bzw Vermittlungstätigkeit auf Vertragsgelegenheiten zu beschränken, die unter Berücksichtigung der Provision die Höchst- bzw Mindestgrenze nicht überschreiten. Denn anderenfalls provoziert er Einigungen der Vertragspartner zu seinen Lasten. Eine AGB-Klausel, die auch den Abschluss eines wirtschaftlich nicht gleichwertigen Hauptvertrags für provisionspflichtig erklärt, hilft ihm unter diesen Umständen nicht, und zwar nicht erst wegen Unbilligkeit gemäß § 307 BGB (so HAMM Rn 546), sondern bereits wegen des Vorrangs der Individualvereinbarung nach § 305b BGB (krit BeckOGK/MEIER [1. 1. 2026] § 652 Rn 278; zur Beweislast für die fehlende wirtschaftliche Gleichwertigkeit vgl § 654 Rn 16). Nach OLG Zweibrücken (NJW-RR 1999, 1502) hat der Auftraggeber/Verkäufer die Provision trotz eines im Maklervertrag festgelegten Limits auch dann zu zahlen, wenn der Kaufvertrag zu einem deutlich niedrigeren Kaufpreis zustande kommt, nachdem der Makler seine Bemühungen mangels Durchsetzbarkeit der Kaufpreisvorstellung des Auftraggebers mit dessen Einverständnis auf Interessenten mit Kaufpreisvorstellungen unterhalb des Limits ausgedehnt hat. Dem ist im Ergebnis zuzustimmen, weil unter solchen Umständen eine konkludente Abänderung des Maklervertrags anzunehmen ist.

b) Wirksamkeit des zustande gekommenen Hauptvertrags

aa) Wirksamkeit des Hauptvertrags

Der beabsichtigte Hauptvertrag muss wirksam zustande kommen (BGH NJW 2001, 966, 967; NJW-RR 2005, 1506; NZM 2008, 218 f). **89**

Wirksamkeit des Hauptvertrags in diesem Sinne meint die **rechtliche Wirksamkeit**. Soweit der im Maklervertrag beabsichtigte wirtschaftliche Erfolg trotz rechtlicher Wirksamkeit des Hauptvertrages nicht eingetreten oder trotz rechtlicher Unwirksamkeit doch eingetreten ist, entscheidet die **Auslegung** des Maklervertrags darüber, ob die Provision geschuldet ist oder nicht. In der ersten Variante geht es um die Frage, ob der geschlossene Hauptvertrag trotz der Verfehlung des wirtschaftlichen Zwecks die Anforderungen des beabsichtigten Hauptvertrags erfüllt, wobei als gesetzliche Wertung zu beachten ist, dass im Durchführungsstadium des Hauptvertrags entstandene Fehlerquellen vorbehaltlich abweichender Regelung im Maklervertrag Risiken des Auftraggebers sind (BGH WM 1982, 1098, 1099). In der zweiten Variante ist umgekehrt das Problem betroffen, ob der dem beabsichtigten Hauptvertrag wirkungsgleiche rechtliche Erfolg nach dem Inhalt des Maklervertrags die Provisionszahlungspflicht ebenfalls auslösen soll, wobei die gesetzliche Wertung zu beachten ist, dass Mängel beim Abschluss des Hauptvertrags zum Risikobereich des Maklers gehören. Die Überlegung zeigt, dass es im Grundsatz genauso wenig angezeigt ist, dem Auftraggeber die Berufung auf die Unwirksamkeit des Hauptvertrages mit Rücksicht auf den Eintritt des wirtschaftlichen Erfolgs zu verwehren wie umgekehrt dem Makler trotz Ausfalls des wirtschaftlichen Erfolgs die Berufung auf die Wirksamkeit des Hauptvertrags zu versagen. Grundsätzlich hat der Makler die Provision verdient, wenn der dem Maklervertrag entsprechende Hauptvertrag wirksam ist. Der Eintritt des wirtschaftlichen Erfolgs ist (vorbehaltlich der umstrittenen Fälle der verdeckten wirtschaftlichen Ungleichwertigkeit, vgl Rn 78) unerheblich, es sei denn, im Maklervertrag wäre Abweichendes vereinbart. Umgekehrt ist die Provision grundsätzlich nicht geschuldet, wenn ein wirksamer Hauptvertrag fehlt. Dass der angestrebte wirtschaftliche Erfolg aus anderen Gründen trotzdem eingetreten ist, ändert daran nichts, es sei denn, im Maklervertrag wäre es anders geregelt.

Immer wieder wird im Schrifttum die Auffassung vertreten, die Unwirksamkeit des Hauptvertrags sei provisionsunschädlich, wenn das Wirksamkeitshindernis vom Auftraggeber zu verantworten sei. Dieser Ansicht war schon REICHEL (Die Mäklerprovisi- **90** on [1913] 1 ff). Erneuert worden ist sie in neuerer Zeit vor allem von ALTMEPPEN (Provisionsansprüche bei Vertragsauflösung [1987] 20 ff) und DAMKE (Die Auswirkung von Vertragsmängeln im vom Immobilienmakler vermittelten Hauptvertrag auf seinen Provisionsanspruch im deutschen und österreichischen Recht [1999] 37 ff, vgl auch PAULY JR 1998, 353). Ein solcher Ansatz entspricht nicht der Eigenart des Maklervertrags. Die Maklerprovision rechtfertigt sich nicht als unter einer Bedingung versprochenes Dienstleistungsentgelt, sondern als Teilhabe des Maklers an dem Vorteil, den er dem Auftraggeber durch die von diesem genutzte Vertragsgelegenheit (vorbehaltlich nachträglicher Durchführungshindernisse) verschafft hat. Ein Hauptvertrag, der ipso iure oder nach Anfechtung nichtig ist, gewährt dem Auftraggeber grundsätzlich keinen Vorteil, an dem der Makler partizipieren könnte. Und eine Pflicht oder auch nur Obliegenheit des Auftraggebers, im Interesse des Maklers an der Entstehung des Vorteils mitzuwirken oder sie doch wenigstens nicht zu gefährden, kann es nicht geben, weil die Richtigkeitsgewähr des maklervertraglichen Leistungsaustauschs angesichts der Subjektivität des Vorteils die freie Entscheidung des Auftraggebers für oder gegen die Nutzung der vom Makler nachgewiesenen bzw vermittelten Vertragsgelegenheit voraussetzt (Vorbem 2 ff zu §§ 652–656d).

bb) Zustandekommen des Hauptvertrags

91 Nichts mit der Abhängigkeit des Provisionsanspruchs von der Wirksamkeit des Hauptvertrages hat das Problem zu tun, ob schon der **Abschluss eines Vorvertrags** ausreicht. Insoweit entscheidet allein, ob nach dem Maklervertrag bereits für den Abschluss des Vorvertrags Provision anfallen soll oder nicht. Ist das – und zwar aufgrund individualvertraglicher Abrede (BGH BB 1975, 299) – zu bejahen, so ist der Vorvertrag Hauptvertrag im Sinne des § 652 Abs 1 BGB (vgl BGH NJW-RR 1991, 1073 f; HAMM Rn 563; KEMPEN 20 ff). Im Zweifel ist das freilich nicht anzunehmen, so dass bei einem Maklervertrag über die Vermittlung eines Grundstückskaufvertrags allein der Abschluss eines Kaufanwartschaftsvertrags die Provisionszahlungspflicht noch nicht auslöst (BGH WM 1976, 29). Ebenso haben das OLG Hamburg hinsichtlich eines Mietvorvertrags (DB 1961, 269, 270) und das LG Kiel hinsichtlich eines Pachtvorvertrags (SchlHA 1957, 303) entschieden. Dagegen hat der Kreditvermittler im Zweifel die Provision verdient, wenn er eine verbindliche Darlehenszusage einer Bank zu den im Maklervertrag vorausgesetzten Bedingungen erreicht hat (BGH WM 1962, 1264; NJW 1969, 1957; **aA** OLG Karlsruhe NJW-RR 1989, 1069 f; offen BGH NJW 1988, 967, 969: Frage der Auslegung des Maklervertrags). Soll die Provision von der Darlehensauszahlung abhängig sein, weil sie nach den Vorstellungen des Auftraggebers aus dem Darlehen bestritten werden soll (OLG Köln DB 1960, 352), so müssen sich dafür spezielle Anhaltspunkte im Maklervertrag ergeben. Zu Recht hat der BGH ohne solche Anhaltspunkte die Provisionspflichtigkeit aufgrund der Darlehenszusage der Bank selbst für den Fall bejaht, dass der Auftraggeber noch Nachweise über seine Kreditwürdigkeit zu erbringen hat, die die Bank bei negativem Ergebnis zur Zurücknahme ihres Versprechens veranlassen könnten (BGH WM 1970, 1273). Denn dabei handelt es sich um Störungen, die im Fall des Kaufvertrags dem Rücktritt des Verkäufers wegen Zahlungsunfähigkeit des Auftraggeber-Käufers, dh Störungen im Durchführungsstadium des Hauptvertrags, vergleichbar sind (vgl aber auch Rn 100). Allein im Fall der Vermittlung eines **Verbraucherkredits** macht § 655c BGB aus nicht verallgemeinerungsfähigen Gründen des Verbraucherschutzes den Provisionsanspruch zwingend von der Auszahlung des Darlehens abhängig.

cc) Ipso iure-Nichtigkeit des Hauptvertrags

92 Wenn der **Hauptvertrag ipso iure nichtig** ist, versteht sich der Ausfall des Provisionsanspruchs im Grundsatz von selbst (krit Damke 55 und dazu Rn 90). Das gilt unabhängig davon, ob die Nichtigkeit auf den §§ 104 ff BGB, auf den §§ 117 f BGB, auf § 125 BGB, auf den §§ 134, 138 BGB oder auf den §§ 164 ff BGB beruht (Kempen 32 f; Würdinger 56 f; zur Nichtigkeit nach § 134 OLG Hamm NJW-RR 2014, 1393). Praktisch relevant kann dies etwa auch im Fall des Schwarzkaufs werden, bei dem der beurkundete Vertrag nach § 117 BGB und der tatsächlich gewollte nach § 125 BGB nichtig ist (LG Hamm 19. 4. 2010 – 6 O 340/08). Allerdings muss die Nichtigkeit feststehen. Der Verdacht der Nichtigkeit reicht selbstverständlich nicht, und zwar auch dann nicht, wenn der Auftraggeber wegen dieses Verdachts den Hauptvertrag durch Vereinbarung mit der anderen Partei vernünftigerweise wieder aufhebt (Eggert 56 f). Allenfalls kommt dann ein Anspruch des Auftraggebers aus Pflichtverletzung auf Schadensersatz in Gestalt des Verzichts auf den Provisionsanspruch in Betracht, weil der Makler trotz Kenntnis der Probleme nicht vor dem Abschluss des Hauptvertrags über sie aufgeklärt hat (BGH WM 1976, 1132; Wolf WM 1978, 1282, 1286 f). Betrifft der Nichtigkeitsgrund nur einen **Teil des Hauptvertrags**, so ist zu unterscheiden: Soweit die Nichtigkeit des Teils nach dem Willen der Hauptvertragsparteien die des Restes gemäß § 139 BGB zur Folge hat, handelt es sich im Ergebnis um einen normalen Fall der Gesamtnichtigkeit. In diesem Sinne hat das OLG Hamm angenommen, dass Gesamtnichtigkeit des Hauptvertrags eingreift, wenn die Hauptvertragsparteien einen Erbbaurechtsvertrag mit Werkvertrag über die Errichtung eines Wohnhauses abschließen, aber statt beider (Teil-)Verträge allein den Erbbaurechtsvertrag notariell beurkunden lassen (AIZ 1982 H 6 A 121 Bl 9). Zieht die Nichtigkeit des Teils die des Restes nach § 139 BGB nicht nach sich, so stellt sich die Frage, ob der Nachweis bzw die Vermittlung des wirksamen Teils **nach dem Maklervertrag** bereits den Provisionsanspruch begründet. Das hängt vom Einzelfall ab (vgl Rn 87).

93 Die **Bestätigung** des nichtigen Hauptvertrags nach § 141 BGB durch wirksamen Neuabschluss lässt selbstverständlich auch den Provisionsanspruch des Maklers entstehen. Allerdings ist es noch nicht als Bestätigung anzusehen, dass die Hauptvertragsparteien den nichtigen Vertrag einverständlich erfüllen. Vielmehr muss das Verhalten aus der Sicht des jeweils anderen Ausdruck eines Bestätigungswillens, dh des Festhaltens am Vertrag in Kenntnis seiner Nichtigkeit, sein (BGH NJW 1971, 1795, 1800). Zu Recht hat der BGH deshalb keine Bestätigung des nach § 2 S 1 ArchLG nichtigen Architektenvertrags darin gesehen, dass der Architekt die Architektenleistung erbracht und der Bauherr sie entgegengenommen hat (BGH WM 1980, 17 f). Unproblematisch ist die **Heilung** des nichtigen Grundstückskaufvertrags nach § 311b Abs 1 S 2 BGB durch Auflassung an den Erwerber und dessen Grundbucheintragung als Eigentümer, mit der der Provisionsanspruch des Maklers, der aufgrund eines wirksamen Maklervertrags die Gelegenheit zu dem Kaufvertrag nachgewiesen bzw den Kaufvertrag vermittelt hat, ebenfalls entsteht (Hamm Rn 557). Freilich ändert die Heilung des Grundstückskaufvertrags gemäß § 311b Abs 1 S 2 BGB nach BGH (NJW 1969, 1628) nichts daran, dass der Makler den Provisionsanspruch analog § 654 BGB verwirkt hat, wenn er ohne Wissen und Willen des Auftraggebers durch bewusst unrichtige Angaben gegenüber dem Notar die ursprüngliche Formnichtigkeit verursacht hat. Dem ist jedenfalls darin beizupflichten, dass ein an die Lohnunwürdigkeit des Maklers anknüpfender Wegfall des Provisionsanspruchs nicht deshalb

rückgängig gemacht werden kann, weil das Verhalten letztlich keinen Schaden gestiftet hat (vgl im Übrigen krit § 654 Rn 2 f).

94 Umstritten ist, ob nicht **ausnahmsweise trotz (endgültiger) Nichtigkeit** des Hauptvertrags der **Provisionsanspruch** des Maklers entstehen kann. Das OLG Köln (OLG Köln JR 1956, 461 f) hat das für den Fall bejaht, dass die Hauptvertragsparteien einen formnichtigen Grundstückskaufvertrag als gültig behandelt haben, bis die andere Partei sich wegen Zahlungsverzugs des Auftraggebers lossagte. Nach Ansicht des OLG Köln verstößt die Berufung des Auftraggebers auf die Formnichtigkeit, um sich der Provisionszahlungspflicht zu entziehen, unter solchen Vorzeichen gegen § 242 BGB (ebenso Rust MDR 1959, 449). Dem ist zu widersprechen, weil der Makler ebenso wenig einen Anspruch auf „Heilungsmaßnahmen" des Auftraggebers im Sinne des § 311b Abs 1 S 2 BGB hat wie auf den Abschluss des Hauptvertrages. Wenn es nicht gegen § 242 BGB verstößt, den Abschluss des Hauptvertrags willkürlich zu unterlassen, kann auch die willkürliche Sperrung gegen Erfüllungshandlungen im Sinne des § 311b Abs 1 S 2 BGB im Verhältnis zum Makler § 242 BGB nicht verletzen (BGH WM 1977, 1049; OLG Celle OLGZ 1969, 417; Hamm Rn 558; Kempen 42, 45 f). Aus dem gleichen Grund ist der Auffassung entgegenzutreten, der Makler erwerbe einen Schadensersatzanspruch in Höhe der Provision, wenn der Auftraggeber die Formnichtigkeit und/oder die Unterlassung von Heilungsmaßnahmen gemäß § 311b S 2 BGB zu verantworten habe (Kohler NJW 1957, 327).

95 Vom Problem der Einschränkung der Entschließungsfreiheit des Auftraggebers durch § 242 BGB zu unterscheiden ist die Frage, wie es sich auf die Provisionszahlungspflicht des Auftraggebers auswirkt, dass der Berufung auf die Formnichtigkeit durch § 242 BGB **im Verhältnis der Hauptvertragsparteien** Grenzen gezogen sind (per obiter dictum für Provisionsunschädlichkeit BGH WM 1977, 1049). Hier wird man je nach Fallkonstellation differenzieren müssen: Ist dem Auftraggeber die Berufung auf die Formnichtigkeit versagt, weil er die andere Partei des Hauptvertrags arglistig über die Formbedürftigkeit getäuscht hat oder weil das Beharren auf der Formnichtigkeit für die andere Partei des Hauptvertrags zu einem schlechthin untragbaren Ergebnis führen würde (vgl MünchKommBGB/Einsele § 125 Rn 58 ff mit Nachweisen), so muss der Makler jedenfalls abwarten, ob die geschützte Partei den Vertrag (mit der Folge des § 311b Abs 1 S 2 BGB; nur für Fälle des § 311b Abs 1 BGB spielt die Durchbrechung der Formnichtigkeit nach § 242 BGB praktisch eine Rolle), durchführt oder nicht. Ein von der Heilung nach § 311b Abs 1 S 2 BGB unabhängiger Provisionsanspruch kommt nicht in Betracht, und zwar erneut deshalb, weil die Entschließungsfreiheit des Auftraggebers die willkürliche Herbeiführung nichtiger Hauptverträge arg a fortiori umfasst (Kempen 45, 47 f). Ist der anderen Vertragspartei die Berufung auf die Formnichtigkeit verwehrt, weil sie den Auftraggeber arglistig über die Formbedürftigkeit getäuscht hat oder weil das Beharren auf der Formnichtigkeit zu Lasten des Auftraggebers zu einem schlechthin untragbaren Ergebnis führen würde, so kann der Makler die Provision verlangen. Denn der Auftraggeber hat dann schon durch den Abschluss des formnichtigen Vertrags den angestrebten wirtschaftlichen Erfolg erreicht (**aA** Würdinger 62 f, weil der Auftraggeber sich nicht auf die Unbeachtlichkeit der Formnichtigkeit zu berufen brauche. Aber der Erfolg ist schon mit dem Recht auf Erfüllung des formnichtigen Vertrags eingetreten. Dass der Auftraggeber auf dieses Recht verzichten kann, kann am Provisionsanspruch genauso wenig ändern wie die Aufhebung des zustande gekommenen Hauptvertrags). Es entspricht einer Auslegung des Maklervertrags nach Treu und

Glauben mit Rücksicht auf die Verkehrssitte (§ 157 BGB), eine solche Position des Auftraggebers dem Anspruch aus einem wirksamen Hauptvertrag als wirtschaftlich gleichwertig zu erachten.

Nicht mit der Quasi-Wirksamkeit des formnichtigen Vertrags nach § 242 BGB (Rn 95 aE) auf die gleiche Stufe zu stellen ist der Eintritt des wirtschaftlichen Erfolgs infolge der **Durchführung des nichtigen Hauptvertrags**. Ist zB der vom Makler vermittelte nichtige Werkvertrag über ein Konzert von dem engagierten Orchester erfüllt worden, so steht der Auftraggeber im Ergebnis nicht anders, als wenn der Werkvertrag wirksam zustande gekommen wäre: Die Pflicht zur Rückgewähr der Leistung nach § 812 Abs 1 S 1 Alt 1 BGB scheitert an deren Unmöglichkeit; die an deren Stelle tretende Pflicht zum Wertersatz nach § 818 Abs 2 BGB deckt sich wirtschaftlich mit der Pflicht zur Zahlung des (üblichen) Werklohns (vgl Reuter/Martinek, Ungerechtfertigte Bereicherung, Teilband 2, 225 f mwNw). Gleichwohl ist eine Provisionszahlungspflicht des Auftraggebers zu verneinen. Da der Makler das Risiko des Nichteintritts des angestrebten wirtschaftlichen Erfolgs infolge unvollkommener Durchführung des wirksamen Vertrags nicht trägt, kann er auch nicht an der Chance des Eintritts des wirtschaftlichen Erfolgs infolge der „vollkommenen" Durchführung des unwirksamen Vertrags teilhaben (vgl schon Rn 89 aE). Selbstverständlich lässt sich im Maklervertrag Abweichendes vereinbaren, wie der Maklervertrag überhaupt in den Grenzen der §§ 134 und 138 BGB ohne weiteres auf den Nachweis bzw die Vermittlung eines nichtigen Hauptvertrags gerichtet sein kann (Hamm Rn 561; **aA** Kempen 47 f, dessen Beispiel freilich unglücklich gewählt ist: Die Vermittlung eines Scheinvertrags, um den Vorkaufsberechtigten zur Ausübung des Vorkaufsrechts zu bewegen, ist Beihilfe zum Betrug, so dass der darauf gerichtete Maklervertrag sicherlich nichtig ist). Aber zu einer solchen abweichenden Vereinbarung bedarf es der **individualvertraglichen Absprache**. Der Zusammenhang von Risiko- und Chancenverteilung ist ein anerkanntes Gerechtigkeitspostulat (cuius est periculum eius et commodum esse debet), so dass er weder durch eine AGB-Klausel (§ 307 BGB) noch durch eine Auslegung nach Treu und Glauben mit Rücksicht auf die Verkehrssitte (§ 157 BGB) auflösbar ist. Erst recht bedarf es, und zwar wegen Abweichung vom gesetzlichen Leitbild des Maklervertrags gemäß § 307 Abs 2 Nr 1 BGB, der individualvertraglichen Absprache, soweit die Vermittlung eines nichtigen Vertrags ohne Rücksicht auf den Eintritt des wirtschaftlichen Erfolgs die Provisionszahlungspflicht begründen soll (Kempen 48 f), es sei denn, es gäbe entgegenstehendes Gewohnheitsrecht oder wenigstens einen entgegenstehenden Handelsbrauch (vgl dazu BGH WM 1983, 684). 96

dd) Nichtigkeit des Hauptvertrags nach Anfechtung

Ebenso wie den ipso iure nichtigen Hauptvertrag behandelt die hM den infolge wirksamer **Anfechtung** nichtigen Hauptvertrag (§ 142 Abs 1 BGB): Hier wie dort entsteht der Provisionsanspruch nicht. Das soll unabhängig davon gelten, ob der Auftraggeber oder die andere Vertragspartei angefochten hat, und auch unabhängig davon, aus welchem Grund angefochten worden ist (RGZ 76, 354; BGH NJW 1979, 975; BGH 9. 7. 2009 – III ZR 104/08, NJW 2009, 2810 Rn 9; BGH 24. 9. 2021 – V ZR 272/19, NZM 2022, 110 Rn 16; Erman/Fischer § 652 Rn 39; Hamm Rn 565; Soergel/Engel § 652 Rn 65). Vereinzelt finden sich Gegenstimmen: So will Knieper (NJW 1970, 1293, 1297) die Provisionszahlungspflicht des Auftraggebers trotz der wirksamen Anfechtung aufrechterhalten, wenn allein die andere Vertragspartei anfechtungsberechtigt gewesen ist (Ausnahme: Anfechtung wegen Drohung eines Dritten): Der arglistig täuschende oder widerrecht- 97 lich drohende Auftraggeber verdiene keinen Schutz; im Übrigen könne der Auftraggeber die Provision nach § 122 BGB auf die anfechtende Vertragspartei abwälzen (ähnlich Altmeppen 26 ff). Diese Argumentation entspricht nicht der **gesetzlichen Risikoverteilung**. Das Gesetz hat vorbehaltlich der Störungen im Durchführungsstadium den Provisionsanspruch als „Teilhabe" am Vorteil des Auftraggebers ausgestaltet. Fehlt es – aus welchen Gründen auch immer – am Vorteil in der Mindestintensität eines wirksamen Verpflichtungsgeschäfts, so widerspricht die Annahme einer Provisionszahlungspflicht der gesetzlichen Konzeption des Maklerrechts (ausführlicher Rn 90). Nicht zufällig entstehen auf der Grundlage der These Kniepers Wertungswidersprüche: Die Vereitelung des Erfolgs durch ein vorsätzliches Verhalten, das den Hauptvertragspartner zur erfolgreichen Anfechtung veranlasst, kann schwerlich stärker ins Gewicht fallen als ein vorsätzliches Verhalten, das es erst gar nicht zum Vertragsschluss kommen lässt und dadurch – wie auch Knieper nicht bestreitet (NJW 1970, 1293, 1295) – die Provisionszahlungspflicht verhindert (vgl auch Kempen 52). Das Argument, der Auftraggeber habe sich in der ersten Alternative seiner Abschlussfreiheit begeben (Altmeppen 29; Damke 100) kann den Unterschied nicht rechtfertigen. Der Abschlussfreiheit begibt man sich durch Abschluss eines **wirksamen Vertrags**. Ein solcher liegt nur vor, wenn der Vertragsgegner nicht (rechtzeitig) anficht. Entgegen teilweise vertretener Auffassung (MünchKommBGB/Althammer § 652 Rn 180) kann der Makler die gesetzliche Risikoverteilung nicht ohne Individualvereinbarung zu seinen Gunsten ändern. Der AGB-Regelung steht § 307 Abs 2 Nr 1 BGB entgegen. Tempel (382) will die erfolgreiche Anfechtung dann für provisionsunschädlich erklären, wenn sie sich auf Gründe wie den Irrtum über die Bonität des Vertragspartners oder über die Fehlerfreiheit des Vertragsgegenstands stützt. Insoweit soll es sich um Durchführungsrisiken handeln, die nach der gesetzlichen Konzeption des Maklerrechts nicht der Makler, sondern der Auftraggeber trägt. Dieser Gedankengang überzeugt nicht, da die Trennlinie zwischen Begründungs- und Durchführungsrisiken nicht nach der Art der Mängel, sondern danach zu ziehen ist, ob bereits die Abgabe der Vertragserklärungen durch irrtümliche Vorstellungen über ihr Vorhandensein bestimmt worden ist oder ob sie sich erst als Störungen bei der Durchführung des Vertrags auswirken (vgl Rn 78 aE). Soweit schließlich darauf abgehoben wird, ob der Auftraggeber den Anfechtungsgrund, insbesondere durch arglistige Täuschung geschaffen hat (Rust MDR 1959, 449; Kohler NJW 1957, 327, 329; Altmeppen 26 ff), hat schon das RG (RGZ 76, 354) das überzeugende Gegenargument formuliert: Da der Provisionsanspruch vom Abschluss des Hauptvertrages durch den Auftraggeber abhängt, muss der Makler ihn so nehmen, wie der Auftraggeber ihn abgeschlossen hat. So wie die arglistige Täuschung den Vertrag zustande gebracht hat, bringt die ihretwegen erklärte Anfechtung ihn wieder zu Fall. Dem Makler wird also nichts entzogen, was er ohne die Arglist des Auftraggebers haben würde. Ihm entsteht nicht einmal ein Schaden (Hamm Rn 568; ausführlich Kempen 58 ff). Die These von der Aufrechterhaltung der Provisionszahlungspflicht bei Nichtigkeit des Hauptvertrags infolge erfolgreicher Anfechtung der anderen Partei nach arglistiger Täuschung des Auftraggebers läuft auf eine Art umgekehrter Anwendung der von der hM auf die Analogie zu § 654 BGB gestützten Lohnunwürdigkeitsdoktrin (vgl dazu krit § 654 Rn 11 ff) hinaus: Wie der lohnunwürdige Makler den Provisionsanspruch trotz Wirksamkeit des Hauptvertrags verliert, soll der der Schonung unwürdige Auftraggeber trotz Unwirksamkeit des Hauptvertrags zur Provisionszahlung verpflichtet sein. Dafür bietet das Gesetz keine Grundlage (vgl auch BGH MDR 1968, 405; MünchKommBGB/Althammer § 652 Rn 180; **aA** Damke 113, 128 Rn 144).

Unberührt bleibt der Provisionsanspruch grundsätzlich von der bloßen Anfechtbarkeit des Hauptvertrags. Wenn der Auftraggeber selbst nicht anfechtungsberechtigt ist, kann er sich auch nicht etwa einredeweise auf die Anfechtbarkeit durch die andere Vertragspartei berufen. Eine Analogie zu § 770 BGB (dafür Reichel 27) scheitert trotz der Abhängigkeit des Provisionsanspruchs vom Hauptvertrag daran, dass der Makler die anfechtungsberechtigte Vertragspartei – anders als im Fall des § 770 BGB der Gläubiger den Hauptschuldner – nicht in Anspruch nehmen und dadurch zur Entscheidung über den Gebrauch des Anfechtungsrechts zwingen kann. Das macht die Interessenlage zu unvergleichbar, als dass eine Analogie zu § 770 BGB möglich wäre (Hamm Rn 572; Kempen 63; Würdinger 77 f; Eggert 64). Entgegen zT vertretener Ansicht (LG Köln MDR 1969, 307) genügt die Anfechtbarkeit zum Ausschluss des Provisionsanspruchs selbst dann nicht, wenn der Makler den Auftraggeber bei den Verhandlungen pflichtwidrig nicht auf von ihm bemerkte Täuschungsversuche der anderen Vertragspartei aufmerksam gemacht hat. Solange der Auftraggeber sein Anfechtungsrecht nicht ausübt, vermag der Provisionsanspruch allenfalls unter den strengen Voraussetzungen der Analogie zu § 654 BGB (vgl krit § 654 Rn 11 ff) zu entfallen. Erst recht scheidet die Einrede der Anfechtbarkeit des Hauptvertrags gegenüber dem Provisionsanspruch aus, wenn das Anfechtungsrecht nach den §§ 121 und 124 BGB wegen Fristablaufs (BGH NJW 2001, 966; Kempen 61; **aA** Reichel 27) oder nach § 144 BGB infolge Bestätigung (LG Köln MDR 1969, 307; Hamm Rn 574) erloschen ist. Allerdings ist nach der hier vertretenen Ansicht (**aA** die hM, vgl Rn 78) zu beachten, dass die Anfechtbarkeit für den Auftraggeber trotz Fristablaufs (§§ 121 u 124 BGB) oder Bestätigung (§ 144 BGB) die wirtschaftliche Gleichwertigkeit von beabsichtigtem und zustande gekommenem Hauptvertrag in Frage stellen kann. Das trifft zwar nicht in allen Anfechtungsfällen zu. Wohl aber wird die Anfechtbarkeit nach § 119 Abs 2 BGB wegen Irrtums über eine verkehrswesentliche (= vertragswesentliche) Eigenschaft des Hauptvertragsgegenstands oder -partners regelmäßig fehlende wirtschaftliche Gleichwertigkeit indizieren (vgl auch P C Schmidt 91 ff, 115 f). Der Makler, der einem Darlehensgeber einen Darlehensvertrag mit einem kreditunwürdigen Darlehensnehmer vermittelt, bringt genauso wenig den **lt Maklervertrag beabsichtigten** Hauptvertrag zustande wie derjenige, der einem Hauskäufer einen Kaufvertrag über ein unbehebbar mit einem wesentlichen Mangel (Schwamm) behaftetes Hausgrundstück nachgewiesen hat (vgl Rn 78). Einschränkend Eggert (zustimmend zur Kreditunwürdigkeit 98 f, grundsätzlich ablehnend zum Sachmangel 141 f); anders einschränkend Würdinger (ablehnend zur Kreditunwürdigkeit 88 f, zustimmend zum ursprünglichen unbehebbaren Sachmangel 113 ff). 98

Ist der Hauptvertrag wirksam angefochten worden, so kann der Provisionsanspruch infolge **Bestätigung** des alsdann nach § 142 Abs 1 BGB nichtigen Hauptvertrags gemäß § 141 BGB (= durch Neuabschluss) erhalten bleiben (zuletzt OLG Hamm NJW-RR 2013, 170, 172). Falls dabei Änderungen vereinbart werden, entscheidet die Auslegung des Maklervertrags darüber, ob der Hauptvertrag in dieser Gestalt noch als der beabsichtigte Hauptvertrag angesehen werden kann oder nicht. Das OLG Braunschweig (MDR 1963, 841) hat in diesem Sinne den Provisionsanspruch des Maklers für einen Fall anerkannt, in dem ein vom Makler vermittelter Gesellschaftsvertrag angefochten worden, danach die Gesellschaft aber in etwas anderer Form als werbende, dh nicht bloß zum Zweck der Auseinandersetzung, fortgesetzt worden war (zustimmend MünchKommBGB/Althammer § 652 Rn 180). 99

100 Umstritten ist, wie es sich auf den Provisionsanspruch des Maklers auswirkt, dass ein **tatbestandlich einschlägiges Anfechtungsrecht durch Rechtsbehelfe verdrängt** wird, deren Ausübung den Provisionsanspruch grundsätzlich nicht berührt. Diese Problematik stellt sich namentlich beim Kauf: Hier wird das Anfechtungsrechts des Käufers nach § 119 Abs 2 BGB jedenfalls nach Gefahrübergang durch die §§ 434 ff BGB verdrängt (BGHZ 60, 319, 320; 78, 216, 218, jeweils zu §§ 459 ff aF; zum neuen Recht nur Erman/Arnold § 119 Rn 9 mwNw). Der Auftraggeber als Käufer kann also nur zurücktreten, nicht aber den Vertrag durch Anfechtung rückwirkend beseitigen. Aus diesem konstruktiven Unterschied wird teilweise der Fortbestand des Provisionsanspruchs abgeleitet (OLG Oldenburg AIZ 1992 H 11 A 137 Bl 13; BeckOGK/Meier [1. 1. 2026] § 652 Rn 293; MünchKommBGB/Althammer § 652 Rn 188; Eggert 141; Würdinger 134 f). Es soll also keine andere Lösung erfolgen als in den sonstigen Fällen der Ausübung eines gesetzlichen Rücktrittsrechts, in denen der Provisionsanspruch bestehen bleiben soll (Rn 121). Nach anderer Auffassung soll bei einem derartigen anfänglichen Hindernis der Provisionsanspruch unabhängig von der abweichenden Konstruktion entfallen; der Makler dürfe nicht von der auf die Verkäufer-Käufer-Beziehung zugeschnittenen Auflösung der Normenkonkurrenz zwischen den §§ 434 ff BGB und § 119 Abs 2 BGB profitieren (OLG Braunschweig NJW 1954, 1083; OLG Karlsruhe AIZ 1987 H 3 A 137 Bl 9; Erman/Fischer § 652 Rn 40). Dem ist im Grundsatz zu folgen; denn es fehlt, wenn die Istbeschaffenheit des gekauften Gegenstands von vornherein unbehebbar negativ von der vereinbarten Beschaffenheit abweicht, **an der wirtschaftlichen Gleichwertigkeit** zwischen beabsichtigtem und zustande gekommenem Hauptvertrag (Rn 78 f). Das gilt unabhängig davon, ob der Auftraggeber-Käufer zurücktritt oder (erheblich) mindert, ja sogar unabhängig davon, ob er den Gewährleistungsanspruch durch Fristablauf verliert oder nicht (**aA** OLG Karlsruhe AIZ 1987 H 3 A 137 Bl 9; OLG Frankfurt ZMR 1996, 84). Handelt es sich dagegen um einen lediglich behebbaren Mangel, wird die wirtschaftliche Gleichwertigkeit durch das Bestehen eines Nacherfüllungsanspruchs gewährleistet. Kommt es zum Rücktritt, weil der Verkäufer diesen nicht erfüllt, handelt es sich lediglich um ein nachträgliches Hindernis, das nach allgemeinen Grundsätzen das Bestehen der Maklerprovision unberührt lässt (vgl Rn 121). Ebenso bleibt bei einem unbehebbaren Mangel der Provisionsanspruch bestehen, wenn dem Käufer ein Schadensersatzanspruch auf das positive Interesse zusteht (vgl Dehner NJW 1992, 3747, 3751). Da dieser gemäß § 311a Abs 2 BGB schon bei einfacher Fahrlässigkeit des Verkäufers besteht und nach § 325 BGB auch neben einem Rücktritt geltend gemacht werden kann, wird damit in vielen Fällen der Provisionsanspruch des Maklers bestehen. Ist der Verkäufer der Auftraggeber, so kann dagegen der von vornherein vorhandene Mangel des Kaufgegenstands die wirtschaftliche Ungleichwertigkeit von beabsichtigtem und zustande gekommenem Hauptvertrag nicht begründen. Denn der laut Maklervertrag beabsichtigte Hauptvertrag ist dann notwendig ein Kaufvertrag über den vom Auftraggeber angebotenen Kaufgegenstand, mag dieser mangelfrei sein oder nicht.

101 Die fehlende wirtschaftliche Gleichwertigkeit ist auch der Grund, weshalb mit der hM (BGH NJW 1979, 975; Erman/Fischer § 652 Rn 39; Wolf WM 1981, 666, 673) der Provisionsanspruch zu verneinen ist, wenn der vom Makler vermittelte und in Vollzug gesetzte Gesellschaftsbeitritt infolge relevanten Irrtums des nachgewiesenen bzw vermittelten Gesellschafters von diesem zwar kraft Gesellschaftsrechts (K Schmidt, Gesellschaftsrecht 143 ff mit Nachweisen) nicht angefochten, wohl aber außerordentlich **gekündigt** werden kann. Der Vertrag kommt in diesen Fällen schon als mit dem Kündigungsgrund behafteter zustande, so dass der Nachweis bzw die Vermittlung dem Auftraggeber vorbehaltlich abweichender Regelung, die sich auch nach § 157 BGB ergeben kann, nicht das im Maklervertrag Vereinbarte bringt (aA Kempen 65 ff; ähnlich wie hier Erman/Fischer § 652 Rn 39; vgl auch Rn 77).

Diskutiert wird in Rechtsprechung und Schrifttum weiterhin, ob der Provisions- **102**
anspruch des Maklers auch dann entfällt, wenn die Anfechtung mit einem anderen Rechtsbehelf konkurriert und der Auftraggeber diesen wählt. Eintreten kann dieser Fall insbesondere dann, wenn der Verkäufer den Käufer arglistig täuscht; denn die Anfechtung nach § 123 BGB wird durch die §§ 434 ff BGB nicht verdrängt (siehe nur Erman/Arnold § 123 Rn 6 mwNw). Für das alte Recht hat BGH NJW 2001, 966 (und darauf Bezug nehmend BGH NJW 2005, 3778, 3779; siehe zuvor schon LG Aurich NJW 1967, 398; LG Münster AIZ 1971, 9) das Entfallen des Provisionsanspruchs des Maklers angenommen, wenn der infolge seines Nachweises bzw infolge seiner Vermittlung zustande gekommene Vertrag von der anfechtungsberechtigten Hauptvertragspartei nicht angefochten, sondern durch Ausübung eines **aus der gleichen Fehlerquelle stammenden gesetzlichen Rücktrittsrechts** ex nunc in ein Rückgewährschuldverhältnis umgewandelt werde (siehe zuletzt auch OLG Stuttgart ZMR 2013, 586, 587). BGH NJW 2009, 2810, 2811 hat dagegen Provisionsunschädlichkeit angenommen, wenn der Käufer den Anspruch auf Schadensersatz wegen Nichterfüllung geltend gemacht hat. Im Schrifttum wird diese Lösung teilweise auch das reformierte Kaufrecht übertragen (vgl Grüneberg/Retzlaff § 652 Rn 39). Tatsächlich dürfte der Provisionsanspruch des Maklers bei Geltendmachung der kaufrechtlichen Rechtsbehelfe regelmäßig erhalten bleiben (MünchKommBGB/Althammer § 652 Rn 188; NK-BGB/Wichert § 652 Rn 95a; Würdinger NZM 2010, 305, 308). Dies folgt daraus, dass dem Käufer bei einer arglistigen Täuschung durch den Verkäufer ein Anspruch auf Schadensersatz statt der Leistung zusteht, der nach § 325 BGB auch neben dem Rücktritt geltend gemacht werden kann, und damit ein gleichwertiges Surrogat zum Erfüllungsanspruch besteht. Allerdings wird das Anfechtungsrecht nach § 123 Abs 1 BGB durch die Wandlung (den Rücktritt) nicht verbraucht. Der Auftraggeber kann daher innerhalb der Fristen des § 124 BGB auch noch nach dem Rücktritt den Hauptvertrag rückwirkend anfechten und so dem Provisionsanspruch die Grundlage entziehen.

Als Beispiel für die wegen Abstammung aus der gleichen Fehlerquelle wie ein beste- **103**
hendes Anfechtungsrecht provisionsschädliche Ausübung eines Rücktrittsrechts wird ferner der Fall des Kreditkaufvertrages genannt, bei dem der Verkäufer wegen Irrtums über die Kreditwürdigkeit des Käufers nach § 119 Abs 2 BGB anfechten und wegen Zahlungsverzugs des Käufers nach § 323 Abs 1 BGB zurücktreten kann (vgl Kempen 71). Der Verkäufer soll insoweit nicht zur Anfechtung gezwungen sein, um den Provisionsanspruch des Maklers zu Fall zu bringen, sondern das wegen § 122 BGB für ihn tendenziell günstigere Rücktrittsrecht ausüben können. Dem ist jedenfalls **im Ergebnis** zu folgen. Freilich ist bei Vorleistungspflicht des Verkäufers im Hinblick auf § 321 BGB bereits fraglich, ob nicht schon eine Anfechtung nach § 119 Abs 2 BGB ausgeschlossen ist (siehe zum Meinungsstand Erman/Arnold § 119 Rn 8 mwNw), womit es sich dann um den Fall handeln würde, bei dem die Anfechtung durch einen anderen Rechtsbehelf ausgeschlossen wird (siehe schon Rn 100). Für den Wegfall des Provisionsanspruchs spricht aber vorliegend die Risikoverteilung des § 652 BGB, nach der das Risiko des Zustandekommens des Vertrags beim Makler, das Risiko der Durchführung des Vertrags dagegen beim Auftraggeber liegt. Diese

beruht darauf, dass das Risiko nachträglicher Leistungsstörungen nichts mehr mit dem Erfolg der auf den Vertrag bezogenen Nachweis- bzw Vermittlungstätigkeit zu tun hat. Kommt infolge des Nachweises bzw der Vermittlung für den Auftraggeber ein Kaufvertrag mit einem ursprünglich zahlungsunfähigen Käufer zustande, so tritt für den Auftraggeber/Verkäufer ein **von vornherein minderwertiger Erfolg** ein, der nicht dadurch zu dem im Maklervertrag vorausgesetzten vollwertigen wird, dass der Auftraggeber sich statt durch Anfechtung durch Rücktritt wegen Zahlungsverzugs vom Vertrag löst (vgl auch Kempen 71 ff, 73 aE; Rn 77; anders OLG Hamm 28. 4. 2014 – 18 U 72/13). Auf einen etwaigen Schadensersatzanspruch des Verkäufers auf das positive Interesse kann es in diesem Fall nicht ankommen, weil dieser offensichtlich wertlos ist. Das Gleiche gilt für den Fall, dass der Kaufvertrag deswegen rückabgewickelt wird, weil eine Partei die andere getäuscht hat und deshalb für diese ein **Anspruch auf Aufhebung aus culpa in contrahendo** (§§ 311 Abs 2 und 280 Abs 1 BGB) entstanden ist. Ob die Täuschung arglistig geschehen ist (und damit auch ein Anfechtungsrecht nach § 123 BGB ausgelöst hat) oder ob sie nur auf Fahrlässigkeit beruht, spielt wegen des in beiden Fällen von vornherein minderwertigen Erfolgs keine Rolle (vgl OLG Hamm NJW-RR 1991, 249 ff; vgl auch BGH NZM 2008, 218; **aA** Würdinger NZM 2009, 535, 537; für den Fall des ursprünglichen Sachmangels OLG Oldenburg AIZ 1992 H 11 A 137 Bl 13).

ee) Der bedingte Hauptvertrag

104 Das Schicksal des Provisionsanspruchs im Fall des bedingten Hauptvertrags spricht § 652 Abs 1 S 2 BGB an, der die Entstehung bei **aufschiebend bedingtem Hauptvertrag** auf den Eintritt der Bedingung festsetzt. Die (abdingbare, vgl OLG Karlsruhe AIZ A 121 Bl 58) Vorschrift stellt klar, dass der Makler das Risiko des Ausfalls der Bedingung genauso zu tragen hat, wie er sonst das Risiko des Nichtzustandekommens des Vertrages trägt (BGH WM 1992, 745; NJW-RR 2002, 50; OLG Düsseldorf NJW-RR 1998, 1207 betr Provisionsanspruch des Anlagevermittlers; Kempen 115 f). Zugleich soll sie die Entschließungsfreiheit des Auftraggebers im Verhältnis zum Makler über den Vertragsschluss hinaus bis zum Zeitpunkt des Eintritts der Bedingung ausdehnen, so dass die Aufhebung des aufschiebend bedingten Hauptvertrags vor Eintritt der Bedingung den Provisionsanspruch verhindert (OLG Hamburg AIZ 1985 H 1 A 137 Bl 5; BGB-RGRK/Dehner § 652 Rn 13). Freilich hilft es dem Auftraggeber nichts mehr, wenn er den Eintritt der Bedingung **einseitig** vereitelt. Da der Hauptvertrag dann gemäß § 162 Abs 1 BGB trotzdem zustande kommt, entsteht auch der Provisionsanspruch des Maklers (vgl Kempen 118; missverständlich OLG Düsseldorf MDR 1999, 1376, das § 162 Abs 1 S 2 BGB im Verhältnis Auftraggeber – Makler für unerheblich erklärt, aber dabei nicht den Fall des bedingten Hauptvertrags, sondern die Vereitelung des Zustandekommens des Hauptvertrags durch Nichterfüllung des darauf gerichteten Vorvertrags behandelt). Ein aufschiebend bedingter Hauptvertrag im Sinne des § 652 Abs 1 S 2 BGB kann auch dann vorliegen, wenn ein Grundstückskaufvertrag unter der aufschiebenden Bedingung der Erteilung einer Baugenehmigung abgeschlossen worden ist und sich der Käufer darin für den Fall des Fehlens der Baugenehmigung bis zu einem bestimmten Zeitpunkt den Rücktritt vorbehalten hat. Eine solche Kombination von aufschiebender Bedingung und Rücktrittsrecht ist sinnvoll (vgl BGH NJW 1984, 358, 359; OLG Düsseldorf NZM 1998, 1018).

105 Im Fall des **auflösend bedingten Hauptvertrags** ist das Schicksal des Provisionsanspruchs umstritten. Zwar herrscht Einigkeit darüber, dass der Provisionsanspruch im Umkehrschluss aus § 652 Abs 1 S 2 BGB bereits mit dem Abschluss des Hauptvertrags entsteht (Hamm Rn 602 aE; Erman/Fischer § 652 Rn 37). Offen ist jedoch, ob der

Eintritt der auflösenden Bedingung ihn wieder – mit der Folge des § 812 Abs 1 S 2 Alt 1 BGB – in Wegfall bringt. Die Rechtsprechung hat sich dagegen ausgesprochen (BGH WM 1971, 905; WM 1977, 21; 1982, 1098; OLG Stuttgart BB 1972, 939, 940; OLG Dresden NJW-RR 1994, 885). Im Schrifttum sind die Auffassungen geteilt (wie die Rechtsprechung Hamm Rn 606; BeckOGK/Meier [1. 1. 2026] § 652 Rn 300; MünchKommBGB/Althammer § 652 Rn 176; Erman/Fischer § 652 Rn 38; Soergel/Engel § 652 Rn 48; unentschieden – Frage der Auslegung im Einzelfall – Zopfs Rn 38). Dazu ist zunächst festzustellen, dass eine (dispositive) gesetzliche Wertung gegen den Wegfall des Provisionsanspruchs nicht existiert. Insbesondere folgt eine solche gesetzliche Wertung nicht aus dem Umkehrschluss zu § 652 Abs 1 S 2 BGB. § 652 Abs 1 S 2 BGB sagt etwas darüber aus, **wann** der Provisionsanspruch entsteht. Dem Umkehrschluss zu § 652 Abs 1 S 2 BGB lässt sich deshalb nur entnehmen, dass der Provisionsanspruch entsteht, bevor sich entscheidet, ob der Hauptvertrag infolge Eintritts der auflösenden Bedingung scheitert oder nicht. **Ob** er **bestehen bleibt**, hängt beim bedingten Hauptvertrag wie sonst nach § 652 Abs 1 S 1 BGB vom (endgültigen) „Zustandekommen" des nach dem Maklervertrag beabsichtigten Hauptvertrags ab (**aA** Rust AIZ 1962, 138, 139 f). So sehen es nicht zuletzt die Motive zum 1. Entwurf eines BGB, die für den Fall des Eintritts der auflösenden Bedingung ausdrücklich auf die Grundsätze über die ungerechtfertigte Bereicherung wegen nachträglichen Wegfalls des Rechtsgrundes für die Provisionszahlung verweisen (Mugdan II 287). Dass der Gesetzgeber – wie behauptet wird (Eggert 122; Würdinger 192) – die Entscheidung letztlich der Praxis überlassen habe, trifft nicht zu. Die Materialien gehen an der zitierten Stelle nicht von einer Gesetzeslücke, sondern von der Lösung nach den Grundsätzen aus, die auch sonst für den Eintritt einer (hier doppelt) auflösenden Bedingung gelten.

Vom Standpunkt der heutigen Dogmatik des Maklerrechts ist zu fragen, ob der Auftraggeber die Provision bei sachgerechter Auslegung des Maklervertrags auch für den Fall versprochen hat, dass der Hauptvertrag infolge des Eintritts einer auflösenden Bedingung hinfällig wird. Diese Frage ist im Zweifel, dh wenn nicht besondere Gründe für das Gegenteil sprechen, negativ zu beantworten. Denn die auflösende Bedingung macht den Hauptvertrag von vornherein anfällig für späteren Wegfall. Das Zustandekommen des Hauptvertrags verschafft dem Auftraggeber daher bei Eintritt der auflösenden Bedingung zu keinem Zeitpunkt einen Vorteil, an dem der Makler mittels des Provisionsanspruchs partizipieren könnte. Ein Unterschied zum Fall des aufschiebend bedingten Hauptvertrags ist allenfalls darin zu sehen, dass der Auftraggeber als Hauptvertragspartner aus dem auflösend bedingten Hauptvertrag schon einen Erfüllungsanspruch hat, bevor sich der Eintritt oder Ausfall der Bedingung entscheidet, während der aufschiebend bedingte erst ab Eintritt der Bedingung einen Erfüllungsanspruch gewährt. Das mag es rechtfertigen, dem Makler im Umkehrschluss einen **vorläufigen** Provisionsanspruch zuzugestehen, aber nicht mehr. Diese Konsequenz fügt sich reibungslos in die hier vertretene Grundkonzeption ein, dass der Provisionsanspruch des Maklers vorbehaltlich abweichender (Individual-) Abrede im Zeitpunkt des Abschlusses des Hauptvertrags die Existenz des Vorteils des Auftraggebers voraussetzt, an der der Makler nach dem Maklervertrag teilhaben soll. Daran fehlt es im Fall der Anfechtbarkeit und des anfänglichen Fehlens der Geschäftsgrundlage des Hauptvertrags. Im Fall des bedingten Hauptvertrags dagegen ist die Existenz des Vorteils des Auftraggebers im Abschlusszeitpunkt noch offen, so dass die Bedeutung des Schwebezustandes für den Provisionsanspruch geklärt werden muss. Das ist in § 652 Abs 1 S 2 BGB für den aufschiebend bedingten und im 106

Umkehrschluss dazu für den auflösend bedingten Hauptvertrag geschehen (gegen Würdinger 191 f). Es gibt auch keinen Anlass, die Pflicht zur Rückzahlung der Provision bei Eintritt der auflösenden Bedingung des Hauptvertrags auf noch nicht erfüllte Hauptverträge zu begrenzen (so aber Eggert 127). Dafür fehlt nicht nur eine Rechtsgrundlage, sondern sogar ein Bedarf. Wenn die auflösende Bedingung nicht Geltungsvoraussetzung, sondern wie bei Dauerschuldverhältnissen Beendigungsgrund ist, ist ihr Eintritt selbstverständlich provisionsunschädlich. Denn dann ist der Vorteil des Auftraggebers erreicht worden. Wird dagegen der Hauptvertrag wegen des Eintritts der auflösenden Bedingung rückabgewickelt, so ist nicht einzusehen, weshalb der Makler die Provision behalten soll.

ff) Der vertragliche Rücktrittsvorbehalt

107 Die Meinungsverschiedenheiten bezüglich des Provisionsanspruchs im Fall des bedingten Hauptvertrags (Rn 100 f) setzen sich im Fall des Hauptvertrags mit vertraglichem **Rücktrittsvorbehalt** für eine oder beide Hauptvertragsparteien fort. Soweit der Auftraggeber sich – befristet – den Rücktritt ohne tatbestandliche Voraussetzungen vorbehalten hat, behandelt die Rechtsprechung den Rücktrittsvorbehalt wie die **aufschiebende Bedingung**: Bis das Rücktrittsrecht infolge Fristablaufs erlischt, entsteht der Provisionsanspruch des Maklers nicht; wird das Rücktrittsrecht ausgeübt, so ist die Entstehung des Provisionsanspruchs schlechthin ausgeschlossen (BGH NJW 1974, 694; BGH NJW 1976, 1842; BGH WM 1993, 342, 343; BGH NJW-RR 2000, 1302). Ebenso soll zu entscheiden sein, wenn die Hauptvertragsparteien den Rücktritt von einem bald zu erwartenden Ereignis – konkret: der Entscheidung der Genehmigungsbehörde über die Bebaubarkeit des verkauften Grundstücks oder der Veräußerbarkeit eines anderen Grundstücks innerhalb bestimmter Frist – abhängig gemacht haben (BGH WM 1971, 905; BGH WM 1977, 21; BGH NJW-RR 1998, 1205; OLG Dresden NJW-RR 1996, 694; OLG München AIZ 1989 H 5 A 137 Bl 12; LG Frankfurt NJW-RR 1988, 688; nicht erwähnt bei Zopfs Rn 39; Dehner NJW 1997, 18, 21 f). In der Konsequenz des Gedankens liegt es, die **Parallele zur auflösenden Bedingung** heranzuziehen, soweit das Rücktrittsrecht unbefristet eingeräumt oder doch an ein möglicherweise erst in später Zukunft eintretendes Ereignis angeknüpft wird; das würde nach der Rechtsprechung (vgl dazu Rn 105 f) auf die Aufrechterhaltung des Maklerlohnanspruchs hinauslaufen (vgl Kempen 160 ff). Dagegen soll nach anderer Auffassung darauf abzustellen sein, ob der Auftraggeber des Maklers oder die andere Vertragspartei ein vertragliches Rücktrittsrecht ausübt: In der ersten Alternative soll der Provisionsanspruch aufrechterhalten bleiben, in der zweiten entfallen (LG Köln MDR 1969, 1009). Schließlich gibt es Auffassungen, die jede Differenzierung ablehnen: ZT wird die uneingeschränkte Aufrechterhaltung des Provisionsanspruchs befürwortet, weil der Rücktritt am Zustandekommen des Hauptvertrags nichts ändere (Hamm Rn 595; Kempen 163 ff); zT wird der uneingeschränkte Wegfall des Provisionsanspruchs angenommen, weil der wirtschaftliche Erfolg beim Auftraggeber nicht eingetreten sei (AK-BGB/Reich § 652 Rn 18).

108 Den Schlüssel zur Lösung der Probleme im Einzelfall enthält zunächst der Maklervertrag, der wie stets primär darüber Aufschluss gibt, wie der Hauptvertrag beschaffen sein muss, damit sein Zustandekommen den Provisionsanspruch begründet (vgl BGH WM 1973, 300 f; DNotZ 1992, 411, 413; OLG Braunschweig AIZ 1994 H 5 A 146 Bl 28; LG Hamburg MDR 1960, 399; Kempen 131 ff). Nur soweit die erläuternde **Auslegung des Maklervertrags** kein klares Urteil ermöglicht, ist eine generelle, möglichst an den gesetzlichen Maßstäben des § 652 BGB orientierte Risikoverteilung gefordert (§§ 157 und

242 BGB). Danach ist dem BGH (BGH NJW 1974, 674) darin zuzustimmen, dass das **voraussetzungslose fristgebundene Rücktrittsrecht des Auftraggebers** den Provisionsanspruch des Maklers sperrt. Allerdings folgt das nicht aus analoger Anwendung des § 652 Abs 1 S 2 BGB. Die Rechtsähnlichkeit des voraussetzungslos befristeten Rücktrittsrechts besteht nicht zur aufschiebenden, sondern zur auflösenden (Potestativ-) Bedingung (so richtig Hamm Rn 595; Würdinger 201, 204; **aA** Eggert 118 f). Freilich ist richtiger Ansicht nach auch der Eintritt der auflösenden Bedingung des Hauptvertrags provisionsschädlich. Dieser Eintritt ist im Fall der rechtsähnlichen Ausübung eines voraussetzungslosen befristeten Rücktrittsrechts unabhängig davon, ob der Auftraggeber oder sein Hauptvertragspartner den Rücktritt erklärt. Denn auf Potestativbedingungen ist § 162 BGB nicht anwendbar (BGH NJW 1996, 3340). Andere Begründungen der Provisionsschädlichkeit überzeugen nicht. Das gilt insbesondere für die Ansicht, es fehle wegen des voraussetzungslosen befristeten Rücktrittsrechts an der Gleichwertigkeit von geschlossenem und nach dem Maklervertrag vorausgesetztem Hauptvertrag. Das trifft allenfalls dann zu, wenn der Maklervertrag eine frühere endgültige Wirksamkeit des Hauptvertrags voraussetzt, als sie infolge des voraussetzungslosen befristeten Rücktrittsrechts gewährleistet ist. Andernfalls ist bis zum Fristablauf lediglich – wie im Fall der auflösenden Bedingung – offen, ob der angestrebte Vorteil des Auftraggebers erreicht wird oder nicht (gegen Würdinger 204 f).

Soweit das Rücktrittsrecht des Auftraggebers oder des anderen Teils tatbestandlich umschrieben ist, hängt die Stellungnahme von der Eigenart dieser Rücktrittsvoraussetzungen ab. Betreffen sie **ursprüngliche Störungen** des Hauptvertrags, deren Nichtbeseitigung auch zur auflösenden Bedingung hätte gemacht werden können, so muss der Makler sich den Rücktritt genauso entgegenhalten lassen wie den Eintritt einer auflösenden Bedingung (Rn 105 f). Dass die Rechtsprechung in den einschlägigen Fällen stattdessen auf die angebliche Rechtsähnlichkeit mit dem Fall des aufschiebend bedingten Hauptvertrags abhebt, erklärt sich aus ihrer oben (Rn 105 f) abgelehnten Ansicht, im Fall des auflösend bedingten Hauptvertrags bleibe der Provisionsanspruch trotz Eintritts der Bedingung bestehen. Der Rücktritt wegen der (von vornherein) fehlenden Bebaubarkeit des gekauften Grundstücks beseitigt also (so richtig BGH WM 1971, 905; ebenso BGH NJW-RR 1998, 1205 mit Besprechung Riecke MDR 1998, 765) den Provisionsanspruch, ebenso der Rücktritt wegen nicht rechtzeitiger Ablösung von Grundpfandrechten durch den Vertragsgegner (BGH NJW 1997, 1583 mit kritischer Besprechung Theobald JZ 1997, 1120 unter Betonung der Besonderheiten des konkreten Falles), wegen fehlenden Nachweises der Zahlungsfähigkeit des Vertragspartners (OLG Zweibrücken NJW-RR 1989, 54 f; **aA** BGH NJW-RR 1991, 820, 821 betr Rücktritt wegen fehlender Beibringung einer Bankbürgschaft) oder wegen nicht rechtzeitiger Hinterlegung des Kaufpreises durch den Vertragspartner (OLG Koblenz NJW-RR 1997, 887). 109

Anders sieht es aus, wenn das Rücktrittsrecht an **(nachträgliche) Vertragsstörungen** anknüpft. Insoweit schlägt die Wertung des § 652 Abs 1 S 1 BGB durch, dass Entwicklungen nach dem Zustandekommen des Hauptvertrags den Erfolg der Nachweis- bzw Vermittlungstätigkeit vorbehaltlich abweichender Regelung des Maklervertrags nicht mehr berühren. Zu Recht vertritt daher die Rechtsprechung so gut wie unangefochten den Standpunkt, dass die Ausübung eines vertraglichen Rücktrittsrechts wegen Verzugs oder nachträglicher Unmöglichkeit den Provisionsanspruch unangetastet lässt (BGH WM 1974, 257; OLG München NJW 1970, 200; OLG Stuttgart BB 1972, 939; OLG Düsseldorf AIZ 1987 H 5 A 137 Bl 11), und zwar selbst dann, wenn 110 die Voraussetzungen des Rücktrittsrechts im Vergleich mit denjenigen des gesetzlichen Rücktrittsrechts erleichtert worden sind (BGH WM 1974, 257, 259). In der Konsequenz des allgemeinen Gedankens – keine Verantwortlichkeit des Maklers für Entwicklungen nach dem Zustandekommen des Hauptvertrags – liegt es, das gleiche Ergebnis zB für den vertraglichen Rücktritt wegen nachträglichen (= erst bei Gefahrübergang vorhandenen) unbehebbaren Mangels oder wegen des Verzugs des Vertragsgegners bei der Schaffung bestimmter Voraussetzungen (BGH WM 1993, 342, 343) anzunehmen.

gg) Aufhebung des Hauptvertrags

111 Die nachträgliche **Aufhebung des Hauptvertrags** ist schon in den Materialien zum Entwurf eines BGB als eindeutig provisionsunschädlicher Vorgang eingeordnet worden (Mugdan II 287). Die Richtigkeit der Ansicht folgt daraus, dass der Makler nicht einmal das Risiko der nachträglich eingetretenen Undurchführbarkeit des Hauptvertrags trägt. Erst recht kann ihn die nachträgliche Sinnesänderung der Hauptvertragsparteien nicht beeinträchtigen (BGH WM 1970, 1273; Knieper NJW 1970, 1293, 1297). Das gilt gemäß § 117 Abs 2 BGB auch dann, wenn die Hauptvertragsparteien die Sinnesänderung in die Form einer grundlosen, aber vom Adressaten nicht beanstandeten Anfechtung wegen Irrtums oder arglistiger Täuschung bzw rechtswidriger Drohung kleiden (BGH WM 1987, 510, 511). Die hM will diesen Grundsatz durchbrechen, wenn die Aufhebung aus Gründen erfolgt, die ihrerseits ein Recht zur Beseitigung des Hauptvertrags mit Wegfall des Provisionsanspruchs verschaffen. Insbesondere soll die Aufhebung wegen arglistiger Täuschung oder Irrtums einer Hauptvertragspartei (innerhalb der Fristen der §§ 121, 124 BGB) provisionsschädlich sein (OLG Karlsruhe AIZ 1987 H 3 A 137 Bl 9; OLG Köln NJW-RR 1997, 693; OLG Celle NJW-RR 1999, 128; einschränkend Kempen 75 ff). Tatsächlich dürfte es sich dabei um ein rein akademisches Problem handeln. Das Aufhebungsbegehren der arglistig getäuschten oder irrenden Hauptvertragspartei stellt in der Sache eine Anfechtungserklärung dar, so dass eine Aufhebung statt Anfechtung kaum denkbar erscheint (vgl auch Kempen 75 ff). Eine Rolle spielt die Aufhebung statt der Anfechtung praktisch erst, wenn eine wirksame Anfechtung wegen Ablaufs der Ausschlussfristen nach den §§ 121, 124 BGB ausscheidet. Entgegen teilweise vertretener Auffassung (Hamm Rn 577; ebenso wohl OLG Karlsruhe AIZ 1987 H 3 A 137 Bl 9; OLG Hamm NJW-RR 1991, 249; OLG Köln NJW-RR 1997, 693; OLG Hamburg NJW-RR 1999, 351) ist sie freilich nicht immer provisionsunschädlich. Soweit aus der Anfechtbarkeit die fehlende wirtschaftliche Gleichwertigkeit zwischen beabsichtigtem und zustande gekommenem Hauptvertrag folgt, entfällt der Provisionsanspruch sogar ohne Aufhebung (Rn 98, 101). Erst recht kommt der Provisionsanspruch nicht in Betracht, wenn die Hauptvertragsparteien ihren Vertrag mit Rücksicht auf den Anfechtungsgrund (= die fehlende wirtschaftliche Gleichwertigkeit) aufheben.

hh) Abhängigkeit des Hauptvertrags von einer Genehmigung

112 Hängt die volle Rechtswirkung des Hauptvertrages von einer **Genehmigung** ab, so entsteht der Provisionsanspruch erst, wenn die Genehmigung erteilt wird (BGH DB 1971, 1857; BGH NJW 1973, 1276; BGH NJW-RR 2008, 564; OLG Düsseldorf NZM 2001, 484; OLGR Saarbrücken 1997, 258; OLG Nürnberg ZfIR 2002, 204; OLG Karlsruhe 30. 11. 2020 – 9 U 32/19, NJW-RR 2021, 712Rn 36; vgl auch BGH WM 1991, 819; BeckOGK/Meier [1. 1. 2026] § 652 Rn 283). Das entspricht der Wertung des § 652 Abs 1 S 2 BGB, die wegen der Gleichheit der Interessenlage über die aufschiebende Bedingung hinaus auf andere Fälle

der schwebenden Unwirksamkeit analog anzuwenden ist (krit zur Begründung Würdinger NZM 2009, 535, 538). Dabei ist der Kunde ebenso wenig verpflichtet, die Genehmigung herbeizuführen, wie er zum Vertragsschluss verpflichtet ist (OLG Karlsruhe 30. 11. 2020 – 9 U 32/19, NJW-RR 2021, 712 Rn 37; BeckOGK/Meier [1. 1. 2026] § 652 Rn 283). Abweichende Vereinbarungen im Maklervertrag sind möglich, bedürfen aber wegen § 307 Abs 2 Nr 1 BGB der individualvertraglichen Abrede (Hamm Rn 607). Das KG (NJW 1961, 512, 514) sieht in der Klausel „zahlbar bei notariellem Kaufabschluss" noch nicht die Vereinbarung eines erfolgsunabhängigen Provisionsanspruchs, sondern lediglich eine Fälligkeitsabrede: Der Auftraggeber muss bereits bei notarieller Beurkundung zahlen, kann aber nach der Verweigerung der Genehmigung Rückzahlung nach § 812 Abs 1 S 2 Alt 2 BGB verlangen. Dagegen liegt nach Ansicht des OLG Hamburg (MDR 1975, 663; AIZ 1985 H 1 A 137 Bl 5) in der Klausel „mit Abschluss des Kaufvertrages verdient und fällig" die Abrede einer erfolgsunabhängigen Provision, nicht bloß die Vereinbarung vorzeitiger Fälligkeit. Das OLG Nürnberg (OLGZ 1967, 266, 267, 269) will in den Anforderungen an die Eindeutigkeit der maklervertraglichen Regelung unterscheiden, je nachdem, ob das Genehmigungserfordernis an den Vertragsgegenstand (zB Genehmigung des Landwirtschaftsamtes nach dem GrdstVG) oder an die Person einer Hauptvertragspartei (zB familiengerichtliche Genehmigung) anknüpft. In der zweiten Alternative sollen weniger strenge Maßstäbe gelten, weil sich das Genehmigungshindernis insoweit der Einflussnahme des Maklers entzieht. Dies überzeugt nicht. Der Makler trägt das Risiko des Zustandekommens des nachgewiesenen oder vermittelten Hauptvertrags unabhängig davon, ob er es konkret beeinflussen kann oder nicht. Der Provisionsanspruch setzt voraus, dass der Abschluss des Hauptvertrags gelingt. Es genügt nicht, dass er in einer Weise misslingt, die dem Makler nicht zurechenbar ist. Im Lichte der gesetzlichen Konzeption des Maklerrechts ist deshalb die mehr oder weniger weitreichende Zurechenbarkeit des Ausfalls der Genehmigung ein sachfremdes Differenzierungskriterium (vgl Rn 90).

Im Fall einer Teilungsgenehmigung, deren Erforderlichkeit sich seit dem EAG Bau **113**
v 24. 4. 2004 (BGBl I 1359) nur noch aus den Landesbauordnungen ergeben kann (Stollmann/Beaucamp, Öffentliches Baurecht [12. Aufl 2020] vor § 10 Rn 3 f), ist der (schuldrechtliche) Hauptvertrag ohne Genehmigung wirksam; genehmigungsbedürftig ist erst das Verfügungsgeschäft, dh Auflassung und Eintragung (BGHZ 37, 233, 237). Gleichwohl führt die Verweigerung der Genehmigung nach ganz hM (BGH WM 1976, 1132; BGH WM 1977, 21, 22; Hamm Rn 628) zum Wegfall des Provisionsanspruchs. Der Grund dafür kann freilich nach der ersatzlosen Streichung des § 306 aF durch das Schuldrechtsmodernisierungsgesetz weniger denn je darin liegen, dass der Hauptvertrag auf eine ursprünglich unmögliche Leistung gerichtet und daher nichtig wäre. Vielmehr ist richtigerweise darauf abzuheben, dass der (schuldrechtliche) Hauptvertrag im Falle der Genehmigungsbedürftigkeit des Verfügungsgeschäfts von vornherein mit einem inhaltlichen Risiko behaftet ist, das das Zustandekommen des **beabsichtigten** Hauptvertrags bis zur Genehmigung bzw Verweigerung der Genehmigung in der Schwebe lässt. BGH WM 1992, 745 nimmt sogar für den Regelfall an, dass die Hauptvertragsparteien den Vertrag unter der aufschiebenden Bedingung der Erteilung der Genehmigung abschließen, was zu § 652 Abs 1 S 2 BGB führt (vgl Rn 104; **aA** MünchKommBGB/Althammer § 652 Rn 183 für den Fall, dass die Genehmigung im Ermessen der Behörde steht). Nur das erklärt auch schlüssig, weshalb nach der Rechtsprechung der Provisionsanspruch des Maklers durch die Aufhebung des Hauptvertrags vor der **problemlosen Genehmigung** des Verfügungsgeschäfts nicht berührt wird (BGH

WM 1976, 1132), während die Hauptvertragsparteien bis zur erforderlichen Genehmigung des (schuldrechtlichen) Hauptvertrags selbst – wie im Fall der aufschiebenden Bedingung (Rn 104) – mit Wirkung gegenüber dem Makler die Dispositionsbefugnis behalten (MORMANN WM 1971, 1066, 1069 unter Berufung auf die Entscheidung BGH 28. 5. 1969 – IV ZR 791/68, wolterskluwer-online). Falls die Genehmigung des Verfügungsgeschäfts lediglich noch Formsache ist, haben der Nachweis bzw die Vermittlung des Maklers den Hauptvertrag auch wirtschaftlich vollwertig zustande gebracht. Eine nachträgliche Sinnesänderung der Hauptvertragsparteien vermag daran nichts mehr zu ändern (vgl auch KEMPEN 184 ff).

ii) Vorkaufsrechte Dritter

114 **(1)** Die Provisionszahlungspflicht des Verkäufers. Wird aufgrund des Hauptvertrags ein **Vorkaufsrecht** ausgeübt, so bleibt dies ohne Einfluss auf den Provisionsanspruch des **Verkäufermaklers**. Die zusätzliche Verpflichtung des Verkäufers gegenüber dem Vorkaufsberechtigten ändert nichts daran, dass der Vertrag mit dem Erstkäufer infolge des Nachweises bzw infolge der Vermittlung des Maklers zustande gekommen ist (RGZ 157, 243, 244; abweichend unter Berufung auf den Willen der Parteien des Maklervertrags im konkreten Fall OLG Celle NJW-RR 1996, 629). Fraglich ist allenfalls, ob die Existenz eines vorrangigen (= dinglichen oder durch Vormerkung gesicherten schuldrechtlichen) Verkaufsrechts nicht dem Erstvertrag die wirtschaftliche Gleichwertigkeit mit den im Maklervertrag vorausgesetzten Hauptvertrag nimmt. Aber der Maklervertrag sieht den Nachweis bzw die Vermittlung eines Verkaufs des Grundstücks mit allen seinen tatsächlichen und rechtlichen Eigenschaften vor. Soweit die Ausübung des Vorkaufsrechts eine im Maklervertrag nicht vorgesehene Belastung für den Auftraggeber-Verkäufer mit sich bringt, beruht diese nicht auf dem zustande gekommenen Vertrag, sondern auf der vertraglichen bzw gesetzlichen Grundlage des Vorkaufsrechts (§§ 463 ff, 1094 ff BGB, § 24 BauGB). Die Kritik, dieser Gedankengang stelle eine argumentative Vermengung des Erst- und des Zweitvertrags dar (so WÜRDINGER 157), überzeugt nicht. Wenn die Ausübung des Vorkaufsrechts den Erstkäufer zu einem vertraglich vorbehaltenen Rücktritt veranlasst, fehlt es zwar am Zustandekommen des ersten Vertrags im Sinne des § 652 Abs 1 BGB. Denn der Rücktrittsvorbehalt des Erstkäufers wegen des Vorkaufsrechts belastet den Vertrag von vornherein mit dem Risiko des Scheiterns, das sich der Makler wegen seiner Verantwortlichkeit für das bedingungslose Zustandekommen entgegenhalten lassen muss (vgl Rn 109). Doch verdient der Makler die Provision gegenüber dem Auftraggeber-Verkäufer dadurch, dass er durch seine Nachweis- bzw Vermittlungstätigkeit bezüglich des Erstvertrages zugleich den Zweitvertrag verursacht hat, es sei denn, der Vorkaufsberechtigte genügt nicht den Anforderungen des Maklervertrags an die wirtschaftliche Qualität des nachzuweisenden bzw zu vermittelnden Vertragspartners (vgl Rn 82). Das entspricht der hM (RG DJ 1938, 793; GRÜNEBERG/RETZLAFF § 652 Rn 41; ERMAN/FISCHER § 652 Rn 37; HAMM Rn 613; **aA** OLG Celle NJW-RR 1996, 629; EGGERT 130), ist aber weniger selbstverständlich, als die kurzgehaltenen Stellungnahmen nahelegen. Denn die Nachweis- bzw Vermittlungstätigkeit ist nicht auf den Vertrag mit dem Vorkaufsberechtigten bezogen (**aA** WÜRDINGER 159 auf der Grundlage eines nicht der hM entsprechenden Kausalitätsverständnisses, vgl dazu Rn 123). Helfen kann insoweit allein eine (das dispositive Gesetzesrecht verdrängende) ergänzende Auslegung des Maklervertrags, die darauf abstellt, dass der Makler, wäre an die Möglichkeit der Ausübung des Vorkaufsrechts gedacht worden, die ersatzweise Provisionspflichtigkeit des Zweitvertrags verlangt und regelmäßig von einem redlichen Auftraggeber auch zugebilligt er-

halten hätte. Besonderheiten gelten im Fall der gemeindlichen Vorkaufsrechte nach den §§ 24, 25 BauGB, die schuldrechtliche Vorkaufsrechte sind, jedoch wegen der Grundbuchsperre nach § 28 Abs 1 S 2 BauGB maklerrechtlich den dinglichen Vorkaufsrechten gleichstehen (BGH NJW 1999, 2271, 2272). Insoweit kann die Gemeinde das Vorkaufsrecht zum Verkehrswert ausüben, wenn der Erstvertrag einen wesentlich höheren Preis vorsieht (§ 28 Abs 3 S 1 BauGB). Geschieht das, so hat der Makler nur dann einen Provisionsanspruch, wenn der Maklervertrag einen Hauptvertrag zum Verkehrswert abdeckt (Würdinger 158; **aA** – auf der Grundlage, der Erstvertrag sei provisionspflichtig – Eggert 130).

(2) Die Provisionszahlungspflicht des Käufers. Der Provisionsanspruch des **Käufermaklers** soll infolge der Ausübung des Vorkaufsrechts nach ganz hM entfallen, weil der beabsichtigte wirtschaftliche Erfolg in der Person des Auftraggeber-Käufers nicht eintrete (RGZ 157, 243, 244; BGH MDR 1963, 303 f; BGH WM 1982, 1098, 1099). Diese Argumentation passt indessen allein, wenn der (Erst-)Käufer sich einem dinglich oder kraft Gesetzes quasidinglich (zur dogmatischen Konstruktion der Vorkaufsrechte nach dem BauGB Würdinger 138 f) Vorkaufsberechtigten gegenübersieht. Nur dann ist nämlich der vom Makler (mit) zustande gebrachte Hauptvertrag aus einem Grund gescheitert, der seinen wirtschaftlichen Wert von vornherein infrage gestellt hat. Im Falle eines **schuldrechtlichen Vorkaufsrechts** erhält der Vorkaufsberechtigte hingegen bloß ein konkurrierendes Forderungsrecht, nicht anders, als wenn der Verkäufer vor dem infolge des Nachweises bzw der Vermittlung des Maklers zustande gekommenen Vertrag mit dem Auftraggeber-Käufer einen weiteren Vertrag über den gleichen Gegenstand mit einem Dritten abgeschlossen hat. Von einem nicht wirtschaftlich vollwertigen Hauptvertrag kann man insoweit schwerlich sprechen, kann doch der Verkäufer zunächst noch völlig ordnungsgemäß erfüllen. Erst wenn der Verkäufer sich dafür entscheidet, dem Vorkaufsberechtigten bei der Erfüllung den Vorzug zu geben, wird der wirtschaftliche Erfolg des nachgewiesenen bzw vermittelten Hauptvertrags vereitelt. Dabei handelt es sich unzweifelhaft um einen **nachträglichen** Vorgang, der ausweislich der Wertung des § 652 Abs 1 S 1 BGB den **Provisionsanspruch** des Maklers vorbehaltlich abweichender Vereinbarung **unangetastet** lässt. Nicht zufällig bezieht sich die bisherige höchstrichterliche Rechtsprechung ausschließlich auf das Schicksal des Provisionsanspruchs im Falle der Ausübung dinglicher oder doch quasidinglicher **gesetzlicher Vorkaufsrechte** (wie hier MünchKommBGB/Althammer § 652 Rn 184; Eggert 131; im Ergebnis auch Würdinger 152; hinsichtlich des schuldrechtlichen Vorkaufsrechts offen BGH NJW 1999, 2271). 115

Andererseits besteht freilich entgegen Kempen (196 ff) auch kein Anlass, der hM auch im Hinblick auf **dingliche** (einschließlich quasidinglicher gesetzlicher) **Vorkaufsrechte** zu widersprechen und die Ausübung des Vorkaufsrechts unabhängig von seiner schuldrechtlichen oder dinglichen Natur zugunsten des Käufermaklers für provisionsunschädlich zu erklären. Die Wertung des § 652 Abs 1 S 1 BGB duldet es entgegen Kempen 196 durchaus, Erfüllungshindernisse zu Lasten des Maklers zu berücksichtigen. Die Erfüllungshindernisse dürfen nur nicht erst nach Vertragsschluss begründet worden sein (Rn 78). Allerdings ist zweifelhaft, ob der mit dem Vorkaufsrecht belastete Verkäufer einem Verkäufer ohne Eigentum und Verfügungsberechtigung gleichsteht (so Eggert 133; zum Vergleichsfall Rn 82). Die Konsequenz – Provisionsschädlichkeit des Vorkaufsrechts auch dann, wenn der Vorkaufsberechtigte auf die Ausübung verzichtet – geht wohl zu weit. Doch entspricht die Interessenlage ziem- 116 lich genau derjenigen im Fall des bedingten (Rn 104 ff) und des genehmigungsbedürftigen (Rn 112 f) Hauptvertrags: Es ist beim Abschluss noch offen, ob der Vertrag dem Auftraggeber den Vorteil verschafft, an dem der Makler nach dem Maklervertrag partizipieren soll. Deshalb mag der Hauptvertrag zwar – wie im Fall des auflösend bedingten Hauptvertrags – schon mit dem Abschluss wirksam sein (Würdinger 147). Aber **vollwertig** zustande gekommen ist er erst, wenn der Vorkaufsberechtigte auf das Vorkaufsrecht verzichtet hat. Umgekehrt kommt der Hauptvertrag nicht vollwertig zustande, wenn der Vorkaufsberechtigte das Vorkaufsrecht ausübt (ähnlich schon Reichel 72 f). Dem lässt sich nicht entgegenhalten, der Erstkäufer habe trotz der Ausübung des Vorkaufsrechts einen das Erfüllungshindernis voll kompensierenden Anspruch auf Schadensersatz statt der Leistung erworben (Rn 78). Für das dingliche Vorkaufsrecht ist der Anspruch auf Schadensersatz statt Leistung zwar theoretisch möglich, zumal § 442 Abs 2 BGB eine unbedingte Einstandspflicht für die Beseitigung im Grundbuch eingetragener Rechte vorsieht. Praktisch scheitert er jedoch daran, dass der Erstkaufvertrag vorbehaltlich ausdrücklicher abweichender Regelung kraft Auslegung gem §§ 133, 157 BGB unter der Bedingung der Nichtausübung des Vorkaufsrechts steht (RG JW 1922, 576; OLG Nürnberg MDR 1984, 755; BayObLG DNotZ 1998, 478; krit Staudinger/Schermaier [2024] § 463 Rn 57).

117 Selbstverständlich außerhalb des Maklerrisikos liegt es, wenn ein vom Makler vermitteltes **Darlehen zum Ankauf eines Grundstücks** für den Auftraggeber-Darlehensnehmer seinen Sinn verliert, weil ein Vorkaufsberechtigter durch Ausübung des Vorkaufsrechts die Erwerbspläne durchkreuzt (BGH NJW 1982, 2662; Hamm Rn 629). Die Vermittlungstätigkeit des Kreditmaklers erschöpft sich im Zustandebringen des Darlehensvertrags. Mit der Verwendung des Darlehens hat er nichts zu tun, so dass ihn auch die Verwendungsrisiken vorbehaltlich abweichender Vereinbarung nicht treffen können. Ebenso bleibt der Provisionsanspruch des Käufermaklers gegen den Erstkäufer erhalten, wenn dieser durch Widerspruch gegen die Ausübung des gesetzlichen quasidinglichen Vorkaufsrechts die Aufhebung des Ausübungsbescheids durch die vorkaufsberechtigte Gemeinde erreicht (OLGR München 1998, 40). Umgekehrt ändert es am Wegfall der Provisionszahlungspflicht des Erstkäufers infolge der Ausübung des gesetzlichen Vorkaufsrechts nichts, dass er das Grundstück in einer nachfolgenden Zwangsversteigerung doch noch erwirbt (BGH NJW 1999, 2271 und dazu Dehner NJW 2000, 1986, 1991).

118 **(3)** Die Provisionszahlungspflicht des Vorkaufsberechtigten. Die **Provisionszahlungspflicht des Vorkaufsberechtigten** setzt nach § 464 Abs 2 BGB voraus, dass sie Bestandteil des Hauptvertrags zwischen dem Verkäufer und dem Erstkäufer ist; der bloße Maklervertrag des Verkäufers oder des Erstkäufers mit dem Makler reicht nicht aus. Bestandteil des Hauptvertrags kann die Provisionszahlungspflicht einmal dadurch werden, dass sich die andere Vertragspartei gegenüber dem Auftraggeber durch Abrede zugunsten des Maklers im Sinne des **§ 328 BGB** zur Provisionszahlung verpflichtet. Eine solche Fallgestaltung ist denkbar, wenn der Verkäufer den Maklervertrag abgeschlossen hat und die Provisionszahlungspflicht auf den Käufer abwälzen will, ferner, wenn der Verkäufer dem Makler einen Nachweis- oder Vermittlungsauftrag erteilt hat mit der Maßgabe, dass er für die Provisionszahlung durch den Käufer sorgen werde. Insoweit ist die Verpflichtung des Vorkaufsberechtigten unproblematisch. Denn hier handelt es sich um echte **Vertragskosten**, die der Käufer originär übernommen hat (BGH NJW 1982, 2068; OLG Hamburg MDR 1973, 1018; LG Braunschweig AIZ 1962, 58, 59; LG Hamburg AIZ 1991 H 4 A 135, Bl 6; Kempen 208 f). Nach § 28 Abs 3 S 4 BauGB hat die vorkaufsberechtigte Gemeinde die vom Erstkäufer übernommenen Maklerkosten des Verkäufers als Bestandteil der Vertragskosten sogar dann zu ersetzen, wenn der Verkäufer nach § 28 Abs 3 S 2 BauGB von dem durch die Ausübung des (preislimitierten) Vorkaufsrechts entstandenen Vertragsverhältnis zurücktritt (BGH NJW 1982, 2068 f).

Problematisch ist dagegen der Fall, dass der Erstkäufer der Auftraggeber des Maklers ist, sich aber trotzdem **zusätzlich** zu seiner maklervertraglichen Verpflichtung auch noch **im Kaufvertrag zur Provisionszahlung verpflichtet**. Damit kann erstens beabsichtigt sein, zugunsten des Maklers einen Urkundenbeweis für den Abschluss des Hauptvertrags und die Kausalität der Maklertätigkeit dafür zu schaffen. In dieser Variante ist die Provisionszahlungspflicht des Erstkäufers nur äußerlich mit dem Kaufvertrag verbunden; inhaltlich handelt es sich um ihre **deklaratorische Anerkennung** durch den Erstkäufer (vgl OLG Karlsruhe AIZ 1983 H 1 A 136 Bl 7). Entsprechend scheidet eine Haftung des Vorkaufsberechtigten für die Provision aufgrund des § 464 Abs 2 BGB aus (BGH MDR 1963, 303). Im Ergebnis ebenso zu entscheiden ist, wenn der Verkäufer zwar Adressat der Verpflichtungserklärung des Erstkäufers ist, jedoch selbst entgegen § 335 BGB **kein eigenes Forderungsrecht** auf Zahlung der Provision an den Makler erwirbt. Auch dann ist der Kaufvertrag nämlich lediglich technisches Medium der Begründung des Anspruchs auf den Maklerlohn gegen den Käufer. Der Verkäufer wird in seiner Rechtsposition nicht betroffen, so dass § 464 Abs 2 BGB seinem Zweck – der Angleichung der Rechtsposition des Verkäufers gegenüber dem Vorkaufsberechtigten an die gegenüber dem Erstkäufer – nach nicht eingreift (BGH MDR 1963, 303). 119

Als dritte Möglichkeit kommt schließlich in Betracht, dass der Verkäufer als Versprechensempfänger neben dem aus § 328 BGB berechtigten Makler gemäß § 335 BGB ein **eigenes Forderungsrecht** erhält. In diesem Fall führt zwar im Ansatz kein Weg daran vorbei, dass der Zweck des § 464 Abs 2 BGB die Anwendung der Vorschrift auf die Provisionszahlungspflicht erfordert, hat der Verkäufer doch sonst gegenüber dem Vorkaufsberechtigten weniger Rechte als gegenüber dem Erstkäufer. Zu beachten ist aber, dass § 464 Abs 2 BGB analog § 465 BGB generell solche Abreden nicht erfasst, die auf die Beeinträchtigung des Vorkaufsrechts abzielen (Staudinger/Schermaier [2024] § 464 Rn 17). Im Kaufvertrag enthaltene Abreden über die Maklerprovision, die darin einen **Fremdkörper** bilden, weil sie völlig außerhalb des Abhängigkeitsverhältnisses von Leistung und Gegenleistung liegen und den Parteien im Falle der Durchführung des Kaufvertrags keine irgendwie gearteten Vorteile bringen, braucht der Vorkaufsberechtigte sich nicht über § 464 Abs 2 BGB zurechnen zu lassen (BGHZ 77, 359, 362 ff; 102, 241). Daraus folgt für § 464 Abs 2 BGB die Forderung nach einem **objektiven Interesse des Verkäufers an der Provisionszahlung des Erstkäufers** (ausführlich Hees 198 ff). Ein derartiges Interesse kann insbesondere deswegen bestehen, weil der Verkäufer den Makler provisionsfrei beauftragt und auf die Vereinbarung einer Provision mit dem Käufer verwiesen hat. Da die Ausübung des (dinglichen) Vorkaufsrechts den Provisionsanspruch des Maklers gegen den Erstkäufer ausschließt (Rn 114), sieht sich der Verkäufer uU bezüglich der Unentgeltlichkeit mit Anpassungsansprüchen des Maklers aus ergänzender Vertragsauslegung (§§ 157, 242 BGB) konfrontiert, wenn er nicht für die Provisionszahlung der Käuferseite ohne Rücksicht auf die Ausübung des Vorkaufsrechts Sorge trägt (OLG Hamm DNotZ 1983, 120

234, 235 f; Hitzlberger NJW 1982, 2854, 2855; 83, 860; **aA** vGerkan NJW 1983, 859 f). Viel spricht sogar dafür, mit Hitzlberger (NJW 1982, 2854, 2855) das moralische Interesse des Verkäufers an Fairness gegenüber dem Makler, der infolge der Ausübung des Vorkaufsrechts den Provisionsanspruch verliert, ausreichen zu lassen, ist doch auch dann der Rechtsgedanke des § 465 BGB als Wertungsgrundlage der Einschränkung des § 464 Abs 2 BGB – Unzulässigkeit von Klauseln zur Abwehr des Vorkaufsrechts – nicht einschlägig. Verhindert wird nur, dass der Vorkaufsberechtigte den Kaufgegenstand auf Kosten des Maklers billiger erhält als der Erstkäufer und dass der Vorkaufsberechtigte auf diese Weise womöglich unverdient von dem Preiszugeständnis profitiert, das der Verkäufer dem Erstkäufer mit Rücksicht auf dessen Belastung mit den Maklerkosten hat machen müssen. BGH NJW 1996, 654 nimmt auf der Grundlage ähnlicher Überlegungen an, dass es für die Fremdkörpereigenschaft der Maklerklausel im Kaufvertrag nicht darauf ankommt, ob eine Provisionszahlungspflicht des Verkäufers auf den Erstkäufer abgewälzt, eine Provisionszahlungspflicht des Erstkäufers wiederholt oder eine Provisionszahlungspflicht des Verkäufers oder Erstkäufers im Kaufvertrag erstmalig begründet wird. In der Regel soll die Maklerklausel eine Regelung über die Verteilung der Vertragskosten enthalten, die wesensgemäß zum Inhalt des Kaufvertrags gehört und demgemäß kein Fremdkörper ist (vgl auch Zopfs, Maklerrecht Rn 38; Bethge NZM 2002, 193, 197). Nach BGH NZM 2007, 256, 257 soll diese Interpretation von BGH NJW 1996, 654, 656 missverständlich sein, weil eine Verteilungsregelung eben doch die vorherige Existenz des Provisionsanspruchs gegen wenigstens eine der Hauptvertragsparteien voraussetze. Aber dem widerspricht die Variante, dass der Auftraggeber die provisionsfreie Maklerleistung mit der Maßgabe durchgesetzt hat, für die Provisionszahlung durch den Hauptvertragspartner sorgen zu wollen. Im konkreten Fall ist dem BGH bei seiner Annahme eines „Fremdkörpers" deshalb zuzustimmen, weil die Verkäuferin **kein eigenes Interesse** an der Provisionszahlung durch die Erstkäuferin gehabt hat: Die Verkäuferin war ein Bundesland. Der „Makler" war in einem öffentlichen Ausschreibungsverfahren Meistbietender geblieben, hatte diese Position aber nicht selbst wahrgenommen, sondern der Erstkäuferin gegen Provision überlassen. Da der Inhalt des Vertrags durch die Ausschreibungsbedingungen festgelegt war, berührte diese „Vermittlung" die Verkäuferin nicht. Wenn sie gleichwohl in Gestalt der üblichen Maklerklausel in den Erstvertrag Eingang fand, konnte sie nur den Sinn haben, die Provisionszahlungspflicht an den Vorkaufsberechtigten weiter zu reichen, ohne dass ein moralisches oder gar rechtliches Interesse der Verkäuferin dahinter stand (vgl auch Althammer NZM 2008, 25 ff). Nicht verpflichtet ist der Vorkaufsberechtigte auch dann, wenn eine unüblich hohe Maklerprovision vereinbart wird: Auch in diesem Fall greift § 464 Abs 2 BGB nicht, und der Vorkaufsberechtigte muss weder die vereinbarte noch eine angemessene Provision zahlen (BGH NJW 2016, 3233, 3234); letzteres lässt sich insbesondere nicht über § 655 BGB begründen (siehe schon Rn 54).

jj) Gesetzliches Rücktrittsrecht, Minderung, Wegfall der Geschäftsgrundlage

121 Unberührt bleibt der Bestand des Provisionsanspruchs durch Durchführungsmängel wie zB die Ausübung eines gesetzlichen Rücktrittsrechts etwa nach § 323 BGB (BGH NJW 1974, 694, 695; 2009, 2810; LG Hamburg ZMR 2014, 759; Erman/Fischer § 652 Rn 40; Hamm Rn 584). Diese lassen den Erfolg der Nachweis- bzw Vermittlungstätigkeit des Maklers unberührt; das Risiko derartiger nachträglicher Entwicklungen trägt daher nach der gesetzlichen Risikoverteilung der Auftraggeber. Dies soll auch für die Minderung gelten (OLG Hamm NJW-RR 2000, 1724; Grüneberg/Retzlaff § 652 Rn 39; Münch-

KommBGB/Althammer § 652 Rn 188; Hamm Rn 598; **aA** AG Königstein NJW-RR 1995, 754). Dem wird man nur mit der Einschränkung zustimmen können, dass es sich entweder um eine Minderung wegen eines behebbaren Mangels handelt oder dem Käufer zugleich ein Schadensersatzanspruch zusteht, der auch neben der Minderung geltend gemacht werden kann (§ 325 BGB). Bei unbehebbaren Mängeln, wegen derer dem Käufer nicht zugleich ein Schadensersatzanspruch zusteht, muss nach den bereits bei Rn 100 entwickelten Grundsätzen mangels wirtschaftlicher Gleichwertigkeit die Herabsetzung des Kaufpreises auch auf den Provisionsanspruch durchschlagen (siehe auch Würdinger NZM 2005, 327, 329).

Unbeachtlich ist ferner ein nachträglicher Wegfall der Geschäftsgrundlage (Soergel/Engel § 652 Rn 57; Hamm Rn 597; Würdinger NZM 2006, 167). Es handelt sich um ein Durchführungshindernis, das nach der vertraglichen Risikoverteilung dem Makler nicht mehr zur Last fallen kann. Unklar ist, ob Gleiches auch für ein anfängliches Fehlen der Geschäftsgrundlage gilt (dafür BeckOGK/Meier [1. 1. 2026] § 652 Rn 297; MünchKommBGB/Althammer § 652 Rn 188; NK-BGB/Wichert § 652 Rn 94; Hamm Rn 597; Würdinger NZM 2006, 167; **aA** OLG Düsseldorf NZM 1999, 974). Notwendig ist eine differenzierte Lösung. Beim anfänglichen Fehlen der Geschäftsgrundlage geht es um die sogenannten Fälle des Doppelirrtums (§ 313 Abs 2 BGB): Entweder handelt es sich um einen beidseitigen, irrtumsrechtlich irrelevanten Motivirrtum, oder beide Parteien unterliegen einem Eigenschaftsirrtum im Sinne des § 119 Abs 2 BGB, der jedoch nach zutreffender Auffassung in dieser Konstellation von § 313 BGB verdrängt wird (siehe Erman/Arnold § 119 Rn 8). Zumindest im letztgenannten Fall müsste also wenigstens bei einer Vertragsauflösung nach § 313 Abs 3 BGB die Auffassung zur Beachtlichkeit des Wegfalls der Geschäftsgrundlage gelangen, die die Ausübung eines Rechtsbehelfs, der an die Stelle der Anfechtung tritt, für provisionsschädlich hält. Nach der hier vertretenen Auffassung ergibt sich das gleiche Ergebnis wegen **fehlender wirtschaftlicher Gleichwertigkeit** zwischen dem zustande gekommenen und dem laut Maklervertrag beabsichtigten Hauptvertrag. Ob Entsprechendes auch bei Doppelmängeln gelten kann, die nach allgemeinen Grundsätzen keinen nach § 119 Abs 2 BGB beachtlichen Eigenschaftsirrtum begründen würden, erscheint fraglich, ist aber letztlich Frage des Einzelfalls. 122

c) Anfänglicher und nachträglicher Ausschluss der Leistungspflicht

Kein Problem der Vertragswirksamkeit ist der Ausschluss der Leistungspflicht gemäß § 275 BGB. Relevant werden für das Entstehen der Maklerprovision kann dieser Einwand daher nur im Hinblick auf die mangelnde wirtschaftliche Gleichwertigkeit zwischen dem beabsichtigten und dem zustande gekommenen Hauptvertrag. Dabei soll aber zu Recht dem nachträglichen Ausschluss der Leistungspflicht keine Relevanz für den Provisionsanspruch des Maklers zukommen (MünchKommBGB/Althammer § 652 Rn 187; Grüneberg/Retzlaff § 652 Rn 39). Es handelt sich um ein Durchführungshindernis, das nach der Risikoverteilung des Maklervertrags der Auftraggeber tragen muss. Problematischer ist die Situation beim anfänglichen Ausschluss der Leistungspflicht. Diese Störung kann man nicht mehr der Durchführungsphase zuordnen, und aus Sicht des Auftraggebers ist es zunächst auch irrelevant, ob er infolge Vertragsnichtigkeit oder § 275 BGB keinen Anspruch erwirbt (für eine andere Risikoverteilung zu Lasten des Auftraggebers aber Meyer ZMR 2015, 100, 103 f). Wirtschaftliche Gleichwertigkeit besteht für ihn aber dann, wenn er einen Anspruch nach § 285 BGB oder einen Schadensersatzanspruch nach § 311a Abs 2 BGB erwirbt (vgl 122a

Rn 100); unter dieser Voraussetzung ist daher auch der anfängliche Ausschluss der Leistungspflicht für das Entstehen der Provision irrelevant (siehe Würdinger ZMR 2005, 324, 327; ähnlich auch schon Dehner NJW 2002, 3747; ferner MünchKommBGB/Althammer § 652 Rn 187; NK-BGB/Wichert § 652 Rn 89).

3. Die Kausalität der Maklertätigkeit

a) Die Bedeutung des Kausalitätserfordernisses

123 Dritte Voraussetzung der Provisionszahlungspflicht ist die **Kausalität** der Maklertätigkeit für das Zustandekommen des Hauptvertrags. Nach § 652 Abs 1 BGB muss der Hauptvertrag nämlich **infolge** des Nachweises bzw der Vermittlung des Maklers geschlossen werden. Wie sonst im Zivilrecht ist es dafür erforderlich, aber keineswegs ausreichend, dass der Makler eine Bedingung gesetzt hat, die nicht hinweggedacht werden kann, ohne dass der Erfolg – das Zustandekommen des Hauptvertrags – entfällt. Hinzukommen muss, dass **gerade die im Maklervertrag vorausgesetzte Tätigkeit** – dh beim Nachweismaklervertrag der Nachweis, beim Vermittlungsmaklervertrag die Vermittlung – **den Hauptvertragsschluss bewirkt hat**. Dabei darf der Hauptvertragsschluss nicht zufälliges Ergebnis der Nachweis- bzw Vermittlungstätigkeit, sondern die Gelegenheit zum Abschluss des Hauptvertrags muss **Gegenstand** des Nachweises bzw der Vermittlung gewesen sein (vgl BGH NJW 1976, 1844, 1855; OLG Karlsruhe NJW 1966, 2169, 2170 f; OLG Frankfurt 16. 2. 2023 – 1 U 311/20, NZG 2023, Rn 45; Schmidt-Salzer DB 1969, 1091; MünchKommBGB/Althammer § 652 Rn 192: **final** auf den Vertragsschluss gerichtete Tätigkeit erforderlich, jedoch soll es nicht auf die subjektive Sicht der Beteiligten, sondern auf den objektiven Sinn der Tätigkeit des Maklers ankommen). Nicht provisionspflichtig ist es daher, wenn der Auftraggeber das Grundstück nicht an den vermittelten Interessenten, sondern nach Abstandnahme des Interessenten an den Notar verkauft hat, der den Grundstückskaufvertrag zwischen dem Auftraggeber und dem vermittelnden Interessenten beurkunden sollte (Fall nach BGH NJW 1976, 1844; **aA** Hamm Rn 681 ff).

124 Seit 1988 spricht der BGH im Anschluss an Reichel 123 sogar davon, der Abschluss des Hauptvertrages müsse sich vorbehaltlich abweichender Vereinbarung als **Arbeitserfolg** der Maklertätigkeit darstellen (BGH NJW-RR 1988, 942; NJW-RR 1988, 1397; 1991, 371, 372; zustimmend Soergel/Engel § 652 Rn 84). Soweit damit – wie bei Reichel – die Vorstellung anklingt, der Makler werde für seine Arbeit entlohnt, ist dem zwar zu widersprechen. Der Maklerlohn ist nicht Arbeitslohn, sondern Gegenleistung für die Nutzung einer vom Makler auf eigene Rechnung beschafften Vertragsgelegenheit (Vorbem 2, 4 zu §§ 652–656d). Der Begriff des Arbeitserfolgs ist geeignet, dem Irrtum Vorschub zu leisten, der Provisionsanspruch müsse versagt werden, wenn dem Makler im Einzelfall ohne Mühewaltung ein erfolgreicher Nachweis oder eine erfolgreiche Vermittlung gelungen sei (krit zum Begriff des Arbeitserfolgs auch Schwerdtner NJW 1989, 2987 ff). Wohl aber muss die Vertragsgelegenheit, die der Auftraggeber durch den Abschluss des Hauptvertrags genutzt hat, sich als vom Makler (und nicht vom Auftraggeber selbst oder anderen Personen) beschafft darstellen. Denn da Vertragsgelegenheiten gemeinfreie Güter sind (Rn 3), kann ihre Nutzung den Provisionsanspruch nur auslösen, wenn die Möglichkeit der Nutzung im Einzelfall (auch) das **Verdienst des die Provision begehrenden Maklers** gewesen ist. Dementsprechend braucht die Nachweis- bzw Vermittlungstätigkeit zwar nicht die alleinige Ursache für das Zustandekommen des Hauptvertrags gewesen sein; **Mitursächlichkeit genügt** (BGH MDR 1967, 836 f; BGH MDR 1969, 645; BGH WM 1970, 855, 856; Schmidt-Salzer DB

1969, 1091). Doch muss die Nachweis- bzw Vermittlungstätigkeit den Vertragsschluss **wesentlich gefördert** haben (BGH WM 1970, 855, 856 f; BGH WM 1983, 794, 795; BGH NJW-RR 1988, 942; BGH NJW-RR 1990, 1008, 1009; OLG Stuttgart NZM 2010, 86). Die Formulierungen, die der BGH in den konkreten Fällen benutzt, sind **für die Nachweis- und die Vermittlungstätigkeit verschieden**. Die Forderung, der Abschluss des Hauptvertrages müsse Arbeitserfolg sein, hat der BGH bisher nur im Zusammenhang mit der Nachweismakelei erhoben (BGH NJW-RR 1988, 942; BGH NJW-RR 1988, 1397). Für die Vermittlungsmakelei ist – deutlich zurückhaltender – lediglich davon die Rede, der Einfluss der Maklertätigkeit auf den Vertragsentschluss des Hauptvertragspartners dürfe nicht nur „ganz unerheblich“, sondern müsse „irgendwie beachtlich“ gewesen sein (BGH LM § 652 Nr 25) oder der Makler müsse für den Hauptvertragspartner ein Motiv gesetzt haben, das „nicht völlig unbedeutend“ sei (BGH WM 1971, 1098, 1100). Diese Unterscheidung rechtfertigt sich aus der Natur der Sache: Die durch Vermittlungsbemühungen des Maklers verursachte Vertragsgelegenheit lässt sich diesem eher zurechnen als die durch bloße Nachweistätigkeit mitverursachte, so dass der Bedarf nach zusätzlichen Anforderungen über die schlichte Kausalität von Vermittlung und Nachweis hinaus im Fall der Vermittlung relativ geringer ist (vgl auch BGH NJW-RR 1990, 1008; Zopfs Rn 41: Kausalitätsproblem im Wesentlichen ein Problem der Nachweistätigkeit).

b) Die Kausalität der Nachweistätigkeit

aa) Vorkenntnis des Objekts

Die Kausalität der **Nachweistätigkeit** des Maklers für das Zustandekommen des Hauptvertrags setzt nicht unbedingt die Unkenntnis des nachgewiesenen Objekts beim Auftraggeber voraus. Begrifflich ausgeschlossen ist der Nachweis lediglich bei **Kenntnis der Vertragsgelegenheit**, die mehr als die bloße Kenntnis des Objekts umfasst (BGH NJW-RR 1990, 1008; 1991, 950; BeckOGK/Meier [1. 1. 2026] § 652 Rn 318; vgl auch Rn 35). Die Rechtsprechung hat deshalb eine für das Zustandekommen des Hauptvertrags ursächliche Nachweistätigkeit trotz Vorkenntnis des Auftraggebers von dem nachgewiesenen Objekt bejaht, wenn der Makler dem Auftraggeber Unterlagen zur Prüfung und Begutachtung der Rentabilität des Objekts durch seine Bank verschafft hat (BGH WM 1970, 855, 856), ferner dann, wenn der Makler Informationen über die Eigentumsverhältnisse oder die Beschaffenheit des Grundstücks geliefert hat (BGH AIZ 1975, 306) oder durch die Organisation einer Besichtigung, wenn dem Kunden das Objekt vorher nicht bekannt war (vgl OLG Hamm 9. 12. 2021 – 18 U 68/20, NZM 2022, 144 Rn 39; OLG Frankfurt 20. 1. 2023 – 19 U 120/22, NZM 2023, 127 Rn 77). Das Erfordernis der **Wesentlichkeit** solcher Ursachen ist nach BGH (BGH NJW 1983, 1849, 1850) erfüllt, falls der Auftraggeber durch sie „den Anstoß bekommen hat, sich konkret um das nachgewiesene Objekt zu bemühen“ (vgl auch BGH NJW-RR 1998, 411, 412; OLG Celle ZMR 2014, 758; OLG Hamm 9. 12. 2021 – 18 U 68/20, NZM 2022, 144 Rn 35). Im Schrifttum ist diese Feststellung dahin verstanden worden, es reiche aus, wenn der Makler durch den Nachweis zwar nicht den Kenntnisstand des Auftraggebers verbessert, wohl aber sein Interesse geweckt oder auch nur verstärkt habe (Diebold 39; ebenso LG Essen AIZ 1990 H 1 A 110 Bl 47; LG Saarbrücken AIZ 1991 H 1 A 110 Bl 53; dagegen schon Begemann 70 f). Demgegenüber ist zu betonen, dass die Vertragsgelegenheit sich, um provisionswürdig zu sein, als vom Makler beschafft darstellen muss. Es genügt nicht, dass der Auftraggeber vom Makler zur Nutzung maklerunabhängig erworbener Kenntnis überredet wird. Der BGH hat die Aussage von BGH (BGH NJW 1983, 1849, 1850) demgemäß dahin präzisiert, dass der Anstoß zur Beschäftigung mit dem Objekt 125 durch die **Vermittlung „unerlässlicher Einzelkenntnisse“** ausgelöst worden sein muss (BGH NJW-RR 1990, 1269, 1270; ebenso OLGR Düsseldorf 1999, 301; nach wie vor unklar OLG Köln NJW-RR 1993, 764 und dazu Dehner NJW 1993, 3236, 3238; OLG Hamburg NJW-RR 1996, 1463). An der wesentlichen Förderung des Vertragsschlusses durch den Makler fehlt es auch, wenn die Unterstützung des Maklers erst in einem Zeitpunkt einsetzt, in dem der Auftraggeber sich mit dem Verkäufer des bereits bekannten Objekts schon – wenn auch mangels notarieller Beurkundung noch unverbindlich – über den Erwerb geeinigt hat (BGH WM 1985, 359, 360). Ebenso entfällt die Wesentlichkeit der Nachweistätigkeit, wenn der Auftraggeber zunächst trotzdem seinen Erwerbsplan aufgegeben und erst aufgrund später eintretender neuer Umstände wieder aufgegriffen hat (OLG Köln AIZ 1979, 29), es sei denn, das vom Makler geweckte Interesse habe beim Eintritt der neuen Umstände noch **entscheidend** fortgewirkt (BGH WM 1970, 855, 856; BGH AIZ 1975, 306; zu großzügig LG Braunschweig BGH AIZ 1987 H 10 A 121 Bl 28).

126 Selbst bei umfassender Kenntnis des Auftraggebers von der Vertragsgelegenheit kann es an einer Vorkenntnis im Sinne des Maklerrechts ausnahmsweise fehlen, nämlich dann, wenn zwischen dem Kenntniserwerb des Auftraggebers und dem Nachweis des Maklers eine so **große Zeitspanne** liegt, dass der Auftraggeber im Zeitpunkt des Nachweises nicht mehr mit dem Fortbestand der Vertragsgelegenheit rechnen kann (OLG Frankfurt NJW 1979, 878, 879). Gleiches gilt, wenn der Auftraggeber die Vertragsgelegenheit zwar gekannt, aber nicht nur vorübergehend vergessen hat (OLG Nürnberg AIZ 1965, 19; OLGR Schleswig 1996, 145; OLGR Düsseldorf 1996, 166; Zopfs Rn 24). Nach Ansicht des OLG München (OLGZ 1978, 444, 447; vgl auch BGH NJW 1971, 1133, 1134 f) soll eine für den Abschluss des Hauptvertrags ursächliche Nachweistätigkeit trotz vorheriger Kenntnis des Auftraggebers von der Vertragsgelegenheit sogar anzunehmen sein, wenn dieser das Objekt zunächst als für seine Zwecke untauglich abgelehnt hat und erst fast ein Jahr später, durch den Makler motiviert, wieder darauf zurückgekommen ist. Das ist schon deshalb nicht zu billigen, weil das bloße Motivieren kein Nachweis ist (Rn 125). Die Auffassung des OLG München ist mit der Begründung verteidigt worden, die Ablehnung der Vertragsgelegenheit als ungeeignet habe sie aus dem Spektrum der für den Auftraggeber verfügbaren Möglichkeiten ausgesondert, so dass sie durch den Makler gleichsam wiederbeschafft worden sei (Begemann 77 f). Aber die Ablehnung als ungeeignet allein macht die Vertragsgelegenheit noch nicht unverfügbar. Solange eine bloße Sinnesänderung des Auftraggebers genügt, sie wieder in seine Überlegungen einzubeziehen, kann von einer (Wieder-)Beschaffung durch den Makler keine Rede sein (vgl auch BGH AIZ 1990, H 8 A 110 Bl 51: kein Nachweis bei Erwerb der Vorkenntnis in einem Zeitpunkt, in dem noch kein Interesse an der Vertragsgelegenheit besteht).

127 Der ausnahmsweisen Annahme fehlender Vorkenntnis trotz umfassender Kenntnis der Vertragsgelegenheit korrespondiert die ausnahmsweise Annahme von Vorkenntnis trotz unzureichender Kenntnis der Vertragsgelegenheit. So kann sich der Auftraggeber auf Vorkenntnis berufen, wenn der Makler ihm die Kenntnis von einer Vertragsgelegenheit verschafft, nachdem er auf eine private Chiffre-Anzeige des Hauptvertragspartners um nähere Einzelheiten gebeten und bevor er dessen Antwortschreiben zur Kenntnis genommen hat (OLG Köln NJW 1966, 1412). Die überholende Kausalität des Maklernachweises muss außer Betracht bleiben, weil ein solcher Nachweis dem Auftraggeber genauso wenig einen Vorteil verschafft wie der „Nachweis“ einer bekannten Vertragsgelegenheit (**aA** MünchKommBGB/Althammer

§ 652 Rn 198). Ob der Auftraggeber im Zeitpunkt des Maklernachweises infolge Zugangs des Antwortschreibens bereits die Möglichkeit der Kenntnisnahme gehabt hat oder nicht, ist unerheblich (**aA** Hamm Rn 647; wie hier Begemann 74 f). Allerdings kann die bevorstehende Kenntnisnahme des Auftraggebers der Vorkenntnis nur dann gleichgestellt werden, wenn sie im Zeitpunkt des Maklernachweises bereits so weit vorbereitet ist, dass mit der Kenntnisnahme des Auftraggebers fest gerechnet werden kann. Der Auftraggeber kann sich deswegen nicht darauf berufen, dass er vor dem Maklernachweis eine private Suchanzeige geschaltet hat, auf die hin der spätere Hauptvertragspartner sich – vor dem Maklernachweis vergeblich – um einen Kontakt mit dem Auftraggeber bemüht hat. In einem solchen Fall bleibt nämlich noch offen, ob der Hauptvertragspartner die Bemühungen nicht noch aufgegeben hätte, so dass doch allein die Information durch den Makler die Kenntnis von der Vertragsgelegenheit verschaffte (OLG Karlsruhe NJW-RR 1996, 628; zustimmend Dehner NJW 1997, 18, 22). Vorkenntnis des Auftraggebers ist ferner zu bejahen, wenn er die Vertragsgelegenheit vorübergehend vergessen und bei der Überprüfung des Maklernachweises wiedererkannt hat, wobei ein relativ geringer Zeitraum zwischen der privaten Kenntnisnahme und dem Maklernachweis ein bloß vorübergehendes Vergessen indiziert (OLG Frankfurt NJW 1979, 878, 879).

bb) Kenntnis des Nachweises und Kenntnis der Provisionspflichtigkeit

Die Kausalität des Maklernachweises für das Zustandekommen des Hauptvertrags **128**
verlangt denknotwendig, dass der Auftraggeber vor dem Abschluss des Hauptvertrages von dem Nachweis Kenntnis genommen hat. Zugang des Nachweises mit Möglichkeit der Kenntnisnahme reicht nicht aus (OLG Hamburg AIZ 1961, 127; KG NJW 1970, 901, 902; OLG München NJW-RR 1991, 1145; **aA** Schmidt-Salzer DB 1969, 1091, 1092). Wenn die Ehefrau des Auftraggebers das den Nachweis enthaltende Schreiben des Maklers nicht ausgehändigt hat, ist deshalb die Ursächlichkeit des Nachweises für den vom Auftraggeber geschlossenen Vertrag zu verneinen (KG NJW 1970, 901, 902; BeckOGK/Meier [1. 1. 2026] § 652 Rn 308; **aA** Hamm Rn 648; Schmidt-Salzer DB 1969, 1091, 1092). Das Gleiche gilt, wenn ein Angestellter eines Unternehmens Kenntnis von dem Nachweis erhalten hat, der Hauptvertrag jedoch von einem anderen Angestellten unabhängig davon abgeschlossen worden ist (OLG München NJW-RR 1991, 1145 – Revision vom BGH nicht angenommen). Auch ein Schadensersatzanspruch aus Pflichtverletzung in Verbindung mit § 278 BGB kann dem Makler in diesen Fällen nicht zu einem Anspruch auf Provision verhelfen. Die Entschließungsfreiheit des Auftraggebers schließt es aus, ihn ohne entsprechende Sondervereinbarung aufgrund des Maklervertrags für verpflichtet zu halten, die zugesandten Nachweise zu prüfen (KG NJW 1970, 901, 903). Damit nicht zu verwechseln ist die ganz andere Frage, ob der Auftraggeber **wissen** muss, **dass der** von ihm **genutzte Nachweis vom Makler stammt**. Zwar erfordert der ordnungsgemäße Nachweis auch die **Mitteilung des Maklers** an den Auftraggeber, damit der Auftraggeber bei seiner Entscheidung für oder gegen die nachgewiesene Vertragsgelegenheit die Maklerprovision berücksichtigen kann (vgl Rn 42). Ohnedem ist gerade der Bezug des Nachweises auf den Makler und den Maklervertrag für den Auftraggeber nicht verlässlich erkennbar (vgl auch Rn 141). Diese Mitteilung ist indessen nicht Bestandteil, sondern Wirksamkeitserfordernis der Nachweisleistung (Rn 42). Für sie gilt daher § 130 BGB analog (zur Beweislast für den Zugang eines Nachweises per Telefax OLG München NJW 1993, 2447 f): Hat die Ehefrau des Auftraggebers den Nachweis weitergegeben, ohne seine Herkunft aus dem Schreiben des Maklers zu erwähnen, so ändert das im Fall des Hauptvertragsschlusses an der Provisionszah-

lungspflicht des Auftraggebers nichts: Der Nachweis ist mit dem Zugang der Mitteilung wirksam geworden. Wenn der Auftraggeber mit Rücksicht auf die Information seiner Ehefrau den Kontakt mit dem nachgewiesenen Interessenten sucht und erfolgreich gestaltet, kommt der **Hauptvertrag infolge des wirksamen Nachweises** zustande: Die Unkenntnis der Herkunft des Nachweises spielt keine Rolle (OLG München NJW 1968, 894 f). Erst recht braucht der Auftraggeber nicht **im Bewusstsein** abzuschließen, dass der Hauptvertrag infolge des Nachweises und daher provisionspflichtig zustande kommt (BGH AIZ 1961, 108; LG München MDR 1960, 309 f).

cc) Hypothetische Kausalität provisionsfreier Reserveursachen

129 Die Kausalität des Maklernachweises für das Zustandekommen des Hauptvertrags wird grundsätzlich nicht dadurch in Frage gestellt, dass der Auftraggeber ohne ihn die Vertragsgelegenheit auf andere Art und Weise, insbesondere durch eigene Bemühungen, erfahren hätte (BGH NJW 1983, 1849; OLG Karlsruhe NJW-RR 1996, 628). Eine derartige **Reserveursache** kann lediglich dann eine Rolle spielen, wenn sie schon im Zeitpunkt des Maklernachweises zu wirken begonnen hat, so dass dieser den Auftraggeber nicht von eigenen Bemühungen um eine geeignete Vertragsgelegenheit entlastet, sondern allein deren sicheren Erfolg vorwegnimmt (vgl OLG Köln NJW 1966, 1412 f und dazu Rn 127). Im Übrigen muss der Auftraggeber sich daran festhalten lassen, dass er infolge des Abschlusses des Maklervertrags eben nicht ausschließlich auf eigene Bemühungen, sondern auch auf die Hilfe des Maklers gesetzt hat. Wollte man ihm die Berufung auf den hypothetischen Erfolg der eigenen Bemühungen gestatten, so würde man ein **venire contra factum proprium** honorieren (vgl auch Hamm Rn 685; Schmidt-Salzer DB 1969, 1091; Begemann 75).

dd) Unterbrechung der Kausalität

130 Im Einzelfall sehr schwer zu entscheiden ist, wann der Hauptvertrag über den nachgewiesenen Vertragsgegenstand wegen **Unterbrechung der Kausalität** (begriffliche Bedenken bei Dehner BB 1999, 1021) des Nachweises abgeschlossen werden kann, ohne dass die Provisionszahlungspflicht des Auftraggebers entsteht. Die Rechtsprechung stellt insoweit strenge Anforderungen (OLG Hamburg AIZ 1991 H 12 A 110 Bl 55, dessen Nachweise zur Rechtsprechung des BGH allerdings die Unterbrechung der Kausalität der Nachweistätigkeit mit derjenigen der Vermittlungstätigkeit des Maklers vermischen; vgl auch Hamm Rn 686 ff; Lauer MDR 1986, 809, 810 f). Selbst ein Scheitern der Verhandlungen im Gefolge des Maklernachweises sichert den Auftraggeber nicht davor, die Maklerprovision bezahlen zu müssen, wenn er später aufgrund eines neuen Anstoßes doch noch den Hauptvertrag über das nachgewiesene Objekt schließt. In aller Regel soll der Nachweis jedenfalls fortwirken und damit mitursächlich für das Zustandekommen des Hauptvertrags werden (BGH NJW 2005, 3779, 3781; BGH NJW 2020, 2792, 2793; OLG Koblenz AIZ 1988 H 12 A 110 Bl 40). So wird nach Ansicht des BGH (BGH NJW 1999, 1255) die Kausalität des Nachweises nicht unterbrochen, wenn Kaufverhandlungen aufgrund des Nachweises des Maklers ergebnislos enden, der Käufer/Auftraggeber aber aufgrund einer privaten Suchanzeige des Verkäufers mit deutlich geringerer Kaufpreisforderung den Kontakt wieder aufnimmt und zu einem noch einmal gesenkten Kaufpreis abschließt (ähnlich BGH NJW 2008, 651, 652: Erwerb nach Scheitern der Verhandlungen zu einem um 15 % geringeren Kaufpreis, nachdem das nachgewiesene Haus in zwei Eigentumswohnungen aufgeteilt worden ist, die jeweils von der Käuferin/Auftraggeberin und ihrem Bruder gekauft worden sind; OLG Hamburg AIZ 1983 H 10 A 103 Bl 14; OLG Celle ZMR 2014, 7158 – kurzfristiger Abbruch der Verhandlungen; tendenziell anders OLGR Bremen 2002,

433). Unterbrochen soll der Kausalzusammenhang bei einem zwischenzeitlichen Verhandlungsabbruch allein dann sein, wenn der nachgewiesene Interessent nicht mehr zum Vertragsschluss bereit sei; hierfür sei es erforderlich, dass er mit einer anderen Person kontrahiert habe (BGH NJW 2020, 2792, 2794). Anscheinend wollen die Gerichte also für den **Fortwirkungsaspekt** darauf abheben, ob dem Auftraggeber aufgrund des Maklernachweises Informationen zuteil geworden sind, die ihn veranlassen können, die Vertragsgelegenheit besonderer Aufmerksamkeit zu würdigen. Soweit die Informationen aufgrund des Maklernachweises sich in den Daten der privaten Suchanzeige erschöpfen, wird der Schluss gezogen, dass der Hauptvertrag in gleicher Weise auch ohne die Tätigkeit des Maklers zustande gekommen wäre (LG Kempten AIZ 1984 H 11 A 110 Bl 21).

Diese Rechtsprechung ist schwerlich damit in Einklang zu bringen, dass der Nachweis, um provisionswürdig zu sein, den Abschluss des Hauptvertrags **wesentlich** gefördert haben muss (Rn 123 f). Wenn der Auftraggeber nach ergebnislosen Verhandlungen aufgrund einer privaten Suchanzeige des Verkäufers oder einer eigenen Suchanzeige erneut mit dem Verkäufer in Kontakt kommt und nunmehr mit diesem einig wird, dann hat er die zum Erfolg führende Vertragsgelegenheit selbst beschafft, mag auch der Nachweis noch fortwirken, indem er zB eine erneute Besichtigung erspart und die Verhandlungen verkürzt. Denn eine solche Fortwirkung fördert den Vertragsschluss allenfalls unwesentlich. Die abweichende Sicht von BGH NJW 1999, 1255 fügt sich weder in die sonstige höchstrichterliche Rechtsprechung ein (**aA** Dehner BB 1999, 1021) noch überzeugt sie im Ergebnis. Wären in dem entschiedenen Fall umgekehrt aufgrund einer privaten Suchanzeige des Verkäufers mit einer höheren Kaufpreisforderung geführte Verhandlungen der späteren Hauptvertragsparteien gescheitert und aufgrund eines Maklernachweises mit einer niedrigeren Kaufpreisforderung wiederaufgenommen und erfolgreich abgeschlossen worden, so wäre der Provisionsanspruch des Maklers offenbar zu bejahen gewesen. Denn der Makler hätte dann durch die Information über die ermäßigten Kaufpreisvorstellungen des Verkäufers eine für die erneute Beschäftigung mit dem Objekt unerlässliche Einzelkenntnis vermittelt. Auf Vorkenntnis hätte der Auftraggeber sich nicht berufen können, weil die Vorkenntnis sich eben nicht auf die Vertragsgelegenheit bezogen hätte, die letztlich realisiert worden wäre (Rn 125). Soweit aber die aufgrund eigener Erkundungen erworbene Kenntnis keine maklerrechtlich relevante Vorkenntnis ist, kann die Vermittlung der Kenntnis durch den Makler kein maklerrechtlich relevanter Nachweis sein (vgl auch Dehner BB 1999, 1021, 1022; BGH NJW 1999, 1255; ablehnend auch Roth LM Nr 145). Der Nachweis ist dadurch definiert, dass er Kenntnis von der Vertragsgelegenheit verschafft (Rn 31). Etwas anderes gilt selbstverständlich, soweit der Auftraggeber das Scheitern der Verhandlungen nur vorgespiegelt hat, um am Makler vorbei – und damit provisionsfrei – abzuschließen. Der Beweisnot des Maklers, die vor allem bei kollusivem Zusammenwirken zwischen Auftraggeber und Vertragspartner besteht, ist dadurch Rechnung getragen, dass der **enge zeitliche Zusammenhang** zwischen Nachweis und Vertragsschluss den **Anscheinsbeweis** für das Vorliegen von Kausalität begründet (OLG Hamburg AIZ 1991 H 12 A 110 Bl 55). Die Sorge des BGH, nach der hier vertretenen Auffassung werde der Provisionsanspruch „in die Hände der Parteien des Hauptvertrags gelegt“ (NJW 1999, 1255, 1256), ist daher nicht stichhaltig. Soweit der Auftraggeber nach gescheiterten Verhandlungen den Kontakt mit dem Verkäufer aufgrund der Initiative eines zweiten Nachweismaklers erfolgreich erneuert hat, ist der Zusammenhang mit der Frage nach der Provisions- **131** pflichtigkeit gegenüber dem zweiten Makler zu beachten. Hat der zweite Makler keinen Provisionsanspruch erworben, weil er keine „unerlässlichen Einzelkenntnisse" vermittelt, sondern nur das Interesse an der Vertragsgelegenheit neu geweckt hat (Rn 124 ff), so ist die Unterbrechung der Kausalität der Nachweistätigkeit des ersten Maklers zu verneinen. Man kann nicht ohne Widerspruch gleichzeitig den Nachweis des zweiten Maklers wegen der Vorkenntnis des Auftraggebers ausschließen und die Tätigkeit des ersten Maklers als unwesentliche Förderung des Vertragsschlusses abqualifizieren (vgl auch BGH NJW 1980, 123, 124; BGH WM 1981, 123, 125).

132 Eine große Rolle spielt in der Praxis auch die Frage nach der Unterbrechung der Kausalität durch eine **lange Zeitspanne** zwischen Nachweis und Zustandekommen des Hauptvertrags. Hier hat das OLG Bamberg (AIZ 1986 H 2 A 110 Bl 31) den Standpunkt der Gerichte zutreffend auf den Nenner gebracht, es gehöre nicht zu den tatbestandlichen Voraussetzungen für das Entstehen des Anspruchs auf Maklerprovision, dass der Abschluss des Hauptvertrags dem erbrachten Nachweis in einem angemessenen Zeitabstand folgt (vgl auch OLG Koblenz WM 1984, 1191, 1192 f; OLGR Bremen 2002, 433). Der unangemessen lange Zeitabstand zwischen Nachweis und Zustandekommen des Hauptvertrags **verändert allein die Beweislast** (Anscheinsbeweis, vgl Rn 137 f). Während der zeitliche Zusammenhang zwischen Nachweis und Vertragsschluss zugunsten des Maklers eine Vermutung für die Kausalität begründet, verbleibt die Beweislast ohne diesen zeitlichen Zusammenhang nach den allgemeinen Grundsätzen über die Verteilung der Beweislast unverändert beim Makler (BGH WM 1984, 62, 63; vgl auch Rn 145).

133 Eine Unterbrechung des Kausalzusammenhangs zwischen Nachweis und Zustandekommen des Hauptvertrags ist regelmäßig anzuerkennen, wenn die nachgewiesene Vertragsgelegenheit zunächst **verbraucht** wird und lediglich aufgrund eines Zufalls später doch noch vom Auftraggeber genutzt werden kann. Wird zB das dem Auftraggeber zum Kauf nachgewiesene Objekt vom Eigentümer an einen anderen verkauft und erst später mit Rücksicht auf eine zwischenzeitliche Aufhebung des Kaufvertrags dem Auftraggeber doch noch angeboten, so schuldet dieser im Fall der Annahme des Angebots die Maklerprovision nicht (OLG Frankfurt NZM 1998, 726; OLG Düsseldorf NZM 2000, 919; Hamm Rn 676). Denn der Hauptvertragsschluss beruht insoweit nicht mehr auf dem Nachweis, sondern auf der aus Anlass des Nachweises erworbenen Kenntnis des Eigentümers vom Interesse des Auftraggebers. Grundlage des Zustandekommens des Hauptvertrags ist maW eine **andere Vertragsbereitschaft als die, die der Makler nachgewiesen hat** (Hamm Rn 676; zu Unrecht einschränkend OLG Hamburg MDR 1966, 1000; Begemann 97 mit Fn 105). Das Gleiche gilt nach BGH NJW-RR 1991, 950, wenn der vom Makler nachgewiesene Verkäufer zunächst einem anderen Interessenten den Vorzug gegeben hat, aber auf den Auftraggeber zurückgekommen ist, nachdem sich das Geschäft mit dem Erstinteressenten zerschlagen hat. Allerdings schränkt BGH NJW-RR 1996, 691 die Bedeutung der Entscheidung nachträglich ein. Eine andere als die nachgewiesene Vertragsbereitschaft soll nicht anzunehmen sein, wenn der nachgewiesene Hauptvertragspartner nach Beendigung eines zunächst entgegenstehenden Vertragsverhältnisses mit einem Dritten von sich aus auf den Auftraggeber zurückgekommen ist, anstatt – wie in BGH NJW-RR 1991, 950 – von einem anderen Makler auf das fortbestehende Interesse des Auftraggebers hingewiesen worden zu sein. Wieso es für die Provisionszahlungspflicht des Auftraggebers darauf ankommt, ob der Hauptvertragspartner sich selbst an ihn erinnert

oder ob es der Erinnerung durch einen Dritten bedurft hat, erschließt sich freilich nicht. Näher liegt es, den maßgebenden Unterschied zwischen den beiden Fällen darin zu sehen, dass die nachgewiesene Vertragsgelegenheit in BGH NJW-RR 1996, 691 nicht vor dem Abschluss des Hauptvertrags schon verbraucht, sondern lediglich kurzfristig nicht nutzbar gewesen ist (vgl auch OLG Celle AIZ 1995 A 103 Bl 78; auf der Linie des BGH OLG Hamm NJW-RR 1998, 1070). Deutlich in diesem Sinne äußert sich BGH NJW-RR 2007, 402 (zustimmend Würdinger JZ 2009, 349, 354). Danach entsteht der Provisionsanspruch des Maklers auch dann, wenn der Auftraggeber die vom Makler nachgewiesene Vertragsgelegenheit erst nutzt, nachdem ein Vertrag mit einem anderen Interessenten durch Ausübung eines befristeten voraussetzungslosen Rücktrittsrechts rückgängig gemacht worden ist. Entscheidend war in diesem Fall, dass der maklerfremde Vertrag bis zum Ablauf der Frist noch nicht endgültig unter Dach und Fach war, die Vertragsbereitschaft des nachgewiesenen Interessenten also noch latent fortbestehen konnte (vgl auch Fischer NJW 2007, 3107, 3109).

ee) Wesentliche Übereinstimmung von nachgewiesener Vertragsgelegenheit und zustande gekommenem Hauptvertrag

Der Nachweis ist nur dann für das Zustandekommen des Hauptvertrags ursächlich, wenn der geschlossene Hauptvertrag **im Wesentlichen mit der nachgewiesenen Vertragsgelegenheit übereinstimmt** (BGH WM 1973, 814, 815; BGH NJW-RR 1990, 1008; vgl auch Scheibe BB 1988, 849, 852). Insoweit handelt es sich um ein Erfordernis, das nicht mit dem Erfordernis der wirtschaftlichen Gleichwertigkeit von lt Maklervertrag beabsichtigtem und zustande gekommenem Hauptvertrag (vgl Rn 77 ff) verwechselt werden darf (Begemann 98 f) und speziell für die Nachweismakelei – im Gegensatz zur Vermittlungsmakelei – von Bedeutung ist (BGH NJW-RR 1990, 1008). Wenn ein Kaufinteressent aus Anlass der Besichtigung des vom Makler nachgewiesenen Grundstücks auf ein anderes Grundstück hingewiesen wird und dieses erwirbt, schuldet er grundsätzlich keine Provision (vgl LG Heidelberg MDR 1965, 132; anders, wenn ein Mietinteressent vom nachgewiesenen Vermieter nicht das nachgewiesene, sondern ein anderes, aber gleichwertiges Mietobjekt mietet, vgl OLG Frankfurt MDR 1975, 315). Das Gleiche gilt, wenn der Auftraggeber als Verkäufer nicht mit dem nachgewiesenen Interessenten, sondern **mit einem Dritten** abschließt, der über den nachgewiesenen Interessenten von der Kaufgelegenheit erfahren hat. Eine Ausnahme ist nur dann anzuerkennen, wenn der Dritte **wirtschaftlich** mit dem nachgewiesenen Interessenten **identisch** ist, sei es, dass er zur engeren Familie des Interessenten (Ehefrau, Kind) gehört, sei es, dass er aufgrund gesellschaftsrechtlicher Verflechtungen mit dem Interessenten gleichgesetzt werden kann (BGH NJW 1976, 1844, 1845; BGH NJW 1984, 358, 359; BGH NJW-RR 1988, 942; auch gegen diese Ausnahme OLG Karlsruhe NJW-RR 1988, 249). Nicht überzeugend ist die Auffassung (Schwerdtner [4. Aufl 1999] Rn 577 ff), der Abschluss des Hauptvertrags mit einem Dritten statt mit dem nachgewiesenen Interessenten müsse stets die Provisionszahlungspflicht des Auftraggebers auslösen, wenn der Dritte infolge des Nachweises **notwendig** mit der Vertragsgelegenheit in Berührung gekommen sei. Der Hinweis auf die Schutzwürdigkeit des Maklers in Fällen der notwendigen Information Dritter verkennt, dass der Makler Indiskretion des Interessenten (mit dem er, von den Fällen der Doppelmaklertätigkeit abgesehen, keine vertragliche Beziehung hat) schlechthin hinnehmen muss. Die Pflicht zur vertraulichen Behandlung des Nachweises trifft **nur** den Auftraggeber (Rn 187). Wenn man den Makler mehr als zufällig schützen will, muss man jeden Abschluss des Auftraggebers mit einem infolge des Nachweises von der Vertragsgelegenheit unterrichteten 134

Dritten für provisionspflichtig erachten. Außerdem darf man nicht übersehen, dass der Auftraggeber trotz des Maklervertrags das Recht zum Eigengeschäft behalten hat. Das verbietet es anzunehmen, der Auftraggeber habe sich nach Treu und Glauben und mit Rücksicht auf die Verkehrssitte (§ 157 BGB) ohne weiteres mit dem Einbezug vom Makler nur mittelbar zugeführter Interessenten in die provisionspflichtige Sphäre abzufinden. Will der Makler eine solche Ausweitung erreichen, so muss er sie im Maklervertrag vereinbaren. Dabei mag sich zur Vermeidung von Nichtigkeit nach § 138 Abs 1 BGB die Begrenzung der Provisionspflichtigkeit auf durch den Nachweis **notwendig mitinformierte Interessenten** empfehlen (vgl auch Rn 139).

135 Nach Ansicht des BGH sind **Folgeverträge** – dh Verträge, die die Parteien im Anschluss an den nachgewiesenen (bzw vermittelten) Vertrag abschließen – nicht provisionspflichtig, es sei denn, die Auslegung des Maklervertrags (oder auch Handelsbrauch) ergibt im Einzelfall etwas anderes (BGH NJW-RR 1991, 51 f; weniger deutlich NJW 1986, 1036 f). So soll im Fall von Folgeverträgen von nachgewiesenen bzw vermittelten Miet- oder Pachtverhältnissen die Provisionspflicht in der Regel entfallen. Ausdrücklich wendet BGH NJW-RR 1991, 51 sich gegen die Ansicht, Folgeverträge könnten mit Rücksicht auf die insoweit vorliegende Abweichung vom dispositiven Gesetzesrecht stets nur aufgrund einer entsprechenden Individualabrede provisionspflichtig werden. Dem ist mit der Maßgabe zuzustimmen, dass die Folgeverträge **Gegenstand** der Nachweis- bzw Vermittlungstätigkeit des Maklers sein müssen. Das trifft vorbehaltlich abweichender Vereinbarung, wie sie im Fall von Mietverhältnissen typischerweise aus der von der Dauer unabhängigen Provisionsberechtigung folgt (vgl Hamm Rn 884 f) regelmäßig zu, wenn ein nachgewiesenes bzw vermitteltes Vertragsverhältnis **verlängert** wird, nicht dagegen, wenn sich an den nachgewiesenen bzw vermittelten Vertrag ein Vertrag ganz anderer Art anschließt (Beispiel: Der Mieter eines Hauses kauft dieses später). Unter der zuletzt genannten Voraussetzung hat BGH NJW 1973, 990 die Begründung der Provisionszahlungspflicht ausdrücklich abgelehnt. Soweit Folgeverträge wegen der von der Dauer unabhängigen Provisionsberechnung grundsätzlich nicht provisionspflichtig sind, kann die Provisionszahlungspflicht arg e § 307 Abs 2 BGB nur durch Individualabrede vereinbart werden (OLG Düsseldorf NZM 1998, 272; vgl auch Rn 255).

136 Keine Rolle spielen Abweichungen zwischen Nachweis und Vertragsschluss, die nach dem Maklervertrag als **unwesentlich** einzustufen sind. Der um den Nachweis einer Kaufgelegenheit nachsuchende Auftraggeber kann sich im Zweifel gegenüber dem Provisionsverlangen des Maklers nicht darauf berufen, dass das nachgewiesene Haus wegen des Auftretens eines Konkurrenznachfragers letztlich mehr gekostet hat als im Nachweis vorgesehen. Dass der **Kaufpreis Verhandlungssache** ist, versteht sich vorbehaltlich abweichender Bestimmung des beabsichtigten Hauptvertrags im Maklervertrag (vgl dazu Rn 77 ff) von selbst (vgl BGH NJW 1980, 123, 124; OLGR Düsseldorf 1995, 233). Nach OLGR Frankfurt 1998, 139 ist eine Preisdifferenz von 10 % zwischen nachgewiesenem und zustande gekommenen Hauptvertrag unwesentlich, es sei denn, der Hauptvertragspartner wäre zum nachgewiesenen Preis nicht vertragsbereit gewesen. Das OLG Bamberg (OLG Bamberg AIZ 1985 H 11 A 110 Bl 28) sieht einen Vertragsschluss vier Jahre nach dem Nachweis zu einem um ca 25 % höheren Kaufpreis als dem nachgewiesenen Preis in Anbetracht eines zwischenzeitlichen allgemeinen Preisanstiegs als unerheblich an. Nach der gleichen Entscheidung soll der Erwerb

von einem anderen als dem nachgewiesenen Eigentümer zumindest dann unschädlich sein, wenn der neue Eigentümer im Wege des Erbfalls an die Stelle des nachgewiesenen getreten ist. Diese Ansicht geht wohl zu weit, wenn man bedenkt, dass zum ordnungsgemäßen Nachweis auch der **Nachweis der Vertragsbereitschaft** des Verfügungsberechtigten gehört (vgl Rn 38). Die Vertragsbereitschaft ist eine höchstpersönliche psychologische Tatsache, die sich nicht vererbt. Wenn der Makler die Vertragsbereitschaft des Erben (oder im konkreten Fall des OLG Bamberg: des Nachlassverwalters) nicht neu erkundet und nachweist, sondern das der Eigeninitiative des Auftraggebers überlässt, hat er den auf den zustande gekommenen Hauptvertrag bezogenen ordnungsgemäßen Nachweis nicht erbracht. Das Kontrastbeispiel zu OLG Bamberg AIZ 1985 H 11 A 110 Bl 28 ist OLG Bamberg NJW-RR 1998, 565, das einen Provisionsanspruch bei einem Abschluss zwei Jahre nach dem Nachweis zu einem ca 25 % niedrigeren Kaufpreis verneinte. In die gleiche Richtung geht eine Entscheidung des OLG Düsseldorf (NJW-RR 1993, 1272), nach der eine wesentliche Abweichung vorliegt, wenn der Auftraggeber das vom Makler nachgewiesene Objekt zwei Jahre ca 23 % günstiger erwirbt. Wenn der Makler ein Grundstück zur Anmietung nachweist, von dem nur ein Teil zur Vermietung steht, dann hat er, wenn schließlich wegen Sinnesänderung des Vermieters ein Mietvertrag über den anderen Grundstücksteil zustande kommt, keinen Provisionsanspruch. Denn hinsichtlich des vom Auftraggeber angemieteten Teils fehlt es mangels seinerzeitiger Vertragsbereitschaft des Eigentümers am Nachweis einer **Vertragsgelegenheit** und hinsichtlich der nachgewiesenen Vertragsgelegenheit an ihrer Nutzung durch den Auftraggeber (BGH NJW-RR 1997, 884). Anders soll es freilich nach BGHR BGB § 652 I 1 (Nachweis 11) sein, wenn der Eigentümer **hilfsweise** im Zeitpunkt des Nachweises zur Vermietung des schließlich angemieteten Grundstücks bereit gewesen ist (zustimmend Dehner NJW 1997, 18, 19).

ff) Darlegungs- und Beweislast

Im Falle eines **engen sachlichen und zeitlichen Zusammenhangs** zwischen dem Nach- 137
weis und dem Zustandekommen des Hauptvertrags wird die Kausalität des Nachweises nach ständiger Rechtsprechung (RG JW 1937, 222; BGH NJW 1979, 869; BGH NJW 1980, 123; BGH WM 1984, 61, 62; BGH NJW 2006, 3062, 3063) vermutet. Die Formulierungen in den Urteilen deuten darauf hin, dass ein Rückgriff auf die Grundsätze über den Anscheinsbeweis gemeint ist (vgl auch OLG Hamburg AIZ 1972, 254; OLG Köln AIZ 1991 H 7 A 110 Bl 54; OLG Hamburg AIZ 1992 H 10 A 110 Bl 60; für Anscheinsbeweis auch BeckOGK/Meier [1. 1. 2026] § 652 Rn 315.1). Nach anderer Ansicht ist eine echte Beweislastumkehr anzunehmen, die sich daraus legitimiert, dass die Kausalität an Vorgänge in der Sphäre des Auftraggebers anknüpft, die sich der Kenntnis des Maklers entziehen (Knieper NJW 1970, 1293, 1296; Hamm Rn 699). Den Vorzug verdient die Anwendung der Grundsätze über den Anscheinsbeweis. Nur sie sind nämlich geeignet, die Beschränkung auf die Fälle des engen sachlichen und zeitlichen Zusammenhangs zwischen Nachweis und Zustandekommen des Hauptvertrags schlüssig zu erklären. Die Anknüpfung der Kausalität an Vorgänge in der Sphäre des Auftraggebers ist unabhängig davon, ob ein solcher Zusammenhang besteht oder nicht.

Welche **Anforderungen** an den engen sachlichen und zeitlichen Zusammenhang zu 138
stellen sind, entscheidet sich **nach den Umständen des Einzelfalls**, insbesondere nach der Art des Objekts (OLG Hamburg AIZ 1991 H 12 A 110 Bl 55). Nach Ansicht des OLG Hamburg AIZ 1991 H 12 A 110 Bl 55 ist für den Erwerb eines Reihenhauses eine

Zeitspanne von fünf Monaten auf keinen Fall zu lang; das OLG Stuttgart (NJW-RR 2010, 486, 487) hat bei der Nachweistätigkeit eines Maklers im Hinblick auf einen Unternehmenskauf eine Kausalitätsvermutung bei einem Vertragsschluss mehr als ein Jahr nach dem Nachweis verneint. Generell wird es darauf ankommen, in welchem zeitlichen Rahmen der Makler die Entscheidung über den Erfolg oder Misserfolg seines Nachweises erwarten kann. Ist der Adressat zB ein Unternehmen, das dringend nach anmietbaren Gewerberäumen sucht, so wird der zeitliche Zusammenhang relativ eng sein. Ist er ein Ehepaar, das mit dem Erwerb eines Familienheims die Anschaffung seines Lebens plant, so wird man – wie auch OLG Hamburg AIZ 1991 H 12 A 110 Bl 55 annimmt – von einem sehr großzügig bemessenen Zeitraum auszugehen haben. Vgl auch BGH NJW 2005, 3779, 3781 (Vermutung für Kausalität noch bei einem Abstand von mehr als einem halben Jahr trotz zwischenzeitlichen Abbruchs der Verhandlungen); NJW 2006, 3062, 3063 (keine Vermutung mehr, wenn der Abstand mehr als 1 Jahr beträgt).

c) Die Kausalität der Vermittlungstätigkeit

aa) Förderung der Abschlussbereitschaft des Vertragspartners

139 Die Kausalität der **Vermittlungstätigkeit** des Maklers für das Zustandekommen des Hauptvertrags setzt voraus, dass durch sie die Abschlussbereitschaft des Vertragspartners des Auftraggebers wenigstens (Mitursächlichkeit!) **gefördert** worden ist (BGH WM 1974, 257, 258). Auch die mitursächliche Vermittlungstätigkeit muss eine **wesentliche** Maklerleistung darstellen, nämlich insofern, als das durch sie ausgelöste Motiv des Vertragsgegners zugunsten des Vertragsschlusses nicht völlig unbedeutend gewesen sein darf (BGH WM 1974, 257; OLG Karlsruhe AIZ A 106 Bl 2; OLG Schleswig NJW 2007, 1982, 1984; OLG Hamm NJW-RR 2015, 825, 826; **aA** OLGR Köln 1997, 203). Keine mitursächliche Vermittlungstätigkeit liegt vor, wenn die zunächst unter Mitwirkung des Maklers eingeleiteten Vertragsverhandlungen endgültig abgebrochen worden sind und der Hauptvertrag später aufgrund völlig neuer Verhandlungen zustande kommt (**Unterbrechung der Kausalität**, vgl BGH MDR 1960, 283; AIZ 1975, 306; OLG Hamm MDR 1972, 606). Völlig neu sind die Verhandlungen aber nur, wenn sie nicht auf der unter Mitwirkung des Maklers geleisteten Vorarbeit aufbauen (OLG Braunschweig AIZ 1955, 190; OLG Schleswig AIZ 1958, 47; OLG Hamm MDR 1972, 606; OLG Zweibrücken NJW-RR 1999, 1502). Freilich sind die Anforderungen an eine solche mitursächliche Vorarbeit strenger als die an eine mitursächliche Nachweistätigkeit. Während der Nachweis noch fortwirkt, wenn er sich – namentlich infolge der durch ihn entstandenen Kenntnis der Vertragsgelegenheit – als Mitursache für die Aufnahme der neuen Verhandlungen darstellt (BGH WM 1979, 1363; BGH WM 1981, 123), muss die **fortwirkende Vermittlung** die Hauptvertragsparteien bereits **einander näher gebracht haben, so dass sie nicht mehr ganz von vorne beginnen müssen**. Denn die Vermittlung kann sich im Gegensatz zum Nachweis nicht darin erschöpfen, dass sie die Hauptvertragsparteien zusammenführt (vgl Rn 43). Selbstverständlich ist die Vermittlungstätigkeit des Maklers mitursächlich, soweit umgekehrt die Parteien zunächst ohne Makler miteinander verhandelt haben, dann aber auf ein Hindernis gestoßen sind und sich erst infolge der Vermittlung des Maklers doch noch geeinigt haben (BGH BB 1955, 490). Zur **hypothetischen Kausalität** eigener Vermittlungsbemühungen des Auftraggebers ist das Gleiche zu sagen wie zur hypothetischen Kausalität eigener Nachweisbemühungen (vgl Rn 129).

bb) Kongruenz von vermittelter Vertragsgelegenheit und zustande gekommenem Vertrag?

Anders als die nachgewiesene (Rn 134 f) muss die **vermittelte Vertragsgelegenheit nicht** 140 dem tatsächlich zustande gekommenen Vertrag wirtschaftlich gleichwertig sein (BGH NJW-RR 1990, 1008; HAMM Rn 633). Namentlich **Preisunterschiede** zwischen vermittelter Vertragsgelegenheit und zustande gekommenem Hauptvertrag sind regelmäßig unerheblich, weil die von den Hauptvertragsparteien ohne den Makler vorgenommene Veränderung die Tatsache unberührt lässt, dass der Vertragsschluss auf den vom Makler mitgestalteten Verhandlungen aufbaut und deswegen durch seine Vermittlung mitverursacht ist. Folgerichtig kann nicht schon die Diskrepanz zwischen vermitteltem und zustande gekommenem Hauptvertrag, sondern erst diejenige zwischen lt Maklervertrag beabsichtigtem und zustande gekommenem Hauptvertrag (vgl dazu Rn 77 ff) den Provisionsanspruch zu Fall bringen. Nach Ansicht des OLG Nürnberg (OLGZ 1977, 219) soll sich allerdings die Höhe der Provision nicht nach dem zustande gekommenen Hauptvertrag, sondern nach der vermittelten Vertragsgelegenheit richten, wenn der Auftraggeber nach Abschluss der Vermittlungstätigkeit des Maklers den von diesem ausgehandelten Verkaufspreis durch Zusatzverhandlungen mit dem Interessenten noch wesentlich (damals konkret um 23,5 %) erhöht (vgl dazu Rn 178). **Grenzen** für die mögliche Divergenz zwischen vermittelter Vertragsgelegenheit und zustande gekommenem Hauptvertrag ergeben sich daraus, dass sich der Abschluss des **Hauptvertrags als Nutzung der vermittelten Vertragsgelegenheit** darstellen muss. Deshalb erhält der Makler die Provision nicht, wenn der vermittelte Grundstückskaufvertrag noch nach Festsetzung des notariellen Beurkundungstermins wegen Absage des Vertragspartners platzt, stattdessen sich aber der Notar zum Erwerb vom Auftraggeber entschließt (BGH NJW 1976, 1844; krit dazu SCHWERDTNER [4. Aufl 1999] Rn 576 ff).

cc) Kenntnis des Vermittlungsergebnisses und Kenntnis der Vermittlungstätigkeit

Die Kausalität der Vermittlungstätigkeit des Maklers für den Abschluss des Haupt- 141 vertrages setzt die **Kenntnis des Auftraggebers** ebenso voraus, wie es die Kausalität der Nachweistätigkeit tut (Rn 128): Die Kenntnisnahme des **Vermittlungsergebnisses** ist denknotwendig, kann der Auftraggeber doch sonst den vermittelten Hauptvertrag gar nicht schließen. Soweit die vernünftige Entscheidung des Auftraggebers über die Nutzung der gebotenen Vertragsgelegenheit nicht eine **Einweisung** durch den Makler erfordert, muss der Auftraggeber dagegen nicht unbedingt etwas **von der Vermittlungstätigkeit des Maklers wissen**. Es ist durchaus denkbar, dass der vom Vermittlungsmakler informierte und überredete Interessent sich gegenüber dem Auftraggeber als „unabhängig" präsentiert. Das OLG München (OLG München NJW 1968, 894) hat angenommen, der Auftraggeber sei trotz dieser Unkenntnis im Falle des Abschlusses des Hauptvertrags zur Provisionszahlung verpflichtet. Anders als im Zusammenhang mit dem Nachweismaklervertrag soll im Zusammenhang mit dem Vermittlungsmaklervertrag nicht den Makler eine Mitteilungsobliegenheit, sondern den Auftraggeber eine **Rückfrageobliegenheit** treffen (auch im Fall des Nachweises für eine Rückfrageobliegenheit des Auftraggebers statt der Mitteilungsobliegenheit des Maklers; HAMM Rn 715). Dem ist im Ergebnis zuzustimmen: Das **Ergebnis der Vermittlung** eines Vertrags ist im Allgemeinen nicht so neutral, dass es gegenüber dem Auftraggeber noch dem Maklervertrag mittels empfangsbedürftiger Zweckbestimmung zugeordnet werden müsste (vgl Rn 41). Wenn der Auftraggeber nach Abschluss eines Vermittlungsmaklervertrags auf einen voll informierten und im Wesentlichen abschlussbereiten Interessenten trifft, muss sich ihm – anders als bei der Begegnung mit einem bloß nachgewiesenen Interessenten – der Gedanke aufdrängen, dass dies auf der Tätigkeit des Maklers beruht. Ausnahmsweise verbleibende Zweifel kann er zumutbarer Weise durch Rückfrage ausräumen, zumal das Interesse des Maklers daran zu berücksichtigen ist, nicht Namen aus seiner Kundenkartei preisgeben zu müssen, unabhängig davon, ob es überhaupt zum ernsthaften Kontakt mit dem Auftraggeber kommt (vgl Hamm Rn 717). Noch weniger als die Unkenntnis der Vermittlungstätigkeit des Maklers hindert die Unkenntnis der Kausalität dieser Vermittlungstätigkeit und damit der Provisionspflichtigkeit des Hauptvertragsabschlusses die Entstehung des Provisionsanspruchs (vgl auch Rn 128).

dd) Darlegungs- und Beweislast

142 Der Makler muss **darlegen** und notfalls **beweisen**, dass er die Vermittlungstätigkeit entfaltet hat und dass im sachlichen und zeitlichen Zusammenhang damit der Hauptvertrag zustande gekommen ist. Die Kausalität zwischen Vermittlungstätigkeit und Zustandekommen des Hauptvertrags soll dann nach hM wie die zwischen Nachweistätigkeit und Zustandekommen des Hauptvertrags (vgl Rn 137 f) nach den Grundsätzen über den Anscheinsbeweis indiziert sein (OLG Zweibrücken NJW-RR 1999, 1502). Dem ist zu folgen. Es entspricht nicht der Lebenserfahrung, dass ein Makler zur Vermittlung eines Hauptvertrags eingeschaltet wird, der Hauptvertrag im sachlichen und zeitlichen Zusammenhang mit der Vermittlungstätigkeit zustande kommt und gleichwohl ein förderlicher Einfluss der Vermittlungstätigkeit auf das Zustandekommen des Hauptvertrags zu verneinen ist. Haben die Hauptvertragsparteien wirklich ganz von vorne beginnen müssen, so kann der Auftraggeber durch Vortrag und notfalls Beweis zum Umfang der ohne den Makler noch geführten Verhandlungen den ersten Anschein der Kausalität der Maklertätigkeit zerstören und damit die Beweislast für die Kausalität voll auf den Makler zurückwälzen.

d) Kausale Nachweis- bzw Vermittlungstätigkeit mehrerer Makler

aa) Nachweis- und Vermittlungsmakler

143 Da Vertragsgelegenheiten **gemeinfreie Güter** sind (vgl Rn 3), können **mehrere Makler** unabhängig voneinander über sie verfügen. Für den Auftraggeber erwächst daraus die Gefahr, dass er im Fall der Beauftragung mehrerer Makler mehrfach provisionspflichtig wird, wenn er den Hauptvertrag über ein Objekt abschließt, das ihm von mehreren Maklern nachgewiesen bzw vermittelt worden ist. Relativ unproblematisch ist dabei die Konstellation, dass **ein Makler** die Vertragsgelegenheit **nachgewiesen** und **ein anderer** den Vertrag **vermittelt** hat. Insoweit handelt es sich um verschiedene, und zwar beide wesentliche Kausalbeiträge für das Zustandekommen des Hauptvertrags, die selbstverständlich je für sich provisionspflichtig sind, genügt doch die Mitursächlichkeit (BGH NJW 1977, 41; OLG Hamm NJW-RR 2014, 881; LG Kiel AIZ 1984 H 12 A 110 Bl 22). Eine **Provisionsteilung** analog § 660 Abs 1 S 1 BGB (dafür Knütel ZHR Bd 144 [1980] 289, 319 ff) kommt in diesem Fall nicht in Betracht. Der Nachweismakler hat die Provision dadurch verdient, dass er die Hauptvertragsparteien zusammengeführt hat, der Vermittlungsmakler dadurch, dass er den Hauptvertrag zu den von dem Auftraggeber gewünschten Konditionen (mit) zustande gebracht hat. Dass der Nachweis die Vertragsbereitschaft des nachgewiesenen Interessenten umfassen muss, schließt die Notwendigkeit weiterer Verhandlungen der Hauptvertragsparteien – ohne oder mit Hilfe eines Maklers – nicht aus (**aA** Knütel ZHR Bd 144 [1980] 289, 320 f). Es entspricht weder dem Sinn des Nachweismaklervertrags, dass der Anspruch auf die vol-

le Provision davon abhängen soll, ob der Auftraggeber den Hauptvertrag schlussendlich ohne oder mit Hilfe eines weiteren Maklers zustande bringt, noch dem Sinn des Vermittlungsmaklervertrags, dass der Anspruch auf die volle Provision davon abhängen soll, ob der Auftraggeber die Kenntnis des Interessenten und seiner Vertragsbereitschaft aus privatem Wissen oder aufgrund der Information eines anderen (Nachweis-)Maklers hat (ebenso MünchKommBGB/ALTHAMMER §652 Rn 195; SOERGEL/ENGEL §652 Rn 91).

bb) Mehrere Vermittlungsmakler

144 Schwer zu beurteilen ist der Fall, dass der Auftraggeber den Hauptvertrag mit Hilfe **zweier Vermittlungsmakler** zustande bringt, von denen zwar nur der zweite den Durchbruch geschafft, dabei jedoch auf einer nicht unbedeutenden Vorarbeit des ersten Maklers aufgebaut hat. Das RG (RG JW 1913, 685) hat unter solchen Vorzeichen den Provisionsanspruch auf den zweiten Makler beschränkt, falls der erste durch den Verzicht auf weitere Tätigkeit den Auftraggeber zur Einschaltung des zweiten Maklers genötigt hat. Ähnlich scheint BGH NJW 1981, 387 die Rechtslage zu sehen. Der BGH erkennt dort beiden Maklern den vollen Provisionsanspruch zu, weist aber bezüglich des ersten (im Urteil sogar als Nachweismakler bezeichneten) Maklers ausdrücklich darauf hin, der Auftraggeber habe diesem infolge der Heranziehung des zweiten Maklers die Chance genommen, den Durchbruch selbst zu schaffen (NJW 1981, 387, 388; ohne eine solche Einschränkung für den Provisionsanspruch des ersten Maklers OLG Koblenz VersR 2012, 1256). In der Sache dürfte damit eine **Auslegung** des Vermittlungsmaklervertrags angesprochen sein, die sich in der Tat für den Regelfall nach § 157 BGB anbietet. Vorbehaltlich anderweitiger Regelung verlangt der Vermittlungsmaklervertrag dem Makler als Voraussetzung für den Provisionsanspruch bei Zustandekommen des Hauptvertrags ab, dass er den Vermittlungsbedarf des Auftraggebers **voll befriedigt**, dh solange mitwirkt, wie der Auftraggeber es wünscht. Mitursächlichkeit im Sinne einer nicht völlig unbedeutenden Motivierung des Vertragsgegners zugunsten des Vertragsschlusses (vgl Rn 139) genügt also nur, wenn der Auftraggeber keinen weiterreichenden Vermittlungsbedarf angemeldet hat. Wie KNÜTEL (ZHR Bd 144 [1980] 289, 304 f) nachgewiesen hat, hat nichts anderes als das Schutzbedürfnis des Maklers, der durch den Auftraggeber nach bereits hilfreicher Einwirkung auf den Interessenten ausgeschaltet wird, zur Abschwächung des Erfordernisses der Ursächlichkeit in das Erfordernis bloßer Mitursächlichkeit geführt.

145 Von diesem Ausgangspunkt aus erscheint eine **differenzierte Lösung** angezeigt: Soweit der Auftraggeber den ersten Makler **ausschaltet**, schuldet er diesem im Falle des Zustandekommens des Hauptvertrags die volle Provision. Tut er dies, um einen zweiten Makler heranzuziehen, der das Werk des ersten gleichsam vollendet, so hat er dem zweiten Makler noch einmal die volle Provision zu bezahlen. Soweit der erste Makler seine Bemühungen ergebnislos abgebrochen hat oder gescheitert ist, wird in der Regel die Kausalität unterbrochen werden. Denn der zweite Makler, der den Hauptvertrag zustande gebracht hat, hat dann praktisch ganz von vorn beginnen müssen. Entsprechend lässt sich feststellen, dass der Hauptvertrag in gleicher Weise ohne die Tätigkeit des Erstmaklers abgeschlossen worden wäre. Eben das ist der Maßstab für die **Unterbrechung der Kausalität** (vgl Rn 139). Es bleiben die Fälle, in denen allein die Einschaltung beider Makler das Zustandekommen des Hauptvertrags erklärt. Hier wird man nicht an der Konsequenz vorbeikommen, dass ein Auftraggeber, der zwei Makler eingeschaltet hat, deren Vermittlung für den Vertragsschluss

(mit-)ursächlich geworden ist, diese auch beide bezahlen muss (Schäfer MDR 1988, 534, 537; MünchKommBGB/Althammer § 652 Rn 195; **aA** Knütel ZHR Bd 144 [1980] 289, 311 und dem folgend Staudinger/Reuter [2010] §§ 652, 653 Rn 145: Provisionsteilung nach dem Rechtsgedanken des § 660 Abs 1 S 1 BGB).

cc) Mehrere Nachweismakler

146 Ist dem Auftraggeber die Vertragsgelegenheit, die zum Abschluss des Hauptvertrags geführt hat, von **mehreren Nachweismaklern** bekanntgemacht worden, so kommt es für die Provisionspflichtigkeit des Auftraggebers jedenfalls im Falle gleicher Inhalte zunächst auf die **Prioritäten** an. Da der erste Nachweis Vorkenntnis erzeugt, scheidet die Möglichkeit weiterer Nachweise aus (Rn 31). Daran ändert nichts, dass der Nachweis sich in dem Anstoß für den Auftraggeber erschöpfen kann, sich mit einem schon vorher bekannten Objekt infolge der Information über ein bisher unbekanntes „unerlässliches" Detail konkret zu beschäftigen (Rn 125). Der **erste (und einzige) kausale Nachweis** ist der, der den Anstoß zur Kontaktaufnahme mit dem Interessenten gegeben hat (OLG Hamm BB 1995, 1977; vgl auch Schäfer MDR 1988, 534, 535).

147 **Weichen die Nachweise inhaltlich voneinander ab**, so ist nach Ansicht des OLG Köln (OLG Köln AIZ 1979, 29) im Falle eines Kaufangebots der günstigste allein ursächlich. Dem tritt BGH NJW 1980, 123, 124 mit dem Argument entgegen, dass Mitverursachung des Hauptvertrags ausreicht und außerdem der Ansatz des OLG dem Preisgesichtspunkt im Verhältnis zu Gegenstand und Partner eine zu große Bedeutung beimesse. Aus diesen Ausführungen ist teilweise der Schluss gezogen worden, dass Fälle anzuerkennen seien, in denen je für sich ordnungsgemäße Nachweise (Rn 35 ff) nicht allein, sondern nur **kumulativ** Ursache für das Zustandekommen des Hauptvertrags geworden sind. Denn der spätere, aber günstigere Nachweis sei doch im Hinblick auf den in ihm genannten Kaufpreis für den Hauptvertrag zumindest mitursächlich (Staudinger/Reuter [2010] §§ 652, 653 Rn 147; vgl auch Knütel ZHR Bd 144 [1980] 289, 314; **aA** MünchKommBGB/Althammer § 652 Rn 195). Vorgeschlagen wird daher eine **Provisionsteilung** nach billigem Ermessen analog § 660 BGB. Indes erscheint es fraglich, ob der Entscheidung ein so weitreichender Schluss gezogen werden kann, der zu den oben (Rn 146) formulierten Grundsätzen in scharfem Widerspruch stünde. Vorzugswürdig scheint vielmehr ein Festhalten an dem Prinzip, dass grundsätzlich nur der erste Nachweis einer Vertragsgelegenheit kausal gewesen sein kann.

dd) Darlegungs- und Beweislast

148 Die Darlegungs- und Beweislast für die Kausalität zwischen Nachweis- bzw Vermittlungstätigkeit und Zustandekommen des Hauptvertrags entspricht im Falle der Beteiligung mehrerer Makler grundsätzlich den Regeln, die für den Fall der Beteiligung nur eines Maklers gelten. Jeder Makler braucht also nur seinen (formell) ordnungsgemäßen Nachweis, das Zustandekommen des Hauptvertrags und einen sachlichen und zeitlichen Zusammenhang zwischen beiden darzulegen und notfalls zu beweisen (LG Hamburg NJW-RR 2001, 565). Gelingt das, so ist nach den Regeln über den Beweis des ersten Anscheins zugleich die Kausalität des Nachweises schlüssig dargetan. Es ist alsdann Sache des Auftraggebers, den Anscheinsbeweis für die Kausalität zu erschüttern (vgl Rn 137). Nach BGH NJW 1979, 869 besteht der erste Anschein für die Kausalität des Maklernachweises nicht, wenn dem Auftraggeber gleichzeitig der Nachweis eines anderen Maklers über die gleiche Vertragsgelegenheit zugegangen ist. In einem solchen Fall sollen beide Makler darlegen und beweisen müssen, dass

ihr Nachweis zum Erfolg geführt hat (ebenso OLG Hamm BB 1995, 1977). Der BGH nimmt dabei in Kauf, dass der Anspruch beider Makler aus Beweisgründen scheitert, fügt freilich hinzu, es könne offenbleiben, ob eine andere Beweislastverteilung zu rechtfertigen wäre, wenn der Auftraggeber sich jeglicher Provisionsverpflichtung zu entziehen versuche (NJW 1979, 869, 870). Der Hinweis lässt Unbehagen erkennen, ohne es in eine juristisch fassbare Form kleiden zu können (vgl auch Hamm Rn 704; Knütel ZHR Bd 144 [1980] 289, 313 f). Freilich überzeugt der Vorschlag einer Provisionsteilung in Analogie zu § 659 Abs 2 S 1 BGB (so Knütel ZHR Bd 144 [1980] 289, 314, dem folgend: Staudinger/Reuter [2010] §§ 652, 653 Rn 148; krit Schäfer MDR 1988, 534, 535) nicht. Er würde dazu führen, dass der Auftraggeber im Ergebnis einem Makler zu Unrecht die Provision zur Hälfte entziehen könnte. Tatsächlich dürfte es sich um ein Scheinproblem handeln: Wenn feststeht, dass das Handeln eines der Makler kausal war, und der Auftraggeber im Prozess des ersten Maklers auf Provisionszahlung bestreitet, dass dessen Handeln kausal gewesen ist, hat er indirekt zugleich die Kausalität des Handelns des zweiten Maklers behauptet. Damit kann er aber schwerlich das Gegenteil behaupten, wenn der zweite Makler klagt, ohne dass der Vorwurf des Prozessbetrugs im Raum stünde. Zudem müsste man die Einlassung im ersten Prozess jedenfalls im Rahmen der Beweiswürdigung berücksichtigen.

4. Der Drittbezug der Maklertätigkeit

a) Rechtsprechung

Das Zustandekommen eines Hauptvertrags infolge des Nachweises bzw der Vermittlung des Maklers setzt definitionsgemäß voraus, dass der **Makler nicht selbst der nachgewiesene Interessent bzw die andere Partei** des dem Auftraggeber vermittelten Hauptvertrags ist (RG JW 1937, 1306; BGH NJW 1973, 1649; 1974, 137). Materiell steht hinter dem Erfordernis des Hauptvertrags mit einem Dritten vor allem, dass der Makler, indem er sich selbst oder eine (juristische oder natürliche) **Person** mit **identischer Willensbildung** als Vertragspartei andient, nicht die Koordinationsleistung erbringt, an die nach den im Rechtsverkehr herrschenden Vorstellungen der Provisionsanspruch anknüpft (vgl auch Knieper NJW 1970, 1293, 1295; Wank NJW 1979, 190, 192). Die Rechtsprechung hat diesen Gedanken mittlerweile dahin weiterentwickelt, dass zwischen Makler und Vertragsgegner nicht nur die Fähigkeit zur selbstständigen unterschiedlichen Willensbildung bestehen muss (BGH NJW 1985, 2473; BGH WM 1987, 1140, 1141; NJW 1992, 2818; sog echte Verflechtung, vgl Dehner NJW 1991, 3254, 3259), sondern dass der Makler grundsätzlich überhaupt nicht im Lager des Vertragsgegners stehen darf. Der Makler soll zu einer dem gesetzlichen Leitbild der §§ 652 ff BGB entsprechenden Tätigkeit ungeeignet sein, wenn die Interessenlage so gestaltet ist, dass er sich im Streitfall zwischen dem Auftraggeber und dem Vertragsgegner bei regelmäßigem Verlauf auf die Seite des Vertragsgegners stellen wird (BGH NJW 1981, 2293, 2294; BGH NJW 1990, 168; sog unechte Verflechtung, vgl Dehner NJW 1991, 3254, 3259). Einschränkungen folgen daraus, dass die **Interessenbindung** des Maklers an den Vertragsgegner **institutionalisiert**, dh durch die Übernahme einer tendenziell dauerhaften Funktion verfestigt sein muss. Deshalb spielt zB die bloße wirtschaftliche Abhängigkeit des Maklers vom Vertragsgegner, wie sie im Verhältnis von Kreditvermittlern zu Kreditinstituten oder Versicherungsmaklern zu Versicherungsunternehmen anzutreffen ist, keine Rolle. Sogar generell einer hinreichenden Institutionalisierung unfähig ist nach hM die Interessenbindung, die sich aus persönlicher Beziehung ergibt. Daher kommt als institutionalisierte Interessenbindung nur eine **wirtschaftliche Bezie-** 149

hung in Betracht (BGH NJW 1981, 2293, 2294). Die Existenz der institutionalisierten Interessenbindung muss der Makler von sich aus dem Auftraggeber offenbaren, damit dieser bei der Entscheidung für den Abschluss oder die Bestätigung (§ 141 BGB) des Maklervertrags im Bewusstsein des für ihn mit der Maklertätigkeit verbundenen Risikos handelt. Verschweigt er die Interessenbindung an die Gegenseite, so entspricht der Nachweis bzw die Vermittlung nicht dem (ihr Fehlen voraussetzenden) Maklervertrag; die Provision ist nicht verdient (BGH NJW 1981, 2293, 2294; BGH NJW 1991, 168).

b) Kritik

150 Die wohl hL stimmt dieser Rechtsprechung uneingeschränkt zu (Hamm Rn 808; Soergel/Engel § 652 Rn 67 ff; zurückhaltender freilich MünchKommBGB/Althammer § 652 Rn 131). Dem ist insoweit zu folgen, als die Provisionsschädlichkeit für die Fälle der **echten Verflechtung** befürwortet wird. Wenn es zwischen Makler und Vertragsgegner an der Fähigkeit zur selbstständigen unterschiedlichen Willensbildung fehlt, ist der Makler nichts anderes als ein „Außendienst" des Vertragsgegners. Wenn die Parteien des Hauptvertrags sich dessen bewusst sind, ist die Maklerprovision getarntes zusätzliches Entgelt (Auftraggeber = Käufer) bzw Kürzung des Entgelts (Auftraggeber = Verkäufer). In der Praxis begegnet dieser Fall namentlich in den Bauherrenmodellen als Versuch, einen möglichst großen Teil der Gesamtkosten der Bauherren in steuerlich sofort abzugsfähige Werbungskosten zu verlagern. **Kennt** der Auftraggeber die Verbindung zwischen Makler und Vertragsgegner **nicht**, so entfällt die Maklerprovision (**nicht** der Makler**vertrag**, und zwar schon deshalb nicht, weil bei Abschluss des Maklervertrags regelmäßig noch gar nicht feststeht, wer Vertragsgegner des Auftraggebers werden wird; anders Hamm Rn 809). Denn sie ist für die Nutzung einer Vertragsgelegenheit versprochen, der eine Koordinationsleistung des Maklers zugrunde liegt. Zur Zahlung einer davon unabhängigen Provision hat der Auftraggeber sich nicht bereit erklärt. Bedenken bestehen dagegen, soweit die Rechtsprechung die **unechte Verflechtung** ebenfalls für provisionsschädlich hält. Schon im Ansatz kann dem nur beipflichten, wer entgegen der hier vertretenen Ansicht den Maklervertrag nicht als einen (beschaffungs-)kaufähnlichen Vertrag, sondern als einen Geschäftsbesorgungsvertrag ansieht (Vorbem 4 zu §§ 652–656d). Denn nur dann kann sich die Frage stellen, ob die Bindung an das Interesse des Vertragsgegners mit der Pflicht des Maklers zur Wahrung des Interesses des Auftraggebers zu vereinbaren ist (so ausdrücklich BGH NJW 1981, 2293, 2294). Eine negative Antwort ist freilich selbst unter dieser Prämisse alles andere als selbstverständlich. Zumindest im Zusammenhang mit dem einfachen Maklervertrag ist nämlich entgegen der Rechtsprechung überhaupt nicht erkennbar, welches Risiko die Interessenbindung des Maklers an den Vertragsgegner für den Auftraggeber mit sich bringen soll. Die Eigenart des Maklervertrags führt dazu, dass der Makler unabhängig von der Existenz und Intensität einer Bindung an das Interesse des Vertragsgegners bestrebt sein muss, eine dem Auftraggeber **möglichst günstige Vertragsgelegenheit** nachzuweisen bzw zu vermitteln. Tut er das nämlich nicht und nimmt stattdessen unziemliche Rücksicht auf die Wünsche des Vertragsgegners, so riskiert er, dass der Auftraggeber den Vertrag nicht abschließt und seine Mühe umsonst gewesen ist. Dass der Auftraggeber die nachgewiesene bzw vermittelte Vertragsgelegenheit **nicht unbesehen** nutzen kann, ist keine Besonderheit, die aus der institutionalisierten Interessenbindung an den potenziellen Vertragsgegner erwächst, sondern der Normalfall. Denn das Interesse des Maklers an der Entstehung des Provisionsanspruchs birgt für den Auftraggeber immer die Gefahr, dass der Nachweis

bzw die Vermittlung auch Vertragsgelegenheiten schafft, die er besser nicht wahrnimmt. Mehr noch: Die Richtigkeitsgewähr des Maklervertrags setzt voraus, dass der Auftraggeber die vom Makler nachgewiesene bzw vermittelte Vertragsgelegenheit kritisch mit – sei es durch ihn selbst, sei es durch andere Makler beschafften – konkurrierenden Vertragsgelegenheiten vergleicht (Vorbem 2 zu §§ 652–656d).

Gewiss sieht § 2 Abs 2 Nr 2 und 3 WoVermittG einen Fall des Provisionsausschlusses **151** wegen institutionalisierter Interessenbindung, nämlich wegen Verwaltertätigkeit des Maklers für den Vermieter, ausdrücklich vor. Und es ist wahrscheinlich kein Zufall, dass die Weiterentwicklung des erforderlichen Drittbezugs zum Vorbehalt gegen die institutionalisierte Interessenbindung des Maklers an den Vertragsgegner in die Zeit unmittelbar nach Inkrafttreten des WoVermittG im Jahre 1971 fällt (erste einschlägige Entscheidung BGH NJW 1974, 137). Doch reagiert § 2 Abs 2 Nr 2 und 3 WoVermittG auf die häufig bestehende spezielle Zwangslage Wohnungssuchender, die ua davor geschützt werden sollen, dass Personen, die als Verwalter von Wohnungsbeständen ohnehin für Vermietung zu sorgen haben, sich auf ihre Kosten und unter Ausnutzung ihrer Marktschwäche in Gestalt von Maklerprovisionen ein Zubrot verschaffen. Die Vorschrift ist folgerichtig nicht nur Bestandteil des Leitbildes der Wohnungsvermittlung, sondern zwingendes Recht. Auf normalen Märkten mit tendenzieller Gleichgewichtigkeit von Angebot und Nachfrage ist ein vergleichbares Verhalten von Verwaltern und sonstigen Hilfspersonen der Anbieter von Gütern (regelmäßig) schon deshalb nicht zu erwarten, weil es dem **Interesse der Geschäftsherren** widerspricht und demgemäß diesen gegenüber pflichtwidrig ist. Denn die Belastung durch die Maklerprovision verringert die Konzessionsbereitschaft der Auftraggeber gegenüber den Vertragsgegnern, die auf diese Weise die Maklerprovision ihrer Repräsentanten mittelbar mitbezahlen (und entsprechend veranlasst sind, Maklertätigkeit zu verhindern). Die Hilfsperson des Vertragsgegners macht sich also vorbehaltlich einer Gestattung diesem gegenüber schadensersatzpflichtig, wenn er vom Auftraggeber Provision kassiert. Die Höhe des Schadens stimmt tendenziell mit der Provision überein. Die pflichtwidrig handelnde Hilfsperson behält den dadurch erworbenen Vorteil nicht, sondern muss ihn an den weitergeben, auf dessen Kosten sie ihn erlangt hat. Es widerspricht der Interessenlage, stattdessen den Auftraggeber zu entlasten.

Der Vorbehalt gegen die institutionalisierte Interessenbindung zwischen Makler und **152** Vertragsgegner wird auch nicht durch den Rechtsgedanken des § 654 BGB gestützt (dafür Dehner NJW 1993, 2225). Die Norm reagiert lediglich darauf, dass eine **Doppelmaklertätigkeit die Chancen** des einzelnen Auftraggebers **auf einen günstigen Vertragsschluss verschlechtert**, weil der Vertragsgegner (= der andere Auftraggeber) naturgemäß die Provisionsbelastung in seine den Verhandlungen zugrunde gelegte Kalkulation einbezieht. Der Makler, der eine Vertragsgelegenheit mit einem selbst provisionspflichtigen Partner besorgt hat, hat vorbehaltlich der Gestattung der Doppelmaklertätigkeit im Maklervertrag nicht die darin vorgesehene Vertragsgelegenheit beschafft. § 654 BGB ist maW ein gesetzlich geregelter Spezialfall des Erfordernisses wirtschaftlicher Gleichwertigkeit zwischen beabsichtigtem und zustande gekommenem Hauptvertrag (Vorbem 5 zu §§ 652–656d; übereinstimmend Eggert 53 f; dagegen Tiekötter, in: FS Schwerdtner [2003] 485, 506). Diese Deutung des § 654 BGB wird nicht zuletzt durch die Entstehungsgeschichte der Vorschrift unterstützt, die die nicht gestattete Doppelmaklertätigkeit unzweideutig als einen Fall der Nichterfüllung des Maklervertrags qualifiziert. Die Vorstellung der hM, § 654 BGB enthalte eine Sanktion für grobe Treupflichtverletzungen des Maklers, findet darin entgegen der Auffassung des BGH (BGHZ 36, 323, 327) keinen Anhaltspunkt (vgl ausführlich Krehl 104 ff). Dies gilt umso mehr, wenn man bedenkt, dass die §§ 93 ff HGB für den Handelsmakler ausweislich der §§ 98 f HGB von der angeblich grob treuwidrigen Tätigkeit für beide Seiten des angestrebten Hauptvertrags als dem Normalfall ausgehen (vgl auch § 654 Rn 2).

153 Teilweise wird im Schrifttum gefordert, dass der Nachweismaklervertrag auf jeden Fall von der Verflechtungsrechtsprechung ausgenommen werden müsse geübt (Lieb DB 1981, 2415; Lieb WM 1982, 782); denn der vom BGH für entscheidend gehaltene Interessenkonflikt des dem Vertragsgegner verpflichteten Maklers wirke sich zumindest im Fall der bloßen Nachweistätigkeit, dem Zusammenführen der Hauptvertragsparteien, gar nicht aus. Diese Sicht überzeugt insoweit nicht, als sie die Relevanz eines Interessenkonflikts nur für den Nachweismakler – und nicht auch für den Vermittlungsmakler – in Frage stellt. Der Vermittlungsmakler steht genauso wenig wie der Nachweismakler vor der Frage, ob er sich auf die Seite des Auftraggebers oder auf diejenige des Vertragsgegners stellt. Vielmehr muss er **beiden gerecht werden**, wenn er sein Ziel, den Hauptvertrag zustande zu bringen und dadurch die Provision zu verdienen, nicht verfehlen will. Gelingt ihm dieser Balanceakt infolge allzu starker Bindung an den Vertragsgegner nicht, so scheitert der Hauptvertrag. Ob der Makler infolge seiner Bindung an den Vertragsgegner für eine dem Leitbild der §§ 652 ff BGB entsprechende Tätigkeit ungeeignet gewesen ist, entscheidet also der Erfolg; rechtlicher Vorsorge bedarf es insoweit nicht. Allenfalls mag es zur erforderlichen **Einweisung** des Auftraggebers in die Vertragsgelegenheit (vgl Rn 141) gehören, dass der Vermittlungsmakler seine Bindung an den Vertragsgegner offenlegt. Der Vermittlungsmakler besorgt durch die Vermittlung eben nicht ein Geschäft des Auftraggebers, sondern ein eigenes, dessen Ergebnis er dem Auftraggeber zur entgeltlichen (und dem Vertragsgegner außerhalb des § 99 HGB zur unentgeltlichen) Nutzung anbietet (Vorbem 4 zu §§ 652–656d). Zu weit geht es dagegen, wenn die Verflechtungsrechtsprechung für die Nachweismakelei vollständig verworfen wird. Von einem Makler wird vorbehaltlich abweichender Vereinbarung erwartet, dass er die Provision für das Ergebnis einer Koordinationsleistung (Nachweis oder Vermittlung) verlangt. Wer sein alter ego als Vertragsgegner andient, präsentiert nicht das Ergebnis einer Koordinationsleistung, sondern täuscht ein solches vor. Soweit die Verflechtungsrechtsprechung die Provision wegen fehlender Möglichkeit einer unterschiedlichen Willensbildung von Makler und Vertragsgegner versagt, tut sie also nicht mehr, als den Makler bei seinem Wort zu nehmen.

154 Nach teilweise vertretener Ansicht (Wank NJW 1979, 190, 192) soll der Makler analog den §§ 400, 403 HGB die Provision auch im Fall des Nachweises einer Vertragsgelegenheit bzw der Vermittlung eines Vertrages mit sich selbst oder mit einer ihm verbundenen Person verdienen, wenn er eine wirtschaftlich sinnvolle Leistung erbringt, die Gefahr einer Interessenkollision nicht besteht und die Interessenbindung (aus Anlass des Nachweises) offengelegt wird. Eine wirtschaftlich sinnvolle Leistung soll anzunehmen sein, falls der Makler die „eigenen“ Objekte nicht ausschließlich, sondern nur neben „fremden“ nachweist bzw vermittelt. Auch dies überzeugt nicht. Der Kommittent hat lediglich ein Interesse an der Entlastung von der Mühe des Eigenabschlusses, so dass er erhält, was er erwarten darf, wenn der Kommissionär nicht in seinem Auftrag veräußert oder erwirbt, sondern (im Wege des Selbstkontrahierens) selbst erwirbt oder veräußert, zumal das Gesetz ihn in den §§ 400 Abs 2–5, 402 HGB durch **zwingende Vorschriften vor Übervorteilung schützt**. Der Auftraggeber im Fall des Maklervertrags hat darüber hinaus ein Interesse daran, entscheiden zu können, ob er sich allein für den Fall eines wirklich bestehenden Koordinationsbedarfs oder auch unabhängig davon die Zusatzbelastung in Gestalt der Provisionszahlungspflicht auflädt. Man zahlt nicht ohne weiteres für etwas, was auch kostenlos zu haben ist.

c) Fallgruppen der wirtschaftlichen Verflechtung zwischen Makler und Vertragsgegenseite

aa) Der Selbsteintritt des Maklers

Im Einzelnen lassen sich folgende **Fallgruppen** der wirtschaftlichen Verflechtung des Maklers mit der Vertragsgegenseite unterscheiden: 155

Im Wesentlichen unstreitig ist, dass der **Selbsteintritt** des Maklers, dh das Zustandekommen des Hauptvertrags zwischen dem Auftraggeber und dem Makler, keinen Provisionszahlungsanspruch des Maklers erzeugt (RG JW 1937, 1306; BGH NJW 1964, 2343; BGH NJW 1972, 864; BGH NJW 1973, 1649; BGH NJW 1974, 137; BeckOGK/Meier [1. 1. 2026] § 652 Rn 331). Die Rechtsprechung hat es insoweit auch ausdrücklich abgelehnt, zwischen Nachweis- und Vermittlungsmakler zu differenzieren (BGH NJW 1971, 1839 f; BGH NJW 1974, 137; BGH WM 1979, 58 f), obwohl der Wortlaut des § 652 Abs 1 BGB eine solche Differenzierung nahelegen könnte: Einen Vertrag mit sich selbst zu „vermitteln", ist schwerlich, sich selbst als Vertragsinteressenten nachzuweisen, dagegen durchaus möglich (vgl Wank NJW 1979, 190, 191). Der Wortlaut des § 93 HGB („andere Personen") besagt schon deshalb nichts gegen die Differenzierung, weil der dort angesprochene Handelsmakler notwendig Vermittlungsmakler ist (vgl Lieb DB 1981, 2415, 2417). Auch der Gedanke der Interessenkollision könnte für eine Differenzierung sprechen, weil das Zusammenführen der Vertragsparteien in ihrem gemeinsamen Interesse liegt; die Gegenläufigkeit der Interessen der Vertragsparteien kommt allenfalls zum Tragen, wo der Makler als Vermittlungsmakler auf den Inhalt der Vertragsbedingungen Einfluss nimmt (Lieb DB 1981, 2415, 2419; vgl aber auch Rn 153). Dass der reine Nachweismaklervertrag selten vorkommt (Hamm Rn 803), schließt die Sonderbehandlung des ausnahmsweise doch vorliegenden reinen Nachweismaklervertrags nicht aus. Gleichwohl ist der ganz hM von der Provisionsschädlichkeit des Selbsteintritts auch für den reinen Nachweismaklervertrag, dh für den Nachweismaklervertrag ohne das Recht (!) des Maklers zur Beteiligung an den Vertragsverhandlungen, zuzustimmen, weil der Nachweismaklervertrag genauso wie der Vermittlungsmaklervertrag eine Koordinationsleistung verlangt (vgl Rn 153). Als Selbsteintritt ist auch der Erwerb des Objekts durch den Makler in hälftiger Käufergemeinschaft mit einer anderen Person anzusehen (BGH 24. 1. 2019 – I ZR 160/17, NJW 2019, 1596 Rn 63). Kein Selbsteintritt liegt dagegen vor, wenn der Vertragsgegner eine **BGB-Gesellschaft** ist, an der der Makler beteiligt ist (**aA** OLG Koblenz AIZ 1992 H 7 A 145 Bl 25). Eine BGB-Gesellschaft ist mit ihren Gesellschaftern nicht rechtlich, sondern allenfalls wirtschaftlich (teil-)identisch (vgl dazu Rn 156 f). Problematisch ist auch, ob ein Selbsteintritt angenommen werden kann, wenn der Makler den Hauptvertrag als **Partei kraft Amtes** (Insolvenzverwalter, Testamentsvollstrecker uä) abschließt (so wohl OLG Hamburg AIZ 1975, 60). Richtiger dürfte es sein, einen Fall der Repräsentation des Vertragsgegners (der Insolvenzmasse, des Nachlasses etc) anzunehmen. Denn ungeachtet des Handelns im eigenen Namen handeln die Parteien kraft Amtes, wirtschaftlich betrachtet, nicht für sich, sondern für andere.

bb) Die wirtschaftliche Identität zwischen Makler und Vertragspartner des Auftraggebers

156 Dem Selbsteintritt des Maklers gleichzustellen ist der Abschluss des Auftraggebers mit einer Vertragspartei, die im Zeitpunkt des Abschlusses mit dem Makler **wirtschaftlich identisch** ist (BGH NJW 1971, 1839; BGH NJW 1973, 1649; BGH NJW 1974, 1130; BGH NJW 1981, 277). Diese wirtschaftliche Identität ist zu bejahen, wenn die Vertragspartei und der Makler die Fähigkeit zur selbstständigen, voneinander unabhängigen Willensbildung nicht haben, sei es, weil der Makler die Vertragspartei beherrscht, sei es, weil die Vertragspartei den Makler beherrscht, oder sei es schließlich, weil Makler und Vertragspartei von ein und demselben Dritten beherrscht werden (vgl BGH NJW 1985, 2473; BGH WM 1987, 1140, 1141; OLG Frankfurt NJW-RR 1987, 174; OLG Frankfurt AIZ 1990 H 5 A 145 Bl 20; OLG München AIZ 1989 H 9 A 145 Bl 18; OLG Brandenburg NJW-RR 1998, 1433; OLGR Düsseldorf 1997, 237). In allen diesen Fällen führt der Makler dem Auftraggeber nicht einen Vertragsinteressenten zu, sondern präsentiert einen „Teil seiner selbst", so dass sich wie beim unmittelbaren Selbsteintritt die Überlegung aufdrängt, angesichts der normalen Unentgeltlichkeit solchen Tuns habe der vor dem Abschluss des Maklervertrags über die Zusammenhänge nicht aufgeklärte Auftraggeber die Provision dafür nicht versprochen (vgl Rn 150). In diesen Zusammenhang gehört auch die Rechtsprechung zum sog Kölner Modell, die den Vertriebsunternehmen die provisionspflichtige Vermittlung von Treuhandverträgen zwischen dem am Bauherrenmodell beteiligten Bauherren und der von den Gesellschaftern des Vertriebsunternehmens gebildeten Baubetreuungsgesellschaft verwehrt (BGH WM 1980, 1428; BGH WM 1980, 1431; BGH WM 1981, 42; eingehend und krit dazu Lieb DB 1981, 2415; krit auch MünchKommBGB/Althammer § 652 Rn 131). Selbstverständlich ist, dass es für die wirtschaftliche Identität zwischen Makler und nachgewiesenen Interessenten auf die wirkliche Sach- und Rechtslage ankommt. Ist der Interessent ein **ehemaliger** Komplementär der Makler-KG, so ist auch dann keine provisionsschädliche Verflechtung anzunehmen, wenn der Interessent zu Unrecht noch im Handelsregister eingetragen ist. Ein Scheingesellschafter kann nicht den Willen der Gesellschaft bilden (BGH NJW 2009, 1809, 1810).

157 Sehr zweifelhaft ist, welche **Beteiligungsintensität** mindestens vorliegen muss, damit von einer wirtschaftlichen Identität zwischen Makler und Vertragspartei die Rede sein kann. Die Rechtsprechung hat zunächst eine wirkliche **Herrschaftsmacht** des Maklers über die Vertragspartei, der Vertragspartei über den Makler oder des Dritten über beide gefordert. Die Entscheidungen BGH NJW 1971, 1839; 1973, 1649 und 1974, 1130 bestätigen das unzweideutig, indem sie neben erheblichen Beteiligungsquoten maßgeblich die jeweils vorliegenden organisatorischen Verflechtungen unterstreichen (vgl auch OLG Stuttgart NJW 1973, 1975). Später sind diese Anforderungen wesentlich gesenkt worden: Schon eine geringe Beteiligung des Maklers an der Vertragspartei, die nicht völlig unbedeutend ist, soll ausreichen, eine organisatorische Verflechtung nicht erforderlich sein (BGH JZ 1976, 786 f). Stattdessen avanciert die organisatorische Verflechtung (die „enge persönliche, räumliche und funktionelle Verknüpfung") zu einem selbstständigen Kriterium für wirtschaftliche Identität (BGH DB 1976, 2203; OLG München AIZ 1989 H 9 A 145 Bl 18). Der Wandel hängt indessen damit zusammen, dass die Rechtsprechung die Anknüpfung an die Unfähigkeit von Makler und Vertragsgegner zur unterschiedlichen Willensbildung mehr und mehr durch diejenige an die durch die Verflechtung entstehende Interessenkollision ergänzt (besonders deutlich BGH NJW 1985, 2473). Für die Fallgruppe des Provisions-

wegfalls wegen wirtschaftlicher Identität zwischen Makler und Vertragspartei ist er ohne Bedeutung (in der Sache ebenso BGH NJW 1992, 2818; OLG Karlsruhe NJW-RR 1996, 629; vgl auch Wolf WM 1981, 666, 672; Dehner NJW 1991, 3254, 3259 f).

cc) Handeln des Vertragspartners auf Rechnung des Maklers

Dem Selbsteintritt des Maklers ebenfalls gleichzustellen ist es, wenn der Hauptvertrag zwar mit einem Dritten geschlossen wird, dieser jedoch **für Rechnung des Maklers** handelt. Auch dann präsentiert der Makler dem Auftraggeber wirtschaftlich sich selbst. Der Gesichtspunkt erfasst die Fälle, in denen der Makler einen **Strohmann** als Vertragsgegner vorschiebt, aber auch andere Konstellationen, die dadurch gekennzeichnet sind, dass das **wirtschaftliche Interesse** am Vertragsschluss **beim Makler** liegt. Praktische Beispiele liefert vor allem die Maklertätigkeit von Kreditinstituten, die selbst oder über eine ausgegliederte (Tochter-)Immobilien-GmbH ihren um den Ankauf eines Wohnhauses bemühten Auftraggebern mit Grundpfandrechten zu ihren Gunsten belastete Objekte nachweisen bzw vermitteln. Hier ist zwar ohne Offenlegung der Verhältnisse nicht stets (wirtschaftliche) Identität von Makler und Vertragsgegner anzunehmen (**aA** LG Berlin NJW-RR 1990, 1272 f). Partei des Kaufvertrages ist normalerweise rechtlich und wirtschaftlich der Hauseigentümer, mag auch der Kaufpreis zur Ablösung der Grundpfandrechte an das Makler-Kreditinstitut fließen. Anders sieht es nur aus, wenn das Kreditinstitut wegen Rückstands des Hauseigentümers mit den Kreditraten die Veräußerung des Grundstücks betreibt. Dann muss es mit dem Auftraggeber vereinbaren, dass auch ein solcher „Nachweis" bzw eine solche „Vermittlung" provisionspflichtig sein soll. Diese Anforderung gilt erst recht, wenn der Nachweis sich auf eine Zwangsversteigerung bezieht, in der das Makler-Kreditinstitut der betreibende Gläubiger ist (ebenso BGH ZMR 1998, 573 mAnm Bethge; OLG Hamm WM 1993, 264 unter ausdrücklicher Ablehnung von LG Berlin NJW-RR 1990, 1272; OLGR Frankfurt 1999, 157). Auch die Vereinbarung macht die Provision freilich nicht zu einem normalen Maklerlohn. Vielmehr handelt es sich der wirtschaftlichen Natur der Sache nach um eine getarnte Erhöhung des Kaufpreises. 158

dd) Der Makler als Repräsentant des Vertragspartners des Auftraggebers

Überwiegend als Fälle der (zweifelhaften, vgl Rn 150 f) unechten Verflechtung eingeordnet werden die Fälle, in denen der Makler (organschaftlicher oder rechtsgeschäftlicher) Vertreter des Vertragspartners des Auftraggebers oder sonst als dessen Repräsentant in der Vertragsangelegenheit bestellt ist (MünchKommBGB/Althammer § 652 Rn 136; Wolf WM 1981, 666, 671 f). Indessen ist in diesen Fällen nicht erst zu erwarten, dass der Makler sich im Streitfall zwischen dem Auftraggeber und dem Vertragspartner bei regelmäßigem Verlauf auf die Seite des Vertragsgegners stellen wird (unechte Verflechtung), sondern es fehlt, da der Makler den für den Vertragspartner bindenden Willen selbst bildet, bereits an der Unterschiedlichkeit der Willensbildung von Makler und Vertragspartner, die die im Maklervertrag vorausgesetzte Koordinationsleistung wesensgemäß erfordert (echte Verflechtung). Der Makler weist nicht fremde, sondern eigene Vertragsbereitschaft nach; er wirkt nicht auf einen anderen ein, sondern geht quasi mit sich selbst zu Rate (vgl Reuter JZ 1998, 952, 954). Freilich lässt sich der Ausschluss des Provisionsanspruchs für Makler, die Geschäftsführer, Handelsvertreter oder Repräsentanten (Testamentsvollstrecker etc, Rn 155) des Vertragspartners des Auftraggebers sind, auf diese Weise nur rechtfertigen, soweit sie wirklich für den Vertragspartner über den Vertragsschluss entscheiden. Haben andere Instanzen (im Fall des Maklers als Geschäftsführer der GmbH die Gesellschafter- 159 versammlung, im Fall des Maklers als Handelsvertreter der Unternehmer) das letzte Wort, so lässt sich eine Koordinationsleistung des Maklers nicht leugnen (anders Reuter JZ 1998, 952, 954). Will man gleichwohl den Provisionsanspruch ausschließen, muss man neben der Provisionsschädlichkeit der echten auch die der unechten Verflechtung (Verpflichtung des Maklers auf das Interesse des Vertragsgegners) anerkennen.

ee) Der „im Lager" des Vertragspartners des Auftraggebers stehende Makler

160 Wenn der Makler, ohne selbständig über das Zustandekommen des Hauptvertrags zu entscheiden, auf das Interesse des Vertragsgegners verpflichtet ist, kann sein Provisionsanspruch gegen den Auftraggeber allein unter dem (hier abgelehnten, Rn 150 ff) Gesichtspunkt der unechten Verflechtung (Rn 149) fraglich sein. In diesen Zusammenhang gehören der Makler, der als Geschäftsführer des Vertragsgegners, einer GmbH, den Hauptvertrag nur mit Zustimmung eines anderen Gesellschaftsorgans oder der Mitgeschäftsführer schließen kann, der Handelsvertreter ohne Abschlussvollmacht ist oder der als Arbeitnehmer des Vertragsgegners mit der Vorbereitung der Vertragsgelegenheit bis zur Vertragsreife befasst ist. Freilich soll nicht jede Interessenbindung des Maklers an den Vertragsgegner provisionsschädlich sein. Vielmehr gilt das nur für die institutionalisierte Interessenbindung, die den Makler als von Rechts wegen generell ungeeignet für eine dem Leitbild des Maklervertrags entsprechende Tätigkeit (nach der Rechtsprechung: Geschäftsbesorgung für den Auftraggeber) erscheinen lässt. Deshalb reicht es nicht aus, dass der Makler zum Vertragsgegner des Auftraggebers wirtschaftliche Beziehungen unterhält, die die Erwartung begründen, er werde sich im Streitfall zwischen Auftraggeber und Vertragsgegner auf die Seite des Vertragsgegners stellen (BGH NJW 1981, 2293; Hamm Rn 804 f). Erforderlich ist eine auf Dauer angelegte **rechtliche** Verpflichtung des Maklers auf das Interesse des Vertragsgegners.

161 Der rechtlichen Verpflichtung des Maklers auf das Interesse des Vertragsgegners stellt die Rechtsprechung Fälle gleich, in denen der Makler rechtlich nicht selbst auf das Interesse des Vertragsgegners verpflichtet, jedoch **mit dem Verpflichteten wirtschaftlich identisch** gewesen ist (vgl auch § 2 Abs 2 Nr 3 WoVermittG). So hat der BGH einer Makler-OHG den Provisionsanspruch versagt, weil ihr persönlich haftender und vertretungsberechtigter Gesellschafter zugleich Geschäftsführer der als Vertragsgegner des Auftraggebers auftretenden GmbH gewesen ist (BGH NJW 1976, 45). Ferner hat er die Provisionsklage einer Makler-GmbH zurückgewiesen, weil diese von der gleichen Person beherrscht war wie die als Treuhänder des Vertragsgegners am Vertragsschluss beteiligte GmbH (BGH NJW 1985, 2473). Ebenso soll einer Maklergesellschaft kein Provisionsanspruch zustehen, wenn der für die Gegenseite handelnde Testamentsvollstrecker zugleich zu 44 % an der Maklergesellschaft beteiligt und sein Sohn, der zu 40 % beteiligt ist, deren Geschäftsführer ist (OLG Hamburg ZMR 2020, 250, 251). Im gleichen Sinne sind Fälle entschieden worden, in denen der Makler es als Verwalter einer Wohnungseigentümergemeinschaft oder als Betreuer einer Bauherrengemeinschaft in der Hand hatte, ob der Vertragsgegner des Auftraggebers die vermakelte Wohnung oder das vermakelte Haus veräußern darf, weil dafür die Zustimmung des Verwalters vorgeschrieben ist (BGH NZM 2003, 284, 285; BGH NJW 1991, 168; BGH WM 1978, 711; OLG Hamburg AIZ 1984 H 12 A 145 Bl 7; OLG München AIZ 1993 H 7 A 145 Bl 31; OLGR Hamburg 1996 225; OLG Celle WuM 2001, 124; LG Hannover AIZ 1993 H 6 A 145 Bl 30; LG Frankfurt aM AIZ 1987 H 6 A 145 Bl 9; abgrenzend LG Hamburg AIZ 1994 H 7 A 145 Bl 38. Nicht nachvollziehbar OLG Köln NZM 2003, 241, wonach der Verwalter auch dann an einer provisionspflichtigen Maklertätigkeit gehindert sein soll, wenn er vom Wohnungseigentümer mit dem Nachweis bzw der Vermittlung einer Verkaufsgelegenheit beauftragt worden ist. Dann gibt es doch gar keinen Interessenskonflikt zu Lasten dessen, der die Provision zahlen soll!). Die mangelnde Sachgerechtigkeit des Wegfalls des Provisionsanspruchs wegen institutioneller Interessenbindung wird freilich an diesen Beispielen besonders deutlich. Der Zustimmungsvorbehalt ermöglicht es weder, noch verpflichtet er dazu, die Interessen des Vertragsgegners gegen den Auftraggeber wahrzunehmen. Er begründet lediglich ein Vetorecht im Interesse der Eigentümergemeinschaft. Soweit die Verpflichtung auf das Interesse der Eigentümergemeinschaft das Interesse des Auftraggebers beeinträchtigt, nämlich beim Veto gegen den Erwerb, hat der Makler mangels Zustandekommens des Hauptvertrags ohnehin keinen Provisionsanspruch. Es kann also allenfalls umgekehrt das Interesse der Eigentümergemeinschaft der Maklertätigkeit des Verwalters entgegenstehen, weil diese die Besorgnis nährt, dass der Verwalter, um die Maklerprovision zu verdienen, der Veräußerung im Widerspruch zum Interesse der Eigentümergemeinschaft zustimmt. Dies ist aber kein Grund, den Auftraggeber bei Zustandekommen des Hauptvertrags von der Provisionszahlungspflicht zu entlasten (ebenso LG München AIZ 1990 H 4 A 145 Bl 19; AG Kerpen ZMR 2001, 358; LG Hamburg ZMR 2002, 523, 524; MünchKommBGB/Althammer § 652 Rn 134; Langemaack NZM 2003, 466; dagegen Soergel/Engel § 652 Rn 71; vgl auch Joussen NZM 2004, 761).

Auch nach hM setzt die Provisionsschädlichkeit der institutionalisierten **Interessenbindung** des Maklers an den Vertragsgegner voraus, dass diese **sich** wenigstens ua **auf die nachgewiesene bzw vermittelte Vertragsgelegenheit bezieht** (krit MünchKommBGB/Althammer § 652 Rn 139). Das Arbeitsverhältnis zwischen dem Makler (Arbeitnehmer) und dem Vertragsgegner (Arbeitgeber) verhindert daher die Provisionspflichtigkeit der Maklertätigkeit ohne Aufklärung des Auftraggebers nur dann, wenn der Makler auch als Arbeitnehmer **mit der Vertragsangelegenheit befasst** ist, sei es, dass er auf der Seite des Vertragsgegners selbst über den Vertragsschluss entscheidet (dann sogar echte Verflechtung, vgl Rn 159), sei es, dass er die Entscheidung des Vertragsgegners intern vorbereitet (dann – problematische – unechte Verflechtung). In der Sache bestätigt BGH NJW 1998, 1552 diesen Standpunkt (vgl auch OLG Dresden NJW-RR 1994, 885). Verflechtung bejaht wurde demgegenüber bei Tätigkeit als Handelsvertreter für den Vertragspartner des Auftraggebers (BGH NJW 2012, 1504, 1505; siehe auch OLG Schleswig ZMR 2012, 494). Wer seine Mietwohnung aufgibt und diese einem Interessenten aufgrund eines wirksamen Maklervertrags nachweist oder vermittelt, hat selbstverständlich den vereinbarten Provisionsanspruch. Denn seine Verpflichtung auf das Interesse des Vermieters betrifft den Mietvertrag zwischen dem Auftraggeber und dem Vermieter als Gegenstand des Maklervertrags nicht. Wenn ein Makler aufgrund eines wirksamen Maklervertrags ein Mietshaus zum Kauf nachweist, das er im Auftrag des Eigentümers verwaltet, kommt ebenfalls ein Wegfall des Provisionsanspruchs nicht in Frage (offen BGH WM 1981, 1084, 1085; wie hier OLG Dresden NJW-RR 1999, 1501; LG Hannover AIZ 1994 H 9 A 145 Bl 39). Die Pflicht zur Wahrnehmung der Interessen des Vertragsgegners gegenüber den Mietern hat nichts mit der Art und Weise zu tun, wie der Makler sich in der Kaufangelegenheit zu verhalten hat. Ebenso liegt auch kein institutionalisierter Interessenkonflikt vor, wenn der Makler und Verkäufer im Rahmen einer GbR andere Objekte als das verkaufte verwalten (LG Hamburg NJW-RR 2010, 1073, 1074). Eine Ausnahme ist auch im Falle **wirtschaftlicher Abhängigkeit** des Maklers vom Vertragsgegner nicht zu billigen (so aber AG Hannover AIZ 1993 H 4 A 142 Bl 7; wie hier OLG Hamburg ZMR 2012, 491, 493). Aus wirtschaftlicher Ab- 162 hängigkeit erwächst noch keine institutionalisierte Interessenbindung, die sich von einer nicht institutionalisierten Interessenbindung gerade dadurch unterscheidet, dass sie auf einer tendenziell dauerhaften rechtlichen Grundlage beruht (vgl Rn 160; **aA** OLG Schleswig AIZ 1991 H 10 A 145 Bl 24). An der von der hM geforderten Institutionalisierung der Interessenbindung fehlt es auch, wenn diese sich im Auftrag und der Bevollmächtigung des Vertragsgegners an den Makler erschöpft, diesen beim Abschluss des Hauptvertrags zu vertreten (BGH NJW-RR 1998, 992; Hamm Rn 768). Davon zu unterscheiden ist der (der echten Verflechtung zuzurechnende, vgl Rn 159) Fall, dass die Abschlussvollmacht Bestandteil einer umfassenden Repräsentation des Vertragsgegners durch den Makler (allein oder in Verbindung mit zur gleichen wirtschaftlichen Einheit gehörenden Unternehmen) ist, so dass die Entscheidung über den Abschluss des Hauptvertrags „völlig in die Hände des Maklers gelegt" ist und von diesem „praktisch allein" entschieden wird (vgl BGH WM 1979, 58; BGH NJW 1985, 2473, 2474 betr Bauherrenmodelle; LG Hamburg AIZ 1994 H 7 A 145 Bl 38).

163 Nur die unechte Verflechtung aufgrund Verpflichtung auf das **wirtschaftliche** Interesse des Vertragsgegners begründet die provisionsschädliche Interessenkollision für die Maklertätigkeit. **Persönliche Bindungen** des Maklers an den Vertragsgegner reichen allein nicht aus (BGH NJW 1981, 2293, 2294; vgl auch OLG Hamm MDR 2000, 635; OLG Hamm NJW-RR 2020, 687, 689 für Verwandtschaftsverhältnisse; **aA** wohl AG Nidda WuM 1993, 412 betr Eigentümerstellung des Vaters des Maklers). Der BGH hat das für einen Fall entschieden, in dem der Makler dem Auftraggeber den Kaufvertrag über ein Grundstück mit einer GmbH vermittelt hatte, deren Geschäftsführerin und Alleingesellschafterin seine Lebensgefährtin war, und ua mit der häufigen Unzumutbarkeit einer Offenlegung persönlicher Beziehungen gegenüber dem Auftraggeber begründet. Darüber hinaus hat er sich darauf berufen, persönliche Bindungen solcher Art seien nicht hinreichend institutionalisiert, um als dem Gebot der Rechtssicherheit genügende Anknüpfung für Provisionsschädlichkeit dienen zu können. In der Konsequenz dieses Arguments liegt es an sich, die Rechtslage anders zu sehen, wenn der Vertragsgegner des Auftraggebers nicht der (die) Lebensgefährte(in), sondern der Ehemann bzw die Ehefrau ist (so BGH WM 1987, 409; Hamm Rn 786 ff; Fischer NZM 2014, 449, 453 f) oder es sich um Partner einer eingetragenen Lebenspartnerschaft handelt (Fischer NZM 2014, 449, 454). Für Eheleute hat dem jedoch bereits BVerfG NJW 1988, 2663 einen Riegel vorgeschoben. Nach Ansicht des BVerfG verstößt es gegen Art 6 Abs 1 GG, wenn die Ehe bei sonst gleichen Verhältnissen im Vergleich mit der eheähnlichen Gemeinschaft zur rechtlichen Schlechterstellung führt, so dass der Provisionsanspruch nicht mit der Begründung versagt werden kann, die Vertragsgegnerin des Auftraggebers sei nicht die Lebensgefährtin, sondern die Ehefrau des Maklers. Immerhin räumt das BVerfG ein, dass bereits die gesetzliche Ausgestaltung der **Ehe als Wirtschaftsgemeinschaft** einen hinreichenden Sachgrund für eine Differenzierung zu Lasten Verheirateter zu liefern vermag. Das BVerfG verweist insoweit auf den Güterstand der Zugewinngemeinschaft, den Versorgungsausgleich und die wechselseitige Unterhaltspflicht der Ehegatten während des Bestehens und nach Ende der Ehe. Der hinreichende Sachgrund für die Benachteiligung des verheirateten Maklers soll aber fehlen, wenn die Ehewirklichkeit entscheidend vom gesetzlichen Leitbild abweicht. Sieht man – wie es das BVerfG unter Berufung auf BGH WM 1987, 409 tut – die institutionalisierte Interessenbindung des Maklers als Ursache des Provisionsausschlusses an, so ist diese Ausnahme schwer nachvollziehbar. Denn so weit, dass die institutionalisierte Interessenbindung aufhört, kann die Ehewirklichkeit gar nicht vom gesetzlichen Leitbild

abweichen. Die wechselseitige Unterhaltspflicht der Ehegatten während der Ehe ist zwingendes Recht; damit im Zusammenhang steht, dass die Eheleute aufgrund der Pflicht zur ehelichen Lebensgemeinschaft (§ 1353 BGB) auf ihre wirtschaftlichen Interessen wechselseitig Rücksicht zu nehmen haben (Gernhuber/Coester-Waltjen, Familienrecht 153 ff). Plausibel wird die Unterscheidung des BVerfG allenfalls, wenn man davon ausgeht, dass als institutionalisierte Interessenbindung nur eine solche von Gewicht anzuerkennen ist. Denn von einer **Interessenbindung von Gewicht** kann nur solange die Rede sein, als das Recht noch – wie es dem gesetzlichen Güterstand der Zugewinngemeinschaft entspricht – das während der Ehe hinzuerworbene Vermögen als von den Ehegatten gemeinsam erwirtschaftet (§§ 1371 ff BGB) und als gemeinsame Lebensgrundlage (§§ 1365 ff BGB) ansieht. Beides hört auf, wenn die Zugewinngemeinschaft zugunsten der Gütertrennung abbedungen ist. In der Konsequenz des Gedankengangs liegt es, die „vom gesetzlichen Leitbild abweichende Ehewirklichkeit" mit dem Güterstand der Gütertrennung gleichzusetzen (gegen die güterrechtliche Betrachtungsweise vor der Entscheidung des BVerfG BGH WM 1987, 409). Das entspricht Ansätzen in der instanzlichen Rechtsprechung (OLG Hamburg DB 1976, 1527; LG Frankfurt NJW 1973, 1502; LG Hamburg AIZ 1989 H 2 A 145 Bl 16; AG Berlin-Charlottenburg NJW-RR 1987, 174). Andere Versuche, namentlich solche, die auf die Gestaltung der wirtschaftlichen Beziehungen der Eheleute im Einzelfall abstellen (so LG Aachen WuM 1992, 259 f), sind wegen des durch sie verursachten Bedarfs nach schwer überschaubarer Kasuistik nicht zu billigen (vgl auch BGH NJW 1981, 2292, 2294). Zu entsprechend unübersichtlichen Abgrenzungen führt es, wenn eine unechte Verflechtung auch im Hinblick auf andere nahestehende Personen bei wirtschaftlichen Beziehungen in Betracht gezogen wird. So soll es etwa weder von Bedeutung sein, dass im Grundbuch beim vermittelten Grundstück ein Nacherbenvermerk zugunsten des Maklers oder eine Grundschuld eingetragen ist, die eine Forderung einer Bank gegenüber dem Makler sichert; Abweichendes soll aber denkbar sein, wenn der Makler verschuldet ist und am Veräußerungserlös partizipiert (OLG Hamm NJW-RR 2020, 687, 689).

ff) Beteiligung des Maklers am Gewinn des Vertragsgegners

Als weder der unechten Verflechtung (institutionalisierte Interessenbindung) noch **164** der echten (Unfähigkeit zur unterschiedlichen Willensbildung) subsumierbare Fallgruppe der provisionsschädlichen Verflechtung zwischen Makler und Vertragsgegner wird zT die **Beteiligung** des Maklers **am Gewinn des Vertragsgegners** genannt (BGH NJW 1981, 2293, 2294). Auf dieser Linie liegt es, wenn im Schrifttum jede Beteiligung des Maklers an der auf der Vertragsgegenseite stehenden Personen- oder Kapitalgesellschaft als provisionsschädlich angesehen wird, gleichgültig, ob sie allein oder zusammen mit anderen Umständen Herrschaftsmacht begründet oder nicht (Hamm Rn 760 ff, 808). Dem kann nicht folgen, wer mit der hier vertretenen Ansicht nur das Fehlen einer Koordinationsleistung (kein Drittbezug) als Grund für den Ausschluss der Provision gelten lässt (Rn 150 f), weil schlichte Beteiligungen noch keine Unfähigkeit zur unterschiedlichen Willensbildung zwischen Makler und Beteiligungsgesellschaft erzeugen. Aber auch wenn man mit der hM die institutionalisierte Interessenbindung für maßgebend hält (Rn 149), spricht mehr gegen als für die Anerkennung einer solchen Fallgruppe provisionsschädlicher Verflechtung. Ein Makler kann unmöglich mangels Offenlegung an dem provisionspflichtigen Nachweis bzw der provisionspflichtigen Vermittlung eines Vertrags mit einer Aktiengesellschaft gehindert sein, wenn er wenige Aktien dieser Gesellschaft besitzt. Soweit die Beteiligung nicht an einer Publikums-AG, sondern an einer GmbH, einer Personengesellschaft (vgl

OLG Koblenz AIZ 1992 H 7 A 145 Bl 25) oder an einer Erbengemeinschaft (vgl OLG Hamm AIZ 1985 H 9 A 121 Bl 20) besteht, mag das Bedenken gegenüber dem Ergebnis weniger offenkundig sein. Aber auch insoweit sind Beteiligungen denkbar, die praktisch gar nicht ins Gewicht fallen. Fordert man deshalb mit dem BGH (BGH JZ 1976, 786 f), die Beteiligung dürfe **nicht völlig unbedeutend** sein, so stellt sich die Frage, wo die Grenze zwischen der noch und schon nicht mehr bedeutenden Beteiligung verläuft. Mit Prozentsätzen von 20 % (OLG Zweibrücken AIZ 1974, 94) oder 25 % (OLG München NJW 1975, 1215) lässt sich offenbar nicht ohne Willkür operieren, hängt doch die Relevanz der (angeblichen) Interessenkollision vom Ausmaß der Identifikation des Maklers mit dem wirtschaftlichen Schicksal des Vertragsgegners ab, für die die Beteiligungsquote nur ein Einflussfaktor unter anderen ist. Letztlich mündet die Anknüpfung an die Relevanz der Beteiligung also, wenn sie sachgerecht sein soll, in eine aus Gründen der Rechtssicherheit **inakzeptable Einzelfallbetrachtung**. Ähnlich wie der Interessenkollision aufgrund persönlicher Beziehungen zum Vertragsgegner, die BGH NJW 1981, 2293, 2294 deswegen für irrelevant erklärt hat, fehlt es der nicht weiter qualifizierten wirtschaftlichen Beziehung an der typischen Struktur, ohne die ein als Verhaltensmaßstab für die Praxis geeigneter Rechtssatz sich nicht formulieren lässt. Wie dort muss es deshalb auch auf der Basis der hM bei der Lösung bewenden, dass nicht schon die Interessenkollision, sondern erst die dadurch ausgelöste **Pflichtverletzung des Maklers** negative Rechtsfolgen nach sich zieht (vgl BGH NJW 1981, 2293, 2294).

d) Die Sonderregelung nach dem WoVermittG

165 Die (arg e § 2 Abs 5 WoVermittG) zwingende Provisionsschädlichkeit der Eigentümer-, Verwalter-, Mieter oder Vermietereigenschaft sowie der rechtlichen oder wirtschaftlichen Beteiligung des **Wohnungsmaklers** an einer als Eigentümer, Verwalter oder Vermieter fungierenden juristischen Person und umgekehrt (§ 2 Abs 2 Nrn 2, 3 WoVermittG) ist schon dem Text nach missglückt. Da der Gesetzgeber die rechtliche oder wirtschaftliche Beteiligung an der Eigentümer-, Verwalter- oder Vermieter-Personengesellschaft nicht bewusst ausgeklammert, sondern schlicht vergessen hat (MünchKommBGB/Althammer § 652 Rn 142; Lau ZMR 1974, 65, 67; Tonner 92; **aA** Breiholdt MDR 1972, 918, 919), ist **§ 2 Abs 2 Nr 3 WoVermittG** insoweit **analog** anzuwenden. Ebenfalls von der Analogie zu § 2 Abs 2 WoVermG erfasst ist der Fall, dass der Makler mit dem Vermieter eine Provisionsteilungsabrede trifft. Insoweit handelt es sich nämlich um eine Umgehung der in Nr 2 angeordneten Unzulässigkeit einer Maklertätigkeit des Vermieters (AG Ebersberg NJW-RR 1992, 596 f). Unzulässig ist aus verfassungsrechtlichen Gründen (Art 6 Abs 1 GG) die analoge Anwendung des § 2 Abs 2 Nr 3 WoVermittG auf die Verwaltung des nachgewiesenen Objekts durch den Ehepartner des Wohnungsmaklers oder auf den Fall, dass der Ehepartner des Wohnungsmaklers Eigentümer der Wohnungen ist (BVerfG NJW 1987, 2733; **aA** LG Hanau NJW-RR 1993, 203 f; Benöhr NJW 1973, 1976; vHoyningen-Huene BB 1974, 258). Andere Analogien wegen persönlicher Verflechtung („nahe Verwandte") scheitern an dem Vorbehalt gegen Kriterien mit unsicheren Grenzen (BGH WM 1978, 1068; MünchKommBGB/Althammer § 652 Rn 143). Im Übrigen ist zu beachten, dass § 2 Abs 2 WoVermittG nicht eine gesetzliche Bestätigung der auf das allgemeine Maklerrecht bezogenen Verflechtungsrechtsprechung beabsichtigt (so MünchKommBGB/Althammer § 652 Rn 140; LG Konstanz NJW-RR 2007, 447; AG Nidda WuM 1993, 412; vgl dazu schon Rn 150), sondern den **Mieter vor wirtschaftlich ungerechtfertigten Belastungen schützen** will (BT-Drucks VI/1549, 12), die sich als Folge eines unausgeglichenen Wohnungsmarktes ergeben können (BT-Drucks VI/1549, 6). Da Wohnungsmietinteressenten die Provisionsbelastung wegen zu schwacher

Marktposition vielfach nicht auf die Vermieter abwälzen können (und da eben deshalb für den Vermieter sowie andere in seinem Lager stehende Personen ein verstärkter Anreiz existiert, ihre Kenntnis von Mietgelegenheiten auf Kosten der Mietinteressenten zusätzlich zu vermarkten), begrenzt § 2 Abs 2 WoVermittG die Möglichkeit entgeltlicher Maklertätigkeit. Dem entspricht das Bedürfnis nach weiter Interpretation: Eigentümer im Sinne des § 2 Abs 2 Nr 1 WoVermittG ist auch der Miteigentümer oder das Mitglied der Miteigentümererbengemeinschaft. Die rechtliche oder wirtschaftliche Beteiligung im Sinne des § 2 Abs 2 Nr 3 WoVermittG umfasst wegen des dadurch eröffneten Zugangs zur Insiderinformation **jede Beteiligungsform und -intensität** (aA STAUDINGER/REUTER[12] § 652 Rn 132); sie ist ua auch dann anzunehmen, wenn der Verwalter im Sinne des § 2 Abs 2 Nrn 2, 3 WoVermittG nicht selbst der Makler, sondern sein Vertreter ist (AG Köln ZMR 1993, 22; LG Flensburg ZMR 1994, 20).

Der Zweck des WoVermittG, die Mieter vor wirtschaftlich ungerechtfertigten Belastungen zu schützen, verlangt auch ein **weites Verständnis des Verwalterbegriffs** im Sinne des § 2 Abs 2 Nrn 2, 3 WoVermittG. Als Verwalter muss daher jeder angesehen werden, der vom Vermieter/Eigentümer unmittelbar oder mittelbar zu Verwaltungstätigkeiten in Bezug auf die Mietwohnung berufen ist. Ist der Verwalter ein Verwaltungsunternehmen, so sind daher neben dem Inhaber (bzw den Organpersonen des Inhabers) auch seine mit dem Objekt befassten Angestellten Verwalter im Sinne des Gesetzes (BGH NZM 2003, 985; BGH NZM 2018, 875, 877). Allerdings genügt es nicht, wenn der Vermittler die Stellung als Prokurist der Hausverwaltung innehat, wenn er nicht tatsächlich als Gehilfe für diese tätig ist (BGH NZM 2018, 875, 877). Nicht Verwalter im Sinne des § 2 Abs 2 Nrn 2, 3 WoVermittG ist ferner der Verwalter einer Wohnungseigentumsanlage, der als Makler eine einzelne Wohnung zur Miete nachweist bzw vermittelt (BGH NJW 2003, 1393; OLG München MDR 1975, 931; OLG Hamburg AIZ 1976, 32; OLG Hamm NJW-RR 1986, 640; LG München I NJW 1974, 2287; LG Hildesheim AIZ 1991 H 6 A 142 Bl 6; LG Stuttgart AIZ 1991 H 3 A 142 Bl 5; LG Hamburg AIZ 1990 H 9 A 142 Bl 4; LG Mainz NZM 2000, 310; AG Köln BB 1974, 1095; AG Hamburg AIZ 1987 H 7 A 142 Bl 3; AIZ 1994 H 8 A 141 Bl 16; BREIHOLDT MDR 1972, 918, 919; LAU ZMR 1974, 65, 66; JOUSSEN NZM 2004, 762). Die Gegenansicht (LG München I NJW-RR 2001, 875; LG München II NZM 2001, 489; vHOYNINGEN-HUENE BB 1974, 1006 f; vHOYNINGEN-HUENE NJW 1974, 2287 f; TONNER 91) stellt zu Unrecht darauf ab, dass der Verwalter einer Wohnungseigentumsanlage die Kenntnis von der Mietgelegenheit ähnlich ohne Erkundungsaufwand erhält wie der Verwalter der Mietwohnung selbst. Der Maklerlohn knüpft aber generell nicht an den Aufwand des Maklers, sondern an den Wert des Nachweises bzw der Vermittlung für den Auftraggeber an (Vorbem 3 zu §§ 652–656d). Maßgeblich ist, ob der Verwalter **im Lager des Vermieters** steht und deshalb nur wegen der Unausgeglichenheit des Wohnungsmarktes, ohne die die Provision auf den Vermieter zurückgewälzt würde (Rn 165), zu einer entgeltlichen Maklertätigkeit schreiten kann. Dies ist im Fall des Verwalters einer Wohnungseigentumsanlage hinsichtlich der Vermietung einer Eigentumswohnung durch einen einzelnen Vermieter zu verneinen (anders bei häufiger Vermittlung LG Düsseldorf NJW-RR 1993, 401 f). Auch der WEG-Verwalter kann Verwalter iS des § 2 WoVermittG sein, wenn er zusätzlich zu seinen gesetzlichen Funktionen Aufgaben übernimmt, die die Verwaltung der einzelnen im Sondereigentum stehenden Wohnungen betreffen (LG Wuppertal NZM 2000, 352 betr Heizkostenabrechnung). Branchenübliche Serviceleistungen im Rahmen der Maklertätigkeit wie Beheizen, Belüften, Wohnungsübergabe, Entgegennahme der ersten Monatsmiete sind jedoch 166 noch nicht als Aufgaben in diesem Sinne anzusehen (LG Mainz NZM 2000, 310; LG Hamburg NZM 2001, 489; LG Paderborn NZM 2001, 485; LG Düsseldorf NJW-RR 2006, 235; AG Hamburg-Wandsbek ZMR 2009, 774).

167 Positiv ist zu fordern, dass die Verwaltungstätigkeit eine echte **Repräsentation des Vermieters gegenüber dem Mieter** umfasst (vgl auch AG Stade AIZ 1986 H 10 A 141 Bl 4). Der Verwalter muss ordnend und gestaltend tätig sein und dem Eigentümer die Sorge und die Obhut für das Objekt – insbesondere gegenüber dem Mieter (AG Hamburg AIZ 1994 H 8 A 141 Bl 16) – ganz oder teilweise abnehmen (Breiholdt NJW 1988, 398; LG Köln AIZ 1989 H 1 A 141 Bl 6; AG Köln WuM 1993, 414). Nicht jede Tätigkeit des Maklers, die Zweifel an seiner Eigenschaft als neutraler Wohnungsvermittler aufkommen lässt, ist nach § 2 Abs 2 Nr 2 WoVermittG provisionsschädlich (**aA** LG Frankfurt AIZ 1982 H 4 A 142 Bl 1). Deshalb macht die Vertretung des Vermieters beim Abschluss des Mietvertrags den ansonsten unabhängigen Makler noch nicht zum Verwalter im Sinne des § 2 Abs 2 Nr 2 WoVermittG (LG Köln WuM 1992, 141 f; AG Hamburg AIZ 1994 H 7 A 141 Bl 15), auch dann nicht, wenn damit die Übergabe der Wohnung verbunden ist (LG Hamburg AIZ 1990 H 6 A 145 Bl 21). Nicht Verwalter ist auch der Hauswart oder Hausmeister (AG Bonn AIZ 1989 H 11 A 141 Bl 7; AG Neuss NJW-RR 1991, 909). Erst recht genügt es für § 2 Abs 2 Nr 2 WoVermittG nicht, dass der Makler gegenüber den Mietinteressenten den **Anschein** einer Verwaltereigenschaft erzeugt (**aA** LG Aurich NJW 1975, 544; LG Wiesbaden AIZ 1987 H 2 A 141 Bl 5; LG Köln AIZ 1989 H 1 A 141 Bl 6; LG Aachen NJW-RR 1992, 341; LG Nürnberg-Fürth NJW-RR 1992, 1148 f; AG Stade AIZ 1986 H 10 A 141 Bl 4; **dagegen** LG Frankfurt aM AIZ 1982 H 4 A 141 Bl 1; Breiholdt NJW 1988, 398). Problematisch ist es auch, wenn die Rechtsprechung im Einzelfall für § 2 Abs 2 Nr 3 WoVermittG eine Vermischung von Vermittler- und Verwaltertätigkeit aufgrund räumlicher und organisatorischer Nähe genügen lassen hat (AG Wismar WuM 2012, 567). Selbstverständlich ist, dass ein Makler nicht als Verwalter im Sinne des § 2 Abs 2 Nr 2 WoVermittG angesehen werden kann, wenn er erst nach Abschluss der Maklertätigkeit mit dem Zustandekommen des Mietvertrags (zu unterscheiden vom Abschluss des Maklervertrags, vgl LG Tübingen WuM 1993, 414) vom Vermieter mit der Verwaltung des Mietobjekts betraut wird (LG Hamburg AIZ 1986 H 4 A 141 Bl 3; AIZ 1988 H 10 A 145 Bl 15; LG Köln WuM 1992, 141 f; vgl aber auch für einen Sonderfall LG Duisburg NJW-RR 2001, 1278). Überhaupt nicht unter das WoVermittG fällt die Vermietung zu gewerblichen Zwecken. Die Vermietung von Ladenraum nebst $2^1/_2$-Zimmer-Wohnung kann daher vom Verwalter provisionspflichtig vermakelt werden (LG Hamburg AIZ 1984 H 1 A 141 Bl 2; LG Hannover AIZ 1993 H 4 A 142 Bl 6).

e) Rechtsfolgen der Verflechtung zwischen Makler und Vertragsgegenseite

168 Regelmäßige Folge der Verflechtung zwischen Makler und Vertragsgegner ist nach hM, dass der Makler **keine dem Leitbild des Maklervertrags entsprechende Maklerleistung** erbringt; der Hauptvertrag kommt, materiell betrachtet, nicht infolge des Nachweises bzw der Vermittlung des Maklers zustande, so dass der Provisionsanspruch vorbehaltlich eines wirksamen **selbstständigen Provisionsversprechens** (Rn 195) entfällt (BGH WM 1987, 1140; BGH NJW 1991, 168; BeckOGK/Meier [1. 1. 2026] § 652 Rn 347). Sieht man den Grund für die Provisionsschädlichkeit der Verflechtung mit der hM in dem dadurch begründeten institutionalisierten Interessenkonflikt des Maklers, so wirkt diese Konsequenz in der Begründung sachfremd und im Ergebnis unverhältnismäßig. BVerfG NJW 1988, 2663 hat demgemäß eine landgerichtliche Entscheidung wegen Verstoßes gegen Art 3 Abs 1 iVm Art 6 Abs 1 GG aufgehoben, weil diese

den Provisionsanspruch für die Vermittlung des Hauptvertrags mit dem Ehemann der Maklerin versagt hatte, obwohl den Auftraggebern das Bestehen der Ehe beim Abschluss des Maklervertrags bekannt war (vgl auch LG Mannheim AIZ 1988 H 4 A 105 Bl 13). Ausdrücklich stellt das BVerfG fest, schutzwürdig sei nur der Auftraggeber, der von der Interessenkollision nichts wisse. Kenne er sie und entschließe er sich dennoch, den Makler zu beauftragen, so zeige er deutlich, dass er auf den zu seinen Gunsten bestehenden Schutz keinen Wert lege (im Ergebnis ähnlich schon BGH NJW 1975, 1215, 1216). Dazu reicht nach Ansicht des BVerfG, das sich insoweit in einen unmittelbaren Gegensatz zum BGH (BGH WM 1983, 42, 43) begibt, ein durch Dritte vermitteltes Wissen von der Verflechtung aus; Offenlegung durch den Makler (mit Vereinbarung eines selbstständigen Provisionsanspruchs) ist nicht erforderlich. Anders als der BGH nimmt das BVerfG also nicht Ungeeignetheit des Maklers zu der vorbehaltlich abweichender Vereinbarung versprochenen leitbildgerechten Maklertätigkeit, sondern lediglich eine **Aufklärungsobliegenheit** an, deren Verletzung das Risiko der letztlich entscheidenden Unkenntnis des Auftraggebers von der Verflechtung auf den Makler überträgt. Die Vorstellung, es werde nicht die nach dem Maklervertrag zu erwartende Koordinationsleistung erbracht (sondern dem Auftraggeber in unzulässiger verdeckter Form eine Mehrleistung an den Vertragsgegner abverlangt, vgl Wank NJW 1979, 190, 192 f; ähnlich BGH WM 1987, 1140, 1141) passt eben nur, soweit (im eigenen oder fremden Namen handelnd) der Makler selbst, sein Strohmann, sein Repräsentant oder doch wenigstens eine mit dem Makler wirtschaftlich identische Person als Vertragsgegner auftritt (echte Verflechtung).

Vor diesem Hintergrund ist zu unterscheiden: Zu folgen ist der hM, insbesondere **169** dem BGH, allein, soweit eine echte Verflechtung (Unfähigkeit zur selbstständigen unterschiedlichen Willensbildung) vorliegt. Dagegen kann die unechte Verflechtung, die bloße institutionalisierte Interessenbindung des Maklers, soweit man sie entgegen der hier vertretenen Ansicht (Rn 150, 152, 157) überhaupt als relevanten Verflechtungsfall anerkennt, noch nicht dazu führen, dass die Maklerleistung nicht als vertragsgerecht anzusehen ist, sondern allenfalls dazu, **dass die Provisionszahlungspflicht des Auftraggebers von seiner Kenntnis der Verflechtung abhängt**. Zwar bindet die Begründung von BVerfG NJW 1988, 2663 die Gerichte allein im Hinblick auf die ehebedingte Bindung des Maklers an das Interesse des Vertragsgegners. Aber daraus entsteht zugleich ein Zugzwang im Zusammenhang mit der Beurteilung sonstiger gleichartiger Verflechtungsfälle. Der ausschlaggebende Gesichtspunkt, nämlich der, dass die Kenntnis des Auftraggebers von der Interessenkollision seine Schutzbedürftigkeit beseitigt und damit dem Ausschluss des Provisionsanspruchs die Grundlage entzieht, betrifft alle Verflechtungsfälle, in denen allein die Interessenkollision den Ausschluss des Provisionsanspruchs rechtfertigt. Der **relevante Zeitpunkt** für die Kenntnis dürfte dabei entgegen der fallbezogenen Darstellung des BVerfG nicht der Abschluss des Maklervertrags, sondern der **Abschluss des Hauptvertrags** sein. Denn erstens ist zumindest im Fall der Nachweismakelei bei Abschluss des Maklervertrags noch offen, welche Vertragsgelegenheit angeboten und genutzt werden wird, so dass eine Kenntnis der Verflechtung zwischen Makler und Vertragsgegner vor dem Nachweis denklogisch ausgeschlossen ist. Zweitens kann die Kenntnis der Interessenkollision für den Auftraggeber allenfalls insofern von Bedeutung sein, als er dadurch veranlasst wird, die gebotene Vertragsgelegenheit besonders kritisch zu prüfen. Dazu braucht er die Kenntnis aber erst, wenn der Abschluss des Hauptvertrags ansteht. Freilich ist es ohnehin nicht die Aufgabe des Maklers, dem Auftraggeber den unbesehenen Abschluss des Hauptvertrags zu ermöglichen, so dass die Interessenkollision sinnvollerweise erst gar nicht als relevanter Verflechtungsfall anzuerkennen ist (Rn 149 f). Erwägenswert ist lediglich, die **ordnungsgemäße Vermittlung zu verneinen**, wenn der Makler im Zusammenhang mit der Einweisung des Auftraggebers in die gebotene Vertragsgelegenheit seine Bindung an den Vertragsgegner nicht offenlegt (vgl Rn 149).

170 Nicht zu folgen ist der Ansicht (Hamm Rn 809), der Maklervertrag werde in den Fällen provisionsschädlicher Verflechtung zu einem Vertrag über eine **unentgeltliche Geschäftsbesorgung** (mit der von Hamm freilich abgelehnten Konsequenz eines Anspruchs des Maklers auf Auslagenersatz nach § 670 BGB!). Wenn der Maklervertrag – wie üblich – auf den Nachweis bzw die Vermittlung eines Vertrags mit einer noch offenen Vertragsgegenseite abzielt, scheitert diese Sicht schon daran, dass die nicht vertragsgerechte Leistung nicht den Inhalt oder gar die Rechtsnatur des Vertrags zu verändern vermag. Aber auch soweit bereits der Maklervertrag die Vermittlung des Hauptvertrags mit der dem Makler verbundenen Gegenpartei als Gegenstand benennt, bewegt sich die Vorstellung einer derartigen Metamorphose seiner Rechtsnatur und seines Inhalts jenseits der Grenzen der zivilrechtlichen Dogmatik. Denn der Maklervertrag ist inhaltlich wie sonst auf die Vermittlung des Hauptvertrags mit einem Dritten gerichtet. Dass der „Dritte" tatsächlich kein Dritter in dem vom Maklervertrag (in Verbindung mit dispositivem Maklerrecht) vorausgesetzten Sinne ist, macht den Maklervertrag – wie bei sonstigen Verträgen die Unmöglichkeit der Leistung – undurchführbar. Nachdem § 306 aF ersatzlos entfallen ist, kann man zwar nicht mehr analog Nichtigkeit des Maklervertrags annehmen (dagegen schon für das alte Recht Lieb DB 1981, 2415, 2417 f). Wohl aber ist festzustellen, dass der Provisionsanspruch wegen von vornherein unmöglichen Bedingungseintritts nicht entstehen kann. Im Übrigen bleibt der Maklervertrag als Quelle von Schutzpflichten bestehen (vgl Rn 201 ff).

f) Die Rückforderung der Provision wegen Verflechtung zwischen Makler und Vertragsgegenseite

171 Der Auftraggeber, der nach der Bezahlung der Provision die provisionsschädliche „Verflechtung" des Maklers mit dem Vertragsgegner entdeckt, kann seine Leistung nach **§ 812 Abs 1 S 1 Alt 1 BGB** zurückverlangen. § 814 BGB steht dem selbst dann nicht entgegen, wenn dem Auftraggeber im Zeitpunkt der Zahlung bereits die einschlägigen Tatsachen bekannt gewesen sind; erst die (rechtliche) Kenntnis der fehlenden Zahlungsverpflichtung schadet (BGH NJW 1981, 277, 278). Soweit ein Mieter die Rückzahlung der entgegen § 2 WoVermittG gezahlten Provision verlangt, ist der Bereicherungsanspruch durch § 5 WoVermittG modifiziert (vgl auch LG Hamburg AIZ 1989 H 6 A 145 Bl 17; der dort herangezogene § 5 S 2 WoVermittG ist mittlerweile geändert). Umstritten ist, ob der Makler dem Bereicherungsanspruch Aufwendungen in Gestalt von Unterprovisionen an seine Außendienstmitarbeiter entgegenhalten kann. BGH WM 1978, 708 (ebenso BGH WM 1992, 745) bejaht das im Hinblick auf **§ 818 Abs 3 BGB** jedenfalls für die Provisionen, die der **gutgläubige Makler** an die Außendienstmitarbeiter für die Vermittlung des Maklervertrags entrichtet hat. BGH NJW 1981, 277, 278 f meldet insoweit Bedenken an, weil die Zahlung an die Außendienstmitarbeiter nach § 87a Abs 3 HGB unabhängig vom Eingang der Zahlung des Auftraggebers geschuldet gewesen sei, will aber zumindest die für das Zustandebringen des Hauptvertrags gezahlte **Unterprovision** nicht nach § 818 Abs 3 BGB berücksichtigt wissen, weil darin wirtschaftlich eine Provisionszahlung des mit dem Makler verflochtenen Vertragsgegners zu sehen sei. Daran ist richtig, dass der Makler im Rahmen des § 818 Abs 3 BGB nicht die Zahlung von Unterprovisionen geltend machen kann, die er für Rechnung des mit ihm verflochtenen Vertragsgegners geleistet hat. Denn das hat er nicht im Vertrauen auf die Beständigkeit seines Provisionsanspruchs, sondern auf (generelle) Anweisung des Vertragsgegners getan, der ihm nach Maßgabe der zwischen ihnen bestehenden Rechtsbeziehung uU Aufwendungsersatz schuldet. Im Übrigen ist aber BGH WM 1978, 708 zu folgen (ebenso Wank NJW 1979, 190, 194; **aA** OLG München MDR 1998, 1345; MünchKommBGB/Althammer § 652 Rn 95). Dass dem Bereicherungsschuldner die Kosten des rechtsgrundlosen Erwerbs auch entstanden wären, wenn der Bereicherungsgläubiger gar nicht erst geleistet hätte, hindert auch sonst die Abzugsfähigkeit im Rahmen des § 818 Abs 3 BGB nicht. Es ist gerade die Eigenart des § 818 Abs 3 BGB, dass er vergebliche Aufwendungen, die wenigstens zu einem rechtsgrundlosen Erwerb geführt haben, im Rahmen der bereicherungsrechtlichen Rückabwicklung auf den Gläubiger abzuwälzen erlaubt (vgl MünchKommBGB/Schwab § 818 Rn 155). Nicht die an Außendienstmitarbeiter gezahlten Unterprovisionen auf den Auftraggeber abwälzen kann allerdings der **bösgläubige Makler**. Denn die §§ 819, 818 Abs 4 BGB verweisen insoweit nicht auf die Geschäftsführung ohne Auftrag (**aA** Wank NJW 1979, 190, 194). Die Verweisung auf die „allgemeinen Vorschriften" erreicht die Geschäftsführung ohne Auftrag allenfalls insofern, als bei der Pflicht zur Herausgabe eines bestimmten Gegenstandes gemäß §§ 292, 994 Abs 2, 1000 BGB die notwendigen Verwendungen auf diesen Gegenstand unter den Voraussetzungen der Geschäftsführung ohne Auftrag ein Zurückbehaltungsrecht begründen. Für Geldschulden haftet der bösgläubige Bereicherungsschuldner infolge der bestehenden bereicherungsunabhängigen Wertersatzhaftung (vgl MünchKommBGB/Schwab § 818 Rn 325) ohne Abzugsmöglichkeit.

g) Zulässigkeit abweichender Vereinbarungen

Die Möglichkeiten für den Makler, die Konsequenzen der „Verflechtung" **im Maklervertrag abzubedingen**, sind unterschiedlich: Im Rahmen des § 2 Abs 2 WoVermittG sind derartige Abreden unzulässig (§ 2 Abs 5 WoVermittG). Im Rahmen des BGB-Maklerrechts (einschließlich des Verbraucherkredits) ist zu differenzieren. Soweit das Hindernis der Unfähigkeit zur selbstständigen unterschiedlichen Willensbildung von Makler und Vertragsgegner zu überwinden ist, bedarf es der Vereinbarung eines **Eigengeschäfts** in dem Sinne, dass die Provision auch dann gezahlt werden soll, wenn der Makler (im eigenen oder fremden Namen handelnd) selbst oder eine mit ihm wirtschaftlich identische (Rn 155 ff) Person oder Institution den Hauptvertrag mit dem Auftraggeber schließt. Was für den Kommissionär nach den §§ 400, 403 HGB kraft dispositiven Gesetzesrechts gilt, muss also vom Makler speziell (und wegen der Abweichung vom gesetzlichen Leitbild des Maklerrechts **individualvertraglich**) vereinbart werden (vgl Rn 154). Ist der Vertrag von vornherein auf die „Vermittlung" eines Eigengeschäfts gerichtet und beschränkt, so stellt sich die vereinbarte Provision überhaupt nicht als eine Maklerprovision dar. Vielmehr handelt es sich um einen abgetrennten Teil der Gegenleistung, die der „Auftraggeber" aufgrund des Hauptvertrags schuldet (Rn 158 aE). Das gilt auch dann, wenn der Makler als Vertreter oder Repräsentant des Vertragsgegners des Auftraggebers handelt (vgl die Auseinandersetzung mit BGH NJW 2000, 3781 in Rn 195). Will der Makler nach Abschluss des auf den Nachweis bzw die Vermittlung fremder Objekte gerichteten Maklervertrages die Provision durch den Nachweis einer Vertragsgelegenheit bzw die Vermittlung eines Hauptvertrags mit sich selbst oder mit einer zur gleichen wirtschaftlichen Einheit ge- 172 hörenden (Rn 155 ff) Person verdienen, so bedarf es einer Ersetzung des Maklervertrags durch ein dementsprechendes selbstständiges Provisionsversprechen. Dafür ist es erforderlich, dass der Auftraggeber und der Makler im **Bewusstsein der Ersetzungsbedürftigkeit** des Maklervertrags handeln. Es reicht nicht aus, dass der Auftraggeber sich – für den Makler erkennbar – auf das Ansinnen der Provisionszahlung für das Eigengeschäft einlässt, weil er aus Rechtsunkenntnis davon ausgeht, es sei bereits durch den ursprünglichen Maklervertrag gedeckt (Hamm Rn 821; **aA** BGH NZM 2003, 284: Tatsachenkenntnis des Auftraggebers genügt).

173 Soweit der Makler schon **beim Abschluss des Maklervertrags** deutlich macht, dass er (auch) Vertragsgelegenheiten mit sich selbst oder mit der gleichen wirtschaftlichen Einheit angehörenden Personen nachzuweisen bzw zu vermitteln gedenkt, lautet sein Maklervertragsangebot auf provisionspflichtigen Nachweis bzw provisionspflichtige Vermittlung von Vertragsgelegenheiten bzw Verträgen einschließlich des **Rechts zum Selbsteintritt**. Die Annahme des Angebots durch den Auftraggeber erzeugt einen entsprechenden Maklervertrag (BGH WM 1983, 42, 43). Nicht zu folgen ist deshalb der Ansicht, der Auftraggeber müsse zur wirksamen Vereinbarung eines Selbsteintrittrechts vom Makler über die rechtlichen Vorbehalte gegen die Provisionspflichtigkeit des Nachweises bzw der Vermittlung eigener Vertragsgelegenheiten aufgeklärt werden (so Schwerdtner [4. Aufl 1999] Rn 706; vgl auch OLG Celle WuM 2001, 124: Pflicht des verflochtenen Maklers, den Auftraggeber vom Ausschluss des Provisionsanspruchs zu informieren). Die wirksame Abweichung vom dispositiven Gesetzesrecht verlangt hier genauso wenig wie sonst, dass die Beteiligten das dispositive Gesetzesrecht kennen (überzeugend BGH WM 1983, 42). Ihrem Ausgangspunkt – Maßgeblichkeit der institutionalisierten Interessenbindung – entsprechend (Rn 149 ff), macht die hM die Provisionsunschädlichkeit der Interessenkollision infolge Bindung des Maklers an das Interesse des Vertragsgegners von den gleichen Voraussetzungen abhängig wie die Provisionsunschädlichkeit der persönlichen oder wirtschaftlichen Identität zwischen Makler und Vertragsgegner. Mit BVerfG NJW 1988, 2663 ist demgegenüber anzunehmen, dass die Provisionsunschädlichkeit der Interessenkollision nicht vereinbart werden muss, sondern allenfalls die **Kenntnis des Auftraggebers** von der Interessenkollision voraussetzt (Rn 168 f). Soweit die Rechtsprechung gefordert hat, der Auftraggeber müsse eine klare Kenntnis von der Verbindung zwischen Makler und Vertragsgegner gehabt haben (BGH WM 1975, 1208; BGH WM 1976, 1158) oder der Makler müsse den Auftraggeber vor die Alternative gestellt haben, entweder die Provision zu versprechen oder vom Vertragsschluss mit dem nachzuweisenden bzw zu vermittelnden Vertragsgegner abzusehen (BGH WM 1978, 247, 248), handelt es sich nicht um unerlässliche Erfordernisse, sondern um bloße **Auslegungshilfen** für unklare Vereinbarungen (BGH WM 1980, 1428, 1429; BGH WM 1981, 42).

5. Die Höhe der Provision

a) Grundlagen

174 Die **Höhe der Provision** richtet sich in erster Linie nach der (gemäß § 307 Abs 3 BGB) nicht der AGB-Kontrolle unterliegenden (BGH AIZ 1989 H 7 A 146 Bl 16; vgl auch KGR 1998, 189 betr Vereinbarung der Provisionshöhe in AGB unter Kaufleuten) Vereinbarung der Parteien des Maklervertrages. In zweiter Linie kommt es gemäß § 653 Abs 2 BGB auf dem taxmäßigen Lohn und in dritter Linie auf den üblichen Lohn an. Für

eine Lohnbestimmung durch den Makler nach billigem Ermessen nach § 316 BGB ist regelmäßig kein Raum (§ 653 Rn 17).

b) Berechnungsgrundlage

Als **Berechnungsgrundlage** der Provision ist für den Nachweis bzw die Vermittlung 175 von Mietwohnungen in § 3 Abs 1 WoVermittG die Monatsmiete vorgeschrieben; die Provision ist danach in einem Bruchteil oder Vielfachen der Monatsmiete anzugeben. Ob die Kalt- oder die Warmmiete zugrunde zu legen ist, unterliegt der Vereinbarung der Parteien des Maklervertrags (OLG Frankfurt AIZ 1992 H 7 A 122 Bl 3; vgl auch OLG Hamburg AIZ 1994 A 103 Bl 69). Im Zweifel entscheidet die **Ortsüblichkeit** (OLG Frankfurt AIZ 1992 H 7 A 122 Bl 3; LG Hamburg MDR 1989, 1105; Breiholdt MDR 1972, 918, 919). Der Verstoß gegen § 3 Abs 1 WoVermittG ist eine Ordnungswidrigkeit (vgl im Einzelnen Rebmann DB 1972, 125, 127), führt aber nicht zur Nichtigkeit des Maklervertrags nach § 134 BGB (vgl Rn 50 aE). Das „zweite Bein" für die Berechnung liefert üblicherweise die Mietvertragsdauer. Für die Berechnung der Provisionshöhe für die Vermittlung von **Staffelmietverträgen** entnimmt OLG München NJW-RR 1991, 1019 dem örtlichen Handelsbrauch und AG Frankfurt AIZ 1992 H 12 A 122 Bl 4 allgemein Treu und Glauben mit Rücksicht auf die Verkehrssitte (§ 157 BGB), dass der anfängliche Mietzins zugrunde zu legen ist. Die Abweichung bedarf nach AG Frankfurt AIZ 1992 H 12 A 122 Bl 4 der individualvertraglichen Vereinbarung, weil sie eine überraschende Regelung (§ 305c Abs 1 BGB) darstellt. Zulässig ist nach OLG München AIZ 1993 H 2 A 122 Bl 5 eine AGB-Regelung, die für den Fall der mietvertraglichen Vereinbarung eines Optionsrechts eine Erhöhung der Provision (von zwei auf drei Monatsmieten) vorsieht. Nach OLG Düsseldorf BB 1968, 150 ist der Makler an die **einverständliche Auslegung** (nicht an die Abänderung) des Mietvertrags hinsichtlich der Miethöhe durch die Mietvertragsparteien gebunden. Wird ein befristeter Mietvertrag nachträglich verlängert, so erhöht das nicht die Provision des Maklers (LG Wiesbaden AIZ 1964, 94; allgemein zur Provision für Folgeverträge vgl Rn 135).

Ist die Provision des **Käufermaklers an den Kaufpreis** des nachgewiesenen bzw vermit- 176 telten Kaufvertrags **gekoppelt**, so ist sie im Zweifel nicht nach dem Barkaufpreis, sondern nach dem **Gesamtaufwand** des Käufers (einschließlich übernommener Schulden, Renovierungskosten etc), zu berechnen (BGH AIZ 1976, 117; LG Hannover AIZ 1984 H 11 A 123 Bl 9). Einzubeziehen ist vorbehaltlich abweichender Regelung im Maklervertrag auch der Kaufpreis für mitverkauftes, gesondert ausgewiesenes Zubehör (Fischer ZAP 2025, 744, 73; **aA** OLG Zweibrücken 26. 9. 2023 – 8 U 138/22, NJW-RR 2024, 53, 55). Ausgenommen sind jedoch Steuern und sonstige öffentliche Abgaben wie zB Anliegerbeiträge, und zwar selbst dann, wenn der Käufer die Pflicht zur Zahlung der Anliegerbeiträge im notariellen Kaufvertrag ausdrücklich übernommen hat (BGH NJW 1965, 1755). Umgekehrt orientiert sich die Provision des Verkäufermaklers im Zweifel an dem vom Verkäufer erzielten Barkaufpreis (BGH NJW 1995, 1738). Damit übereinstimmend ist die Provision des Maklers, der im Bauherrenmodell errichtete Objekte vertrieben hat, aus den Erlösen des Initiators des Bauherrenmodells einschließlich der von ihm an das Finanzamt abgeführten Umsatzsteuer zu berechnen (OLG Karlsruhe AIZ 1994 H 7 A 122 Bl 8). Wird ein Erbbaurecht oder ein Grundstück auf Rentenbasis gekauft, so ist maßgebliche Berechnungsgrundlage der Erbbauzinswert bzw der Kapitalwert analog **§ 52 GNotKG** (früher § 24 KostO, OLG Nürnberg AIZ 1966, 88; LG Aachen AIZ 1952, 60). Beim Kauf eines bestehenden Erbbaurechts liefert die Summe aus Kaufpreis und restlichem Erbbauzinswert die Berechnungsgrundlage (**aA** LG

München I AIZ 1967, 279: nur Kaufpreis). Ist die Provision für einen sog Objektnachweis vereinbart, so errechnet sich die Höhe der Provision aus dem Gesamtwert sämtlicher Verträge, die in dem Zusammenhang geschlossen werden. Wird ein Unternehmenskaufvertrag zusammen mit einem Mietvertrag über die Unternehmensgebäude geschlossen, so steht dem Makler danach neben der Kauf- auch die Mietprovision zu (LG Düsseldorf AIZ 1993 H 2 A 122 Bl 6; in der Sache ebenso OLG Frankfurt NJW-RR 1999, 1279; zur Berechnung der Provision bei der Vermittlung eines Gewerberaummietvertrags vgl LG Bremen AIZ 1982 H 7 A 123 Bl 1). Ist ein Gebäude verkauft worden, das durch Brand beschädigt worden ist, und ist die Versicherungsforderung abredegemäß an den Käufer abgetreten worden, so errechnet sich die Provision des Verkäufermaklers ausschließlich aus dem dem Verkäufer zufließenden Betrag. Die Versicherungsforderung bleibt außer Betracht (OLG Stuttgart NJW-RR 2010, 992).

177 Ist eine Provisionshöhe **ausdrücklich** vereinbart, so versteht sich diese jedenfalls gegenüber einem nichtkaufmännischen Auftraggeber als Provision **einschließlich Umsatzsteuer**. Eine zusätzliche Berechnung von Umsatzsteuer scheidet daher aus (OLG Zweibrücken OLGZ 1977, 212, 213). Dagegen zählt zur üblichen Provision im Sinne des § 653 Abs 2 BGB inzwischen auch die Umsatzsteuer, so dass neben dem üblichen Nettoprovisionssatz die gesetzliche Umsatzsteuer berechnet werden kann (Hamm Rn 908). Soweit die Provision in Monatsmieten festgelegt ist, versteht sie sich ebenfalls im Zweifel zusätzlich Umsatzsteuer (OLG Hamburg IBR 1995, 82).

178 Nach Ansicht des OLG Nürnberg (OLGZ 1977, 219) ist die **Provision des Vermittlungsmaklers** aus dem von ihm **ausgehandelten** statt aus dem vom Verkäufer-Auftraggeber erzielten **Kaufpreis** zu errechnen, wenn der Auftraggeber durch intensive Verhandlungsbemühungen einen wesentlich höheren Kaufpreis erzielt hat. Die Vermittlungstätigkeit des Maklers soll hinsichtlich des erhöhten Kaufpreises „nicht ursächlich, ja nicht einmal mitursächlich“ geworden sein (OLGZ 1977, 219, 221; vgl auch Rn 140). Diese Auffassung überzeugt nicht (ebenso BeckOGK/Meier [1. 1. 2026] § 652 Rn 364; zustimmend aber MünchKommBGB/Althammer § 652 Rn 217). Wenn der Auftraggeber nicht ganz von vorne hat beginnen müssen, führt kein Weg daran vorbei, dass er auf der Vermittlung des Maklers aufgebaut hat. Die Mitursächlichkeit der Maklertätigkeit lässt sich dann schlechterdings nicht leugnen (vgl Rn 140). Wohl bietet sich eine „teleologische Reduktion“ der Abschwächung des Erfordernisses der Ursächlichkeit in bloße Mitursächlichkeit für die Fälle an, in denen der Makler den **Vermittlungsbedarf** des Auftraggebers **trotz Aufforderung nicht befriedigt** hat. Denn diese Abschwächung stellt eine Rechtsfortbildung dar, die sich aus der Schutzbedürftigkeit der Makler gegenüber Versuchen der Auftraggeber legitimiert, sie auf halbem Wege nach hilfreicher Unterstützungstätigkeit auszubooten, um sich unter Berufung auf mangelnde (Allein-)Ursächlichkeit der Provisionszahlungspflicht zu entziehen (vgl auch Rn 144; ausführlich Knütel ZHR Bd 144 [1980] 289, 304 f). Wenn der Makler – wie das OLG Nürnberg unterstellt – unzureichenden Einsatz gezeigt und dadurch den Auftraggeber zu zeitraubenden Bemühungen gezwungen hat (OLGZ 1977, 219, 221), verfehlt die Zurücknahme der gesetzlich geforderten Ursächlichkeit auf Mitursächlichkeit ihren Zweck. Folgerichtig ist der Anspruch auf Provision zu versagen, und zwar nicht nur teilweise, sondern vollständig. Dagegen ist die volle, dh am zustande gekommenen Hauptvertrag orientierte, Provision zuzubilligen, wenn der Auftraggeber den Makler ohne triftigen Grund aus weiteren Verhandlungen verdrängt hat oder wenn die Diskrepanz zwischen ausgehandeltem und zustande gekommenem Hauptvertrag durch Veränderungen der Verhandlungssituation wie zB das Auftauchen eines den Preis hochtreibenden Konkurrenten des Vertragsgegners zu erklären ist.

c) Die Übererlösklausel

Besondere Probleme wirft die sog **Übererlösklausel** auf. Zu verstehen ist darunter die Vereinbarung, dass dem Makler die Differenz zwischen einem bestimmten und dem tatsächlich erzielten Verkaufs- bzw Kaufpreis als Provision zustehen soll (Klausel zB „netto an der Hand“, vgl OLG Hamburg LZ 1919, 657). Die Rechtsprechung hat eine solche Regelung als zulässig gebilligt. So hat der BGH die Übererlösprovision eines hauptberuflichen Maklers in Höhe von 29 % hingenommen (WM 1969, 886). Anders soll es nur sein, wenn der Makler die Übererlösprovision (im konkreten Fall von 27,7 %) mit dem Verkäufer in einem qualifizierten Alleinauftrag zu einem Zeitpunkt vereinbart hat, in dem er bereits wusste, dass der potenzielle Hauptvertragspartner einen hohen Preis zu zahlen bereit war, ohne dies dem Verkäufer mitzuteilen (BGH NJW 1994, 1475; OLG Hamm AIZ 1998 A 122 Bl 10). Wenn die Parteien des Maklervertrags feste Vorstellungen hinsichtlich des erzielbaren Kaufpreises zugrunde gelegt haben, soll im Falle einer großen Differenz zwischen erwartetem und erreichtem Preis die **Geschäftsgrundlage** der Übererlösabrede **entfallen**, so dass nach § 313 BGB eine Anpassung nach unten stattzufinden hat (BGH NJW 1969, 1628). Das OLG Düsseldorf hat im Fall eines Gelegenheitsmaklers die Opfergrenze des Auftraggebers bei einer Übererlösprovision von 12,5 % gesehen (MDR 1968, 494). Dieser Rechtsprechung ist im Grundsatz zuzustimmen (ebenso MünchKommBGB/Althammer § 652 Rn 74). Ein Widerspruch der Übererlösklausel zur Funktion des rechtlich verfassten Maklerwesens und damit eine Nichtigkeit nach § 138 BGB sind nicht ersichtlich. Die Übererlösklausel ändert nichts daran, dass der Makler durch den Nachweis bzw die Vermittlung einen **Koordinationsbedarf befriedigt**. Nicht einmal die Entschließungsfreiheit des Auftraggebers hinsichtlich des Abschlusses des Hauptvertrags als das die Richtigkeit des Austauschverhältnisses zwischen Makler und Auftraggeber verbürgende Element tastet sie an, kann dieser doch seiner Ansicht nach günstigeren Vertragsgelegenheiten wie sonst den Vorzug geben (vgl dazu Hamm Rn 894). Unerlässlich ist nur, dass der Makler den Auftraggeber **über den wahren Preis informiert**, weil der Auftraggeber sonst seine Entschließungsfreiheit nicht sachgerecht auszuüben vermag (OLG Düsseldorf NJW-RR 1999, 1140). Ebenso muss im Übrigen gesichert sein, dass der Hauptvertrag **nicht am Auftraggeber vorbei abgeschlossen** werden kann. Jedenfalls die Verbindung der Übererlösklausel mit dem Ausschluss der Unterrichtungspflicht bei gleichzeitiger Abschlussvollmacht des Maklers macht den Maklervertrag im Allgemeinen wegen **sittenwidriger Knebelung** des Auftraggebers gemäß § 138 Abs 1 BGB nichtig (ebenso Hamm Rn 889; **aA** BGH NJW 1969, 1628, 1630). Nach OLG Frankfurt ZMR 2007, 462 verstößt die in AGB geregelte Übererlösklausel gegen § 307 Abs 1 S 2 BGB (Transparenzgebot). 179

Obwohl der BGH (NJW 1969, 1628) die Nichtigkeit des Maklervertrags wegen sittenwidriger Knebelung des Auftraggebers ablehnt, gelangt er für den Fall des Abschlusses des Hauptvertrags am Auftraggeber vorbei zumindest bei Hinzutreten weiterer Umstände (konkret: Abschluss eines Schwarzkaufs durch Täuschung des beurkundenden Notars über den wahren Kaufpreis) ebenfalls zum Ausschluss des Provisionsanspruchs, und zwar über die analoge Anwendung des § 654 BGB (BGH NJW 1969, 1628, 1630). Er knüpft damit an die problematische Deutung des § 654 BGB als einer Strafe für grob treuwidriges Verhalten an (vgl dazu § 654 Rn 2 f). Zwar nicht die Verwir- 180 kung des Provisionsanspruchs analog § 654 BGB, wohl aber die Schadensersatzpflicht des Maklers aus Pflichtverletzung (§ 280 Abs 1 BGB) wird für den Fall erwogen, dass der Makler, der als **Doppelmakler** mit dem Verkäufer einen Vermittlungsmaklervertrag mit Übererlösklausel und mit dem Käufer einen Nachweismaklervertrag geschlossen hat, den Käufer nicht von der Übererlösklausel unterrichtet. Der BGH hat das abgelehnt, und zwar im Wesentlichen mit der Begründung, der Käufer habe aufgrund seiner Kenntnis von der Vermittlungstätigkeit des Maklers für die Gegenseite **damit rechnen** müssen, dass dieser im Rahmen der Marktlage einen **möglichst hohen Kaufpreis zu erzielen versuche** (NJW 1970, 1075, 1076). Das LG Dortmund (NJW 1979, 1711) folgt dem im Ansatz, will das Verschweigen der Übererlösklausel aber dann als treuwidrig werten, wenn der Makler auf diese Weise eine Provision von 15 % (und mehr) anstrebt. Demgegenüber bejaht das Schrifttum teilweise eine generelle Unterrichtungspflicht (Hamm Rn 892). Zu folgen ist dem BGH. Die Übererlösklausel im Vermittlungsmaklervertrag mit dem Verkäufer verändert die Interessenlage nur insofern, als der Makler von einem bestimmten Betrag an die Erhöhung des Kaufpreises nicht mehr auch im Interesse des Verkäufers, sondern allein noch im eigenen Interesse betreibt. Dabei handelt es sich indessen bloß um eine graduelle Veränderung; dass der Doppelmakler in der Preisfrage nicht auf der Seite des Käufers steht, ist bereits angesichts der typischen Abhängigkeit der Provision von der Höhe des Kaufpreises der Regelfall. Nach OLG Düsseldorf NJW-RR 1996, 1012 verletzt der Verkäufermakler seine Pflichten aus der Aufnahme von Vertragsverhandlungen (§ 311 Abs 2 Nr 1 BGB), wenn er den Auftraggeber nicht vor Vereinbarung einer Übererlösklausel über den objektiv erzielbaren Kaufpreis unterrichtet. Folgerichtig schuldet er gem § 280 Abs 1 BGB die Freistellung des Auftraggebers von den Pflichten aus der Übererlösklausel.

6. Erfüllbarkeit, Fälligkeit und Verjährung des Provisionsanspruchs

181 Der Provisionsanspruch wird im Zweifel mit seiner Entstehung **erfüllbar und fällig** (§ 271 BGB). Die Vereinbarung einer späteren Fälligkeit hat der Auftraggeber zu beweisen (BeckOGK/Meier [1. 1. 2026] § 652 Rn 360; Hamm Rn 742 f; **aA** die **hM**, vgl BGH NJW 1975, 206). Erfüllungsort ist nach § 269 Abs 1 BGB im Zweifel der Wohnort des Auftraggebers zur Zeit der Entstehung des Schuldverhältnisses, die nach OLG Stuttgart NJW-RR 1987, 1076 beim Abschluss des Maklervertrags (nicht erst des Hauptvertrags) anzusetzen ist. Sowohl die Erfüllbarkeit als auch und vor allem die Fälligkeit können hinausgeschoben werden. Dagegen ist es nicht möglich, die Fälligkeit (vor die Entstehung!) vorzuverlegen. Entsprechende Regelungen sind der Sache nach Vorschussvereinbarungen, die wegen Abweichung vom gesetzlichen Leitbild des Maklervertrags (Lockerung der Erfolgsabhängigkeit des Provisionsanspruchs) nur individualvertraglich wirksam vereinbart werden können (KG NJW 1961, 512; OLG Hamm NJW-RR 1996, 1526; vgl im Übrigen ausführlich Hamm Rn 727 ff). Der Provisionsanspruch unterliegt der Regel**verjährung** von drei Jahren nach §§ 195, 199 BGB.

182 Schließen **auf der Auftraggeberseite mehrere Personen** den Maklervertrag, so haften sie nach den **§§ 427, 421 BGB** gesamtschuldnerisch auf Zahlung der Provision. Unerheblich ist, ob auch der Hauptvertrag von mehreren Personen geschlossen wird. Ein einzelner Auftraggeber kann also die Provision für den Nachweis bzw die Vermittlung einer Vertragsgelegenheit zugunsten mehrerer Personen versprechen. Ebenso können mehrere Auftraggeber die Provision für den Nachweis bzw die Vermittlung

einer Vertragsgelegenheit zugunsten einer einzelnen Person versprechen. Soweit der lt Maklervertrag beabsichtigte Hauptvertrag hinsichtlich der Parteien von dem zustande gekommenen abweicht, bestimmt sich die Provisionspflichtigkeit durch Auslegung des Maklervertrags, insbesondere nach dem Kriterium der wirtschaftlichen Gleichwertigkeit (vgl Rn 82 f). Schließt ein Ehepartner den Maklervertrag mit dem Ziel der Anmietung oder des Ankaufs einer Familienwohnung ab, so entsteht der Provisionsanspruch beim Zustandekommen des Hauptvertrags, gleichgültig, ob beide Ehepartner oder nur einer von ihnen Hauptvertragspartei sind. Schuldner der Provision ist dagegen allein der Ehegatte, der den Maklervertrag abgeschlossen hat, es sei denn, er hat dabei zugleich im Namen und mit Vollmacht des anderen Ehegatten gehandelt (LG Düsseldorf AIZ 1980, 135). Letzteres ergibt sich nicht schon daraus, dass das von einem Ehegatten unterschriebene Formular als Auftraggeber beide Ehegatten aufführt (OLG Düsseldorf NJW-RR 1996, 1524).

7. Abhängigkeit der Provisionszahlungspflicht von der Durchführung des Hauptvertrags

Soweit der Maklervertrag die Provisionszahlungspflicht des Auftraggebers nicht 183
schon vom Zustandekommen, sondern erst von der **Durchführung des Hauptvertrags** abhängig macht, stellt sich die Frage nach der **analogen Anwendung des § 87a Abs 3 HGB**. Für den gesetzlichen Fall der von der Durchführung des vermittelten Vertrags abhängigen Provision, den Fall der Handelsvertreterprovision, sieht § 87a Abs 3 HGB den Wegfall der Provisionszahlungspflicht wegen Nichtdurchführung nur für die vom Unternehmer nicht zu vertretende Nichtdurchführung vor. Der BGH lehnt die Analogie zu § 87a Abs 3 HGB für den durchführungsabhängigen Anspruch auf Maklerprovision ab. Zur Begründung stützt er sich im Wesentlichen darauf, dass § 87a Abs 3 HGB den **gesetzlichen** Zusammenhang zwischen Provision und Durchführung nach § 87a Abs 1 HGB lockert. Da für die Maklerprovision erst der Maklervertrag diesen Zusammenhang herstellt, soll es an einem § 87a Abs 3 HGB entsprechenden gesetzlichen Regelungsbedarf fehlen (NJW 1966, 1404). Die Argumentation überzeugt so kaum: Wenn § 87a Abs 3 HGB eine Wertung darüber zum Ausdruck bringt, wie beim durchführungsabhängigen Provisionsanspruch die gerechte Risikoverteilung aussieht, dann muss das über die §§ 133, 157 BGB auch für das Verständnis der Vereinbarung durchführungsabhängiger Provisionen im Maklerrecht eine Rolle spielen. Der Rückgriff auf gesetzliche Wertungen ist vorbehaltlich der Besonderheiten des Einzelfalls die sicherste Methode der Konkretisierung dessen, was Treu und Glauben mit Rücksicht auf die Verkehrssitte entspricht. Das RG hat gemeint, im Fall des durchführungsabhängigen Provisionsanspruchs müsse der Auftraggeber die gleiche Freiheit im Hinblick auf die Durchführung haben, wie sie ihm im Fall des normalen abschlussabhängigen Provisionsanspruchs im Hinblick auf den Abschluss zustehe (RGZ 101, 209, 211). Doch ist die Abschlussfreiheit des Auftraggebers zentrale Voraussetzung der Richtigkeitsgewähr des maklervertraglichen Leistungsaustauschs. Sie gewährleistet, dass die Auftraggeber Maklerleistungen nur dann vergüten müssen, wenn diese **für sie** die Provision wert sind (Vorbem 2 zu §§ 652–656d). Die Durchführungsfreiheit läuft dagegen (jedenfalls im Verhältnis zum Makler) auf eine Art Reurecht hinaus, für das ein legitimes Interesse der Auftraggeber kaum erkennbar ist. Nicht zufällig beschränkt § 87a Abs 3 HGB auch in seinem unmittelbaren Anwendungsbereich nur die Durchführungs-, nicht auch die Abschlussfreiheit des Unternehmers im Verhältnis zum (vermittelnden) Handelsvertreter. Entgegen

BGH NJW 1966, 1404 ist § 87a Abs 3 HGB daher im Maklerrecht analog anzuwenden, es sei denn, der Maklervertrag sieht den Wegfall des Provisionsanspruchs im Fall der Nichtdurchführung des Hauptvertrags aus vom Auftraggeber zu vertretenden Gründen ausdrücklich vor (vgl auch Hamm Rn 740 f; wie die Rechtsprechung MünchKommBGB/Althammer § 652 Rn 244).

8. Abwälzung der Provisionszahlungspflicht

a) Abwälzung zu Lasten des Maklers

184 Die Provisionszahlungspflicht des Auftraggebers wird von diesem nicht selten **abgewälzt**. Das kann **zu Lasten des Maklers** geschehen, indem der Auftraggeber den Abschluss des Hauptvertrags davon abhängig macht, dass der Makler auf einen Teil der vereinbarten Provision (durch nachträgliche Abänderung des Maklervertrags) verzichtet oder sich – im Fall der Doppelmaklertätigkeit – mit der von der Gegenseite zu zahlenden Provision begnügt. Eine solche „Drohung", den Hauptvertrag nicht abzuschließen, wenn der Makler in der Provisionsfrage nicht entgegenkommt, ist keine den Makler gemäß § 123 BGB nach dem Zustandekommen des Hauptvertrags zur Anfechtung berechtigende rechtswidrige Drohung (BGH NJW 1969, 1627, 1628). Anders ist auch dann nicht zu entscheiden, wenn der Auftraggeber mit der „Drohung" nicht nur den Erlass seiner Provisionszahlungspflicht, sondern darüber hinaus die Beteiligung an der von dem Vertragsgegner an den (Doppel-)Makler zu zahlenden Provision erzwingt (BGH NJW 1983, 2494, 2495). Die Gegenansicht des LG Frankfurt (NJW-RR 1992, 1273 f) verkennt, dass der Auftraggeber **frei** über die Bedingungen seiner Vertragsbereitschaft befindet und dass deswegen ein schutzwürdiges Vertrauen des Maklers auf Honorierung seiner Aufwendungen nicht in Betracht kommt. Das Ansinnen des Auftraggebers stellt den Makler nicht schlechter, sondern besser, als wenn der Auftraggeber von seiner Freiheit Gebrauch gemacht hätte, die gebotene Vertragsgelegenheit auszuschlagen. Nur das erklärt ja auch, weshalb der Makler sich auf das Ansinnen eingelassen hat.

b) Abwälzung zu Lasten der Vertragsgegenseite, insbesondere Maklerklauseln im Hauptvertrag

185 Häufiger als die Abwälzung der Provisionszahlungspflicht zu Lasten des Maklers ist diejenige **zu Lasten der Vertragsgegenseite** (ausführliche Differenzierung der Abwälzungsfälle bei Ohnesorge 3 ff). In **verdeckter** Form entspricht diese Art und Weise der Abwälzung sogar dem normalen Gang der Dinge. Denn die Provisionsbelastung bestimmt als Kalkulationsfaktor ganz unvermeidlich mit, was der Auftraggeber zB als Verkäufer mindestens erlösen oder als Käufer höchstens bezahlen will. Inwieweit eine solche Abwälzung gelingt, ist eine Frage der Verhandlungsposition der Kontrahenten. Das Gleiche gilt für die **offene** Abwälzung, die in verschiedenen Techniken auftritt: Der Auftraggeber kann dem Makler einen Nachweis- oder Vermittlungsauftrag ohne Provisionsversprechen erteilen und die Doppeltätigkeit mit Vereinbarung einer Provisionspflicht zu Lasten der Marktgegenseite gestatten (vgl BGH MDR 1967, 836, 837); er kann sich mit der Erteilung des Nachweis- oder Vermittlungsauftrags verpflichten, dem Vertragsgegner im Hauptvertrag eine Provisionszahlungspflicht gegenüber dem Makler aufzuerlegen, wobei als Alternativen der unechte und der echte Vertrag zugunsten Dritter zur Verfügung stehen (vgl BGH NJW 1977, 582, 583; OLG Hamburg NJW-RR 1988, 1202); er kann schließlich sich selbst zur Provisionszahlung verpflichten und im Hauptvertrag je nachdem eine Erfüllungsübernahme, einen Schuldbeitritt oder

(mit Genehmigung des Maklers) eine befreiende Schuldübernahme des Vertragsgegners vereinbaren (vgl Hamm Rn 923 ff; Glaser MDR 1970, 385 f und 1971, 271 f).

Einer derartigen Überwälzung der Provision setzen allerdings die §§ 656a ff BGB Grenzen, soweit ein Kaufvertrag über eine Wohnung oder ein Einfamilienhaus vermittelt wird und der Käufer Verbraucher ist (§ 656b BGB): Besteht ein Maklervertrag mit Käufer und Verkäufer, ist die Provision von beiden Teilen zwingend zu gleichen Teilen zu tragen (§ 656c BGB). Hat dagegen nur eine Partei mit dem Makler einen Vertrag geschlossen, kann sie die Provision höchstens zur Hälfte auf die andere Partei abwälzen (§ 656d BGB). Mit diesen Regelungen werden der Abwälzung der Provisionspflicht für viele Fälle enge Grenzen gesetzt. Außerhalb des Anwendungsbereichs der §§ 656b ff BGB – also insbesondere bei Grundstücksverkäufen an Unternehmer – bleiben derartige Regelungen dagegen grundsätzlich zulässig. **185a**

Die Rechtsprechung hat sich bereits vor Schaffung der §§ 656b, 656d BGB wiederholt **186** mit Abwälzungsfällen zu Lasten der Vertragsgegenseite befassen müssen. Erteilt der Auftraggeber den Nachweis- oder Vermittlungsauftrag mit dem Zusatz „für mich unverbindlich", so ist darin ein Auftrag ohne Provisionsversprechen mit der Gestattung eines Maklervertrags mit der Gegenseite zu sehen (BGH WarnR 1964 Nr 259; Mormann WM 1968, 954, 955; **aA** OLG Düsseldorf AIZ 1963, 61). Setzt der Auftraggeber (Verkäufer) im notariellen Kaufvertrag eine Klausel durch, der zufolge sich der Käufer gegenüber dem Verkäufer und dem Makler verpflichtet, die Courtage an den vermittelnden Makler zu zahlen (sog Maklerklausel, vgl MünchKommBGB/Althammer § 652 Rn 36 ff), so erwirbt der Makler gegen die Vertragsgegenseite (Käufer) jedenfalls dann einen **Provisionsanspruch**, wenn die Beteiligten sich einig sind, dass der Makler seine Tätigkeit nicht im Hinblick auf einen (wirklich oder vermeintlich) mit dem Käufer geschlossenen Maklervertrag entfaltet hat (vgl auch OLG Schleswig NJW-RR 2002, 782; LG Lübeck AIZ 1986 H 4 A 136 Bl 9; AG Hamburg AIZ 1992 H 2 A 136 Bl 14). Die Provisionszahlung des Käufers an den Makler stellt sich dann als **Teil der Kaufpreiszahlung** dar (BGH NJW 1977, 582; OLG Hamburg NJW-RR 1988, 1202; OLG München AIZ 1989 H 6 A 136 Bl 11; OLG Karlsruhe NJW-RR 2005, 574, 576; ausführlich Althammer 77 ff). Ihren Rechtsgrund findet sie im Kaufvertrag, so dass sie einerseits nicht vom Käufer unter Berufung auf das Fehlen einer maklervertraglichen Verpflichtung zurückgefordert (BGH NJW 1977, 582), andererseits aber auch nicht vom Makler trotz nachträglicher Aufhebung des Kaufvertrags oder nachträglichen Rücktritts des Verkäufers vom Kaufvertrag wegen Zahlungsverzugs zurückbehalten werden kann (Dehner NJW 1989, 3254, 3261; OLG Celle WM 1985, 1455; OLG Frankfurt WM 1986, 861; OLG Schleswig NJW-RR 2002, 782). Nach BGH NJW 1998, 1552 soll der Anspruch auf Maklerprovision allerdings trotz des Rechtsgrunds im Kaufvertrag dann lediglich ein vom Vorliegen einer Maklerleistung abhängiger Provisionsanspruch sein, wenn die versprechende Vertragspartei (Käufer) vom Vorliegen einer Maklerleistung ihr gegenüber ausgegangen ist. Diese soll deshalb gegenüber dem Provisionsbegehren des Maklers das Fehlen einer Maklerleistung einwenden können, wenn sie nachträglich feststellt, dass zwischen dem Makler und der anderen Vertragspartei (Verkäufer) eine provisionsschädliche Verflechtung (Rn 149 ff) bestanden hat. Dem ist zu widersprechen. Wenn die Maklerprovision nicht nur dem Makler, sondern auch der anderen Vertragspartei versprochen wird, so dass das Versprechen Teil des Kaufvertrags (und nicht nur formell damit verbundener eigenständiger Maklervertrag) ist, dann ist sie in jedem Fall eine Regelung der Verteilung der Vertragskosten (BGH NJW 1996, 654). Der Ausfall der Provisionszahlungspflicht wegen

Verflechtung des Maklers mit dem Verkäufer (oder wegen Lohnunwürdigkeit des Maklers gegenüber dem Käufer analog § 654 BGB, erwogen, aber nicht abschließend entschieden bei OLG Hamm NJW-RR 1996, 1081) läuft unter diesen Umständen einerseits darauf hinaus, dass der Käufer den Kaufgegenstand unverdient billiger erhält. Andererseits entsteht je nach Gestaltung des Innenverhältnisses für den Verkäufer (dem die Tätigkeit des Maklers zugutegekommen ist und der eben deshalb den Provisionsanspruch zugunsten des Maklers im Kaufvertrag hat begründen oder doch wenigstens absichern wollen) uU eine (rechtliche oder moralische) Pflicht, den Makler wegen des Ausfalls der Käuferprovision schadlos zu stellen. BGH NJW 1996, 654 nimmt deshalb zu Recht an, dass die Maklerklausel in der Regel kein Fremdkörper im Sinne der Fremdkörperrechtsprechung zu § 464 Abs 2 BGB, sondern regulärer Bestandteil der Rechte und Pflichten der Kaufvertragsparteien ist (vgl Rn 120). Damit ist BGH NJW 1998, 1552 nicht zur Deckung zu bringen (vgl auch Reuter JZ 1998, 952; ebenfalls krit Dehner NJW 2000, 1986, 1995; Roth, in: Thode/Uechtritz/Wochner, Immobilienrecht [2000] 153, 159 f; wie der BGH Hamm Rn 943 ff; auch schon OLG Stuttgart NJW 1973, 1975). Nicht überzeugen kann es ferner, wenn BGH NJW 2005, 3778, 3779 den Wegfall des durch Maklerklausel entstandenen Provisionsanspruchs des Maklers von der Antwort auf die Frage abhängig machen will, ob die Voraussetzungen für den Ausfall des maklervertraglichen Provisionsanspruchs erfüllt sind (Rn 102 f). Im Fall der Maklerklausel entsteht der Provisionsanspruch nicht kraft Maklervertrags, sondern kraft des Hauptvertrags iVm § 328 BGB. Der Anspruch des Maklers gegen den Käufer kann nur dann Inhalt des Kaufvertrags sein, wenn der Verkäufer ein Interesse an seiner Begründung hat. Soweit es nur um die Begründung des normalen Provisionsanspruchs des Maklers gegen den Käufer geht, wird dieser nicht Inhalt des Kaufvertrags, sondern entsteht durch nur formal mit dem Kaufvertrag verbundenen selbstständigen Maklervertrag (gleiche Kritik bei MünchKommBGB/Althammer § 652 Rn 38 mit Fn 272; Wälzholz DNotZ 2006, 183, 186; Althammer NZM 2006, 163, 166).

187 Weder die Wertung, dass der Provisionsanspruch das Bestehen eines Maklervertrags voraussetzt (Rn 76), noch die, dass nach Abschluss des Hauptvertrags entstandene Störungen seiner Durchführung den Provisionsanspruch unangetastet lassen (Rn 89), spielen für den kaufvertraglichen Provisionsanspruch eine Rolle. Auch § 328 Abs 2 BGB hilft dem Makler im Fall der Aufhebung des Kaufvertrags regelmäßig nicht, da nicht angenommen werden kann, der Käufer habe sich mit der Aufrechterhaltung des Provisionsversprechens trotz Aufhebung des Kaufvertrags einverstanden erklärt (OLG Hamm NJW 1960, 1864 f; OLG Hamm VersR 1998, 850; OLG Celle WM 1985, 1455, 1456; OLG Frankfurt WM 1986, 861, 862; OLG Karlsruhe NJW-RR 2005, 574, 576; **aA** OLG Hamburg AIZ 1983 H 2 A 137 Bl 2). Nach OLG Karlsruhe ZIP 1990, 1143 hat der Makler nicht einmal einen Anspruch darauf, dass der Insolvenzverwalter nicht in der Insolvenz des Verkäufers die Erfüllung des bereits abgeschlossenen Kaufvertrags nach § 103 InsO ablehnt und anschließend mit den gleichen Käufern ohne Provisionsversprechen zugunsten des Maklers neu abschließt. Andererseits sollen den Makler nach BGH NJW 2005, 3788 als (zukünftigen) Gläubiger eines Provisionsanspruchs aus dem Kaufvertrag (iVm § 328 BGB) Aufklärungspflichten gegenüber dem Käufer treffen, deren Verletzung ihn nach §§ 280 Abs 1, 311 Abs 2, 241 Abs 2 BGB schadensersatzpflichtig macht.

188 Ein kaufvertraglicher Provisionsanspruch des Maklers entsteht nicht schon dadurch, dass der Notar in dem notariellen Kaufvertrag angewiesen wird, nach Eingang des

Kaufpreises die Provision unmittelbar an den Makler zu überweisen. Dazu bedarf es vielmehr zusätzlicher Anhaltspunkte (OLG Koblenz AIZ 1990 A 1 A 136 Bl 12). Ebenfalls nicht als kaufvertragliches **Provisionsversprechen** zugunsten des Maklers aufzufassen ist die Klausel **im notariellen Kaufvertrag**, wonach der Käufer als Auftraggeber des Maklers die Maklerprovision in Höhe von x% allein zu tragen hat. Nach BGH NJW-RR 1990, 628 ist eine solche Maklerklausel nicht einmal geeignet, Beweis für den Inhalt des anderweitig abgeschlossenen Maklervertrags zu erbringen. Vielmehr soll sie lediglich **Indiz** sein, das die grundsätzliche Darlegungs- und Beweislast des Maklers für das vorherige Zustandekommen und den Inhalt des Maklervertrags unberührt lässt. Nach Ansicht des KG (KG AIZ 1981 C 356 Bl 1) kann darin aufgrund der Umstände (Anwesenheit des Maklers in der notariellen Verhandlung, Sicherung der Provision als Zweck dieser Anwesenheit) aber auch ein **deklaratorisches Schuldanerkenntnis** des Käufers gegenüber dem Makler liegen, das ihm für die Zukunft die Einwendungen des Nichtbestehens des Maklervertrags (Rn 76) und der Vorkenntnis (Rn 32 ff) abschneidet (vgl auch OLG Karlsruhe AIZ 1983 H 1 A 136 Bl 7). Dem ist mit der Einschränkung zuzustimmen, dass ein deklaratorisches Schuldanerkenntnis nur Einwendungen abschneiden kann, über die Streit oder Ungewissheit bestand (Ohnesorge 85 ff; OLGR Düsseldorf 1999, 481; OLGR Düsseldorf 2001, 221). Besteht der Maklervertrag nach Überzeugung aller Beteiligten noch nicht, so enthält die Maklerklausel nach BGH NJW-RR 1991, 820 die **nachträgliche Schaffung** der (je nachdem, ob sie materieller oder nur formeller Bestandteil des Kaufvertrags ist, kauf- oder makler-) vertraglichen Grundlage für die bereits erbrachte Maklerleistung (vgl dazu Rn 189). Das soll auch dann gelten, wenn der Makler weder in der Urkunde als Beteiligter aufgeführt worden ist noch sie genehmigt und unterschrieben hat (krit dazu Dehner NJW 1991, 3254, 3262). Soweit der Auftraggeber eine **eigene Provisionszahlungspflicht** auf die Vertragsgegenseite **abwälzt**, ist für die Wahl zwischen den Alternativen Schuldbeitritt oder bloße Erfüllungsübernahme (vgl Rn 185 aE) die Auslegungsregel des § 329 BGB zu beachten. Eine bloße **Erfüllungsübernahme** ist daher anzunehmen, wenn der Käufer sich vor dem Hintergrund der Provisionszahlungspflicht des Verkäufers dem Verkäufer gegenüber im Kaufvertrag zur Zahlung einer Maklerprovision von x% verpflichtet (OLG Schleswig DNotZ 1982, 365; **aA** OLG München AIZ 1979 H 1 A 136 Bl 3). Erst wenn zusätzliche Umstände die Auslegungsregel des § 329 BGB entkräften, lässt sich über § 328 BGB ein Schuldbeitritt des Käufers bejahen mit der Folge, dass der Makler einen eigenen Anspruch auf Provision auch gegen den Käufer hat. Freilich haftet der Käufer aufgrund des Schuldbeitritts dem Makler nicht weitergehend als der Verkäufer, dem er – mit der Pflicht zur vollen Zahlung im Innenverhältnis – beigetreten ist. Nur für das **selbstständige Provisionsversprechen** (vgl Rn 190) gilt, dass es ohne Rücksicht auf das Bestehen des Provisionsanspruchs des Maklers gegen den Verkäufer zu erfüllen ist (vgl auch BGH NJW 1977, 582; 2009, 1199, 1200). Zur AGB-Kontrolle von Maklerklauseln vgl Bethge NZM 2002, 193, 198 ff.

Die hM geht ohne weiteres davon aus, dass der Makler mit dem Käufer neben dem **189**
kaufvertraglichen Provisionsanspruch einen maklervertraglichen Provisionsanspruch begründen kann. Dadurch sollen die relativen Vorteile beider Begründungswege verbunden und ihre relativen Schwächen vermieden werden können (MünchKommBGB/Althammmer § 652 Rn 41). Indessen muss die Begründung des kaufvertraglichen Provisionsanspruchs sich auch als Befriedigung eines Interesses des Verkäufers darstellen. Es reicht nicht aus, dass sie nur der Form nach Bestandteil des Kaufvertrags ist, während sich der materielle Regelungsgehalt in einer maklerver-

traglichen Provisionsregelung erschöpft. Durch die Aufnahme der Provisionszahlungspflicht des Käufers/Auftraggebers gegenüber dem Makler, mit der sich der Verkäufer nur einverstanden erklärt hat, weil der Makler (und der Käufer) es so wollen, lassen sich die maklerrechtlichen Anforderungen an die Begründung des Provisionsanspruchs – vor allem Kausalität und Drittbezug der Maklertätigkeit – nicht außer Kraft setzen. Wenn die Provisionsregelung im Kaufvertrag ein „Fremdkörper" im Sinne der Rechtsprechung zu § 464 Abs 2 BGB ist, dann wirkt sie nicht nur nicht gegenüber einem Vorkaufsberechtigten (BGH NZM 2007, 256, 257, vgl Rn 120), sondern dann ist sie generell ungeeignet, andere als nach Maklerrecht zu beurteilende Rechtsfolgen auszulösen. Die Auffassung, es könne der **Sinn** der Maklerklausel sein, der provisionsschädlichen Verflechtung abzuhelfen (Dehner NJW 2000, 1986, 1995; MünchKommBGB/Althammmer § 652 Rn 42), ist daher zumindest missverständlich.

189a Auch beim Abschluss von Mietverträgen kann der Wunsch nach der Abwälzung der Maklerprovision bestehen. Vielfach übernahm früher der Mieter die Kosten für den vom Vermieter beauftragen Makler. § 2 Abs 1a WoVermG normiert nun das sogenannte Bestellerprinzip bei der Wohnungsvermittlung; der Vermieter soll die Kosten des von ihm beauftragten Maklers tragen müssen. Abweichende Vereinbarungen wie insbesondere die vertragliche Überwälzung der Maklerkosten auf den Mieter sind nach § 2 Abs 5 WoVermG unwirksam (siehe BT-Drucks 18/3121, 17; krit zB Klenner ZRP 2013, 98, 100). Erfasst sein soll damit insbesondere auch die Konstellation eines Vertrags zugunsten des Maklers als Dritter (BT-Drucks 18/3121, 37). Dennoch geleistete Zahlungen können gemäß § 5 WoVermG nach bereicherungsrechtlichen Grundsätzen zurückgefordert werden. Die Verfassungsmäßigkeit der Neuregelung wird teilweise bezweifelt (Hufen NZM 2014, 663; dagegen Magnus/Wais JZ 2016, 183, 184). Sie ist aber durch das BVerfG (BVerfG NJW-RR 2016, 1349, 1350 ff) bestätigt worden. Zwar liege ein Eingriff in die Berufsfreiheit der Wohnungsvermittler vor. Dieser sei jedoch gerechtfertigt. Der Gesetzgeber dürfe zur Beseitigung sozialer und wirtschaftlicher Ungleichgewichte auf dem Wohnungsmarkt die Geltendmachung eines Entgelts gegenüber Wohnungssuchenden untersagen, wenn diese dem Wohnungsvermittler nicht zuvor einen Auftrag zur Suche von Wohnraum erteilt hätten. Dabei hat das Gericht eine einschränkende Auslegung des Ausschließlichkeitserfordernisses auch für Fälle der Mehrfachbeauftragung bzw Vorbefassung, in denen der Makler zugleich bzw sukzessive für mehrere Mietinteressenten des Objekts tätig ist, aus verfassungsrechtlicher Sicht nicht für erforderlich gehalten (BVerfG NJW-RR 2016, 1349, 1353 f; gegen eine teleologische Reduktion auch Wiek WuM 2017, 550, 551 f; anders Fischer WuM 2016, 391, 396 und – für den Fall der Mehrfachbeauftragung Magnus/Wais JZ 2016, 183, 187).

189b Der Wohnungsvermittler darf nach § 2 Abs 1a WoVermG vom Wohnungssuchenden für die Vermittlung oder den Nachweis der Gelegenheit zum Abschluss von Mietverträgen über Wohnräume nur dann ein Entgelt fordern, sich versprechen lassen oder annehmen, wenn er ausschließlich wegen des Vermittlungsvertrags mit dem Wohnungssuchenden vom Vermieter oder von einem anderen Berechtigten den Auftrag einholt, die Wohnung anzubieten (§ 6 Abs 1 WoVermG). Ein derartiger Auftrag liegt in jeder ausdrücklich oder konkludent, schriftlich oder mündlich erklärten Zustimmung des Berechtigten zur Vermittlung der betreffenden Wohnung durch einen bestimmten Vermittler (BGH NJW 2019, 3231, 3232; Fischer WuM 2016, 391, 395 f). Als „anderer Berechtigter" soll dabei auch der Vormieter anzusehen sein, der vom Vermieter die Erlaubnis bekommen hat, sich selbst um einen Vormieter zu kümmern (BGH

NJW 2019, 3231, 3232). Bei einem derartiges Handeln im Interesse des Vormieters fehlt es auch nicht an der durch die Vorschrift alleinigen Beauftragung des Maklers durch den Mietinteressenten. Für das Merkmal der Ausschließlichkeit kommt es vielmehr allein auf Mieter und Vermieter an (BGH NJW 2019, 3231, 3232).

Nach § 2 Abs 5 Nr 1 WoVermG sind vom Bestellerprinzip abweichende Vereinbarungen unwirksam. Insbesondere sind nach § 2 Abs 5 Nr 2 WoVermG Abreden unwirksam durch die der Wohnungssuchende verpflichtet wird, ein vom Vermieter oder einem Dritten geschuldetes Vermittlungsentgelt zu zahlen. Unzulässig dürften auch Gestaltungen sein, die auf eine Umgehung dieses Verbots hinauslaufen. Hierzu könnten etwa die Abwälzung der Vermieterprovision auf Dritte, die im Lager des Wohnungssuchenden stehen, entgeltpflichtige Besichtigungsabreden oder der gleichzeitige Verkauf an sich wertlosen Inventars gehören (Fischer WuM 2016, 391, 397 vgl auch Magnus/Wais JZ 2016, 183, 188). Dagegen lässt sich es sich – vorbehaltlich rechtlicher Schranken für die Miethöhe – kaum angreifen, wenn der Vermieter die Maklerkosten in die Miete einpreist (Magnus/Wais JZ 2016, 183, 188; anders Fischer WuM 2016, 391, 397). 189c

9. Das sog selbstständige Provisionsversprechen

Das sog **selbstständige Provisionsversprechen** hat keine eigene **Rechtsnatur**. Je **nach den Umständen des Einzelfalls** kann es (als Leistungsversprechen zugunsten Dritter, vgl Rn 185 f) Teil des „Hauptvertrags“, dienst- oder werkvertragliches Entgeltversprechen (vgl Vorbem 11 ff zu §§ 652–656d) oder sogar (der notariellen Beurkundung bedürftiges, § 518 BGB) Schenkungsversprechen sein (BGH WM 1987, 1140, 1141). Weitere denkbare Qualifikationen sind vor allem der Vergleich oder das deklaratorische Schuldanerkenntnis (vgl Rn 188), nicht dagegen das abstrakte Schuldversprechen gem § 781 BGB (das selbst einen Rechtsgrund voraussetzt, vgl Rn 193; **aA** OLGR Frankfurt 1999, 157; für das Vorliegen eines abstrakten Schuldanerkenntnisses dagegen Leitmeier DNotZ 2019, 646 651 f). BGH NJW-RR 1993, 429 (ähnlich BGH NJW 1991, 168; BGH NJW-RR 1991, 686; OLG Köln AIZ 1994 H 4 A 103 Bl 62; LG Hamburg AIZ 1994 H 4 A 142 Bl 9) erörtert die Möglichkeit eines Provisionsversprechens durch einen Vertrag sui generis (§§ 311 Abs 1, 241 BGB) für einen Fall, in dem dem Makler von dem Erwerber eines Objekts die Provision als Kompensation dafür versprochen worden ist, dass dieser an Stelle eines im Falle eigenen Erwerbs provisionspflichtigen Dritten erworben hat. BGH NJW 2000, 3781 bestätigt den Ansatz für einen Fall, in dem der Makler von der Grundstückseigentümerin zum Testamentsvollstrecker mit dem Auftrag berufen worden war, nach ihrem Tod das zum Nachlass gehörende Grundstück zu veräußern. Zwar soll der Makler wegen seiner Identität mit dem veräußernden Testamentsvollstrecker an einer Maklerleistung gehindert gewesen sein (vgl Rn 155, 159). Doch soll er trotzdem die mit der Erwerberin vereinbarte Provision verlangen können, weil wegen des im Schuldrecht geltenden Grundsatzes der **Vertragsfreiheit die Verpflichtung zur Zahlung einer Provision auch unabhängig vom Vorliegen einer echten Maklerleistung** begründet werden kann (krit, weil der Testamentsvollstrecker nicht befugt sei, die Provision zu fordern, Dehner NJW 2002, 3747, 3752). Dabei soll es nach Ansicht des OLG Köln für die Annahme eines selbstständigen Provisionsversprechens sogar ausreichen, dass der Auftraggeber die Tatsachen kennt, aus denen sich das Fehlen einer echten Maklerleistung ergibt (NZM 2003, 241; zu Recht **aA** OLG Hamburg ZMR 2002, 838 mAnm Breiholdt/Adamy). BGH MDR 2007, 328 beruft sich auf die schuldrechtliche Vertragsfreiheit, 190 um ein Provisionsversprechen für einen Maklerbeitrag zum Zustandekommen des Hauptvertrags zu rechtfertigen, der nicht den Anforderungen an einen ordnungsgemäßen Nachweis (Rn 35 ff) oder an eine ordnungsgemäße Vermittlung (Rn 42 ff) genügt.

191 Die schuldrechtliche Vertragsfreiheit ändert indessen nichts daran, dass das Versprechen einer Leistung (Geldzahlung) ohne Gegenleistung ein Schenkungsversprechen ist, das nach § 518 BGB zu seiner Wirksamkeit der notariellen Beurkundung bedarf. Dieses Ergebnis lässt sich nur vermeiden, wenn dargetan werden kann, dass das Provisionsversprechen doch nicht unentgeltlich ist, sei es, dass es eine Dienst- oder Werkleistung des Maklers, sei es, dass es als Teil des Kaufpreises die Verschaffung des Eigentums an der Kaufsache durch den Verkäufer, sei es, dass es einen Maklerbeitrag zum Zustandekommen des Hauptvertrags unterhalb der Schwelle eines ordnungsgemäßen Nachweises oder einer ordnungsgemäßen Vermittlung entgelten soll (**aA** BGH NJW 2000, 3781, 3782; BGH NJW 2003, 1249, 1250; OLG Köln NZM 2003, 241; MünchKommBGB/Althammer § 652 Rn 34). In BGH NJW 2000, 3781 ist die Provision Teil des Kaufpreises. Entgegen der vom BGH berichteten Auffassung des Berufungsgerichts muss nämlich der Kaufpreis nicht unbedingt an den Verkäufer fließen. Vielmehr kann als (Teil-)Kaufpreis auch die Leistung an einen Dritten vereinbart werden (BGH NJW 2009, 1199, 1200). Nichts anderes ist geschehen, als die Käuferin die Provisionsbestätigung unterschrieb, weil – wie es in dem Urteil des BGH heißt – „anderenfalls der Kläger nicht bereit gewesen wäre, das Nachlassgrundstück in seiner Eigenschaft als Testamentsvollstrecker an die Beklagte zu verkaufen" (NJW 2000, 3782). Deutlicher lässt sich nicht zum Ausdruck bringen, dass der Testamentsvollstrecker **als Gegenleistung** für das Grundstück nicht nur den nominellen Kaufpreis, sondern auch die Provision gefordert hat. Ohne Veränderung des wirtschaftlichen Sinns hätte er genauso gut einen entsprechend erhöhten Kaufpreis vereinbaren und bei der Abführung in den Nachlass einen Teil in Provisionshöhe einbehalten können (vgl auch OLG Hamburg NZM 1998, 121). Das Provisionsversprechen hätte deshalb mit dem Kaufvertrag nach § 311b Abs 2 S 1 BGB notariell beurkundet werden müssen. Da dies in concreto nicht geschehen ist, konnte es nach § 311b Abs 1 S 2 BGB erst nach Auflassung und Eintragung des Grundstückseigentums wirksam werden. Auch im Ergebnis zu widersprechen ist BGH NJW-RR 1993, 439. Zwar kann die Provision auch Entgelt für vergebliche Mühen des Maklers sein, auch solche, die im Interesse einer anderen Person unternommen worden sind. Die Gegenleistung braucht – so richtig BGH MDR 2007, 328 – keine echte Maklerleistung zu sein. Sie muss nicht einmal einen objektiven Wert haben; die Vertragsfreiheit deckt in den Grenzen des § 138 BGB auch ein Missverhältnis von Leistung und Gegenleistung (Rn 53). Aber wenn – wie im Fall BGH NJW-RR 1993, 439 – eine Provision vereinbart wird, die nach dem Verständnis der Beteiligten nicht Gegenleistung, sondern Ausdruck der Großzügigkeit des Versprechenden ist, der auch erlaubte Geschäfte nicht zum Schaden anderer machen möchte, dann führt kein Weg an der Qualifikation als Schenkungsversprechen vorbei. Ein Vertrag sui generis kommt nur in Betracht, soweit ein Vertrag seinem sachlichen Gehalt nach nicht unter einen der gesetzlich geregelten Vertragstypen fällt.

192 Kein selbstständiges Provisionsversprechen ist das nachträgliche Provisionsversprechen (**aA** OLGR Düsseldorf 1997, 301). Wenn der Makler sich nach vertragsloser Maklerleistung mit dem Begünstigten noch auf die Provisionspflichtigkeit einigt, gelten grundsätzlich die normalen Voraussetzungen des § 652 Abs 1 BGB (BGH NJW 1991, 490; NJW-RR 1991, 820; OLG Köln AIZ 1994 H 4 A 103 Bl 63; OLG Hamburg ZMR 2003, 274, 276). Zwar braucht der Kunde sich nicht auf die nachträgliche Vereinbarung einer Provision einzulassen (Rn 3 u 8), aber er kann es tun (vgl auch DEHNER NJW 1991, 3254, 3256). Vom selbstständigen Provisionsversprechen ebenfalls zu unterscheiden sind Regelungen, die die Pflicht des Auftraggebers zur Zahlung der Provision für den Fall vorsehen, dass dieser bestimmten, im Maklervertrag wirksam auferlegten Verhaltenspflichten oder -obliegenheiten zuwiderhandelt. Insoweit handelt es sich entweder um die Vereinbarung einer **Schadensersatzpauschale** oder um die einer **Vertragsstrafe**. Soweit die entsprechenden Regelungen in AGB oder Formularverträgen enthalten sind, ist § 309 Nr 6 BGB zu beachten (vgl im Einzelnen Rn 263). Missverständlich ist es, wenn es im Schrifttum (zB MünchKommBGB/ALTHAMMER § 652 Rn 34) heißt, das selbstständige Provisionsversprechen könne nur individualvertraglich vereinbart werden. Das hängt nämlich ganz davon ab, wie das Provisionsversprechen im Einzelfall rechtlich einzuordnen ist (vgl Rn 190 f). Ein Provisionsversprechen, das sich als dienst- bzw werkvertragliches Entgeltversprechen oder gar als Schenkungsversprechen darstellt, kann selbstverständlich auch als Formularvertrag gestaltet sein. Ausgeschlossen ist allein, dass der Makler eine erfolgsabhängige, auf den Geschäftswert bezogene Provision vereinbart und die Provisionszahlungspflicht über AGB oder im Formularvertrag auf den Nichteintritt des Erfolgs oder den Eintritt des Erfolgs ohne sein Zutun ausdehnt. Denn durch die Entscheidung für die auf den Geschäftswert bezogene Provision stellt der Makler sich unter das Leitbild der §§ 652 ff BGB, dessen wesentliche Bestandteile die Erfolgsabhängigkeit der Provision und die Erfolgsverantwortung des Maklers sind (BGH WM 1987, 471, 473).

Ist das Provisionsversprechen in der irrtümlichen Annahme einer Rechtspflicht als abstraktes Schuldversprechen abgegeben worden, so hat der Versprechende einen Rückgewähranspruch nach § 812 Abs 1 S 1, Abs 2 BGB. Dem steht nicht entgegen, dass der Versprechende die Tatsachen kennt, aus denen sich das Fehlen der Rechtspflicht ergibt. Der Ausschluss der Rückforderung nach § 814 BGB setzt die Kenntnis des Fehlens der Rechtspflicht selbst voraus (**aA** AG Rheine AIZ 1994 H 2 A 145 Bl 35 mit unrichtiger Berufung auf BGH NJW 1975, 1215, 1216). Ebenfalls einen Anspruch gegen den Makler auf Herausgabe des Erlangten nach § 812 Abs 1 S 1 Alt 1 BGB hat der Verkäufer, der in der irrtümlichen Annahme, dem Makler dazu verpflichtet zu sein, per Abrede zugunsten Dritter im Kaufvertrag einen selbstständigen Provisionsanspruch des Maklers gegen den Käufer vereinbart hat. Denn die Zuwendung des Provisionsanspruchs ist dann im Verhältnis des Verkäufers zum Makler ohne Rechtsgrund erfolgt (vgl auch KGR 1999, 230). 193

VII. Die Nebenpflichten des Auftraggebers

1. Die Pflicht zum Aufwendungsersatz

a) Absolute Grenzen

Der Auftraggeber ist kraft dispositiven Gesetzesrechts **nicht zum Ersatz der Aufwendungen des Maklers verpflichtet**. Das gilt nach § 652 Abs 2 BGB unabhängig davon, ob der Hauptvertrag zustande kommt oder nicht. Der Makler hat also auch dann keinen Aufwendungsersatzanspruch, wenn er keine Provision bekommt. Im Geltungsbereich des WoVermittG ist auch die Möglichkeit der **besonderen Vereinbarung** 194 einer Aufwendungsersatzpflicht des Auftraggebers eingeschränkt. § 3 Abs 3 WoVermittG verbietet für den Fall des Zustandekommens des Hauptvertrags die Vereinbarung von Sondervergütungen für die Maklertätigkeit, insbesondere die Erhebung von Einschreibgebühren, Schreibgebühren und Auslagenersatz. Lediglich soweit die **nachgewiesenen Auslagen** eine Monatsmiete für die vermittelte Mietwohnung übersteigen, lässt sich die Pflicht des Auftraggebers zu einem entsprechenden Aufwendungsersatz wirksam verabreden. Dabei spricht die Fassung des § 3 Abs 3 S 2 WoVermittG dafür, dass die Vereinbarung eines umfassenden Auslagenersatzes nicht unwirksam ist, sondern Wirkung nur für den die Monatsmiete übersteigenden Auslagenbetrag entfaltet. Die Beschränkung entfällt nach § 3 Abs 3 S 3 WoVermittG, wenn der Hauptvertrag nicht zustande kommt. Der erfolglose Wohnungsmakler bekommt also seine Auslagen im Falle eines diesbezüglichen Vorbehalts im Maklervertrag ganz ersetzt, vorausgesetzt, er kann sie konkret nachweisen. Niemals zählen die **allgemeinen Geschäftskosten** zu den Auslagen im Sinne des § 3 Abs 3 WoVermittG (Rebmann DB 1972, 125, 126). Zum Aufwendungsersatz bei der Arbeitsvermittlung vgl § 655 Rn 4.

195 Kein Anspruch auf Aufwendungsersatz kann in den Fällen der schädlichen Verflechtung bestehen. Der Grund für den Wegfall des Provisionsanspruchs besteht darin, dass der Maklervertrag ohne vorherige Offenlegung der wirtschaftlichen Identität zwischen Makler und Vertragsgegner auf den Nachweis oder die Vermittlung eines dem Makler „fremden“ Dritten gerichtet ist. Die Maklertätigkeit im Zusammenhang mit dem Nachweis bzw der Vermittlung des mit dem Makler identischen oder doch wenigstens „maklernahen“ Dritten vollzieht sich außerhalb des Maklervertrags, so dass dieser weder einen Anspruch auf Auslagenersatz noch einen Anspruch auf Provision zu tragen vermag. Zwischen Auslagenersatz und Provision ließe sich nur differenzieren, wenn die Verflechtung zwischen Makler und Vertragsgegner die Umwandlung des Maklervertrags in einen unentgeltlichen Geschäftsbesorgungsvertrag (= in einen Auftrag gemäß den §§ 662 ff BGB) zur Folge hätte (vgl Hamm Rn 809; zur Kritik an diesem Ansatz siehe Rn 170).

b) Grenzen für AGB-Regelungen

196 Außerhalb des WoVermittG (Rn 199) gibt das Gesetz in § 652 Abs 2 BGB unzweifelhaft Raum für die **Vereinbarung von Aufwendungsersatzansprüchen**, mag auch bei der Annahme einer solchen Vereinbarung Vorsicht geboten sein (vgl AG Marbach NJW-RR 1986, 1176). Die Rechtsprechung erkennt das sogar insofern an, als sie die Vereinbarung des erfolgsunabhängigen Ersatzes der tatsächlich entstandenen Aufwendungen des Maklers oder einer daran orientierten Aufwendungsersatzpauschale ohne Rücksicht auf einen davon ausgehenden Druck auf Abschluss des Hauptvertrags über den Verkauf oder den Kauf eines Grundstücks **nicht analog § 311b Abs 1 BGB** dem Erfordernis der notariellen Beurkundung unterwirft (vgl dazu Rn 24). Ernsthaft kann sich nur die Frage stellen, ob und ggf mit welchen Einschränkungen die Vereinbarung **in AGB** statt der individualvertraglichen Vereinbarung ausreicht. Dabei drängt sich die Annahme der Unvereinbarkeit von Aufwendungsersatz mit dem **gesetzlichen Leitbild** des Maklervertrags auf, wenn man den Maklervertrag mit der hier vertretenen Ansicht als einen **beschaffungskaufähnlichen Vertrag** auffasst, kraft dessen die Besorgung der Vertragsgelegenheit ein eigenes Geschäft des Maklers ist (Vorbem 4 zu §§ 652–656d). Denn Aufwendungsersatz setzt gedanklich ein Handeln im fremden Interesse voraus (im Ergebnis gegen die Möglichkeit der Vereinbarung von Aufwendungsersatz in AGB AG

Ulm ZIP 1983, 1219 mit zust Anm GESSLER). Allerdings spricht bereits der Umstand, dass das Gesetz in § 652 Abs 2 die Vereinbarung eines Anspruchs auf Aufwendungsersatz erlaubt, für die Zulässigkeit der Vereinbarung von Aufwendungsersatzansprüchen auch in AGB.

Nach hM ist die Vereinbarung von Aufwendungsersatz in AGB zulässig, weil da- 197
durch die Interessen des Maklers nicht unangemessen zu Lasten des Auftraggebers bevorzugt werden (BGH WM 1987, 471, 473; MünchKommBGB/ALTHAMMER § 652 Rn 230; SOERGEL/ENGEL § 652 Rn 149). Allerdings darf die Regelung sich auch nach Auffassung des BGH allein auf den Ersatz des wirklichen Aufwands bzw auf eine am wirklichen Aufwand ausgerichtete Pauschale beziehen (BGH WM 1987, 471, 473; siehe auch OLG Oldenburg NJW-RR 2005, 1287, 1288; OLG Frankfurt 23. 10. 2024 – 19 U 134/23, NJW-RR 2025, 243 Rn 55). Sie darf nicht der Sache nach eine erfolgsunabhängige Provision vorsehen, die als solche auch nach hM dem gesetzlichen Leitbild des Maklervertrags widerspricht (BGH WM 1985, 751, 753; BGH 26. 11. 2020 – I ZR 169/19, NJW-RR 2021 Rn 27 – auch für Alleinauftrag; OLG Frankfurt 23. 10. 2024 – 19 U 134/23, NJW-RR 2025, 243 Rn 55). Die Aufwendungsersatzpauschale lässt sich danach lediglich in Gestalt eines **mäßigen Festbetrags, nicht dagegen als Prozentanteil** des Preises oder Gegenstandswertes festsetzen. Konkret hat der BGH mit dieser Begründung eine Auslagenersatzpauschale von 0,4 % der Preisvorstellung des Auftraggebers plus Mehrwertsteuer wegen Verstoßes gegen § 307 Abs 2 BGB verworfen. Bereits wegen Verstoßes gegen §§ 125, 311b BGB hat das OLG Frankfurt (BeckRS 2011, 04757) die Vereinbarung einer pauschalen Aufwandsvergütung von mehr als 40 % der Erfolgsprovision für unwirksam angesehen, da damit ein indirekter Zwang zum Verkauf des Grundstücks ausgeübt werde.

Obwohl BGH WM 1987, 471 einen Alleinauftrag betrifft, reichen seine Aussagen 198
doch über die Besonderheiten dieses Maklervertragstypus hinaus. Insbesondere beschränken sie sich nicht auf AGB-Klauseln, die den Aufwendungsersatz lediglich für den Fall der Verletzung des Alleinauftrags durch Einschaltung anderer Makler vorsehen. Noch etwas großzügiger als der BGH haben zT die Instanzgerichte entschieden, obgleich auch sie letztlich durchgängig zur Unwirksamkeit der von ihnen zu überprüfenden AGB-Klauseln gelangt sind. So haben das OLG Hamburg (NJW 1983, 1502) einen pauschalierten Aufwendungsersatz von 25 % der Provision und das AG Düsseldorf (WM 1986, 463) eine „Bearbeitungsgebühr" von 45 % der Provision mit Rücksicht auf § 307 Abs 2 BGB für unwirksam gehalten. Ebenfalls im Wesentlichen auf der Linie des BGH liegen dürfte die Ansicht, dass den Maßstab für die Angemessenheit der Aufwandspauschale allein die **konkreten Aufwendungen für den Auftraggeber**, nicht auch die laufenden Kosten für Bürounterhaltung etc liefern (OLG Frankfurt 23. 10. 2024 – 19 U 134/23, NJW-RR 2025, 243 Rn 56). Denn der BGH bezieht sich bei der beispielhaften Aufzählung von Aufwandspositionen ausschließlich auf die konkreten Aufwendungen („Reisekosten, Post-, Schreib- und vor allem Veröffentlichungsgebühren"). Zumindest ist auf der Grundlage der hier vertretenen Sicht des Maklervertrags als eines beschaffungskaufähnlichen Vertrags so zu entscheiden. Anderenfalls wird nämlich die Aufwandspauschale endgültig zu einem Mittel, die wirtschaftliche Eigenart des Maklervertrags zu verändern: Der Auftraggeber übernimmt gleichsam das „Produktionsrisiko" des Maklers noch über die durch seine „Sonderwünsche" veranlassten Kosten hinaus. § 3 Abs 3 WoVermittG, der im Verhältnis zum allgemeinen Maklerrecht wegen der vom Gesetzgeber angenommenen wirtschaftlichen Schwäche des Mieters die angemessene Lösung auch gegen individualvertragli-

che Absprachen zu sichern versucht, duldet folgerichtig allein die Vereinbarung konkreten Aufwendungsersatzes ohne Berücksichtigung der allgemeinen Geschäftskosten (Rebmann DB 1972, 125, 127; vgl auch Rn 199). Klauseln, die dennoch einen Anspruch auf Aufwendungsersatz auch für allgemeine Bürokosten vorsehen, können wegen des Verbots der geltungserhaltenden Reduktion insgesamt nichtig sein (OLG Frankfurt 23. 10. 2024 – 19 U 134/23, NJW-RR 2025, 243 Rn 63). Generell mit § 307 Abs 2 BGB nicht in Einklang zu bringen sind AGB-Klauseln, denen zufolge der Auftraggeber selbst bei Zustandekommen des Hauptvertrags Aufwendungsersatz leisten soll (**aA** MünchKommBGB/Althammer § 652 Rn 230; vgl auch Soergel/Engel § 652 Rn 148). Mit welchem Aufwand der Makler die Provision erreicht, ist zugleich seine Chance und sein Risiko. § 3 Abs 3 WoVermittG bestätigt das im Grundsatz; die Ausnahme im Fall unverhältnismäßigen Aufwands ist inkonsequent.

2. Die Reservierungsgebühr

199 Schwer einzuordnen ist die sog **Reservierungsgebühr**, die eine Entschädigung des Maklers dafür darstellt, dass er vereinbarungsgemäß **während einer bestimmten Zeit auf Nachweis- bzw Vermittlungsbemühungen** hinsichtlich eines Objekts **zugunsten konkurrierender Auftraggeber verzichtet** und sich ganz auf das Zustandekommen des Hauptvertrags zwischen dem Inhaber des Objekts und dem Auftraggeber konzentriert, der die Reservierungsvereinbarung mit ihm abgeschlossen hat (AG Essen AIZ 1981 H 4 A 148 Bl 4; Hamm Rn 965). Für die **Qualifikation als Aufwendungsersatzpauschale** könnte sprechen, dass der Makler die konkurrierenden Geschäftschancen aufs Spiel setzt. Aber dem steht entgegen, dass die Geschäftschancen nicht Vermögensbestandteile, sondern schlichte Aussichten des Maklers sind. Das gilt selbst dann, wenn der Makler mit dem Inhaber des Objekts einen **qualifizierten Alleinauftrag** (vgl Rn 261) geschlossen hat. Weder gegen den Inhaber des Objekts noch gegen die Auftraggeber auf der Gegenseite hat der Makler Ansprüche darauf, dass der Hauptvertrag zustande kommt (gegen die Deutung der Reservierungsgebühr als Aufwandsentschädigung auch Dehner NJW 1997, 18, 27). Es bleibt daher wohl allein die Deutung der Reservierungsgebühr als eine **Gegenleistung** des Auftraggebers **für die bevorzugte Bedienung** durch den Makler (vgl auch Rompf AIZ 1981, 4). Als solche ist sie aber bereits auf individualvertraglicher Basis ein Problem. Denn entweder ist der Inhaber des Objekts frei, selbst oder gar über andere Makler Interessenten zu werben und mit diesen abzuschließen; dann ist die Reservierungsvereinbarung ohne Wert und die Zusage der Reservierungsgebühr aus Sicht des Auftraggebers nicht sinnvoll. Oder der Inhaber des Objekts ist infolge eines qualifizierten Alleinauftrags (oder infolge der eigenen Vertriebsorganisation faktisch) an die von dem Makler präsentierten Interessenten gebunden; dann bildet die Reservierungsvereinbarung, wenn der Inhaber des Objekts sie nicht genehmigt, eine nach § 138 Abs 1 BGB zur Nichtigkeit führende **Kollusion** zu dessen Lasten, soll sie doch den Makler zu einer Verletzung seiner gegenüber dem Inhaber des Objekts bestehenden Pflicht zur Ausschöpfung und bestmöglichen Nutzung aller Nachweis- und Vermittlungschancen verpflichten (zutreffend Dehner NJW 1997, 18, 26; einschränkend – Sittenwidrigkeit bei unbegrenzter Dauer der Reservierungsvereinbarung oder unangemessen niedrigem Angebot des dadurch Begünstigten – BGH NJW 1988, 1716, 1717 f; OLGR Düsseldorf 1995, 33; siehe auch Drasdo NJW-Spezial 2024, 225).

200 Der schmale Restbereich – Makler handelt mit qualifiziertem Alleinauftrag und mit Genehmigung des Inhabers des reservierten Objekts – wird zusätzlich eingeengt, so-

weit das Objekt ein Grundstück ist (vgl OLG Düsseldorf NJW 1983, 181). Insoweit kommt nämlich hinzu, dass die Reservierungsgebühr ohne die praktisch indiskutable (vgl Rompf AIZ 1981, 4, 5) **notarielle Beurkundung** der Reservierungsvereinbarung keinen mittelbaren Druck zum Erwerb des Grundstücks ausüben darf, soll sie nicht nach den §§ 125, 311b S 1 BGB analog formnichtig sein (BGH NJW 1988, 1716, 1717). Insoweit wird in der Instanzrechtsprechung eine Beurkundungspflicht bei Überschreitung eine Grenze von 10 bis 15 % der üblichen Maklerprovision angenommen (OLG Dresden NZM 2017, 451; LG Frankfurt NotBZ 2019, 76; siehe auch Heckschen/Herzog NotBZ 2019, 14). Ist die Reservierungsvereinbarung per Formularvertrag getroffen worden, so ist die Reservierungsgebühr zusätzlich mangels Subsumierbarkeit unter den Begriff des Aufwendungsersatzes als erfolgsunabhängige Teilprovision einzustufen, die gegen § 307 Abs 2 BGB verstößt (BGH NJW 1988, 1716, 1717; BGH 20. 4. 2023 – I ZR 113/22, NZM 2023, 602 Rn 19 und – für einen Fall, in dem wegen Verflechtung kein Maklervertrag anzunehmen war – BGH NJW 2010, 3568, 2569; Schwerdtner JZ 1983, 777, 786; Drasdo NJW-Spezial 2024, 225, 226; **aA** AG Essen AIZ 1981 H 4 A 148 Bl 4; krit zur Rechtsprechung auch Würdinger NZM 2011, 539, 540 f). Eine Qualifikation als Dienstleistungsentgelt kommt nicht in Betracht, weil die „Reservierung" nicht den schuldrechtlichen Anforderungen an die Bestimmbarkeit von Art und Umfang einer Leistungspflicht genügt (vgl Vorbem 13 zu §§ 652–656d). Wie die Maklerleistung überhaupt entzieht sich auch die „bevorzugte Bedienung" des Auftraggebers mit Reservierungsvereinbarung der inhaltlichen Präzisierung, der die schuldrechtlichen Rechtsinstitute (Erfüllung, Unmöglichkeit, Verzug) bedürfen (zustimmend OLG Hamm NJW-RR 1989, 1210; vgl auch Hamm Rn 968).

3. Die sekundären Nebenpflichten

a) Grundlagen

Der Maklervertrag begründet ein Schuldverhältnis zwischen Auftraggeber und Makler, das sich wie sonstige Schuldverhältnisse nicht in Haupt- und Nebenleistungspflichten erschöpft, sondern zusätzliche sekundäre Nebenpflichten mit sich bringt. Diese sekundären Nebenpflichten gliedern sich normalerweise in Nebenleistungspflichten und Schutzpflichten. Dabei betreffen die **Nebenleistungspflichten (Förderpflichten)** das durch den Vertrag geschützte **Veränderungsinteresse**, die **Schutzpflichten** im Gefolge der durch das Schuldverhältnis geschaffenen besonderen Abhängigkeit das **Erhaltungsinteresse** des Vertragspartners (Staudinger/Olzen [2024] § 241 Rn 153 ff). Der Maklervertrag ist dadurch gekennzeichnet, dass er das Veränderungsinteresse des Maklers, das Interesse an der Zahlung der Provision durch den Auftraggeber, bis zum Abschluss des Hauptvertrags nicht schützt. **Die Entscheidungsfreiheit des Auftraggebers verbietet es, das Interesse des Maklers am Provisionsanspruch gegen den Auftraggeber vor dem Zustandekommen des Hauptvertrags zum Anknüpfungspunkt von Pflichten des Auftraggebers gegenüber dem Makler zu machen**. Die Rechtslage vor dem Zustandekommen des Hauptvertrags entspricht insoweit jedenfalls im gesetzlichen Normalfall des Maklervertrags – seinem beschaffungskaufähnlichen Charakter entsprechend (Vorbem 4 zu §§ 652–656d) – derjenigen, die sonst während der Vertragsverhandlungen vor Vertragsschluss besteht. 201

b) Standpunkt der Rechtsprechung

Die Rechtsprechung erkennt das im Ausgangspunkt uneingeschränkt an. Der BGH hat wiederholt Provisionsbegehren von Maklern zurückgewiesen, die sich darauf beriefen, der Auftraggeber habe das Zustandekommen des Hauptvertrags treuwidrig 202 verhindert und schulde deshalb die Provision aus dem Gesichtspunkt der Schadensersatzpflicht wegen Pflichtverletzung (§§ 311 Abs 1, 241 Abs 2, 280 Abs 1 BGB). Der Auftraggeber brauche – so heißt es in den Entscheidungen – das **Provisionsinteresse des Maklers nicht zu berücksichtigen**, sondern könne sich von der Wahrung seiner eigenen Interessen leiten lassen (vgl Mormann WM 1968, 954, 958). BGH WM 1977, 1049 hat folgerichtig den Schadensersatzanspruch selbst dann versagt, wenn der Auftraggeber das wirksame Zustandekommen des Hauptvertrags durch unrichtige Preisangaben im notariellen Kaufvertrag (sog Schwarzkauf) verhindert. Freilich soll eine Ausnahme gelten, wenn die Treuwidrigkeit sich zur sittenwidrigen Schädigungsabsicht steigert, so zB wenn der Auftraggeber das wirksame Zustandekommen des Hauptvertrags nur vereitelt, um dem Makler den Provisionsanspruch zu entziehen (RGZ 95, 137; RGZ 101, 209; BGH WM 1977, 1049, 1050) oder wenn er den Makler zur Fortsetzung kostspieliger Bemühungen veranlasst, obwohl er den Vertragsschluss nicht ernsthaft beabsichtigt (BGH NJW 1966, 1404, 1405; OLG Köln WM 1969, 1119, 1120; OLGR Düsseldorf 1997, 79; Mormann WM 1968, 954, 958).

203 Diese Ausnahme (Rn 202 aE) ist abzulehnen. Zwar ändert das Fehlen einer Förderungspflicht des Auftraggebers nichts daran, dass eine sittenwidrige Schädigung Schadensersatzpflichten aus § 826 BGB auslöst. Doch kann der Makler aufgrund dessen allein verlangen, so gestellt zu werden, wie er bei nicht sittenwidrigem Verhalten des Auftraggebers stehen würde. Da der Auftraggeber den Hauptvertragsschluss willkürlich zu unterlassen vermag, bleibt das sittenwidrige Motiv ohne Einfluss auf die Vermögenslage des Maklers. Lediglich soweit der Makler Ersatz seiner **im Vertrauen** auf die in Wirklichkeit nicht vorhandene Vertragsbereitschaft **getätigten Aufwendungen** (einschließlich des eigenen Arbeitsaufwands) verlangt, macht er einen durch rechtswidriges Verhalten des Auftraggebers verursachten Schaden geltend. Denn insoweit ist das Erhaltungsinteresse des Maklers verletzt, das über § 826 BGB hinaus je nachdem, ob die Vertragsbereitschaft schon vor dem Abschluss des Maklervertrags gefehlt hat oder nachträglich aufgegeben worden ist, durch Ansprüche wegen Verletzung vorvertraglicher (§§ 311 Abs 2, 241 Abs 2 BGB) oder vertraglicher (§§ 311 Abs 1, 241 Abs 2 BGB) Schutzpflichten geschützt wird. Dass der Auftraggeber auf den Abschluss des Hauptvertrags nach seinem Belieben verzichten kann, steht einem solchen Anspruch auf Ersatz des **negativen** Interesses nicht entgegen (**aA** OLG Celle OLGZ 1969, 325, 326). Dieser Anspruch knüpft nämlich nicht an das Unterlassen des Hauptvertragsschlusses, sondern an die Verletzung der Schutzpflicht zum fairen Umgang (in Gestalt der Information über die Aufgabe des Geschäftswillens) an, die den Auftraggeber ungeachtet seiner Entschließungsfreiheit trifft. Und bei fairem Verhalten des Auftraggebers hätte der Makler die Aufwendungen erspart (aus der Rechtsprechung wie hier OLG Nürnberg AIZ 1961, 93; OLG München NJW 1968, 894, 895).

c) Einzelheiten

204 Zu den Schutzpflichten des Auftraggebers zählt neben der Pflicht, das Fehlen oder die Aufgabe der Geschäftsabsicht mitzuteilen (Rn 203), auch die der **Information über die Erledigung des Auftrags** infolge zwischenzeitlicher Vornahme eines Eigengeschäfts oder infolge eines von einem anderen Makler nachgewiesenen bzw vermittelten Vertragsschlusses (OLG Nürnberg AIZ 1961, 93; Knieper NJW 1970, 1293, 1296; BeckOGK/Meier [1. 1. 2026] § 652 Rn 390; Hamm Rn 450; **aA** nur OLGR Düsseldorf 1995, 193). Umstritten ist, ob der Auftraggeber den Nachweismakler unverzüglich von seiner

Vorkenntnis hinsichtlich der nachgewiesenen Vertragsgelegenheit unterrichten muss. BGH NJW 1976, 2345, 2346 sieht sogar in einer entsprechenden AGB-Klausel eine unwirksame Abweichung vom gesetzlichen Leitbild des Maklervertrags, wobei freilich viel dafür spricht, dass das eigentliche Problem nicht die Unterrichtungspflicht, sondern die Provisionszahlungspflicht als Folge ihrer Verletzung gewesen ist. Das Gleiche gilt für die Nachfolgeentscheidung BGH WM 1984, 60, 62. Das Schrifttum steht zT auf dem Gegenstandpunkt (Hamm Rn 451). Das OLG Hamburg (OLG Hamburg NJW-RR 1987, 175; ebenso LG München I AIZ 1990 H 5 A 110 Bl 49; LG Hamburg AIZ 1992 H 5 A 110 Bl 57) will gar im unmittelbaren Gegensatz zum BGH dem Verschweigen der Vorkenntnis aus Anlass einer zusammen mit dem Makler vorgenommenen Besichtigung des Objekts entnehmen, dass die Berufung auf Vorkenntnis nach § 242 BGB ausgeschlossen ist. Dem BGH ist zwar insofern zu folgen, als er eine Mitteilungs**obliegenheit** über die Vorkenntnis mit der Folge der Provisionspflichtigkeit trotz Vorkenntnis verwirft. Denn das läuft auf ein selbstständiges Provisionsversprechen ohne Gegenleistung hinaus (vgl Rn 32, 190 f). Erst recht ist es nicht vertretbar, mit dem OLG Hamburg ohne entsprechende AGB-Klausel dem Verschweigen der Vorkenntnis nach § 242 BGB die Folge einer Verwirkung des Vorkenntniseinwands beizulegen. Dagegen ist dem BGH zu widersprechen, wenn er wirklich so verstanden werden will, dass auch eine Mitteilungs**pflicht** des Auftraggebers ausscheiden und sogar nicht einmal durch AGB vereinbarungsfähig sein soll (dagegen auch OLG Karlsruhe NJW-RR 1994, 509). Im Kern stimmt nämlich die Interessenlage im Fall der Vorkenntnis genau mit derjenigen nach Vornahme eines Eigengeschäfts oder Aufgabe der Geschäftsabsicht überein: Hier wie dort gebietet es die Pflicht zur Rücksichtnahme auf das Erhaltungsinteresse des Maklers, ihm sinnlose Aufwendungen zu ersparen. Davon kann der Auftraggeber höchstens dann entbunden sein, wenn konkrete Anhaltspunkte dafür vorliegen, dass der Makler auf die Information über die Vorkenntnis hin den Abschluss eines provisionspflichtigen Vermittlungsmaklervertrags durchsetzen kann und wird. Letzteres kommt vor allem in Betracht, wenn der Makler über einen Alleinauftrag (Vorbem 11 zu §§ 652–656d) der Vertragsgegenseite verfügt (vgl auch BGH WM 1984, 60).

Zu den Schutzpflichten des Auftraggebers gehört, dass er im Rahmen des Zumutbaren die **Kenntnisnahme Dritter** von der nachgewiesenen Vertragsgelegenheit und von den damit verbundenen Begleitinformationen **verhindert** (BGH NJW 1969, 1628; WM 1987, 632, 633; Zopfs Rn 62). Ohne eine solche Pflicht des Auftraggebers ist das Maklerwesen nicht funktionsfähig, kann sich ein Interessent doch dann der Provisionszahlungspflicht einfach dadurch entziehen, dass er den Maklervertrag von einem Dritten abschließen lässt, der die erhaltene Information gefahrlos an ihn weiterleitet (OLG Schleswig AIZ 1982 H 4 A 118 Bl 4). Den Makler allein auf den Schutz aus § 826 BGB zu verweisen (so Knieper NJW 1970, 1293, 1296), ist schon wegen der damit verbundenen Beweisanforderungen nicht angängig (vgl auch Hamm Rn 459; vgl zur Legitimation der Verschwiegenheitspflicht auch Thomale JZ 2012, 716, 718). Wie eine Kenntnisnahme Dritter ist es zu behandeln, wenn mit der Vertragsangelegenheit befasste Hilfspersonen des Auftraggebers die Informationen des Maklers in ihre private Sphäre transferieren, dh aufgrund der Information statt des Auftraggebers selbst abschließen. Der Auftraggeber haftet insoweit nach den §§ 31, 278 BGB ähnlich für die Verwertung vertraulich überlassener Informationen durch seine Organ- und Hilfspersonen, wie zB ein unternehmerischer Kooperationspartner im Fall der privaten Verwertung des überlassenen Know-how durch seine Angestellten haftet (vgl auch BGH AIZ 1962, 205

23). Nicht zu folgen ist daher der Ansicht des OLG Schleswig (OLG Schleswig AIZ 1982 H 4 A 118 Bl 4), der Auftraggeber hafte nicht, wenn eine von ihm mit Einverständnis des Maklers zu seiner Beratung herangezogene Bekannte statt seiner den Hauptvertrag abschließt. Das Gleiche gilt für die Ansicht des OLG München (NJW-RR 1995, 1525), die Verwertung eines im Wege konzerninterner Berichterstattung erwähnten Maklernachweises durch die Muttergesellschaft der Auftraggeberin ziehe keine Haftung der Auftraggeberin nach sich (krit auch Dehner NJW 1997, 18, 24; Fischer NJW 2023, 2521, 2522). Zurückhaltend ist die hM freilich bei der Frage, ob eine Geheimhaltungspflicht auch gegenüber in Hausgmeinschaft lebenden Familienangehörigen besteht (offenlassend BGH 17. 10. 2018 – I ZR 154/17, NJW 2019, 1226 Rn 39; siehe auch Fischer NJW 2023, 2521, 2522). Zweifelhaft ist die **Rechtsfolge des Verstoßes gegen die Geheimhaltungspflicht**. BGH WM 1987, 632, 633 will den Auftraggeber nicht nur auf das negative Interesse, sondern auf Zahlung der Provision haften lassen, wenn er von vornherein die Weitergabe der Information an einen in Wahrheit allein interessierten Dritten beabsichtigt hat. Hierfür spricht der Grundsatz des „nemo turpitudinem suam allegans auditur“; denn die Berufung des Auftraggebers darauf, er habe die Vertragsgelegenheit zwar für den Dritten gewollt, dies aber mit Rücksicht auf die Provisionszahlungspflicht wohlweislich verschwiegen, läuft auf den Versuch hinaus, aus der eigenen Unredlichkeit Vorteile zu ziehen (vgl auch Scheibe BB 1988, 849, 857). Im Normalfall muss es jedenfalls bei dem in der Regel nicht sehr hilfreichen **Schadensersatzanspruch auf das negative Interesse** sein Bewenden haben (BGH WM 1987, 632, 634; Fischer NJW 2023, 2521, 2522). Auch eine analoge Anwendung des § 162 BGB kommt nicht in Betracht (**aA** Schäfer BB 1990, 2275, 2277). Es ist nicht ohne weiteres davon auszugehen, dass ohne die Weitergabe der Information ein provisionspflichtiger Hauptvertrag abgeschlossen worden wäre; vielmehr muss Makler konkret darlegen, dass er ohne die Weitergabe der Information einen anderen Auftraggeber für den Nachweis der Vertragsgelegenheit gefunden haben würde (OLG Dresden NJW-RR 1999, 846; OLG Düsseldorf 20. 10. 2023 – 7 U 45/22, NZM 2023, 943 Rn 54; Fischer NJW 2023, 2521, 2522; **aA** OLG Hamburg MDR 1997, 544). Will der Makler weitergehend geschützt sein, so muss er sich im Maklervertrag für den Fall der unbefugten Weitergabe der Informationen und des dadurch verursachten Hauptvertrags mit einem Dritten statt mit dem Auftraggeber in Gestalt einer Vertragsstrafe den Provisionsanspruch – durch Individualabrede oder auch AGB (BGH WM 1987, 632, 633; OLG Stuttgart 24. 11. 2021 – 3 U 301/20, BeckRS 2021, 62711; siehe zu den Anforderungen auch OLG Düsseldorf 20. 10. 2023 – 7 U 45/22, NZM 2023, 943 Rn 37 ff) – ausdrücklich vorbehalten.

206 Nicht zu den Schutzpflichten des Auftraggebers zählt es, den **Abschluss des Hauptvertrags nicht zu verzögern** (**aA** KG NJW 1956, 1758, 1759) oder gar Mängel des Hauptvertrags zu vermeiden (**aA** Kohler NJW 1957, 327). Solche Pflichten wären nicht mehr Schutz-, sondern Förderungspflichten, die mit der Entschließungsfreiheit des Auftraggebers unvereinbar sind (BGH WM 1977, 1049 und Rn 202 f). Das Gleiche gilt für die bisweilen angenommene Pflicht, die vom Makler zugesandten Angebote sorgfältig zu prüfen, aufzubewahren und mit anderen Angeboten zu vergleichen. Entgegen KG NJW 1970, 901, 903 scheitert diese Pflicht nicht erst an der Grenze der Zumutbarkeit für den Auftraggeber, sondern bereits daran, dass der Auftraggeber frei darüber entscheidet, ob und ggf in welchem Umfang er sich der Hilfe des Maklers bedient. Der Alleinauftrag macht keine Ausnahme (**aA** LG Wiesbaden MDR 1963, 593). Die Grenze bildet das Verbot, den Makler zu Anstrengungen herauszufordern, obwohl er nicht (mehr) zum Zuge kommen kann (vgl Rn 202 f). Nur unter diesem Gesichtspunkt ist der Ansicht des AG Köln (AG Köln AIZ 1971, 86) zuzustimmen, dass der Auftraggeber dem Makler das negative Interesse ersetzen muss, wenn der Abschluss des Hauptvertrags an seiner fehlenden Verfügungsbefugnis scheitert (Beispiel: Ein Miterbe erteilt einen Verkaufsauftrag über ein Nachlassgrundstück ohne Wissen der anderen Miterben; der Verkauf scheitert an deren Widerstand).

Nach Abschluss des Hauptvertrags steht die Entschließungsfreiheit des Auftraggebers der Annahme einer **Förderungspflicht** im Hinblick auf das **Veränderungsinteresse des Maklers** (= das Interesse an der Zahlung der Provision) nicht mehr entgegen. Der Auftraggeber hat nach der Rechtsprechung gegenüber dem Makler eine **Auskunftspflicht** hinsichtlich aller Umstände, die dieser benötigt, um feststellen zu können, ob ein provisionspflichtiges Geschäft vorliegt, und die Höhe der Provision berechnen zu können (BGH NJW-RR 1987, 173; OLG Celle AIZ 1961, 76; LG Regensburg AIZ 1986 H 10 A 117 Bl 2). Dazu gehört die Auskunft über den Vertragsschluss, mangels Vorliegens der Voraussetzungen des § 810 BGB aber nicht die Vorlage der Urkunde (LG Köln NJW-RR 1988, 1200; siehe aber zum Recht des Maklers zur Grundbucheinsicht Soergel/Engel § 652 Rn 133). Eine prinzipiell gleiche Auskunftspflicht besteht, wenn der Makler seinen Provisionszahlungsanspruch nicht auf das Provisionsversprechen, sondern auf einen Schadensersatzanspruch stützt, der ihn so stellt, als wäre aufgrund seiner Maklertätigkeit ein bestimmter Hauptvertrag zustande gekommen (BGH NJW-RR 2001, 705). Die Auskunftspflicht ist allerdings keine Abrechnungspflicht, wie sie § 87c HGB für den Partner des Handelsvertreters anordnet (BGH NJW-RR 1990, 370; Jansen 58). Auch ist die Auskunftspflicht über die tatsächlichen Grundlagen der Provisionsberechnung von der (nicht bestehenden) Auskunftspflicht über die Höhe der Provision zu unterscheiden (BGH NJW-RR 1990, 1370). Worauf die Auskunftspflicht sich stützt, ist nicht abschließend geklärt. Der BGH verlangt sonst für eine Auskunftspflicht aufgrund der allgemeinen Regel von RGZ 108, 1, 7, die hier allein in Betracht kommt, der vorzubereitende Anspruch müsse dem Grund nach feststehen und dürfe nur noch seinem Inhalt nach offen sein (BGH NJW 1978, 1002). Das würde bedeuten, dass die Auskunftspflicht des Auftraggebers nur die **Umstände** umfasst, die **den Inhalt**, nicht auch die, die das **Bestehen des Provisionsanspruchs** betreffen. Doch wird man mit einer weitergehenden Ansicht (BAG BB 1967, 839 f; BAG DB 1972, 1831) die Auskunftspflicht jedenfalls innerhalb einer Rechtsbeziehung, wie der Maklervertrag sie begründet hat, auch auf die das Bestehen des Anspruchs betreffenden Umstände erstrecken können, vorausgesetzt, der Anspruchsteller verfügt über objektive Anhaltspunkte dafür, dass der Anspruch entstanden ist (vgl Lüke JuS 1986, 2, 5; ähnlich OLG Düsseldorf NJW-RR 1996, 1464: überwiegende Wahrscheinlichkeit des Bestehens des Anspruchs ausreichend und erforderlich; ausdrücklich offen BGH NJW-RR 2001, 705; ausführlich Jansen 52 ff). Auf dieser Basis lässt sich die Rechtsprechung zur Auskunftspflicht des Auftraggebers gegenüber dem Makler vertreten. 207

VIII. Die Pflichten des Maklers

1. Die allgemeine Förderungs- und Schutzpflicht

a) Treuhänderstellung des Maklers?

Die hM nimmt an, zwischen Makler und Auftraggeber entstehe mit dem Abschluss 208
des Maklervertrags ein **besonderes Treueverhältnis**, kraft dessen der Auftraggeber eine umfassende Wahrnehmung seiner im Hinblick auf den angestrebten Hauptver-

trag bestehenden Interessen erwarten könne (BGH NJW 1968, 150, 151; BGH NJW 1983, 1847, 1848; BGH NJW 2000, 3642; OLG Köln NJW 1972, 1813; AIZ 1989 H 5 A 114 Bl 10; OLG Oldenburg NJW-RR 2009, 885; Mormann WM 1968, 954, 961; Wolf WM 1985, 3, 12; Thode WM 1989 SBeil 6, 2, 17; krit BeckOGK/Meier [1. 1. 2026] § 652 Rn 378). Das entspricht ihrer Grundvorstellung, der Maklervertrag sei ein Geschäftsbesorgungsvertrag, durch den der Auftraggeber den Makler zur Wahrnehmung seiner Interessen berufen habe (Vorbem 4 f zu §§ 652–656d). Wie wenig diese Sicht zur Pflichtenstruktur des Maklervertrags passt, wird freilich gerade an der These von den besonderen Treuepflichten des Maklers deutlich: Nach dem Gesetz hat der Makler nicht einmal die Pflicht, sich um den Nachweis bzw die Vermittlung einer geeigneten Vertragsgelegenheit zu bemühen, geschweige denn, den Auftraggeber in der Angelegenheit umfassend zu betreuen. Eine solche umfassende Betreuungspflicht ist **dem Makler gar nicht zumutbar**, solange der Auftraggeber seinerseits infolge seiner Entschließungsfreiheit das einzige Interesse, das der Makler hat, nämlich dasjenige am Erwerb des Provisionsanspruchs, willkürlich vereiteln darf. Und dieses Recht des Auftraggebers belegt zugleich, dass der Gesetzgeber jedenfalls die Wahrnehmung des Interesses des Auftraggebers an einem günstigen Hauptvertrag eben nicht als eine Aufgabe des Maklers betrachtet, sondern von der **Eigenzuständigkeit des Auftraggebers** ausgeht (vgl schon Knieper NJW 1970, 1213, 1216). Anders kann es auch gar nicht sein, erreicht der Makler sein Ziel – das Zustandekommen des Hauptvertrags infolge seiner Tätigkeit – doch nur dann, wenn er beiden zukünftigen Vertragspartnern gerecht wird, dh auf die einseitige Parteinahme zugunsten seines Auftraggebers verzichtet (ähnlich schon Leisau 63; krit dazu Krehl 19 ff mit ambivalenten Zitaten aus den Gesetzesmaterialien).

209 Wer mit der hier vertretenen Ansicht (Vorbem 4 zu §§ 652–656d) den Maklervertrag als einen beschaffungskaufähnlichen Vertrag auffasst, gelangt für die Pflichten des Maklers gegenüber dem Auftraggeber zu einem deutlich gesetzesverträglicheren und interessengerechteren Konzept als die Lehre vom besonderen Treueverhältnis zwischen Makler und Auftraggeber. Danach hat der Makler dem Auftraggeber selbstverständlich – wie der Verkäufer eines komplizierten Produkts – eine **„Gebrauchsanweisung“** für die von ihm nachgewiesene bzw vermittelte Vertragsgelegenheit mitzuliefern. Dazu gehört, dass er die für den Auftraggeber erkennbar bedeutsamen Informationen erteilt, selbst wenn er dadurch den Abschluss des Hauptvertrags und damit seine Aussicht auf Provision gefährdet (vgl OLG Köln AIZ 1989 H 5 A 114 Bl 10). Auch der Verkäufer eines Produkts darf in Verkaufsverhandlungen nicht schweigen, wenn erkennbar wird, dass der Käufer Verwendungen plant, die das Produkt nicht oder doch nicht in der angenommenen Art und Weise hergibt. Insofern gehen die Pflichten des Maklers gegenüber dem Auftraggeber über diejenigen gegenüber dem Hauptvertragspartner hinaus, der gleichsam als Objekt der Maklerleistung keinen Anspruch auf eine „Gebrauchsanweisung“ für die Vertragsgelegenheit hat, und zwar auch dann nicht, wenn er im Hauptvertrag gegenüber dem Auftraggeber einen Teil der Provisionszahlungspflicht übernommen hat (OLG Hamburg AIZ 1988 H 9 A 114 Bl 7: kein „maklerrechtsähnliches Verhältnis“). Aber auch dem Auftraggeber braucht der Makler grundsätzlich eine Vertragsgelegenheit nicht vorzuenthalten oder gar von ihr abzuraten, weil er sie selbst an der Stelle des Auftraggebers sinnvollerweise nicht nutzen würde. Als „Verkäufer“ der Vertragsgelegenheit ist der Makler dafür verantwortlich, dass der Auftraggeber von ihr einen **vernünftigen Gebrauch machen kann**, nicht dafür, dass der Auftraggeber wirklich einen vernünftigen **Gebrauch** davon macht. Soll es weitergehende Förderungspflichten des Maklers geben, so müssen diese durch entsprechende Sonderabreden oder durch vertragsbegleitende besondere Vertrauenswerbung des Maklers begründet werden (vgl Reuter NJW 1990, 1321, 1326; OLG Düsseldorf NJW-RR 1999, 848; offen BGH NJW-RR 1991, 627, 628). Von den Förderungspflichten zu unterscheiden sind die **Schutz- oder Erhaltungspflichten**, die den Makler deshalb treffen, weil die Beschaffung der Vertragsgelegenheit bereits die Einwirkung auf rechtlich geschützte Interessen des Auftraggebers bedingt. Diese werden durch das hier verfochtene Modell des Beschaffungskaufs einer Vertragsgelegenheit überhaupt nicht eingeschränkt. Auch für den Beschaffungskauf einer Sache ist es selbstverständlich, dass der Verkäufer bei den (auf eigene Rechnung veranstalteten) Beschaffungsbemühungen die Interessen des potenziellen Käufers nicht verletzen darf, widrigenfalls er (aus Schutzpflichtverletzung) schadensersatzpflichtig wird.

Die Rechtsprechung vertritt im Großen und Ganzen Ergebnisse, die der unter Rn 209 entwickelten Konzeption wesentlich näherstehen als der von ihr theoretisch favorisierten Lehre vom besonderen Treueverhältnis zwischen Makler und Auftraggeber. So ist die Aufklärungspflicht des Maklers so gut wie durchgängig auf die ihm **bekannten Umstände** beschränkt worden. Der Makler darf danach beim Nachweis bzw bei der Vermittlung einer Vertragsgelegenheit sein Wissen um für den Entschluss des Auftraggebers für oder gegen den Hauptvertrag relevante Umstände nicht unvollständig weitergeben (BGH DB 1962, 329, 330; BGH WM 1970, 1270; BGH WM 1973, 613, 614; BGH NJW 1981, 2685, 2686; BGH NJW 1982, 1145, 1146) und muss von ihm selbst nicht oder unzureichend überprüfte Angaben als solche kennzeichnen (BGH AIZ 1975, 257; BGH NJW 2000, 3642; BGH NJW-RR 2008, 564, 566; OLG Frankfurt OLGR 2008, 867; OLG Stuttgart AIZ 1987 H 7 A 115 Bl 19; MünchKommBGB/Althammer § 652 Rn 277; einschränkend AG Hamburg-Bergedorf AIZ 1988 H 2 A 114 Bl 5). Dabei ist das Wissen eines Mitarbeiters jedenfalls dann nicht Wissen der als Immobilienmakler tätigen Sparkasse, wenn dieser nicht der Immobilienabteilung (sondern der Kreditabteilung) angehört (OLG Frankfurt NJW-RR 2002, 778). Das entspricht allgemeinen Grundsätzen (BGH NJW 1992, 1099, 1100). Erfährt der Makler nachträglich, dass die Angaben falsch sind, muss er sie korrigieren (BGH NJW 2000, 3642). Er ist aber **nicht** verpflichtet, im Interesse des Auftraggebers **Erkundigungen** einzuziehen und **Nachprüfungen** anzustellen (BGHZ 36, 323, 328; BGH WM 1970, 1270 f; BGH NJW-RR 2007, 711; OLG Hamburg AIZ 1966, 275; OLG München NJW 1956, 1760; OLG Frankfurt AIZ 1984 H 2 A 115 Bl 13; OLG Braunschweig AIZ 1987 H 9 A 146 Bl 13; OLG Hamm AIZ 2000 A 114 Bl 19; OLG Frankfurt NJW-RR 2002, 778; LG Hamburg AIZ 1985 H 3 A 115 Bl 14), es sei denn, er hätte eine entsprechende Verpflichtung durch (auch konkludent mögliche) Sonderabrede übernommen (BGH NJW 1982, 1147; OLG Frankfurt AIZ 1984 H 2 A 115 Bl 13; OLG München AIZ 1987 H 8 A 115 Bl 20; OLG Köln AIZ 1989 H 5 A 114 Bl 10; OLG Hamm DB 1993, 2229; OLGR Düsseldorf 1996, 109) oder durch sein Verhalten gegenüber dem Auftraggeber die berechtigte Erwartung einer umfassenden Überprüfung geweckt (OLG München NJW 1956, 1760). Eine problematische Tendenz zur Übersteigerung der Maklerpflichten gibt es lediglich insofern, als die Rechtsprechung bisweilen dazu neigt, dem Makler im Verhältnis zu geschäftlich unerfahrenen Auftraggebern eine Betreuungspflicht aufzubürden, die ua auch die Pflicht einschließt, anstelle des Auftraggebers die einwandfreie Beschaffenheit des Objekts, die Zuverlässigkeit des Vertragspartners oder gar die eigene Leistungsfähigkeit des Auftraggebers selbst zu kontrollieren (vgl OLG Köln MDR 1959, 210; OLG Dresden NZM 1998, 81; Hamm Rn 425; vgl auch Krehl 39). Noch weiter geht die These, der Immobilienmakler sei als Sachverständiger in Grundstücksangelegenheiten einer Art Berufspflicht zu unterwerfen, die die Information des Auftraggebers 210 über die Marktverhältnisse, Rentabilitätsberechnungen und die Aufklärung über Finanzierungsmöglichkeiten auf der Grundlage angemessener Vertrautheit mit den einschlägigen zivil- und steuerrechtlichen Vorschriften einschließt (OLG Hamburg HRR 1935 Nr 1303; einschränkend BGH DB 1964, 511; BGH NJW 2019, 1223, 1224). Soweit damit mehr gesagt sein soll, als dass ein Makler, der solche Beratung und Information anbietet, sie auch lege artis leisten muss, ist dem angesichts des **Fehlens einer Tätigkeitspflicht** zu widersprechen.

b) Aufklärungspflicht des Maklers

211 Die Anknüpfung der **Aufklärungspflichten des Maklers** an das Interesse des Auftraggebers an ordnungsgemäßer **Einweisung** in den Gebrauch der nachgewiesenen bzw vermittelten Vertragsgelegenheit sowie an **Sonderabreden** bzw besondere **Vertrauenswerbungen** bedingt, dass der **Unterschied zwischen Nachweis- und Vermittlungsmaklervertrag** grundsätzlich keine Rolle spielt. Der Nachweismakler, der mit Rücksicht auf die Abhängigkeit des Provisionsanspruchs vom Zustandekommen des Hauptvertrags Vermittlungstätigkeit entfaltet, indem er im Einverständnis mit dem Auftraggeber an dessen Stelle mit der Vertragsgegenseite verhandelt, muss genauso wie ein Vermittlungsmakler alle erkennbar für den Vertragsschluss wesentlichen Umstände an den Auftraggeber weitergeben. Das gilt auch und gerade bezüglich der Tatsachen, die geeignet sind, den Auftraggeber vom Vertragsschluss abzuhalten (OLG Köln AIZ 1989 H 4 A 114 Bl 10; LG Hamburg MDR 1959, 572; vgl auch Rn 199). Freilich beschränkt sich diese Aufklärung auf die dem Makler in ihrer Bedeutung für den Auftraggeber erkennbaren Umstände; auch muss er nicht etwas mitteilen, von dem er den Verhältnissen nach annehmen darf, dass es dem Auftraggeber ohnehin bekannt ist oder doch von anderer Seite vermittelt wird (BGH WM 1978, 1069; BGH NJW 1981, 2685, 2686; NJW-RR 1988, 365, 366; BGH 28. 5. 2020 – I ZR 194/19, NZM 2020, 844 Rn 9; MünchKommBGB/Althammer § 652 Rn 281). Die **Beweislast** für die Voraussetzungen der **Aufklärungsbedürftigkeit** trägt der Auftraggeber (OLG Frankfurt AIZ 1983 H 4 A 115 Bl 12). Im Einzelnen können mitteilungsbedürftige erhebliche Umstände im Vertragsgegenstand (BGH NJW 1982, 1145: Lage des Heizöltanks auf fremdem Grundstück ohne entsprechende Dienstbarkeit; AG Hamburg MDR 1966, 673: Größe der Wohnung; OLG Celle MDR 1971, 392: Verdacht von Sachmängeln; LG Braunschweig NZM 2001, 492: Risikolage infolge unklarer Denkmalschutzsituation; OLG Koblenz NJW-RR 2013, 828: Asbestbelastung; OLG Brandenburg NJW-RR 2019, 825, 826: Finanzierung von Schallschutzmaßnahmen durch eine Flughafengesellschaft bei einer Immobilie: siehe aber auch OLG Düsseldorf MDR 2017, 450: keine Aufklärungspflicht über die frühere Nutzung des Objekts als Bordell), aber auch in der Person des Vertragsgegners (BGH DB 1956, 794: Verdacht der fehlenden wirtschaftlichen Leistungsfähigkeit; OLG Koblenz AIZ 1993 H 2 A 115 Bl 27: Wissen um die fehlende wirtschaftliche Leistungsfähigkeit; BGH MDR 1968, 234 und WM 1970, 1270, 1271: Verdacht der Unzuverlässigkeit OLG Hamburg NJW-RR 1998, 1206: finanzielle Schwierigkeiten des Bauträgers beim Nachweis einer noch nicht fertiggestellten Eigentumswohnung) liegen (bezüglich des Vertragsgegners **aA** Knieper NJW 1970, 1293, 1296). Verletzt der Makler seine Aufklärungspflichten, kann der Auftraggeber den Ersatz des negativen Interesses verlangen: Hat der Makler zB den Auftraggeber nicht über einen Mangel des vermittelten Objekts aufgeklärt, kann dieser daher vom Makler nicht den Ersatz der Mängelbeseitigungskosten verlangen (OLG Koblenz NJW-RR 2013, 828, 829).

212 **Vermittelt** der Makler den Hauptvertrag, so enthält die vorbehaltlose Präsentation des Vermittlungsergebnisses konkludent die Behauptung, damit **das nach Lage der Dinge Bestmögliche erreicht** zu haben. Das gilt auch dann, wenn der Auftraggeber

selbst weniger günstige Erwartungen geäußert hat, ist doch im Zweifel davon auszugehen, dass gleichwohl die günstigste Lösung angestrebt wird. Die Unrichtigkeit dieser Behauptung verpflichtet den Makler, Verschulden vorausgesetzt, folgerichtig zum Schadensersatz wegen Pflichtverletzung nach §§ 311 Abs 1, 280 Abs 1 BGB (BGH NJW 1970, 1075, 1076; BGH WM 1973, 613, 615). Dagegen ist der Makler, der sich auf den **Nachweis** beschränkt, nicht zur Information des Auftraggebers darüber verpflichtet, dass die Abschlussbereitschaft der Vertragsgegenseite weniger Entgegenkommen erfordert, als der Auftraggeber sich vorstellt. Denn durch den bloßen Nachweis erweckt der Makler gegenüber dem Auftraggeber **nicht** den Eindruck, er habe die Chancen eines möglichst günstigen Vertragsschlusses nach bestem Wissen und Gewissen ausgelotet (vgl BGH NJW 1968, 150). Das Gegenteil ist sogar der Fall, wenn der Makler zugleich mit vertraglichem Einverständnis des Auftraggebers (§ 654 BGB) als Vermittlungsmakler für die Vertragsgegenseite tätig wird. Insoweit ist der Makler nämlich für den Auftraggeber erkennbar gegenüber der Vertragsgegenseite zur Verschwiegenheit verpflichtet (BGH NJW 1970, 1075, 1076). Der bloße Nachweis enthält auch nicht ohne weiteres die Behauptung, die günstigste dem Makler bekannte Vertragsgelegenheit nachgewiesen zu haben. Deshalb hat der Auftraggeber keinen Anspruch darauf, dass der Makler eine nachträglich bekannt gewordene günstigere Vertragsgelegenheit nachschiebt, mag er auch selbstverständlich dem Partner der zunächst nachgewiesenen Vertragsgelegenheit gegenüber dazu berechtigt sein (OLG Hamburg AIZ 1988 H 9 A 114 Bl 7).

Generell gilt, dass Art und Umfang der **Aufklärungspflicht** des Maklers vom Einzel- **213**
fall abhängen (BGH MDR 1964, 495). Unter diesem Vorbehalt sind die im Folgenden berichteten Entscheidungen zu sehen. Besteht ein besonderes, über den Erhalt der Provision hinausgehendes Interesse des Maklers am Vertragsschluss, kann eine entsprechende Aufklärungspflicht des Maklers bestehen (OLG Hamm ZMR 2018, 722). Nach BGH NJW 1982, 1147 haftet der Makler nicht für die Richtigkeit von Auskünften, die er erkennbar von Dritten eingeholt hat, sondern lediglich für die Richtigkeit der Weitergabe (vgl auch LG Hamburg AIZ 1982 H 5 A 115 Bl 8). Die Beweislast für die Unrichtigkeit der Weitergabe soll – weil die objektive Pflichtwidrigkeit betreffend – beim Anspruchsteller, dh beim Auftraggeber liegen. Vermittelt der Makler den Kaufvertrag über ein Baugrundstück oder weist er die Gelegenheit zum Kauf eines solchen Grundstücks nach, so verliert er im Fall der Nichtbebaubarkeit nicht nur den Provisionsanspruch (vgl Rn 100), sondern macht sich nach LG Bonn AIZ 1975, 62 darüber hinaus schadensersatzpflichtig, wenn er eine wesentliche Einschränkung der Bebaubarkeit wie das Fehlen eines gesicherten Zugangs zum Grundstück verschweigt. Die Pflicht des Maklers zur Überprüfung der Bonität zugeführter Interessenten bedarf besonderer Abrede (AG Hamburg AIZ 1981 H 9 A 115 Bl 2), die nicht schon darin gesehen werden kann, dass der Auftraggeber dem Makler erklärt hat, es kämen nur solche Interessenten in Betracht, die den Kaufpreis „praktisch auf den Tisch legen können" (OLG Frankfurt AIZ 1984 H 2 A 115 Bl 2). Wohl hat der Makler das ihm ohne Überprüfung bekannte Fehlen der Bonität des nachgewiesenen Interessenten mitzuteilen, widrigenfalls er nicht nur den **Provisionsanspruch verliert** (Rn 98), sondern sich darüber hinaus **schadensersatzpflichtig** macht, wenn der Auftraggeber beweist, dass er im Falle der ordnungsgemäßen Mitteilung zum mindestens gleichen Preis an einen anderen Interessenten von hinreichender Bonität verkauft hätte. Wer als Makler den Kaufvertrag über ein noch zu errichtendes Wohnhaus nachweist oder vermittelt, haftet für eine falsche Auskunft über den Zeitpunkt der Fertigstellung,

wenn dieser beträchtlich (konkret: 17 Monate) überschritten wird (OLG Köln NJW 1972, 1813). Das Gleiche gilt im Fall einer falschen Auskunft über die Erschließungskosten des nachgewiesenen Baugrundstücks (LG Düsseldorf AIZ 1988 H 12 A 114 Bl 8) oder die Höhe der Mieteinnahmen aus dem nachgewiesenen Wohngrundstück (LG Limburg AIZ 1988 H 3 A 115 Bl 21). Eine Schadensersatzpflicht des Maklers soll ebenfalls bestehen, wenn er in einem Exposé die Grundstücksgrenzen derart farbig markiert, dass ein Überbau nicht mehr erkennbar ist und den Auftraggeber über den Überbau auch nicht aufklärt (LG Lübeck 15. 5. 2023 – 10 O 315/21, NZM 2023, 607 Rn 21, 24). Schadensersatzansprüche können auch den Makler treffen, der den Kunden – etwa beim Erwerb einer Immobilie – unzutreffend über die Geltung der Mietpreisbremse aufklärt (Hinz MDR 2025, 1505, 1510).

c) Beratungspflicht des Maklers

214 Ein Vertrauen des Auftraggebers auf **ordnungsgemäße Beratung** durch den Makler kann aus bloßer **Nachweistätigkeit** in der Regel **nicht** entstehen (anders BeckOGK/Meier [1. 1. 2026] § 652 Rn 381). Denn die bloße Nachweistätigkeit ist dadurch gekennzeichnet, dass sie sich in der Zusammenführung des Auftraggebers und des vertragsbereiten Interessenten erschöpft (OLG Nürnberg AIZ 1961, 12). Wohl ist denkbar (und relativ häufig), dass der Makler aufgrund besonderer Abrede oder besonderer Vertrauenswerbung für nicht ordnungsgemäße Beratung haftet. So weckt der gewerbliche Makler in dem Auftraggeber/Verkäufer regelmäßig die berechtigte Erwartung, dass er sich in den Immobilienpreisen auskennt und eine marktgerechte Kaufpreisforderung empfiehlt. Soweit die Empfehlung trotz Berücksichtigung des dabei unvermeidlichen Beurteilungsspielraums als unvertretbar anzusehen ist, haftet der Makler deshalb auf Schadensersatz (OLGR Schleswig 2001, 122; OLG Düsseldorf NJW-RR 1997, 1278). BGH NJW-RR 1991, 627 hält einen Finanzierungsmakler für schadensersatzpflichtig, der die Finanzierung auf Anfrage voreilig für gesichert erklärt und dadurch einen nicht finanzierbaren Grundstückskauf veranlasst. Ähnlich zu beurteilen ist der Fall, dass der Makler im Zusammenhang mit dem Nachweis der Gelegenheit zum Kauf eines Wohngrundstücks auf Anfrage zum sofortigen Abschluss des Kaufvertrags rät, obwohl er weiß, dass die Auftraggeber den Kaufpreis nur aus dem Erlös des Verkaufs eines anderen Wohngrundstücks bestreiten können und als Kenner des Immobilienmarktes wissen muss, dass der kurzfristige Verkauf dieses anderen Grundstücks keineswegs gesichert ist (OLG Frankfurt NJW-RR 1988, 1200; OLG Hamm NJW-Spezial 2011, 675). Ebenso darf der Makler nicht zum Kauf einer Wohnung raten, die der Auftraggeber erkennbar sofort beziehen will, obwohl er weiß, dass die Wohnung vermietet ist und der Mieter Mieterschutz genießt (BGH NJW 1981, 2685). Denn der Auftraggeber kann davon ausgehen, dass der Makler als Immobilienfachmann die praktisch wichtigen Mietrechtskenntnisse hat und bei seinen Ratschlägen berücksichtigt. Dass es sich anderenfalls aber nicht um die Verletzung einer speziellen Pflicht aus dem Maklervertrag handelt, wird deutlich, wenn man sich vergegenwärtigt, dass ein entsprechender Rat gegenüber dem zukünftigen Vertragspartner des Auftraggebers ceteris paribus genau die gleichen Rechtsfolgen (Pflichtverletzung im Zusammenhang mit einem besonderen Beratungsvertrag, §§ 311 Abs 1, 241 Abs 2 BGB; culpa in contrahendo kraft eigener Vertrauenswerbung des Maklers, §§ 311 Abs 3, 241 Abs 2 BGB) auslöst. Dagegen schließt die notwendige Einweisung in die **vermittelte** Vertragsgelegenheit regelmäßig die **sachverständige Beratung** des Auftraggebers hinsichtlich der wirtschaftlichen und rechtlichen Einzelheiten ein. Denn ohnedem kann der Auftraggeber von seiner Entschließungsfreiheit keinen vernünftigen Gebrauch ma-

chen, insbesondere sie nicht – wie es der Sinn der Entschließungsfreiheit erfordert – sachgerecht mit den vorhandenen Alternativen vergleichen (gegen eine Differenzierung zwischen Nachweis- und Vermittlungstätigkeit JANSEN 110 f). In der Natur der Sache liegt es, dass die erforderliche Intensität der Beratung mit der Gefährlichkeit des vermittelten Geschäfts und der geschäftlichen Unerfahrenheit des Auftraggebers wächst (BGH DB 1964, 511; OLG Köln MDR 1959, 210). Festzuhalten ist aber auch hier, dass es keine spezielle Betreuungspflicht der Makler gegenüber geschäftsunerfahrenen Auftraggebern gibt (vgl auch LG Berlin AIZ 1959, 159; **aA** KREHL 46 f).

Die Beratung als Bestandteil der Einweisung in die vermittelte Vertragsgelegenheit 215
umfasst die gewissenhafte **Erläuterung der Risiken** des Vertrags. Nicht mit fachlich einwandfreier Beratung rechnen darf allerdings der Kunde, der sich nicht an einen Fachmakler, sondern an einen Allgemeinimmobilienmakler wendet, wenn es um den Erwerb von Gewerberaum und die Frage geht, ob der Betrieb des Gewerbes in der vom Kunden beabsichtigten Form zulässig ist (OLG Celle 11. 8. 2002 – 11 U 104/02). Generell braucht der Makler **nicht das Interesse des Auftraggebers über sein eigenes Provisionsinteresse zu stellen** (einschränkend BeckOGK/MEIER [1. 1. 2026] § 652 Rn 382). Erfährt er vor Abschluss des Maklervertrags vom Verkäufer, dass dieser bereits hinsichtlich desselben Objekts einen anderen Makler beauftragt hat, so muss er nicht ungefragt auf die Gefahr einer doppelten Provisionszahlungspflicht hinweisen (**aA** OLG Dresden WuM 2000, 152; DEHNER NJW 2000, 1986, 1995). Missverständlich ist es auch, wenn es in der Literatur heißt, der Makler dürfe den Auftraggeber nicht zu einem unvorteilhaften und überstürzten Abschluss des Hauptvertrags verleiten (BURGHART AcP 140 [1935] 81, 87). Hat er seine Vermittlungsleistung vollendet, so darf er – selbstverständlich ohne arglistige Täuschung – für sie werben. Es ist Sache des mündigen Auftraggebers zu entscheiden, ob er die positive Einschätzung des Maklers teilt oder nicht. Werturteile, die durch die mitgeteilten Tatsachen erkennbar nicht gedeckt sind („sehr guter Zustand", „Gelegenheit"), stellen keine Verletzung der Pflicht zur ordnungsgemäßen Beratung dar (LG Limburg AIZ 1989 H 4 A 114 Bl 9). Den Makler trifft vorbehaltlich abweichender Vereinbarung keine Pflicht zur Überprüfung der steuerlichen Folgen des Geschäfts, wenn er sich insoweit nicht als Fachmann geriert; er muss auf besondere steuerliche Folgen des Geschäfts nur hinweisen, wenn er einen Schaden des Kunden aufgrund dessen Unkenntnis über die maßgeblichen Regelungen befürchten muss (BGH NJW 2019, 1223, 1224 f). Auch Rechtsberatung kann erforderlich sein, so zB, wenn der Auftraggeber das zum Kauf vermittelte Haus für sich selbst benötigt, dieses aber von einem nicht auszugswilligen Mieter bewohnt wird (BGH NJW 1981, 2685; einschränkend OLG Düsseldorf NJW-RR 1997, 1280 betr Pflicht zum Hinweis auf fehlerhafte Formulierung des nachgewiesenen Staffelmietvertrags; vgl auch Rn 214). Derartige Rechtsberatung verstößt ebenso wie die Bereitstellung von Vertragsentwürfen nicht gegen das Rechtsdienstleistungsgesetz (Vorbem 66 zu §§ 652–656d). Mit Rücksicht auf die fachliche Schwierigkeit rechtlicher Beratung genügt allerdings grundsätzlich eine **mittelbare Beratung**: Der Makler muss den Rechtsrat nicht selbst erteilen, sondern nur auf die Möglichkeit rechtlicher Probleme und die Notwendigkeit der Einholung von Rechtsrat hinweisen (BGH NJW 1981, 205; gegen jede Form einer Pflicht des Maklers zur Rechtsberatung JANSEN 115 f; einschränkend auch SOERGEL/ENGEL § 652 Rn 140).

Besondere Bedeutung hat die Beratungspflicht im Hinblick auf Versicherungsmakler 215a
Schon die §§ 60, 61 VVG enthalten spezielle Regelungen zur Beratungsgrundlage sowie zu den Beratungs- und Dokumentationspflichten. Im Übrigen hat der BGH

(NJW 2016, 3366) die Beratungspflichten von Versicherungsmaklern aus einem Vertrag, der vor Inkrafttreten der §§ 42a ff VVG aF (§§ 59 ff VVG) geschlossen worden war, bereits dahingehend konkretisiert, dass der vom Versicherungsnehmer beauftragter Makler als dessen „Vertrauter" und „Berater" anzusehen sei: Der Makler erfülle seine Beratungspflichten daher etwa nicht bereits dadurch, dass er abstrakt auf Lücken einer bestehenden Versicherung und die daraus resultierenden Risiken hinweise. Vielmehr müsse sich die Aufklärung an den konkreten Verhältnissen des Versicherungsnehmers orientieren (BGH NJW 2016, 3366, 3368). Entscheide sich der Versicherungsnehmer trotz korrekter Beratung für eine unzureichende Verpflichtung, sei der Versicherungsmakler aber nicht zu einem erneuten Hinweis verpflichtet. Im Übrigen bestehe keine Verpflichtung zur Beratung eines nicht ausreichend informierten Versicherungsnehmers, wenn dieser eine weitergehende Beratung unmissverständlich ablehne (BGH NJW 2016, 3366, 3369). Ferner soll ein Versicherungsmakler, der eine Lebensversicherung zum Zweck der Umschuldung eines Bankkredits vermittelt, verpflichtet sein, eine ordnungsgemäße Wirtschaftlichkeitsberechnung unter Einschluss der an die Bank zu zahlenden Vorfälligkeitsentschädigung zu erstellen; der Versicherungsmakler müsse insoweit Fachmann sein (OLG Karlsruhe RuS 1999, 44; zur besonderen Rechtsstellung des Versicherungsmaklers vgl Vorbem 27 zu §§ 652–656d). Der Vermittler einer privaten Krankenversicherung soll nicht nur verpflichtet sein, über die Vor- und Nachteile, die sich aus einem Wechsel aus der gesetzlichen Krankenversicherung ergeben, aufzuklären (OLG Köln VersR 2016, 1055 f). Vielmehr sei auch eine Aufklärungspflicht hinsichtlich der Auswirkungen eines solchen Wechsels auf den Versicherungsschutz des Ehegatten und im Hinblick auf die diesem eventuell entstehenden finanziellen Belastungen in Betracht zu ziehen. Jedoch sei keine Beratung über die Berechnung der Beiträge in der gesetzlichen Krankenversicherung geschuldet.

d) Verschwiegenheitspflicht des Maklers

216 Zu den Schutz- und Erhaltungspflichten des Maklers (Rn 200 aE) gehört vor allem die **Verschwiegenheitspflicht**. Soweit dem Makler im Zusammenhang mit seinem Auftrag den Auftraggeber betreffende geheimhaltungsbedürftige Tatsachen bekannt werden, hat er darüber Stillschweigen zu bewahren (im Einzelnen Jansen 119 ff; Krehl 50 f). Das gilt ebenso für objektiv geheimhaltungsbedürftige Tatsachen wie für solche, deren Geheimhaltung der Auftraggeber wünscht. Insbesondere darf der Makler den Interessenten nicht über Tatsachen informieren, die die Verhandlungsposition des Auftraggebers schwächen (zB Zwang zum Notverkauf des angebotenen Objekts oä). In den gleichen Kontext fällt, dass der vom Verkäufer beauftragte Makler nicht in einer Weise inserieren darf, die kundigen Interessenten den Schluss auf die schwere Veräußerlichkeit des Objekts erlaubt (OLG Düsseldorf AIZ 1990 H 3 A 115 Bl 25: schrittweise Preisermäßigungen in kurzen Abständen). In beiden Fallgestaltungen leistet der Makler nicht nur keinen förderlichen Beitrag, sondern er verschlechtert den Status quo des Auftraggebers, so dass ihn trotz Fehlens einer entsprechenden Förderungspflicht die Haftung (auf das negative Interesse) trifft.

e) Verbot der Gefährdung von Abschluss und Durchführung des Hauptvertrags?

217 Im Schrifttum wird zT eine Pflicht des Maklers postuliert, „jegliches Verhalten zu unterlassen, das **den Abschluss und die Durchführung des Vertrages gefährden** könnte" (Hamm Rn 428; Tempel 312). Dieser Forderung ist – wie in der Sache auch ihre Vertreter selbst einräumen – nur zur Hälfte zuzustimmen. Der Makler darf selbstverständlich den Abschluss des Hauptvertrags zwischen dem Auftraggeber und dem Interessen-

ten dadurch gefährden, dass er andere Auftraggeber mit dem Interessenten zusammenführt (OLG Hamm NJW-RR 1998, 844). Das folgt jedenfalls für den Maklervertrag nach dem gesetzlichen Normalstatut daraus, dass der Makler sich erst für das Stadium nach Abschluss des Hauptvertrags zur Respektierung des Veränderungsinteresses des Auftraggebers verpflichtet hat. Wie den Auftraggeber (Rn 206 f), treffen auch den Makler vor dem Abschluss des Hauptvertrags allein die Schutz- und Erhaltungspflichten, die außerhalb des Maklerrechts durch das vorvertragliche Schuldverhältnis infolge der Aufnahme von Vertragsverhandlungen begründet werden (**aA** BGH WM 1983, 385, 386; Krehl 54: Der Einschnitt soll nicht der Abschluss, sondern die Abschlussreife des Hauptvertrags sein. Aber die Abschlussreife schützt den Makler noch nicht davor, dass Auftraggeber und/oder Interessent noch anderen Sinnes werden). Dass der Makler den Vertragsschluss nicht durch arglistige Täuschung oder sonstige **anstößige Mittel** hintertreiben darf, hat nichts mit speziellen maklervertraglichen Pflichten zu tun. Derartiges Verhalten ist schlechthin, dh unabhängig vom Bestehen einer Sonderrechtsbeziehung, durch § 826 BGB mit Schadensersatzpflichten bedroht. Nach hM kann es den Makler außerdem analog § 654 BGB lohnunwürdig machen (BGH WM 1978, 245, 246; ausführlich § 654 Rn 11 ff). Hierhin dürfte auch die Entscheidung des OLG Nürnberg gehören (NJW-RR 2012, 116), nach der der Makler nicht einen Interessenten hinhalten darf, bis er einen neuen Alleinauftrag mit dem Kunden abgeschlossen hat. Überhaupt nicht in den vorliegenden Zusammenhang gehört, dass der Makler die Wirksamkeit des Hauptvertrags nicht durch heimliche Sonderabreden und daraus erwachsende Formnichtigkeit gefährden darf (BGH NJW 1969, 1628). Dem Abschluss des Hauptvertrags durch den Makler liegt nicht ein normaler Maklervertrag zugrunde, der seinem Wesen nach die Abschlusstätigkeit gerade nicht umfasst (vgl Vorbem 2 zu §§ 652–656d), sondern ein **besonderer Auftrag**, der dem Makler die Wahrung des Interesses des Auftraggebers am ordnungsgemäßen Abschluss des Hauptvertrags explizit zur Pflicht gemacht hat.

Nach Abschluss des Hauptvertrags ist der Makler freilich – ebenso wie umgekehrt der Auftraggeber (Rn 207) – auf das **Veränderungsinteresse des Auftraggebers** verpflichtet (Krehl 55 f). Das verbietet ihm, zum Gegenstand des Hauptvertrags weitere Vertragsgelegenheiten nachzuweisen bzw Verträge zu vermitteln, so dass die Vertragsgegenseite in die Versuchung gerät, gegenüber dem Auftraggeber vertragsbrüchig zu werden (Hamm Rn 433). Generell darf er den Vertragszweck nicht vereiteln, wobei gleichgültig ist, ob das dementsprechende Verhalten vor oder nach dem Zustandekommen des Hauptvertrags liegt (BGH WM 1978, 245, 246; 1983, 385, 386). Ua haftet der Makler dem Auftraggeber für den Schaden, der diesem daraus entstanden ist, dass ihm ein erkennbar zahlungsunfähiger Vertragspartner zugeführt worden ist. Freilich ist der Makler grundsätzlich nicht dazu verpflichtet, nach Abschluss des Hauptvertrags noch Auskünfte über die Person des Vertragspartners zu erteilen (LG Stuttgart AIZ 1993 H 8 A 114 Bl 13). Fehlverhalten des Maklers nach Zustandekommen des Hauptvertrages und Zahlung der Provision kann nach BGH NJW 1985, 45 ausschließlich zu einer Schadensersatzpflicht, nicht aber zur Verwirkung des Provisionsanspruchs führen (vgl dazu § 654 Rn 11 ff). 218

f) Pflichten nach Beendigung des Maklervertrags

Hat der Auftraggeber den Maklervertrag gekündigt (oder ist der Maklervertrag aus sonstigem Grund beendet), so treffen den Makler uU nachwirkende Pflichten. Diese hindern ihn allerdings grundsätzlich nicht daran, die im Rahmen des Maklervertrags 219 in Erfahrung gebrachte Vertragsgelegenheit in dem Sinne zu verwerten, dass er mit der Marktgegenseite Maklerverträge abschließt und den neuen Auftraggebern den früheren als potenzielle Hauptvertragspartei zuführt. Denn das liegt im Zweifel im Interesse des früheren Auftraggebers (im Ergebnis ebenso OLG Düsseldorf NJW-RR 1990, 372 und BeckOGK/Meier [1. 1. 2026] § 652 Rn 386). Will der Auftraggeber solches Verhalten unzulässig machen, so muss er schon im ursprünglichen Maklervertrag eine Unterlassungspflicht vereinbaren. Das nachträgliche Unterlassungsersuchen genügt nicht (**aA** OLG Düsseldorf NJW-RR 1990, 372; Hamm Rn 434). Denn mit Ausnahme der Wohnungsvermittlung (§ 6 WoVermittG) setzt die Maklertätigkeit gegenüber der Nachfrageseite keinen Nachweis- oder Vermittlungsauftrag des Anbieters voraus. Selbstverständlich ist der Makler auch nach Beendigung des Maklervertrags zur Verschwiegenheit verpflichtet, soweit das Interesse des früheren Auftraggebers dies erfordert (im Einzelnen Rn 221). Der Auftraggeber schaltet den Makler ein, damit sich seine Position verbessert und nicht verschlechtert. Hierzu gehört auch, dass er vor späteren Nachteilen aufgrund dieser Einschaltung geschützt ist (Jansen 121 im Anschluss an Krehl 50 f).

2. Sonderfälle

a) Doppelmakler

220 Der **Doppelmakler** ist nach hM auf das **Interesse beider Seiten** des (zukünftigen) Hauptvertrags verpflichtet. Daraus soll eine Pflicht zu strenger **Unparteilichkeit** folgen (BGH DB 1967, 505, 506; BGH NJW 1968, 150, 151). Die Unparteilichkeit ist freilich im Prinzip unabhängig von dem Doppelmaklerstatus kraft Natur der Maklertätigkeit gewährleistet: Der bloße Nachweis der Vertragsgelegenheit ist definitionsgemäß neutral (Lieb DB 1981, 2415, 2419), die Vermittlungstätigkeit kann zwar parteilich ausgeübt werden; dies ist jedoch mit dem Risiko verbunden, dass das Ziel, den angestrebten Hauptvertrag zustande zu bringen, nicht erreicht und die Provision nicht verdient wird. Ein Vermittlungsmaklervertrag ist nicht sinnvoll, wenn er ein Eingehen auf berechtigte Erwartungen der Gegenseite ausschließt. Davon geht in den §§ 98, 99 HGB auch der Gesetzgeber aus. Die besondere Pflicht des Doppelmaklers zur Unparteilichkeit kann vor diesem Hintergrund lediglich bedeuten, dass er den Nachweis bzw die Vermittlung gegenüber jedem Auftraggeber in einer Weise erbringen muss, die Pflichtverletzungen gegenüber dem jeweils anderen vermeidet. Nicht zufällig beschränkt sich der praktische Anwendungsbereich des Gebots der Unparteilichkeit auf den **Konflikt zwischen Aufklärungspflicht** (vgl Rn 211 ff) **und Verschwiegenheitspflicht sowie zwischen den beiden Seiten gegenüber bestehenden Beratungspflichten** (vgl Rn 214). Soweit die Aufklärungspflicht gegenüber der einen Seite mit der Pflicht zur Verschwiegenheit gegenüber der anderen Seite kollidiert, geht die Aufklärungspflicht grundsätzlich vor (BGH NJW 1968, 150, 151; LG Hamburg AIZ 1979 H 2 A 132 Bl 1). Das ergibt sich daraus, dass das für die Zulässigkeit der Doppeltätigkeit erforderliche vertragliche Einverständnis beider Seiten im Zweifel die Entbindung von der Verschwiegenheitspflicht einschließt, kann doch ohnedem die Doppeltätigkeit nicht rechtmäßig ausgeübt werden. Betrifft die Aufklärung einen Umstand, hinsichtlich dessen einerseits die Verschwiegenheitspflicht und andererseits die Aufklärungspflicht nicht als abbedungen angesehen werden kann, so muss der Makler die Tätigkeit für beide Seiten einstellen (BGH MDR 1970, 28; vgl auch § 654 Rn 8 f).

Im Einzelnen nimmt die Rechtsprechung an, dass der Doppelmakler, der den Verkäufer hinsichtlich der Kaufpreisforderung beraten hat (vgl Rn 214), den Käufer diesbezüglich nur noch beraten darf, wenn der Verkäufer ihm dies gestattet. Gestattet der Verkäufer nicht, so muss er den Maklervertrag mit dem Käufer kündigen, es sei denn, diesem komme es gar nicht auf einen möglichst günstigen Kaufpreis, sondern allein auf den Abschluss des Hauptvertrags überhaupt an (BGH NJW 1968, 150). Das Gleiche gilt, wenn der Verkäufer seine Preisvorstellung unabhängig vom Makler gebildet hat. Es ist dem Makler vorbehaltlich der Gestattung durch den Verkäufer diesem gegenüber nicht erlaubt, dem Käufer Vorbehalte gegen die Marktgemäßheit der Forderung mitzuteilen und dadurch die Verhandlungschancen des Verkäufers zu verschlechtern (ebenso MünchKommBGB/Althammer § 654 Rn 14; **aA** Hamm Rn 1006). Da er andererseits dem Käufer gegenüber dazu verpflichtet ist, bleibt nur der Ausweg der Beendigung der Doppelmaklerexistenz durch Kündigung entweder des einen oder des anderen Maklervertrags. Nach BGH NJW 1973, 1458 kann sich der Doppelmakler auch dadurch in unzulässiger Weise auf die Seite des Verkäufers stellen, dass er dem Käufer im Maklervertrag eine Erwerbspflicht ohne Erwerbsanspruch auferlegt und sich von ihm eine erfolgsunabhängige Provision versprechen lässt. In einem solchen Fall soll der Maklervertrag nach § 138 BGB wegen Sittenwidrigkeit nichtig sein. Dem wird zu Recht entgegengehalten, dass der vom BGH unterstellte Sinnzusammenhang zwischen Sittenwidrigkeit der Vertragsgestaltung und der Doppelmaklereigenschaft des Maklers nicht plausibel ist. Wenn die Vertragsgestaltung gegen die guten Sitten verstößt, dann tut sie das unabhängig davon, ob der Makler Doppelmakler oder nur Käufermakler ist (Hamm Rn 1009). 221

b) Kreditmakler

Der **Kreditmakler** befindet sich schon deshalb in einer besonderen Situation, weil er regelmäßig, dh bei **gewerbsmäßiger Kreditvermittlung** (nicht bloß Nachweistätigkeit!) Handelsmakler im Sinne des § 93 HGB ist (OLG München NJW 1970, 1924, 1925; MünchKommHGB/Ströbl § 93 Rn 11; Ebenroth/Joost/Boujong/Reiner HGB § 93 Rn 32). Gegenstand des Handelsverkehrs ist auch das Bankgeschäft. Der Handelsmakler ist aber auch ohne Doppelauftrag zur Unparteilichkeit verpflichtet; nach § 98 HGB haftet er dem Vertragsgegner ebenso wie dem Auftraggeber; er ist **kraft Gesetzes Doppelmakler**. Als Handelsmakler hat der Kreditmakler nach § 347 HGB für die Sorgfalt eines ordentlichen Kaufmanns einzustehen. Danach macht er sich schadensersatzpflichtig, wenn er im Fall einer Kauffinanzierung den Kreditbetrag ohne vorherige Rücksprache mit dem Kreditgeber entgegen dem Kreditantrag nicht an den Verkäufer, sondern an den Käufer auszahlt (OLG München NJW 1970, 1924, 1926). Das Gleiche gilt, wenn er dem Kreditgeber vor der Auszahlung an den Kreditnehmer Umstände verschweigt, die darauf hinweisen, dass dieser den Kredit wegen eines finanziellen Engpasses zu allgemeinen Geschäftszwecken verwenden will (BGH WM 1970, 1270, 1271). Andererseits setzt die Pflicht zur ordnungsgemäßen Aufklärung Aufklärungsbedürftigkeit voraus, die bei der kreditgebenden Bank nicht selten fehlen wird (BGH WM 1988, 41). Soweit der Makler die Umschuldung eines Verbraucherkredits vermittelt, trifft ihn aufgrund der gesetzlichen Wertung des § 655c S 2 BGB umgekehrt gegenüber dem Kreditnehmer eine besonders intensive Aufklärungspflicht (MünchKommBGB/Weber § 655c Rn 29; vgl auch BGH NJW-RR 1991, 627, 628; OLG Karlsruhe NJW-RR 2012, 1439). Der Kreditmakler, der für den Käufer einen Abzahlungskredit vermittelt hat, muss vor der Auszahlung der Kreditsumme an den Verkäufer feststellen, ob der Käufer dagegen Bedenken hat oder nicht (BGH MDR 1963, 128). Anders als etwa ein 222

Immobilienmakler (Rn 210) hat der Kreditmakler im Zweifel die Bonität des Kreditnehmers zu überprüfen (OLG Köln MDR 1959, 210; OLG Celle WM 1974, 735 f; MünchKomm-BGB/Althammer § 652 Rn 288), damit der Kreditgeber den vermittelten Hauptvertrag – wie es zum Wesen der (vollständigen) Vermittlung gehört (vgl OLG Nürnberg OLGZ 1977, 219, 221) – **abschlussreif** vorfindet (OLG Dresden NJOZ 2007, 2145, 2146). Zu den in diesem Zusammenhang anzeigepflichtigen Tatsachen zählt allerdings nicht der Hinweis, dass der Makler den Kreditnehmer nicht persönlich kennt. Der Kreditmakler, der mit der Vermittlung einer geeigneten Baufinanzierung beauftragt ist, hat den Auftraggeber hinsichtlich der steuerlichen Seite richtig zu beraten. Er verletzt diese Beratungspflicht, wenn er unzutreffende Vorstellungen des Auftraggebers über Abschreibungsmöglichkeiten nicht korrigiert, obwohl er den Irrtum erkennt (OLG Hamm AIZ 1976, 263).

c) Anlagevermittler

223 Der **Anlagevermittler**, der wie der Kreditmakler gemäß § 93 HGB Handelsmakler ist, sieht sich wegen der besonderen ökonomischen und rechtlichen Kompliziertheit der vermittelten Verträge mit besonderen Erwartungen der Erwerber hinsichtlich Aufklärung und Beratung konfrontiert. BGH NJW 1983, 1730 trägt dem Rechnung, indem er den Anlagevermittler verpflichtet, dem Erwerber nicht nur vollständiges Material vorzulegen, sondern dieses auch zu erläutern, insbesondere Widersprüche in dem Material aufzudecken und auszuräumen. Arg e § 280 Abs 1 S 2 BGB soll der Anlagevermittler dafür darlegungs- und beweispflichtig sein, dass er diesen Sorgfaltsanforderungen genügt hat. BGH NJW-RR 2000, 998 operiert sogar mit einem (offenbar regelmäßig anzunehmenden) Auskunftsvertrag zwischen Anlagevermittler und Auftraggeber.

3. Besondere Haftungsursachen

224 Den Makler kann eine Haftung aus **Garantieübernahme** treffen. An die Garantieübernahme sind indessen hohe Anforderungen zu stellen. Insbesondere ist in der Angabe eines **Festpreises** durch einen Immobilienmakler keine Garantie für die Einhaltung dieses Preises zu sehen, soweit es nicht zusätzliche Anhaltspunkte für einen so weitgehenden Verpflichtungswillen des Maklers gibt. Als ein solcher zusätzlicher Anhaltspunkt kommt eine ungewöhnliche Höhe der Provision in Betracht, doch kann diese je nach Lage des Einzelfalls auch anders zu erklären sein (BGH NJW 1981, 2295). Auch dürfen optimistische Angaben des Maklers nicht mit Garantieerklärungen verwechselt werden. Das Schreiben eines Maklers an eine Wohnungsbaugesellschaft, es könne „mit 100 % Sicherheit" gesagt werden, dass schon bei Auftragsannahme durch einen Bauträger bis zu 50 % der Vorplanung verkaufbar sei, enthält ersichtlich nicht mehr als eine werbewirksame Anpreisung (LG Landau AIZ 1985 H 11 A 115 Bl 16). Das Gleiche gilt für die Angabe, das angebotene Grundstück befinde sich „in sehr gutem Zustand" (LG Limburg AIZ 1989 H 4 A 114 Bl 9). Verstößt der Makler gegen eine (wirksame, vgl Rn 199 f) Reservierungsvereinbarung, so muss er den Schaden ersetzen, den der Auftraggeber dadurch erleidet (OLG Köln AIZ 1996 A 148 Bl 9). Dieser geht angesichts der engen Grenzen für die Wirksamkeit der Reservierungsvereinbarung (vgl Rn 199 f; anders anscheinend unter unrichtiger Berufung auf BGH NJW 1988, 1716 ff OLG Oldenburg AIZ 1990 H 2 A 115 Bl 24) nur ganz ausnahmsweise auf Ersatz des Erfüllungsschadens (LG Essen AIZ 1989 H 1 A 115 Bl 23). Der Makler haftet über culpa in contrahendo (§§ 311 Abs 2, 280 Abs 1 BGB) in Verbindung mit § 278 BGB

für die arglistige Täuschung des Auftraggebers durch einen Mitarbeiter auf Schadensersatz. Das gilt nach Ansicht des OLG Hamburg (OLG Hamburg AIZ 1986 H 2 A 115 Bl 17) auch dann, wenn die arglistige Täuschung in der Täuschung über eine in Wirklichkeit nicht vorhandene Vertretungsmacht besteht. Diese Ansicht ist in hohem Maße problematisch (vgl Canaris JuS 1980, 332 mit umfassender Darstellung des Diskussionsstandes), deckt sich aber mit der BGH-Rechtsprechung zum Parallelproblem der Haftung aus culpa in contrahendo in Verbindung mit § 31 BGB (BGH NJW 1986, 2941, 2942).

IX. Besonderheiten des Alleinauftrags

1. Der Abschluss des Alleinauftrags

Der Alleinauftrag (vgl zu Begriff und Struktur Vorbem 11 ff zu §§ 652–656d) bedarf zu seiner **225** Wirksamkeit **nicht der individualvertraglichen Absprache** über die ihn konstituierenden Merkmale (Verzicht des Auftraggebers auf die Einschaltung anderer Makler, Tätigkeitspflicht des Maklers). Die bloße „Anreicherung“ des normalen Maklervertrags durch entsprechende AGB-Klauseln reicht aus (BGH NZM 2020, 674, 675; Hamm Rn 1088 f). Der Alleinauftrag ist **kein Dienstvertrag**, er bleibt Maklervertrag; die verbreitete Rede von einem Maklerdienstvertrag ist irreführend (vgl Vorbem 12 ff zu §§ 652–656d; Eggert 31 f; **aA** BGH NJW 2019, 1596, 1598; MünchKommBGB/Althammer § 652 Rn 247). Zwar weicht der Alleinauftrag insofern vom gesetzlichen Leitbild des Maklervertrags im Sinne des § 307 Abs 2 Nr 1 BGB ab, als er das Recht des Auftraggebers zur Einschaltung weiterer Makler abbedingt. Aber § 307 Abs 2 Nr 1 BGB verlangt keine völlige Übereinstimmung von Gesetz und AGB, ist es doch gerade der Zweck von AGB, die Rechtslage in einer von den gesetzlichen Bestimmungen abweichenden Weise zu regeln (BGH WM 1987, 632, 633). Die Grundgedanken der §§ 652 ff BGB – Abhängigkeit des Provisionsanspruchs vom Zustandekommen des Hauptvertrags mit einem Dritten, Kausalität der Maklertätigkeit für dieses Zustandekommen, Abschlussfreiheit des Auftraggebers – werden durch den Alleinauftrag nicht angetastet. Inhaltlich lässt er mit dem Austausch des Verzichts auf die Einschaltung anderer Makler gegen die Tätigkeitspflicht des Maklers nicht die Feststellung zu, der Auftraggeber werde unangemessen benachteiligt (so schon für einen Fall vor Inkrafttreten des AGBG BGH WM 1978, 791; ferner BGH NZM 2020, 674, 676). Das Verbot des Alleinauftrags im Fall der Arbeitsvermittlung nach § 297 Nr 4 SGB III wurzelt im öffentlichen Interesse an der Arbeitsvermittlung; ein Verdikt gegen die Angemessenheit des Alleinauftrags lässt sich daraus nicht ableiten.

Nicht per Formularvertrag bzw AGB-Klausel lässt sich der sog **qualifizierte Alleinauftrag** vereinbaren, der dem Auftraggeber während der Laufdauer des Vertrags neben **226** der Einschaltung anderer Makler auch das **Eigengeschäft untersagt** (BGH NJW 1967, 1225, 1226; BGH VersR 1991, 692; OLG Zweibrücken AIZ 1992 H 4 A 101 Bl 5; LG Lüneburg ZMR 2011, 307; Schmidt-Salzer DB 1969, 1137, 1138; **aA** MünchKommBGB/Althammer § 652 Rn 255). Denn der qualifizierte Alleinauftrag nimmt dem Auftraggeber die Möglichkeit, die vom Makler gebotene Vertragsgelegenheit mit den ihm ohne Makler zugänglichen zu vergleichen und so ihren (subjektiven) Wert frei zu bestimmen. Je nach den Verhältnissen des Einzelfalls kann der Auftraggeber infolgedessen gezwungen sein, die provisionspflichtige Vertragsgelegenheit zu nutzen, obwohl es Alternativen gibt, die ohne den Druck der für den Fall des Eigengeschäfts vorgesehenen

Sanktionen (Schadensersatz, Vertragsstrafe, erfolgsunabhängige Provisionszahlungspflicht) für ihn vorzugswürdig wären (vgl auch OLGR Düsseldorf 1998, 480). Die Entschließungsfreiheit des Auftraggebers als das die Richtigkeitsgewähr des Austausches von nachgewiesener Vertragsgelegenheit bzw fertiger Vermittlungsleistung einerseits und Provision andererseits verbürgende Element büßt dadurch maßgeblich an Funktionsfähigkeit ein (vgl Vorbem 13 zu §§ 652–656d). Der qualifizierte Alleinauftrag stellt im Kern den Versuch dar, die nur als Teilhabe am Nutzen der Maklertätigkeit für den Auftraggeber legitimierbare hohe Maklervergütung (vgl Vorbem 3 zu §§ 652–656d) auf Fälle auszudehnen, in denen ein Nutzen der Maklertätigkeit für den Auftraggeber fehlt oder doch jedenfalls nicht in einem angemessenen Verhältnis zur Höhe der Provision steht. Das gilt auch dann, wenn die Provision nicht vom Auftraggeber, sondern (kraft selbstständigen Provisionsversprechens, vgl Rn 195 ff) von der anderen Vertragspartei gezahlt werden soll. Denn mittelbar zahlt auch in diesem Fall der Auftraggeber (in Gestalt eines entsprechenden Abzugs vom Kaufpreis) die Provision (zu wenig berücksichtigt bei BGH NJW-RR 1999, 998). Dem qualifizierten Alleinauftrag gleichzustellen ist der Alleinauftrag mit **Hinzuziehungs- oder Verweisungsklausel**. Auch solche Klauseln, die dem Auftraggeber das Eigengeschäft nur mit Hilfe des Maklers erlauben, lassen sich wirksam nur individualvertraglich vereinbaren (BGH NJW 1973, 1194; 1984, 360, OLGR Düsseldorf 1997, 266 st Rspr). Die Vermittlung eines Hauptvertrags durch einen aufgrund unwirksamer Hinzuziehungs- oder Verweisungsklausel eingeschalteten Makler ist nicht provisionspflichtig, weil die Provision für eine solche Vermittlung nicht wirksam versprochen worden ist (OLG Hamm NJW-RR 2001, 567 und dazu Dehner NJW 2002, 3747, 3754; im Ergebnis ebenso LG Bremen NJW-RR 1989, 761, jedoch mit einer Schadensersatzkonstruktion).

227 Die (formularmäßige) Vereinbarung eines Alleinauftrags setzt nicht die Ausformulierung der Alleinauftragsdefinition (Vorbem 11 zu §§ 652–656d) voraus. Vielmehr handelt es sich beim Alleinauftrag um einen **Begriff des Rechtsverkehrs**, der aus sich heraus hinreichend aussagefähig ist (vgl Dyckerhoff[9] 954). Den gleichen Bedeutungsgehalt haben in der Regel die Begriffe „Alleinverkauf", „Festauftrag" und „Fest an die Hand" (Werner JURA 1970, 353, 362). Doch kann die Abweichung vom Standardbegriff Alleinauftrag im Einzelfall den Willen ausdrücken, mehr oder auch weniger zu vereinbaren. So hat OLG Düsseldorf MDR 1973, 582 bei einem „Festauftrag" lediglich den Ausschluss des jederzeitigen Widerrufs des Maklervertrags angenommen. Umgekehrt soll nach Ansicht des BGH im Fall eines „Alleinverkaufsrechts" oder eines „Fest- und Alleinauftrags" jedenfalls zu prüfen sein, ob nicht ein qualifizierter Alleinauftrag beabsichtigt ist (WM 1976, 533, 534). Freilich reicht es für die Annahme eines qualifizierten Alleinauftrags nicht aus, dass man **in Maklerkreisen** unter der gebrauchten Formulierung einen qualifizierten Alleinauftrag versteht. Die Auslegung nach der Verkehrssitte (§ 157 BGB) setzt voraus, dass beide Vertragsparteien, dh Makler und Auftraggeber, dem betroffenen Verkehrskreis angehören (OLG Düsseldorf MDR 1973, 582 f). Zur Frage der Formbedürftigkeit des Alleinauftrags vgl Rn 19.

2. Die Dauer des Alleinauftrags

228 Im Gegensatz zum einfachen Maklervertrag ist der Alleinauftrag im Zweifel **nicht frei widerruflich**. Soweit der Alleinauftrag keine Frist vorsieht, gilt nach den §§ 157, 242 BGB aufgrund ergänzender Vertragsauslegung eine angemessene Frist als vereinbart (vgl zu den Einzelheiten mit Nachweisen Rn 67). Die angemessene Befristung kann folgerichtig auch in AGB geregelt werden. Im Einzelnen hat der BGH eine Bindungsfrist von sechs Monaten regelmäßig als mit § 307 BGB vereinbar angesehen; § 309 Nr 9a BGB soll im Übrigen nicht einschlägig sein, da der Vertrag keine Dienstleistung betreffe (BGH NZM 2020, 674, 676). Eine im Hinblick auf die Nachweis- bzw Vermittlungsaufgabe **offensichtlich unangemessene Laufdauer** des Alleinauftrags ist dagegen selbst durch Individualabsprache nicht vereinbarungsfähig (vgl zu den Einzelheiten mit Nachweisen Rn 67). Wird der Alleinauftrag gekündigt, so besteht regelmäßig kein einfacher Maklervertrag fort (OLG Köln ZMR 2011, 511).

Auch während der Laufdauer des Alleinauftrags hat der Auftraggeber das Recht zur **Kündigung aus wichtigem Grund** (NK-BGB/Wichert § 652 Rn 172). Nach Ende der Laufdauer erlischt der Alleinauftrag. Der Makler kann in seinen AGB per Formularvertrag aber wirksam vereinbaren, dass der Alleinauftrag sich um eine bestimmte Periode **verlängert**, wenn er nicht innerhalb eines festgelegten Zeitraums vor Fristablauf gekündigt wird (**aA** noch Staudinger/Arnold [2016] §§ 652, 653 Rn 234 und Krueger-Doyé 105 f). So soll eine in AGB vorgesehene automatische Verlängerung um jeweils drei Monate bei unterbliebener Kündigung des Kunden grundsätzlich unbedenklich sein; dabei sei auch eine vierwöchige Kündigungsfrist für den Kunden nicht zu beanstanden (BGH NZM 2020, 674, 677). § 309 Nr 9b BGB findet im Übrigen mangels Dienstleistung auf einen Maklervertrag keine Anwendung (BGH WM 1981, 561; BGH NZM 2020, 674, 678). Ist die Regelung zur Kündigungsfrist aber nicht wirksam in den Vertrag einbezogen worden, soll die gesamte Verlängerungsklausel unwirksam sein (BGH NZM 2020, 674, 679). 229

3. Besondere Pflichten des Auftraggebers beim Alleinauftrag

a) Der normale Alleinauftrag

Beim normalen Alleinauftrag trifft den Auftraggeber als zusätzliche (Primär-) Pflicht nur die Pflicht, die **Einschaltung anderer Makler** während der wirksam vereinbarten Laufzeit zu unterlassen. Im Übrigen ändert sich im Verhältnis zum einfachen Maklervertrag wenig (BGH NJW 1961, 307; BGH NJW 1973, 1194; OLG Zweibrücken AIZ 1992 H 4 A 101 Bl 5). So ist der Kunde etwa nicht daran gehindert, seine Vertragsbereitschaft aufzugeben, ohne dass es hierfür eines wichtigen Grundes bedürfte (OLG Frankfurt 23. 10. 2024 – 19 U 134/23, NJW-RR 2025, 243 Rn 73 f). Auch beim Alleinauftrag ist der Kunde lediglich verpflichtet, den Makler über die Aufgabe der Vertragbereitschaft zu informieren, um diesen vor weiteren nutzlosen Aufwendungen zu bewahren (Rn 203). Ferner ist der Auftraggeber nur in den Grenzen des Verbots der Einschaltung anderer Makler zur Förderung des Veränderungsinteresses (= des Interesses an der Provision) des Maklers verpflichtet (vgl im Einzelnen Rn 201 ff). Dagegen sind dem Auftraggeber Eigengeschäfte nicht verwehrt (BGH 8. 5. 1973 – IV ZR 158/71, NJW 1973, NJW 1973, 1194; BGH 27. 3. 1991 – IV ZR 90/90, NJW 1991, 1678, 1679); denn auch beim einfachen Alleinauftrag bleibt es bei der für den Maklervertrag typischen Abschlussfreiheit des Kunden. Ein Verbot von Eigengeschäften besteht nur im Rahmen des sog qualifizierten Alleinauftrags (Rn 236). Insoweit bedarf es aber einer individualvertraglichen Vereinbarung. Entsprechende Bestimmungen in AGB sind dagegen unzulässig; dies gilt namentlich für formularmäßige Regelungen, die eine Hinzuziehungs- und Verweisungspflicht des Auftraggebers vorsehen und andernfalls zur Zahlung einer Provision oder einer Vertragsstrafe oder Leistung von Schadensersatz verpflichten (BGH 8. 5. 1973 – IV ZR 158/71, NJW 1973, NJW 1973, 1194; BGH 27. 3. 1991 – IV ZR 90/90, NJW 1991, 230

1678, 1679; BeckOGK/Meier [1. 1. 2026] § 652 Rn 403.1; zweifelnd MünchKommBGB/Althammer § 652 Rn 255). Eine in AGB vorgesehene – unwirksame – Verweisungsklausel soll aber nicht dazu führen, dass eine gleichzeitig vereinbarte Verlängerungsklausel (zu deren Zulässigkeit Rn 229) ebenfalls unwirksam ist (OLG Hamm 7. 1. 2021 – 18 U 109/18, NJW-RR 2021, 441 Rn 41).

231 Schließt der Auftraggeber mit einem von einem anderen Makler nachgewiesenen oder vermittelten Interessenten ab, so schuldet er dem Makler nicht nach § 326 Abs 2 S 2 die Provision; denn insoweit besteht auch beim Alleinauftrag kein Gegenseitigkeitsverhältnis (BeckOGK/Meier [1. 1. 2026] § 652 Rn 401; **aA** MünchKommBGB/Althammer § 652 Rn 258; vgl iÜ Rn 234). Vielmehr ist der Auftraggeber in diesem Fall dem alleinbeauftragten Makler allein zum **Schadensersatz aus Pflichtverletzung gem § 280 Abs 1 BGB** verpflichtet (BGH NJW 1966, 2008; 1973, 1194). Unerheblich ist, wann der Hauptvertrag zustande kommt. Wie es für den Provisionsanspruch des Maklers genügt, dass er während der Laufzeit des Maklervertrags eine Ursache für das Zustandekommen des Hauptvertrags gesetzt hat (vgl Rn 76), so reicht es für den Schadensersatzanspruch aus, dass der andere Makler während der Laufzeit des Alleinauftrags eine (Mit-)Ursache für das Zustandekommen des Hauptvertrags beigesteuert hat. Denn durch den Alleinauftrag ist die provisionspflichtige Maklertätigkeit für den Auftraggeber insoweit dem alleinbeauftragten Makler reserviert. Der Schadensersatzanspruch kann theoretisch über § 252 BGB auf Ersatz der verloren gegangenen Provision gerichtet sein (BGH NJW-RR 1996, 1276; BGH NZM 2020, 674, 676). Praktisch wird das allerdings nur ganz selten in Betracht kommen, wird dem Makler doch nur selten der Nachweis gelingen, dass er während der Laufzeit den gleichen oder einen anderen, vom Auftraggeber akzeptierten Interessenten nachgewiesen bzw vermittelt hätte (Hamm Rn 1125). Daran ändert sich auch nichts Entscheidendes dadurch, dass die Rechtsprechung dem Makler die **Darlegungs- und Beweislast** erleichtert, indem sie sich mit dem Nachweis der Vertragsverletzung des Auftraggebers und der Fähigkeit zur Präsentation eines zu den Bedingungen des Eigengeschäfts abschlussfähigen und -bereiten Interessenten begnügt, also nicht etwa den Nachweis der konkreten Abschlussbereitschaft des Auftraggebers verlangt (BGH MDR 1973, 658 f).

232 Immerhin soll der Makler nach der Rechtsprechung den Ersatz seiner **vergeblichen Aufwendungen** einschließlich des **Werts seiner vergeblichen Arbeit** verlangen können (BGH NJW 1973, 1194, 1195; BGH NZM 2020, 674, 676; siehe auch NK-BGB/Wichert § 652 Rn 169). Da diese Aufwendungen auch bei pflichtgemäßem Verhalten des Auftraggebers angefallen wären, lässt sich dieses Ergebnis freilich nicht ganz leicht begründen. § 284 BGB hilft hier nicht, da der Makler keinen Anspruch auf Schadensersatz statt der Leistung geltend macht (**anders**: Staudinger/Reuter [2010] §§ 652, 553 Rn 237; wie hier jetzt auch BeckOGK/Meier [1. 1. 2026] § 652 Rn 402). Daher wird man den Standpunkt des BGH nur über die Heranziehung der Rentabilitätsvermutung begründen können. In der Sache ist das Ergebnis freilich zutreffend und wird dem berechtigten Interesse des allein beauftragten Maklers vollauf gerecht: Sein Arbeits- und Materialaufwand wird angemessen ausgeglichen; der Auftraggeber, der den Schadensersatz neben der Provision des anderen Maklers aufzubringen hat, wird vom Vertragsbruch abgeschreckt. Es ist nicht ersichtlich, wieso der Makler für seine Zusatzleistung im Verhältnis zum einfachen Maklervertrag, nämlich die Übernahme einer Tätigkeitspflicht, billigerweise weitergehende Vorteile erhalten muss. Das gilt umso mehr, als die Tätigkeitspflicht dem Makler hinsichtlich des Umfangs und der Intensität der tatsächlich entfalteten Aktivitäten einen weiten Ermessensspielraum belässt (vgl Vorbem 13 zu §§ 652–656d). Nicht einmal ein Schadensersatzanspruch des Maklers entsteht, wenn der Auftraggeber in Verletzung des Alleinauftrags einen anderen Makler einschaltet, jedoch den Hauptvertrag nicht mit einer von diesem nachgewiesenen Vertragspartei, sondern mit ihm selbst abschließt. Denn der Auftraggeber hat dann letztlich ein zulässiges Eigengeschäft getätigt. Das vertragswidrige Handeln, das in der Einschaltung des Zweitmaklers liegt, ist nicht für den Schaden des Erstmaklers kausal geworden (vgl OLG Koblenz NJW-RR 1999, 1000).

Mit § 307 BGB vereinbar ist grundsätzlich eine **Pauschalierung** des ersatzfähigen Schadens (Aufwand plus angemessene Tätigkeitsvergütung) durch AGB-Klauseln (vgl BGH NJW 1973, 1194, 1195). Indessen sind diese nach § 309 Nr 5 BGB regelmäßig unzulässig, weil es wegen der Eigenart der Maklerleistung einen typischen Material- und Arbeitsaufwand und damit einen „nach dem gewöhnlichen Lauf der Dinge zu erwartenden Schaden“ nicht gibt. Eine Vertragsstrafe (in oder unterhalb der Provisionshöhe) in AGB-Form scheitert zudem an § 309 Nr 6 BGB, weil sie auf einen Vorgang reagiert, der eine Lösung vom Vertrag im Sinne dieser Vorschrift darstellt (vgl Hamm Rn 1125 aE). Schließlich steht derartigen Abreden die Unzulässigkeit der formularmäßigen Vereinbarung einer erfolgsunabhängigen Provision entgegen (BGH 28. 1. 1987 – IVa ZR 173/85 NJW 1987, 1634, 1635 f; BGH 26. 11. 2020 – I ZR 169/19, NJW-RR 2021, 177 Rn 27). 233

Die Pflicht des Auftraggebers, die Einschaltung anderer Makler zu unterlassen, steht in einem **Gegenseitigkeitsverhältnis** zur Tätigkeitspflicht des Maklers (BGH WM 1973, 682, 683; Gilles ZRP 1979, 265, 272). Daraus folgt, dass der Auftraggeber auch ohne Kündigung des Alleinauftrags seine Unterlassungspflicht nicht erfüllen muss, wenn der Makler seine Bemühungen – aus welchen Gründen auch immer – endgültig einstellt (§ 320 BGB). Deshalb bedarf es nicht des Rückgriffs auf den Gedanken des Rechtsmissbrauchs, um zu verhindern, dass der Makler von anderen Maklern nachgewiesene bzw vermittelte Abschlüsse mit Regressforderungen gegen den Auftraggeber beantwortet (**aA** BGH NJW 1966, 1405, 1406; OLGR Düsseldorf 1993, 221; MünchKommBGB/Althammer § 652 Rn 257 aE). Bei bloß vorübergehender Verhinderung des Maklers ist **§ 616 BGB analog** heranzuziehen. Die Unterlassungspflicht des Auftraggebers bleibt also unberührt, wenn der Makler für eine verhältnismäßig nicht erhebliche Zeit aus persönlichen Gründen keine Bemühungen entfaltet. Im Übrigen bringt es die Eigenart der Maklertätigkeit mit sich, dass vorübergehende Untätigkeit sich nur schwer als Verletzung der Tätigkeitspflicht qualifizieren lässt. Da die Tätigkeitspflicht keinen sinnlosen Aktionismus, sondern Einsatz nach pflichtgemäßem Ermessen des Maklers fordert (vgl Rn 245), scheidet die vorübergehende Untätigkeit zwar nicht de iure, wohl aber de facto als Anknüpfungspunkt für die Annahme einer Verletzung der Tätigkeitspflicht aus. Auch die endgültige Einstellung der Maklertätigkeit entbindet den Auftraggeber nach dem Rechtsgedanken des **§ 326 Abs 2 BGB** dann nicht von der Unterlassungspflicht hinsichtlich der Inanspruchnahme anderer Makler, wenn er diese endgültige **Einstellung provoziert** hat. Hat der Auftraggeber dem Makler zB vor Ablauf der Bindungsfrist (Rn 233) die Aufgabe der Geschäftsabsicht mitgeteilt und schließt er dann gleichwohl aufgrund des Nachweises bzw der Vermittlung eines anderen Maklers den geplanten Hauptvertrag ab, so macht er sich schadensersatzpflichtig. Denn da er selbst die Untätigkeit des Maklers zu vertreten hat, ist seine Unterlassungspflicht analog § 326 Abs 2 BGB bestehen geblieben. 234

235 Das **auftragsähnliche Verhältnis**, das zwischen dem Auftraggeber und dem alleinbeauftragten Makler infolge der Tätigkeitspflicht entsteht (Rn 241), führt **nicht** zu einer **Aufwendungsersatzpflicht des Auftraggebers** (analog § 670 BGB), und zwar gleichgültig, ob der Hauptvertrag zustande kommt oder nicht. Die Tätigkeitspflicht ändert nichts an der (dispositiven) Wertung des § 652 Abs 2 BGB, dass der Makler die Vertragsgelegenheit, die er dem Auftraggeber anbieten will, auf eigene Rechnung (und auf **eigenes Risiko**) beschaffen muss (Vorbem 5 zu §§ 652–656d). Auch beim Alleinauftrag ist das Äquivalent die Hoffnung auf relativ hohen Maklerlohn, nicht die Schadloshaltung durch den Auftraggeber. Wird diese Hoffnung enttäuscht, so hat sich das der Chance entsprechende Risiko verwirklicht, nicht anders als im Fall des einfachen Maklervertrags (**aA** Knieper NJW 1970, 1293, 1299). Erst recht geht es nicht an, wegen der Tätigkeitspflicht den Ersatz der Aufwendungen im engeren Sinne noch unter Rückgriff auf den Rechtsgedanken des § 1877 Abs 3 BGB um eine Vergütung des Arbeitsaufwands anzureichern (dafür Knieper NJW 1970, 1293, 1299). Allenfalls lässt sich ein Aufwendungsersatzanspruch im Wege ergänzender Auslegung des Alleinauftrags begründen, soweit der Makler sich zu konkreten, über die übliche Tätigkeitspflicht hinausgehenden Leistungen verpflichtet und seine Provisionserwartung sich infolge Nichtzustandekommens des Hauptvertrags zerschlagen hat (so OLG Hamm NJW 1973, 1976).

b) Der qualifizierte Alleinauftrag

236 Im Fall des **qualifizierten Alleinauftrags** schuldet der Auftraggeber während der Laufzeit sowohl den Verzicht auf die Konkurrenztätigkeit anderer Makler als auch den auf das Eigengeschäft (vgl Rn 226). Im Gegenzug soll der Makler jedenfalls im Fall der Vereinbarung einer Laufzeit von mehr als einem Jahr zum „Vertrauensmakler" werden, der besonders strengen treuhänderischen Bindungen unterliegt (BGH NJW 1964, 1467; MünchKommBGB/Althammer § 652 Rn 248) – eine Konsequenz, der angesichts der mangelnden Konkretisierbarkeit der Tätigkeitspflicht (Rn 240) schwerlich praktische Bedeutung zukommt. Das Verbot des Eigengeschäfts kann sich sinnvollerweise genauso wenig im Verbot des Hauptvertragsschlusses während der Dauer des Alleinauftrags erschöpfen, wie das Verbot der Einschaltung anderer Makler sich darin erschöpft, den Abschluss des von anderen Maklern nachgewiesenen bzw vermittelten Hauptvertrags während der Dauer des Alleinauftrags zu unterlassen (Rn 231). Der Auftraggeber könnte sich sonst der Pflicht aus dem qualifizierten Alleinauftrag einfach dadurch entziehen, dass er mit dem Abschluss des Hauptvertrags wartet, bis die Reservierung zugunsten des Maklers erloschen ist. Andererseits kann mit dem qualifizierten Alleinauftrag sinnvollerweise auch nicht beabsichtigt sein, den Auftraggeber während der Laufzeit des Alleinauftrags an der Kenntnisnahme und Nutzung geeigneter Vertragsgelegenheiten zu hindern. Denn der Makler will dem Auftraggeber nicht geeignete Vertragsgelegenheiten sperren, sondern einer „Frustrierung" seiner Anstrengungen infolge der Eigeninitiative des Auftraggebers entgegenwirken. Man wird den qualifizierten Alleinauftrag daher im Zweifel so auszulegen haben, dass der Auftraggeber danach während der Laufzeit des Vertrags verpflichtet ist, **Interessenten an den Makler** zu **verweisen** oder doch wenigstens den **Makler** zu den Verhandlungen mit ihnen **hinzuzuziehen**.

237 Im Gegensatz zum normalen Alleinauftrag schützt der qualifizierte Alleinauftrag also das **Veränderungsinteresse des Maklers** über die Sinngrenze des Verbots der Einschaltung anderer Makler hinaus. Wenn der Hauptvertrag am Makler vorbei ge-

schlossen worden ist, schuldet der Auftraggeber als Schadensersatz die volle Provision, es sei denn, der Hauptvertrag wäre bei pflichtgemäßem Verhalten des Auftraggebers nicht zustande gekommen. Dabei wird man nach dem Sinn der Verweisungs- bzw Hinzuziehungspflicht anzunehmen haben, dass der Auftraggeber nicht mit Erfolg einwenden kann, er selbst würde den Hauptvertrag im Falle der Mitwirkung des Maklers wegen der dann anfallenden Provision so nicht geschlossen haben, oder der Interessent würde wegen der dann von ihm zusätzlich angestrebten Abwälzung der Provisionszahlungspflicht nicht mehr einverstanden gewesen sein. Denn die Qualifizierung des Alleinauftrags soll gerade verhindern, dass der Auftraggeber ein Eigengeschäft tätigt, um die Provision zu sparen. Es widerspricht maW dem Schutzzweck der Qualifizierung, das Interesse an Vermeidung der Provision als einen im Rahmen der Schadensfeststellung relevanten Gesichtspunkt anzuerkennen (im Ergebnis ebenso MünchKommBGB/Althammer § 652 Rn 259). Soweit der qualifizierte Alleinauftrag dem Makler wirksam (vgl Rn 238 aE, 247) die **Doppeltätigkeit** gestattet hat, umfasst der Schadensersatzanspruch die entgangene, nach dem gewöhnlichen Lauf der Dinge (§ 252 S 2 BGB) von der Vertragsgegenseite zu erwartende Provision. Auch in dieser Hinsicht ist der Einwand, die Vertragsgegenseite würde den Vertrag im Falle ihrer Provisionspflichtigkeit so nicht abgeschlossen haben, nach dem Schutzzweck der Qualifizierung des Alleinauftrags abgeschnitten.

238 Der Schadensersatzanspruch besteht insgesamt **unabhängig davon, ob der Makler bereits Bemühungen hat entfalten können** oder nicht. Selbst wenn der Auftraggeber die Verweisungs- bzw Hinzuziehungspflicht unmittelbar nach Abschluss des qualifizierten Alleinauftrags verletzt hat, ist das Schadensersatzbegehren **nicht rechtsmissbräuchlich**. Denn der Makler verdient im Fall des qualifizierten Alleinauftrags wie im Fall des einfachen Maklervertrags die Provision nicht als Äquivalent für seine Arbeit, sondern als Teilhabe am Erfolg des Auftraggebers. Freilich unterstreicht diese Konsequenz einmal mehr, dass der qualifizierte Alleinauftrag **im Grunde eine inakzeptable Variante des Alleinauftrags** ist, die kaum der Kontrolle nach § 138 BGB, geschweige denn der Überprüfung nach § 307 BGB standhält. Anstatt – wie es seiner ökonomischen Funktion entspricht – die Leistungsfähigkeit der Märkte zu verbessern, erschwert der Maklervertrag als qualifizierter Alleinauftrag durch Verteuerung den marktwirtschaftlichen Leistungsaustausch. Denn er führt tendenziell dazu, dass Tauschvorgänge („Transaktionen") nicht stattfinden, die ohne ihn (und die damit verbundene Vermehrung der Transaktionskosten) zustande gekommen wären (vgl auch Rn 225).

4. Besondere Pflichten des Maklers beim Alleinauftrag

a) Die sog Tätigkeitspflicht

239 Den Makler trifft während der Laufzeit des (normalen oder qualifizierten) Alleinauftrags eine **Tätigkeitspflicht** (BGH NJW 1966, 1405, 1406; BGH NJW 1967, 198, 199; BGH NJW 1985, 2477, 2478), der er sich auch nicht dadurch entziehen kann, dass er dem Auftraggeber einseitig die Einschaltung anderer Makler freistellt (BGH WM 1987, 1044). Diese Pflicht gilt als so grundlegend, dass sie sich als Äquivalent der Unterlassungspflicht des Auftraggebers sogar der Abdingbarkeit durch Individualabsprache entziehen soll (BeckOGK/Meier [1. 1. 2026] § 652 Rn 399; Hamm Rn 1107; Knieper NJW 1970, 1293, 1298). Sie ist freilich nicht höchstpersönlicher Natur, so dass sich der Makler der Unterstützung durch Erfüllungsgehilfen bedienen darf (OLG Hamm ZMR 2011, 1004, 1006).

Auch wird ihre inhaltliche Bedeutung eher vage umschrieben. Die Rechtsprechung ist über Formulierungen wie die, der Makler müsse sich „rege und intensiv für die Interessen des Auftraggebers einsetzen“ (BGH NJW 1966, 1405, 1406; BGH NJW 1969, 1626; ähnlich BeckOGK/Meier [1. 1. 2026] § 652 Rn 398), er müsse „alles in seinen Kräften Stehende tun“ (OLG Hamm MDR 1957, 36 und dazu einschränkend BGH NJW 1964, 1467, 1468; dem folgend MünchKommBGB/Althammer § 652 Rn 248) oder er müsse „in angemessener Weise tätig werden“ (BGH NJW 1973, 1194; BGH NJW 1985, 2477, 2478), nicht hinausgelangt. Konkrete Konsequenzen hat sie daraus überdies allein in Extremfällen gezogen, insbesondere dort, wo der Makler überhaupt nichts getan hatte (zB BGH NJW 1966, 2008) oder übliche Vermittlungsverfahren nicht angewendet hat (BGH 24. 1. 2019 – I ZR 160/17, NJW 2019, 1596 Rn 31). BGH WM 1969, 861, 863 setzt gar auf statistische Unterlagen und das Urteil von Maklersachverständigen. Das Schrifttum ringt sich zwar zT zu Anforderungskatalogen durch. So soll die generelle Tätigkeitspflicht des Vermittlungsmaklers, der Regelform des alleinbeauftragten Maklers, einschließen, dass er die Unterlagen für den Geschäftsabschluss gewissenhaft prüft, Werbung betreibt (zB durch Inserate in Tageszeitungen), mit Interessenten mit dem Ziel eines für den Auftraggeber möglichst günstigen Ergebnisses verhandelt, den Auftraggeber berät, Besichtigungen veranstaltet, seine eigene Interessentenkartei durch Anschreiben uÄ auswertet, Formulare für den Vertragsabschluss zur Verfügung stellt und ausfüllt etc (Krueger-Doyé 51). Aber auch für diesen Anforderungskatalog ist charakteristisch, dass er sich in der Aufzählung maklertypischer Aktivitäten erschöpft, während es im Streitfall darauf ankommt festzustellen, welches „Paket“ mit welchem Inhalt und in welchem Umfang zu leisten ist.

240 Tatsächlich **entzieht sich** die Maklerleistung **einer näheren Vorausbestimmung kraft Natur der Sache**. Eben deshalb hat der historische Gesetzgeber den Maklervertrag nicht als Austauschvertrag, sondern als einseitigen erfolgsbedingten Vertrag konzipiert (Vorbem 14 zu §§ 652–656d). Zustimmend zitieren die Redaktoren für die erste Kommission zur Ausarbeitung des Entwurfs eines Bürgerlichen Gesetzbuchs Stimmen in der gemeinrechtlichen Literatur, denen zufolge die Tätigkeit des Maklers „eine freie, seinem Ermessen nach Plan und Ausführung überlassene, von seiner Sach-, Orts- und Personenkenntnis abhängige“ ist und daher „weder erzwungen noch in ihren einzelnen Leistungen abgeschätzt werden“ kann (vgl Schubert 757). Kurz zuvor heißt es, wegen der „Unbestimmtheit der übernommenen Bemühungen, welche eigentlich nur durch den Erfolg individuelle Bestimmtheit empfangen können“, sei die Erfüllungsklage „völlig unpraktisch“. Im Kern sei sie schon durch „jeden Nachweis irgendeiner Bemühung in der in Rede stehenden Richtung“ zu Fall zu bringen (vgl Schubert 756). An alledem hat sich bis heute nichts geändert, so dass die Tätigkeitspflicht des Maklers im Rahmen des Alleinauftrags nicht mehr als eine Pflicht zur Tätigkeit **nach pflichtgemäßem Ermessen des Maklers selbst** sein kann (ebenso Krehl 58 ff; zurückhaltend auch Soergel/Engel § 652 Rn 176).

241 Daraus folgt, dass die Verletzung der Tätigkeitspflicht sich im eigentlichen Leistungsbereich auf **offensichtlich unzureichende Bemühungen** beschränkt. Ein Makler, der mit der Vermittlung des Verkaufs eines gewöhnlichen Wohngrundstücks beauftragt ist, wird dem Vorwurf der Verletzung seiner Tätigkeitspflicht im Allgemeinen schon dadurch entgehen, dass er in sinnvollen, dh durch die realistische Erwartung einer wesentlichen Veränderung des Kreises der potenziellen Interessenten bestimmten Zeitabständen Zeitungsinserate aufgibt, mit den Interessenten im Sinne des Auftraggebers verhandelt, uU auch die Abschlussbereitschaft durch Beratung in Finanzierungs- und Steuerfragen fördert. Letzteres setzt freilich voraus, dass der Interessent wegen diesbezüglicher Unkenntnis oder Fehlvorstellung mit seiner Entscheidung für den Vertragsschluss zögert. Überhaupt hängt der Umfang der Tätigkeitspflicht des Maklers wesentlich davon ab, mit welchen Unterstützungswünschen der Auftraggeber oder der Interessent an ihn herantritt und ob er ihnen mit – gemessen an der Höhe und Wahrscheinlichkeit der Provision – **zumutbarem Aufwand** nachkommen kann. Im Übrigen ist der Makler beim Alleinauftrag jedenfalls verpflichtet, dem Kunden über diesem günstige, ihm bekannt gewordene Vertragsgelegenheiten zu informieren, deren Bedingungen zutreffend wiederzugeben, den Kontakt zu möglichen Vertragspartner nicht abreißen zu lassen und diesen die Bedingungen des Kunden zutreffend darzustellen; verletzt er diese Pflichten, haftet er dem Kunden auf Schadensersatz (BGH NJW 2019, 1596, 1598).

b) Auswirkung des Alleinauftrags auf die Nebenpflichten des Maklers

Während der Makler ohne Alleinauftrag nicht auf das Veränderungsinteresse des **242** Auftraggebers und daher nicht zur Förderung des Zustandekommens des Hauptvertrags verpflichtet, sondern dazu nur in seinem Provisionsinteresse (Obliegenheit) angehalten ist (Rn 217), trifft den Makler mit Alleinauftrag doch eine je nach Vorliegen eines einfachen oder qualifizierten Alleinauftrags verschieden intensive (vgl Rn 235) **Förderungspflicht** mit **Konsequenzen für Art und Intensität seiner Aufklärungs-, Beratungs- und Unterlassungspflichten**. So wird man die **Aufklärungspflicht** des Maklers nicht – wie sonst (Rn 232 ff) – auf die ihm bekannten Umstände beschränken, sondern im Rahmen des Zumutbaren darüber hinaus eine **Erkundigungs- und Nachprüfungspflicht** bejahen müssen (**aA** Krueger-Doyé 55). Denn hier handelt es sich nicht mehr um eine bloße Vertrauenshaftung, die sich aus der berechtigten Erwartung des Auftraggebers legitimiert, dass die vom Makler zur Förderung seines Provisionsinteresses gegebenen Informationen wahrheitsgemäß und vollständig sind, sondern um die Erfüllung eines (zumindest konkludenten) vertraglichen Versprechens, das einen Ausgleich für den Verzicht des Auftraggebers auf die Veranstaltung eines Wettbewerbs verschiedener Makler liefern soll. Der Ausfall des **Qualitätswettbewerbs** der Makler, der die Chancen des Auftraggebers auf eine möglichst günstige Vertragsgelegenheit, dh im Fall des Verkaufsauftrags auf einen hohen Preis und einen zahlungsfähigen und -bereiten Kunden verringert, muss nach Treu und Glauben (§ 157 BGB) eine **Qualitätsverpflichtung** des alleinbeauftragten Maklers nach sich ziehen (OLGR Düsseldorf 1997, 158). Das schließt zumindest die Forderung ein, dass der Makler die günstigste ihm bekannte Vertragsgelegenheit nachweist und bis zum Abschluss des Hauptvertrags nachträglich bekannt gewordene günstigere Vertragsgelegenheiten nachschiebt (vgl auch Rn 211). Wie weit die Qualitätsverpflichtung darüber hinaus einen Erkundigungs- und Nachprüfungsaufwand zumutbar macht, entscheiden die Verhältnisse des Einzelfalls. Dabei spielt auch die Höhe der Provision eine Rolle. Die **Beratungspflicht** des alleinbeauftragten Maklers findet wie die des Maklers ohne Alleinauftrag ihre Grenze am Provisionsinteresse; wie dort ist es nicht Sache des Maklers, den Auftraggeber vom Abschluss des ordnungsgemäß vermittelten Hauptvertrags abzuhalten. Der Makler schuldet also insoweit nicht mehr als die „Gebrauchsanweisung" analog den Pflichten des Herstellers eines komplizierten Produkts; die besondere Qualitätsverpflichtung des alleinbeauftragten Maklers wirkt sich insoweit nicht aus (vgl Rn 215). Wohl verstärkt die Förderungspflicht des alleinbeauftragten Maklers die Beratungspflicht hinsichtlich des erzielbaren Kaufpreises

(Rn 214). Unrealistischen (und deshalb das Zustandekommen des Hauptvertrags gefährdenden) Kaufpreisvorstellungen des Auftraggebers/Verkäufers muss der alleinbeauftragte Makler in jedem Fall entgegentreten. Tut er das nicht, so haftet er auf Ersatz des Schadens, der dadurch entsteht, dass der Verkauf sich verzögert (BGH NJW-RR 2000, 432).

243 Der größte Unterschied zwischen den Pflichten des Maklers mit und ohne Alleinauftrag ergibt sich im Hinblick auf die (angebliche) Pflicht, **alles zu unterlassen, was den Abschluss und die Durchführung des Hauptvertrags gefährden könnte** (vgl Rn 217). Die **Förderungspflicht** des alleinbeauftragten Maklers zwingt im Ansatz in der Tat dazu, den alleinbeauftragten Makler – anders als den Makler ohne Alleinauftrag (Rn 217 f) – nicht erst nach dem Zustandekommen des Hauptvertrags, sondern **bereits vorher** zur **Respektierung des Veränderungsinteresses des Auftraggebers** zu verpflichten. BGH WM 1987, 1044, 1045 nimmt in diesem Sinne eine Pflicht des alleinbeauftragten Maklers an, das Objekt des Auftraggebers zumindest solchen Kunden anzubieten, deren Anforderungen es entspricht und die er anderweitig nicht bedienen kann. Freilich ist hier ebenso die Grenze der Zumutbarkeit zu beachten wie im Zusammenhang mit der Annahme von Erkundigungs- und Nachprüfungspflichten. Solange ein Interessent noch nach Alternativen zu dem Angebot des Auftraggebers sucht, darf der alleinbeauftragte Makler sich an dem Nachweis bzw der Vermittlung alternativer Objekte nicht weniger beteiligen als der Makler ohne Alleinauftrag. Es ist ihm nicht zumutbar, das Feld unter solchen Vorzeichen Konkurrenzmaklern zu überlassen. Anders sieht es dagegen von dem Zeitpunkt an aus, in dem der Interessent sich zu dem vermittelten Vertrag mit dem Auftraggeber entschlossen hat. In dem Zeitraum **zwischen Abschluss der Verhandlungen und notarieller Beurkundung** des Grundstückskaufvertrags zB darf der alleinbeauftragte Makler den **Interessenten nicht mehr mit Konkurrenzobjekten konfrontieren**. Zwar ist nicht ausgeschlossen, dass ein anderer Makler den Interessenten auch in diesem Stadium noch umstimmt und das Geschäft verdirbt. Aber dieses Risiko muss der alleinbeauftragte Makler im Interesse seines Auftraggebers in Kauf nehmen. Was BGH WM 1983, 385, 386 zu weitgehend (vgl Rn 217) jedem Makler ansinnt, ist also für den alleinbeauftragten Makler zu akzeptieren. Während der Makler ohne Alleinauftrag lediglich die Obliegenheit hat, das Zustandekommen des Hauptvertrags nicht zu vereiteln (und nach hM bei grobem Verstoß gegen diese Obliegenheit den Provisionsanspruch trotz letztendlichen Zustandekommens des Hauptvertrags verwirkt, BGH WM 1978, 245; krit dazu § 654 Rn 11 f), hat der alleinbeauftragte Makler dem Auftraggeber darüber hinaus einen dem Auftraggeber entstandenen Schaden aufgrund **Pflichtverletzung** (§§ 311 Abs 1, 280 Abs 1 BGB) zu ersetzen (BGH WM 1987, 1044, 1045; zur Vereinbarkeit von Alleinauftrag und Doppelmaklertätigkeit vgl § 654 Rn 5).

c) Alleinauftrag und Auftragsrecht

244 Die Tätigkeitspflicht des alleinbeauftragten Maklers begründet ein **auftragsähnliches Verhältnis**, das die analoge Anwendung einzelner Vorschriften des Auftragsrechts (§§ 662 ff BGB) rechtfertigt (vgl Krueger-Doyé 53 f). Das in § 665 BGB vorausgesetzte Weisungsrecht des Auftraggebers besteht auch gegenüber dem allein beauftragten Makler, es sei denn, die Weisung widerspricht dem (vorrangigen, vgl Rn 215, 242) Interesse an der Sicherung der Provision. **Analog § 666 BGB** hat der Auftraggeber einen Anspruch auf Auskunft und **Rechenschaftslegung**, was vor allem deswegen wichtig ist, weil der Auftraggeber sich nur darüber einen Eindruck von der Art und Weise verschaffen kann, in der der Makler die Tätigkeitspflicht erfüllt (MünchKommBGB/Althammer § 652 Rn 238). Das hilft bis zu einem gewissen Grade einer der Hauptschwächen der Tätigkeitspflicht ab, nämlich der, dass der Auftraggeber dem Makler nur schwer mangelnden Einsatz nachzuweisen vermag (Krueger-Doyé 54). Die Rechenschaftspflicht des allein beauftragten Maklers spielt insbesondere eine Rolle für die Möglichkeit einer **Kündigung** des Alleinauftrags durch den Auftraggeber **aus wichtigem Grund** (Rn 229). Ist der Hauptvertrag zustande gekommen, so kann der Auftraggeber trotz seiner Provisionszahlungspflicht uU wegen einer dank des Anspruchs auf Rechenschaftslegung erkennbaren Verletzung der Tätigkeitspflicht **Schadensersatz** verlangen, zB dann, wenn der Makler einen zu einem höheren Preis abschlussbereiten anderen Interessenten durch ein Verhalten abgeschreckt hat, das auch unter Berücksichtigung des Ermessensspielraums des Maklers und seiner legitimen Eigeninteressen (vgl Rn 243) als pflichtwidrig eingestuft werden muss. Verstreicht die Laufzeit des Alleinauftrags, ohne dass ein Hauptvertrag abgeschlossen wird, so kann im Falle einer nicht pflichtgemäßem Ermessen entsprechenden Tätigkeit des Maklers ein Schadensersatzanspruch des Auftraggebers auch **wegen zwischenzeitlicher ungünstiger Marktentwicklung** begründet sein. Gerade der für das Maklerwesen besonders wichtige Immobilienmarkt hat in der Vergangenheit innerhalb kurzer Zeiträume erhebliche Veränderungen erlebt. Freilich kann der Hilfsanspruch auf Rechenschaftslegung nicht effektiver sein als der Hauptanspruch auf angemessene Tätigkeit. Die Schwäche des Hauptanspruchs (Rn 240 f) erstreckt sich notwendig auf den Hilfsanspruch.

d) Pflichten des Maklers nach Beendigung des Alleinauftrags

Da die Tätigkeitspflicht **mit der Beendigung des Alleinauftrags** aufhört, hat der Makler von diesem Zeitpunkt an **keine Förderungspflicht mehr**. Wohl gibt es **nachwirkende Schutz- und Erhaltungspflichten**. Namentlich besteht die Verschwiegenheitspflicht hinsichtlich der im Zusammenhang mit dem Alleinauftrag in Erfahrung gebrachten geheimhaltungsbedürftigen Tatsachen fort (missverständlich OLG Düsseldorf AIZ 1991 H 3 A 114 Bl 12). Verstöße führen zur **Schadensersatzpflicht** aus Pflichtverletzung (culpa post pactum finitum, vgl BeckOGK/Herresthal [1. 3. 2025] § 311 Rn 519 ff). Keine geheimhaltungsbedürftige Tatsache in diesem Sinne ist die Vertragsbereitschaft des Auftraggebers. Deswegen darf der Makler nach Ende des Alleinauftrags seine Kenntnis davon verwerten, indem er mit einem Interessenten einen Maklervertrag abschließt und diesem den früheren Auftraggeber provisionspflichtig als Vertragsgegner nachweist (OLG Düsseldorf NJW-RR 1990, 372). Entgegen einem obiter dictum des OLG Düsseldorf (NJW-RR 1990, 372) ändert sich dieses Ergebnis nicht schon dadurch, dass der Auftraggeber dem Makler einseitig einen derartigen Gebrauch der durch den Alleinauftrag (oder sonstigen Maklervertrag) erworbenen Kenntnis untersagt. Die Verfügung über die Kenntnis von Vertragsgelegenheiten enthält keinen Eingriff in rechtlich geschützte Interessen der vertragsbereiten Personen, deren Rechtmäßigkeit der Einwilligung der Betroffenen bedürfte. Vielmehr ist sie ein gemeinfreies Gut, das jedermann sich aneignen und ausnutzen darf (Rn 3). Will der Auftraggeber verhindern, dass der Makler nach Ende des Maklervertrags (Alleinauftrags) in Konkurrenz zu ihm selbst weiterhin Vertragsinteressenten sucht (was sinnvoll sein kann, um eine Verschlechterung der eigenen Verhandlungsposition durch die Belastung der Interessenten mit der Provisionszahlungspflicht zu vermeiden), so muss er das im Maklervertrag (Alleinauftrag) besonders vereinbaren (vgl auch schon Rn 219). 245

X. Die Grenzen der Vertragsfreiheit im Maklerrecht

1. Die Abdingbarkeit des gesetzlichen Maklerrechts durch Individualabrede

a) Problematik

246 Im Schuldrecht gilt (Abschluss- und) Inhaltsfreiheit. Insbesondere existiert **kein numerus clausus der Vertragstypen**. Im dogmatischen Ansatz folgt daraus, dass Nachweis- und Vermittlungstätigkeiten nicht unbedingt aufgrund eines Maklervertrags erbracht werden müssen. Vielmehr können sie im Prinzip auch Gegenstände von Dienst- oder Werkverträgen sein (vgl Vorbem 14 ff zu §§ 652–656d). Ferner lässt sich der Maklervertrag als Rechtsgrund von Nachweis- und Vermittlungstätigkeiten durch atypische Elemente anreichern, so dass – wie im Fall des Alleinauftrags (vgl Vorbem 11 ff zu §§ 652–656d und Rn 225 ff) – ein eigener Untertypus des Maklervertrags entsteht. Dass es gleichwohl Probleme mit der Inhaltsfreiheit im Maklerrecht gibt, wurzelt in den Eigenarten **der Nachweis- und Vermittlungstätigkeit**, die schon den historischen BGB-Gesetzgeber veranlasst haben, statt des dem wirtschaftlichen Charakter des Verhältnisses von Makler und Auftraggeber entsprechenden Austauschvertrags den einseitig verpflichtenden erfolgsbedingten Vertrag der §§ 652 ff BGB vorzusehen. Wenn dem Versprechen des Bemühens, dass ein Dritter eine Handlung vornehme, die **Bestimmbarkeit des Leistungsinhalts** fehlt (Schubert 756; vgl auch Rn 240), so drängt das nicht allein auf einen besonderen, vom Dienstvertrag abgehobenen Vertragstypus, sondern überhaupt auf die Unzulässigkeit eines Dienstvertrags über Nachweis- bzw Vermittlungstätigkeiten. Denn ein Leistungsversprechen muss einmal aus prozessrechtlichen Gründen inhaltlich bestimmbar sein, um als rechtlich verbindlich anerkannt zu werden (vgl MünchKommBGB/Bachmann § 241 Rn 15). Zum anderen droht ein Konflikt mit § 138 BGB, ist doch ein Vertrag, in dem die eine Partei ein Entgelt und die andere ein undefinierbares Bemühen zusagt, alles andere als ausgewogen (Vorbem 16 zu §§ 652–656d). Und wenn der Werkvertrag für die Nachweis- bzw Vermittlungstätigkeit nicht passt, weil er den Auftraggeber der Gefahr aussetzt, etwas für ihn völlig Wertloses bezahlen zu müssen (Vorbem 17 zu §§ 652–656d), so ist auch das nicht bloß ein Argument für einen Vertragstypus, der dem Auftraggeber die Entschließungsfreiheit bis zum Abschluss des nachgewiesenen bzw vermittelten Hauptvertrags erhält. Vielmehr wird der Werkvertrag über Nachweis- bzw Vermittlungstätigkeiten dadurch als ein Rechtsgeschäft charakterisiert, das auf der Seite des Auftraggebers ein Mindestmaß vernünftiger Wahrnehmung seines Eigeninteresses vermissen lässt und daher ebenfalls unter dem **Verdacht der Sittenwidrigkeit** (§ 138 Abs 1, 2 BGB) steht (Eggert 33). Der Vorbehalt gegen Dienst- und Werkverträge über Nachweis- bzw Vermittlungstätigkeiten strahlt aus auf das Urteil über atypische Elemente im Maklervertrag, soweit dadurch die Interessenlage – wie im Fall des qualifizierten Alleinauftrags (vgl Rn 231, 243) – an diejenige von Dienst- bzw Werkverträgen über Nachweis- bzw Vermittlungstätigkeiten heranrückt (grundsätzlich anders MünchKommBGB/Althammer § 652 Rn 7, 261).

b) Der Standpunkt der hM

247 Der **BGH** hält sich freilich bei der Annahme der Sittenwidrigkeit von Dienst- bzw Werkverträgen über Nachweis- bzw Vermittlungstätigkeiten sehr zurück (Einzelheiten Rn 51 ff). In der für den Standpunkt des BGH repräsentativen Entscheidung BGHZ 87, 309 weist der seinerzeit für das Maklerrecht zuständige IVa-Senat die Ansicht der Vorinstanz zurück, der Makler habe in dem zu beurteilenden Eheanbahnungsdienst-

vertrag als Gegenleistung für den nicht unerheblichen Betrag von mehr als 4.000 DM lediglich eine nach Art und Umfang seinem Ermessen anheimgegebene Tätigkeit versprochen, so dass der Vertrag wegen groben Missverhältnisses zwischen Leistung und Gegenleistung sittenwidrig sei. Nach Auffassung des Senats lässt sich durchaus feststellen, welchen Umfang die Tätigkeit eines (Ehe-)Maklers erreichen muss, um **„mit hoher Wahrscheinlichkeit"** (!) den beabsichtigten Erfolg herbeizuführen. Das Gericht soll auf diese Weise in der Lage sein zu ermitteln, wie viele Inserate der Ehemakler aufzugeben hat, wie viele Partnervorschläge er zu machen hat und welche Bemühungen sonst von ihm erwartet werden können. Darüber hinaus will der Senat für § 138 Abs 1 BGB nicht schon das grobe Missverhältnis von Leistung und Gegenleistung genügen lassen, sondern zusätzlich ein subjektives Moment verlangen, das sich nicht im Wissen um das grobe Missverhältnis erschöpft. Folgerichtig erkennt die Rechtsprechung **Maklerdienst- und Maklerwerkverträge** in der Regel ebenso an wie individuell vereinbarte Abweichungen von dem (durch die Abhängigkeit des Provisionsanspruchs vom Zustandekommen des beabsichtigten Hauptvertrags mit einem Dritten, der Kausalität der Maklertätigkeit für dieses Zustandekommen und der Abschlussfreiheit des Auftraggebers geprägten) Leitbild des Maklervertrags (ua BGH WM 1968, 1148; BGH NJW 1971, 1133, 1135; BGH NJW 1976, 2345, 2346).

Das Schrifttum stimmt dem durchgängig zu. Kritik richtet sich nicht gegen die großzügige Zulassung von Individualvereinbarungen, sondern gegen die Tendenz der Rechtsprechung, Abweichungen vom dispositiven Maklerrecht durch AGB weitgehend zu unterbinden (repräsentativ Hamm Rn 1025 ff; MünchKommBGB/Althammer § 652 Rn 7, 261; krit auch Thomale JZ 2012, 716, 721). Indes erscheinen die Prämissen der Rechtsprechung problematisch: Die Vorstellung, es gebe **Erfahrungswerte** („hohe Wahrscheinlichkeit") für den zum Nachweis- oder Vermittlungserfolg in Immobilienangelegenheiten oder gar in so höchstpersönlichen Angelegenheiten wie der Ehepartnersuche erforderlichen Arbeitsaufwand, hält schwerlich einer kritischen Überprüfung stand (vgl Vorbem 16 zu §§ 652–656d). Die Forderung eines das grobe Missverhältnis von Leistung und Gegenleistung transzendierenden subjektiven Moments entspricht zwar den Voraussetzungen der sog **Umstandssittenwidrigkeit**. Doch ist sehr zweifelhaft, ob nicht Teile der einschlägigen Vertragspraxis unter die sog **Inhaltssittenwidrigkeit** fallen, für die ein Bewusstsein der Sittenwidrigkeit und eine Schädigungsabsicht entbehrlich sind (vgl Grüneberg/Ellenberger § 138 Rn 7 f). So ist etwa die erfolgsunabhängige Provision schon in den Materialien mit der bezeichnenden Begründung verworfen worden, sie widerspreche der „Natur des Mäklergeschäfts und ... allgemeinem Brauche" (Schubert 757). Die gedankliche Nähe des Verdikts zum „Verstoß gegen das Anstandsgefühl aller billig und gerecht Denkenden" (RGZ 78, 124), durch den die ständige Rechtsprechung die Sittenwidrigkeit umschreibt, liegt auf der Hand. 248

2. Die Abdingbarkeit des gesetzlichen Maklerrechts in Formularverträgen und AGB

a) Der Meinungsstand im Grundsätzlichen

Formularmaklerverträge und die den Maklerverträgen beigefügten AGB unterliegen der gerichtlichen **Inhaltskontrolle** nach den §§ 307–309 BGB. Diese Inhaltskontrolle erstreckt sich auf die Einmalverwendung vorformulierter Vertragsinhalte, wenn der Makler Unternehmer (§ 14 BGB) und der Auftraggeber Verbraucher (§ 13 BGB) ist. Sie ist für die Rechtsprechung schon vor dem Inkrafttreten des (durch die Schuld- 249 rechtsreform in das BGB integrierten) AGBG ein Instrument zur Durchsetzung eines beschränkten (dh unter dem Vorbehalt abweichender Individualvereinbarungen stehenden) Typenzwangs für entgeltliche Nachweis- bzw Vermittlungstätigkeiten geworden (vgl BGH NJW 1971, 1133; BGH NJW 1973, 990). Unter Berufung auf die Verbindlichkeit des gesetzlichen Leitbildes des Maklervertrags (§ 307 Abs 2 Nr 1 BGB) hat der BGH nicht individuell vereinbarte Klauseln in Formularverträgen und AGB durchgängig kassiert, sobald sie die Grundgedanken der §§ 652 ff BGB, namentlich die Grundsätze der Abhängigkeit des Provisionsanspruchs vom Zustandekommen des Hauptvertrags mit einem Dritten, der Kausalität der Maklertätigkeit dafür und der Freiheit des Auftraggebers bei der Entscheidung über den Abschluss des Hauptvertrags beeinträchtigten (vgl MünchKommBGB/Althammer § 652 Rn 267; ausführlich Michalski NZM 1998, 209 ff). Die Zulassung von Dienst- und Werkverträgen über Nachweis- bzw Vermittlungstätigkeiten (Rn 247) hat den BGH gezwungen, sich mit der Frage auseinanderzusetzen, ob die Vertragsparteien nicht, gerade weil sie durch Formularvertrag oder AGB die Abhängigkeit des Provisionsanspruchs vom Zustandekommen des Hauptvertrags, die Kausalität der Maklertätigkeit dafür und/oder die Entschließungsfreiheit des Auftraggebers hinsichtlich des Abschlusses des Hauptvertrags abbedingen, statt eines Maklervertrags einen Dienst- oder Werkvertrag eingehen, so dass für die Inhaltskontrolle nach § 307 Abs 2 Nr 1 BGB gar **nicht das Leitbild der §§ 652 ff BGB, sondern das der §§ 611 ff BGB oder das der §§ 631 ff BGB maßgeblich** ist. Die Rechtsprechung löst das Problem, indem sie **an die Berechnung des Entgelts anknüpft**. Mit der Entscheidung für die auf den Wert des Vertragsgegenstands bezogene Provision soll sich der Makler unter das Leitbild der §§ 652 ff BGB stellen (BGH 5. 6. 2025 – I ZR 160/24, NJW 2025, 2395 Rn 21 ff; BGH 20. 11. 2025 – I ZR 60/25, NJW-RR 2026, 365 Rn 27 ff); das Leitbild der §§ 611 ff BGB soll erst durch die nach Zeitaufwand oder Zeitabschnitten bemessene Vergütung erschlossen werden (BGH WM 1987, 471, 473). Dies bedeutet insbesondere, dass Honorarvereinbarungen nicht nach § 307 Abs 3 BGB kontrollfrei sind und dementsprechend etwa auch die Vereinbarung einer wiederkehrenden Provision bei der Vermittlung eines mehrjährigen Kredits (BGH 20. 11. 2025 – I ZR 60/25, NJW-RR 2026, 365 Rn 32, wo über die Frage aber nicht abschließend entschieden wurde) der AGB-Kontrolle unterliegt.

250 Dem ist insofern zuzustimmen, als es in der Tat darauf ankommen muss, wofür nach dem Willen der Vertragsparteien das Entgelt gezahlt werden soll. Soll es Teilhabe an dem Vorteil sein, den der Makler dem Auftraggeber verschafft hat, so ist das Leitbild der §§ 652 ff BGB unvermeidbar. Denn ohne Zustandekommen des Hauptvertrags gibt es keinen beteiligungsfähigen Vorteil des Auftraggebers, ohne eine dafür kausale Nachweis- oder Vermittlungsleistung keinen wesentlichen Beitrag des Maklers dazu und ohne die Abschlussfreiheit des Auftraggebers keine Gewähr dafür, dass das Zustandekommen des Hauptvertrags ihm wirklich einen Vorteil bringt, der für ihn die Provision wert ist (Vorbem 2 f zu §§ 652–656d). Die erfolgsabhängige (Nachweis- oder Vermittlungs-)Vergütung ist daher Folge der Entscheidung der Vertragsparteien dafür, die Höhe der Vergütung nicht am Aufwand des Maklers, sondern am Nutzen des Auftraggebers zu orientieren (Leitbild des Maklervertrags). Man kann nicht dadurch dem Leitbild des Maklervertrags entgehen, dass man die am Nutzen des Auftraggebers orientierte Vergütung auch der Höhe nach für den Fall vorsieht, dass der Nutzen ausbleibt. Richtig ist auch, dass die geschäftswertbezogene Provision nur als Teilhabe an dem vom Makler geschaffenen Vorteil des Auftraggebers verstanden werden kann. Denn sie hat nicht den Bezug zum Aufwand für die Beschaffung der Vertragsgelegenheit, den das Verständnis als Dienst- oder Werklohn erfordert. Es überzeugt deshalb nicht, wenn die Rechtsprechung kritisiert wird, weil sie den Alleinauftrag am Leitbild der §§ 652 ff BGB misst. In dem leitbildprägenden Punkt, der Entlohnung des Maklers für seinen Beitrag zu einem Vorteil des Auftraggebers durch Teilhabe an diesem, stimmt der Alleinauftrag mit dem gesetzestypischen Maklervertrag überein (gegen MünchKommBGB/Althammer § 652 Rn 7; Hamm Rn 1036). Dementsprechend ist auch der Ansicht nicht zu folgen, die AGB-Kontrolle müsse statt auf § 307 Abs 2 Nr 1 auf § 307 Abs 2 Nr 2 BGB gestützt werden (MünchKommBGB/Althammer § 652 Rn 261). Da der Alleinauftrag die gleiche Risikostruktur wie der Maklervertrag hat, können die Ergebnisse der AGB-Kontrolle nach § 307 Abs 2 Nr 2 BGB nicht anders sein als die der AGB-Kontrolle nach § 307 Abs 2 Nr 1 BGB. Schwierigkeiten bereitet die Leitbildabgrenzung nach BGH WM 1987, 471 (473) deswegen, weil die geschäftswertbezogene Provision nicht nur als Prozentsatz oder Bruchteil des Geschäftswerts, sondern auch als Festbetrag versprochen sein kann. Soweit nicht die Höhe des Betrags und der Umfang des Aufwands die Annahme eines aufwandsbezogenen Entgelts ausschließen, bleibt dann nichts anderes übrig, als sich der Mittel zu bedienen, mit denen man auch sonst dem Text nach offene Verträge auslegt.

Unberechtigt ist die Kritik, die Rechtsprechung bewerte **jede Abweichung vom dispositiven Gesetzesrecht der §§ 652 ff BGB als einen Verstoß gegen wesentliche Grundgedanken im Sinne des § 307 Abs 2 Nr 1 BGB** (so Hamm Rn 1032 f). Mehrere Entscheidungen des BGH widersprechen dem ausdrücklich. So billigt BGH WM 1987, 471, 473 eine AGB-Klausel über die Aufwendungsersatzpflicht des Auftraggebers, obwohl § 652 Abs 2 BGB die Nichtersatzfähigkeit der Aufwendungen nach dispositivem Gesetzesrecht besonders herausstreicht. BGH WM 1987, 632, 633 hält sogar den Grundsatz, dass die Provisionszahlungspflicht des Auftraggebers das Zustandekommen des beabsichtigten Hauptvertrags voraussetzt, für durch AGB-Klausel korrigierbar, soweit darin die Provisionszahlungspflicht für den Fall der unbefugten Weitergabe der Maklerinformation an einen Dritten und Abschluss des Hauptvertrags durch diesen vorgesehen ist. In beiden Entscheidungen bejaht der BGH die Vereinbarkeit der Klauseln mit dem Gerechtigkeitsgehalt der §§ 652 ff BGB, indem er ihre Angemessenheit darlegt und damit den Anspruch des abweichenden dispositiven Gesetzesrechts relativiert. 251

Methodisch ist ein solches Vorgehen problematisch, kehrt es doch die von § 307 Abs 2 Nr 1 BGB intendierten Verhältnisse um: Nicht das dispositive Gesetzesrecht liefert den Maßstab für das Urteil über die Angemessenheit der Klausel, sondern das in freihändiger Interessenabwägung gewonnene Urteil über die Angemessenheit schränkt die Verbindlichkeit des dispositiven Gesetzesrechts als Gerechtigkeitsmaßstab ein. Überzeugender wäre es wohl gewesen, **die in den §§ 652 ff BGB vorausgesetzte Interessenlage mit der von der AGB-Klausel geregelten zu vergleichen** und bei den vorhandenen oder nicht vorhandenen Besonderheiten der letzteren anzusetzen. Auf diese Weise wäre man für den Fall BGH WM 1987, 632, 633 zum gleichen Ergebnis gelangt wie der BGH; denn die AGB-Klausel, dass der Auftraggeber im Falle einer Nutzung der Information durch Dritte infolge seiner Indiskretion zur Zahlung der Provision verpflichtet ist, stellt gar kein erfolgsunabhängiges Lohn-, sondern ein von § 309 Nr 6 BGB nicht erfasstes Vertragsstrafeversprechen dar. Schwerer tut man sich mit BGH WM 1987, 471, 473. Wer mit der hier vertretenen Ansicht den Maklervertrag als beschaffungskaufähnlichen Vertrag auffasst, muss § 652 Abs 2 BGB folge- 252 richtig als wesentlichen Bestandteil des Leitbilds der §§ 652 ff BGB verstehen, nämlich als konsequenten Ausdruck der gesetzgeberischen Entscheidung, die Beschaffung der (dem Auftraggeber zum entgeltlichen Erwerb angebotenen) Vertragsgelegenheit als eigenes Geschäft des Maklers zu behandeln (Vorbem 4 zu §§ 652–656d). Danach hätte der BGH für die Vereinbarung des Aufwendungsersatzanspruchs die individualvertragliche Vereinbarung fordern müssen. Anders sieht es aus, wenn man mit der hM den Maklervertrag als Geschäftsbesorgungsvertrag einstuft. Dann kann man § 652 Abs 2 BGB nur als entstehungsgeschichtliche Zufälligkeit (vgl Schubert 760 f) begreifen, deren Korrektur durch AGB das Leitbild des Maklervertrags nicht stört, sondern im Gegenteil stimmiger macht. Entsprechend begegnet die AGB-Regelung keinen Bedenken. Freilich spricht die Notwendigkeit, das Leitbild unter Ausklammerung gesetzlicher Vorschriften zu bestimmen, einmal mehr gegen das herrschende Verständnis des Maklervertrags als eines Geschäftsbesorgungsvertrags.

b) Typische Klauseln in Makler-AGB

aa) Vorkenntnisklauseln

253 Die Rechtsprechung hat sich bereits mit einer Reihe typischer Klauseln in Makler-AGB beschäftigt.

Weit verbreitet sind einmal die sog **Vorkenntnisklauseln**, die dem Auftraggeber die Obliegenheit auferlegen, seine Vorkenntnis von einer durch den Makler nachgewiesenen Vertragsgelegenheit innerhalb einer bestimmten Frist anzuzeigen, widrigenfalls die Berufung auf die Vorkenntnis ausgeschlossen sein soll. Der BGH wertet sie als Regelungen, die „das zum gesetzlichen Typus des Maklervertrags gehörende Merkmal der Ursächlichkeit zwischen der Nachweistätigkeit des Maklers und dem vom Auftraggeber vorgenommenen Vertragsabschluss abbedingen" (NJW 1976, 2345, 2346; wohl auch schon BGH NJW 1962, 2099; BGH NJW 1971, 1133, 1135). Diese Formulierung ist zwar insofern bedenklich, als sie wegen der Vorkenntnis mangelnde Kausalität zwischen der Maklertätigkeit und dem Zustandekommen des Hauptvertrags unterstellt, während die Vorkenntnis richtiger Ansicht nach bereits den Nachweis ausschließt (vgl Rn 31), aber ihre Konsequenz ist unabhängig davon eindeutig: Da die Vorkenntnisklausel danach den Auftraggeber zur Provisionszahlung ohne Gegenleistung (= Nutzen der Maklertätigkeit) verpflichtet, **verstößt** sie nicht nur gegen **einen**, sondern sogar gegen **den** Grundgedanken der §§ 652 ff BGB; sie ist demnach gemäß § 307 Abs 2 Nr 1 BGB unwirksam (BGH NJW 1971, 1133, 1135; BGH NJW 1976, 2345, 2346; OLG Hamm 9. 12. 2021 – 18 U 68/20, NZM 2022 Rn 31; vgl auch LG Berlin WRP 2019, 1512, 1513); offen bleibt allein der Weg über die Individualabsprache (OLG München OLGZ 1978, 444, 448 f). Selbst die von OLG Düsseldorf MDR 1971, 844 noch offengelassene Frage, ob die Klausel nicht als Beweislastregel aufrechterhalten werden kann, ist heute zu verneinen. Eine sog geltungserhaltende Reduktion von AGB-Klauseln scheidet nach der Rechtsprechung des BGH aus (BGHZ 96, 18, 25; grundlegend Ulmer NJW 1981, 2025 ff).

254 In der Literatur (Hamm Rn 1051; Siegers NJW 1968, 2011 f; Kubisch NJW 1969, 53; Knieper NJW 1970, 1293, 1297; Werner NJW 1971, 1924, 1925) und in der Instanzrechtsprechung vor 1971 (OLG Köln NJW 1968, 2011; LG Frankfurt NJW 1970, 431) wird die Vorkenntnisklausel ganz überwiegend als Anordnung einer **prozessualen Vermutung** angesehen. Als ihre Funktion gilt die Milderung der Beweisnot, mit der ein Makler konfrontiert ist, wenn ihm die Darlegung und der Beweis fehlender Vorkenntnis angesonnen werden. So-

weit damit eine **widerlegbare Vermutung** gemeint ist (Siegers NJW 1968, 2011, 2012; Kubisch NJW 1969, 53; Knieper NJW 1970, 1293, 1297; Werner NJW 1971, 1924, 1925), ist der Nutzen des Maklers offenbar gering. Denn eine Vermutung gegen die Vorkenntnis ergibt sich jedenfalls bei einem engen sachlichen und zeitlichen Zusammenhang zwischen Nachweistätigkeit und Zustandekommen des Hauptvertrags bereits unabhängig von der Vorkenntnisklausel aus den Grundsätzen über den Anscheinsbeweis (vgl Rn 33). Zwar gibt es noch einen Qualitätsunterschied zwischen der prima facie-Vermutung und einer echten Umkehr der Beweislast. Insbesondere schützt die Umkehr der Beweislast den Makler davor, dass der Auftraggeber durch den Nachweis atypischer Umstände (zB ein Privatinserat des Vertragspartners in der vom Auftraggeber abonnierten Lokalzeitung) den ersten Anschein fehlender Vorkenntnis zerstört und dadurch den Makler wieder voll beweispflichtig macht (vgl Werner NJW 1971, 1924). Auch mag sie das Risiko ausschließen, dass das Gericht im Einzelfall den für den Rückgriff auf Anscheinsbeweisgrundsätze erforderlichen sachlichen und zeitlichen Zusammenhang zwischen Nachweistätigkeit und Hauptvertragsschluss verneint. Daher erscheint es übertrieben, wenn der BGH meint, der Makler erlange durch eine sich in der Anordnung einer widerlegbaren Vermutung erschöpfende Vorkenntnisklausel „keine günstigere Rechtsstellung, als er sie ohnehin hat" (NJW 1971, 1133, 1135). Aber das eigentliche Anliegen, das der Makler mit der Vorkenntnisklausel verfolgt, nämlich das, nach Ablauf der Erklärungsfrist über das Fehlen der Vorkenntnis nicht mehr streiten zu müssen, wird durch das Verständnis als einer widerlegbaren Vermutung – insoweit ist dem BGH zuzustimmen – nicht befriedigt. Wer dieses Verständnis vertritt, nimmt eine unzulässige geltungserhaltende Reduktion vor (vgl Rn 253 aE). Soweit eine **unwiderlegbare Vermutung** angenommen wird (Hamm Rn 1051; OLG Köln NJW 1968, 2011), ist dem schon entgegenzuhalten, dass die Einschränkung des materiellrechtlichen Erfordernisses des Vorliegens eines (kausalen) Nachweises dadurch nicht verändert, sondern lediglich mit einem gefälligeren dogmatischen Etikett überklebt wird. Ob man die fehlende Vorkenntnis als materiellrechtliche Voraussetzung des Provisionsanspruchs eliminiert oder die Berufung auf sie im Rechtsstreit ausschließt, bleibt sich in der Sache gleich. Entsprechend können auch die rechtlichen Anforderungen nicht verschieden sein. Wenn die materiellrechtliche Einschränkung gegen **wesentliche Grundgedanken der §§ 652 ff BGB** verstößt, dann trifft das notwendig auch für die unwiderlegbare Beweisvermutung zu (richtig BGH NJW 1971, 1133, 1135).

Den Vorzug verdient weder die These von der materiellrechtlichen Veränderung der Anspruchsvoraussetzungen (Rn 253) noch die von der (widerlegbaren oder unwiderlegbaren) Vermutung (Rn 254), sondern eine dritte Ansicht. Danach legt die Vorkenntnisklausel der Nichtanzeige der Vorkenntnis innerhalb der bestimmten Frist den Erklärungswert eines **deklaratorischen Anerkenntnisses** bei, das die Frage der fehlenden oder vorhandenen Vorkenntnis der Maklervertragsparteien endgültig ihrem Streit entrückt (vgl auch KG AIZ 1981 H 9 A 110 Bl 16). Eine solche Regelung weicht nicht von den §§ 652 ff BGB ab, sondern ergänzt sie um die dort gar nicht angesprochene Klärung der Frage, welche Bedeutung das **Verhalten des Auftraggebers** nach der Nachweistätigkeit des Maklers für die Zulässigkeit der Berufung auf Vorkenntnis in einem späteren Prozess hat. Das gesetzliche Leitbild des Maklervertrags wird dadurch genauso wenig tangiert, wie es das gesetzliche Leitbild des Kaufvertrags in Frage stellt, wenn etwa außerhalb des Handelsverkehrs durch AGB Rügeobliegenheiten nach dem Vorbild des § 377 HGB statuiert werden. § 307 BGB wird also nicht verletzt 255 (ebenso MünchKommBGB/Althammer § 652 Rn 211, 240). Wohl aber ist § 308 Nr 5 BGB zu beachten. Danach muss die Vorkenntnisklausel dem Auftraggeber für die Anzeige der Vorkenntnis eine **angemessene Frist** einräumen, die unter normalen Verhältnissen wohl wenigstens drei Tage beträgt (vgl OLG Köln MDR 1970, 844). Ferner muss der Makler sich in den AGB die Pflicht auferlegen, den Auftraggeber mit der Bekanntgabe der Vertragsgelegenheit auf die Anzeigeobliegenheit und die Folge ihrer Verletzung besonders hinzuweisen, und diese Pflicht auch erfüllen. Selbstverständlich ist, dass nur das Unterlassen der **möglichen und zumutbaren Anzeige** als deklaratorisches Anerkenntnis gewertet werden kann. Wo kraft Vereinbarung oder Verkehrssitte bzw Handelsbrauch die Verletzung einer Erklärungsobliegenheit an die Stelle einer positiven Willenserklärung tritt, ist stets die schuldhafte Obliegenheitsverletzung gemeint. Die Vorkenntnisklausel versagt deshalb, soweit der Provisionsanspruch des Maklers daran anknüpft, dass eine mit dem Auftraggeber wirtschaftlich identische Person oder Institution den Hauptvertrag geschlossen hat (vgl Rn 83). Man kann dem Auftraggeber nicht zurechnen, dass er die ihm unbekannte Vorkenntnis seiner Ehefrau oder „seines“ GmbH-Geschäftsführers nicht rechtzeitig angezeigt hat (Hamm Rn 1052; offengelassen in BGH NJW 1976, 2345, 2346 im Hinblick auf entsprechende Individualvereinbarungen). Weitere Einschränkungen folgen aus dem Sinn des deklaratorischen Schuldanerkenntnisses. Da es sich allein auf den Fall des Streits zwischen Makler und Auftraggeber über das Fehlen oder Vorhandensein der Vorkenntnis bezieht, erlaubt es dem Makler schon von seinem Geltungsanspruch her nicht die erfolgreiche Durchsetzung des Provisionsanspruchs auch **bei unstreitiger Vorkenntnis** des Auftraggebers. Des Rückgriffs auf das Verbot des Rechtsmissbrauchs bedarf es dafür nicht (**aA** Hamm Rn 1051; OLG Köln NJW 1968, 2011). Eine Anwendung der §§ 308 Nr 5 und 309 Nr 12b BGB (dazu Hamm Rn 1052) kommt bei Annahme eines deklaratorischen Schuldanerkenntnisses von vornherein nicht in Betracht.

bb) Rückfrageklauseln

256 Als der Vorkenntnisklausel verwandt gilt die **Rückfrageklausel**, die dem Auftraggeber die Obliegenheit auferlegt, vor dem Abschluss des Hauptvertrags bei dem Makler zu erfragen, ob dieser den Vertragspartner zugeführt hat. Das heutige Schrifttum beurteilt sie überwiegend in Analogie zur Vorkenntnisklausel (Hamm Rn 1055 f; Soergel/Engel § 652 Rn 156); frühere Rechtsprechung, die die Rückfrageklausel für wirksam erachtet hat (OLG Nürnberg AIZ 1965, 77; OLG Karlsruhe OLGZ 1967, 134), ist – so heißt es – durch die Entwicklung der Rechtsprechung zur Vorkenntnisklausel (Rn 253) überholt. Demgegenüber ist zu differenzieren. Die Rückfrageobliegenheit als solche bedeutet lediglich, dass der Auftraggeber sich nicht auf das Fehlen eines ordnungsgemäßen Nachweises mangels Mitteilung über die Zuführung des Interessenten (vgl Rn 41) berufen kann. Insoweit muss sie auch in AGB vorgesehen werden können, gilt sie doch je nach Lage des Einzelfalls sogar ohne besondere Regelung nach Treu und Glauben mit Rücksicht auf die Verkehrssitte (§ 157 BGB) als vereinbart (vgl OLG München NJW 1968, 894). Auf einem ganz anderen Blatt steht, ob die Verletzung der Rückfrageobliegenheit kraft AGB-Klausel den **Einwand der Vorkenntnis** zur Abwehr der Provisionsforderung des Maklers **abschneiden** kann. Das ist eindeutig zu verneinen. Das Unterlassen der Rückfrage kann – anders als die Nichtanzeige der Vorkenntnis im Fall der Vorkenntnisklausel – selbst vor dem Hintergrund der AGB-Klausel nicht als Anerkenntnis des Nachweises des Interessenten durch den Makler aufgefasst werden, sondern allenfalls zu einer Vertragsstrafe wegen Verletzung einer Rückfragepflicht führen. Als Strafe für das Unterlassen der Rückfrage ist die Provisi-

onszahlungspflicht aber völlig unverhältnismäßig, so dass sie zwar nicht an § 309 Nr 6 BGB, wohl aber an § 307 Abs 1 BGB scheitert (ebenso MünchKommBGB/Althammer § 652 Rn 240).

cc) Folgegeschäftsklausel

Die **Folgegeschäftsklausel** – dh die Regelung, dass die aus dem nachgewiesenen bzw vermittelten Vertrag folgenden weiteren Geschäftsabschlüsse ebenfalls provisionspflichtig sein sollen (vgl Rn 135) – wird im Schrifttum als Verstoß gegen § 307 Abs 2 Nr 1 BGB angesehen (Hamm Rn 1067 f). Das stimmt mit der Rechtsprechung nur insofern überein, als danach Folgeabschlüsse **anderer Art** nur individualvertraglich vereinbart werden können (BGH NJW 1973, 990). Dagegen weicht BGH NJW-RR 1991, 51 für **gleichartige Folgeverträge** ausdrücklich ab. Das ist konsequent vor dem Hintergrund früherer Rechtsprechung, die zB für Versicherungsmakler sogar ohne Vereinbarung kraft Verkehrssitte bzw Handelsbrauchs die Provisionspflichtigkeit von Folgeverträgen bejaht hat (BGH NJW 1986, 1036). Aber auch im Fall gleichartiger Folgeverträge ist zu beachten, dass vorbehaltlich abweichender individualvertraglicher Regelung nur provisionspflichtig werden kann, was **Gegenstand der Nachweis- bzw Vermittlungstätigkeit** gewesen ist (**aA** MünchKommBGB/Althammer § 652 Rn 237; wie hier Jauernig/Mansel § 652 Rn 29). Das ist im Fall von Folgeverträgen zB, aber nicht nur der Fall, wenn der nachgewiesene bzw vermittelte Mietvertrag ein Optionsrecht enthält (OLG München AIZ 1993 H 2 A 122 Bl 5), das mehr als eine unverbindliche Verhandlungsposition verschafft (OLG München NJW-RR 1996, 695). Soweit die Verlängerungsmöglichkeit zunächst gar kein Thema gewesen und erst aufgrund späterer Sinnesänderung der Hauptvertragsparteien ins Blickfeld gerückt ist, kommt eine Provisionspflichtigkeit des Folgevertrags aufgrund von Formularvertrag und AGB nicht in Betracht (OLG Düsseldorf NJW-RR 1998, 1594). Im Falle individualvertraglicher Provisionsvereinbarungen ist § 138 Abs 1 BGB zu beachten (Hamm Rn 1069: kein längerer Zeitraum zwischen Ursprungs- und Folgegeschäft als fünf Jahre). Im Geltungsbereich des WoVermittG ist eine Folgegeschäftsklausel sogar absolut ausgeschlossen (§ 2 Abs 2 Nr 1, Abs 5 WoVermittG). 257

dd) Zwangsversteigerungsklausel

Nicht zu folgen ist der Ansicht des BGH (NJW 1992, 2568; ebenso KG BeckRS 2019, 35416), 258 die in AGB oder Formularverträgen enthaltene Vereinbarung einer Provisionszahlungspflicht für die **Bekanntgabe einer Ersteigerungsmöglichkeit** scheitere an § 307 Abs 2 Nr 1 BGB (dem folgend Soergel/Engel § 652 Rn 157). Gewiss verlangt § 652 BGB den Nachweis einer **Vertragsgelegenheit**, nicht bloß den eines potenziellen Erwerbsobjekts. Aber das, worauf es dem Auftraggeber regelmäßig ankommt, nämlich den Nachweis einer Erwerbsgelegenheit, gewährleistet die Bekanntgabe der Ersteigerungsmöglichkeit genauso wie diejenige eines vertragsbereiten Partners. Dass man mit dem Versteigerer nicht verhandeln kann, ist entgegen der Ansicht des BGH ohne Bedeutung. Private Vertragspartner, die sich mehreren Interessenten gegenübersehen, können sich genauso wie ein Versteigerer verhalten. Erst recht spielt für die stets maßgebende Interessenlage keine Rolle, dass sich der Erwerb nach öffentlichem Recht vollzieht. Insbesondere der zwingende Ausschluss der Gewährleistung wird in aller Regel durch die Preisdifferenz, die zwischen einem Normalerwerb und dem Erwerb in der Zwangsversteigerung besteht, mehr als ausgeglichen. Mit Grund geht die Verkehrsauffassung davon aus, dass man in der Zwangsversteigerung relativ günstig erwerben kann (vgl auch Rn 38 und Schwarz NJW 1993, 306 ff).

ee) Provisionssicherung durch Beschränkung der Erfolgsabhängigkeit und der Entschließungsfreiheit des Auftraggebers

259 Auf jeden Fall scheitern an § 307 Abs 2 Nr 1 BGB Versuche, die **Erfolgsabhängigkeit der Provision** und die **Entschließungsfreiheit des Auftraggebers** einzuschränken (vgl Rn 242). Unter das Verdikt über erfolgsunabhängige Provisionen (= geschäftswertbezogene Vergütungen, BGH WM 1987, 471, 473) fallen auch Klauseln, die den Provisionsanspruch unabhängig von der Wirksamkeit des zustande gekommenen Hauptvertrags zu sichern trachten, während Klauseln, die den Provisionsanspruch bei wirtschaftlicher Ungleichwertigkeit aufrechterhalten sollen, bereits wegen § 305c Abs 1 BGB unwirksam sind. Nicht unproblematisch ist freilich die Ansicht des OLG München (OLG München DB 1983, 1977), der zufolge Gebühren wegen der Vermittlung von Krediten bei Verzicht des Auftraggebers auf deren Inanspruchnahme trotz entgegenstehender AGB-Klausel nicht geschuldet werden. Diese Ansicht widerspricht auf der Basis des gesetzlichen Verständnisses des Darlehensvertrags als Konsensualvertrag dem Grundsatz, dass der Makler schon von Gesetzes wegen nicht das Risiko der Durchführung des Hauptvertrags trägt. Dass nach § 655c BGB der Nachweis bzw die Vermittlung von Verbraucherkrediten zwingend (arg e § 655e BGB) die Provisionszahlungspflicht erst aufgrund der Auszahlung des Kredits auslösen, ändert daran nichts. Denn dabei handelt es sich um eine spezifisch verbraucherschutzrechtliche Regelung, die dem allgemeinen Maklerrecht nicht als Orientierung dienen kann (vgl auch Rn 91). Unzulässig ist auch eine Vergütungsregel bei einem Vertrag über die Vermittlung eines Studienplatzes, die eine Provisionspflicht bereits bei Zuweisung des Studienplatzes und nicht erst bei dessen Annahme durch den Kunden vorsieht; denn diese Regelung weist von dem wesentlichen Grundgedanken des Maklervertrags ab, dass eine Provisionspflicht erst mit dem Vertragsschluss des Kunden entsteht (BGH 5. 6. 2025 – I ZR 160/24, NJW 2025, 2395 Rn 27 ff). Die sog **Reservierungsgebühr**, dh die geschäftswertbezogene Gegenleistung für die aus der Reservierungsvereinbarung folgende bevorzugte Bedienung durch den Makler (Rompf AIZ 1981, 4) scheitert als AGB-Regelung an § 307 Abs 2 Nr 1 BGB, weil sie sich als erfolgsunabhängige Teilprovision darstellt (OLG Hamm NJW-RR 1989, 1210; vgl auch Rn 199). LG München AIZ 1984 H 11 A 149 Bl 4 behandelt den eigentümlichen Fall, dass die erfolgsunabhängige Provision in AGB vorgesehen ist, die nicht der Makler, sondern der Treuhänder des Auftraggebers entworfen hat. Folgerichtig wendet das LG München § 307 BGB mangels Beweisbarkeit einer wirtschaftlichen Verflechtung zwischen Makler und Treuhänder nicht an.

260 Der Rechtsgrundlosigkeit der erfolgsunabhängigen Provision entspricht die Unwirksamkeit sog **Rückforderungsausschlussklauseln**. In AGB kann also nicht wirksam angeordnet werden, dass bereits gezahlte Provisionen unabhängig vom Bestehen eines Rechtsgrunds „verfallen" sind (BGH NJW 1984, 2162, 2163; OLG München DB 1982, 1003, 1004 f). **Fälligkeitsklauseln** sollen nach der Rechtsprechung der Inhaltskontrolle nach § 307 BGB stets standhalten, gleichgültig, ob die Fälligkeit zugunsten des Auftraggebers auf den Zeitpunkt der Durchführung des Hauptvertrags (BGH MDR 1980, 1007) oder zugunsten des Maklers auf einen Zeitpunkt vor dem Wirksamwerden des Hauptvertrags verlegt wird (KG NJW 1961, 649 f). Letzterem ist zu widersprechen. Denn die „Vorverlegung der Fälligkeit" stellt sich der Sache nach als die Vereinbarung einer Vorschusspflicht des Auftraggebers dar, die die Erfolgsabhängigkeit des Provisionsanspruchs lockert und damit im Widerspruch zum Leitbild der §§ 652 ff BGB steht (vgl auch Rn 181; Soergel/Engel § 652 Rn 160; **aA** BeckOGK/Meier [1. 1. 2026]

§ 652 Rn 360). Unbedenklich ist nach BGH WM 1987, 471, 473 auch eine AGB-Klausel über die **Aufwendungsersatzpflicht** des Auftraggebers, vorausgesetzt, sie beschränkt sich auf die konkreten Aufwendungen ohne Tätigkeitsvergütung und ohne allgemeine Geschäftskosten (vgl Rn 197, 252).

ff) Provisionssicherung gegen Pflichtverletzungen des Auftraggebers

Relativ kompliziert ist die Beurteilung der AGB-Klauseln, die die **Sanktionierung von Pflichtverletzungen des Auftraggebers** bezwecken. Soweit die Sanktion in der Pflicht zur (vollen oder teilweisen) Provisionszahlung besteht, konkurrieren nach der Rechtsprechung (BGH WM 1987, 632, 633) als denkbare rechtliche Qualifikationen das **erweiterte Provisionsversprechen**, die **Schadensersatzpauschale** und die **Vertragsstrafe** (HAMM Rn 1039 ff). Dieser Ansatz ist insofern missverständlich, als er das erweiterte Provisionsversprechen als Alternative zur Schadensersatzpauschale und zur Vertragsstrafe aufzufassen scheint. In Wirklichkeit kann ein erweitertes Provisionsversprechen, das für den Fall von Pflichtverletzungen abgegeben wird, nur entweder als Schadensersatzpauschale oder als Vertragsstrafe qualifiziert werden. Denn es ist dann weder ein Entgeltversprechen (im Sinne des Versprechens einer Gegenleistung für eine Leistung des Maklers) noch ein Schenkungsversprechen (im Sinne einer Zuwendung bei Einigkeit über die Unentgeltlichkeit). In der Sache meint auch BGH WM 1987, 632, 633 nichts anderes. Die Überlegungen, mit denen die Entscheidung sich von der Ansicht des Berufungsgerichts, die Provisionspflichtigkeit des Hauptvertragsabschlusses durch einen vom Auftraggeber verschiedenen Dritten könne stets nur individualvertraglich vereinbart werden, distanziert, knüpfen gerade an den Fall an, dass der Dritte von der Vertragsgelegenheit nicht zufällig, sondern infolge pflichtwidriger Information durch den Auftraggeber erfahren hat. Die verbleibende Wahl zwischen Schadensersatzpauschale und Vertragsstrafe als spezifischen Antworten auf **Pflichtverletzungen des Auftraggebers** ist **im Zweifel** zugunsten der **Vertragsstrafe** zu treffen. Denn in Makler-AGB enthaltene Schadensersatzpauschalen in Provisionshöhe scheitern im Allgemeinen daran, dass der infolge der sanktionierten Pflichtverletzung nach dem gewöhnlichen Lauf der Dinge zu erwartende Schaden nicht der Verlust der Provision ist und sie deshalb gegen § 309 Nr 5a BGB verstoßen (BeckOGK/MEIER [1. 1. 2026] § 652 Rn 395.1; **aA** für den Alleinauftrag MünchKommBGB/ALTHAMMER § 652 Rn 273), ganz abgesehen davon, dass die von § 309 Nr 5b BGB vorgeschriebene Möglichkeit des Nachweises eines nicht vorhandenen oder wesentlich niedrigeren Schadens durch den Auftraggeber normalerweise fehlt. Andererseits ist die per AGB verordnete Vertragsstrafe – vorbehaltlich der Inhaltskontrolle nach § 307 BGB – typischerweise unbedenklich (anders OLG Oldenburg NJW-RR 2005, 1287; HAMM Rn 1040). § 309 Nr 6 BGB erklärt die AGB-Vertragsstrafe ausschließlich im Hinblick auf Nichtabnahme, verspätete Abnahme, Zahlungsverzug oder Lösung vom Vertrag für unzulässig, während die Vertragsstrafen in Makler-AGB durchgängig an die Verletzung weiterer Verhaltenspflichten anknüpfen (vgl MünchKommBGB/ALTHAMMER § 652 Rn 274). Der BGH hat schon vor Inkrafttreten des AGBG die Vertragsstrafe als die im Zusammenhang mit Provisionsversprechen des Auftraggebers für Pflichtverletzungen in Makler-AGB im Zweifel sachgemäße rechtliche Qualifikation angesehen, und zwar im Wesentlichen mit Rücksicht auf die Möglichkeit der gerichtlichen Herabsetzung unverhältnismäßig hoher Strafen nach § 343 BGB (BGH NJW 1968, 149 f). Dem ist jedenfalls im Ergebnis zuzustimmen. 261

262 Als **Vertragsstrafe** in den Makler-AGB vereinbart werden kann danach das Provisionszahlungsversprechen für den Fall des Abschlusses des Hauptvertrags durch einen Dritten, an den der Auftraggeber die vom Makler erhaltene **Information unbefugt weitergegeben** hat (BGH WM 1987, 632, 633; vgl auch Rn 85, 252), nicht dagegen das Provisionszahlungsversprechen für den Fall des Abschlusses des Hauptvertrags aufgrund der **Nachweis- bzw Vermittlungstätigkeit eines anderen Maklers während der Laufzeit eines Alleinauftrags** (unzulässige AGB-Vertragsstrafe wegen Lösung vom Vertrag, vgl ausführlich Rn 233). Provisionszahlungsversprechen für den Fall des **Eigengeschäfts** (BGH NJW 1973, 1194; extreme Form in BGH NJW 1986, 1173; siehe auch zuletzt BGH 26. 11. 2020 – I ZR 169/19, NJW-RR 2021, 1177 Rn 28) oder der unterbliebenen Hinzuziehung des Maklers bzw unterbliebenen Verweisung an den Makler bei Vornahme des Eigengeschäfts (BGH NJW 1973, 1194; BGH NJW 1984, 360) sind schon deshalb als AGB-Regelungen unwirksam, weil das Verbot des Eigengeschäfts zu seiner Wirksamkeit selbst der Individualabsprache bedarf (vgl Rn 226). Aber auch wenn das Verbot des Eigengeschäfts individuell vereinbart und allein die Sanktion in den AGB enthalten ist, gilt im Ergebnis nichts anderes. Denn dann handelt es sich um Vertragsstrafen für die „Lösung vom Vertrag" im Sinne des § 309 Nr 6 BGB. Erst recht ist das AGB-Provisionsversprechen wegen Vornahme eines Eigengeschäfts unwirksam, wenn das Eigengeschäft nicht verboten, das Provisionsversprechen also als selbstständiges Strafgedinge im Sinne des § 343 Abs 2 BGB ausgestaltet ist. § 309 Nr 6 BGB erfasst auch das selbstständige Strafgedinge (Grüneberg/Grüneberg § 309 Rn 33). Die gleiche Rechtslage wie im Fall des AGB-Provisionsversprechens wegen Vornahme eines Eigengeschäfts besteht im Fall des AGB-Provisionsversprechens wegen der Verweigerung des Abschlusses des Hauptvertrags trotz Abschlussbereitschaft eines vom Makler nachgewiesenen bzw vermittelten Partners (sog **Nichtabschlussklausel**).

263 Besondere Probleme wirft die **Widerrufsklausel** – dh das AGB-Provisionsversprechen wegen Rücktritts des Auftraggebers vom Alleinauftrag – auf, und zwar deshalb, weil § 353 BGB die Möglichkeit eines Reugelds im Zusammenhang mit der Ausübung eines im Vertrag vorbehaltenen Rücktritts ausdrücklich vorsieht. Zwar herrscht Einigkeit darüber, dass ein Rücktritt im Sinne des § 353 BGB nicht vorliegt, wenn der Auftraggeber lediglich die Aufgabe seiner Geschäftsabsicht mitteilt und überhaupt auf den Abschluss eines dem Maklervertrag entsprechenden Hauptvertrags verzichtet. Mit einer solchen Mitteilung erfüllt der Auftraggeber nämlich nur eine Pflicht aus dem Maklervertrag, die in der Konsequenz seiner Entschließungsfreiheit hinsichtlich des Zustandekommens des Hauptvertrags liegt (vgl Rn 203). Widerrufsklauseln sind daher stets dahin auszulegen, dass das Provisionsversprechen allein den Fall des Widerrufs mit anschließendem **vertragswidrigem Abschluss** des Hauptvertrags durch den Auftraggeber erfasst (BGH NJW 1967, 1225, 1226; KG NJW 1965, 1277). Sie greifen maW dann, wenn der Auftraggeber während der Laufdauer des Alleinauftrags einen von einem anderen Makler nachgewiesenen bzw vermittelten Hauptvertrag abschließt, so dass an sich die Qualifikation als (verschleierte) Vertragsstrafe unabweisbar ist; der „Widerruf" bzw der „Rücktritt" ist nichts anderes als eine Bezeichnung für die Vertragsverletzung. Immerhin soll nach hM ein nicht unter § 309 Nr 6 BGB fallendes Reugeld im Sinne des § 353 BGB vereinbart sein, wenn das Provisionsversprechen zweifelsfrei nicht lediglich die Sicherung des regulären Provisionsanspruchs, sondern eine Gegenleistung für das vertragliche Zugeständnis des Rücktritts durch den Makler bezweckt (so OLG München NJW 1969, 1630; Hamm Rn 1060). Dem ist nur im theoretischen Ansatz zu folgen, im praktischen Ergebnis dagegen zu widersprechen. Ein „Reugeld" in Höhe der Provision stellt sich in der Sache immer als eine Sicherung gegen Vertragsbruch dar, wird dem Berechtigten doch dadurch das positive Interesse gewährleistet. Es bleibt also auch im Fall der Widerrufsklausel bei der Qualifikation des AGB-Provisionsversprechens als Vertragsstrafe (oder selbstständiges Strafgedinge), das – weil an die „Lösung des Vertrags" anknüpfend – unter § 309 Nr 6 BGB fällt (**aA** MünchKommBGB/Althammer § 652 Rn 273 aE).

c) Anforderungen an ausgehandelte AGB im Sinne des § 305 Abs 1 S 3 BGB

Der Anwendung des AGB-Rechts kann sich der Makler nur dadurch entziehen, dass er die formularmäßigen bzw in AGB enthaltenen **Klauseln ernsthaft zur Disposition stellt**. Dazu genügt nicht, dass er eine Klausel der AGB dem Auftraggeber gegenüber noch einmal ausdrücklich zur Sprache bringt (**aA** OLG München NJW-RR 1995, 1524: Aufnahme einer AGB-Klausel in den Text des persönlichen Angebotsschreibens soll zur Individualvereinbarung führen). Vielmehr muss er deutlich machen, dass er um das Einverständnis mit der Klausel unabhängig von ihrer Festlegung in den AGB nachsucht. So soll er zB nach BGH NJW-RR 1993, 504, um eine AGB-Klausel über die Gleichstellung des Erwerbs im Wege der Zwangsversteigerung mit dem rechtsgeschäftlichen Erwerb (vgl dazu Rn 258) ernsthaft zur Disposition zu stellen, zum Ausdruck bringen müssen, dass er gewünschte Maklerleistungen verweigern wird, wenn der Auftraggeber das Objekt möglicherweise ersteigern wolle, es sei denn, dieser erteile ihm unabhängig von den Geschäftsbedingungen einen auf die Ersteigerung bezogenen besonderen Auftrag. Nach OLG Köln AIZ 2001 A 110 Bl 90 ist zwischen Kaufleuten ausreichend, aber auch erforderlich, dass der Makler die AGB-Klausel (konkret: Vorkenntnisklausel) im individuellen Angebotsschreiben zur unabdingbaren Voraussetzung des Vertragsschlusses erklärt. Bloßes Verhandeln, um den Buchstaben des § 305 Abs 1 S 3 BGB Genüge zu tun, genügt nicht (vgl BGH WM 1985, 1208; BGH NJW 1987, 42; 1987, 471). Erst recht reicht es nicht aus, dass der Makler sich eine „Aushandelnsbestätigung" unterschreiben lässt (BGH WM 1987, 471 f). Nicht einmal eine den Makler begünstigende Veränderung der Beweislast hinsichtlich des Vorliegens einer Individualabrede lässt sich erreichen, soweit die Aushandelnsbestätigung ihrerseits eine Formular- oder AGB-Klausel darstellt. Denn es greift dann § 309 Nr 12b BGB ein, der Veränderungen der Beweislast zu Lasten der Vertragsgegenseite des AGB-Verwenders im weitesten Sinne (einschließlich der Schaffung von Beweismitteln und -indizien) sperrt (BGH WM 1987, 471, 472; OLGR Düsseldorf 1999, 354). 264

§ 653
Maklerlohn

(1) Ein Maklerlohn gilt als stillschweigend vereinbart, wenn die dem Makler übertragene Leistung den Umständen nach nur gegen eine Vergütung zu erwarten ist.

(2) Ist die Höhe der Vergütung nicht bestimmt, so ist bei dem Bestehen einer Taxe der taxmäßige Lohn, in Ermangelung einer Taxe der übliche Lohn als vereinbart anzusehen.

Materialien: E II § 588; III § 643; Prot II 345.

Schrifttum

Vgl Vorbem zu §§ 652–656d.

I. Grundlagen

1 Die Regelung ist durch die zweite Kommission ins Gesetz aufgenommen worden. Sie hat seitdem nur eine sprachliche Änderung erfahren. Durch Art 1 des Gesetzes über die Verteilung der Maklerkosten bei der Vermittlung von Kaufverträgen über Wohnungen und Einfamilienhäuser vom 12. 6. 2020 (BGBl I 1245) wurde das Wort „Mäklerlohn" durch das Wort „Maklerlohn" und das Wort „Mäkler" durch das Wort „Makler" ersetzt.

2 § 653 BGB enthält eine §§ 612, 632, 689 BGB entsprechende Regelung für den Fall, dass eine Vereinbarung über die Provision fehlt. Nach Abs 1 besteht dann eine **gesetzliche Vermutung** für eine Entgeltlichkeit, wenn die dem Makler übertragene Leistung den Umständen nach nur gegen eine Vergütung zu erwarten ist. Als vereinbart gilt nach Abs 2 bei Bestehen einer Taxe der taxmäßige Lohn, andernfalls der übliche Lohn. Entsprechendes gilt, wenn die Parteien sich über die Entgeltlichkeit einig waren, aber eine Vereinbarung über die Höhe des Maklerlohns fehlt (jurisPK-BGB/Würdinger § 653 Rn 1). Damit soll die Norm nach verbreiteter Auffassung verhindern, dass ein Vertragsschluss an einem Dissens über die Entgeltlichkeit scheitert (OLG Frankfurt 15. 9. 1999 – 19 U 61/99, NJW-RR 2000, 58, 59; OLG Jena 9. 8. 2006 – 2 U 1153/05, OLG-NL 2006, 217, 218; BeckOGK/Meier [1. 1. 2026] § 653 Rn 2; MünchKommBGB/Althammer § 653 Rn 1). Freilich ist dies missverständlich: Lehnt der Kunde die vom Makler vorgeschlagene Provisionshöhe ab und gibt nicht zu erkennen, dass er den Vertrag dennoch durchführen will, fehlt es an einer Einigung zwischen den Parteien, über die auch § 653 BGB nicht hinweghelfen kann (so auch MünchKommBGB/Althammer § 653 Rn 1). Anwendbar ist die Vorschrift allein dann, wenn die Parteien die Frage der Entgeltlichkeit gar nicht behandelt oder die Höhe der Provision nicht festgelegt haben, daran den Vertrag aber nicht scheitern lassen wollen.

3 Die **praktische Bedeutung** der Vorschrift ist gering. Dies folgt zunächst daraus, dass sie nach hM einen Vertragsschluss zwischen Kunden und Makler voraussetzt (Rn 4): Da ein stillschweigender Vertragsschluss durch Inanspruchnahme der Maklerleistung aber nur unter engen Voraussetzungen anzuerkennen ist (§ 652 Rn 8), dürfte es die Ausnahme darstellen, dass die Parteien einen Vertrag geschlossen haben, dabei aber die Frage der Entgeltlichkeit nicht behandelt haben (MünchKommBGB/Althammer § 653 Rn 1; Hamm Rn 901; Hesse NJW 2002, 1835). Soweit ein Vertragsschluss vorliegt, wird dagegen in der Regel auch eine Bestimmung über die Höhe der Provision vorhanden sein, so dass für die Anwendung der Vorschrift ebenfalls kein Raum bleibt (BeckOGK/Meier [1. 1. 2026] § 653 Rn 2).

4 Eine Provisionspflicht kann sich außer aus § 653 BGB auch nach einer insbesondere von der Rechtsprechung vertretenen, aber abzulehnenden Auffassung (§ 652 Rn 62) auch aus § 354 HGB ergeben. Anders als § 653 BGB setzt diese Vorschrift keinen wirksamen Vertragsschluss voraus; sie ist freilich nur anwendbar, wenn der Makler Kaufmann ist (MünchKommBGB/Althammer § 653 Rn 5; NK-BGB/Wichert § 653 Rn 4).

II. Vermutung der Entgeltlichkeit (Abs 1)

Abs 1 setzt nach seinem Wortlaut die **Übertragung einer Leistung auf den Makler** voraus. Dies wird zu Recht überwiegend dahingehend verstanden, dass ein Vertragsschluss zwischen Makler und Kunde vorliegen muss (BGH 16. 1. 1970 – IV ZR 800/68, NJW 1970, 700, 701; in der Sache auch BGH 23. 10. 1980 – IVa ZR 27/80, NJW 1981, 279; BeckOGK/Meier [1. 1. 2026] § 653 Rn 2; Grüneberg/Retzlaff § 653 Rn 2; NK-BGB/Wichert § 653 Rn 5). Die bloße Einigkeit über die Vornahme von Maklerleistungen genügt nicht, weil damit unklar bliebe, für welche Seite der Makler tätig wird (BGH 23. 10. 1980 – IVa ZR 27/80, NJW 1981, 279). Ebenso liegt keine Übertragung von Maklerleistungen vor, wenn eine Person mit einem Makler verhandelt, den sie für einen Makler der Gegenseite hält und dessen Bemühungen um einen Vertragsschluss sie sich lediglich gefallen lässt (BGH 28. 11. 1990 – IV ZR 258/89, NJW-RR 1991, 371). 5

Ferner muss es an einer **Abrede** der Partien über die **Entgeltlichkeit fehlen**. Die Norm kommt daher nicht zur Anwendung, wenn eine Vergütung ausdrücklich oder stillschweigend versprochen wurde. Gleiches gilt, wenn die Parteien sich auf ein unentgeltliches Tätigwerden des Maklers geeinigt haben (MünchKommBGB/Althammer § 653 Rn 7). Freilich liegt in diesem Fall nach zutreffender Auffassung bereits kein Maklervertrag vor (Vorbem 18 zu §§ 652–656d). Kein Fall des Abs 1 ist auch gegeben, wenn trotz eines Dissenses über die Höhe der Provision von einem wirksamen Vertragsschluss auszugehen ist (siehe dazu BGH 6. 12. 2001 – III ZR 296/00, NJW 2002, 817, 818); denn hier sind sich die Parteien über die Entgeltlichkeit als solche einig. Zuletzt ist die Norm auch dann nicht anwendbar, wenn die Parteien die Provisionszahlungspflicht von einer Bedingung abhängig gemacht haben, die nicht eingetreten ist (RGZ 95, 137, 140; MünchKommBGB/Althammer § 653 Rn 8). Damit bleibt allein der wenig praktische Fall, dass die Parteien sich über ein Tätigwerden des Maklers für den Kunden geeinigt haben, dabei aber die Frage der Entgeltlichkeit offengeblieben ist. 6

Schließlich setzt die Norm voraus, dass die dem Makler übertragene Leistung **den Umständen nach nur gegen eine Vergütung zu erwarten** ist. Es kommt also darauf an, ob sich aus den Umständen ergibt, dass die Maklerleistung nicht erbracht worden wäre, wenn dem Makler ein unentgeltliches Tätigwerden nahegelegt worden wäre (BGH 12. 2. 1981 – IVa ZR 94/80, NJW 1981, 1444; MünchKommBGB/Althammer § 653 Rn 9). Maßgeblich sind alle Umstände des Einzelfalls wie Art, Umfang und Dauer der Tätigkeit, eine bestehende Übung, die Beziehung der Beteiligten zueinander oder das Erwerbsverhalten des Maklers (BGH 12. 2. 1981 – IVa ZR 94/80, NJW 1981, 1444; Grüneberg/Retzlaff § 653 Rn 2; NK-BGB/Wichert § 653 Rn 5). Dabei kann es insbesondere von Bedeutung sein, ob die beauftragte Person üblicherweise gewerbsmäßig tätig ist oder es sich um einen Gelegenheitsvermittler handelt (BGH 16. 1. 1970 – IV ZR 800/68, NJW 1970, 700, 701; BGH 10. 5. 1989 – IV a ZR 60/88, NJW-RR 198, 1071, 1072). 7

Rechtsfolge der gesetzlichen Vermutung nach Abs 1 ist, dass dem Makler ein Provisionsanspruch zusteht. Die Höhe der Provision ergibt sich aus Abs 2. Der Kunde kann diese Rechtsfolge auch nicht dadurch abwenden, indem er die Anfechtung wegen eines Irrtums über die Entgeltlichkeit erklärt; denn es handelt sich um eine Rechtsfolge, die kraft Gesetzes eintritt (BeckOGK/Meier [1. 1. 2026] § 653 Rn 2; MünchKommBGB/Althammer § 653 Rn 1). 8

9 Die **Beweislast** für das Vorliegen der tatsächlichen Voraussetzungen der Vermutung nach Abs 1 trifft den Makler. Er muss darlegen und gegebenenfalls beweisen, dass ihm eine Leistung übertragen und damit ein Vertrag zustande gekommen ist und die Leistung den Umständen nach nur gegen ein Entgelt zu erwarten war (BGH 24. 3. 1965 – VIII ZR 124/63, NJW 1965, 1226; BGH 16. 1. 1970 – IV ZR 800/68, NJW 1970, 700, 701; BGH 12. 2. 1981 – IVa ZR 94/80, NJW 1981, 1444). Beweispflichtig ist der Makler damit insbesondere für die Umstände, aus denen eine Provisionspflicht folgt. Zweifelhaft erscheint es dagegen, ob der Makler auch für die Prognose beweispflichtig ist; dass aufgrund der dargelegten Umstände nur eine entgeltliche Tätigkeit erwartet werden konnte (so MünchKommBGB/Althammer § 653 Rn 11). Diese Prognose dürfte vielmehr Aufgabe des Tatrichters sein (vgl BGH 12. 2. 1981 – IVa ZR 94/80, NJW 1981, 1444). Beruft sich der Auftraggeber darauf, dass ein unentgeltliches Tätigwerden vereinbart war, ist er beweispflichtig, weil er eine von der Regel des § 653 BGB abweichende Regelung behauptet (BGH 12. 2. 1981 – IVa ZR 94/80, NJW 1981, 1444, 1445; BeckOGK/Meier [1. 1. 2026] § 653 Rn 13; krit NK-BGB/Wichert § 653 Rn 11).

III. Auslegungsregel zur Höhe der Provision (Abs 2)

1. Voraussetzungen

10 Nach Abs 2 bestimmt sich die Höhe der Provision, soweit diese nicht vereinbart ist, nach dem taxmäßigen Lohn, in Ermangelung einer Taxe nach dem üblichen Lohn. Es handelt sich um eine **gesetzliche Regel zur ergänzenden Vertragsauslegung** (BGH 13. 3. 1985 – IV a ZR 211/82, NJW 1985, 1895, 1897; jurisPK-BGB/Würdinger § 656 Rn 5). Sie kommt zunächst in den Fällen des Abs 1 zur Anwendung; wenn die Parteien sich nicht ausdrücklich über die Entgeltlichkeit geeinigt haben, fehlt es naturgemäß auch an einer Bestimmung der Höhe der Provision. Ferner ist es jedoch auch denkbar, dass die Parteien sich auf ein entgeltliches Tätigwerden des Maklers geeinigt haben, aber die Höhe der Provision nicht festgelegt haben. Vor einer Anwendung der Vorschrift ist aber stets zu prüfen, ob eine bestimmte Vergütungshöhe nicht stillschweigend vereinbart wurde (MünchKommBGB/Althammer § 653 Rn 13). Abs 2 kann auch dann zur Anwendung kommen, wenn der Kunde die Provisionsforderung des Maklers ablehnt, aber Einigkeit besteht, dass der Makler entgeltlich für den Kunden tätig werden soll (BGH 6. 12. 2001 – III ZR 296/00, NJW 2002, 817, 818; BeckOGK/Meier [1. 1. 2026] § 653 Rn 8). Dies gilt auch in dem Fall, dass der Makler eine übliche Provision verlangt hatte (OLG Frankfurt 15. 9. 1999 – 19 U 61/99, NJW-RR 2000, 58, 59; BeckOGK/Meier [1. 1. 2026] § 653 Rn 9; krit BeckOK-BGB/Kneller § 653 Rn 3, der einen Dissens für naheliegend hält).

11 § 653 Abs 2 BGB ist ebenfalls einschlägig, wenn sowohl die Vermittlung als auch der Nachweis den Provisionsanspruch begründen soll, die Höhe der Provision jedoch nur für die Vermittlung geregelt ist. Der Makler, der unter solchen Umständen das Zustandekommen des Hauptvertrags allein durch den Nachweis gefördert hat, hat nur einen Anspruch auf die übliche (Nachweis-)Provision. Denn die Vereinbarung der Provision **für die Vermittlung gilt nicht ohne weiteres auch für den Nachweis** (BGH AIZ 1977, 32, 33).

2. Rechtsfolge

12 Nach Abs 2 ist vorrangig auf die taxmäßige Vergütung und in Ermangelung einer Taxe auf den üblichen Lohn abzustellen. Einen taxmäßigen Lohn im Sinne der Vorschrift gibt es indes nicht; denn gemeint ist damit ein staatlich festgesetzter Lohn (OLG Frankfurt BB 1955, 490; Soergel/Engel § 653 Rn 5). Damit kommt es allein auf die übliche Vergütung an. Dies gilt allerdings nicht, wenn der Makler einen geringeren Lohn als den üblichen verlangt hat und trotz Ablehnung dieses Provisionsbegehrens ein Vertrag zustande gekommen ist: In diesem Fall kann der Makler allein den von ihm geforderten Lohn verlangen, weil die Weigerung des Kunden, die geforderte Provision zu zahlen, sich nicht zu dessen Lasten auswirken kann (BGH 6. 12. 2001 – III ZR 296/00, NJW 2002, 817, 818; BeckOGK/Meier [1. 1. 2026] § 653 Rn 9).

13 Maßgeblich für den **üblichen Lohn** ist die Verkehrsanschauung der beteiligten Kreise (OLG Frankfurt 15. 9. 1999 – 19 U 61/99, NJW-RR 2000, 58, 59; MünchKommBGB/Althammer § 653 Rn 14; NK-BGB/Wichert § 653 Rn 8; Vollkommer JZ 1985, 879). Unklar ist, ob es dabei als maßgeblichen Ort auf den Ort der Belegenheit der Sache (Hamm Rn 906) oder den Sitz des Maklers (BeckOGK/Meier [1. 1. 2026] § 653 Rn 9; NK-BGB/Wichert § 653 Rn 8) ankommt. Zutreffend erscheint Letzteres. Dies folgt nicht nur daraus, dass auf den Ort des Objekts sinnvoll nur bei Grundstücken abgestellt werden kann (BeckOGK/Meier [1. 1. 2026] § 653 Rn 9); vielmehr dürfte diese Lösung auch eher dem Parteiwillen entsprechen. Maßgeblicher Zeitpunkt ist der Abschluss des Maklervertrags (MünchKommBGB/Althammer § 653 Rn 14; Hamm Rn 906). Zur Ermittlung des üblichen Lohns kommt die Einholung von Auskünften durch das Gericht bei den Industrie- und Handelskammern in Betracht (Erman/Fischer § 653 Rn 6; Vollkommer JZ 1985, 879). Zulässig dürfte auch eine Anfrage bei örtlichen Maklerverbänden sein (MünchKommBGB/Althammer § 653 Rn 14; NK-BGB/Wichert § 653 Rn 8). Zwar wird dies gelegentlich im Hinblick auf die erforderliche Objektivität für problematisch gehalten (BeckOGK/Meier [1. 1. 2026] § 653 Rn 10.1; krit auch Erman/Fischer § 653 Rn 6). Jedoch mag dies im Rahmen der Beweiswürdigung einfließen.

14 Nach teilweise vertretener Auffassung soll einem **Gelegenheitsmakler** als übliche Vergütung eine geringere Provision zustehen als einem berufsmäßigen Makler (BeckOGK/Meier [1. 1. 2026] § 653 Rn 10.1; BeckOK-BGB/Kneller § 653 Rn 8; NK-BGB/Wichert § 653 Rn 9; **aA** MünchKommBGB/Althammer § 653 Rn 14; Fischer NZM 2017, 348, 351; differenzierend Hamm Rn 907). Dies überzeugt nicht. Gerechtfertigt werden könnte ein Abschlag allenfalls über den Gedanken, dass hauptberufliche Makler den „Befähigungsnachweis" nach § 34c GewO benötigen und daher einen größeren Aufwand mit fixen Kosten treiben. Eben dieser Gedanke passt aber nicht zu der wirtschaftlichen Eigenart des Maklerlohns, der gerade nicht an die Qualität der Maklertätigkeit, sondern an den – durch den freiwilligen Abschluss des Hauptvertrags dokumentierten – Wert des Ergebnisses für den Auftraggeber anknüpft (Vorbem 2 f zu §§ 652–656d). Der Wert der Vertragsgelegenheit bzw des Vertrags für den Auftraggeber mindert sich aber nicht dadurch, dass sie von einem Gelegenheitsmakler statt von einem hauptberuflichen Makler nachgewiesen bzw vermittelt worden sind. Grundsätzlich ist daher auch für den Gelegenheitsmakler die übliche Provision zugrunde zu legen. Freilich muss der Gelegenheitsmakler es sich zurechnen lassen, wenn sein bevollmächtigter Gehilfe die Forderung von „etwas Provision" ankündigt und damit aus der Sicht des Auftraggebers eine deutliche Unterschreitung der Provisionssätze

hauptberuflicher Makler verspricht (OLG München AIZ 1981 H 3 A 147 Bl 1). Der **Zubringermakler** (vgl Vorbem 39 zu §§ 652–656d) hat üblicherweise einen Anspruch gegen den Hauptmakler in Höhe von 10 % des Hauptmaklerlohns (OLG Hamburg AIZ 1963, 231; Hamm Rn 907; krit gegen einen festen Prozentsatz NK-BGB/Wichert § 653 Rn 9).

15 Nicht anzuerkennen ist ein sog Tipp-Makler mit Anspruch auf Tipp-Provision in Höhe von einem Drittel der üblichen Provision (vgl schon § 652 Rn 40; ebenso MünchKommBGB/Althammer § 653 Rn 14; **aA** OLG Düsseldorf 24. 3. 1995 – 7 U 67/94, NJW-RR 1996, 1011; OLG Düsseldorf 28. 11. 1997 – 7 U 77/97, NJW-RR 1998, 1667 f). Wer etwa einen Kollegen absprachegemäß einem Gericht als Gerichtsdolmetscher empfiehlt und damit erfolgreich ist (so der Fall des OLG Düsseldorf 24. 3. 1995 – 7 U 67/94, NJW-RR 1996, 1011), entfaltet keine Maklertätigkeit, sondern erweist dem Kollegen eine Gefälligkeit, die ihre Grundlage normalerweise nicht in einem Vertrag, sondern in einer sozialen Verständigung hat. Man kann diese Gefälligkeit zum Geschäft machen, indem man dafür eine Provision vereinbart. Aber eine übliche Provision, die ausgeworfen wird, wenn eine Vereinbarung der Provisionshöhe fehlt, kann es dafür nicht geben. Das Gleiche gilt für den Hinweis auf einen Mietinteressenten, der durch seine Bereitschaft zur Anmietung das Finden eines Käufers erleichtert (so der Fall des OLG Düsseldorf 28. 11. 1997 – 7 U 77/97, NJW-RR 1998, 1667). Auch ein solcher Hinweis ist keine Maklertätigkeit, die einen Anspruch auf Maklerprovision wegen des Verkaufs begründen könnte (§ 652 Rn 40). Entsprechend scheidet auch insoweit die Annahme einer stillschweigend vereinbarten Drittelprovision aus. „Tipps", die dem Empfänger einen Hauptvertragspartner benennen, sind schließlich nichts anderes als Nachweise, die unter den gesetzlichen Voraussetzungen (wirksamer Maklervertrag, Zustandekommen des Hauptvertrags) zu einem Provisionsanspruch in normaler Höhe führen (ebenso Dehner NJW 2000, 1986, 1993 f).

16 Teilweise wird sich ein üblicher Lohn nicht punktgenau bestimmen lassen, sondern es wird sich nur eine **übliche Vergütungsspanne** feststellen lassen. Auch in diesem Fall ist Abs 2 nicht bedeutungslos. Vielmehr schließt die Norm es in derartigen Fällen aus, dass Vergütungsansprüche geltend gemacht werden, die außerhalb dieser Spannen liegen; gleiches soll für Sätze gelten, die am oberen oder unteren Rand der Spanne liegen (BGH 13. 3. 1985 – IV a ZR 211/82, NJW 1985, 1895, 1897; MünchKommBGB/Althammer § 653 Rn 16). Im Übrigen soll für die Festlegung der konkreten Provision regelmäßig nicht § 316 BGB gelten, sondern vom Gericht ist in ergänzender Vertragsauslegung eine angemessene Provision festzulegen (Rn 17).

3. Verhältnis zu § 316 BGB

17 Die gesetzliche Auslegungsregel des Abs 2 schließt regelmäßig den Rückgriff auf § 316 BGB aus (BGH 13. 3. 1985 – IV a ZR 211/82, NJW 1985, 1895, 1896; BeckOGK/Meier [1. 1. 2026] § 653 Rn 12; jurisPK-BGB/Würdinger § 653 Rn 6; Vollkommer JZ 1985, 879, 881). Nach dieser Vorschrift steht, wenn der Umfang der für eine Leistung versprochenen Gegenleistung nicht bestimmt ist, die Bestimmung im Zweifel demjenigen Teil zu, welcher die Gegenleistung zu fordern hat. Mit der Regelung des Abs 2 besteht jedoch grundsätzlich eine gegenüber § 316 BGB speziellere Regelung (Vollkommer JZ 1985, 879, 881). Raum für eine Anwendung des § 316 BGB ist allein dann, wenn sich eine übliche Provision im Sinne des Abs 2 nicht feststellen lässt; dabei dürfte es sich aber um einen Ausnahmefall handeln (Erman/Fischer § 653 Rn 5; NK-BGB/Wichert § 653

Rn 8). Ist ein solcher gegeben, steht einer Anwendung des § 316 BGB nach hM nicht entgegen, dass es sich beim Maklervertrag nicht um einen gegenseitigen Vertrag handelt, weil die Vorschrift keinen synallagmatischen Vertrag voraussetzt, sondern es genügen soll, dass für eine Leistung eine nicht bestimmte Gegenleistung verlangt werden könne (BGH 13. 3. 1985 – IV a ZR 211/82, NJW 1985, 1895, 1896; BeckOGK/Meier [1. 1. 2026] § 653 Rn 12). Dem ist nach hier vertretener Auffassung schon deshalb zuzustimmen, weil der Maklervertrag wirtschaftlich der rechtliche Rahmen für den Austausch des Nachweises der Vertragsgelegenheit bzw der Vermittlung des Vertrags gegen Entgelt ist, so dass man die Vergütung ohne weiteres als Gegenleistung im Sinne des § 316 BGB bezeichnen kann (vgl Vorbem 2 f zu §§ 652–656d). Im Ergebnis soll freilich die Anwendung des § 316 BGB regelmäßig ausscheiden, weil im Wege der ergänzenden Auslegung des Maklervertrags davon auszugehen sei, dass statt der Bestimmung durch den Makler nach billigem Ermessen die vom Gericht festzulegende **angemessene Vergütung** angestrebt sei (BGH 13. 3. 1985 – IV a ZR 211/82, NJW 1985, 1895, 1896). Da es auf dem Immobiliensektor zwar nicht immer die übliche Vergütung, wohl aber übliche Spannen (zB zwischen 3 % und 5 %, zu den regionalen Sätzen siehe Fischer NZM 2017, 348) gebe, soll dabei im Zweifel der mittlere Satz als angemessen anzusehen sein (BGH 13. 3. 1985 – IV a ZR 211/82, NJW 1985, 1895, 1897; vgl dazu auch Vollkommer JZ 1985, 879 ff).

4. Beweislast

18 Die Beweislast für die Üblichkeit der verlangten Provision trägt der Makler (BeckOGK/Meier [1. 1. 2026] § 653 Rn 14; NK-BGB/Wichert § 653 Rn 10). Ebenso soll der Makler, der sich gemäß § 653 Abs 2 BGB auf den üblichen Lohn beruft, dafür beweispflichtig sein, dass entgegen der Behauptung des Auftraggebers keine (niedrigere) Provision vereinbart worden ist, weil es sich bei der Nichtbestimmung der Vergütung um ein **negatives Tatbestandsmerkmal** für den Anspruch auf die übliche Vergütung handele (BGH 31. 3. 1982 – IV a ZR 4/81, NJW 1982, 1523; MünchKommBGB/Althammer § 653 Rn 12; Hamm Rn 915 f). Jedoch soll sich der Makler auf den Nachweis beschränken können, die substantiierten Darlegungen des Auftraggebers zur Vereinbarung der niedrigeren Provision zu widerlegen (BGH 31. 3. 1982 – IV a ZR 4/81, NJW 1982, 1523). Wenn dagegen der Auftraggeber eine Provisionsvereinbarung nach Abschluss eines Maklervertrags und damit eine Abänderung des zunächst nach § 653 Abs 2 BGB mit dem üblichem Maklerlohn geschlossenen Vertrags behauptet, soll ihn die Beweislast treffen, weil rechtsvernichtende Tatsachen nach allgemeinen Grundsätzen der Anspruchsgegner zu beweisen habe (BGH 31. 3. 1982 – IV a ZR 4/81, NJW 1982, 1523, 1524; NK-BGB/Wichert § 653 Rn 10; Hamm Rn 915 f).

19 Die Auffassung, dass im Rahmen des Abs 2 der Anspruchsteller – also der Makler – für das Fehlen einer zu seinen Ungunsten vom üblichen Lohn abweichenden Vereinbarung beweispflichtig ist, entspricht der Lösung, die die Rechtsprechung zur Parallelvorschrift des § 632 Abs 2 BGB vertritt (zusammenfassend BGH 9. 4. 1981 – VII ZR 262/80, BGHZ 80, 257 ff). Sie überzeugt indes nicht. Sie ist vor dem Hintergrund, dass der Kunde nicht nur für eine nachträgliche, vom üblichen Lohn zu seinen Gunsten abweichende Vereinbarung, sondern auch für die Vereinbarung der Unentgeltlichkeit beweispflichtig sein soll, kaum nachvollziehbar. Wer sich auf die Vereinbarung der „üblichen" Vergütung beruft, stützt sich letztlich definitionsgemäß auf eine **Erfahrungsregel**, die selbst ein anerkanntes Beweismittel ist. Es kann aber nicht widerspruchsfrei der Nachweis der Üblichkeit als Beweismittel anerkannt und zugleich

verlangt werden, dass derjenige, der das Übliche geltend macht, das Nichtvorliegen des Nichtüblichen beweist. Richtiger Ansicht nach trifft die Beweislast für die Vereinbarung des nichtüblichen Maklerlohns gegenüber der Berufung des Maklers auf § 653 Abs 2 BGB den Auftraggeber (ebenso MUSIELAK, Die Grundlagen der Beweislast im Zivilprozeß [1975] 349).

§ 654
Verwirkung des Lohnanspruchs

Der Anspruch auf den Maklerlohn und den Ersatz von Aufwendungen ist ausgeschlossen, wenn der Makler dem Inhalt des Vertrags zuwider auch für den anderen Teil tätig gewesen ist.

Materialien: Mot II 514 ff; Prot II 342 ff.

Systematische Übersicht

Alphabetische Übersicht

I. Der Zweck der Vorschrift

1. Die Sicht des Gesetzgebers

In den Vorläuferrechten des BGB war umstritten, ob ein Makler für beide Seiten des nachzuweisenden bzw zu vermittelnden Vertrags tätig werden dürfe. Herrschend war die Ansicht, es komme darauf an, ob die Pflichten des Maklers aus beiden Verträgen miteinander vereinbar seien oder nicht. Im letzteren Fall nahm man an, die Doppeltätigkeit sei keine Erfüllung des Maklervertrags und deshalb nicht die dort geforderte Voraussetzung des Provisionsanspruchs (vgl Schubert 771, 773). Entsprechend heißt es in den Protokollen zum 2. Entwurf eines BGB, der entgegen dem Inhalt des Vertrags für beide Seiten tätige Makler habe trotz des Zustandekommens des Hauptvertrags seine „Verpflichtung" **nicht erfüllt** (Mugdan II 938). Worauf sich dieses Urteil gründet, ist allerdings auch nach den Materialien alles andere als klar. Insbesondere eine Stelle aus den Motiven zum 1. Entwurf eines BGB legt den Schluss nahe, die Bindung des Maklers an das Interesse des Vertragsgegners sei entscheidend (Mugdan II 288). Danach wäre § 654 BGB eine gesetzliche Bestätigung der hM, dass die institutionalisierte Interessenbindung an den Vertragsgegner provisionsschädlich ist (so Krehl 110; Dehner NJW 1993, 2225; MünchKommBGB/Althammer § 654 Rn 2 f; vgl auch § 652 Rn 150). Da der Auftraggeber die nachgewiesene bzw vermittelte Vertragsgelegenheit ohnehin nicht unbesehen nutzen kann, sondern ihren Nutzen unter Berücksichtigung der Provisionszahlungspflicht kritisch prüfen und bewerten muss (Vorbem 3 zu §§ 652–656d), ist die Bindung an das Interesse des Vertragsgegners indessen schon gar kein plausibler Grund für den Ausschluss des Provisionsanspruchs (vgl § 652 Rn 150). Zudem erachtet der Gesetzgeber im Recht des Handelsmaklers eine Bindung an das Interesse des Vertragsgegners des Auftraggebers, wie sie durch den Doppelmaklerstatus entsteht, nicht nur für nicht provisionsschädlich, sondern ordnet sie durch § 98 HGB sogar von sich aus an. Er trägt damit der Einsicht Rechnung, dass eine erfolgreiche Vermittlungstätigkeit ihrer Natur nach das Bemühen erfordert, beiden zukünftigen Hauptvertragsparteien gerecht zu werden, mithin die einseitige Verfolgung der Interessen des Auftraggebers gar nicht zulässt (vgl § 652 Rn 150). Und für die Nachweistätigkeit, das bloße Zusammenführen von Auftraggeber und Vertragsgegner, ist nicht einmal erkennbar, wie die Bindung des Maklers an das Interesse des Vertragsgegners die Belange des Auftraggebers beeinträchtigen könnte (Lieb DB 1981, 2415, 2419; Lieb WM 1982, 782, 785). Vor diesem Hintergrund kann die Rede von der **Nichterfüllung des Maklervertrags** im Fall der dadurch nicht gedeckten Doppelmaklertätigkeit schlüssig nur dadurch erklärt werden, dass ein solcher Maklervertrag möglichst den Nachweis bzw die Vermittlung eines **Vertragsgegners** erfordert, der (jedenfalls im Verhältnis zu dem beauftragten Makler) **provisionsfrei partizipiert**. Das Interesse des Auftraggebers an der provisionsfreien Teilhabe des Vertragsgegners folgt daraus, dass er anderenfalls Gefahr läuft, die Provision des anderen Teils im wirtschaftlichen Ergebnis mitbezahlen zu müssen oder doch wenigstens die eigene Provision nicht teilweise abwälzen zu können (vgl auch OLG Frankfurt NJW-RR 1988, 1199; 1

kritisch BeckOGK/Meier [1. 8. 2025] § 654 Rn 7). Die nachgewiesene bzw vermittelte Vertragsgelegenheit wird maW infolge der Doppelmaklertätigkeit mit nicht vorgesehenen zusätzlichen Transaktionskosten belastet und dadurch der im Maklervertrag versprochenen Vertragsgelegenheit wirtschaftlich ungleichwertig (vgl auch OLG Bremen 6. 6. 1996 – 2 U 34/95: Verwirkung des Provisionsanspruchs gegen den Verkäufer analog § 654 BGB wegen Verschlechterung der Position des Verkäufers durch Vereinbarung einer unangemessen hohen Käuferprovision, obwohl im Maklervertrag mit dem Verkäufer nur eine übliche Käuferprovision gestattet worden ist).

2. Heutiges Meinungsspektrum

a) Der Standpunkt der Rechtsprechung

2 Die ganz hM folgt diesem Verständnis des § 654 BGB als eines gesetzlich geregelten Falls **fehlender wirtschaftlicher Gleichwertigkeit** zwischen dem zustande gekommenen und dem im Maklervertrag vorausgesetzten Hauptvertrag **nicht**. Bereits das RG hat die Weichen anders gestellt, indem es annahm, § 654 BGB wolle eine Pflichtverletzung des Maklers sanktionieren (RGZ 113, 264, 269; ebenso jetzt BeckOGK/Meier [1. 8. 2025] § 654 Rn 6). § 654 BGB trat danach neben den Anspruch des Auftraggebers auf Schadensersatz wegen positiver Forderungsverletzung (Krehl 91 f). Die Vorstellung des Gesetzgebers von der unbefugten Doppeltätigkeit als Nichterfüllung des Maklervertrags klang lediglich noch insofern an, als das RG den Ausschluss des Provisionsanspruchs als Sanktion wegen Verletzung einer wesentlichen Vertragspflicht des Maklers qualifizierte. Es schlug dabei die Brücke zu dem allgemeinen Gedanken, dass nur eine Pflichtverletzung von Gewicht den Verletzten zur Auflösung des betroffenen Vertragsverhältnisses berechtigt (RG JW 1910, 284; vgl auch Krehl 92 f). Der BGH hat mit dieser Rechtsprechung im Jahre 1962 gebrochen (BGHZ 36, 323). Seither misst die Rechtsprechung dem § 654 BGB **Strafcharakter** zu. Die Vorschrift soll darauf reagieren, dass der Makler den Maklerlohn nach allgemeinem Rechts- und Billigkeitsempfinden nicht verdient, wenn er „die Treuepflicht gegenüber dem Auftraggeber vorsätzlich, wenn nicht gar arglistig, mindestens aber in einer dem Vorsatz nahekommenden grob leichtfertigen Weise verletzt hat" (BGHZ 36, 323, 327; BGH NJW 1981, 280; BGH NJW 1981, 2297; BGH NJW 1985, 45; BGH NJW 1986, 2573; BGH NJW 2000, 3067; BGH NJW-RR 1990, 372; BGH NJW-RR 1992, 110 f; BGH NJW-RR 2021, 177, 179). Dem entspricht die neue amtliche Überschrift zu § 654 BGB (für die Unzulässigkeit eines abweichenden Normverständnisses daher Würdinger 71 mit Fn 83). Im Schrifttum ist die Auffassung der Rechtsprechung vielfach auf Widerspruch gestoßen (MünchKommBGB/Althammer § 654 Rn 2 f; Hamm Rn 836 ff; Dehner Rn 264 f; Krehl 103 ff; Reuter NJW 1990, 1321, 1325 ff; resignierend Soergel/Engel § 654 Rn 23): Diese Kritik ist berechtigt. Der BGH hat seine Ansicht niemals näher begründet, sondern schlicht behauptet, § 654 BGB habe „offensichtlich" Strafcharakter (BGHZ 36, 323, 326). Der kursorische Hinweis auf die Entstehungsgeschichte (BGHZ 36, 323, 327) trägt nicht (Rn 1). In der Sache ist dem BGH entgegenzuhalten, dass schon die **§§ 98, 99 HGB** die Vorstellung von der Doppeltätigkeit als eines grob treuwidrigen und daher strafwürdigen Parteiverrats ad absurdum führen. Was der Gesetzgeber im Handelsrecht mangels abweichender Vereinbarung für die sachgerechte Lösung hält, kann nicht im bürgerlichen Recht mangels vertraglicher Zulassung höchstes Unrecht sein. Nicht zuletzt ist zu kritisieren, dass die Rechtsprechung zur direkten und analogen Anwendung des § 654 BGB **diskriminierendes Sonderrecht zu Lasten von Maklern** schafft. Wenn die Begründung des BGH zuträfe, dann müssten die auf dieser Grundlage erzielten Ein-

zelergebnisse nach dem Gebot der Gleichbehandlung des Gleichartigen auf alle Berufe erstreckt werden, die mit der Interessenvertretung von Personen gegenüber anderen zu tun haben (Dehner Rn 264). Das nimmt der BGH jedoch nur an, soweit aus dem Dienstverhältnis eine besondere Treuepflicht folgt, so etwa bei Zwangsverwaltern (BGH NZM 2010, 50, 52 und 53), Vermögensverwaltern (BGH NJW 2011, 1732, 1733; BGH NJW-RR 2012, 411, 413; ferner OLG Frankfurt FamRZ 2019, 1737, 1738 für Nachlasspfleger), Insolvenzverwaltern (BGH NZI 2011, 760; BGH NZI 2016, 892; BGH NZI 2019, 139; BGH ZIP 2019, 2069; BGH NZI 2022, 918) und im Einzelfall für Rechtsanwälte, wobei die Umsetzung wesentlich restriktiver (§ 654 BGB analog nur bei strafbarem Parteiverrat) als gegenüber Maklern ausgefallen ist (BGH NJW 1963, 1301; BGH NJW 1981, 1212; BGH WM 2009, 1249, 1254; vgl auch BGH NJW-RR 2011, 1426, 1428 für einen Steuerberater; weitergehend iÜ OLGR Braunschweig 2000, 131: Wegfall des Vergütungsanspruchs eines Dienstverpflichteten analog § 654 BGB wegen vertragswidriger Tätigkeit für ein Konkurrenzunternehmen; LG Halle [Saale] WiB 1996, 994: Wegfall des Tantiemenanspruchs eines GmbH-Geschäftsführers wegen schwerwiegender Pflichtverletzung analog § 654 BGB).

b) Alternative Ansätze

Aber auch die im Schrifttum diskutierten Alternativen überzeugen wenig. Entgegen Werner (AcP Bd 176 [1976] 270, 271; vgl auch BGH NJW 1983, 1847, 1848) ist das Verlangen des Maklers nach Provision trotz eigenen pflichtwidrigen Verhaltens nicht per se ein unzulässiges **venire contra factum proprium**. Solange der Auftraggeber von der Tätigkeit des Maklers ungeachtet der Pflichtwidrigkeit profitiert, gibt es keinen Anlass zum Rückgriff auf § 242 BGB. Denn der Makler wird weder für seine Arbeit noch für seine Loyalität entlohnt, sondern er erhält die Provision für den Nutzen, der für den Auftraggeber aufgrund seiner Tätigkeit erwachsen ist. Auch ein unbefugt zugleich für die Gegenseite tätiger Makler kann eine Nachweis- bzw Vermittlungstätigkeit entfalten, deren Gegenstand eine dem Auftraggeber sehr nützliche Vertragsgelegenheit ist. Nicht schlüssig ist auch die Anknüpfung des RG an den Gedanken, dass eine schwere Vertragsuntreue den Verlust der eigenen Rechte nach sich zieht (RG JW 1910, 284). Wo dieser Gedanke sonst zum Tragen kommt, hat er stets das Ergebnis, dass der Leistungsaustausch überhaupt unterbleibt bzw rückgängig gemacht wird. Dass die Vertragsuntreue für den anderen Teil zum Geschäft wird, indem er die vollwertige Leistung ohne Gegenleistung erhält, ist durch ihn nicht gedeckt. Wohl um eine derartige Ungereimtheit zu verhindern, will schließlich Hamm die Anwendung des § 654 BGB (direkt und analog) von einer Schädigung des Auftraggebers abhängig machen (Hamm Rn 856). Doch kann eine Schädigung nicht ohne weiteres mit der Nichterfüllung gleichgesetzt werden. 3

In der 12. Auflage dieses Kommentars (Rn 14) ist die Ansicht vertreten worden, § 654 BGB sei Ausdruck der gesetzlichen Wertung, dass die Provisionszahlungspflicht des Auftraggebers das Zustandekommen des Hauptvertrags infolge **vertragsgerechter Tätigkeit** des Maklers erfordert. § 654 BGB soll danach eine auf den Maklervertrag bezogene Konkretisierung des allgemein in **§ 326 Abs 1 BGB (§ 323 aF)** verankerten Rechtsgedankens sein, dass derjenige, der seine Leistung nicht erbringt und nicht mehr erbringen kann, grundsätzlich auch keinen Anspruch auf die Gegenleistung hat (Staudinger/Reuter[12] § 654 Rn 12 ff; im Anschluss daran auch Krehl 106 ff). Namentlich solle sich aus § 654 BGB die Rechtfertigung dafür ergeben, dass die unechte Verflechtung nach der Rechtsprechung (§ 652 Rn 149) provisionsschädlich sei (vgl Staudinger/Reuter[12] § 652 Rn 127; zustimmend Dehner NJW 1993, 2225; MünchKommBGB/Althammer 4

§ 654 Rn 3; vgl dazu § 652 Rn 152). Wer mit der hier entwickelten Ansicht den Maklervertrag als beschaffungskaufähnlichen Vertrag (Vorbem 4 zu §§ 652–656d) begreift, vermag dem indessen schon deshalb nicht zu folgen, weil danach die **Gegenleistung** des Maklers für die Provision nicht in treuen Diensten, sondern in der **Verschaffung einer** – ausweislich des Vertragsschlusses – **nützlichen Vertragsgelegenheit** besteht. Pflichtverletzungen des Maklers lassen sich insoweit nur berücksichtigen, wenn sie infrage stellen, dass die Möglichkeit des Auftraggebers zur Verfügung über die Vertragsgelegenheit das Verdienst des Maklers ist (vgl § 652 Rn 123). Die vom Verständnis des Maklervertrags als Geschäftsbesorgungsvertrag geprägte hM, die die Gegenleistung für die Provision in den treuen Diensten des Maklers sieht, kann zwar die Qualifikation erheblicher Untreue (= der Verletzung einer wesentlichen Vertragspflicht) als Nichterfüllung schlüssig begründen. Aber sie kann nicht schlüssig begründen, weshalb sie die analoge Anwendung des § 654 BGB auf erhebliche Untreue grundsätzlich nicht auf andere Geschäftsbesorgungen bezieht (zu Ausnahmen Erman/Fischer § 654 Rn 10; vgl auch Rn 2 aE). Nicht zufällig ist das RG insoweit sehr viel großzügiger verfahren (RGZ 113, 269: Rechtsanwalt; RG HRR 1935, 727: Handelsvertreter). Der Status quo ist also auch auf der Basis der herrschenden Geschäftsbesorgungsdoktrin nicht zu rechtfertigen, ganz abgesehen von den praktischen Schwierigkeiten, die die notwendige Abgrenzung von einfachen und schwerwiegenden Pflichtverletzungen bereitet (vgl dazu auch Hamm Rn 852).

II. Der unmittelbare Anwendungsbereich des § 654 BGB

1. Die Zulässigkeit des Doppelauftrags

a) Die Entwicklung der Rechtsprechung

5 Die Zulässigkeit der **Doppeltätigkeit** hängt nach § 654 BGB („dem Inhalte des Vertrags zuwider") davon ab, ob sie im Vertrag zwischen Auftraggeber und Makler gestattet ist oder nicht. Die Anforderungen an eine solche Gestattung sind nicht von Anfang an gleich beurteilt worden. Bis Mitte der 50er Jahre ging die Rechtsprechung von einer **Vermutung gegen die Zulässigkeit** der Doppeltätigkeit aus (OLG Stuttgart NJW 1954, 313). Die Gestattung war jeweils besonders festzustellen; lediglich im Falle des Auftraggebers, der wusste, dass dem Makler bereits von der Gegenseite ein Auftrag erteilt worden war, kam eine stillschweigende Gestattung in Betracht (RG JW 1913, 641). In der zweiten Hälfte der 50er Jahre ist hier eine Wende eingetreten. Seitdem gilt die Doppeltätigkeit als zulässig, es sei denn, der Maklervertrag enthält ein **ausdrückliches Verbot** der Doppeltätigkeit, sie läuft erkennbar dem Willen des Auftraggebers zuwider oder es entsteht durch sie ein **Interessenkonflikt** (BGH BB 1957, 979, 980; OLG Stuttgart BB 1958, 317; OLG Frankfurt MDR 1973, 407; OLG Hamm NJW-RR 1994, 125; OLG Hamm NJW-RR 2001, 1276; OLG Dresden NJW-RR 1994, 885; LG Stuttgart AIZ 1991 H 4 A 146 Bl 21; LG Limburg AIZ 1988 H 3 A 146 Bl 14; Glaser MDR 1971, 271 f; Zopfs Rn 76 unter Berufung auf den Wortlaut des § 654 BGB). Insbesondere soll mangels Interessenkonflikts eine **Vermutung für die Zulässigkeit** der Doppeltätigkeit sprechen, wenn der Makler für beide Seiten eine **Nachweistätigkeit** übernommen hat (OLG Hamburg AIZ 1985 H 4 A 146 Bl 6; LG Stuttgart AIZ 1991 H 4 A 146 Bl 21), aber auch, wenn ein Vermittlungsmakler **zusätzlich mit der Vertragsgegenseite einen Nachweismaklervertrag abschließt** (BGH NJW 1970, 1075; BGH NJW-RR 2003, 991; OLG Frankfurt MDR 1973, 407; OLG Dresden NJW-RR 1994, 885; OLG Saarbrücken NJW-RR 2016, 58, 59 Tätigkeit als Nachweismakler auf beiden Seiten; LG Limburg AIZ 1988 H 3 A 146 Bl 14; LG Hannover NJW-RR 2001, 566; vgl aus dem Schrifttum nur

Thomale JZ 2012, 716, 719, der den Konflikt durch eine Offenlegungspflicht auflösen will), und zwar selbst dann, wenn der Makler den Doppelauftrag ohne Kenntnis des Erstauftraggebers geschlossen hat oder er mit der Gegenseite außer dem Nachweismaklervertrag auch noch einen Beratervertrag über Planungsarbeiten betr des zu erwerbenden Grundstücks geschlossen hat (OLG Dresden NJW-RR 1994, 885). Die zulässige **Vermittlungstätigkeit für beide Seiten** soll zwar voraussetzen, dass der Makler die Auftraggeber unmissverständlich darüber aufklärt, damit diese sich vor Schaden bewahren können (BGH NJW 1964, 1467; BGH NJW 2000, 3067; OLG Naumburg NJW-RR 1996, 1082). Doch soll selbst für diesen Fall jedenfalls in Sektoren wie dem Immobilienbereich, in denen Doppeltätigkeit üblich ist, eine besondere Vereinbarung nicht erforderlich sein (Soergel/Engel § 654 Rn 5; Zopfs Rn 76). Denn der Interessengegensatz zwischen Verkäufer und Käufer, insbesondere derjenige im Hinblick auf die Höhe des Kaufpreises, begründet nach Ansicht der Rechtsprechung (OLG Köln BB 1971, 889; OLG Frankfurt MDR 1973, 407; OLG Schleswig AIZ 1987 H 6 A 132 Bl 3) nicht per se eine für die Unzulässigkeit der Doppeltätigkeit sprechende Interessenkollision. Vielmehr folgt daraus zunächst lediglich die Pflicht zu strenger Unparteilichkeit (BGH NJW 1968, 150; BGH NJW-RR 2000, 1502). Erst wenn der Makler Pflichten übernimmt, die seine Unparteilichkeit ausschließen (sog **Vertrauensmakler**), ist ihm die Tätigkeit zugleich für die Vertragsgegenseite verwehrt (OLGR Bamberg 2000, 251). Eine solche Position kann sich auch aus den Umständen ergeben. Die Rechtsprechung hat sie etwa im Fall eines langfristigen qualifizierten Alleinauftrags bejaht (BGH NJW 1964, 1467; OLG Hamm AIZ 1998 A 122 Bl 10: Mindestdauer etwa 15 Monate). Ferner hat der BGH (NJW 1973, 1458, 1460; ebenso LG Frankfurt AIZ 1993 H 1 A 108 Bl 1) eine **erfolgsunabhängige** Provision für unvereinbar damit erklärt, dass der Makler zugleich für die andere Seite tätig wird und deren Interessen gegen den Auftraggeber verfolgt. Die erfolgsunabhängige Provision soll mit der Konsequenz der Nichtigkeit abweichender Vereinbarung (§ 138 Abs 1 BGB) zwingend die einseitige Bindung des Maklers an das Interesse des provisionspflichtigen Auftraggebers nach sich ziehen. Andererseits will das OLG Hamburg (AIZ 1985 H 4 A 146 Bl 6) die erfolgsunabhängige Provision nicht einmal als Argument gegen die Annahme einer stillschweigenden Gestattung von Doppeltätigkeit gelten lassen (mit unrichtiger Behauptung eines Einklangs mit BGH NJW 1973, 1458, 1460).

b) Kritik der neueren Rechtsprechung

Diese großzügige Zulassung der Doppeltätigkeit des Maklers lässt sich nur schwer 6
mit der restriktiven Rechtsprechung zum Zustandekommen von Doppelmaklerverträgen in Einklang bringen: Nach Auffassung des BGH soll ein Interessent, der mit einem tatsächlich oder im Auftrag eines Dritten handelnden Makler Kontakt aufnimmt, davon ausgehen können, dass sich der Makler mit dem Provisionsanspruch gegen seinen Erstauftraggeber begnügen will, soweit er nicht mit einem unmissverständlichen Provisionsverlangen konfrontiert wird (BGH WM 1986, 1390, 1391; vgl auch § 652 Rn 2). Wären Maklerverträge mit beiden Seiten regelmäßig zulässig, ließe sich an dieser Auffassung aber nur unter der wenig plausiblen Prämisse festhalten, dass der Makler sich im Zweifel ohne Anlass die Chance auf zusätzliche Provision entgehen lässt. Schlüssigkeit gewinnt die von der ganz hM praktizierte **Unklarheitenregel**, dh die Vermutung gegen ein Maklervertragsangebot des bereits von anderer Seite beauftragten Maklers (§ 652 Rn 4), nur, wenn man im Rahmen des § 654 BGB mit der früheren Rechtsprechung von einem grundsätzlichen Widerspruch der Doppeltätigkeit zum Inhalt des Erstauftrags ausgeht. Denn dann lässt sich der bereits beauftragte Makler durch den Verzicht auf das Verlangen nach zusätzlicher Provision

nichts entgehen, sondern zieht lediglich die Konsequenzen daraus, dass er **durch die zusätzliche Provisionsvereinbarung mit dem Interessenten den Provisionsanspruch gegen den Erstauftraggeber verlieren** würde.

7 Ein solcher Ausgangspunkt entspricht dem hier vertretenen Verständnis des § 654 BGB als eines gesetzlich geregelten Falls des Provisionsausschlusses wegen fehlender wirtschaftlicher Gleichwertigkeit zwischen zustande gekommenem und laut Maklervertrag beabsichtigtem Hauptvertrag (Rn 1 aE). Danach hat der Auftraggeber im Zweifel immer ein Interesse daran, dass der Makler nicht auch noch mit der Gegenseite eine Provisionsvereinbarung trifft (die ggf die Summe der Vertragskosten erhöht und dadurch das Einigwerden erschwert). Demgemäß bedarf es einer **Gestattung** im Erstauftrag, die, soweit sie nicht ausdrücklich erfolgt ist, besondere Anhaltspunkte wie zB die Unentgeltlichkeit des Erstauftrags oder wenigstens die Beschränkung der Provision auf die Hälfte der üblichen Provision voraussetzt (**aA** wegen des abweichenden Ausgangspunktes die hM; zB OLG Hamm NZM 2001, 905). Selbst die Üblichkeit der Tätigkeit für beide Seiten auf einem Sektor ist im Einzelfall unerheblich, wenn dies nicht mit der Provisionsgestaltung in Einklang steht, insbesondere wenn eine Provisionsverpflichtung in der üblichen Höhe der Gesamtprovision vereinbart worden ist (**aA** OLG Hamm NZM 2001, 905). Ist in einem solchen Fall die Tätigkeit für die andere Seite im Maklervertrag gestattet, so ist die Gestattung im Zweifel auf eine **provisionsfreie Tätigkeit** begrenzt. Das OLG Frankfurt (NJW-RR 1988, 1199) hat angenommen, der Auftraggeber werde arglistig getäuscht (§ 123 BGB), wenn der Makler mit ihm die übliche Gesamtprovision vereinbart, ohne ihn darüber aufzuklären, dass er auch noch von der Gegenseite Provision verlangt. In Wirklichkeit greift schon § 654 BGB ein, weil die Tätigkeit für die andere Seite so nicht durch den Maklervertrag gedeckt ist. Die Vereinbarung einer erfolgsunabhängigen Provision (oder einer zwar erfolgsabhängigen, aber gegen Misserfolg stark abgesicherten Vergütung – qualifizierter Alleinauftrag) ändert entgegen der hM nichts an der Rechtslage. Auch unter solchen Vorzeichen hat der Auftraggeber die Vergütung im Zweifel nur für den Nachweis bzw die Vermittlung einer Vertragsgelegenheit versprochen, die nicht infolge einer zusätzlichen Provisionsvereinbarung mit erhöhten Vertragskosten belastet ist. Doch ist entgegen der hM nichts dagegen einzuwenden, dass der Auftraggeber – zB als Ausgleich für die geringe Höhe der erfolgsunabhängigen Provision – die Vereinbarung einer zusätzlichen Nachweis- oder Vermittlungsprovision mit der Vertragsgegenseite erlaubt. Die Vorstellung von BGH NJW 1973, 1458, eine solche Erlaubnis sei sittenwidrig und deshalb nach § 138 Abs 1 BGB nichtig, ist von der Interessenlage her überhaupt nicht nachvollziehbar. Gewiss verleiht die Erfolgsunabhängigkeit (bzw die starke Abschwächung der Erfolgsabhängigkeit) dem Maklervertrag auch nach der hier vertretenen Ansicht Geschäftsbesorgungscharakter bzw geschäftsbesorgungsähnliche Züge (Vorbem 4 ff, 11 ff zu §§ 652–656d). Doch gerät der Makler nicht dadurch in eine Interessen- oder Pflichtenkollision, dass er mit der Vertragsgegenseite eine Provision vereinbart. Dass die Nachweistätigkeit auch der Vertragsgegenseite zugutekommt, ergibt sich aus der Natur der Sache. Ebenso ist eine Vermittlung, die einseitig auf das Interesse des Auftraggebers bedacht ist, ein Widerspruch in sich. Allenfalls kann es im Bereich der **Nebenpflichten** relevante Pflichtenkollisionen geben. Insoweit – aber auch **nur** insoweit – trifft den Doppelmakler eine spezifische Pflicht zur Unparteilichkeit (vgl § 652 Rn 220), die die Fähigkeit zur Geschäftsbesorgung für den Auftraggeber einschränkt, jedoch sicher nicht so vollständig eliminiert, dass die Kombination von erfolgsunabhängiger Vergütung und Er-

laubnis zur Doppeltätigkeit als sittenwidrige Übervorteilung des Auftraggebers angesehen werden kann (im Ergebnis ebenso HAMM Rn 1009).

2. Die Pflichten des Doppelmaklers

Der Doppelmakler ist zur **Unparteilichkeit** verpflichtet (RG JW 1913, 641; BGH NJW 1968, 150; BeckOGK/MEIER [1. 8. 2025] § 654 Rn 16), dh er darf nicht eine Seite bevorzugt mit Informationen versorgen und/oder beraten (vgl § 652 Rn 220). Bei Pflichtenkollisionen geht die Aufklärungspflicht gegenüber der einen Seite der Verschwiegenheitspflicht gegenüber der anderen vor (vgl ausführlicher § 652 Rn 220 f mit Nachweisen). Wie weit die Aufklärungspflicht reicht, ist nicht unumstritten. ZT ist die Rede von umfassenden Informationspflichten (LG Hamburg AIZ 1979 H 2 A 132 Bl 1; HAMM Rn 1002). ZT erkennt die Rechtsprechung aber auch Gegeninteressen des Maklers an, die die Aufklärungspflicht einschränken. So ist der Doppelmakler nach BGH NJW 1970, 1075 nicht verpflichtet, dem einen Auftraggeber mitzuteilen, dass er mit der anderen Seite eine Übererlösprovision, also eine Provision in Höhe der Differenz zwischen einem bestimmten Betrag und dem tatsächlich erzielten Kaufpreis (vgl § 652 Rn 179), vereinbart hat. Das ist einmal deshalb konsequent, weil sich dadurch im Prinzip am Interesse des Maklers an einem hohen Kaufpreis gegenüber dem Normalfall – Provision in Höhe eines Prozentsatzes des Kaufpreises – nichts ändert (vgl § 652 Rn 180 aE), aber auch deshalb, weil die Rechtsprechung (BGH NJW 1968, 150) – in der Konsequenz des grundsätzlichen Verbots bevorzugter Beratung einer Seite – eine **Einschaltung in die Preisverhandlungen nur sehr begrenzt** gestattet (siehe auch BeckOGK/MEIER [1. 8. 2025] § 654 Rn 17). Führt der Makler die Preisverhandlungen für den Verkäufer, so kann er für den Käufer nur noch eine Nachweis- und preisneutrale Vermittlungstätigkeit übernehmen; bezüglich der Beratung und Verhandlung zum Kaufpreis muss er den Käufer an einen anderen verweisen. Das gilt jedenfalls, wenn dem Käufer der Preis – wie in der Regel – nicht gleichgültig ist (vgl BGH NJW 1968, 150, 152). In der Literatur (HAMM Rn 1006) wird diese Rechtsprechung kritisiert, jedoch zu Unrecht: Es liegt in der Natur der Sache, dass die Beratung beider Seiten über den Preis die Beratungstätigkeit insgesamt nutzlos macht. Das Gebot der Unparteilichkeit verlangt diesbezüglich Zurückhaltung gegenüber beiden Seiten, es sei denn, es gelingt dem Makler, die Maklerverträge so aufeinander abzustimmen, dass er die Provision gegenüber dem einen Partner mit und gegenüber dem anderen auch ohne Beratung über den Preis verdient. BGH NJW 1970, 1075 bestätigt das für die Kombination Vermittlungs- und Nachweismaklervertrag: Eine solche Kombination ermöglicht es dem Makler, sich in der Preisfrage ohne negative Folgen für den Provisionsanspruch gegen den Käufer auf die Seite des Verkäufers zu stellen. Da die Pflicht zur ordnungsgemäßen Beratung des Auftraggebers nicht schon aus dem Nachweismaklervertrag, sondern erst aus besonderer Abrede oder Vertrauenswerbung folgt (§ 652 Rn 214), begeht der Makler dadurch auch keine Pflichtverletzung gegenüber dem Käufer, vorausgesetzt freilich, **er deckt die Parteinahme auf und verhindert dadurch ein Vertrauen des Käufers auf seine Neutralität**. Der Doppelmakler verletzt im Gegenteil seine Pflicht gegenüber dem Verkäufer, wenn er bei redlichen Gepflogenheiten entsprechendem Verlauf der Verhandlungen durch eine Information des Käufers über seine Wertvorstellungen die Verhandlungschancen des Verkäufers schmälert (**aA** HAMM Rn 1007; wie hier MünchKommBGB/ALTHAMMER § 654 Rn 14). Denn dadurch beeinträchtigt er den Status quo des Verkäufers (vgl auch BGH NJW 1968, 150, 151), auf den die Schutzpflichten des Maklers sich trotz fehlender Verpflichtung auf das Verände- 8 rungsinteresse des Auftraggebers erstrecken (vgl § 652 Rn 215). Mit der Neutralitätspflicht des Doppelmaklers vereinbar ist es selbstverständlich, dass er im Falle drohenden Scheiterns der Verhandlungen dem Verkäufer zu einer Minderung und/oder dem Käufer zu einer Erhöhung seiner Preisvorstellung rät. Dies gehört geradezu zum Kernbereich der Funktion des „ehrlichen" Maklers; auch die Rechtsprechung urteilt insoweit nicht anders (vgl RG Recht 1911 Nr 1119; RG LZ 1931, 624).

9 Der Grundsatz der Unparteilichkeit verbietet dem Doppelmakler nicht, dem Verkäufer einen Interessenten zuzuführen, der den Käufer überbietet und dadurch zur Erhöhung des Kaufpreisangebots zwingt (**aA** OLG Düsseldorf NJW-RR 2001, 1133). Der Doppelmakler ist nämlich vor dem Zustandekommen des Hauptvertrags **nicht verpflichtet, weitere Versuche des Nachweises bzw der Vermittlung zu unterlassen**. Der Abschlussfreiheit des Auftraggebers entspricht, dass der Makler seinerseits erst nach dem Hauptvertragsschluss das Veränderungsinteresse des Auftraggebers respektieren muss (vgl § 652 Rn 217). Das gilt sogar, wenn der Makler dabei ausschließlich im eigenen Interesse handelt. Dass dieses Interesse mit dem des zweiten Auftraggebers zusammenfällt, kann daran nichts ändern (einschränkend OLG Düsseldorf NJW-RR 2000, 1363: Unzulässigkeit der Druckausübung auf den ersten Auftraggeber). Ebenso gibt es keinen Anlass, deshalb anders zu urteilen, weil der Käufer allein Provision versprochen hat, während der Verkäufer einen unentgeltlichen Vermittlungsauftrag erteilt hat (vgl LG Hamburg AIZ 1979 H 2 A 132 Bl 1). Denn der Käufer könnte auch dann dem Makler die Suche nach anderen Interessenten für das betroffene Objekt nicht untersagen, wenn er der alleinige Auftraggeber wäre (vgl § 652 Rn 216). Der zusätzliche Vermittlungsauftrag des Verkäufers verändert seine Interessenlage nicht (im Ergebnis ebenso Hamm Rn 1004). Umgekehrt verletzt der Doppelmakler die Pflicht zur Unparteilichkeit gegenüber dem Käufer, wenn das von ihm als Erfüllungsgehilfe eingeschaltete Kreditinstitut dem Verkäufer ein Darlehen gewährt, um ihm ein Zuwarten und damit einen späteren Verkauf zu einem höheren Preis zu ermöglichen (OLG München WM 2001, 1562). **Handelt der Doppelmakler seiner Pflicht zur Unparteilichkeit krass zuwider**, so verliert er nach Ansicht der Rechtsprechung den Provisionsanspruch gegen die benachteiligte Partei, und zwar, ohne dass – wie sonst nach der Rechtsprechung im Rahmen der maklerrechtlichen Verwirkung (Rn 11 ff) – auch in subjektiver Hinsicht eine schwere Treuwidrigkeit festgestellt werden muss (BGH NJW 1968, 150, 152; OLG Düsseldorf NJW-RR 1998, 1207). Die gleiche Rechtsfolge soll eingreifen, falls der Doppelmakler trotz eines nicht unparteilich lösbaren Interessenkonflikts die Maklertätigkeit fortsetzt, anstatt die Parteien von der Situation zu unterrichten und deren Entscheidung über Fortsetzung oder Beendigung der Maklerverträge einzuholen (BGH MDR 1970, 28; vgl auch § 652 Rn 220). Offenbar will der BGH für den Verstoß des Doppelmaklers gegen das Gebot der Unparteilichkeit an der Rechtsprechung des RG zur **analogen Anwendung des § 654** BGB festhalten, die er im Übrigen verabschiedet hat (vgl Rn 2). Überzeugen kann freilich auch diese Variante nicht. Der Doppelmakler wird nicht für Unparteilichkeit, sondern wie der einfache Makler für den Nutzen bezahlt, den die nachgewiesene bzw vermittelte Vertragsgelegenheit für den Auftraggeber gebracht hat. Selbst der krasse Verstoß gegen das Gebot der Unparteilichkeit bleibt **Verletzung einer Nebenpflicht**, so dass auch insoweit mit Hamm (Rn 851; kritisch auch BeckOGK/Meier [1. 8. 2025] § 654 Rn 21; MünchKommBGB/Althammer § 654 Rn 13) einzuwenden ist, noch niemand sei „bislang auf den Gedanken gekommen, bei der Verletzung von Nebenpflichten im Rahmen von sonstigen gegenseitigen Verträgen einer Partei den Erfüllungsanspruch zu entziehen".

III. Der Bereich der analogen Anwendbarkeit des § 654 BGB

1. Sonstige Fälle der fehlenden wirtschaftlichen Gleichwertigkeit

§ 654 BGB ist erstens analog auf die Fälle anzuwenden, in denen die nachgewiesene **10** bzw vermittelte Vertragsgelegenheit der nach dem Maklervertrag vorgesehenen **aus anderen Gründen** als der doppelprovisionsbedingten Erhöhung der Vertragskosten **nicht wirtschaftlich gleichwertig** ist. Die hM stimmt damit im Ausgangspunkt überein, ohne auf die Analogie zu der (nach der Intention des Gesetzgebers ohnehin nur klarstellenden, vgl Mugdan II 1292) Vorschrift des § 654 BGB zurückzugreifen (vgl § 652 Rn 77 ff). Allerdings bezieht sie die Prüfung der wirtschaftlichen Gleichwertigkeit überwiegend (wenig überzeugend, vgl § 652 Rn 82) nur auf die Identität des Hauptvertragspartners, nicht auch auf seine Qualität (zu der im weiteren Sinne auch die Belastung mit Vertragskosten zählt). In der Konsequenz des hier vertretenen Ansatzes liegt es anzunehmen, dass mangels wirtschaftlicher Gleichwertigkeit in den analogen Anwendungsbereich des § 654 BGB auch der Nachweis bzw die Vermittlung einer Vertragsgelegenheit fällt, deren **Partner** dadurch **einem anderen Makler provisionspflichtig** wird. Denn solche Vertragsgelegenheiten sind genauso mit erhöhten Vertragskosten belastet wie die, bei denen der gleiche Makler den Provisionsanspruch gegen die Gegenseite hat. Vorbehaltlich abweichender (ursprünglicher oder nachträglicher) Regelung im Maklervertrag muss also der Makler, um den Provisionsanspruch nicht analog § 654 BGB zu verlieren, einen seinerseits maklerfreien Interessenten nachweisen bzw vermitteln oder doch den maklergebundenen Interessenten in einer Weise nachweisen bzw vermitteln, die die Entstehung eines Provisionsanspruchs für den anderen Makler ausschließt. Praktische Konsequenz ist vor allem, dass das sog Gemeinschaftsgeschäft mehrerer Makler (vgl dazu Vorbem 40 ff zu §§ 652–656d) nur funktionieren kann, wenn die beteiligten Auftraggeber sich damit ausdrücklich oder konkludent einverstanden erklärt haben (vgl dazu Rn 7). Ebenfalls entsprechend anzuwenden ist § 654 BGB auf entgeltliche Nachweis- oder Vermittlungsaufträge, die nicht die Rechtsform des Maklervertrags, sondern die eines Geschäftsbesorgungsvertrags (**Maklerdienst- oder Maklerwerkvertrag**, vgl Vorbem 11 ff zu §§ 652–656d) haben. Denn auch insoweit ist der Vertrag im Zweifel auf den Nachweis bzw die Vermittlung eines seinerseits nicht provisionspflichtigen Interessenten gerichtet. Das Gleiche gilt im Ausgangspunkt für unentgeltliche Nachweis- und Vermittlungsaufträge (§§ 662 ff BGB). Allerdings ist in unentgeltlichen Nachweis- und Vermittlungsaufträgen, die mit gewerbsmäßigen Maklern vereinbart werden, die Gestattung der Doppeltätigkeit konkludent enthalten, ist es doch allein die Aussicht auf Provision von der Gegenseite, die solche Makler vernünftigerweise veranlassen kann, sich auf unentgeltliche Nachweis- oder Vermittlungsaufträge einzulassen.

2. Die Verwirkung des Provisionsanspruchs

a) Theorie

In Konsequenz ihrer These vom Strafcharakter des § 654 BGB (Rn 2) hat die Recht- **11** sprechung die Vorschrift zu einem **umfassenden Verwirkungstatbestand** als einer speziellen Ausprägung des § 242 BGB (Zopfs Rn 76) ausgebaut. Nach Ansicht des BGH verwirkt der Makler den Provisionsanspruch, wenn er den Interessen des Auftraggebers vorsätzlich, wenn nicht gar arglistig, zumindest aber in einer dem Vorsatz nahekommenden grob leichtfertigen Weise zuwiderhandelt, so dass er den Lohn nach allgemeinem Rechts- und Billigkeitsempfinden nicht verdient hat (BGH NJW 1962, 734; BGH NJW 1981, 280; BGH NJW 1981, 2297; BGH NJW-RR 1990, 372; BGH NJW-RR 1992, 110 f; OLG Düsseldorf NJW-RR 1999, 848). Der BGH hat sich damit in doppelter Hinsicht von der Rechtsprechung des RG, die die Aufwertung des § 654 BGB zu einem allgemeinen Rechtsgedanken eingeleitet hat (RGZ 113, 264, 269), entfernt: Erstens verlangt der BGH nicht mehr, dass der Makler wesentliche Vertragspflichten verletzt. BGH NJW 1981, 2297 hebt ausdrücklich hervor, das Verhalten des Maklers sei „nicht so sehr nach der objektiven Seite, nämlich dem Ausmaß der Folgen des Verstoßes oder der vertragsmäßigen Bedeutung der konkret verletzten Verpflichtung" zu bewerten. Vielmehr soll **„in erster Linie der subjektive Tatbestand der Treupflichtverletzung"** zählen. Zweitens hat der BGH sich eben durch die Verlagerung des Akzentes auf die „subjektive Tatbestandsseite" von der Ansicht des RG distanziert, es sei bereits die **schlicht fahrlässige Pflichtverletzung** ein hinreichender Anlass für die Verwirkung des Provisionsanspruchs. Insoweit soll der Gesichtspunkt der positiven Forderungsverletzung das praktische Bedürfnis nach sachgerechter Sanktion voll und ganz befriedigen (NJW 1981, 2297). Das objektive Gewicht der Verfehlung des Maklers ist danach zwar nicht gleichgültig. Der BGH selbst betont, sogar die vorsätzliche Verletzung einer unbedeutenden Ordnungsvorschrift brauche die Anwendung des Verwirkungsgedankens nicht unbedingt nach sich zu ziehen (NJW 1981, 2297). Aber die objektive Verfehlung ist nicht mehr als *ein* Faktor für die entscheidende Antwort auf die Frage nach der subjektiven „Lohnunwürdigkeit" des Maklers. Diese soll erst dann gegeben sein, wenn der Makler gegen seine Treuepflicht vorsätzlich oder mindestens aber in einer dem Vorsatz nahekommenden grob leichtfertigen Weise verstoßen hat (BGH NJW-RR 2005, 1423, 1424; BGH NJW 2012, 3718).

b) Praxis

12 Auf dieser Basis hat die Rechtsprechung den Provisionsanspruch als **verwirkt** angesehen, soweit der Makler versucht hat, den Abschluss zwischen dem Auftraggeber und der Vertragsgegenseite mit unlauteren Mitteln zu hintertreiben (BGH WM 1978, 245, 246; BGH WM 1983, 385, 386; OLGR Saarbrücken 1997, 258; vgl auch § 652 Rn 217), soweit er den Kaufinteressenten hingehalten hat, um den Abschluss eines (neuen) Alleinmaklerauftrags abzuwarten (OLG Nürnberg NJW-RR 2012, 116), soweit er selbst als Konkurrent des Auftraggebers aufgetreten ist (BGH NJW-RR 1992, 110 f; OLG Hamm VersR 1991, 545; OLGR Koblenz 2000, 523; OLGR Dresden 1996, 105; OLG Brandenburg NJW-RR 1995, 695), soweit er – namentlich im Fall der nachträglich nach § 311b Abs 1 S 2 BGB geheilten Formnichtigkeit des Hauptvertrags – die mangelnde Rechtskenntnis und -erfahrung des Auftraggebers ausgenutzt hat, um in ihm die irrige Vorstellung einer bereits vorher bestehenden rechtlichen Bindung zu erwecken (BGH VersR 1989, 1259; NJW-RR 1990, 372; 1992, 817 f; OLG Düsseldorf MDR 2019, 345; LG Berlin NZM 2000, 558), soweit er mit dem Auftraggeber eine Reservierungsvereinbarung (vgl § 652 Rn 199) getroffen hat, obwohl der Inhaber des Objekts ihm entgegen seinen Angaben keinen Alleinauftrag (vgl Vorbem 11 ff zu §§ 652–656d) erteilt hatte (OLG Hamm AIZ 1991 H 1 A 146 Bl 20), soweit er unter Androhung der Nichterfüllung der Tätigkeitspflicht aus einem Alleinauftrag die nachträgliche Zusage einer Übererlösprovision durchgesetzt hat (OLG Düsseldorf NJW-RR 1997, 1278); soweit er auf Nachfrage des Auftraggebers wahrheitswidrig verwandtschaftliche Beziehungen zum potentiellen Vertragspartner geleugnet hat (OLG Düsseldorf MDR 2016, 149, 150); soweit er dem Auftraggeber wahrheitswidrig erklärt, der Verkäufer sei zu Verhandlungen über eine Kaufpreisermäßigung nicht bereit (OLG Hamm NJW-RR 1997, 370), bzw die Bank verzichte nicht nur auf ihre Grundpfandrechte, sondern auch auf die gesicherten Forderungen, wenn der Hauptvertrag zustande komme (OLG Koblenz NJW-RR 1996, 1468), soweit er den Auftraggeber grob leichtfertig über einen wichtigen Faktor seiner wirtschaftlichen Kalkulation (konkret: über Art und Ausmaß von Ablöseverpflichtungen) im Unklaren gelassen hat (OLG München NJW-RR 1988, 1201), soweit er trotz Vertrauenswerbung mit seiner Eigenschaft als Finanzfachmann den Auftraggeber nicht vor dem Abschluss des Hauptvertrags angesichts ungeklärter Finanzierung gewarnt hat (OLG Celle AIZ 1989 H 8 A 146 Bl 17), soweit er bewusst die Kapazität des als Kaufobjekt nachgewiesenen Hotels (BGH WM 1981, 590) bzw ein Sachverständigengutachten über Mängel des zum Kauf angebotenen Grundstücks (OLG Naumburg NJW-RR 2002, 1208) verheimlicht hat oder wissentlich falsche Angaben über die Nutzbarkeit des Objekts (KG MDR 2012, 271) oder dessen Ertragsfähigkeit gemacht hat (LG Berlin WuM 2011, 692, 693), soweit er im Falle der Vermittlung eines Mietvertrags über Gewerberäume die bevorstehende Ansiedlung übermächtiger Konkurrenz verschwiegen hat (OLG Frankfurt AIZ 1986 H 10 A 146 Bl 11; ähnlich OLG Düsseldorf NJW-RR 2001, 1134), soweit er den Käufern/Auftraggebern die Anordnung der Zwangsversteigerung über das nachgewiesene Grundstück (OLG Karlsruhe NJW-RR 1993, 1273) oder eine vorgesehene Überprüfung durch die Denkmalbehörde verschwiegen (OLG Oldenburg NJW-Spezial 2015, 35) oder ein in der Einflugschneise eines Flughafens liegendes Haus ohne Hinweis auf den Fluglärm als „Objekt in bester Lage“ angedient hat (LG Hamburg AIZ 1985 H 6 A 146 Bl 8). In einem gewissen Gegensatz gerade zu der zuletzt zitierten Entscheidung steht das Urteil des LG Köln AIZ 1984 H 5 A 146 Bl 5, wonach die unrichtige Angabe des Maklers bei der Vermittlung des Mietvertrags über ein Gewerbegrundstück, die vom Mieter benötigte Gewerbeerlaubnis sei „unproblematisch“, eine nicht zur Verwirkung führende Prognose bzw reklamehafte Anpreisung sein soll. Dagegen entspricht es der allgemeinen Linie der neuen Rechtsprechung, wenn das OLG Braunschweig (AIZ 1987 H 9 A 146 Bl 13) die grob fahrlässige falsche Angabe des Baujahres für das angebotene Wohnhaus, das OLG Hamm (NZM 1998, 241) die unrichtige Wohnflächenangabe im Exposé und das LG München (ZMR 2022, 757, 758) die Nichtaufklärung über den bereits länger zurückliegenden Suizid der Vor-Voreigentümerin eines Anwesens für eine analoge Anwendung des § 654 BGB nicht ausreichen lassen. Nicht zur Verwirkung des Provisionsanspruchs soll ohne weiteres die bewusste Verwendung unzulässiger AGB durch den Makler führen; hierfür soll es vielmehr des Hinzutretens weiterer, besonderer Umstände bedürfen (BGH NJW-RR 2005, 1423, 1424; BGH NJW-RR 2021, 177, 179; dem BGH zustimmend Moraht DWW 2005, 400, 406; Hülsmann WuM 2005, 753, 754; vgl auch OLG Hamm NJW-RR 2013, 170, 173; **aA** noch OLG Hamm NJW-RR 2001, 567; dazu Tieкötter, in: FS Schwerdtner [2003] 485, 503 f).

Sehr unsicher ist, **in welchem Stadium** der Makler eine schon oder noch zur Verwirkung führende Verfehlung begehen kann. Das OLG Köln hat eine Verwirkung des Provisionsanspruchs wegen arglistiger Täuschung des Auftraggebers im Hinblick auf den **Abschluss des Maklervertrags** abgelehnt (NJW 1971, 1943 mit krit Anm U Werner), das OLG Hamm (NJW-RR 1993, 506) sie befürwortet; auch das RG hat sie – freilich auf inzwischen überholter dogmatischer Basis (vgl Rn 2) – bejaht (RG LZ 1918, 686 f). Die Haltung des BGH ist offen (NJW 1981, 280; 1984, 232). Immerhin scheint er das Verhalten des Maklers im Hinblick auf Abschluss und Inhalt des Maklervertrags jedenfalls nicht schlechthin aus dem analogen Anwendungsbereich des § 654 BGB ausklammern zu wollen. Der BGH (NJW 1986, 2573) diskutiert die Analogie zu § 654 BGB ohne weiteres im Zusammenhang mit der Frage, ob der Makler, der eine Ab- 13 änderung des Maklervertrags zu seinen Gunsten mit unlauteren Mitteln bewirkt, dadurch den Provisionsanspruch einbüßt. Fast noch offener ist, wie weit die Analogie zu § 654 BGB in das **nachvertragliche Stadium** hineinwirkt. Der BGH (NJW 1985, 45) hat die analoge Anwendbarkeit des § 654 BGB für den Fall verneint, dass das treuwidrige Verhalten des Maklers – konkret: die Anwerbung neuer Mietinteressenten während des Rechtsstreits des Auftraggebers/Mieters mit dem Vermieter um die Erfüllung des Mietvertrags – erst nach dem Zustandekommen des Hauptvertrags und der Zahlung der Provision stattgefunden hat (vgl auch LG Verden AIZ 1993 H 5 A 146 Bl 25). Der IVa-Senat beruft sich dafür auf den dogmatischen Satz, verwirkt werden könnten nur Ansprüche, nicht auch bereits kassierte Zahlungen. Er lässt dahingestellt, wie es zu beurteilen ist, wenn die Verfehlung in die Zeit zwischen dem Zustandekommen des Hauptvertrags und der Zahlung der Provision fällt (für Anwendung des § 654 BGB insoweit Zopfs Rn 78; MünchKommBGB/Althammer § 654 Rn 5). Das OLG Braunschweig (AIZ 1983 H 6 A 146 Bl 4) hat dagegen § 654 BGB analog angewandt, um die Rückforderung einer Provision zu ermöglichen, deren vorzeitige Zahlung der Makler durch die bewusst unrichtige Angabe, die Zahlung der Vertragsgegenseite sei an den Auftraggeber unterwegs, nach Hauptvertragsabschluss erschlichen hatte. Auch das OLG Hamm (NJW-RR 1988, 689) neigt zur Ausdehnung der analogen Anwendung des § 654 BGB in den nachvertraglichen Bereich für den Fall, dass der Doppelmakler mit dem Verkäufer die Erhöhung der Verkäuferprovision vereinbart hat, nachdem der Käufer im Kaufvertrag zusätzlich zu der von ihm selbst geschuldeten Provision die Provision des Verkäufers übernommen hat.

14 Auch was die **Rechtsfolge** des § 654 BGB betrifft, setzt die Rechtsprechung im Ansatz uneingeschränkt auf die Qualifikation als Strafe. So betont sie die **Entbehrlichkeit eines Schadens** des Auftraggebers (BGH NJW 1986, 2573; BGH NJW-RR 1990, 372); der dem Gedanken des Schadensausgleichs verhaftete **§ 254 BGB** soll unanwendbar sein (BGH NJW 1962, 734). Freilich kann sie im Interesse sachgerechter Ergebnisse gewisse Inkonsequenzen nicht vermeiden. Eine Schadensersatzpflicht des Maklers wegen Pflichtverletzung soll neben dem Wegfall des Provisionsanspruchs nur in Betracht kommen, soweit der Schaden höher ist als die Provision (OLG Hamm NJW-RR 1997, 370). Das LG Köln (MDR 1972, 326) wendet **§ 278 BGB** auf das Fehlverhalten von Angestellten des Maklers an, was sicher nicht dem behaupteten Strafcharakter der analogen Anwendung des § 654 BGB, wohl aber praktischen Bedürfnissen entspricht: Es kann in der Tat unmöglich richtig sein, dass die analoge Anwendung des § 654 BGB sich auf selbstständige, persönlich tätige Makler beschränkt. Eine solche Privilegierung des Großmaklers oder gar der Makler-GmbH wäre vom Ergebnis her schlechterdings unvertretbar (vgl auch MünchKommBGB/Althammer § 654 Rn 21; Fischer NZM 2001, 873, 879). Dies entspricht im Ergebnis auch der Auffassung des BGH (NJW 1986, 2573, 2574), der freilich für die Begründung der Einstandspflicht des Maklers für Verfehlungen seiner Angestellten analog § 654 BGB § 278 BGB nicht explizit heranzieht. Schwierigkeiten bereitet der Rechtsprechung schließlich das Verhältnis der analogen Anwendung des § 654 BGB zu den Grundsätzen über die allgemeine unzulässige Rechtsausübung nach **§ 242 BGB**. Das OLG Braunschweig will auf die Geltendmachung des Provisionsanspruchs nicht § 654 BGB analog, sondern § 242 BGB anwenden, wenn der Makler den Anspruch durch gesetz-, sitten- oder vertragswidriges Verhalten erworben hat (AIZ 1994 H 5 A 146 Bl 28). Der BGH (WM 1983, 385, 386) lässt die Lösung des Konkurrenzproblems offen, deutet aber an, in der analogen Anwendung des § 654 BGB eine den Rückgriff auf die allgemeinen Grundsätze ausschließende Konkretisierung des Verbots der unzulässigen Rechtsausübung sehen zu wollen (entsprechend Zopfs Rn 76). Auch das ist nicht konsequent. Das Verbot der unzulässigen Rechtsausübung richtet sich gegen den Gebrauch eines Rechts, der dem Zweck des Rechts oder anderweitigen Rechtsbindungen des Inhabers widerspricht (vgl MünchKommBGB/Schubert § 242 Rn 229 ff). Mit Strafe hat es nichts zu tun, so dass vom Standpunkt des BGH eigentlich ein Nebeneinander von Verwirkung nach § 654 BGB analog und unzulässiger Rechtsausübung möglich sein müsste. Tatsächlich definiert aber der BGH die Voraussetzungen der „Strafe" so, dass sie zum Ausfluss des Verbots der unzulässigen Rechtsausübung wird: Wenn der Makler die Provision nach allgemeinem Rechts- und Billigkeitsempfinden nicht verdient hat (vgl Rn 11), widerspricht die Geltendmachung des Provisionsanspruchs seinem Zweck, die Leistung des Maklers zu entgelten, so dass § 654 BGB analog im Verständnis des BGH das Anliegen des Verbots der unzulässigen Rechtsausübung voll abdeckt.

c) Kritik

Die Schilderung der Praxis (Rn 12 ff) belegt, dass die Rechtsprechung unter Berufung auf die Straffunktion des § 654 BGB einen Rechtssatz geschaffen hat, dessen Anwendungsbereich mit dem in § 654 BGB geregelten Sachverhalt und demgemäß **mit einer analogen Anwendung der Vorschrift nicht mehr das Geringste zu tun** hat (skeptisch auch MünchKommBGB/Althammer § 654 Rn 2 f; BeckOGK/Meier [1. 8. 2025] § 654 Rn 34; Lettau/Lorenz ZjS 2020, 12, 14). Am ehesten erinnert das, was sich in diesem Zusammenhang entwickelt hat, noch an den Widerruf der Schenkung wegen groben Undanks. Und dass diese Parallele für Provisionsversprechen passt, wird selbst derjenige kaum behaupten wollen, der den Wert der Gegenleistungen des Maklers skeptisch einschätzt. Die entschiedenen Fälle zeigen denn auch, dass die mit Hilfe der **Lohnunwürdigkeitsjudikatur** erzielten Resultate sich entweder schon aus vorgelagerten Erwägungen ergeben oder nicht zu billigen sind. Ersteres trifft zu, soweit der Hauptvertrag zustande gekommen ist, obwohl der Makler dies zu verhindern versucht hat (BGH WM 1978, 235, 246; BGH WM 1983, 385, 386; BGH NJW-RR 1992, 110). Da der Abschluss des Hauptvertrags vom Makler nicht nur verursacht, sondern sein Verdienst sein muss (§ 652 Rn 123 f), kommt ein Provisionsanspruch wegen eines trotz der Verhinderungsversuche des Maklers zustande gekommenen Hauptvertrags von vornherein nicht in Frage (ähnlich Hamm Rn 855). Soweit der Makler den Auftraggeber arglistig über das Bestehen einer rechtlichen Bindung (BGH VersR 1989, 1259; BGH NJW-RR 1990, 372; 1992, 817), die Existenz eines Alleinauftrags (OLG Hamm AIZ 1991 H 1 A 146 Bl 20), die Kapazität des zum Kauf nachgewiesenen Hotels (BGH WM 1981, 590) oder die Konkurrenzverhältnisse im Bereich der zum Nachweis angemieteten Gewerberäume (OLG Frankfurt AIZ 1986 H 10 A 146 Bl 11) getäuscht hat, ist zu unterscheiden: Entweder der Auftraggeber hätte ohne die Täuschung den entsprechenden Hauptvertrag nicht abgeschlossen; dann hat er einen Anspruch auf Schadensersatz aus **Pflichtverletzung** (§§ 280 Abs 1, 241 Abs 2 BGB) und aus § 826 BGB, der ua auf Beseitigung der Provisionszahlungspflicht gerichtet ist. Oder der Hauptvertrag wäre auf jeden Fall zustande gekommen; dann ist nicht einzusehen, wieso die Täuschung für den Auftraggeber zum Glücksfall werden soll. Überdies ist nirgendwo sonst die folgenlose Verletzung von Nebenpflichten ein Grund für die Entziehung von Erfüllungsansprüchen, so dass einmal mehr der Einwand des Verstoßes gegen das Gebot der Gleichbehandlung des Gleichartigen zu erheben ist (vgl schon Rn 2 aE). Überhaupt keinen Anlass für die Annahme von Lohnunwürdigkeit geben die Fälle des „grob leichtfertigen" Verschweigens eines wichtigen Faktors für die wirtschaftliche Kalkulation des 15

Auftraggebers (OLG München AIZ 1989 H 2 A 146 Bl 15) und der unterbliebenen Warnung vor dem Abschluss des Hauptvertrags trotz ungeklärter Finanzierung (OLG Celle AIZ 1989 H 8 A 146 Bl 17). Der Fall des OLG München betrifft eine schlichte Verletzung der Pflicht des Maklers zur ordnungsgemäßen Einweisung des Auftraggebers in die Vertragsgelegenheit (§ 652 Rn 209), der sich auch durch das Prädikat „grob leichtfertig" nicht die Qualität strafwürdigen Unrechts beilegen lässt. Und der Fall des OLG Celle kann schon zur bloßen Schadensersatzpflicht nur führen, wenn man in dem Renommieren mit dem Etikett Finanzberater eine besondere Vertrauenswerbung sieht, die in dem Auftraggeber die berechtigte Erwartung weckt, vor finanziell waghalsigen Entschlüssen gewarnt zu werden. Schon eine normale Verletzung der Pflichten nach § 241 Abs 2 BGB ist daher alles andere als einfach zu begründen (vgl § 652 Rn 200); strafwürdiges Unrecht ist keinesfalls zu bejahen.

d) Darlegungs- und Beweislast

16 Die hM schließt aus dem Verständnis des § 654 BGB als einer Verwirkungsnorm mit Strafcharakter, dass den Auftraggeber die **Beweislast** für die Voraussetzungen einer direkten oder analogen Anwendung der Vorschrift trifft (OLG Hamm NJW-RR 1994, 125; OLG Hamm IMR 2021, 424; Erman/Fischer § 654 Rn 11; Soergel/Engel § 654 Rn 15). In der Konsequenz der hier vertretenen Ansicht, wonach § 654 BGB in direkter und analoger Anwendung einen Fall der fehlenden wirtschaftlichen Gleichwertigkeit zwischen zustande gekommenem und im Maklervertrag vorausgesetztem Hauptvertrag betrifft (vgl Rn 1 ff), liegt an sich die Darlegungs- und Beweislast des Maklers. Denn wenn der Schuldner sich darauf beruft, dass der Gläubiger seine Gegenleistungspflicht nicht erfüllt hat, muss der Gläubiger das Gegenteil darlegen und beweisen. Immerhin kehrt sich schon nach **§ 363 BGB** die Beweislast um, wenn der Schuldner (= der Gläubiger des Gegenleistungsanspruchs) eine angebotene Leistung als Erfüllung angenommen hat und sie anschließend, weil sie eine andere als die geschuldete Leistung sei, nicht als Erfüllung gelten lassen will. Eben das ist die Situation des Auftraggebers, der eine vom Makler nachgewiesene bzw vermittelte Vertragsgelegenheit nutzt und sich gegenüber dem Provisionsverlangen auf fehlende wirtschaftliche Gleichwertigkeit mit der im Maklervertrag vorausgesetzten Vertragsgelegenheit beruft, so dass der hM im Ergebnis auch von der hier vertretenen Konzeption des § 654 BGB her zuzustimmen ist. Das wird unterstrichen durch das **systematische Verhältnis des § 654 BGB zu § 652 BGB**. Da § 654 BGB als Ausnahme zu § 652 BGB konzipiert ist, enthält er eine Beweislastumkehr in dem Sinne, dass die anspruchsbegründende Voraussetzung der vertragsgerechten Tätigkeit des Maklers nicht von dem Anspruchsteller, dem Makler, sondern ihr Gegenteil von dem Anspruchsgegner, dem Auftraggeber, darzulegen und zu beweisen ist.

§ 655
Herabsetzung des Maklerlohns

Ist für den Nachweis der Gelegenheit zum Abschluss eines Dienstvertrags oder für die Vermittlung eines solchen Vertrags ein unverhältnismäßig hoher Maklerlohn vereinbart worden, so kann er auf Antrag des Schuldners durch Urteil auf den angemessenen Betrag herabgesetzt werden. Nach der Entrichtung des Lohnes ist die Herabsetzung ausgeschlossen.

Materialien: E I, -; II, -; III, -; Bericht der Reichstagskommission, S 93; Jakobs/Schubert, Recht der Schuldverhältnisse III (1983) §§ 654–656, S 10 f; Vorschrift wurde geändert durch Art 1 G über die Verteilung der Maklerkosten bei der Vermittlung von Kaufverträgen über Wohnungen und Einfamilienhäuser vom 12. 6. 2020 (BGBl I 1245).

Systematische Übersicht

I. Das Sonderrecht der privaten Arbeitsvermittlung*

1. Anwendungsbereich des Sonderrechts

Die Vermittlung eines Dienstvertrags unterliegt dem allgemeinen Maklerrecht, soweit dieser selbstständige Dienste betrifft. Das Gleiche gilt grundsätzlich für die Vermittlung von Arbeitsverträgen (= Verträgen über abhängige Arbeit), falls sie auf Verträgen des Arbeitsvermittlers **mit Arbeitgebern** beruht. Seit dem 23. 3. 2002 hängt die Wirksamkeit solcher Verträge nicht mehr davon ab, dass der Arbeitsvermittler eine besondere Vermittlungskonzession besitzt. Das Verbot der Arbeitsvermittlung mit Erlaubnisvorbehalt, das seinerseits an die Stelle des bis 1994 geltenden Vermittlungsmonopols der Bundesanstalt für Arbeit getreten ist, gibt es grundsätzlich nicht mehr. Ein letzter Rest hat sich in § 292 SGB III für die Auslandsvermittlung erhalten. Danach kann das Bundesministerium für Arbeit und Soziales durch Rechtsverordnung für die Arbeitsvermittlung in das und aus dem Nicht-EU- und Nicht-EWR-Ausland ein auf bestimmte Berufe und Tätigkeiten begrenztes Monopol der Agentur für Arbeit schaffen. Ohnedem ist aber auch insoweit die private Vermittlung zulässig (BT-Drucks 14/8546, 7). Geblieben ist für die Vermittlungsverträge mit Arbeitgebern darüber hinaus zwar das Verbot des Alleinauftrags (§ 297 Nr 4 SGB III), das seinem Zweck nach auch zwar nicht die Unzulässigkeit, wohl aber die zwingende jederzeitige Kündbarkeit von Maklerdienst- und Maklerwerkverträgen impliziert. Im Übrigen beschränkt sich die Sonderregelung der §§ 296 ff SGB III auf Vermittlungsverträge mit Arbeitsuchenden. **1**

2. Voraussetzungen der legalen privaten Arbeitsvermittlung

Die Arbeitsvermittlung im Sinne der §§ 296 ff SGB III umfasst die Vermittlungs- **und** die Nachweistätigkeit im maklerrechtlichen Sinne (§ 652 Rn 29 ff; einschränkend Hamm Rn 219 unter Berufung auf LSG Rheinland-Pfalz 27. 4. 2006 – L 1 AL 215/05: nur bei Auftrag des Arbeitgebers; bei Auftrag des Arbeitsuchenden nur Vermittlung; ausführlich zu der Frage Helm- **2**

* Gesetzestext Vorbem 76 zu §§ 652–656d.

holz 112 ff). Die Berufung der Gegenansicht (Rieble DB 1994, 1774, 1776) auf den eindeutig nur die Vermittlungstätigkeit ansprechenden Wortlaut der §§ 296 ff SGB III übersieht, dass § 35 Abs 1 S 2 SGB III die Vermittlung nach dem SGB III abweichend vom Maklerrecht definiert. Es genügt danach das „Zusammenführen" der Arbeitsvertragsparteien; eine Förderung ihrer Abschlussbereitschaft, wie sie der maklerrechtliche Vermittlungsbegriff verlangt (§ 652 Rn 43), ist nicht erforderlich. Die Abgrenzung zwischen Vermittlung abhängiger Arbeit und Vermittlung selbstständiger Dienstleistungen folgt dem allgemeinen Arbeitsrecht. es kommt auf die persönliche Abhängigkeit an, die gegeben ist, wenn Art, Ort und Zeit der Arbeitsleistung überwiegend fremdbestimmt sind (vgl § 611a BGB und die zusammenfassende Darstellung bei ErfKomm/Preis/Greiner § 611a Rn 33 ff). Der Arbeitsvermittlung grundsätzlich gleichgestellt ist die Ausbildungsvermittlung (arg e § 296a SGB III).

3. Inhalt des Sonderrechts

3 Der Vermittlungsvertrag zwischen einem Vermittler und einem Arbeitsuchenden bedarf zu seiner Wirksamkeit (arg e § 297 Nr 1 SGB III) der Schriftform (§ 296 Abs 1 S 1 SGB III). Ist ein Vermittlungsvertrag formwirksam geschlossen worden, verweist der Vermittler den Arbeitsuchenden jedoch an einen anderen Makler, der den Arbeitsvertrag erfolgreich vermittelt, ohne selbst einen formwirksamen Vermittlungsvertrag geschlossen haben, so entsteht der Provisionsanspruch für keinen der Vermittler. Die Zurechnung der Tätigkeit des zweiten zugunsten des ersten Vermittlers setzt voraus, dass der formwirksame Vermittlungsvertrag eine Untermaklerklausel enthält (Sächs LSG 1. 12. 2009 – L 3 AL 10/07). Wenn nach § 296 Abs 1 S 2 SGB III „insbesondere die Vergütung des Vermittlers anzugeben" ist, so hat das insofern eine über das allgemeine Schriftformerfordernis hinausreichende eigenständige Bedeutung, als eine diesbezügliche Lücke nicht durch Rückgriff auf die übliche Vergütung, die angemessene Vergütung oder gar auf § 316 BGB ausgefüllt werden kann (vgl § 653 Rn 17). Vielmehr ist der Vermittlungsvertrag ohne ausdrückliche Regelung der Vergütung stets formnichtig. Nicht leicht nachvollziehbar ist der Sinn von § 296 Abs 1 S 3 SGB III. Der Zusammenhang mit dem jetzt in § 296 Abs 1 S 1 SGB III angeordneten Schriftformerfordernis legt es nahe anzunehmen, dass durch § 296 Abs 1 S 3 SGB III das Schriftformerfordernis im Sinne eines Trennungsverbots auf die Vereinbarung der Vorbereitungs- und Durchführungsmaßnahmen ausgedehnt werden soll. Andererseits knüpft § 297 Nr 1 SGB III die Unwirksamkeit nicht an die gesonderte Vereinbarung, sondern an das Verlangen oder die Entgegennahme für Vergütungen, die nach § 296 Abs 1 S 3 SGB III zu den Leistungen der Vermittlung gehören. Man wird daher den Sinn des § 296 Abs 1 S 3 SGB III darin sehen müssen, dass er die Vereinbarung einer **gesonderten Vergütung** für die der Vermittlung notwendigerweise vorgeschalteten Vorbereitungs- und Durchführungsmaßnahmen untersagen will (Brand [9. Aufl 2021] § 296 SGB III Rn 9). Keine Voraussetzung der Wirksamkeit des Arbeitsvermittlungsvertrags, sondern Nebenpflicht des Vermittlers ist die Pflicht nach § 296 Abs 1 S 4 SGB III, dem Arbeitsuchenden den Vertragsinhalt in Textform (§ 126b BGB) mitzuteilen. Die Verletzung dieser Pflicht gibt dem Arbeitsuchenden gegenüber dem Provisionszahlungsbegehren des Vermittlers ein Zurückbehaltungsrecht nach § 273 Abs 1 BGB. Soweit dem Arbeitsuchenden dadurch ein Schaden entsteht, erwirbt er einen Schadenersatzanspruch nach § 280 Abs 1 BGB.

4. Beschränkungen der Vertragsfreiheit

§ 296 Abs 2 SGB III macht den Provisionsanspruch gegen den Arbeitsuchenden zwingend vom Erfolg der Arbeitsvermittlung abhängig. Das Verlangen oder die Entgegennahme von Vorschüssen ist zum Schutz des Arbeitsuchenden untersagt. Der Vertrag über Arbeitsvermittlung zwischen dem Vermittler und dem Arbeitsuchenden unterliegt danach einem **Rechtsformzwang**, der über das allgemeine Alleinauftragsverbot nach § 297 Nr 4 SGB III hinaus den Maklerdienst- und den Maklerwerkvertrag sperrt (vgl auch Rn 1). Wie sich aus § 297 Nr 1 SGB III ergibt, ist auch eine Sonderberechnung notwendiger Annexleistungen zur Vermittlung nicht zulässig. Das Gesetz schweigt zur Frage, ob der Vermittler nicht wenigstens den Ersatz seiner Aufwendungen unabhängig vom Eintritt des Vermittlungserfolgs vereinbaren kann. Bedenkt man, dass die zwingende Erfolgsabhängigkeit des Provisionsanspruchs gegen den Arbeitsuchenden gem § 296 Abs 1 S 3 SGB III mit einer Sicherung des Arbeitsuchenden gegen unerwartete Zahlungspflichten einhergeht, so wird man den Vorbehalt gegen die Sonderberechnung notwendiger Annexleistungen zur Vermittlung auf den Aufwendungsersatz erstrecken müssen. Denn sonst sieht sich der Arbeitsuchende doch mit unerwarteten Belastungen konfrontiert, die ihn zumal im Fall der Erfolglosigkeit der Vermittlungsbemühungen sehr hart treffen können. Bei der früher bestehenden zwingenden Kostenfreiheit der Vermittlung für den Stellensuchenden ist es gemäß § 296a SGB III für die Vermittlung von Ausbildungsverträgen geblieben. § 297 Nr 3 SGB III sichert diese Kostenfreiheit dagegen, dass der Vermittler durch Vereinbarung mit dem Arbeitgeber Umgehungsstrategien einsetzt. 4

Auch Leiharbeitsunternehmen sollen sich wirksam eine Vermittlungsprovision für den Fall ausbedingen können, dass der Entleiher den Leiharbeitnehmer als Stammarbeitnehmer übernimmt. Dies stellt § 9 Nr 3 AÜG klar: Danach schließt die Unwirksamkeit von Regelungen, die es dem Entleiher untersagen, den Leiharbeitnehmer zu einem Zeitpunkt einzustellen, in dem dessen Arbeitsverhältnis zum Verleiher nicht mehr besteht, die Vereinbarung einer angemessenen Vergütung zwischen Verleiher und Entleiher für die nach vorangegangenem Verleih oder mittels vorangegangenem Verleih erfolgte Vermittlung nicht aus. Nach BGH NJW 2007, 764 f kann das Leiharbeitsunternehmen sich die Vermittlungsprovision im Arbeitnehmerüberlassungsvertrag nicht nur durch Individualvereinbarung, sondern sogar durch AGB sichern. Unangemessen soll allerdings eine in einer derartigen Klausel vorgesehene Vergütung aber sein, wenn die Provisionshöhe sich nicht am vorgesehenen Bruttolohn orientiert und daher zwei Bruttomonatsgehälter überschreiten kann (OLG Stuttgart ZIP 2021, 2101, 2102; siehe allgemein zur Angemessenheit im Rahmen des § 9 Nr 3 AÜG BGH NZA-RR 2012, 67, 69). 5

Indessen folgt hieraus lediglich, dass das AÜG der Vereinbarung der Vermittlungsprovision nicht mehr entgegensteht. Die maklerrechtlichen Voraussetzungen müssen weiterhin erfüllt werden (BSG NZS 2007, 44). Daran fehlt es aber regelmäßig: Der Sinn der Arbeitnehmerüberlassung ist die Erfüllung des Überlassungsvertrags, nicht – wie für einen maklerrechtlichen Nachweis erforderlich (§ 652 Rn 123 f) – den Hauptvertrag (= die Begründung des Stammarbeitsverhältnisses zwischen Leiharbeitnehmer und Entleiher) zustande zu bringen. Erst recht wirkt der Verleiher nicht – wie für die Vermittlung erforderlich (§ 652 Rn 42) – mit diesem Ziel auf Leiharbeitnehmer und Ent- 6 leiher ein. Soweit der BGH eine Regelung in AGB ausreichen lässt, ist ihm also nicht zu folgen.

7 § 296 Abs 3 SGB III begrenzt die zulässige Höhe des Provisionsanspruchs gegen den Arbeitsuchenden. Sie darf einschließlich der darauf entfallenden gesetzlichen Umsatzsteuer grundsätzlich 2.000 € nicht übersteigen. Die Vermittlung von Personen in Au-pair-Verhältnisse darf maximal 150 € kosten (§ 296 Abs 3 S 3 SGB III). Die nach den §§ 296 Abs 3 S 1, 301 SGB III vorgesehene RechtsVO über die Zulässigkeit abweichender Provisionsvereinbarungen für die Vermittlung in bestimmte Berufe und von bestimmten Personengruppen ist ergangen (VermVergVO). Sie gilt nach § 1 VermVergVO für Künstler, Artisten, Fotomodelle, Werbetypen, Mannequins, Dressmen, Doppelgänger, Stuntmen, Discjockeys und Berufssportler. Sie lässt für diese Berufsgruppen am Arbeitsentgelt orientierte Provisionen für die Vermittlung aufgrund von Vermittlungsverträgen zwischen Vermittler und Arbeitsuchenden zu. Die Provisionshöhe ist allerdings nach § 2 VermVergVO auf 14 % des jährlichen Arbeitsentgelts begrenzt.

8 Wird im Vermittlungsvertrag zwischen Vermittler und Arbeitsuchenden eine höhere als die zulässige Provision vereinbart, so ist die Vereinbarung unwirksam (§ 297 Nr 1 SGB III). Streitig ist, ob daraus die Unwirksamkeit des Provisionsversprechens insgesamt folgt (BGH NJW 2010, 3222, 3223; Rixen NZS 2002, 466, 469) oder ob es in der zulässigen Höhe bestehen bleibt (MünchKommBGB/Althammer § 655 Rn 8). Letzteres wird zT mit Rücksicht auf die Rechtslage im Wohnungsvermittlungsrecht angenommen, für die § 5 Abs 1 WoVermittG lediglich einen Anspruch auf Rückgewähr des die zulässige Höhe überschießenden Betrags vorsieht (arg e „soweit"). Näher liegt es, im Gegenschluss zu § 5 Abs 1 WoVermittG anzunehmen, dass eine solche geltungserhaltende Reduktion im Recht der Arbeitsvermittlung ausscheidet (so Rixen NZS 2002, 466, 469). Denn sie widerspricht der sonst allgemein anerkannten Einsicht, dass der Präventionszweck von Regelungsverboten gefährdet ist, wenn der Verstoß nur zur Folge hat, dass die eben noch zulässige Regelung gilt. Auch aus den §§ 683, 670 BGB kann der Arbeitsvermittler in den Fällen des § 297 SGB III keinen Provisionsanspruch ableiten, und zwar schon deshalb, weil die Maklerleistung keine Geschäftsbesorgung für einen anderen ist (Vorbem 4 zu §§ 652–656d). Auf die zwischen Rechtsprechung und Schrifttum streitige Frage, ob die §§ 677 ff BGB auf die Rückabwicklung nichtiger Geschäftsbesorgungsverträge anwendbar sind, kommt es daher nicht an (**aA** MünchKommBGB/Althammer § 655 Rn 8). Schließlich gibt § 812 Abs 1 S 1 BGB dem Arbeitsvermittler keinen Anspruch. Dieser scheitert am Fehlen eines objektiven Werts der genutzten Vertragsgelegenheit, über den sie sich über § 818 Abs 2 BGB in einen Geldanspruch verwandeln könnte (§ 652 Rn 58 aE). Auf § 817 S 2 BGB (**so** MünchKommBGB/Althammer § 655 Rn 8) kommt es daher nicht mehr an.

9 § 298 SGB III enthält gesetzliche Nebenpflichten des Arbeitsvermittlers, die sich aus der besonderen datenschutzrechtlichen Sensibilität der Arbeitsvermittlung ergeben. Sie konkretisieren, was sich nach Treu und Glauben mit Rücksicht auf die Verkehrssitte (§§ 157 u 242 BGB) ergibt. Daneben bestehen die allgemeinen Nebenpflichten des Maklers, wie sie unter § 652 Rn 208 ff erörtert sind.

II. Die Bedeutung des § 655 BGB

§ 655 BGB ist erst durch den Reichstag in das BGB gekommen; die Vorschrift hat seitdem lediglich durch das Gesetz über die Verteilung der Maklerkosten bei der Vermittlung von Kaufverträgen über Wohnungen und Einfamilienhäuser eine geringfügige sprachliche Änderung erfahren. Beabsichtigt war zunächst eine auf alle Maklerverträge bezogene Vorschrift. Später hat man sich auf die Herabsetzungsmöglichkeit für Maklerverträge über den Nachweis bzw die Vermittlung von Dienstverträgen beschränkt, weil sich nur insoweit ein wirkliches praktisches Bedürfnis für gerichtliche Intervention gezeigt habe (Mugdan II 1325; vgl auch Staudinger/Riedel[11] § 655 Rn 1; Rieble DB 1994, 1776, 1777). Auch in den Reformentwurf in der zuletzt gültigen Fassung vom 16. 2. 1984 ist der in den ersten Vorläufern enthaltene § 653 f BGB-E, der eine generelle Möglichkeit zur gerichtlichen Ermäßigung der Provision vorsah, nicht übernommen worden (vgl BT-Drucks 10/1014). In der Tat ist eine gerichtliche Preiskontrolle hier genauso wenig zu empfehlen wie sonst (vgl Möschel, Recht der Wettbewerbsbeschränkungen 345 ff). Für die Provisionshöhe mangelt es wegen des Fehlens eines objektiven Wertes der Maklerleistung sogar noch mehr als sonst an den notwendigen Kontrollmaßstäben für die Gerichte. Schon im Rahmen der Grenzkontrolle nach § 138 Abs 1 BGB lässt sich ein etwaiges Missverhältnis von Leistung und Gegenleistung kaum begründen, ist doch der Nutzen, den der einzelne Auftraggeber aus der vom Makler gebotenen Vertragsgelegenheit zieht, so gut wie ausschließlich dadurch belegt, dass er sich frei für diese und gegen eine andere Vertragsgelegenheit entschieden hat. Die etwaige Zwangslage des Auftraggebers und ihre Ausnutzung durch den Makler sind folgerichtig für das Sittenwidrigkeitsurteil sehr viel wichtiger als die „nackte" Provisionshöhe (vgl § 652 Rn 53; zustimmend Martinek JZ 1994, 1048 ff; kritisch Rieble DB 1994, 1776, 1777 f). Erst recht fehlt der von § 655 BGB vorausgesetzte objektive Zugang zu der im Einzelfall „richtigen" Provision. Ihre Festsetzung ist ggf kein Akt rechtlicher Erkenntnis, sondern politischen Ermessens des Gerichts, der nicht zuletzt rechtsstaatlichen Bedenken begegnet. 10

Diese rechtsstaatlichen Bedenken sind in der Vergangenheit weitgehend entschärft worden durch die geringe praktische Bedeutung des § 655 BGB, die sich aus dem Vermittlungsmonopol der Bundesanstalt für Arbeit ergeben hat. Durch die Aufhebung des Vermittlungsmonopols durch Art 1 BeschFG 1994 (BGBl I 1786) scheint § 655 BGB wieder wesentlich an praktischer Bedeutung gewonnen zu haben. Im Schrifttum wird sogar die Ansicht vertreten, § 655 BGB sei im Wege der teleologischen Reduktion ausschließlich auf die Arbeitsvermittlung anzuwenden (Rieble DB 1994, 1776, 1778). Plausibler wirkt es, umgekehrt § 655 BGB als durch die Sonderregeln gem § 296 Abs 3 SGB III verdrängt anzusehen. Denn die Aufgabe, einen „unverhältnismäßig hohen" Maklerlohn zu verhindern, wird schon durch diese Vorschriften erfüllt (MünchKommBGB/Althammer § 655 Rn 1, 8; **anders** aber BGH NJW 2010, 3222, 3225; OLG Düsseldorf NJW-RR 2014, 825, 828; BeckOGK/Meier [1. 8. 2025] § 655 Rn 4; Grüneberg/Retzlaff § 655 Rn 1; für einen Vorrang der VermVergVO LG Heidelberg SpuRt 2011, 37, 28). Allein soweit sie nicht eingreifen, nämlich im Fall des Vermittlungsvertrags mit dem Arbeitgeber (Rn 1), bleibt der Rückgriff auf § 655 BGB möglich (BeckOGK/Meier [1. 8. 2025] § 655 Rn 4; MünchKommBGB/Althammer § 655 Rn 5; Vorbearbeitung Rn 11). In den Anwendungsbereich des § 655 BGB fällt weiterhin der Nachweis bzw die Vermittlung von Verträgen über selbstständige Dienstleistungen (mit Ausnahme von Heimarbeitsverhältnissen im Sinne des HAG, vgl § 13 SGB III). Verträge über selbstständige 11

Dienstleistungen sind zB die Anstellungsverträge von Vorstandsmitgliedern einer AG oder Geschäftsführern einer GmbH und im Übrigen alle diejenigen Verträge, die dem Dienstpflichtigen die Entscheidung über Art, Ort und Zeit der Dienstleistung überwiegend selbst überlassen (Rn 1). Nachweis- und Vermittlungstätigkeiten nach § 655 BGB nimmt der Makler notwendig als Zivilmakler vor; eine Tätigkeit als Handelsmakler scheidet insoweit aus, weil Dienstleistungen keine Gegenstände des Handelsverkehrs gemäß § 93 HGB sind (vgl Hopt/Roth § 93 HGB Rn 12; **aA** Staudinger/Riedel[11] § 655 Rn 2). Keine Rolle spielt für § 655 BGB, ob die Nachweis- bzw Vermittlungstätigkeit gewerbsmäßig oder nicht gewerbsmäßig ausgeübt wird.

III. Der Inhalt des § 655 BGB

12 Für § 655 BGB ist nicht nur auf die Verhältnisse bei Vertragsschluss, sondern auch auf später eingetretene Umstände abzustellen (BGH NJW 2010, 3222, 3225; MünchKomm-BGB/Althammer § 655 Rn 1). Eine Anpassung setzt ein **Missverhältnis von Leistung und Gegenleistung** voraus, das jedenfalls dann, wenn man die Leistung nicht in der Arbeit des Maklers, sondern im Nutzen des Auftraggebers sieht (vgl Vorbem 2 f zu §§ 652–656d), nur schwerlich festzustellen ist (vgl Rn 10). Das Schrifttum hebt deshalb teilweise allein auf den Aufwand des Maklers ab (Soergel/Engel § 655 Rn 3; skeptisch MünchKomm-BGB/Althammer § 655 Rn 8). Seine Auslagen sollen ebenso berücksichtigt werden wie seine allgemeinen Geschäftskosten aus der oft vergeblichen Gesamttätigkeit (Planck/Oegg § 655 Anm 2b). Der BGH (BGH NJW 2010, 3222, 3225) will demgegenüber zu Recht neben dem Aufwand des Maklers auch den Vermögensvorteil in den Blick nehmen, den der Dienstvertrag dem Auftraggeber gewährt; dabei sei insbesondere auf die Laufzeit des Arbeitsverhältnisses abzustellen. Im Einzelnen soll etwa nach OLG Düsseldorf NJW-RR 2014, 825, 828 eine Provision in Höhe von 25 % des Bruttoarbeitslohns grundsätzlich unbedenklich sein. Bei der Höhe des anrechenbaren Lohns zählen trotz § 655 S 2 BGB bereits geleistete Teilzahlungen mit. Auch kann sich die Unverhältnismäßigkeit daraus ergeben, dass der Makler sich als Doppelmakler von beiden Vertragsparteien Provision hat versprechen lassen, die in der Summe das Missverhältnis von Leistung und Gegenleistung ausmacht.

13 Im Fall des § 655 BGB ist der **Maklervertrag wirksam**. § 655 BGB ist auch nicht lex specialis zu **§ 138 Abs 1 BGB**, was schon daraus folgt, dass sie für § 138 Abs 1 BGB über das Missverhältnis von Leistung und Gegenleistung hinaus eine verwerfliche Gesinnung des begünstigten Vertragsteils verlangt (BGHZ 87, 309). § 655 BGB ist daher neben § 138 BGB auch nicht obsolet (BeckOGK/Meier [1. 8. 2025] § 655 Rn 3; MünchKommBGB/Althammer § 655 Rn 7).

14 Das den Maklerlohn reduzierende Urteil hat rechtsgestaltende Wirkung (Grüneberg/Retzlaff § 655 Rn 1). Der Antrag des Schuldners auf Herabsetzung muss nicht beziffert sein; er kann auch einredeweise gegen den Zahlungsanspruch vorgebracht werden (BGH NJW 2010, 3222, 3226). Eine Herabsetzung kommt nicht mehr in Betracht, wenn der Lohn bereits entrichtet ist. Die Erklärung eines Schuldanerkenntnisses oder die Überreichung eines Wechsels sollen dem Schuldner aber insoweit nicht schaden (NK-BGB/Wichert § 655 Rn 12).

IV. Analoge Anwendung des § 655 BGB?

Im Schrifttum wird vereinzelt (Hamm Rn 883) für die **analoge Anwendung** von § 655 BGB **auf sämtliche Maklerverträge** plädiert (vgl dazu schon § 652 Rn 54). Die hM (BGH NJW 2016, 3233, 3234; BeckOGK/Meier [1. 8. 2025] § 655 Rn 6; Jauernig/Mansel § 655 Rn 1; NK-BGB/Wichert § 655 Rn 6; Michalski NZM 1998, 209, 210) lehnt eine derartige entsprechende Anwendung indes zu Recht ab. Gegen sie sprechen bereits die allgemeinen Bedenken gegen § 655 BGB (Rn 10) genauso wie die Entstehungsgeschichte der Vorschrift (Rn 10; ablehnend etwa auch Soergel/Engel § 655 Rn 2). Wenn die Gegenauffassung sich darauf beruft, dass die Rechtsprechung die analoge Anwendung des § 655 BGB im Wege der extensiven Umdeutung von Provisionsversprechen in Vertragsstrafeversprechen mit Herabsetzungsmöglichkeit nach § 343 BGB in der Sache längst praktiziere, so zielt das am Problem vorbei. Der **Rückgriff auf § 343 BGB** verfügt im Gegensatz zu dem auf § 655 BGB über Kontrollmaßstäbe wie das Interesse des Gläubigers an der Erfüllung der vom Schuldner verletzten Pflicht und das Verschulden des Schuldners. Vor diesem Hintergrund ist auch die gelegentlich befürwortete entsprechende Anwendung zumindest auf Alleinaufträge abzulehnen (**aA** MünchKommBGB/Althammer § 655 Rn 10). 15

Untertitel 2

Vermittlung von Verbraucherdarlehensverträgen und Finanzierungshilfen

§ 655a
Darlehensvermittlungsvertrag

(1) Für einen Vertrag, nach dem es ein Unternehmer unternimmt, einem Verbraucher

1. gegen eine vom Verbraucher oder einem Dritten zu leistende Vergütung einen Verbraucherdarlehensvertrag oder eine Finanzierungshilfe nach § 506 zu vermitteln,

2. die Gelegenheit zum Abschluss eines Vertrags nach Nummer 1 nachzuweisen oder

3. auf andere Weise beim Abschluss eines Vertrags nach Nummer 1 behilflich zu sein,

gelten vorbehaltlich des Satzes 2 die folgenden Vorschriften dieses Untertitels. Bei Finanzierungshilfen nach § 506, die den Ausnahmen des § 491 Absatz 2 Satz 2 Nummer 1 bis 3 und Absatz 3 Satz 2 entsprechen, gelten die Vorschriften dieses Untertitels nicht.

(2) Der Darlehensvermittler ist verpflichtet, den Verbraucher nach Maßgabe des Artikels 247 § 13 Absatz 2 und § 13b Absatz 1 und des Artikels 247a § 2 des Einführungsgesetzes zum Bürgerlichen Gesetzbuche zu informieren. Der Darlehensvermittler ist gegenüber dem Verbraucher zusätzlich wie ein Darlehensgeber gemäß § 491a verpflichtet. Satz 2 gilt hinsichtlich § 491a Absatz 1 und 2 nicht für Warenlieferanten oder Dienstleistungserbringer, die in lediglich untergeordneter Funktion als Darlehensvermittler von Allgemein-Verbraucherdarlehen oder von entsprechenden Finanzierungshilfen tätig werden, etwa indem sie als Nebenleistung den Abschluss eines verbundenen Verbraucherdarlehensvertrags vermitteln.

(3) Bietet der Darlehensvermittler im Zusammenhang mit der Vermittlung eines Verbraucherdarlehensvertrags oder einer entsprechenden Finanzierungshilfe nach § 506 Beratungsleistungen gemäß § 511 Absatz 1 an, so gilt § 511 entsprechend. § 511 Absatz 2 Satz 2 gilt bei der Vermittlung eines Immobiliar-Verbraucherdarlehensvertrages oder einer entsprechenden Finanzierungshilfe entsprechend mit der Maßgabe, dass der Darlehensvermittler eine ausreichende Zahl von am Markt verfügbaren Darlehensverträgen zu prüfen hat. Ist der Darlehensvermittler nur im Namen und unter der unbeschränkten und vorbehaltlosen Verantwortung nur eines Darlehensgebers oder einer begrenzten Zahl von Darlehensgebern tätig, die am Markt keine Mehrheit darstellt, so braucht der Darlehensvermittler abweichend von Satz 2 nur Darlehensverträge aus der Produktpalette dieser Darlehensgeber zu berücksichtigen.

Schrifttum

BRUCHNER/OTT/WAGNER-WIEDUWILT, Verbraucherkreditgesetz (2. Aufl 1994)
BÜLOW/ARTZ, Kommentar zum Verbraucherkreditrecht (11. Aufl 2025)
DIETEL, Aufklärungspflichten bei der Vermittlung von Verbraucherdarlehen (2009)
DRESCHER, Verbraucherkreditgesetz und Bankenpraxis (1994)
DREYER/HASKAMP, Der Darlehensvermittler nach § 655a BGB, ZVertriebsR 2018, 225
FORNOFF, Darlehensvermittler und -berater zwischen WpIG, KWG und § 34f GewO, BKR 2022, 853
FRECKMANN/MERZ (Hrsg), Immobiliar-Verbraucherdarlehen nach der Umsetzung der WohnimmoRiLi (2. Aufl 2016)
GODEFROID, Verbraucherkreditverträge (3. Aufl 2008)
HABERSACK, Verbraucherkredit- und Haustürgeschäfte nach der Schuldrechtsmodernisierung, BKR 2001, 72
HABERSACK/SCHÜRNBRAND, Der Darlehensvermittlungsvertrag nach neuem Recht, WM 2003, 261
HASENKAMP/DREYER, Der Darlehensvermittler nach § 655a BGB, ZVertriebsR 2018, 225
HERNDL/KURZ, Der Begriff des Kreditvermittlers im europäischen Verbraucherkreditrecht, GPR 2015, 273
vHEYMANN, Zum neuen Verbraucherkreditgesetz, WM 1991, 1285
HOPT, Handelsgesetzbuch (45. Aufl 2026)
JUNGMANN, in: ELLENBERGER/BUNTE, Bankrechts-Handbuch (6. Aufl 2022) § 81
ders, Die EU-Verbraucherkreditrichtlinie 2023, BKR 2024, 1
vKLITZING/SEIFFERT, Der neue Beratungsprozess für Immobilien-Verbraucherdarlehen – Neue (Un)klarheiten aus Brüssel und Berlin, WM 2016, 774
KOCH, Darlehensvermittlung – Rechtliche Änderungen nach Umsetzung der Wohnimmobilienkreditrichtlinie, MDR 2016, 1417
KÖNIG, Der Rechtsbegriff des gebundenen Kreditvermittlers nach der Wohnimmobilienkreditrichtlinie (2014/17/EU), ZVertriebsR 2016, 350
ders, Rechtshandbuch Darlehensvermittlung, Neue aufsichts- und zivilrechtliche Vorgaben für Immobiliendarlehensvermittler (2017)
ders, Neue Regeln für Kreditvermittler im deutschen Recht – Änderungen durch die Richtlinie über Wohnimmobilienkreditverträge, VersR 2013, 1238
KOTHE, Zum Anspruch des Kreditvermittlers auf Auslagenerstattung, VuR 2003, 187
LWOWSKI/PETERS/MÜNSCHER, Verbraucherdarlehensrecht (3. Aufl 2008)
MÖLLER, in: BeckOK-BGB (77. Ed 2025)
MÜNSTERMANN/HANNES, Verbraucherkreditgesetz (1991)
NIETSCH, in: ERMAN, Bürgerliches Gesetzbuch (17. Aufl 2023)
NOBBE, in: PRÜTTING/WEGEN/WEINREICH, BGB (19. Aufl 2024)
ROTT, Kreditvermittlung nach der Reform des Verbraucherkreditrechts, VuR 2008, 281
SCHMELZ/KLUTE, Zum Gesetzentwurf für ein Verbraucherkreditgesetz, ZIP 1989, 1509
SCHULZE-WERNER, Das neue Recht der Immobiliardarlehensvermittler in der Gewerbeordnung (§ 34i GewO), GewArch 2016, 361
SEIBERT, Handbuch zum Verbraucherkreditgesetz (1991)
STRÖBL, in: Münchener Kommentar zum Handelsgesetzbuch (6. Aufl 2025)
TAMM, Verbraucherschutzrecht (2011), Teil 2, 2. Kap C V 3
TYARKS, in: SCHREIBER/RUGE, Handbuch Immobilienrecht, Kap. W Die Grundzüge der Kreditvermittlung (4. Aufl 2020)
VOLLKOMMER, Aktuelle Probleme der Kreditvermittlung, FLF 1986, 98
VORTMANN, Verbraucherkreditgesetz (1991)
vWESTPHALEN/EMMERICH/vROTTENBURG, Verbraucherkreditgesetz (2. Aufl 1996)
WEBER, in: Münchener Kommentar zum Bürgerlichen Gesetzbuch (9. Aufl 2023)
WILL, Die gewerbliche Immobiliendarlehensvermittlung gem § 34i GewO, NJOZ 2018, 1001
WITTIG, Die Novellierung der Verbraucherkreditrichtlinie ZBB 2023, 374.

Systematische Übersicht

Alphabetische Übersicht

I. Grundlagen und Normstruktur

1 Die §§ 655a–655e BGB befassen sich mit dem Darlehensvermittlungsvertrag. Sie haben die bis zum 31. 12. 2001 geltenden Vorschriften des Verbraucherkreditgesetzes (VerbrKrG) über die Kreditvermittlung abgelöst. Die Darlehensvermittlung bildet einen eigenen Unterabschnitt im Maklerrecht. Der Darlehensvermittlungsvertrag ist eine Sonderform des allgemeinen Maklervertrags. Ein solcher Vertrag ist auf die entgeltliche Vermittlung, den Nachweis oder die Unterstützung beim Abschluss eines Verbraucherdarlehensvertrags oder einer Finanzierungshilfe gerichtet. Die Bezeichnung dieses Unterabschnitts trifft zu, hingegen ist die Bezeichnung des § 655a BGB zu eng, da die Norm schon nach dem Wortlaut des § 655a Abs 1 S 1 Nr 1 BGB nicht nur die Vermittlung von Verbraucherdarlehensverträgen, sondern auch von Finanzierungshilfen nach § 506 BGB erfasst (Rn 42; vgl bereits BegrRegE BT-Drucks 17/1394, 20 li Sp unten; krit dazu auch BeckOK-BGB/Möller [1. 5. 2025] § 655a Rn 1). Der Darlehensvermittler ist Unternehmer (§ 14 BGB); der Vertragspartner des Vermittlungsvertrages kann der zukünftige Darlehensnehmer bzw die Partei der Finanzierungshilfe nach § 506 BGB oder aber ein Dritter (idR der Darlehensgeber) sein.

2 Der Unterabschnitt ist **Teil des Verbraucherkreditrechts** neben den Regelungen über Verbraucherdarlehensverträge (§§ 491 ff BGB) und den Verträgen über Finanzierungshilfen (§ 506 BGB); er dient der Umsetzung der Vorgaben der Verbraucherkreditrichtlinie (näher Rn 5 ff). Während die Vorgängernormen auf das Zusammentreffen von Verbraucher und Unternehmer beim Abschluss des Darlehensvermittlungsvertrags beschränkt waren, erfasst ein Teil der Regelungen seit dem 11. 6. 2010 zwei Vertragskonstellationen, nämlich den Darlehensvermittlungsvertrag zwischen Verbraucher und Vermittler sowie jenen Vertrag zwischen Vermittler und Drittem, zB Darlehensgeber (näher Rn 52 ff). In jedem Fall sind die **Rechtsverhältnisse** zwischen Vermittler und Verbraucher einerseits und andererseits zwischen Vermittler und Darlehensgeber zu unterscheiden. Hinzu tritt sodann jenes Rechtsverhältnis zwischen Darlehensgeber und Verbraucher (vermittelter Darlehensvertrag bzw vermittelte Finanzierungshilfe nach § 506 BGB). Der **Zweck der Regelungen** ist darauf gerichtet, dem Verbraucher die zusätzliche Belastung durch das Vermittlungsentgelt, das mit der Einschaltung eines Dritten zur Herbeiführung des Verbraucherdarlehens bzw der Finanzierunghilfe nach § 506 BGB verbunden ist, deutlich vor Augen zu führen und ihm eine informierte Entscheidung dahingehend zu ermöglichen, ob die Beauftragung eines Vermittlers für ihn wirtschaftlich sinnvoll ist.

3 Nach seiner **Normstruktur** enthält **Abs 1** eine **Legaldefinition** und legt mit dieser den sachlichen und zusammen mit Abs 2 S 3 und § 655e Abs 2 BGB den persönlichen Anwendungsbereich des Untertitels fest. Nach der Definition ist ein Darlehensvermittlungsvertrag ein Vertrag, nach dem es ein Unternehmer (§ 14 BGB) unternimmt, einem Verbraucher (§ 13 BGB) oder Existenzgründer (§ 655e Abs 2 BGB; Rn 23) gegen Entgelt ein Verbraucherdarlehen bzw eine Finanzierungshilfe nach § 506 BGB zu vermitteln **(Nr 1)** oder ihm die Gelegenheit zum Abschluss eines solchen Vertrages nachzuweisen **(Nr 2)**. Zur Klarstellung wurde mit Wirkung ab dem 21. 3. 2016 zudem die **Nr 3** angefügt (vgl Rn 35), wonach ausreicht, dass der Unternehmer dem Verbraucher „auf andere Weise" beim Abschluss des Darlehensvertrags bzw der entgeltlichen Finanzierungshilfe gegen Entgelt „behilflich" ist (näher Rn 35). Unerheblich ist dabei mittlerweile, ob der Kreditvermittler sein Entgelt vom Verbraucher oder einem Dritten, zB dem Darlehensgeber, erhält (Rn 48), wie der Wortlaut klarstellt; auf die unentgeltliche Vermittlung von Darlehensverträgen oder Finanzierungshilfen nach § 506 BGB sind die Vorschriften nicht anwendbar (vgl Rn 47). **Abs 2** schreibt **Informationspflichten** des Vermittlers gem Art 247 § 13 Abs 2 EGBGB und Art 247a § 3 EGBGB sowie seine grundsätzliche Verpflichtung wie ein Darlehensgeber gem § 491a BGB vor, mit einer Ausnahme in S 3. **Abs 3** enthält seit dem 21. 3. 2016 eine Regelung für Konstellationen, in denen der Darlehensvermittler Beratungsleistungen nach § 511 Abs 1 BGB im Zusammenhang mit der Vermittlung von Verbraucherdarlehensverträgen oder entsprechender Finanzierungshilfen nach § 506 BGB bzw Immobiliar-Darlehen oder einer entsprechenden Finanzierungshilfe anbietet, und ordnet insoweit die entsprechende Geltung des § 511 BGB an (vgl Rn 79 f).

4 Eine **Abweichung von den §§ 655a ff BGB** zum Nachteil des Verbrauchers ist unzulässig; Gleiches gilt für Umgehungstatbestände (vgl § 655e Rn 5). Die Regelungen der §§ 655a ff BGB sind im Vergleich zu den **allgemeinen Vorschriften des Maklerrechts** (§§ 652 ff BGB; §§ 93 ff HGB) speziell. Soweit sie allerdings keine Regelung enthalten, kann subsidiär auf letztere zurückgegriffen werden (vgl Rn 44, 46, 52).

II. Gesetzgebungsgeschichte; Umsetzung von EU-Richtlinien

1. Verbraucherkreditrichtlinie 1987

Nach Art 12 Abs 1 der **Verbraucherkreditrichtlinie 1986** (Richtlinie 87/102/EWG des Rates vom 22. 12. 1986 zur Angleichung der Rechts- und Verwaltungsvorschriften der Mitgliedstaaten über den Verbraucherkredit, 87/102/EWG, ABl Nr L 42/48) hatten die Mitgliedstaaten 5

- sicherzustellen, dass Personen, die Kredite anbieten oder bereit sind, Kreditverträge zu vermitteln, hierfür entweder speziell in dieser Eigenschaft oder aber als Lieferanten von Waren bzw Erbringer von Dienstleistungen einer behördlichen Erlaubnis bedürfen, oder
- sicherzustellen, dass Personen, die Kredite gewähren oder die Gewährung von Krediten vermitteln, hinsichtlich dieser Tätigkeit von einer Einrichtung oder Behörde kontrolliert oder überwacht werden, oder
- die Schaffung geeigneter Einrichtungen, die Beschwerden über Kreditverträge und Kreditbedingungen entgegennehmen und den Verbrauchern einschlägige Informationen oder Ratschläge erteilen, zu fördern.

Mit den Vorschriften über die Kreditvermittlung im früheren **VerbrKrG** sollten die Vorgaben dieser Richtlinie umgesetzt werden. Zudem knüpften sie auch an einen früheren Gesetzentwurf der Bundesregierung über Maklerverträge an (vgl BT-Drucks 10/1014 vom 16. 2. 1984, auszugsweise abgedruckt in ZIP 1984, 379; dazu JUNG ZIP 1984, 901 ff; VOLLKOMMER FLF 1986, 98, 104; zu den Gesetzgebungsinitiativen ferner VOLLKOMMER, in: FS Larenz [1983] 663). Aufgrund des engen Sachzusammenhangs mit den Verbraucherkreditgeschäften des § 1 Abs 2 VerbrKrG aF wurden die Regeln über die Darlehensvermittlung aus systematischen Gründen zunächst in den §§ 1 Abs 3, 15–17 VerbrKrG aF verortet. Nach dem ursprünglichen Gesetzentwurf war noch beabsichtigt, die Regelungen in das BGB aufzunehmen (Begr RegE BT-Drucks 11/5462, 15). Anders als im Entwurf eines Gesetzes über Maklerverträge fehlte die Verpflichtung, auch die Kreditkostenbelastung in der Darlehensvermittlungsurkunde auszuweisen, da ohnehin sichergestellt war (§ 492 aF; vormals § 4 VerbrKrG aF), dass dem Verbraucher diese Informationen bei Abschluss des Kreditvertrages vollständig zur Verfügung standen (BT-Drucks 11/5462, 15). Die Integration der Vorschriften in das BGB erfolgte sodann anlässlich der Eingliederung des gesamten Verbraucherkreditrechts in das BGB im Rahmen der **Schuldrechtsreform 2002** mit Wirkung zum 1. 1. 2002 (Schuldrechtsmodernisierungsgesetz, BGBl I 3138). Wesentliche Änderungen waren hiermit nicht verbunden. 6

2. Verbraucherkreditrichtlinie 2008

Nach Art 21 der **Verbraucherkreditrichtlinie 2008** (Richtlinie 2008/48/EG des Rates vom 23. 4. 2008, ABl EU 2008 Nr L 133, S 66 v 22. 5. 2008), die zugleich die Richtlinie 87/102/EWG aufhebt, haben die Mitgliedstaaten sicherzustellen, dass 7

- ein Kreditvermittler sowohl in seiner Werbung als auch in den für die Verbraucher bestimmten Unterlagen auf den Umfang seiner Befugnisse hinweist und insbesondere deutlich macht, ob er ausschließlich mit einem oder mehreren Kreditgebern oder als unabhängiger Kreditmakler arbeitet;

- das gegebenenfalls vom Verbraucher an den Kreditvermittler für dessen Dienste zu zahlende Entgelt dem Verbraucher bekannt gegeben und vor Abschluss des Kreditvertrages zwischen Verbraucher und Kreditvermittler auf Papier oder einem anderen dauerhaften Datenträger vereinbart wird;

- das gegebenenfalls vom Verbraucher an den Kreditvermittler für dessen Dienste zu zahlende Entgelt dem Kreditgeber vom Kreditvermittler zur Berechnung des effektiven Jahreszinses mitgeteilt wird.

8 Nach der **Legaldefinition** in Art 3 lit f der Verbraucherkreditrichtlinie 2008 ist ein „Kreditvermittler" eine natürliche oder juristische Person, die nicht als Kreditgeber handelt und die in Ausübung ihrer gewerblichen oder beruflichen Tätigkeit gegen ein Entgelt, das aus einer Geldzahlung oder einem sonstigen vereinbarten wirtschaftlichen Vorteil bestehen kann,

- Verbrauchern Kreditverträge vorstellt oder anbietet,

- Verbrauchern bei anderen als den in Ziffer i genannten Vorarbeiten zum Abschluss von Kreditverträgen behilflich ist oder

- für den Kreditgeber Kreditverträge mit den Verbrauchern abschließt.

9 Eine ergänzende Erläuterung hierzu findet sich in Erwägungsgrund 16. Die Art 5 und 6 verpflichten zudem den Kreditvermittler ebenso wie den Kreditgeber selbst, dem Verbraucher vorvertragliche Informationen über die Bedingungen des Kreditvertrages zu geben. Nach Art 7 dieser Richtlinie gelten die Art 5 und 6 indes nicht für Warenlieferanten oder Dienstleistungserbringer, die nur in untergeordneter Funktion als Kreditvermittler beteiligt sind. Eine nähere Erläuterung zu dieser Ausnahme findet sich in Erwägungsgrund 24. Während die Verbraucherkreditrichtlinie 2008 dem Grundsatz nach vollharmonisierend ist (Art 22), macht sie hinsichtlich der Regelungen über die Pflichten des Kreditvermittlers hiervon eine Bereichsausnahme und lässt ausweislich des Erwägungsgrundes 17 mitgliedsstaatliche Regelungen über zusätzliche Pflichten des Kreditvermittlers zu. Insoweit liegt mithin nur eine **Mindestharmonisierung** vor (zu den Harmonisierungskonzepten ausf Herresthal, in: vBar/Wudarski [Hrsg], Deutschland und Polen in der europäischen Rechtsgemeinschaft [2012] 25 ff; Herresthal, in: Gsell/Herresthal [Hrsg], Vollharmonisierung im Privatrecht [2009] 113).

10 Die Umsetzung dieser Vorgaben in nationales Recht erfolgte mit dem Verbraucherkreditrichtlinie-Umsetzungsgesetz (**Gesetz zur Umsetzung der Verbraucherkredit-Richtlinie**, des zivilrechtlichen Teils der Zahlungsdienste-Richtlinie sowie zur Neuordnung der Vorschriften über das Widerrufs- und Rückgaberecht vom 29. 7. 2009, BGBl I 2355, Inkrafttreten zum 11. 6. 2010). Inhaltlich wurden dabei die §§ 655a, 655b BGB und § 655d BGB teilweise geändert, ua wurden die Informationspflichten des Vermittlers erweitert. Eine wesentliche Erweiterung war zudem, dass das Entgelt des Kreditvermittlers nicht länger nur vom Verbraucher, sondern auch von einem *Dritten*, zB dem Darlehensgeber, geleistet werden kann (Rn 48). Die Modifikationen

der §§ 655c, 655e BGB waren lediglich Anpassungen redaktioneller Art. Die **Übergangsvorschrift** findet sich in Art 229 § 22 Abs 2 EGBGB (Rn 51). Auf Schuldverhältnisse, die vor dem 11. 6. 2010 entstanden sind, bleiben das BGB und die BGB-Informationspflichten-Verordnung jeweils in der bis dahin geltenden Fassung anwendbar. „Entstanden" ist ein Kreditvermittlungsvertrag, wenn er nach den allgemeinen zivilrechtlichen Vorschriften noch vor diesem Stichtag zustande gekommen ist (im Einzelnen Staudinger/Kessal-Wulf [2012] Einl 38 f zu §§ 491 ff).

11 Die von der Verbraucherkreditrichtlinie 2008 eröffnete Möglichkeit der Entgeltpflicht eines Dritten geht mit der Möglichkeit des Abschlusses des Kreditvermittlungsvertrages zwischen Vermittler und dem Drittem, zB dem Darlehensgeber, einher. Als Folge sind Vermittlungsverträge zwischen Vermittler und Verbraucher sowie zwischen Vermittler und Dritten zu unterscheiden (ausf Rn 52 ff). Diesem wurde erst mit Wirkung ab 30. 7. 2010 durch eine weitere gesetzliche Neuregelung Rechnung getragen (**Gesetz zur Einführung einer Musterwiderrufsinformation für Verbraucherdarlehensverträge**, zur Änderung der Vorschriften über das Widerrufsrecht bei Verbraucherdarlehensverträgen und zur Änderung des Darlehensvermittlungsrechts vom 24. 7. 2010, BGBl I 977; dazu RegBegr BT-Drucks 17/1394, 20 f). Zuvor waren die §§ 655a ff BGB allein auf einen Vertragsschluss zwischen Vermittler und Verbraucher ausgerichtet. Um den nunmehr resultierenden zwei Kategorien von Vermittlungsverträgen Rechnung zu tragen, hat der Gesetzgeber mit diesem Gesetz auch die §§ 655a ff BGB dahingehend angepasst (ua § 655a Abs 2 S 1 BGB, § 655b Abs 1 S 1, Abs 2 BGB, § 655e Abs 2 BGB, Art 247 § 13 Abs 2 EGBGB), dass unterschiedliche Regelungsregime auf Vermittlungsverträge mit Verbrauchern einerseits und andererseits auf solche Verträge mit Dritten Anwendung finden. Als weitere Konsequenz musste auch die Überschrift des Untertitels angepasst werden (BegrRegE BT-Drucks 17/1394, 20).

3. Wohnimmobilienkreditrichtlinie 2014

12 Die bis zum 21. 3. 2016 umzusetzende Wohnimmobilienkreditrichtlinie (Richtlinie 2014/17/EU des Europäischen Parlaments und des Rates vom 4. 2. 2014 über Wohnimmobilienkreditverträge für Verbraucher und zur Änderung der Richtlinien 2008/48/EG und 2013/36/EU und der Verordnung [EU] Nr 1093/2010 [ABl Nr L 60, S 34] vom 28. 2. 2014) enthält zahlreiche Vorgaben für die Vermittlung von Wohnimmobiliendarlehen. Neben den Legaldefinitionen (Art 4 Ziff 5 – Kreditvermittler, Ziff 7 – gebundener Kreditvermittler; zu letzterem König ZVertriebsR 2016, 350) finden sich Wohlverhaltensregeln für Kreditvermittler (Art 7), allgemeine (Art 13) und besondere (Art 15) Informationspflichten, vorvertragliche Informationspflichten (Art 14), Erläuterungspflichten (Art 16), einen Standard für Beratungsleistungen (Art 22) und Regelungen ihrer Niederlassung und Beaufsichtigung (Art 29, 32 ff). Die Richtlinie ist **mindestharmonisierend** (Art 2). Die vertragsrechtlichen Aspekte dieser Vorgaben wurde insbesondere in den §§ 655a ff BGB umgesetzt durch das **Gesetz zur Umsetzung der Wohnimmobilienkreditrichtlinie** und zur Änderung handelsrechtlicher Vorschriften v 11. 3. 2016 (BGBl I 396; dazu Begr RegE BT-Drucks 18/5922; ausf Koch MDR 2016, 1417; zum Begriff des Kreditvermittlers in der Richtlinie ausf Herndl/Kurz GPR 2015, 273; mit dem allfälligen Ruf nach weiterer Regulierung – hier der Vergütung der Intermediäre – auf der europäischen Ebene De Muynck/Bruloot ERCL 2017, 1 ff). So enthält Abs 3 eine Regelung für Beratungsleistungen im Zusammenhang mit der Vermittlung von Immobiliar-Verbraucherdarlehen oder entsprechenden entgeltlichen Finanzierungshilfen, die eine

entsprechende Geltung des § 511 BGB anordnet (vgl Rn 79 f). Neben redaktionellen Änderungen wurde zudem § 655c S 1 BGB neugefasst. In § 655a Abs 1 S 1 BGB wurde die Variante des Behilflichseins (Nr 3) ergänzt. Insoweit handelt es sich allerdings um eine bloße gesetzgeberische Klarstellung ohne Erweiterung des Anwendungsbereichs der §§ 655a ff BGB (vgl Rn 35). § 655a Abs 2 S 1 BGB wurde um den Verweis auf Art 247 § 13b Abs 1 EGBGB, die vorvertragliche Informationspflicht bei Immobiliar-Verbraucherdarlehensverträgen, ergänzt. Die **Übergangsvorschrift** findet sich in Art 229 § 38 EGBGB (zum zeitlichen Anwendungsbereich Rn 51). Danach bleiben das BGB sowie die BGB-Informationspflichten-Verordnung jeweils in der bis dahin geltenden Fassung auf Verträge anwendbar, die vor dem 21. 3. 2016 abgeschlossen wurden, mithin nach den allgemeinen zivilrechtlichen Vorschriften vor diesem Stichtag zustande gekommen sind. Mit Datum vom 28. 4. 2016 wurde die Verordnung über Immobiliardarlehensvermittlung (Immobiliardarlehensvermittlungsverordnung – **ImmVermV**, BGBl I 1046), geändert durch Art 3 der Verordnung vom 17. 12. 2018 (BGBl I 2483) sowie durch Art 11 der VO v 11. 12. 2024 (BGBl I 411), erlassen. Diese enthält neben Regelungen zum Sachkundenachweis und zum Vermittlerregister (s auch Rn 13) auch solche zu den Anforderungen an die Berufshaftpflicht sowie Verhaltenspflichten des Immobiliardarlehensvermittlers. Das Berufszugangs- und Berufsausübungsrecht findet sich in der **GewO** (Rn 13).

4. Verbraucherkreditrichtlinie 2023

12a Die **Verbraucherkreditrichtlinie 2023** (Richtlinie (EU) 2023/2225, ABl Nr L 2023/2225, 30. 10. 2023) war bis zum 20. 11. 2025 ins nationale Recht umzusetzen und ist ab dem 20. 11. 2026 anzuwenden (Art 48 Abs 1 Verbraucherkreditrichtlinie 2023). Sie ist **vollharmonisierend** (Art 42 Abs 1 Verbraucherkreditrichtlinie 2023). Diese Richtlinie sieht ebenso wie die Verbraucherkreditrichtlinie 2008 Regelungen betreffend die Vermittlung von Verbraucherkrediten vor. Art 21 Verbraucherkreditrichtlinie 2008 enthält **besondere Pflichten von Kreditvermittlern** gegenüber Verbrauchern, diese Pflichten finden sich in Art 38 Verbraucherkreditrichtlinie 2023 im Kern unverändert wieder. Diese Pflichten haben die Statustransparenz (Art 38 lit a Verbraucherkreditrichtlinie 2023) sowie die Entgelttransparenz (Art 38 lit b–d Verbraucherkreditrichtlinie 2023) zum Gegenstand. **Definition des Kreditvermittlers** fand sich in Art 3 lit f Verbraucherkreditrichtlinie 2008, sie ist nun in Art 3 Nr 12 Verbraucherkreditrichtlinie 2023 im Wesentlichen vergleichbar wiedergegeben. Allerdings stellt der europäische Gesetzgeber in der Neufassung der Verbraucherkreditrichtlinie 2023 klar, dass Notare und Personen, die lediglich ein Verbraucher direkt oder indirekt mit einem Kreditgeber in Kontakt bringen, keine Kreditvermittler im Sinne der Richtlinie sind. Dies wurde zum deutschen Recht bereits bislang so vertreten (vgl BT-Drucks 18/5922, 107, 126; siehe auch Staudinger/Herresthal [2026] § 358 Rn 335 aE). Bei Notaren steht zudem § 14 Abs 4 BNotO einer Tätigkeit als Darlehensvermittler entgegen. Die Kommentierung legt die Umsetzung der Verbraucherkreditrichtlinie 2023 durch das „Gesetz zur Umsetzung der Richtlinie (EU) 2023/2225 über Verbraucherkreditverträge" (vgl Begr RegE BT-Drucks 21/1851 v 29. 9. 2025; Stellungnahme BR und Gegenäußerung BReg, BT-Drucks 21/2459 v 29. 10. 2025) zugrunde. Dessen Änderungen des BGB sind ab dem 20. 11. 2026 anzuwenden (vgl zum Inkrafttreten Art 15 Gesetz zur Umsetzung der Richtlinie (EU) 2023/2225 über Verbraucherkreditverträge), so dass die nachfolgende Kommentierung zwischen der Rechtslage bis zum 19. 11. 2026 und der Rechtslage ab dem 20. 11. 2026 unterscheidet.

Die Verbraucherkreditrichtlinie 2023 auferlegt – wie die Vorgängerrichtlinie aus dem Jahr 2008 – zahlreiche **Pflichten des** Darlehensgebers auch dem **Kreditvermittler**. Folge dessen ist, dass die Ausweitung der Pflichten des Darlehensgebers durch die Verbraucherkreditrichtlinie 2023 im Wesentlichen auch den Kreditvermittler trifft. Für die Systematik der §§ 655a ff BGB ist dies insofern unschädlich, als diese im Kern auf die relevanten Bestimmungen der §§ 491 ff BGB bzw Art 247 EGBGB und Art 247a EGBGB verweisen. Kleinere Änderungen mussten demnach die § 655 Abs 2 BGB sowie § 655b Abs 2 BGB erfahren. Eine Folgeänderung ist in § 655d S 3 BGB erforderlich. In diese Normen sind die als Folge nun **neue Pflichten (auch) von Kreditvermittlern** aufzunehmen, dies betrifft ua die Einholung der erforderlichen Zustimmung in Bezug auf voreingestellte Optionen (Art 15 Verbraucherkreditrichtlinie 2023), die Beratungsdienstleistungen (Art 16 Verbraucherkreditrichtlinie 2023), die Übermittlung der für eine Kreditwürdigkeitsprüfung erforderlichen Angaben (Art 18 Abs 2 Verbraucherkreditrichtlinie 2023) sowie die Wohlverhaltenspflichten bei der Vergabe von Verbraucherkrediten (Art 32 Verbraucherkreditrichtlinie 2023). Die in Art 33 Verbraucherkreditrichtlinie 2023 nun normierten **Anforderungen an die Kenntnisse und Fähigkeiten von Personal** gelten auch für das Personal von Kreditvermittlern. Die §§ 655c S 1, 2 BGB, § 655d BGB und § 655e BGB kann der deutsche Gesetzgeber auch im Zuge der Umsetzung der Verbraucherkreditrichtlinie 2023 beibehalten. Denn auch nach der Verbraucherkreditrichtlinie 2023 darf der mitgliedstaatliche Gesetzgeber **zusätzliche Pflichten für Kreditvermittler** einführen bzw beibehalten (Erwägungsgrund Nr 85 Verbraucherkreditrichtlinie 2023). 12b

Allerdings zeichnen sich hierbei die **konzeptionellen Grenzen der bloßen Verweisung in den §§ 655a ff BGB** auf die Regelungen im BGB bzw EGBGB für Verbraucherdarlehensverträge ab. Die §§ 655a ff BGB werden angesichts der erheblichen Ausweitung der auch auf Kreditvermittler anwendbaren Pflichten der Darlehensgeber zu einem weitläufigen „Verweisungsfriedhof“, der den Rechtsanwender zwischen den §§ 491 ff BGB und den §§ 655a ff BGB hin und her pendeln lässt; hinzutritt die nur sehr begrenzte Rechtsästhetik der §§ 655a ff BGB. Freilich ist die Verweisungstechnik umgekehrt ein wertvolles Systematisierungsmittel des BGB, das hierdurch hinsichtlich seines Umfangs entschlackt wird und ungewollte Regelungsdiskrepanzen durch den Verweis anstelle der (leicht abgewandelten) Wiederholung sachgerecht vermeidet. Letztlich wird entscheidend sein, in welchem Umfang der deutsche Gesetzgeber den ihm auch bei vollharmonisierenden Richtlinien verbleibenden Gestaltungsspielraum bei der Richtlinienumsetzung im Interesse beider (!) Parteien und ihrer vom deutschen Gesetzgeber zu berücksichtigenden Grundrechte wahrnimmt. Im Fall einer bloßen Wiederholung der Pflichten des Darlehensgebers beim Kreditvermittler ist die Verweisungstechnik mit Blick auf die Strukturkonstanten des BGB vorzugswürdig. Sofern der deutsche Gesetzgeber aber aufgrund der Besonderheiten des Kreditvermittlers die von der Richtlinie vorgeschriebenen Pflichten im Rahmen seines Umsetzungsspielraums zumindest teilweise abweichend ausgestaltet, ist die eigenständige Formulierung dieser Pflichten im Rahmen der §§ 655a ff BGB sachgerecht. 12c

III. Verhältnis zu anderen Vorschriften, insbes zum Gewerberecht

1. Erlaubnispflichtigkeit nach der GewO

13 Die **gewerberechtliche Aufsicht über Kreditvermittler** wird durch die **Gewerbeordnung** (idF der Bekanntmachung vom 22. 12. 1999, BGBl I 202) gewährleistet. Wer gewerbsmäßig den **Abschluss von Verträgen über Darlehen** vermittelt oder die Gelegenheit zum Abschluss solcher Verträge nachweist, bedurfte bis zum 19. 11. 2026 der **Erlaubnis** der zuständigen Behörde nach § 34c Abs 1 S 1 Nr 2 GewO. Allerdings nahm § 34c Abs 5 Nr 2 GewO davon Gewerbetreibende aus, die lediglich zur Finanzierung der von ihnen abgeschlossenen Warenverkäufe oder zu erbringenden Dienstleistungen Darlehen vermitteln oder die Gelegenheit zum Abschluss solcher Verträge nachweisen (vgl auch Abs 2 S 3; jüngst ausf Fornoff BKR 2022, 853; dazu auch Rn 78).

13a Mit Wirkung ab 20. 11. 2026 hat der deutsche Gesetzgeber in Umsetzung der Verbraucherkreditrichtlinie 2023 mit **§ 34k GewO** ein eigenen **gewerberechtlichen Erlaubnistatbestand** in die Gewerbeordnung eingeführt; Immobiliardarlehensvermittler benötigen weiterhin (ggf zusätzlich) die Erlaubnis nach § 34i Abs 1 S 1 GewO (Rn 13d). In § 34k GewO werden die bislang in § 34c GewO geregelten Darlehensvermittler einschließlich der Vermittler von Verbraucherdarlehensverträgen oder entsprechenden Finanzierungshilfen nun verortet. Die Neuregelung setzt die Vorgaben der Verbraucherkreditrichtlinie 2023 in Bezug auf Verbraucherdarlehensvermittler um. Inhaltlich orientiert sich die Regelung an § 34c GewO sowie § 34d GewO (Versicherungsvermittler) und § 34f GewO (Finanzanlagenvermittler). Dementsprechend erfasst die Erlaubnispflicht nach § 34k Abs 1 GewO die **gewerbsmäßige Vermittlung von Darlehensverträgen oder Finanzierungshilfen iSv § 506 BGB** (ausgenommen die Vermittlung von Immobiliar-Verbraucherdarlehensverträgen und entsprechenden entgeltlichen Finanzierungshilfen iSv § 34i Abs 1 S 1 GewO), den Nachweis der Gelegenheit zum Abschluss solcher Verträge sowie das Behilflichsein beim Abschluss solcher Verträge (vgl Art 37 Abs 1 iVm Art 3 Nr 12 Verbraucherkreditrichtlinie 2023). Die gewerbsmäßige Vermittlung von allgemeinen Darlehensverträgen (früher § 34c Abs 1 Nr 2 GewO) geht in der Regelung auf. Nach der Regelung werden entgeltliche Verträge erfasst, bei denen ein gewerblich oder beruflich handelnder Darlehensgeber einem Verbraucher ein Verbraucherdarlehen oder eine entsprechende Finanzierungshilfe gewährt oder zu gewähren verspricht. Erfasst werden auch entgeltliche Verträge, bei denen ein gewerblich oder beruflich handelnder Darlehensgeber einem gewerblich oder beruflich handelnden Darlehensnehmer ein Darlehen gewährt oder zu gewähren verspricht. Vermittler iSd Abs 1 ist, wer gewerbsmäßig den Abschluss von Darlehensverträgen (Ausnahme: Immobiliar-Verbraucherdarlehensverträge bzw entsprechenden Finanzierungshilfen) vermittelt und insofern nicht als Darlehensgeber oder Notar handelt. § 34k GewO erfasst **alle Tätigkeiten, die unter § 655a Abs 1 BGB** fallen (dazu Rn 34 ff). Die Vermittlungstätigkeit umfasst mithin, dass der Vermittler Dritten Verträge iSd § 34k Abs 1 GewO vorstellt oder anbietet, Dritten bei Vorarbeiten oder anderen vorvertraglichen administrativen Tätigkeiten zum Abschluss von Verträgen iSd § 34k Abs 1 S 1 GewO behilflich ist oder für den Darlehensgeber mit Dritten entsprechende Verträge abschließt.

13b Die **Erlaubnis kann inhaltlich beschränkt** bzw mit Nebenbestimmungen verbunden werden, jeweils auch nachträglich (vgl § 34k Abs 2 GewO). Die Gründe, aus denen die

Erlaubnis versagt werden kann, sind nun abschließend in § 34k Abs 3 GewO geregelt, wobei die bisherigen Gründe aufgenommen werden und zugleich Art 7 Abs 1 Verbraucherkreditrichtlinie 2023 umgesetzt wird. **Ausnahmen von der Erlaubnispflicht** werden in § 34k Abs 4 GewO geregelt. Die Regelung hat zum Ziel, solche Tätigkeiten von der Erlaubnispflicht auszunehmen, deren Zulassungsvoraussetzungen von spezielleren Normen geregelt werden (zB KWG). Die frühere Ausnahmeregelung in § 34c Abs 5 Nr 2 GewO aF für Darlehensvermittler, die nur zur **Finanzierung der von ihnen abgeschlossenen Warenverkäufe** oder zu erbringenden Dienstleistungen den Abschluss von Verträgen über Darlehen vermitteln oder die Gelegenheit zum Abschluss solcher Verträge nachweisen (Kreditvermittler in untergeordneter Funktion iSv Art 37 Abs 3 lit a Verbraucherkreditrichtlinie 2023) wird nun auf solche Gewerbetreibende beschränkt, die als Kleinstunternehmen oder kleine bzw mittlere Unternehmen iS der Empfehlung 2003/361/EG gelten (vgl Art 37 Abs 2, 3 Verbraucherkreditrichtlinie 2023). Der neue § 34k Abs 5 GewO enthält keinen eigenständigen Erlaubnistatbestand, sondern eine Ausübungsregelung für jene Vermittler, eine **„unabhängige Beratung"** anbieten bzw als „unabhängige Berater" auftreten. Diese honorargestützte Beratung setzt voraus, dass der Berater einen ausreichenden Markt Überblick zugrunde legen kann und das Entgelt für die Beratungsleistung nur in Zuwendungen durch den Kunden besteht. Dieser Berater muss für seine Empfehlung eine hinreichende Anzahl geeigneter, auf dem Markt angebotener Verträge heranziehen. Zudem darf er keine Zuwendungen vom Darlehensgeber annehmen und von diesem nicht abhängig sein. Die Regelung setzt Art 16 Abs 4 Verbraucherkreditrichtlinie 2023 um, sie beschränkt sich aber nicht auf Vermittler von Verbraucherdarlehensverträgen, sondern erfasst auch Vermittler von Darlehensverträgen, bei denen der Darlehensnehmer beruflich oder gewerblich handelt. In Umsetzung von Art 33 Abs 1 Verbraucherkreditrichtlinie 2023 (vgl auch Erwägungsgrund Nr 77 Verbraucherkreditrichtlinie 2023) fordert § 34k Abs 6 GewO den **Sachkundenachweis durch das Personal** von Gewerbetreibenden nach Abs 1, die gewerbsmäßig den Abschluss von Allgemein-Verbraucherdarlehensverträgen (§ 491 Abs 2 BGB) vermitteln bzw Dritte zu solchen Verträgen beraten wollen. Der Sachkundenachweis ist durch eine vor der IHK abgelegte Prüfung zu erbringen, deren Inhalt und Mindestanforderungen in einer Rechtsverordnung konkretisiert werden können (vgl die Verordnungsermächtigung § 34l Nr 2 GewO). Das Sachkundeerfordernis betrifft Beschäftigte, die bei der Vermittlung oder Beratung mitwirken oder in leitender Position verantwortlich sind. Beschäftigte, die unterstützende Aufgaben ausführen, die mit dem Kreditverfahren nicht zusammenhängen werden nicht erfasst. Zu beachten ist, dass das Sachkundeerfordernis auch für den Gewerbetreibenden selbst gilt, wenn dieser nach Abs 1 die Vermittlungs- oder Beratungsdienstleistungen erbringt. In Umsetzung von Art 33 Abs 1 S 1 Verbraucherkreditrichtlinie 2023 wird auch eine jährliche **Weiterbildungspflicht** statuiert.

Auch in die **Vergütungsstruktur** wird nach § 34k Abs 7 GewO eingegriffen, denn diese **13c**
darf die Fähigkeit der Mitarbeiter nicht beeinträchtigen, im besten Interesse des Darlehensnehmers zu handeln, zB darf diese nicht an Absatzziele gekoppelt sein (vgl Art 32 Abs 4 Verbraucherkreditrichtlinie 2023). Zudem muss sich der Darlehensvermittler mit seiner Erlaubnis nach Abs 1 unverzüglich in das Register nach § 11a GewO eintragen lassen (vgl § 34k Abs 8 Nr 1 GewO). Einzutragen sind auch angestellte Mitarbeiter iSv § 34k Abs 6 GewO, sofern sie unmittelbar bei der Vermittlung von oder der Beratung zu Darlehensverträgen mitwirken (vgl Art 37 Abs 1 Verbraucherkreditrichtlinie 2023).

13d Die **Vermittlung von Immobiliar-Verbraucherdarlehensverträgen** ist weiterhin nach **§ 34i GewO** erlaubnispflichtig und dementsprechend in § 34c Abs 1 S 1 Nr 2 GewO aF wie auch in § 34k GewO ausgenommen (ausf zum früheren § 34i GewO und zu dessen gewerbeaufsichtsrechtlichen Anforderungen an Darlehensvermittler Will NJOZ 2018, 1001; Schulze-Werner GewArch 2016, 361; Freckmann/Merz/Freckmann C Rn 118 ff; zu Immobiliendarlehensvermittlern insofern König, Rechtshandbuch Darlehensvermittlung [2017] S 17 ff; vgl zur Umsetzung der Wohnimmobilienkreditrichtlinie 2014 Rn 12). Diese müssen qualifizierte Sach- und Fachkundenachweise erbringen und eine Berufshaftpflichtversicherung abschließen. Zudem besteht die Pflicht zur Eintragung in das Vermittlerregister gem § 11a GewO (vgl § 34i Abs 8 GewO; dazu Freckmann/Merz/Freckmann C Rn 124 ff). Die Erlaubnis ist ua zu versagen, wenn der Antragsteller in ungeordneten Vermögensverhältnissen lebt; dies ist in der Regel der Fall, wenn über das Vermögen des Antragstellers das Insolvenzverfahren eröffnet worden oder er in das Schuldnerverzeichnis nach § 882b ZPO eingetragen ist oder er den Nachweis einer Berufshaftpflichtversicherung oder gleichwertigen Garantie nicht erbringen kann (§ 34i Abs 2 Nr 2, Nr 3 GewO; vgl VG Schleswig-Holstein 6. 6. 2019 – 12 A 132/17; zum Widerruf vgl VG Magdeburg 22. 1. 2019 – 3 B 426/17; zur sog Alte-Hasen-Regelung VG München 5. 5. 2022 – M 16 K 21.4969). Der **Honorar-Immobiliardarlehensberater** ist in § 34i Abs 5 GewO geregelt. Dieser hat eine unabhängige Beratung anzubieten und als unabhängiger Berater aufzutreten. Er muss bei seinen Empfehlungen und bei seiner Beratung einen ausreichenden Marktüberblick haben und die Bedürfnisse, die finanzielle Situation und die persönlichen Umstände des Darlehensnehmers berücksichtigen.

13e Die beiden Erlaubnistatbestände (Immobiliar-Verbraucherdarlehensverträge und sonstige Darlehensverträge) gelten unabhängig voneinander. Sofern der Vermittler **beide Arten von Darlehen vermitteln** möchte, sind beide Erlaubnisarten erforderlich. Ein **Verstoß gegen die GewO** hinsichtlich der Gewerbeerlaubnispflicht nach § 34c Abs 1 S 1 Nr 2 GewO sowie nach § 34i GewO aF bzw § 34k GewO steht der Wirksamkeit des Vermittlungsvertrages allerdings nicht entgegen (vgl BGHZ 78, 269, 271 = NJW 1981, 387; so auch Ellenberger/Bunte/Jungmann, BankR-HdB [5. Aufl 2017] § 61 Rn 75 ff; Freckmann/Merz/Freckmann C Rn 78). Allerdings ist der vorsätzliche sowie fahrlässige Verstoß gegen die Erlaubnistatbestände als Ordnungswidrigkeit sanktioniert (§ 144 Abs 1 Nr 1 lit h, n GewO). Eine **Haftung des Vermittlers**, der keine dieser erforderlichen Erlaubnisse aufweist, **aus § 823 Abs 2 BGB** in Verbindung mit dem jeweiligen Tatbestand der GewO **scheidet aus.** Diese sind grundsätzlich kein Schutzgesetz im Sinne von § 823 Abs 2 BGB. Denn es ist nicht ersichtlich, dass der Gesetzgeber einen an die fehlende Erlaubnis anknüpfenden weitergehenden deliktsrechtlichen Schutz des Kapitalanlegers vor Vermögensschäden durch die Vermittlung von Darlehen intendiert hat (vgl zu § 34c GewO BGH 14. 7. 2020 – VI ZR 208/19 = ZIP 2020, 2132).

2. Makler- und Bauträgerverordnung (MaBV)

14 Auch die auf Grundlage von § 34c Abs 3 GewO erlassene **Makler- und Bauträgerverordnung (MaBV)** vom 11. 6. 1975 (BGBl I 1351) in der Fassung der Bekanntmachung vom 7. 11. 1990 (BGBl I 2479), zuletzt geändert durch Art 14 VO vom 11. 12. 2024 (BGBl I 411) gilt gem § 1 Abs 1 MaBV für Gewerbetreibende, die Tätigkeiten nach § 34c Abs 1 GewO ausüben. Allerdings nimmt auch sie Gewerbetreibende, die lediglich zur Finanzierung der von ihnen abgeschlossenen Warenverkäufe oder zu erbringenden Dienstleistungen den Abschluss von Verträgen über Darlehen vermitteln

oder die Gelegenheit zum Abschluss solcher Verträge nachweisen, vom Anwendungsbereich der Verordnung aus (§ 1 Abs 2 S 1 MaBV). Die Erlaubnispflicht der Darlehensvermittler ist nun in § 34k GewO geregelt und damit ab 20. 11. 2026 nicht mehr von § 1 MaBV erfasst. Zudem unterliegen nach § 1 Abs 2 S 2 Nr 1 MaBV Versicherungs- und Bausparkassenvertreter, die im Rahmen ihrer Tätigkeit für ein der Aufsicht der BaFin unterliegendes Versicherungs- oder Bausparunternehmen den Abschluss von Verträgen über Darlehen vermitteln oder die Gelegenheit zum Abschluss solcher Verträge nachweisen, hinsichtlich dieser Tätigkeiten nicht den Vorschriften der MaBV.

Die Makler- und Bauträgerverordnung enthält **Buchführungspflichten (§ 10 MaBV).** 15
Danach muss aus den Aufzeichnungen und Unterlagen des Gewerbetreibenden ua das für die Vermittler- oder Nachweistätigkeit vom Auftraggeber zu entrichtende Entgelt ersichtlich sein (§ 10 Abs 2 Nr 2 lit a MaBV). Ferner hatte der Kreditvermittler als Gewerbetreibender Informationspflichten nach § 11 Nr 1 iVm § 10 Abs 2 Nr 2 MaBV aF, die zu den verbraucherdarlehensrechtlichen Bestimmungen hinzutraten (krit zur Unübersichtlichkeit des Maklerrechts statt aller Bruchner/Ott/Wagner-Wieduwilt § 1 VerbrKrG Rn 139). Jedoch wurde § 11 MaBV aF durch Art 2 Nr 7 der ÄndV v 2. 5. 2012 (BGBl I 1006, 1019) neu gefasst. Dabei wurden Vorschriften zur Anlagenvermittlung gestrichen, die sodann in der Verordnung über die Finanzanlagenvermittlung (Art 1 der VO v 2. 5. 2012, zuletzt geändert durch Art 1 VO v 9. 10. 2019, BGBl I, 1434) niedergelegt wurden. § 11 MaBV betrifft nunmehr nur noch Grundstücks- und Wohnungsmakler, Bauträger und Baubetreuer. Bei einer **Missachtung der Vorgaben der MaBV** bleibt dies auf die Wirksamkeit des vermittelten Darlehensvermittlungsvertrages ohne Einfluss (so zur früheren Fassung vgl vWestphalen/Emmerich/vRottenburg § 1 Rn 200). Das Gleiche gilt bei einem **Verstoß gegen § 6 PAngV**, der lediglich eine wertneutrale Ordnungsvorschrift beinhaltet (BGH NJW 1980, 1388 f; BGH NJW 1979, 540 f). Ein Verstoß kann aber ggf eine Unlauterkeit nach § 3a UWG begründen.

3. Verbot der Vermittlung im Reisegewerbe

Gem **§ 56 Abs 1 Nr 6 GewO** besteht das **Verbot der Vermittlung** – nicht aber des bloßen Nachweises – von Darlehensgeschäften **im Reisegewerbe**, sofern diese für den Darlehensnehmer entgeltlich erfolgt. Allerdings findet die Norm keine Anwendung auf Tätigkeiten in einem nicht ortsfesten Geschäftsraum eines Kreditinstituts oder eines Unternehmens im Sinne des § 53b Abs 1 S 1 KWG oder § 53b Abs 7 KWG, wenn in diesem Geschäftsraum ausschließlich bankübliche Geschäfte betrieben werden, zu denen diese Unternehmen nach dem KWG befugt sind (§ 56 Abs 4 GewO). Die **Nichtbeachtung** dieser Vorschrift führt richtigerweise **nicht** über § 134 BGB zur **Nichtigkeit** des gleichwohl abgeschlossenen Darlehensvermittlungsvertrages. Die Verbotsnorm des § 56 Abs 1 Nr 6 GewO schützt den Kunden vor einer Beeinträchtigung seiner Entschließungsfreiheit durch Übereilung oder Irreführung (zutreffend BGHZ 93, 264 f = WM 1985, 221 = ZIP 1985, 203). Nach Auffassung des BGH konnte auf die Anwendung des § 134 BGB auf jene Verträge, die unter Verstoß gegen § 56 Abs 1 Nr 6 GewO zustande gekommen sind, nicht verzichtet werden, solange der Gesetzgeber dem Kunden keine rechtliche Stellung einräume, die seine Entschließungsfreiheit – vergleichbar dem § 1b AbzG aF – schützt. Entscheidend war daher für die Folgen eines Verstoßes gegen § 56 Abs 1 Nr 6 GewO, dass mit Wirkung zum 1. 5. 1986 (nur) für **Darlehensverträge ein Widerrufsrecht** mit dem früheren HWiG 16 (jetzt ua aufgegangen in §§ 312b, 312g BGB) eingeführt wurde, dass diese Entschließungsfreiheit schützt. Die **Nichtigkeit des Darlehensvertrages** gemäß § 134 BGB ist daher entbehrlich. Sie wurde nach diesem Zeitpunkt auch nicht mehr angenommen (vgl BGH WM 1999, 724 = ZIP 1999, 653; WM 1996, 2100 = ZIP 1996, 1940; WM 1996, 387 = ZIP 1996, 370; offen noch BGH NJW 1992, 425 = WM 1992, 8, 10). Auch der Gesetzgeber ging bei der Änderung des § 56 Abs 1 Nr 6 GewO davon aus, dass mit der Einführung eines befristeten Widerrufsrechts nach § 7 VerbrKrG aF zum 1. 1. 1991 (jetzt § 495 Abs 1 BGB iVm § 355 BGB) das Bedürfnis für ein Verbot des Abschlusses von Darlehensgeschäften im Reisegewerbe weitgehend entfallen sei (BT-Drucks 11/8274, 40). Er hat insoweit auf die flexiblen Regelungen über das Widerrufsrecht verwiesen, nach denen der Verbraucher entscheiden kann, ob er nach unbeeinflusster Prüfung am Vertrag festhalten möchte. Dabei war das Widerrufsrecht nach dem VerbrKrG gem § 5 Abs 2 HWiG aF vorrangig; sofern ein Haustürgeschäft zugleich die Voraussetzungen eines Geschäfts nach dem VerbrKrG erfüllte, wurden zunächst nur die Regelungen des letzteren als anwendbar erachtet (BGH WM 2000, 26 = ZIP 2000, 177; BGH WM 1998, 2463 = ZIP 1999, 103).

17 Bei **Darlehensvermittlungsverträgen** stand dem Verbraucher hingegen nach dem VerbrKrG aF kein Widerrufsrecht zu. Die Rechtsprechung (BGH WM 1999, 724 = ZIP 1999, 653) nahm daher eine **Nichtigkeit dieser Verträge** gem § 134 BGB beim Verstoß gegen § 56 Abs 1 Nr 6 GewO an. Zur Begründung wurde auf die besonderen Gefahren bei einer gewerblichen Vermittlung von Darlehen durch Aufsuchen des Kunden im häuslichen Bereich verwiesen. Diesen könne auch mit einer Widerrufsmöglichkeit allein nicht ausreichend begegnet werden. Denn während Darlehensverträge in der Regel über einen längeren Zeitraum abgewickelt würden und bei fehlender Widerrufsbelehrung somit eine längere Widerrufsfrist bestünde, werde die nach dem Darlehensvermittlungsvertrag geschuldete Leistung mit Zahlung der Provision erfüllt. Allerdings erlosch das Widerrufsrecht gemäß § 2 HWiG bereits nach einem weiteren Monat. Auch hatte der Gesetzgeber § 56 Abs 1 Nr 6 GewO nur im Hinblick auf das bei Darlehensverträgen neu eingeführte Widerrufsrecht entschärft. Der durch die §§ 15 ff VerbrKrG aF gewährte Schutz blieb zudem substantiell hinter jenem zurück, der durch ein Widerrufsrecht für die auf den Abschluss des Darlehensvermittlungsvertrages gerichtete Willenserklärung vermittelt wird. Für die Nichtigkeit sprach auch, dass die Regeln über das verbundene Geschäft (§§ 358 f BGB) keinen Schutz boten. Denn sofern Darlehensvertrag und Darlehensvermittlungsvertrag eine wirtschaftliche Einheit bildeten und der Verbraucher ein Interesse hatte, am Darlehensvertrag festzuhalten, konnte er das Widerrufsrecht, das über § 9 Abs 2 VerbrKrG aF (jetzt § 358 Abs 2 BGB) auch den verbundenen Darlehensvermittlungsvertrag zu Fall gebracht hätte, nicht ausüben, während für den Darlehensvermittlungsvertrag kein originäres Widerrufsrecht bestand. Dem wurde im Schrifttum entgegengehalten, dass den Belangen des Kreditnehmers über die §§ 15 ff VerbrKrG aF (jetzt §§ 655a ff BGB) ausreichend Rechnung getragen werde; eine Nichtigkeit sei daher nicht geboten (MünchKommBGB/Ulmer [3. Aufl 1995] § 1 VerbrKrG Rn 100; Staudinger/Reuter [2010] §§ 652, 653 Rn 47). Zudem habe der Gesetzgeber von der Schaffung eines Widerrufsrechts für Darlehensvermittlungsverträge bewusst abgesehen. Diese unterschiedliche Bewertung des konkreten Schutzbedürfnisses des Verbrauchers durch den Gesetzgeber beim Abschluss eines Darlehensvertrages einerseits und eines Darlehensvermittlungsvertrages andererseits würde durch eine Nichtigkeit gem § 134 BGB unterlaufen.

Mit dem **Widerrufsrecht bei Darlehensvermittlungsverträgen** in Haustürsituationen (heute bei einem **außerhalb von Geschäftsräumen geschlossenen** Vertrag, §§ 312g Abs 1, 312b BGB) war für eine Nichtigkeit des Darlehensvermittlungsvertrags nach § 134 BGB iVm § 56 Abs 1 Nr 6 GewO kein Raum mehr (so auch Staudinger/Reuter [2010] §§ 652, 653 Rn 50; MünchKommBGB/Weber § 655a Rn 27 ff; PWW/Nobbe § 655a Rn 6; BeckOK-BGB/Möller [1. 5. 2025] § 655a Rn 6; Ellenberger/Bunte/Jungmann, BankR-HdB [5. Aufl 2017] § 61 Rn 74 ff; **aA** Erman/Nietsch Vor § 655a Rn 3). Bereits mit der Entscheidung des EuGH (EuGH 13. 12. 2001– C-481/99 *Heininger*, ECLI:EU:C:2001:684 = WM 2001, 2434 = ZIP 2002, 31) zur Anwendbarkeit und zum Vorrang der Haustürgeschäfterichtlinie (Richtlinie 85/577/EWG des Rates vom 20. 12. 1985, ABl Nr L Nr 372, S 31) gegenüber der Verbraucherkreditrichtlinie 1986 (Rn 5) wurde der zuvor angenommene Vorrang des VerbrKrG aF beendet. Die entsprechende Bestimmung in § 5 Abs 2 HWiG aF musste richtlinienkonform einschränkend ausgelegt werden. Die Subsidiaritätsklausel, die einen Vorrang von „Geschäften nach dem Verbraucherkreditgesetz“ vorsah, zu denen nach § 1 Abs 3 VerbrKrG aF auch Kreditvermittlungsverträge zählten, durfte danach dann nicht greifen, wenn das VerbrKrG kein dem HWiG vergleichbares Widerrufsrecht einräumte (BGHZ 150, 264 = NJW 2002, 2029). Die Nachfolgeregelung des § 5 Abs 2 HWiG aF in § 312a aF beschränkte die Subsidiarität der Regelungen über Haustürgeschäfte ohnehin auf Verbraucherdarlehensverträge und Finanzierungshilfen (heute § 312g Abs 3 BGB). Bei Darlehensvermittlungsverträgen, die außerhalb von Geschäftsräumen geschlossen werden, steht dem Verbraucher heute ein **Widerrufsrecht** zu, so dass der Bedarf für eine Nichtigkeit gem § 134 BGB iVm § 56 Abs 1 Nr 6 GewO entfallen ist. 18

4. UWG, RDG und BNotO

Ein **Verstoß gegen §§ 3 Abs 1, 3a UWG** kann aus der Missachtung der Vorgaben der §§ 655b ff BGB und dem dann vorliegenden **wettbewerbswidrigen** Handeln des Darlehensvermittlers folgen (OLG Nürnberg BuW 2004, 76; OLG Hamm WM 1995, 1353, 1355 = ZIP 1995, 239; LG Berlin NJW-RR 1992, 678). Zugleich kann ein **Unterlassungsanspruch gem § 2 UKlaG** bestehen. Der **Verstoß gegen Art 1 § 1 Abs 1 S 1 RBerG aF** führte zur Nichtigkeit des Darlehensvermittlungsvertrages. Dies war zB der Fall, wenn der Darlehensvermittlungsvertrag Bestandteil eines Treuhandgeschäftsbesorgungsvertrages war, aufgrund dessen der Treuhänder einen Immobilienerwerb oder Fondsbeitritt zu unternehmen hatte (vgl BGHZ 145, 265, 269 ff = NJW 2001, 70; BGH ZIP 2002, 1191, 1192 f; ZIP 2003, 165, 166 f). Der nunmehr geltende **§ 3 RDG**, der diese Vorschrift ersetzt, erhöht den Maßstab und setzt für eine Nichtigkeit voraus, dass der Anleger zum Ausdruck bringt, eine besondere rechtliche Prüfung, Beratung und Betreuung, hier durch den Kreditvermittler, zu wünschen. 19

Bei der **Maklertätigkeit eines Notars** ist die Bestimmung des § 14 Abs 4 S 1 BNotO einschlägig, die eine Vermittlung von Darlehensgeschäften untersagt. Dies umfasst jede Tätigkeit des Notars, die auf eine Zusammenführung der Vertragsparteien des Darlehensvertrags entgeltlich oder unentgeltlich zielt. Eine Vermittlung iS der Norm liegt somit schon dann vor, wenn der Notar aktiv tätig wird, um den Darlehensvertrag zustande kommen zu lassen, unabhängig davon, ob sein Bemühen erfolgreich ist. Der BGH wertet die Vorschrift zu Recht als gesetzliches Verbot iSd § 134 BGB und qualifiziert Verträge über eine Maklertätigkeit des Notars in der Folge als nichtig (BGH NJW 2001, 1569, 1570; BGH NJW 1992, 681 f; BGH NJW-RR 1990, 948 = WM 1990, 1250). 20

Abweichendes gilt für die **Maklertätigkeit des Rechtsanwalts.** Diesem ist eine gelegentliche Maklertätigkeit standesrechtlich nicht untersagt und er kann ein gelegentliches einzelnes Maklergeschäft rechtswirksam mit einem Dritten vereinbaren (BGHZ 133, 90, 95 = NJW 1996, 2499; BGH NJW 1992, 681, 682; BGH WM 1977, 551, 552, unter I 1; abweichend zur ständigen Ausübung des Berufs eines Maklers durch einen Rechtsanwalt BGH NJW 1976, 628 L = LM § 7 Ziff 8 BRAO Nr 31). Mögliche standesrechtliche Bedenken beeinträchtigen danach die zivilrechtliche Gültigkeit nicht ohne Weiteres. Eine Ausnahme gilt für Rechtsanwälte, die mit einem Anwaltsnotar in einer Sozietät zusammengeschlossen sind. Aus dem Gesamtzusammenhang der Regelungen der BNotO folgt, dass eine solche Ausdehnung des Tätigkeitsverbots notwendig ist. Die Darlehensvermittlung durch Rechtsanwälte, die sich mit einem Anwaltsnotar zu gemeinsamer Berufsausübung verbunden haben, ist daher analog § 14 Abs 4 S 1 BNotO iVm § 134 BGB nichtig (so auch BGH NJW 2001, 1569). Mit der Tätigkeit eines Steuerberaters ist eine gewerbliche Tätigkeit kraft Gesetzes unvereinbar, allerdings führt die **Maklertätigkeit eines Steuerberaters** unter Verstoß gegen das Verbot zu gewerblicher Tätigkeit aus § 57 Abs 4 Nr 1 HS 1 StBerG nicht dazu, dass der Darlehensvermittlungsvertrag über § 134 BGB nichtig ist, wofür schon die in § 57 Abs 4 Nr 1 HS 2 StBerG normierte Möglichkeit einer Ausnahmegenehmigung streitet (BGHZ 78, 263 f = NJW 1981, 399; BGHZ 95, 81, 83 = NJW 1985, 2523; ausf dazu auch BGH WM 2011, 1524 Rn 10 ff; gegen die Nichtigkeit auch MünchKommBGB/Weber § 655a Rn 27 ff).

5. Informationspflichten für Standardgeschäfte (Art 247a EGBGB)

21 Nach Art 247a § 1, 2 EGBGB haben Unternehmer, die den Abschluss von Immobiliar-Verbraucherdarlehensverträgen oder deren Vermittlung durch gebundene Darlehensvermittler gemäß § 655a Abs 3 S 3 BGB für Standardgeschäfte nach § 675a BGB anbieten, **Informationen über Entgelte und Auslagen der Geschäftsbesorgung** zur Verfügung zu stellen. Die Informationen sind in Textform zur Verfügung zu stellen. Abweichendes gilt, wenn eine Preisfestsetzung nach § 315 BGB erfolgt oder die Entgelte und Auslagen gesetzlich verbindlich geregelt sind. Diese Informationspflicht trifft aber nur Unternehmer, die zur Besorgung von Geschäften öffentlich bestellt sind (§ 663 S 1 BGB) oder sich dazu öffentlich erboten haben (vgl § 675a BGB). Diese in Art 247a EGBGB enthaltenen allgemeinen Informationspflichten sind von den (vor)vertraglichen und vertraglichen Informationspflichten bei Darlehensvermittlungsverträgen zu unterscheiden (vgl zu diesen Art 247 § 13 und § 13b EGBGB bzw Art 247a § 2 EGBGB Rn 55 ff) und daher in Art 247a EGBGB eigenständig geregelt (s auch Beschlussempfehlung und Bericht des Ausschusses für Recht und Verbraucherschutz, BT-Drucks 18/7584, 147). **Inhaltlich** sind die allgemeinen Informationspflichten freilich an jenen Informationspflichten, namentlich an Art 247 EGBGB, orientiert (Begr RegE BT-Drucks 18/5922, 108). Entsprechend den für Immobiliar-Verbraucherdarlehen bereits geltenden Informationspflichten nach Artikel 247a § 1 EGBGB wurden – in Umsetzung der Verbraucherkreditrichtlinie 2023 – auch für Allgemein-Verbraucherdarlehensverträge allgemeine Informationspflichten in Art 247a § 2 EGBGB eingeführt (Rn 55).

22 Die Regelung in Art 247a § 1 EGBGB setzt Art 13 Wohnimmobilienkreditrichtlinie 2014 (Rn 12) um. Allerdings umfasst der Richtlinienwortlaut auch solche Darlehensgeber, die nur **ausnahmsweise** im Zuge ihrer gewerblichen Tätigkeit **Immobiliar-Verbraucherdarlehen vergeben.** Schon nach Sinn und Zweck der Richtlinie werden entsprechende Gewerbetreibende aber von ihr nicht erfasst. Erforderlich ist vielmehr, dass die gewerbliche Geschäftstätigkeit des Unternehmers gerade auf die Vergabe oder Vermittlung von Immobiliar-Verbraucherdarlehensverträgen ausgerichtet ist. Nur dann sind die Informationen im Interesse der potentiellen Darlehensnehmer und nur in diesen Konstellationen ist eine Verpflichtung zur entsprechenden allgemeinen Information sachgerecht. Der deutsche Gesetzgeber konnte mithin die Regelung personell in der gewählten Art begrenzen, da die Auslegung der **Richtlinie** selbst die Konstellationen der **nur ausnahmsweisen Vermittlung** von Immobiliar-Verbraucherdarlehen **nicht einschließt** (s auch Begr RegE BT-Drucks 18/5922, 109).

IV. Der Darlehensvermittlungsvertrag (Abs 1)

1. Persönlicher Anwendungsbereich: Unternehmer und Verbraucher

a) Auftraggeber: Verbraucher, Existenzgründer oder Dritter

Vertragspartei eines Darlehensvermittlungsvertrags ist regelmäßig ein **Verbraucher** 23
iSd § 13 BGB, dem ein Verbraucherdarlehensvertrag oder eine Finanzierungshilfe nach § 506 BGB (bis zum 19. 11. 2026: entgeltliche Finanzierungshilfe) vermittelt wird (vgl zu den zwei Vertragskonstellationen Rn 52 f). Nach §§ 655e Abs 2, 513 BGB steht ein **Existenzgründer** dem Verbraucher im Rahmen der §§ 655a ff BGB gleich, so dass die Vermittlung eines Verbraucherdarlehensvertrages in der Phase der Existenzgründung von diesem Regelungsregime ebenfalls erfasst wird. Die Vermittlung und der Nachweis von Darlehen bis zu einem Nettodarlehensbetrag von 75.000 € (§ 513 BGB) zur Aufnahme einer gewerblichen oder selbstständigen Tätigkeit unterfallen somit den §§ 655a ff BGB. Nach allgemeinen Grundsätzen muss der Existenzgründer, der sich auf die Anwendbarkeit der §§ 655a ff BGB gem § 655e Abs 2 BGB beruft, darlegen und beweisen, dass das vermittelte Darlehen der Aufnahme einer entsprechenden Tätigkeit dient. Seit dem 11. 6. 2010 (Umsetzung der Verbraucherkreditrichtlinie 2008, vgl Rn 7 ff) kann der Darlehensvermittlungsvertrag auch mit einem **Dritten**, insbesondere dem Darlehensgeber, geschlossen werden. Auf diese Vermittlungsverträge sind die §§ 655b, 655c und 655d BGB nach ihrem Wortlaut bzw Zweck nicht anwendbar. Zudem unterscheidet auch Art 247 § 13 Abs 2 EGBGB in Bezug auf die vorvertraglichen Informationspflichten nach dem Vertragspartner des Darlehensvermittlers (vgl Rn 82).

b) Vermittler

aa) Unternehmer; Zivilmakler oder Handelsmakler

Gegenpartei muss ein **Unternehmer** iSd § 14 Abs 1 BGB sein, dh eine natürliche 24
oder juristische Person oder eine rechtsfähige Personengesellschaft, die in Ausübung ihrer gewerblichen oder selbstständigen beruflichen Tätigkeit Verbraucherdarlehen oder Finanzierungshilfen vermittelt oder die Gelegenheit zu einem solchen Vertragsschluss nachweist. Die Tätigkeit des Unternehmers muss nicht auf die Vermittlung derartiger Verträge beschränkt sein (vgl Rn 30).

Der Unternehmer kann **Zivilmakler** (§§ 652 ff BGB) **oder Handelsmakler** gem § 93 25
Abs 1 HGB (§§ 93–104 HGB) sein. Letzterer übernimmt *gewerbsmäßig* ua die Vermittlung von Verträgen über die Anschaffung oder Veräußerung von Waren oder Wertpapieren oder über sonstige Gegenstände des Handelsverkehrs. Zu den „sonstigen Gegenständen des Handelsverkehrs" gehört auch die Vermittlung von Bankkrediten (Ebenroth/Boujong/Joost/Strohn/Reiner, HGB [4. Aufl 2020] § 93 Rn 31; Münch-

KommHGB/Ströbl [4. Aufl 2016] § 93 Rn 37; Hopt/Roth [45. Aufl 2026] § 93 HGB Rn 12, 13; Staudinger/Arnold Vorbem 24 zu §§ 652–656d; LG Darmstadt NJW-RR 2002, 351). Eine nur *gelegentliche* Vermittlung führt nur zum Zivilmakler. Auch übt der Handelsmakler – im Gegensatz zum Zivilmakler – grundsätzlich keine Nachweistätigkeit aus. Sofern er ausnahmsweise doch nur den Nachweis der Vertragsgelegenheit erbringt oder er einen Vertrag über einen Gegenstand vermittelt, der nicht zu denen des Handelsverkehrs gehört, unterliegt das Geschäft den allgemeinen Regeln der §§ 652–655 BGB (Zivilmakler; Staudinger/Arnold Vorbem 26 zu §§ 652–656d). Von Relevanz ist die Unterscheidung zwischen Zivilmakler und Handelsmakler va für § 99 HGB. Denn der Handelsmakler ist vielfach als *Doppelmakler* anzusehen (Staudinger/Arnold § 652 Rn 220 f; MünchKommBGB/Weber § 655a Rn 12; Hopt/Roth § 93 HGB Rn 13, 32 f). Das Recht der Darlehensvermittlung toleriert eine solche Doppeltätigkeit, wie va Abs 2 iVm Art 247 § 13 Abs 2 S 1 Nr 2 EGBGB zeigt. Der Zivilmakler ist hingegen durch die Regelung des § 654 BGB beschränkt, dh er bedarf zur Doppeltätigkeit eines vertraglichen Vorbehalts. Ohne Bedeutung ist die Unterscheidung zwischen Zivil- und Handelsmakler insoweit, als sowohl § 354 HGB beim Handelsmaklervertrag als auch § 653 BGB beim Zivilmakler durch die insoweit vorrangigen §§ 655c, 655d BGB verdrängt werden.

bb) Hinreichende Eigenständigkeit

26 Der Darlehensvermittler muss zudem eine **eigenständige, vom Darlehensgeber verschiedene Person** sein (s auch RegBegr BT-Drucks 16/11643, 96). Auch der Verbraucherkreditrichtlinie 2008 (Rn 7 ff) sowie der Verbraucherkreditrichtlinie 2023 liegt eine solche Vorstellung zugrunde, ungeachtet der Tatsache, dass sie nach ihrem Wortlaut nur auf eine berufliche Tätigkeit des Vermittlers, nicht aber eine selbständige berufliche Tätigkeit abstellt. Der abhängig beschäftigte Außendienstmitarbeiter der Bank ist daher kein Kreditvermittler. Entsprechendes gilt bei einer wirtschaftlich oder rechtlich ausschlaggebenden Beteiligung des Darlehensgebers am Makler oder umgekehrt. Auch dann fehlt die hinreichende Selbständigkeit des Maklers/Vermittlers. Dies betrifft ua eine **konzernmäßige Verflechtung** (wie hier MünchKommBGB/Weber § 655a Rn 13; BeckOGK/Zimmermann [15. 2. 2026] § 655a Rn 33 f; **aA** Soergel/Krepold § 655a Rn 2).

27 Sofern ein **Vertreter** für den Unternehmer handelt, sind die §§ 655a ff BGB anwendbar, auch wenn der Vertreter selbst nicht unternehmerisch handelt. Der Unternehmer kann sich nicht auf diese Weise seiner Pflichten nach den Vorschriften des Untertitels entziehen.

28 **Nicht** zum Kreis der Darlehensvermittler gehört der **Handelsvertreter**, der als selbständiger Gewerbetreibender – abweichend vom Makler – ständig damit betraut ist, für einen anderen Unternehmer Geschäfte zu vermitteln und in seinem Namen abzuschließen (§§ 84 ff HGB). Er übt keine Maklertätigkeit aus (wie hier Erman/Nietsch § 655a Rn 4 f; BeckOK-BGB/Möller [1. 5. 2025] § 655a Rn 6; Soergel/Krepold § 655a Rn 7; Koch MDR 2016, 1417, 1418; zur früheren Normfassung auch vHeymann WM 1991, 1285, 1293; Vollkommer FLF 1986, 98, 100; Dehner NJW 1991, 3254 f Fn 9; **aA** MünchKommBGB/Weber § 655a Rn 13; Bülow/Artz § 655a Rn 13; PWW/Nobbe § 655a Rn 5, 16; BeckOGK/Zimmermann [15. 2. 2026] § 655a Rn 32; Dreyer/Haskamp ZVertriebsR 2018, 225; Herndl/Kurz GPR 2015, 273, 281; Emde BB 2019, 2882; Freckmann/Merz/Freckmann C Rn 94; vgl für einen **Anwendungsfall Kreditplattformen** Rn 32 f). Denn der Handelsvertreter ist – im Gegensatz zum Makler – gem § 86 Abs 1 HGB zum Tätigwerden angehalten und hat – abweichend vom

Makler – dabei das *Interesse des Unternehmers* wahrzunehmen, so dass er keine neutrale Stellung zwischen den Parteien hat. Er kann daher auch nicht die strenge Unparteilichkeit wahren, die er auch im Falle einer Doppeltätigkeit schuldet (vgl BGHZ 48, 344, 348). Vom Verbraucher kann er richtigerweise keine Vergütung verlangen (BGH NJW 1974, 137), sondern diese ist vom Unternehmer zu entrichten (§ 87 Abs 1 HGB). Die **Abgrenzung zwischen** der Tätigkeit als **Handelsvertreter oder Makler (Darlehensvermittler)** kann im Einzelfall schwierig sein. Nach der Rspr des BGH (BGH 1. 4. 1992 – IV ZR 154/91, NJW 1992, 2818 f = WM 1992, 1193; WM 1972, 191; dazu DEHNER NJW 1993, 2225) spricht für die Qualifikation als Handelsvertreter, wenn dieser nach der mit dem Unternehmer getroffenen Vereinbarung *verpflichtet* ist, sich ständig um neue Geschäfte zu bemühen. Entscheidend für die Abgrenzung ist die beiderseitige, auf längere Zeit bezogene vertragliche Bindung mit dieser Pflicht. Für die rechtliche Einordnung ist das Gesamtbild der tatsächlichen Handhabung durch die Parteien unter Berücksichtigung aller Umstände des Einzelfalls zu würdigen (BGH BB 1982, 1876 f; zur sog Verflechtungsrechtsprechung des BGH vgl BGH NJW 2009, 1809 Rn 9; BGH NJW 1985, 2473; DEHNER NJW 1993, 2225). Hiernach qualifiziert der bloße Abschluss eines *Rahmen- oder Einreichervertrages*, vor allem im Zusammenhang mit verbundenen Verträgen iSd § 358 Abs 3 BGB, den Darlehensvermittler noch nicht als Handelsvertreter. Denn derartige Verträge lösen keine klagbare Verpflichtung des Vermittlers zum Tätigwerden aus, unabhängig davon, ob sie „Vorzugs- oder Andienklauseln" zugunsten eines bestimmten Unternehmers enthalten (vgl auch MünchKommBGB/WEBER § 655a Rn 13; BRUCHNER/OTT/WAGNER-WIEDUWILT § 1 VerbrKrG Rn 149, 151; **krit** aber SCHMELZ/KLUTE ZIP 1989, 1509, 1517; VOLLKOMMER FLF 1986, 98, 100, bei Bestehen eines Rahmen- oder Einreichervertrages für eine Vermutung eines Handelsvertreterverhältnisses; **aA** auch, wenngleich ohne Begründung, BÜLOW/ARTZ § 655a Rn 16).

Die §§ 655a ff BGB sind **nicht anwendbar**, wenn der *Darlehensgeber* dem **Vermittler** 29
entweder eine **eigene Entscheidungsbefugnis über den Kreditantrag** oder die Stellung eines **Empfangsboten** bzw Empfangsbevollmächtigten des Kreditinstituts eingeräumt hat. Denn auch in diesen Fällen fehlt es an der erforderlichen hinreichenden Selbständigkeit des Vermittlers (**aA** MünchKommBGB/WEBER § 655a Rn 13; ohne nähere Begründung abweichend auch BÜLOW/ARTZ § 655a Rn 13).

Der Darlehensvermittler muss **in Ausübung seiner gewerblichen oder selbständigen be-** 30
ruflichen Tätigkeit handeln (§ 655a Abs 1 S 1 iVm § 14 Abs 1 BGB). Dies ist beim Handelsmakler nicht problematisch (Rn 25). Der Zivilmakler ist hingegen oftmals *Gelegenheitsmakler*. Jedoch setzt die Anwendbarkeit der §§ 655a ff BGB nicht voraus, dass die Vermittlung von Krediten – insbesondere von Verbraucherdarlehensverträgen – der ausschließliche oder spezifische Gegenstand der gewerblichen oder selbständigen beruflichen Tätigkeit ist. Ausreichend ist angesichts der Schutzrichtung der §§ 655a ff BGB, dass der Darlehensvermittler den Nachweis oder die Vermittlung **gelegentlich im Rahmen seiner gewerblichen oder selbständigen beruflichen Tätigkeit** unternimmt, auch wenn sich die Kreditvermittlung selbst als für ihn berufsfremd herausstellt (vgl BGHZ 179, 126 = ZIP 2009, 261 zur Darlehensvergabe; BeckOGK/ZIMMERMANN [15. 2. 2026] § 655a Rn 32). Dann ist – wiederum aufgrund der Schutzrichtung der Normen – auch die erstmalige Vermittlung gelegentlich der gewerblichen Tätigkeit erfasst. Beispiele hierfür sind Verkäufer, die dem Verbraucher gegen Entgelt eine Finanzierung der Kaufpreisforderung vermitteln. Auszunehmen ist somit nur die rein

private Darlehensvermittlung, die weder gewerbsmäßig ist, noch anlässlich einer anderweitigen gewerbsmäßigen oder selbständigen beruflichen Tätigkeit erfolgt.

31 **Nicht erfasst** ist die **unselbständige Darlehensvermittlung**, die lediglich begleitend zu einer anderen primären, für den Auftraggeber entfalteten gewerblichen oder selbständigen beruflichen Tätigkeit hinzutritt. Beispiele sind der **Rechtsanwalt**, der seinen Mandanten nicht nur in rechtlicher Hinsicht berät, sondern zudem zu einer Stundung, einer Umschuldung oä verhilft. Gleiches gilt für den **Architekten**, der zusätzlich zu seinen Planungsaufgaben beauftragt wird, die Finanzierung des Bauvorhabens zu besorgen. Für die **Abgrenzung der** (erfassten) **selbständigen von der** (nicht erfassten) **unselbständigen Darlehensvermittlung** ist entscheidend, ob sich die Vermittlungstätigkeit als Bestandteil einer anderweitig vergüteten Tätigkeit **erhöhend auf das Honorar** auswirkt (wie hier MünchKommBGB/Weber § 655a Rn 35 f; Drescher Rn 371). Sofern dies nicht der Fall ist, liegt eine unselbständige unentgeltliche Vermittlung vor und damit keine Darlehensvermittlung iSd Legaldefinition (Rn 34) als Voraussetzung für die Anwendbarkeit der §§ 655a ff BGB. Bei der Tätigkeit eines Rechtsanwalts ist im Zweifel ein Anwalts(dienst)vertrag anzunehmen, wobei dann – unabhängig vom Schwerpunkt der Tätigkeit – die Vergütung für die Maklertätigkeit in der Vergütung für die Anwaltstätigkeit aufgeht (BGHZ 57, 53, 55 = NJW 1971, 2227; BGH NJW 1985, 2642 = WM 1985, 1401 f; zum Typenzwang für den Anwaltsvertrag ausführlich Staudinger/Arnold Vorbem 55 ff zu §§ 652–656d). Die **aA**, die darauf abstellt, welche Tätigkeit den konkret vorherrschenden Charakter hat (Seibert § 1 VerbrKrG Rn 14; ferner BGHZ 18, 340; 57, 53, 55 = NJW 1971, 2227; BGH NJW 1985, 2642 = WM 1985, 1401; NJW 1992, 681 f; WM 1976, 1135 f zum Anwaltsvertrag) vermag nicht zu überzeugen. Sie ist mit einer erheblichen Rechtsunsicherheit mangels hinreichender Kriterien zur adäquaten Bestimmung des dann maßgebenden Schwerpunkts verbunden und muss zudem im Fall der Unentgeltlichkeit aufgrund der Legaldefinition in Abs 1 S 1 ebenfalls zur Unanwendbarkeit gelangen.

cc) Fintech: Kreditplattformen als Darlehensvermittler

32 Kreditplattformen (Bsp: funding circle; auxmoney; smava; maxda) vergeben selbst keine Darlehen, sondern stellen eine **technische Plattform für die Vermittlung von Krediten** zwischen einem Kreditgeber und einem Kreditnehmer bereit. Teilweise bieten entsprechende Portale zudem die Möglichkeit eines Vergleichs der Angebote verschiedener Darlehensgeber mit der Möglichkeit der Vermittlung eines Kredits (Bsp: verivox; check24). **Aufsichtsrechtlich** hat die BaFin bereits im Jahr 2007 festgehalten, dass auch bei internetbasierten Kreditvermittlungsplattformen für die reine Vermittlung von Krediten **keine Bankerlaubnis** erforderlich ist, aber eine Erlaubnispflicht nach § 34c GewO aF (nun § 34k GewO) bestehen kann (BaFin, Hinweise zur Erlaubnispflicht der Betreiber und Nutzer einer internetbasierten Kreditvermittlungsplattform nach dem KWG, Merkblatt v 14. 5. 2007). Abweichendes gilt, wenn der Kreditvertrag nachrangig oder partiarisch oder aus sonstigen Gründen bedingt rückzahlbar ist oder eine – wie auch immer ausgestaltete – Schuldverschreibung erfolgt, da dann ein Finanzinstrument gem § 1 Abs 11 KWG vorliegt und eine Erlaubnis nach § 32 KWG erforderlich ist (zu den bankaufsichtsrechtlichen Lizenzpflichten Scholz-Fröhling BKR 2017, 133 sowie ausf Assmann/Schütze/Buck-Heeb/F Schäfer/Eckhold, Handbuch des Kapitalanlagerechts [5. Aufl 2020] § 16a Rn 7 f). In der Folge stehen Kreditvermittlungsplattformen als solche grundsätzlich nicht unter der Aufsicht der BaFin. Abweichendes gilt, wenn eine Bank eine eigene Kreditplattform betreibt, auf der sie ihre Kreditprodukte anbietet. Insofern handelt sich um ein erlaubnispflichtiges Bankgeschäft. Die BaFin weist in diesem

Merkblatt allerdings auch darauf hin, dass die Plattform-Nutzer, insbesondere auf Seiten der Geldgeber und beim Einlagengeschäft auf Seiten der Kreditnehmer, erlaubnispflichtige Bankgeschäfte betreiben können. Die Betreiber der Kreditvermittlungsplattformen wären hierbei gegebenenfalls in unerlaubt betriebene Bankgeschäfte der Plattform-Nutzer einbezogen. Die Plattformbetreiber sind aber **Darlehensvermittler**, wenn und soweit der sachliche Anwendungsbereich der §§ 655a ff BGB eröffnet ist (dazu sogleich Rn 34 ff), da sie eine relevante Maklertätigkeit iSd §§ 655a ff BGB erbringen, zumeist den Nachweis des abschlussbereiten Darlehensgebers (Abs 1 S 1 Nr 2), jedenfalls aber das Behilflichsein (Abs 1 S 1 Nr 3). Hierzu muss die Plattform allerdings Verbraucherdarlehensverträge (§ 492 Abs 1 BGB) oder Finanzierungshilfen nach § 506 BGB (bis zum 19. 11. 2026: entgeltliche Finanzierungshilfen) an Verbraucher (§ 13 BGB) oder Existenzgründer (§ 513 BGB) vermitteln und selbst unternehmerisch (§ 14 BGB) tätig sein. Die §§ 655a ff BGB sind dann anwendbar. Zudem ist eine **gewerberechtliche Erlaubnis** nach § 34 k Abs 1 S 1 Nr 2 GewO (bis zum 19. 11. 2026: § 34c Abs 1 S 1 Nr 2 GewO aF) erforderlich. Ob der Plattformbetreiber **Handelsvertreter der Bank** im Sinne von § 84 Abs 1 S 1 HGB ist, bestimmt sich nach der allgemeinen Abgrenzung zwischen § 655a BGB und § 84 Abs 1 S 1 HGB (ausf dazu Rn 28; nicht überzeugend Söbbing BKR 2019, 443, 444: *lex specialis* der §§ 655a ff BGB).

Am 5. 10. 2020 verabschiedete das Europäische Parlament die VO über europäische Schwarmfinanzierungsdienstleister für Unternehmen (**Crowdfunding Service Provider-VO**; **ECSP-VO**; 2018/0048 (COD); dazu Riethmüller BKR 2022, 149; Rusch ZBB 2020, 217; Kuthe/Dresler-Lenz CB 2020, 471; Renner/Faller/Walter BKR 2021, 394; Buck-Heeb ZGR 2024, 431 ff; Quarch, Die Europäische Regulierung des Crowdlendings, 2020; zum Anwendungsbereich ausf Öhmann, Die Verordnung über Europäische Schwarmfinanzierungsdienstleister, 2023; zum Richtlinienentwurf noch Will/Quarch WM 2018, 1481; zur Unternehmensfinanzierung mit Token Nathmann BKR 2019, 540). Die VO wurde am 7. 10. 2020 veröffentlicht, sie trat 12 Monate später am 7. 10. 2021 in Kraft. Ihre Regelungen sind unmittelbar in den Mitgliedsstaaten anwendbar; eine Umsetzung in nationales Recht ist nicht erforderlich. Die VO stellt Regelungen für Crowdfunding-Plattformen auf, die in mehr als einem EU-Land tätig sind. Die Regelungen gelten für Plattformbetreiber, die Crowdfunding-Projekte von Projektträgern bis zu einer Finanzierungssumme von 5 Mio € über einen Zeitraum von 12 Monaten öffentlich anbieten. Der Anwendungsbereich der VO umfasst nicht Schwarmfinanzierungsdienstleistungen für Projektträger, die als Verbraucher zu qualifizieren sind (ausf zum Anwendungsbereich Öhmann, Die Verordnung über Europäische Schwarmfinanzierungsdienstleister, 2023, S 55 ff). Die VO führt eine neue regulierte Dienstleistung, die sog **Schwarmfinanzierungsdienstleistung**, die von einem Schwarmfinanzierungsdienstleister über eine Schwarmfinanzierungsplattform angeboten wird. Die VO schafft so einen einheitlichen Erlaubnistatbestand für Schwarmfinanzierungsdienstleister. Dies sind nach der VO Dienstleister, die Geschäftsfinanzierungsinteressen von Projektträgern und Anlegern über eine Plattformlösung zusammenführen. Dies erfolgt entweder durch die Vermittlung von Krediten oder von übertragbaren Wertpapieren iSd MiFID II-VO. Die Erlaubnis setzt voraus, dass der Betreiber der Crowdfunding-Plattform spezifische Voraussetzungen erfüllt. So müssen sie ua über Sicherheiten im Wert von mind 25.000 € oder, sofern höher, einem Viertel der jährlich überprüften fixen Gemeinkosten des Vorjahres verfügen. Zudem müssen sie über geeignete interne Kontrollmechanismen und fachlich geeignete Geschäftsleiter verfügen. Die Anforderungen an die Erteilung der Zulas- 32a sung sind durch die VO unionsweit einheitlich; die Möglichkeit des europäischen Passportings besteht.

32b Für den Plattformbetreiber folgen aus der ECSP-VO zahlreiche **Organisations-, Sorgfalts- und Verhaltenspflichten**. Der Schwarmfinanzierungsdienstleister bedarf der Rechtsform einer juristischen Person. Zudem muss er sicherstellen, dass keine Interessenkonflikte im Rahmen der Tätigkeit bestehen. Hinzu kommen umfangreiche Informations- und Transparenzpflichten gegenüber den Anlegerkunden. Erforderlich ist eine Belehrung über Investitionsrisiken bei Investitionen von mehr als 1.000 € durch den Anleger. Diesem ist ein höchstens sechsseitiges, vom Projektträger oder der Plattform zu erstelltes Basisinformationsblatt auszuhändigen. Zudem hat er über die Ausfallquoten der auf der Plattform angebotenen Projekte zu informieren und strenge Vorgaben hinsichtlich der Veröffentlichung von Marketingmitteilungen zu angebotenen Projekten erfüllen.

32c Der deutsche Gesetzgeber hat in den §§ 32b ff WpHG mit dem Schwarmfinanzierung-Begleitgesetz (G zur begleitenden Ausführung der VO (EU) 2020/1503 und der Umsetzung der Richtlinie EU 2020/1504 zur Regelung von Schwarmfinanzierungsdienstleistern **[Schwarmfinanzierung-Begleitgesetz]** und anderer europarechtlicher Finanzmarktvorschriften vom 3. 6. 2021, BGBl 2021 I 1568) in Bezug auf Schwarmfinanzierungen Regelungen zur zuständigen Aufsichtsbehörde, zur Prospekthaftung, über die jährliche Prüfung sowie Sonderprüfungen durch die Aufsichtsbehörde erlassen. Auch insofern ist aber zu berücksichtigen, dass die Schwarmfinanzierungen zur Finanzierung von Verbrauchern vom Anwendungsbereich der Schwarmfinanzierung-VO (Crowdfunding Service Provider-VO; ECSP-VO) nach Art 1 Abs 2 lit a ECSP-VO ausgenommen sind (vgl auch Rn 32a).

33 Abweichendes gilt für den **Peer-to-Peer-Kredit** (*peer-to-peer lending*; zu crowdlending-Plattformen Veith BKR 2016, 184; Bräutigam/Rücker/Kunz E-Commerce [2017] 12. Teil Rn 89 ff; siehe auch Quarch, Die Europäische Regulierung des Crowdlendings [2020]) **im Marktplatz-Modell**, dh für die Vermittlung von Krediten von Privatpersonen an Privatpersonen als Privatkredite ohne Zwischenschaltung eines Kreditinstituts. Entsprechende Plattformen werden bzw wurden ua von *Lending Club, Zopa, Funding Circle* bereitgestellt. Diese Tätigkeit der Plattformen unterfällt **nicht den §§ 655a ff BGB**, da es grundsätzlich an der Vermittlung eines Verbraucherdarlehens gem § 492 Abs 1 BGB fehlt, wird doch der vermittelte Kredit gerade von Privatperson (§ 13 BGB) an Privatperson (§ 13 BGB) ausgereicht. Möglich ist aber eine Genehmigungspflicht nach § 32 KWG.

33a In dem **Bericht der EU-Kommission** wurde der Begriff des Kreditgebers hinterfragt und intendiert, dass Plattform vermittelte peer-to-peer-Kredite „grundsätzlich" **von den Regelungen einer Nachfolgerichtlinie** zur Verbraucherkreditrichtlinie 2008 **erfasst sein sollten** (Bericht der EU-Kommission über die Umsetzung der Verbraucherkreditrichtlinie 2008, COM(2020) 963 final, S 6). Die regelmäßig fehlende Eröffnung des persönlichen Anwendungsbereichs bei der plattformgestützten Vermittlung von Krediten von Verbrauchern an Verbrauchern wurde gesehen. Denn die Regelungen der Verbraucherkreditrichtlinie 2008 und deren Umsetzung in das nationale Recht sind nur anwendbar, wenn die Plattform einen Kredit eines unternehmerisch handelnden Kreditgebers an einen Verbraucher vermittelt; in diesem Fall ist die Plattform Kreditvermittler. Für den Regelfall der Vermittlung eines Kredits von Privatpersonen an Privatpersonen ist das Verbraucherdarlehensrecht der Richtlinie sowie der nationalen Umsetzung nicht anwendbar (vgl nur Wittig/Wittig WM 2021, 2369, 2373; Hertneck, Peer-to-Peer-Lending – Vertrags- und aufsichtsrechtliche Anforderungen, 2020, S 58 f).

Dem „modernen" Ruf nach **mehr Regulierung und Verbraucherschutz** folgend werden auch mit Blick auf Schwarmfinanzierungen, bei denen eine Plattform Kredite von Privatpersonen an Privatpersonen ohne Zwischenschaltung eines Kreditinstituts vermittelt, **Regulierungen verlangt**. Dies wird mit den hohen Darlehensbeträgen, dem institutionalisierten Prozess der Darlehensvergabe und der Zumutbarkeit einer umfangreichen Pflichtenbindung der Plattform aufgrund ihrer Kapazitäten begründet. Auch wird (vorschnell) die Schutzwürdigkeit von Verbrauchern als Kreditnehmer vergleichbar zum klassischen Verbraucherdarlehen apostrophiert (vgl zur Diskussion näher Freitag ZRP 2022, 66; Bericht der EU-Kommission über die Umsetzung der Verbraucherkreditrichtlinie 2008 2008, COM(2020) 963 final, S 6; Jungmann BKR 2024, 1, 17 f). Gleichwohl hat die **Verbraucherkreditrichtlinie 2023** (Rn 12a ff) **Schwarmfinanzierungen nicht** spezifisch **adressiert**. Vielmehr ist die Anwendbarkeit dieser Richtlinie und der nationalen Umsetzungsregeln weiterhin davon abhängig, ob die Schwarmfinanzierung einen Verbraucherkredit im Sinne der Definition der Richtlinie zum Gegenstand hat (vgl Erwägungsgrund Nr 22 Richtlinie 2023/2225). Da die **Definition des Kreditgebers** durch die Verbraucherkreditrichtlinie 2023 **nicht entscheidend modifiziert** wurde, ändert sich an der **bislang maßgebenden Unterscheidung nichts** und sind für das nationale Recht keine weiteren Umsetzungsvorgaben enthalten. Sofern eine Plattform mithin Kredite von Privatpersonen an Privatpersonen vermittelt, handelt es sich nicht um Verbraucherdarlehen und ist die Plattform nicht als Darlehensvermittler zu qualifizieren. Anderes gilt, wenn der Anbieter der Schwarmfinanzierung im Rahmen seiner gewerblichen oder beruflichen Tätigkeit direkt Kredite an Verbraucher vergibt (Verbraucherdarlehen) oder Kredite von Darlehensgebern vermittelt, die im Rahmen ihrer gewerblichen oder beruflichen Tätigkeit Kredite an Verbraucher vergeben; im zuletzt genannten Fall ist die Plattform Darlehensvermittler. 33b

2. Sachlicher Anwendungsbereich

a) Vermittlung, Nachweis oder Behilflich sein

Der Darlehensvermittlungsvertrag ist eine **Unterkategorie des allgemeinen Maklervertrags**. Das Unterscheidungsmerkmal zu diesem ist die Vermittlung bzw der Nachweis eines spezifischen Hauptvertrages, dh eines Verbraucherdarlehensvertrages oder einer entgeltlichen Finanzierungshilfe. Die weite Fassung des § 655a Abs 1 BGB zielt darauf, die sehr weite Legaldefinition des Kreditvermittlers in der Verbraucherkreditrichtlinie 2008 (Rn 7 ff) sowie der Verbraucherkreditrichtlinie 2023 (Rn 12a ff) umzusetzen. Nach Art 3 Nr 12 Verbraucherkreditrichtlinie 2023 (zuvor Art 3 lit f Verbraucherkreditrichtlinie 2008) stellt ein Kreditvermittler Kreditverträge dem Verbraucher vor oder bietet diese an, ist dem Verbraucher bei Vorarbeiten zum Abschluss von Kreditverträgen behilflich oder schließt für den Kreditgeber Kreditverträge mit Verbrauchern ab. Gem § 655a Abs 1 S 1 BGB sind die Regeln des Untertitels auf den **Nachweismakler** ebenso anwendbar wie auf den **Vermittlungsmakler**, sofern ein Darlehensvertrag vermittelt wird. In Umsetzung der Wohnimmobilienkreditrichtlinie 2014 (Rn 12) hat der Gesetzgeber die **verschiedenen Konstellationen der Maklerleistungen** in § 655a Abs 1 S 1 Nr 1–3 BGB strukturiert. Freilich ist 34 diese Strukturierung misslungen, da der erste Satzteil bei Nr 1 („gegen eine vom Verbraucher oder einem Dritten zu leistende Vergütung“) noch zum allgemeinen Normtext außerhalb der Nr 1–3 zählt, mit anderen Worten dieses Satzfragment in die Nr 2 und 3 ebenfalls hineinzulesen ist. Eine inhaltliche Änderung war mit der Neustrukturierung des § 655a Abs 1 BGB nicht intendiert. Die Vermittlungsleistungen müssen nicht höchstpersönlich erbracht werden (BGH 14. 6. 2016 – XI ZR 483/14, juris Rn 35; für einen Schuldbeitritt zu einem Darlehensvermittlungsvertrag vgl OLG Stuttgart 19. 10. 2022 – 3 U 101/22 Rn 58 f).

35 Der **Vermittlungsmakler** („... zu vermitteln“; **Nr 1**) führt die Abschlussbereitschaft des Vertragspartners des Verbraucherdarlehens bzw der Finanzierungshilfe nach § 506 BGB (bis zum 19. 11. 2026: entgeltliche Finanzierungshilfe) bewusst und final herbei bzw fördert diese (vgl BGH 14. 6. 2016 – XI ZR 483/14, juris Rn 32; Staudinger/Arnold § 652 Rn 42 ff; BeckOGK/Meier [1. 1. 2025] § 652 Rn 238 ff). Der **Nachweismakler** („Gelegenheit zum Abschluss eines solchen Vertrags ... nachzuweisen“; **Nr 2**) hat dem Auftraggeber einen diesem bislang unbekannten Interessenten für den angestrebten Verbraucherdarlehensvertrag bzw für eine Finanzierungshilfe nach § 506 BGB zu benennen. Er überlässt es aber dem Auftraggeber, diese Information zu nutzen und den Vertragsschluss herbeizuführen (vgl BGH 20. 2. 2025 – I ZR 122/23, Rn 14: individuelle Empfehlungen zu einem oder mehreren Geschäften, die im Zusammenhang mit einem Immobiliar-Verbraucherdarlehensvertrag stehen; Staudinger/Arnold § 652 Rn 29, 31 ff; MünchKommBGB/Weber § 655a Rn 9; vgl allg BeckOGK/Meier [1. 1. 2025] § 652 Rn 222 ff). Nach **Nr 3** ist auch Vermittler, wer „auf andere Weise“ beim Abschluss des Darlehensvertrags bzw der Finanzierungshilfe nach § 506 BGB **„behilflich ist“**. Damit soll klargestellt werden, dass auch Vorarbeiten und vorvertragliche administrative Tätigkeiten erfasst werden (Begr RegE, BT-Drucks 18/5922, 107). Hintergrund ist Art 3 Nr 12 Verbraucherkreditrichtlinie 2023 (zuvor Art 3 lit f Verbraucherkreditrichtlinie 2008), wonach Kreditvermittler ist, wer Verbraucherkredite vorstellt, anbietet, bei sonstigen Vorarbeiten behilflich ist oder sie für den Kreditgeber abschließt. Mit der Aufnahme der dritten Alternative hat der Gesetzgeber die bis dahin vorgenommene weite Auslegung der beiden anderen Tatbestandsmerkmale (vgl Begr RegE BT-Drucks 16/11643, 96) durch eine Auffangregelung im Gesetz verankert, ohne dass sich eine inhaltliche Änderung durch diese Klarstellung ergibt. Nach der Verbraucherkreditrichtlinie 2023 (Rn 12a ff) wie auch zuvor schon nach der Verbraucherkreditrichtlinie 2008 (Rn 7 ff) muss auch derjenige von den nationalen Umsetzungsnormen erfasst werden, der für den Verbraucher den Kreditvertrag abschließt **(Abschlussvertreter)**. Eine gesonderte Regelung sehen die §§ 655a ff BGB für diesen nicht vor, doch sind kaum Konstellationen denkbar, in denen keine der Fallgruppen, namentlich das Behilflichsein beim Abschluss des Verbraucherdarlehensvertrages (Nr 3) erfüllt ist (Baumbach/Hopt [38. Aufl 2018] § 84 Rn 24; Ebenroth/Boujong/Joost/Strohn/Löwisch [4. Aufl 2020] § 84 Rn 13 ff). Der **Tippgeber**, der sich auf die Herstellung von direkten oder indirekten Kontakten zwischen einem potentiellen Kreditnehmer und einem Kreditgeber oder Kreditvermittler beschränkt, wird weiterhin nicht von der Norm erfasst (Begr RegE, BT-Drucks 18/5922, 107, mit Verweis auf den Erwägungsgrund Nr 74 Wohnimmobilienkreditrichtlinie 2014, Rn 12; so auch für die Richtlinienvorgabe Herndl/Kurz GPR 2015, 273, 276). Insofern bietet sich eine Parallele zum Versicherungsrecht an, wo der Tippgeber vom Versicherungsmakler (§ 59 VVG) dadurch abzugrenzen ist, dass er sich auf die bloße Namhaftmachung von Interessenten oder eine Tätigkeit als bloßer Kontaktgeber beschränkt (MünchKommVVG/Reiff [2. Aufl

2016] § 59 VVG Rn 8; so auch FRECKMANN/MERZ/FRECKMANN C Rn 88 mit einer entsprechenden Abgrenzung auch im österr Versicherungsrecht).

36 Die Regelung enthält **keine (ungeschriebene) Beschränkung** dahingehend, dass ein Darlehensvermittler den **Erstkontakt** zwischen Darlehensgeber und Verbraucher herstellt (wie hier BeckOGK/ZIMMERMANN [15. 2. 2026] § 655a Rn 35 ff; LOACKER EuZW 2017, 142, 143; **aA** HERNDL/KURZ GPR 2015, 273, 278). Paradigmatisch sind Konstellationen, in denen ein Inkassobüro im Namen des Gläubigers mit dem Schuldner eine Stundung- oder Ratenzahlungsvereinbarung abschließt. Der Wortlaut des Abs 1 umfasst diese Konstellationen. Auch ist der Zweck der Regelungen (Rn 2) einschlägig, dh der Schuldner muss prüfen und beurteilen, ob die Inanspruchnahme eines Vermittlers mit den resultierenden Kosten beim Abschluss eines (neuen) Verbraucherdarlehens oder einer Finanzierungshilfe nach § 506 BGB seinen Interessen entspricht. Schließlich erfasste auch Art 3 lit f Verbraucherkreditrichtlinie 2008 diese Konstellationen (EuGH ECLI: EU:C:2016:93); eine Änderung durch die Verbraucherkreditrichtlinie 2023 ist nicht ersichtlich. Freilich hat der EuGH den nationalen Gerichten in diesen Konstellationen die Prüfung aufgegeben, ob in diesen Konstellationen nicht eine nur untergeordnete Beteiligung im Sinn von Art 7 S 1 Verbraucherkreditrichtlinie 2008 vorliegt. Diese Regelung erfasst Warenlieferanten oder Dienstleistungserbringer, die nur in untergeordneter Funktion als Kreditvermittler beteiligt sind.

37 In allen drei Konstellationen des Abs 1 S 1 besteht der **Provisionsanspruch** jeweils mit dem Zustandekommen des vermittelten bzw nachgewiesenen Vertrags (näher § 655c Rn 5 ff). Eine genaue Abgrenzung der drei Konstellationen im konkreten Einzelfall ist im Rahmen der §§ 655a ff BGB aufgrund identischer Rechtsfolgen entbehrlich. Entscheidend ist, dass diese drei Konstellationen zusammen so weit auszulegen sind, dass sie die genannte weite Vorgabe des Art 3 Ziff 12 Verbraucherkreditrichtlinie 2023 (Vorstellen, Anbieten, Behilflich sein beim Abschluss, Abschließen) erfassen. Die Regeln sind auch bei einem **Warenlieferanten** oder Erbringer von Dienstleistungen einschlägig, der als Nebenleistung einen Verbraucherdarlehensvertrag vermittelt (vgl auch Abs 2 S 3; näher Rn 30). **Umgehungsgeschäfte** werden gem § 655e Abs 1 S 2 BGB ebenfalls erfasst (vgl § 655e Rn 5). Der die Vergütungspflicht auslösende Maklervertrag kann auch nach erfolgter Maklerleistung abgeschlossen werden (BGH 14. 6. 2016 – XI ZR 483/14, juris Rn 32).

38 Nach dem gesetzlichen Leitbild des Maklervertrages und des Darlehensvermittlungsvertrages besteht weder eine **Pflicht des Vermittlers**, Verträge zu vermitteln, noch eine **Pflicht des Verbrauchers** zu deren Abschluss. Sofern die Parteien eine ergänzende vertragliche Vereinbarung mit diesen Pflichten abgeschlossen haben, besteht die von den §§ 655a ff BGB adressierte Schutzbedürftigkeit des Verbrauchers nicht, so dass die § 655a ff BGB nicht unmittelbar einschlägig sind (OLG Naumburg WM 2002, 2200, 2203; LG München WM 2000, 1488, 1491; s auch OLG München WM 2000, 1488, 1491; **aA** MünchKommBGB/WEBER § 655a Rn 12; BeckOGK/ZIMMERMANN [15. 2. 2026] § 655a Rn 38 ff). Für eine entsprechende Anwendung mangelt es an einer Regelungslücke, zumal der Gesetzgeber die Normen auch bei der jüngsten Änderung zur Umsetzung der Verbraucherkreditrichtlinie 2023 erneut in Kenntnis der Rechtsprechung unverändert gelassen hat. Die Regelung ist auch nicht auf eine **Vollmacht** zum Abschluss eines Darlehensvermittlungsvertrags anwendbar; § 492 Abs 4 BGB gilt insofern nicht. Gleiches gilt für Geschäftsbesorgungsverträge, die eine solche Vollmacht enthalten, auch auf diese

ist § 655a BGB nicht anwendbar (vgl OLG München 17. 8. 2001 – 21 U 1791/01, NJW-RR 2001, 925).

b) Gegenstand der Vermittlung

aa) Verbraucherdarlehen; entgeltliche Finanzierungshilfe

39 Der sachliche Anwendungsbereich der §§ 655a ff BGB wird durch die Vermittlung eines „Verbraucherdarlehensvertrags“ oder einer „Finanzierungshilfe nach § 506“ (bis zum 19. 11. 2026: entgeltliche Finanzierungshilfe), dem Nachweis der Gelegenheit zum Abschluss eines solchen Vertrags oder dem Behilflichsein hierbei von § 655a Abs 1 S 1 BGB umrissen. Die amtliche Überschrift („Darlehensvermittlungsvertrag“) ist insofern nicht bedeutungsprägend, da sie die eindeutige Beschränkung auf die Vermittlung von *Verbraucher*darlehensverträgen durch den Wortlaut ebenso ausblendet wie den ebenso deutlichen Einbezug der Finanzierungshilfen nach § 506 BGB in den Anwendungsbereich der Regelungen.

40 Gegenstand der Vermittlung bzw des Nachweises kann somit zum einen ein **Verbraucherdarlehensvertrag** sein. Damit sind **Verbraucher*geld*darlehen** gemäß §§ 491 ff BGB erfasst, wobei sowohl Allgemein-Verbraucherdarlehensverträge (§ 491 Abs 2 BGB) als auch Immobiliar-Verbraucherdarlehensverträge (§ 491 Abs 3 BGB) umfasst sind, wie Abs 3 bestätigt. Sachdarlehen (§§ 607 ff BGB) sind – anders noch als nach der früheren Regelung in § 1 Abs 3 VerbrKrG – im System verbraucherschützender Vorschriften im BGB nicht mehr enthalten. Über den Wortlaut der Norm hinaus sind richtigerweise aber auch **Verbraucher*sach*darlehen** einzubeziehen (für eine entsprechende Anwendung auch MünchKommBGB/Weber § 655a Rn 14; Bülow/Artz § 655a Rn 17; Habersack/Schürnbrand WM 2003, 261, 262; Zimmermann, Das Aktiendarlehen [2014] 130 f; BeckOGK/Zimmermann [15. 2. 2026] § 655a Rn 38 ff). Hierfür spricht schon, dass nicht ersichtlich ist, dass der Gesetzgeber mit der Integration des VerbrKrG in das BGB den Verbraucherschutz zurücknehmen wollte. Vielmehr sollten die bisherigen Vorschriften des VerbrKrG nur an die neue Diktion des Darlehensrechts angepasst werden (vgl Begr RegE BT-Drucks 14/6040, 269). Insoweit liegt ein ungewollter und unbewusster Ausschluss und damit ein Redaktionsversehen nahe. Darüber hinaus sind die §§ 655a ff BGB in richtlinienkonformer Auslegung anzuwenden, wenn Sachdarlehen vom Kreditbegriff der Verbraucherkreditrichtlinie 2023 (Rn 12a ff) erfasst werden. Dies ist ua bei Wertpapierdarlehensverträgen der Fall (wie hier MünchKommBGB/Weber § 655a Rn 14). Eine gespaltene Auslegung der Vorschrift – Anwendung nur, wenn und soweit von der Richtlinie vorgegeben – ist vor dem Hintergrund der Regelungsgeschichte nicht überzeugend. Auch dies spricht neben der früheren Gesetzesfassung für den umfassenden Einbezug auch von Verbrauchersachdarlehen.

41 Der Vertrag kann zum anderen den Nachweis oder die Vermittlung einer **Finanzierungshilfe nach § 506 Abs 1 BGB** (bis zum 19. 11. 2026: entgeltliche Finanzierungshilfe) betreffen. Der Wortlaut der früheren Gesetzesfassung, die bis zum 10. 6. 2010 galt (Rn 10), führte nur Verbraucherdarlehensverträge als Gegenstand der Vermittlung auf. Dies entsprach den §§ 15 bis 17 VerbrKrG aF. Dort nahm die hM aber angesichts der engen Fassung der §§ 15 Abs 1 S 2 und 3, 16 und 17 VerbrKrG aF ein *Redaktionsversehen* des Gesetzgebers an. Durch eine erweiternde Auslegung der Vorschrift wurden daher Diskrepanzen zwischen § 1 Abs 3 VerbrKrG aF und den §§ 15 ff VerbrKrG aF vermieden (MünchKommBGB/Habersack [3. Aufl 1995] § 15 VerbrKrG Rn 5 und MünchKommBGB/Ulmer § 1 VerbrKrG Rn 92; **aA** Bruchner/Ott/Wagner-

WIEDUWILT vor §§ 15, 16 VerbrKrG Rn 6und § 1 VerbrKrG Rn 164; **diff** BÜLOW NJW 1991, 129, 133). Denn § 1 Abs 3 VerbrKrG aF stellte allgemein auf den Kredit(-vertrag) ab, der nach früherer Gesetzeslage (§ 1 Abs 2 VerbrKrG aF) der Oberbegriff für das Darlehen, den Zahlungsaufschub und die sonstige Finanzierungshilfe war. Dieses Redaktionsversehen ist im Zuge der Integration des VerbrKrG in das BGB nicht behoben worden, so dass auch die bis zum 10. 6. 2010 geltende Fassung des § 655a aF richtigerweise erweiternd auszulegen war. So folgt aus den Materialien kein Hinweis darauf, dass der Gesetzgeber den Anwendungsbereich der Norm verengen wollte (vgl Begr RegE BT-Drucks 14/6040, 269). Die Gegenansicht ging hingegen ohne überzeugende Begründung davon aus, dass sich der Gesetzgeber dafür entschieden habe, nur die Vermittlung eines Verbraucherdarlehensvertrages iSd § 491 Abs 1 BGB den Bestimmungen der §§ 655a ff aF zu unterstellen (so MünchKommBGB/HABERSACK [5. Aufl 2009] § 655a Rn 7; ERMAN/SAENGER [12. Aufl 2008] Vor § 655a Rn 1; PWW/NOBBE [4. Aufl 2010] § 655a Rn 2; BeckOGK/ZIMMERMANN [15. 2. 2026] § 655a Rn 4).

Mit der **Neufassung des § 655a Abs 1 BGB** ab 11. 6. 2010 (Rn 10) hat der Gesetzgeber klargestellt, dass die **entgeltliche Finanzierungshilfe** dem Anwendungsbereich der §§ 655a ff BGB unterfällt. Sie wurde ausdrücklich in den Wortlaut der Vorschrift aufgenommen (BT-Drucks 16/11643, 152). Hieraus folgte, dass der **entgeltliche Zahlungsaufschub** als entgeltliche Finanzierungshilfe (§ 506 Abs 1 BGB) den §§ 655a ff BGB ebenso unterfiel wie die Vermittlung von **Finanzierungsleasingverträgen** (§ 506 Abs 2 BGB) und von **Teilzahlungsgeschäften** (§§ 506 Abs 3, 507 BGB) als besondere Form der entgeltlichen Finanzierungshilfe (RegBegr BT-Drucks 16/11643, 152; PWW/NOBBE § 655a Rn 2; MünchKommBGB/WEBER § 655a Rn 14). Mit Wirkung ab 20. 11. 2026 ist das Entgeltlichkeitserfordernis beim Verbraucherdarlehen nach Maßgabe der Verbraucherkreditrichtlinie 2023 (Rn 12b ff) entfallen. Eine Änderung der §§ 655a ff BGB war durch die Änderung in § 491 BGB und die Anknüpfung des § 655a BGB an dieser Regelung insofern nicht erforderlich. Allerdings ist das Erfordernis einer entgeltlichen Finanzierungshilfe entsprechend ebenfalls entfallen, sodass der Normtext auf Finanzierungshilfen nach § 506 BGB angepasst wurde. 42

Nicht erfasst als Vermittlungsgegenstand sind **Ratenlieferungsverträge** (§ 510 BGB). 43
Diese Verträge werden nur punktuell in ihrer rechtlichen Behandlung Verbraucherdarlehensverträgen gleichgestellt. Hierzu werden jene Regelungen, denen die Ratenlieferungsverträge unterstellt werden, in § 510 BGB abschließend aufgezählt; die §§ 655a ff BGB zählen nicht dazu. Das entspricht der früheren Rechtslage zu den §§ 15 ff VerbrKrG aF. Ebenfalls nicht umfasst ist die Vermittlung von **Versicherungsverträgen** (BGH NJW 2012, 3718 Rn 14; **aA** BÜLOW/ARTZ § 655a Rn 17; REIFNER ZBB 1999, 349, 352). Mangels einer planwidrigen Regelungslücke im BGB werden diese auch nicht im Wege der analogen Anwendung einbezogen (allg zur Analogie HERRESTHAL/WEISS, Die juristische Methode in der Fallbearbeitung Rn 195 ff). Auch die Vermittlung von **Bausparverträgen** wird nicht erfasst (vgl nur FRECKMANN/MERZ/FRECKMANN C Rn 97; KÖNIG, Rechtshandbuch Darlehensvermittlung [2017] S 57).

bb) Ausnahmetatbestände

Auch wenn die vorgenannten (Rn 39 ff) Kriterien eines tauglichen Gegenstands für 44
die Darlehensvermittlung erfüllt sind, bleiben die §§ 655a ff BGB unanwendbar, wenn ein **Ausnahmetatbestand des § 491 Abs 2 S 2 Nr 1–4 BGB** als **Ausnahme von den Allgemein-Verbraucherdarlehen** vorliegt. Sofern ein solcher Ausnahmetatbestand

greift, bleibt das allgemeine Maklerrecht anwendbar. Nach der Gesetzesfassung des § 491 Abs 1, 2 BGB liegt in diesen Fällen schon kein Verbraucherdarlehensvertrag vor (vgl den Wortlaut des § 491 Abs 2 S 2 BGB: „Keine Allgemein-Verbraucherdarlehensverträge sind ...“), so dass mangels Vermittlung eines solchen Vertrages der Tatbestand des § 655a Abs 1 S 1 BGB ebenfalls nicht erfüllt ist. § 655a Abs 1 S 2 BGB hat insoweit nur klarstellende Bedeutung in Bezug auf Finanzierungshilfen nach § 506 BGB. Jene Ausnahmekonstellationen in § 491 Abs 2 S 2 BGB umfassen ab dem 20. 11. 2026 Fälle, in denen die Haftung des Darlehensgebers auf eine als **Pfand** übergebene Sache beschränkt ist (§ 491 Abs 2 S 2 Nr 1 BGB), ein **Arbeitgeber- bzw Förderdarlehen** vorliegt (§ 491 Abs 2 S 2 Nr 2 und 3 BGB) oder die Immobilienverzehrkreditverträge gem § 491 Abs 3 S 4 BGB sind (§ 491 Abs 2 S 2 Nr 4 BGB). Bis zur Umsetzung der Verbraucherkreditrichtlinie 2023 mit Wirkung ab dem 20. 11. 2026 war die Reihenfolge dieser Ausnahmekonstellationen leicht abweichend, insbesondere unterfielen aber bis zu diesem Zeitpunkt Darlehen unter der Bagatellgrenze (§ 491 Abs 2 S 2 Nr 1 aF) und Darlehen mit kurzer Laufzeit (§ 491 Abs 2 S 2 Nr 3 aF) nicht den Verbraucherdarlehen. Die Vermittlung der nun in dieser Aufzählung genannten Darlehensverträge unterfällt somit nicht den §§ 655a ff BGB. Nicht von der Ausnahme erfasst ist hingegen § 491 Abs 2 S 2 Nr 6 BGB, da auch ein Immobiliar-Verbraucherdarlehensvertrag – anders als ein Immobilienverzehrkreditvertrag – gem § 491 Abs 1 S 2 BGB ein Verbraucherdarlehensvertrag ist.

45 Entsprechendes gilt für **Immobiliar-Verbraucherdarlehensverträge**, bei denen die **Ausnahme des § 491 Abs 3 S 2 BGB** auf § 491 Abs 2 S 2 Nr 2 BGB verweist. Auch diese Ausnahmetatbestände werden nicht von den §§ 655a ff BGB erfasst; dies stellt § 655a Abs 1 S 2 BGB für Finanzierungshilfen ebenfalls klar. In den Konstellationen des § 491 Abs 3 S 3 BGB handelt es sich um Immobiliar-Darlehensverträge, so dass die §§ 651a ff BGB anwendbar sind. Immobilienverzehrkreditverträge sind gem § 491 Abs 2 S 2 Nr 4 Alt 2, Abs 3 S 4 BGB schon keine Verbraucherdarlehensverträge; die §§ 655a ff BGB sind daher auf sie nicht anwendbar. Das Fehlen einer (deklaratorischen) Bestätigung in § 655a Abs 1 S 2 BGB ist insoweit unschädlich. Der partiellen **Bereichsausnahme des § 491 Abs 4** BGB kommt hingegen keine Bedeutung zu; auch wenn ihre Voraussetzungen vorliegen, bleibt es bei einem Verbraucherdarlehensvertrag, der dann Gegenstand der Vermittlungstätigkeit ist.

46 Bei der **Vermittlung von Finanzierungshilfen** übernimmt **§ 506 Abs 4 BGB** die Ausnahmetatbestände des § 491 Abs 2 S 2 BGB, so dass entsprechend dem Telos des Abs 1 S 2 auch bei der Vermittlung von entsprechenden Finanzierungshilfen die §§ 655a ff BGB nicht einschlägig sind. Gleiches galt bis zum 19. 11. 2026 für **unentgeltliche Finanzierungshilfen;** ab diesem Zeitpunkt ist das Entgeltlichkeitserfordernis in Umsetzung der Verbraucherkreditrichtlinie 2023 (Rn 12b ff) entfallen. Sofern ein solcher Ausnahmetatbestand greift, bleibt in Bezug auf die Vermittlung des Vertrages dann allerdings ebenfalls das allgemeine Maklerrecht anwendbar.

c) Entgeltlichkeit

47 Die Anwendbarkeit der §§ 655a ff BGB setzte **bis zum 19. 11. 2026** eine sog **doppelte Entgeltlichkeit** voraus. Zum ersten muss der **vermittelte oder nachgewiesene Vertrag** für den Verbraucher entgeltlich sein, dh ein als solcher entgeltlicher Verbraucherdarlehensvertrag oder eine entgeltliche Finanzierungshilfe. Zum zweiten musste auch der **Darlehensvermittlungsvertrag** selbst entgeltlich sein. Sofern eine solche doppelte

Entgeltlichkeit vorlag, war der Verbraucher nach der Wertung des Gesetzes vor der Gefahr einer unüberlegten und übereilten Eingehung schwer überschaubarer finanzieller Verpflichtungen zu schützen. Die Notwendigkeit einer gesteigerten Transparenz der Kosten für den Verbraucher wurde durch die Kumulierung der Kosten von Darlehensvertrag bzw Finanzierungshilfe und des Darlehensvermittlungsvertrags ausgelöst. Sofern das vermittelte Darlehen bzw die vermittelte Finanzierungshilfe unentgeltlich (und damit kein Verbraucherdarlehen iSv § 491 Abs 1 aF) war, sollte eine gesonderte Offenlegung der (begrenzten) Kosten (nur) der Vermittlung gem Abs 2 S 1 nach der früheren Wertung des Gesetzes nicht erforderlich sein. Denn diese (begrenzten) Kosten sind bei einem unentgeltlichen Darlehen bzw einer unentgeltlichen Finanzierungshilfe die einzige finanzielle Verpflichtung, die den Verbraucher im Zusammenhang mit der Darlehensgewährung bzw der Finanzierungshilfe trifft. Dies entsprach der Wertung des Gesetzes beim Verbraucherdarlehensrecht, die bei einem unentgeltlichen Darlehen ebenfalls nicht umfassend einschlägig war. Eine **entsprechende Anwendung** der §§ 655a ff BGB auf die Vermittlung/den Nachweis **unentgeltlicher Darlehen bzw unentgeltlicher Finanzierungshilfen** iSv §§ 514 f BGB war bis zum 19. 11. 2026 **abzulehnen**. Dies folgte schon aus der gesetzlichen Wertung der §§ 514 f BGB selbst, ordneten diese doch im Wesentlichen nur eine Anwendbarkeit der §§ 497 f aF, der Regeln über die Kreditwürdigkeitsprüfung sowie des Widerrufsrechts auf diese Verträge an. Damit sah der Gesetzgeber selbst keinen Bedarf für die Anwendung der darlehensrechtlichen Informationspflichten auf solche Verträge. Entsprechendes musste bis zum 19. 11. 2026 bei ihrer Vermittlung gelten. Auch bestand in diesen Konstellationen keine substantielle Gefahr einer unüberlegten und übereilten Eingehung von schwer überschaubaren finanziellen Verpflichtungen, da der anderenfalls bestehende wesentliche Kostenblock des Entgelts für das Darlehen bzw die Finanzierungshilfe entfiel. Ob der Verbraucher (nur) einen einzigen entgeltlichen Vertrag eingeht (also die entgeltliche Vermittlung eines unentgeltlichen Darlehens), war nach der früheren Wertung eine von ihm stets im Geschäftsverkehr zu treffende Entscheidung, die keine besondere Schutzwürdigkeit auslöste. Sofern **nur der Darlehensvertrag entgeltlich** war, während die Darlehensvermittlung unentgeltlich erfolgte, wurde der Verbraucher nach der früheren Wertung ebenfalls ausreichend durch § 492 BGB in Bezug auf den Darlehensvertrag und die dort entstehenden Kosten geschützt.

Die vorstehenden (Rn 47) Überlegungen zur Schutzwürdigkeit und Schutzbedürftigkeit des Verbrauchers nur im Fall der doppelten Entgeltlichkeit, dh bei einer Entgeltlichkeit des Vermittlungsvertrages wie auch des vermittelten Vertrages sind seit dem **Inkrafttreten der Verbraucherkreditrichtlinie 2023** (Rn 12b ff) hinfällig. In Umsetzung des Bemühens, den unionsrechtlichen, bereits hypertrophen Verbraucherschutz – ungeachtet des Fehlens einer unionsrechtlichen Kompetenz zur primären Adressierung des Verbraucherschutzes – kontinuierlich auszuweiten, ist bei der Verbraucherkreditrichtlinie 2023 das **Entgeltlichkeitserfordernis in Bezug auf das Darlehen bzw die Finanzierungshilfe entfallen**. Selbstverständlich hat man aber nicht die nach der bisherigen Wertung eigentlich konsequente Herausnahme der Vermittlung eines unentgeltlichen Verbraucherdarlehens aus den §§ 655a ff BGB vorgenommen, sondern ist nun der Ansicht, dass der Verbraucher auch vor der Vermittlung eines Verbraucherdarlehens sowie einer Finanzierungshilfe umfassend geschützt werden muss. Dies gilt somit auch, wenn ein unentgeltliches Verbraucherdarlehen bzw eine unentgeltliche Finanzierungshilfe durch einen entgeltlichen Darlehensvermittlungsvertrag vermittelt 47a wird. Somit ist ab dem 20. 11. 2026 das Erfordernis der doppelten Entgeltlichkeit entfallen. Den letzten Schritt, den Verbraucher auch vor der unentgeltlichen Vermittlung zu schützen, sind der europäische Gesetzgeber und in der Folge der deutsche Gesetzgeber (noch?) nicht gegangen, sodass das **Entgeltlichkeitserfordernis in Bezug auf den Vermittlungsvertrag** fortbesteht (vgl § 655a Abs 1 S 1 Nr 1 BGB: „gegen eine vom Verbraucher oder einem Dritten zu leistende Vergütung").

48 Die **Entgeltlichkeit der Darlehensvermittlung** setzt nach dem Wortlaut der Norm voraus, dass ein **Entgelt vom Verbraucher** oder **von einem Dritten** „zu leisten" ist (§ 655a Abs 1 S 1 BGB) und dass die Vermittlung bzw der Nachweis „gegen eine" Vergütung erfolgt. Diese Fassung geht im Kern auf den früheren Art 3 lit f Verbraucherkreditrichtlinie 2008 (Rn 7 ff) zurück, der Art 3 Ziff 20 Verbraucherkreditrichtlinie 2023 (Rn 12b ff) entspricht. Diese unionsrechtliche Vorgabe setzt für die Begründung der Pflichten des Darlehensvermittlers nur voraus, dass er gegen Entgelt tätig wird, nicht hingegen, dass das Entgelt gerade vom Verbraucher zu leisten ist. Mit Wirkung vom 11. 6. 2010 hat der deutsche Gesetzgeber § 655a Abs 1 BGB dementsprechend um die von einem Dritten zu leistende Vergütung erweitert; zugleich wollte der deutsche Gesetzgeber eine Umgehung der Anwendbarkeit der §§ 655a ff BGB durch die Darlehensvermittler verhindern, indem „diese ihr Entgelt ausschließlich von den Darlehensgebern" verlangen (RegBegr BT-Drucks 16/13669, 124 re Sp; MünchKommBGB/Weber § 655a Rn 18 f; ebenso bereits zur früheren Fassung OLG München GRURPrax 2011, 40). Die §§ 655a ff BGB sind somit auch dann sachlich einschlägig, wenn der Vermittler sein Entgelt für die Vermittlung des Verbraucherdarlehens bzw dessen Nachweis nur vom Darlehensgeber oder einem anderen Dritten verlangen kann. Ausreichend ist daher der praktisch bedeutsame Fall, dass der Darlehensgeber das Entgelt an den Darlehensvermittler leistet. Ob der Darlehensgeber das Entgelt im Wege des sog packing auf den Darlehensnehmer im Rahmen des Darlehens weiter überwälzt (oder dieses zulasten des Gewinns des Darlehensgebers geht), ist hingegen gleichgültig (BT-Drucks 16/13669, 124; zum „packing" noch § 655b Rn 18, § 655c Rn 37 f). Die Vorschriften der §§ 655a ff BGB greifen des Weiteren, wenn der Verbraucher *neben* dem Unternehmer einem Vergütungsanspruch ausgesetzt ist, weil der Darlehensvermittler aufgrund der getroffenen Vereinbarungen **von beiden ein (Teil-)Entgelt** verlangen kann.

49 Die **Entgeltlichkeit** des Darlehensvermittlungsvertrags ist **Tatbestandsmerkmal aller drei Alternativen** des § 655a Abs 1 S 1 BGB. Der Wortlaut des Abs 1 S 1 ist insofern bei der redaktionellen Neufassung durch Nummerierung und Ergänzung um die Nr 3 (Behilflich sein, vgl Rn 35) bei der Umsetzung der Wohnimmobilienkreditrichtlinie 2014 (Rn 12) nicht vollständig gelungen. Denn das Tatbestandsmerkmal der Entgeltlichkeit ist nur in die Nr 1 aufgenommen und die drei Nummern stehen im Verhältnis der Alternativität („oder"). Insofern handelt es sich aber um ein offenkundiges **Redaktionsversehen**, da die Änderung der Norm insgesamt als bloße gesetzgeberische Klarstellung ohne Erweiterung des Anwendungsbereichs der §§ 655a ff BGB intendiert war. Der Gesetzgeber wollte nur die bis dahin weite Auslegung der beiden anderen Tatbestandsmerkmale (vgl Begr RegE BT-Drucks 16/11643, 96) durch eine Auffangregelung im Gesetz verankern, ohne dass hiermit eine inhaltliche Änderung intendiert war. Das Erfordernis der Entgeltlichkeit des Vermittlungsvertrags wurde – soweit ersichtlich – zuvor auch (noch) nicht in Frage gestellt. Schließlich war auch mit dem Ersetzen des früheren Begriffs „Entgelt" durch den **neuen Begriff „Vergütung"** bei der Umsetzung der Wohnimmobilienkreditrichtlinie 2014 (Rn 12) keine

inhaltliche Änderung verbunden, sondern vom deutschen Gesetzgeber nur eine redaktionelle Glättung intendiert (Begr RegE BT-Drucks 18/5922, 107).

Ein **Entgelt** iS der Verbraucherkreditrichtlinie 2008 (Art 3 lit f; Rn 7 ff) bzw nun der Verbraucherkreditrichtlinie 2023 (Art 3 Ziff 20; Rn 12b ff) ist jede „Geldzahlung“ oder ein „sonstiger vereinbarter **wirtschaftlicher Vorteil**“ für den Darlehensvermittler. Dieser Vorgabe muss mit der Auslegung des Tatbestandsmerkmals „Vergütung“ entsprochen werden. Die konkrete Bezeichnung des wirtschaftlichen Vorteils (Entgelt, Vergütung, Provision, Gebühr, Courtage oä), die Zahlung in einer Summe oder in Raten sind ebenso unerheblich wie eine etwaige Integration in die Zinsen oder Rückzahlungsraten des Darlehens. Für die Entgeltlichkeit der Vermittlung reicht zudem bereits ein **geringfügiger wirtschaftlicher Vorteil** (wie hier Erman/Nietsch § 655a Rn 2 f; s auch zu § 1 Abs 2 VerbrKrG bereits OLG Köln ZIP 1994, 776, 777; OLG Dresden ZIP 2000, 830, 833; LG Karlsruhe NJW-RR 2000, 1442). Eine Grenze bilden aber **Bagatellfälle** mit geringen Entgelten, da die Schutzbedürftigkeit des Verbrauchers in diesen nicht besteht und damit der Zweck der Regelung weiterhin nicht einschlägig ist (vgl LG Karlsruhe NJW-RR 2000, 1442: 0,45 €). **Nicht erfasst** wird eine **pauschale oder erfolgsunabhängige Vergütung** des Vermittlers (zB monatliche Grundvergütung). Eine solche Vergütung kann nicht einem konkreten, vermittelten Darlehen zugeordnet werden, so dass der Regelungszweck (vgl Rn 2), der Schutz von einer intransparenten Verteuerung des Darlehens durch das Vermittlungsentgelt, nicht einschlägig ist. Auch ist von einer gesteigerten Aufmerksamkeit des durchschnittlich aufmerksamen, verständigen Verbrauchers auszugehen, wenn dieser einen Vermittlungsvertrag mit einer Pauschalvergütung oder zeitabhängigen Vergütung abschließt. Denn in diesem Fall hat er die Kosten stets zu tragen. Auch Art 3 Ziff 12 Verbraucherkreditrichtlinie 2023 (Rn 12b ff) fordert kein anderes Ergebnis, denn die Regelung stellt einen hinreichend deutlichen Bezug zwischen dem Entgelt und der Tätigkeit des Darlehensvermittlers her (vgl „gegen eine Vergütung“ … vorstellt, anbietet behilflich ist…; zutr MünchKommBGB/Weber § 655a Rn 18 ff; BeckOGK/Zimmermann [15. 2. 2026] § 655a Rn 5 ff; **aA** Herndl/Kurz GPR 2015, 273, 276 zur Verbraucherkreditrichtlinie 2008). Die Entgeltlichkeit ist auch zu verneinen, wenn die Vermittlung Teil einer anderweitigen vom Vermittler geschuldeten Tätigkeit ist und sich das Entgelt für diese Tätigkeit aufgrund der Vermittlung nicht erhöht (vgl Rn 31). **Nicht ausreichend** ist auch die bloße Erlangung von **personenbezogenen Daten**, zwar kann solchen Daten ein wirtschaftlicher Wert zukommen, doch unterfallen die Daten eines einzelnen Darlehensnehmers noch der Bagatellgrenze. Vergleichsplattformen, die zB Daten von Kunden als Gegenleistung für die Bereitstellung eines Vergleichs von Darlehensangeboten und ggf eine Vermittlung dieser Angebote ermöglichen, werden durch die Erlangung der personenbezogenen Daten des einzelnen Kunden nicht zum Vermittler. Auch **bloße mittelbare Vorteile**, zB die eigene Absatzförderung durch die Vermittlung von Darlehen, reichen **nicht** aus (so auch LG Heilbronn 30. 1. 2018 – 6 O 358/17, juris Rn 45, zur Vermittlung von Kfz-Darlehen durch ein Autohaus). Am Merkmal der Entgeltlichkeit fehlt es hingegen nicht, wenn die **Vergütungsabrede** im Vermittlungsvertrag nach allgemeinen Regeln (zB §§ 134, 138 BGB) **nichtig** ist. Sofern der Maklervertrag die Kriterien des Darlehensvermittlungsvertrages erfüllt, sind bei einer Nichtigkeit der Vergütungsabrede Vergütungsansprüche auf anderer Grundlage außerhalb der verbraucherdarlehensrechtlichen Vorschriften, zB § 354 HGB oder §§ 812 ff BGB, gesperrt (vgl § 655b Rn 17; BGHZ 163, 332 = NJW-RR 2005, 1572). Für den Anwendungsbereich der §§ 655a ff BGB genügt es – unbeschadet einer Unwirksamkeit nach allgemeinen Grundsätzen –, dass die Darlehensvermittlung bei Abschluss 50 des Vertrages nach dem Inhalt der rechtsgeschäftlichen Abrede auf eine Entgeltlichkeit angelegt gewesen ist und es der Darlehensvermittler auf dieser Grundlage unternommen hat, einem Verbraucher ein Darlehen bzw eine Finanzierungshilfe nach § 506 BGB zu vermitteln oder ihm die Gelegenheit zum Abschluss eines solchen Vertrags nachzuweisen.

3. Zeitlicher Anwendungsbereich

51 Die mit der **Schuldrechtsreform 2002** (Rn 6) in das BGB überführten und in den §§ 655a–655e BGB verorteten Regeln gelten seit dem 1. 1. 2002 gem Art 229 § 5 S 1 EGBGB (mit einer Ausnahme für Dauerschuldverhältnisse in S 2). Die Änderungen durch das Umsetzungsgesetz (Rn 10) zur **Verbraucherkreditrichtlinie 2008** (Rn 6 ff) sind seit dem 11. 6. 2010 (Art 229 § 22 Abs 2 EGBGB) in Kraft; die Änderungen durch das **Änderungsgesetz** (Rn 11) gem Art 229 § 22 Abs 2 seit dem 30. 7. 2010. Die in Folge der Umsetzung der **Wohnimmobilienkreditrichtlinie 2014** (Rn 12) eingeführten Änderungen gelten gem Art 229 § 38 Abs 1 S 1 EGBGB für Verträge, die ab dem 21. 3. 2016 geschlossen wurden. Die Änderungen durch das Umsetzungsgesetz zur **Verbraucherkreditrichtlinie 2023** (Rn 12b ff) gelten seit dem 20. 11. 2026 (vgl Art 2 Ziff 2 Gesetz zur Umsetzung der Richtlinie (EU) 2023/2225 über Verbraucherkreditverträge).

4. Die resultierenden Vertragsbeziehungen

52 In der früheren, bis zum 29. 7. 2010 geltenden Fassung der Norm (Rn 10), musste der Vermittler seine Vergütung vom Verbraucher erhalten. Die §§ 655a ff BGB zielten nur auf den Schutz des Verbrauchers im Rahmen von Vermittlungsverträgen zwischen Verbrauchern und Vermittlern. Diese Schutzrichtung haben die §§ 655a ff BGB zwar weiterhin, allerdings kann nach der aktuellen Fassung das Entgelt des Darlehensvermittlers vom Verbraucher oder von einem Dritten, zB dem Darlehensgeber, geschuldet werden. Daher sind nunmehr **zwei Vertragskonstellationen** zu unterscheiden (vgl BegrRegE BT-Drucks 17/1394, 20 f): Zum einen kann der **Vermittlungsvertrag zwischen Vermittler und Verbraucher** geschlossen werden. Die Regelungen der §§ 655a ff BGB sind umfassend auf einen solchen Vermittlungsvertrag anwendbar. Sie umfassen (halbzwingende, § 655e Abs 1 S 1 BGB; vgl § 655e Rn 2) Schutzvorschriften zugunsten des Verbrauchers, ua Unterrichtungspflichten (§ 655a Abs 2 BGB; näher Rn 55 ff), das Schriftformerfordernis zum Schutz des Verbrauchers vor Übereilung (§ 655b BGB; § 655b Rn 2), die Sicherung der erfolgsbezogenen Vergütung (§ 655c BGB; § 655c Rn 5 ff) sowie die Verhinderung von bestimmten Nebenentgelten (§ 655d BGB; § 655d Rn 5 ff). Neben den §§ 655a ff BGB ist auf den Darlehensvermittlungsvertrag zwischen einem Verbraucher und dem Vermittler das allgemeine Zivilrecht, zB hinsichtlich des Vertragsschlusses, einschließlich des Verbraucherrechts und des Maklerrechts (§§ 652 ff BGB) anwendbar (wohl unstreitig; s auch OLG Stuttgart NJW-RR 2010, 195: Anwendbarkeit der allgemeinen Aufklärungspflichten des Vermittlers). Den Darlehensvermittler treffen auch Aufklärungs- und Beratungspflichten (dazu Rn 84). Der Darlehensvermittlungsvertrag mit einem Verbraucher ist ein Verbrauchervertrag (§§ 312 f BGB). Für den Darlehensvermittlungsvertrag hat der Gesetzgeber dem Verbraucher kein eigenständiges Widerrufsrecht eingeräumt. Aber der Vermittlungsvertrag unterfällt, die erforderliche situative Anwendbarkeit jeweils vorausgesetzt, den Regeln des Fernabsatzrechts (§§ 312c ff BGB), des Fernabsatzes von Finanzdienstleistungen (§ 312 Abs 5 BGB) sowie den Vorschriften über Verträge außerhalb

von Geschäftsräumen (§§ 312b ff BGB), so dass ggf hiernach ein **Widerrufsrecht** nach § 312g BGB bestehen kann (vgl AG Dresden 11. 11. 2016 – 101 C 3079/16, BeckRS 2016, 111589; s auch STAUDINGER/THÜSING [2019] § 312g Rn 91). Anwendbar sind zudem die Regeln des Handelsmaklers (§§ 93 ff HGB; allgM, vgl nur BeckOK-BGB/MÖLLER [1. 5. 2025] § 655a Rn 2; MünchKommBGB/WEBER § 655a Rn 2).

Zum anderen kann der **Vermittlungsvertrag zwischen dem Vermittler und einem Dritten** 53 geschlossen werden. In diesem Fall ist der Verbraucher (zukünftiger Darlehensnehmer bzw Begünstigter der Finanzierungshilfe nach § 506 BGB) nicht Vertragspartner des Vermittlungsvertrages. Auch für einen solchen Vertrag gelten die „folgenden Vorschriften dieses Untertitels" (Abs 1 S 1). Allerdings wurde der Anwendungsbereich einzelner Normen des Untertitels teilweise ausdrücklich und bewusst (vgl Begr RegE BT-Drucks 17/1394, 20 f) durch die Einfügung ergänzender Tatbestandsmerkmale mit Bezug auf den Verbraucher als Vertragspartei nur auf Vermittlungsverträge mit Verbrauchern (Rn 52) beschränkt. In der Folge sind die §§ 655b–d BGB, die entsprechende einschränkende Tatbestandsmerkmale enthalten, auf die Vertragskonstellation des Abschlusses des Vermittlungsvertrages zwischen Vermittler und Drittem tatbestandlich nicht anwendbar. Auch bei dieser Vertragskonstellation bestehen aber die – dann mangels vertraglicher Abrede zwischen Vermittler und Verbraucherdarlehensnehmer – gesetzlichen Pflichten des Vermittlers gegenüber dem Verbraucher/Existenzgründer aus § 655a Abs 2 BGB, diesen gem Art 246 § 13 Abs 2 S 2 EGBGB zu unterrichten und die Verpflichtung des Vermittlers entsprechend dem Darlehensgeber gem § 491a BGB (ausdr Begr RegE BT-Drucks 17/1394, 21).

Die Abgrenzung zwischen beiden Vertragskonstellationen erfolgt durch die **Bestimmung der Vertragsparteien**. Maßgebend ist, ob der Verbraucher Partei des Vermittlungsvertrages werden soll. Hierzu sind die vertragskonstituierenden Erklärungen des Vermittlungsvertrages gem §§ 133, 157 BGB auszulegen. Entscheidend wird dabei vielfach sein, ob der Vermittler nach dem Inhalt der Erklärungen das Entgelt für die Vermittlung vom Verbraucher verlangen können soll. In diesem Fall wird der Verbraucher Partei des Vermittlungsvertrages. 54

V. Informationspflichten (Abs 2)

1. Spezifische Informationspflicht des Vermittlers (Abs 2 S 1)

a) Normzweck

Der Darlehensvermittler hat den Verbraucher nach Abs 2 S 1 über die sich aus **Art 247 § 13 Abs 2 EGBGB** (Modalitäten der Darlehensvermittlung) und **Art 247 § 13b Abs 1 EGBGB** ergebenden Einzelheiten (Besonderheiten bei Immobiliar-Verbraucherdarlehensverträgen) und ab dem 20. 11. 2026 **Art 247a § 2 EGBGB** (Allgemeine Informationspflichten bei Allgemein-Verbraucherdarlehensverträgen und entsprechenden Finanzierungshilfen) in der dort jeweils vorgesehen Form zu informieren (zur Gesetzeslage bis 11. 6. 2010 vgl § 655b Rn 3; die sprachliche Änderung von „unterrichten" zu „informieren" ist nur redaktioneller Natur, vgl Begr RegE BT-Drucks 18/5922, 108, wonach der bisherige Verweis nur ersetzt wird). Diese Informationspflicht trifft auch Lieferanten von Waren oder Erbringer von Dienstleistungen, die in lediglich untergeordneter Form als Darlehensvermittler tätig werden; Abs 2 S 3 nimmt bei diesen Vermittlern nur die Inhalte des Abs 2 S 2 aus der Informationspflicht heraus (näher Rn 62; wie hier 55

Erman/Nietsch § 655a Rn 15; PWW/Nobbe § 655a Rn 13; MünchKommBGB/Weber § 655a Rn 22 f). Der **Zweck der Informationspflicht** ist die Ermöglichung einer informierten Entscheidung des Verbrauchers über den Abschluss eines Darlehensvermittlungsvertrags (zum Folgenden auch BGH 10. 5. 2012 – III ZR 234/11 Rn 16, WM 2012, 1117 = NJW-RR 2012, 1073: Warn- und Transparenzfunktion). Hierzu stellt das Gesetz mittels einer vorvertraglichen, formgebundenen Informationspflicht **Transparenz** in Bezug auf zentrale Aspekte des avisierten Vermittlungsvertrags zwischen Verbraucher und Vermittler her. Diese Aspekte umfassen die Vergütung des Vermittlers, etwaige vom Verbraucher zu zahlende Nebenkosten, Anreize Dritter für den Vermittler sowie etwaige Interessenkonflikte und Abhängigkeiten des Vermittlers. Bei Immobiliar-Verbraucherdarlehen treten Informationen über etwaige Beratungsleistungen, die Methode der Berechnung der Vergütung, mögliche Beschwerdeverfahren sowie Anreize für den Vermittler durch Dritte hinzu. Verbunden ist hiermit zugleich die **Warnung** des Verbrauchers vor der mit der Provisionspflicht verbundenen finanziellen Mehrbelastung durch den Darlehensvermittlungsvertrag. Bei Erlass der Vorläuferregelung in § 15 VerbrKrG aF ging der Gesetzgeber davon aus, dass sich ein Darlehen durch die Einschaltung eines Darlehensvermittlers durchschnittlich um ca 5–7 % verteuert. Dieser Umstand sollte dem Kreditsuchenden bewusst gemacht werden, nicht zuletzt, um dem durch die Kundenwerbung bisweilen hervorgerufenen Eindruck der Vermittlung von besonders günstigen Krediten entgegenzutreten (Begr RegE BT-Drucks 11/5462, 24; s auch BeckOK-BGB/Möller [1. 5. 2025] § 655a Rn 4). Hinzu tritt, dass nach den §§ 492 Abs 2, 495 Abs 2 BGB und nach Art 247 § 3 Abs 1 Nr 10 EGBGB id vom 11. 6. 2010 bis zum 12. 1. 2018 geltenden Fassung zu den im *Darlehensvertrag* vom Darlehensgeber gesondert auszuweisenden Kosten nicht ein vom Darlehensgeber übernommenes Entgelt für einen zwischengeschalteten Darlehensvermittler gehört, auch wenn dieses in den Sollzinssatz einkalkuliert wird. Vielmehr ergeben sich die vom Darlehensnehmer zu zahlenden Kosten aus der Angabe des Sollzinssatzes (vgl BGH 9. 7. 2019 – XI ZR 53/18, ZIP 2019, 2457 Rn 3 ff, auch zur Richtlinienkonformität mit der Verbraucherkreditrichtlinie 2008; s auch OLG Brandenburg 14. 8. 2019 – 4 U 92/18, juris Rn 65 f).

b) Zeitpunkt und Form

56 Hinsichtlich des **Zeitpunkts der Unterrichtung** und des Inhalts der geschuldeten Information ist die aufgezeigte (näher Rn 52 f) **Unterscheidung der Vertragskonstellationen** zwischen Vermittlungsverträgen des Vermittlers mit einem Verbraucher (Art 247 § 13 Abs 2 S 1 EGBGB) und solchen mit einem Dritten, zB Darlehensgeber (Art 247 § 13 Abs 2 S 2 EGBGB) maßgeblich (vgl RegBegr BT-Drucks 17/1394, 24).

57 Bei einem **Vermittlungsvertrag zwischen Verbraucher und Vermittler** hat der Vermittler den Verbraucher **„rechtzeitig vor** Abschluss des **Darlehensvermittlungsvertrags"** über die von Art 247 § 13 Abs 2 S 1 EGBGB genannten Informationen (zum Inhalt näher Rn 60 ff) zu unterrichten. Im Falle eines intendierten Immobiliar-Verbraucherdarlehens sind die zusätzlichen Informationen nach Art 247 § 13b Abs 1 EGBGB zeitgleich mit dieser Unterrichtung mitzuteilen. Der Verbraucher soll mithin in angemessenem zeitlichen Abstand *vor* der vertraglichen Bindung durch den Vermittlungsvertrag bereits die vertragsrelevanten Informationen zu zentralen Aspekten dieses Vertrags erhalten, um die Informationen ohne zeitlichen Druck zur Kenntnis nehmen zu können. Der zeitliche Abstand der vorvertraglichen Übermittlung der Informationen zum Vertragsschluss soll dem Verbraucher somit eine informierte Entscheidung nach der Abwägung des Für und Wider des Vermittlungsvertrags er-

möglichen. Er muss den Inhalt der Informationen bei der Entscheidungsfindung berücksichtigen können. Die **Angemessenheit des zeitlichen Abstands** der Informationsübermittlung zum nachfolgenden Vertragsschluss ist eine Frage des konkreten Einzelfalles. Bei der Konkretisierung des Tatbestandsmerkmals der Rechtzeitigkeit sind ua der Umfang der übermittelten Vertragsinformationen, der Inhalt der vorausgehenden Vertragsverhandlungen (Mitteilung/Erläuterung der Informationsinhalte), etwaige Kenntnisse des Verbrauchers (Vorgeschäfte), die Bedeutung des Vertragsschlusses für den Verbraucher sowie etwaige besondere Umstände des Einzelfalles zu berücksichtigen. Kurze, prägnante Informationen, die bereits Gegenstand der Vertragsverhandlungen waren, können auch zeitlich nahe zur Abgabe der Vertragserklärung des Verbrauchers mitgeteilt werden, erst recht bei einem mit entsprechenden Verträgen vertrauten. Eine zeitliche Mindestspanne für die rechtzeitige Unterrichtung schreibt das Gesetz nicht vor. Das Gesetz ordnet auch nicht an, dass der Verbraucher „in zumutbarer Art und Weise" die Informationen zur Kenntnis nehmen können muss (so aber MünchKommBGB/Weber § 655a Rn 25). Vielmehr will die Norm durch Form (Rn 59) und Zeitpunkt („rechtzeitig") der Übermittlung der Informationen dem Verbraucher eine informierte Entscheidung ermöglichen; zu einer solchen Entscheidung zählt auch, dass der Verbraucher angesichts der ihm mitgeteilten Informationen zunächst von dem Vertragsschluss Abstand nimmt, um den Vertragsentschluss ggf neu zu bewerten. Mitnichten muss der zeitliche Abstand so groß sein, dass ein durchschnittlicher Verbraucher die mitgeteilten Informationen umfassend lesen und bewerten kann. Darüber hinaus gehende *inhaltliche* Anforderungen an die Umstände der Entscheidungsfindung, namentlich an Art und Weise der Möglichkeit zur Kenntnisnahme („zumutbar"), weisen keinen hinreichenden Anknüpfungspunkt im Normtext auf. Weder der europäische noch der deutsche Gesetzgeber verlangen mehr als eine Information rechtzeitig vor Vertragsschluss. Dies ist sachgerecht, da weitergehende Anforderungen an die Kenntnisnahme und oder Würdigung durch den Verbraucher letztlich nicht justiziabel sind. Ob der Verbraucher die übermittelten Informationen tatsächlich zur Kenntnis nimmt (oder ignoriert), liegt selbstverständlich allein in seiner privatautonomen Verantwortung.

Im Falle eines **Vermittlungsvertrags zwischen Vermittler und einem Drittem**, zB dem 58
Darlehensgeber, besteht für den Vermittler die *gesetzliche* Pflicht, den dann am Vermittlungsvertrag nicht beteiligen Verbraucher/zukünftigen Darlehensnehmer gem § 655a Abs 2 S 1 BGB iVm Art 247 § 13 Abs 2 S 2 EGBGB (ggf iVm Art 247 § 13b Abs 1 EGBGB) zu unterrichten. Der Inhalt der Unterrichtungspflicht beschränkt sich dabei auf Art 247 § 13 Abs 2 S 1 Nr 2, 3 EGBGB, ggf iVm Art 247 § 13b Abs 1 EGBGB (näher zum Inhalt Rn 60 ff). Diese Informationen muss der Verbraucher/zukünftige Darlehensnehmer ebenfalls **rechtzeitig** vor Abschluss des *vermittelten Vertrags* erhalten. Insoweit tragen die soeben genannten Erwägungen zur Konkretisierung des Rechtzeitigkeitskriteriums (Rn 57) auch hier; nur der Bezugspunkt der Rechtzeitigkeit ist insofern abweichend, indem hier auf den Abschluss des vermittelten Vertrags (Darlehensvertrag; Finanzierungshilfe) anstelle des Vermittlungsvertrags selbst abgestellt wird, da letzterer nicht zwischen Vermittler und Verbraucher hier abgeschlossen wird.

Hinsichtlich der **Form** der Informationen verlangt die Regelung in Art 247 § 13 59
Abs 2 S 1, 2 EGBGB in beiden Vertragskonstellationen eine **Unterrichtung auf einem dauerhaften Datenträger**, mithin Textform. Diese ist in § 126b BGB legaldefiniert (ausf

Staudinger/Hertel [2023] § 126b Rn 24a ff). Die Informationen nach Art 247 § 13b Abs 1 EGBGB sind bei der Unterrichtung nach Art 247 § 13 Abs 2 EGBGB im Fall eines Immobiliar-Verbraucherdarlehens „zusätzlich mit(zu)teilen", so dass auch diese von der Formvorschrift erfasst werden.

59a Seit der Umsetzung von Art 9 Verbraucherkreditrichtlinie 2023 mit Wirkung ab 20. 11. 2026 ist der Darlehensvermittler zudem nach Abs 2 S 1 verpflichtet, den Verbraucher nach **Art 247a § 2 EGBGB** zu informieren. Art 247a § 2 EGBGB enthält eine allgemeine Informationspflichten bei Allgemein-Verbraucherdarlehensverträgen und entsprechenden Finanzierungshilfen. Danach hat der Unternehmer, der Allgemein-Verbraucherdarlehensverträge anbietet oder vermittelt jederzeit unentgeltlich allgemeine, in Art 247a § 2 Abs 2 EGBGB näher konkretisierte Informationen über die von ihnen angebotenen oder zu vermittelnden Allgemein-Verbraucherdarlehensverträge dem Verbraucher zur Verfügung zu stellen. Anspruchsberechtigte sind die Kunden bzw potentiellen Kunden des Informationspflichtigen, die eine Vermittlung eines Allgemein-Verbraucherdarlehensvertrages erwägen. Der Anspruch besteht unabhängig von einer konkreten Vertragsanbahnungssituation iSv § 311 Abs 2 BGB jederzeit. Die Pflicht trifft nicht Unternehmer, die im Rahmen ihrer gewerblichen Tätigkeit nur ausnahmsweise Allgemein-Verbraucherdarlehen vermitteln. Da diese Unternehmer über diese allgemeinen Informationen idR nicht verfügen, wäre eine solche Pflicht nicht angemessen. Hinsichtlich der **Form** ist zu unterscheiden: In den Geschäftsräumen des Unternehmers sind diese Informationen „zumindest auf Papier" zur Verfügung zu stellen; im Übrigen sind die Informationen auf Papier oder auf einem anderen dauerhaften Datenträger nach Wahl des Verbrauchers diesem zur Verfügung zu stellen. In **zeitlicher Hinsicht** verlangt Art 247a § 2 EGBGB eine „jederzeitige" zur Verfügungstellung der näher konkretisierten Informationen.

c) Inhalt

aa) Höhe der Vergütung (Art 247 § 13 Abs 2 S 1 Nr 1 EGBGB)

60 Bei einem Darlehensvermittlungsvertrag mit dem Verbraucher hat der Vermittler dem Verbraucher form- und fristgerecht (Rn 56 ff) die **Höhe der** vom Verbraucher verlangten **Vergütung** nach Art 247 § 13 Abs 2 S 1 Nr 1 EGBGB anzugeben. Die Regelung setzt Art 21 lit b Verbraucherkreditrichtlinie 2008 (Rn 7 ff) bzw nun Art 38 lit b Verbraucherkreditrichtlinie 2023 um. Sie verlangt die **Angabe des Nominalwertes** des geschuldeten Geldbetrags; eine bloße Angabe als Prozentsatz des Nettodarlehensbetrags ist weder hinreichend noch erforderlich (abw noch § 655b Abs 1 S 1 HS 1 aF; dazu § 655b Rn 3). Nach den Vorstellungen des Gesetzgebers werden durch diese Angabe die Kosten der Darlehensvermittlung für den Verbraucher transparenter dargestellt (vgl BT-Drucks 16/11643, 133).

61 Aufgrund dieses Informationszwecks der Regelung und ihrer Ausrichtung auf die Transparenz der Vertragsbedingungen für den Verbraucher ist stets die geschuldete **Gesamtsumme** anzugeben. Eine *zusätzliche* Aufschlüsselung der Gesamtsumme in Einzelposten ist zulässig. Allerdings darf angesichts des Normzwecks die Transparenz durch die Aufschlüsselung nicht beeinträchtigt werden, dh die Gesamtsumme muss trotz der zusätzlichen Aufschlüsselung für den Verbraucher weiterhin hinreichend leicht erkennbar sein und darf nicht optisch hinter der Aufschlüsselung zurücktreten oder gar durch sie verschleiert werden. Gleiches gilt für die Angabe jenes

Prozentsatzes, um den sich der effektive Jahreszins des Darlehens durch die Vermittlungsprovision erhöht, sowie für die Angabe der Provision als Prozentsatz der Nettodarlehenssumme. Auch diese Informationen sind jeweils (nur) zusätzlich zur deutlich erkennbaren Gesamtsumme der für die Vermittlung geschuldeten Vergütung zulässig und dürfen wiederum die Transparenz und Erkennbarkeit der Angabe der Gesamtsumme nicht beeinträchtigen.

Sofern die **zusätzliche Angabe** des Prozentsatzes oder der resultierenden Erhöhung 62 des effektiven Jahreszinses durch die Provision von der aufgeführten Gesamtsumme für die Vermittlung **abweicht**, ist es eine Frage der Auslegung dieser Wissenserklärung (entsprechend §§ 133, 157 BGB), welche Angabe maßgeblich ist. Sofern nach der Auslegung ausnahmsweise die Erhöhung des effektiven Jahreszinses bzw der Prozentsatz maßgeblich ist, mangelt der Information durch den Vermittler die erforderliche, hinreichend transparente Angabe der tatsächlichen Gesamtsumme der Vergütung (zur Rechtsfolge näher Rn 73 iVm § 655b Rn 16 ff). Sofern die angegebene Gesamtsumme der Vergütung maßgeblich ist, ist zu beurteilen, ob die Information hinreichend transparent ist (zur möglichen Rechtsfolge fehlerhafter Informationen Rn 72 f iVm § 655b Rn 20). Sofern beide, Gesamtsumme und zusätzliche Angabe, in gleichem Umfang maßgeblich erscheinen, ist die Information perplex. Perplexe Informationen über die Gesamtsumme sind ebenfalls nicht hinreichend transparent (zur Rechtsfolge vgl Rn 72 f). Eine **entsprechende Anwendung des § 494 Abs 3 BGB** ist **abzulehnen** (aA MünchKommBGB/Weber § 655a Rn 25 ff). Bereits die erforderliche Regelungslücke ist insoweit fraglich, handelt es sich doch bei § 494 Abs 3 BGB um eine punktuelle Ausnahmevorschrift mit einem weitreichenden Eingriff in die vertragliche Abrede. Demnach liegt schon mangels erkennbarer dahingehender Regelungsstruktur des Gesetzes ein Umkehrschluss näher. Jedenfalls fehlt es am erforderlichen Ähnlichkeitsvergleich. Denn § 494 Abs 3 BGB hat den Inhalt der vertraglichen Abrede zum Gegenstand, die – anders als die vorvertragliche Angabe der Gesamtsumme der Vergütung – nicht ohne weiteres, va nicht einseitig, wiederholt werden kann.

bb) Entgelt und sonstige Anreize von Dritten (Art 247 § 13 Abs 2 S 1 Nr 2 EGBGB)

Nach Art 247 § 13 Abs 2 S 1 Nr 2 EGBGB hat der Vermittler bei einem Vermitt- 63 lungsvertrag mit dem Verbraucher anzugeben, ob und wenn ja, in welcher Höhe, *er* für die Vermittlung ein **Entgelt** oder sonstige Anreize von einem Dritten erhält (s auch BGH 10. 5. 2012 – III ZR 234/11 Rn 17, WM 2012, 1117 = NJW-RR 2012, 1073). Dies erfasst insbes ein Entgelt vom Darlehensgeber, aber auch von einem zwischengeschalteten „Hauptvermittler". Im Zuge der Umsetzung der Wohnimmobilienkreditrichtlinie 2014 (Rn 12) wurde der Tatbestand um die **„sonstige(n) Anreize"** ergänzt. Der Gesetzgeber wollte hiermit die Transparenz für den Verbraucher steigern, da auch sonstige Anreize den Darlehensvermittler bei seiner Tätigkeit beeinflussen können (Begr RegE BT-Drucks 18/5992, 118). Der Gesetzgeber setzt damit die entsprechende Vorgabe des Art 15 Abs 1 lit g Wohnimmobilienkreditrichtlinie 2014 (Rn 12) extensiv überschießend um. Erforderlich ist aber eine restriktive Auslegung dahingehend, dass lediglich mittelbare (wirtschaftliche) Anreize nicht anzugeben sind. Dies betrifft ua eine Absatzsteigerung. Auch muss sich der Anreiz dem konkreten vermittelten Vertrag (zumindest anteilig) hinreichend deutlich zuordnen lassen. So scheiden ua bloße eigene günstige Vertragskonditionen beim Darlehensgeber als anzugebende Anreize aus. Diese restriktive Interpretation rechtfertigt sich ua aus dem historischen

Gesetzgeberwillen, der immerhin von einer Verdeutlichung der „wirtschaftlichen Abhängigkeiten" des Vermittlers spricht (Begr RegE BT-Drucks 18/5992, 118). Auch mangelt es in Bezug auf die Vermittlung des konkreten Vertrags an einer hinreichend konkreten Gefahr der Doppeltätigkeit, wenn die Anreize zu vage oder nicht dem Vertrag konkret zuzuordnen sind.

64 Nach dem doppelten Zweck der Norm soll der Verbraucher zum einen die **tatsächlichen Kosten der Darlehensvermittlung** und zum anderen die **Gefahren der (zulässigen) Doppeltätigkeit** gem §§ 98 f HGB erkennen können (vgl auch Begr RegE BT-Drucks 18/5992, 118). Eine entsprechende Regelung war bereits in § 15 Abs 1 S 2 HS 2 VerbrKrG aF enthalten. Die Verbraucherkreditrichtlinie 2008 (Rn 7 ff) enthielt keine dahingehende Informationspflicht; gleiches gilt für die Verbraucherkreditrichtlinie 2023 (Rn 12b ff). Da letztere vollharmonisierend ist und nur die Angabe der Entgelte verlangt, „die der Verbraucher dem Kreditvermittler für die zu erbringenden Dienstleistungen zu zahlen hat" (Art 38 lit b Verbraucherkreditrichtlinie 2023) ist die Regelung ab dem 20. 11. 2026 **richtlinienwidrig**. Nichts anderes folgt aus Erwägungsgrund Nr 85 Verbraucherkreditrichtlinie 2023. Denn diesem Erwägungsgrund kommt keine normative Wirkung zu. Nach Art 42 Abs 1 Verbraucherkreditrichtlinie 2023 ist diese vollharmonisierend, sofern „in dieser Richtlinie" nichts anderes bestimmt ist. Ein bloßer allgemeiner Hinweis in den Erwägungsgründen reicht insofern nicht aus. Denn den Erwägungsgrund Nr 85 normativ verstanden, wäre die Richtlinie in Bezug auf Kreditvermittler nicht vollharmonisierend. Dies müsste in dem Normtext der Richtlinie verortet werden, enthält diese doch eine Vielzahl von Pflichten des Kreditvermittlers. Öffnungsklauseln und Begrenzungen des Regelungsbereichs und der -tiefe sind normative Entscheidungen, die einer hinreichend präzisen und für den Normanwender erkennbaren normativen Verankerung bedürfen. Insofern muss sich das Unionsrecht an dem Maßstab messen lassen, den es für das nationale Recht aufstellt. Die Bedeutung entsprechender Hinweise war bei mindestharmonisierenden Richtlinien klarstellend ausreichend; bei vollharmonisierenden Richtlinien bedarf es einer normativen Verankerung in den Normen. Eine richtlinienkonforme Reduktion scheidet aus, da der deutsche Gesetzgeber diese Regelung ausdrücklich so wollte und auch bei der Umsetzung der Verbraucherkreditrichtlinie 2023 aufrechterhalten hat. Das bloße „politische Lippenbekenntnis" einer 1-zu-1-Umsetzung reicht nicht aus, um einen abweichenden Willen des Gesetzgebers in Bezug auf diese konkrete Norm zu erkennen. Hinzu tritt, dass der deutsche Gesetzgeber an mehreren Stellen davon abgesehen hat, überschießende Umsetzungen der Verbraucherkreditrichtlinie 2008 bei der Umsetzung der Verbraucherkreditrichtlinie 2023 zurückzunehmen, so dass auch kein allgemeiner Wille zum allgemeinen Rückgang auf das Verbraucherschutzniveau der Verbraucherkreditrichtlinie 2023 erkennbar ist. Die Regelung lehnt sich an Art 15 Abs 1 lit g Wohnimmobilienkreditrichtlinie 2014 (Rn 12) an, die eine solche Information für Wohnimmobiliendarlehen vorsieht. **Erfolgsunabhängige Vergütungen** des Vermittlers durch Dritte, namentlich durch den Darlehensgeber, sind *nicht* anzugeben (vgl Begr RegE BT-Drucks 11/5462, 29; BeckOK-BGB/Möller [1. 5. 2025] § 655a Rn 12). Diese werden vom Regelungszweck nicht erfasst, da aus ihnen die zusätzliche Belastung durch die Vermittlung für den konkreten Darlehensnehmer nicht hinreichend erkennbar wird. Ob und in welchem Umfang diese Vergütung auf den konkreten Darlehensnehmer umgelegt wird, ist nicht eindeutig. Als anzugebende **erfolgsbezogene Vergütung** sind Vergütungsregelungen zu qualifizieren, bei denen die Vergütung konkret vertragsbezogen ist, sowie solche, bei denen die Vergütung als

Prozentsatz der monatlichen Vermittlungssumme gewährt wird. *Nicht* erfasst werden vom Darlehensgeber geleistete **Vergütungen an einen Dritten**, ua an einen zwischengeschalteten Vermittler im Rahmen gestufter Vermittlungsverhältnisse, die nicht der Vermittler selbst erhält (wie hier BGH 10. 5. 2012 – III ZR 234/11 Rn 17 ff, WM 2012, 1117 = NJW-RR 2012, 1073; **aA** die Vorinstanz OLG Frankfurt 9. 9. 2011 – 4 U 24/11). Der Wortlaut der Norm umfasst diese Vergütungen *an* Dritte nicht; auch handelt es sich nicht um sonstige Anreize, die der Vermittler („er") erhält. Auch kann der Vermittler diese nicht stets mit hinreichender Sicherheit feststellen, so dass die Nichtigkeitssanktion insoweit überschießend wäre. Dies gilt umso mehr, als der Verbraucher in diesem Fall nicht des Schutzes bedarf, da seine berechtigten Interessen durch die Pflicht des Darlehensgebers gewahrt werden, sämtliche Kreditkosten in der vom Darlehensnehmer zu unterzeichnenden Erklärung aufzuführen (Art 247 § 1 Abs 1 Nr 8, 10, Abs 2 EGBGB). Etwas anderes, mithin eine Angabepflicht, gilt, wenn der Untervermittler selbst keine Provision erhält, sondern diese an den Hauptvermittler weiterfließt, letzterer aber keinen Vermittlungsvertrag mit dem Verbraucher geschlossen hat. Sofern Unter- und Hauptvermittler gesellschaftsrechtlich oder auf andere Weise derart eng verflochten sind, dass sie sogar als **wirtschaftlich identische Personen** betrachtet werden können (vgl zur sog Verflechtungsrechtsprechung Rn 26), ist das Telos der Norm einschlägig, so dass die gesamten Provisionen, die an die verflochtenen Personen fließen, aufzudecken sind. Gleiches gilt bei **Umgehungstatbeständen** (vgl § 655e Rn 5). Sofern die konkrete Konstruktion der Vermittlung darauf angelegt ist, den Verbraucher über Provisionszahlungen des Darlehensgebers im Unklaren zu lassen, liegt ein entsprechender Umgehungstatbestand vor und die gesamten vom Darlehensgeber Dritten versprochenen Provisionen sind anzugeben.

Art 247 § 13 Abs 2 S 1 Nr 2 EGBGB verlangt die **Angabe des konkreten Betrages** der Vergütung bzw des sonstigen Anreizes (wie hier MünchKommBGB/Weber § 655a Rn 25 f). Die Angabe als Prozentsatz der Nettodarlehenssumme kann nur ergänzend erfolgen und darf die Transparenz der Information nicht beeinträchtigen (vgl schon Rn 61). Dies folgt hinreichend deutlich aus dem Wortlaut der Regelung, der auf die „Höhe" des Entgelts bzw des sonstigen Anreizes und damit auf den Regelfall der Angabe einer Entgelthöhe durch den Nominalbetrag abstellt. Auch dem Transparenzzweck der Regelung ist nur genügt, wenn (zumindest auch) der Nominalwert mit seiner Signalwirkung angegeben wird. Hauptanwendungsfälle der Norm sind das offene und das verdeckte „packing" (wie hier MünchKommBGB/Weber § 655a Rn 18 f; Bülow/Artz § 655a Rn 23, 25). Beim sog **offenen „packing"** wird die Vergütung des Vermittlers durch den Darlehensgeber gegenüber dem Verbraucher offen als Kostenfaktor in den Informationen zum Verbraucherdarlehen ausgewiesen und an diesen weitergegeben. Beim sog **verdeckten „packing"** werden die Kosten des Darlehensgebers, die ihm durch die Vergütung des Darlehensvermittlers entstehen, in den Zinssatz des Darlehens eingerechnet (zur Behandlung des verdeckten „packing" als arglistige Täuschung vor der Regelung der Informationspflicht vgl BGH 10. 4. 1980 – III ZR 59/79, NJW 1980, 2074; OLG Stuttgart 26. 5. 1981 – 6 U 20/81, NJW 1982, 1599; OLG Stuttgart 15. 1. 1985 – 6 U 120/84, NJW 1985, 2597). In beiden Konstellationen erhält der Vermittler ein Entgelt vom Darlehensgeber als Drittem iS des Art 247 § 13 Abs 2 S 1 Nr 2 EGBGB. 65

Die Angabe der Entgelthöhe ist auch dann erforderlich, wenn der vermittelte Verbraucherdarlehensvertrag vom Darlehensgeber zu Konditionen für nicht vermittelte Kredite (sog **Schaltersätze**) gewährt wird bzw der Darlehensgeber keine Darlehen 66 vereinbart, die nicht vermittelt worden sind. Dem Wortlaut der Regelung ist keine Ausnahme für diese Konstellationen zu entnehmen; zudem ist der Zweck der Norm in diesen Konstellationen zumindest insoweit einschlägig, als der Verbraucher einen etwaigen Interessenkonflikt des Doppelmaklers erkennen können soll (wie hier Bülow/Artz § 655a Rn 27; MünchKommBGB/Weber § 655a Rn 18; Ellenberger/Bunte/Jungmann, BankR-HdB [5. Aufl 2017] § 61 Rn 5 ff; **aA** BeckOK-BGB/Möller [1. 5. 2025] § 655a Rn 12). Sofern der Darlehensvermittler mit verschiedenen Darlehensgebern Einreicherverträge mit unterschiedlichen Vergütungsvereinbarungen abgeschlossen hat, reicht die **kumulative Aufzählung** der jeweiligen Vergütungssätze in der vorvertraglichen Information gegenüber dem potentiellen Darlehensnehmer. Nach dem Zweck der Vorschrift ist ausreichend, dass der Verbraucher/Darlehensnehmer bei Vorliegen eines konkreten Darlehensangebotes dieses unschwer den in den Informationen angegebenen Vergütungssätzen zuordnen kann (Transparenz) und so die tatsächliche Verteuerung seines konkreten Darlehens durch die Vermittlung feststellen kann. Auch die Tätigkeit als Doppelmakler wird aus dieser Aufzählung verschiedener Vergütungshöhen hinreichend ersichtlich (wie hier BeckOK-BGB/Möller [1. 5. 2025] § 655a Rn 12; MünchKommBGB/Weber § 655a Rn 18 f).

cc) Befugnisse des Vermittlers; Nebenentgelte (Art 247 § 13 Abs 2 S 1 Nr 3, 4 EGBGB)

67 In Umsetzung des Art 21 lit a Verbraucherkreditrichtlinie 2008 (Rn 7 ff), nun Art 38 lit a Verbraucherkreditrichtlinie 2023 (Rn 12b ff) verlangt Art 247 § 13 Abs 2 S 1 **Nr 3** EGBGB die Offenlegung des **Umfangs der Befugnisse** des Vermittlers, sowie, ob er für einen oder mehrere Darlehensgeber oder unabhängig tätig wird. Durch diese Angabe soll der Verbraucher etwaige Interessenkonflikte des Vermittlers bzw dessen besondere Bindung an einen oder mehrere Darlehensgeber erkennen können. Sofern der Vermittler als Vertreter des Darlehensgebers handeln darf, ist auch der Umfang dieser Vertretungsmacht anzugeben.

68 Nach Art 247 § 13 Abs 2 S 1 **Nr 4** EGBGB hat der Vermittler bei einem Vermittlungsvertrag mit einem Verbraucher Bestand und Höhe etwaiger vom Verbraucher verlangter **Nebenentgelte** anzugeben. Diese Informationspflicht basiert nicht auf einer Richtlinienvorgabe (zur Richtlinienwidrigkeit Rn 68a). Zweck dieser Angabe ist die Transparenz der dem Verbraucher entstehenden Kosten. Nach Wortlaut und Systematik des § 655d BGB (§ 655d Rn 9) umfassen die anzugebenden Entgelte auch die **erforderlichen Auslagen des Vermittlers**, die bei einer entsprechenden Vereinbarung der Parteien dem Vermittler zu erstatten sind (vgl § 655d S 2 BGB). Erforderliche Auslagen sind nach Art und Höhe prinzipiell anzugeben, damit der Verbraucher die hiermit verbundene Belastung einschätzen kann (vgl Begr RegE BT-Drucks 16/11643, 133). Dieser Zweck greift auch bei den erforderlichen Aufwendungen, auch wenn diese bei Abschluss des Vermittlungsvertrags vielfach noch nicht feststehen (zB Telekommunikationskosten). Gleichwohl hat der Gesetzgeber dem Vermittler aufgegeben, sie in den Informationen aufzuführen (vgl Begr RegE BT-Drucks 16/11643, 133). Sofern eine betragsmäßige Bezifferung (noch) nicht möglich ist, muss der Vermittler einen Höchstbetrag bzw Höchstbeträge in den Informationen anführen (vgl § 655d S 3 BGB, vgl § 655d Rn 15). Der Höchstbetrag begrenzt sodann den vertraglichen Anspruch des Vermittlers auf Ersatz der notwendigen Auslagen gegen den Verbraucher (§ 655d S 3 BGB, § 655d Rn 15). Eine (auch wesentlich) zu hohe Angabe ist nach dem Zweck unschädlich, denn der Verbraucher wird dann vor höheren Kosten gewarnt, als tatsächlich anfallen und daher ersatzfähig sind. Eine **Aufschlüsselung** der notwendigen Auslagen, deren Ersatzfähigkeit vertraglich vereinbart wurde, **in Sachgruppen** und die Angabe eines jeweiligen Höchstbetrages ist hingegen weder nach dem Wortlaut des Art 247 § 13 Abs 2 S 1 Nr 4 EGBGB bzw des § 655d S 3 BGB noch vom Zweck der Regelung *geboten* (wie hier wohl BeckOK-BGB/Möller [1. 5. 2025] § 655a Rn 12: „eine" Höchstgrenze; Soergel/Krepold § 655a Rn 9: „einen Höchstbetrag"; **aA** MünchKomm-BGB/Weber § 655a Rn 30; Bülow/Artz § 655a Rn 29). *Zulässig* sind solche Aufschlüsselungen, wenn die Transparenz der Angabe unter Heranziehung der Perspektive eines durchschnittlich aufmerksamen, verständigen Verbrauchers hierdurch nicht beeinträchtigt wird. Denn § 655d S 3 BGB stellt auf die „Höhe oder die Höchstbeträge" ab, ohne dass eine *Pflicht* zur Aufschlüsselung hieraus hinreichend deutlich erkennbar ist. Zudem ist die nach dem Zweck der Norm entscheidende Erkennbarkeit der möglichen Belastung für den Verbraucher gerade bei der Angabe einer Gesamtsumme der ersatzfähigen Nebenkosten gegeben und vielfach sogar größer als bei der Angabe der Höchstbeträge kleinteiliger Auslagengruppen (Porto; Telefonkosten; Fahrtkosten; Schreibauslagen etc).

Die Informationspflicht ist in ihrer weiten Fassung **richtlinienwidrig**; eine **richtlinienkonforme Reduktion** aber **nicht möglich**, da der deutsche Gesetzgeber diesen Inhalt hinreichend klar wollte und bei der Umsetzung der Verbraucherkreditrichtlinie 2023 teilweise die Art 247a § 13 Abs 1, 2 EGBGB geändert hat, so dass der Wille zur Aufrechterhaltung hinreichend deutlich wurde. Auch hier hat der deutsche Gesetzgeber – wie mehrfach – davon abgesehen, die **Konsequenzen aus der Vollharmonisierung** der Verbraucherkreditrichtlinie 2023 zu ziehen und an ihrem Maßstab überschießenden, nun richtlinienwidrigen Verbraucherschutz abzubauen. Art 38 lit b Verbraucherkreditrichtlinie 2023 verlangt, dass die Vermittler „Entgelte bekannt geben, die der Verbraucher dem Kreditvermittler für die zu erbringenden Dienstleistungen zu zahlen hat". Weder umfasst das die Auslagen noch schreibt die Norm zumindest eine Höchstsumme vor. So unterscheidet die Richtlinie zudem mehrfach deutlich zwischen Entgelten und Kosten, so dass letztere nicht unter die Entgelte im Sinne der Richtlinie zu fassen sind. Eine Höchstsumme nennt die Richtlinie auch nicht, was konsequent ist, wenn man Auslagen und Kosten nicht unter Entgelte fasst, da die Entgelte – weil vertraglich zu vereinbaren – hinreichend deutlich von Anfang an feststehen. **68a**

dd) Informationen nach Art 247a § 2 EGBGB

Der mit Wirkung ab 20. 11. 2026 neugefasste Art 247a § 2 Abs 1 EGBGB verpflichtet ua alle Vermittler von Allgemein-Verbraucherdarlehensverträgen, interessierten Verbrauchern **allgemeine Informationen** zur Verfügung zu stellen müssen; nach Art 247a § 2 Abs 4 EGBGB gilt dies bei der Vermittlung von Finanzhilfen iSd § 506 Abs 1 BGB entsprechend. Die Norm setzt Art 9 Abs 1, 2 lit a–k Verbraucherkreditrichtlinie 2023 um. Dabei listet Art 247a § 2 Abs 2 EGBGB die einzelnen Angaben auf, die in diesen allgemeinen Informationen enthalten sein müssen. Diese Angaben müssen zudem „klar und verständlich" sein. Die Angaben entsprechen weitgehend den Angaben für Immobiliar-Verbraucherdarlehensverträge, gesetzestechnisch verweist Art 247a § 2 Abs 2 **Nr 3** EGBGB daher auf die jeweiligen Angaben nach Artikel 247a § 1 Abs 2 EGBGB. In Umsetzung von Art 9 Abs 2 lit a Verbraucherkreditrichtlinie 2023 sieht Art 247a § 2 Abs 2 **Nr 1** EGBGB zudem Angaben zum jeweiligen Urheber dieser allgemeinen Information vor. Schließlich ist nach Art 247a § 2 Abs 2 **Nr 2** eine „Beschreibung des Widerrufsrechts" aufzunehmen (vgl Art 9 **68b**

Abs 2 lit i Verbraucherkreditrichtlinie 2023). Die große Vagheit dieser Vorgaben, namentlich der „Beschreibung des Widerrufsrechts" und die Anforderung an klare und verständliche Informationen lassen hinreichend Raum für spätere („verbraucherschützende") Streitigkeiten darüber, ob die erteilte Information gesetzeskonform ist. Dies verdeutlicht einmal mehr, dass das Informationsmodell in der vom europäischen Gesetzgeber mittlerweile verfolgten granularen Fassung, aber vollharmonisierenden Form letztlich umfassend gescheitert ist.

ee) Weitere Angaben bei Immobiliar-Verbraucherdarlehensverträgen (Art 247 § 13b EGBGB)

69 Nach § 655a Abs 2 S 1 BGB ist der Darlehensvermittler verpflichtet, den Verbraucher bei einem vermittelten Immobiliar-Verbraucherdarlehensvertrag gemäß § 491 Abs 3 S 1 BGB nach Art 247 § 13b Abs 1 EGBGB zu informieren. Diese **Sonderregelung für Immobiliar-Verbraucherdarlehensverträge** setzt Art 15 Abs 1 Wohnimmobilienkreditrichtlinie 2014 um (Begr RegE BT-Drucks 18/5922, 108). Die Norm sieht zusätzliche vorvertragliche Informationspflichten bei diesen Verträgen vor, wobei der Darlehensvermittler die genannten Informationen mit der Unterrichtung nach Art 247 § 13 Abs 2 EGBGB dem Verbraucher und in der dort vorgeschriebenen **Form** (Rn 59) mitteilen muss (Art 247 § 13b Abs 1 S 1 EGBGB). In **zeitlicher Hinsicht** gelten grundsätzlich die Vorgaben von Art 247 § 13 Abs 2 S 1, 2 EGBGB, dh die Informationen sind rechtzeitig vor Abschluss des Darlehensvermittlungsvertrags (beim Vermittlungsvertrag mit dem Verbraucher, Rn 57) bzw rechtzeitig vor Abschluss des vermittelten Vertrags (beim Vermittlungsvertrag mit einem Dritten, Rn 58) mitzuteilen. Sofern der Darlehensvermittler seine Vermittlungstätigkeit aber bereits vor Abschluss des *Vermittlungsvertrages* beginnt, sind die Informationen rechtzeitig vor Ausübung dieser Vermittlungstätigkeit zu erteilen (Art 247 § 13b Abs 1 S 2 EGBGB). Dies gilt unabhängig davon, ob der Vermittlungsvertrag mit dem Verbraucher oder dem Dritten geschlossen wird (Begr RegE BT-Drucks 18/5922, 108).

70 Die nach Art 247 § 13b Abs 1 S 1 EGBGB zusätzlich **mitzuteilenden Informationen** betreffen **Identität und Anschrift** des Darlehensvermittlers (**Nr 1**; vgl Art 15 Abs 1 lit a Wohnimmobilienkreditrichtlinie 2014) zur eindeutigen Identifizierbarkeit des Vermittlers. Der Wortlaut unterscheidet nicht, ob der Vermittler eine natürliche oder eine juristische Person ist, so dass er beide Konstellationen erfasst (so ausdr Begr RegE BT-Drucks 18/5922, 118; s auch Art 4 Ziff 5 Wohnimmobilienkreditrichtlinie 2014). Anzugeben ist auch das **Register**, in welches er eingetragen wurde (**Nr 2**; vgl Art 15 Abs 1 lit b Wohnimmobilienkreditrichtlinie 2014). Anzugeben ist auch eine etwaige Registernummer und auf welche Weise der Verbraucher den Registereintrag einsehen kann. Insbesondere ist das Vermittlerregister nach §§ 11a, 34i Abs 8 GewO iVm der ImmVermV betroffen. Zudem hat er anzugeben, ob er an einen oder mehrere Darlehensgeber gemäß § 655a Abs 3 S 3 BGB **gebunden** ist (näher Rn 80) oder ausschließlich für einen oder mehrere Darlehensgeber tätig ist (**Nr 3**, dazu Begr RegE BT-Drucks 18/5922, 118; vgl Art 15 Abs 1 lit c S 1, 2 Wohnimmobilienkreditrichtlinie 2014; s auch König ZVertriebsR 2016, 350 f). Auf diese Weise soll für den Verbraucher eine Transparenz über die wirtschaftlichen Abhängigkeiten erreicht werden. Sofern der Vermittler **Beratungsleistungen** anbietet, hat er dies ebenfalls anzugeben (**Nr 4**; vgl Art 15 Abs 1 lit d Wohnimmobilienkreditrichtlinie 2014). Im Fall des Angebots von Beratungsleistungen im Zusammenhang mit der Vermittlung eines Immobiliar-Verbraucherdarlehensvertrags galt bis zum 19. 11. 2026 Art 247 § 18 EGBGB entsprechend (Art 247 § 13b Abs 3 EGBGB aF).

Mit Wirkung ab 20. 11. 2026 wurde Art 247 § 13b Abs 3 EGBGB aufgehoben. Der Gesetzgeber (vgl Begr RegE BT-Drucks 21/1851 v 29. 9. 2025, S 126) begründet dies mit einer nur redaktionellen Korrektur, da Art 247 § 18 EGBGB bei Darlehensvermittlern bereits über die Rechtsgrundverweisung in § 655a Abs 3 S 1 BGB auf den § 511 BGB entsprechende Anwendung finde. Denn § 511 Abs 1 S 2 BGB verweise auf die Informationspflicht nach Art 247 § 18 EGBGB. Die frühere Regelung in Art 247 § 13b Abs 3 EGBGB aF sei daher überflüssig gewesen; auch eine Aufrechterhaltung zur Klarstellung sei nicht geboten gewesen. Sofern die Vermittlung und Beratung gemeinsam vereinbart werden, kann der Vermittler die Informationen nach Art 247 § 13b Abs 1 Nr 4 und nach Art 247 § 18 EGBGB in einem Dokument zusammenfassen (Begr RegE BT-Drucks 18/5922, 118). Zudem ist die **Methode der Berechnung der Vergütung** des Darlehensvermittlers anzugeben (**Nr 5**; vgl Art 15 Abs 1 lit e Wohnimmobilienkreditrichtlinie 2014), sofern die Höhe der Vergütung noch nicht genau benannt werden kann. Auf diese Weise kann der Verbraucher abschätzen, in welchem Umfang mit der Vermittlungstätigkeit Kosten für ihn verbunden sind. Anzugeben sind auch **interne Verfahren für Beschwerden** des Verbrauchers über den Darlehensvermittler, mithin entsprechende interne Beschwerdeverfahren des Vermittlers oder seines Arbeitgebers sowie ein etwaiger Zugang des Verbrauchers zu einem außergerichtlichen Beschwerde- und Rechtsbehelfsverfahren (**Nr 6**; vgl Art 15 Abs 1 lit f Wohnimmobilienkreditrichtlinie 2014). Dies betrifft das Schlichtungsverfahren für Streitigkeiten aus der Anwendung der §§ 655a ff BGB gemäß § 14 Abs 1 S 1 Nr 2 UKlaG (Begr RegE BT-Drucks 18/5922, 119). Schließlich sind **Provisionen sowie sonstige Anreize** von einem Dritten sowie die jeweilige Höhe anzugeben, die der Darlehensvermittler für eine im Zusammenhang mit dem Darlehensvertrag stehende Dienstleistung von Dritten erhält (**Nr 7**; Art 15 Abs 1 lit g Wohnimmobilienkreditrichtlinie 2014). Dabei ist gleichgültig, von wem der Vermittler die Provision erhält. Zweck ist die Information des Verbrauchers darüber, welches wirtschaftliche und sonstiges Interesse der Darlehensvermittler an der konkreten Vermittlungstätigkeit hat, so dass etwaige Interessenkonflikte diesem erkennbar werden. Der Verbraucher soll erkennen können, welche Elemente die Vergütung des Vermittlers umfasst, dh Provisionen, sonstige Anreize, Vergütung durch den Verbraucher. Sofern die Höhe der Provision bzw des Anreizes noch nicht bekannt ist, ist darauf hinzuweisen, dass der Betrag zu einem späteren Zeitpunkt im ESIS-Merkblatt (vgl Art 247 § 1 Abs 2 S 2 EGBGB) mitgeteilt wird.

Art 247 § 13 Abs 1 S 2 EGBGB enthält eine ergänzende Regelung zum Schutz der Verbraucherinteressen in Konstellationen, in denen der Vermittler seine **Vermittlungstätigkeit schon vor** dem (ggf auch konkludenten) **Abschluss des Vermittlungsvertrages** beginnt (s auch Art 15 Abs 1 Wohnimmobilienkreditrichtlinie 2014). In diesem Fall sind die in Art 247 § 13 Abs 1 S 1 EGBGB genannten Informationen „rechtzeitig vor Ausübung der Vermittlungstätigkeit" zu erteilen. Maßgebender Zeitpunkt ist insofern der Beginn der tatsächlichen Vermittlungstätigkeit. Nach dem Gesetzgeberwillen (Begr RegE BT-Drucks 18/5922, 119) soll die Norm zudem auch jene von Art 247 § 13 Abs 2 S 2 EGBGB genannte Konstellation erfassen, in der überhaupt kein Vermittlungsvertrag mit dem Darlehensnehmer (sondern zB mit einem Familienmitglied des Darlehensnehmers oder mit einem sonstigen Dritten) geschlossen wird. Freilich umfasst der Wortlaut des S 2 diese Konstellationen, wenn bei ihnen vor Vertragsschluss mit dem Dritten mit der Vermittlungstätigkeit begonnen wird. Nicht mehr umfasst sind diese Konstellationen als solche, dh nach Vertragsschluss. Denn dann wird gerade nicht vor, sondern nach Vertragsschluss mit der Tätigkeit begonnen. 71

Eine Beschränkung auf einen Vertragsschluss gerade mit dem Darlehensnehmer enthält der Wortlaut nicht.

d) Rechtsfolgen einer Pflichtverletzung

72 Sofern der Vermittler den Verbraucher nicht gem Art 247 § 13 Abs 2 EGBGB, Art 247 § 13b Abs 1 EGBGB bzw Art 247a § 2 EGBGB oder mit fehlerhaften Angaben unterrichtet, verletzt er seine Informationspflicht aus § 655a Abs 2 S 1 BGB. Dies gilt sowohl bei Vermittlungsverträgen mit Verbrauchern als auch bei solchen Verträgen mit Dritten, da in der zuerst genannten Konstellation eine vertragliche, in der zuletzt genannten Konstellation eine entsprechende gesetzliche Pflicht des Darlehensvermittlers gem § 655a Abs 2 S 1 BGB besteht. Rechtsfolge dieser Pflichtverletzung ist eine **Schadensersatzpflicht gem § 280 Abs 1 BGB** (vgl RegBegr BT-Drucks 17/1394, 21; **allg M**, vgl nur MünchKommBGB/Weber § 655a Rn 27; zum Verstoß gegen §§ 3 Abs 1, 3a UWG sowie § 2 UKlaG näher Rn 19). Sofern der Verbraucher Vertragspartner des Vermittlungsvertrages werden soll, folgt sein Anspruch aus §§ 280 Abs 1, 311 Abs 2 BGB, da der Vermittler insofern eine vorvertragliche Pflicht gegenüber dem Verbraucher verletzt. Sofern ein Dritter Vertragspartner des Vermittlungsvertrages werden soll, besteht gleichwohl eine dann gesetzliche Pflicht des Vermittlers zur Information des zukünftigen Darlehensnehmers nach § 655a Abs 2 S 1 BGB iVm Art 247 § 13 Abs 2, Art 247a § 2 EGBGB bzw § 13b Abs 1 EGBGB, sodass er die Pflicht im Rahmen eines dann gesetzlichen Schuldverhältnisses verletzt und § 280 Abs 1 BGB hieran anknüpft. Freilich muss der Verbraucher nach allgemeinen Grundsätzen einen Schaden darlegen und ggf beweisen.

73 Zudem ist ein Darlehensvermittlungsvertrag mit einem Verbraucher, vor dessen Abschluss die Unterrichtungspflichten aus Art 247 § 13 Abs 2 EGBGB bzw Art 247 § 13b Abs 1 EGBGB sowie Art 247 § 18 EGBGB „nicht erfüllt worden sind", **gem § 655b Abs 2 Alt 2 BGB nichtig**. Insoweit ist zwischen dem **völligen Fehlen** einzelner oder sogar aller Pflichtangaben nach Art 247 § 13 Abs 2 EGBGB bzw Art 247 § 13b Abs 1 EGBGB sowie Art 247 § 18 EGBGB und ihrer bloß **fehlerhaften Angabe** zu unterscheiden (näher § 655b Rn 20; zur unzutreffenden Angabe der Vergütung und zum Auslagenersatz bei unzutreffender Angabe § 655b Rn 20). (Nur) sofern einzelne oder alle dieser Pflichtangaben vollständig fehlen, ist der Vermittlungsvertrag demnach nichtig. Hierdurch werden die allgemeinen Nichtigkeitsfolgen ausgelöst, so dass ua keine Erfüllungsansprüche der Parteien bestehen (näher § 655b Rn 16 f).

74 Von dem Fehlen der Angaben bzw fehlerhaften Informationen sind **spätere Abweichungen** im Rahmen der Vertragsdurchführung von (zunächst zutreffenden) Angaben zu unterscheiden. Möglich sind insoweit Abweichungen der Vertragsurkunde des Vermittlungsvertrags von den Angaben, zB hinsichtlich der Vergütung des Vermittlers oder den Nebenkosten. Die nach Art 247 § 13 Abs 2 EGBGB bzw Art 247 § 13b Abs 1 EGBGB und Art 247 § 18 EGBGB erforderlichen vorvertraglichen Pflichtangaben haben für die Willensbildung des Verbrauchers in Bezug auf den Darlehensvermittlungsvertrag ein besonderes Gewicht. Das dahingehende Vertragsangebot ist im Lichte der übermittelten Informationen auszulegen, so dass gem §§ 133, 157 BGB vielfach die Leistung des Verbrauchers nur in dem zuvor mitgeteilten Umfang geschuldet sein wird. Nur sofern die Auslegung gem §§ 133, 157 BGB zu einem anderen Ergebnis führt, sind die Angaben fehlerhaft (vgl zu den Rechtsfolgen § 655b Rn 20). Möglich ist zudem, dass im Rahmen der Verhandlung über eine abweichende Festsetzung des Entgelts formgerechte neue vorvertragliche Informationen übermittelt werden.

e) Konkurrenzen

Die übrigen, va verbraucherschützenden **Informationspflichten** sind neben jenen nach Art 247 § 13 Abs 2 S 1 EGBGB, Art 247 § 13b Abs 1 EGBGB bzw Art 247a § 2 EGBGB anwendbar. Sofern jeweils der persönliche und sachliche Anwendungsbereich eröffnet ist, kommen ua die allgemeinen Informationspflichten bei Verbraucherverträgen (§§ 312, 312a BGB), die Informationspflichten des Unternehmers bei Verträgen im E-Commerce (§§ 312i, 312j BGB) sowie beim Fernabsatz von Finanzdienstleistungen (§ 312 Abs 5 S 1 BGB, § 312d Abs 2 BGB) in Betracht. Auch die **Informationspflichten nach allgemeinen Regelungen**, insbes § 311 Abs 2 BGB, § 241 Abs 2 BGB (ausf dazu beim Maklervertrag Staudinger/Arnold § 652 Rn 211 ff), sind neben den spezifischen Pflichten aus § 655a Abs 2 S 1 BGB anwendbar (zu §§ **5–6a PAngV** vgl Rn 15; zur **MaBV** näher Rn 14 f). 75

2. Verpflichtung wie der Darlehensgeber (Abs 2 S 2)

a) Informations- und Erläuterungspflicht (Abs 2 S 2)

Nach Abs 2 S 2 ist der Kreditvermittler gegenüber dem Verbraucher zudem „wie ein Darlehensgeber gemäß § 491a BGB“ in Bezug auf den abzuschließenden Darlehensvertrag bzw die Finanzierungshilfe nach § 506 Abs 1 BGB zur Information und Erläuterung verpflichtet (vgl RegBegr BT-Drucks 16/11643, 97; zur Rechtslage bis 11. 6. 2010 vgl § 655b Rn 3). Mit dieser Regelung setzt der deutsche Gesetzgeber die Vorgaben des Art 5 Abs 1 S 1, Art 6 Abs 1 Verbraucherkreditrichtlinie 2008 (Rn 7 ff), nun Art 10 Abs 1, Art 11 Abs 1 Verbraucherkreditrichtlinie 2023 (Rn 12b ff) um. Der Kreditvermittler hat danach – wie der Darlehensgeber – eine Pflicht zur **Unterrichtung des Verbrauchers** mittels der Pflichtangaben (§ 491a Abs 1 BGB), eine Pflicht zur **Überlassung eines Vertragsentwurfs** des vermittelten Kreditvertrags auf Verlangen (§ 491a Abs 2 S 1 BGB) sowie zur **Erläuterung der vorvertraglichen Informationen** (§ 491a Abs 3 BGB). Dabei sind nach Art 247 § 13 Abs 1 BGB die Angabe nach Art 247 § 3 Abs 1 Nr 1 EGBGB und der Vertragsinhalt nach Art 247 § 6 Abs 1 EGBGB um den Namen und die Anschrift des beteiligten Darlehensvermittlers zu ergänzen (dazu BGH 6. 5. 2025 – XI ZR 12/23, ZIP 2025, 1456 Rn 43 ff: durchgehende Angabe des Namens des Vermittlers ohne Anschrift ist unvollständig, hindert aber Anlaufen einer etwaigen Widerrufsfrist nicht). Die Pflichten entsprechend § 491a BGB bestehen sowohl bei einem Vermittlungsvertrag zwischen Vermittler und Verbraucher wie auch bei einem Vertrag zwischen Vermittler und Drittem, va Darlehensgeber. Im zuerst genannten Fall werden diese Pflichten zu Vertragspflichten des Vermittlers gegenüber dem Verbraucher; im zuletzt genannten Fall besteht die Pflicht als gesetzliche Pflicht gegenüber dem Verbraucher ohne (vor)vertraglichen Charakter. Der Pflichtenkreis weist Überschneidungen mit den weiteren Unterrichtungspflichten (zu diesen Rn 55 ff) auf, weil sich die Pflicht aus § 491a Abs 1 BGB auf Art 247 EGBGB in seiner Gesamtheit, dh einschließlich aller seiner Paragraphen, bezieht. Die Fiktion des Art 247 § 2 Abs 4 S 1 EGBGB aF bei Verwendung der Europäischen Verbraucherkreditinformationen gem dem Muster in Anlage 5 zum EGBGB war auf die Pflicht zur Unterrichtung des Verbrauchers anwendbar, denn der Vermittler ist nach dem ausdrücklichen Wortlaut des Gesetzes „wie ein Darlehensgeber“ verpflichtet. Mit Wirkung ab 20. 11. 2026 ist die Fiktionswirkung in Umsetzung der Verbraucherkreditrichtlinie 2023 entfallen. 76

77 Die Pflicht des Vermittlers aus Abs 2 S 2 iVm § 491a BGB tritt nicht hinter der entsprechenden Pflicht des Darlehensgebers aus § 491a BGB zurück. Etwas Anderes folgt weder aus dem Wortlaut der Norm noch aus ihrem Zweck. Auch ist ein abweichender Wille des Gesetzgebers nicht hinreichend deutlich erkennbar (vgl die vage Formulierung RegBegr BT-Drucks 17/1394, 20, wonach „primär" insoweit der Darlehensgeber verpflichtet sei). Vielmehr sind **Darlehensgeber und Vermittler Gesamtschuldner** gem § 421 BGB hinsichtlich der genannten Pflichten aus § 491a BGB (wie hier MünchKommBGB/Weber § 655a Rn 29 f; BeckOGK/Zimmermann [15. 2. 2026] § 655a Rn 53; ähnl BeckOK-BGB/Möller [1. 5. 2025] § 655a Rn 20; PWW/Nobbe § 655a Rn 7; Zahn, Umschuldungsprävention durch verantwortliche Kreditvergabe [2011] 278 ff: jeweils „gesamtschuldähnlich"). Das gesetzlich vorgezeichnete Regelungsregime der Gesamtschuld entspricht auch den Interessen des Verbrauchers. Dieser kann danach keine doppelte Übermittlung der Informationen bzw des Vertragsentwurfs oder deren doppelte Erläuterung verlangen. Vielmehr hat die Erfüllung durch einen der beiden gem § 491a BGB Verpflichteten (Vermittler und Darlehensgeber) auch für den anderen befreiende Wirkung (§ 422 Abs 1 S 1 BGB). Im Falle einer **fehlerhaften Information oder Erläuterung** hat das Verschulden gem § 425 Abs 1, 2 BGB nur Einzelwirkung, so dass Vermittler und Darlehensgeber jeweils nur für ihr eigenes Verschulden gem § 280 Abs 1 BGB (ggf iVm § 311 Abs 2 BGB) eintreten müssen. Eine fehlerhafte Erläuterung durch den Darlehensgeber führt mithin nicht zur Haftung des Vermittlers aus § 280 Abs 1 BGB und umgekehrt (MünchKommBGB/Weber § 655a Rn 29 ff; PWW/Nobbe § 655a Rn 11; **aA** Rott VuR 2008, 281, 285). Sofern eine zutreffende Unterrichtung oder Erläuterung weder durch den Darlehensgeber noch den Vermittler erfolgt, haften beide gem § 280 Abs 1 BGB auf Schadensersatz; auch hinsichtlich dieser Haftung liegt dann eine Gesamtschuld vor. Im Umkehrschluss zu § 655b Abs 2 Alt 2 BGB folgt hinreichend deutlich, dass eine Verletzung der Pflichten aus Abs 2 S 2 **nicht** zur **Nichtigkeit des Vertrags** führt, soweit sie sich nicht mit den (von § 655b Abs 2 Alt 2 BGB sanktionierten) Pflichten aus Art 247 § 13 Abs 2 EGBGB decken.

b) Ausnahme (Abs 2 S 3)

78 Nach dem klaren Wortlaut des Abs 2 S 3 erfasst die Pflicht des Vermittlers aus Abs 2 S 2 entsprechend dem Darlehensgeber gem § 491a BGB nicht die Lieferanten von Waren oder Erbringer von Dienstleistungen, die „in lediglich untergeordneter Funktion" als Darlehensvermittler bei Allgemein-Verbraucherdarlehen oder entsprechenden Finanzierungshilfen tätig werden. Hingegen besteht die Pflicht aus Abs 2 S 1 zur Unterrichtung über die Inhalte nach Art 247 § 13 Abs 2 EGBGB und ab 20. 11. 2026 Art 247a § 2 EGBGB in der dort vorgeschriebenen Form (näher Rn 56 ff; allgemein zur Informationspflicht siehe Rn 55) auch in diesen Fällen. Diese Regelungen entsprachen Art 7 S 1 und 2 Verbraucherkreditrichtlinie 2008 (Rn 7 ff; dazu auch Erwägungsgrund 24). Im Zuge der Umsetzung der Verbraucherkreditrichtlinie 2023 hat der deutsche Gesetzgeber an der Ausnahme in Abs 2 S 3 festgehalten, allerdings musste die Reichweite der Ausnahme eingeschränkt werden. Nur auf diese Weise konnte der deutsche Gesetzgeber sicherstellen, dass die Vorgaben der Verbraucherkreditrichtlinie 2023, die auch durch § 491a BGB umgesetzt wird, eingehalten werden. Da Art 12 und 13 Verbraucherkreditrichtlinie 2023 entsprechende Ausnahmen selbst vorsehen, nicht aber Art 10 Verbraucherkreditrichtlinie 2023 können mit Wirkung ab 20. 11. 2026 die § 491a Abs 3 und 5 BGB der Ausnahme in § 655a Abs 2 S 3 BGB nicht mehr erfasst werden. Daher wurde diese Ausnahmeregelung mit Wirkung ab 20. 11. 2026 auf § 491 Abs 1, 2 BGB beschränkt. Im Übrigen kommt auch bei Waren-

lieferanten oder Dienstleistungserbringern, die nur in untergeordneter Funktion als Darlehensvermittler tätig werden die generelle Verweisung des Abs 2 S 2 zur Geltung. Ein Verweis auf § 491a Abs 4 BGB konnte unterbleiben, da sich dieser auf Immobiliar-Verbraucherdarlehensverträge bezieht. Insofern gilt und galt die Ausnahme in Abs 2 S 3 nicht aufgrund der Vorgaben der Wohnimmobilienkreditrichtlinie (vgl schon Begr RegE BT-Drucks 18/5922, 108).

Mit der Tätigkeit als **Darlehensvermittler in untergeordneter Funktion** sollen zwei Konstellationen erfasst werden. Dies sind zum einen Fälle, in denen die **Vermittlung von Allgemein-Verbraucherdarlehen nicht den Hauptgegenstand** der gewerblichen oder beruflichen Tätigkeit des Vermittlers darstellt. Paradigmatisch ist der Händler, der beim Abschluss verbundener Verträge (§ 358 BGB) ein Darlehen einer mit ihm zusammenarbeitenden Bank dem Verbraucher als Nebenleistung vermittelt. Hierauf stellt auch der Normtext – beispielhaft – mithin nicht abschließend in Abs 2 S 3 letzter HS ab (vgl Begr RegE BT-Drucks 16/11643, 152). Die Kombination der beiden Begriffe „Waren" (Warenlieferant) und Dienstleistungen (Dienstleistungserbringer) ist die übliche, aus dem Unionsrecht übernommene und mittlerweile auch das BGB prägende Umschreibung dafür, dass die Regelung weit auszulegen ist und im Grundsatz alle Vertragsgegenstände erfasst werden sollen, namentlich auch Werkleistungen (so auch BeckOGK/Zimmermann [15. 2. 2026] § 655a Rn 56 f). Eine Gleichsetzung mit § 611 BGB scheidet aus; eine besondere richtlinienkonforme Auslegung ist aufgrund einer entsprechenden Begriffsprägung im BGB nicht (mehr) erforderlich. Zum anderen sollen Konstellationen erfasst werden, in denen der **Vermittler** bei Anbahnung und Abschluss des Darlehensvertrages **nur eine untergeordnete Rolle** spielt, zB nur die Formulare der Bank überreicht (vgl Begr RegE BT-Drucks 16/11643, 97). Zu erwägen ist auch eine entsprechende Rolle bei Inkassounternehmen oder Rechtsanwälten, die im Auftrag des Gläubigers den Schuldnern Stundungs- und Ratenzahlungsvereinbarungen anbieten (vgl EuGH ECLI:EU:C:2016:93 Rn 47 ff; enger Loacker EuZW 2017, 142, 143). In beiden Konstellationen wäre der Vermittler mit den Pflichten aus § 491a Abs 1, 2 BGB übermäßig belastet. Die Pflichten des Darlehensgebers aus § 491a BGB bleiben hingegen in diesen Konstellationen unberührt. 78a

VI. Beratungspflicht (Abs 3)

1. Der Inhalt der Beratungspflicht nach Abs 3

Sofern der Darlehensvermittler eines Immobiliar-Darlehensvertrags bzw einer entsprechenden entgeltlichen Finanzierungshilfe bis zum 19. 11. 2026 Beratungsleistungen nach § 511 Abs 1 BGB im Zusammenhang mit dieser Vermittlung geboten hat, so galt § 511 BGB entsprechend. Die Regelung wurde im Zuge der Umsetzung der Wohnimmobilien-Kreditrichtlinie 2014 (Rn 12) eingefügt. Mit **Wirkung ab 20. 11. 2026** wurde Abs 3 neu gefasst und in Umsetzung von Art 16 Verbraucherkreditrichtlinie 2023 (Rn 12b ff) wurden die Informationspflichten mittels Abs 3 S 1 auf Allgemein-Verbraucherdarlehensverträge und entsprechende Finanzierungshilfen nach § 506 BGB, mithin nun auch unentgeltliche, erstreckt. Allerdings bestehen nach Art 16 der vollharmonisierenden Verbraucherkreditrichtlinie 2023 nicht alle Pflichten, die von Art 22 Abs 3 lit c Wohnimmobilien-Kreditrichtlinie 2014 vorgesehenen sind. Dies betrifft namentlich die in § 511 Abs 2 S 2 BGB normierte Pflicht zur Prüfung einer ausreichenden Zahl an Darlehensverträgen auf ihre Geeignetheit. Daher wurde der 79

Verweis auf § 511 Abs 2 S 2 BGB mit dem neuen Abs 3 S 2 auf Immobiliar-Verbraucherdarlehensverträge und entsprechende Finanzierungshilfen beschränkt. Abs 3 S 3 wurde im Zuge der Umsetzung der Verbraucherkreditrichtlinie 2023 nicht verändert (Rn 80).

79a Die Regelung **bezweckt**, den durch § 511 BGB gewährten Schutz des Verbrauchers auch im Verhältnis zum Darlehensvermittler zu gewährleisten, wenn dieser (und nicht der Darlehensgeber) die entsprechende Beratungsleistung erbringt. Daher treffen die (inhaltlich begrenzten, vgl Rn 80a) Pflichten gem § 511 BGB in diesem Fall den Darlehensvermittler. Deshalb ist das (leicht modifizierte) Pflichtenprogramm nach § 511 BGB in Bezug auf den Darlehensvermittler einschlägig. Nach § 511 Abs 1 besteht eine **Informationspflicht** gegenüber dem Darlehensnehmer nach Art 247 § 18 EGBGB. Gem § 511 Abs 2 S 1 BGB besteht eine **Pflicht zur Exploration**, dh der Darlehensvermittler hat sich über den Bedarf, die persönliche und finanzielle Situation und die Präferenzen und Ziele des Darlehensnehmers zu informieren (ausf BGH 20. 2. 2025 – I ZR 122/23, WM 2025, 477 Rn 15 ff). Sodann hat er – ab dem 20. 11. 2026 nur im Falle der Vermittlung eines Immobiliar-Verbraucherdarlehensvertrages oder einer entsprechenden Finanzierungshilfe – gem § 511 Abs 2 S 2 BGB die **Pflicht**, die **Produkte auf ihre Geeignetheit zu prüfen** und dabei die Prüfungselemente des § 511 Abs 2 S 1 BGB zu wahren (aktuelle Informationen, realistische Annahmen zu Risiken für den Kunden während der Darlehenslaufzeit, ausreichende Zahl an Darlehensverträgen; aus der Rechtsprechung vgl BGH 20. 2. 2025 – I ZR 122/23, WM 2025, 477 Rn 18 mit Verweis auf BGH WM 2005, 415; BGH NJW 2018, 848 Rn 34; dazu näher Rn 80a). Hinsichtlich des Produktuniversums, das in die Geeignetheitsprüfung einzubeziehen ist, schreibt § 655a Abs 3 S 2 BGB vor, dass der Darlehensvermittler eine ausreichende Zahl von am Markt verfügbaren Darlehensverträgen zu prüfen hat (BGH 20. 2. 2025 – I ZR 122/23, WM 2025, 477 Rn 15). Eine Beschränkung auf die Produkte nur eines Anbieters ist, wie der Umkehrschluss zu § 655a Abs 3 S 4 BGB zeigt, nicht zulässig (vgl Begr RegE BT-Drucks 18/5922, 108). Der konkrete Umfang des zu berücksichtigenden Produktuniversums ist abhängig von den Umständen des Einzelfalles, ua der Marktsituation, der Situation des zukünftigen Darlehensnehmers sowie dem in Blick genommenen Immobiliar-Darlehensvertrag. Sodann hat er gem § 511 Abs 3 dem Kunden auf der Grundlage der Prüfung nach § 511 Abs 2 BGB ein **geeignetes Produkt oder mehrere geeignete Produkte zu empfehlen** oder den Kunden darauf hinzuweisen, dass er kein Produkt empfehlen kann (§ 511 Abs 2 S 1 BGB) und die Empfehlung oder den Hinweis dem Kunden auf einem dauerhaften Datenträger zur Verfügung zu stellen (§ 511 Abs 2 S 2 BGB).

80 Für **gebundene Darlehensvermittler**, die nur im Namen und unter der unbeschränkten und vorbehaltlosen Verantwortung nur eines Darlehensgebers oder einer begrenzten Zahl von Darlehensgebern tätig sind, wird der Pflichteninhalt auf die Produkte aus der Produktpalette dieses bzw dieser Darlehensgeber(s) beschränkt (**§ 655a Abs 3 S 3 BGB**; näher dazu König ZVertriebsR 2016, 350, 351 f). Voraussetzung ist aber, dass dieser bzw diese Darlehensgeber am Markt keine Mehrheit darstellen, dh weniger als 50 % der Kredite auf dem Markt für Immobiliar-Verbraucherkredite vergeben (vgl Begr RegE BT-Drucks 18/5922, 108). Den gebundenen Vermittlern ist der **Handelsvertreter** gem § 84 HGB gleichzustellen, wenn man – entgegen der hier vertretenen vorzugswürdigen Ansicht (Rn 28 f) – auf diesen die §§ 655a ff BGB anwendet; auch er kommt dann in den Genuss der Privilegierung des § 655a Abs 3 S 3 BGB, wenn er tatsächlich nur für einen Kreditgeber bzw eine begrenzte Zahl an Kreditgebern tätig wird und die Marktmehrheit durch diesen bzw diese nicht erreicht wird (iE auch v Klitzing/Seiffert WM 2016, 774, 777 f; König ZVertriebsR 2016, 350, 351; BeckOGK/Zimmermann [15. 2. 2026] § 655a Rn 59 ff). Insofern ist eine Anwendung der Norm möglich und geboten, wenn man sie mit der Mindermeinung anwendet, da die Norm gerade nicht auf eine irgendwie geartete arbeitsrechtliche Stellung abstellt, wie das Abstellen auf eine Tätigkeit für *mehrere* Darlehensgeber zeigt. Sofern der Handelsvertreter tatsächlich nur für einen oder mehrere Kreditgeber tätig ist, ist der Zweck des § 655a Abs 3 S 3 BGB einschlägig, wonach der Vermittler nicht verpflichtet werden soll, Produkte von Darlehensgebern in die Auswahl einzubeziehen, mit denen er nicht kooperiert. Ausreichend ist nach dem Zweck der Norm daher, dass eine entsprechende Bindung des Darlehensvermittlers besteht, die auch beim Handelsvertreter, der nur für einen bzw bestimmte Kreditgeber tätig wird, vorliegen kann. Da der Verbraucher hierüber nach Art 247 § 13b Abs 1 S 1 Nr 3 EGBGB rechtzeitig zu informieren ist, werden die Interessen des Verbrauchers auch hinreichend gewahrt. Die **Darlegungs- und Beweislast** für die Einschlägigkeit des § 655a Abs 3 S 3 BGB und damit für die Verkürzung des zu berücksichtigenden Produktuniversums trifft den Darlehensvermittler. Schließlich besteht daneben eine **vorvertragliche Informationspflicht** des Vermittlers gem Art 247 § 13b Abs 3 EGBGB nach Art 247 § 18 EGBGB. Sofern die Vermittlung und Beratung gemeinsam vereinbart werden, kann der Vermittler die Informationen nach Art 247 § 13b Abs 1 S 1 Nr 4 EGBGB und nach Art 247 § 18 EGBGB in einem Dokument zusammenfassen (Begr RegE BT-Drucks 18/5922, 118).

2. Die allgemeinen Pflichten

Die von Abs 3 in Bezug genommenen **Pflichten nach § 511 BGB** sind **inhaltlich begrenzt**, dh abhängig von der Anwendbarkeit besteht die Pflicht zur **Exploration**, die Pflicht zur **Prüfung von Bankprodukten** auf die Geeignetheit sowie die Pflicht ein **geeignetes Produkt zu empfehlen** (näher Rn 80). Mitnichten besteht eine allgemeine Aufklärungs- oder Beratungspflicht des Darlehensvermittlers nach Abs 3 (verkannt von BGH 20. 2. 2025 – I ZR 122/23, WM 2025, 477 Rn 21 ff). Auch entsprechen diese inhaltlich begrenzten Pflichten ***nicht*** den von der Rechtsprechung in Bezug auf den gesetzlich nicht vertypten **Finanzierungsberatungsvertrag** formulierten Pflichtenkanon. Nach dieser Rechtsprechung hat das Kreditinstitut bzw der Finanzberater bei einem Finanzierungsberatungsvertrag zu prüfen, ob die empfohlene Finanzierung als ein für den Darlehensnehmer geeignetes Finanzierungsinstrument anzusehen ist und den Darlehensnehmer über die spezifischen Nachteile und Risiken und die vertragsspezifischen Besonderheiten der empfohlenen Finanzierungsform hinreichend aufzuklären (vgl BGH 20. 2. 2025 – I ZR 122/23, WM 2025, 477 Rn 18 m Anm Harnos WuB 2025, 185 und Süss BKR 2025, 940; BGH WM 2005, 415; BGH NJW 2018, 848 Rn 34). Diese Pflichten gehen weit über den Pflichtenkanon nach § 511 BGB hinaus und werden von diesem mithin nicht umfasst. Dies verkennt die Rechtsprechung (BGH 20. 2. 2025 – I ZR 122/23, WM 2025, 477 Rn 21 ff), wenn sie zur Konkretisierung des Pflichteninhalts im Einzelfall darauf abstellt, dass eine „umfassende Aufklärung" (!) geschuldet sei. Eine umfassende Aufklärungs- oder gar Beratungspflicht findet sich – wie gezeigt – gerade nicht in § 511 BGB. Das Risiko des Nichtzustandekommens des (finanzierten) Grundstückskaufvertrags ist mithin nicht Gegenstand der Beratungspflicht nach § 511 BGB, auf die Abs 3 verweist (unzutreffend **aA** BGH 20. 2. 2025 – I ZR 122/23, WM 2025, 477 Rn 21 ff). Mithin wird eine etwaige Verharmlosung des realen Risikos des Nichtzustandekommens des 80a (finanzierten) Grundstückskaufvertrags in der Weise, dass der Eindruck entsteht, dieses Risiko sei nur theoretischer Natur, nicht von § 511 BGB iVm Abs 3 erfasst.

80b Freilich bestehen auch bei einem Darlehensvermittlungsvertrag, auf den § 511 BGB gemäß Abs 3 BGB anwendbar ist, die **allgemeinen Pflichten nach § 241 Abs 2 BGB**. Hinzu treten die **allgemeinen Grundsätze über Informationspflichten.** Nach diesen hat der Gefragte jeweils wahrheitsgemäß zu antworten oder die Antwort zu verweigern; zudem ist ungefragt über solche Umstände aufzuklären, die für die andere S von erkennbar entscheidender Bedeutung sind, weil zB der Vertragszweck für die andere Partei gefährdet ist. Schließlich kann auch ein **Beratungsvertrag/Finanzierungsberatungsvertrag** neben dem Darlehensvermittlungsvertrag geschlossen werden; anders als von der Rechtsprechung vielfach angenommen, bedarf es für die Bejahung eines konkludenten Vertragsschlusses allerdings substantieller Anhaltspunkte. Die von der Rechtsprechung bejahte Haftung des Darlehensvermittlers für die Verharmlosung des Risikos des Nichtzustandekommens des Grundstückskaufvertrags mit der Folge, dass der Verbraucher dieses als Risiko nur theoretischer Natur versteht (BGH 20. 2. 2025 – I ZR 122/23, WM 2025, 477 Rn 21 ff) setzt mithin entweder eine Einordnung als nicht wahrheitsgemäße Antwort oder als Verletzung der Pflichten aus einem neben dem Darlehensvermittlungsvertrag geschlossenen Beratungsvertrag voraus. Auf § 511 BGB iVm Abs 3 kann eine Haftung hierfür indes nicht gestützt werden.

3. Die Rechtsfolgen einer Pflichtverletzung

81 Ein Verstoß gegen die Pflicht aus § 655a Abs 3 BGB führt **nicht** zur **Nichtigkeit** des Vermittlungsvertrags; insoweit gilt zu Abs 2 S 2 Entsprechendes (Rn 77). In Betracht kommen aber **Schadensersatzansprüche** des Verbrauchers aus §§ 280 Abs 1 ff BGB aufgrund der Verletzung einer vertraglichen Pflicht durch den Kreditvermittler.

VII. Weitere Pflichten des Kreditvermittlers

1. Pflichten nach Art 247 EGBGB

82 Art 247 § 13 EGBGB enthält darüber hinaus weitere gesetzliche Pflichten des Kreditvermittlers. In Umsetzung von Art 21 lit c Verbraucherkreditrichtlinie 2008 (Rn 7 ff), nun Art 38 lit d Verbraucherkreditrichtlinie 2023 hat dieser **dem *Darlehensgeber*** vor Abschluss des Vermittlungsvertrages die **Höhe der Vermittlungsvergütung mitzuteilen** (Art 247 § 13 Abs 3 S 1 EGBGB). Der Darlehensgeber bedarf dieser Information zur Berechnung des effektiven Jahreszinses gem Art 247 § 6 Abs 3 EGBGB. In Umsetzung von Art 10 Abs 1 UAbs 2 S 1 Verbraucherkreditrichtlinie 2008, nun Art 20 Abs 1 Verbraucherkreditrichtlinie 2023, wonach alle Vertragsparteien eine Ausfertigung bzw Kopie des Kreditvertrages erhalten, hat der deutsche Gesetzgeber in Art 247 § 13 Abs 3 S 2 EGBGB eine Pflicht des Darlehensvermittlers (und des Darlehensgebers) aufgenommen, sicherzustellen, dass der **Darlehensnehmer eine Abschrift des Vertrages** erhält. Nach Art 247 § 13 Abs 4 EGBGB hat der Darlehensvermittler in der Werbung für den Abschluss eines Verbraucherdarlehensvertrags oder eines Vertrags über eine Finanzierungshilfe gemäß § 506 Abs 1 BGB (bis zum 19. 11. 2026: entgeltliche Finanzierungshilfe) gegenüber einem Verbraucher die Angaben nach Art 247 § 13 Abs 2 S 1 Nr 3 EGBGB (dazu näher Rn 67) einzubeziehen. Diese Regelung dient der Umsetzung des Art 21 lit a Verbraucherkreditrichtlinie

2008 (Rn 7 ff), nun Art 38 lit a Verbraucherkreditrichtlinie 2023, wonach die Mitgliedsstaaten sicherstellen müssen, dass der Kreditvermittler auch in seiner Werbung auf den **Umfang seiner Befugnisse** und darauf hinweist, ob er ausschließlich mit einem, mit mehreren Kreditgebern oder als unabhängiger Kreditmakler arbeitet.

Im Fall eines **Immobiliar-Verbraucherdarlehensvertrags** hat der Vermittler nach Art 247 § 13b Abs 2 EGBGB dem *Darlehensgeber* die Informationen nach Art 247 § 1 Abs 1 EGBGB, die er von dem Darlehensnehmer erhalten hat, diesem (ausschließlich) zum Zweck der Kreditwürdigkeitsprüfung zu übermitteln (vgl Art 20 Abs 2, Abs 3 UAbs 1 S 3 Wohnimmobilienkreditrichtlinie 2014). Nach Art 247 § 13a Abs 2 BGB besteht mit Wirkung ab 20. 11. 2026 eine entsprechende Pflicht bei **Allgemein-Verbraucherdarlehensverträgen**; die Neuregelung setzt Art 18 Abs 2 Verbraucherkreditrichtlinie 2023 um. Es handelt sich hierbei um die für die Kreditwürdigkeitsprüfung erforderlichen Angaben des Verbrauchers. Da diese Prüfung vom Darlehensgeber durchgeführt wird, ist er auf die vom Vermittler erhobenen Angaben angewiesen. Die Regelungen betreffen nur die vom Verbraucher erhaltenen Informationen. Die erhaltenen Informationen dürfen zudem nur „zum Zweck der Kreditwürdigkeitsprüfung" übermittelt werden. Diese Übermittlung muss „richtig und vollständig" erfolgen. Die Verbraucherkreditrichtlinie 2023 fordert zudem explizit im Normtext, dass die Weiterleitung der Informationen im Einklang mit den Vorgaben der DSGVO zu erfolgen hat. Diese unionsrechtliche Regelung ist nur deklaratorisch, da die DSGVO als europäische Verordnung in den Mitgliedstaaten nach Art 288 Abs 2 AEUV unmittelbar gilt. Der deutsche Gesetzgeber konnte daher von der Umsetzung dieses Regelungsinhaltes absehen; eine Klarstellung ist nicht nur überflüssig, sondern verbunden mit der Gefahr der Fehlleitung. Nicht vom Wortlaut der Normen umfasst (vgl „erhalten hat", „zu übermitteln") ist die weitere Aussage der Normverfasser in den Materialien zur Umsetzung der Wohnimmobilienkreditrichtlinie 2014, dass der Darlehensvermittler „gegebenenfalls Nachfragen des Darlehensgebers im Hinblick auf die vom Darlehensnehmer erteilten Informationen nachzugehen" habe, soweit dies erforderlich sei, damit der Darlehensgeber die Kreditwürdigkeitsprüfung durchführen zu könne (so in der Tat Begr RegE BT-Drucks 18/5922, 119). Eine solche Pflicht des Vermittlers zur Unterstützung des Darlehensgebers ist angesichts der Pflicht des Darlehensgebers zur Durchführung der Kreditwürdigkeitsprüfung sicherlich sinnvoll, sie lässt sich aber der Regelung in Art 247 § 13b Abs 2 nicht entnehmen; auch handelt es sich insofern weder um eine teleologische Extension noch um eine sonstige Form der Rechtsfortbildung, die sich auf diese Stelle in den Materialien stützen könnte. Vorzugswürdig ist es daher, insofern auf allgemeine Regelungen zurückzugreifen, dh das zwischen Darlehensgeber und Darlehensvermittler bestehende Rechtsverhältnis und ggf § 241 Abs 2 BGB in diesem. In den Materialien zur Umsetzung der Verbraucherkreditrichtlinie 2023 findet sich kein entsprechender Hinweis. 83

2. Allgemeine Aufklärungs- und Beratungspflichten

Den Darlehensvermittler treffen zudem allgemeine **Aufklärungs- und Beratungspflichten** (monographisch, wenngleich zur früheren Rechtslage Dietel Aufklärungspflichten bei der Vermittlung von Verbraucherdarlehen [2009]) aufgrund seiner Fachkompetenz im jeweiligen Vertragsverhältnis zum Verbraucher oder zum Dritten (§ 241 Abs 2 BGB). Daneben kommt eine Haftung des Darlehensvermittlers gegenüber der jeweils anderen Partei aufgrund der konkreten Inanspruchnahme von Vertrauen in Betracht (§§ 311 Abs 3, 84

241 Abs 2, 280 Abs 1 BGB). Allerdings ist die **Unterscheidung zwischen Nachweismakler und Vermittlungsmakler** (dazu Rn 35) bei der Bestimmung der vertraglichen Aufklärungs- und Beratungspflichten gem § 241 Abs 2 BGB zu beachten. Denn das Vertrauen des Verbrauchers, das durch die bloße Pflicht zum Nachweis eines vertragsbereiten Interessenten ausgelöst wird, bleibt deutlich hinter jenem Vertrauen zurück, das mit der Vermittlung eines abschlussbereiten Vertragsgegenübers verbunden ist. Des Weiteren darf der Darlehensvermittlungsvertrag **nicht** implizit mit einem **Finanzanlagenberatungsvertrag** gleichgesetzt werden, indem weitreichende Beratungspflichten des Vermittlers postuliert werden (zur Abgrenzung von Finanzierungsvermittlung und -beratung auch OLG Koblenz WM 2007, 780; VersR 2010, 1035). Freilich können die Parteien mit einer ausdrücklichen oder konkludenten Abrede die Beratungspflichten des Vermittlers vertraglich ausweiten; Gleiches kann gem § 241 Abs 2 BGB durch eine besondere Vertrauenswerbung des Vermittlers erfolgen. Im Vordergrund steht allerdings die Pflicht des Darlehensvermittlers, den Vertragspartner über jene ihm bekannten Umstände **aufzuklären**, die für die Entschließung des Auftraggebers, den vermittelten Vertrag abzuschließen, positiv oder negativ bedeutsam sein können. Maßgeblich ist die dem Vermittler erkennbare Entscheidungserheblichkeit der Umstände und die Aufklärungsbedürftigkeit des Auftraggebers über diese Umstände (vgl OLG Stuttgart NJW-RR 2010, 195: Aufklärungspflicht des Vermittlers, dass nur eine bestimmte Auswahl von Kreditinstituten vermittelt wird; s auch BGH WM 1970, 1270: Aufklärungspflicht des Darlehensmaklers gegenüber der auftraggebenden Bank, zB über Gefährdung des zu finanzierenden Objekts, anderweitige Darlehensverwendung, Auszahlung an Käufer statt an Verkäufer). Die **Beratungspflicht** des Vermittlers umfasst insbes bei einem Vermittlungsmakler ausgehend vom Beratungsbedarf des Verbrauchers eine Einweisung in die wirtschaftlichen und rechtlichen Umstände des avisierten Vertrags, um diesen in die Lage zu versetzen, die Eignung eines konkreten Vertrags für seine Bedürfnisse und seine finanzielle Situation zu beurteilen. Der Vermittler hat dabei die konkreten Interessen des Vertragspartners zu berücksichtigen und eine Empfehlung hinsichtlich des geeigneten Darlehens auszusprechen bzw auf dessen Vermittlung hinzuarbeiten (wie hier BeckOGK/Zimmermann [15. 2. 2026] § 655a Rn 22; deutlich zu weit daher OLG Karlsruhe NJW-RR 2012, 1439, 1440, mit einer Parallele zur anleger- und objektgerechten Beratung bei der Kapitalanlageberatung). Nach den allgemeinen Grundsätzen des Maklerrechts können den Vermittler **auch gegenüber dem Darlehensgeber Aufklärungs- und Beratungspflichten** treffen, zB die Pflicht, diesen über entscheidungserhebliche Umstände aufzuklären (Staudinger/Arnold § 652 Rn 222).

85 Nach § 12 ImmVermV (Rn 12) ist der **Immobiliendarlehensvermittler** zudem verpflichtet, seine Tätigkeit mit der erforderlichen **Sachkenntnis, Sorgfalt und Gewissenhaftigkeit** im Interesse des Immobiliardarlehensnehmers auszuüben. Nach § 13 ImmVermV ist ihm untersagt, sich im Zusammenhang mit der Immobiliardarlehensvermittlung oder -beratung **Eigentum oder Besitz an Geldern des Immobiliardarlehensnehmers** zu verschaffen.

VIII. Prozessuales

86 In Bezug auf die **Darlegungs- und Beweislast** gelten die **allgemeinen Grundsätze**. Nach diesen hat jede Partei jene Umstände darzulegen und im Bestreitensfall zu beweisen, aus der Sie für sich günstige Umstände ableiten möchte. Sofern mithin der Verbraucher das Vorliegen eines Darlehens Vermittlungsvertrags gemäß § 655a BGB geltend

macht, um aufgrund der Verletzung der Informationspflichten dessen Nichtigkeit nach § 655b Abs 2 BGB und damit das Entfallen seiner etwaigen Entgeltpflicht vorträgt, hat er die Voraussetzungen eines Darlehensvermittlungsvertrags darzulegen und ggf zu beweisen. Nur sofern der Unternehmer die Unanwendbarkeit aufgrund eines Ausschlusstatbestandes vorträgt, trifft ihn hierfür die Darlegungs- und Beweislast. Für eine grundsätzliche Zuweisung der Darlegungs- und Beweislast zum Unternehmer bzw eine Zweifelsregelung, wonach §§ 655a ff BGB im Zweifel anwendbar sind (so in der Tat Grüneberg/Retzlaff § 655a Rn 7), findet sich keine gesetzliche Grundlage.

IX. Internationales

Darlehensvermittlungsverträge gem § 655a Abs 1 S 1 BGB sind **Verbraucherverträge**, 87
sodass sich das international-privatrechtlich anzuwendende Recht grundsätzlich nach **Art 6 Rom I-VO** richtet. Dessen weiter Anwendungsbereich umfasst – vorbehaltlich der *leges speciales* in Art 5, 7 Rom I-VO – Verbraucherverträge aller Vertragstypen, insbesondere auch Maklerverträge (MünchKommBGB/Martiny Art 6 Rom I-VO Rn 19; ausf BeckOGK/Rühl [1. 2. 2023] Art 6 Rom I-VO Rn 51 ff). Nach dieser Norm ist grundsätzlich das Recht jenes Staates maßgeblich, in dem der Verbraucher seinen gewöhnlichen Aufenthalt hat, wenn der Unternehmer in diesem Staat **seine berufliche und gewerbliche Tätigkeit ausübt** (Art 6 I lit a Rom I-VO) oder seine **Tätigkeit auf diesen Staat ausrichtet** (Art 6 I lit b Rom I-VO) und der **Vertrag in den Bereich dieser Tätigkeit** fällt. Für ein **Ausüben der Tätigkeit** muss sich der Unternehmer physisch im Staat aufhalten und dort aktiv am Wirtschaftsverkehr teilnehmen, also va vor Ort in diesem Staat Dienstleistungen erbringen (MünchKommBGB/Martiny Art 6 Rom I-VO Rn 37; BeckOGK/Rühl [1. 2. 2023] Art 6 Rom I-VO Rn 183; Ferrari/Kieninger/Mankowski/Staudinger, Rom I-VO Art 6 Rn 46). Nicht erforderlich ist eine Niederlassung in diesem Staat (Ferrari/Kieninger/Mankowski/Staudinger, Rom I-VO Art 6 Rn 46). Auch jene Fälle werden von Art 6 Abs 1 Rom I-VO erfasst, in denen dem Vertragsabschluss ein ausdrückliches Angebot oder eine Werbung in diesem Staat vorausgegangen ist und der Verbraucher in diesem Staat die zum Abschluss des Vertrages erforderlichen Rechtshandlungen vorgenommen hat oder der Unternehmer oder sein Vertreter die Bestellung des Verbrauchers in diesem Staat entgegengenommen hat (BeckOK-BGB/Spickhoff [1. 8. 2024] Art 6 Rom I-VO Rn 25 ff). Sofern der Darlehensvermittlungsvertrag in Deutschland unterzeichnet wird (vgl zur Schriftform § 655b Abs 1 S 1 BGB), ist somit idR nach Art 6 Abs 1 lit a Rom I-VO deutsches Recht anwendbar. Von der **Ausrichtung der Tätigkeit auf einen Staat** iSv Art 6 Abs 1 lit b Rom I-VO ist letztlich jede absatzfördernde Handlung umfasst, die in irgendeiner Art und Weise auf einen Staat ausgerichtet ist (MünchKommBGB/Martiny Art 6 Rom I-VO Rn 41 ff; Ferrari/Kieninger/Mankowski/Staudinger, Rom I-VO Art 6 Rn 47). Nach dem EuGH setzt eine Ausrichtung bei Internetseiten voraus, dass der Unternehmer mit seiner Tätigkeit seinen Willen zum Ausdruck bringt, auch mit Verbrauchern des Wohnsitzmitgliedstaates des Verbrauchers Geschäftsbeziehungen herzustellen (EuGH 7. 12. 2010 – C-585/08 und C-144/09, ECLI:EU:C:2010:740, Rn 75, zu Art 15 Abs 1 lit c VO [EG] 44/2001).

Selbstverständlich können die Vertragsparteien eine **Rechtswahl nach Art 3** 88
Rom I-VO treffen (Art 6 Abs 2 S 1 Rom I-VO). Allerdings ist diese Möglichkeit beschränkt. Nach Art 6 Abs 2 S 2 Rom I-VO darf die Rechtswahl nicht dazu führen, dass dem *Verbraucher* der Schutz von Bestimmungen entzogen wird, die ihm jene

Normen gewähren, die nach Art 6 Abs 1 Rom I-VO Anwendung finden würden. Daher können durch die Rechtswahl keine nach Abs 1 anwendbaren Verbraucherschutznormen umgangen werden. Zu diesen Verbraucherschutznormen zählen auch die Bestimmungen der §§ 655a ff BGB (MünchKommBGB/Martiny Art 6 Rom I-VO Rn 63 ff).

89 Wird die geschuldete Darlehensvermittlung jedoch ausschließlich **in einem anderen Staat erbracht als jenem**, in dem der Verbraucher seinen gewöhnlichen Aufenthalt hat, so gelten die Bestimmungen des Art 6 Abs 1, 2 Rom I-VO nicht (Art 6 Abs 4 lit a Rom I-VO) und das anzuwendende Recht richtet sich nach den allgemeinen Bestimmungen der Art 3, 4 Rom I-VO. Diese finden nach Art 6 Abs 3 Rom I-VO auch dann Anwendung, wenn die Voraussetzungen des Art 6 Abs 1 lit a oder b Rom I-VO nicht greifen.

§ 655b
Schriftform bei einem Vertrag mit einem Verbraucher

(1) Der Darlehensvermittlungsvertrag mit einem Verbraucher bedarf der Textform. Der Vertrag darf nicht mit dem Antrag auf Hingabe des Darlehens oder der Finanzierungshilfe nach § 506 verbunden werden. § 492 Absatz 1a gilt entsprechend. Der Darlehensvermittler hat dem Verbraucher den Vertragsinhalt in Textform mitzuteilen.

(2) Ein Darlehensvermittlungsvertrag mit einem Verbraucher, der den Anforderungen des Absatzes 1 Satz 1 und 2 nicht genügt oder vor dessen Abschluss die Pflichten aus Artikel 247 § 13 Absatz 2, § 13b Absatz 1 sowie § 18 des Einführungsgesetzes zum Bürgerlichen Gesetzbuche nicht erfüllt worden sind, ist nichtig.

Schrifttum

Vgl die Nachweise bei § 655a.

Systematische Übersicht

Alphabetische Übersicht

I. Grundlagen

1. Systematik und Normzweck

In ihrer aktuellen Fassung enthält die Norm ein Formerfordernis für Darlehensvermittlungsverträge (§ 655a Rn 34 ff) mit Verbrauchern (zu den möglichen Vertragskonstellationen näher § 655a Rn 52 ff). Nach der **Systematik der Regelung** ordnet sie für solche Darlehensvermittlungsverträge die **Textform** an (§ 126b BGB), **Abs 1 S 1** (näher Rn 4 f; bis zum 19. 11. 2026: Schriftform iSd § 126 BGB, ohne dass die elektronische Form gem § 126a BGB ausgeschlossen war). Insoweit besteht eine Parallele zum Formerfordernis bei Allgemein-Verbraucherdarlehensverträgen (§ 492 Abs 1 S 1 BGB). Das Formgebot bezweckt die nunmehr deutlich abgeschwächte Warnung des Verbrauchers (hM; MünchKommBGB/Weber § 655b Rn 1; PWW/Nobbe § 655b Rn 1) sowie die Dokumentation des Vertragsinhaltes. Anders als der Verbraucherdarlehensvertrag muss ein Vermittlungsvertrag mit dem Verbraucher aber keine Mindestangaben enthalten (zu früheren Fassungen vgl Rn 3), sondern den Darlehensvermittler trifft eine Vielzahl von Informationspflichten (vgl § 655a Rn 55 ff). Der Schutz der informierten Entscheidung des Verbrauchers wird insbesondere über die zahlreichen vorvertraglichen Informationspflichten (vgl § 655a Rn 55 ff) gewährleistet. Mit diesen soll der Verbraucher auf eine etwaige vermittlungsbedingte Verteuerung des Darlehens sowie auf eine etwaige Nähe des Vermittlers zum Darlehensgeber hingewiesen werden. Darüber hinaus enthält die Regelung ein **Trennungsgebot, Abs 1 S 2** (näher Rn 10 ff). Nach diesem darf der Darlehensvermittlungsvertrag nicht mit dem Antrag auf Hingabe des Darlehens verbunden werden. Hierdurch soll dem Verbraucher die rechtliche Selbständigkeit beider Verträge und damit die Möglichkeit, auch nur einen Darlehensvertrag ohne etwaige Zusatzkosten für die Vermittlung abzuschließen, verdeutlicht werden. Die Textform und das Trennungsgebot wurden nicht von der Verbraucherkreditrichtlinie 2008 vorgegeben; auch die Verbraucherkreditrichtlinie 2023 schreibt beides nicht vor. Die Verbraucherkreditrichtlinie 2023 regelt aber den Darlehensvermittlungsvertrag weiterhin nicht umfassend, sondern nur die Pflichten des Darlehensvermittlers, so dass allgemeine vertragsrechtliche Aspekte (Wirksamkeit, Stellvertretung und eben Form des Darlehensvermittlungsvertrags) dem nationalen Recht überlassen 1 bleiben. Nach **Abs 1 S 4 (früher S 3)** hat der Darlehensvermittler schließlich dem Verbraucher den **Vertragsinhalt in Textform** mitzuteilen (näher Rn 14 f).

2 Ein Darlehensvermittlungsvertrag, der den Anforderungen des Abs 1 S 1 (seit dem 20. 11. 2026 Textform) oder S 2 (Trennungsgebot) nicht genügt oder vor dessen Abschluss die Pflichten aus Art 247 § 13 Abs 2, § 13b Abs 1 sowie § 18 EGBGB nicht erfüllt worden sind (bis zum 19. 11. 2026 nur Art 247 § 13 Abs 2, § 13b Abs 1 und 3 EGBGB), ist **nichtig** (Abs 2, näher dazu Rn 16 ff). Diese sehr weitgehende Rechtsfolge wird vom Gesetz ausdrücklich auch für den Fall der unterbliebenen Erfüllung der nun noch ausgeweiteten vorvertraglichen Informationspflichten angeordnet. Hingegen sanktioniert das Gesetz die Verletzung der Pflicht zur Übermittlung des Vertragsinhaltes in Textform (Abs 1 S 4) nicht mit der Vertragsunwirksamkeit (vgl Rn 15).

2. Normgenese

3 Die **Verbraucherkreditrichtlinie 2008** (§ 655a Rn 7 ff) enthielt keine entsprechenden Vorgaben, namentlich keine verbraucherschützenden Bestimmungen zur Form und zur Trennung von Verbraucherdarlehen und Darlehensvermittlungsvertrag. Im nationalen Recht findet sich eine **Vorgängernorm im früheren § 15 VerbrKrG aF**, die mit geringfügigen Anpassungen in der Schuldrechtsreform 2002 in das BGB integriert wurde (§ 655a Rn 6). Sie wurde hierbei um die Mitteilungspflicht in Abs 1 S 4 (früher S 3) ergänzt. Die Norm zählte zudem in Abs 1 S 2 aF jene Mindestangaben auf, die in den Vertrag aufzunehmen waren:

> In dem Vertrag ist vorbehaltlich sonstiger Informationspflichten insbesondere die Vergütung des Darlehensvermittlers in einem Prozentsatz des Darlehens anzugeben; hat der Darlehensvermittler auch mit dem Unternehmer eine Vergütung vereinbart, so ist auch diese anzugeben.

Die eigenständige Bedeutung dieser früheren Regelung folgte daraus, dass die Höhe des Vermittlungsentgelts als Prozentsatz des Darlehens im Darlehensvermittlungsvertrag anzugeben war (ausf zu den Anforderungen der Norm Staudinger/Kessal-Wulf [2010] § 655b Rn 3 ff). Abs 1 S 2 aF wurde mit Wirkung zum 11. 6. 2010 aufgehoben (§ 655a Rn 10; vgl zur **Übergangsvorschrift** § 655a Rn 51). Der Regelungsgehalt der früheren Norm ist im Wesentlichen in den Informationspflichten nach § 655a Abs 2 BGB aufgegangen. Deren Nichterfüllung wird aber weiterhin über Abs 2 Alt 3 mit der Nichtigkeit des Vermittlungsvertrages sanktioniert (näher Rn 16). Mit **Wirkung ab 11. 6. 2010** (§ 655a Rn 10) wurde der sachliche Anwendungsbereich der Norm auf Darlehensvermittlungsverträge mit Verbrauchern beschränkt, bei Vermittlungsverträgen mit Dritten ist sie nicht anwendbar (vgl zu den Vertragskonstellationen § 655a Rn 52 ff). Im Zuge der Umsetzung der **Wohnimmobilienkreditrichtlinie 2014** (vgl § 655a Rn 12) wurde mit Wirkung zum 21. 3. 2016 der Wortlaut des Abs 1 um den Verweis auf Art 247 § 13b EGBGB ergänzt (zur Übergangsvorschrift § 655a Rn 51).

3a Im Zuge der Umsetzung der **Verbraucherkreditrichtlinie 2023** wurde mit Wirkung ab 20. 11. 2026 das Schriftformerfordernis in Bezug auf Darlehensvermittlungsverträge durch die Textform in Abs 1 ersetzt, ohne dass dies durch die Verbraucherkreditrichtlinie 2023 veranlasst war. Zudem wurde das Trennungsprinzip in Abs 1 S 2 zur

Klarstellung nun ausdrücklich auch auf Finanzierungshilfen nach § 506 BGB bezogen. Auch die entsprechende Anwendung des § 492 Abs 1a BGB wurde in Abs 1 S 3 nun ausdrücklich verankert. Die Verletzung jener vorvertraglichen Informationspflichten, die nach Abs 2 S 1 zur Nichtigkeit des Darlehensvermittlungsvertrags führen, wurde im Zuge der Änderung um Art 247 § 18 EGBGB erweitert.

II. Die Formerfordernisse (Abs 1)

1. Textform des Vertrages (S 1)

a) Bestand und Umfang

Abs 1 S 1 ordnet die Textform (§ 126b BGB) (bis zum 19. 11. 2026: gesetzliche Schriftform, § 126 BGB) für einen Darlehensvermittlungsvertrag mit einem Verbraucher an; gleichgestellt sind Existenzgründer iSv § 513 BGB als Vertragspartner (§ 655e Abs 2 BGB; s auch § 655a Rn 23). Darlehensvermittlungsverträge mit Dritten erfasst die ausdrückliche Regelung nicht (zu den möglichen Vertragskonstellationen § 655a Rn 52 ff). Das Formerfordernis ist eine Parallele zur Formbedürftigkeit des Verbraucherdarlehensvertrages gem § 492 Abs 1 S 1 BGB. Allerdings finden die dortigen Erleichterungen des Formzwanges bei Verbraucherdarlehensverträgen **(§ 492 Abs 1 S 2, 3 BGB)** in § 655b BGB keine Entsprechung. Der deutsche Gesetzgeber hat das frühere Schriftformerfordernis mit Wirkung ab 20. 11. 2026 zugunsten der Textform ersetzt, da er die Schriftform als unzeitgemäß bewertet hat. Seinen Ursprung fand das Schriftformerfordernis in § 15 VerbrKrG aF aus dem Jahr 1990, dass sodann im Zuge der Schuldrechtsmodernisierung 2002 in das BGB integriert wurde. Die Abschwächung des Formerfordernisses wird vom Gesetzgeber mit der erheblichen zwischenzeitlichen Ausweitung des Verbraucherschutzes sowohl im Darlehensrecht als auch bei der Vermittlung von Darlehensverträgen und Finanzierungshilfen gerechtfertigt. Insbesondere seien die Sanktionierung der Verletzung der Informationspflicht nach Art 247 § 13 EGBGB durch die Nichtigkeit des Darlehensvermittlungsvertrages sowie das unverändert gebliebene Trennungsgebot (Abs 1 S 2) ausreichend, um dem Verbraucher zu verdeutlichen, dass mit dem Vermittlungsvertrag zusätzliche Kosten verbunden sind und der Darlehensvertrag unabhängig von und auch ohne Vermittlungsvertrag abgeschlossen werden kann (vgl Begr RegE BT-Drucks 21/1851 v 29. 9. 2026, S 126). Schließlich verweist der deutsche Gesetzgeber (vgl Begr RegE BT-Drucks 21/1851 v 29. 9. 2026, S 126) auf den (vermeidbaren) Aufwand, der mit der Schriftform im Vergleich zur Textform verbunden ist und der angesichts der Anforderungen an andere Vermittlungsverträge nicht mehr zeitgemäß erscheine. Selbst der Maklervertrag in Bezug auf den Abschluss eines Kaufvertrags über eine Wohnung oder ein Einfamilienhaus bedürfe nach § 656a BGB nur der Textform. Die Verbraucherkreditrichtlinie 2023 enthält keine Vorgaben für die Form des Darlehensvermittlungsvertrags, allerdings muss die Vereinbarung über Entgelte nach Art 38 lit c Verbraucherkreditrichtlinie 2023 auf Papier oder einem anderen dauerhaften Datenträger erfolgen. Mithin gerade nicht in Schriftform; Textform ist also auch insofern ausreichend. 4

Die **analoge Erstreckung** des Formzwangs aus § 655b Abs 1 S 1 BGB **auf den Schuldbeitritt** zu einem Darlehensvermittlungsvertrag mit einem Verbraucher ist **abzulehnen** (**aA** OLG Stuttgart 19. 10. 2022 – 3 U 101/22, allerdings im obiter dictum). Bekanntlich erstreckt der BGH die verbraucherschützenden Vorschriften für Darlehensverträge auf den Schuldbeitritt zu einem Darlehen, zB im Fall der Mithaftung von als Verbraucher zu 4a qualifizierenden Gesellschaftern oder Gesellschafter-Geschäftsführern durch deren Schuldbeitritt zu einem von der Gesellschaft geschlossenen Darlehensvertrag (vgl nur BGH 5. 6. 1996 – VIII ZR 151/95; BGH 10. 7. 1996 – VIII ZR 213/95; BGH 28. 1. 1997 – XI ZR 251/95; BGH 24. 7. 2007 – XI ZR 208/06; siehe auch Grigoleit/Herresthal Jura 2002, 825, 831). Die Mithaftung eines Gesellschafter-Geschäftsführers ist in der Praxis von besonderer Bedeutung. Bei diesem resultiert die Verbrauchereigenschaft nach dem BGH daraus, dass er nicht selbstständig, sondern angestellt tätig ist und das Halten von Gesellschaftsanteilen regelmäßig keine gewerbliche Tätigkeit, sondern reine Vermögensverwaltung darstelle. Gegen eine analoge Anwendung des Textformerfordernisses spricht schon, dass kein allgemeiner Grundsatz der Übertragung verbraucherschützender Vorschriften auf den Schuldbeitritt besteht. So finden zB die Vorschriften zum Fernabsatz auf Sicherungsgeschäfte wie den Schuldbeitritt eines Verbrauchers keine Anwendung, allerdings kann der Schuldbeitritt des Verbrauchers zu einem Darlehensvertrag nach den Vorschriften über den Verbraucherkredit widerrufen werden (BGH 12. 11. 2015 – I ZR 168/14). Der Textform kommt zudem – im Vergleich zur früheren Schriftform – nur eine wesentlich reduzierte Warnfunktion zu, die eine Abweichung vom allgemeinen Grundsatz der Formfreiheit nicht rechtfertigt. Zwar verteuert der Vermittlungsvertrag das Darlehen, aber die Textform soll nicht vor finanziellen Belastungen schützen.

5 Die **Wahrung der Textform** nach § 126b BGB erfordert die Abgabe einer lesbaren Erklärung auf einem dauerhaften Datenträger. Dabei sind geeignete Datenträgerurkunden sowie elektronische Speichermedien, sofern die gespeicherten Daten mithilfe von Anwendungsprogrammen in Schriftzeichen lesbar sind und zudem der Datenträger geeignet ist, die Erklärung dauerhaft zu fixieren. Der dauerhafte Datenträger wird von § 126b S 2 BGB dahingehend konkretisiert, dass es ein Medium ist, dass dem Empfänger ermöglicht, die auf dem Datenträger befindliche Erklärung so aufzubewahren oder zu speichern, dass sie ihm während eines angemessenen Zeitraums zugänglich ist und das Medium geeignet ist, die Erklärung unverändert wiederzugeben. Die Voraussetzungen der Textform umfassen neben der Abgabe einer lesbaren Erklärung auf einem dauerhaften Datenträger auch die Nennung der Person des Erklärenden sowie die Erkennbarkeit des Abschlusses der Erklärung. Da die Textform nach § 126b BGB die geringsten Anforderungen an die Form stellt, kann sie durch alle anderen Formen ersetzt werden, namentlich durch die Schriftform, die elektronische Form und die notarielle Beurkundung. Nach dem Grundsatz der Einheitlichkeit und Vollständigkeit der Vertragsurkunde sind alle Bestandteile des Rechtsgeschäfts in die Erklärung aufzunehmen. Zu diesen gehört die Entgeltpflicht des Verbrauchers, womit Art 21 lit b Verbraucherkreditrichtlinie 2008 (§ 655a Rn 7 ff), nun Art 38 lit b Verbraucherkreditrichtlinie 2023 (§ 655a Rn 12b ff) hinreichend umgesetzt wird. Der Vertragsinhalt des Darlehensvermittlungsvertrags umfasst ua den nachzuweisenden/zu vermittelnden Hauptvertrag dem Umfang nach, den Zeitpunkt, zu dem das Darlehen ausgezahlt werden oder eine entgeltliche Finanzierungshilfe gewährt sein soll sowie die vom Verbraucher verlangte Vergütung. Ausreichend ist auch die Abrede, dass der Darlehensnehmer die dem Vermittler entstandenen erforderlichen Auslagen erstattet. Nicht erforderlich ist eine Angabe der genauen Konditionen des Hauptvertrags oder die zu ersetzenden Auslagen dem Inhalt oder der Höhe nach (vgl insoweit § 655a Abs 2 S 1 BGB iVm Art 247 § 13 Abs 2 S 1 Nr 4 EGBGB). Die **Erkennbarkeit des (räumlichen) Abschlusses der Erklärung** verlangt, dass für den Empfänger/Verbraucher ersichtlich ist, dass die Erklärung rechtlich bindend sein soll und

vollständig ist. Die Zusammengehörigkeit der Vertragsbestandteile muss demnach für den Verbraucher erkennbar sein, zB durch ein einheitliches Schriftbild, einen durchlaufenden Text, eine einheitliche Paginierung etc. Zudem muss auch bei der Textform der (räumliche) Abschluss der Erklärung erkennbar gemacht werden. Dies kann durch die Nachbildung der Namensunterschrift erfolgen, die Nennung des Namens des anderen Vertragspartners, eine Grußformel, Datierung oder auch den Zusatz „Diese Erklärung ist nicht unterschrieben". Entsprechendes gilt bei einer **nachträglichen Änderung** des Darlehensvermittlungsvertrags, zB durch die Änderung des Inhalts des zu vermittelnden Darlehensvertrags. Auch insoweit muss die Feststellung der Urkundeneinheitlichkeit des geänderten Vermittlungsvertrags möglich sein zB durch eine hinreichend deutliche Bezugnahme der ursprünglichen Fassung.

Bei der Darlehensvermittlung besteht bisweilen eine **Unsicherheit über die Vertragsgegenseite des Darlehensvertrags**, wenn bei Abschluss des Darlehensvermittlungsvertrags noch nicht feststeht, welches von mehreren möglichen Unternehmen Partei des Verbraucherdarlehensvertrags mit dem Verbraucher wird. Dieser tatsächlichen Unsicherheit kann den Darlehensvermittler mit der ab dem 20. 11. 2026 ausreichenden **Textform** begegnen, da es zu deren Einhaltung keiner Unterschrift des Verbrauchers oä bedarf. Auch läuft der Warnzweck (Rn 1) der Textform nicht leer, wenn (nur) die konkrete andere Vertragsseite noch nicht feststeht. Ausreichend angesichts des Normzwecks der Textform (Warnfunktion) sind Konstellationen, in denen sich Vermittler und Verbraucher bei Vertragsschluss über die Höhe der vom Verbraucher zu entrichtenden Provision einigen und diese in Textform festgehalten wird. Hinzu tritt, dass die Vergütung des Vermittlers bereits Gegenstand der vorvertraglichen Information gem Art 247 § 13 Abs 2 S 1 Nr 1 EGBGB ist. Auch wird dem Verbraucher in diesen Konstellationen durch das Trennungsprinzip hinreichend klar, dass er den Vermittlungsvertrag nicht notwendig zum Erhalt des Darlehens abschließen muss. 6

Bei der bis zum 19. 11. 2026 erforderlichen **Schriftform** war hingegen eine **Blankounterschrift des Verbrauchers** verbunden mit der mündlichen Abrede von Vermittler und Verbraucher, den Namen des letztendlichen Vertragspartners und die Höhe der Vergütung für die Darlehensvermittlung nachträglich einzusetzen, **nicht zulässig** (hM; PWW/Nobbe § 655b Rn 2; Soergel/Krepold § 655b Rn 2; Bülow/Artz § 655b Rn 1; MünchKommBGB/Weber § 655b Rn 3; Ellenberger/Bunte/Jungmann, BankR-HdB [5. Aufl 2017] § 56 Rn 201; BeckOGK/Zimmermann [15. 2. 2026] § 655b Rn 12). Als Rechtsfolge war der Vermittlungsvertrag in diesem Fall wegen eines Formverstoßes nichtig gem Abs 2 (Rn 16 f). Ausreichend war auch unter der Schriftform (Warnfunktion), dass sich Vermittler und Verbraucher bei Vertragsschluss über die Höhe der vom Verbraucher zu entrichtenden Provision einigten oder der Verbraucher dem Vermittler eine schriftliche Ausfüllungsermächtigung erteilte, in der zumindest die Höhe der Provision angegeben war. Denn die Unsicherheit über die konkrete Person des Vertragspartners im Darlehensvertrag war für die Warnfunktion des Abs 1 unschädlich (so schon iE vWestphalen/Emmerich/vRottenburg § 15 VerbrKrG Rn 24). Hinzu trat, dass die Vergütung des Vermittlers bereits Gegenstand der vorvertraglichen Information gem Art 247 § 13 Abs 2 S 1 Nr 1 EGBGB war. 6a

b) Formfreiheit der Vollmacht

Die **Vollmacht durch einen Verbraucher** zum Abschluss eines Vermittlungsvertrages, 7
der auf die Vermittlung eines Verbraucherdarlehensvertrages bzw einer entgeltlichen

Finanzierungshilfe (§ 506 BGB) gerichtet ist, bedarf **nicht der Form des § 655b Abs 1 S 1 BGB** (so auch PWW/Nobbe § 655b Rn 2; Ellenberger/Bunte/Jungmann, BankR-HdB [5. Aufl 2017] § 61 Rn 64 ff ff; Soergel/Krepold § 655b Rn 2; **aA**, § 492 Abs 4 BGB entsprechend heranziehend, Habersack/Schürnbrand WM 2003, 261, 263; MünchKommBGB/Weber § 655b Rn 5; Bülow/Artz § 655b Rn 7, wegen identischer „Umgehungsanfälligkeit"; BeckOGK/Zimmermann [15. 2. 2026] § 655b Rn 10). Dieses Ergebnis folgt schon aus dem allgemeinen Grundsatz der Formfreiheit der Vollmacht (§ 167 Abs 2 BGB). Ergänzend hinzu tritt ein Umkehrschluss zu § 492 Abs 4 S 1 BGB, nach dem Vollmachten zum Abschluss eines Verbraucherdarlehensvertrags den Formerfordernissen des § 492 Abs 1, 2 BGB unterfallen (ausf zu § 492 Abs 4 BGB Herresthal JuS 2002, 844 ff). Eine hierzu parallele Vorschrift hat der Gesetzgeber auch im Zuge der letzten Neuregelungen nicht in das Darlehensvermittlungsrecht eingeführt, so dass es mit der Grundregel des § 167 Abs 2 BGB sein Bewenden hat. Eine bloße Behauptung der identischen Schutzbedürftigkeit des Verbrauchers und der regelmäßigen rechtstatsächlichen Parallelität der Vollmacht zum Abschluss des Vermittlungsvertrags mit jener zum Abschluss eines Verbraucherdarlehensvertrags (zu beidem MünchKommBGB/Weber § 655b Rn 5) vermag nicht die für eine analoge Anwendung erforderliche planwidrige Regelungslücke zu ersetzen. Mitnichten sind aber Vollmachten grundsätzlich formbedürftig und kann auch aus § 492 Abs 4 S 1 BGB kein allgemeiner Regelungsplan abgeleitet werden. Ohne eine Regelungslücke ist die entsprechende Anwendung des § 492 Abs 4 S 1 BGB aber eine unzulässige Rechtsfortbildung *contra legem* (hierzu Herresthal/Weiss, Die juristische Methode in der Fallbearbeitung Rn 211 ff). Es ist gerade nicht ersichtlich, dass der Gesetzgeber in Abweichung von § 167 Abs 2 BGB weitere Ausnahmetatbestände bei einem derartigen (behauptet) identischen Schutzbedürfnis kodifizieren wollte. Bei § 655b Abs 1 BGB fehlt damit kein solcher Tatbestand entgegen einem allgemeinen gesetzgeberischen Prinzip ohne hinreichenden Grund. Vielmehr ist § 492 Abs 4 S 1 BGB auch nach den weitreichenden jüngsten Modifikationen im Verbraucherdarlehensrecht eine Ausnahmeregel und ein Fremdkörper im Stellvertretungsrecht geblieben (Erman/Nietsch § 492 Rn 24).

8 Die **Formbedürftigkeit der Vollmacht** zum Abschluss eines Darlehensvermittlungsvertrages durch einen Verbraucher kann sich aber **aus den allgemeinen Regeln** des Stellvertretungsrechts ausnahmsweise ergeben, wenn der Verbraucher sich mit Erteilung der Vollmacht bereits rechtlich oder tatsächlich in gleicher Weise bindet wie mit dem Vertragsschluss selbst (vgl dazu nur Staudinger/Schilken [2024] § 167 Rn 20a; Grigoleit/Herresthal, BGB AT [4. Aufl 2021] Rn 374). Paradigmatisch ist die Unwiderruflichkeit der Vollmacht, dh die Widerruflichkeit nur aus wichtigem Grund. In diesen Fällen bedarf auch die Vollmacht zum Abschluss eines Vermittlungsvertrages der Textform (§ 126b BGB).

9 Nach zutreffender Ansicht sind **Vollmachten** zum Abschluss eines **entgeltlichen Zahlungsaufschubs** sowie einer **entgeltlichen Finanzierungshilfe** nach § 506 BGB formfrei möglich. Entsprechendes gilt daher auch für die Vollmacht zum Abschluss eines Vertrags zur Vermittlung einer solchen Finanzierungshilfe (MünchKommBGB/Weber § 655b Rn 22). Auch bei diesen greifen aber die soeben genannten allgemeinen Ausnahmetatbestände von der Formfreiheit der Vollmacht (Rn 8).

2. Trennungsgebot (Abs 1 S 2)

Der Darlehensvermittlungsvertrag darf nach Abs 1 S 2 nicht mit dem „Antrag auf Hingabe des Darlehens" verbunden werden. Im Zuge der Umsetzung der Verbraucherdarlehensrichtlinie 2023 wurde redaktionell klargestellt, dass auch eine Verbindung mit der Finanzierungshilfe gemäß § 506 BGB nicht erfolgen darf. Der Gesetzgeber wollte insofern die dahingehende bisherige Rechtsprechung im Normtext verankern (vgl Begr RegE 21/1851 v 29. 9. 2025, S 126). Nach dem **Zweck** des Trennungsgebotes soll die rechtliche Trennung von Darlehensvertrag/Finanzierungshilfe und Darlehensvermittlungsvertrag für den Verbraucher auch äußerlich durch die Trennung der Vertragsanträge erkennbar bleiben (vgl Begr RegE BT-Drucks 11/5462, 29; s auch BGH 1. 2. 2007, III ZR 282/05, juris Rn 21). Die Norm soll dem Verbraucher verdeutlichen, dass auch der Abschluss nur des – nicht vermittelten – Darlehensvertrags bzw der Finanzierungshilfe nach § 506 BGB zu geringeren Kosten ohne den entgeltlichen Vermittlungsvertrag möglich ist. Insoweit wirkt die Regelung zusammen mit den vorvertraglichen Informationspflichten des Vermittlers ua hinsichtlich seiner Vergütung und seiner Befugnisse (Art 247 § 13 Abs 2 S 1 Nr 1, 3 EGBGB; dazu § 655a Rn 60 ff, 67) auf eine informierte Entscheidung des Verbrauchers über den (zusätzlichen) Abschluss des Vermittlungsvertrags hin. **10**

Der **persönliche Anwendungsbereich** des Trennungsgebots erfasst nur Darlehensvermittlungsverträge mit einem **Verbraucher** (Begr RegE BT-Drucks 17/1394, 21; zu den möglichen Vertragskonstellationen vgl § 655a Rn 52 ff). Im Hinblick auf den **sachlichen Anwendungsbereich** ordnet die Norm dem Wortlaut nach nun ausdrücklich die Trennung zwischen Vermittlungsvertrag und Antrag auf Abschluss des *Darlehens bzw Finanzierungshilfe nach § 506 BGB* an. Die früher nicht ausdrücklich genannten sonstigen Finanzierungshilfen wurden richtigerweise bereits von der früheren Fassung ebenfalls dem Trennungsgebot unterworfen. Denn systematisch erfolgt die Gleichstellung dieser Finanzierungsformen bereits allgemein in § 655a Abs 1 S 1 BGB. Zudem war der genannte Zweck, die Verdeutlichung der möglichen Zusatzkosten einer Vermittlung, bei diesen ebenfalls einschlägig (iE wie hier MünchKommBGB/Weber § 655b Rn 7; BeckOGK/Zimmermann [15. 2. 2026] § 655b Rn 13). **11**

Hingegen werden die **Vollmacht** zum Abschluss eines Vermittlungsvertrags und jene zum Abschluss des Darlehensvertrags bzw der Finanzierungshilfe vom Trennungsgebot **nicht erfasst**. Beide können in eine Urkunde aufgenommen werden (wie hier BGH 1. 2. 2007 – III ZR 282/05, juris Rn 21, noch zu § 15 Abs 2 VerbrKrG; **aA**, wenngleich ohne Begründung, BeckOK-BGB/Möller [1. 5. 2025] § 655b Rn 3; zweifelnd MünchKommBGB/Weber § 655b Rn 7 aE). Denn bei Erteilung dieser Vollmachten muss nicht schon dem Eindruck entgegengewirkt werden, dass Vermittlungsvertrag und Verbraucherdarlehen bzw Finanzierungshilfe keine getrennten Rechtsgeschäfte sind. Dies folgt aus dem Repräsentationsprinzip des Stellvertretungsrechts (§ 166 Abs 1 BGB), wonach die maßgebliche Willensbildung *hinsichtlich des Vertragsschlusses* (hier bezüglich des Vermittlungsvertrags) in der Person des Vertreters erfolgt. *Diesem* gegenüber greift beim Abschluss von Darlehens- und Vermittlungsvertrag das Trennungsgebot des Abs 1 S 2. Ergänzend spricht auch der Rechtsgedanke des § 167 Abs 2 BGB für dieses Ergebnis, da sich nach diesem etwaige Formvorschriften dem Grundsatz nach nicht auf die Vollmacht erstrecken (zu den Ausnahmen nach allg Grundsätzen Rn 8). Diese gesetzliche Wertung kann auch auf formale Vorgaben wie das Trennungsgebot des **12**

Abs 1 S 2 erstreckt werden. § 492 Abs 4 S 1 BGB ist hingegen eine eng begrenzte Ausnahmevorschrift in Form einer Durchbrechung des Repräsentationsprinzips.

13 Eine **Verletzung des Trennungsgebotes** liegt vor, wenn der Abschluss des Vermittlungsvertrags mit dem Antrag auf Abschluss des Verbraucherdarlehensvertrags bzw der Finanzierungshilfe verbunden ist, mithin nicht noch eine weitere, eigenständige Willensbildung des Verbrauchers hinsichtlich des Vertragsschlusses beim Darlehen bzw der Finanzierungshilfe erforderlich ist. Zudem fallen Konstellationen hierunter, in denen durch die Ausgestaltung des Darlehensvermittlungsvertrages beim Verbraucher der Eindruck erweckt wird, darin sei zugleich ein Darlehensantrag bzw eine sonstige Finanzierungshilfe zu erblicken, zB durch die enge Verbindung der beiden Vertragsurkunden (wohl allgM; vgl Erman/Nietsch § 655b Rn 3; MünchKommBGB/Weber § 655b Rn 7; BeckOK-BGB/Möller [1. 5. 2025] § 655b Rn 3; PWW/Nobbe § 655b Rn 3). Erst recht ist die Aufnahme der beiden Vertragserklärungen in eine Vertragsurkunde unzulässig (LG Berlin NJW-RR 1992, 678; s auch BGH 1. 2. 2007 – III ZR 282/05, juris Rn 21, noch zu § 15 Abs 1 S 3 VerbrKrG). **Rechtsfolge eines Verstoßes** gegen das Trennungsgebot ist die **Nichtigkeit** des Darlehensvermittlungsvertrags nach Abs 2 (Rn 16 f).

3. Verbot von Koppelungsgeschäften (Abs 1 S 3)

13a Nach Abs 1 S 3 gilt **§ 492 Abs 1a BGB** mit Wirkung ab 20. 11. 2026 **entsprechend**. Nach dieser Norm, die in der Tat das „mit einem Kreuz versehene Kästchen" (!) zum Rechtsbegriff erhebt, wird das detailreiche Verbot der Voreinstellung nach Art 15 Verbraucherkreditrichtlinie 2023 in das nationale Recht überführt (vgl Begr RegE BT-Drucks 21/1851 v 29. 9. 2025, S 126). Nach § 492 Abs 1a BGB sind Allgemein-Verbraucherdarlehen nicht als geschlossen anzusehen, wenn die Erklärung des Verbrauchers durch eine Voreinstellung, namentlich das bereits „mit einem Kreuz versehene Kästchen" herbeigeführt wird. Wenn es sich nicht um ein „Kästchen", mithin eine rechteckige Fläche, sondern ein „mit einem Kreuz" versehenen Kreis handelt, muss die viel zu detailreiche Norm schon analog angewendet werden. Zudem fordert § 492 Abs 1a BGB bei der Verwendung von „Kästchen" zum Abschluss eines Allgemein-Verbraucherdarlehensvertrags, dass der Darlehensnehmer unmissverständlich und eindeutig, in informierter Weise und für den konkreten Fall zu erkennen geben muss, dass er mit der entsprechenden Vereinbarung durch Auswahl des „Kästchen" einverstanden ist. Der Unternehmer hat hierzu einen besonderen Hinweis zu geben, indem er auf den Inhalt und Wesensgehalt der vermittelten Vereinbarung hinweist. Entsprechend der Richtlinienvorgabe in Art 15 Verbraucherkreditrichtlinie 2023 ist diese Regelung auf Darlehensvermittler und die Vermittlung von Verbraucherdarlehen sowie sonstigen Finanzierungshilfen zu erstrecken (vgl Begr RegE BT-Drucks 21/1851 v 29. 9. 2025, S 126). Dies wäre aufgrund des Wortlauts des § 492 Abs 1a S 2 BGB nicht erforderlich gewesen, da dieser bereits Verträge über weitere Leistungen im Zusammenhang mit dem Allgemein-Verbraucherdarlehensvertrag erfasst. Gleichwohl haben die Normverfasser bei der Umsetzung der Verbraucherkreditrichtlinie 2023 zur Vermeidung von „Unsicherheiten über die Anwendung" den redundanten Weg durch die Ergänzung des Abs 1 S 3 gewählt (vgl Begr RegE BT-Drucks 21/1851 v 29. 9. 2025, S 126).

4. Mitteilung des Vertragsinhalts in Textform (Abs 1 S 4)

14 Der Vermittler ist zur **Mitteilung des Vertragsinhalts** in **Textform** verpflichtet (Abs 1 S 4 iVm § 126b). Diese Mitteilung hat die früher geschuldete Aushändigung einer Abschrift der Vertragsurkunde abgelöst (§ 15 Abs 1 S 4 VerbrKrG aF), um diese Pflicht der Möglichkeit eines Abschlusses des Darlehensvermittlungsvertrags in elektronischer Form (dazu Rn 4) anzupassen. Der **Zweck** der Regelung zielt auf eine zusätzliche Gewährleistung der Erfüllung des Informationsbedürfnisses des Verbrauchers. Zudem soll dem Verbraucher ermöglicht werden, unschwer auf den Inhalt des vereinbarten Vermittlungsvertrags zugreifen zu können (Begr RegE BT-Drucks 11/5462, 12). Die Pflicht aus Abs 1 S 4 ist eine vertragliche **Nebenpflicht** des Darlehensvermittlers mit einem korrespondierenden klagbaren Anspruch des Verbrauchers auf Erfüllung (wie hier BeckOGK/Zimmermann [15. 2. 2026] § 655b Rn 16). Die **Darlegungs- und Beweislast** für die Erfüllung der Mitteilungspflicht nach Abs 1 S 4 trägt der Darlehensvermittler.

15 Bei einer **Verletzung der Mitteilungspflicht** ist der Vermittlungsvertrag *nicht* nichtig; die präzise Nichtigkeitsanordnung in Abs 2 führt die Pflicht aus Abs 1 S 4 gerade nicht auf. Aber der Verbraucher kann seinen etwaigen Anspruch auf Mitteilung des Vertragsinhalts aus Abs 1 S 4 über § 273 Abs 1 BGB als **Einrede dem Provisionsanspruch** des Vermittlers **entgegensetzen** (hM; vgl Soergel/Krepold § 655b Rn 10; Bülow/Artz § 655b Rn 5; Ellenberger/Bunte/Jungmann, BankR-HdB [5. Aufl 2017] § 61 Rn 59; BeckOK-BGB/Möller [1. 5. 2025] § 655b Rn 4; MünchKommBGB/Weber § 655b Rn 8). Möglich sind in seltenen Fällen auch Schadensersatzansprüche gem § 280 Abs 1 BGB, soweit der Verbraucher einen Schaden durch die Nichterfüllung der Pflicht aus Abs 1 S 4 nachweisen kann. Sofern der Verbraucherdarlehensvertrag und der Darlehensvermittlungsvertrag verbundene Geschäfte iS des § 358 Abs 1 BGB sind (§ 655c Rn 6; vgl ferner Staudinger/Herresthal [2026] § 358 Rn 90 ff), kann dem Verbraucher auch **gegenüber dem Darlehensgeber die Einwendung iSd § 359 Abs 1 S 1 BGB** zustehen, soweit es um die Rückführung der neben dem eigentlichen Darlehensbetrag kreditierten Vergütung für den Darlehensvermittler geht (wie hier MünchKommBGB/Weber § 655b Rn 8; Bülow/Artz § 655b Rn 6).

III. Die Nichtigkeitssanktion (Abs 2)

1. Verstoß gegen Textform oder Trennungsgebot; Fehlen von Pflichtangaben

a) Folgen für den Vermittlungsvertrag

16 Der Darlehensvermittlungsvertrag (Rn 11) **zwischen Verbraucher und Vermittler**, der den Anforderungen an die **Textform** (Abs 1 S 1; Rn 4 ff) oder dem **Trennungsgebot** (Abs 1 S 2; Rn 10 ff) nicht genügt, ist gem Abs 2 Alt 1 **nichtig** (für ein Bsp aus der Rspr vgl BGH 7. 7. 2005 – III ZR 397/04, ZIP 2005, 1516; mangels Regelungslücke keine analoge Anwendung auf Versicherungsverträge, vgl BGH 18. 10. 2012 – III ZR 106/11, Rn 14, NJW 2012, 3718). Zur Nichtigkeit führt gem Abs 2 Alt 2 auch, wenn vor dem Abschluss des Vermittlungsvertrags die **Informationspflichten** aus Art 247 § 13 Abs 2, § 13b Abs 1 oder § 18 EGBGB (dazu näher § 655a Rn 55 ff) **nicht erfüllt** worden sind, mithin eine vollständige Unterrichtung des Verbrauchers auf einem dauerhaften Datenträger über die dort aufgezählten Informationen unterblieben ist. Die Rechtsfolge der Nichtigkeit tritt unabhängig davon ein, ob nur einzelne Angaben oder aber alle Angaben fehlen. Ab-

weichendes gilt bei fehlerhaften Angaben (dazu Rn 20). Heilungstatbestände – wie in § 494 Abs 2 S 1 BGB vorgesehen – enthalten die §§ 655a ff BGB nicht.

16a Im Wege einer **redaktionellen Korrektur** wurde der **Verweis auf Art 247 § 18 EGBGB** in Abs 2 mit Wirkung ab 20. 11. 2026 im Zuge der Umsetzung der Verbraucherkreditrichtlinie 2023 in der Regelung ergänzt. Allerdings fand bis zu jenem Zeitpunkt Art 247 § 18 EGBGB bei Darlehensvermittlern über die Rechtsgrundverweisung in § 655a Abs 3 S 1 BGB auf § 511 BGB Anwendung, da § 511 Abs 1 aF (ab 20. 11. 2026 § 511 Abs 1 S 2 BGB) auf die Informationspflicht nach Art 247 § 18 EGBGB verwies. Art 247 § 13b Abs 3 EGBGB wurde in diesem Zuge als nunmehr überflüssige Regelung ebenso aufgehoben wie der frühere Verweis auf diese Norm.

17 **Rechtsfolge der Vertragsnichtigkeit** gem Abs 2 ist u a der **Ausschluss des Vergütungsanspruchs** des Darlehensvermittlers; sofern der Verbraucher diesen bereits erfüllt hat, kann er die Leistung bereicherungsrechtlich zurückfordern (§ 812 Abs 1 S 1 Alt 1 BGB). Der Schutzzweck der Formvorschrift liefe leer, wenn der Vermittler in diesem Fall auf einen Vergütungsanspruch nach allgemeinem Maklerrecht, auf etwaige Bereicherungsansprüche oder auf § 354 HGB zurückgreifen könnte. Daher sind auch diese Ansprüche in teleologischer Extension der Regelung in Abs 2 ausgeschlossen (allgM; BGH 7. 7. 2005 – III ZR 397/04, NJW-RR 2005, 1572 = ZIP 2005, 1516; PWW/Nobbe § 655b Rn 5; BeckOK-BGB/Möller [1. 5. 2025] § 655b Rn 5; Soergel/Krepold § 655b Rn 10; Bülow/Artz § 655b Rn 12; MünchKommBGB/Weber § 655b Rn 11; Erman/Nietsch § 655b Rn 2; zur abweichenden Rechtslage im allgemeinen Maklerrecht vgl Staudinger/Arnold § 652 Rn 58 f; zu § 354 HGB s auch BGH 12. 2. 1981 – IVa ZR 105/80, WM 1981, 495 f). Die Nichtigkeit des Vermittlungsvertrages erfasst den gesamten Vertrag, mithin auch eine im Vermittlungsvertrag enthaltene Vereinbarung über die **Auslagenerstattung** nach § 655d S 2 BGB (wie hier MünchKommBGB/Weber § 655b Rn 10 ff; Bülow/Artz § 655b Rn 12; Ellenberger/Bunte/Jungmann, BankR-HdB [5. Aufl 2017] § 61 Rn 109 f). Sofern die Parteien über die Auslagenerstattung eine gesonderte Vereinbarung getroffen haben, wird diese bei einer Nichtigkeit des Vermittlungsvertrags nach Abs 2 idR über § 139 BGB keinen Bestand haben. Dies entspricht iE der Regelung im allgemeinen Maklerrecht, wonach der Makler keinen Aufwendungsersatz erhält, wenn er keinen Provisionsanspruch hat (§ 652 Abs 2 BGB). Die Nichtigkeit des Vermittlungsvertrags führt nur im Fall einer ausnahmsweisen Abrede, nach der der Verbraucher einen **Anspruch auf ein Tätigwerden des Vermittlers** hat, zum Wegfall eines vertraglichen Erfüllungsanspruchs des Verbrauchers.

18 Die Wirksamkeit eines **Vermittlungsvertrags zwischen Darlehensgeber (oder Drittem) und Vermittler** bestimmt sich nach allgemeinen Grundsätzen. Die Formvorschriften des Abs 1 S 1, 2 gelten für diesen Vertrag nicht. In der Folge findet auch Abs 2 keine (entsprechende) Anwendung, und zwar auch dann nicht, wenn ein paralleler Vermittlungsvertrag mit dem Verbraucher gem Abs 2 nichtig ist. Der Unternehmer ist auch nicht gehindert, die von ihm gezahlte (und gem § 492 Abs 2 BGB im Verbraucherdarlehensvertrag auszuweisende) Provision im Wege des „packing“ an den Verbraucher weiterzugeben (MünchKommBGB/Weber § 655b Rn 12 f). Indem der Verbraucher die Kosten des „packing“ trägt, kann er den Abschluss eines nicht vermittelten, günstigeren Darlehens erwägen.

b) Folgen für den Darlehensvertrag bzw die Finanzierungshilfe

19 Von der Nichtigkeit des Darlehensvermittlungsvertrags (Rn 17) sind die Folgen für den Darlehensvertrag bzw eine vermittelte Finanzierungshilfe (§ 506 BGB) zu unterscheiden. Auf die Wirksamkeit dieser Verträge bleibt die Nichtigkeit des Vermittlungsvertrags nach Abs 2 **ohne Einfluss** (vgl nur OLG Karlsruhe 29. 3. 2000 – 1 U 101/99, WM 2000, 1996, 2001; LG Stuttgart 16. 3. 2000 – 7 O 315/99, WM 2000, 1492, 1495; MünchKommBGB/Weber § 655b Rn 12; Bülow/Artz § 655b Rn 14; zur Auswirkung der Nichtigkeit des Darlehensvertrages auf den Provisionsanspruch des Darlehensvermittlers § 655c Rn 5). Sofern mit dem wirksamen Verbraucherdarlehensvertrag auch die – aufgrund der Nichtigkeit des Vermittlungsvertrags vom Verbraucher nicht geschuldete – Provision des Darlehensvermittlers mitfinanziert und an den Vermittler bereits ausbezahlt wurde, liegt insoweit eine rechtsgrundlose Leistung des Verbrauchers an den Vermittler vor. Folge ist ein **bereicherungsrechtlicher Rückzahlungsanspruch** des Verbrauchers gegen den Vermittler aus § 812 Abs 1 S 1 Alt 1 BGB. Sofern eine wirtschaftliche Einheit von Verbraucherdarlehen und Vermittlungsvertrag besteht (näher Staudinger/Herresthal [2026] § 358 Rn 100 ff) folgt aus § 359 Abs 1 S 1 BGB auch eine – der Höhe nach auf den Betrag der finanzierten Provision beschränkte – **Einwendung des Verbrauchers** (Bülow/Artz § 655b Rn 14; MünchKommBGB/Weber § 655b Rn 11 f). Die Rechtsprechung anerkennt zudem einen Bereicherungsanspruch des Verbrauchers aus § 813 BGB gegen den Darlehensgeber (BGH 4. 12. 2007 – XI ZR 227/06, ZIP 2008, 304; zust MünchKommBGB/Weber § 655b Rn 11; Soergel/Krepold § 655b Rn 14; Bülow/Artz § 655b Rn 14). Dies vermag nicht zu überzeugen (ausf dazu Staudinger/Herresthal [2026] § 359 Rn 58 ff).

2. Folge fehlerhafter Pflichtangaben

20 Beim Darlehensvermittlungsvertrag mit einem Verbraucher stellt sich schließlich bei § 655a Abs 2 S 1 BGB iVm § 655b Abs 2 Alt 2 BGB die **Problematik bloß *fehlerhafter* Pflichtangaben**. Angesprochen sind hiermit Konstellationen, in denen der Vermittler den Verbraucher zwar über alle Angaben gem Art 247 § 13 Abs 2 S 1 EGBGB bzw Art 247 § 13b Abs 1 EGBGB vorvertraglich unterrichtet, einzelne dieser Angaben sich aber später als fehlerhaft erweisen. Richtigerweise scheidet eine **Nichtigkeit des Vermittlungsvertrags** gem Abs 2 in diesen Konstellationen aus. Die Regelung in Abs 2 ordnet hinreichend deutlich nur beim Fehlen aller oder zumindest einzelner Angaben (Nichterfüllung der Informationspflicht), nicht aber bei einer fehlerhaften Angabe (Schlechterfüllung der Informationspflicht) die Nichtigkeit des Vermittlungsvertrags an. Auch eine **Analogie zu § 494 Abs 3 BGB** ist **abzulehnen**; die vom Verbraucher zu zahlende Vergütung reduziert sich nicht auf den tatsächlich ausgewiesenen Betrag (insoweit abweichend MünchKommBGB/Weber § 655b Rn 9 f; abweichend Bülow/Artz § 655b Rn 10 und – ohne Begründung – auch BeckOK-BGB/Möller [1. 5. 2025] § 655b Rn 5, der zur Nichtigkeit gem Abs 2 gelangt; für eine Nichtigkeit nach Abs 2 BeckOGK/Zimmermann [15. 2. 2026] § 655b Rn 17 sowie Ellenberger/Bunte/Jungmann, BankR-HdB [5. Aufl 2017] § 61 Rn 40 ff). Denn eine solche Analogie erfordert eine planwidrige Regelungslücke und nicht nur die Auswahl einer genehmen Rechtsfolge. Hier fehlt aber schon ein erkennbarer Regelungsplan des Gesetzgebers; § 494 Abs 3 BGB ist eine singuläre Ausnahmenorm. Eine allgemeine Regel der Reduktion von Vertragspflichten auf den tatsächlichen Informationsinhalt ist weder im Verbraucherrecht noch im Verbraucherdarlehensrecht kodifiziert. Auch liegt die hier zu entscheidende Regelungsfrage nach den Folgen fehlerhafter, vorvertraglicher Angaben nicht so nah am Regelungsgehalt des § 494

Abs 3 BGB, dass das Fehlen einer parallelen Regelung im Rahmen des § 655b Abs 2 BGB als planwidrig erscheint. Damit überschreitet eine solche Analogie sehr deutlich die Grenze der zulässigen judikativen Rechtsfortbildung; die Judikative würde sich hiermit zum Ersatzgesetzgeber aufschwingen. Es bewendet vielmehr beim allgemeinen Grundsatz, nach dem unrichtige Angaben keine Nichtigkeit bewirken, sondern grundsätzlich Vertragsinhalt werden können (vgl BGH 14. 9. 2004 – XI ZR 11/04, NJW-RR 2005, 483; BGH 25. 4. 2006 – XI ZR 106/05, NJW 2006, 1955; dies gilt auch bei einer irrtümlichen Nichtberücksichtigung wesentlicher Kostenpositionen im Gesamtbetrag, vgl BGH 9. 5. 2006 – XI ZR 119/05, NJW-RR 2006, 1419). Auch ist keine unionsrechtliche Vorgabe ersichtlich, die eine solche entsprechende Anwendung bei fehlerhaften Angaben fordert; das Unionsrecht enthält schon keine Vorgaben für das Fehlen entsprechender Angaben, erst recht nicht für unzutreffende Angaben (vgl MünchKommBGB/Weber § 655b Rn 10). Darüber hinaus bleibt die versehentliche oder sogar beabsichtigte Irreführung des Verbrauchers durch unzutreffende Angaben, zB Angabe einer zu niedrigen Vergütung, keineswegs sanktionslos. Vielmehr liegt der Tatbestand einer vorvertraglichen Pflichtverletzung vor, so dass die allgemeinen Rechtsfolgen einer solchen Pflichtverletzung greifen. Neben einer etwaigen Anfechtung (§§ 119, 123 BGB) besteht ggf ein Schadensersatzanspruch des Verbrauchers aus §§ 311 Abs 2, 241 Abs 2, 280 Abs 1 BGB, wenn und soweit er einen Schaden darlegen und ggf beweisen kann. Der Schaden kann im Abschluss des Vertrags oder aber im Abschluss eines ungünstigeren Vertrags liegen, wenn der Verbraucher bei Kenntnis der zutreffenden Informationsinhalte den Vertrag nicht oder nicht mit diesem Inhalt, sondern zu günstigeren Konditionen abgeschlossen hätte. In Kombination mit der Vermutung aufklärungsrichtigen Verhaltens ist dies durchaus eine hinreichend gewichtige Folge der Fehlinformation, die zudem mit den entsprechenden Folgen nach dem allgemeinen Zivilrecht übereinstimmt.

§ 655c
Vergütung

Der Verbraucher ist zur Zahlung der Vergütung für die Tätigkeiten nach § 655a Absatz 1 nur verpflichtet, wenn infolge der Vermittlung, des Nachweises oder auf Grund der sonstigen Tätigkeit des Darlehensvermittlers das Darlehen an den Verbraucher geleistet wird und ein Widerruf des Verbrauchers nach § 355 nicht mehr möglich ist. Soweit der Verbraucherdarlehensvertrag mit Wissen des Darlehensvermittlers der vorzeitigen Ablösung eines anderen Darlehens (Umschuldung) dient, entsteht ein Anspruch auf die Vergütung nur, wenn sich der effektive Jahreszins nicht erhöht; bei der Berechnung des effektiven Jahreszinses für das abzulösende Darlehen bleiben etwaige Vermittlungskosten außer Betracht.

Schrifttum

Vgl die Nachweise bei § 655a.

Systematische Übersicht

Alphabetische Übersicht

I. Regelungssystematik und Normzweck

1 Die Norm regelt den Vergütungsanspruch des Darlehensvermittlers gegen den Verbraucher. Sie ist vor dem Hintergrund der Erfolgsbezogenheit des Maklerrechts zu sehen. Nach dieser besteht der Vergütungsanspruch eines Maklers nur, wenn der vermittelte bzw nachgewiesene Vertrag abgeschlossen wird (vgl ausf STAUDINGER/ARNOLD Vorbem 1 ff zu §§ 652–656d). Nach der **Systematik der Norm** enthält **S 1** eine **Verschärfung der Erfolgsbezogenheit** beim Vergütungsanspruch des Darlehensvermittlers gegen den Verbraucher. Der Verbraucher ist danach zur Zahlung der Vergütung bei einer Darlehensvermittlung nur verpflichtet, wenn infolge von Vermittlung, Nachweis oder Behilflichsein des Vermittlers die Darlehensvaluta an den Verbraucher geleistet wurde (mit dieser Tendenz bereits BGH 21. 10. 1987 – IVa ZR 103/86, NJW 1988, 967 f; BGH 7. 7. 1982 – IV a ZR 50/81, NJW 1982, 2662; ferner VOLLKOMMER FLF 1986, 98, 102) und das Widerrufsrecht des Verbrauchers aus §§ 495 Abs 1, 355 BGB nicht mehr besteht. Der bloße Anspruch des Verbrauchers auf Auszahlung des Darlehens reicht somit nicht aus, um das Vermittlungsentgelt auszulösen. Dem liegt die gesetzgeberische Wertung zugrunde, dass aus der Sicht des Verbrauchers das entscheidende Moment für den Vermittlungserfolg – neben dem Ablauf der Widerrufsfrist – die Auszahlung der Valuta ist und nicht die bloße Einigung mit dem Unternehmer, dass dem Verbraucher ein Verbraucherdarlehen gewährt wird. Mittelbar wird auf diese Weise auch die freie Entscheidung des Verbrauchers über die Ausübung des Widerrufsrechts im Rahmen des Verbraucherdarlehens (§ 495 Abs 1 BGB) geschützt, denn der Anspruch des Vermittlers auf die Vergütung besteht erst nach dem endgültigem Wegfall des Widerrufsrechts. Der Verbraucher hat somit bei einer Ausübung des Widerrufsrechts im Verbraucherdarlehen keine Vermittlungsprovisionspflicht zu befürchten. Dogmatisch wird die Entstehung des Vergütungsanspruchs an – im Vergleich zu § 652 BGB – weitere Tatbestandsvoraussetzungen geknüpft (hM, vgl OLG Hamm 29. 11. 1994 – 4 U 76/94, WM 1995, 1353, 1355 = ZIP 1995, 239; OLG Köln 17. 6. 1993 – 10 U 8/93, ZIP 1993, 1541 f = EWiR § 16 VerbrKrG 1/93, 1127 m Anm MÜNSTERMANN; MünchKomm-BGB/WEBER § 655c Rn 4; BeckOK-BGB/MÖLLER [1. 5. 2025] § 655c Rn 1, 11). Die Norm regelt aber nur das Rechtsverhältnis zwischen Verbraucher und Darlehensvermittler. Auf das Verhältnis zwischen Unternehmer und Darlehensvermittler und etwaige Provisionsabreden zwischen diesen Parteien bleibt sie ohne Einfluss.

2 **S 2** enthält **besondere Anforderungen** an den Vergütungsanspruch bei einem **Umschuldungsdarlehen**. Der Vermittler, der um diese Funktion des vermittelten Darlehens weiß, erhält den Anspruch auf die Vermittlungsvergütung nur, wenn der effektive Jahreszins beim vermittelten Darlehen nicht höher ist als beim abgelösten Darlehen (Abs 1). Dabei dürfen etwaige Vermittlungskosten beim abgelösten Darlehen nicht in die Berechnung des effektiven Jahreszinses eingehen (HS 2). Hierdurch soll der Verbraucher beim Abschluss eines Vermittlungsvertrags vor der Verteuerung des Kredits durch die Vermittlungskosten geschützt werden. Außerdem sollen für den Verbraucher wirtschaftlich sinnlose Umschuldungen, die seine wirtschaftliche Belastung jedenfalls um die Vermittlungskosten erhöhen, zurückgedrängt werden (vgl Begr RegE BT-Drucks 11/5462, 29).

3 In der **Genese der Norm** entsprach § 655c aF inhaltlich § 16 VerbrKrG aF. Mit Wirkung vom 11. 6. 2010 wurde S 2 geändert (vgl § 655a Rn 10), wobei der frühere, zusätzliche Bezugspunkt des „anfänglichen effektiven Jahreszinses“ bei der Bestimmung

der wirtschaftlichen Vorteilhaftigkeit für den Verbraucher entfiel. Der Gesetzgeber hat mit dieser Regelung zugleich rechtspolitisch weitergehenden Forderungen nach einer Begrenzung von wirtschaftlich fragwürdigen Umschuldungen eine Absage erteilt. Die Vorschläge *de lege ferenda* reichten von der entsprechenden Anwendung des § 655 BGB auf die Kreditvermittlung bis zur Beschränkung des Vergütungsanspruchs des Vermittlers auf den zusätzlichen Kreditbedarf (vgl Emmerich FLF 1989, 206, 208; Emmerich, in: vWestphalen/Emmerich/vRottenburg, § 16 VerbrKrG Rn 3; s auch OLG Stuttgart 12. 1. 1988 – 6 U 89/87, NJW-RR 1988, 427, 428 f). Die Norm ist nicht durch die Verbraucherkreditrichtlinie 2008 (§ 655a Rn 7 ff) vorgegeben, aber nach ihrem Erwägungsgrund Nr 17 zulässig. Die Umsetzung der Wohnimmobilienkreditrichtlinie 2014 (dazu § 655a Rn 12) war mit einer inhaltlichen Anpassung an die redaktionelle Neufassung der Tätigkeiten des Darlehensvermittlers in § 655a Abs 1 S 1 verbunden. Die Verbraucherkreditrichtlinie 2023 enthält ebenfalls keine dahingehende Vorgabe, nach ihrem Erwägungsgrund Nr 85 ist die Regelung in § 655c BGB aber weiterhin zulässig.

Wirtschaftlicher Hintergrund der Regelung in S 2 ist die Tatsache, dass ein substantieller Anteil abgeschlossener Darlehensverträge der Ablösung bestehender Darlehensverbindlichkeiten dient, eine vermittelte Umschuldung indes nicht stets mit einer Entlastung des Verbrauchers einhergeht und daher nicht stets für diesen wirtschaftlich sinnvoll ist. Dem tritt S 2 mit einem Vergleich der jeweils geschuldeten effektiven Jahreszinsen entgegen. Allerdings blendet die Norm mit diesem Maßstab die laufzeitunabhängigen Kosten des neuen Darlehens, die in der Regel ausgeschlossene Rückvergütung dieser Kosten beim abgelösten Darlehen sowie eine etwaige zeitlich begrenzte doppelte Zinslast aus. Deren Kompensation im Rahmen der Umschuldung setzt in der Regel eine deutliche Reduzierung der laufzeitabhängigen Kosten des neuen Darlehens aufgrund einer substantiellen Senkung des Zinsniveaus voraus (vgl zu entsprechenden Aufklärungspflichten des Vermittlers Rn 45 ff). Allerdings zeigt sich auch hier die bisweilen nicht hinreichend berücksichtigte Unvorhersehbarkeit der Entwicklung des Marktes. Denn während eine entsprechende Zinsentwicklung früher als außergewöhnlich und eine Umschuldung daher regelmäßig als wirtschaftlich fragwürdig bezeichnet wurde (vgl MünchKommBGB/Weber § 655c Rn 2: „nur unter glücklichen Umständen" sinnvoll) hat das substantielle Absinken des Zinsniveaus (vgl das Absinken des Basiszinssatzes gem § 247 Abs 1 S 2 BGB von 3,32 % ab 1. 1. 2008 auf -0,83 % ab 1. 1. 2015) zu einer Kündigungswelle bei Darlehen geführt (s auch zum massenhaften, durch das niedrigere Zinsniveau motivierten Widerruf von Verbraucherdarlehen aufgrund fehlerhafter Belehrung Peters WM 2014, 2145; Kropf WM 2013, 2250; Lang/Schulz ZBB 2014, 273). Die Vermittlung eines neuen Verbraucherdarlehens zu einem niedrigeren Zinssatz ist in einer solchen Zinsphase zu einem sinnvollen und keineswegs außergewöhnlichen Instrument der Gestaltung der Finanzierung geworden. 4

II. Der Vergütungsanspruch des Darlehensvermittlers (S 1)

1. Allgemeine Voraussetzungen

Für eine Vergütungspflicht des Verbrauchers aus dem Vermittlungsvertrag müssen zunächst die allgemeinen Voraussetzungen des wirksamen Anspruchs eines (Darlehens-) Vermittlers erfüllt sein. Danach wird der Verbraucher nur verpflichtet, wenn zwischen *ihm* und dem Vermittler ein **wirksamer Darlehensvermittlungsvertrag** zustan- 5 de gekommen ist. Hierzu muss die zwischen den Parteien bestehende vertragliche Bindung – neben den allgemeinen Anforderungen an wirksame Verträge – den Voraussetzungen der §§ 655a, 655b BGB gerecht werden. Der Vertrag darf mithin nicht nach § 655b Abs 2 BGB oder aus sonstigen Gründen unwirksam sein (zum Ausschluss sonstiger Anspruchsgrundlagen bei einem unwirksamen Vermittlungsvertrag, zB § 354 HGB, § 812 Abs 1 S 1 1. Alt BGB vgl § 655b Rn 17). Die **Nichtigkeit gem § 138 BGB** des Darlehensvermittlungsvertrags ist eigenständig, also auch unabhängig vom Verbraucherdarlehen, zu prüfen, allerdings gehört zu den maßgebenden Umständen des Einzelfalles auch ein enger Entstehungszusammenhang mit einem etwaigen sittenwidrigen Darlehen (ähnlich MünchKommBGB/Weber § 655c Rn 5 f, auf § 358 Abs 3 BGB abstellend; **aA** noch Canaris WM 1981, 978, 981: grundsätzliche Erstreckung der Sittenwidrigkeit des Darlehens auf den Vermittlungsvertrag).

6 Für Darlehensvermittlungsverträge gibt es **kein vertragstypenbezogenes Widerrufsrecht**. Freilich kann der Darlehensvermittlungsvertrag als Geschäft außerhalb von Geschäftsräumen (§§ 312b, 312g BGB) oder als Fernabsatzvertrag (§§ 312c, 312g BGB) nach allgemeinen Regeln widerruflich sein. Das Gesetz beschränkt sich auf eine Verknüpfung des Provisionsanspruchs mit den Rechtsfolgen des Widerrufs der auf den Abschluss des vermittelten oder nachgewiesenen Vertrages gerichteten Willenserklärung über § 358 BGB. Damit ist beim praktisch wichtigsten Anwendungsfall, der wirtschaftlichen Einheit zwischen Darlehensvertrag und Darlehensvermittlungsvertrag, eine umfassende Belehrung dahingehend vorgeschrieben, dass mit Ausübung des Widerrufsrechts beim Darlehensvertrag auch der Vermittlungsvertrag hinfällig ist (vgl Staudinger/Herresthal [2026] § 358 Rn 171 ff). Jenseits von § 358 BGB muss der Verbraucher die rechtlichen Konsequenzen des Widerrufs seiner auf den Abschluss des Darlehensvertrags gerichteten Willenserklärung – wie sonst auch – selbst und ggf unter Einholung von Rechtsrat beurteilen. Freilich ist nicht auszuschließen, dass er vom Widerruf des Darlehensvertrages absieht, weil er – unzutreffend – befürchtet, dass anderenfalls die Vergütungspflicht gegenüber dem Darlehensvermittler isoliert bestehen bleibt. Angesichts der Erfassung des praktisch wichtigsten Falles des verbundenen Geschäfts durch eine Informationspflicht besteht indes kein Anlass, einer weiteren gesetzlichen Informationspflicht bei Darlehensvermittlungsverträgen das Wort zu reden (diesem zustimmend BeckOGK/Zimmermann [15. 2. 2026] § 655c Rn 17; **aA** MünchKommBGB/Weber § 655c Rn 12: *de lege ferenda* Erweiterung der Voraussetzungen des Vergütungsanspruchs nach S 1 um die Voraussetzung der Belehrung des Verbrauchers über die Rechtslage nach S 1; krit auch Ellenberger/Bunte/Jungmann, BankR-HdB [5. Aufl 2017] § 61 Rn 60).

7 Zudem muss eine Vergütungspflicht nach den **allgemeinen Voraussetzungen der Maklerprovision** bestehen. Diese Regelungen haben auch bei einem Handelsmakler Geltung (Hopt/Roth § 93 HGB Rn 2). Denn der Provisionsanspruch des Vermittlers knüpft an die Voraussetzungen des Vergütungsanspruchs des Maklers an und fügt diesen zusätzliche Anforderungen hinzu. Der Vergütungsanspruch des Maklers verlangt gem § 652 Abs 1 BGB das **Zustandekommen eines Hauptvertrages**, der mit jenem Vertrag wirtschaftlich identisch ist, den der Makler entsprechend des Inhalts des ihm erteilten Auftrags nachzuweisen oder zu vermitteln hatte **(Kongruenz)**. Eine völlige Übereinstimmung ist nicht erforderlich; es genügt, wenn der Verbraucher trotz inhaltlicher Abweichung von der Abrede im Maklervertrag jenen wirtschaftlichen Erfolg erreicht, den der Verbraucher mit der Erteilung des Maklerauftrags angestrebt

hat (vgl BGH 5. 10. 1995 – III ZR 10/95, NJW 1995, 3311; BGH 16. 5. 1990 – IV ZR 337/88, NJW-RR 1990, 1008 f; BGH 30. 11. 1983 – IVa ZR 58/82, WM 1984, 342; BGH 15. 2. 1984 – IVa ZR 150/82, WM 1984, 560; BGH 21. 10. 1987 – IVa ZR 103/86, NJW 1988, 967 f; BGH 7. 7. 1982 – IV a ZR 50/81, NJW 1982, 2662; Dehner NJW 1997, 18, 20; s auch Soergel/Krepold § 655c Rn 5: wesentliche Eckdaten). Eine zu weite und damit relevante Abweichung liegt ua vor, wenn die Darlehenssumme des vermittelten Darlehens, wenn auch nur geringfügig, hinter dem Finanzbedarf des Verbrauchers zurückbleibt und dieser ein Darlehen in exakt der vorgegebenen Höhe angestrebt hat, diese Höhe also nicht nur ein Finanzierungsrahmen war. Letzteres ist eine Frage der Auslegung des Vermittlungsvertrags vor dem Hintergrund der Interessenlage des Darlehensnehmers (vgl jeweils zu § 652 BGB BGH 21. 10. 1987 – IVa ZR 103/86, NJW 1988, 967, 968: relevante Abweichung bei Auszahlungskurs von 89,5 % anstelle von 90 %, allerdings bei weiteren Abweichungen). Die gleichwohl erfolgte Inanspruchnahme des vermittelten Darlehens kann eine fehlende Kongruenz nicht ersetzen.

Darüber hinaus muss die Tätigkeit, die der Darlehensvermittler erbracht hat, namentlich Nachweis, Vermittlung oder Behilflichsein, für den Abschluss des Hauptvertrages ursächlich gewesen sein (**Kausalität**; vgl Staudinger/Arnold § 652 Rn 123 ff, 139 ff; zur Unabdingbarkeit bei der Darlehensvermittlung Rn 49). Eine bloße Mitursächlichkeit reicht aus, wenn die Maklerleistung den Vertragsschluss zumindest wesentlich gefördert hat (vgl ausf dazu Staudinger/Arnold § 652 Rn 124). Hieran kann es bei untergeordneten Tätigkeiten im Rahmen des Behilflichseins fehlen. Der **Einwand der Vorkenntnis** steht regelmäßig dem Vergütungsanspruch des Nachweismaklers entgegen, nicht aber jenem des Vermittlungsmaklers, wenn dessen Vermittlungstätigkeit die Abschlussbereitschaft des Darlehensgebers gleichwohl gefördert hat (vgl BGH 14. 6. 2016 – XI ZR 483/14, juris Rn 32; Staudinger/Arnold § 652 Rn 124). Letzteres gilt auch für das Behilflichsein als Maklerleistung. Streitig ist, ob die **Kenntnis des Maklerkunden** von der vom Makler entfalteten Tätigkeit erforderlich ist, um den Kunden in die Lage zu versetzen, bei den Verhandlungen über den Abschluss des Hauptvertrages die mit dem Maklerlohn verbundene Belastung berücksichtigen zu können (dazu näher Staudinger/Arnold § 652 Rn 128, 141; offen BGH 6. 7. 1994 – IV ZR 101/93, NJW-RR 1994, 1260 f). Darauf soll es jedenfalls dann nicht ankommen, wenn feststeht, dass der Maklerkunde den Hauptvertrag bei Kenntnis der Provisionsverpflichtung zu genau den gleichen Bedingungen abgeschlossen hätte (BGH 6. 7. 1994 – IV ZR 101/93, NJW-RR 1994, 1260 f; RGZ 31, 289, 291; RGZ 83, 32, 36). 8

Schließlich muss der **Verbraucherdarlehensvertrag** (bzw die entgeltliche Finanzierungshilfe, vgl Rn 11) als Hauptvertrag **wirksam zustande gekommen** sein (vgl zum allg Maklerrecht BGH 14. 12. 2000 – III ZR 3/00, NJW 2001, 966, 967; BGH 14. 7. 2005 – III ZR 45/05, NJW-RR 2005, 1506; BGH, 17. 1. 2008 – III ZR 224/06, NZM 2008, 218 f; Staudinger/Arnold § 652 Rn 89 ff; MünchKommBGB/Althammer § 652 Rn 16, 124 ff). Anderenfalls besteht kein Vergütungsanspruch, so zB bei einer **Anfechtung** des Darlehensvertrages gem §§ 119, 123 BGB. Eine **anfängliche Formnichtigkeit** des Verbraucherdarlehensvertrages bzw der entgeltlichen Finanzierungshilfe nach §§ 492 Abs 1, 494 Abs 1, 507 Abs 2 S 1 BGB schadet nicht, sofern sie später geheilt wird (hM; MünchKommBGB/Weber § 655c Rn 5; BeckOK-BGB/Möller [1. 5. 2025] § 655c Rn 4; Soergel/Krepold § 655c Rn 4; Bülow/Artz § 655c Rn 4; PWW/Nobbe § 655c Rn 2). Dabei können sich die Heilungstatbestände der §§ 494 Abs 2, 507 Abs 2 S 2 BGB mit der zusätzlichen Vergütungsvoraussetzung aus S 1 überschneiden (Rn 11 ff). Der Verbraucher ist nicht verpflichtet, an der Entstehung 9 des Vergütungsanspruchs des Darlehensvermittlers mitzuwirken. Ihm steht es frei, die Erfüllung eines als formnichtig erkannten Verbraucherdarlehensvertrages abzulehnen und es bei der Nichtigkeit des Vertrages zu belassen (MünchKommBGB/Weber § 655c Rn 5; BeckOK-BGB/Möller [1. 5. 2025] § 655c Rn 4; OLG Köln 17. 6. 1993 – 10 U 8/93, ZIP 1993, 1541 f). Bei einer **Nichtigkeit** des vermittelten Verbraucherdarlehensvertrages **gem § 138 BGB** besteht kein Vergütungsanspruch des Vermittlers und zwar auch dann nicht, wenn der Vertrag gleichwohl durchgeführt wird und gem § 817 S 2 BGB die Valuta nur in den vereinbarten Tilgungsintervallen und ohne Zinspflicht zurückzuzahlen ist (BeckOK-BGB/Möller [1. 5. 2025] § 655c Rn 4; s auch BGH 2. 12. 1982 – III ZR 90/81, NJW 1983, 1420). Haben die Parteien im vermittelten Hauptvertrag ein zeitlich befristetes, an keine weiteren Voraussetzungen gebundenes **vertragliches Rücktrittsrecht** vereinbart, so entsteht der Provisionsanspruch beim allgemeinen Maklervertrag erst nach Fristablauf (BGH 11. 11. 1992 – IV ZR 218/91, NJW-RR 1993, 248 f). Dies gilt erst recht für den Darlehensvermittlungsvertrag iSd § 655a BGB.

10 Umstände, welche die **Leistungspflicht** des Darlehensgebers **im Nachhinein beseitigen**, lassen die Provisionsverpflichtung des Verbrauchers aus dem Darlehensvermittlungsvertrag unberührt (BGH 11. 11. 1992 – IV ZR 218/91, NJW-RR 1993, 248 f; BGH 6. 3. 1991 – IV ZR 53/90, NJW-RR 1991, 820). Hiervon ausgenommen ist eine Rückabwicklung des Hauptvertrages wegen Verschuldens bei Vertragsschluss gem §§ 311 Abs 2, 280 Abs 1, 249 ff BGB (OLG Hamm 13. 9. 1990 – 18 U 224/89, NJW-RR 1991, 249 f). Besonderes gilt bei einem **Widerruf des Verbraucherdarlehensvertrages** (dazu Rn 16).

2. Zusätzliche Voraussetzungen beim Vermittlungsvertrag mit einem Verbraucher

a) Anwendungsbereich

11 Der **persönliche Anwendungsbereich** der Regelung in S 1 erfordert einen Vermittlungsvertrag mit einem Verbraucher oder Existenzgründer (§ 655e Abs 2 BGB), nicht aber mit einem Dritten, zB Darlehensgeber (zu den Vertragskonstellationen näher § 655a Rn 52 ff). Ein etwaiger Anspruch des Vermittlers gegen den Dritten aus einem Vermittlungsvertrag auf Vergütung bleibt von der Regelung unberührt. Der **sachliche Anwendungsbereich** umfasst zunächst Verbraucherdarlehensverträge (§ 492 Abs 1 BGB). Darüber hinaus ist kein Grund ersichtlich, die Erweiterung des Anwendungsbereichs der §§ 655a ff BGB auf alle Kreditformen, also auch auf den Zahlungsaufschub und entgeltliche Finanzierungshilfen (vgl § 655a Rn 41 f) im Rahmen des S 1 nicht ebenfalls nachzuvollziehen (wie hier MünchKommBGB/Weber § 655c Rn 3; Bülow/Artz § 655c Rn 7; Soergel/Krepold § 655c Rn 3; BeckOGK/Zimmermann [15. 2. 2026] § 655c Rn 6). Es ist nicht ersichtlich, dass der Gesetzgeber den Anwendungsbereich insoweit beschränken wollte (Begr RegE BT-Drucks 17/1394, 20; Begr RegE BT-Drucks 16/11643, 97). Auch der Zweck der Norm (vgl Rn 1 f) ist bei diesen weiteren Kreditformen einschlägig.

b) Leistung des Darlehens

12 Nach allgemeinen Grundsätzen des Maklerrechts ist die Vergütung mit Abschluss des vermittelten Vertrags verdient (Staudinger/Arnold § 652 Rn 1 ff; zu judikativen Modifikationen bei der Kreditvermittlung schon vor Erlass des VerbrKrG aF vgl OLG Karlsruhe NJW-RR 1989, 1069; mit einer Lösung über die Auslegung des Maklervertrages BGH NJW 1988, 967, 968). Ergänzend hierzu entsteht der Vergütungsanspruch des Darlehensvermittlers gegenüber dem Verbraucher nach S 1 erst, wenn das **Darlehen an den Verbraucher „geleistet**

wurde". Eine entgegenstehende Parteivereinbarung ist nach § 655e Abs 1 BGB unwirksam. Eine **Leistung des Darlehens** ist erfolgt, wenn es an den Verbraucher ausbezahlt worden ist oder der Darlehensgeber gegen den Auszahlungsanspruch in berechtigter Weise aufgerechnet hat (vgl STAUDINGER/KESSAL-WULF [2012] § 494 Rn 20 ff; BÜLOW/ARTZ § 655c Rn 6; SOERGEL/KREPOLD § 655c Rn 8; MünchKommBGB/WEBER § 655c Rn 8; BeckOK-BGB/MÖLLER [1. 5. 2025] § 655c Rn 5). Ausreichend ist auch die **Auszahlung an einen Dritten**, der vom Verbraucher benannt wurde, gem §§ 362 Abs 2, 185 BGB (hM; vgl BGH 12. 6. 1997 – IX ZR 110/96, WM 1997, 1658 f; BÜLOW/ARTZ § 655c Rn 6; PWW/NOBBE § 655c Rn 2; MünchKommBGB/WEBER § 655c Rn 8). Eine Auszahlung der Valuta zur freien Verfügung des Verbrauchers ist nicht erforderlich. Problematisch vor dem Hintergrund des Normzwecks ist die Ermächtigung gerade des Darlehensvermittlers zur Entgegennahme der Darlehensvaluta. Eine solche **Auszahlung an den Darlehensvermittler** ist nicht ausreichend; eine „Leistung" iS der Norm liegt in diesen Konstellationen erst vor, wenn der Vermittler die Valuta bestimmungsgemäß an den Verbraucher oder an den von dem Verbraucher bezeichneten Dritten weiterleitet. Erst dann tritt der für das Entstehen der Vergütungspflicht entscheidende Finanzierungserfolg ein (wie hier MünchKommBGB/WEBER § 655c Rn 8; BÜLOW/ARTZ § 655c Rn 6; SOERGEL/KREPOLD § 655c Rn 8). Etwas anderes gilt, wenn die Vermittlungsprovision mitfinanziert wird. Soweit die Darlehensvaluta der Abdeckung dieser Vermittlungsprovision dient, liegt insoweit eine Leistung iS der Norm bereits bei Auszahlung an den Vermittler vor (MünchKommBGB/WEBER § 655c Rn 8; SOERGEL/KREPOLD § 655c Rn 8), da der entsprechende (Teil-)Betrag von vornherein zum Verbleib beim Darlehensvermittler bestimmt ist. Sofern der Darlehensgeber dem Verbraucher einen **Kreditrahmen** einräumt, ist dessen erste Inanspruchnahme durch den Verbraucher entscheidend. Dabei ist nicht erforderlich, dass der Kreditrahmen sogleich in voller Höhe ausgeschöpft wird.

Bei einem **Scheitern der Darlehensauszahlung**, zB aufgrund eines berechtigten Rücktritts des Verbrauchers vom Darlehensvertrag, kann der Darlehensvermittler, angesichts des Wortlauts des S 1 und des zwingenden Charakters der Regelung, selbst dann hieraus keinen Vergütungsanspruch herleiten, wenn die **Gründe** des Scheiterns ausschließlich **in der Person des Verbrauchers** liegen (OLG Köln 17. 9. 1993 – 20 U 251/92, ZIP 1993, 1541 f; SOERGEL/KREPOLD § 655c Rn 8; MünchKommBGB/WEBER § 655c Rn 8; BeckOGK/ZIMMERMANN [15. 2. 2026] § 655c Rn 12; **aA** für eine teleologische Reduktion ELLENBERGER/BUNTE/JUNGMANN, BankR-HdB [5. Aufl 2017] § 61e Rn 86; offen gelassen von OLG Stuttgart 15. 7. 2009 – 3 U 25/09, NJW-RR 2010, 195, 198). Diese Streitfrage kann im Einzelfall freilich dahinstehen, wenn der Darlehensvermittler aufgrund der Verletzung einer vertraglichen Pflicht durch den Verbraucher gem §§ 280 Abs 1, 249 Abs 1 BGB so zu stellen ist, als hätte der Verbraucher das Darlehen nicht abgeschlossen (so in OLG Stuttgart 15. 7. 2009 – 3 U 25/09, NJW-RR 2010, 195, 198; so auch BeckOGK/ZIMMERMANN [15. 2. 2026] § 655c Rn 12). 13

Nach der Auszahlung der Darlehensvaluta geht der somit entstandene Vergütungsanspruch dem Darlehensvermittler nicht durch eine **vorzeitige Rückzahlung des Darlehens** verloren, wenn der Verbraucher das Darlehen früher als verabredet als Folge einer Kündigung durch den Darlehensgeber wegen Zahlungsverzuges (§ 498 BGB) oder einer sonstigen außerordentlichen Vertragsbeendigung zurückzahlen muss, zB aufgrund eines gesetzlichen, dem gesetzlichen nachgebildeten oder von sachlichen Voraussetzungen abhängig gemachten vertraglichen Rücktrittsrecht (vgl BGH 6. 3. 14

1991 – IV ZR 53/90, NJW-RR 1991, 820; BGH 11. 11. 1992 – IV ZR 218/91, NJW-RR 1993, 248, 249; zum allg Maklerrecht Staudinger/Arnold § 652 Rn 89 ff, 121).

15 Auch bei den anderen erfassten Kreditformen (Rn 11) greift das Erfordernis des Finanzierungserfolgs. Bei nachgewiesenen oder vermittelten **Teilzahlungsgeschäften** sowie bei **Finanzierungsleasingverträgen** ist entsprechend § 507 Abs 2 S 2 BGB die **Übergabe der finanzierten Sache** Voraussetzung des Entstehens des Vergütungsanspruchs (BeckOK-BGB/Möller [1. 5. 2025] § 655c Rn 7; Bülow/Artz § 655c Rn 7; BeckOGK/Zimmermann [15. 2. 2026] § 655c Rn 13). Die sonstigen Formen des Zahlungsaufschubs, zB die Stundung, führen bereits mit ihrer Vereinbarung zum Leistungsverweigerungsrecht des Verbrauchers gegenüber dem Gläubiger. Nach dem Zweck der Regelung, die Vermittlungsvergütung erst bei eingetretenem Finanzierungserfolg zu gewähren, ist die erforderliche Leistung bereits mit wirksamer Vereinbarung der Stundung erfolgt und der Vergütungsanspruch entsteht (zutr MünchKommBGB/Weber § 655c Rn 9).

c) Unwiderruflichkeit des Darlehens

16 Der Vergütungsanspruch des Darlehensvermittlers ist zudem abhängig von der Unwiderruflichkeit des vermittelten oder nachgewiesenen Vertrags. Erst wenn der Verbraucherdarlehensvertrag bzw die entgeltliche Finanzierungshilfe nicht mehr widerrufen werden kann, ist der Verbraucher zur Zahlung der Vergütung verpflichtet. Dieses zusätzliche Tatbestandsmerkmal (Rn 1) gilt ungeachtet dessen, dass das Gesetz mittlerweile von einer schwebenden *Wirksamkeit* des widerruflichen Verbraucherdarlehensvertrags bzw der entgeltlichen Finanzierungshilfe ausgeht (§§ 495 Abs 1, 355 Abs 1 BGB). Der Vergütungsanspruch des Darlehensvermittlers besteht erst, wenn feststeht, dass der Darlehensvertrag **endgültige Wirksamkeit** erlangt hat (allg Ansicht MünchKommBGB/Weber § 655c Rn 10; Bülow/Artz § 655c Rn 4). Erforderlich ist ggf ein Heilungstatbestand nach § 494 Abs 2 BGB bzw § 507 Abs 2 S 2 BGB oder ein Zeitablauf, so dass das **Widerrufsrecht nicht mehr ausgeübt** werden kann. Bei einer Belehrung des Verbrauchers mit ordnungsgemäßen Pflichtangaben (Art 247 §§ 6–13 EGBGB) beträgt die Widerrufsfrist 14 Tage (§§ 492 Abs 2, 356b Abs 2 S 1 BGB). Bei einer Nachbelehrung mit den Pflichtangaben verlängert sich diese Frist auf einen Monat (§§ 492 Abs 6, 356b Abs 2 S 3 BGB). Sofern eine Nachbelehrung unterblieben ist, erlischt das Widerrufsrecht bei Immobiliar-Verbraucherdarlehensverträgen spätestens zwölf Monate und 14 Tage nach dem Vertragsschluss (§ 356b Abs 2 S 4 BGB). Bei Allgemein-Verbraucherdarlehensverträgen besteht ebenfalls infolge der Umsetzung der Verbraucherkreditrichtlinie 2023 mit Wirkung ab dem 20. 11. 2026 nach dem Wortlaut der gesetzlichen Regelung ein fristungebundenes Widerrufsrecht. Im nun reformierten, seit dem 20. 11. 2026 geltenden Recht des Widerrufs gibt es mit § 356b Abs 2 S 5 BGB einen speziellen Erlöschenstatbestand beim Allgemein-Verbraucherdarlehen für den Fall der fehlenden bzw fehlerhaften Pflichtangabe. Danach erlischt das Widerrufsrecht bei einem Allgemein-Verbraucherdarlehensvertrag spätestens zwölf Monate und 14 Tage nach dem Vertragsschluss, wenn der Darlehensnehmer gem Art 247 § 6 Abs 1 S 1 Nr 17, Abs 2 S 1 und 2 EGBGB über sein Widerrufsrecht informiert wurde. Zudem ist für den Tatbestand des S 1 eine **Verwirkung des Widerrufsrechts** gem § 242 BGB ausreichend, da auch hierdurch die Widerruflichkeit des Darlehens endgültig ausgeschlossen ist (vgl zum Rechtsmissbrauch beim Widerruf Herresthal NJW 2019, 13 ff; zur Verwirkung des Widerrufs zusammenfassend BGH WM 2019, 2164). Freilich ist die Bestimmung jenes Zeitpunkts, ab dem der Darlehensvertrag

verwirkt ist, einzelfallabhängig. Sofern aber zwischen den Parteien des Darlehensvertrags die Verwirkung des Widerrufsrechts des Verbrauchers rechtskräftig festgestellt ist, kann im Rechtsverhältnis zwischen Vermittler und Verbraucher hieran angeknüpft werden, freilich ohne dass diese an die Rechtskraft gebunden sind. Regelmäßig wird zudem eine **Rechtsmissbräuchlichkeit des Verbraucherhandelns** anzunehmen sein, wenn dieser die Zahlung der Vermittlungsvergütung aufgrund einer dauerhaften Widerruflichkeit des Darlehens verweigert, ohne aber den Widerruf des Darlehens zu erklären (so auch PWW/Nobbe § 655c Rn 3; MünchKommBGB/Weber § 655c Rn 10; BeckOK-BGB/Möller [1. 5. 2025] § 655c Rn 6; Soergel/Krepold § 655c Rn 9). Denn der Verbraucher soll vor einer Vergütungspflicht ohne Leistung des Darlehens geschützt werden. Wenn er ein bestehendes Widerrufsrecht nicht ausübt und sich mithin für das Behalten der Leistung entscheidet, ist der Zweck des S 1 nicht einschlägig.

Bei einer fehlerhaften bzw fehlenden Erteilung der Pflichtangaben durch den Darle- 17
hensgeber können im Innenverhältnis zwischen diesem und dem Darlehensvermittler **Schadensersatzansprüche gegen den Darlehensgeber** resultieren. Denn die Erteilung der Pflichtabgaben obliegt dem Darlehensgeber bei Abschluss des Darlehensvertrags mit dem Verbraucher. Fehlerhafte oder fehlende Pflichtinformationen können Nebenpflichten des Darlehensgebers aus einem vertraglichen Schuldverhältnis zum Vermittler verletzen (§§ 280 Abs 1, 241 Abs 2 BGB; zust MünchKommBGB/Weber § 655c Rn 10; Soergel/Krepold § 655c Rn 9). Als schadensrechtliche Rekonstruktion dieser Nebenpflicht kann ggf im Verhältnis zwischen Darlehensgeber und Darlehensvermittler eine **Pflicht zur Nachbelehrung** des *Verbrauchers* durch den Darlehensgeber gem § 492 Abs 6 BGB resultieren.

3. Beweislast und Unabdingbarkeit

Die **Darlegungs- und Beweislast** für alle Tatbestandsvoraussetzungen des Vergütungs- 18
anspruchs trägt der **Darlehensvermittler** (Erman/Nietsch § 655c Rn 3; Bülow/Artz § 655c Rn 3; MünchKommBGB/Weber § 655c Rn 7 iVm § 652 Rn 189 ff; BeckOK-BGB/Möller [1. 5. 2025] § 655c Rn 12). Er muss nachweisen, dass ein Darlehensvermittlungsvertrag wirksam zustande gekommen ist und dieser kausal zum Abschluss eines kongruenten (und ebenfalls wirksamen, ggf geheilten) Hauptvertrages geführt hat (abw BGH 4. 10. 1995 – IV ZR 73/94, NJW-RR 1996, 113, wonach für die fehlende wirtschaftliche Identität der *Maklerkunde* darlegungspflichtig sei). Hinsichtlich der **Kausalität der Maklerleistung** besteht ein Anscheinsbeweis, wenn zwischen dem Nachweis der Vertragsgelegenheit und dem Abschluss dieses Hauptvertrages ein enger zeitlicher Zusammenhang besteht (Staudinger/Arnold § 652 Rn 137; s auch BGH 25. 2. 1999 – III ZR 191–98, NJW 1999, 1255: Anscheinsbeweis noch bei vier Monaten). An der Kausalität und damit an einem provisionspflichtigen Tatbestand mangelt es, wenn der Verbraucher bei einem Nachweismakler die eigene **Vorkenntnis** geltend macht und ggf beweist (vgl BGH NJW-RR 1990, 1269 f = WM 1990, 1758; WM 1984, 62; NJW 1983, 1849 = WM 1983, 794; NJW 1971, 1133, 1135; NJW 1980, 123 f). Der Einwand der Vorkenntnis steht hingegen einem Vergütungsanspruch des Darlehensvermittlers nicht entgegen, wenn dieser als Vermittlungsmakler gleichwohl einen wesentlichen Beitrag zum Abschluss des Hauptvertrags geleistet hat (BGH NJW-RR 1996, 114; NJW-RR 1990, 1269 = WM 1990, 1758; näher Staudinger/Arnold § 652 Rn 33). Der Darlehensvermittler hat ferner den Beweis für die **zusätzlichen Voraussetzungen des**

S 1 zu führen (Ausschluss des Widerrufsrechts [Rn 16 f] und Leistung der Valuta an den Verbraucher [Rn 12 f]).

19 Die Vorschrift ist **unabdingbar** (§ 655e Abs 1 S 1 BGB). Die „Verschärfung des Erfolgsprinzips" (Rn 1) durch diese Regelung steht jeder vertraglichen Gestaltung, auch in einer Individualabrede, entgegen, die zu einer erfolgsunabhängigen Vergütung des Darlehensvermittlers führt (§ 655e Abs 1 S 2 BGB). Dies gilt auch, wenn sie Ergebnis einer außerhalb des Verbraucherdarlehensrechts unbedenklichen Abweichung von der dispositiven Vorschrift des § 652 Abs 1 BGB ist (wie hier MünchKommBGB/Weber § 655c Rn 28; zum früheren Rechtslage bereits BGH 30. 9. 1987 – IVa ZR 6/86, NJW 1988, 410). Daher kann das Erfordernis eines wirksamen Hauptvertrages nicht wirksam abbedungen werden; auf die Kausalität der Maklerleistung kann ebenfalls nicht wirksam verzichtet werden (MünchKommBGB/Weber § 655c Rn 7, 14; Soergel/Krepold § 655c Rn 11; zum früheren Recht schon OLG Köln 17. 6. 1993 – 10 U 8/93, ZIP 1993, 1541 = BB 1993, 2117). Auch (individualvertragliche wie klauselmäßige) Vertragsabreden, die eine Pflicht des Verbrauchers zur Zahlung einer Entschädigung bei Nichtannahme des vermittelten Angebots enthalten, sind unwirksam (Soergel/Krepold § 655c Rn 11). Die **Vereinbarung einer Vorauszahlung** durch den Darlehensnehmer ist ebenfalls aus diesem Grund unzulässig (OLG Hamm 29. 11. 1994 – 4 U 76/94, WM 1995, 1353, 1355 = ZIP 1995, 239; MünchKommBGB/Weber § 655c Rn 14; Soergel/Krepold § 655c Rn 11). Denn sie verlangt dem Verbraucher schon zu Beginn der Vertragsbeziehung eine finanzielle Leistung ab, die unabhängig vom angestrebten Erfolg der Tätigkeit des Darlehensvermittlers ist. Die Möglichkeit einer späteren Rückforderung durch den Verbraucher kann die nachteilige Wirkung solcher Vertragsklauseln für den Verbraucher nicht ausgleichen. Bei einer Rückforderung nach § 812 Abs 1 S 1 Alt 1 BGB müsste der Verbraucher – entgegen der bei § 655c BGB geltenden Beweislastverteilung – (Rn 18) den mangelnden Rechtsgrund seiner Überzahlung beweisen. Eine Schwächung der Position des Verbrauchers folgt zudem aus der möglichen Undurchsetzbarkeit seines berechtigten Rückforderungsanspruchs wegen Vermögensverfalls oder Entreicherung des Darlehensvermittlers. Ein Darlehensvermittler, der sich Vorauszahlungen auf seine Vergütung geben lässt, verstößt gegen § 1 UWG und handelt insoweit wettbewerbswidrig (OLG Hamm 29. 11. 1994 – 4 U 76/94, WM 1995, 1353, 1355 = ZIP 1995, 239; vgl auch OLG Nürnberg BuW 2004, 76).

20 Mit dem zwingenden Charakter des S 1 ist auch eine Abrede unvereinbar, nach der der Vergütungsanspruch selbst dann entsteht, wenn das Darlehen aus einem in der Person des Verbrauchers liegenden Grund nicht zur Auszahlung kommt (OLG Köln ZIP 1993, 1541 f = MDR 1993, 1175). Auch **Vorkenntnisklauseln** ziehen zumindest eine Veränderung der gesetzlichen Beweislastverteilung nach sich (vgl Staudinger/Arnold § 652 Rn 253) und sind daher nicht zulässig (MünchKommBGB/Weber § 655c Rn 14; Soergel/Krepold § 655c Rn 7).

21 Bei einer nach § 655e Abs 1 BGB unwirksamen Vereinbarung entfällt die Vergütungspflicht des Verbrauchers nicht ersatzlos, sondern sie folgt stattdessen den Regeln des S 1 und richtet sich nach den unter Rn 12 ff und Rn 16 ff dargelegten Voraussetzungen (wie hier MünchKommBGB/Weber § 655c Rn 13); zur **Rückforderung einer nicht geschuldeten Vergütung** § 655b Rn 17.

III. Die Besonderheiten beim Umschuldungsdarlehen (S 2)

1. Dogmatische Einordnung; Anwendungsbereich

Dient ein Darlehen (Neudarlehen) mit Wissen des Darlehensvermittlers der vorzeitigen Ablösung eines anderen Darlehens (Altdarlehen), so besteht nach S 2 der Anspruch des Vermittlers auf die Vergütung aus dem Vermittlungsvertrag nur, wenn sich der effektive Jahreszins hierdurch nicht erhöht. Die Regelung enthält somit eine **zusätzliche Voraussetzung für Umschuldungen**, die zu den besonderen Voraussetzungen des Vergütungsanspruchs eines Darlehensvermittlers nach S 1 ergänzend hinzutritt. Auch bei der Umschuldung besteht ein Vergütungsanspruch des Vermittlers mithin nur, wenn das neue Darlehen infolge (Rn 8) der Tätigkeit des Darlehensvermittlers (Vermittlung, Nachweis, Behilflichsein) an den Verbraucher geleistet worden ist (Rn 12 ff) und ein Widerruf nach § 495 Abs 1 BGB nicht mehr möglich ist (Rn 16 ff); das Neudarlehen muss wirksam vereinbart worden sein (Rn 5). Die Regelung erfasst nur den Provisionsanspruch des Darlehensvermittlers gegenüber dem Verbraucher nach S 1, nicht aber eine etwaige Abrede des Vermittlers mit einem Dritten, zB mit dem Darlehensgeber. 22

Der **persönliche Anwendungsbereich** erfasst den Vermittlungsvertrag zwischen Vermittler und Verbraucher (auch Existenzgründer, § 655e Abs 2 BGB), nicht aber zwischen Vermittler und Drittem (vgl Rn 11). Die **Verbrauchereigenschaft** bestimmt sich danach, ob die Voraussetzungen des § 13 BGB (bzw der Existenzgründung, § 655e Abs 2 BGB) bei Abschluss des *Neudarlehens* erfüllt sind (wie hier MünchKommBGB/Weber § 655c Rn 17). Nach dem Zweck der Norm (Rn 1) soll der Verbraucher vor einer neuen Darlehensverbindlichkeit geschützt werden, sofern diese objektiv wirtschaftlich weniger sinnvoll ist. Entscheidend kann bei diesem Zweck nur sein, ob der Darlehensnehmer bei der Vereinbarung des Neudarlehens unter den Anwendungsbereich des Verbraucherdarlehensrechts fällt. 23

Für den **sachlichen Anwendungsbereich** ist von Relevanz, dass das Gesetz (vgl auch S 1: Darlehen) in Bezug auf das **Neudarlehen** von einem Verbraucherdarlehen spricht. Diese Beschränkung der Neudarlehensverträge ist bei S 2 grundsätzlich sinnvoll (vgl hingegen zur Erweiterung von S 1 auf alle Kreditformen Rn 11), da die Ablösung eines „anderen Darlehens" durch eine sonstige Finanzierungshilfe oder durch einen Zahlungsaufschub nur schwer vorstellbar ist (ebenso MünchKommBGB/Schürnbrand [7. Aufl 2017] § 655c Rn 15). Das abzulösende „andere Darlehen" **(Altdarlehen)** kann hingegen ein Zahlungsaufschub oder eine sonstige entgeltliche Finanzierungshilfe sein (zust BeckOGK/Zimmermann [15. 2. 2026] § 655c Rn 21). Auch muss das Altdarlehen kein Verbraucherdarlehen iSv § 492 BGB sein; gleichgültig ist auch, ob dieses frühere Darlehen zeitlich noch vor Inkrafttreten des VerbrKrG oder der aktuellen Fassung der §§ 655a ff BGB vereinbart wurde. Schon der Wortlaut spricht sehr weit vom „anderen Darlehen". Hinzu tritt der Schutzzweck der Norm, der auf den Abschluss des *Neu*darlehens gerichtet ist und – unabhängig von Charakter und Herkunft der bestehenden Kreditverbindlichkeit – den Verbraucher vor einer aktuellen objektiv wirtschaftlich weniger sinnvollen Umschuldung schützen will (MünchKommBGB/Weber § 655c Rn 17). 24

Die Norm regelt – parallel zu S 1 – nur das Verhältnis zwischen Verbraucher und Vermittler. Die von einem Dritten, zB dem Darlehensgeber, vertraglich versproche- 25 ne Vergütung des Vermittlers kann unter den vereinbarten Voraussetzungen verlangt werden. Ein solcher Anspruch bleibt von S 2 und dessen Voraussetzungen unberührt (MünchKommBGB/Weber § 655c Rn 22 f; Bülow/Artz § 655c Rn 12).

2. Voraussetzungen einer Umschuldung

a) Neues Kapitalnutzungsrecht

26 Unter Umschuldung ist die freiwillige vorzeitige Ablösung eines alten Kredits durch den Abschluss eines neuen Verbraucherdarlehensvertrages zu verstehen. Sie erfordert, dass durch einen eigenständigen Vertrag für den Verbraucher ein vom bisherigen Vertrag unabhängiges, neues **Kapitalnutzungsrecht** zugunsten des Verbrauchers begründet wird (zust Soergel/Krepold § 655c Rn 13; BeckOGK/Zimmermann [15. 2. 2026] § 655c Rn 20). Dieses neue Kapitalnutzungsrecht kann von demselben Darlehensgeber **(interne Umschuldung)** oder auch von dritter Seite **(externe Umschuldung)** eingeräumt werden; mithin kann der Gläubiger des Neudarlehens mit jenem des Altdarlehens identisch sein, muss dies aber nicht (Erman/Nietsch § 655c Rn 6; MünchKommBGB/Weber § 655c Rn 16; Bülow/Artz § 655c Rn 12; Ellenberger/Bunte/Jungmann, BankR-HdB [5. Aufl 2017] § 61 Rn 88).

27 Bloße **Prolongationsabreden** und sonstige **Tilgungsstreckungen**, die sich innerhalb des bereits bestehenden (Alt-)Darlehensvertrages bewegen, fallen nicht unter S 2 (zust Soergel/Krepold § 655c Rn 11). Nimmt der Verbraucher aber ein gesondertes **Zusatzdarlehen** auf, um dieses für die Durchführung der Tilgungsstreckung einzusetzen, ist S 2 ggf einschlägig (zur Nachfinanzierung vgl BGH 13. 3. 1990 – XI ZR 254/89, NJW 1990, 1599 f = WM 1990, 625 zu § 138 BGB). Auf Kreditvereinbarungen, die sich auf eine bloße **Erweiterung des Kreditrahmens** oder die **Erhöhung des Kreditbetrages** beschränken, findet S 2 ebenfalls keine Anwendung (Erman/Nietsch § 655c Rn 6). Denkbar sind jedoch **gemischte Kredite**, die teilweise bestehende Verbindlichkeiten ablösen, teilweise einen Aufstockungsanteil enthalten, teilweise aber einen zusätzlichen Kreditbedarf abdecken. Insoweit bestimmt sich der Vergütungsanspruch für den überschießenden, „aufgestockten“ Darlehensbetrag, der zur freien Verfügung steht, ausschließlich nach den Voraussetzungen des S 1. Als Folge kann der Darlehensvermittler ggf zumindest hinsichtlich dieses Teils eine Provision verlangen (Erman/Nietsch § 655c Rn 6; MünchKommBGB/Weber § 655c Rn 23 ff; Bülow/Artz § 655c Rn 17).

28 Schließlich ist eine **Personenidentität des Darlehensnehmers** beim Alt- und Neudarlehen **nicht erforderlich**. Der Wortlaut des S 2 fordert nur die „Ablösung eines anderen Darlehens“. Eine Personenidentität ist mit dieser Voraussetzung nicht zwingend verbunden. Jedenfalls gebietet der Schutzzweck der Norm eine entsprechende teleologische Extension (zu den Voraussetzungen einer solchen Herresthal/Weiss, Die juristische Methode in der Fallbearbeitung [2020] Rn 202), denn die Regelung soll den Verbraucher vor objektiv wirtschaftlich weniger sinnvollen Belastungen bewahren. Eine solche liegt aber auch vor, wenn er das Darlehen eines Dritten ablöst, obwohl der neue effektive Jahreszins höher ist als bei dem abgelösten Darlehen. Mit diesem Verständnis kann zugleich der Gefahr einer Umgehung der Vorgaben vorgebeugt werden (§ 655e Abs 1 S 2 BGB), so wenn ein wirtschaftlich ungünstigeres Neudarlehen der Ehefrau vermittelt wird, um Verbindlichkeiten des Ehemannes umzuschulden.

28a Das **Unionsrecht** steht der vorstehenden Auslegung und dem maßgeblichen Abstellen auf das neue Kapitalnutzungsrecht **nicht entgegen**; es bietet auch keinen Anlass hiervon abzugehen (tendenziell **aA** MünchKommBGB/Weber § 655c Rn 16 f; zur Maßgeblichkeit des Kapitalnutzungsrechts wie hier PWW/Nobbe § 655c Rn 4; BeckOGK/Zimmermann [15. 2. 2026] § 655c Rn 20). Unmittelbare unionsrechtliche Vorgaben bestehen für die Regelung nicht. Freilich hat der EuGH in seiner Rechtsprechung zum Verbraucherdarlehensrecht den Abschluss eines Neuvertrags tendenziell erweitert (vgl EuGH ECLI:EU:C:2016:934, EuZW 2017, 140 Rn 27 ff, wonach auch ein neuer Tilgungsplan für einen säumigen Darlehensnehmer ein eigenständiger Kreditvertrag iSd Art 3 lit c Verbraucherkreditrichtlinie 2008 sein soll). Indes ist auf die jeweilige Funktion der Abgrenzung zwischen Neuvertrag und bloßer Änderung des bestehenden Vertrags abzustellen. Dem neuen Kapitalnutzungsrecht kommt im Rahmen des § 655c S 2 BGB die Funktion zu, jene Konstellationen zu identifizieren, in denen ausnahmsweise zum Schutz des Verbrauchers strengere Anforderungen an einen Entgeltanspruch des Vermittlers zu stellen sind. Dabei gilt es die Interessensphären der Parteien eigenständig abzugrenzen und zu berücksichtigen, dass der Vermittler in den Konstellationen des S 2 immerhin seine Vermittlungsleistung erbracht hat und seine Rechtsposition durch das Gesetz mithin weiter eingeschränkt wird. (Nur) wenn er ein neues Kapitalnutzungsrecht vermittelt hat, sind die besonderen Voraussetzungen des S 2 sachgerecht, anderenfalls wird der vertragliche Anspruch des Vermittlers auf seine Provision im Widerspruch zum allgemeinen Maklerrecht und interessenwidrig verkürzt.

b) Freiwillige vorzeitige Ablösung eines Darlehens

29 Eine **vorzeitige Ablösung** liegt vor, wenn sie vor der regulären Fälligkeit des Altdarlehens erfolgt. Dieses Kriterium bereitet keine Schwierigkeiten, wenn die Parteien des Altdarlehens eine **feste Laufzeit** vereinbart haben. Die Ablösung kann dann durch eine **einverständliche Vertragsaufhebung** (§ 311 Abs 1 BGB), eine **vorzeitige Erfüllung** durch den Darlehensnehmer (§ 500 Abs 2 BGB) sowie auch durch eine **Kündigung durch den Darlehensnehmer** erfolgen (wie hier MünchKommBGB/Weber § 655c Rn 19; Soergel/Krepold § 655c Rn 23). Entscheidend ist, dass das bestehende Kreditverhältnis aus eigenem Entschluss des Darlehensnehmers beendet werden soll, ihm also die freie Wahl bleibt, ob er an der bisherigen Verbindlichkeit festhalten oder ein neues Darlehen dazu nutzen möchte, diese Verbindlichkeit abzulösen. Dies trifft auch auf die verbraucherseitige Kündigung zu. Zwar bewirkt eine solche Kündigung dogmatisch keine vorzeitige, sondern eine *rechtzeitige* Rückführung des geschuldeten Betrages, da mit der Kündigung des Darlehens das Recht des Verbrauchers zur weiteren Kapitalnutzung entfällt und die Restvaluta sofort fällig ist. Indes zieht diese dogmatisch präzise Betrachtung den Kreis der Umschuldungsdarlehen angesichts des aufgezeigten Normzwecks zu eng.

30 Sofern im Altdarlehen eine **Fälligkeitsbestimmung fehlt** – dies ist bei Rahmenkreditverträgen in der Regel der Fall – ist maßgeblich, ob durch die Ablösung in einen bis zu diesem Zeitpunkt ungestörten Kreditverlauf eingegriffen wird. In diesem Fall liegt eine vom Verbraucher ausgehende freiwillige Ablösung vor (im Ergebnis wie hier Erman/Nietsch § 655c Rn 5; MünchKommBGB/Weber § 655c Rn 19 ff; BeckOGK/Zimmermann [15. 2. 2026] § 655c Rn 22).

31 Die vorzeitige Ablösung des Altdarlehens nach S 2 erfordert eine **freiwillige Entscheidung des Verbrauchers** vor Eintritt der planmäßigen Fälligkeit. Sofern die Beendi-

gung des Altdarlehens auf einer **Kündigung durch den Darlehensgeber** beruht (gleich aus welchem Grund), liegt keine Ablösung der durch den Altkredit begründeten Verbindlichkeit vor, sondern die *Rückführung* des dann zur Zahlung anstehenden Kreditsaldos (ganz hM; BeckOK-BGB/Möller [1. 5. 2025] § 655c Rn 8; Ellenberger/Bunte/Jungmann, BankR-HdB [5. Aufl 2017] § 61 Rn 90; Soergel/Krepold § 655c Rn 22; MünchKomm-BGB/Weber § 655c Rn 19; Erman/Nietsch § 655c Rn 5). Schon der Wortlaut „Ablösung" eines anderen Darlehens erfasst nur schwer die Konstellation der Kündigung durch den Darlehensgeber. Materiell ist dem Verbraucher in diesem Fall die Freiwilligkeit genommen, ob und wann er das Darlehen ablösen möchte; er hat vielmehr die vom Darlehensgeber fällig gestellte Darlehensschuld zu tilgen. Auch hinsichtlich des Normzwecks weicht die Situation von jener bei einer freiwilligen Umschuldung ab, denn S 2 soll vor objektiv wirtschaftlich weniger sinnvollen Verträgen bei einer zeitlich selbstbestimmten Umschuldung schützen. Indes kann der Inanspruchnahme eines Neudarlehens auch zu höherem Zinssatz angesichts der Notwendigkeit, das vom Darlehensgeber mit seiner Kündigung fällig gestellte Darlehen zu tilgen, der Vorzug zu geben sein. Auch der Vermittler ist schutzwürdig, wenn er angesichts der Notwendigkeit zur Rückzahlung nach Kündigung durch den Darlehensgeber fristgerecht für eine Anschlussfinanzierung sorgt, diese aber zu einem höheren effektiven Jahreszins. Gleiches gilt, wenn ein **befristetes Darlehen** nach Fristablauf nicht verlängert wird und somit gesamtfällig ist. Auch in diesem Fall mangelt es an einer hinreichenden Freiwilligkeit der Umschuldung (zutr MünchKommBGB/Weber § 655c Rn 20).

32 Nimmt der Verbraucher bei einer **unechten Abschnittsfinanzierung** die anstehende Zinsanpassung zum Anlass, das Darlehen abzulösen, so ist der Normzweck des S 2 (Rn 1) einschlägig. Seine Voraussetzungen sind daher einzuhalten. Hingegen ist S 2 nicht einschlägig und hat es mit S 1 sein Bewenden, wenn der Verbraucher mit Ablauf der Festschreibung der Zinsen zur Rückzahlung der offenen Gesamtrestvaluta verpflichtet ist. Denn dann ist der Zweck des S 2 nicht einschlägig und eine freiwillige Ablösung liegt nicht vor, weil sich eine im Darlehensvertrag angelegte Beendigung des Kapitalnutzungsrechts realisiert (BeckOGK/Zimmermann [15. 2. 2026] § 655c Rn 24; nur iE wie hier MünchKommBGB/Weber § 655c Rn 21; s auch Gegenäußerung des BT zur Stellungnahme des BR BT-Drucks 11/5492, 41; **aA**, aber nicht überzeugend Soergel/Krepold § 655c Rn 17 mit Fn 66; Bülow/Artz § 655c Rn 19). Für eine analoge Anwendung des S 2 auf **echte Abschnittsfinanzierungen** besteht keine Veranlassung (iE auch Soergel/Krepold § 655c Rn 17), da sich diese gerade dadurch auszeichnen, dass das Kapitalnutzungsrecht mit Ablauf des Festschreibungszeitraumes endet und zwar auch ohne Zutun des Verbrauchers und ohne dass für ihn eine Möglichkeit zur Einflussnahme besteht.

c) Kenntnis des Vermittlers

33 Der Darlehensvermittler muss nach dem deutlichen Wortlaut („mit Wissen") Kenntnis davon haben, dass der Zweck der Darlehensaufnahme eine freiwillige vorzeitige Ablösung eines anderen Darlehens ist. Nur in diesem Fall ist die zusätzliche Voraussetzung für den Provisionsanspruch gerechtfertigt. Erforderlich ist die **positive Kenntnis** vom Verwendungszweck des Darlehens; ein bloßes Kennenmüssen genügt nicht. Ausreichend ist nach allgemeinen Grundsätzen aber auch, dass sich dem Vermittler die anstehende Umschuldung nach den Umständen des Einzelfalles **geradezu aufdrängen** muss, so dass der Darlehensvermittler die Augen vor einer beabsichtigten Umschuldung nicht verschließen darf (vgl BGH 20. 2. 1990 – XI ZR 195/88, NJW 1990, 1597 f

= WM 1990, 534, zur Nichtigkeit eines Vorkredits nach § 138 BGB; BeckOK-BGB/Möller [1. 5. 2025] § 655c Rn 9; Soergel/Krepold § 655c Rn 25). Die Quelle dieser Kenntnis ist gleichgültig; der Vermittler kann die Kenntnis auch zufällig von Dritter Seite erlangt haben. Seine Kenntnis soll regelmäßig zu bejahen sein, wenn der Darlehensvermittler die Auszahlung des Darlehens an den Altkreditgeber bzw an einen anderen Darlehensgeber selbst veranlasst. Die wohl überwiegende Ansicht arbeitet in diesem Fall zugunsten des Verbrauchers mit einer Vermutung, dass der Darlehensvermittler über ein entsprechendes Wissen verfügt (so Erman/Saenger § 655c Rn 7; Ellenberger/Bunte/Jungmann, BankR-HdB [3. Aufl 2007] § 61 Rn 88 ff; BeckOK-BGB/Möller [1. 5. 2025] § 655c Rn 9). Eine solche Vermutung ist allerdings nur ausnahmsweise gerechtfertigt, wenn der Vermittler Wissen über das vorausgehende Darlehen nachweisbar hat. Die bloße Auszahlung des neuen Darlehens an ein Kreditinstitut deutet nicht hinreichend darauf hin, dass es sich um eine freiwillige Ablösung durch den Verbraucher handelt. Vielmehr kann auch eine echte Abschnittsfinanzierung beendet sein. Die **Darlegungs- und Beweislast für die Kenntnis** des Vermittlers trägt nach allgemeinen Grundsätzen der Verbraucher (vgl nur PWW/Nobbe § 655c Rn 5; Soergel/Krepold § 655c Rn 26; **aA** Bülow/Artz § 655c Rn 20, die – negative – Beweislast für eine fehlende Kenntnis von vornherein dem Darlehensvermittler zuweisend). Sofern die Valuta aber mit Wissen des Vermittlers nicht an den Verbraucher, sondern an den Darlehensgeber oder an einen anderen Kreditgeber ausgezahlt werden soll, wird im Schrifttum teilweise ein Anscheinsbeweis für eine positive Kenntnis des Vermittlers angenommen.

3. Vergleich zweier effektiver Jahreszinssätze

a) Gegenüberstellung der Zinssätze

Nach S 2 besteht der Anspruch des Darlehensvermittlers auf die Vergütung nur, wenn sich der effektive Jahreszins infolge der Umschuldung nicht erhöht, dh bei Alt- und Neudarlehen identisch ist oder sich bei letzterem verringert. Erforderlich ist daher eine **Vergleichsberechnung**, die ausschließlich jeweils den effektiven Jahreszins gem Art 247 § 3 Abs 2 S 3 EGBGB iVm § 6 PAngV heranzieht und die Effektivzinssätze von Alt- und Neudarlehen gegenüberstellt (vgl zur Berechnung des effektiven Jahreszinses ausf Staudinger/Kessal-Wulf [2012] § 492 Rn 60 ff). Jede Erhöhung des vom Verbraucher bislang geschuldeten effektiven Jahreszinses steht dem Vergütungsanspruch des Vermittlers entgegen. 34

Maßgeblich ist nach dem Wortlaut der Norm nur der Vergleich des jeweiligen effektiven Jahreszinses von Alt- und Neudarlehen. Sofern sich dieser effektive Jahreszins nach diesem Vergleich nicht erhöht, besteht der Vergütungsanspruch des Vermittlers. **Sonstige Veränderungen der Darlehenskonditionen** bleiben nach der insofern eindeutigen Regelung für S 2 außer Ansatz. Unschädlich ist daher auch eine Erhöhung der betragsmäßigen Gesamtbelastung des Verbrauchers, zB aufgrund einer längeren Laufzeit des Neudarlehens (wie hier BeckOK-BGB/Möller [1. 5. 2025] § 655c Rn 13; MünchKommBGB/Weber § 655c Rn 25). Die hierin teilweise gesehene Schutzlücke verkennt den Grundsatz der Selbstverantwortung der Privatrechtssubjekte, mithin auch des Darlehensnehmers. Zuvorderst ist dieser dafür verantwortlich, die Übereinstimmung einer etwaigen Veränderung der Darlehenskonditionen mit seinem wirtschaftlichen Interesse zu prüfen Zudem greifen in bedeutenden Konstellationen ggf die **Aufklärungspflichten des Vermittlers** (dazu näher Rn 45 ff). 35

b) Nichtberücksichtigung der Vermittlungskosten

36 Bei der Berechnung des **effektiven Jahreszinses für das *abzulösende* Darlehen** bleiben etwaige Vermittlungskosten (sowie etwaige Nachweiskosten beim bloßen Nachweismakler) außer Betracht, S 2 HS 2. Sofern das Altdarlehen vermittelt wurde, kann daher nicht der in der Vertragsurkunde angegebene effektive Zins in den Vergleich eingestellt werden, sondern der effektive Jahreszins ist unter Herausnahme der Vermittlungskosten neu zu berechnen. Das Gesetz fingiert auf diese Weise die Umschuldung eines nicht vermittelten Altdarlehens und stellt den Schuldner eines vermittelten Altdarlehens dem Schuldner eines nicht vermittelten Altdarlehens gleich. Ohne diese Herausrechnung wäre die gesetzliche Vorgabe eines niedrigeren, zumindest aber identischen effektiven Jahreszinses des vermittelten Neudarlehens bei einem vermittelten Altdarlehen weniger streng, da bei letzterem die Vermittlungskosten den angegebenen effektiven Jahreszins des Altdarlehens erhöht haben (s auch Begr RegE BT-Drucks 11/5462, 29). Überdies sollen sich die Vermittlungskosten des Alt- und des Neudarlehens nicht gegeneinander aufheben. Würden die Vermittlungskosten in den Effektivzins sowohl des Alt- als auch des Neudarlehens einfließen (bei im Übrigen unveränderten Konditionen des Darlehens), hätte dies einen identischen Zinssatz zur Folge, obwohl die Umschuldung für den Verbraucher schon deshalb wirtschaftlich nachteilig sein kann, weil die Vermittlungskosten für ihn doppelt anfallen (MünchKommBGB/Weber § 655c Rn 26; Bülow/Artz § 655c Rn 21). In die Berechnung des **effektiven Jahreszinses des Neudarlehens** sind die Vermittlungskosten hingegen einzustellen.

37 Grundlage der von der Norm vorgegebenen Vergleichsberechnung ist eine wirtschaftliche Betrachtungsweise. Mit dieser kann auch das **„packing“** erfasst werden. Hiermit ist die Weiterleitung der vom *Darlehensgeber* an den Darlehensvermittler gezahlten Vermittlungskosten an den Verbraucher angesprochen. Sie erfolgt idR durch einen (Zins-)Aufschlag. Zu unterscheiden ist zwischen einem „packing“ beim Alt- und einem solchen beim Neudarlehen. Zu den **Vermittlungskosten des Altdarlehens**, die der Verbraucher aufzubringen hatte, zählen auch jene, die in einem „packing“ enthalten gewesen sind (wie hier MünchKommBGB/Weber § 655c Rn 26; Bülow/Artz § 655c Rn 21; Ellenberger/Bunte/Jungmann, BankR-HdB [5. Aufl 2017] § 61 Rn 94; Soergel/Krepold § 655c Rn 27). Der in den Vergleich eingestellte Effektivzins des Altdarlehens ist daher auch um diese Kosten zu bereinigen, bevor er mit dem Effektivzins des Neudarlehens verglichen wird.

38 Sofern die Vergleichsberechnung gem S 2 zu einem **höheren effektiven Jahreszins des Neudarlehens** führt, entsteht der Vergütungsanspruch des Vermittlers für seine Tätigkeit (Nachweis, Vermittlung, Behilflichsein) hinsichtlich des Neukredits gegenüber dem Verbraucher nicht. Ein etwaiger Provisionsanspruch des Vermittlers gegenüber dem Darlehensgeber für die Vermittlung oder den Nachweis des Umschuldungskredits bleibt indes hiervon unberührt. Zu diesem Vertragsverhältnis verhält sich die Norm nicht. Der Darlehensgeber ist zudem auch nicht gehindert, im Fall der ungünstigen Vergleichsberechnung und der in der Folge nicht geschuldeten Provision des Vermittlers, den Verbraucher mit der vom Darlehensgeber an den Darlehensvermittler gezahlten (auf das Neudarlehen bezogenen) Vergütung im Wege des „packing“ zu belasten (wie hier schon Seibert § 16 VerbrKrG Rn 8; Münstermann/Hannes Rn 857). Denn auch für das Verhältnis zwischen Darlehensgeber und Darlehensnehmer enthält die Regelung keine Vorgaben.

Die **Voraussetzungen** für die nach der Norm erforderliche Vergleichsberechnung sind **vom Darlehensvermittler zu schaffen**. Es obliegt mithin dem Vermittler, darzulegen und ggf den Nachweis zu führen, dass sich durch die Umschuldungsmaßnahme der Effektivzins nach dem genannten Maßstab (Rn 34 ff) nicht erhöht. Die Darlegungs- und Beweislast folgt aus der Formulierung der Norm (Anspruch entsteht nur, wenn ...). Hierzu gehört auch die Ermittlung jener Kosten, die dem Verbraucher durch die Vermittlung des Altdarlehens entstanden sind. Dies kann sich für den Vermittler im Einzelfall als schwierig erweisen. Richtigerweise besteht insoweit ein **Auskunftsanspruch des Vermittlers** gegenüber dem Verbraucher in Bezug auf die Konditionen seines Altdarlehens und dessen Vermittlung, wenn dem Vermittler anderenfalls die von der Norm vorgeschriebene Berechnung nicht möglich ist, der Verbraucher aber das Vorliegen dieser Tatbestandsvoraussetzung bestreitet und der Vermittler keine andere Möglichkeit hat, an diese erforderliche Information zu gelangen. 39

c) Ablösung mehrerer Darlehen; veränderliche Konditionen

Bei der **Ablösung mehrerer Altdarlehen** ist eine entsprechende Zahl an Vergleichsberechnungen anzustellen (Erman/Nietsch § 655c Rn 9; Bülow/Artz § 655c Rn 16; MünchKommBGB/Weber § 655c Rn 27; Soergel/Krepold § 655c Rn 28; Begr RegE BT-Drucks 11/5462, 29). Dabei ist der Effektivzins des Neudarlehens zu den Effektivzinssätzen der jeweiligen Altdarlehen in Bezug zu setzen. Dies kann zu unterschiedlichen Ergebnissen bei den verschiedenen abgelösten Altdarlehen führen. Sofern dieser Vergleich bei einzelnen Altdarlehen zu Lasten des Darlehensvermittlers ausfällt, bei anderen jedoch zu seinen Gunsten, erwirbt der Vermittler einen anteiligen Provisionsanspruch in Bezug auf jene Neudarlehen, bei denen der Zinsvergleich positiv ausgefallen ist (**aA**, mit der Bildung eines Durchschnittszinssatzes aller Altkredite, der dann für den Zinsvergleich maßgeblich sein soll, Seibert § 16 VerbrKrG Rn 5; Scholz Rn 686; vWestphalen/Emmerich/vRottenburg § 16 VerbrKrG Rn 37). 40

Bei **Darlehensverträgen mit veränderlichen Konditionen** ist beim *Neudarlehen* der effektive Jahreszins bei Vertragsabschluss des Neudarlehens in die Vergleichsberechnung einzusetzen. Für das *Altdarlehen* ist jener Effektivzinssatz maßgeblich, der zum Zeitpunkt der Umschuldung – unter Hinwegdenken einer etwaigen Kündigung – gilt (MünchKommBGB/Weber § 655c Rn 27; Bülow/Artz § 655c Rn 22; Erman/Nietsch § 655c Rn 9; Soergel/Krepold § 655c Rn 26; Begr RegE BT-Drucks 11/5462, 29). 41

d) Ablösung sittenwidriger Darlehen

Bei der Ablösung eines sittenwidrigen *Altdarlehens* stehen die Folgen dieser Sittenwidrigkeit für das vermittelte Neudarlehen im Zentrum der Diskussion. Richtigerweise folgt aus ihr nicht notwendig zugleich die Sittenwidrigkeit eines ablösenden Neudarlehens. Nach der **Rechtsprechung des BGH** führt bei einer **internen Umschuldung** die Sittenwidrigkeit des Altdarlehens nur dann ausnahmsweise zur **Sittenwidrigkeit des Neudarlehens** gem § 138 Abs 1 BGB, wenn der Darlehensgeber die Nichtigkeit des Altdarlehens positiv gekannt und mit dem Neudarlehen das Ziel verfolgt hat, sich den nach Maßgabe des Gesetzes unberechtigten Gewinn aus dem sittenwidrigen Erstvertrag zu sichern (dazu BGH 15. 1. 1987 – III ZR 217/85, NJW 1987, 944 = WM 1987, 339). Anderenfalls sei für das Neudarlehen zu prüfen, ob dieses für sich allein betrachtet gem § 138 Abs 1 BGB sittenwidrig ist. Hierbei könne der Tatbestand der Umschuldung als Umstand des Vertragsschlusses Berücksichtigung finden (dazu BGH 15. 1. 1987 – III ZR 217/85, NJW 1987, 944 = WM 1987, 339, für die interne Umschuldung; BGH 42

WM 1991, 271 f; BGH NJW 1988, 818 f = WM 1988, 181; BGH NJW 1990, 1597 f und BGH NJW 1990, 1048 f = WM 1990, 136, für die externe Umschuldung). Sei eine isolierte Nichtigkeit des Neudarlehens gem § 138 Abs 1 BGB zu verneinen, führe die Sittenwidrigkeit des Altdarlehens als solche nicht zur Nichtigkeit des Neudarlehens. Vielmehr ist nach der Rechtsprechung ausreichend und geboten, das Neudarlehen, soweit dieses durch den Irrtum über die Nichtigkeit des Altdarlehens beeinflusst worden sei, nach den Grundsätzen über die **Störung der Geschäftsgrundlage (§ 313 BGB)** jener Rechtslage anzupassen, die sich aus der Nichtigkeit des Altdarlehens ergebe. Als Folge stünden dem Darlehensgeber aus dem wirksamen Neudarlehen nur jene Ansprüche zu, die ihm bei Kenntnis und Berücksichtigung der Nichtigkeit des Altdarlehens billigerweise ebenfalls vertraglich von der Gegenseite eingeräumt worden wären (BGH 26. 2. 2002 – XI ZR 226/01, WM 2002, 955, 956; BGH 15. 1. 1987 – III ZR 217/85, NJW 1987, 944 = WM 1987, 339). Dabei sei nicht relevant, ob der Darlehensgeber bei Kenntnis der Sittenwidrigkeit einen Vertrag des Inhalts, wie er sich infolge der Anpassung gem § 313 BGB (früher § 242 BGB) ergibt, abgeschlossen hätte. Entscheidend sei allein, ob er diesen nach Treu und Glauben hätte abschließen *müssen* (BGH WM 2002, 955, 956; BGH NJW 1990, 1597, 1599 = WM 1990, 534; BGH NJW-RR 1988, 363 f = WM 1988, 184; BGH NJW 1988, 696; BGH NJW-RR 1987, 679, 681 = WM 1987, 463; OLG Köln NJW-RR 1991, 1456 f; ferner Canaris WM 1986, 1453, 1460 f).

43 Bei einer **externen Umschuldung** kann eine **Sittenwidrigkeit des Neudarlehens** gem § 138 Abs 1 BGB vorliegen, wenn der neue Kreditgeber positive Kenntnis von der Nichtigkeit des Altdarlehens hat. Dabei soll der positiven Kenntnis aber nicht das Kennenmüssen nach den von der Rechtsprechung im Rahmen des wucherähnlichen Geschäfts entwickelten Maßstäben gleichstehen (BGH 20. 2. 1990 – XI ZR 195/88, NJW 1990, 1597, 1599 f). Sofern eine Sittenwidrigkeit des Neudarlehens gem § 138 Abs 1 BGB ausscheidet und dieses daher wirksam ist, kommt nach der Rechtsprechung bei diesem **keine Anpassung** nach den **Grundsätzen über die Störung der Geschäftsgrundlage (§ 313 BGB)** in Betracht. Da bei der externen Umschuldung die Ablösungssumme nicht dem Darlehensgeber des Neudarlehens, sondern jenem des Altdarlehens zugutekommt, scheidet ein bilateraler Interessenausgleich zwischen Neudarlehensgeber und Verbraucher durch Anpassung des Neudarlehens aus. Vielmehr ist zu entscheiden, in wessen Risikobereich der Umstand fällt, dass beide den Umschuldungsbedarf des Verbrauchers aufgrund der Nichtigkeit des Altdarlehens zu hoch angesetzt haben. Dieses Risiko wird von der Rechtsprechung zutreffend im Grundsatz dem Verbraucher zugewiesen, so dass eine Anpassung des Neudarlehens gem § 313 BGB zu Lasten des Neudarlehensgebers grundsätzlich abgelehnt wird (BGH NJW 1990, 1597, 1599 = WM 1990, 534; s auch Canaris WM 1986, 1453, 1456 f). Der Verbraucher muss sich, soweit er das Darlehen zur Ablösung nicht bestehender Zins- und Kostenansprüche des Darlehensgebers des Altdarlehens verwendet hat, auf seine Bereicherungsansprüche gegen diesen verweisen lassen (BGH NJW 1990, 1597, 1599 = WM 1990, 534; zu möglichen **Aufklärungspflichten bei externer Umschuldung** vgl Rn 45).

44 Besonderes gilt auch für den **Effektivzinsvergleich** bei der Ablösung sittenwidriger Altdarlehen. Bei einer **externen Umschuldung** ist für den Effektivzinsvergleich nach S 2 der für das Altdarlehen vereinbarte effektive Jahreszins maßgeblich, auch wenn diese Vereinbarung gem § 138 Abs 1 BGB nicht wirksam ist (wie hier MünchKomm-BGB/Weber § 655c Rn 27; Bülow/Artz § 655c Rn 14; Ellenberger/Bunte/Jungmann, BankR-HdB [5. Aufl 2017] § 61 Rn 92; **aA** Soergel/Krepold § 655c Rn 29, den Altkredit wegen der mit

seiner Sittenwidrigkeit verbundenen Rechtsfolgen als *zinsloses* Darlehen behandelnd). Der Zweck der Norm erfasst auch diese Konstellation, zumal es im Interesse des Verbrauchers ist, einen wirksamen Vertrag mit einem vertraglichen Kapitalnutzungsrecht zu vertraglich festgelegten Bedingungen zu erhalten anstelle eines nur faktischen Nutzungsrechts durch die bereicherungsrechtliche Modifikation der Rückzahlungspflicht beim sittenwidrigen Darlehen. Bei einer **internen Umschuldung** ist jener Zinssatz in die Rechnung einzustellen, auf den sich der Unternehmer nach den dargestellten Grundsätzen nach Treu und Glauben hätte einlassen müssen.

4. Aufklärungspflichten des Vermittlers

Das Vertrauen, das der Darlehensvermittler aufgrund seiner Stellung in Anspruch nimmt, kann gem § 241 Abs 2 BGB zu vertraglichen Aufklärungspflichten des Vermittlers gegenüber dem Verbraucher führen (allg zu den Aufklärungspflichten des Maklers Staudinger/Arnold § 652 Rn 211 ff; s auch OLG Stuttgart 15. 7. 2009 – 3 U 25/09, NJW-RR 2010, 195: Anwendbarkeit der allgemeinen Aufklärungspflichten des Vermittlers auf Darlehensvermittler). Danach muss der Darlehensvermittler den Verbraucher über die **sonstigen gewichtigen Nachteile der Umschuldung** aufklären. Zu diesen zählt insbesondere der Umstand, dass bei der freiwilligen Ablösung des Altdarlehens die **laufzeitunabhängigen Kosten des Altdarlehens** nicht erstattet werden, so dass aufgrund entsprechender Kosten auch beim Neudarlehen diese Einmalkosten uU doppelt zu tragen sind. Freilich müssen diese laufzeitunabhängigen Kosten hinreichend hoch sein, um eine Aufklärungspflicht nach § 241 Abs 2 BGB zu rechtfertigen. Auch eine **Erhöhung der betragsmäßigen Gesamtbelastung** für den Darlehensnehmer ist diesem mitzuteilen, wenn Sie ein hinreichendes Gewicht erreicht. Denn dem vorzunehmenden Effektivzinsvergleich ist keine Aussage über eine resultierende Erhöhung der Gesamtbelastung des Verbrauchers zu entnehmen. Auch auf **günstigere Umschuldungsangebote** oder Alternativen zur Umschuldung ist er im Rahmen der zumutbaren und gebotenen Sorgfalt des Vermittlers von diesem hinzuweisen. 45

Die Pflichten des Darlehensvermittlers umfassen zudem ggf die **Aufklärung über die Sittenwidrigkeit des Altdarlehens**. Bei einer **externen Umschuldung** muss der Darlehensvermittler, dem die Prüfung der wirtschaftlichen Vertretbarkeit der Umschuldung obliegt, die Nichtigkeit des Vorkredits stets berücksichtigen, wenn er diese positiv kennt, im übrigen nur, wenn und soweit im Zeitpunkt der Umschuldung die die Nichtigkeit des Altdarlehens entscheidenden Rechtsfragen von der Rechtsprechung bereits so eindeutig, umfassend und endgültig geklärt sind, dass die Nichtigkeit und deren Rechtsfolgen sich dem Vermittler ausnahmsweise „auf den ersten Blick" aufdrängen müssen (BGH NJW 1990, 1597 f = WM 1990, 534, zur Prüfungspflicht des Neudarlehensgebers bzw eines Vermittlers; OLG Köln NJW-RR 1990, 1383; zu Recht gegen eine Pflicht des *Darlehensgebers* des Neudarlehens zur Prüfung des Altdarlehens Canaris WM 1986, 1453, 1457; Emmerich/Münstermann, Aktuelle Probleme des Ratenkredits [1989] 20). 46

Eine Verletzung dieser Aufklärungspflichten kann zu einer **Schadensersatzpflicht des Darlehensvermittlers** aus §§ 311 Abs 2, 241 Abs 2, 280 Abs 1 BGB führen (BGH WM 1991, 271, 273; OLG Düsseldorf ZIP 1993, 1376, 1378; OLG Celle WM 1992, 1145 = VuR 1992, 361; MünchKommBGB/Weber § 655c Rn 29; BeckOK-BGB/Möller [1. 5. 2025] § 655c Rn 13; Soergel/Krepold § 655c Rn 31). 47

48 Ein **Aufklärungsverschulden des Darlehensvermittlers** kann dem Darlehensgeber unter den Voraussetzungen des § 278 BGB ausnahmsweise zuzurechnen sein (BGH WM 1991, 271 f; OLG Düsseldorf ZIP 1993, 1376, 1377; OLG Celle WM 1992, 1145; MünchKommBGB/Weber § 655c Rn 29).

5. Abweichende Vereinbarungen

49 Nach § 655e Abs 1 S 1 BGB sind vertragliche Abweichungen von den Regelungen in S 1 und S 2 **nur zugunsten des Verbrauchers** zulässig und zwar unabhängig davon, ob es sich um eine klauselmäßige Abrede oder um eine Individualabrede handelt. Unzulässig ist mithin insbesondere eine vertragliche Abrede zwischen Vermittler und Darlehensnehmer, die vom Erfolgsprinzip zu Lasten des Verbrauchers abweicht, zB eine Abrede über eine Vergütungspflicht des Verbrauchers auch bei einem negativen Ergebnis des Vergleichs der beiden effektiven Jahreszinssätze. Auch ist ein Unterlaufen des Grundsatzes der Erfolgsprovision unzulässig (vgl BGH 30. 9. 1987 – IVa ZR 6/86, NJW 1988, 410, 411 sowie OLG Hamm 29. 11. 1994 – 4 U 76/94, WM 1995, 1353, 1355: Vorauszahlung der Provision).

§ 655d
Nebenentgelte

Der Darlehensvermittler darf für Leistungen, die mit der Vermittlung des Verbraucherdarlehensvertrags oder dem Nachweis der Gelegenheit zum Abschluss eines Verbraucherdarlehensvertrags zusammenhängen, außer der Vergütung nach § 655c Satz 1 sowie eines gegebenenfalls vereinbarten Entgelts für Beratungsleistungen ein Entgelt nicht vereinbaren. Jedoch kann vereinbart werden, dass dem Darlehensvermittler entstandene, erforderliche Auslagen zu erstatten sind. Dieser Anspruch darf die Höhe oder die Höchstbeträge, die der Darlehensvermittler dem Verbraucher gemäß Artikel 247 § 13 Absatz 2 Satz 1 Nummer 4 des Einführungsgesetzes zum Bürgerlichen Gesetzbuche mitgeteilt hat, nicht übersteigen.

Schrifttum

Vgl die Nachweise bei § 655a.

Systematische Übersicht

I. Normstruktur, Normzweck und Normgenese

1 Nach ihrer **Normstruktur** schließt die Regelung in **S 1** die Vereinbarung eines Entgelts, das über § 655c BGB sowie über ein etwaiges für Beratungsleistungen verein-

bartes Entgelt hinausgeht, für die Leistungen des Darlehensvermittlers aus. **S 2** gestattet aber eine Vereinbarung über den Ersatz entstandener, erforderliche Auslagen des Vermittlers. Schließlich beschränkt **S 3** die Höhe der somit ersatzfähigen Auslagen auf den in den vorvertraglichen Informationen mitgeteilten Höchstbetrag des Auslagenersatzes.

Die **Norm bezweckt** zum einen, die **Erfolgsabhängigkeit der Vergütung** des Vermittlers nach § 655c BGB gegen eine Umgehung durch die Vereinbarung von Nebenentgelten abzusichern. Hierzu ist nach S 1 die **Vereinbarung von Nebenentgelten** generell **unzulässig**. Hintergrund der gesetzgeberischen Wertung sind Entwicklungen in der früheren Rechtspraxis, bei denen vom Zustandekommen eines Darlehensvertrages unabhängige Nebenentgelte unseriösen Vermittlern einen Anreiz geboten haben, nicht vermittlungsfähige Kreditwünsche entgegenzunehmen und sich von vornherein auf die Erhebung von (überhöhten) Nebenentgelten, zB Bearbeitungspauschalen und Schreibgebühren, zu beschränken (Begr RegE BT-Drucks 11/5462, 30). Der Darlehensvermittler wird daher von der gesetzlichen Regelung auf das erfolgsabhängige Honorar gem § 655c BGB unter den dort genannten Voraussetzungen (OLG Köln ZIP 1993, 1541 f = MDR 1993, 1175) sowie auf ein eventuell vereinbartes zusätzliches Entgelt für Beratungsleistungen (Rn 3) verwiesen. Die Regelung ist somit eine spezielle Ausprägung des § 655e Abs 1 BGB, die über § 655c BGB hinausgehende Honoraransprüche des Vermittlers sperrt, gleich ob diese erfolgsabhängig oder erfolgsunabhängig ausgestaltet sind. Die Sicherung der Erfolgsabhängigkeit der Vergütung bildet auch den Kontext des S 3, der eine Umgehung dieses Grundsatzes verhindert, indem er prinzipiell ersatzfähige erforderliche Auslagen des Vermittlers auf den in den vorvertraglichen Informationen angegebenen Höchstbetrag beschränkt. Zudem gewährleistet die Norm die Möglichkeit zur Berücksichtigung etwaiger Auslagen bei der Vertragsentscheidung des Verbrauchers. Weitergehenden rechtspolitischen Forderungen nach einem umfassenden Verbot des Auslagenersatzes ist der Gesetzgeber bislang zu Recht entgegengetreten (Begr RegE BT-Drucks 16/11643, 97). 2

Allerdings soll dem Vermittler weiterhin die Vereinbarung eines Entgelts für seine Beratungsleistungen bei Immobiliar-Verbraucherdarlehen möglich sein. Seit der Umsetzung der Wohnimmobilienkreditrichtlinie 2014 (vgl § 655a Rn 12) ist mit Wirkung ab 21. 3. 2016 nach S 1 daher auch das „gegebenenfalls vereinbarte **Entgelt für Beratungsleistungen**" vom Verbot der Vereinbarung weiterer Entgelte ausgenommen. Diese normative Billigung betrifft insbesondere Entgelte für Beratungsleistungen im Zusammenhang mit einem Immobiliar-Verbraucherdarlehensvertrag (§ 492 Abs 2 BGB) gem § 511 Abs 1 BGB iVm Art 247 § 18 Abs 1 Nr 2 EGBGB. Das Tatbestandsmerkmal ist erforderlich, um die gesetzlich erlaubte Vereinbarung eines eigenständigen Entgelts für diese Beratungsleistungen auch dem Darlehensvermittler zu ermöglichen. Andernfalls liefe die Umsetzung des Art 247 § 18 Abs 1 Nr 2 EGBGB leer, der über §§ 655a Abs 3, 511 BGB auch für Darlehensvermittler gilt (vgl Begr RegE BT-Drucks 18/5922, 109). Zugleich läge dann ein Verstoß gegen Art 41 lit b Wohnimmobilienkreditrichtlinie 2014 (vgl § 655a Rn 12) vor (so zu Recht Begr RegE, BT-Drucks 18/5922, 109; zweifelnd BeckOGK/Zimmermann [15. 2. 2026] § 655d Rn 2). 3

Am Anfang der **Normgenese** stand § 17 VerbrKrG aF. Er wurde ohne inhaltliche Änderung im Rahmen der Schuldrechtsreform 2002 (§ 655a Rn 6) in § 655d aF überführt. S 3 wurde sodann mit Wirkung zum 11. 6. 2010 angefügt (durch G v 29. 7. 2009, BGBl 4

I 2355, vgl § 655a Rn 10). Eine redaktionelle Anpassung des S 3 erfolgte mit Wirkung zum 30. 7. 2010 (durch G v 24. 7. 2010, BGBl I 977, vgl § 655a Rn 11), da der in Bezug genommene Art 247 § 13 Abs 2 EGBGB bei der Einbeziehung von Darlehensvermittlungsverträgen, die durch Dritte vergütet werden, für diese eine eigenständige Informationspflicht in Abs 2 S 2 erhielt. Mit Wirkung ab 21. 3. 2016 wurde in Umsetzung der Wohnimmobilienkreditrichtlinie 2014 (§ 655a Rn 12) das Entgelt für Beratungsleistungen (vgl Rn 3) ergänzt, um diese auch für Darlehensvermittler zu ermöglichen (G v 11. 3. 2016, BGBl I 396).

II. Verbot der Vereinbarung von Nebenentgelten

5 Der **Anwendungsbereich** des Verbots in S 1 beschränkt sich – entgegen dem Wortlaut – nicht auf die Vermittlung von Verbraucherdarlehen oder deren Nachweis, sondern umfasst die Maklertätigkeit (Vermittlung, Nachweis und Behilflich sein) auch hinsichtlich sonstiger Finanzierungshilfen (dazu § 655a Rn 41 f; § 655c Rn 11). Erforderlich ist ein Vermittlungsvertrag mit einem Verbraucher; Vermittlungsverträge mit Dritten, ua mit dem Darlehensgeber, erfasst die Norm nach ihrem hinreichend deutlichen Zweck nicht, S 3 ist zudem schon ausweislich des Art 247 § 13 Abs 2 S 2 EGBGB nicht einschlägig (**aA**, Erman/Nietsch Vor §§ 655a–e Rn 2, nur S 3 nicht anwendbar; näher zu den Vertragskonstellationen vgl § 655a Rn 52 ff).

6 Die Regelung untersagt Vereinbarungen eines „Entgelts" für „Leistungen" des Vermittlers, die mit der Vermittlung bzw dem Nachweis des Verbraucherdarlehens „zusammenhängen". Entsprechende **Vereinbarungen** zwischen Vermittler und Darlehensnehmer können individualvertraglich oder klauselmäßig erfolgen. Sie haben **erfolgsunabhängige Entgelte** zum Gegenstand, indem sie nicht am Erfolg der Maklertätigkeit (Vermittlung, Nachweis, Behilflich sein) anknüpfen, sondern an sonstigen Leistungen des Auftraggebers/Vermittlers, die mit seiner Maklertätigkeit zusammenhängen. Die Bezeichnung dieser zusätzlichen Entgelte ist gleichgültig; **Beispiele** sind Bearbeitungs-, Auskunfts- sowie Schreibgebühren, Risikoprämien sowie Reservierungsgebühren (für ein Bsp vgl BGH 10. 5. 2012 – III ZR 234/11, WM 2012, 1117 = NJW-RR 2012, 1073 Rn 13 f: „interne Wertermittlungsgebühr").

7 Vereinbarungen über entsprechende erfolgsunabhängige Entgelte zugunsten des Vermittlers sind unzulässig, gleich ob diese Entgelte **anstelle oder neben der erfolgsabhängigen Vergütung** vom Verbraucher geschuldet sein sollen. Ersteres erfasst die Pflicht des Verbrauchers zur Leistung eines solchen Entgelts, sofern der Erfolg der Maklertätigkeit ausbleibt. Ebenfalls hierzu zählt das Fälligstellen der Vermittlervergütung vor Ablauf der Widerrufsfrist. Auch zwingend zu vergütende Leistungen des Vermittlers, deren Entgelt nach einer gescheiterten Vermittlung nicht zurückgezahlt wird (vgl zB OLG München 18. 3. 2010 – 29 U 5513/09: zwingende entgeltliche Liegenschaftsbewertung), zählen hierzu. Gleichgültig ist, aus welchem Grund der Erfolg der Maklertätigkeit ausbleibt, zB aufgrund des Widerrufs des Verbraucherdarlehens durch den Verbraucher. Abreden über ein zusätzliches Entgelt neben vereinbarten Entgelten für Beratungsleistungen sowie der erfolgsabhängigen Vergütung gem § 655c Abs 1 BGB bei einer erfolgreichen Vermittlung bzw dem Nachweis sind ebenfalls unwirksam (MünchKommBGB/Weber § 655d Rn 2; Soergel/Krepold § 655d Rn 2). Mithin wird – vorbehaltlich vereinbarter entgeltlicher Beratungsleistungen bei Immobiliar-Verbraucherdarlehen bzw erforderlicher Auslagen – nur die Vermittlungsvergütung nach § 655c

Abs 1 BGB geschuldet und ist gem Art 247 § 13 Abs 2 S 1 EGBGB in den vorvertraglichen Informationen anzugeben.

Die **Rechtsfolge eines Verstoßes** gegen S 1 ist die **Nichtigkeit** jener Vereinbarung, die dem Nebenentgelt zugrunde liegt. Im Falle einer **individualvertraglichen Vereinbarung** des zusätzlichen Entgelts hat deren Nichtigkeit auf die Wirksamkeit des Darlehensvermittlungsvertrages im Übrigen nach dem Rechtsgedanken des § 139 BGB keinen Einfluss (ganz hM; vgl MünchKommBGB/Weber § 655d Rn 3; PWW/Nobbe § 655d Rn 2; ähnlich BeckOK-BGB/Möller [1. 5. 2025] § 655d Rn 3: § 306 BGB analog). Allerdings ist die Vermutung des § 139 BGB bei dieser Vorschrift nicht einschlägig, da anderenfalls die den Schutz des Verbrauchers bezweckende Nichtigkeit des zusätzlichen Entgelts im Widerspruch zu dessen Interessen den gesamten Vermittlungsvertrag beseitigen würde. Als Folge der Nichtigkeit der Entgeltabrede verliert der Darlehensvermittler seinen Provisionsanspruch nicht vollständig, sondern kann nur die erfolgsabhängige Vergütung nach Maßgabe des § 655c S 1 BGB sowie etwaige Auslagen nach S 2 verlangen. Sofern die entsprechende **Abrede in AGB** enthalten ist, folgt die Fortgeltung des Restvertrages aus § 306 Abs 1 BGB. Sofern der Verbraucher bereits das hiernach nicht geschuldete Nebenentgelt geleistet hat, kann er dieses gem § 812 Abs 1 S 1 Alt 1 BGB **bereicherungsrechtlich herausverlangen** (vgl zur Unzulässigkeit von **Vorschuss- und Vorauszahlungsverlangen** bereits § 655c Rn 19). 8

III. Begrenzung der Erstattung von Auslagen

1. Entstandene, notwendige Auslagen

Nach S 2 ist die Vereinbarung der Erstattung von Auslagen erlaubt, soweit diese dem Vermittler tatsächlich entstanden und erforderlich gewesen sind. Der Anspruch auf Auslagenerstattung ist **unabhängig vom Eintritt des Vermittlungserfolgs** (OLG Köln 17. 6. 1993 – 10 U 8/93, ZIP 1993, 1541, 1542; Bülow/Artz § 655d Rn 3). Sofern der Vermittlungserfolg eingetreten ist, tritt der Anspruch auf Auslagenersatz neben den Provisionsanspruch des Darlehensvermittlers; er gehört nicht zur „Vergütung" iSd § 655c BGB. Ist der Vermittlungserfolg ausgeblieben, besteht nur der Anspruch auf Auslagenersatz, wenn dessen Voraussetzungen nach S 2, 3 erfüllt sind. Schließlich kann auch ein vereinbartes Entgelt für Beratungsleistungen im Zusammenhang mit einem Immobiliar-Verbraucherdarlehen neben den Auslagenersatz treten. 9

Die **Vereinbarung des Auslagenersatzes** bedarf – wie der Darlehensvermittlungsvertrag selbst – mit Wirkung ab 20. 11. 2026 nur noch der **Textform** (bis zu diesem Zeitpunkt Schriftform, vgl Soergel/Krepold § 655d Rn 7; PWW/Nobbe § 655d Rn 3; Bülow/Artz § 655d Rn 1; MünchKommBGB/Weber § 655d Rn 7). Sie kann in einer **individualvertraglichen Abrede** erfolgen; ausreichend ist dabei eine generelle Vereinbarung über die Ersatzfähigkeit der erforderlichen Auslagen des Vermittlers (wie hier Soergel/Krepold § 655d Rn 8). Weder müssen die konkrete Art von Auslagen noch ihre konkrete Höhe in den Vermittlungsvertrag aufgenommen werden; insoweit schützen S 3 und Art 247 § 13 Abs 2 S 1 Nr 4 EGBGB den Verbraucher hinreichend. Auch muss die Terminologie des Gesetzestextes („erforderliche Auslagen") nicht in den Vermittlungsvertrag übernommen werden, solange die Auslegung der Abrede gem §§ 133, 157 BGB hinreichend deutlich auf die Ersatzfähigkeit (nur) der erforderlichen Auslagen verweist. Dies wird regelmäßig der Fall sein, da ein vertraglich versprochener Ersatz nicht er- 10 forderlicher Auslagen überaus ungewöhnlich ist. Die Parteien können gleichwohl zur Verdeutlichung zB auch den Ersatz der „gebotenen“ oder „notwendigen“ Auslagen wirksam vereinbaren. Nicht ausreichend ist aber eine Abrede, nach welcher der Ersatz von Auslagen „vorbehalten bleibt“, da bei dieser Abrede die vertragliche Ersatzpflicht nach §§ 133, 157 BGB nicht hinreichend deutlich ist. Der Darlehensvermittler kann sich auch durch **Aufnahme** einer entsprechenden Klausel **in seine AGB** eine Auslagenerstattung vom Darlehensnehmer versprechen lassen (ganz hM; bejahend ua OLG Karlsruhe 8. 11. 1995 – 6 U 104/95, NJW-RR 1996, 1451 = WM 1996, 1363; LG Berlin VuR 1995, 1; Ellenberger/Bunte/Jungmann, BankR-HdB [5. Aufl 2017] § 61 Rn 97; BeckOK-BGB/Möller [1. 5. 2025] § 655d Rn 4; MünchKommBGB/Weber § 655d Rn 7; Soergel/Krepold § 655d Rn 8; PWW/Nobbe § 655d Rn 3; BeckOGK/Zimmermann [15. 2. 2026] § 655d Rn 13). Allerdings muss hierzu die Ersatzfähigkeit von Auslagen in den AGB dem Grunde nach vereinbart werden. Jegliche **Pauschalierung** durch die Verabredung fester Beträge für die Erstattung von Portokosten, Telefongebühren, Fahrtkosten etc ist nicht zulässig (vgl BGH WM 2012, 1117 = NJW-RR 2012, 1073 Rn 14; OLG Karlsruhe NJW-RR 1996, 1451 = WM 1996, 1363: auch nicht als bloße „Mindestbeträge“; Karlsruhe OLGR 1998, 192; OLG Zweibrücken VuR 1999, 269: zulässig ist aber die Angabe von Maximalbeträgen als „Deckelung nach oben“; Hamburg OLGR 1997, 334; LG Frankenthal VuR 1999, 55; LG Berlin VuR 1995, 19). Denn eine solche Pauschalierung würde das Erfordernis des konkreten Einzelnachweises der entstandenen (erforderlichen) Auslagen unterlaufen. Die AGB-Klausel muss zudem hinreichend transparent sein; besondere Erläuterungspflichten hat der Darlehensvermittler indes nicht (deutlich zu weitgehend daher LG Berlin VuR 1995, 19).

11 Der gesetzliche **Begriff der Auslagen** ist enger als jener der Aufwendungen. Erfasst werden somit nur **(Fremd-)Aufwendungen**, die der Darlehensvermittler im eigenen oder fremden Namen **auf Rechnung des Verbrauchers** tätigt. Diese Auslagen müssen tatsächlich entstanden und dem jeweiligen potenziellen Kreditnehmer konkret zuzuordnen sein. Unfreiwillige Vermögensopfer (Schäden) zählen nicht hierzu. **Entstanden** sind die Auslagen, wenn der Vermittler die Auslagen tatsächlich getätigt hat, mithin ein Vermögensopfer erbracht hat (BGH 10. 5. 2012 – III ZR 234/11, WM 2012, 1117 = NJW-RR 2012, 1073 Rn 14); gleichgestellt sind Verbindlichkeiten, die der Darlehensvermittler gegenüber Dritten eingegangen ist. Im Verhältnis zum Verbraucher erwächst ihm im zuletzt genannten Fall ein Befreiungsanspruch nach § 257 BGB (wohl unstr, vgl MünchKommBGB/Weber § 655d Rn 5; BeckOK-BGB/Möller [1. 5. 2025] § 655d Rn 6; Bülow/Artz § 655d Rn 4). Des Weiteren müssen die Auslagen des Vermittlers **nach Abschluss des Vermittlungsvertrages** entstanden sein (OLG Stuttgart BB 1999, 2265, 2266; OLG Zweibrücken BB 1996, 179, 180; LG Berlin VuR 1995, 19, 21; AG Daun VuR 2003, 187; MünchKommBGB/Weber § 655d Rn 4; BeckOK-BGB/Möller [1. 5. 2025] § 655d Rn 5). Auslagen, die bereits für die Kontaktaufnahme mit dem Kreditvermittler entstehen (zB durch eine Telefonmehrwertdienstnummer), sind daher nicht ersatzfähig, denn es fehlt an einer vorherigen Vereinbarung über deren Ersatzfähigkeit (OLG Nürnberg BuW 2004, 76).

12 **Beispiele** für dem Grundsatz nach ersatzfähige Auslagen sind Telefonkosten, Telekommunikationsentgelte, Portokosten, Reisekosten, Kosten einer Anzeige, Kosten eines Internetangebots, die Kosten für die Einholung von Auskünften oder eines Wertgutachtens und die Kosten für die Bestellung von Sicherheiten. **Nicht ersatzfähig** sind allgemeine Geschäfts- und Betriebskosten sowie die Kosten der eigenen Arbeitskraft des Vermittlers (OLG München 18. 3. 2010 – 29 U 5513/09). Auch die Kosten für die Aufgabe von Zeitungsinseraten, die nur allgemein für den Vermittler werben, sind nicht ersatzfähig (Stuttgart OLGR 1999, 432 = VuR 1999, 349; OLG Karlsruhe NJW-RR 1996, 1451 = WM 1996, 1363 sowie OLGR 1998, 192; Erman/Nietsch § 655d Rn 2; MünchKommBGB/Weber § 655d Rn 4). Solche Gemeinkosten des Vermittlers müssen durch den Provisionsanspruch abgedeckt werden.

Die von der Norm geforderte **Erforderlichkeit der Auslagen** bestimmt sich nach einem **objektiven Maßstab** (hM: MünchKommBGB/Weber § 655d Rn 5; Soergel/Krepold § 655d Rn 6; PWW/Nobbe § 655d Rn 4; Bülow/Artz § 655d Rn 5). Maßgeblich ist, ob ein Vermittler, der alle Umstände des konkret zu vermittelnden Darlehens, insbes dessen Umfang und Bedeutung für den Verbraucher, berücksichtigt, bei verständiger Würdigung von der Erforderlichkeit der konkreten Kosten ausgehen darf. Mit diesem Maßstab müssen sich die Auslagen **im Nachhinein** (*ex post*-Perspektive) tatsächlich als erforderlich erweisen. Für diesen strengen Maßstab spricht, dass das Gesetz – im Gegensatz zu § 670 BGB – allein auf die Erforderlichkeit abstellt. Für einen subjektiven Maßstab ist daher kein Raum. Das Risiko der Fehleinschätzung der Erforderlichkeit ist dem Vermittler zum Schutz des Verbrauchers vom Gesetz zugewiesenen (s auch Bülow/Artz § 655d Rn 4; MünchKommBGB/Weber § 655d Rn 5). 13

Der Anspruch auf Ersatz notwendiger Auslagen ist nach § 256 S 1 BGB zu **verzinsen** (MünchKommBGB/Weber § 655d Rn 6). Der Zinssatz ist § 246 BGB zu entnehmen, beim Existenzgründer (§ 513 BGB) als Vertragspartner des Darlehensvermittlers § 352 HGB. Aus dem gleichen Grund wie bei § 655c BGB (vgl § 655c Rn 19), dh aufgrund der Verlagerung der Beweislast auf den Verbraucher, ist das Verlangen eines **auslagenbezogenen Vorschusses unzulässig** (Soergel/Krepold § 655d Rn 5; Bülow/Artz § 655d Rn 4; BeckOGK/Zimmermann [15. 2. 2025] § 655d Rn 13). Der Darlehensvermittler hat im Streitfall darzulegen und zu **beweisen**, dass eine wirksame Vereinbarung über den Auslagenersatz erfolgt ist, dass bei ihm Auslagen angefallen sind und dass diese nach dem aufgezeigten Maßstab erstattungsfähig sind (OLG Karlsruhe WM 1996, 1363, 1365; MünchKommBGB/Weber § 655d Rn 7; Bülow/Artz § 655d Rn 4). 14

2. Kappungsgrenze

S 3 enthält für den Anspruch auf Erstattung der entstandenen, erforderlichen Auslagen eine Kappungsgrenze. Der Anspruch darf die **Höhe oder die Höchstbeträge**, die der Darlehensvermittler dem Verbraucher gemäß Artikel 247 § 13 Abs 2 S 1 Nr 4 EGBGB **vorvertraglich mitgeteilt** hat, nicht übersteigen. Diese Norm zwingt den Vermittler, die Auslagen realistisch einzuschätzen und verhindert über die vorvertragliche Offenlegung der Höchstsumme (und die noch bestehende Möglichkeit der Abstandnahme vom Vertragsschluss mit dem Darlehensvermittler durch den Verbraucher) eine prophylaktisch zu hohe Ausweisung der Auslagen. Selbstverständlich sind auf der Grundlage der vertraglichen Vereinbarung nur die **entstandenen, erforderlichen Auslagen** ersatzfähig, auch wenn deren Gesamtsumme hinter der vorvertraglich angegebenen maximalen Höhe zurückbleibt. 15

Der Vermittler kann, muss aber nicht, die Auslagen in der Information in **verschiedene Kategorien** unterteilen und einzelne Höchstbeträge ausweisen. Unternimmt er aber eine solche Aufteilung der Auslagen, dann ist der jeweilige Höchstbetrag für die jeweilige Kategorie die maßgebende Kappungsgrenze. Die rechnerische, aber nicht ausgewiesene Gesamtsumme ist dann gleichgültig, so dass nicht die Unter- 16 schreitung in der einen Kategorie durch eine Überschreitung in der anderen Kategorie kompensiert werden kann.

§ 655e
Abweichende Vereinbarungen, Anwendung auf Existenzgründer

(1) Von den Vorschriften dieses Untertitels darf nicht zum Nachteil des Verbrauchers abgewichen werden. Die Vorschriften dieses Untertitels finden auch Anwendung, wenn sie durch anderweitige Gestaltungen umgangen werden.

(2) Existenzgründer im Sinne des § 513 stehen Verbrauchern in diesem Untertitel gleich.

Schrifttum

Vgl die Nachweise bei § 655a.

1 Nach der **Systematik der Norm** stellt **Abs 1** klar, dass das **Unabdingbarkeitsgebot** (S 1) und das **Umgehungsverbot** (S 2) auch für den Darlehensvermittlungsvertrag gelten. Die Regelung entspricht der Vorschrift des § 512 BGB. Der Verbraucher genießt insoweit den gleichen Schutz, der ihm vom Gesetz für das vermittelte oder nachgewiesene Geschäft zugebilligt wird. **Abs 2** erstreckt den Verbraucherschutz des Untertitels auf den Existenzgründer. Die **Normgenese** geht auf § 18 VerbrKrG aF zurück, dessen Regelungsgehalt in § 655e aF übernommen wurde; Abs 2 wurde mit Wirkung zum 11. 6. 2010 geändert (§ 655a Rn 10; durch G v 29. 7. 2009, BGBl I 2355) und neugefasst mit Wirkung zum 30. 7. 2010 (§ 655a Rn 10; durch G v 24. 7. 2010, BGBl I 977). Im Zuge der Umsetzung der Wohnimmobilienkreditrichtlinie 2014 (§ 655a Rn 12) erfolgte mit Wirkung seit 21. 3. 2016 eine redaktionelle Anpassung des Verweises auf (nun) § 513 BGB (G v 11. 3. 2016, BGBl I 396).

2 Das **Unabdingbarkeitsgebot des Abs 1** untersagt Vereinbarungen, die **zum Nachteil des Verbrauchers** von den gesetzlichen Regelungen über die Vermittlung von Verbraucherdarlehen abweichen. Zum Nachteil des *Unternehmers* wirkende Abreden sind statthaft, so dass die Vorschrift einen **halbzwingenden Charakter** des Untertitels anordnet. Dieses Regelungsverbot erfasst sowohl Individualvereinbarungen als auch Abreden in AGB. Ob eine zwischen Darlehensvermittler und Verbraucher getroffene Abrede von den gesetzlichen Vorgaben zu Lasten des Verbrauchers abweicht, ist anhand der **einzelnen Klausel** zu prüfen (vgl dazu Fuchs, Zur Disponibilität gesetzlicher Widerrufsrechte im Privatrecht, AcP 196 [1996] 313, 355; PWW/Nobbe § 655e Rn 1; Soergel/Krepold § 655e Rn 1). Eine Gesamtschau des Darlehensvermittlungsvertrages findet nach der überwiegenden Ansicht nicht statt, so dass eine Kompensation, dh der Ausgleich einer für sich gesehen nachteiligen Regelung durch eine den Verbraucher an anderer Stelle begünstigende Bestimmung, nicht möglich ist. Dies entspricht der überwiegenden Auslegung entsprechender Unabdingbarkeitsgebote. Freilich ist dies zu hinterfragen, sprechen doch gute Gründe dafür, von einer Einzelklausel Betrachtung abzugehen und einzelne, für den Darlehensnehmer nachteilige Regelungen durch andere, wesentlich bessere Regelungen kompensieren zu können. Dies geht richti-

gerweise nicht mit einer größeren Rechtsunsicherheit einher, denn auch die Abweichung einer einzelnen Klausel zulasten des Verbrauchers ist mit einer Bewertung verbunden. Abreden, die zu Lasten des Verbrauchers von den gesetzlichen Vorgaben abweichen, sind unwirksam; an ihre Stelle treten die (günstigeren) gesetzlichen Vorschriften (Rn 4). Hierdurch kann sich das Regelungsgefüge des Vertrages für den Verbraucher vorteilhaft verändern, auch wenn die Parteien dies ursprünglich nicht beabsichtigt hatten.

Abs 1 S 1 verbietet jede **Vereinbarung**, durch die eine Abweichung von den gesetzlichen Bestimmungen herbeigeführt wird, dh eine Aufgabe von Rechtspositionen durch den Verbraucher mittels vertraglicher Abrede. Gleichgültig ist, ob diese Abrede vor, bei oder nach dem Abschluss des eigentlichen Darlehensvermittlungsvertrages erfolgt. Unzulässig ist nach der überwiegenden Ansicht mithin auch ein **Verzicht des Verbrauchers** auf den ihm durch das Gesetz gewährten Schutz (vgl Soergel/Krepold § 655e Rn 2; PWW/Nobbe § 655e Rn 1; **aA** Krämer ZIP 1997, 93, 96 f). Hiermit verbindet sich eine recht weitgehende, fragliche Beschränkung der Vertragsfreiheit, da ein qualitativer Unterschied zwischen einer abweichenden Vereinbarung im Vorhinein und einer wissentlichen Aufgabe einer Rechtsposition im Nachhinein durch den Darlehensnehmer besteht. Für dieses Ergebnis wird freilich angeführt, dass ein solcher Verzicht eine „anderweitige Gestaltung" iS des Abs 1 S 2 ist, mit der die vom Gesetzgeber ersichtlich gewollte, halbzwingende Geltung der §§ 655a ff BGB unterlaufen würde. Ohne Bedeutung ist nach der überwiegenden Ansicht zudem mangels rechtssicherer Abgrenzungskriterien schließlich auch, ob der Verzicht vom Unternehmer (etwa durch eine von ihm vorbereitete Vorlage) veranlasst oder vom Verbraucher spontan und aus freien Stücken abgegeben wird (**aA** Krämer ZIP 1997, 93, 98; LG Fulda NJW-RR 1987, 1460 f). Ein angemessener Schutz der Vertragsfreiheit gegen eine übermäßige gesetzliche Beschränkung spricht hingegen dafür, zumindest bei einem vom Darlehensvermittler nicht vorbereiteten, freiverantwortlichen Verzicht des Darlehensnehmers nach Vertragsschluss Abs 1 S 1, 2 nicht anzuwenden. 3

Abs 1 S 1 ordnet die **Unwirksamkeit** der von den Vorschriften in §§ 655a ff BGB zu Lasten des Verbrauchers abweichenden Vereinbarung an, auch wenn diese Rechtsfolge nicht mehr ausdrücklich in der Norm aufgeführt wird (abweichend noch § 18 VerbrKrG aF).Denn eine solche Anordnung ist nach der Integration der Regelung in das BGB mit Blick jedenfalls auf § 134 BGB entbehrlich (vgl OLG Karlsruhe 25. 4. 2006 – 17 U 213/05, WM 2007, 590, 592; abw auf die Anordnung zwingenden Rechts abstellend BeckOGK/Zimmermann [15. 2. 2026] § 655e Rn 10 mwNw). Die Unwirksamkeit ist die notwendige Konsequenz daraus, dass Abs 1 S 1 für den Verbraucher nachteilig abweichende Vertragsgestaltungen untersagt. Die Unwirksamkeit erfasst nur die jeweilige **Einzelklausel**, die zu Lasten des Verbrauchers von der gesetzlichen Regelung abweicht; der übrige Vertrag in seiner Gesamtheit bleibt hingegen bestehen. Zwar ordnet § 139 BGB im Zweifel Gesamtnichtigkeit des Vertrages an, wenn ein Teil des Rechtsgeschäfts nichtig ist. Diese gesetzliche Regelung passt indes – hier wie auch sonst – nicht auf eine gesetzlich angeordnete Nichtigkeit von Vertragsklauseln zum Schutz einer Partei, da andernfalls die mit der Nichtigkeitsanordnung (hier in Abs 1 S 1) bezweckte Schutzwirkung (Dispositionsfestigkeit der Schutzvorschriften) den Verbraucher im Ergebnis schlechter stellen würde. An der Gesamtnichtigkeit des Vertrages hat er gerade kein Interesse. Die durch die Nichtigkeit der Einzelklausel entstandene **Lücke im Vertrag** wird von den gesetzlichen Bestimmungen geschlossen, bei AGB folgt dies 4 aus § 306 Abs 2 BGB, im Übrigen aus dem Geltungsanspruch des dispositiven Rechts (auch) im Fall der Unwirksamkeit einer an sich vorrangigen Vertragsklausel (BGH NJW 1977, 1058 f).

5 Das **Regelungsziel des Abs 1 S 2** ist der **Ausschluss von Umgehungstatbeständen**. Das Tatbestandsmerkmal „umgangen werden" ist eng auszulegen. Erforderlich ist daher, dass die anderweitige, nicht unmittelbar von der Regelungsanordnung der §§ 655a ff BGB erfasste Gestaltung gerade **darauf angelegt ist**, die gesetzlichen Schutzvorschriften formal nicht zur Anwendung kommen zu lassen (zust Soergel/Krepold § 655e Rn 2). Eine **Umgehungsabsicht** braucht hingegen nicht vorzuliegen (Soergel/Krepold § 655e Rn 2; Bülow/Artz § 655e Rn 1 iVm § 512 Rn 23; zum früheren AbzG schon BGHZ 62, 42, 44). Entscheidend ist eine **objektive Betrachtung**, die unabhängig von den subjektiven Vorstellungen der Beteiligten, insbes jenen des Unternehmers, ist. Denn die Durchsetzung von Normen kann nicht daran geknüpft werden, dass die Parteien die Absicht verfolgen, sie zu umgehen. Anderenfalls hinge die Verwirklichung des Normzwecks bei Fehlen einer solchen Absicht in unzulässiger Weise von normfremden Umständen ab (BGHZ 110, 47, 64 = BGH 15. 1. 1990 – II ZR 164/88, NJW 1990, 982; für ein Beispiel vgl OLG München 18. 3. 2010 – 29 U 5513/09, VuR 2010, 233 f, mit einer zwingenden entgeltlichen Liegenschaftsbewertung).

6 Die **Darlegungs- und Beweislast** für das Vorliegen eines Tatbestandes, der unter Abs 1 S 1 oder S 2 einzuordnen ist, trägt nach allgemeinen Grundsätzen derjenige, der sich auf diese Norm beruft. Regelmäßig ist dies der **Verbraucher**, wenn er zB geltend macht, dass ein ihn belastende vertragliche Regelung gegen das Unabdingbarkeitsgebot bzw das Umgehungsverbot verstößt

7 Nach der **Regelung in Abs 2** gelten die §§ 655a ff BGB auch für Darlehensvermittlungsverträge, die zwischen einem Unternehmer und einem **Existenzgründer** iSd § 513 BGB zustande kommen. Existenzgründer sind natürliche Personen, die sich ein Darlehen, einen Zahlungsaufschub oder eine sonstige Finanzierungshilfe für die Aufnahme einer gewerblichen oder selbstständigen beruflichen Tätigkeit gewähren lassen oder zu diesem Zweck einen Ratenlieferungsvertrag schließen, es sei denn, der Nettodarlehensbetrag oder Barzahlungspreis übersteigt 75 000 EUR oder die SchwarmfinanzierungsVO (EU) 2020/1503 ist anwendbar. Die Zugrundelegung eines vergleichbaren Schutzbedürfnisses des Existenzgründers (auch) beim Abschluss eines Verbraucherdarlehensvermittlungsvertrages wird nicht vom Unionsrecht vorgegeben und teleologisch sehr fragwürdig, entspricht aber der langjährigen nationalen Rechtslage im Verbraucherdarlehensrecht.

Art 247 EGBGB

(zuletzt geändert mWv 21. 3. 2016 durch G v 11. 3. 2016, BGBl I S 396 sowie mWv 20. 11. 2026 durch das Gesetz zur Umsetzung der Richtlinie (EU) 2023/2225 über Verbraucherkreditverträge).

§ 13

Darlehensvermittler bei Verbraucherdarlehensverträgen

(1) Ist bei der Anbahnung oder beim Abschluss eines Verbraucherdarlehensvertrags oder eines Vertrags über eine Finanzierungshilfe gemäß § 506 des Bürgerlichen Gesetzbuchs ein Darlehensvermitt-

ler beteiligt, so ist der Vertragsinhalt nach § 6 Abs 1 um den Namen und die Anschrift des beteiligten Darlehensvermittlers zu ergänzen.

(2) Wird der Darlehensvermittlungsvertrag im Sinne des § 655a des Bürgerlichen Gesetzbuchs mit einem Verbraucher abgeschlossen, so hat der Darlehensvermittler den Verbraucher rechtzeitig vor Abschluss des Darlehensvermittlungsvertrags auf einem dauerhaften Datenträger zu unterrichten über

1. die Höhe einer vom Verbraucher verlangten Vergütung,

2. die Tatsache, ob er für die Vermittlung von einem Dritten ein Entgelt oder sonstige Anreize erhält sowie gegebenenfalls die Höhe,

3. den Umfang seiner Befugnisse und darüber, ob er ausschließlich für einen oder mehrere bestimmte Darlehensgeber oder unabhängig tätig wird, und

4. gegebenenfalls weitere vom Verbraucher verlangte Nebenentgelte sowie deren Höhe, soweit diese zum Zeitpunkt der Unterrichtung bekannt ist, andernfalls einen Höchstbetrag.

Wird der Darlehensvermittlungsvertrag im Sinne des § 655a des Bürgerlichen Gesetzbuchs ausschließlich mit einem Dritten abgeschlossen, so hat der Darlehensvermittler den Verbraucher rechtzeitig vor Abschluss eines vermittelten Vertrags im Sinne von Absatz 1 auf einem dauerhaften Datenträger über die Einzelheiten gemäß Satz 1 Nummer 2 und 3 zu unterrichten.

(3) Der Darlehensvermittler hat dem Darlehensgeber die Höhe der von ihm verlangten Vergütung vor der Annahme des Auftrags mitzuteilen. Darlehensvermittler und Darlehensgeber haben sicherzustellen, dass die andere Partei eine Abschrift des Vertrags im Sinne von Absatz 1 erhält.

(4) Wirbt der Darlehensvermittler gegenüber einem Verbraucher für den Abschluss eines Verbraucherdarlehensvertrags oder eines Vertrags über eine Finanzierungshilfe gemäß § 506 des Bürgerlichen Gesetzbuchs, so hat er hierbei die Angaben nach Absatz 2 Satz 1 Nummer 3 einzubeziehen.

(§ 13a eingef mWv 20. 11. 2026 durch das Gesetz zur Umsetzung der Richtlinie (EU) 2023/2225 über Verbraucherkreditverträge)

§ 13a
Besondere Regelungen für Darlehensvermittler bei Allgemein- Verbraucherdarlehensverträgen

(1) Ist bei der Anbahnung oder beim Abschluss eines Allgemein-Verbraucherdarlehensvertrags oder eines Vertrags über eine entsprechende Finanzierungshilfe gemäß § 506 Absatz 1 des Bürgerlichen Gesetzbuchs ein Darlehensvermittler beteiligt, so sind die vorvertraglichen Informationen nach § 3 Absatz 1 Satz 1 Nummer 1 um den Namen, die Anschrift, die Telefonnummer und die EMail-Adresse des beteiligten Darlehensvermittlers zu ergänzen. § 3 Absatz 1 Satz 2 bis 4 und § 11 Absatz 1 Satz 2 bis 4 sind mit der Maßgabe anzuwenden, dass die Regelungen zu den Angaben über den Darlehensgeber entsprechend auch für den Darlehensvermittler gelten.

(2) Bei Allgemein-Verbraucherdarlehensverträgen hat der Darlehensvermittler dem Darlehensgeber die erforderlichen Informationen, die er von dem Darlehensnehmer erhalten hat, zum Zweck der Kreditwürdigkeitsprüfung richtig und vollständig zu übermitteln.

(§ 13b Abs 3 gestrichen mWv 20. 11. 2026 durch das Gesetz zur Umsetzung der Richtlinie (EU) 2023/2225 über Verbraucherkreditverträge)

§ 13b
Besondere Regelungen für Darlehensvermittler bei Immobiliar-Verbraucherdarlehensverträgen

(1) Bei der Vermittlung von Immobiliar-Verbraucherdarlehensverträgen muss der Darlehensvermittler mit der Unterrichtung nach § 13 Absatz 2 Folgendes zusätzlich mitteilen:

1. seine Identität und Anschrift,

2. in welches Register er eingetragen wurde, gegebenenfalls die Registrierungsnummer, und auf welche Weise der Registereintrag eingesehen werden kann,

3. ob er an einen oder mehrere Darlehensgeber gemäß § 655a Absatz 3 Satz 3 des Bürgerlichen Gesetzbuchs gebunden oder ausschließlich für einen oder mehrere Darlehensgeber tätig ist, und wenn ja, die Namen der Darlehensgeber,

4. ob er Beratungsleistungen anbietet,

5. die Methode, nach der seine Vergütung berechnet wird, falls die Höhe noch nicht genau benannt werden kann,

6. welche interne Verfahren für Beschwerden von Verbrauchern oder anderen interessierten Parteien über Darlehensvermittler zur Verfügung stehen sowie einen möglichen Zugang des Verbrauchers zu einem außergerichtlichen Beschwerde- und Rechtsbehelfsverfahren,

7. ob ihm für seine im Zusammenhang mit dem Darlehensvertrag stehende Dienstleistung Provisionen oder sonstige Anreize von einem Dritten gewährt werden, und wenn ja, in welcher Höhe; ist die Höhe noch nicht bekannt, so ist mitzuteilen, dass der tatsächliche Betrag zu einem späteren Zeitpunkt im ESIS-Merkblatt angegeben wird.

Beginnt der Darlehensvermittler seine Vermittlungstätigkeit vor Abschluss des Vermittlungsvertrags, so sind die Informationspflichten gemäß Satz 1 rechtzeitig vor Ausübung der Vermittlungstätigkeit zu erteilen.

(2) Bei Immobiliar-Verbraucherdarlehensverträgen hat der Darlehensvermittler dem Darlehensgeber die Informationen gemäß § 1 Absatz 1, die er von dem Darlehensnehmer erhalten hat, zum Zweck der Kreditwürdigkeitsprüfung richtig und vollständig zu übermitteln.

Untertitel 3
Ehevermittlung

§ 656
Heiratsvermittlung

(1) Durch das Versprechen eines Lohnes für den Nachweis der Gelegenheit zur Eingehung einer Ehe oder für die Vermittlung des Zustandekommens einer Ehe wird eine Verbindlichkeit nicht begründet. Das auf Grund des Versprechens Geleistete kann nicht deshalb zurückgefordert werden, weil eine Verbindlichkeit nicht bestanden hat.

(2) Diese Vorschriften gelten auch für eine Vereinbarung, durch die der andere Teil zum Zwecke der Erfüllung des Versprechens dem Makler gegenüber eine Verbindlichkeit eingeht, insbesondere für ein Schuldanerkenntnis.

Materialien: E I, –; II, –; III, –; Mot II 511; Bericht der Reichstagskommission, S 89; Abs 2 wurde geändert durch Art 1 G über die Verteilung der Maklerkosten bei der Vermittlung von Kaufverträgen über Wohnungen und Einfamilienhäuser vom 12. 6. 2000 (BGBl I 1245).

Schrifttum zum Ehemaklerrecht

Amtrup, Probleme des finanzierten Ehemaklervertrages, NJW 1971, 84
Beckmann, Partnerschaftsservice durch computerunterstützten Datenaustausch – ein neuartiger Vertragsgegenstand, FamRZ 1985, 19
Berg, Der finanzierte Ehemaklervertrag, JuS 1973, 548
Börstinghaus, Anmerkung zum Urteil des BGH v 11. 7. 1990 – IV ZR 160/89 (Bamberg), NJW 1990, 2552
ders, Das Recht der Partnerschaftsvermittlung (1995)
Dehner, Die Entwicklung des Maklerrechts seit 1989, NJW 1991, 3254
Erdsiek, 1. Zur Rechtslage der Heiratsvermittlung, 2. Notwehr bei Eingriff in die Intimsphäre, NJW 1962, 2241
Finger, Nochmals: Der finanzierte Ehemaklervertrag, JZ 1979, 583
Gilles, Zur aktuellen Zivilrechtsproblematik gewerbsmäßiger Ehevermittlung, JZ 1972, 377
ders, Gewerbsmäßige Ehevermittlung (1977)
ders, Anmerkung zu AG Hamburg vom 23. 7. 1982, NJW 1983, 395
ders, Anmerkung zu BGH vom 25. 5. 1983, NJW 1983, 2819
ders, Partnervorschlagsdienst als Werkvertrag, MDR 1983, 712
Höbold, Die Umgehung des § 656 BGB beim Abschluß von Ehemäklerverträgen und die Rechtswirksamkeit der mit Ehemäklerverträgen gekoppelten Darlehensverträge, NJW 1970, 1869
Köbl, Persönlichkeitsschutz und Vermögensschutz im Recht der (finanzierten) Ehevermittlung, NJW 1972, 1441
Küfner, Anmerkung zu OLG Schleswig vom 11. 10. 1973, NJW 1974, 1564
Loddenkemper, Neue Form der Klagbarkeit des Ehemäklerlohnes?, NJW 1984, 160
Meckling, Zur Klagbarkeit des Aufwendungsersatzanspruches eines Ehemaklers, NJW 1961, 858
Meier, Vergütungspflicht und Widerruf bei der

Online-Partnerschaftsvermittlung, NJW 2011, 2396
MEYER, Zur Finanzierung von Ehemäklerverträgen, MDR 1971, 267
O MEYER, Auf der Abschussliste: Der Heiratsmakler im BGB, ZfPW 2019, 488
MICKLITZ, Sind die computergesteuerten Eheanbahnungs- und Partnervermittlungsverträge auf eine unmögliche Leistung gerichtet?, NJW 1985, 2005
MORMANN, Die Rechtsprechung des BGH zum Maklerrecht, WM 1968, 954, WM 1971, 1066, WM 1975, 70
NIEBLING, AGB-Klauseln in Online-Partnerschaftsvermittlungsverträgen, MDR 2015, 6
ders, Rechtsfragen der Online-Partnervermittlung, NJ 2017, 415
PETERS, Der Vergütungsanspruch des Partnervermittlers, NJW 1986, 2676
ders, Aktuelle Fragen des Rechts der Partnervermittlung, NJW 1989, 2793
ders, Zur Anwendung des § 656 BGB auf Partnerschaftsvermittlungsverträge, NJW 1990, 2552
ROCHNOW, Die rechtliche Behandlung von Online-Partnervermittlungen – Überlegungen zu einem von der Rechtsordnung missbilligten Geschäftsmodell, MMR 2015, 152
SCHMIDT-SALZER, Die Finanzierung von Ehemaklerverträgen, JR 1972, 51
THOMAS, Die Finanzierung von Ehemäklerverträgen, NJW 1970, 741
VOLLKOMMER/GRÜN, Anmerkung zum Urteil des BGH v 11. 7. 1990 – IV ZR 160/89 (OLG Bamberg), JZ 1991, 96
WENZEL, Ehevermittlung als Dienstvertrag, ZRP 1971, 101.

Systematische Übersicht

Alphabetische Übersicht

I. Der Zweck des § 656 BGB

§ 656 BGB ist nach § 654 BGB und § 655 BGB die dritte Vorschrift, die erst von der Reichstagskommission in das BGB eingefügt wurde; die Vorschrift hat seitdem lediglich durch das Gesetz über die Verteilung der Maklerkosten bei der Vermittlung von Kaufverträgen über Wohnungen und Einfamilienhäuser eine geringfügige sprachliche Änderung erfahren. Die Mehrheit der Kommission sah sich zu einer **Diskriminierung der Ehevermittlung** dadurch veranlasst, dass die große Bevölkerungsmehrheit Ehevermittlung als unsittlich, zumindest aber als unanständig bewerte. Da diese Einschätzung jedoch nicht von allen Kreisen geteilt werde, gelte es, ihr über § 138 BGB hinaus durch eine besondere, erzieherisch wirkende Bestimmung Nachdruck zu verleihen (Mugdan II 1292 f). Diese Sichtweise des historischen Gesetzgebers wird heute indes nicht mehr geteilt. Vielmehr wird der Ehevermittlung teilweise sogar ausdrück- 1 lich eine **„soziale Funktion“** zugebilligt (OLG Frankfurt NJW 1955, 716; OLG Schleswig NJW 1974, 648, 649; SOERGEL/CIOLEK-KREPOLD § 656 Rn 1; ERDSIEK NJW 1962, 2241; GILLES JZ 1972, 377 f; KÖBL NJW 1972, 1441, 1442; MECKLING NJW 1961, 858). Eine Nichtigkeit nach § 138 Abs 1 BGB soll stets besondere, zusätzliche Umstände voraussetzen (BGHZ 87, 309; OLG Schleswig NJW 1974, 648, 649; OLG Koblenz NJW-RR 1989, 1074; AG Eltville FamRZ 1989, 1299); dazu genügt es nicht, dass der Vertrag aufgrund eines Lockvogelangebots zustande gekommen ist (BGH NJW 2008, 982). Zu denken ist ferner an § 138 Abs 2 BGB oder das Vorliegen eines wucherähnlichen Geschäfts, wobei freilich die Bestimmung eines marktüblichen Entgelts Schwierigkeiten bereit (vgl OLG Nürnberg NJW-RR 2018, 1390, 1392). Ein Entgelt von 1000 € pro Vorschlag bei einem Partnervermittlungsvertrag dürfte indes sittenwidrig sein (BGH NJW-RR 2017, 1261).

2 Trotz dieser grundsätzlichen Anerkennung der Partnervermittlung hat das BVerfG in § 656 BGB keine verfassungsrechtlich unzulässige Regelung der Berufsausübung erblickt, sondern eine nachträgliche, verfassungskonforme Zweckbestimmung unterlegt: Die Vorschrift soll jetzt daran anknüpfen, dass Prozesse wegen Ehemaklerlohns Anlass zu Ärgernissen geben und durch solche Prozesse die geschlossenen Ehen und die **„Intimsphäre der Ehegatten** beeinträchtigt werden könnten“ (BVerfG NJW 1966, 1211; ebenso LG Fulda NJW 1971, 2229; LG München I NJW 1972, 2129).

2a Dennoch bleibt § 656 BGB in rechtspolitischer Hinsicht umstritten, und die Vorschrift wird teilweise für reformbedürftig gehalten (BeckOGK/MEIER [1. 1. 2026] § 656 Rn 3.3; MEYER ZfPW 2019, 488, 507 ff): Insbesondere hat man dem BVerfG entgegengehalten, es überdehne den Persönlichkeitsschutz und provoziere Missstände, indem es die Makler auf den für die Auftraggeber besonders gefährlichen Weg der Vorauskasse verweise (GILLES JZ 1972, 377 ff; MEYER ZfPW 2019, 488, 497 ff; SCHMIDT-SALZER JR 1972, 51, 53; WENZEL ZRP 1971, 101; einschränkend auch KÖBL NJW 1972, 1441, 1444 ff). Der Reformentwurf vom 16. 2. 1984 hat dem in einem gesonderten Abschnitt über „Ehevermittlung und Eheanbahnung“ Rechnung zu tragen versucht, indem er § 656 BGB in seiner heutigen Form verabschiedete und durch einen wirtschaftlichen Auftraggeberschutz ersetzte (BT-Drucks 10/1014, 6). Dagegen sollte die Möglichkeit der Vorkasse eingeschränkt werden (§ 656 Abs 2 S 2 BGB). Nach dem Scheitern der Reform wird demgegenüber nunmehr teilweise die Auffassung vertreten, dass § 656 BGB eine Verbraucherschutzfunktion habe, da die Notwendigkeit der Vorauskasse übereilten Vertragsschlüssen der Kunden entgegenwirke (MünchKommBGB/ALTHAMMER § 656 Rn 3, 17; krit BeckOGK/MEIER [1. 1. 2026] § 656 Rn 4; MEYER ZfPW 2019, 488, 499). Im Übrigen wird der Schutz des Auftraggebers durch die Vorschriften des Verbraucherschutzrechts gewährleistet. Namentlich sind hier die Vorschriften über außerhalb von Geschäftsräumen geschlossene Verträge und über Fernabsatzverträge (§§ 312b ff BGB) und insbesondere das bestehende Widerrufsrechts des Verbrauchers zu nennen (§ 312g BGB). Dabei ist infolge der Neuregelung durch das Gesetz zur Umsetzung der Verbraucherrechterichtlinie und zur Änderung des Gesetzes zur Regelung der Wohnungsvermittlung v 20. 9. 2013 (BGBl I 3642) die Problematik entfallen, dass Vorschriften über Haustürgeschäfte nicht bei einer „vorhergehenden Bestellung“ durch den Verbraucher (§ 312 Abs 2 Nr 1 aF) Anwendung fanden und daher in den einschlägigen Fällen sich häufig ein Widerrufsrecht nur durch eine restrikive Interpretation dieses Ausschlussgrundes ergab (vgl OLG Köln NJW 1988, 1985; LG Münster NJW 1987, 2879; LG Bielefeld NJW 1987, 2879; LG Hamburg VuR 1998, 67; AG Schöneberg NJW-RR 1988, 115; PETERS NJW 1989, 2793, 2795); denn eine vorherige Bestellung schließt eine Anwendung der Vorschriften für außerhalb von Geschäftsräumen geschlossene Verträge nach § 312 Abs 2 Nr 4b BGB nur noch bei Reiseverträgen aus. Daneben kommt ein Widerrufsrecht nach § 499 Abs 1 BGB iVm § 495 BGB in Betracht, wenn der Maklerlohn in Raten zu zahlen und mit Rücksicht darauf erhöht ist.

II. Der Anwendungsbereich des § 656 BGB

1. Der „horizontale" Anwendungsbereich

a) Ehemaklervertrag

Direkt anzuwenden ist § 656 BGB auf den **Ehemaklervertrag**, der die Typusmerkmale des Maklervertrags – Erfolgsabhängigkeit der Vergütung, Kausalität zwischen Maklertätigkeit und Erfolg, Entschließungsfreiheit des Auftraggebers – aufweist. 3
Für diesen Ehemaklervertrag im engeren Sinne gilt im Prinzip das gleiche wie für den allgemeinen Maklervertrag (OLG Karlsruhe OLGZ 1979, 67; LG Hamburg BB 1978, 172 mit kritischer Anmerkung Löwe). Insbesondere ist es hier nicht anders als im allgemeinen Maklerrecht so, dass der Makler sich dem **gesetzlichen Leitbild des Maklervertrags** unterstellt, wenn er sich eine von seinem Zeit- oder Arbeitsaufwand unabhängige, **nutzenbezogene Vergütung** ausbedingt (BGH WM 1987, 471). Die Konsequenz ist, dass der Provisionsanspruch wie im allgemeinen Maklerrecht vorbehaltlich abweichender individueller Vereinbarung vom Zustandekommen der Ehe mit einem dem Maklervertrag entsprechenden (§ 652 Rn 77 ff, insbes 82) Dritten, von einer wesentlichen Förderung dieses Zustandekommens durch den Makler (§ 652 Rn 123 ff) und der (insoweit selbstverständlichen) Entschließungsfreiheit des Auftraggebers abhängt. Ebenso bestimmen sich die Nebenpflichten nach allgemeinem Maklerrecht (vgl § 652 Rn 199 ff). Da die Ehe keinen „Geschäftswert" hat, ist der nutzenbezogene Charakter der Vergütung freilich schwerer festzustellen als bei Maklerverträgen über den Nachweis bzw die Vermittlung wirtschaftlicher Vertragsgelegenheiten. Mittelbar hilft die Einsicht, dass Ehemaklerwerkverträge kraft Natur der Sache ausscheiden dürften. Denn die Ehe ist eine zu höchstpersönliche Angelegenheit, als dass es möglich wäre, die Ehegelegenheit an Hand objektiver Merkmale zu umschreiben, so dass sie auch dann als vom Makler „hergestellt" angesehen werden kann, wenn der Auftraggeber sie nicht wahrnehmen will. Zur Ehegelegenheit gehört nicht nur ein ehebereiter Partner, sondern auch die positive Resonanz beim Auftraggeber, die sich allein im Zustandekommen der Ehe verlässlich äußert.

b) Eheanbahnungsvertrag

Demgemäß bleibt als Alternative zum Ehemaklervertrag allenfalls der **Ehemaklerdienstvertrag (Eheanbahnungsvertrag)**, dh das Versprechen einer zur Überführung des Auftraggebers in den Stand der Ehe geeigneten Dienstleistung gegen ein regelmäßig **am Zeitaufwand orientiertes Entgelt** (BGH WM 1987, 471, 473). Zwar lässt sich mit Grund bezweifeln, dass sich die zur Überführung des Auftraggebers in den Stand der Ehe geeignete Dienstleistung im Vorhinein in einer dem schuldrechtlichen **Bestimmbarkeitserfordernis** genügenden Art und Weise konkretisieren lässt (krit dazu Vorbem 16 zu §§ 652–656d). Doch teilt der BGH (BGHZ 87, 309) diese Zweifel nicht, so dass in der Praxis von der Möglichkeit zulässiger Ehemaklerdienstverträge auszugehen ist. Immerhin stellt BGHZ 87, 309 im Grundsatz das schuldrechtliche Erfordernis der Bestimmbarkeit von Leistungspflichten nicht in Frage. An dieser Bestimmbarkeit fehlt es, wenn der Ehemakler sich verpflichtet, dem Auftraggeber – wie im Fall OLG 3a

Karlsruhe OLGZ 1979, 67 – aus seinem Klientenkreis „passende Partner nach Vorstellung und Angabe des Auftraggebers unter Berücksichtigung der gegebenen Möglichkeiten nach der zur Auswahl erforderlichen Zeit" vorzuschlagen (für ausreichende Bestimmbarkeit in diesem Fall MünchKommBGB/Althammer § 656 Rn 16). Mindestens an der Grenze liegt die von BGHZ 87, 309 noch als ausreichend erachtete Bestimmbarkeit der Leistung, soweit der Makler zur Vornahme aller notwendigen Insertionen, zur Aufnahme in die Kartei und zur Unterbreitung von Partnerschaftsvorschlägen verpflichtet sein soll. Wird das erforderliche Mindestmaß an Bestimmbarkeit der Dienstpflicht nicht erreicht, so ist der Ehemaklerdienstvertrag nach § 140 BGB in einen normalen Ehemaklervertrag umzudeuten, für den dementsprechend Maklerrecht mit der Besonderheit des § 656 BGB gilt (vgl Vorbem 13 zu §§ 652–656d).

4 Analoge Anwendbarkeit des § 656 BGB kommt für den Ehemaklerdienstvertrag **(= Eheanbahnungsvertrag)** in Betracht, obwohl er an sich nicht dem gesetzlichen Leitbild der §§ 652 ff BGB, sondern dem der **§§ 611 ff BGB** unterliegt (BGHZ 87, 309; BGH WM 1987, 471, 473). Problematisch erscheint allerdings die Begründung des BGH (BGHZ 87, 309) für diese Analogie, nach dem die Gründe, die den historischen Gesetzgeber zur Schaffung des § 656 BGB veranlasst hätten, auch für den seinerzeit noch unbekannten Eheanbahnungsvertrag zuträfen (krit dazu schon Gilles NJW 1983, 2819 f). Da die Gründe des historischen Gesetzgebers ohnehin nicht mehr tragfähig sind (vgl Rn 1), ist stattdessen wohl richtiger an den verfassungskonformen Zweck des **Schutzes der Intimsphäre** anzuknüpfen (vgl Rn 2). Auch daraus folgt nämlich im Hinblick auf § 656 BGB die Gleichbehandlung von Ehemaklervertrag und Eheanbahnungsvertrag. Daran ändert es nichts, dass der verklagte Ehemaklerkunde mittlerweile nach §§ 171b Abs 1, 32 GVG über ein Recht auf Ausschluss der Öffentlichkeit verfügt. Das Interesse an Schutz der Intimsphäre besteht gegenüber jedermann, auch gegenüber dem klagenden Ehemakler, den Prozessvertretern und dem Gericht (vgl auch OLG Bamberg OLGZ 1990, 197, 201). Kein Argument gegen eine analoge Anwendung bildet auch die teilweise geltend gemachte rechtspolitische Fragwürdigkeit der Vorschrift; diese entbindet entgegen teilweise vertretener Auffassung (Vollkommer/Grün JZ 1991, 96, 97; Meyer ZfPW 2019, 488, 495; Peters NJW 1989, 2793, 2794 f; ebenso schon Gilles NJW 1983, 2819 f) nicht von der Aufgabe, für die Widerspruchsfreiheit der lex lata zu sorgen (ebenso BGH NJW-RR 2004, 778; Hamm Rn 141; MünchKommBGB/Althammer § 656 Rn 2 aE; BeckOGK/Meier [1. 1. 2026] § 656 Rn 11; ausführlich LG Dresden NJW-RR 2004, 346). Zu Recht wird im Übrigen darauf verwiesen (Köbl NJW 1972, 1441, 1443), dass weniger die erfolgsabhängigen als die **erfolgsunabhängigen Provisionsversprechen** Anlass zum Streit und damit zur gerichtlichen Auseinandersetzung über höchstpersönliche Umstände wie Charaktereigenschaften, Wünsche und Erwartungen der Auftraggeber wie der zugeführten Partner liefern. Was für den Ehemaklervertrag gilt, ist deshalb per argumentum a minore ad maius für den Eheanbahnungsvertrag anzuerkennen (**aA** LG Rottweil NJW 1983, 2824). Die Härte des § 656 BGB für den Ehevermittler lässt sich in der Praxis dadurch maßgeblich mindern, dass er sein Tätigwerden von der **Vorauszahlung** des Entgelts durch den Kunden abhängig macht. Das kann auch formularmäßig oder per AGB-Klausel geschehen. Weder § 309 Nr 2 BGB noch § 307 BGB stehen dem entgegen (BGHZ 87, 309; zum Schutz des Kunden vor wirtschaftlicher Übervorteilung vgl Rn 15 ff). Zwar wirkt es widersprüchlich, dass nach § 309 Nr 2a BGB der AGB-Ausschluss der Einrede des nichterfüllten Vertrags untersagt wird, während die Vereinbarung einer Vorleistungspflicht zulässig sein soll. Doch entspricht das dem Willen des Gesetzgebers (BT-Drucks 7/3919, 28). Die gebotene Widerspruchsfrei-

heit der Rechtsordnung lässt sich daher nicht durch die analoge Anwendung des § 309 Nr 2a BGB auf die Vereinbarung der Vorleistungspflicht, sondern nur durch die Restriktion des § 309 Nr 2a BGB auf den Ausschluss der Einrede des nichterfüllten Vertrags im Fall des Streits um das Bestehen des ihr zugrundeliegenden Gegenanspruchs herstellen (MünchKommBGB/Wurmnest § 309 Nr 2 Rn 11 f). § 307 BGB kommt schon deshalb nicht zum Zuge, weil die Vereinbarung der Vorleistung keine Härte für den Kunden begründet, sondern die durch § 656 BGB drohende Härte für den Vermittler vermeidet.

c) Partnervermittlungsvertrag

Umstritten ist die analoge Anwendbarkeit des § 656 BGB auf sog **Partnervermittlungsverträge** (zum seltenen Fall der Partnervermittlung „mit Erfolgsgarantie" vgl OLG Koblenz NJW-RR 1993, 888), die auf die Erarbeitung und Bereitstellung von Partnervorschlägen ohne unmittelbaren Bezug auf eine zukünftige Ehe gerichtet sind (und sowohl die Ehevermittlungs- als auch die Eheanbahnungsverträge in der Praxis verdrängt haben, vgl Peters NJW 1986, 2676, 2677; 1989, 2793, 2794). Der BGH wendet § 656 BGB analog an, soweit die Partnervermittlung den Charakter einer **Dienstleistung** hat (BGH NJW 1990, 2550; BGH NJW-RR 2004, 778, 779; aus der Rechtsprechung ferner etwa OLG Nürnberg NJW-RR 2018, 1390, 1392). Dabei hat er in einem früheren Urteil zugleich entschieden, die Partnervermittlung sei stets eine Dienstleistung, weil die Partnerschaftsvorschläge entgegen einer zT vertretenen Auffassung (OLG Bamberg NJW 1984, 1466; LG Schweinfurt FamRZ 1983, 909; LG München I FamRZ 1985, 698; Gilles MDR 1983, 712 ff; Peters NJW 1986, 2679, 2681) nicht eine Art psychologisches Gutachten, sondern nicht mehr als eine nähere Beschreibung der nachgewiesenen Gelegenheit seien (NJW 1989, 1479 f). Der BGH schließt sich damit der (schon vorher) hM an, die sich für die Annahme eines Dienstvertrags (im Gegensatz zum Werkvertrag) ausgesprochen hat (OLG Karlsruhe NJW 1985, 2035; OLG München NJW-RR 1992, 1205; LG Freiburg MDR 1984, 938; LG Osnabrück NJW 1986, 2710; Beckmann FamRZ 1985, 19, 21 f). Zwar hat es sich in dem vom BGH entschiedenen Fall nicht um einen EDV-ermittelten Partnervorschlag gehandelt, so dass das Urteil auf den ersten Blick diejenigen nicht trifft, die die Qualifikation des Partnervorschlags als **Werkleistung** gerade aus dem Einsatz elektronischer Datenverarbeitung ableiten (so Peters NJW 1986, 2676, 2681). Doch lässt die Argumentation des BGH in der Sache keinen Zweifel, dass er der Frage, ob der Partnervorschlag mit oder ohne Computer erarbeitet worden ist, keine entscheidende Bedeutung beimisst (in dieser Einschätzung der Entscheidung übereinstimmend Vollkommer/Grün JZ 1991, 96, 97). 5

Dieser Rechtsprechung ist zu folgen. Das gilt zunächst für die Qualifikation der Partnervermittlung als **Dienstleistung**, gleichgültig ob sie sich in der Erarbeitung von Partnervorschlägen erschöpft oder darüber hinausgehend Partnerzusammenführungen über gemeinsame Freizeitveranstaltungen oder Kontaktseminare umfasst. Selbst die Zuführung potenzieller Partnerschaftskandidaten durch die Überlassung von Adressen, Fotokatalogen und Partnersuchgeräten rechtfertigt keine andere Beurteilung, geht es den Kunden doch regelmäßig nicht um Eigentum und Besitz an solchen Gegenständen, sondern um hilfreiche Unterstützung bei der Partnersuche. Das gilt jedenfalls, soweit eine an den individuellen Wünschen des Kunden orientierte Auswahl getroffen worden ist. Auch eine Einzelleistung kann Dienstleistung sein (BGH NJW 1989, 1479 gegen OLG Hamburg NJW 1986, 325; **aA** Peters NJW 1986, 2679, 2681). Lediglich wenn die Adressen und Fotokataloge sich in einer wahllosen Zusammenstellung von 6

Personen auf Partnersuche erschöpfen, mag an einen Kaufvertrag (Werklieferungsvertrag) zu denken sein. Auch ist ein Partnervorschlag kein Werk, das von dem Partnerschaftsvermittler gleichsam aus dem vorhandenen Datenmaterial gefertigt würde. In der Sache enthält er nicht mehr als das Ergebnis eines Heraussuchens der objektiven Daten von Personen, die dem Anforderungsprofil des Kunden entsprechen, mag dies auch bisweilen durch die Benutzung anspruchsvollen Vokabulars verbrämt sein (vgl den Sachverhalt des OLG Hamburg NJW 1986, 325, 326). Die Vorstellung von Partnerschaftsvorschlägen als „geistig-schöpferischer Leistungsergebnisse" (Gilles NJW 1983, 395, 396) beruht auf einer Überbewertung sowohl der Qualität (dazu Micklitz NJW 1985, 2008 ff) als auch des Seriositätsgrads (vgl dazu deutlich OLG Hamburg NJW 1986, 325, 326) derartiger „Produkte". Folge der Qualifikation der Partnervermittlung als Dienstleistung ist insbesondere die jederzeitige Kündbarkeit des Vertrags nach § 627 BGB. Denn die Partnervermittlung ist eine Dienstleistung höherer Art iSd § 627 BGB (BGH NJW 1987, 2808). Die Geltung des § 627 BGB kann nicht durch AGB abbedungen werden (MünchKommBGB/Henssler § 627 Rn 454; BGH NJW 1989, 1479), wohl aber durch Individualregelung (BGH NJW 1999, 276, 278; BGH NJW 2005, 2543; **aA** OLG Düsseldorf NJW-RR 1987, 691, 693; MünchKommBGB/Althammer § 656 Rn 11, 24). Ebenfalls anwendbar ist § 628 BGB, der die Folgen der Kündigung nach § 626 BGB oder § 627 BGB regelt (MünchKommBGB/Althammer § 656 Rn 24).

7 Zu folgen ist der Rechtsprechung ebenfalls, soweit sie § 656 BGB auf die **Partnervermittlung** analog anwendet (ebenso BeckOGK/Meier [1. 1. 2026] § 656 Rn 16; Börstinghaus NJW 1990, 2552; **aA** Gilles EWiR § 656 BGB 1/90, 879; Peters NJW 1990, 2552 f; Vollkommer/Grün JZ 1991, 96). Wenn der Grund für die Klagbarkeitssperre des § 656 BGB das **Diskretionsbedürfnis** der Kunden von Ehevermittlern ist (Rn 1), dann muss grundsätzlich die Reichweite dieses Diskretionsbedürfnisses die Analogiefähigkeit des § 656 BGB bestimmen. Und damit ist im Kern jeder Vertrag über die Vermittlung tendenziell dauerhafter höchstpersönlicher Beziehungen (einschließlich der „Vorstufen" wie der Verlobung, vgl Erman/Fischer § 656 Rn 12) betroffen. Denn der Schutz vor der Offenlegung intimer Verhältnisse erstreckt sich wohl schon auf die Tatsache des Kontakts mit einem Ehe- oder Partnerschaftsvermittler, kann der Kunde doch schon durch ihr Bekanntwerden als jemand bloßgestellt werden, der aus eigenem Vermögen zur Herstellung intimer Beziehungen unfähig ist (vgl Köbl NJW 1972, 1441, 1443 f; Loddenkemper NJW 1984, 160). Auch das Gegeninteresse des Ehe- bzw Partnerschaftsvermittlers ist insoweit nicht schutzwürdiger als im direkten Anwendungsbereich des § 656 BGB. Hier wie dort ist er in der Lage, seine Bemühungen von (Teil-)**Vorausleistungen des Auftraggebers** abhängig zu machen (richtig Köbl NJW 1972, 1441, 1444). Dass die gesellschaftlichen Vorbehalte gegen Ehe- und Partnerschaftsvermittlungen im Schwinden begriffen sind (und § 656 BGB daher mehr und mehr zu einem Alibi für kundenschädliche Finanzierungstechniken wird), betrifft gleichermaßen den direkten und analogen Anwendungsbereich der Vorschrift (vgl auch Rn 4 aE). Allerdings lässt sich aus § 656 BGB hier wie sonst nicht ableiten, dass Maklerkunden überhaupt nicht in Rechtsstreitigkeiten einbezogen werden dürfen, wenn sie ein entsprechendes Diskretionsbedürfnis haben. Hat ein anderer Kunde den Partnervermittlungsvertrag angefochten mit der Begründung, die ihm vor Vertragsschluss als mögliche Partnerin avisierte Frau sei gar keine Kundin, sondern ein sog Lockvogel des Vermittlers gewesen, so kann diese Frau im Prozess um die Provisionszahlungspflicht als Zeugin vernommen werden (BGH NJW 2008, 982; vgl auch Rn 10).

Anwendbar ist § 656 BGB nach dem Vorgesagten auch auf **Online-Partnervermittlungen** (MEIER NJW 2011, 2396 f; **aA** AG München BeckRS 2011, 25760; RACHOW MMR 2015, 152). Auch die Automatisierung ändert nichts daran, dass bei derartigen Angeboten der Intimbereich nicht anders als in den sonstigen Fällen des § 656 BGB betroffen ist. Ebenso kann es für die Anwendung der Norm keine Rolle spielen, wenn der Anbieter den Kunden nicht mit einer entsprechenden Person zusammenführt, sondern lediglich Anschriften möglicher Partner nennt (vgl BGH NJW-RR 2004, 778, 779). § 656 BGB soll nach neuerer Rechtsprechung (BGH 17. 6. 2021 – III ZR 125/19 Rn 18, NJW-RR 2021, 1141, 1142) aber nicht auf solche Online-Vermittlungen anwendbar sein, bei denen die Leistungspflicht des Vermittlers primär in der Gewährung der Zugangsmöglichkeit auf eine von ihm betriebene Plattform besteht, auf der die Kunden selbständig Kontakt zu möglichen Partnern aufnehmen können. Daran soll es auch nichts ändern, dass der Betreiber dem Kunden Partnervorschläge zur Verfügung stellt, wenn dabei eine individuelle, persönliche Auswertung nicht vorgenommen wird. Nach Auffassung des BGH ist eine derartige Begrenzung der analogen Anwendung des § 656 BGB geboten, weil mit derartigen Gestaltungen nicht in gleicher Weise in die Intimsphäre des Kunden eingegriffen werde wie bei der traditionellen Partnervermittlung. Unschädlich sollen dabei auch vom Betreiber zusätzlich angebotene automatisierte Persönlichkeitsgutachten und Profilchecks sein. 8

Im Schrifttum ist die Entscheidung des BGH verbreitet auf Kritik gestoßen (MünchKommBGB/ALTHAMMER § 656 Rn 27; BeckOGK/MEIER [1. 1. 2026] § 656 Rn 17). Tatsächlich ist die analoge Anwendung des § 656 BGB allein dann nicht angezeigt, wenn sich die Verpflichtung des Anbieters auf die Eröffnung des Zugangs zu einer elektronischen Plattform beschränkt (so schon zu Recht BeckOGK/MEIER [1. 1. 2026] § 656 Rn 17). In diesem Fall stellt sich die Situation nicht anders dar als bei Freizeitclubs für Singles, auf die die Norm ebenfalls keine entsprechende Anwendung findet (siehe sogleich Rn 8b). Wenn Vorschläge durch den Anbieter gemacht werden, ist es für die Streitanfälligkeit und den drohenden Eingriff in die Intimsphäre dagegen ohne Belang, ob die Leistung auf elektronischem Weg erfolgt. Problematisch erscheint vor diesem Hintergrund auch die jüngste Entscheidung des BGH (BGH 17. 7. 2025 – III R 288/23 Rn 42, ZIP 2025, 2245, 2246, 2249), nach der bei derartigen Gestaltungen auch § 627 BGB keine Anwendung finden soll, weil es an der für eine Anwendung der Vorschrift erforderlichen besonderen Vertrauensbeziehung zwischen Anbieter und Kunden fehle. Die automatisierte Bearbeitung wird damit letztlich zu einer Leistungserbringung geringeren Ranges, was den Vorstellungen der Parteien kaum entsprechen dürfte. Im Übrigen überzeugt es nicht, wenn Schutzvorschriften durch eine Digitalisierung ausgehebelt werden könnten. 8a

d) Andere Verträge

Zu weit geht die Ansicht, § 656 BGB sei auch auf Verträge über **Partnerschafts-, Ehe- und Familienberatungen** oder Kommunikationstrainingskurse analog anzuwenden (so SCHWERDTNER [4. Aufl 1999] Rn 1017; dagegen zu Recht auch BeckOGK/MEIER [1. 1. 2026] § 656 Rn 15). Dabei handelt es sich um – wie SCHWERDTNER richtig sagt – „Neben- und Zusatzgeschäfte der Ehevermittlungsinstitute", deren Gegenstand nicht die Vermittlung persönlicher Beziehungen, sondern individual- und familienpsychologische Betreuung ist. Derartiges ist weder für die Angebotspalette von Ehevermittlungsinstituten spezifisch noch in besonderer Weise einem Diskretionsbedürfnis unterworfen. Die Teilnahme daran gilt nicht als ehrenrührig. Wollte man auch darauf § 656 BGB an- 8b wenden, so geriete der gesamte Bereich der entgeltlichen psychologischen Betreuung in den Bannkreis der Vorschrift. Ihr Geltungsanspruch würde uferlos. Nicht gerechtfertigt ist auch die Anwendung der Norm auf die Mitgliedschaft in einem Freizeitclubs für Singles, ohne dass konkrete Vermittlungsbemühungen durch den Verein geschuldet sind (OLG Frankfurt NJW-RR 1992, 312; OLG Jena BeckRS 2016, 135989; MünchKommBGB/Althammer § 656 Rn 2; **aA** LG Magdeburg BeckRS 2013, 18223 sowie AG Frankfurt Oder NJ 2016, 502, 502 für den Fall einer festgelegten Anzahl von Möglichkeiten, sich mit einem Partner zu treffen). Ebenso abzulehnen ist die analoge Anwendung des § 656 BGB auf die **Vermittlung von Ehe- oder Erbverträgen** (Erman/Fischer § 656 Rn 12). Ehe- und Erbverträge betreffen wirtschaftliche Angelegenheiten, die mit dem Schutz der Intimsphäre durch § 656 BGB nichts zu tun haben, ganz abgesehen davon, dass man sich die Vermittlungstätigkeit eines Maklers dabei praktisch kaum vorstellen kann. Schließlich scheidet die analoge Anwendung des § 656 BGB aus, wo zwischenmenschliche Beziehungen vermittelt werden, die nach den gesellschaftlichen Anschauungen den von der Vorschrift intendierten Diskretionsschutz nicht verdienen (vgl OLG Frankfurt NJW 1984, 180: Mitgliedschaft in sog Freizeitclubs). Ebenso wird man § 656 BGB nicht auf Telefonsex-Verträge entsprechend anwenden können (**aA** AG Aue NJW 1997, 2604). Zwar sind solche Vereinbarungen jetzt nicht mehr nach § 138 BGB nichtig (siehe nur BGH NJW 2008, 140, 141), so dass sich die Frage einer Analogie grundsätzlich stellen könnte; doch fehlt es hier schon an einer Maklersituation und damit einem vergleichbaren Sachverhalt.

e) Auswirkungen der direkten und analogen Anwendung des § 656 BGB auf die Pflichten des Vermittlers

9 Soweit die Klagbarkeit des Honoraranspruchs des Ehevermittlers bzw Partnerschaftsvermittlers ausgeschlossen ist, **entfällt** nach hM **auch die Durchsetzbarkeit einer etwa übernommenen Tätigkeitspflicht** (BGH NJW 1957, 1356 f; BGH NJW 1964, 546 f; BGH NJW 1986, 928; Dehner NJW 1991, 3254, 3262; Mormann WM 1968, 954, 962; **aA** Gilles 14). Das dürfte freilich nur insoweit vertretbar sein, als der Ehe- bzw Partnerschaftsvermittler das Honorar nicht bereits eingezogen hat. Der Ehe- bzw Partnerschaftsvermittler hat maW ein **Zurückbehaltungsrecht**, das sich im Fall von Dienstverträgen auf § 320 BGB, im Fall von echten Maklerverträgen (Alleinaufträgen) auf die Analogie zu § 320 BGB (vgl Vorbem 10 zu §§ 652–656d) stützt. Ein solches Zurückbehaltungsrecht ist notwendig, weil man den Vermittler sonst in einer Weise rechtlos stellt, die sich zumindest, seitdem die sittliche Missbilligung der Vermittlung als ratio des § 656 BGB durch den Schutz der Intimsphäre des Auftraggebers abgelöst worden ist, nicht mehr legitimieren lässt. Dagegen muss der bereits bezahlte Vermittler auf Erfüllung (und vor allem auf Schadensersatz wegen Nichterfüllung) der Tätigkeitspflicht verklagt werden können, weil anderenfalls das Auftraggeberprivileg nach § 656 BGB sinnwidrig in ein Vermittlerprivileg umschlägt (vgl schon Köbl NJW 1972, 1441, 1445). Dass der Prozess uU die teilweise Offenlegung der Intimsphäre des Auftraggebers erforderlich macht, steht dem nicht entgegen, weil § 656 BGB die **freiwillige** („offensive“) **Offenlegung** durch den Auftraggeber nicht untersagt. Das OLG München hat in diesem Sinne einer Klage auf Schadensersatz wegen Schlechterfüllung der Tätigkeitspflicht im Umfang des Großteils des vorausbezahlten Honorars für eine dienstvertragliche Partnervermittlung stattgegeben, ohne die Durchsetzbarkeit der Tätigkeitspflicht zu problematisieren (NJW-RR 1986, 796). Im Schrifttum wird erwogen, dem Auftraggeber im Falle der Schlechterfüllung einen Anspruch auf Rückgewähr des Honorars aus **§ 812 Abs 1 S 2 Alt 2 BGB** (condictio ob rem) zu geben (Erman/Werner [14. Aufl 2014]

§ 656 Rn 7). Aber das ist nur im Fall des echten Maklervertrags vertretbar, wenn die Ehe (bzw Partnerschaft) nicht oder doch wenigstens nicht auf eine Art und Weise zustande kommt, die als Verdienst des Maklers zu qualifizieren ist (vgl § 652 Rn 110). Die Vorleistung auf das zukünftige Entstehen eines Anspruchs fällt in der Tat unter § 812 Abs 1 S 2 Alt 2 BGB (Amtrup NJW 1971, 84; Berg JuS 1973, 553; allgemein Reuter/Martinek, Ungerechtfertigte Bereicherung 151 ff). Soweit die Ehe- bzw Partnerschaftsvermittlung Gegenstand eines Dienstvertrags ist, hilft § 812 Abs 1 S 2 Alt 2 BGB nicht weiter (**aA** Köbl NJW 1972, 1441, 1445). Denn das Honorar wird dann allein gezahlt, um die Gegenleistung zu erlangen. Die Folgen für den Honoraranspruch im Falle fehlender oder mangelhafter Gegenleistung sind ausschließlich die Domäne des schuldrechtlichen Leistungsstörungsrechts (Reuter/Martinek, Ungerechtfertigte Bereicherung 149).

2. Der „vertikale“ Anwendungsbereich

a) Anwendbarkeit des § 656 BGB auf sekundäre Maklersprüche?

§ 656 BGB sperrt die Honorarforderung des Ehe- bzw Partnerschaftsvermittlers ohne Rücksicht auf die Bezeichnung (Anmeldegebühr, Mitgliedsbeitrag, Einschreibgebühr uä), **nicht** jedoch **sekundäre Ansprüche**. BGH NJW 2008, 982, 984 verwirft ausdrücklich die Auffassung des OLG Koblenz (NJW-RR 2004, 268, 269 f), aus dem Zweck des § 656 BGB, die Peinlichkeiten und Unzumutbarkeiten einer Beweisaufnahme über Art und Umfang der Tätigkeit des Maklers zu vermeiden, ergebe sich ein umfassendes Beweiserhebungsverbot über die Leistungen des Vermittlers in Ehemaklersachen oder gleichgelagerten Rechtsstreitigkeiten. Grundsätzlich sei dem Persönlichkeitsschutz im Prozess durch Zeugnisverweigerungsrechte und notfalls den Ausschluss der Öffentlichkeit nach § 171b GVG Rechnung getragen. Davon mache § 656 BGB nur mittelbar und insoweit eine Ausnahme, als es um die vereinbarte Vergütung aus dem (Ehe-)Maklervertrag, Dienstvertrag oder einem ähnlichen Verhältnis gehe. Stritten die Parteien um andere Sach- und Rechtsfragen, so sei für eine analoge Anwendung des § 656 BGB trotz möglicherweise ähnlicher Schutzbedürftigkeit einzelner Prozessbeteiligter kein Raum (vgl auch Wichert ZMR 2007, 241, 245). 10

Das gilt entgegen der hM (BeckOGK/Meier [1. 1. 2026] § 656 Rn 21; Erman/Fischer § 656 Rn 1; Jauernig/Mansel § 656 Rn 5; Hamm Rn 1154; dagegen Gilles 13) einmal für den Anspruch auf **Aufwendungsersatz**, soweit er besonders vereinbart (§ 652 Abs 2 BGB) bzw (§§ 675, 611, 670 BGB) nicht ausgeschlossen ist. Denn den Ersatz der Aufwendungen kann der Vermittler nicht – wie die Honorarforderung – dadurch durchsetzen, dass er seine Tätigkeit von der Vorauszahlung abhängig macht, sind die Aufwendungen doch im Vorhinein kaum jemals absehbar. Daraus entsteht aber ein **Gegeninteresse des Vermittlers**, das die Klagbarkeit des Aufwendungsersatzanspruchs dringender erfordert als die der Honorarforderung und deswegen die analoge Anwendung des § 656 BGB trotz des Interesses des Auftraggebers an Diskretion mangels im Wesentlichen vergleichbarer Gesamtinteressenlage verbietet. Allerdings ist im Einzelfall genau zu prüfen, ob der Vermittler nicht unter dem Etikett der Aufwendungen in Wirklichkeit Vergütungsansprüche geltend macht. Insbesondere ist festzuhalten, dass die Aufwendungen lediglich die konkreten Auslagen aus Anlass des Einzelauftrags, nicht etwa auch allgemeine Geschäftskosten umfassen (vgl Gilles 13). Noch nachdrücklicher als gegen die analoge Anwendung des § 656 BGB auf Aufwendungsersatzansprüche spricht das Gegeninteresse des Vermittlers gegen die analoge Anwendung des § 656 BGB auf **Schadensersatzansprüche** wegen der Verletzung 10a von Nebenpflichten durch den Auftraggeber. Denn sie liefe insoweit auf eine vollkommene Schutzlosigkeit des Vermittlers hinaus, ist doch die Durchsetzung von Vorschüssen auf einen zukünftigen Schadensersatzanspruch kraft Natur der Sache ausgeschlossen (zum Inhalt der Nebenpflichten des Auftraggebers vgl die Ausführungen zum allgemeinen Maklerrecht, § 652 Rn 194 ff). Selbstverständlich unberührt von § 656 BGB bleiben Schadensersatzansprüche des Vermittlers nach den §§ 823 Abs 2 BGB, 263 StGB bzw § 826 BGB, die ua daran anknüpfen können, dass der Auftraggeber in Kenntnis des § 656 BGB und unter Vortäuschung einer nicht vorhandenen Vergütungsabsicht mit dem Ehevermittler einen Vertrag abschließt. § 656 BGB schützt nicht den strafbar oder sittenwidrig Handelnden (**aA** anscheinend Schwerdtner [4. Aufl 1999] Rn 1068). Doch beschränken sich die Ansprüche aus den §§ 823 Abs 2 BGB, 263 StGB bzw § 826 BGB in jedem Fall auf das **negative Interesse**; Schadensersatz in Höhe des vereinbarten Honorars ist daraus nicht abzuleiten (unklar Gilles 14).

b) Anwendbarkeit des § 656 BGB auf sekundäre Ansprüche des Auftraggebers?

11 Auf der Seite des **Auftraggebers** sperrt § 656 BGB (in Verbindung mit § 320 BGB bis zur Zahlung des Honorars, vgl Rn 9) ebenfalls nur den Anspruch auf die vereinbarte Tätigkeit des Vermittlers, nicht dagegen auch Ansprüche auf **Schadensersatz** in Höhe des negativen Interesses. Der BGH (NJW 1957, 1356; vgl auch OLG Stuttgart NJW-RR 1986, 605) hat demgemäß den Schadensersatzanspruch einer Kundin gegen den Ehevermittler in einem Fall anerkannt, in dem der Ehevermittler einen wegen Bigamie und unberechtigter Titelführung vorbestraften Partner zugeführt hatte, der der Kundin alsbald uneinbringliche Darlehen abschwindelte (krit dazu Gilles JZ 1972, 377, 382). Die dogmatische Begründung entspricht derjenigen zu den Nebenpflichten des Maklers nach allgemeinem Maklerrecht (vgl § 652 Rn 208 ff). Das völlige Fehlen oder die mangelnde Durchsetzbarkeit der Tätigkeitspflicht des Vermittlers ändern nichts daran, dass er, wenn er tätig wird, den Erwartungen des Kunden hinsichtlich einer adäquaten Rücksichtnahme auf seine Interessen gerecht werden muss (vgl § 652 Rn 209). Neben allgemeinen Aufklärungspflichten trifft den Ehevermittler insbesondere die Pflicht zur Diskretion, die sowohl die Verschwiegenheit hinsichtlich des Kontaktes zu dem Vermittler überhaupt als auch und vor allem die Verschwiegenheit hinsichtlich der anvertrauten höchstpersönlichen Tatsachen und Motive umfasst. Die Indiskretion des Vermittlers kann neben vertraglichen Unterlassungs- und Schadensersatzpflichten auf Ersatz des immateriellen Interesses gerichtete Schadensersatzansprüche aus dem Gesichtspunkt der Verletzung des Allgemeinen Persönlichkeitsrechts nach sich ziehen (Gilles 15).

III. Die Wirkung des § 656 BGB

1. § 656 Abs 1 S 1 BGB

12 § 656 Abs 1 S 1 BGB macht den Ehemaklervertrag nach inzwischen herrschender Auffassung zu einem **wirkungsgeminderten Schuldverhältnis**, das nicht einen klagbaren Anspruch auf Provisionszahlung erzeugt, sondern lediglich einen Rechtsgrund für die Zahlung liefert (BGH NJW-RR 2004, 778, 779; MünchKommBGB/Althammer § 656 Rn 1; Soergel/Ciolek-Krephold § 656 Rn 4; vgl schon Emmerich JuS 1971, 209 mit weiteren Nachw). Teilweise wird insoweit auch von der Anordnung einer **Naturalobligation** gesprochen (BGHZ 87, 309, 314 f; Peters NJW 1986, 2676; Berg JuS 1973, 548, 550). Dabei geht die hM davon aus, dass die **Klage** auf Zahlung der Provision als **unbegründet** abzuweisen ist

(hM, siehe nur BGH NJW-RR 2004, 778, 780; BeckOGK/Meier [1. 1. 2026] § 656 Rn 20; MünchKommBGB/Althammer § 656 Rn 1), während sie nach der Gegenauffassung bereits **unzulässig** ist (vgl LG Bremen NJW 1971, 102; Berg JuS 1973, 548, 550; Staudinger/Reuter [2010] § 656 Rn 12). Die besseren Gründe sprechen für die Abweisung als unbegründet; denn es handelt sich um ein materiell- rechtliches Hindernis (BGH NJW-RR 2004, 778, 780). Diese Sichtweise, nach der der Provisionsanspruch in der Sache besteht, muss aber dann auch die dogmatische **Behandlung von Sicherungsrechten** beeinflussen. Teilweise wird angenommen, dass eine für den Honorarzahlungsanspruch bestellte Bürgschaft oder ein dafür bestelltes Pfandrecht nicht entstünden und dass eine dafür bestellte Hypothek nach §§ 1163 Abs 1 S 1, 1177 BGB zur Eigentümergrundschuld werde (so MünchKommBGB/Althammer § 656 Rn 31; Soergel/Ciolek-Krephold § 656 Rn 4). Wenn man aber vom Bestehen einer – lediglich nicht klagbaren – Forderung ausgeht, muss man folgerichtig die Entstehung von Bürgschaft, Pfandrecht und Hypothek bejahen. Zwar bedingt die Akzessorietät dieser Sicherungsrechte, dass die Ansprüche des Gläubigers gegen den Bürgen bzw die Sicherungsgeber genauso wenig durchsetzbar sind wie die Hauptansprüche. Der Grundstückseigentümer kann nach § 1169 BGB den Verzicht auf die Hypothek, der Verpfänder/Eigentümer nach § 1254 BGB die Rückgabe der Pfandsache verlangen. Wohl aber kann der Gläubiger die freiwillige Erfüllung dieser Ansprüche als kondiktionsfesten Erwerb verbuchen (vgl nur für die Bürgschaft Planck/Oegg § 765 Anm 8a).

Die fehlende Durchsetzbarkeit des Honoraranspruchs aufgrund von § 656 BGB **13**
macht diesen Anspruch **untauglich** als Aktivforderung **für eine Aufrechnung** (BeckOGK/Meier [1. 1. 2026] § 656 Rn 22; Soergel/Ciolek-Krephold § 656 Rn 4) oder **für die Einrede des Zurückbehaltungsrechts** durch den Ehevermittler (Erman/Fischer § 656 Rn 4). Jedoch kann umgekehrt der Auftraggeber mit einer anderen Forderung gegen die Honorarforderung des Vermittlers aufrechnen, braucht doch die Passivforderung im Fall der Aufrechnung nicht durchsetzbar zu sein. Ferner kann der Ehevermittler die Honorarforderung trotz ihrer fehlenden Durchsetzbarkeit wirksam abtreten mit der Folge, dass der Zessionar, wenn der Kunde an ihn zahlt, das Geld nach § 656 Abs 1 S 2 BGB behalten kann (vgl Erman/Fischer § 656 Rn 4). Nach hM (OLG Frankfurt NJW 1955, 716; BayObLG NJW 1972, 1327) soll aus der fehlenden Durchsetzbarkeit des Honoraranspruchs des Ehevermittlers nach § 656 BGB auch folgen, dass dieser kein Handelsgewerbe betreibt und deshalb nicht Kaufmann sein kann. Dem ist zu widersprechen. Weder fehlt es an dem für den Gewerbebegriff notwendigen rechtsgeschäftlichen Handeln, noch macht die Klagbarkeitssperre Buchführung und Bilanzierung oder gar verlässliche Vertretungs- und Haftungsverhältnisse („in kaufmännischer Weise eingerichteter Geschäftsbetrieb") entbehrlich (Soergel/Ciolek-Krephold § 656 Rn 4; Hopt/Merkt § 1 HGB Rn 21 aE; Gilles JZ 1972, 383).

2. § 656 Abs 1 S 2 BGB

§ 656 Abs 1 S 2 BGB bestätigt die Eigenart des Anspruchs aus § 656 Abs 1 S 1 BGB **14**
als eines (vorbehaltlich der Nichtigkeit aus anderen Gründen) bestehenden, aber nicht durchsetzbaren Anspruchs, indem er die Kondiktionsfestigkeit der Erfüllung durch den Auftraggeber anordnet. Der Erfüllung steht die Leistung an Erfüllung statt gleich; anderes soll allein für Abtretung von Gehaltsansprüchen gelten, da dies in der Sache eine zukünftige Erfüllung darstelle (MünchKommBGB/Althammer § 656 Rn 32; **aA** BeckOGK/Meier [1. 1. 2026] § 656 Rn 26.1). Dagegen wird eine Leistung erfül-

lungshalber regelmäßig Abs 2 unterfallen (NK-BGB/Wichert § 656 Rn 31). Ähnliches gilt für die Hingabe einer beweglichen Sache bzw die Bestellung einer Grundschuld zur Sicherung des Anspruchs des Vermittlers. Insoweit ist wegen der Gleichheit der Interessenlage die gleiche Lösung angezeigt wie im Fall der Bestellung akzessorischer Sicherungsrechte (Rn 12): Der Verwertung von Sicherungseigentum bzw der Grundschuld steht die fehlende Durchsetzbarkeit der gesicherten Forderung entgegen; analog § 1254 BGB bzw § 1169 BGB können Rückübereignung der zur Sicherheit übertragenen Sache bzw Verzicht auf die Grundschuld verlangt werden.

14a Nicht ausgeschlossen wird durch Abs 1 S 2 eine **Rückforderung aus anderem Grund.** Diese kann etwa aus der Nichtigkeit des Ehevermittlungsvertrags folgen (BGHZ 87, 309 = NJW 1983, 2817). Entsprechendes gilt bei einer vorzeitigen Kündigung (OLG Düsseldorf NJW-RR 1993, 507) oder bei Untätigkeit des Maklers (OLG Karlsruhe OLGZ 1979, 67, 69 f; s auch Rn 9). Der Normzweck des § 656 BGB steht einer Klagbarkeit derartiger Rückforderungsansprüche nicht entgegen, da eine freiwillige Offenlegung der maßgeblichen Umstände durch den Auftraggeber nicht untersagt ist (s Rn 9 und ferner Soergel/Ciolek-Krephold § 656 Rn 17).

3. § 656 Abs 2 BGB

15 § 656 Abs 2 BGB erstreckt die fehlende Durchsetzbarkeit des Entgeltanspruchs des Vermittlers nach § 656 Abs 1 S 1 BGB auf Umgehungsgeschäfte. Als Beispiel nennt er das Schuldanerkenntnis. Dieses Beispiel lässt sich zu der Aussage verallgemeinern, dass Leistungen erfüllungshalber oder an Erfüllungs statt dann nicht gem § 656 Abs 1 S 2 BGB zu einem kondiktionsfesten Erwerb führen, wenn der Auftraggeber durch sie kein gegenwärtiges Opfer erbringt, sondern ein zukünftiges Opfer verspricht. Wenn der Auftraggeber erfüllungshalber oder an Erfüllungs statt eine Wechsel- oder Scheckverbindlichkeit eingegangen ist, kann er der Inanspruchnahme durch den Vermittler die fehlende Durchsetzbarkeit nach § 656 Abs 1 S 2 BGB entgegenhalten; um gutgläubigen Erwerb gem Art 17 WG, 21 ScheckG zu verhindern, kann er die Wertpapiere zurückverlangen (BGH NJW 1990, 2550, 2552; siehe auch BeckOGK/Meier [1. 1. 2026] § 656 Rn 43). Ebenso fällt das Versprechen einer Vertragsstrafe für den Fall der Nichterfüllung des Entgeltversprechens unter § 656 Abs 2 BGB (Schwerdtner [4. Aufl 1999] Rn 1057). Hat der Auftraggeber seine zukünftigen Lohn- oder Gehaltsansprüche erfüllungshalber oder an Erfüllung statt an den Vermittler abgetreten, so ist zwar die Abtretung wirksam (missverständlich LG Köln NJW 1985, 2956). Auch kann der Arbeitgeber gegenüber dem Vermittler nicht wegen § 656 Abs 1 S 1 BGB die Zahlung verweigern. Wohl aber kann der Auftraggeber vom Makler die Rückabtretung verlangen; es gilt insoweit das Gleiche wie im Fall der Hingabe von Wechselakzepten erfüllungshalber oder an Erfüllung statt. Eher selbstverständlich ist, dass der Vergleich über einen Anspruch nach § 656 Abs 1 S 1 BGB unter § 656 Abs 2 BGB fällt (AG Düsseldorf NJW-RR 2001, 913).

16 Die Zwangsvollstreckung aus einem rechtskräftigen Vollstreckungsbescheid über Ehemaklerlohn, Eheanbahnungsentgelt und Partnervermittlungshonorar verstößt gegen § 826 BGB, wenn dieser unter Ausnutzung der Unerfahrenheit des Auftraggebers, insbesondere seiner Unkenntnis der fehlenden Durchsetzbarkeit des Anspruchs erwirkt worden ist (LG Essen NJW-RR 1990, 1208). Das Gleiche gilt, wenn Mahn- und Vollstreckungsbescheid durch vorsätzliche Täuschung des Gerichts über die fehlende Durchsetzbarkeit des Anspruchs (zB durch die Angabe „Schuldanerkenntnis" statt „Partnerschaftsvermittlungsvertrag") erwirkt worden sind (KGR 1995, 70) oder nur in fahrlässiger Unkenntnis der fehlenden Durchsetzbarkeit erwirkt, jedoch in Kenntnis der fehlenden Durchsetzbarkeit zu Vollstreckungsmaßnahmen genutzt worden sind (LG Frankfurt aM NJW-RR 1995, 634). Auf diese Weise eingetriebene Gelder sind zurückzuzahlen (OLG Stuttgart NJW 1994, 330; LG Erfurt VuR 1996, 95).

4. Finanzierte Ehe- bzw Partnervermittlung

Die **finanzierte Ehe- bzw Partnervermittlung** ist dadurch gekennzeichnet, dass der Auftraggeber zum Zweck der Erfüllung des Honoraranspruchs des Vermittlers bei einem mit diesem kooperierenden Kreditinstitut ein Darlehen aufnimmt, das in der Regel unmittelbar an den Vermittler ausbezahlt wird. Sie ist ein verbundenes Geschäft im Sinne von § 358 Abs 3 BGB. Dementsprechend wird die auf Abschluss des Vermittlungsvertrags gerichtete Willenserklärung nach § 358 Abs 2 BGB unwirksam, wenn der Kunde den Darlehensvertrag innerhalb von zwei Wochen (§§ 495 Abs 1, 2, 355 Abs 2 BGB) bzw – im Falle unterbliebener ordnungsgemäßer Belehrung über das Widerrufsrecht (§ 356b Abs 2 BGB) – fristungebunden widerruft, da § 356b BGB eine §§ 356 Abs 3 S 2, 356a Abs 3 S 2 BGB entsprechende Regelung nicht enthält. Die Valutierung des Darlehens lässt dieses Widerrufsrecht unberührt. Zweck der finanzierten Ehe- bzw Partnervermittlung ist es ua, die Hürde des § 656 BGB zugunsten des Ehevermittlers zu umgehen (vgl Köbl NJW 1972, 1441; Peters NJW 1986, 2676). Die Zulässigkeit dieser „Umgehung" ist außerordentlich streitig. Sie wird teilweise bejaht (OLG Schleswig NJW 1974, 648; OLG Hamburg MDR 1977, 403; LG Konstanz NJW 1972, 1992 f; LG Bonn NJW 1974, 1566; NK-BGB/Wichert § 656 Rn 39; Schwerdtner [4. Aufl 1999] Rn 1085). Dies wird damit begründet, dass dem Vermittler in der Sache lediglich zu einer Vorauszahlung verholfen werde, wie sie bei der nichtfinanzierten Ehevermittlung ohne weiteres als zulässig anerkannt werde (so Schwerdtner [4. Aufl 1999] Rn 1085). Auch soll die ratio des § 656 BGB – Schutz des Diskretionsbedürfnisses des Kunden (Rn 1) – im Fall der noch möglichen Auseinandersetzung zwischen dem Finanzierungsinstitut und dem Kunden nicht berührt sein (Thomas NJW 1970, 741, 742; Amtrup NJW 1971, 84, 85). Die Gegenansicht (LG Bielefeld MDR 1977, 404; LG Stuttgart NJW 1978, 765; BeckOGK/Meier [1. 1. 2026] § 656 Rn 46; Erman/Fischer § 656 Rn 10; MünchKommBGB/Althammer § 656 Rn 37; Köbl NJW 1972, 2129) wendet § 656 Abs 2 BGB analog an, wobei freilich eine starke Tendenz besteht, die persönlichkeitsschützende Funktion des § 656 BGB in einen wirtschaftlichen Kundenschutz zu verändern oder doch wenigstens zu erweitern. § 656 BGB soll den Kunden ein **Druckmittel** an die Hand geben, den Vermittler zu vertragsgemäßen Leistungen zu bewegen (so Köbl NJW 1972, 1446, 1447). Schließlich wird der Auftraggeber teilweise auf den Schutz durch § 359 BGB verwiesen (MünchKommBGB/Habersack § 359 Rn 16; Hamm Rn 1182). Eine analoge Anwendung des § 656 Abs 2 BGB sei deshalb abzulehnen, weil es wegen § 359 BGB an einer Regelungslücke fehle. Die Darlehensschuld werde also nicht selbst zur unvollkommenen Verbindlichkeit. Jedoch stehe dem Auftraggeber die Einrede nach den §§ 359, 656 Abs 1 S 1 BGB zu. 17

Im Ergebnis ist den Stimmen zu folgen, die für die **analoge Anwendung** des § 656 Abs 2 BGB **auf den Darlehensrückzahlungsanspruch des Finanzierungsinstituts** eintreten. Entscheidend dafür ist, dass die Interessenlage genau mit der in § 656 Abs 2 BGB unmittelbar geregelten übereinstimmt. Nach § 359 BGB kann der Kunde näm- 18 lich dem Finanzierungsinstitut die Einwendungen gegen die Leistungspflicht entgegenhalten, die ihm ohne die Finanzierung gegenüber dem Vermittler zustehen würden. Wenn man unter diese Einwendungen nicht unmittelbar die der Naturalobligation subsumieren will (so MünchKommBGB/Althammer § 656 Rn 37), so kann der Kunde doch jedenfalls geltend machen, dass die Vermittlungsleistungen nicht den vorausgesetzten bzw vereinbarten Anforderungen entsprochen haben. Damit erhält aber ein Prozess zwischen Finanzierungsinstitut und Kunde den **gleichen Streitstoff** wie etwa die **Zahlungsklage des Vermittlers** gegen den Kunden aus der Umwandlung des Honoraranspruchs in ein Vereinbarungsdarlehen, die unzweifelhaft unter § 656 Abs 2 BGB fällt. Hier wie dort droht dem Kunden der Zwang, um seines Interesses an Diskretion willen selbst unberechtigten Forderungen nachgeben zu müssen. Das ist auch im Lichte der restriktiven Einstellung des BGH zur analogen Anwendung des § 656 BGB (BGB NJW 2008, 982, 984) ein tragfähiges Argument für die Analogie zu § 656 Abs 2 BGB, geht es doch hier um den Provisionsanspruch des Vermittlers, für den der BGH die Möglichkeit der Analogie ausdrücklich bestätigt. Wenn dagegen eingewendet wird, dieses Interesse sei mit prozessualen Mitteln (Ausschluss der Öffentlichkeit uä) wirksamer und für den Vermittler weniger belastend zu befriedigen (OLG Schleswig NJW 1974, 648, 650), so ist das schon in sich ein fragwürdiger Einwand (vgl Rn 4). Im Übrigen richtet er sich gegen § 656 BGB überhaupt. Solange die Vorschrift existiert, scheitert er an der Verbindlichkeit der gesetzlichen Wertung, die nicht deshalb aufhört, weil man mit guten Gründen anderer Meinung sein kann. Einer Metamorphose des Persönlichkeitsschutzes in einen wirtschaftlichen Kundenschutz (dazu beachtenswert Köbl NJW 1972, 1441, 1444 ff) bedarf es nicht.

IV. Vorzeitige Beendigung der Ehevermittlung

1. Die Voraussetzungen der vorzeitigen Beendigung

19 Das jederzeitige Widerrufsrecht des Auftraggebers im allgemeinen Maklerrecht (vgl § 652 Rn 65) besteht auch und erst recht beim unbefristeten Ehemaklervertrag. Wegen des **höchstpersönlichen Bezugs** der Ehevermittlung hält die Rechtsprechung (OLG Schleswig NJW 1974, 648, 650; OLG Karlsruhe OLGZ 1979, 67, 69) den vertraglichen Ausschluss dieses Widerrufsrechts sogar für sittenwidrig und damit für gemäß § 138 Abs 1 BGB nichtig. Soweit sich § 656 BGB auf unbefristete Dienstverträge – Eheanbahnungsvertrag (Rn 4) und Partnerschaftsvermittlungsvertrag (Rn 5 f) – erstreckt, folgt für den Kunden ein freies außerordentliches Kündigungsrecht aus § 627 BGB. Denn die Eheanbahnung und die Partnerschaftsvermittlung sind im Sinne dieser Bestimmung **höhere Dienste**, die man aufgrund besonderen Vertrauens überträgt (BGH NJW 1989, 1479, 1480). Zwar ist § 627 BGB nicht zwingendes Recht, so dass das Kündigungsrecht durch Individualvereinbarung (nicht durch AGB-Klausel, vgl BGH NJW 1989, 1479, 1480; OLG Hamm NJW-RR 1987, 244; BeckOGK/Meier [1. 1. 2026] § 656 Rn 37) eingeschränkt werden kann (BGH NJW 2005, 2543; Niebling MDR 2015, 6, 7; **aA** OLG Düsseldorf NJW-RR 1987, 691, 693; Peters NJW 1989, 2793, 2796). Doch bleibt dem Auftraggeber auf jeden Fall das außerordentliche **Kündigungsrecht aus wichtigem Grund** (vgl § 652 Rn 66). Ein solcher wichtiger Grund kann sich etwa daraus ergeben, dass der Vermittler entgegen einer vereinbarten Tätigkeitspflicht gar keine Partnervorschläge macht oder völlig ungeeignete Partner offeriert, aber auch daraus, dass der Kunde selbst infolge privater Anknüpfung einer ernsthaften Bekanntschaft das Interesse an der Vermittlung verloren hat (vgl Schwerdtner [4. Aufl 1999] Rn 1049). Für die Form der Kündi-

gung des Kunden verstößt ein Schriftformerfordernis gegen § 309 Nr 13 BGB, wenn der Vertrag im Übrigen ausschließlich über digitale Kommunikationsmittel angebahnt wurde und abgewickelt wird (BGH NJW 2016, 2800, 2801).

2. Die Folgen der vorzeitigen Beendigung

20 § 656 BGB macht den Widerruf bzw die Kündigung durch den Auftraggeber nicht etwa überflüssig. Da die Ehe- bzw Partnerschaftsvermittler sich gerade gegen § 656 BGB durch Vorauszahlungsanforderungen zu schützen pflegen, kann der Auftraggeber sich jedenfalls im Fall der Ehe- bzw Partnervermittlung mit Dienstvertragscharakter nur über die Kündigung einen unmittelbar fälligen Anspruch auf **Rückgewähr** verschaffen (vgl im Übrigen Rn 9). Anspruchsgrundlage dafür ist, soweit die Kündigung sich auf vertragswidriges Verhalten des Vermittlers – zB Unterbreitung zu weniger oder völlig ungeeigneter Partnervorschläge – stützt, nach dem Gesetzeswortlaut **§ 628 Abs 1 S 3 BGB iVm § 346 BGB**, oder, soweit die Kündigung nicht aus einem vom Vermittler zu vertretenden Umstand erfolgt, **§ 628 Abs 1 S 3 BGB iVm §§ 818 f BGB**. Die Verweisung auf § 346 BGB bedeutet Geldherausgabe einschließlich gezogener oder nach den Regeln einer ordnungsgemäßen Wirtschaft versäumter Nutzungen. Die Verweisung auf § 818 f BGB bedeutet je nach Bös- oder Gutgläubigkeit entweder Herausgabe des empfangenen Geldes einschließlich der gezogenen und nach den Regeln einer ordnungsgemäßen Wirtschaft versäumter Nutzungen (§§ 819, 818 Abs 4, 292, 987 BGB) oder Herausgabe des empfangenen Geldes einschließlich der gezogenen Nutzungen bis zur Höhe der noch vorhandenen Bereicherung (§ 818 Abs 1, 3 BGB). Der **Ausgangswert** bestimmt sich für den Rückgewähranspruch aus den §§ 628 Abs 1 S 3, 346 BGB nach § 628 Abs 1 S 2 BGB: Da der Auftraggeber an den vertragswidrigen bisherigen Leistungen des Vermittlers kein Interesse hat, ist in diesem Fall die gesamte Vorauszahlung rückgewährpflichtig (BGHZ 87, 309; AG Bochum NJW-RR 1991, 1207). Soweit die Haftung aus den §§ 628 Abs 1 S 3, 818 f BGB betroffen ist, gilt dagegen § 628 Abs 1 S 1 BGB: Die Rückgewährpflicht beschränkt sich insoweit auf den Teil der Vorauszahlung, der auf die noch ausstehenden und infolge der Kündigung entfallenen Leistungen des Vermittlers bezogen ist. Dabei lässt sich bereicherungsmindernd im Sinne des § 818 Abs 3 BGB einmal berücksichtigen, was der Vermittler zur Vorbereitung dieser entfallenen Leistungen konkret aufgewandt hat (nicht überzeugend Peters NJW 1989, 2793, 2796: die nach § 818 Abs 3 BGB abzugsfähigen Aufwendungen müssen keine Leistungen an den Auftraggeber sein). Die Abzugsfähigkeit der sog **Vorlaufkosten** (= Anlauf- und Allgemeinkosten) hatte BGHZ 87, 309, 320 f mangels einer entsprechenden – auch formularvertraglich oder per AGB möglichen – Vertragsklausel abgelehnt. Davon ist BGH NJW 1991, 2763 (bereicherungsrechtlich konsequent) wieder abgerückt. Danach sollen die Vorlaufkosten zwar berücksichtigungsfähig sein, dies jedoch nur pro rata temporis, dh anteilig nach tatsächlicher Laufdauer des Vermittlungsverhältnisses berechnet (krit Dehner NJW 1991, 3254, 3262).

21 Wegen Verstoßes gegen § 308 Nr 7 BGB unwirksam ist eine formularmäßige oder in AGB enthaltene Klausel, die für den Fall der vorzeitigen Beendigung des Ehe- oder Partnervermittlungsvertrags die **Rückerstattung von Vorauszahlungen** schlechthin ausschließt (BGHZ 87, 309, 319) oder einen unangemessen hohen Aufwand gegenrechnet (BGH NJW 1991, 2673). Die Lücke ist durch den Rückgriff auf § 628 BGB zu füllen, und zwar auch insoweit, als die vorzeitige Beendigung des Ehe- bzw Partnervermitt-

lungsvertrags nicht durch außerordentliche Kündigung nach den §§ 626, 627 BGB, sondern aus anderem Grunde, zB durch Ausübung eines vertraglichen Kündigungsrechts, eintritt (BGHZ 87, 309, 319 f). § 628 BGB liefert für den Fall der vorzeitigen Beendigung des Ehe- bzw Partnervermittlungsvertrags mit Dienstvertragscharakter (Rn 5, 7) im Verhältnis zu § 812 Abs 1 S 2 Alt 1 BGB (condictio ob causam finitam) die spezielleren und daher vorrangigen Wertungen. Die Darlegungs- und Beweislast für die Unangemessenheit der Klausel hat der Kunde. Doch genügt dieser dem in der Regel zunächst durch einen plausiblen Vortrag, dass die gegengerechneten Kosten bei gewöhnlichem Lauf der Dinge nicht angefallen sein können. Es ist dann Aufgabe des Vermittlers, einen atypischen Sachverhalt darzulegen, der seine Rechnung rechtfertigt (BGH NJW 1991, 2763, 2764). Zulässig ist aber nach BGH FamRZ 2009, 1575 eine Individualvereinbarung, die die Vermittlungsleistungen in zunächst kostenpflichtige und dann kostenfreie aufteilt, so dass eine Kündigung des Auftraggebers nach Ablauf der kostenpflichtigen Phase keinen Anspruch auf Rückgewähr der Vorauszahlung auslöst.

22 Soweit der Honoraranspruch des Vermittlers – wie insbesondere im Fall des Maklervertrags im engeren Sinne – vom Zustandekommen der Ehe oder eines anderen Partnerschaftserfolgs abhängt, entsteht durch die (vorzeitige) Beendigung ohne Eintritt des Erfolgs trotz § 656 Abs 1 S 2 BGB (der nur § 656 Abs 1 S 1 BGB einschränkt, dagegen keinen selbständigen Behaltensgrund schafft) ein Anspruch des Kunden auf Rückgewähr der geleisteten Vorauszahlung aus **§ 812 Abs 1 S 2 Alt 2 BGB** (condictio ob rem). Denn die Vorauszahlung stellt sich auf dieser Basis als Leistung im Hinblick auf einen vereinbarten, tatsächlich ausgebliebenen Zweck dar (Fallgruppe der Vorleistungsfälle, vgl Reuter/Martinek, Ungerechtfertigte Bereicherung 151 ff). Mit Rücksicht auf die Entschließungsfreiheit des Kunden gilt das unabhängig davon, ob die erfolglose Beendigung auf das Verhalten des Vermittlers oder des Kunden selbst zurückzuführen ist; **§ 815 BGB** ist nicht anwendbar. Die Berufung des Vermittlers auf Wegfall der Bereicherung nach § 818 Abs 3 BGB scheitert daran, dass er nach § 820 Abs 1 S 1 BGB – Ungewissheit des Eintritts des nach dem Inhalt des Rechtsgeschäfts bezweckten Erfolgs – verschärft auf Rückgewähr haftet. Allerdings entspricht es der Rechtsprechung, dass der Vermittler sich durch Vertragsklausel im Formularvertrag oder in AGB die Anrechnung seiner vergeblichen Aufwendungen vorbehält (vgl BGH WM 1987, 471, 473 und dazu § 652 Rn 197 f).

Untertitel 4
Vermittlung von Kaufverträgen über Wohnungen und Einfamilienhäuser

§ 656a
Textform

Ein Maklervertrag, der den Nachweis der Gelegenheit zum Abschluss eines Kaufvertrags über eine Wohnung oder ein Einfamilienhaus oder die Vermittlung eines solchen Vertrags zum Gegenstand hat, bedarf der Textform.

Materialien: BT-Drucks 19/15827 und BT-Drucks 19/19203.

Schrifttum

Drasdo, Neues zum Maklervertrag im BGB, NJW-Spezial 2020, 545
ders, Sinkende Kaufnebenkosten infolge Maklerrechtsreform?, NJW-Spezial 2025, 737
Fehr/Wichert, Wirksamkeit der Reservierungsvereinbarung beim Immobilienkauf – unter Berücksichtigung der §§ 656a bis 656d BGB, ZMR 2022, 439
Fehrenbacher, Der gefährliche Halbteilungsgrundsatz im Maklerrecht, NJW 2025, 1611
Fischer, Die Entwicklung des Maklerrechts im ersten Halbjahr 2019, NJW 2019, 3277
ders, Die Verteilung der Maklerkosten bei der Vermittlung von Kaufverträgen über Wohnimmobilien, NJW 2020, 3553
ders, Die Entwicklung des Maklerrechts im zweiten Halbjahr 2019, NJW 2020, 1268
ders, Das neue Immobilienmakler-Provisionsrecht (§§ 656a-656d BGB), ZAP 2023, 69
Freiherr von Proff, Neuregelung der Maklerkosten in Grundstückskaufverträgen und ihrer Auswirkungen auf die notarielle Praxis, ZNotP 2020, 433
Gustorff, Verfassungsmäßigkeit des Bestellerprinzips bei Kaufverträgen über Wohnungen und Einfamilienhäuser, WuM 2022, 4
Jeep, Das neue Maklerrecht – Warum einfach, wenn es auch kompliziert geht?, notar 2020, 225
Lindner, Das Bestellerprinzip beim Kauf von Einfamilienhäusern und Wohnungen und die Verteilung von Maklerkosten (§§ 656a–d BGB), ZMR 2021, 24
Meier, Neue Entwicklungen im Maklerrecht, ZfIR 2020, 765
ders, Die Neufassung des Maklerrechts und ihrer Auswirkungen auf die notarielle Praxis, notar 2021, 35
Meller-Hannich, Verteilung der Maklerkosten bei der Vermittlung von Kaufverträgen über Wohnungen und Einfamilienhäuser, MDR 2020, R 5
Paas, Halbteilungsprinzip und Vorkaufsrecht des Mieters, ZMR 2025, 584
Schmidt, Maklerlohn nach der Reform 2020: Wer verteilt? Wer zahlt? Und was? Vor allem: Wann?, NZM 2021, 289
Timme, Der Verstoß gegen den Halbteilungsgrundsatz bei Vereinbarungen über den Maklerlohn, MDR 2025, 562
Wistokat, Jahr 1 nach der Reform des Maklerrechts: Mehr Fragen als Antworten, NZM 2021, 905
ders, Maklerrechtliches „Dreierlei“: Dritterwerb, Verkäufermakler, neues Recht, NZM 2023, 112
ders, Der Halbteilungsgrundsatz des Doppelmaklers, MDR 2025, 1216
ders, Verbraucherschutz in der Wohnimmobilienvermittlung: Der BGH spricht Klartext, NZM 2025, 287

Würdinger, Im Sprung gehemmt? Kritische Analyse zum neuen Recht für Immobilienmakler, jM 2021, 46

ders, Vertragsfreiheit und Verteilung der Maklerkosten beim Immobilienkauf, in: FS Hager (2021) 243.

Systematische Übersicht

Alphabetische Übersicht

I. Grundlagen

1 Die Norm wurde durch Art 1 des Gesetzes über die Verteilung der Maklerkosten bei der Vermittlung von Kaufverträgen über Wohnungen und Einfamilienhäuser vom 12. 6. 2020 (BGBl I 1245) eingefügt, das am 23. 12. 2020 in Kraft getreten ist. Mit der Reform soll der Erwerb von Wohneigentum erleichtert werden, indem die Maklerkosten als Erwerbskosten begrenzt werden; gleichzeitig sollen die in den Bundesländern unterschiedlichen Regelungen zur Verteilung der Maklerprovision, die allerdings regelmäßig durch individuelle Vereinbarungen zwischen Makler und Verkäufer überlagert werden, angeglichen werden (BT-Drucks 19/15827, 1). Zu diesem Zweck bestimmen die §§ 656c, 656d BGB, dass bei einem Kaufvertrag über eine Wohnung oder ein Einfamilienhaus, bei dem der Käufer Verbraucher ist, die Maklerkosten von der Partei, die den Makler nicht beauftragt hat, höchstens zur Hälfte getragen werden dürfen. Wird der Makler von beiden Parteien beauftragt, so müssen beide sich in gleicher Höhe zur Zahlung des Maklerlohns verpflichten. Daneben sieht die Neuregelung – neben einer sprachlichen Anpassung der §§ 652 ff BGB, durch die der Begriff des „Mäklers“ durch den des „Maklers“ ersetzt wird – in § 656a BGB ein Formerfordernis für Maklerverträge vor, die den Nachweis der Gelegenheit zum Abschluss eines Kaufvertrags über eine Wohnung oder ein Einfamilienhaus oder die Vermittlung eines solchen Vertrags zum Gegenstand haben. Derartige Vereinbarungen bedürfen nunmehr der Textform. Anders als bei den §§ 656c, 656d BGB wird dabei nicht vorausgesetzt, dass der Käufer Verbraucher ist. Das Formerfordernis dient der **Dokumentation**: Es sollen Unklarheiten und Streit über den Inhalt des Maklervertrags verhindert werden (BT-Drucks 19/15827, 18). Genügt der Maklervertrag nicht der Form, ist er nach § 125 S 1 BGB nichtig (Rn 8).

Die zeitliche Geltung der Neuregelung – wie auch der §§ 656b–d BGB – bestimmt sich nach Art 229 § 53 EGBGB. Danach sind auf Rechtsverhältnisse, die vor dem 23. 12. 2020 entstanden sind, die Vorschriften des BGB in der bis zu diesem Tag geltenden Fassung weiter anzuwenden. Das Textformerfordernis gilt damit nur für Maklerverträge, die nach dem Inkrafttreten des Gesetzes geschlossen werden. Dabei genügt es im Fall der Doppeltätigkeit, dass der Maklervertrag, auf den der geltend gemachte Provisionsanspruch gestützt wird, nach dem maßgeblichen Zeitpunkt abgeschlossen wurde (BGH 21. 3. 2024 – I ZR 185/22, BGHZ 240, 144 Rn 21; BGH 6. 3. 2025 – I ZR 13/24, BGHZ 243, 170 Rn 8; jurisPK-BGB/Würdinger § 656a Rn 7; Fischer NJW 2020, 3553, 3558; **aA** Wistokat NZM 2021, 905, 915): Diese Auslegung steht nicht nur mit dem Wortlaut der Übergangsregelung im Einklang, sondern ist auch im Hinblick auf das verfassungsrechtliche Rückwirkungsverbot unbedenklich (BGH 21. 3. 2024 – I ZR 185/22, BGHZ 240, 144 Rn 28 ff). 2

II. Persönlicher Anwendungsbereich

Für § 656a BGB spielt es keine Rolle, ob der Käufer Verbraucher ist. Dies folgt bereits daraus, dass ein entsprechendes Erfordernis nach § 656b BGB nur für die Anwendbarkeit der §§ 656c, 656d BGB vorgesehen ist. Es soll nicht einmal erforderlich sein, dass der Vertragspartner eine natürliche Person ist (so BT-Drucks 19/15827, 18). Ferner soll eine Anwendung der Vorschrift auch nicht voraussetzen, dass der Makler als Unternehmer anzusehen ist (BT-Drucks 19/15827, 18). Erfasst ist also auch der Gelegenheitsmakler (jurisPK-BGB/Würdinger § 656a Rn 2; Fehr/Wichert ZMR 2020, 439, 442). 3

III. Erfasste Verträge

1. Subjektives oder objektives Verständnis?

§ 656a BGB sieht ein Textformerfordernis für alle Maklerverträge vor, die den Abschluss eines Kaufvertrags über eine Wohnung oder ein Einfamilienhaus zum Gegenstand haben. Erfasst sind dabei sowohl der Nachweis der Gelegenheit zum Abschluss eines derartigen Vertrags als auch die Vermittlung. Sprachlich ist dies nicht ganz geglückt, da nicht das Haus, sondern ein bebautes Grundstück veräußert wird (Meller-Hannich MDR 2020, R 5; Jeep notar 2020, 225, 226). In der Sache rechtfertigt der Gesetzgeber diese Beschränkung damit, dass nur in diesen Fällen eine „Zwangslage“ des Kaufinteressenten bestehe (BT-Drucks 19/15827, 18). Er bezieht sich damit offensichtlich auf die Ausführungen zur Rechtfertigung der hälftigen Teilung der Maklerprovision (BT-Drucks 19/15827, 10). Nicht erfasst sein sollen allein Kaufverträge über Gewerbeimmobilien oder über Wohnhäuser, die an eine Vielzahl von Personen vermietet seien (BT-Drucks 19/15827, 18). Diese Erwägungen tragen allerdings die rein objektive Formulierung des Formerfordernisses nicht. Dieses ist vielmehr auch anwendbar, wenn ein Unternehmer ein Einfamilienhaus – etwa zur Weiterveräußerung oder zur Überlassung an Mitarbeiter – erwirbt, obwohl hier eine entsprechende Zwangslage schwerlich besteht. Vor diesem Hintergrund ist von zahlreichen Instanzgerichten und Teilen des Schrifttums ein rein objektives Verständnis der Begriffe „Wohnung“ und „Einfamilienhaus“ präferiert worden, nach der es auf die Beschaffenheit des Gebäudes unter Berücksichtigung der Verkehrsauffassung ankommen soll und die konkreten Ziele des Erwerbers unerheblich sind (OLG Hamm 18. 3. 2024 – 18 U 80/23, MDR 2024, 839; OLG Schleswig 1. 3. 2024 – SchlHA 2024, 193, 195; LG Wuppertal 15. 8. 2023 – 4

4 O 376/22 Rn 38; für den Verkäufermaklervertrag auch OLG Celle 20. 3. 2025 – 11 U 69/24, NZM 2025, 708 Rn 13; BeckOGK/Meier [1. 8. 2025] § 656a Rn 13 f; Wistokat NZM 2021, 905, 906f). Zur Begründung wird außer auf den Wortlaut des § 656a BGB insbesondere auf das Bedürfnis nach Rechtssicherheit verwiesen. Subjektive Ziele sollen danach allein dann relevant sein, soweit sie den Maklervertrag konkretisieren; sei dieser auf die den Nachweis oder die Vermittlung einer Wohnung oder eines Einfamilienhauses gerichtet, gelte § 656a BGB auch dann, wenn später ein anderes Objekt nachgewiesen oder vermittelt werde (BeckOGK/Meier [1. 8. 2025] § 656a Rn 14). Demgegenüber soll nach anderer Auffassung der Anwendungsbereich des § 656 BGB subjektiv nach dem für den Makler erkennbaren Erwerbszweck des Kunden bestimmt werden; dieser müsse auf eine Nutzung zu eigenen Wohnzwecken gerichtet sein (Staudinger/Arnold [2021] § 656a Rn 4; jurisPK-BGB/Würdinger § 656a Rn 5; Erman/Fischer Vor § 656a Rn 8; MünchKommBGB/Althammer § 656a Rn 8; Fischer NJW 2020, 3553, 3554; J Schmidt NZM 2021, 289, 292). Ihr hat sich auch der BGH angeschlossen (BGH 6. 3. 2025 – I ZR 13/24, BGHZ 243, 170 Rn 17f).

5 Vorzugswürdig erscheint ein subjektives Verständnis. Zwar scheint gegen dieses auf den ersten Blick zu sprechen, dass § 656a BGB nach den Ausführungen in der Gesetzesbegründung auch dann anwendbar sein soll, wenn der Kunde keine natürliche Person ist, und die Norm Unklarheiten hinsichtlich des Vertragsinhalts entgegenwirken soll (BT-Drucks 19/15827, 18 f). Wäre dieser Gesichtspunkt maßgeblich, hätte der Anwendungsbereich der Vorschrift indes nicht auf Wohnungen und Einfamilienhäuser beschränkt werden dürfen (vgl jurisPK-BGB/Würdinger § 656a Rn 6; Hamm Rn 71). Diese Begrenzung lässt sich nur mit der vom Gesetzgeber intendierten Verhinderung einer Zwangslage für Käufer von Wohnimmobilien erklären. Wenn es aber auf deren Schutz ankommt, muss konsequenterweise auch der Erwerbszweck des Kunden relevant sein. Dabei wird der Makler dadurch ausreichend geschützt, dass der Erwerbszweck nur dann relevant ist, wenn er für ihn erkennbar ist. Andernfalls kommt es auf die objektiven Umstände an. Wird ein Maklervertrag über eine Wohnung oder ein Einfamilienhaus von einem prospektiven Käufer ohne nähere Erläuterung geschlossen, wird man regelmäßig von einer angestrebten Nutzung zu Wohnzwecken ausgehen müssen. Dies gilt erst beim Verkäufermaklervertrag, weil bei diesem der Erwerbszweck des zukünftigen Käufers regelmäßig noch gar nicht bekannt ist (OLG Celle 20. 3. 2025 – 11 U 69/24, NZM 2025, 708 Rn 13; BeckOGK/Meier [1. 8. 2025] § 656a Rn 13). Praktisch wird das Erfordernis eines Erwerbszwecks damit insbesondere zu unter teleologischen Aspekten sinnvollen Einschränkung des Anwendungsbereichs der §§ 656a ff BGB in Fällen führen, in denen der Käufer keine eigene Wohnnutzung anstrebt. Beauftragt zB ein Rechtsanwalt einen Makler mit der Suche nach einem Einfamilienhaus, das er als Kanzlei nutzen will, ist § 656a BGB nicht einschlägig. Gleiches gilt, wenn ein Einfamilienhaus nicht zum Umbau, sondern zum bloßen Abriss erworben wird (jurisPK-BGB/Würdinger § 656a Rn 5; MünchKommBGB/Althammer § 656a Rn 8). Zweifelhaft erscheint dagegen, ob bei einer dauerhaften Vermietung des ins Auge gefassten Objekts ohne weiteres davon ausgegangen werden kann, dass eine eigene Wohnnutzung nicht angestrebt wird (Grüneberg/Retzlaff § 656b Rn 5); denn immerhin bleibt gegebenenfalls die Möglichkeit einer Eigenbedarfskündigung. Maßgeblich für das Vorliegen des Erwerbszwecks ist der Zeitpunkt des Vertragsschlusses. Strebt der Auftraggeber später keine Nutzung zu Wohnzwecken mehr an, ist das für die Formbedürftigkeit irrelevant.

2. Begriff der Wohnung und des Einfamilienhauses

Als **„Wohnung“** im Sinne der Vorschrift soll nach dem Willen des Gesetzgebers „jede Zusammenfassung von Räumen, die zu Wohnzwecken dient“, anzusehen sein; dabei soll es keine Rolle spielen, ob es sich um Wohnungseigentum, ein Wohnerbbaurecht (§ 30 WEG), ein Dauerwohnrecht (§ 31 WEG) oder einen Miteigentumsanteil an einem Grundstück handelt, bei dem eine Bestimmung zur Nutzung von Wohnräumen besteht (BT-Drucks 19/15827, 18, wo freilich nicht näher erläutert wird, wie diese Bestimmung ausgestaltet sein muss; für Bestimmung im Sinne des § 1010 BGB jurisPK-BGB/Würdinger § 656a Rn 4; weitergehend auch für bloß schuldrechtliche Abreden Meier ZfIR 2020, 765, 767). Im Hinblick auf den Gesetzeszweck sprechen auch keine Gründe dagegen, weshalb der Erwerb mehrerer Wohnungen mit dem Zweck der Zusammenlegung zu einer Wohnung nicht umfasst sein sollte; im Übrigen ist § 656a BGB beim Kauf mehrerer Wohnungen aber nicht anwendbar (Grüneberg/Retzlaff § 656a Rn 3; generell gegen die Anwendbarkeit beim Kauf mehrerer Wohnungen BeckOGK/Meier [1. 8. 2025] § 656a Rn 8; Hamm Rn 80). Unerheblich für die Geltung des § 656a BGB ist es, wenn die gekaufte Wohnung geteilt und lediglich ein Teil zu eigenen Wohnzwecken genutzt werden soll. Ebenso ist es unschädlich, wenn mit der Wohnung weitere untergeordnete Räume wie zB Kellerräume oder ein Stellplatz veräußert werden (BeckOGK/Meier [1. 8. 2025] § 656a Rn 8). Nicht erfasst sind Verträge über die Vermittlung von Wohnwagen und Wohnschiffen, da es am erforderlichen Grundstücksbezug fehlt (MünchKommBGB/Althammer § 656a Rn 4; Fischer ZAP 2023, 69, 70). 6

Einfamilienhaus ist ein Gebäude, „das in erster Linie zu Wohnzwecken der Mitglieder eines einzelnen Haushalts dient“ (BT-Drucks 19/15827, 18; siehe auch BGH 21. 3. 2024 – I ZR 185/22, BGHZ 240, 144 Rn 19). Unerheblich sind die Größe und Ausstattung des Objekts, soweit es sich nach der Verkehrsanschauung noch um ein Einfamilienhaus handelt (MünchKommBGB/Althammer § 656a Rn 4; Meier notar 2021, 35, 38). Erfasst sind auch Doppelhaushälften, weil diese der Beherbergung einer einzelnen Familie dienen (BGH 21. 3. 2024 – I ZR 185/22, BGHZ 240, 144 Rn 19) und Häuser mit einer weiteren Wohnung von untergeordneter Bedeutung wie etwa einer Einliegerwohnung (BT-Drucks 19/15827, 18; OLG Hamm 18. 3. 2024 – 18 U 80/23, MDR 2024, 839). An der Einordnung als Einfamilienhaus ändert es auch nichts, wenn in dem Gebäude weitere Räume von untergeordneter Bedeutung gewerblich als Büro, als Praxis oder Kanzlei genutzt werden; dabei ist eine Nutzung in erster Linie zu Wohnzwecken auch noch bei einer gewerblichen Nutzung von 1/5 der Gebäudegesamtfläche anzunehmen (BGH 6. 3. 2025 – I ZR 32/24, BGHZ 243, 170 Rn 23f; vgl auch schon J Schmidt NZM 2021, 289, 292; **aA** Meier notar 2021, 35, 39). Ebenso ist es unschädlich, wenn ein Stellplatz mitvermittelt werden soll, auch wenn dieser auf einem gesonderten Grundbuchblatt verzeichnet ist (Meier ZfIR 2020, 765, 767). Nicht in den Anwendungsbereich der Vorschrift fällt aber der Fall, dass eine Familie ein (Mehr-)Familienhaus mit mehreren gleichwertigen Wohnungen erwirbt, in dem sie nur eine Wohnung bewohnt (OLG Hamm 18. 3. 2024 – 18 U 80/23, MDR 2024, 839; OLG Köln 6. 8. 2024 – 24 U 32/24, juris Rn 4). Dies gilt auch dann, wenn die Vermietung der anderen Wohnungen der Finanzierung des Objekts dienen soll. Gleiches gilt für den Erwerb eines verbundenen Wohn- und Gewerbegrundstücks sowie eines Baugrundstücks (Meller-Hannich MDR 2020, R 5). Eine Anregung des Bundesrats, die Vorschrift auch auf zur Wohnbebauung vorgesehene Grundstücke auszudehnen, wurde abgelehnt, da damit möglicherweise auch spekulative Grundstücksgeschäfte sowie der Bau von Mehrfamilienhäusern erfasst würden (BT-Drucks 19/ 7

15827, 18). Unerheblich ist dagegen auch bei Kaufverträgen über Einfamilienhäuser die rechtliche Ausgestaltung. Nicht nur der Erwerb von Eigentum, sondern auch eines Erbbaurechts unterfällt der Regelung (BT-Drucks 19/15827, 18). Unklar ist freilich, ob auch Bauträgerverträge (§ 650u BGB) erfasst sind (dafür GRÜNEBERG/RETZLAFF § 656a Rn 2; jurisPK-BGB/WÜRDINGER § 656a Rn 3). Zwar dürfte ein Vertrag über ein Einfamilienhaus auch dann vorliegen, wenn dieses aufgrund des Vertrags erst gebaut werden soll. Jedoch fehlt es an dem von der Vorschrift geforderten Kaufvertrag. Da es auch bei einem Bauträgervertrag zur Verschaffung des Eigentums an einem Einfamilienhaus kommt, erscheint eine (entsprechende) Anwendung der Vorschrift aber geboten (HAMM Rn 77).

IV. Die Rechtsfolge des § 656a BGB

1. Erfordernis der Textform

8 Maklerverträge im Anwendungsbereich des § 656a BGB bedürfen der Textform. Sie müssen damit den Anforderungen des § 126b BGB genügen. Erforderlich ist also eine lesbare Erklärung, in der die Person des Erklärenden genannt ist und die auf einem dauerhaften Datenträger abgegeben wird. § 656a BGB stellt damit eine der im BGB noch – eher seltenen –Regelungen dar, in denen das Gesetz die Textform als Form für den Vertragsschluss vorgibt. Andere Beispiele bilden § 650i Abs 2 BGB für den Verbraucherbauvertrag und § 578 Abs 1 S 2 BGB für die Gewerberaummiete. Zweifelsfragen wirft dies auf, da §§ 126 Abs 2, 126a Abs 2 BGB für den Vertragsschluss, wenn die Schriftform bzw die elektronische Form vorgeschrieben ist, eine Unterzeichnung bzw Signierung des gleichen Dokuments verlangen. Es genügt also nicht, wenn Angebot und Annahme in der gebotenen Form vorliegen (siehe nur ERMAN/ARNOLD § 126 Rn 17 mwNw). Fraglich ist, ob Entsprechendes beim Textformerfordernis gilt und damit beide Erklärungen auf einem einheitlichen Datenträger erfolgen müssen. Eine §§ 126 Abs 2, 126a Abs 2 BGB vergleichbare Regelung fehlt in § 126b BGB. In der Vorbearbeitung (STAUDINGER/ARNOLD [2021] § 656a Rn 8) war insoweit eine entsprechende Anwendung der §§ 126 Abs 2, 126a Abs 2 BGB befürwortet worden (ähnlich für § 578 Abs 1 S 2 BGB auch JACOBY ZMR 2025, 273, 273 und für § 650i Abs 2 BGB wohl GRÜNEBERG/RETZLAFF § 650i Rn 4). Allerdings wird es im Schrifttum überwiegend für ausreichend gehalten, dass die Willenserklärungen jeweils isoliert in Textform ausgetauscht werden (BeckOGK/MEIER [1. 8. 2025] § 656a Rn 18; MünchKommBGB/ALTHAMMER § 656a Rn 9; ERMAN/FISCHER § 656a Rn 4 f; GRÜNEBERG/RETZLAFF § 656b Rn 5; jurisPK-BGB/WÜRDINGER § 656a Rn 9 f). Ein Vertragsschluss soll daher auch per Fax, durch Austausch von E-Mails, per SMS oder Messenger-Dienst erfolgen können (ERMAN/FISCHER § 656a Rn 4; jurisPK-BGB/WÜRDINGER § 656a Rn 9 f; J SCHMIDT NZM 2021, 289, 90). Dieser Ansicht haben sich auch inzwischen verschiedene Instanzgerichte angeschlossen (OLG Karlsruhe 3. 4. 2023 – 9 U 168/22, NZM 2023, 430 Rn 5f; OLG Zweibrücken 26. 9. 2023 – 8 U 138/22, NZM 2024, 299 Rn 30). Im Übrigen wird auch für § 578 Abs 1 S 2 BGB überwiegend dafür plädiert, dass eine Abgabe beider Erklärungen auf einem gemeinsamen Datenträger nicht erforderlich ist (siehe nur GRÜNEBERG/WEIDENKAFF § 578 Rn 3; ARNOLD NZM 2025, 279, 284; ARTZ/BRINKMANN NJW 2025, 1 Rn 18).

9 Dem ist zu folgen. Die bisher vertretene gegenteilige Auffassung wird aufgegeben. Hierfür sprechen maßgeblich Formzwecke (dazu schon für § 578 Abs 1 S 2 BGB eingehend ARNOLD NZM 2025, 279, 284). Die Schriftform soll vor Übereilung schützen und dient

der Klarstellungs- und Beweisfunktion. Das in § 126 Abs 2 BGB verankerte Erfordernis einer Unterschrift der Parteien auf der gleichen Urkunde hängt mit diesen Zwecken zusammen. Es gewährleistet, dass die Parteien denselben Vertragstext konsentieren (BeckOGK/Hecht [1. 10. 2025] § 126 Rn 61). Diesen Zweck kann die Textform aber ohnehin nicht gewährleisten. Ihr wird lediglich Dokumentationsfunktion zugemessen, weil sie die dauerhafte Verfügbarkeit einer Erklärung sicherstellt. Ob die Erklärung von der in dem Dokument genannten Person stammt, lässt sich letztlich nicht sicher feststellen. Damit ergibt aber das Erfordernis einer gemeinsamen Erklärung auf einem dauerhaften Datenträger wenig Sinn. Eine größere Sicherheit, dass die Beteiligten tatsächlich hinter der Erklärung stehen, dadurch nicht erreicht. Es ist daher ausreichend, wenn Angebot und Annahme isoliert in Textform ausgetauscht werden. Möglich ist daher auch ein Vertragsschluss etwa per Mail. Dagegen ist das Formerfordernis nicht gewahrt, wenn allein die einseitige Erklärung, die den Vertragsinhalt wiedergibt, der Textform genügt (so aber Wistokat NZM 2021, 905, 906 f und zu § 650i BGB BeckOGK/Merkle [1. 1. 2026] § 650i Rn 71); denn der von § 656a BGB geforderte Vertragsschluss in Textform liegt nur vor, wenn sowohl das Angebot als auch die Annahme in Textform erfolgen. Abweichendes folgt auch nicht aus der Dokumentationsfunktion der Textform, weil diese sich ebenfalls auf den Vertragsschluss und nicht auf eine einzelne Erklärung beziehen muss. Ausgeschlossen ist im Anwendungsbereich des § 656a BGB damit auch eine Annahme nach § 151 BGB (Fischer NJW 2020, 3553, 3554). Im Übrigen gilt bei § 656a BGB wie bei allen Formvorschriften, dass das gesamte Rechtsgeschäft samt Nebenabreden formbedürftig ist (siehe nur Erman/Arnold § 125 Rn 13 f mwNw). Ebenfalls der Form unterliegen Reservierungsvereinbarungen (Erman/Fischer § 656a Rn 3a: Fehr/Wichert ZMR 2022, 439, 442). Bei nachträglichen Vertragsänderungen muss die Textform ebenfalls beachtet werden (Erman/Fischer § 656a Rn 2).

Nach dem übertragbaren Rechtsgedanken des § 126 Abs 5 BGB wird die Textform durch die Abgabe der Erklärung in einer **anderen Form, die höhere Anforderungen stellt**, ersetzt (siehe nur Erman/Arnold § 126b Rn 10). Insbesondere kann der Maklervertrag im Anwendungsbereich des § 656a BGB damit auch schriftlich geschlossen werden. Wird die Form nicht eingehalten, ist der Vertrag nach § 125 BGB nichtig. Für eine Heilung – wie in den Fällen des § 311b BGB (§ 652 Rn 28) – besteht kein Raum. Ebenso kann im Hinblick auf den Schutzzweck des § 656a BGB über § 354 HGB kein Provisionsanspruch begründet werden (Meier ZfIR 2020, 765, 768 f; zur generellen Anwendbarkeit der Vorschrift auf den Maklervertrag siehe § 652 Rn 62). 10

2. Die Zulässigkeit konkludenter Verträge

Problematisch ist, ob im Anwendungsbereich des § 656a BGB noch ein **konkludenter Abschluss eines Maklervertrags** möglich ist (dazu allgemein § 652 Rn 9, 14). Zu denken ist etwa an Fälle, in denen der Kunde, dem die Provisionspflichtigkeit etwa aufgrund einer Anzeige des Maklers bekannt ist, per E-Mail einen Besichtigungstermin vereinbart und darauf vom Makler ebenfalls auf elektronischem Weg das Exposé erhält (vgl den Fall des OLG Karlsruhe 3. 4. 2023 – 9 U 168/22, NZM 2023, 430). Teilweise wird angenommen, dass damit dem Formerfordernis des § 656a BGB nicht genügt sei (OLG Celle 2. 10. 2025 – 11 U 23/25, NZM 2025, 988 Rn 26 ff; Lindner ZMR 2021, 24, 25 und noch Staudinger/Arnold [2021] § 656a Rn 9). Nach überwiegender Auffassung ist dagegen auch auf Grundlage § 656a BGB ein konkludenter Vertragsschluss möglich; denn das Ge- 11 setz verlange keine ausdrücklichen Erklärungen, sondern es sei lediglich erforderlich, dass die maßgeblichen Erklärungen in Textform vorlägen (OLG Karlsruhe 3. 4. 2023 – 9 U 168/22, NZM 2023, 430 Rn 5; OLG Zweibrücken 26. 9. 2023 – 8 U 138/22, NJW-RR 2024, 53 Rn 35; LG Hamburg 23. 3. 2023 – 309 O 71/21, ZMR 2023, 932; BeckOGK/Meier [1. 8. 2025] § 656a Rn 18; BeckOK-BGB/Kneller [1. 11. 2025] § 656a Rn 5; Erman/Fischer § 656a Rn 5; Grüneberg/Retzlaff § 656a Rn 5; jurisPK-BGB/Würdinger § 656a Rn 10; MünchKommBGB/Althammer § 656a Rn 9; J Schmidt NZM 2021, 289, 291). Dem ist zuzustimmen. § 656a BGB steht in den genannten Fällen einem konkludenten Vertragsschluss schon deshalb nicht entgegen, weil keine Abgabe der Erklärungen auf einem einheitlichen Datenträger erforderlich ist (siehe schon Rn 9). Nicht ausreichend ist daher, wenn der Makler durch Aushändigung eines Exposés mit ausdrücklichem Provisionshinweis ein Angebot annimmt und der Kunde dies annimmt, aber seine Erklärung nicht der Textform genügt (so Wistokat NZM 2021, 905, 906f; dagegen zu Recht jurisPK-BGB/Würdinger § 656a Rn 12; MünchKommBGB/Althammer § 656a Rn 10).

12 Ferner steht es der Möglichkeit eines konkludenten Abschlusses eines Maklervertrags im Anwendungsbereich des § 656 BGB nicht entgegen, dass in diesem Fall die Erklärungen nicht den vollständigen Erklärungstatbestand enthalten. Zwar wird unter Hinweis auf die Rechtslage bei der Schriftform und die notarielle Beurkundung teilweise die gegenteilige Auffassung vertreten und dabei insbesondere auf die Grundsätze der Andeutungstheorie Bezug genommen, nach denen bei der Auslegung zu berücksichtigende Umstände in der Urkunde zumindest unvollkommen zum Ausdruck gekommen sein müssen (so OLG Celle 2. 10. 2025 – 11 U 23/25, NZM 2025, 988 Rn 26 ff): Demnach soll die Bitte des Kunden um Organisation eines Termins für die Beurkundung eines Grundstückskaufvertrags auf ein Angebot des Maklers zum Abschluss eines Maklervertrags nicht genügen, weil der Schluss auf ein Einverständnis mit den vom Makler gestellten Bedingungen nur aufgrund weiterer Erkenntnisse und Erfahrungen außerhalb der Urkunde möglich sei. Dies überzeugt nicht. Es erscheint bereits zweifelhaft, ob die Schriftform und notarielle Beurkundung entwickelten Grundsätze bereits ohne weiteres auf den Vertragsschluss in Textform übertragen werden können, der eben keine einheitliche Urkunde verlangt. Jedenfalls überzeugt ein derart enges Verständnis der Andeutungstheorie, die in anderem Zusammenhang die Heranziehung der Grundsätze über die einverständliche Falschbezeichnung durch die Parteien nicht gehindert hat, kaum. Sie hätte zur Folge, dass eine Auslegung praktisch nicht mehr möglich wäre, sondern die Annahme explizit erklärt werden müsste. Damit wäre dem Formerfordernis der Sache nach eine Warnfunktion verbunden, der der Textform aber gar nicht zukommen soll (siehe nur Entwurf eines Gesetzes zur Anpassung der Formvorschriften des Privatrechts und anderer Vorschriften an den modernen Rechtsgeschäftsverkehr, BT-Drucks 14/4987, 19).

§ 656b
Persönlicher Anwendungsbereich der §§ 656c und 656d

Die §§ 656c und 656d gelten nur, wenn der Käufer ein Verbraucher ist.

Materialien: BT-Drucks 19/15827 und BT-Drucks 19/19203.

Schrifttum

Siehe bei § 656a.

Systematische Übersicht

Alphabetische Übersicht

I. Grundlagen

1 Die Norm wurde durch Art 1 des Gesetzes über die Verteilung der Maklerkosten bei der Vermittlung von Kaufverträgen über Wohnungen und Einfamilienhäuser vom 12. 6. 2020 (BGBl I 1245) eingefügt und bestimmt den persönlichen Anwendungsbereich der §§ 656c, 656d BGB, die die Verteilung der Maklerprovision bei Maklerverträgen, die den Nachweis der Gelegenheit zum Abschluss eines Kaufvertrags über eine Wohnung oder ein Einfamilienhaus oder die Vermittlung eines solchen Vertrags zum Gegenstand haben. Dabei hat die Norm im Gesetzgebungsverfahren noch deutliche Änderungen erfahren. Der Regierungsentwurf sah noch vor, dass die §§ 656c und 656d BGB nur gelten sollen, wenn der Makler ein Unternehmer und der Käufer eine natürliche Person ist. Dahinter stand die Überlegung, dass bei der Vermittlung einer Wohnimmobilie durch eine Privatperson der Käufer nicht im gleichen Maße gezwungen sei, zum Erhalt des Objekts die Maklerprovision zu übernehmen. Mit der Beschränkung auf natürliche Personen auf der Käuferseite sollten dagegen typischerweise Privatpersonen erfasst werden, die als besonders schutzwürdig anzusehen seien (BT-Drucks 19/15827, 19).

2 Die vorgeschlagene Beschränkung auf Makler, die als Unternehmer anzusehen sind, stieß indes schnell auf Kritik, weil es für die Zwangslage des Käufers zur Übernahme der Maklerprovision unerheblich sei, ob es beim Makler um einen Unternehmer oder etwa einen Gelegenheitsmakler handele; zudem wurde auf Wertungswidersprüche mit dem Wohnungsvermittlungsgesetz hingewiesen, dass ebenfalls nicht die Unternehmereigenschaft des Wohnungsvermittlers voraussetze (so schon die Stellungnahme des Bundesrats zum Gesetzesentwurf, BT-Drucks 19/15827, 25). Diese Kritik hat der Rechtsausschuss in seiner Beschlussempfehlung aufgegriffen und die Voraussetzung, dass es sich beim Makler um einen Unternehmer handeln muss, gestrichen. Gleichzeitig wurde auch der Begriff der natürlichen Person durch den des Verbrauchers ersetzt. Hiermit soll der verbraucherschützende Zweck der Neuregelung verdeutlicht werden, und es soll vermieden werden, dass natürliche Personen, die im Rahmen ihrer gewerblichen Tätigkeit eine Immobilie erwerben, erfasst werden (BT-Drucks 19/19203, 20).

II. Der Anwendungsbereich der §§ 656c, 656d BGB

1. Die Person des Käufers

3 §§ 656c, 656d BGB sind nach § 656b BGB nur anwendbar, wenn der (zukünftige) Käufer ein Verbraucher ist. Das Gesetz nimmt damit auf § 13 BGB Bezug. Verbraucher ist danach jede natürliche Person, die ein Rechtsgeschäft zu Zwecken abschließt, die überwiegend weder ihrer gewerblichen noch ihrer selbständigen beruflichen Tätigkeit zugerechnet werden können. Wegen der Einzelheiten kann grundsätzlich auf die Kommentierung zu § 13 BGB verwiesen werden (Staudinger/Fritzsche [2024] § 13 Rn 1 ff). Hervorzuheben ist aber, dass nach den Ausführungen in der Gesetzesbegründung nicht nur natürliche Personen, sondern auch eine **GbR**, die sich ausschließlich aus Verbrauchern zusammensetzt, erfasst sein soll, wenn der Erwerb allein privaten Zwecken dient (BT-Drucks 19/19203, 20). Da die Außengesellschaft bürgerlichen Rechts rechtsfähig ist (siehe nur grundlegend BGHZ 146, 341 und nunmehr § 705 Abs 2 BGB), fehlt es für die Bejahung der Verbrauchereigenschaft eigentlich an einer natürlichen Person. Die gewünschte Einbeziehung der GbR schließt allerdings an die Rechtsprechung des BGH an. Nach dieser ist eine GbR, in der sich natürliche Personen zusammengeschlossen haben, als Verbraucher anzusehen, wenn das fragliche Geschäft nicht für eine bereits ausgeübte gewerbliche oder selbständige berufliche Tätigkeit abgeschlossen wird (BGH NJW 2002, 368; BGH BeckRS 2017, 134975). Soweit auch juristische Personen als Gesellschafter beteiligt sind, soll dagegen die Verbrauchereigenschaft der Gesellschaft unabhängig von der ausgeübten Tätigkeit zu verneinen sein (BGH NJW 2017, 2752, 2753). Im Schrifttum stößt diese Ausweitung des Verbraucherbegriffs freilich vielfach auf Ablehnung (siehe Staudinger/Fritzsche [2024] § 13 Rn 55 f). Die Diskussion kann an dieser Stelle nicht im Einzelnen nachgezeichnet werden. Überraschend ist es allerdings, wenn in der Gesetzesbegründung über die bisherige Rechtsprechung hinausgehend verlangt wird, dass die Gesellschafter nicht nur natürliche Personen, sondern auch Verbraucher sind. Dieses zusätzliche Erfordernis erscheint fragwürdig, da die Verbrauchereigenschaft situativ anhand des abgeschlossenen Geschäfts bestimmt wird, potentieller Käufer aber die GbR sein soll. Wenn man der Rechtsprechung folgen will und natürlichen Personen den Schutz des Verbraucherrechts nicht deshalb versagen will, weil sie eine andere als eine gewerbliche oder selbständige berufliche Tätigkeit gemeinsam ausüben wollen, sollte man daher jedenfalls von einem solchen weiteren Erfordernis absehen.

4 Nach Auffassung der Rechtsprechung soll auch eine **Wohnungseigentümergemeinschaft** gleichzustellen sein, wenn ihr wenigstens ein Verbraucher angehört und sie ein Rechtsgeschäft zu einem Zweck abschließt, der weder einer gewerblichen noch einer selbständigen beruflichen Tätigkeit zuzuordnen ist (BGH 25. 3. 2015 – VIII ZR 243/13, BGHZ 204, 325 Rn 30; BGH 5. 7. 2019 – V ZR 278/17, NJW 2020, 988 Rn 21). Davon ausgehend können die §§ 656c, 656d auch dann einschlägig sei, wenn als Käuferin eine Wohnungseigentümergemeinschaft beteiligt ist. Dabei wird man entgegen gelegentlich vertretener Auffassung (J Schmidt NZM 2021, 289, 293; dem folgend Erman/Fischer § 656b Rn 10) den Anwendungsbereich dieser Vorschriften nicht auf Wohnungseigentümergemeinschaften mit weniger als acht Sondereigentumseinheiten beschränken können. Dagegen kommen juristische Personen als Käufer nicht in Betracht (Erman/Fischer § 656b Rn 11). Dies gilt auch dann, wenn etwa ein Verein als Käufer im Rahmen seines ideellen Zwecks handelt (BeckOGK BGB/Meier [1. 8. 2025] § 656b Rn 6).

Im Einzelnen sind die §§ 655c, 656d BGB insbesondere dann anwendbar, wenn der Kaufinteressent die Immobilie zu **eigenen Wohnzwecken** nutzen will. Dabei können auf Seiten der (potentiellen) Käufer selbstverständlich auch mehrere Verbraucher wie etwa Eheleute oder Lebenspartner auftreten (BeckOK-BGB/Kneller [1. 11. 2025] § 656b Rn 2). Ebenso sollen aber auch Fälle erfasst sein, in denen die Immobilie Angehörigen zur Verfügung gestellt werden soll oder der Altersvorsorge dient (BT-Drucks 19/15827, 19). Nicht anwendbar sind die Regelungen dagegen auf natürliche Personen, die im Rahmen ihrer gewerblichen Tätigkeit eine Immobilie erwerben (BT-Drucks 19/19203, 20). Damit soll insbesondere eine Geltung der Regelung für Immobilieninvestoren ausgeschlossen werden, die im größeren Umfang Wohnimmobilien erwerben (BT-Drucks 19/15827, 19). Wird eine Immobilie von einer natürlichen Person nicht zu eigenen Wohnzwecken erworben, muss damit abgegrenzt werden, ob der Immobilienerwerb noch im Rahmen einer – für die Verbrauchereigenschaft unschädlichen – privaten Vermögensverwaltung erfolgt oder bereits eine gewerbliche Tätigkeit vorliegt. Maßgeblich ist hierfür der Umfang der mit der Vermögensverwaltung verbundenen Geschäfte: Wenn diese einen planmäßigen Geschäftsbetrieb wie etwa die Unterhaltung eines Büros oder einer Organisation notwendig machen, ist von einer gewerblichen Tätigkeit auszugehen (BGH 23. 10. 2001 – XI ZR 63/01, BGHZ 149, 80, 86). Ist streitig, ob die Verbrauchereigenschaft gegeben ist, muss der Käufer diese darlegen und beweisen (jurisPK-BGB/Würdinger § 656b Rn 4; BeckOGK/Meier [1. 8. 2025] § 656b Rn 8; Erman/Fischer § 656b Rn 8). 5

Enthält der Kaufvertrag eine Maklerklausel und wird sodann ein **Vorkaufsrecht** ausgeübt, so gilt § 656d auch zugunsten des Vorkaufsberechtigten, wenn dieser wie der Käufer Verbraucher ist. Aber auch wenn nur der ursprüngliche Käfer, nicht aber der Vorkaufsberechtigte Verbraucher ist, muss sich letzterer aufgrund der Wertung des § 464 Abs 2 auf § 656d berufen können. Aus dem gleichen Grund gilt die Vorschrift dagegen nicht zugunsten des Vorkaufsberechtigten, wenn nur er, nicht aber der ursprüngliche Käufer Verbraucher ist (Gutachtenspraxis DNotI-Report 2022, 19, 20; MünchKommBGB/Althammer § 656b Rn 2). Vergleichbare Zweifelsfragen ergeben sich, wenn ausnahmsweise auch der Vertragsschluss mit einer anderen Person als dem Auftraggeber den Provisionsanspruch auslöst: Während es nach einem Teil des Schrifttums in dieser Konstellation allein auf deren Verbrauchereigenschaft ankommen soll (Grüneberg/Retzlaff § 656b Rn 1; MünchKommBGB/Althammer § 656b Rn 2), ist nach anderer Auffassung allein die Verbrauchereigenschaft des Auftraggebers entscheidend (Wistokat NZM 2021, 905, 910). Letzteres überzeugt freilich für den Fall des § 656d nicht. Überzeugender erscheint es daher, auf die Verbrauchereigenschaft des Käufers abzustellen. 6

2. Die Person des Maklers und des Verkäufers

Keine Einschränkung enthält das Gesetz hinsichtlich der Person des Maklers. Es ist nicht erforderlich, dass dieser Unternehmer ist. Erfasst sind damit auch Gelegenheitsmakler (BT-Drucks 19/19203, 20). Die §§ 656b ff BGB stellen damit der Sache nach keine typischen Verbraucherschutzvorschriften dar, sondern sind auch im Verhältnis **zweier Verbraucher zueinander** anwendbar. Unerheblich ist es auch, ob es sich beim Makler um eine natürliche oder juristische Person handelt. 7

8 Ebenfalls spielt es keine Rolle, ob der Verkäufer Verbraucher oder Unternehmer und ob er eine natürliche oder juristische Person ist (Fischer NJW 2020, 3553, 3555). Die Norm ist daher zB auch beim Verkauf durch den Insolvenzverwalter oder Nachlasspfleger anwendbar (MünchKommBGB/Althammer § 656b Rn 4).

§ 656c
Lohnanspruch bei Tätigkeit für beide Parteien

(1) Lässt sich der Makler von beiden Parteien des Kaufvertrags über eine Wohnung oder ein Einfamilienhaus einen Maklerlohn versprechen, so kann dies nur in der Weise erfolgen, dass sich die Parteien in gleicher Höhe verpflichten. Vereinbart der Makler mit einer Partei des Kaufvertrags, dass er für diese unentgeltlich tätig wird, kann er sich auch von der anderen Partei keinen Maklerlohn versprechen lassen. Ein Erlass wirkt auch zugunsten des jeweils anderen Vertragspartners des Maklers. Von Satz 3 kann durch Vertrag nicht abgewichen werden.

(2) Ein Maklervertrag, der von Absatz 1 Satz 1 und 2 abweicht, ist unwirksam. § 654 bleibt unberührt.

Materialien: BT-Drucks 19/15827 und BT-Drucks 19/19203.

Schrifttum

Siehe bei § 656a.

Systematische Übersicht

Alphabetische Übersicht

I. Grundlagen

Die Norm wurde durch Art 1 des Gesetzes über die Verteilung der Maklerkosten bei der Vermittlung von Kaufverträgen über Wohnungen und Einfamilienhäuser vom 12. 6. 2020 (BGBl I 1245) eingefügt; sie gilt ab 23. 12. 2020 (§ 656a Rn 2) und gilt nur für danach geschlossene Maklerverträge (Art 229 § 53 EGBGB); dabei genügt es aber für die Anwendbarkeit, wenn der Maklervertrag mit einer der Parteien nach dem Stichtag geschlossen wurde (§ 656a Rn 2). Zusammen mit § 656d BGB enthält § 656c BGB die zentralen Regelungen des neuen Rechts für Maklerverträge über den Kauf von Einfamilienhäusern und Wohnungen durch einen Verbraucher, mit denen der Gesetzgeber den Erwerb von Wohneigentum durch eine Begrenzung der Maklerkosten erleichtern will (zu dieser Zielsetzung BT-Drucks 19/15827, 1). Zu diesem Zweck ist jedoch keine höhenmäßige Begrenzung der Maklerprovisionen eingeführt worden; ebenso hat der Gesetzgeber davon abgesehen, das von der Wohnungsvermittlung bekannte Bestellerprinzip (§ 2 Abs 1a WoVermittG) auch auf Maklerverträge über den Verkauf von Wohneigentum zu übertragen (für beides der Vorschlag von Bündnis 90/Die Grünen, BT-Drucks 19/4557). Stattdessen soll eine Begrenzung der Kaufnebenkosten durch eine verbindliche Vorgabe über die Verteilung der Maklerkosten zwischen Käufer und Verkäufer erreicht werden. Bislang musste der Käufer vielfach die Maklerprovision auch dann vollständig übernehmen, wenn der Makler durch den Verkäufer beauftragt worden war. Einer solchen Überwälzung der Maklerprovision auf dem Käufer soll die Neuregelung Grenzen setzen, indem ein zwingender **„Halbteilungsgrundsatz“** (Fischer NJW 2020, 1268, 1269) aufgestellt wird. Haben beide Parteien den Makler beauftragt, so ist nach § 656c BGB die Provision von beiden Seiten zu gleichen Teilen zu tragen. Hat nur eine Partei den Makler beauftragt, so kann sie § 656c Abs 1 BGB die Kosten durch Vereinbarung höchstens zur Hälfte auf die andere Partei abwälzen. Verträge, die von diesen Vorgaben abweichen, sind unwirksam (§§ 656c Abs 2, 656d Abs 1 BGB). Keine Vorgaben trifft die Neuregelung dagegen für den Fall, dass der Käufer oder der Verkäufer den Makler allein unter Ausschluss der Doppeltätigkeit auch für die andere Seite beauftragt (BT-Drucks 19/15827, 19). In diesem Fall schuldet nur der Auftraggeber aufgrund der vertraglichen Vereinbarung mit dem Makler die Provision; Vorgaben zu deren zulässiger Höhe treffen §§ 656c, 656d BGB nicht. **1**

Mit der Neuregelung soll verhindert werden, dass sich die Verteilung der Maklerprovision nach der Marktlage bestimmt. Stattdessen ist nach Auffassung des Gesetzgebers allein eine hälftige Teilung der Provision angemessen, da der Makler die Interessen beider Seiten vertrete. Das gelte insbesondere beim Doppelauftrag, da hier der Makler zur Neutralität verpflichtet sei (BT-Drucks 19/15827, 19; kritisch gegen das neue Leitbild des Doppelmaklers wegen drohender Loyalitätskonflikte Meller-Hannich MDR 2020, R 5, R 6 f). Praktisch wirkt sich die Neuregelung damit nicht allerdings nicht nur zugunsten des Käufers aus. Eine Anregung des Bundesrats, der auch eine geringere Beteiligung des Käufers an der Provision für zulässig erklären wollte (BT-Drucks 19/15827, 26), wurde nicht aufgegriffen. Es ist also im Rahmen des § 656c BGB nicht möglich, dass der Verkäufer mehr als die Hälfte der Maklerprovision übernimmt (**aA** Lindner ZMR 2021, 24, 25, der eine teleologische Reduktion für möglich hält). Dies wird teilweise im Hinblick auf den vom Gesetzgeber eigentlich intendierten Käuferschutz kritisiert (MünchKommBGB/Althammer § 656c Rn 3; Würdinger jm 2021, 46, 50), während nach anderer Auffassung die zwingende Geltung des Halbteilungsgrundsatzes durch den **2** gleichen Nutzen der Maklertätigkeit für beide Seiten gerechtfertigt wird (BeckOGK/Meier [1. 8. 2025] § 656c Rn 5; ähnlich Erman/Fischer § 656c Rn 2). Träfe diese Annahme zu, müsste indes die hälftige Teilung der Maklerkosten zwingend angeordnet werden. Dies ist indes nicht der Fall. Vielmehr kann der Verkäufer unverändert den Makler allein beauftragen, und im Rahmen der von § 656d BGB geregelten Übernahme der Maklerkosten kann er auch weniger als die Hälfte der Provision auf den Käufer abwälzen. Die zwingende Geltung des Halbteilungsgrundsatzes auch zugunsten des Verkäufers vermag daher schwerlich zu überzeugen.

3 Die in § 656c BGB liegende Beschränkung der Vertragsfreiheit aller Beteiligten und der Berufsfreiheit des Maklers soll verfassungsrechtlich zulässig sein (BT-Drucks 19/15827, 13 f; Meier ZfIR 2020, 765, 769; Gustorff WuM 2022, 4ff). Allerdings wird die Regelung teilweise als unzweckmäßig kritisiert. So wird darauf verwiesen, dass Verkäufer durch eine Erhöhung des Verkaufspreises die Provision indirekt auf den Käufer umlegen könnten. Dies wäre nicht zuletzt deshalb problematisch, weil der Käufer auf den erhöhten Kaufpreis auch die Grunderwerbsteuer entrichten müsste (Jeep notar 2020, 225, 228; Drasdo NJW-Spezial 2020, 545; siehe auch Würdinger, in: FS Hager [2021] 245, 246). Zudem leiste die Reform dem Missverständnis Vorschub, dass beim Immobilienkauf eine Kostenteilung zu erfolgen habe und das Bestellerprinzip ausgeschlossen sei (Meller-Hannich MDR 2020, R 5, R 7).

II. Hälftige Verteilung der Provision (Abs 1)

1. Tatbestandsvoraussetzungen

4 § 656c BGB setzt voraus, dass ein Kaufvertrag über eine Wohnung oder ein Einfamilienhaus aufgrund der Tätigkeit eines Maklers geschlossen wurde. Damit knüpft die Norm an § 656a BGB an. Auf die dortigen Ausführungen zu den Begriffen der Wohnung und des Einfamilienhauses kann daher verwiesen werden (§ 656a Rn 4 ff). Weiterhin muss der Käufer gemäß § 656b BGB Verbraucher sein. Besondere persönliche Voraussetzungen für die Person des Maklers bestehen dagegen nicht. Erfasst wird daher auch der Gelegenheitsmakler (siehe schon § 656b Rn 5). Ebenso enthält das Gesetz keine besonderen Vorgaben hinsichtlich der Person des Verkäufers. Es kann sich also sowohl um einen Verbraucher als auch einen Unternehmer handeln.

5 Vorausgesetzt wird weiterhin nach dem Wortlaut des Abs 1 S 1, dass der Makler sich von beiden Parteien den Maklerlohn hat versprechen lassen. Wie Abs 1 S 2 zeigt, ist freilich eine Lohnvereinbarung des Maklers mit beiden Parteien nicht erforderlich, sondern es kann mit einer Seite auch ein unentgeltliches Tätigwerden vereinbart werden. Ausreichend sind damit im Ergebnis Vereinbarungen des Maklers mit beiden Parteien über deren Interessenwahrnehmung (MünchKommBGB/Althammer § 656c Rn 7; Meier notar 2021, 35, 39). Ein bloß tatsächliches Tätigwerden des Maklers kann im Hinblick auf den Gesetzeswortlaut nicht genügen (dafür Wistokat NZM 2021, 905, 909). Erfasst ist auch ein selbständiges Provisionsversprechen, weil auch in diesem Fall ein Versprechen von Maklerlohn im Sinne dieser Vorschrift vorliegt (BeckOGK/Meier [1. 8. 2025] § 656c Rn 5; Fischer NJW 2023, 1178, 1181; für § 656d BGB dagegen LG Tübingen 7. 7. 2022 – 7 O 71/22, BeckRS 2022, 26669 Rn 29). Notwendig ist allerdings eine wirksame Vereinbarung mit beiden Seiten (BeckOGK/Meier [1. 8. 2025] § 656c Rn 5.1; MünchKommBGB/Althammer § 656c Rn 2); andernfalls würde die Unwirksamkeit eines

Maklervertrags immer auf den anderen durchschlagen und der Makler alle Provisionsansprüche verlieren, was vom Normzweck nicht mehr gedeckt wäre.

Ferner ist es nicht erforderlich, dass der (zukünftige) Verkäufer und der (zukünftige) Käufer zugleich einen Vertrag mit dem Makler abschließen müssen; denn damit bliebe die Vorschrift praktisch ohne Anwendungsbereich. Da das Gesetz keinen gleichzeitigen Vertragsschluss verlangt, genügt vielmehr ein **sukzessiver Doppelauftrag** (vgl schon BT-Drucks 19/15827, 32; MünchKommBGB/Althammer § 656c Rn 11; Jeep notar 2020, 225, 226); dieser ist auch im Anwendungsbereich des § 656c BGB zulässig (BGH 21. 3. 2024 – I ZR 185/22, BGHZ 240, 144 Rn 16). Die Norm ist daher anwendbar, wenn der Verkäufer den Makler zunächst mit der Suche nach einem Interessenten beauftragt und der Makler, nachdem der Käufer sein Interesse an dem Objekt bekundet hat, mit letzterem vor der Preisgabe genauerer Informationen ebenfalls einen Maklervertrag schließt. Notwendig ist es aber, dass der zweite Vertrag auch wirklich geschlossen wird (BeckOGK/Meier [1. 8. 2025] § 656c Rn 7). 6

Schließt nicht der Käufer, sondern ein Dritter den Maklervertrag, ist § 656c BGB nach seinem Wortlaut nicht anwendbar. Geboten ist jedoch in diesem Fall eine analoge Anwendung der Vorschrift (BGH 6. 3. 2025 – I ZR 13/24, BGHZ 243, 170 Rn 28 ff; Fischer NJW 2020, 3553, 3556; Fehrenbacher NJW 2025, 1611, 1613). Auch in dieser Konstellation, die im Gesetzgebungsverfahren offensichtlich nicht bedacht worden ist, besteht die Gefahr, dass die Maklerkosten einseitig auf den Käufer überwälzt werden; denn dem Dritten wird regelmäßig ein Rückgriffsanspruch gegen den Käufer zustehen (Erman/Fischer § 656c Rn 4). Vor diesem Hintergrund spielt es auch keine Rolle, ob zwischen dem Käufer und dem Dritten, der den Maklervertrag schließt, ein besonderes Näheverhältnis besteht (BGH 6. 3. 2025 – I ZR 13/24, BGHZ 243, 170 Rn 31). Ebenso kann es in dieser Konstellation im Hinblick auf den Rückgriffsanspruch des Kunden gegen den Käufer nicht auf dessen Verbrauchereigenschaft ankommen, sondern es genügt, wenn der Käufer als Verbraucher handelt (MünchKommBGB/Althammer § 656c Rn 10; **aA** Wistokat NZM 2021, 905, 910, der auf die Verbrauchereigenschaft des Kunden abstellt; siehe auch schon § 656b Rn 6). 7

2. Rechtsfolge: Halbteilung

Werden Maklerverträge im Sinne des § 656c BGB geschlossen, haben beide Vertragspartner die Provision zwingend zu gleichen Teilen zu tragen. Eine abweichende Regelung ist weder zugunsten des Käufers noch des Verkäufers zulässig. Ausgeschlossen ist damit auch eine Bestimmung, die eine gesamtschuldnerische Haftung beider Teile für die gesamte Provision bei gleichzeitiger Ausgleichspflicht im Innenverhältnis vorsieht (jurisPK-BGB/Würdinger § 656c Rn 3; Meier ZfIR 2020, 765, 770). Schließt der Makler, nachdem er mit einer der Parteien einen Maklervertrag geschlossen hat, auch mit der anderen Partei einen Maklervertrag, muss sich diese in dem Vertrag zur hälftigen Übernahme der mit dem ersten Vertragspartner vereinbarten Provision verpflichten. Zulässig soll es aber auch sein, dass sich der Makler vom zweiten Vertragspartner nochmals eine weitere Provision in gleicher Höhe versprechen lässt; die dagegen in der Vorbearbeitung (Rn 6; ebenso MünchKommBGB/Althammer § 656c Rn 16) geäußerten Bedenken werden von der hM nicht geteilt (BGH 21. 3. 2024 – I ZR 185/22, BGHZ 240, 144 Rn 33; BeckOGK/Meier [1. 8. 2025] § 656c Rn 9; Hamm Rn 359). Sie nimmt damit in Kauf, dass der Halbteilungsgrundsatz im Ergebnis sogar 8 zu einer Erhöhung der Provision führt, weil der Schutz durch §§ 655, 138 BGB als ausreichend angesehen wird.

9 Aufgrund des Halbteilungsgrundsatzes ist der Maklerlohn von beiden Seiten zu gleichen Teilen zu tragen. Dies bedingt nicht nur den gleichen Provisionssatz, sondern auch die gleiche Berechnungsart (Erman/Fischer § 656c Rn 2a). Erfasst sind auch Übererlösklauseln: Diese sind unzulässig, wenn nur eine der beiden Parteien belastet sein soll (LG Darmstadt 30. 12. 2021 – 27 O 216/21, BeckRS 2021 Rn 27; BeckOGK/Meier [1. 8. 2025] § 656c Rn 8; Erman/Fischer § 656c Rn 2b; Hamm Rn 358). Gleiches gilt für eine Reservierungsgebühr, die nur anfällt, wenn ein Vertrag geschlossen wird (BeckOGK/Meier [1. 8. 2025] § 656c Rn 8.1). Ist der Kunde dagegen auch zur Zahlung der Gebühr verpflichtet, wenn der Vertrag nicht zustande kommt, unterfällt diese nicht § 656c BGB (Fehr/Wichert ZMR 2022, 439, 443; Fischer NJW 2022, 3265, 3268). Unklar ist, ob auch Aufwendungsersatzansprüche (§ 652 Abs 2 BGB), Bearbeitungsentgelte etc dem Halbteilungsgrundsatz unterliegen (dagegen Grüneberg/Retzlaff § 656c Rn 1; Fischer NJW 2022, 3265, 3268; für § 656d BGB auch J Schmidt NZM 2021, 289, 294; dafür BeckOGK/Meier [1. 8. 2025] § 656c Rn 9; MünchKommBGB/Althammer § 656c Rn 4). Im Hinblick auf den Zweck der Regelung scheint dies geboten; andernfalls wären Umgehungen der Regelung Tür und Tor geöffnet.

10 Abgesichert wird der Halbteilungsgrundsatz durch einen – ungeschriebenen – **Auskunftsanspruch** des Kunden gegenüber dem Makler hinsichtlich des Bestehens eines weiteren Vertrags sowie der dort vereinbarten Provision (BGH 21. 3. 2024 – I ZR 185/22, BGHZ 240, 144 Rn 43; Jauernig/Mansel § 656d Rn 5; jurisPK-BGB/Würdinger § 656c Rn 12; Fischer ZAP 2023, 69, 78; Lindner ZMR 2022, 24, 26; Wistokat NZM 2021, 905, 914). Zwar wird ein derartiger Anspruch gelegentlich unter Hinweis darauf verneint, dass mangels ausdrücklicher gesetzlicher Regelung eine entsprechende Rechtsfortbildung nicht in Betracht komme (Meier ZfIR 2020, 765, 773; ähnlich Hamm Rn 360). Ein Auskunftsanspruch folgt aber bereits nach allgemeinen Grundsätzen aus § 242 BGB (überzeugend BGH 21. 3. 2024 – I ZR 185/22, BGHZ 240, 144 Rn 48 ff; **aA** MünchKommBGB/Althammer § 656c Rn 4, der auf § 241 Abs 2 BGB abstellt): Ohne einen derartigen Anspruch wäre dem Kunden die Durchsetzung des Halbteilungsgrundsatzes kaum möglich. Da das Auskunftsrecht im Hinblick auf den Makler keinen grundrechtssensiblen Bereich betrifft, ist seine Ableitung aus § 242 BGB auch verfassungsrechtlich unbedenklich. Dem Makler ist eine Auskunft unschwer möglich, weil entsprechende Verträge nach § 656a BGB nunmehr in Textform geschlossen werden müssen. Aus § 810 Alt 2 BGB folgt dabei auch ein Anspruch des Kunden auf Vorlage des mit dem anderen Maklerkunden abgeschlossenen Maklervertrags (BGH 21. 3. 2024 – I ZR 185/22, BGHZ 240, 144 Rn 54 ff; krit Würdinger JZ 2024, 833, 836 f, nach dem der Tatbestand des § 810 BGB dem Wortlaut nach nicht erfüllt ist und nur eine analoge Anwendung in Betracht kommt). Den Anspruch aus § 810 BGB kann der Kunde über § 273 BGB dem Provisionsbegehren des Maklers entgegenhalten; dabei soll die Berufung auf das Zurückbehaltungsrecht nicht zur Verurteilung Zug-um-Zug, sondern zur Abweisung der Klage als derzeit unbegründet führen (BGH 21. 3. 2024 – I ZR 185/22, BGHZ 240, 144 Rn 67). Gleiches muss für den Auskunftsanspruch gelten (Grüneberg/Retzlaff § 656c Rn 8).

11 Keine Vorgaben ergeben sich aus § 656a BGB für die Fälligkeit der Forderungen des Maklers gegen Verkäufer und Käufer. Diese richtet sich vorrangig nach Parteivereinbarung; andernfalls sind die Ansprüche nach § 271 BGB sofort fällig (BeckOGK/Meier

[1. 8. 2025] § 656c Rn 13). § 656d Abs 1 S 2 BGB, nach der Anspruch gegen die andere Partei erst fällig wird, wenn die Partei, die den Maklervertrag abgeschlossen hat, ihrer Verpflichtung zur Zahlung des Maklerlohns nachgekommen ist und sie oder der Makler einen Nachweis hierüber erbringt, findet im Rahmen des § 656c BGB bereits mangels planwidriger Regelungslücke keine entsprechende Anwendung (BGH 21. 3. 2024 – I ZR 185/22, BGHZ 240, 144 Rn 45 f; krit Jeep notar 2020, 225, 227 f). Im Übrigen wäre die Regelung ohnehin nicht auf die Konstellation des § 656c BGB übertragbar, weil sie voraussetzt, dass nur eine Partei einen Maklervertrag geschlossen hat.

3. Rechtsfolgen einer unentgeltlichen Tätigkeit

12 Das Prinzip der gleichen Kostentragung gilt nach Abs 1 S 2 auch dann, wenn der Makler mit einer Partei ein **unentgeltliches Tätigwerden** vereinbart hat; der Makler kann in diesem Fall auch mit dem anderen Vertragsteil keine Provision vereinbaren; dabei. Erfasst ist dabei nur die Vereinbarung der Unentgeltlichkeit beim ursprünglichen Vertragsschluss; erfolgt eine entsprechende Vereinbarung später, liegt ein Erlass im Sinne des Abs 1 S 3 vor (BeckOGK/Meier [1. 8. 2025] § 656c Rn 6). Ob in dem von Abs 1 S 3 geregelten Fall überhaupt ein Maklervertrag vorliegt, erscheint zweifelhaft (siehe vor § 652 Rn 18). Das Gesetz trägt dieser Zweifelsfrage Rechnung, indem es nicht explizit von einem Maklervertrag, sondern nur von einer Vereinbarung über das unentgeltliche Tätigwerden des Maklers spricht (vgl dazu auch BT-Drucks 19/15827, 19). Von Bedeutung bleibt das Problem indes, da bei Annahme eines Maklervertrags das Textformerfordernis des § 656a BGB gelten würde und bei Verletzung dieser Formvorschrift der Erstvertrag nichtig wäre. Dies würde aber wiederum die Frage aufwerfen, ob § 656c Abs 1 S 2 BGB auch dann gilt, wenn die Abrede über das unentgeltliche Tätigwerden nichtig ist. Die Gesetzesbegründung deutet darauf hin, dass eine Nichteinhaltung der Textform unerheblich sein soll (BT-Drucks 19/15827, 19; ähnlich auch Grüneberg/Retzlaff § 656c Rn 6, der aber offensichtlich von der Geltung des Textformerfordernisses ausgeht). Nach der hier vertretenen Auffassung, derzufolge bei fehlender Provisionsvereinbarung kein Maklervertrag vorliegt, kann sich das Problem bereits deshalb nicht stellen, weil § 656a BGB nicht anwendbar ist. Vor diesem Hintergrund besteht auch kein Anlass, im Rahmen des Abs 1 S 2 von der allgemeinen Regel abzuweichen, dass eine wirksame Vereinbarung notwendig ist: Ist die Vereinbarung über das unentgeltliche Tätigwerden des Maklers nichtig, ist § 656c BGB daher nicht einschlägig (BeckOGK/Meier [1. 8. 2025] § 656c Rn 10). Praktisch kann Abs 1 S 2 einen erheblichen Anwendungsbereich haben. So soll etwa ein Makler, der eine Immobilie in sein Angebot aufnimmt, ohne mit dem Eigentümer eine Provision zu vereinbaren, eine solche auch nicht mehr mit dem Käufer vereinbaren dürfe (Meller-Hannich MDR 2020, R 5, R 6; siehe aber auch Meier ZfIR 2020, 765, 771, der verlangt, dass zumindest eine Interessenwahrnehmung des Maklers für die Partei, für die er unentgeltlich tätig wird, bestehen muss).

4. Rechtsfolgen eines Erlasses

13 Gesondert geregelt wird in Abs 1 S 3 und 4 auch der Fall, dass der Makler nachträglich einer Partei die Provision **erlässt**. Aus Sicht des Gesetzgebers darf dadurch der Halbteilungsgrundsatz nicht umgangen werden (BT-Drucks 19/15827, 20). Nach Abs 1 S 3 wirkt daher der Erlass auch zugunsten der anderen Partei. Dies gilt auch in Fällen, in denen der Erlass nach Vertragsschluss, aber vor Entstehung des Provisions-

anspruchs erfolgt; denn auch der Erlass auf eine zukünftige Forderung ist möglich, wenn diese ausreichend bestimmt ist (BeckOGK/Meier [1. 8. 2025] § 656c Rn 6; Grüneberg/Retzlaff § 656c Rn 2). Erfasst ist auch der teilweise Erlass der Provision: Vereinbart der Makler mit einer Partei die Herabsetzung der Provision, mindert sich daher auch die Provisionsverpflichtung der anderen entsprechend (Hamm Rn 363). Ferner muss Abs 1 S 2 auch dann gelten, wenn die Provision zwar nicht erlassen wird, aber die bereits gezahlte Provision rechtsgrundlos zurückgezahlt wird oder der Makler den Provisionsanspruch verjähren lässt (jurisPK-BGB/Würdinger § 656c Rn 9; Meier ZfIR 2020, 765, 771; siehe auch MünchKommBGB/Althammer § 656c Rn 14, der von einem stillschweigenden Erlass spricht); denn auch hier wird der Halbteilungsgrundsatz entgegen der Intention des Gesetzgebers umgangen. Dagegen liegt kein Fall des Abs 1 S 3 vor, wenn der Provisionsanspruch aus einem anderen Grund nicht durchsetzbar ist (Fischer NJW 2020, 3553, 3556; vgl auch MünchKommBGB/Althammer § 656c Rn 14). Daher führt auch die Herabsetzung der Malerprovision im Wege (gerichtlichen) Vergleichs nur dann zur Reduktion der Provision aus dem anderen Maklervertrag, wenn damit ein Streit über die Höhe der vereinbarten Provision beigelegt wird; ein Vergleich, der auf einem Streit über eine Vertragsverletzung des Maklers beruht, ist nicht dagegen erfasst (Fischer ZAP 2023, 59, 78; ohne diese Einschränkung Wistokat NZM 2021, 95, 910). Liegt ein Erlass oder ein der nach dem Vorstehenden gleichzustellenden Fälle vor, steht dem anderen Maklerkunden ein Rückforderungsanspruch nach § 812 Abs 1 S 2 Alt 1 BGB zu.

14 Die Regelung ist nach Abs 1 S 4 zwingend. Der Makler kann daher mit einer Partei nicht vereinbaren, dass nur sein Provisionsanspruch gegen diese, nicht aber die andere Partei herabgesetzt oder erlassen wird. Eine solche Abrede wäre vielmehr unbeachtlich. Unwirksam ist damit aber nur die konkrete Vereinbarung, nicht aber der Maklervertrag als solcher (Erman/Fischer § 656c Rn 10). Eine Gesamtnichtigkeit des Vertrags könnte sich nur aus § 139 BGB ergeben, was indes regelmäßig nicht gewollt sein dürfte (Meier ZfIR 2020, 765, 772). Erfolgt ein Erlass, so ist der Makler auch hierüber der anderen Partei aufklärungspflichtig (vgl BGH 21. 3. 2024 – I ZR 185/22, BGHZ 240, 144 Rn 53: Information über das „Fortbestehen des Provisionsanspruchs“; siehe im Übrigen schon Rn 6). Zu bejahen ist eine Aufklärungspflicht des Maklers auch bei späterer rechtsgrundloser Rückzahlung der Provision an eine Partei (anders Meier ZfIR 2020, 765, 773).

III. Zwingende Geltung (Abs 2 S 1)

15 Die hälftige Teilung der Maklerprovision zwischen Käufer und Verkäufer stellt nach dem Willen des Gesetzgebers zwingendes Recht dar. Abweichende Vereinbarungen sollen unwirksam sein (BT-Drucks 19/15827, 19). Daher bestimmt Abs 2 S 1, dass ein Maklervertrag, der von Abs 1 S 1 und 2 abweicht, unwirksam ist. Damit wird aber eine weitergehende Rechtsfolge angeordnet, als es nach der gesetzgeberischen Intention erforderlich wäre. Dieser würde es auch entsprechen, wenn lediglich die abweichende Regelung über die Provisionsverteilung unwirksam wäre (krit schon Jeep notar 2020, 225, 227). Stattdessen sieht das Gesetz die Unwirksamkeit des gesamten Maklervertrags vor (dazu auch Fischer NJW 2020, 3553, 3556). Eine einschränkende Auslegung der Vorschrift ist aber angesichts des klaren Wortlauts ausgeschlossen. Daher ist eine geltungserhaltende Reduktion durch Absenkung der Provision nicht möglich (BeckOK-BGB/Kneller [1. 11. 2025] § 656c Rn 3; Erman/Fischer § 656c Rn 6; MünchKommBGB/Althammer § 656a Rn 13; Meier ZfIR 2020, 765, 772: siehe für § 656d BGB auch BGH 6. 3. 2025 –

I ZR 138/24, NJW 2025, 1651 Rn 31; **aA** Grüneberg/Retzlaff § 656c Rn 4a). Es spielt dabei keine Rolle, ob die in beiden Verträgen vereinbarten Provisionen nur geringfügig voneinander abweichen (BeckOGK/Meier [1. 8. 2025] § 656c Rn 18.3; **aA** Fischer ZAP 2023, 69, 76; offenlassend Wistokat NJW 2023, 3065, 3066). Dies folgt schon daraus, dass sich das Maß einer noch tolerablen Abweichung rechtssicher kaum festlegen lässt. Der Makler kann die Nichtigkeitsfolge auch nicht abwenden, indem er lediglich die geringere zulässige Provision geltend macht (LG Wiesbaden 27. 2. 2024 – 9 O 98/23, MDR 2024, 487; BeckOGK/Meier [1. 8. 2025] § 656c Rn 18). Praktisch muss der Makler daher, wenn der zweite Kunde nur eine geringere Provision als die mit dem ersten Kunden vereinbarte akzeptieren will, sich um eine entsprechende Änderung des Vertrags mit dem ersten Kunden bemühen (Erman/Fischer § 656c Rn 7).

Die Nichtigkeit betrifft nicht nur den späteren Maklervertrag oder den, der eine höhere Provision vorsieht, sondern stets beide Verträge (jurisPK-BGB/Würdinger § 656c Rn 10). Der frühere Maklervertrag ist damit zunächst wirksam, wird aber mit dem Abschluss des zweiten Vertrags rückwirkend unwirksam (BT-Drucks 19/15827, 32). Zwar wird vereinzelt vertreten, dass differenziert werden müsse, ob der erste oder der zweite Vertrag die höhere Provision vorsehe: Im ersten Fall sei allein der spätere Vertrag nichtig, im zweiten der frühere (Grüneberg/Retzlaff § 656c Rn 4a f). Diese Rechtsfolge lässt sich aber nicht aus dem Gesetzeswortlaut ableiten. Eine Ausnahme von der Nichtigkeit beider Verträge ist nur in dem Fall anzuerkennen, dass der erste Maklervertrag noch unter Geltung des alten Rechts geschlossen wurde: In diesem Fall kann die Nichtigkeit nur den späteren, unter Geltung des § 656c BGB geschlossenen Vertrag betreffen (BeckOGK/Meier [1. 8. 2025] § 656c Rn 18.2). 16

Ist der Vertrag nach Abs 2 S 1 nichtig, kann ein Anspruch des Maklers schon im Hinblick auf den Schutzzweck des § 656c BGB weder aus § 354 HGB noch aus §§ 677 ff BGB abgeleitet werden (BeckOGK/Meier [1. 8. 2025] § 656c Rn 21; Fischer ZAP 2023, 69, 76). Vielmehr muss eine bereicherungsrechtliche Rückabwicklung stattfinden. Dabei werden gewerbsmäßigen Maklern unabhängig von der Frage, ob die Maklerleistung überhaupt einen Wert hat und damit einen Bereicherungsanspruch auf Wertersatz begründen kann, regelmäßig bereits wegen § 814 BGB keine Rückforderungsansprüche zustehen können, da sie die Beschränkungen des § 656c BGB kennen dürften (Jauernig/Mansel § 655c Rn 6). Der Makler muss daher bei Abschluss des zweiten Vertrags auf die Einhaltung der Vorgaben des § 656c BGB hinwirken. Der Kunde kann die gezahlte Provision nach § 812 Abs 1 S 1 Alt 1 BGB zurückverlangen. 17

Unwirksam soll der Maklervertrag auch im Fall des Abs 1 S 2 BGB sein, in dem der Makler für eine Partei **unentgeltlich tätig** wird, sich aber von der anderen Partei einen Maklerlohn versprechen lässt. Dabei stellt sich die Frage, welcher Vertrag in einer solchen Konstellation nichtig ist. Vereinbart der Makler zunächst mit einer Partei das unentgeltliche Tätigwerden und schließt sodann mit der anderen Seite einen entgeltlichen Vertrag ab, so kann sich die Unwirksamkeitsfolge nur auf den zweiten Vertrag beziehen (BeckOGK/Meier [1. 8. 2025] § 656c Rn 18). Nur bei diesem handelt es sich nach der hier vertretenen Auffassung um einen Maklervertrag im Sinne des Abs 2. Zudem ist auch im Hinblick auf den Schutzzweck des § 656c BGB eine Unwirksamkeit der unentgeltlichen Vereinbarung nicht geboten. Wird dagegen der entgeltliche Vertrag zuerst geschlossen, wird dieser rückwirkend unwirksam, und die spätere Vereinba- 18 rung über das unentgeltliche Handeln des Maklers bleibt wirksam (MünchKommBGB/Althammer § 656c Rn 6).

IV. Zulässigkeit der Doppeltätigkeit (Abs 2 S 2)

19 § 656c BGB soll nach dem Willen des Gesetzgebers keine Aussage über die Zulässigkeit einer Doppeltätigkeit des Maklers treffen (BT-Drucks 19/15827, 20). Insoweit soll es vielmehr bei den Grundsätzen bleiben, die von Rechtsprechung und Literatur entwickelt worden sind (dazu § 654 Rn 5 f). Insbesondere ist keine Änderung der bisherigen Regeln über die Verwirkung des Provisionsanspruchs bei Doppeltätigkeit beabsichtigt. Daher bestimmt Abs 2 S 2, dass § 654 BGB unberührt bleibt. Eine unzulässige Doppeltätigkeit führt daher selbst dann zur Verwirkung des Provisionsanspruchs, wenn der Halbteilungsgrundsatz gewahrt wurde.

V. Beweislast

20 Will sich ein Kunde auf eine Nichtigkeit des Malervertrags nach § 656 Abs 2 S 1 BGB berufen, muss er deren Voraussetzungen in vollem Umfang darlegen und beweisen (OLG Hamm 22. 2. 2023 – 18 U 6/23, BeckRS 2023, 5771 Rn 18; BeckOGK/Meier [1. 8. 2025] § 656c Rn 23; Grüneberg/Retzlaff § 656c Rn 8). Er muss also darlegen, dass der Makler mit einer weiteren Person eine Vereinbarung geschlossen hat und diese eine abweichende Provision oder – im Fall des Abs 1 S 2 – überhaupt eine Provision vorsieht. Im Fall des Abs 1 S 3 muss der Kunde den Erlass gegenüber der anderen Partei darlegen und beweisen. Den Makler soll allerdings eine sekundäre Darlegungslast treffen (OLG Hamm 22. 2. 2023 – 18 U 6/23, BeckRS 2023, 5771 Rn 18; Grüneberg/Retzlaff § 656c Rn 8).

§ 656d
Vereinbarungen über die Maklerkosten

(1) Hat nur eine Partei des Kaufvertrags über eine Wohnung oder ein Einfamilienhaus einen Maklervertrag abgeschlossen, ist eine Vereinbarung, die die andere Partei zur Zahlung oder Erstattung von Maklerlohn verpflichtet, nur wirksam, wenn die Partei, die den Maklervertrag abgeschlossen hat, zur Zahlung des Maklerlohns mindestens in gleicher Höhe verpflichtet bleibt. Der Anspruch gegen die andere Partei wird erst fällig, wenn die Partei, die den Maklervertrag abgeschlossen hat, ihrer Verpflichtung zur Zahlung des Maklerlohns nachgekommen ist und sie oder der Makler einen Nachweis hierüber erbringt.

(2) § 656c Absatz 1 Satz 3 und 4 gilt entsprechend.

Materialien: BT-Drucks 19/15827 und BT-Drucks 19/19203.

Schrifttum

Siehe bei § 656a.

Systematische Übersicht

Alphabetische Übersicht

I. Grundlagen

Auch § 656d BGB ist durch Art 1 des Gesetzes über die Verteilung der Maklerkosten bei der Vermittlung von Kaufverträgen über Wohnungen und Einfamilienhäuser vom 12. 6. 2020 (BGBl I 1245) ins Gesetz eingefügt worden und gilt ab 23. 12. 2020 (§ 656a Rn 2). Die Vorschrift tritt neben § 656c BGB, der für den Fall der Doppeltätigkeit des Maklers für Verkäufer und Käufer eine hälftige Teilung der Provision vorschreibt, wenn der Käufer Verbraucher ist und der Kaufvertrag ein Einfamilienhaus oder eine Wohnung betrifft. Sie beschränkt Vereinbarungen über die Maklerkosten, wenn nur eine Partei den Makler beauftragt hat. Diese sind nur zulässig, wenn die Partei, die den Maklervertrag geschlossen hat, mindestens zur Hälfte verpflichtet bleibt. Wie auch § 656c BGB dient die Vorschrift damit dem Zweck, den Erwerb von Wohneigentum durch die Beschränkung der Erwerbsnebenkosten zu erleichtern (dazu bereits § 656c Rn 1). Anders als § 656d BGB wird aber für den Fall, dass nur eine Partei den Makler beauftragt hat, kein zwingender Halbteilungsgrundsatz formuliert. Ausgangspunkt ist vielmehr, dass die Partei, die den Makler (allein) beauftragt hat, die Provision tragen muss (vgl schon BT-Drucks 19/15827, 19). Dies gilt auch, wenn der Käufer den Makler beauftragt hat. Eine Begrenzung der zulässigen Provision bestimmt das Gesetz dabei nicht. § 656d BGB enthält allein zwingende Vorgaben für den Fall, dass der Auftraggeber diese Provision durch Vereinbarung auf die andere Partei, die den Makler nicht beauftragt hat, abwälzen will. In diesem Fall können der anderen Partei höchstens die **Hälfte der Maklerkosten auferlegt werden**. Dabei differenziert die Vorschrift nicht zwischen Verkäufer und Käufer. Auch letzterer kann also die Kosten eines von ihm beauftragten Maklers nur teilweise auf den Verkäufer abwälzen. Keinen Schutz bietet die Regelung dagegen in Fällen, in denen es dem Verkäufer als Auftraggeber gelingt, seinen Anteil an der Provision von vornherein in den Verkaufspreis einzupreisen (Drasdo NJW-Spezial 2020, 545, 546). Außerhalb des Anwendungsbereichs des § 656d BGB bestehen keine Grenzen für Abwälzungsvereinbarungen. Die Kosten können also durch Vereinbarung vollständig auch der Kauf- 1 vertragspartei auferlegt werden, die den Maklervertrag nicht geschlossen hat (BeckOGK/Meier [1. 8. 2025] § 656d Rn 3).

II. Anwendungsbereich (Abs 1)

2 Wie § 656c BGB ist auch § 656d BGB nur anwendbar, wenn ein Kaufvertrag über eine Wohnung oder ein Einfamilienhaus aufgrund der Tätigkeit eines Maklers geschlossen wurde. Damit knüpft die Norm an § 656a BGB an. Auf die dortigen Ausführungen zu den Begriffen der Wohnung und des Einfamilienhauses kann daher verwiesen werden (§ 656a Rn 4 ff). Weiterhin muss der Käufer gemäß § 656b BGB Verbraucher sein. Im Fall eines Vorkaufsrechts ist die Norm nur anwendbar, wenn der ursprüngliche Käufer Verbraucher ist; die Verbrauchereigenschaft des Vorkaufsberechtigten allein genügt nicht (§ 656b Rn 6; jurisPK-BGB/Würdinger § 656d Rn 6; **aA** Grüneberg/Retzlaff § 656d Rn 2; Paas ZMR 2025, 584, 585). Besondere persönliche Voraussetzungen für die Person des Maklers oder des Verkäufers stellt das Gesetz dagegen nicht auf. Die Norm ist auch dann anwendbar, wenn der Verkäufer seinerseits Verbraucher ist. Schließlich darf der Makler nur von einer der Parteien beauftragt worden sein. Haben sowohl der Verkäufer als auch der Käufer den Makler beauftragt, gilt § 656c BGB. Dies gilt auch für den Fall eines selbständigen Provisionsversprechens (§ 656c Rn 5). Allerdings ist § 656d BGB entsprechend anwendbar, wenn eine Partei versucht, ihre hälftige Verpflichtung zur Zahlung der Provision nach § 656c BGB durch Vereinbarung auf die andere Partei abzuwälzen (Erman/Fischer § 656d Rn 8; jurisPK-BGB/Würdinger § 656d Rn 5; Meier ZfIR 2020, 765, 771; DNotI-Report 2023, 17, 18).

III. Grenzen der Provisionsabwälzung

1. Erfasste Vereinbarungen

3 Hat eine Partei den Makler allein beauftragt, ist nach Abs 1 S 1 eine Verpflichtung zur Zahlung oder Erstattung des Maklerlohns nur wirksam, wenn die Partei selbst zur Zahlung des Maklerlohns mindestens in gleicher Höhe verpflichtet bleibt. Anwendbar ist die Vorschrift damit sowohl auf Abreden, die die Partei, die den Makler nicht beauftragt hat, unmittelbar zur Zahlung an diesen verpflichten, als auch auf solche, die lediglich eine Erstattungspflicht für die vom Auftraggeber an den Makler gezahlte Provision vorsehen. Derartige Vereinbarungen können insbesondere zwischen den Kaufvertragsparteien erfolgen. Sie liegen etwa in einem Vertrag zugunsten des Maklers als Dritten oder Regelungen, die eine **Erfüllungsübernahme oder Freistellung** des Auftraggebers von seiner Verpflichtung gegenüber dem Makler vorsehen (BT-Drucks 19/15827, 20). Denkbar sind auch ein Schuldbeitritt oder eine Schuldübernahme, die nicht nach Abs 1 S 2 unzulässig ist (siehe nur überzeugend BeckOGK/Meier [1. 8. 2025] § 656d Rn 14 gegen Rundschreiben BNotK 5/2020; ferner MünchKommBGB/Althammer § 656d Rn 9), allerdings der Zustimmung des Maklers bedarf. Erfasst sind auch sogenannte **konstitutive Maklerklauseln**, mit denen dem Makler im Wege eines Vertrags zugunsten Dritter durch ein abstraktes Schuldanerkenntnis ein Anspruch gegen den Käufer auch unabhängig von einer bestehenden Provisionspflicht verschafft werden soll (BeckOGK/Meier [1. 8. 2025] § 656d Rn 7; Hamm Rn 367; allgemein zu solchen Klauseln nur Leitmeier DNotZ 2019, 648). Auch derartige Abreden müssen, selbst wenn – wie von § 656d BGB eigentlich vorausgesetzt – zuvor kein wirksamer Maklervertrag abgeschlossen

worden sein sollte, den gesetzlichen Vorgaben zur Verteilung der Maklerprovision unterfallen (siehe schon BT-Drucks 19/15827, 32, wo dieses Ergebnis mit § 138 BGB begründet wird; **aA** BeckOGK/Meier [1. 8. 2025] § 656d Rn 7, der im Fall eines fehlenden Maklervertrags § 656c BGB für einschlägig hält; vgl auch MünchKommBGB/Althammer § 656d Rn 12, der § 656d BGB bei einer unentgeltlichen Abrede entsprechend anwenden will). Wenn der andere Teil tatsächlich keine Provision schuldet, müssen solche Klauseln ins Leere gehen.

Unerheblich ist es für die Anwendbarkeit des § 656d BGB, ob die Abwälzungsvereinbarung mit einer Reduktion des Kaufpreises verbunden wurde (BGH 6. 3. 2025 – I ZR 138/24, NJW 2025, 1651 Rn 25; BeckOGK/Meier [1. 8. 2025] § 656d Rn 6). Nicht erfasst sind allerdings sogenannte **Direktzahlungsabreden**, mit denen sich eine Kaufvertragspartei gegenüber der anderen verpflichtet, einen Teil des Kaufpreises zur Erfüllung der Verpflichtung der anderen Vertragspartei gegenüber dem Makler direkt an diesen zu überweisen (MünchKommBGB/Althammer § 656d Rn 4; BeckOGK/Meier [1. 8. 2025] § 656d Rn 9; Fehrenbacher NJW 2025, 1611, 1614; offenlassend BGH 6. 3. 2025 – I ZR 138/24, NJW 2025, 1651 Rn 21). Sie setzen allerdings eine Vereinbarung zwischen den Parteien des Kaufvertrags und nicht mit dem Makler voraus, und der an den Makler zu zahlende Betrag muss tatsächlich Bestandteil des im Kaufvertrag ausgewiesenen Kaufpreises sein (OLG Köln 27. 6. 2024 – 24 U 132/23, BeckRS 2024, 29577 Rn 16). 4

Der Anwendungsbereich des § 656d BGB beschränkt sich aber nicht auf Abreden zwischen den Kaufvertragsparteien. Vielmehr erfasst die Norm alle Abreden, durch die unmittelbar oder mittelbar ein Anspruch des Maklers auf Zahlung oder Erstattung von Maklerlohn gegenüber der Partei begründet wird, die den Maklervertrag nicht abgeschlossen hat (BGH 6. 3. 2025 – I ZR 138/24, NJW 2025, 1651 Rn 19). Dies betrifft insbesondere auch Vereinbarungen zwischen dem Makler und der Partei, die den Maklervertrag nicht abgeschlossen hat, wie etwa einen **Schuldbeitritt** (siehe schon BT-Drucks 19/15827, 20) oder eine Erfüllungsübernahme (BGH 6. 3. 2025 – I ZR 138/24, NJW 2025, 1651 Rn 19; Fischer ZAP 2023, 69, 78). Wird allerdings ein originärer Provisionsanspruch begründet, ist nicht § 656d BGB, sondern § 656c BGB einschlägig (OLG Zweibrücken 26. 9. 2023 – 8 U 138/22, NZM 2024, 299 Rn 23; jurisPK-BGB/Würdinger § 656d Rn 3.1). Anwendbar muss § 656d BGB zuletzt auch sein, wenn sich die Partei, die den Maklervertrag nicht geschlossen hat, gegenüber einer anderen Person als dem Makler oder dessen Auftraggeber zur Übernahme der Malerkosten verpflichtet hat. 5

2. Zulässiger Umfang der Abwälzung

Vereinbarungen über die Tragung der Maklerprovision durch die andere Partei sind nach Abs 1 S 1 nur wirksam, wenn der Auftraggeber zur Zahlung des Maklerlohns „mindestens in gleicher Höhe verpflichtet bleibt“. Trotz des unklaren Wortlauts ist damit in der Sache gemeint, dass die Provision **höchstens zu 50 % auf den anderen Teil überwälzt werden darf**. Auch wenn in den Fällen des Schuldbeitritts oder der Erfüllungsübernahme der Auftraggeber vollständig gegenüber dem Makler zur Zahlung der Provision verpflichtet bleibt, darf zu Lasten der anderen Partei daher höchstens eine Verpflichtung in Höhe von 50 % der Provision gegenüber dem Auftraggeber oder dem Makler begründet werden (siehe schon die Gegenäußerung der Bundesregierung zu einer Bitte des Bundesrats auf entsprechende Klarstellung des Gesetzeswortlauts, BT-Drucks 19/15827, 32). Unzulässig ist folglich ein Schuldbeitritt zur gesamten Provisionsschuld des Auftraggebers, weil dieser zur Entstehung einer Gesamtschuld führt und damit der 6

Makler seinen Anspruch in voller Höhe gegenüber der anderen Partei geltend machen könnte (BT-Drucks 19/15827, 20; Erman/Fischer § 656d Rn 3). Der Schuldbeitritt muss also auf die halbe Provisionsschuld beschränkt werden.

7 Maßgeblich ist auch im Rahmen des § 656d BGB die tatsächliche Provisionshöhe (siehe schon § 656c Rn 9). Wie dort ist nach vorzugswürdiger Auffassung zur Vermeidung von Umgehungen auch der Aufwendungsersatzanspruch nach § 652 Abs 2 BGB einzubeziehen (**aA** Grüneberg/Retzlaff § 656d Rn 2). Auch dieser darf daher nicht zu mehr als 50 % der Kaufvertragspartei auferlegt werden, die den Maklervertrag geschlossen hat.

3. Rechtsfolgen eines Verstoßes

8 Abreden, die keine hälftige Verpflichtung des Auftraggebers vorsehen, sind unwirksam. Dabei folgt die Nichtigkeit nicht aus § 134 BGB, sondern unmittelbar aus § 656d BGB (BGH 6. 3. 2025 – I ZR 138/24, NJW 2025, 1651 Rn 29; **aA** MünchKommBGB/Althammer § 656d Rn 10; Meier ZfIR 2020, 765, 772); denn eine Abwälzungsvereinbarung ist nach dem Wortlaut der Vorschrift nur wirksam, wenn die Partei, die den Maklervertrag geschlossen hat, wenigstens in gleicher Höhe verpflichtet bleibt. Die Unwirksamkeit kann sich im Hinblick auf den Schutzzweck der Regelung nicht auf den 50 % übersteigenden Teil beschränken, sondern muss in voller Höhe bestehen: Auch bei § 656d BGB kommt eine geltungserhaltende Reduktion nicht in Betracht (BGH 6. 3. 2025 – I ZR 138/24, NJW 2025, 1651 Rn 29; MünchKommBGB/Althammer § 656d Rn 10; Fehrenbacher NJW 2025, 1611, 1614; Fehr/Wichert ZMR 2022, 439, 443; **aA** BeckOGK/Meier [1. 8. 2025] § 656d Rn 18; Grüneberg/Retzlaff § 656d Rn 21). Dagegen bleiben der Kaufvertrag oder die sonstige Vereinbarung, die die Kostentragungspflicht der anderen Partei enthält, im Übrigen regelmäßig wirksam (Grüneberg/Retzlaff § 656d Rn 2a; Jauernig/Mansel § 656d Rn 3). Abweichendes kann sich nur im Einzelfall aus § 139 BGB ergeben (Meier ZfIR 2020, 765, 772).

IV. Fälligkeit erst nach Nachweis

9 Ergänzt wird der Schutz des § 656d BGB durch Abs 1 S 2, nach dem der Anspruch gegen die andere Partei erst fällig wird, wenn der Auftraggeber seine Verpflichtung zur Zahlung des Maklerlohns erfüllt hat und er oder der Makler hierüber einen Nachweis erbringt. Diese Regelung soll Umgehungen vorbeugen: Es soll verhindert werden, dass der Makler seinen Anspruch gegen den Auftraggeber nicht geltend macht (BT-Drucks 19/15827, 20). Zwar wird in derartigen Fällen regelmäßig ein Erlass des Maklers gegenüber Auftraggeber vorliegen, der nach Abs 2 iVm § 656c Abs 1 S 2 BGB auch zugunsten der anderen Partei wirkt. Würde diese in Unkenntnis einer solchen Abrede dennoch zahlen und damit auf eine nicht bestehende Schuld leisten, wäre sie auf aber eine bereicherungsrechtliche Rückabwicklung angewiesen (BT-Drucks 19/15827, 20). Daher enthält das Gesetz eine zwingende Vorgabe zur Fälligkeit des Anspruchs gegen die andere Partei. Zulässig ist allein die Vereinbarung eines späteren Fälligkeitszeitpunkts (Erman/Fischer § 656d Rn 4; Grüneberg/Retzlaff § 656d Rn 3). Durch die weitergehende Verpflichtung zur Erbringung eines Nachweises über die Zahlung soll die andere Partei in die Lage versetzt werden, die Einhaltung der Vorgabe des Abs 1 S 1zu überprüfen, ohne einen Rechtsstreit über ihre Zahlungspflicht zu riskieren (BT-Drucks 19/15827, 33). Allerdings versagt dieser Schutz, wenn

der Makler oder der Auftraggeber einen falschen Nachweis vorlegen (Jeep notar 2020, 225, 228).

Nach Abs 1 S 2 werden Ansprüche gegen die andere Partei auf Beteiligung an der Provision erst dann fällig, wenn der Auftraggeber seinen Anteil geleistet hat. Dies gilt sowohl für unmittelbare Ansprüche des Maklers gegenüber der anderen Partei als auch für Ansprüche des Auftraggebers. Auch wenn das Gesetz dabei davon spricht, dass der Auftraggeber seiner „Verpflichtung zur Zahlung des Maklerlohns" nachgekommen sein muss, sind dabei nicht nur die Erfüllung, sondern auch sämtliche Erfüllungssurrogate umfasst (vgl dazu BT-Drucks 19/15827, 19, wonach die §§ 362 ff BGB unberührt bleiben sollen; J Schmidt NZM 2021, 289, 295). Nicht geregelt wird, welche Konsequenzen eine **spätere Rückzahlung des Provisionsanteils** an den Auftraggeber hat (krit Meller-Hannich MDR 2020, R 5, R 7). Bei Zahlungen, die alsbald nach dem Willen von Makler und Auftraggeber an letzteren zurückfließen, dürfte indes bereits häufig bereits keine Erfüllung vorliegen. Damit wird in derartigen Fällen nicht selten die Annahme eines Erlasses naheliegen, der die Zahlungspflicht der anderen Partei entfallen lässt. 10

Weitergehend muss gegenüber der anderen Partei die Erfüllung auch nachgewiesen werden, bevor diese in Anspruch genommen werden kann. Dieser Nachweis kann sowohl durch den Auftraggeber als auch den Makler erfolgen. Letzterer ist daher nicht auf den Auftraggeber angewiesen, wenn er einen etwaigen eigenen Anspruch gegen die andere Partei geltend machen will (BT-Drucks 19/19203, 21). Über die **Form des Nachweises** enthält das Gesetz keine Aussage. Möglich sollen jedenfalls die Vorlage eines Kontoauszugs oder Überweisungsbelegs sein (BT-Drucks 19/15827, 20; Erman/Fischer § 656d Rn 5). Nicht ausreichen können allerdings eine bloß mündliche Versicherung oder eine vom Makler selbst ausgestellte Quittung (BeckOGK/Meier [1. 8. 2025] § 656d Rn 15). 11

Abs 1 S 2 gilt auch dann, wenn sich die Provisionszahlung durch den Auftraggeber wegen dessen **Insolvenz** auf die Insolvenzquote reduziert (Erman/Fischer § 656d Rn 6; Hamm Rn 370). Dies folgt bereits aus dem Wortlaut der Vorschrift, der insoweit keine Ausnahme vorsieht. Eine solche wurde vom Bundesrat zwar vorgeschlagen. Dagegen wurde jedoch geltend gemacht, dass der Makler wie jeder Unternehmer grundsätzlich das Risiko einer Insolvenz seines Schuldners tragen müsse (so die Gegenäußerung der BT-Drucks 19/15827, 33; siehe auch Meller-Hannich MDR 2020, R 5, R 7). Zahlt der Auftraggeber noch vor Insolvenzeröffnung, ist seine Zahlung aber anfechtbar und muss zurückgewährt werden, hat der Makler der anderen Partei ihre Zahlung zurückzuerstatten (Erman/Fischer § 656d Rn 7). 12

Zahlt die andere Partei, bevor ihr die Leistung durch den Auftraggeber nachgewiesen wird, so tritt nach allgemeinen Grundsätzen dennoch Erfüllung ein, da die Schuld trotz der gesetzlichen Fälligkeitsregel erfüllbar bleibt (§ 271 Abs 1 BGB); eine Rückforderung ist ausgeschlossen (Hamm Rn 372). Zahlt der Auftraggeber allerdings auch in der Folge nicht, wird die Annahme eines Erlasses (Rn 11) vielfach nicht fernliegen. Damit entfällt auch die Leistungspflicht der anderen Partei, die damit die Rückgewähr ihrer Zahlung nach den Regelungen über die ungerechtfertigte Bereicherung verlangen kann (vgl Jeep notar 2020, 225, 228). 13

V. Wirkung eines Erlasses

14 Abs 2 erklärt § 656c Abs 1 S 3 und 4 BGB für entsprechend anwendbar, die die Rechtsfolgen eines Erlasses der Provisionsschuld gegenüber einem der beiden Auftraggeber regeln. Im Rahmen des § 656d BGB ist aufgrund des Schutzzwecks der Vorschrift dabei aber nur ein Erlass gegenüber dem ursprünglichen Auftraggeber des Maklers, nicht aber gegenüber der anderen Partei des Kaufvertrags erfasst (Meier notar 2021, 35, 40). Kommt es zu einem Erlass gegenüber dem ursprünglichen Auftraggeber, wirkt dieser auch zugunsten der anderen Partei (BT-Drucks 19/15827, 20). Soweit sich die Schuld des Auftraggebers verringert, ist auch die andere Partei gegenüber diesem oder dem Makler nicht mehr verpflichtet. Damit soll gewährleistet werden, dass die andere Partei auf keinen Fall mehr als die Hälfte der tatsächlich gezahlten Provision übernehmen muss. Die Regelung gilt bei einer späteren Rückzahlung der Provision sowie einem Verjährenlassen des Provisionsanspruchs entsprechend (siehe schon § 656c Rn 8; ferner jurisPK-BGB/Würdinger § 656d Rn 7). Eine abweichende Vereinbarung zwischen Makler und Auftraggeber ist nach Abs 2 iVm § 656 Abs 1 S 4 BGB unwirksam.

VI. Beweislast

15 Nach allgemeinen Regeln muss derjenige, der einen Anspruch auf Übernahme der Maklerkosten geltend macht, das Bestehen einer derartigen Vereinbarung darlegen und beweisen; dagegen ist die Kaufvertragspartei, die den Maklervertrag nicht geschlossen und auf Übernahme der Provision in Anspruch genommen wird, beweispflichtig, wenn sie sich darauf beruft, dass den Vorgaben des § 656d BGB nicht genügt wurde (BeckOGK/Meier [1. 8. 2025] § 656d Rn 23). Dies gilt allerdings wegen Abs 1 S 2 nicht, wenn sich die andere Vertragspartei auf die fehlende (Teil-)Zahlung des Maklerlohns durch die Kaufvertragspartei beruft, die den Maklervertrag geschlossen hat. Macht der Makler einen Anspruch geltend, ist er daher insoweit beweispflichtig (Grüneberg/Retzlaff § 656d Rn 5).

Titel 11
Auslobung

§ 657
Bindendes Versprechen

Wer durch öffentliche Bekanntmachung eine Belohnung für die Vornahme einer Handlung, insbesondere für die Herbeiführung eines Erfolges, aussetzt, ist verpflichtet, die Belohnung demjenigen zu entrichten, welcher die Handlung vorgenommen hat, auch wenn dieser nicht mit Rücksicht auf die Auslobung gehandelt hat.

Materialien: E I § 581; II § 589; III § 641; Mot II 518 ff; Prot II 347.

Schrifttum (Auswahl)

BACHMANN, Private Ordnung (2006)
BRÜCKMANN, Die Auslobung der Polizeibehörden in Kriminalsachen, DJZ 1903, 473
ders, Preisrichterirrtum, DJZ 1905, 856
vBÜLOW, Ueber die Verbindlichkeit aus der Auslobung einer Prämie oder Belohnung für einen, von einer noch ungewissen Person erwarteten, Dienst, in: Abhandlungen über einzelne Materien des römischen bürgerlichen Rechts 1 (1817) 271
BURSHILLE, Öffentliche Beschaffung durch Planungswettbewerbe (2018)
CASTENDIEK, Geschicklichkeitswettbewerbe zwischen Auslobung und Spiel, SpuRt 2023, 10
CROME, Die partiarischen Rechtsgeschäfte (1897) 510
DALBERG, Auslobung durch Gutscheine, DJZ 1913, 863
DREIOCKER, Zur Dogmengeschichte der Auslobung (1969)
EBERTY, Die Verbindlichkeit der Preisrichterentscheidung, ArchBürgR 39 (1913) 82
ELSTER, Die Lehre von der Auslobung nach gemeinem Recht und BGB, ArchBürgR 18 (1900) 125
ERNST, Das TV-Zuschauerquiz im BGB zwischen Auslobung und Spiel, NJW 2006, 186
FISCHER, Die Auslobung nach BGB (1899)
GABRIEL/BAHR, Rechtsprobleme bei Gewinnspielen mit Mehrwertdiensten, VuR 2006, 301
GERGEN, Wette oder Auslobung – Stammt „Der Zweck heiligt die Mittel" von den Jesuiten?, JA 2004, 760
GORDLEY (Hrsg), The Enforceability of Promises in European Contract Law (2001)
GRIMALDI, Quasi-engagement et engagement en droit privé (2006)
GRUNEWALD, Die Auslobung nach dem Bürgerlichen Gesetzbuch für das deutsche Reich (1909)
HABERKORN, Preisausschreiben als Mittel der Werbung, WRP 1959, 318
HAMM, Zum Prozeß Hoensbroech contra Dasbach, DJZ 1905, 392
HEINSHEIMER, Zum Begriff „Auslobung", DJZ 1904, 623
IZORCHE, L'avènement de l'engagement unilatéral en droit privé contemporain (1989)
KLEINSCHMIDT, Unilateral contract und einseitiges Versprechen, Jura 2007, 249
KAULARTZ/HIRZLE/HOLL, Tokenisierung durch das Auslobungsmodell, RDi 2022, 324
KÖTTGEN, Zum Rechtsfall Hoensbroech-Dasbach, Recht 1904, 380
KOHLER, Auslobung und Wette, ArchBürgR 25 (1905) 1
KORNBLUM, „Die verflixte schwebende Jungfrau", JuS 1981, 801

Kuhlenbeck, Die Auslobung, JW 1908, 645
zLöwenstein, Christliche Werte im Bürgerlichen Recht (2018) 188
Martin de la Moutte, L'acte juridique unilatéral (1951)
vMayr, Die Auslobung (1905)
vMehren, The Formation of Contracts (1992)
Müller/Janicki, Innovationswettbewerbe im Internet, InTeR 2017, 129, 183
Oertmann, Entschädigung für Projektarbeiten, DJZ 1908, 455
ders, Eine neue Theorie der Auslobung, ÖZBl 24 (1907) 785
Regelsberger, Die Vorverhandlungen bei Verträgen (1868) 196
Schleicher, Die Lehre von der Auslobung nach Reichsrecht (1900)
Schülgen, Die Auslobung auf rechtsvergleichender Grundlage (1921)
Siegel, Das Versprechen als Verpflichtungsgrund im heutigen Recht (1873)
Sigmund, Bindung durch Versprechen oder Vertrag (2018)
Weimar, Ist die Aussetzung einer Belohnung für die Wiederbeschaffung gestohlener Sachen rechtswirksam?, MDR 1963, 272
Wiechmann, Der Ausschluß des Rechtsweges bei öffentlichen Schenkungsversprechen (1987)
Winkler, Der Rechtsfall Hoensbroech contra Dasbach, Recht 1904, 355
Wurm, Die Dasbachsche Auslobung, in: FS Schlick (2015) 577
Zimmermann, Vertrag und Versprechen, in: FS Heldrich (2005) 467.

Systematische Übersicht

Alphabetische Übersicht

I. Überblick zu den §§ 657–661a BGB

1 Der elfte Titel des achten Abschnitts des zweiten Buches des BGB trägt die Überschrift „Auslobung". Das Gesetz versteht unter der Auslobung das öffentliche Aussetzen einer Belohnung für die Vornahme einer Handlung, insbesondere das Herbeiführen eines Erfolges (§ 657 BGB). Der Titel umfasst die §§ 657–661a BGB. Die Vorschriften lassen sich weiter unterteilen. Die §§ 657–660 BGB regeln den allgemeinen Teil des Auslobungsrechts. Den allgemeinen Vorschriften schließt sich in § 661 BGB eine Sondervorschrift für Auslobungen an, die eine Preisbewerbung zum Gegenstand hat. Den seit Inkrafttreten des BGB unveränderten Vorschriften der §§ 657–661 BGB wurde durch Art 2 Abs 1 Nr 7 des Gesetzes über Fernabsatzverträge und andere Fragen des Verbraucherschutzes sowie zur Umstellung von Vorschriften auf Euro vom 27. 6. 2000 (BGBl I 897) eine weitere Vorschrift eingefügt: § 661a BGB regelt den Anspruch des Verbrauchers gegen den Versender von Gewinnmitteilungen.

II. Begriff und gesetzliche Regelung der Auslobung in den §§ 657–661 BGB

2 Der Begriff der Auslobung wird in § 657 BGB unter der Paragraphenüberschrift „Bindendes Versprechen" legal definiert als das Aussetzen einer Belohnung für die Vornahme einer Handlung, insbesondere für die Herbeiführung eines Erfolges, durch öffentliche Bekanntmachung (zur Definition der Auslobung im gemeinen Recht: Elster ArchBürgR 18 [1900] 125, 131 ff). Die Auslobung hat im früheren Recht zu erheblichen Zweifeln und Streitigkeiten Anlass gegeben (Rn 7 ff). Nicht nur die rechtliche Natur der Auslobung war umstritten, auch über die Beantwortung der meisten Einzelfragen, ihrerseits teilweise der Anlass grundsätzlicher Debatten, ließ sich ein tragfähiger Konsens nicht erzielen. Der Gesetzgeber hat daher für die wichtigsten Fragen eine ausdrückliche Antwort gegeben (Schubert/vKübel, Die Vorlage der Redaktoren für die Erste Kommission zur Ausarbeitung eines Entwurfs eines Bürgerlichen Gesetzbuches, Recht der Schuldverhältnisse I 485). Die §§ 657–660 BGB regeln, wenn man so will, den allgemeinen Teil des Auslobungsrechts: § 657 BGB bestimmt die Entstehungsvoraussetzungen des Anspruchs auf die Belohnung, § 658 BGB regelt den Widerruf der Auslobung; die §§ 659, 660 BGB ordnen schließlich die Fälle, in denen mehrere Personen die zu prämierende Handlung vornehmen oder in denen mehrere Personen am (einmaligen) Eintritt des Erfolges, für den die Belohnung ausgesetzt ist, mitgewirkt haben. Den allgemeinen Vorschriften folgt in § 661 BGB eine Sondervorschrift für Auslobungen, die eine Preisbewerbung zum Gegenstand haben.

3 Obwohl das öffentliche Aussetzen einer Belohnung dem überwiegenden Teil der Rechtsunterworfenen sehr wohl bekannt ist und etwa in Richard Wagners „Die Meistersinger von Nürnberg" oder „Tannhäuser" auch auf der Opernbühne eine bedeutende Rolle spielt (Kirschbaum MDR 1992, 1118), konnte sich doch der juristische Fachterminus „Auslobung" im allgemeinen Sprachgebrauch oder Bewusstsein erst sehr spät einnisten (Dreiocker, Zur Dogmengeschichte der Auslobung 143 ff; Grunewald, Die Auslobung 23 ff; vMayr, Die Auslobung 12). Der Grund wird teilweise darin gesehen, dass

die Auslobung als Rechtsinstitut erst allmählich von der Rechtswissenschaft entwickelt wurde und – vom PrALR abgesehen – ihren Weg erst spät in die neueren Zivilrechtskodifikationen gefunden hat (Rn 7). Zum ersten Mal wohl erscheint der Begriff „Auslobung" in der berühmten Abhandlung vBülows „Über die Verbindlichkeit aus der Auslobung einer Prämie oder einer Belohnung für einen von einer noch ungewissen Person erwarteten Dienst" (1817). Seitdem hat sich der Terminus in der wissenschaftlichen Diskussion etabliert. Im Schweizer Recht spricht Art 8 OR von „Auslobung", in den romanischen Fassungen fehlt ein entsprechender Ausdruck (BernerKommentar/Müller [2018] OR Art 8 Rn 3). Der gescheiterte akademische Entwurf eines schweizerischen Obligationenrechts 2020 wollte in Anlehnung an die französische Sprachfassung („Promesses publiques") den Begriff „Auslobung" ersetzen durch „Öffentliches Versprechen eines Entgelts" (BernerKommentar/Müller [2018] OR Art 8 Rn 113).

III. Geschichte der Auslobung

4 Den *iustinianischen* Rechtsquellen ist die Auslobung als Versprechen einer Belohnung für die Vornahme einer Leistung an eine noch unbestimmte Person fremd. Dies gilt sowohl für die Vertragskonstruktion mittels eines Angebots *ad incertam personam* (s aber immerhin: Paul sent 2, 31, 25: „Ob indicium comprehendendi furis praemium promissum iure debetur.") als auch hinsichtlich eines bindenden einseitigen Leistungsversprechens (Dreiocker, Dogmengeschichte der Auslobung 10 ff; zLöwenstein, Christliche Werte im Bürgerlichen Recht 201 ff; Sigmund, Bindung durch Versprechen oder Vertrag 66 ff). Zwar kannte das römische Recht mit der *pollicitatio* das einseitige Leistungsversprechen, doch musste dies *ob causam* zugunsten des Staates oder einer bestimmten (Stadt-)Gemeinde geschehen (Rn 9). Allerdings zeigen gerade nicht-juristische Quellen, dass dem römischen Rechtsleben das Phänomen der Auslobung jedenfalls in Einzelausprägungen nicht fremd war (Dreiocker, Dogmengeschichte der Auslobung 40 ff; vMayr, Die Auslobung 127 ff; Elster ArchBürgR 18 [1900] 125, 128 ff, 141 ff; vgl auch: Grunewald, Die Auslobung 11 ff). Viele sehen den Beginn der rechtlichen Anerkennung eines eigenständigen Rechtsinstituts der Auslobung – und der korrespondierenden wissenschaftlichen Behandlung – in den statutarrechtlichen Delatorenprämien des Mittelalters. Der Sache nach versprach eine Stadt für die Festnahme und die Überstellung von Verbrechern eine Belohnung. Ob allerdings von der Anerkennung der Rechtswirksamkeit der Delatorenprämie auf die Anerkennung der Auslobung als privatrechtliches Rechtsinstitut geschlossen werden kann, wurde von Dreiocker zuletzt angezweifelt (Dreiocker, Zur Dogmengeschichte der Auslobung 66 ff). In der Tat haben die Kommentatoren jedenfalls aus diesem Sonderfall der Auslobung keine allgemeine Lehre entwickelt. Insbesondere fehlt eine gemeinsame Betrachtung mit dem ebenfalls im mittelalterlichen Statutarrecht verwurzelten *bravium*, der Aussetzung einer Prämie für den Sieger eines sportlichen Wettbewerbs (Dreiocker, Zur Dogmengeschichte der Auslobung 92: „Die Zusammenfassung verschiedener Versprechenstatbestände unter dem gemeinsamen Kennzeichen der Bindung an das einseitige Versprechen ist den Kommentatoren nicht bekannt"). Die ersten Nachweise für eine juristische Behandlung der Auslobung als selbständiges Rechtsinstitut stammen – wie Dreiocker nachgewiesen hat – aus der Zeit des ausgehenden 16. und des beginnenden 17. Jahrhunderts. Grundlage der Prämienklage war ein **Vertrag** und nicht ein einseitiges Versprechen (Dreiocker, Dogmengeschichte der Auslobung 98 ff). Dem entspricht die entschiedene Ablehnung des einseitigen Versprechens als Verpflichtungsgrund durch die Naturrechtslehre, insbesondere durch Grotius (Drei-

OCKER, Dogmengeschichte der Auslobung 117 ff; SIGMUND, Bindung durch Versprechen oder Vertrag 72 ff). Die ab dem 18. Jahrhundert zu beobachtende Gesetzeskasuistik auf dem Gebiet der öffentlichen Versprechen für gemeinnützige Handlungen und die nachfolgende Regelung des PrALR berührten die privatrechtsdogmatischen Begründungsversuche nicht (Rn 5). Zur vollen Ausbildung gelangte das Rechtsinstitut der Auslobung erst im jüngeren gemeinen Recht. Als wegweisend gilt die Abhandlung vBÜLOWS „Ueber die Verbindlichkeit aus der Auslobung einer Prämie oder Belohnung für einen von einer noch ungewissen Person erwarteten Dienst" (vBÜLOW, Abhandlungen über einzelne Materien des römischen bürgerlichen Rechts I [1817] 271). Auf dem Boden der Vertragstheorie prägte sie zunächst die weitere Literatur. Die **Vertragstheorie** (Rn 7) blieb für die Gesetzentwürfe und Gesetze des 19. Jahrhunderts maßgebend. Erst ab Mitte des 19. Jahrhunderts fand in der Wissenschaft die **Pollizitationstheorie** (Rn 7) eine weitere Verbreitung. Sie nahm von der Vertragskonstruktion der Auslobung Abstand und setzte an ihre Stelle das einseitige Versprechen. Das BGB adaptierte diese Lehre (DREIOCKER, Zur Dogmengeschichte der Auslobung 137: „Als daher der erste Entwurf eines bürgerlichen Gesetzbuchs für das Deutsche Reich in seinem § 581 BGB der Versprechenstheorie folgte, entschied er damit für eine zu diesem Zeitpunkt kaum gefestigte und dogmengeschichtlich neuartige Auffassung") und auch die weitere Gesetzgebung des 20. Jahrhunderts legte sie zugrunde. Ob schon dem **älteren deutschen Recht** ein einseitiges Schuldversprechen bekannt war, wird kontrovers beurteilt (vgl SIEGEL, Das Versprechen als Verpflichtungsgrund im heutigen Recht; ENNECCERUS/LEHMANN, Recht der Schuldverhältnisse [15. Aufl 1958] § 159 I 2 S 676; vGIERKE, Deutsches Privatrecht III § 185 I S 310 ff). Innerhalb der germanistischen Rechtswissenschaft bestand eine starke Strömung, die neben den Schuldvertrag das einseitige Versprechen als Verpflichtungsgrund stellte. Diese Lehre wurde beeinflusst von der Kreationstheorie des Rechts der Inhaber- und Orderpapiere. Dieser wertpapierrechtstheoretische Zusammenhang zeigt sich neuerdings in Versuchen der Tokenisierung (Verknüpfung einer Rechtsposition mit einem Token) durch Auslobung (sog *reward model*; KAULARTZ/HIRZLE/HOLL RDi 2022, 324 Rn 18 ff; Rn 6). zLÖWENSTEIN behauptete zuletzt einen über das kanonische Recht *(promissio est servanda)* vermittelten Einfluss der christlichen Werte von Wahrhaftigkeit und Worttreue auf die Pollizitationstheorie (zLÖWENSTEIN, Christliche Werte im Bürgerlichen Recht 188 ff; krit SIGMUND, Bindung durch Versprechen oder Vertrag 70 ff). Recht überzeugen kann das nicht.

Eine erste allgemeine **gesetzgeberische Regelung** erfuhr die Auslobung im PrALR, **5**
beschränkt auf nützliche Geistesarbeiten und gemeinnützige Unternehmungen (PrALR I 11 § 988); bereits vorher gab es eine umfassende Gesetzeskasuistik, die etwa in Form von Feuerordnungen Prämien für das Entdecken nächtlicher Feuer aussetzten. Nachfolgende ältere Kodifikationen, wie zunächst das österreichische ABGB, der französische Code civil oder das Badische Landrecht, übergingen die Auslobung ebenso wie der alte italienische CC oder das alte Schweizer Obligationenrecht. Erst das sächsische Bürgerliche Gesetzbuch (Art 771; vgl auch den Grundsatz in Art 770: „Das einseitige Versprechen ist unverbindlich") und dann das BGB nahmen die Auslobung wieder in das Gesetzeswerk auf. Dem folgte das neue Schweizer Obligationenrecht (Art 8 schwOR). In das österreichische ABGB wurden 1916 nachträglich Vorschriften über die Auslobung eingefügt (§§ 860–860b öABGB). Der „neue" italienische CC kennt in den Art 1987 ff einen Titel über das einseitige Versprechen *(promessa unilaterale)* und hier in den Art 1989 bis 1991 Vorschriften über die *promessa al publico* (zur Kodifikationsgeschichte der Auslobung: DREIOCKER, Zur Dogmen-

geschichte der Auslobung 123 ff; vMayr, Die Auslobung 131 f; Grunewald, Die Auslobung 19 ff). Seit der Ordonnance n°2016-131 (10. 2. 2016) anerkennt auch der französische Code civil in art 1101-1 das einseitige Versprechen (Rn 23). Besondere Vorschriften zur *promesse de récompense* fehlen freilich.

IV. Wirtschaftlicher Hintergrund

6 Sinn des öffentlichen Versprechens ist es, dem Auslobenden ein breites Feld an Reflektanten zuzuführen (Esser/Weyers, Schuldrecht II/1 [8. Aufl 1998] § 37 2 331; Erman/Berger § 657 Rn 1; Soergel/vReden Vor §§ 657–661a Rn 2). In dieser Hinsicht ersetzt die Auslobung die Einschaltung eines **Maklers** (Crome, Die partiarischen Rechtsgeschäfte 513; Crome, System des Deutschen Bürgerlichen Rechts II § 279 757; Kresse, Die Auktion als Wettbewerbsverfahren 164; zB: LG Karlsruhe 7. 4. 2021 – 10 O 200/20, BeckRS 2021, 49890 [„Sie kennen jemanden, der seine Immobilie verkaufen möchte?“]). Die Auslobung gibt dem Auslobenden – bei gleichzeitiger **Minimierung der Transaktionskosten** – die Möglichkeit, aus der Allgemeinheit eine oder mehrere Personen herauszufinden, die willens und in der Lage sind, einen bestimmten Erfolg herbeizuführen oder zu fördern (Sigmund, Bindung durch Versprechen oder Vertrag 180 ff). Trotz der Effizienzsteigerung muss mit einer Auslobung freilich nicht zwingend eine **Gesamtwohlmaximierung** einhergehen. Zwar kann unterstellt werden, dass die Vornahme der zu belohnenden Handlung (§ 657 BGB) den Nutzen des Auslobenden (durch die gewünschte Handlung) und des Handelnden (durch erlangte Belohnung) erhöht, doch besteht wegen der Öffentlichkeit bzw des unbestimmten Empfängerkreises *(ad incertam personam)* der Auslobung die Gefahr von kompensierenden Wohlfahrtseinbußen: Denn gleichlaufende, aber letztlich vergebliche (§ 659 Abs 1 BGB Bemühungen anderer Personen zur Herbeiführung des gewünschten Erfolges verursachen ihrerseits (zusätzliche) Kosten, ihnen steht aber kein zusätzlicher Nutzen gegenüber (Sigmund, Bindung durch Versprechen oder Vertrag 174 ff; § 658 Rn 4). Ein neues Anwendungsfeld für die Auslobung kann sich außerhalb des Anwendungsbereichs des eWpG durch die **Tokenisierung** von Rechtspositionen (Verknüpfung einer Rechtsposition mit einem Token) mittels Auslobung (sog *reward model*) auftun. Durch Auslobungserklärung (ieS) verspricht der Emittent oder ein Dritter demjenigen eine Leistung, der seine Verfügungsmacht über einen Token durch Verwendung des *private key* nachweist (Kaulartz/Hirzle/Holl RDi 2022, 324 Rn 18 ff; Rn 4). Auch der Bereich des Crowdworks **(Crowdsourcing)** lässt sich dem Bereich der Auslobung zuordnen. Die Bedenken wegen der „eingeschränkten“ Öffentlichkeit bei der Adressierung von Ausschreibungen (Gärtner, Koalitionsfreiheit und Crowdwork [2020] 50 ff) spielen auf dem Boden der hier gelehrten Vertragstheorie keine Rolle (Rn 51). Wettbewerbsbasiertes Crowdwork kann ein Preisausschreiben (§ 661 BGB) darstellen (Gärtner, Koalitionsfreiheit und Crowdwork [2020] 53 f). Schließlich kann man für den Bereich von **Cash-Back-Geschäftsmodellen** zur Konstruktion des Rechtsverhältnis von Cash-Back-Unternehmen und Kunden an die Auslobung denken (Lettl WM 2025, 185, 186 f). Dies geht um so einfacher, wenn man die Auslobung richtigerweise als besonderes Verfahren des Vertragsschlusses begreift (Rn 15 ff).

V. Rechtsnatur der Auslobung

1. Vertrags- und Pollizitationstheorie

7 Die Rechtsnatur der Auslobung war bis zum Inkrafttreten des BGB Gegenstand einer von den führenden Rechtswissenschaftlern ihrer Zeit breit geführten und auf hohem Niveau stehenden Debatte (zur gemeinrechtlichen Literatur: SIGMUND, Bindung durch Versprechen oder Vertrag 48 ff; ELSTER ArchBürgR 18 [1900] 125, 127; aus heutiger Sicht: KLEINSCHMIDT Jura 2007, 249, 252 f). Das vorhandene Meinungsspektrum lässt sich grob sortieren: die Vertragstheorie einerseits, die Pollizitationstheorie – auch Versprechenstheorie genannt – andererseits. In der Auseinandersetzung ging es nicht allein um akademische Grundlagenfragen. Handfeste Einzelprobleme – insbesondere die Widerruflichkeit der Auslobung (§ 658 Rn 2) – standen im Mittelpunkt der Kontroverse. Die zahlreichen Nuancen und Spielarten, in denen die Vertragstheorie und die Pollizitationstheorie jeweils auftraten, erklären sich gerade daraus, dass man versuchte, praktische Fragen der Auslobung befriedigend zu lösen (dazu CROME, Die partiarischen Rechtsgeschäfte 511 f Fn 2; GRUNEWALD, Die Auslobung 29 ff; vMAYR, Die Auslobung 100 ff; ELSTER ArchBürgR 18 [1900] 125, 141 ff, 148 ff; ZIMMERMANN, in: FS Heldrich [2005] 467, 471 ff; vGIERKE, Deutsches Privatrecht III § 185 II S 320 f; OERTMANN Vorbem 1a vor § 657; vKÜBEL, in: SCHUBERT [Hrsg], Die Vorlage der Redaktoren für die erste Kommission zur Ausarbeitung eines Entwurfs eines Bürgerlichen Gesetzbuches, Recht der Schuldverhältnisse I 485 f; Motive, in: MUGDAN II 290).

8 Die **Vertragstheorie** (WINDSCHEID, VANGEROW, JHERING, REGELSBERGER, SCHÜTZE, LUCCI, UNTERHOLZNER, ERNER, vBÜLOW) sah in der Auslobung ein Angebot zu einem Vertragsschluss *ad incertam personam*. Durch einen Annahmeakt seitens einer bestimmten Person kam es zum Vertragsschluss. Der so zustande gekommene Vertrag begründete die Rechtspflicht des Auslobenden, die Belohnung zu entrichten. Anknüpfungspunkt war das Fragment ULPIAN, Dig 19, 5, 15. Wahrscheinlich zu Unrecht: Das Fragment handelt zwar in seinem zweiten Teil von einem Vertrag zur Anzeige des Aufenthaltsortes entflohener Sklaven *(ob indicium)*, doch liegt dem wohl ein konkreter Vertragsschluss mit einer bestimmten Person und kein vorangegangenes, auf die Anzeige bedingtes Vertragsangebot *ad incertam personam* zugrunde (PUCHTA, Pandekten [7. Aufl 1853] § 259 Fn g S 388 f). Im Einzelnen gingen die Ansichten sehr weit auseinander, worin die **Annahme des Antrags** zu sehen sei. (1) Ein Teil der Vertragstheorie ging davon aus, dass die Annahme schon **vor** Vollbringung der Handlung erfolgen könne, wobei (a) ein Teil der Vertreter dieser Auffassung eine ausdrückliche Erklärung verlangte, (b) während andere auf den im Hinblick auf die Auslobung gemachten Beginn der erforderlichen Tätigkeit abstellten, daran jedoch zunächst nur die Wirkung knüpften, dass ab diesem Zeitpunkt die Auslobung nicht mehr widerruflich sei. (2) Der andere Teil der Vertragstheorie nahm an, dass ohne **Vollbringung** der Handlung eine wirksame Annahme des Angebots nicht möglich sei, wobei insoweit wieder Streit herrschte, ob (a) die Annahme schon in der Handlung selbst enthalten sei (sofern diese im Hinblick auf die Auslobung unternommen wurde), oder (b) die Vollendung der Handlung zwar unabdingbare Voraussetzung der Annahme sei, die Annahme aber noch nicht in der Handlung selbst liege (mwNw: SCHUBERT/vKÜBEL, Die Vorlage der Redaktoren für die erste Kommission zur Ausarbeitung eines Entwurfs eines Bürgerlichen Gesetzbuches, Recht der Schuldverhältnisse I 485 f; DREIOCKER, Dogmengeschichte der Auslobung 11 ff; GRUNEWALD, Die Auslobung 32 ff; vMAYR, Die Auslobung 108 ff). Doch nicht nur das Zustandekommen des Vertrages war umstritten. Auch gingen die Meinungen

auseinander, was für eine **Art von Vertrag** zustande komme (vgl Rn 17 ff). Dieser Vertrag wurde entweder als einseitiger oder zweiseitiger Vertrag und im Bereich der zweiseitigen Verträge als Vertrag *sui generis*, als Innominatkontrakt oder als Arbeitsvertrag gedeutet (dazu CROME, Die partiarischen Rechtsgeschäfte 511 f Fn 2; GRUNEWALD, Die Auslobung 32 f). Zu Vertragskonstruktionen nach Inkrafttreten des BGB: Rn 12 f.

9 Die **Pollizitationstheorie** (SIEGEL, PUCHTA, SINTENIS, ARNDTS, KUNTZE, BRINZ, UNGER, DERNBURG, OERTEL) sieht den Rechtsgrund der Verpflichtung des Auslobenden ausschließlich in seinem einseitigen Versprechen. Allein aufgrund seines Versprechens sei der Auslobende demjenigen, der die in der Auslobung geforderte Handlung vornimmt, zur Erfüllung verpflichtet, ohne dass es einer weiteren Annahme des Versprechens bedürfe oder eine solche der Sache nach überhaupt in Betracht komme. Zur Begründung dieser Auffassung knüpften einige Autoren an bestimmte singuläre Erscheinungen des römischen Rechts – insbesondere die *pollicitatio* (ULPIAN Dig 50, 12 [de pollicitat]: „Pactum est duorum consensus atque conventio, pollicitatio vero offerentis solius promissum. [...]") – an, während andere das Phänomen aus einem Verkehrsbedürfnis heraus erklären wollten (SCHUBERT/vKÜBEL, Die Vorlage der Redaktoren für die erste Kommission zur Ausarbeitung eines Entwurfs eines Bürgerlichen Gesetzbuches, Recht der Schuldverhältnisse I 486; CROME, Die partiarischen Rechtsgeschäfte 511 f Fn 2; GRUNEWALD, Die Auslobung 43 ff; vMAYR, Die Auslobung 100 ff). Mit der römischrechtlichen *pollicitatio* hat die Pollizitationstheorie letztlich nur den Namen gemein (ELSTER ArchBürgR 18 [1900] 125, 140; DREIOCKER, Dogmengeschichte der Auslobung 17 ff): Zwar bindet bei der *pollicitatio* bereits das einseitige Versprechen, sie musste jedoch zu Gunsten einer (Stadt-)Gemeinde oder des Staates – also zugunsten einer bestimmten juristischen Person – und *ob causam* erfolgen (UNTERHOLZNER, Lehre des römischen Rechts von den Schuldverhältnissen § 757 S 495). Das „einfache einseitige" Versprechen war nicht bindend: „ex nuda pollicitatione nulla actio nascitur" (Paul sent 5, 12, 9). Die Anerkennung der Rechtswirksamkeit des einseitigen Versprechens ist heute weit fortgeschritten. Zusätzlichen Auftrieb mag die Lehre durch den Prozess der **Europäischen Rechtsvereinheitlichung** bekommen, wenn Art II. – 1:103 (2) des *Draft Common Frame of Reference (DCFR)* im Anschluss an Art 2:107 PECL ausspricht: „A valid unilateral undertaking is binding on the person giving it if it is intended to be legally binding without acceptance" (vgl auch vMEHREN, The Formation of Contracts [1992] S 9 ff).

2. Das BGB

a) Auffassung der Gesetzesverfasser

10 Schon der **Vorentwurf** vKÜBELS stand auf dem Boden der **Pollizitationstheorie**: Die Pollizitationstheorie käme der wirklichen Sachlage weitaus mehr entgegen, als die gezwungen wirkenden Konstruktionen der Vertragstheorie. Grund zum Zweifel an ihrer Sachgerechtigkeit bestünde nicht, wenn man erkenne, dass der Wille des Versprechenden überhaupt die Kraft habe, durch sich selbst eine Verpflichtung zu erzeugen und ein Schuldverhältnis zu begründen (vKÜBEL, in: SCHUBERT [Hrsg], Die Vorlage der Redaktoren für die erste Kommission zur Ausarbeitung eines Entwurfs eines Bürgerlichen Gesetzbuches, Recht der Schuldverhältnisse I 486 f; SIGMUND, Bindung durch Versprechen oder Vertrag 50 ff). Die **Erste Kommission** schloss sich dem ausdrücklich an. In den Motiven zum E I heißt es:

„Der Entw. erblickt im Anschlusse an diese Theorie *(Anm:* Pollizitationstheorie) in der Auslobung gleichfalls ein durch sich selbst und ohne Hinzutritt eines Annahmeaktes verbindliches einseitiges Versprechen des Auslobenden, wodurch dieser kraft seines Verpflichtungswillens demjenigen zur Erfüllung verpflichtet wird, welcher die durch die Auslobung näher bestimmte Leistung vorgenommen hat“

(Mugdan II 290; vgl Grunewald, Die Auslobung 52 ff; vMayr, Die Auslobung 105 f, 135 f; Enneccerus/Lehmann, Recht der Schuldverhältnisse [15. Aufl 1958] § 159 II 1 S 676 f; vGierke, Deutsches Privatrecht III § 185 II S 321 f; MünchKommBGB/Schäfer § 657 Rn 4; Oertmann Vorbem 1 b vor § 657; Planck/Oegg Vorbem III 1 vor § 657).

Ihren sinnfälligen Niederschlag soll die Pollizitationstheorie insoweit im Gesetz gefunden haben, als nach § 657 BGB der Anspruch auf die Belohnung auch dann entsteht, wenn der Bewerber „nicht mit Rücksicht auf die Belohnung gehandelt hat“. Die **Zweite Kommission** hat die Vorschrift sachlich gebilligt, ohne sich erneut mit den theoretischen Grundlagen der Vorschrift auseinander zu setzen. Ein junges gesetzgeberisches Bekenntnis zur Pollizitationstheorie wird in der **Schuldrechtsmodernisierung** erkannt (MünchKommBGB/Schäfer § 657 Rn 3). Der Art 1 Abs 2 des Gesetzes zur Modernisierung des Schuldrechts (SMG) v 26. 11. 2011 (BGBl I 3138) stellte dem BGB eine Inhaltsübersicht voran und versah die einzelnen Vorschriften mit den entsprechenden Überschriften (Anlage des SMG zu Art 1 Abs 2). § 657 BGB erhielt die Paragraphenüberschrift „Bindendes Versprechen“ übergestülpt. Weiter reflektiert waren die eingefügten Überschriften nicht. Es ging dem Gesetzgeber ausschließlich um die Übersichtlichkeit und Lesbarkeit des Gesetzes als Ganzem (BT-Drucks 14/6040, 272; BT-Drucks 14/6857, 69).

b) Reaktionen der Rechtslehre und des Auslands

Angesichts der klaren Stellungnahme der Ersten Kommission zugunsten der Pollizitationstheorie und der Tatsache, dass das BGB die wesentlichen praktischen Fragen der Auslobung entschieden hat, ist die Diskussion um die Rechtsnatur der Auslobung nach Verabschiedung des BGB allmählich abgeklungen (s noch Kohler ArchBürgR 25 [1905] 1 und dagegen Oertmann ÖZBl 24 [1907] 785) und später vollkommen zum Erliegen gekommen. Die Pollizitationstheorie bestimmt heute das Verständnis von der Auslobung (Sigmund, Bindung durch Versprechen oder Vertrag 58). Die ganz hM geht davon aus, dass die Auslobung ein einseitiges obligationsbegründendes Rechtsgeschäft und kein Vertrag ist (zB BGH 23. 9. 2010 – III ZR 246/09, BGHZ 187, 86, Rn 12; BGH 25. 10. 2012 – I ZR 169/10, NJW 2013, 2683 Rn 17 – Einwilligung in Werbeanrufe II; BGH 23. 9. 1982 – III ZR 196/80, LM BGB § 249 [A] Nr 65; Elster ArchBürgR 18 [1900] 125, 168 ff; Crome, Die partiarischen Rechtsgeschäfte 511; Crome, System des Deutschen Bürgerlichen Rechts II § 279 S 757; Dernburg, Das bürgerliche Recht II 2 [3. Aufl 1906] § 335 II 4 S 544; Larenz, Schuldrecht II/1 [13. Aufl 1986] § 55 S 405 f; Esser/Weyers, Schuldrecht II/1 [8. Aufl 1998] § 37 1 S 331; Grüneberg/Retzlaff § 657 Rn 1; Oertmann Vorbem 1 b vor § 657; Planck/Oegg Vorbem III 1 vor § 657; BGB-RGRK/Steffen § 657 Rn 1; Soergel/vReden Vor §§ 657–661a Rn 3 ff, § 657 Rn 1; vgl Bachmann, Private Ordnung 278 ff; **aA** LG Altona 18. 10. 1933 – 6 S 250/33, JW 1933, 2847; Fischer, Die Auslobung nach dem BGB [1899] 16 ff, 23 ff; Jung JherJb 69 [1920] 30, 61 ff; Kohler ArchBürgR 25 [1905] 1, 4). Sie wird als gesetzlich anerkannte Ausnahme vom Vertragsgrundsatz des § 311 Abs 1 BGB verstanden („... soweit nicht das Gesetz ein anderes vorschreibt“; Motive, in: Mugdan II 290; Crome, Die partiarischen Rechtsgeschäfte 512 Fn 4; 11

Elster ArchBürgR 18 [1900] 125, 168 ff; Erman/Berger § 657 Rn 2). Die Konstruktion der Auslobung als einseitig bindendes Versprechen konnte sich auch in einigen anderen Rechtsordnungen durchsetzen. Entsprechend dem deutschen Vorbild favorisiert das österreichische ABGB die Pollizitationstheorie und im Schweizer Recht ist – trotz neutral formulierter Gesetzesregelung – die Pollizitationstheorie heute herrschend. In Frankreich wird der *caractère obligatoire de l'engagement unilatéral de volonté* lange Zeit eingehend diskutiert (Malaurie/Aynès/Stoffel-Munck, Droit des Obligations [13. Aufl 2024] n°253). Seit der **Ordonnance n°2016-131** (10. 2. 2016) anerkennt **art 1101-1 Code civil** das einseitige Versprechen (Rn 23). Auch Art II. – 1:103 (2) des *Draft Commone Frame of Reference (DCFR)* rezipiert die Pollizitationstheorie: „A valid unilateral undertaking is binding on the person giving it if it is intended to be legally binding without acceptance" (siehe auch die notes 1 seqq zu Art II. – 1:103 DCFR mit weiteren rechtsvergleichenden Nachweisen).

c) Abweichende Deutungen

12 Dennoch regte sich vereinzelter Widerstand und es wurden andere, wieder vertragliche, Konstruktionen versucht (Fischer, Die Auslobung nach dem BGB 16 ff, 23 ff; Jakubezky, Bemerkungen zu dem Entwurfe eines Bürgerlichen Gesetzbuches für das Deutsche Reich 140 f, 19 f; Jung JherJb 69 [1920] 30, 61 ff; Kohler ArchBürgR 25 [1905] 1; vMayr, Die Auslobung 123 ff). Am weitesten geht die **Theorie des gestreckten Vertragsschlusses** von Kohler (Kohler ArchBürgR 25 [1905] 1; ihm folgend: vMayr, Die Auslobung 123 ff; Sympathie bei Hoeniger, Die gemischten Verträge in ihrer Grundform 252 f; **aA** Oertmann ÖZBl 24 [1907] 785, 786 ff; Siber, JherJb 70 [1921] 223, 257 Fn 2; Oertmann Vorbem 1 b zu § 657; Planck/Oegg Vorbem III 1 zu § 657). Kohler knüpft an der klassischen Vertragskonstruktion der Auslobung an, verzichtet aber auf Seiten des Handelnden auf den Rechtsbindungswillen: Bei Annahme eines Vertragsantrags durch Leistung bedürfe es nicht des Bewusstseins, dass ein Vertragsantrag vorliege. Der Theorie des gestreckten Vertragsschlusses wird zu Recht entgegengehalten, dass sie mit der Loslösung der Realakzeptation von der Offerte die Vertragskategorie sprengt (Oertmann ÖZBl 24 [1907] 785, 789 ff). Systemkonform ist dagegen der Ansatz von Jakubezky. Er deutet die Auslobung als **bindendes Vertragsangebot**, das auch stillschweigend angenommen werden kann. Dabei ist aber nicht schon die Vornahme der verlangten Handlung als solche die Annahme, sondern nur eine notwendige Vorbedingung der Annahme. Die eigentliche Annahme liegt darin, dass der Handelnde – was auch nachträglich und stillschweigend geschehen könne – seiner Handlung die Bestimmung gibt, die Erfüllung zu sein (Jakubezky, Bemerkungen zu dem Entwurfe eines Bürgerlichen Gesetzbuches für das Deutsche Reich 140 f, 19 f; abl Grunewald, Die Auslobung 57). Dieser Ansatz wurde in der frühen Kommentarliteratur zum BGB ausdrücklich als „möglich" angesehen (Planck/Oegg Vorbem III 1 vor § 657; vgl auch Oertmann Vorbem 1 b zu § 657 zum Ansatz von Fischer, Die Auslobung nach dem BGB 16 ff, 23 ff), doch sah man sich mangels abweichender zwingender Gründe der Intention der Ersten Kommission verpflichtet (MünchKommBGB/Seiler [6. Aufl 2013] § 657 Rn 3b). Doch zu Unrecht. Zwingende Gründe sprechen gegen die Pollizitationstheorie (Rn 13 f).

d) Notwendigkeit des Willensmoments auf Seiten des Handelnden; moderne Vertragskonstruktion

13 Die Konstruktion der Auslobung als einseitig bindendes Versprechen führt, so beeindruckend die Pollizitationstheorie rechtstechnisch auch sein mag, in die „Sackgasse". Auf ein **Willensmoment seitens des Handelnden**, seine Handlung in Beziehung zur

Auslobung zu setzen, **kann nicht verzichtet werden**. Die bisherigen Erklärungsversuche der Auslobung als einseitig bindendes Versprechen leiden daran, dass sie zu wenig die Person des Handelnden in den Blick nehmen. Allein der Hinweis, dass der Handelnde zur Vornahme der Handlung ja nicht verpflichtet ist (zB Crome, Die partiarischen Rechtsgeschäfte 512), hilft nicht weiter. Die Kritik soll an zwei Punkten exemplifiziert werden. Der weniger gewichtige zuerst. (1) Nach der Pollizitationstheorie soll der Handelnde allein durch die Herbeiführung des Erfolges Gläubiger der ausgesetzten Belohnung werden. Ein Willensakt des Handelnden in dem Sinne, dass er seine Handlung in Bezug zur Auslobung setzt, wird als nicht notwendig erachtet. Im Ergebnis wird so dem Handelnden unabhängig von seinem Willen eine Rechtsstellung aufgedrängt. Nach hM soll selbst ein einseitiger Verzicht auf die Belohnung nicht möglich sein (Kirchhoff, Private Rechtsetzung 466 ff; Enneccerus/Lehmann, Schuldrecht [15. Aufl 1958] § 159 IV 2 S 679; Flume, Das Rechtsgeschäft § 1 [6] b, S 9 Fn 7; Planck/Oegg § 659 Anm 2b; **aA** Schmidt-Rimpler AcP 147 [1941] 130, 155 Fn 32); übrig bliebe nur die Möglichkeit eines Verzichtsvertrags mit dem Auslobenden (§ 398 BGB). Eine so gedachte Auslobung fügt sich nur schwer in das übrige deutsche Rechtssystem: Im Rechtsverkehr unter Lebenden bedarf selbst die unentgeltliche Zuwendung der Annahmeerklärung des Beschenkten (§ 516 Abs 2 BGB) und im Bereich der einseitigen Verfügungen von Todes wegen hat etwa der Vermächtnisnehmer trotz Anfall des Vermächtnisses die Möglichkeit, das Vermächtnis durch einseitige Erklärung auszuschlagen oder durch einen Willensakt endgültig anzunehmen (§ 2180 BGB; auch § 333 BGB; vgl Bachmann, Private Ordnung 290 f, 294 ff). Die Folgen der Pollizitationstheorie können durchaus befremden. Es lässt sich leicht ein Beispiel bilden: Ohne Wissen von der Auslobung führt der Handelnde den Erfolg herbei und ist nunmehr – ob er will oder nicht – Gläubiger einer Belohnung, die er vielleicht gar nicht will. Wendet man die Vorschriften des Allgemeinen Schuldrechts an, schuldet er dem Auslobenden bald Ersatz der Aufwendungen, die dieser für die weitere Aufbewahrung der geschuldeten Belohnung machen muss (§ 304 BGB). Ein sicherlich unangemessenes Ergebnis, das sich erst durch die Hinzuziehung eines Willensmoments auf Seiten des Handelnden korrigieren lässt (krit: Sigmund, Bindung durch Versprechen oder Vertrag 60 ff). Zwei Möglichkeiten bieten sich an: Entweder man gibt dem Handelnden zumindest die Möglichkeit, durch einseitige Erklärung die Belohnung auszuschlagen (vgl § 2180 BGB, § 333 BGB), oder aber man macht die Entstehung des Schuldverhältnisses von einem positiven Willensmoment abhängig und befindet sich somit im Bereich der Vertragstheorie (Rn 8, 12). Den ersten Weg geht Art II. – 4:303 des *Draft Common Frame of Reference (DCFR)*: „Where a unilateral juridical act confers a right or benefit on the person to whom it is addressed, that person may reject it by notice to the maker of the act [...]". (2) An ihre Grenzen stößt die Pollizitationstheorie schließlich in Fällen der **Schlechtleistung** oder sonstiger Schädigungen des Auslobenden durch den Handelnden. Man nehme als Beispiel den Fall, dass der Handelnde eine entlaufene Kuh wiederbringt, die sich beim Rücktransport mit einer Krankheit infiziert, so dass der Hof des Auslobenden durch behördliche Anordnung für einige Zeit geschlossen wird. Hier generell jede Haftung des Handelnden nach den §§ 633 ff BGB oder den §§ 280, 241 Abs 2, 311 Abs 2 BGB wegen fehlenden Vertrags- oder Vertrauensverhältnisses zu verwerfen und den geschädigten Auslobenden allein – was gerade bei primären Vermögensschäden nicht weiterhilft – auf die §§ 823 ff BGB zu verweisen und ihn bzgl des eingestrichenen Lohnes einen bereicherungsrechtlichen Rückforderungsanspruch wegen Nichterfüllung der Auslobungsbedingung zu geben (so etwa Erman/Berger § 657 Rn 14; Planck/Oegg § 657

Anm 2d; vgl Gschnitzer, Die Auslobung 53 ff; **aA** Soergel/vReden Vor §§ 657–661a Rn 8, § 657 Rn 33), wird den Verhältnissen wenig gerecht. Setzt der Handelnde durch einen Willensakt seine Handlung in Beziehung zur Auslobung, um sich damit die ausgesetzte Belohnung als das Entgelt für seine Leistung zu verdienen, so muss er sich auch seinerseits behandeln lassen wie ein Vertragspartner, der gegen Entgelt seine Leistung erbringt (Oertmann, Entgeltliche Geschäfte 102 f; Stampe AcP 108 [1912] 42, 68; **aA** Sigmund, Bindung durch Versprechen oder Vertrag 62 ff; MünchKommBGB/Schäfer § 657 Rn 42). Er haftet damit für Schlechtleistungen und die Verletzung von Schutzpflichten. Aber es ist erst dieses rechtsgeschäftliche Moment seitens des Handelnden, das die verschärfte Haftung rechtfertigt (Rn 17, 37 f, 77 ff). Hat der Handelnde dagegen diesen rechtsgeschäftlichen Willen nicht, etwa weil er an der Belohnung kein Interesse hat, und stellt er die Beziehung von Handlung und Auslobung nicht her, so fehlt es an der haftungsbegründenden Sonderbeziehung zwischen Auslobendem und Handelnden. Hier ist in der Tat nur Platz für eine Haftung nach den jedermann treffenden Vorschriften der §§ 823 ff BGB. Diese zwei Punkte zeigen, dass entgegen der Annahme der Pollizitationstheorie auf ein rechtsgeschäftliches Willensmoment auf Seiten des Handelnden nicht verzichtet werden kann (**aA** Sigmund, Bindung durch Versprechen oder Vertrag 60 ff; Soergel/vReden Vor §§ 657–661a Rn 7 f).

14 Deshalb heißt es: zurück zur Vertragstheorie (**aA** MünchKommBGB/Schäfer § 657 Rn 5); allerdings nicht zu den Konstruktionen des gemeinen Rechts. Da das BGB die wesentlichen praktischen Streitfragen, wie etwa das Problem der Widerruflichkeit, entschieden hat (Rn 2, 7), kann die elegante und mit dem Normenkomplex der §§ 657 ff BGB vereinbare Vertragskonstruktion Jakubezkys zugrunde gelegt werden (Jakubezky, Bemerkungen zu dem Entwurfe eines Bürgerlichen Gesetzbuches für das Deutsche Reich 140 f, 19 f). Die **Auslobung ieS** ist damit eine bindende, an eine noch nicht bestimmte Person gerichtete Willenserklärung. Zur Entstehung eines besonderen Rechtsverhältnisses zwischen Auslobendem und Handelnden **(Auslobung iwS)** bedarf es eines auf die Auslobung bezogenen besonderen **Willensmoments auf Seiten des Handelnden**. Die Vornahme der Handlung, insbesondere das Herbeiführen des Erfolges, ist nicht schon dieser Willensakt, sondern lediglich notwendige Bedingung der Entstehung des Anspruchs auf die Belohnung. Der notwendige rechtsgeschäftliche Willensakt liegt darin, dass der Handelnde im Vorhinein oder – wie aus § 657 BGB folgt – nachträglich, ausdrücklich oder stillschweigend, als Willenserklärung oder als Willensbetätigung, seiner Handlung die Bestimmung gibt, die Vornahme der in der Auslobung bestimmten Handlung zu sein. Diese Bestimmung wird regelmäßig in der Einforderung der Belohnung liegen (Ehrlich, Das zwingende und das nichtzwingende Recht im Bürgerlichen Gesetzbuch für das Deutsche Reich 40). Da das entstandene Schuldverhältnis letztlich doch auf zwei aufeinander bezogenen Willenserklärungen (Willensbetätigungen) beruht, kann von einem **besonderen Modell des Vertragsschlusses** gesprochen werden (Kresse, Die Auktion als Wettbewerbsverfahren 55, 164; Müller InTeR 2017, 129, 131 f). Eine solche Vertragskonstruktion bereitet der Rechtsanwendung keine Schwierigkeiten. Schon heute ist allgemein anerkannt, dass die §§ 657 ff BGB auf Vertragskonstruktionen – zu denen die hM insbesondere greifen muss, wenn es mangels öffentlichen Versprechens an einer Auslobung fehlt – entsprechende Anwendung finden (BGH 14. 6. 1955 – V ZR 120/53, BGHZ 17, 366 Lt 1; BGB-RGRK/Steffen § 657 Rn 1). Dass sich die Vertragstheorie in der Vergangenheit nicht bewährt hat, lässt sich auch nicht behaupten. Dies zeigt insbesondere der Blick auf die österreichische Judikatur, die bis zur dritten Teilrechtsnovelle von 1916 (Rn 21) der Vertragstheorie folgte

(Gschnitzer, Die Auslobung 16 ff). Ungehorsam gegenüber dem BGB liegt in der Vertragskonstruktion nicht. Mit dem letztlich allein maßgebenden Wortlaut des § 657 BGB ist sie allemal vereinbar, da dieser nur besagt, dass die notwendige Beziehung zwischen Auslobung und Handlung auch noch im Nachhinein hergestellt werden kann. Die dahinter stehende Intention des historischen Gesetzgebers, die sonst keinen Ausdruck im Gesetz gefunden hat, hat sich als nicht durchführbar erwiesen. Bzgl der in der gemeinrechtlichen Auseinandersetzung oft zur Stützung der Pollizitationstheorie bemühten Geschäftsunfähigen und beschränkt Geschäftsfähigen ist abschließend zu bemerken: Die Handlung als notwendige Bedingung des Schuldverhältnisses kann selbstverständlich auch von solchen Personen vorgenommen werden. Nur der rechtsgeschäftliche Willensakt muss entweder durch den gesetzlichen Vertreter im Namen des Handelnden erfolgen oder bedarf bei in der Geschäftsfähigkeit Beschränkten der Zustimmung des gesetzlichen Vertreters.

VI. Auslobung als allgemeiner Schuldgrund; Auslobungstypen

1. Auslobung als besonderes Verfahren des Vertragsschlusses

Die Auslobung ist ein besonderes Verfahren der vertraglichen (Rn 14) Begründung von Schuldverhältnissen, das sich vom normalen Weg des Vertragsschlusses der §§ 145 ff BGB in einigen Punkten unterscheidet: Das Willensmoment seitens des **Auslobenden** liegt in einer an eine unbestimmte Person *(ad incertam personam)* gerichteten Willenserklärung (Auslobung ieS). Hinzutreten muss ein rechtsgeschäftlicher Willensakt (Willenserklärung oder Willensbetätigung) seitens des **Handelnden**, der dadurch seine Handlung in Bezug setzt zur Auslobung. Doch all das genügt noch nicht zur Entstehung des Schuldverhältnisses (Auslobung iwS). Notwendige Bedingung ist die Vornahme der in der Auslobung bezeichneten **Handlung**. Da das entstandene Schuldverhältnis letztlich doch auf zwei aufeinander bezogenen Willenserklärungen (Willensbetätigungen) beruht, kann von einem **besonderen Modell des Vertragsschlusses** gesprochen werden. Insoweit weist das Verhältnis eine gewisse Ähnlichkeit auf mit der tradierten Kontraktskategorie der Realverträge, bei denen auch die Vorleistung einer der Parteien notwendige Entstehungsvoraussetzung des Schuldverhältnisses ist. 15

Die **systematische Stellung** der Auslobung im BGB ist misslungen. Als besondere Art des Vertragsschlusses wäre der richtige Standort der Allgemeine Teil des BGB gewesen. Das österreichische öABGB geht diesen Weg, wenn es die Auslobung im allgemeinen Schuldrecht regelt (§§ 860 ff öABGB); ebenso regelt das Schweizer Obligationenrecht die Auslobung im Rahmen der Allgemeinen Vorschriften über die Entstehung der Obligationen (Art 8 schwOR). Auch das einseitig bindende Versprechen des Art II. – 1:103 (2) DCFR findet sich bei den allgemeinen vertragsrechtlichen Bestimmungen. 16

2. Auslobungstypen; Auslobung an sich

Die Auslobung ist eine besondere Form des Zustandekommens eines vertraglichen Kausalgeschäfts. Inhaltliche Vorgaben bestehen nicht. Grundsätzlich kann jeder mögliche Vertragsinhalt auch zum Inhalt einer Auslobung iwS gemacht werden. Bei materieller Betrachtung gibt es daher nicht die eine **„Auslobung an sich“**, sondern 17 wie bei den Vertragstypen verschiedene **„Auslobungstypen"** (FG Rheinland-Pfalz DStrE 2016, 1053, 1064 15. 9. 2015 – 6 K 1844/13; **aA** Kaulartz/Hirzle/Holl RDi 2022, 324 Rn 30; Kleinschmidt JZ 2009, 1121, 1123; MünchKommBGB/Schäfer § 657 Rn 13). Welchem „Auslobungstypus" die konkrete Auslobung zuzuordnen ist, dh welche Regeln des besonderen Vertragsrechts (Werkvertrag, Dienstvertrag, Kaufvertrag, Maklervertrag, Schenkung, Wette) daher neben den allgemeinen Vorschriften auf das Rechtsverhältnis zwischen Auslobendem und Handelnden anzuwenden sind, bestimmt sich nach Art und Verhältnis von Leistung und Belohnung (vMayr, Die Auslobung 125 f; Müller InTeR 2017, 129, 132; zu der in der österreichischen Jurisprudenz sehr umstrittenen Frage, ob es die „Auslobung an sich" gibt, oder die Auslobung nur eine besondere Form des Zustandekommens für verschiedene Kausalgeschäfte ist: Gschnitzer, Die Auslobung 63 ff; ÖstOGH 18. 3. 1997 – 1 Ob 2398/96w hat die Frage offen gelassen; Rn 21). Die Auffassung von Kohler, dass die Auslobung ein in besonderer Vertragsform stattfindender Werkvertrag sei, ist zu eng (Kohler ArchBürgR 25 [1905] 1, 5 f). Bereits Oertmann hat darauf hingewiesen, dass die möglichen Gegenstände einer Auslobung die Grenzen des Werkvertrages bei weitem überschreiten können (Oertmann ÖZBl 24 [1907] 785, 789 ff). Natürlich bestehen zwischen einem durch Auslobung begründeten Kontrakt und einem auf „gewöhnlichem" Wege zustande gekommenen Vertrag, etwa ein Werkvertrag über die Herbeiführung eines Erfolges, Unterschiede: Der Handelnde ist zur Vornahme der Handlung nicht verpflichtet, kann aber seinerseits seinen Anspruch auf die Leistung nur durch Vorleistung erwerben. In diesem technischen Sinne ist ein aufgrund Auslobung zustande gekommener Vertrag im Vergleich zum Typenkanon der §§ 433 ff BGB immer ein Vertrag *sui generis*. Je nachdem aber, ob sich eine Auslobung diesem oder jenem Vertragstyp zuordnen lässt, finden im Einzelfalle die für diesen Vertrag geltenden Bestimmungen, zB hinsichtlich der Gewährleistung oder der Verjährung von Ersatzansprüchen, Anwendung. – Darum kann, was sonst keinen klagbaren Anspruch begründet, auch in Gestalt der Auslobung keinen klagbaren Anspruch begründen. Denn nicht auf die Form, sondern auf den beabsichtigten wirtschaftlichen Erfolg kommt es an. Von daher ist etwa eine Wette, die in Gestalt einer Auslobung auftritt, nicht klagbar (vMayr, Die Auslobung 123 ff).

3. Auslobung als entgeltlicher oder unentgeltlicher Vertrag

a) Auslobung als entgeltlicher Vertrag

18 Nach dem Leitbild der §§ 657 ff BGB handelt es sich bei der Auslobung um ein gegenseitiges, entgeltliches Geschäft (Hoeniger, Die gemischten Verträge in ihrer Grundform 252; Oertmann, Entgeltliche Geschäfte 19, 102; Pawlowski, Methodenlehre für Juristen [2. Aufl 1991] Rn 285; Planck/Oegg Vorbem III 2 vor § 657; zur Diskussion in der österreichischen Jurisprudenz, ob die Auslobung ein entgeltliches Geschäft ist: Gschnitzer, Die Auslobung 79 ff). Die ausgesetzte Belohnung ist die Gegenleistung für die in der Vornahme der Handlung oder der Herbeiführung des Erfolges liegende Leistung des Handelnden (Crome, Die partiarischen Rechtsgeschäfte 510 f). Insoweit kommt die Auslobung dem Dienst- oder Werkvertrag sehr nahe; besteht die Belohnung in Geld, entsprechen die beiderseitigen Leistungen einander vollkommen (vgl Crome, Die partiarischen Rechtsgeschäfte 515).

b) Kein Anspruch auf die Primärleistung; Gegenleistung und Vorleistungsnotwendigkeit

19 Zur Vornahme der Handlung ist niemand verpflichtet. Wer sie jedoch vollbracht hat, kann den Auslobenden auf Entrichtung der Belohnung in Anspruch nehmen. Die

Leistung des Handelnden steht also *in condicione*, nicht *in obligatione* (Crome, Die partiarischen Rechtsgeschäfte 512). Die Vornahme der Handlung ist notwendige Entstehungsbedingung des Anspruchs auf die Belohnung. Der Handelnde muss in Vorleistung treten; er kann nicht entsprechend § 320 BGB seine Leistung von der Erbringung der Gegenleistung abhängig machen.

c) Auslobung mit Schenkungscharakter

Das in den §§ 657 ff BGB positivierte Leitbild ist die entgeltliche Auslobung **20**
(Rn 18 f). Allerdings ist es auch denkbar, dass einer Auslobung der Austauschzweck im Einzelfall fehlt und sie sich als Schenkung darstellt (FG Rheinland-Pfalz 15. 9. 2015 – 6 K 1844/13, DStrE 2016, 1053, 1064; Held, Die Anfechtung unentgeltlicher Leistungen gem § 134 InsO [2017] 306 ff). So etwa, wenn die ausgelobte Belohnung nicht von einer vom Willen des Handelnden abhängigen Leistung, sondern von einem bestimmten nicht beeinflussbaren Ereignis abhängt. In einem solchen Fall ist grundsätzlich die Anwendung von Schenkungsrecht und den damit zusammenhängenden Rechtsvorschriften (zB §§ 518, 1641, 1804, 2325 BGB) geboten (vgl Planck/Oegg § 657 Anm 4).

VII. Rechtsvergleichende Hinweise

1. Österreich

Das öABGB von 1811 enthielt noch keine Vorschriften über die Auslobung. Erst **21**
durch die Dritte Teilnovelle vom 19. 3. 1916 erfolgt eine Normierung in den **§§ 860 bis 860b öABGB** (Gschnitzer, Die Auslobung 31 ff; Schülgen, Die Auslobung 58 ff). In Anlehnung an die herrschende deutsche Rechtstheorie zu den §§ 657 ff BGB regelt das öABGB die Auslobung im Anschluss an die Pollizitationstheorie (Schülgen, Die Auslobung 58 f). § 860 S 1 öABGB will mit dem Passus der „nicht an bestimmte Personen gerichteten Zusage" (als technischer Ausdruck im Gegensatz zum annahmebedürftigen Versprechen) zum Ausdruck bringen, dass der Gesetzgeber die Auslobung als **einseitig bindende Erklärung** verstanden wissen will. § 860a öABGB regelt gleich dem deutschen Recht die Widerruflichkeit der Auslobung mit der Besonderheit in § 860a S 2 öABGB, dass der im Vertrauen auf die Auslobung Handelnde durch den Widerruf nicht betroffen wird, sofern er in schuldloser Unkenntnis vom Widerruf den Erfolg erzielt hat. Bzgl des Preisausschreibens enthält das Gesetz in § 860 S 2 öABGB lediglich das Fristerfordernis, enthält sich aber ansonsten jeder Regelung (Schülgen, Die Auslobung 63). Anders als das deutsche BGB regelt das öABGB die Auslobung nicht im Besonderen Schuldrecht, sondern setzt sie an den Beginn des Allgemeinen Teils des Schuldrechts, unmittelbar vor die **allgemeinen Vertragsbestimmungen** der §§ 861 ff öABGB. Eine Einordnung im besonderen Schuldrecht bei den Kausalgeschäften hätte nach Ansicht der Verfasser der Dritten Teilnovelle Anlass zu irrigen Folgerungen bzgl des Verhältnisses des ausgesetzten Preises zu der Preisleistung gegeben. Die Auslobung stelle vielmehr als ein eigenes Kausalgeschäft nur eine eigenartige Form der Verpflichtung dar, deren Zweck so verschieden wie möglich sein könne. Dieses allgemeine Verständnis der Auslobung als einseitiges Verpflichtungsgeschäft, das ebenso wie der zweiseitige Vertrag zur Begründung einer Obligation führt, legt die Positionierung der Bestimmungen bei den allgemeinen Lehren nahe (Gschnitzer, Die Auslobung 33, 74 ff).

2. Schweiz

22 Art 8 Abs 1 des schwOR erklärt mit knappen Worten das Preisausschreiben und die Auslobung für verbindlich (Art 8 Abs 1 schwOR „Wer durch Preisausschreiben oder Auslobung für eine Leistung eine Belohnung aussetzt, hat diese seiner Auskündung gemäss zu entrichten"; dazu Schülgen, Die Auslobung 71 ff). In Art 8 Abs 2 schwOR bestimmt das Gesetz noch eine Haftung des Auslobenden für den Fall seines Rücktritts vor Leistungsbewirkung: Der Auslobende ist denjenigen bis zum Betrag der ausgesetzten Belohnung zum Ersatz der „aufgrund der Ankündigung in guten Treuen" gemachten Aufwendungen verpflichtet, soweit er nicht beweist, dass ihnen die Leistung doch nicht gelungen wäre. Anders als im BGB oder öABGB lässt sich allein dem Gesetzestext keine Präferenz für Vertrags- oder Pollizitationstheorie entnehmen (**aA** Schülgen, Die Auslobung [71] unter Hinweis auf die systematische Stellung des Art 8 OR innerhalb der Vorschriften über die Entstehung des Vertrages). In der Schweizer Jurisprudenz dominiert heute wohl die Pollizitationstheorie (BernerKommentar/Müller [2018] OR Art 8 Rn 4, 13, 31; vgl BGer 10. 10. 1913, BGE 39 II 591, 598 f). Nach dem gescheiterten akademischen Entwurf eines Obligationenrechts 2020 sollte die Vorschrift ohne besondere sachliche Änderung sprachlich modernisiert werden (Harke/Riesenhuber/Riesenhuber, Die schweizerische Schuldrechtsreform aus rechtsvergleichender Sicht [2016] 61, 74 ff; BernerKommentar/Müller [2018] OR Art 8 Rn 112 ff): In Anlehnung an die französische Sprachfassung des Art 8 OR („Promesses publiques") sollte es statt Auslobung heißen: „Öffentliches Versprechen eines Entgelts".

3. Frankreich

23 Das öffentliche Versprechen einer Belohnung für die Vornahme einer Handlung war im Code civil bisher nicht als eigenständiges Rechtsinstitut geregelt. Unbekannt war dem französischen Recht die *promesse de récompense* bzw die allgemeinere Problematik des *engagement unilatéral* aber nicht. Gerade im Handelsrecht – etwa im Wechselrecht – begegnete die dogmatische Figur des einseitig bindenden Versprechens recht häufig. Auch in der Privatrechtslehre gab es – gerade mit Blick auf den deutschen § 657 BGB – früher viele Befürworter des *caractère obligatoire de l'engagement unilatéral* (Pollizitationstheorie, Rn 9). Doch letztlich überwogen die vorsichtigen Stimmen. Man suchte die Lösungen insbesondere im (Quasi-)Vertragsrecht (Malaurie/Aynès/Stoffel-Munck, Droit des Obligations [13. Aufl 2024] n°253; Rn 8). Das *Avant-projet de réforme du droit des obligations et de la prescription (Projet Catala)* verzichtete dementsprechend darauf, das einseitige Versprechen allgemein zur Verpflichtungsgrundlage zu erheben: „Quant à la volonté unilatérale, elle n'a pas été érigée en source générale d'obligation [...]" (Catala, Avant-projet de réforme du droit des obligations et de la prescription, 2005, 26 [Cornu]). Mit der Reform des französischen Schuldvertragsrechts durch die **Ordonnance n°2016-131** (10. 2. 2016) und den neuen **art 1100** und **1101-1 Code civil** hat sich die Lage verändert. Art 1100 Code civil ordnet allgemein an: „Les obligations naissent d'actes juridiques [...]". Art 1100-1 al 1 Code civil führt zu den Rechtsgeschäften (d'actes juridiques) aus: „Les actes juridiques sont des manifestations de volonté destinées à produire des effets de droit. Ils peuvent être conventionnels ou unilatéraux". Das liest sich wie eine grundsätzliche Anerkennung einseitiger Versprechen (Malaurie/Aynès/Stoffel-Munck, Droit des Obligations [13. Aufl 2024] n°supra n°251, 254). Entsprechend heißt es im Rapport zu art 1100-1: „Ce texte, en précisant que l'acte juridique peut être conventionnel ou unilatéral, inclut l'engage-

ment unilatéral de volonté, catégorie d'acte unilatéral créant, par la seule volonté de son auteur, une obligation à la charge de celui-ci" (Rapport). Hinsichtlich Wirksamkeit und Wirkungen des *engagement unilatéral* verweist art 1101 al 2 Code civil *„en tant que de raison"* auf die vertragsrechtlichen Vorschriften. Besondere Vorschriften zum einseitigen Versprechen sieht der Code civil nicht vor. – Zur öffentlichen Belohnungsaussetzung als *unilateral contract* im **englischen Recht**: Sigmund, Bindung durch Versprechen oder Vertrag 95 ff.

VIII. Anwendbare Vorschriften

1. Vorschriften des Allgemeinen Teils

Nach der hier vertretenen Auffassung stellt sich das Rechtsverhältnis, das aufgrund einer Auslobung zustande kommt, als Vertrag dar (Rn 14). Das Willensmoment des Antragenden liegt in der Auslobung als der **Offerte** *ad incertam personam.* Die **Annahme** erfolgt dadurch, dass der Handelnde den von ihm herbeigeführten Erfolg – die notwendige Bedingung des Zustandekommens des Vertrages – durch Willenserklärung oder Willensbetätigung in Beziehung setzt zur Auslobung. Für das Zustandekommen des Vertrages und die rechtliche Behandlung der zugrunde liegenden Willenserklärungen gelten die **allgemeinen Vorschriften der §§ 104 ff BGB**, soweit sich nicht aus den §§ 657 ff BGB ein anderes ergibt (OLG Karlsruhe 25. 7. 1980 – 14 U 228/78, Justiz 1980, 436; Elster ArchBürgR 18, 1900, 125, 172; Grunewald, Die Auslobung 59; Kornblum JuS 1981, 801, 802; Crome, System des Deutschen Bürgerlichen Rechts II § 279 I 1 S 758; Planck/Oegg Vorbem III 2 vor § 657; BGB-RGRK/Steffen § 657 Rn 1; zur Anwendung allgemeiner Bestimmungen auf die Auslobung im österreichischen Recht: Gschnitzer, Die Auslobung 87 ff). 24

a) Geschäftsfähigkeit

aa) Der Auslobende

Der Auslobende muss geschäftsfähig sein. Die Auslobung eines Geschäftsunfähigen ist nichtig (§ 105 BGB). Da die Auslobung für den Auslobenden *rechtlich* nachteilig ist, bedarf der beschränkt Geschäftsfähige stets der Zustimmung des gesetzlichen Vertreters (§ 107 BGB). Die Zustimmung kann als Einwilligung, aber auch nachträglich als Genehmigung erfolgen. Entgegen der herrschenden Pollizitationstheorie handelt es sich bei der Auslobung um kein einseitiges Rechtsgeschäft, sondern um den Antrag auf Abschluss eines Vertrages. § 111 BGB ist daher nicht anwendbar (so aber die hM, zB Grunewald, Die Auslobung 60; Soergel/vReden § 657 Rn 5). § 110 BGB findet keine Anwendung, weil der Handelnde zur Entstehung des Rechtsgeschäfts in Vorleistung treten muss (Rn 19). Tätigt der gesetzliche Vertreter eine Auslobung für sein Mündel, so bedarf er dazu grundsätzlich nicht der Genehmigung des Familiengerichts, weil das Gesetz die Auslobung als solche nicht bei den Geschäften anführt, die einer familiengerichtlichen Genehmigung bedürfen; anders natürlich, wenn etwa die versprochene Gegenleistung (Belohnung) in der Übereignung eines Grundstücks liegt (§ 1850 Nr 5 BGB). Auslobungen mit reinem Schenkungscharakter kann der Vertreter nicht vornehmen, §§ 1641, 1798 BGB (Grunewald, Die Auslobung 61). Entgegen der herrschenden Pollizitationstheorie ist auch eine nachträgliche Genehmigung des Vormundschaftsgerichts möglich: § 1858 BGB findet keine Anwendung (**aA** Soergel/vReden § 657 Rn 5). 25

bb) Der Handelnde

26 Anders als die herrschende Pollizitationstheorie setzt das Entstehen des Rechtsgeschäfts auch auf Seiten des Handelnden eine Willenserklärung oder eine Willensbetätigung voraus, durch die seine Handlung in Bezug gesetzt wird zur Auslobung (Rn 14). Rechtstechnisch handelt es sich hierbei um die **Annahme** der Auslobungsofferte. Daher ist auch auf Seiten des Handelnden grundsätzlich Geschäftsfähigkeit notwendig (**anders die hM**: Grunewald, Die Auslobung 85 f; Oertmann Vorbem 1 c vor § 657; Planck/Oegg § 657 Anm 3; BGB-RGRK/Steffen § 657 Rn 7, 10). Die Willenserklärung eines Geschäftsunfähigen ist nichtig (§ 105 BGB). Der in seiner Geschäftsfähigkeit beschränkt Handelnde bedarf der Zustimmung seines gesetzlichen Vertreters. Auf § 107 BGB kann er sich nicht berufen, weil der Vertrag für den Auslobenden einen Rechtsgrund zum Behalten der Leistung darstellt, also insoweit rechtlich nachteilig ist. Dagegen kann zugunsten des beschränkt Geschäftsfähigen § 110 BGB greifen, da er seine Leistung bereits erbracht hat. – Vom Willensmoment ist die **Vornahme der Handlung** zu unterscheiden. Handelt es sich hierbei, was regelmäßig der Fall sein wird, um einen Realakt, so kann dieser auch von einem Geschäftsunfähigen vorgenommen werden (Grunewald, Die Auslobung 85 f; Grüneberg/Retzlaff § 657 Rn 5; BGB-RGRK/Steffen § 657 Rn 7). Es ist dann allerdings am gesetzlichen Vertreter, die Annahmeerklärung im Namen des Mündels abzugeben bzw zu genehmigen.

b) Die Willenserklärung

aa) Auslegung; Rechtsbindungswille und Mangel der Ernstlichkeit (§ 118 BGB)

27 Die Auslobung ist eine an eine noch nicht konkret gekennzeichnete Person gerichtete Willenserklärung (*ad incertam personam*; vgl dazu: Köndgen, Selbstbindung ohne Vertrag 284 ff). Gleichwohl ist die Willenserklärung hinreichend bestimmt, weil sich zweifelsfrei erkennen lässt, mit wem der Vertrag zustande kommt, nämlich mit demjenigen, der die in der Auslobung bestimmte Handlung – ggf als erster – vornimmt (vgl BGH 7. 11. 2001 – VIII 13/01, BGHZ 149, 129, 135). Die Frage, ob eine Auslobung vorliegt und welchen Inhalt die Auslobung hat, bestimmt sich im Einzelfall durch **Auslegung** nach den zu §§ 133, 157 BGB entwickelten Grundsätzen (OLG Stuttgart 6. 2. 2016 – 12 U 63/15, NJOZ 2016, 1858, 1861 ff; LG Altona 18. 10. 1933 – 6 S 250/33, JW 1933, 2847; zur Auslegung von Auslobungen in der österreichischen Judikatur: Gschnitzer, Die Auslobung 94 ff). Damit gilt zunächst auch für die Auslobung der grundsätzliche Vorrang des (tatsächlich) übereinstimmenden Verständnisses: Derjenige, der den Auslobenden im Sinne dessen Verständnisses verstanden hat, muss sich an diesem Erklärungsinhalt festhalten lassen (Flume, Das Rechtsgeschäft [4. Aufl 2012] § 16 2 a S 304). Die normative Auslegung brauchen wir erst, wenn das tatsächliche Verständnis vom Auslobenden und (potenziellen) Erklärungsempfängern auseinanderfällt. Dann wird der für die Auslegung maßgebende Empfängerhorizont durch die Öffentlichkeit (Rn 48 ff) der Erklärung vorgegeben. Das für Dritte erkennbare Interesse des Auslobenden ist bei der Auslegung einzustellen (OLG Stuttgart 6. 2. 2016, – 12 U 63/15, NJOZ 2016, 1858, 1862, 1863; LG Karlsruhe 7. 4. 2021 – 10 O 200/20, BeckRS 2021, 49890, Rn 37). Richtet sich die Auslobung an bestimmte Kreise der Öffentlichkeit, so ist deren Verständnishorizont maßgebend: Entscheidend ist, wie ein vernünftiger Teilnehmer des angesprochenen Verkehrskreises die Erklärung verstehen durfte. Umstände, die der angesprochenen Öffentlichkeit nicht erkennbar sind, dürfen für die Auslegung nicht herangezogen werden (OLG Stuttgart 6. 2. 2016 – 12 U 63/15, NJOZ 2016, 1858, 1861; OLG Karlsruhe 25. 7. 1980 – 14 U 228/78, Justiz 1980, 436; Carl JW 1933, 2847; Kornblum JuS 1981, 801, 803). Nach Carl soll eine unterschiedliche Auslegung einer an die Allgemeinheit gerichteten Auslobungs-

erklärung möglich sein, je nachdem, welchem Verkehrskreis eine Person angehört. So könne einer rechtskundigen Person der gewollte Inhalt der Erklärung aufgrund ihrer besseren Erkenntnisfähigkeit eher zugerechnet werden, als dies vielleicht bei einer rechtsunkundigen Person der Fall wäre (Carl JW 1933, 2847).

Schwierigkeiten kann im Einzelfall die Frage aufwerfen, ob der Auslobende überhaupt mit **Rechtsbindungswillen** gehandelt hat. Ergibt bereits die Auslegung, dass sich der Auslobende nicht rechtlich binden will, so liegt schon nach dem normativen Erklärungswert keine Willenserklärung vor (OLG Stuttgart 6. 2. 2016 – 12 U 63/15, NJOZ 2016, 1858, 1861; Crome, Die partiarischen Rechtsgeschäfte 524; Bachmann, Private Ordnung 297 f). Dies wird man insbesondere annehmen können bei Erklärungen zu theatralischen oder didaktischen Zwecken, aber auch bei marktschreierischen und reklamehaften Übertreibungen (Motive, in: Mugdan II 291; OLG Karlsruhe 25. 7. 1980 – 14 U 228/78, Justiz 1980, 436; LG Bielefeld 14. 7. 2023 – 1 O 181/22, BeckRS 2023, 44103, Rn 18 ff [Bielefeld-Verschwörung]; Crome, System des Deutschen Bürgerlichen Rechts II § 279 I, S 758 Fn 12; Oertmann, Vorbem 2 a vor § 657; Grüneberg/Retzlaff § 657 Rn 2; Erman/Berger § 657 Rn 5; Planck/Oegg Vorbem III 3 vor § 657; BGB-RGRK/Steffen § 657 Rn 8). Auch bei bloßen Absichtserklärungen oder deklaratorischen Empfehlungen, die lediglich auf die fehlende Rechtslage hinweisen, wird sich der Erklärende rechtlich nicht binden wollen (Soergel/vReden § 657 Rn 6 mwNw). Aber selbst wenn der fehlende Rechtsbindungswille nicht erkennbar war, kann die Willenserklärung gem **§ 118 BGB** nichtig sein, wenn der Auslobende die Erklärung in der Erwartung abgegeben hat, der Mangel der Ernstlichkeit würde nicht verkannt werden (Grunewald, Die Auslobung 63 ff). Es wird bisweilen in der Lehre die Regel aufgestellt, dass in Situationen, in denen der Auslobende den Eintritt des Erfolges nicht wünscht oder gar für unmöglich hält (sog **negative Auslobungen**), eine gewisse Wahrscheinlichkeit dafür sprechen mag, dass dem Auslobenden der Rechtsbindungswille fehlt (vMayr, Die Auslobung 22; Köttgen Recht 8 [1904] 380). Doch dürfte sich eine solche allgemeine Regel nicht aufstellen lassen (Grunewald, Die Auslobung 64 ff). Schon in den Gesetzesvorarbeiten wurde darauf hingewiesen, dass unter den Begriff der Auslobung auch solche Versprechen fallen können, bei denen der Auslobende gerade kein Interesse an der Vollbringung der Tat hat (Motive, in: Mugdan II 291). Ob der Auslobende mit Rechtsbindungswillen handelt, ist eine in jedem Einzelfall zu prüfende, aber in keiner Richtung präjudizierte Frage. Es sind zwei verschiedene Aspekte, ob der Versprechende den Erfolg, für dessen Herbeiführung er die Belohnung verspricht, nicht ernstlich wünscht, ja vielleicht sogar seine Herbeiführung für unmöglich hält, oder ob ihm der Rechtsbindungswille fehlt. Gerade wenn ihm daran liegt, zu zeigen, dass die zu belohnende Handlung nicht möglich ist, muss er einen Anreiz schaffen, sie dennoch zu versuchen. Und dies kann er nur durch Eingehen einer ernstlich gemeinten Verpflichtung (OLG Stuttgart 6. 2. 2016 – 12 U 63/15, NJOZ 2016, 1858, 1861; Larenz, Schuldrecht II/1 [13. Aufl 1986] § 55 S 406). Dieses mittelbare Interesse kann ein hinreichender Anhaltspunkt für einen vorhandenen Rechtsbindungswillen sein. Ein ernstlicher Verpflichtungswille kann daher ohne weiteres in Fällen negativer Auslobungen vorliegen. Als Beispiel genannt sei das Kaufhaus, das zu Werbezwecken demjenigen eine Prämie verspricht, der Waren mit abgelaufenem Mindesthaltbarkeitsdatum vorlegt oder gelistete Produkte aufzeigt, die bei der Konkurrenz günstiger zu haben sind (Erman/Berger § 657 Rn 10), oder der Hersteller, der zur Markteinführung eine Belohnung aussetzt zugunsten desjenigen, der Werbebehauptungen über bestimmte Qualitätsmerkmale seines Produkts widerlegt (Grüneberg/Retzlaff § 657 Rn 4; **aA** Kuhlenbeck JW 1908, 645, 647) oder 28 schließlich der kühne Redner oder Wissenschaftler, der einen Preis aussetzt zugunsten desjenigen, der seine Thesen widerlegt (vgl BGH 14. 6. 1955 – V ZR 120/53, BGHZ 17, 366; Rn 41 ff). Aber selbst dann, wenn hinter der Auslobung kein (mittelbares) schützenswertes Interesse ausgemacht werden kann, besteht keine besondere Vermutung für das Fehlen des Rechtsbindungswillens; überhaupt ist eine irgendwie geartete Nützlichkeit keine Voraussetzung einer wirksamen Auslobung (Crome, Die partiarischen Rechtsgeschäfte S 511, 525, 514 f; Dernburg, Das bürgerliche Recht II 2 [3. Aufl 1906] § 335 II 3, S 544; Planck/Oegg Vorbem III 3 vor § 657). Ebenso ist es gleich, ob die Auslobung zu eigensüchtigen oder selbstlosen Zwecken erfolgt (Grüneberg/Retzlaff § 657 Rn 1). Schon der Vorentwurf hat es abgelehnt, den Begriff der Auslobung in dieser Richtung zu begrenzen: „Will der Auslobende aus irgendwelchen Motiven und zu irgendwelchen nicht verbotenen Zwecken sich verpflichten, so hat das Recht keinen Grund, dem entgegenzutreten und die Konsequenzen aus dem Verpflichtungswillen nicht zu ziehen“ (vKübel, in: Schubert [Hrsg], Die Vorlage der Redaktoren für die erste Kommission zur Ausarbeitung eines Entwurfs eines Bürgerlichen Gesetzbuches, Recht der Schuldverhältnisse I 488). Von einer Beschränkung auf „nützliche Geistesarbeiten, oder gemeinnützige körperliche Fähigkeiten oder Unternehmungen“ (so noch PrALR I 11 § 988) hat der Entwurf ausdrücklich abgesehen (Motive, in: Mugdan II 290; Oertmann Vorbem 2 a vor § 657; ebenso: vMayr, Die Auslobung 24 f; vGierke, Deutsches Privatrecht III § 185 II S 320; MünchKommBGB/Seiler [6. Aufl 2013] § 657 Rn 9). – Zum Rechtsbindungswillen bei der Klausel „Der Rechtsweg ist ausgeschlossen“: s Rn 92.

29 Ist das Ergebnis der normativen Auslegung, dass der Auslobende mit dem Willen gehandelt hat, sich rechtlich zu binden, so kann es ihm im Einzelfall gelingen, darzulegen und ggf zu beweisen, dass er in der Erwartung gehandelt hat, der Mangel der Ernstlichkeit werde nicht verkannt werden (**§ 118 BGB**). Ist das der Fall, so gehen einige davon aus, dass der Auslobende gem **§ 122 BGB** Schadensersatz schuldet (Grunewald, Die Auslobung 68); dem wird man eingedenk der besonderen Risikolage bei der Auslobung (Rn 67, § 658 Rn 1, 21) und des Fehlens einer Art 8 Abs 2 schwOR (Rn 22) vergleichbaren Vorschrift wohl nicht zustimmen können (vgl Rn 75 f).

30 Weit weniger Schwierigkeiten bereitet die Frage, ob der **Handelnde** seine Handlung in Beziehung setzt zur Auslobung und damit das Vertragsverhältnis zur Entstehung bringt. Der notwendige Willensakt kann als Willensbetätigung (§ 151 S 1 BGB) oder als empfangsbedürftige Willenserklärung gegenüber dem Auslobenden, zB als Geltendmachung des Anspruchs, erfolgen.

bb) Geheimer Vorbehalt und Scheingeschäft (§§ 116, 117 BGB)

31 Der Vorbehalt, das Erklärte nicht zu wollen, ist gem § 116 S 1 BGB unbeachtlich. § 116 S 2 BGB ist auf die Auslobung als Erklärung *ad incertam personam* grundsätzlich nicht anwendbar; ebenso wenig findet § 117 BGB Anwendung (Grunewald, Die Auslobung 62 f; Soergel/vReden § 657 Rn 6).

cc) Anfechtung (§§ 119 ff BGB)

32 Bei Willensmängeln ist der Auslobende berechtigt, seine Erklärung wegen Willensmängeln iSd §§ 119, 120, 123 BGB anzufechten. Die Anfechtung der Auslobung aufgrund der Vorschriften über Willensmängel (§§ 119, 123 BGB) wird durch **§ 658 BGB** nicht ausgeschlossen (Dernburg, Das bürgerliche Recht II 2 [3. Aufl 1906] § 335 IV S 545; Erman/Berger § 658 Rn 4; Planck/Oegg § 658 Anm 5). Wegen der grundsätzlichen

Widerruflichkeit der Auslobung (§ 658 BGB) wird die Anfechtung der Auslobung wegen Täuschung, Drohung oder Irrtums aber praktisch kaum von Bedeutung sein. Dies mag anders sein, wenn die Handlung bereits vorgenommen oder auf den Widerruf verzichtet wurde (Planck/Oegg § 658 Anm 5; BGB-RGRK/Steffen § 658 Rn 6). Die Anfechtung bereitet sowohl der herrschenden Pollizitationstheorie als auch der Vertragstheorie erhebliche Schwierigkeiten: Gegenüber wem und innerhalb welcher Frist ist anzufechten (vgl dazu Grunewald, Die Auslobung 69 ff; vMayr, Die Auslobung 33 ff; grundlegend: Planck/Oegg § 657 Anm 2a)? Die Problematik rührt daher, dass es zumindest bis zur Vornahme der in der Auslobung bestimmten Handlung an einem Anfechtungsgegner fehlt (§ 143 BGB). Muss die Anfechtung, wie es § 121 BGB vorsieht, unmittelbar nach Kenntniserlangung vom Irrtum erfolgen, wäre die Frist regelmäßig verstrichen, wenn der Handelnde den geforderten Erfolg herbeiführt und damit die Person des Anfechtungsgegners feststeht. Aus diesem Dilemma kann man sich in zwei Richtungen lösen. Entweder man setzt den Fristbeginn auf den Zeitpunkt der Handlung und hat auf diese Weise einen Anfechtungsgegner (Variante 1), wogegen aber § 121 BGB spricht, oder aber man lässt die Anfechtung schon vor Vornahme der Handlung zu, hat dann aber noch keinen Anfechtungsgegner (Variante 2); wobei die letzte in § 143 BGB verkörperte Hürde mit Blick auf die den besonderen Verhältnissen einer Erklärung *ad incertam personam* angepassten Widerrufsvorschrift des § 658 Abs 1 S 2 BGB durchaus überwindbar erscheint. Im Ergebnis vollkommen zu Recht hat sich daher seit der grundlegenden Bearbeitung von Oegg (Planck/Oegg § 657 Anm 2a) die zweite Variante durchgesetzt, wobei es unter vollkommen zutreffender Bezugnahme auf § 658 Abs 2 S 2 BGB für ausreichend erachtet wird, dass die Anfechtung in derselben Art und Weise wie die Auslobung bekannt gemacht wird (Erman/Berger § 658 Rn 4; Grüneberg/Retzlaff § 657 Rn 2; BGB-RGRK/Steffen § 658 Rn 6; Soergel/vReden § 658 Rn 24; OLG Frankfurt 14. 7. 1920, OLGRspr 41 [1921] 123, 124). Gegenüber einzelnen Personen kann die Anfechtung auch durch besondere Mitteilung erfolgen (§ 658 Abs 1 S 2 Alt 2 BGB).

dd) Verstoß gegen ein gesetzliches Verbot oder die guten Sitten (§§ 134, 138 BGB)

Verstößt das aufgrund einer Auslobung begründete Rechtsgeschäft gegen ein gesetzliches Verbot (§ 134 BGB) oder gegen die guten Sitten (§ 138 BGB), so ist es nichtig (Crome, Die partiarischen Rechtsgeschäfte 525; Planck/Oegg § 657 Anm 2a; Gschnitzer, Die Auslobung 91 ff mit Beispielen aus der österreichischen Judikatur). Ein Verstoß gegen die **Grundsätze des lauteren Wettbewerbs** (§ 3 UWG) führt alleine nicht zur Unwirksamkeit der Auslobung (MünchKommBGB/Schäfer § 657 Rn 11; § 661 Rn 48 ff, § 661a Rn 2). 33

ee) Mechanismus des Vertragsschlusses (§§ 145 ff BGB)

Entgegen der herrschenden Pollizitationstheorie handelt es sich bei der Auslobung um kein einseitiges Rechtsgeschäft. Vielmehr wird das Rechtsverhältnis durch einen Vertrag zwischen dem Auslobenden und dem Handelnden begründet, wobei das Zustandekommen des Vertrages unter der notwendigen Bedingung der Vornahme der Handlung steht (Rn 14, 24). Das Verfahren des Vertragsschlusses folgt in den **§§ 657–660 BGB** weitgehend eigenen Regeln; für einen Rückgriff auf die §§ 145 ff BGB ist insoweit kein Raum. Bei der Auslobung handelt es sich um eine Vertragsofferte *ad incertam personam*. Widerruflichkeit der Auslobung und Frist zur Vornahme der Handlung sind in den §§ 657, 658 BGB geregelt. Die §§ 659, 660 BGB regeln den Fall, dass die in der Auslobung bestimmte Handlung von mehreren Personen vorgenommen wird. Perfekt wird der Vertragsschluss dadurch, dass der Handelnde seine 34

Handlung in Beziehung zur Auslobung setzt. Dies kann als Willenserklärung oder entsprechend § 151 S 1 BGB als Willensbetätigung geschehen. Eine bestimmte Frist für die Erklärung des Handelnden besteht nicht; auch insoweit sind die §§ 146 ff, 151 S 2 BGB nicht anwendbar.

ff) Bedingung und Zeitbestimmung (§§ 158 ff BGB)

34a Selbstverständlich ist eine Auslobung auch unter einer Bedingung oder einer Zeitbestimmung möglich (MünchKommBGB/Schäfer § 657 Rn 12). Dies wird vom Gesetz als selbstverständlich vorausgesetzt (§ 658 Abs 2 HS 2 BGB; vgl § 658 Rn 8). § 162 BGB findet wegen der Besonderheiten der Auslobung keine Anwendung (Rn 76).

gg) Vertretung (§§ 164 ff BGB)

35 Für die Vornahme der Auslobung durch einen Vertreter gelten die §§ 164 ff BGB. Da es sich entgegen der herrschenden Pollizitationstheorie bei der Auslobung um kein einseitig bindendes Versprechen, sondern um eine Vertragsofferte *ad incertam personam* handelt, findet § 180 BGB keine Anwendung (**aA** Grunewald, Die Auslobung 61; Soergel/vReden § 657 Rn 8).

hh) Anwendbarkeit der §§ 305 ff BGB (AGB-Recht)

36 Relevant wird die Frage der Anwendbarkeit der §§ 305 ff BGB auf Auslobungen meist bei Preisausschreiben (§ 661 BGB): denn häufig beinhalten diese Ausschreibungen ein eingehendes Regelwerk, das den geordneten Ablauf des Wettbewerbs sicherstellen soll. Auf dem Boden der herrschenden Pollizitationstheorie wurden von der hM die §§ 305 ff BGB bisher für unanwendbar gehalten, da es sich bei den einer Auslobung beigefügten Bedingungen eben nicht um *Vertrags*bedingungen iSd § 305 BGB handele (Erman/Berger § 657 Rn 2; MünchKommBGB/Schäfer § 657 Rn 12; Soergel/vReden § 657 Rn 18; **aA** Kaulartz/Hirzle/Holl RDi 2022, 324 Rn 33). Teilweise wird argumentativ ergänzt: der Erklärende nehme hier nicht fremde, sondern ausschließlich seine eigene Gestaltungsmacht in Anspruch (BGH 23. 9. 2010 – III ZR 246/09, BGHZ 187, 86, Rn 23; BGH 25. 10. 2012 – I ZR 169/10, NJW 2013, 2683 Rn 17 – Einwilligung in Werbeanrufe II; vWestphalen NJW 2011, 2098). Nach der hier vertretenen Vertragstheorie kann diese reiner Begrifflichkeit verhaftete Auffassung schon rechtskonstruktiv keinen Bestand haben, da es sich bei der Auslobung um eine auf einen Vertragsschluss gerichtete Offerte *ad incertam personam* handelt. Aber auch inhaltlich ist die bisherige hM unzutreffend. Sie mag im Ansatz insoweit eine gewisse Berechtigung haben, als bei vielen einseitigen Rechtsgeschäften wie etwa der Vollmachtserteilung nur die eigenen Verhältnisse und nicht die der Gegenseite geregelt werden (zu den Grenzen dieses Gedankens: BGH 10. 2. 1999 – IV ZR 324/97, NJW 1999, 1633, 1635 [zur Empfangsvollmacht]). Hier ist für eine Kontrolle am Maßstab der §§ 305 ff BGB in der Tat kein Bedürfnis. Aber das ist bei der Auslobung anders. Der Inhalt der Auslobung bestimmt die gegenseitigen Rechtsbeziehungen zwischen dem Auslobenden und dem Handelnden und damit eben auch die für den Auslobenden fremde Rechtsposition des Handelnden (BGH 23. 9. 2010 – III ZR 246/09, BGHZ 187, 86 Rn 24). Aufgrund der besonderen Vertragsschlusssituation fehlt bei der Auslobung die Möglichkeit des Aushandelns der (Vertrags-)Bedingungen vollkommen. Die inhaltliche Gestaltungsmacht liegt ausschließlich beim Auslobenden (BGH 25. 10. 2012 – I ZR 169/10, BGH NJW 2013, 2683 Rn 19 – Einwilligung in Werbeanrufe II; Grunewald, in: FS vWestphalen [2010] 229, 231 ff). An die Stelle der fehlenden Richtigkeitsvermutung individuell, unter gleichmäßiger Beteiligung der Parteien ausgehandelter Verträge hat dann eine Inhaltskontrolle anhand mate-

rieller Gerechtigkeitskriterien (§ 307 BGB: unangemessene Benachteiligung) zu treten. Die Kontrollfähigkeit von Auslobungen wird nunmehr auch vom BGH anerkannt, soweit die vorformulierten Klauseln im Zusammenhang mit einer **Sonderverbindung** stehen (BGH 25. 10. 2012 – I ZR 169/10, NJW 2013, 2683 Rn 17 – Einwilligung in Werbeanrufe II; BGH 23. 9. 2010 – III ZR 246/09, BGHZ 187, 86 Rn 24; OLG Köln 10. 4. 2014 – 11 W 64/13, NJW-RR 2014, 1138; OLG Brandenburg 27. 1. 2012 – 6 W 122/11, ZfWG 2012, 144; s zur Gestaltungsfreiheit bei Auslobungen auch: Wiechmann, Der Ausschluß des Rechtsweges bei den öffentlichen Schenkungsversprechen 60 ff). Bei Preisausschreibungen entsteht mit der Preisbewerbung (ieS) eine Sonderverbindung (§ 661 Rn 18). So hat der BGH die in den „Allgemeinen Bestimmungen“ einer Turnierausschreibung enthaltende Haftungsbeschränkung des Veranstalters eines Reit- und Springturniers entsprechend § 309 Nr 7 BGB kassiert (BGH 23. 9. 2010 – III ZR 246/09, BGHZ 187, 86 Rn 22 ff). Ebenso unterwirft er das im Rahmen eines Gewinnspiels abgegebene vorformulierte Einverständnis zu Werbeanrufen (§ 7 Abs 2 Nr 1 UWG) der Kontrolle der §§ 305 ff BGB (BGH 25. 10. 2012 – I ZR 169/10, NJW 2013, 2683 Rn 15 ff – Einwilligung in Werbeanrufe II). Eine andere Frage ist es, ob die Inhaltskontrolle am Maßstab der §§ 307 ff BGB institutionelle Schranken kennt. Und in der Tat: Sportliche Regelwerke (etwa Sport- und Spielordnungen), die den Ablauf eines Wettbewerbs ordnen, sind grundsätzlich keine Allgemeinen Geschäftsbedingungen iSd § 305 BGB (BGH 28. 11. 1994 – II ZR 11/94, BGHZ 128, 93, 101 f). Denn diese Regelwerke wollen alleine den geordneten Wettkampf ermöglichen und regeln keine vom (wirtschaftlichen) Interessengegensatz bestimmten Leistungsaustauschbeziehungen. Aber Achtung: Kontrollfrei sind auch diese Regelwerke nicht! Nur bestimmt sich hier der – nicht minder strenge – Kontrollmaßstab unmittelbar nach § 242 BGB. Im Einzelfall kann sich – gerade bei sportlichen Wettbewerben in Form eines Preisausschreibens (§ 661 BGB) – die Frage stellen, ob die konkrete Klausel der Überprüfung am Maßstab der §§ 307 ff BGB oder des § 242 BGB unterliegt.

2. Vorschriften des Allgemeinen und des Besonderen Schuldrechts

a) Allgemeines Schuldrecht

37 Führt der Handelnde den in der Auslobung bestimmten Erfolg herbei und setzt er ihn durch rechtsgeschäftlichen Willensakt in Beziehung zur Auslobung, entsteht zwischen den Parteien ein besonderes Schuldverhältnis. Hierauf finden die Vorschriften des Allgemeinen Teils des Schuldrechts der §§ 241 ff BGB Anwendung. Entgegen der herrschenden Lehre (MünchKommBGB/Schäfer § 657 Rn 13; Planck/Oegg Vorbem III 2 vor § 657) finden auch die Vorschriften des Dritten Abschnitts des Zweiten Buches (Schuldverhältnisse aus Verträgen) und hier insbesondere auch die Vorschriften über gegenseitige Verträge (§§ 320 ff BGB) Anwendung, soweit nicht die Besonderheiten der Auslobung entgegenstehen (Hoeniger, Die gemischten Verträge in ihrer Grundform 252; Elster ArchBürgR 18 [1900] 125, 172). Die herrschende Pollizitationstheorie hat schon begriffliche Schwierigkeiten, die Anwendbarkeit der §§ 311 ff BGB anzuerkennen, da sie die Auslobung unzutreffend als einseitiges Rechtsgeschäft deutet (Rn 13 f). Hinzu kommt, dass die rechtliche und wirtschaftliche Gegenseitigkeit des aufgrund der Auslobung zustande kommenden Rechtsverhältnisses dadurch verdeckt wird, dass aufgrund der auslobungstypischen Besonderheiten des Vertragsschlusses der Handelnde faktisch in Vorlage treten muss und ihn zur Vornahme der Handlung keine Leistungspflicht trifft (Rn 18 f). Gleichwohl geht es auch bei der Auslobung um die Koordinierung von Leistung und Gegenleistung; denn führt der Han-

delnde den in der Auslobung bestimmten Erfolg herbei und setzt ihn durch Willensakt in Beziehung zur Auslobung, stellt er das Gegenseitigkeitsverhältnis zwischen Handlung und Belohnung her (zum Sonderfall der unentgeltlichen Auslobung s Rn 20, 44).

38 Von besonderer Bedeutung im Bereich des Allgemeinen Schuldrechts ist das **Leistungsstörungsrecht**. Soweit dies den Bereich der Schlechtleistung (Lieferung einer mangelhaften Sache oder Verletzung leistungsbezogener Nebenpflichten) angeht, wird darauf an späterer Stelle einzugehen sein (Rn 77 ff, 88). Daneben treffen sowohl den Auslobenden als auch den Handelnden **Schutzpflichten iSd § 241 Abs 2 BGB**. Diese werden meist beim Preisausschreiben relevant (§ 661 Rn 22). Aber auch bei der einfachen Auslobung treffen den Auslobenden mit der öffentlichen Bekanntgabe der Auslobung Schutzpflichten gegenüber allen Personen, die mit Rücksicht auf die Auslobung versuchen, den in der Auslobung bestimmten Erfolg herbeizuführen (vgl BGH 23. 9. 2010 – III ZR 246/09, BGHZ 187, 86 Rn 12; OLG Koblenz 17. 8. 2017 – 1 U 7/17, NJW 2017, 3310, Rn 15; OLG Köln 5. 9. 1995 – 22 U 23/95, VersR 1997, 125). Notwendige Voraussetzung zur Entstehung einer vorvertraglichen Sonderverbindung ist allerdings, dass der Handelnde im Hinblick auf die Auslobung tätig wird (vgl § 311 Abs 2 BGB). Umgekehrt treffen auch den Handelnden Schutzpflichten gegenüber dem Auslobenden (Soergel/vReden § 657 Rn 33); aber auch hier ist Entstehungsvoraussetzung der Schutzpflichten, dass ein Handeln im Blick auf die Auslobung erfolgt. Erfährt der Handelnde erst nach Vollbringung der Handlung von der Auslobung und setzt er seine Handlung erst jetzt in Beziehung zur Auslobung, treffen ihn erst ab diesem Zeitpunkt Schutzpflichten. Allerdings knüpfen diese Pflichten an sein bisheriges Tun an, da er verpflichtet ist, mit seinem bisherigen Wirken zusammenhängende Gefahren für den Auslobenden abzuwehren. Verletzen die Beteiligten die ihnen obliegenden Pflichten, haften sie gem §§ 280, 311 Abs 2, 241 Abs 2 BGB.

b) Besonderes Schuldrecht

39 Neben den Vorschriften des Allgemeinen Schuldrechts ist im Einzelfall auf die Vorschriften des Besonderen Schuldrechts zurückzugreifen. Dies bestimmt sich nach dem im Einzelfall vorliegenden Auslobungstypus (Rn 17). Es hängt im Einzelfall von der Natur der Leistungen des Handelnden und des Auslobenden ab, welchem Vertragstyp die Auslobung am nächsten kommt. Je nachdem, ob das konkrete aufgrund der Auslobung zustande gekommene Rechtsverhältnis mehr diesem oder jenem Vertragstyp verwandt ist, kann im Einzelfall auf die für diesen Vertragstypus geltenden Grundsätze, zB hinsichtlich der Gewährleistung oder der Verjährung von Ansprüchen, zurückgegriffen werden. Aber auch hier ist zu beachten, dass der Auslobungsvertrag stets ein *contractus sui generis* bleiben wird, weil der Handelnde grundsätzlich nicht zur Leistung verpflichtet ist und den Anspruch auf die Leistung nur durch eine Vorleistung erwerben kann (vMayr, Die Auslobung 126; vgl ÖstOGH 18. 3. 1997 – 1 Ob 2398/96w).

IX. Abgrenzung zu anderen Rechtsinstituten

40 Die Auslobung wird regelmäßig von anderen Rechtsinstituten, insbesondere von Schenkung (§§ 516 ff BGB) und Wette (§ 762 BGB) abgegrenzt. Aber der Versuch einer solchen Abgrenzung ist missverständlich. Die Auslobung ist nur eine besondere Art des Zustandekommens für die unterschiedlichsten Kausalgeschäfte. Eine bestimmte inhaltliche Fixierung, die „Auslobung an sich“, gibt es nicht (vgl FG Rheinland-

Pfalz 15. 9. 2015 – 6 K 1844/13, DStrE 2016, 1053, 1064; Rn 17). Gegenstand einer Auslobung kann ein Spiel oder eine Wette, eine Schenkung oder ein Werkvertrag sein. Anwendung auf das durch die Auslobung zustande gekommene Rechtsverhältnis finden dann die Vorschriften, die dem durch die Auslobung begründeten Rechtsverhältnis (Auslobungstypus) am nächsten kommen (ÖstOGH SZ 11/195 24. 9. 1929 – 2 Ob 658/29; ÖstOGH 18. 3. 1997 – 1 Ob 2398/96w; Rn 17, 39). Spiel oder Wette begründen daher zB auch dann keine Verbindlichkeit, wenn sie Gegenstand einer Auslobung sind (§ 762 Abs 1 S 1 BGB). Die Frage „Wette oder Auslobung?“ ist daher falsch gestellt. Sie muss dahin gehen, ob im einzelnen Fall eine Auslobung vorliegt, die einen Werkvertrag oder eine Wette zum Gegenstand hat. – Die Auslobung ist eine Willenserklärung *ad incertam personam*. Hierdurch unterscheidet sie sich von der arbeitsrechtlichen **Gesamtzusage**, durch die vom Arbeitgeber in allgemeiner Form („schwarzes Brett“) der gesamten oder doch Teilen der Belegschaft *(ad certas personas)* zusätzliche soziale Leistungen versprochen werden. Da eine ausdrückliche Annahme seitens des einzelnen Arbeitnehmers nicht erwartet wird, wird das in der Zusage liegende Angebot gemäß § 151 BGB angenommen und ergänzender Inhalt der betroffenen Arbeitsverträge (BAG AP BGB § 157 Nr 36, BAG 23. 9. 2009 – 5 AZR 628/08). Besonderheiten der Gesamtzusage liegen darin, dass sie unabhängig von einer konkreten Kenntnisnahme zugunsten des einzelnen Arbeitnehmers wirkt und regelmäßig auch auf künftige Arbeitnehmer abzielt (§ 151 S 1 BGB).

1. Spiel und Wette (§ 762 BGB)

Die klassische Abgrenzungsfrage „Wette oder Auslobung?“, die die Rechtswissenschaft bis heute beschäftigt (OLG Köln 10. 4. 2014 – 11 W 64/13, NJW-RR 2014, 1138, 1139; LG und OLG München SeuffBl 72 [1907] 36; Gergen JA 2004, 760; Hamm DJZ 1905, 392; Heinsheimer DJZ 1904, 623; Kohler ArchBürgR 25 [1905] 1; Köttgen Recht 8 [1904] 380; Winkler Recht 8 [1904] 355; s auch Ernst NJW 2006, 1186 f; zur Abgrenzung im österreichischen und Schweizer Recht: Schülgen, Die Auslobung 60, 72 f), ist falsch gestellt. Die Auslobung beschreibt nur eine besondere Form des Zustandekommens eines Kausalgeschäfts; die Auslobung ist „typenneutral“, es gibt keine „Auslobung an sich“ (Rn 17). Daher kommt man – selbst wenn man der Pollizitationstheorie anhängt – nicht mit dem schlichten Hinweis weiter, bei Spiel und Wette handele es sich um einen Vertrag (zweiseitiges Rechtsgeschäft), bei der Auslobung dagegen um ein einseitiges Rechtsgeschäft (so aber RG 7. 12. 1906 – V 473/06, RGSt 40, 21, 32; MünchKommBGB/Schäfer § 657 Rn 14, 32). Auch eine Wette oder ein Spiel kann Gegenstand einer Auslobung sein. Hat allerdings eine Auslobung eine Wette zum Gegenstand, finden die für die Wette geltenden Vorschriften Anwendung. Folge ist, dass gem **§ 762 Abs 1 S 1 BGB** eine Verbindlichkeit nicht begründet wird (ÖstOGH 18. 3. 1997 – 1 Ob 2398/96w; **aA** Planck/Oegg Vorbem III 3 vor § 657). Die bisherige Diskussion ist daher vom Kopf auf die Füße zu stellen: Nicht „Auslobung oder Wette?“ lautet die Frage, sondern hat die Auslobung eine Wette bzw ein Spiel zum Gegenstand und begründet daher gem § 762 BGB keine Verbindlichkeit, oder ist die Auslobung – mit den Worten der hier vertretenen Vertragstheorie – auf den Abschluss eines Werk- oder Dienstvertrages gerichtet (vgl Kohler ArchBürgR 25 [1905] 1). Die Wette gehört zu den aleatorischen Geschäften. Man versteht darunter die Vereinbarung eines Gewinns zu Gunsten desjenigen, dessen Behauptung sich gegenüber einer gegenteiligen Behauptung des anderen Teils als richtig erweist (Winkler Recht 8 [1904] 355; Kohler ArchBürgR 25 [1905] 1, 3; OLG München 22. 5. 1906, SeuffBl 72 [1907] 36, 39). Der Begriff der Wette setzt nicht voraus, dass 41 von beiden Seiten ein Einsatz erfolgt; eine Wette kann auch dadurch erfolgen, dass nur der eine Teil für den Fall der Unrichtigkeit seiner Behauptung etwas verspricht – sog **einseitige oder halbe Wette** (OLG München 22. 5. 1906, SeuffBl 72 [1907] 36, 39; Köttgen Recht 8 [1904] 380, 381; Soergel/vReden Vor §§ 657–661a Rn 10; vgl auch Kohler ArchBürgR 25 [1905] 1, 3 ff; **aA** MünchKommBGB/Schäfer § 657 Rn 15; Staudinger/Schönenberg-Wessel [2021] § 762 Rn 4 f; Oertmann Vorbem 5 vor § 657; Larenz, Schuldrecht II/1 [13. Aufl 1986] § 55 S 406 f). Eine solche Wette kann sich ohne weiteres der für die Auslobung typischen Form bedienen, nämlich dann, wenn jemand öffentlich *ad incertam personam* einen Wettantrag macht und es anderen überlässt, diesen Wettvertrag anzunehmen. Die Abgrenzung, ob die Auslobung eine Wette oder einen Werkvertrag zum Gegenstand hat, beschäftigte seit dem berühmten, in die deutsche Rechtsgeschichte eingegangenen Rechtsstreit vHoensbroech gegen Dasbach die Lehre (Wurm, in: FS Schlick [2015] 577; vgl auch den ähnlichen Fall OLG Stuttgart 6. 2. 2016 – 12 U 63/15, NJOZ 2016, 1858: Nachweis des Masern-Virus. Der Anspruch scheiterte daran, dass der Handelnde die restriktiven Vorgaben der Auslobung zum Nachweis der Masernviren [einheitliche Publikation] nicht erfüllte). Der Zentrumsführer und Reichstagsabgeordnete Kaplan Dasbach aus Trier hatte in einer öffentlichen Versammlung, in deren Verlauf er für den Orden der Jesuiten Partei ergriff, verkündet, demjenigen die damals stolze Summe von 2000 Gulden zu zahlen, der nachweisen könne, dass sich der Ausspruch, „der Zweck heiligt die Mittel" in den Schriften der Jesuiten finde. Darauf klagte der Berliner Schriftsteller und ehemalige Jesuit Graf vHoensbroech gegen Dasbach auf Zahlung der ausgesetzten Summe mit der Behauptung, diesen Nachweis in seinen Schriften bereits erbracht zu haben (vgl etwa die Erlebnisberichte des Klägers: vHoensbroech, Mein Austritt aus dem Jesuitenorden [1893]; vHoensbroech, 14 Jahre Jesuit, Persönliches und Grundsätzliches [1909]). Dasbach forderte Klageabweisung, da dem Kläger der Nachweis nicht gelungen sei. Das LG Trier wies, ohne in eine Klärung der theologischen Streitfrage einzutreten, die Klage ab, weil überhaupt eine durchsetzbare Verbindlichkeit fehle. Bei der öffentlichen Erklärung Dasbachs habe es sich um eine der Allgemeinheit gegenüber ausgesprochenen halben Wette gehandelt, aus der eine Verbindlichkeit gerade nicht erwachse. Eine Auslobung – richtig wäre: eine auf den Abschluss eines Werkvertrages gerichtete Auslobung – sei nicht anzunehmen, da Dasbach die Vornahme der Handlung gerade nicht gewollt habe, sein Interesse vielmehr dahin gehe, dass der Nachweis nicht geführt werde (LG Trier 7. 6. 1904; das „unveröffentlichte" Urteil ist vollständig dokumentiert bei: Wurm, in: FS Schlick [2015] 577, 584 ff; Gründe ebenfalls mitgeteilt von Hamm DJZ 1905, 392 f; Winkler Recht 8 [1904] 355; auch Köttgen Recht 8 [1904] 380 f). Die Entscheidung des LG Triers hat ein breites literarisches Echo ausgelöst. Dabei fand das Ergebnis, in der Äußerung Dasbachs lediglich eine Wette zu sehen, breite Zustimmung (Hamm DJZ 1905, 392, 394; Kuhlenbeck JW 1908, 645, 647; Köttgen Recht 8 [1904] 380; Dernburg, Das bürgerliche Recht II 2 [3. Aufl 1906] § 335 II 3 S 544 Fn 6; vGierke, Deutsches Privatrecht III § 185 II S 320; **aA** Crome, Die partiarischen Rechtsgeschäfte 514 f; Gergen JA 2004, 760, 761; Winkler Recht 8 [1904] 355, 356; BGB-RGRK/Steffen § 657 Rn 8). Kritik fand aber zu Recht der dogmatische Ansatzpunkt. Es kommt nämlich für den Begriff der Auslobung des BGB nicht darauf an, dass der Auslobende ein Interesse an der Vornahme der Handlung hat; eine Wette ist nicht allein deswegen der einzig in Betracht kommende Vertragstypus, weil der Auslobende gerade umgekehrt ein Interesse an der Nichtvornahme der Handlung hat (Winkler Recht 8 [1904] 355; Rn 28). Die Frage, ob eine Wette Gegenstand einer Auslobung ist, beantwortet sich nach dem Wesen der Wette; entscheidend ist der aleatorische Charakter des Rechtsgeschäfts. Eine – etwa auf einen Werkvertrag gerichtete – Auslobung liegt vor, wenn der Auslobende den Wunsch hat: Die Leistung soll unmöglich sein; wenn sie aber möglich ist, so möge sie gelingen. Wette dagegen: Die Leistung möge unmöglich sein, oder doch zumindest niemandem gelingen (ÖstOGH SZ 47/42 3. 4. 1974 – 5 Ob 12/74). Anders formuliert: Geht es den Parteien lediglich um ein persönliches Rechthaben, so handelt es sich um eine Wette, geht es ihnen um die Sache, dann handelt es sich um eine Auslobung (vMayr, Die Auslobung 27 ff; Winkler Recht 8 [1904] 355, 356; Hamm DJZ 1905, 392, 394; **aA** MünchKommBGB/Schäfer § 657 Rn 32; Köttgen Recht 8 [1904] 380, 381; anders: Soergel/vReden Vor §§ 657–661a Rn 11, 12, der darauf abstellt, ob die zu belohnende Leistung ein gewisses Maß an Leistung erfordert).

Die gegen das Urteil des LG Trier eingelegte Berufung wies das OLG Köln zurück. **42**
Zwar sei die Rechtsauffassung der Vorinstanz rechtsirrig, da der Begriff der Auslobung nicht voraussetze, dass der Auslobende ein Interesse an der Vornahme der Handlung habe und wegen des ernsthaften Willens der Parteien, die theologische Streitfrage gerichtlich klären zu lassen, eine Wette nicht angenommen werden könne. Doch erachtete das OLG Köln die Klage als tatsächlich unbegründet, da vHoensbroech den Nachweis nicht in gehöriger Form erbracht hatte (OLG Köln 30. 3. 1905, soweit ersichtlich, nicht veröffentlicht; Gründe mitgeteilt bei Hamm DJZ 1905, 392, 393). Die Entscheidung des OLG Köln ihrerseits begegnet Bedenken. Alleine der unbedingte Wille der Parteien, die Sache gerichtlich entscheiden zu lassen, deutet noch nicht darauf hin, dass es Dasbach bei seiner öffentlichen Erklärung tatsächlich um die wissenschaftliche Klärung einer theologischen Streitfrage ging. Näherliegend ist, dass jede Partei rechthaberisch das Gericht instrumentalisieren wollte. Der Rechtsstreit vHoensbroech gegen Dasbach offenbart zudem eine besondere Gefahr, gerade wenn man tatsächlich annimmt, dass es Dasbach mit seiner Auslobung um die Sache ging. Es droht die Gefahr, dass Gerichte mit der verbindlichen Klärung wissenschaftlicher Streitigkeiten etwa aus dem Bereich der Naturwissenschaften, der Philosophie oder der Theologie behelligt werden, was doch letztlich kaum deren Aufgabe sein kann. Solchen Streitigkeiten ist vielmehr der Weg zu den ordentlichen Gerichten zu versperren. Dies erreicht man, wenn man sich darauf besinnt, dass in Fallkonstellationen wie im Fall vHoensbroech gegen Dasbach keine sog absolute Auslobung iSd § 657 BGB, sondern ein **Preisausschreiben iSd § 661 BGB** vorliegt (Heinsheimer DJZ 1904, 623, 625; vgl auch Kohler ArchBürgR 25 [1905] 1, 8; krit Planck/Oegg Vorbem III 3 vor § 657). Ein Preisausschreiben ist eine relative Auslobung (§ 661 Rn 2). Der Unterschied zwischen absoluter und relativer Auslobung liegt in der Natur der gestellten Aufgabe: Jene sind auf ein absolut erreichbares Ergebnis gerichtet, eine bestimmte Handlung, einen bestimmten Erfolg, der gelingen oder nicht gelingen kann; diese haben etwa eine wissenschaftliche Aufgabe zum Gegenstand, die relative und verschiedenartige, aus der Sicht der Auslobenden vielleicht mehr oder weniger gute, aber eben nicht nur eine richtige und sonst nur falsche Lösungen kennt. Unterliegt bei der absoluten Auslobung die Frage des Bedingungseintritts als Tatfrage der gerichtlichen Nachprüfung, so ist beim Preisausschreiben ein Werturteil zu fällen, das grundsätzlich dem Auslobenden zusteht und kraft gesetzlicher Anordnung des § 661 Abs 2 S 2 BGB **nicht justiziabel** ist. Von daher kann auf die im vorliegenden Zusammenhang wenig beachtete Entscheidung BGHZ 17, 366 (BGH 14. 6. 1955 – V ZR 120/55) hingewiesen werden. Die spätere Beklagte setzte einen Preis aus, den derjenige sich verdienen sollte, der eine von ihr aufgestellte wissenschaftliche These über die Natur von Sonnenflecken widerlege. Über die Frage, ob der Gegenbeweis geführt sei, sollte eine aus neutralen Wissenschaftlern zusammengesetzte Kommission entscheiden. Im

konkreten Fall kam mangels öffentlicher Bekanntmachung eine Auslobung in Form eines Preisausschreibens (§ 661 BGB) nicht in Betracht. Der BGH wendete – ohne übrigens auf die Frage, ob eine Wette vorliegt, überhaupt einzugehen – die Vorschrift des § 661 BGB entsprechend an.

43 Eine Auslobung kann auch ein **Spiel** oder **Lotterie** iSd § 762, 763 BGB zum Gegenstand haben (Rn 41). Entscheidend ist der aleatorische Charakter und die auf Unterhaltung und Gewinn zielende Zweckrichtung des Geschäfts (**aA** MünchKommBGB/Schäfer § 657 Rn 32). Letztlich gibt der Mangel eines ernsten wirtschaftlichen und sittlichen Zwecks und die damit einhergehenden wirtschaftlichen und sittlichen Gefahren Auskunft über die Einordnung als Spiel oder Lotterie (Staudinger/Schönenberg-Wessel [2021] Vorbem 4b, 7 zu §§ 762–764; **aA** Castendiek SpuRt 2023, 10, 11). Keine zwingende Voraussetzung von Spiel oder Lotterie ist dagegen, dass auch der Handelnde oder Preisbewerber das Risiko des Verlusts eines Einsatzes trägt. Wie die Wette kann auch das Spiel im Grundsatz entgeltlich oder eben auch unentgeltlich sein. Vergleichbar der halben Wette gibt es auch ein **halbes Spiel** (Koziol/Bydlinski/Karner ABGB [6. Aufl 2020] §§ 1267–1274 Rn 4; Soergel/vReden Vor §§ 657–661a Rn 10; **aA** Staudinger/Schönenberg-Wessel [2021] § 762 Rn 3, 4). Auslobungen – insbesondere auch in ihrer Sonderform des Preisausschreibens (§ 661 BGB) – mit aleatorischem Charakter im Grenzbereich zu Spiel und Lotterie sind im heutigen Wirtschaftsleben recht häufig. Grundsätzlich fallen neben den reinen Glücksspielen auch alle **sportlichen Wettbewerbe**, inklusive der sportlichen Kampf- und Geschicklichkeits- und Denkspiele, obwohl diese – man denke nur an Schach oder Billard – erhebliche geistige und feinmotorische Fähigkeiten erfordern, unter den Spielbegriff des § 762 BGB (RG 7. 12. 1906 – V 473/06, RGSt 40, 21, 31 ff; **aA** OLG Köln 10. 4. 2014 – 11 W 64/13, NJW-RR 2014, 1138, 1139; Soergel/vReden Vor §§ 657–661a Rn 14; ÖstOGH SZ 11/196 24. 9. 1929 – 2 Ob 658/29). Die früher verbreitete Auffassung, den Sport wegen des damit verbundenen „Ertüchtigungsgedankens“ überhaupt aus dem Bereich des § 762 BGB herauszunehmen, wird heute kaum mehr vertreten (so noch Jauernig/Stadler § 762 Rn 4). Das kleine, öffentlich bekanntgemachte Hobbyfußballturnier der Freizeitmannschaft „FC Sturmflut“ bleibt eben Spiel. Und doch ist eine zentrale Ausnahme zu machen: Denn kein Spiel iSd § 762 BGB liegt mehr vor, wenn mit der Durchführung der sportlichen Veranstaltung **ernsthafte wirtschaftliche Zwecke** verfolgt werden (dazu Staudinger/Schönenberg-Wessel [2021] Vorbem 7 zu §§ 762–764). Die öffentliche Durchführung von Pferderennen oder Reitturnieren dient der anerkennenswerten Förderung der Pferdezucht (OLG Karlsruhe 12. 5. 1095 – 15346 [4. ZS], DJZ 1906, 435), entsprechende Preisausschreibungen (§ 661 BGB) haben mithin kein Spiel zum Gegenstand (BGH LM BGB § 661 Nr 2 6. 4. 1966 – Ib ZR 82/64: Galopprennen; BGH 23. 9. 2010 – III ZR 246/09, BGHZ 187, 86 Rn 11: Reit- und Springturnier; OLG Köln 5. 9. 1995 – 22 U 23/95, VersR 1997, 125: ländliches Reitturnier). Auch das von einer großen Brauerei ausgerichtete Turnier der Hobbyfußballer ist kein Spiel, da es der Werbung dient (Staudinger/Schönenberg-Wessel [2021] Vorbem 7 zu §§ 762–764). Auf eine Lotterie ist dagegen die Auslobung ausgerichtet, die eine Verteilung von Preisen unter denjenigen Besuchern der Sportveranstaltung ankündigt, die den Sieger richtig voraussagen (RG 30. 4. 1915 – VII 33/15, RG Recht 1915 Nr 1990; Soergel/vReden Vor §§ 657–661a Rn 15). In Zeitungen und Illustrierten finden sich häufig mehr oder minder schwere **Preisrätsel** oder **Gewinnspiele**. Der Leser hat etwa eine kleinere Aufgaben zu lösen („Wann wurde Deutschland zum letzten Mal Fußballweltmeister?“), auf einen Werbetext bezogene Fragen zu beantworten („Durch welche Eigenschaften zeichnet sich unser Produkt aus?“) oder einfach eine Losnummer an den

Auslobenden zu versenden. Unter den Einsendern wird dann der ausgelobte Gewinn verlost. Das alte Phänomen im neuen Gewand begegnet uns bei **Quizspielen im Fernsehen** (OLG Köln 10. 4. 2014 – 11 W 64/13, NJW-RR 2014, 1138; Ernst NJW 2006, 186; Gabriel/Barth VuR 2006, 301) oder Gewinnspielen in „sozialen Netzwerken“ (Schirmbacher/Schätzle ITRB 2012, 61). Zuschauer können kostenpflichtige Telefonnummern anrufen (zur wettbewerbsrechtlichen Zulässigkeit: § 661 Rn 48 f; zur strafrechtlichen Dimension Ernst ITRB 2006, 86, 87 f; Gabriel/Bahr VuR 2006, 301 f). Nach dem Zufallsprinzip werden einzelne Anrufer in die laufende Sendung durchgestellt. Durch die richtige Beantwortung von Fragen kann sich der Anrufer Preise verdienen. In sozialen Netzwerken (zB Facebook) können die Teilnehmer durch ein einfaches „Gefällt mir“ an Verlosungen teilnehmen. Die bisherige hM nimmt in diesen Fällen ein Spiel oder eine Lotterie iSd §§ 762, 763 BGB an, wenn es sich um eine Aufgabe handelt, die von jedermann ohne Mühe gelöst werden kann (RG 9. 4. 1894 – III 738/94, RGSt 25, 256; OLG Düsseldorf 14. 1. 1997 – 22 W 77/96, NJW 1997, 2122; OLG Stuttgart 19. 2. 1986 – 1 U 166/85, MDR 1986, 756; LG Münster 5. 8. 1987 – 1 S 19/87, MDR 1988, 53, 54; Berlit WRP 2005, 1213; **aA** Ernst NJW 2006, 186, 187; Ernst ITRB 2006, 86 88 f; MünchKommBGB/Schäfer § 661 Rn 7). Man spricht hier auch von **unechten Preisausschreiben**. So wurde etwa für die Fälle, dass die Teilnehmer nur eine Losnummer zurücksenden (OLG Düsseldorf 14. 1. 1997 – 22 W 77/96, NJW 1997, 2122), ein Feld freirubbeln (OLG Stuttgart 19. 2. 1986 – 1 U 166/85, MDR 1986, 756) oder Fragen, deren Beantwortung sich aus einem 20-seitigen Werbeprospekt ergab, beantworten mussten (LG Münster 5. 8. 1987 – 1 S 19/87, MDR 1988, 53, 54), jeweils nur ein Gewinnspiel bzw eine Lotterie iSd §§ 762, 763 BGB angenommen. Anders soll es sich dagegen verhalten, wenn das Preisrätsel äußerst schwierig ist (Kornblum JuS 1981, 801, 802; zB: OLG Karlsruhe 25. 7. 1980 – 14 U 228/78, Justiz 1980, 436; **aA** Soergel/vReden Vor §§ 657–661a Rn 11 ff, insbes 13 f, § 661 Rn 8 f: auf einen besonderen Schwierigkeitsgrad komme es nicht an, sofern nur überhaupt eine Leistung vom Bewerber gefordert werde). Das OLG Köln hat sich jüngst gegen die Einordnung des bekannten Fernsehquiz „Wer wird Millionär?“ als unverbindliches Spiel entschieden: Denn letztendlich entscheide die geistige Leistung des Teilnehmers über Gewinn und Verlust und nicht das Glück; daran ändere auch das zufällige Auswählen der Fragen nichts (OLG Köln 10. 4. 2014 – 11 W 64/13, NJW-RR 2014, 1138, 1139; LG München I 21. 12. 2004 – 33 O 15954/04, ZUM-RD 2005, 190, 192; OLG München 28. 7. 2005 – U [K] 1834/05, NJW-RR 2005, 1401; BGH 28. 9. 2006 – III ZR 295/05, NJW-RR 2007, 392; Ernst NJW 2006, 186, 188; Erman/Berger § 657 Rn 4; **aA** Gabriel/Barth VuR 2006, 301, 302 f; offen gelassen: LG Berlin 28. 9. 2004 – 5 O 241/04, MMR 125, 126). Das alles erscheint mir schon im Ansatz unzutreffend: Denn der aleatorische Charakter hängt nicht von der Schwierigkeit ab (vgl ÖstOGH RZ 1960, 81 27. 1. 1960 – 5 Ob 624/59). Erinnern wir uns: Auch anspruchsvolle Denkspiele – wie Schach – sind im ersten Zugriff ein Spiel. Entscheidend ist alleine der aleatorische Charakter. Die Gefährlichkeit (Spielsucht) gerade von TV-Quizsendungen, die nur über Mehrwertdiensterufnummern, dafür aber bequem von zu Haus aus, erreichbar sind, für ein prekäres, sozialschwaches und arbeitsloses Fernsehpublikum ist förmlich mit Händen zu greifen (Gabriel/Barth VuR 2006, 301, 303; **aA** LG München I 21. 12. 2004 – 33 O 15954/04, ZUM-RD 2005, 190, 192). Und doch ist damit der Stab noch nicht über alle unechten Preisausschreiben und Gewinnspiele gebrochen: Denn nicht unter die aleatorischen Verträge iSd § 762 f BGB sind eben solche Geschäfte zu fassen, mit denen ein **ernsthafter sozialer oder wirtschaftlicher Zweck** verfolgt wird (Staudinger/Schönenberg-Wessel [2021] Vorbem 7 zu §§ 762–764). Bei vielen dieser Gewinnspiele oder Preisrätsel wird es sich – unabhängig vom Schwierigkeitsgrad der zu lösenden Aufgabe – um besonders publikumswirksame Werbung handeln, mit denen für die Zeitschrift, einen Rundfunksender oder ein Produkt geworben werden soll; auch erlangen die Unternehmen die persönlichen Daten der Teilnehmer, die sie für andere Werbemaßnahmen verwenden können. Der besondere Zweck (Werbung) verbietet es zugleich, diese anzuerkennenden Gewinnspiele – auch bei Unentgeltlichkeit der Teilnahme – unter den Begriff der Schenkung zu fassen; zumal dem Handelnden nichts geschenkt, sondern nur eine Gewinnchance eröffnet wird (OLG Hamm 5. 11. 1999 – 26 U 26/99, OLG-Report 2000, 238; vgl OLG Brandenburg 27. 1. 2012 – 6 W 122/11, ZfWG 2012, 144; **aA** OLG Düsseldorf 14. 1. 1997 – 22 W 77/96, NJW 1997, 2122, 2123). Für die besonderen Vorschriften der §§ 516 ff BGB ist hier kein Raum: Wer Aufmerksamkeitswerbung betreibt, handelt vernünftigen wirtschaftlichen Sinns und bedarf keines Übereilungsschutzes gem § 518 BGB (vgl ÖstOGH 26. 4. 2007 – 2 Ob 251/06k, EvBl 2007/135; ÖstOGH 25. 10. 2011 – 9 Ob 89/10v, ecolex 2012/3; Albers NJW 2017, 2380, 2381; Oechsler/Mihaylova Jura 2016, 997, 999 f; Roggendorf/Textor Jura 2017, 1417, 1421). Wegen der Art der Zweckverfolgung liegt auch kein Spiel vor, wenn das Preisausschreiben den Teilnehmern die Aufgabe stellt, einen zugkräftigen Namen für ein Produkt zu finden, auch wenn nach einer ernsthaften Vorauswahl unter den „besten" Einsendern der Gewinner nicht durch Entscheidung eines Preisgerichts (§ 661 Abs 2 BGB) sondern durch das Los bestimmt wird. Diese Richtung unserer Überlegungen wird durch einen Blick nach Österreich gestützt.

Der **ÖstOGH** ist wesentlicher zurückhaltender, einer Auslobung wegen Vorliegens eines Spiels (§§ 1267 öABGB) die Wirksamkeit zu versagen. In der Entscheidung SZ 11/195 hat er die öffentliche Einladung zu einem Preiskegelschießen nicht als Spiel bewertet, da der Erfolg nicht ausschließlich vom Zufall, sondern eben auch von der Geschicklichkeit der Wettbewerber abhänge (ÖstOGH SZ 11/195 24. 9. 1929 – 2 Ob 658/29). In Deutschland entscheidet man insoweit anders. In der Entscheidung RZ 1960, 61 anerkannte er ein Preisrätsel, das die Verlosung von Preisen unter denjenigen Einsendern versprach, die eine Reihe von Fragen richtig beantwortet hatten (ÖstOGH 27. 1. 1960 – 5 OB 624/59, RZ 1960, 81 f); auch das „Ö3-Mehrscheinchenspiel", bei dem demjenigen eine Belohnung versprochen wurde, der eine Euro-Banknote mit bestimmter Seriennummer bis zu einer festgelegten Zeit an den Sender faxt, wurde nicht als Spiel angesehen (ÖstOGH 26. 4. 2007 – 2 Ob 251/06k, EvBl 2007/135). Das zentrale Argument: von einem überwiegenden aleatorischen Charakter der Geschäfte könne nicht gesprochen werden. Denn es sei jeweils klar, dass der Auslobende seine Zusagen erfüllen müsse, unklar sei einzig an wen. Der Umstand alleine, dass der Gewinner durch Los gezogen werde, mache das Geschäft nicht zu einem Glücksspiel (ÖstOGH 25. 10. 2011 – 9 Ob 89/10v, ecolex 2012/3 – Traumhaus-Gewinnspiel]). Diese Argumente überzeugen mich nicht. Tragend scheint mir aber ein anderer Gesichtspunkt zu sein, den der ÖstOGH seit der Ö3-Mehrscheinchenspiel-Entscheidung in Anschluss an Grassl-Palten hervorhebt: Die §§ 1267 ff öABGB zielen auf Glücksverträge, bei denen der Spieltrieb den gesunden Menschenverstand vernebelt; wer vernünftige wirtschaftliche Absichten verfolge, handele nüchternen Sinns und gehe kein größeres Risiko ein als bei anderen Verträgen (ÖstOGH 26. 4. 2007 – 2 Ob 251/06k, EvBl 2007/135; ÖstOGH 25. 10. 2011 – 9 Ob 89/10v, ecolex 2012/3; Grassl-Palten, in: FS Bydlinski [2002] 153).

2. Öffentliche Schenkungsversprechen

44 Die Auslobung als besondere Form des Zustandekommens eines rechtsgeschäftlichen (vertraglichen) Schuldverhältnisses ist nicht auf entgeltliche Geschäfte be-

schränkt (vgl FG Rheinland-Pfalz 15. 9. 2015 – 6 K 1844/13, DStrE 2016, 1053, 1064; Rn 20; anders Kohler ArchBürgR 25 [1905] 1). Auch ein Schenkungsversprechen kann sich im Grundsatz der öffentlichen Form bedienen (vgl aber: Enneccerus/Lehmann, Recht der Schuldverhältnisse [15. Aufl 1958] § 159 II 3 b S 678; Planck/Oegg Vorbem V 4 vor § 657; MünchKommBGB/Schäfer § 657 Rn 16). So liegt etwa eine bedingte Schenkung in Gestalt einer Auslobung vor, wenn der Auslobende eine Belohnung nicht für eine menschliche Handlung, sondern für den Eintritt einer Bedingung versprochen hat, die vom Verhalten des zu Belohnenden unabhängig ist. Hierher gehört etwa der Fall, dass eine patriotisch gesinnte Persönlichkeit den Hinterbliebenen der im Krieg gebliebenen Männer Versorgung verspricht. Zu denken ist auch an Handlungen, bei denen nicht mehr von einer belohnenswerten, menschlichen Tätigkeit gesprochen werden kann. So wird sich zB das öffentliche Versprechen von Prämien für das bloße Sammeln, Einkleben und Versenden von Treuepunkten als Schenkung in Gestalt einer Auslobung darstellen (FG Rheinland-Pfalz 15. 9. 2015 – 6 K 1844/13, DStrE 2016, 1053, 1061 ff; Rn 62). In der Lehre ist sehr umstritten, ob auf ein solches Versprechen die **Vorschriften über die Schenkung** heranzuziehen sind oder ob es bei der Anwendung der §§ 657 ff BGB verbleiben soll. Oegg will danach differenzieren, ob das Versprechen an einen bestimmten oder einen unbestimmte Personenkreis gerichtet ist (Planck/Oegg Vorbem V 4 vor § 657), während Enneccerus/Lehmann grundsätzlich auch bei einem an einen unbestimmten Personenkreis gerichteten Antrag die Formvorschrift des § 518 BGB heranziehen und hiervon nur abrücken wollen, wenn ein irgendwie gearteter Zusammenhang zwischen dem Verhalten des Belohnenden und der Tatsache, an die die Belohnung geknüpft ist, besteht (Enneccerus/Lehmann, Recht der Schuldverhältnisse [15. Aufl 1958] § 159 II 3 b S 678). Nach der hier vertretenen Auffassung finden auf das Kausalgeschäft, das in Form einer Auslobung zustande gekommen ist, grundsätzlich die Vorschriften desjenigen Vertragstyps Anwendung, die dem durch die Auslobung zustande gekommenen Rechtsgeschäft am nächsten kommen (ÖstOGH 18. 3. 1997 – 1 Ob 2398/96w; Rn 17, 39). Von daher gilt eine rechtliche Vermutung für die Anwendung von Schenkungsrecht, insbesondere der **Formvorschrift des § 518 BGB**. Die Vermutung erhärtet sich zur Gewissheit, wenn man auf den Normzweck des § 518 BGB schaut. Hier stehen in erster Linie Warnfunktion und Übereilungsschutz. Gerade in der französischen Diskussion um den *caractère obligatoire de l'engagement unilatéral* wird immer wieder auf die besondere Gefahr vorschnellen Verhaltens bei einseitigen verpflichtenden Rechtsgeschäften hingewiesen (Malaurie/Aynès/Stoffel-Munck, Droit des Obligations [13. Aufl 2024] n°254: „[...] il est dangereux pour une personne d'être seule au moment où elle s'oblige: ne risque-t-elle pas de s'engager à la légère?"). Und in der Tat ist der Auslobung eine Übereilungstendenz inhärent (Sigmund, Bindung durch Versprechen oder Vertrag 87 f; Rn 50). Denn die auslobungstypische Erklärung *ad incertam personam*, das leichthin auf einer Versammlung „ins Blaue" hinein gesprochene Wort, zeigt sich für den Erklärenden zunächst von einer trügerischen Unverbindlichkeit: Denn es ist noch vollkommen ungewiss, wer mich an meinen Worten festhalten wird. Anders ist das an eine bestimmte Person gemachte Versprechen. Hier ist mir bewusst, dass mein Gegenüber alsbald auf Erfüllung bestehen könnte. Die Verbindlichkeit hat hier ein Gesicht, während sie bei der Auslobung nur durch den Nebel der Ungewissheit erscheint. Ist also nach § 518 BGB schon das normale Schenkungsversprechen wegen der Gefahr der Übereilung formbedürftig, so muss es dies erst recht bei einem öffentlichen Schenkungsversprechen sein. In einer bekannten Entscheidung des OLG München hatte ein Vereinsanhänger anlässlich einer Generalversammlung seines vom Abstieg bedrohten Lieblingsclubs der Mannschaft eine hohe Geldsumme versprochen für den Fall, dass diese noch den Klassenerhalt schafft. Um zur Anwendung des § 518 BGB zu gelangen entschied das OLG München, dass wegen des bestimmten Empfängerkreises des Versprechens keine Auslobung, sondern eine **remuneratorische (belohnende) Schenkung** vorlag (OLG München 11. 11. 1982 – 24 U 114/82, NJW 1983, 759; krit Braun JuS 1994, 221, 222; Pawlowski, Methodenlehre für Juristen [2. Aufl 1991] Rn 284 mit Fn 5). Zutreffend war das schon im Ausgangspunkt nicht. Auslobung und Schenkung schließen sich nicht aus (**aA** Kleinschmidt JZ 2009, 1121, 1122 f). Bedient sich eine Schenkung der besonderen Form der Auslobung, so dispensiert dies nicht von der Beachtung der besonderen Formvorschrift des § 518 BGB. Die Frage muss richtig lauten, ob eine remuneratorische Schenkung oder die Vereinbarung einer (zusätzlichen) Vergütung für die Leistung eines Beitrags zur Erreichung eines bestimmten Erfolges vorlag. Letztendlich entscheidend ist damit alleine die Entgeltlichkeit oder Unentgeltlichkeit der Leistung. In einem ähnlich gelagerten Fall (Zusage einer Zuwendung an den Trainer für den Fall des Gewinns der Meisterschaft) hat der BGH statt auf Schenkung auf die Vereinbarung einer besonderen Leistungsvergütung erkannt: Wer eine Zuwendung für den Fall zusage, dass ein bestimmtes Ereignis eintrete, auf das der Zuwendungsempfänger hinarbeiten solle, verspreche keine belohnende Schenkung, sondern eine Gegenleistung für das Bemühen des Zuwendungsempfängers um die Herbeiführung des Ereignisses. Die gegenteilige Auffassung des OLG München wies der BGH ausdrücklich zurück (BGH 28. 5. 2009 – Xa ZR 9/08, NJW 2009, 2737; krit Kleinschmidt JZ 2009, 1121, 1123 f).

X. Anspruch auf die Belohnung

45 Die Auslobung beschreibt eine besondere und komplizierte Form des Vertragsschlusses (Rn 14). Der in § 657 BGB umschriebene Anspruch auf die Belohnung setzt (1) eine wirksame Auslobung ieS und (2) die Vornahme der in der Auslobung bestimmten Handlung voraus. Nicht ausdrücklich aufgeführt in § 657 BGB ist die nach der hier vertretenen Vertragstheorie ganz zentrale Voraussetzung, dass der Handelnde (3) durch Willenserklärung oder Willensbetätigung seine Handlung in Bezug zur Auslobung setzt (**aA** ist die herrschende Pollizitationstheorie, zB Oertmann Vorbem 1 c vor § 657; Rn 9 ff).

1. Tatbestand der Auslobung

46 Der Anspruch des Handelnden auf die Belohnung setzt zunächst voraus, dass eine wirksame Auslobung ieS vorliegt. Der Gesetzgeber umschreibt mit dem Begriff der Auslobung ieS das Aussetzen einer Belohnung für die Vornahme einer Handlung, insbesondere für die Herbeiführung eines Erfolges, durch öffentliche Bekanntmachung.

a) Der Auslobende

47 Auslobender ist derjenige, der im eigenen Namen die Belohnung aussetzt. Ein besonderes persönliches oder öffentliches Interesse muss der Auslobende nicht verfolgen (Rn 28). Auslobender kann jedes Rechtssubjekt sein, das sich wirksam durch Rechtsgeschäft verpflichten kann. Gleichgültig ist, ob es sich um eine dem privaten oder dem öffentlichen Recht angehörige juristische Person, um eine rechtsfähige Personengesellschaft oder schlicht um eine natürliche Person handelt. In der Praxis werden häufig auch Behörden tätig, so zB Polizeibehörden oder Staatsanwaltschaf-

ten, die eine Belohnung auf die Ergreifung von Kriminellen aussetzen (RG 26. 9. 1883 – I 306/83, RGZ 11, 281; OLG Köln 13. 7. 1904, RheinArch 101 [1905] I 50; LG Altona 18. 10. 1933 – 6 S 250/33, JW 1933, 2847; Grunewald, Die Auslobung 62; s etwa die Praxisbeispiele bei Wiechmann, Der Ausschluß des Rechtsweges bei öffentlichen Schenkungsversprechen 4 ff, 161 ff). Verpflichtet wird in diesen Fällen der Träger der Verwaltung. Der Auslobende muss aber nicht selbst handeln. Die Regeln der Stellvertretung finden Anwendung (Rn 35). So kann etwa die Polizei oder ein beauftragter Anwalt eine Belohnung im Namen eines Dritten (Privaten) aussetzen. Auslobender und Schuldner des Anspruchs aus § 657 BGB ist dann ausschließlich der Dritte (MünchKommBGB/Schäfer § 657 Rn 11; vgl RG 26. 9. 1883 – I 306/83, RGZ 11, 281, 282). Der Tod des Auslobenden oder der spätere Eintritt seiner Geschäftsunfähigkeit haben keinen Einfluss auf die Wirksamkeit der Auslobung ieS (vgl §§ 130 Abs 2, 153 BGB; Crome, System des Deutschen Bürgerlichen Rechts II § 279 I 1 b S 759; Elster ArchBürgR 18 [1900] 125, 184; Erman/Berger § 657 Rn 17; Oertmann § 658 Anm 5c; Planck/Oegg Vorbem IV 5 b vor § 657; BGB-RGRK/Steffen § 657 Rn 3). Insbesondere stehen Tod und Geschäftsunfähigkeit nicht der Ausübung des Widerrufs gem § 658 BGB gleich; vielmehr geht das Widerrufsrecht nach § 658 BGB auf den Rechtsnachfolger über bzw ist im Falle des Eintritts der Geschäftsunfähigkeit von seinem gesetzlichen Vertreter auszuüben (§ 658 Rn 8).

b) Abgabe der Auslobung

Bei der Auslobung ieS handelt es sich um eine Willenserklärung *ad incertam personam*. Wirksamkeitsvoraussetzung einer jeden Willenserklärung und damit auch der Auslobung ist, dass sie überhaupt nach außen abgegeben wurde. Daran fehlt es, wenn die Presse über Sitzungen eines Kuratoriums berichtet, in denen die Veranstaltung eines Wettbewerbs beschlossen wird. Gebunden wird der Verein dadurch nicht. Eine eigene Willenserklärung hat er noch nicht abgegeben; es bleibt Sache des Vorstandes, wie er den gefassten Beschluss umsetzt (OLG Hamburg 24. 3. 1911, OLGRspr 24 [1912] 389, 390). 48

c) Öffentliche Bekanntmachung

aa) Öffentliche Bekanntmachung als notwendige Tatbestandsvoraussetzung

(1) Pollizitationstheorie

Für die Pollizitationstheorie (Rn 9 ff) ist die öffentliche Bekanntmachung **unverzichtbarerer Bestandteil** der Auslobung. Die Gesetzesverfasser des BGB wollten zwar im Einklang mit der damaligen Rechtsentwicklung in Deutschland auch der einseitigen obligatorischen Willenserklärung verpflichtende und rechterzeugende Kraft zuerkennen und damit auch anerkennen, dass allein durch ein einseitiges Versprechen eine Verpflichtung zu dessen Erfüllung begründet werden kann, wenn der Versprechende will, dass sein Versprechen ihn auch ohne Annahme bindet. Man scheute aber davor zurück, diesen Satz allgemein aussprechen (vgl heute § 311 Abs 1 BGB). Man hielt eine grundsätzliche Anerkennung des bindenden einseitigen Versprechens für bedenklich und konnte hierfür auch kein Verkehrsbedürfnis erkennen (vKübel, in: Schubert [Hrsg], Die Vorlage der Redaktoren für die erste Kommission zur Ausarbeitung eines Entwurfs eines Bürgerlichen Gesetzbuches, Recht der Schuldverhältnisse I 483). Von daher übernahm das BGB das Merkmal der „öffentlichen Bekanntmachung" als **zwingendes Tatbestandsmerkmal** in den Tatbestand der Auslobung (vgl Elster ArchBürgR 18 [1900] 125, 133). In der Öffentlichkeit wird ein Ausgleich für die Abweichung vom Vertragsprinzip und zugleich ein Ersatz für das fehlende Zugehen der Willenserklärung gesehen. Im Anschluss an die Motive zum E I heißt es eindeutig: „Ohne Publizität 49 keine Auslobung“ (Motive, in: Mugdan II 290; Crome, Die partiarischen Rechtsgeschäfte 521; Crome, System des Deutschen Bürgerlichen Rechts II § 279 S 757; Endemann, Lehrbuch des Bürgerlichen Rechts I [9. Aufl 1903] § 177 1 a S 1115; Erman/Berger § 657 Rn 7; Planck/Oegg § 657 Anm 2b).

50 Dementsprechend wird heute die öffentliche Bekanntmachung ganz überwiegend als die unverzichtbare Geschäftsform der Auslobung verstanden (zB Sigmund, Bindung durch Versprechen oder Vertrag 87 f; MünchKommBGB/Schäfer § 657 Rn 24). Manche Autoren sehen in der Öffentlichkeit eine Formvorschrift zum Schutz des Auslobenden vor Übereilung (Sigmund, Bindung durch Versprechen oder Vertrag 87 f; Rn 44). Unangefochten ist und war diese Auffassung jedoch nie. Ein Grund mag sicherlich darin liegen, dass sich im Einzelfall der Begriff der Öffentlichkeit nur schwer umreißen lässt (Rn 53). Ohne Mühe lassen sich Fälle konstruieren, bei denen man kaum mehr sagen kann, ob jemand eine öffentliche Erklärung abgibt oder nicht. Aber auch als solche wird die Notwendigkeit einer öffentlichen Bekanntmachung in Zweifel gezogen. Bereits Elster hielt das Kriterium der Öffentlichkeit für verfehlt und fragte, warum ein ernsthaft gewolltes Versprechen auf einem privaten Empfang vor vielleicht zwanzig Gästen nicht rechtsverbindlich sein solle (Elster ArchBürgR 18 [1900] 125, 134 f, für das BGB hielt er aber die Anordnung des § 657 für zwingend; Braun JuS 1994, 221, 222; Pawlowski, Methodenlehre für Juristen [2. Aufl 1991] Rn 284 mit Fn 5, der allerdings wohl der Vertragstheorie anhängt). Rückhalt bekommt diese Auffassung durch die allgemeine Anerkennung der Rechtswirksamkeit des einseitigen Versprechens in Art II. – 1:103 (2) des *Draft Common Frame of Reference (DCFR)*. Hier heißt es ohne Einschränkung: „A valid unilateral undertaking is binding on the person giving it if it is intended to be legally binding without acceptance.“ Für die Rechtspraxis ist indes die im Einzelfall schwer festzustellende Öffentlichkeit eines Versprechens kaum von Bedeutung. Fehlt es daran, so hilft man sich damit, das in Frage stehende Rechtsverhältnis unter Vertragsgesichtspunkte zu bringen (vgl nur OLG Stuttgart 6. 2. 2016 – 12 U 63/15, NJOZ 2016, 1858, 1861; Planck/Oegg § 657 Anm 2b). Auf solche Verträge „eigener Art zum Leistungsanreiz“ wendet man dann die §§ 657 ff BGB analog an (Gärtner, Koalitionsfreiheit und Crowdwork [2020] 53 f; Kaulartz/Hirzle/Holl RDi 2022, 324 Rn 32; Kleinschmied JZ 2009, 1121, 1122). Relevant wird dies insbesondere bei nicht öffentlich ausgeschriebenen Preiswettbewerben (§ 661 Rn 8).

(2) Vertragstheorie

51 Für die hier vertretene Vertragstheorie ist die Auslobung ieS eine Offerte *ad incertam personam*. Die „Öffentlichkeit“ ist aber keine konstitutive Wirksamkeitsbedingung einer solchen Willenserklärung, sondern vielmehr eine Umschreibung ihrer verkehrstypischen (tatsächlichen) Erscheinungsform. Bei wirtschaftlicher Betrachtung ersetzt die Auslobung den Maklervertrag (Rn 6); es ist gerade ihr Sinn, ein breites Publikum zu erreichen und dem Auslobenden möglichst viele Reflektanten zuzuführen. Die Öffentlichkeit der Preisaussetzung ist sicherlich auch ein (gewisses) **Seriositätsindiz**. Sie deutet auf das Vorhandensein eines Verpflichtungswillens beim Auslobenden hin (vgl Endemann, Lehrbuch des Bürgerlichen Rechts I [9. Aufl 1903] § 177 1 a S 1115 Fn 4; vMayr, Die Auslobung 16 f; vgl Sigmund, Bindung durch Versprechen oder Vertrag 87 f). Allerdings liegt darin nur ein erster Hinweis auf einen bestehenden Rechtsbindungswillen; denn die weitere Auslegung kann sehr wohl ergeben, dass trotz öffentlicher Bekanntmachung seitens des Auslobenden eine rechtliche Bindung gerade nicht gewollt war (Rn 27 f). Umgekehrt schließt die fehlende Öffentlichkeit den Rechtsbin-

dungswillen nicht aus. Auch eine Erklärung an nur wenige Personen, nach Vornahme einer Handlung durch einen von ihnen eine Belohnung zahlen zu wollen, kann ernst gemeint sein (vgl Elster ArchBürgR 18 [1900] 125, 134 f).

bb) Begriff der Öffentlichen Bekanntmachung
(1) Tradiertes Tatbestandsverständnis

Nach der heute gebräuchlichen Wendung ist eine Bekanntmachung öffentlich, wenn **52** sie geeignet ist, nicht nur bestimmten Personen, sondern einem größeren, unbestimmten Personenkreis bekannt zu werden, wobei als gleichgültig angesehen wird, ob und in welchem Umfang die Gelegenheit zur Kenntnisnahme der Auslobung tatsächlich genutzt wird (OLG Stuttgart 6. 2. 2016 – 12 U 63/15, NJOZ 2016, 1858, 1861; OLG Düsseldorf 14. 1. 1997 – 22 W 77/96, NJW 1997, 2122; LAG Bremen 18. 2. 1972 – 1 Sa 118/71, AP BGB § 657 Nr 1; Grunewald, Die Auslobung 74; vMayr, Die Auslobung 15 ff; Crome, System des Deutschen Bürgerlichen Rechts II § 279 I 1 S 758; Enneccerus/Lehmann, Recht der Schuldverhältnisse [15. Aufl 1958] § 159 II 2 S 677; vGierke, Deutsches Privatrecht III § 185 II S 319; Larenz, Schuldrecht II/1 [13. Aufl 1986] § 55 S 405; Grüneberg/Retzlaff § 657 Rn 3; Planck/Oegg § 657 Anm 2b; zum Adressatenkreis der „nicht an eine bestimmte" Person gerichteten Auslobung im österreichischen Recht: Gschnitzer, Die Auslobung 40 ff). Dies darf allerdings nicht dahin missverstanden werden, dass sich die Erklärung an jedermann richten muss. Der Öffentlichkeit der Bekanntmachung steht es nicht entgegen, wenn sich der Auslobende mit seiner Erklärung nur an bestimmte Personengruppen oder Verkehrskreise wenden will (RGZ 167, 225, 234; Grunewald, Die Auslobung 74 f; Dernburg, Das bürgerliche Recht II 2 [3. Aufl 1906] § 335 II 1 S 543; Enneccerus/Lehmann, Recht der Schuldverhältnisse [15. Aufl 1958] § 159 II 2 S 677; Erman/Berger § 657 Rn 7; Grüneberg/Retzlaff § 657 Rn 3; BGB-RGRK/Steffen § 657 Rn 4; Planck/Oegg § 657 Anm 2b). Umgekehrt kann der Auslobende auch **bestimmte Personen ausschließen**, wie zB die Mitarbeiter eines bestimmten Unternehmens oder Angehörige der Strafverfolgungsbehörden (Grunewald, Die Auslobung 88; Erman/Berger § 657 Rn 5; MünchKommBGB/Schäfer § 657 Rn 26). Der Kreis der Anspruchsberechtigten ist im Zweifel durch Auslegung festzustellen (BGB-RGRK/Steffen § 657 Rn 10). Ist die Person des Anspruchsberechtigten allgemein im (generischen) Maskulinum bestimmt („derjenige, der meine Katze findet, bekommt [...]"), so kann sich natürlich auch eine Frau die Belohnung verdienen. Benutzt der Text aber gezielt die weibliche Form („diejenige, die meine Katze findet, bekommt [...]") können Männer ausgeschlossen sein (Bergmann JZ 2026, 89, 90). Eine Auslobung zur Ergreifung eines Verbrechers oder zur Wiederbeschaffung gestohlener Ware wird im Zweifelsfall nicht für Personen gelten, die bereits aufgrund ihrer Amtspflicht zum Tätigwerden angehalten sind; gleiches gilt für Diebe, Hehler oder sonstige Beteiligte (KG 30. 9. 1912 – 16 U 5037/12, KGBl 1912, 132; Soergel/vReden § 657 Rn 14; **aA** OLG Hamburg 27. 5. 1904, OLGRspr 10 [1905] 181, 182: Untersuchungsbeamte und Verdächtige werden nicht ausgeschlossen; ebenso: LG Frankfurt 31. 3. 1954 – 2/1 S 857/53, NJW 1954, 1685; vgl zu Auslobungen von Behörden in Strafsachen: Brückmann DJZ 1903, 473; zur Auslobung zur Wiederbeschaffung gestohlener Sachen: Weimar MDR 1963, 272). Dies entspricht schon dem Verständnis der mittelalterlichen Kommentatoren zu den statutarrechtlichen Delatorenprämien (Bartolus, Comm § 1 seq ad § urtum l. si quis in gravi [Dig 29, 5, 3, 14]; Rn 4). Überhaupt ist der Auslobende in der Bestimmung des potenziellen Adressatenkreises frei, solange der Kreis der Adressaten individuell unbestimmt bleibt, dh solange es ungewiss ist, welche und wie viele Personen die Möglichkeit zur Kenntnisnahme haben (Grüneberg/Retzlaff § 657 Rn 3). Nach diesem Verständnis muss sich die Erklärung des Auslobenden also *an* die Öffentlichkeit richten; eine Erklärung an eine bestimmte Person *in* der Öffentlichkeit genügt nicht (Grunewald, Die Auslobung 59 f, 76; Planck/Oegg § 657 Anm 2b). Daher ist das Versprechen einer Geldsumme an eine Eishockeymannschaft für den Fall des Klassenerhalts anlässlich einer öffentlichen Generalversammlung des Sportvereins nicht ausreichend (OLG München 11. 11. 1982 – 24 U 114/82, NJW 1983, 759; Rn 44).

(2) Ansätze zu einer teleologischen Neubestimmung

53 Diese begriffliche Ausformung der Öffentlichkeit, die sich am strafrechtlichen Begriff der Öffentlichkeit orientiert, führt nicht immer zu klaren und überzeugenden Ergebnissen (Elster ArchBürgR 18 [1900] 125, 134 f; Rn 50). Wenige Probleme wird noch der Fall bereiten, dass sich eine Erklärung an eine bestimmte Anzahl von Personen richtet (ausverkaufte Halle mit 1000 Plätzen), aber die genaue Individualität des Einzelnen im Ungewissen bleibt. Problematischer schon werden die Fälle der Auslobung vor den Mitgliedern eines Vereins oder den versammelten Studenten und Lehrkörpern einer Fakultät oder der **Universität** überhaupt. Ob man hier wirklich noch von einer Unbestimmbarkeit der Adressaten sprechen kann, wenn etwa zu der Vereinsversammlung nur Mitglieder zugelassen sind, ist nicht eindeutig. Allenfalls ließe sich darauf abstellen, dass die genaue Anzahl der teilnehmenden Personen unbestimmt bleibt. Von daher wird die Öffentlichkeit selten in Zweifel gezogen in Fällen, in denen sich eine Erklärung, etwa ausgehängt am schwarzen Brett einer Universität oder einer **Fabrik**, an alle Studenten oder Mitarbeiter genau dieser Einrichtung wendet, selbst wenn alle Adressaten namentlich benannt werden können (Grunewald, Die Auslobung 75; Crome, System des Deutschen Bürgerlichen Rechts II § 279 I 1 S 758 f und Fn 20). Aber selbst das ist nicht sicher: So soll es nach einer Entscheidung des LAG Bremen an der öffentlichen Bekanntmachung fehlen, wenn die Bekanntgabe der Bedingungen für einen Leistungswettbewerb in den Hausmitteilungen eines Unternehmens erfolgt, die sich nach ihrem Inhalt ausschließlich an die Groß- und Einzelhandelsreisenden dieses Betriebes richten (LAG Bremen 18. 2. 1972 – 1 Sa 118/71, AP BGB § 657 Nr 1: hinzu kam im konkreten Fall, dass sich auf den Hausmitteilungen der Vermerk „Vertraulich! Persönlich!" fand, mit der sich der Arbeitgeber gegen eine mögliche Weitergabe an Dritte ausdrücklich ausgesprochen hatte). Sehr umstritten ist schließlich der Fall, ob das vor einer **Vereinsversammlung** abgegebene oder sonst an die Mitglieder des Vereins gerichtete Versprechen – insbesondere bei kleinen Vereinen mit geringer Mitgliederzahl – ein öffentliches ist (Grunewald, Die Auslobung 75 f; vMayr, Die Auslobung 19). Mit Blick auf Vereinssitzungen großer Vereine definiert Oertmann den Begriff der Öffentlichkeit einschränkend dahin, dass hierfür eine Summe in ihrer Individualität nicht ohne weiteres übersehbarer Personen ausreicht (Oertmann § 657 Anm 1); andere schlagen eine entsprechende Anwendung des § 657 BGB vor. Sofern aber mangels Größe des Vereins auch keine entsprechende Anwendung der Auslobungsvorschriften gerechtfertigt sei, greift die Pollizitationstheorie auf Vertragskonstruktionen zurück (Planck/Oegg § 657 Anm 2b; s schon Rn 50).

54 Die Problematik lässt sich lösen, wenn man sich von dem tradierten, dem Strafrecht entliehenen Begriffsverständnis der Öffentlichkeit entfernt und ein teleologisches Begriffsverständnis anlegt (vgl auch in diese Richtung: Soergel/vReden § 657 Rn 20). Der Öffentlichkeit der Bekanntmachung kommen zwei Funktionen zu. In wirtschaftlicher Betrachtungsweise wählt der Auslobende den Weg der Auslobung und nicht den einfachen Vertragsschluss, weil er noch keinen bestimmten Vertragspartner im Auge hat, jedoch den herbeizuführenden Erfolg unbedingt erreichen will (Rn 6; vgl vMayr, Die Auslobung 15). Insoweit reicht es aus, dass die Erklärung überhaupt eine Mehrzahl

von Personen – zwei können genügen – erreicht, solange und soweit ungewiss ist, wer von ihnen die geforderte Handlung vornehmen wird. Unbestimmt müssen die Empfänger der Erklärung dann nicht sein; von daher reicht die Erklärung auf der Sitzung eines (kleinen) **Vereins** ebenso wie Aufforderung an die Mitreisenden in einem Zugabteil. Dem Begriff der Öffentlichkeit kommt aber noch eine zweite Funktion zu. Sie ist **Indiz für den Verpflichtungswillen** des Erklärenden (vMAYR, Die Auslobung 17). Je deutlicher allerdings die Ernstlichkeit aus anderen Umständen erkennbar ist, mit einem umso beschränkteren Begriff der Öffentlichkeit kann man sich im Einzelfall begnügen (vgl vMAYR, Die Auslobung 20 f). Der Begriff der Öffentlichkeit der Bekanntmachung im Recht der Auslobung bekommt damit einen dynamischen Inhalt.

cc) Form der öffentlichen Bekanntmachung

Die Art und Weise bzw die Form, in der die öffentliche Bekanntmachung erfolgt, ist **55**
gleichgültig (GRUNEWALD, Die Auslobung 76 f; vMAYR, Die Auslobung 17). Sie kann in schriftlicher oder mündlicher Form erfolgen, etwa durch den Aushang von Plakaten, durch Mitteilungen an Anschlagsäulen, durch Zeitungsinserate, durch Postwurfsendungen, durch Mitteilungen in Rundfunk und Fernsehen, durch Veröffentlichungen im Internet (Webseite) oder einfach durch mündliche Bekanntgabe im Verlauf einer Versammlung (MünchKommBGB/SCHÄFER § 657 Rn 25; GRÜNEBERG/RETZLAFF § 657 Rn 3; PLANCK/OEGG § 657 Anm 2b; BGB-RGRK/STEFFEN § 657 Rn 5; SOERGEL/vREDEN § 657 Rn 21; zB OLG Stuttgart 6. 2. 2016 – 12 U 63/15, NJOZ 2016, 1858, 1861 [Internet]). Eine ausdrückliche Bekanntgabe ist nicht erforderlich, soweit nur die Öffentlichkeit gewahrt ist. Möglich ist daher auch eine sog **Realauslobung** durch konkludentes Bekanntmachen: Anlässlich des örtlichen Volksfestes wird an der Spitze des Maibaums die Prämie für den Erkletterer befestigt (GRUNEWALD, Die Auslobung 60).

dd) Weitere Formerfordernisse

Die Öffentlichkeit der Auslobung kann weitergehende Formerfordernisse grundsätz- **56**
lich **nicht ersetzen** (abweichend GRUNEWALD, Die Auslobung 77). Das gilt insbesondere, wenn der gesetzlichen Form eine Warn- oder Beratungsfunktion oder überhaupt ein Übereilungsschutz zukommt; denn derartige Schutzanliegen verfolgt die öffentliche Bekanntmachung nicht (Rn 49, 51, 54). Ist eine Auslobung zB auf eine Schenkung gerichtet, bedarf sie der notariellen Beurkundung gem § 518 BGB (Rn 44; vgl ÖstOGH E 18. 3. 1997 – 1 Ob 2398/96w). Gleiches gilt, wenn der Auslobende die Verschaffung eines Grundstücks versprochen hat (OLG Brandenburg 27. 1. 2012 – 6 W 122/11, ZfWG 2012, 144: anders, wenn der Auslobende lediglich verspricht, einen Dritten zu einer solchen Handlung zu bewegen).

ee) Mehrfache Bekanntmachung

Im Falle mehrfacher Bekanntmachung ist es Auslegungsfrage, ob eine oder mehrere **57**
Auslobungen vorliegen. Die Annahme nur einer Auslobung wird durch den unterschiedlichen Wortlaut mehrerer Bekanntmachungen nicht gehindert, wenn diese inhaltlich gleich sind.

d) Belohnung

aa) Aussetzen einer Belohnung

Der Auslobende muss eine Belohnung aussetzen. In Zweifelsfällen ist durch Ausle- **58**
gung zu klären, ob eine Belohnung ausgesetzt oder nur unverbindlich in Aussicht ge-

stellt wurde (OLG Hamburg 24. 3. 1911, OLGRspr 24 [1912] 389; LG Altona 18. 10. 1933 – 6 S 250/33, JW 1933, 2847; CARL JW 1933, 2847). Nicht zu verwechseln mit der Aussetzung einer Belohnung für die Vornahme einer Handlung ist die öffentliche Bekanntmachung von – vielleicht besonders günstigen – Geschäftsbedingungen für künftige Vertragsabschlüsse (RG 16. 6. 1921 – IV 71/21, Gruchot 65 [1921] 706, 711). Diese Bedingungen werden bei den in Aussicht gestellten Verträgen – soweit nichts Abweichendes vereinbart wird – stillschweigend zugrunde gelegt, können aber jederzeit geändert oder zurückgezogen werden (vgl aber auch LG Karlsruhe 10. 3. 1989 – 9 S 389/88, VersR 1990, 413: hat ein Haftpflichtversicherer eine Erklärung dahin abgegeben, dass er bei Anmietung eines kleineren Fahrzeugs nach der HUK-Empfehlung abrechnen werde, so sei er an eine derartige Erklärung, nach den Grundsätzen der Auslobung [§ 657] gebunden; AG Köln 24. 2. 1984 – 266 C 527/83, VersR 1984, 491; dazu WEBER VersR 1984, 597).

bb) Art und Gegenstand der Belohnung

59 Bei der Belohnung wird es sich regelmäßig um Geld oder einen sonstigen Vermögensvorteil handeln. Es kommt aber auch jeder andere **Vorteil** in Betracht, der Gegenstand eines Rechtsgeschäfts sein kann (OLG Brandenburg 27. 1. 2012 – 6 W 122/11, ZfWG 2012, 144 [Eigentum an einem „Traumhaus"]; KAULARTZ/HIRZLE/HOLL RDi 2022, 324 Rn 22; CROME, Die partiarischen Rechtsgeschäfte 525 f; GRUNEWALD, Die Auslobung 78; vMAYR, Die Auslobung 74; ELSTER, ArchBürgR 18 [1900] 125, 132; ERMAN/BERGER § 657 Rn 6; PLANCK/OEGG § 657 Anm 4; BGB-RGRK/STEFFEN § 657 Rn 6). Die Belohnung (Preis iSd § 661 BGB) kann zB darin liegen, dass sich der Auslobende im Rahmen der Ausschreibungsbedingungen eines **Architektenwettbewerbs** dazu verpflichtet, den Preisträger mit der Durchführung des Bauprojekts zu betrauen (BGH 8. 5. 1967 – VII ZR 328/64, LM BGB § 661 Nr 2a; LG Dortmund 31. 10. 1974 – 2 O 413/73, BauR 1975, 143; § 661 Rn 12). Materieller Art muss die Belohnung nicht sein; es genügt jeder Vorteil **immaterieller oder sozialer Art**, wie zB ein Diplom oder Titel oder überhaupt der „Sieg" in einem unter bildenden Künstlern durchgeführten Ideenwettbewerb (BGH 9. 6. 1983 – III ZR 74/82, LM ZPO 265 Nr 129; BGH 30. 1. 1934 – VII 285/33, RGZ 143, 259 – „Erster Coloniameister"; OLG Brandenburg 27. 1. 2012 – 6 W 122/11, ZfWG 2012, 144; GRUNEWALD, Die Auslobung 78; GRÜNEBERG/RETZLAFF § 657 Rn 2; SOERGEL/vREDEN § 657 Rn 10; **aA** DERNBURG, Das bürgerliche Recht II 2 [3. Aufl 1906] § 335 II 2 S 543; ENDEMANN, Lehrbuch des Bürgerlichen Rechts I [9. Aufl 1903] § 177 1 b S 1115; vGIERKE, Deutsches Privatrecht III § 185 II S 319: geldwerter Vorteil). Sittenwidrige oder verbotene Leistungen (§§ 134, 138 BGB) können dagegen nicht wirksam ausgesetzt werden (GRUNEWALD, Die Auslobung 78; vMAYR, Die Auslobung 74 f; ERMAN/BERGER § 657 Rn 6). Unwirksam soll insbesondere das Versprechen sein, für die Vollbringung einer Leistung „jede verlangte Summe" zahlen zu wollen (GRUNEWALD, Die Auslobung 80; s auch Rn 60). Im Übrigen greifen die allgemeinen Grundsätze. Der Wirksamkeit der Auslobung steht es nicht entgegen, dass als Belohnung eine von Anfang an unmögliche Leistung versprochen wird (§ 311 Abs 1 BGB) oder die ausgesetzte Sachleistung nicht den in der Auslobung versprochenen Wert hat (AG Baden-Baden 14. 5. 1968 – 3 C 21/68, MDR 1968, 1008: der versprochene Urlaub hatte nicht den behaupteten Wert). Diese Fälle sind durch eine den Besonderheiten der Auslobung angepasste Anwendung der Leistungsstörungsvorschriften bzw der Gewährleistungsvorschriften in den Griff zu bekommen (Rn 38, 88).

cc) Bestimmung und Bestimmtheit der Belohnung

60 Die Belohnung muss bestimmbar sein (CROME, Die partiarischen Rechtsgeschäfte 525; GRUNEWALD, Die Auslobung 79; vMAYR, Die Auslobung 74). Dies bedeutet natürlich nicht, dass

die Belohnung schon in der Auslobung qualitativ und quantitativ fixiert sein muss. Die weitere Konkretisierung kann sich ohne weiteres nach Regeln richten, die der Auslobende dafür bekannt gemacht hat (RG 1. 8. 1941 – III 12/41, RGZ 167, 225, 234; BGB-RGRK/Steffen § 657 Rn 6). Als Belohnung kann etwa vorgesehen werden, dass demjenigen, der eine gestohlene Sache zurückbringt, ein Drittel ihres Wertes zustehen soll (Crome, Die partiarischen Rechtsgeschäfte 517). Ist zwar für die Vornahme der Handlung allgemein eine Belohnung versprochen worden, die Höhe aber weder unmittelbar (durch eindeutig Festsetzung) noch mittelbar (durch die Aufstellung von Berechnungsregeln) bestimmt, so kann grundsätzlich auf die §§ 633 Abs 2, 612 Abs 2 BGB zurückgegriffen werden: Es gilt dann die für die Vornahme vergleichbarer Handlungen durch Personen mit vergleichbarer Ausbildung übliche Vergütung als versprochen. Es widerspricht auch nicht dem Wesen der Auslobung und ist ohne weiteres zulässig, dass der Auslobende sich oder einem Dritten die nähere Bestimmung über die Belohnung vorbehält. Die §§ 315, 317 ff BGB finden Anwendung (RG 1. 8. 1941 – III 12/41, RGZ 167, 225, 234 f; Kaulartz/Hirzle/Holl RDi 2022, 324 Rn 22; Wiechmann, Der Ausschluß des Rechtsweges bei den öffentlichen Schenkungsversprechen 46 ff; Grunewald, Die Auslobung 79). Dabei hat die Auslobung grundsätzlich nach billigem Ermessen zu erfolgen. Hauptbezugspunkt der Leistungsbestimmung ist dann die Leistung des Handelnden. Ist unklar, wer die Bestimmung treffen soll, so ist mit Blick auf die Verkehrssitte entgegen der Zweifelsregelung des § 316 BGB anzunehmen, dass der Auslobende selbst die erforderliche Bestimmung nach billigem Ermessen vorzunehmen hat (Grunewald, Die Auslobung 79; MünchKommBGB/Schäfer § 657 Rn 29; Soergel/vReden § 657 Rn 11; **aA** Erman/Berger § 657 Rn 6). Unter Umständen kann eine zu unbestimmte Belohnung – zB der Auslobende verspricht eine „hohe Belohnung" – auch dadurch aufrechterhalten werden, dass man darin den Vorbehalt eines einseitigen Leitungsbestimmungsrechts des Auslobenden sieht (vgl vMayr, Die Auslobung 74). Hat sich der Auslobende die Bestimmung nach billigem Ermessen vorbehalten, so ist er dazu nicht nur berechtigt, sondern auch verpflichtet. Verzögert er die Bestimmung oder erscheint diese unbillig, so kann der Handelnde gem § 315 Abs 3 S BGB Klage gegen den Auslobenden erheben (MünchKommBGB/Schäfer § 657 Rn 45).

e) Für die Vornahme einer Handlung

aa) Gegenseitigkeitsverhältnis

Die Auslobung ist im gesetzestypischen Regelfall kein unentgeltliches Geschäft **61** (MünchKommBGB/Schäfer § 657 Rn 30; Rn 18). Die Belohnung muss ausgesetzt sein für die Vornahme einer Handlung, insbesondere für das Herbeiführen eines Erfolges. Die Belohnung ist die Gegenleistung für die Vornahme der Handlung. Allerdings ist dies nur der Regelfall. Auch eine (bedingte) Schenkung kann Gegenstand einer Auslobung sein (Rn 44). Dies ist insbesondere dann der Fall, wenn der Auslobende den Anfall der Belohnung nicht von einem Tun, sondern von einem einfachen Ereignis abhängig macht (Grunewald, Die Auslobung 81; vMayr, Die Auslobung 78; Crome, System des Deutschen Bürgerlichen Rechts II § 279 I S 758; vGierke, Deutsches Privatrecht III § 185 II S 319). Ist eine Schenkung Gegenstand der Auslobung, ist zu beachten, dass die öffentliche Bekanntmachung nicht die Form des § 518 BGB ersetzt (Rn 56).

bb) Begriff und Gegenstand der Handlung

§ 657 BGB hat die entgeltliche Auslobung vor Augen. Die Belohnung muss ausge- **62** setzt sein für die Vornahme einer Handlung, insbesondere für die Herbeiführung eines Erfolges. Der Begriff der Handlung wird **im weitesten Sinne** verstanden. Jedes vom Willen abhängige Verhalten reicht aus (Grunewald, Die Auslobung 82; vMayr, Die Auslobung 78; Crome, System des Deutschen Bürgerlichen Rechts II § 279 S 756; Dernburg, Das bürgerliche Recht II 2 [3. Aufl 1906] § 335 II 3 S 543; Grüneberg/Retzlaff § 657 Rn 4; Erman/Berger § 657 Rn 8; MünchKommBGB/Schäfer § 657 Rn 31; Planck/Oegg § 657 Anm 2c; BGB-RGRK/Steffen § 657 Rn 7; zu den Begriffen „für eine Leistung oder einen Erfolg" im österreichischen Recht: Gschnitzer, Die Auslobung 63 ff). Auszuschließen sind andererseits einfache Ereignisse (Eintritt einer internationalen Krise; Tod eines Angehörigen) oder natürliche Zustände (100. Geburtstag; Resistenz gegen eine bestimme Krankheit; Grunewald, Die Auslobung 81; vMayr, Die Auslobung 78; Crome, System des Deutschen Bürgerlichen Rechts II § 279 I S 758; vGierke, Deutsches Privatrecht III § 185 II S 319; MünchKommBGB/Schäfer § 657 Rn 33; Oertmann Vorbem 2 b vor § 657). In diesen Fällen liegt eine (bedingte) Schenkung im Gewand einer Auslobung vor (Rn 44). Allerdings ist auch hier wieder eine Handlung Gegenstand der Auslobung, wenn im Zusammenhang mit dem Ereignis oder anknüpfend an dem natürlichen Zustand ein nennenswertes menschliches Tun gefordert wird, so etwa, wenn die Mitteilung von dem Ereignis ein nicht unbedeutendes menschliches Tun erfordert oder der gegen Krankheitserreger immune Mensch zu einer Blutspende aufgefordert wird (Grunewald, Die Auslobung 81). In einem positiven Tun muss die Handlung nicht liegen. Auch ein Unterlassen kann Gegenstand einer Auslobung sein (Grunewald, Die Auslobung 82; vMayr, Die Auslobung 78; Kleinlein/Schubert WuW 2012, 345, 347; Planck/Oegg § 657 Anm 2c); insbesondere dann, wenn gerade das Ziel der Auslobung ist, jemanden von einem entgegengesetzten aktiven Tun abzuhalten (zB: Belohnungsversprechen für das Nichtrückfälligwerden entlassener Krimineller; MünchKommBGB/Schäfer § 657 Rn 31). Das geforderte Unterlassen muss aber – worauf vReden zu Recht hinweist – auf einen bestimmten Zeitpunkt oder Zeitraum bezogen sein: denn andernfalls wäre die Belohnung nie verdient (Soergel/vReden § 657 Rn 13). Bei Handlungen, bei denen kaum noch von einer belohnenswerten, menschlichen Tätigkeit gesprochen werden kann, ist genau darauf zu schauen, ob in diesen Fällen, je nachdem, ob das Geschäft aleatorischen Charakter hat, die Auslobung auf ein Spiel, eine Lotterie, eine Wette (§§ 762, 763 BGB) oder auf eine Schenkung gerichtet ist (Rn 40 ff; OLG Brandenburg 27. 1. 2012 – 6 W 122/11, ZfWG 2012, 144; OLG Hamm 5. 11. 1999 – 26 U 26/99, OLGReport 2000, 238). So wird sich zB das öffentliche Versprechen von Prämien für das bloße Sammeln, Einkleben und Versenden von Treuepunkten als Schenkung darstellen (FG Rheinland-Pfalz 15. 9. 2015 – 6 K 1844/13, DStrE 2016, 1053, 1061 ff). Und Achtung: Der aleatorische Charakter kann auch bei Handlungen, die ein erhebliches Maß an körperlichen wie intellektuellen Fähigkeiten erfordern, der Auslobung das Gepräge von Wette und Spiel geben. Umgekehrt soll wegen des damit verfolgten wirtschaftlichen Zwecks im Rahmen des *reward model* (Tokenisierung mittels Auslobung) der Nachweis der Verfügungsgewalt über einen Token durch Verwendung des *private key* als erforderliche Handlung ausreichen (Kaulartz/Hirzle/Holl RDi 2022, 324 Rn 19, 21).

63 Welche Handlung im Einzelnen Gegenstand der Auslobung ist, ist durch Auslegung zu ermitteln (zB LG Karlsruhe 7. 4. 2021 – 10 O 200/20, BeckRS 2021, 49890, Rn 41 ff [„Tipps"]). Der Auslobende ist in seiner Wahl frei. Das Gesetz kennt **keine Beschränkung**. Die früher von Kohler vertretene Auffassung, dass nur solche Handlungen Gegenstand einer Auslobung sein können, die auch Gegenstand eines Werkvertrages sein können, ist zu eng (Kohler ArchBürgR 25 [1905] 1, 5 f; dagegen zurecht: Oertmann ÖZBl 24 [1907] 785, 789 ff; Oertmann Vorbem 2 b vor § 657; Rn 17). Ohne weiteres kann die Verschaffung von Eigentum oder sonstigen dinglichen Rechten (Crome, Die partiarischen Rechtsgeschäfte 513) wie überhaupt der Abschluss eines Rechtsgeschäfts, gerade auch mit dem Auslobenden (**aA** Wacke MDR 1983, 4, 5; aber zu Unrecht: manifestiert sich doch gerade darin der maklerähnliche Charakter der Auslobung, Rn 6), Gegenstand der Auslobung sein. Eine prominente Ausnahme zum Letztgenannten kennt aber § 2 Abs 2 WoVermittG. Nach dieser Vorschrift steht dem Eigentümer einer Wohnung kein Anspruch auf Entgelt für die Vermittlung eines **Mietvertrages über** seine **Wohnung** zu. Der Wohnungseigentümer (Handelnder) hat daher keinen Anspruch auf die (seine Vermittlungsleistung vergütende) Belohnung, wenn er seine Wohnung einem Suchenden (Auslobendem) anbietet, der öffentlich demjenigen 1.000 € verspricht, der ihm eine entsprechende Wohnung verschafft (AG Freiburg 30. 1. 1990 – 7 C 4576/89, NJW-RR 1991, 12; Harsch WuM 1994, 550; s aber auch: LG Waldshut-Tiengen 23. 6. 1994 – 2 S 25/94, WuM 1994, 550). Im Übrigen ist es für die Wirksamkeit einer Auslobung gleichgültig, ob der Gegenstand der Handlung in einem **produktiven oder unproduktiven** Tun besteht oder was für einen Zweck der Auslobende verfolgt (Crome, Die partiarischen Rechtsgeschäfte 514). Die Handlung muss nur hinreichend bestimmt sein und darf nicht gegen ein gesetzliches Verbot (§ 134 BGB) oder die guten Sitten (§ 138 BGB) verstoßen (Grunewald, Die Auslobung 83; Crome, System des Deutschen Bürgerlichen Rechts II § 279 I, S 758; Planck/Oegg § 657 Anm 2c). Ist die Auslobung ieS auf eine verbotene oder sittenwidrige Handlung gerichtet (zB: Verschaffung eines nicht käuflichen Titels oder Stellung), so ist sie unmittelbar nach §§ 134, 138 BGB nichtig.

Verspricht der Auslobende die Belohnung für die **Vornahme einer Handlung**, so **64** kommt es ihm auf die Tätigkeit als solche und nicht auf einen bestimmten Erfolg an (SaarlVerfGH 8. 7. 2014 – Lv 6/13, NVwZ-RR 2014, 865, 868). Regelmäßig wird aber die Belohnung für das **Herbeiführen eines Erfolges** ausgesetzt sein (Herbeischaffen einer gestohlenen oder verlorenen Sache: OLG Frankfurt 14. 7. 1920, OLGRspr 41 [1921] 123; KG 30. 9. 1912 – 16 U 5037/12, KGBl 1912, 132; LG Frankfurt 31. 3. 1954 – 2/1 S 857/53, NJW 1954, 1685; Ergreifen eines Verbrechers: BGHR § 659 Abs 1 Beweislast 1, BGH 30. 10. 1986 – III ZR 55/86; RG 26. 9. 1883 – I 306/83, RGZ 11, 281; OLG Hamburg 27. 5. 1904, OLGRspr 10 [1905] 181; OLG Köln 13. 7. 1904, RheinArch 101 [1905] I 50; LG Altona 18. 10. 1933 – 6 S 250/33, JW 1933, 2847; Widerlegung wissenschaftlicher Thesen: BGH 14. 6. 1955 – V ZR 120/55, BGHZ 17, 366). Bei dem Erfolg muss es sich jedoch um ein Ereignis handeln, auf dessen Eintritt der Handelnde Einfluss nehmen kann. Ansonsten fehlt es an der Handlung und damit an der Entgeltlichkeit der Auslobung (Erman/Berger § 657 Rn 8). Es handelt sich dann um eine formbedürftige Schenkung in Form einer Auslobung (Planck/Oegg § 657 Anm 2c; BGB-RGRK/Steffen § 657 Rn 7; Rn 62, 44).

cc) Der mit der Auslobung verfolgte Zweck

Der Auslobungszweck, dh der Zweck, den der Auslobende mit der Herbeiführung **65** der Handlung zu erreichen wünscht, darf nicht gesetzeswidrig (§ 134 BGB) oder sittenwidrig (§ 138 BGB) sein (Grunewald, Die Auslobung 83; Planck/Oegg § 657 Anm 2c; ein Verstoß gegen Grundsätze des lauteren Wettbewerbs führt nicht zur Unwirksamkeit der Auslobung: Rn 33). Weitere Beschränkungen kennt das deutsche Recht nicht. Ein schützenswertes Interesse muss mit der Auslobung ebenso wenig verfolgt werden, wie überhaupt eine gewisse Nützlichkeit keine Voraussetzung der Auslobung ist (Crome, Die partiarischen Rechtsgeschäfte 511, 514 f, 525; Dernburg, Das bürgerliche Recht II 2 [3. Aufl 1906] § 335 II 3, S 544; Planck/Oegg Vorbem III 3 vor § 657). Insbesondere ist gleichgültig, ob der Auslobende einen gemeinnützigen oder einen privaten, einen eigenen oder einen fremden, einen materiellen oder einen ideellen, einen rationalen oder einen irrationalen

Zweck verfolgt. Schon der Vorentwurf hat es abgelehnt, den Begriff der Auslobung zu begrenzen. „Will der Auslobende aus irgend welchen Motiven und zu irgend welchen erlaubten Zwecken sich verpflichten, so hat das Recht keinen Grund, dem entgegenzutreten und die Konsequenzen aus dem Verpflichtungswillen nicht zu ziehen" (vKübel, in: Schubert [Hrsg], Die Vorlage der Redaktoren für die erste Kommission zur Ausarbeitung eines Entwurfs eines Bürgerlichen Gesetzbuches Recht der Schuldverhältnisse 488). Von einer Beschränkung auf „nützliche Geistesarbeiten, oder gemeinnützige körperliche Fähigkeiten oder Unternehmungen", wie es noch das PrALR I 11 § 988 tat, hat der Entwurf ausdrücklich abgesehen (Motive, in: Mugdan II 290; vMayr, Die Auslobung 24 f; vGierke, Deutsches Privatrecht III § 185 II, S 320; MünchKommBGB/Seiler [6. Aufl 2013] § 657 Rn 9; Oertmann Vorbem 2a vor § 657). Die Auslobung setzt nicht voraus, dass der Auslobende an der Handlung oder dem Erfolg, der Gegenstand der Handlung ist, unmittelbar oder auch nur mittelbar interessiert ist; die Handlung kann auch von der Art sein, dass sie **für den Auslobenden nachteilig** ist (LG München 31. 1. 1906, SeuffBl 72 [1907] 36, 38; Crome, System des Deutschen Bürgerlichen Rechts II § 279 I, S 758; Elster ArchBürgR 18 [1900] 125, 137 ff; Winkler Recht 8 [1904] 355; Schubert/vKübel, Die Vorlage der Redaktoren für die erste Kommission zur Ausarbeitung eines Entwurfs eines Bürgerlichen Gesetzbuches Recht der Schuldverhältnisse 488; Erman/Berger § 657 Rn 10; MünchKommBGB/Schäfer § 657 Rn 8; Oertmann Vorbem 2 a vor § 657; Planck/Oegg Vorbem III 3 vor § 657, § 657 Anm 2c; BGB-RGRK/Steffen § 657 Rn 8; vgl BGH 14. 6. 1955 – V ZR 120/55, BGHZ 17, 366: Aussetzen eines Preises für denjenigen, der eine bestimmte wissenschaftliche These widerlegt; **aA** Dernburg, Das bürgerliche Recht II 2 [3. Aufl 1906] § 335 II 3 S 544: es muss sich um etwas für den Auslobenden Erwünschtes handeln; zur Lage in Österreich: Schülgen, Die Auslobung 64). Schon in den Gesetzgebungsarbeiten wurde klargestellt, dass unter den Begriff der Auslobung auch Versprechen subsumiert werden könnten, bei denen der Auslobende gerade ein Interesse an der Nichtvollbringung der Tat hat (Motive, in: Mugdan II 291; vKübel, in: Schubert [Hrsg], Die Vorlage der Redaktoren für die erste Kommission zur Ausarbeitung eines Entwurfs eines Bürgerlichen Gesetzbuches Recht der Schuldverhältnisse 488; vgl aber auch: vMayr, Die Auslobung 23 ff). Allerdings ist in diesen Fällen der sog **negativen Auslobung** sorgfältig zu prüfen, ob der Auslobende mit Rechtsbindungswillen gehandelt hat (Motive, in: Mugdan II 291; Crome, Die partiarischen Rechtsgeschäfte 524). Freilich ist eine Vermutung dahin, dass der Auslobende in Fällen der sog negativen Auslobung keinen Verpflichtungswillen hat (in diese Richtung: vMayr, Die Auslobung 22; Köttgen Recht 8 [1904] 380; **aA** Larenz, Schuldrecht II/1 [13. Aufl 1986] § 55, S 406), nicht anzuerkennen (Rn 28). Unter Umständen kann – wie der viel diskutierte Fall vHoensbroech gegen Dasbach zeigt – problematisch sein, ob nicht eine Wette (Spiel) im Gewand einer Auslobung vorliegt (Rn 41 ff).

2. Tatsächliche Vornahme der Handlung

a) Notwendige Bedingung

66 Die tatsächliche Vornahme der Handlung ist notwendige, aber nicht hinreichende Bedingung des Anspruchs auf die Belohnung (anders die herrschende Pollizitationstheorie; Rn 9 ff). Nach der hier vertretenen Lehre setzt die Entstehung des Schuldverhältnisses weiterhin voraus, dass der Handelnde durch besonderen rechtsgeschäftlichen Willensakt, eine Willenserklärung oder eine Willensbestätigung, seine Handlung in Beziehung zur Auslobung setzt. Ist die Vornahme der Handlung auch **notwendige Bedingung** der Entstehung des Schuldverhältnisses, so kann doch vorher nicht von einem bedingten subjektiven Anwartschaftsrecht gesprochen werden. Zwar steht der künfti-

ge Schuldner in der Person des Auslobenden bereits fest, doch korrespondiert dem keine individuell feststehende Person auf der Gläubigerseite. Erst die Vornahme der Handlung konkretisiert das Rechtssubjekt, das durch rechtsgeschäftlichen Willensakt das Rechtsverhältnis zur Entstehung bringen kann (vgl Motive, in: MUGDAN II 291; OERTMANN Vorbem 1 c vor § 657; PLANCK/OEGG Vorbem IV 1 vor § 657; vgl auch: vKÜBEL, in: SCHUBERT [Hrsg], Die Vorlage der Redaktoren für die erste Kommission zur Ausarbeitung eines Entwurfs eines Bürgerlichen Gesetzbuches Recht der Schuldverhältnisse 486 f). Mit der Vornahme der Handlung entsteht das **Anwartschaftsrecht** des Handelnden auf die Belohnung.

b) Vollendung der Handlung

Notwendige Voraussetzung des Belohnungsanspruchs ist die Vollendung der in der Auslobung bezeichneten Handlung bzw, wenn die Auslobung an die Herbeiführung eines Erfolges geknüpft ist, der Eintritt eben dieses Erfolges (GRUNEWALD, Die Auslobung 84; ELSTER ArchBürgR 18 [1900] 125, 178; vgl § 658 Abs 1 S 1 BGB: „bis zur Vornahme der Handlung“). Nicht ausreichend ist, dass der Handelnde mit der Ausführung bereits begonnen hat oder auch kurz vor ihrer Vollendung steht. Allerdings steht es dem Auslobenden frei, etwas anderes zu bestimmen. Das Anwartschaftsrecht, durch rechtsgeschäftlichen Willensakt die Entstehung des Schuldverhältnisses herbeizuführen, steht demjenigen zu, der die Handlung vorgenommen hat. Für die Sonderkonstellationen, dass die Handlung mehrmals vorgenommen oder der Erfolg von **mehreren Personen** herbeigeführt wurde, enthalten die §§ 659, 660 BGB Sondervorschriften. – Dem Grundsatz, dass das **Anwartschaftsrecht** des Handelnden erst mit Vollendung der Handlung entsteht, korrespondiert die **materielle Kostenlast**. Der Handelnde trägt das Risiko der Vergeblichkeit seiner Aufwendungen, wenn es nicht zur (rechtzeitigen) Vollendung der Handlung kommt. Mit anderen Worten: Der Handelnde bleibt auf seinen Aufwendungen sitzen, wenn es ihm nicht gelingt, innerhalb einer eventuell bestimmten Frist oder vor einem Widerruf der Auslobung (vgl § 658 Abs 1 BGB) die Handlung zu vollenden oder den Erfolg herbeizuführen, oder wenn ihm im Falle der mehrfachen Vornahme der Handlung ein anderer zuvorkommt (§ 659 Abs 1 BGB). 67

Regelmäßig wird es sich bei der Handlung, die der Handelnde zur Entstehung des Anwartschaftsrechts vornehmen muss, um einen Realakt handeln (etwa das Herbeischaffen eines entlaufenen Kätzchens oder die Anfertigung eines Bauentwurfs). Notwendig ist dies nicht. Die notwendige Handlung kann auch in der Vornahme eines Rechtsgeschäfts bestehen (ERMAN/BERGER § 657 Rn 9; MünchKommBGB/SCHÄFER § 657 Rn 31). Liegt die Handlung in einem Realakt, so kann auch ein nicht voll Geschäftsfähiger den Bedingungseintritt herbeiführen und das Anwartschaftsrecht in seiner Person zur Entstehung bringen (GRUNEWALD, Die Auslobung 85 f). Will er dagegen den Anspruch auf die Belohnung zur Entstehung bringen, muss entweder sein gesetzlicher Vertreter handeln oder – sofern der Handelnde in der Geschäftsfähigkeit beschränkt ist – zustimmen (Rn 26). 68

c) Intellektuelles Bewusstsein; Motivation

Anwartschaftsberechtigt ist, wer die als Bedingung gesetzte Handlung vorgenommen hat, selbst wenn er nicht mit Rücksicht auf die Auslobung gehandelt hat (§ 657 BGB). Berechtigt ist daher auch derjenige, der die Bedingung **ohne Kenntnis** von der Auslobung und ohne den Willen, sich die ausgesetzte Belohnung zu verdienen, erfüllt hat (OLG Frankfurt 14. 7. 1920, OLGRspr 41 [1921] 123; Motive, in: MUGDAN II 291; KAULARTZ/HIRZLE/HOLL RDi 2022, 324 Rn 23; OERTMANN § 657 Anm 4; GRÜNEBERG/RETZLAFF § 657 69

Rn 5; Planck/Oegg § 657 Anm 2d; Sigmund, Bindung durch Versprechen oder Vertrag 201 ff [rechtsökonomische Betrachtung]). Allerdings kann in der Auslobung etwas anderes bestimmt sein (noch ausdrücklich **§ 581 Abs 2 E I**: „Es ist nicht erforderlich, daß die Handlung mit Kenntnis der Auslobung und in Rücksicht auf diese vollbracht worden ist, sofern nicht in der Auslobung ein anderes bestimmt ist."). Ebenso ist keine Voraussetzung der Entstehung des Anwartschaftsrechts, dass der Auslobende von der Vornahme der Handlung erfährt. Die Beweggründe, warum der Handelnde tätig wird, spielen keine Rolle (MünchKommBGB/Schäfer § 657 Rn 36; Planck/Oegg § 657 Anm 2d). Eine für die Aufklärung eines Verbrechens ausgesetzte Belohnung kann daher auch beanspruchen, wem es nur darum ging, durch die Anzeige einen unbegründeten Verdacht von sich selbst abzuwenden (OLG Hamburg 27. 5. 1904, OLGRspr 10 [1905] 181, 182; auch OLG Köln 13. 7. 1904, RheinArch 101 [1905] I 50, 52 f).

d) Zeitpunkt der Vornahme der Handlung

70 Der Auslobende kann – nur im Ausnahmefall des Preisausschreibens muss er dies gem § 661 Abs 1 BGB – eine Frist setzen, innerhalb derer die Handlung vorzunehmen ist (vgl § 658 Abs 2 HS 2 BGB). Ist eine **Frist** gesetzt, muss die Handlung innerhalb der Frist erfolgen. Die Vornahme der Handlung nach Ablauf der Frist kann ein Anwartschaftsrecht auf die Belohnung nicht mehr begründen. Für die Berechnung der Frist gelten die §§ 186 ff BGB. Eine Frist für die Vornahme der Handlung muss aber nicht ausdrücklich bestimmt sein. Eine zeitliche Beschränkung kann sich ebenfalls aus dem Zweck der Handlung ergeben (MünchKommBGB/Schäfer § 657 Rn 12; Planck/Oegg § 657 Anm 2d; siehe etwa § 658 Rn 8).

71 Wurde die Handlung, um die es dem Auslobenden geht, schon **vor der Auslobung** vorgenommen, ist es Auslegungsfrage, ob dies genügt, die Anwartschaft auf die Belohnung zu begründen. Das wird angenommen, wenn die Handlung schlechthin belohnt werden soll; anders soll es sich dagegen verhalten, wenn es dem Auslobenden gerade darauf ankommt, jemanden zur Vornahme der Handlung zu bestimmen (Crome, System des Deutschen Bürgerlichen Rechts II § 279 I 1 a Fn 21 = S 759; Enneccerus/Lehmann, Schuldrecht [15. Aufl 1958] § 159 IV 1 S 679; Dernburg, Das bürgerliche Recht II 2 [3. Aufl 1906] § 335 II 4 S 544; MünchKommBGB/Schäfer § 657 Rn 36; für eine entsprechende Anwendung der §§ 657 ff: Planck/Oegg § 657 Anm 2d; BGB-RGRK/Steffen § 657 Rn 9; anders: Elster ArchBürgR 18 [1900] 125, 186: in beiden Fällen grundsätzlich Anspruch auf die Belohnung; Grunewald, Die Auslobung 84; dazu auch vMayr, Die Auslobung 81 f; **aA** nur künftige Handlungen: Erman/Berger § 657 Rn 11; Oertmann § 657 Anm 4). Hatte der Auslobende Kenntnis von der Vornahme der Handlung, so mag es ihm weniger um die Herbeiführung des – schon eingetretenen – Erfolges als vielmehr um die Ermittlung des unbekannten Handelnden gehen; es kann ihm aber auch um die mehrmalige Herbeiführung des Erfolges gehen, wobei dann wieder durch Auslegung zu klären ist, ob mit oder unter Ausschluss schon vollzogener Handlungen (vMayr, Die Auslobung 81).

e) Vornahme durch mehrere; mehrfache Vornahme

72 Der Fall, dass die Handlung, für welche die Belohnung ausgesetzt wurde, mehrfach vorgenommen wurde, oder dass an dem in der Auslobung bestimmten Erfolg mehrere mitgewirkt haben, ist in den §§ 659, 660 BGB besonders geregelt.

f) Entscheidungsbefugnis

Die (verbindliche) Entscheidung darüber, ob die gestellte Bedingung erfüllt ist, steht nach allgemeiner Auffassung nicht dem Auslobenden zu. Im Streitfall hat der Richter zu entscheiden. Zur Entscheidung sollen die Gerichte selbst dann berufen sein, wenn schwierige wissenschaftliche, technische oder künstlerische Fragen auftreten (BGB-RGRK/Steffen § 657 Rn 10). Umgekehrt wird immer wieder behauptet, dass sich der Auslobende in der Auslobung aber ein mehr oder weniger freies Prüfungsrecht vorbehalten kann (vMayr, Die Auslobung 87; Oertmann § 657 Anm 5; Planck/Oegg § 657 Anm 2e; krit: Wiechmann, Der Ausschluß des Rechtsweges bei den öffentlichen Schenkungsversprechen 54 ff). 73

Diese Auffassung bedarf einer am Sinn und Zweck des **§ 661 Abs 2 S 2 BGB** orientierten Klarstellung bzw **Korrektur**. Die Notwendigkeit hierfür wird deutlich, wenn man sich den von der Rechtswissenschaft bis heute nicht bewältigten Rechtsstreit vHoensbroech gegen Dasbach vor Augen führt (Rn 41 f). Es besteht die Gefahr, dass Gerichte mit der Klärung wissenschaftlicher Streitfragen belastet werden, die vor Preisgerichte, nicht aber vor staatliche Gerichte gehören. Eine mit solchen Fällen behelligte Jurisprudenz droht schnell in unfreiwillige Komik abzugleiten, wenn sie über mathematische, theologische oder philosophische Probleme wie die Quadratur des Kreises oder die Unsterblichkeit der Seele entscheiden müsste. Das Problem ist durch Anwendung des § 661 Abs 2 S 2 BGB zu entschärfen, der solche Streitigkeiten der staatlichen Jurisdiktion entzieht. Anknüpfungspunkt ist die materielle Natur des **Preisausschreibens** (§ 661 BGB). Das Preisausschreiben ist eine sog **relative Auslobung**, die neben der sog absoluten Auslobung des § 657 BGB steht (vMayr, Die Auslobung 79; Heinsheimer DJZ 1904, 623, 624 f). Die absolute Auslobung unterscheidet sich von der relativen Auslobung durch die Natur der gestellten Aufgabe: Jene sind auf ein absolut erreichbares Ergebnis gerichtet, eine bestimmte Handlung, einen bestimmten Erfolg, der gelingen oder nicht gelingen kann, diese haben eine (wissenschaftliche, künstlerische) Aufgabe zum Gegenstand, die relative und verschiedenartige, aus der Sicht des Auslobenden vielleicht mehr oder weniger gute, aber eben nicht nur eine richtige und sonst nur falsche Lösungen kennt. Anders formuliert: Bei der absoluten Auslobung (§ 657 BGB) geht es um Tatsachenentscheidungen. Deren letztverbindliche Feststellung obliegt den staatlichen Gerichten. Die relative Auslobung hingegen ist ein Werturteil darüber, welche von mehreren Lösungen den Vorzug verdient (vMayr, Die Auslobung 86 f). Hier entscheidet (grundsätzlich) der Auslobende (§ 661 Abs 2 S 1 BGB). Aufgrund der zwingenden Vorschrift des § 661 Abs 2 S 2 BGB ist seine Entscheidung der gerichtlichen Nachprüfung entzogen. Zusammengefasst: Es ist daher für jeden Rechtsstreit zu untersuchen, ob eine absolute oder eine relative Auslobung vorliegt. Nach der gesetzlichen Regelung entscheidet das Gericht bei der absoluten Auslobung letztverbindlich über den Bedingungseintritt (§ 657 BGB). Bei der relativen Auslobung (Preisausschreiben) obliegt die letztverbindliche Entscheidung *zwingend* dem Auslobenden (§ 661 Abs 2 S 2 BGB). 74

Noch nicht entschieden ist damit die Frage, ob der Auslobende bei absoluten Auslobungen sich oder einem Dritten abweichend von der dispositiven gesetzlichen Regelung des § 657 BGB ein Prüfungsrecht vorbehalten kann (Rn 73). Sicherlich ausgeschlossen ist, dass sich der Auslobende die verbindliche Letztentscheidung darüber vorbehält, ob die geforderte Leistung tatsächlich vollbracht wurde: Denn faktisch schließt der Auslobende die rechtliche Gebundenheit an sein Versprechen aus, wenn 74a er nach Belieben die Leistung als nicht vollbracht ansehen kann (ÖstOGH SZ 27/320 17. 12. 1954 – 2 Ob 65954). Differenziert zu beurteilen ist die Frage, inwieweit der Auslobende die Entscheidung über den Eintritt des Erfolges einem Dritten übertragen und die gerichtliche Kontrolle ausdünnen kann. Die Übertragung der Prüfungskompetenz auf einen Dritten entspricht der Institutionalisierung einer **Schiedsgutachtenklausel** (zu Schiedsgutachtenklauseln in Auslobungen: WIECHMANN, Der Ausschluß des Rechtsweges bei den öffentlichen Schenkungsversprechen 36 ff, insbes 40 f). Schiedsgutachtenklauseln sind im Grundsatz rechtlich anerkannt. Sie ermöglichen es, einem Dritten die auch für die Gerichte verbindliche Entscheidung über das Vorliegen einer Tatsache zu übertragen. Unverbindlich ist der Spruch des Schiedsgutachters entsprechend § 319 Abs 1 S 2 BGB erst dann, wenn er „offenbar unrichtig" ist. Ob eine solche Klausel der Inhaltskontrolle nach § 307 BGB standhält (zur Anwendbarkeit des § 305 ff s Rn 36), hängt davon ab, ob die damit einhergehende Verkürzung des Rechtsschutzes für den Handelnden noch hinnehmbar ist (vgl BGH 10. 10. 1991 – VII ZR 2/91, BGHZ 115, 329, 331 f). Das ist von Fall zu Fall mit Blick auf das konkrete Geschäft zu entscheiden. In der beliebten Bedingung „Der Rechtsweg ist ausgeschlossen" liegt, wie WIECHMANN nachgewiesen hat, grundsätzlich keine „Schiedsgutachtenregel" (Rn 92). Denn eine solche Klausel lässt schon gar nicht erkennen, wer – der Auslobende oder ein Dritter – über das Vorliegen eines Tatbestandsmerkmal befinden soll (WIECHMANN, Der Ausschluß des Rechtsweges bei den öffentlichen Schenkungsversprechen 41 ff). Verbleibt damit die Frage, ob der Auslobende sich – entsprechend dem Umfang einer Schiedsgutachtenklausel – wenigstens ein beschränktes Letztentscheidungsrecht einräumen kann, das nur auf „offenbare Unbilligkeit" zu untersuchen ist. Der Vergleich zur Schiedsgutachtenklausel fällt ungünstig aus: Denn Schiedsgerichtsklauseln halten der Inhaltskontrolle nicht stand, wenn die Neutralität des Dritten als Schiedsgutachter nicht hinreichend gesichert ist (GRÜNEBERG/GRÜNEBERG § 307 Rn 130); der Auslobende aber entscheidet immer in eigener Sache.

g) Unmöglichkeit des Bedingungseintritts; Vereitlung des Bedingungseintritts

aa) Unmöglichkeit des Bedingungseintritts

75 Die Vornahme der Handlung ist die notwendige Bedingung für das Entstehen des Anwartschaftsrechts des Handelnden (Rn 66). Die Unmöglichkeit der Vornahme der Handlung, für dessen Vornahme die Belohnung ausgesetzt ist, macht die Auslobung – gleichgültig ob anfänglich oder nachträglich – gegenstandslos (PLANCK/OEGG Vorbem IV 5 a vor § 657). Im Einzelfall kann sich die Frage stellen, ob der Handelnde vom Auslobenden unter dem Gesichtspunkt der **Verletzung von Informationspflichten** gem §§ 280 Abs 1, 311 Abs 2, 241 Abs 2 BGB Ersatz seiner Aufwendungen verlangen kann (grundsätzlich ablehnend, es sei denn § 826: GRUNEWALD, Die Auslobung 87 f). Dies wird man wohl letztlich unter Hinweis auf den dem BGB zugrunde liegenden und stringent verwirklichten Grundsatz zurückweisen müssen, dass jeder Handelnde bis zur Vollendung der Handlung auf eigene Gefahr handelt (Rn 67). Eine dem Art 8 Abs 2 schwOR oder § 860a öABGB vergleichbare Vorschrift (Rn 21 f) fehlt im deutschen Recht.

bb) Vereitlung des Bedingungseintritts durch den Auslobenden

76 Es stellt sich die Frage, ob eine Inanspruchnahme des Auslobenden in Betracht kommt, wenn er den Eintritt der Bedingung selbst vereitelt. Die Meinungen sind geteilt. Teilweise wird vertreten, dass bei schuldhafter Vereitelung der Herbeiführung des Bedingungseintritts ein Schadensersatz des Handelnden überhaupt ausscheide,

da doch noch gar kein Berechtigter feststehe, solange die Bedingung noch nicht erfüllt sei (Planck/Oegg Vorbem IV 5 a vor § 657). Andere dagegen wollen entweder § 326 Abs 2 BGB (Hoeniger, Die gemischten Verträge in ihrer Grundform 252) oder § 162 BGB entsprechend heranziehen (Crome, Die partiarischen Rechtsgeschäfte 519; Crome, System des Deutschen Bürgerlichen Rechts II § 279 I 1 S 759 Fn 21; Kaulartz/Hirzle/Holl RDi 2022, 324 Rn 28; **aA** Grunewald, Die Auslobung 87; Erman/Berger § 657 Rn 14; Oertmann Vorbem 4 vor § 657); wobei innerhalb dieser Lösungsansätze teilweise weiter danach unterschieden wird, ob die Auslobung widerruflich oder unwiderruflich ausgestaltet ist (§ 658 BGB): Nur bei Unwiderruflichkeit bestünde eine hinreichend verfestigte Erbwerbsaussicht, die einen Ersatzanspruch rechtfertige (vMayr, Die Auslobung 76 f; Soergel/vReden § 657 Rn 30). Aber auch hier wird man einen Anspruch nicht anerkennen können. Tragend ist wieder die Erwägung, dass der Handelnde bis zur Vollendung der Handlung das Risiko seiner Aufwendungen trägt (Rn 66). Bis zu diesem Zeitpunkt kann nicht von der Verfestigung einer Erwerbsaussicht gesprochen werden, die einen Ausgleich rechtfertigen würde (vgl Oertmann Vorbem 4 vor § 657).

h) Schlechtleistung; Verletzung von Schutzpflichten

aa) Schlechtleistung, insbesondere Mängel der Handlung

(1) Zurückweisung der Leistung

Besondere Schwierigkeiten ergeben sich, wenn die Handlung des Leistenden, bei **77**
der es sich regelmäßig, aber nicht unbedingt, um die Herstellung eines Werkes iSd § 631 BGB handelt, mit **Mängeln** behaftet ist. Im Grundsatz gilt, dass eine mangelhafte Leistung (vgl §§ 434, 633 BGB) den Bedingungseintritt nicht herbeiführt, dem Handelnden also die Anwartschaft auf die Belohnung nicht zuwächst. Auf ein Verschulden des Handelnden kommt es nicht an (Elster ArchBürgR 18 [1900] 125, 188). Der Auslobende ist also berechtigt, die Leistung abzuweisen (Oertmann Vorbem 4 vor § 657 unter Hinweis auf § 320 BGB). Eine eventuelle Bereicherung aufgrund der vergeblichen Bemühungen des Handelnden hat er ebenso wenig nach § 812 BGB herauszugeben wie der Handelnde seinerseits Ersatz seiner Aufwendungen nach § 683 BGB verlangen kann (Staudinger/Bergmann [2025] Vorbem 205 ff zu §§ 677 ff). Die Soll-Beschaffenheit bestimmt sich grundsätzlich nach dem Inhalt der Auslobung. Daher kann sich aus der Auslobung ergeben, dass – in Abweichung zu § 266 BGB – auch eine Teilleistung den Anforderungen genügt, so etwa wenn die Geldbörse, auf deren Wiederbringung eine Belohnung ausgesetzt wurde, nur noch einen Teil ihres Inhalts enthält; wobei natürlich umgekehrt der Auslobende zur entsprechenden Minderung der Belohnung entsprechend § 638 BGB berechtigt ist (Elster ArchBürgR 18 [1900] 125, 188; Erman/Berger § 657 Rn 14; MünchKommBGB/Schäfer § 657 Rn 35; Planck/Oegg § 657 Anm 2d). Da die Bedingung nicht eingetreten ist, kann ein anderer weiterhin durch mangelfreie Vornahme der Handlung den Bedingungseintritt und damit die Entstehung des Anwartschaftsrechts in seiner Person herbeiführen.

(2) Annahme der Leistung

Die – regelmäßig – unbewusste Annahme der mangelhaften Leistung stellt die herr- **78**
schende Pollizitationstheorie vor kaum zu überwindende Schwierigkeiten. Da sie – mangels eines rechtsgeschäftlichen Willensmoments auf Seiten des Handelnden – jede Anwendung gewährleistungsrechtlicher oder ein besonderes Vertrauensverhältnis voraussetzender Normen (§§ 311 Abs 2, 241 Abs 2 BGB) ausschließt, kommt sie kaum zu interessengerechten Ergebnissen (Rn 13) und muss sich mit dem Rückgriff auf die allgemeinen Vorschriften (§§ 812 ff, 823 ff BGB) begnügen (MünchKommBGB/

Seiler [6. Aufl 2013] § 657 Rn 22; MünchKommBGB/Schäfer § 657 Rn 41 f hält nunmehr bei Verletzung des Integritätsinteresses einen Rückgriff auf §§ 280, 241 Abs 2 für möglich). Dagegen fällt der hier vertretenen **Vertragstheorie** (Rn 13 f) die Behandlung der Fallgruppe der angenommenen mangelhaften Leistung leichter. Stellt der Handelnde das Ergebnis seines Tuns durch rechtsgeschäftlichen Willensakt in Verbindung zur Auslobung und fordert die Belohnung, muss er sich seinerseits wie der **Schuldner eines entgeltlichen Vertrages** behandeln lassen (Rn 13; Oertmann, Entgeltliche Geschäfte 102 f, 120 ff; setzt der Handelnde seine Handlung dagegen nicht durch rechtsgeschäftlichen Willensakt in Beziehung zur Auslobung und bringt auf diese Art und Weise den Vertrag nicht zur Entstehung, bleibt es bei Anwendung der allgemeinen Vorschriften; der Auslobende kann dann keine vertraglichen Ansprüche geltend machen, sondern ist auf die §§ 823 ff BGB angewiesen; im Gegenzug steht dem Handelnden kein Anspruch auf die Belohnung zu). Im Grundsatz gilt, dass man sich an dem Gewährleistungsrecht des Vertragstyps orientieren kann, dem sich die konkrete in Frage stehende Auslobung zuordnen lässt; wobei natürlich die Besonderheiten der Auslobung zu beachten sind (Rn 17, 39; vMayr, Die Auslobung 126; Kohler ArchBürgR 25 [1905] 1, 5 Fn 2; krit: Oertmann ÖZBl 24 [1907] 785, 789; **aA** Soergel/vReden § 657 Rn 32).

79 Im Verhältnis zwischen Auslobendem und Handelndem bestimmen sich die Rechtsfolgen maßgebend nach dem **Gewährleistungsrecht** desjenigen Vertragstyps, dem die in Frage stehende konkrete Auslobung am nächsten kommt – das wird regelmäßig der Werkvertrag sein – unter Berücksichtigung der auslobungsspezifischen Besonderheit, dass der Handelnde zur Vornahme der Handlung nicht verpflichtet ist. Nimmt der Auslobende die Leistung in Kenntnis des Mangels vorbehaltlos an, stehen ihm entsprechend § 640 Abs 2 BGB keine weiteren Rechte zu. Ansonsten kann er entsprechend §§ 634 Nr 3, 638 BGB Minderung verlangen oder entsprechend §§ 634 Nr 3, 323 BGB zurücktreten. Dagegen kann er weder entsprechend §§ 634 Nr 1, 635 BGB Nacherfüllung verlangen noch gem §§ 634 Nr 2, 637 BGB die erforderliche Handlung selbst vornehmen; dies folgt daraus, dass der Handelnde nicht zur Tätigkeit verpflichtet ist (vgl vMayr, Die Auslobung 83). Allerdings wird man dem Handelnden zur Abwehr des Rücktritts das Recht zur Nacherfüllung einräumen dürfen. Schadensersatz statt der Leistung kann der Auslobende ebenfalls wegen der fehlenden Leistungspflicht des Handelnden nicht verlangen; wohl aber kann er entsprechend §§ 634 Nr 4, 280 BGB Schadensersatz neben der Leistung verlangen, wenn es infolge des Mangels zu Folgeschäden kommt (Oertmann, Entgeltliche Geschäfte 120 ff; Stampe AcP 108 [1912] 42, 68). Neben der Haftung für Mängel kommt selbstverständlich eine Haftung für leistungsbezogene Nebenpflichten in Betracht.

80 Die Auswirkungen der Annahme einer mangelhaften Leistung sind vielschichtig. Die Annahme einer mangelhaften Leistung steht – gleichgültig ob bewusst oder unbewusst – der Erfüllung der Bedingung der Auslobung gleich. Dem mangelhaft Handelnden steht damit – vorbehaltlich der Rechte des Auslobenden – der Anspruch auf die ausgesetzte Belohnung zu. Dies kann bedeuten, dass die Aufwendungen eines **anderen Handelnden**, der kurz vor dem mangelfreien Abschluss der Handlung steht, keinen Anspruch auf die Belohnung mehr begründen können und er auf seinen Aufwendungen sitzen bleibt. Die Situation ist – trotz bestehender Unterschiede – dem Fall gleichzustellen, dass der Auslobende im Fall der mehrfachen Vornahme der Handlung (§ 659 BGB) an den materiell Nichtberechtigten zahlt. Hier gilt aber der Grundsatz, dass der Auslobende, der gutgläubig und auch nicht fahrlässig an den

Nichtberechtigten die ausgesetzte Belohnung auskehrt, von seiner Leistungspflicht gegenüber dem Berechtigten frei wird. Es hat vielmehr ein Bereicherungsausgleich zwischen Berechtigten und Nichtberechtigtem gem § 816 Abs 2 BGB stattzufinden (§ 659 Rn 9). Das bedeutet übertragen auf die Situation der Annahme einer mangelhaften Leistung: Der Auslobende wird gegenüber dem kurz vor der Vollendung stehenden Handelnden befreit, sofern er nicht schuldhaft dessen Rechtserwerb vereitelt, wobei natürlich die Maßstäbe an seine Sorgfaltspflicht (§§ 311 Abs 2, 241, 276 BGB) nicht überspannt werden dürfen.

bb) Verletzung von Schutzpflichten

Dem Handelnden obliegen ab dem Moment, in dem er im Hinblick auf die Auslobung tätig wird, Schutzpflichten gem §§ 311 Abs 2 Nr 3, 241 Abs 2 BGB (Stampe AcP 108 [1912] 42, 68; MünchKommBGB/Schäfer § 657 Rn 41; Soergel/vReden § 657 Rn 33; Rn 38). Hat der Handelnde die Handlung ohne Kenntnis von der Auslobung vorgenommen, so entstehen die Schutzpflichten erst mit dem Zeitpunkt, in dem er durch rechtsgeschäftlichen Willensakt seine Handlung in Beziehung zur Auslobung setzt. Vorher bestehende Obhutspflichten wandeln sich dann in Informationspflichten. Die Schutzpflichten bestehen unabhängig davon, ob die Handlung mangelhaft ist, der Auslobende die Leistung entgegennimmt oder zurückweist. 81

i) Weitere Voraussetzungen der Entstehung des Anwartschaftsrechts; Vererblichkeit; Erlöschen

Weitere Voraussetzungen für die Entstehung des Anwartschaftsrechts (Rn 66) sind nicht vorhanden. Der Anwartschaftsberechtigte erwirbt das Anwartschaftsrecht alleine aufgrund Vornahme der Handlung in der Person des Handelnden. Es kommt nur dann nicht zum Erwerb, wenn der Handelnde einem Personenkreis angehört, der in der Auslobung vom Kreis potenzieller Anwartschaftsberechtigter ausgenommen wurde (Rn 52; Grunewald, Die Auslobung 88; MünchKommBGB/Schäfer § 657 Rn 25; Oertmann § 657 Anm 4). Das einmal entstandene Anwartschaftsrecht geht mit dem **Tode des Handelnden** auf die Erben über, es sei denn, dass es sich nach dem Inhalt der Auslobung um eine rein persönliche Belohnung handelt, die nur dem Handelnden selbst zukommen soll (Elster ArchBürgR 18 [1900] 125, 181; Grunewald, Die Auslobung 89; vMayr, Die Auslobung 67 f; Crome, Die partiarischen Rechtsgeschäfte 523 f; Rn 85); eine derartige an die Person des Handelnden gebundene Auslobung ist aber im Zweifel nicht anzunehmen. Während nach der Pollizitationstheorie der Anspruch auf die Belohnung bereits mit Vornahme der Handlung entstanden ist und der Auslobende nicht mehr einseitig auf seinen Anspruch verzichten kann (Planck/Oegg § 657 Anm 3; Rn 13), kann der Anwartschaftsberechtigte nach der hier vertretenen Vertragstheorie das Anwartschaftsrecht durch einseitiges Tun **vernichten**, indem er es ablehnt, durch rechtsgeschäftlichen Willensakt seine Handlung in Beziehung zur Auslobung zu setzen (vgl § 146 Alt 1 BGB; Rn 83). 82

3. Willensmoment auf Seiten des Handelnden

Durch die Vornahme der Handlung entsteht nach der hier vertretenen Vertragstheorie ein Anwartschaftsrecht (Rn 66) für den Handelnden. Er hat die Option, durch rechtsgeschäftlichen Willensakt seine Handlung in Beziehung zu setzen zur Auslobung und damit den Anspruch auf die Belohnung zur Entstehung zu bringen (**aA** ist die herrschende Pollizitationstheorie, Rn 9 ff). Bei dem rechtsgeschäftlichen Willens- 83 akt kann es sich um eine Willensbetätigung (vgl § 151 BGB) oder um eine Willenserklärung gegenüber dem Auslobenden handeln. Besondere Probleme wirft dieser Punkt nicht auf, weil spätestens in der Geltendmachung des Anspruchs auf die Belohnung der entsprechende Willensakt liegt (vgl FLUME, Das Rechtsgeschäft [4. Aufl 2012] § 5 3 d S 72). Hat der Auslobende in der Auslobung eine Frist für die Vornahme der Handlung gesetzt, so entsteht bei rechtzeitiger Vollendung der Handlung der Anspruch auf die Belohnung grundsätzlich auch dann, wenn der Handelnde erst nach Fristablauf seine Willenserklärung abgibt oder die Willensbetätigung vornimmt. Allerdings kann der Auslobende in der Auslobung etwas anderes bestimmen und auch die rechtzeitige Geltendmachung des Anspruchs verlangen (GRUNEWALD, Die Auslobung 107). – Lehnt der Handelnde durch Willenserklärung oder Willensbetätigung ab, seine Handlung in Beziehung zur Auslobung zu setzen, so erlischt der bindende Antrag des Auslobenden in Entsprechung des § 146 Alt 1 BGB (Rn 34). Zugleich endet damit das Anwartschaftsrecht des Handelnden.

4. Der Anspruch auf die Belohnung

a) Entstehung; gesetzlicher Ausschluss; Fundauslobung

84 Der Anspruch auf die Belohnung ist entstanden, wenn der Handelnde die in der Auslobung bezeichnete Handlung vorgenommen und in Beziehung zur Auslobung gestellt hat. In Ausnahmefällen kann der Anspruch ausgeschlossen sein. So steht bei einer Auslobung zum **Nachweis einer Mietwohnung** die Vorschrift des § 2 Abs 2 WoVermittG dem Anspruch des Eigentümers der Wohnung, der diese aufgrund der Auslobung dem Suchenden anbietet, auf die ausgelobte Summe entgegen (AG Freiburg 30. 1. 1990 – 7 C 4576/89, NJW-RR 1991, 12; HARSCH WuM 1994, 550; s aber auch: LG Waldshut-Tiengen 23. 6. 1994 – 2 S 25/94, WuM 1994, 550; Rn 63). Hingegen schließt eine **Fundauslobung** den gesetzlichen Anspruch auf Finderlohn (§ 971 BGB) nicht aus. Es tritt jedoch keine Kumulation ein. Der Finder kann nicht zunächst den gesetzlichen Finderlohn und anschließend die volle Belohnung verlangen; der Finder ist vielmehr darauf beschränkt, den Teil der durch die Auslobung ausgesetzten Belohnung zu verlangen, der den (bereits geltend gemachten) Finderlohn nach § 971 BGB übersteigt (GRUNEWALD, Die Auslobung 80 f).

b) Vererblichkeit

85 Grundsätzlich ist der Anspruch auf die Belohnung vererblich. Bei rein persönlichen Belohnungsauslobungen (Ermöglichung eines weiteren Studiums nach Lösung einer Preisaufgabe) kann der Anspruch auf die Belohnung unvererblich sein, soweit sich eine derartige persönliche Zweckbestimmung aus der Auslobung selbst ergibt (ELSTER ArchBürgR 18 [1900] 125, 181).

c) Mehrere Auslobende

86 Sind mehrere Auslobende vorhanden, so haften sie bei Vornahme der Handlung, unabhängig von der Frage, ob die Belohnung teilbar oder unteilbar ist, stets als **Gesamtschuldner** (GRUNEWALD, Die Auslobung 90 unter Hinweis auf § 427 BGB).

d) Irrtümliche Leistung der Belohnung

87 Zum Fall der Leistung der Belohnung in der irrtümlichen Annahme, dass der Belohnte die Bedingung herbeigeführt hat, s § 659 Rn 9.

e) Mängel der Belohnung

88 Regelmäßig wird die Belohnung in Geld bestehen, so dass Schwierigkeiten nicht auftreten können. Zweifel ergeben sich dann, wenn die Belohnung in Sach- oder Dienstleistungen besteht. Auftretende Probleme sind durch entsprechende Anwendung der allgemeinen Vorschriften zu lösen. Daneben können die **besonderen Gewährleistungsvorschriften** herangezogen werden (Motive, in: Mugdan II 291). Wird als Belohnung eine von Anfang an unmögliche Leistung versprochen, so tangiert dies die Wirksamkeit der Auslobung nicht (§ 311a Abs 1 BGB); vielmehr schuldet der Auslobende nach Maßgabe des § 311a Abs 2 BGB dem Berechtigten Schadensersatz statt der Leistung oder Ersatz seiner Aufwendungen in dem in § 284 BGB bestimmten Maß. Tritt Unmöglichkeit ein, nachdem der Handelnde die Handlung in Bezug gesetzt hat zur Auslobung (Rn 83), haftet er im selben Umfang nach §§ 280, 283 BGB (vgl OLG Brandenburg 27. 1. 2012 – 6 W 122/11, ZfWG 2012, 144). Ist die Leistung mangelhaft, so gelten nach Übergabe entsprechend dem Gegenstand der Belohnung die Gewährleistungsvorschriften entweder der §§ 434 ff BGB oder der §§ 634 ff BGB (Oertmann, Entgeltliche Geschäfte 19; Kaulartz/Hirzle/Holl RDi 2022, 324 Rn 27; Erman/Berger § 657 Rn 14; Soergel/vReden § 657 Rn 31). Für den E I ergab sich das noch eindeutig aus der Systematik des Gesetzes (§§ 343, 370 ff, 381 ff E I): Das Gewährleistungsrecht wegen Sach- und Rechtsmangels war noch im Allgemeinen Schuldrecht geregelt. § 343 E I bestimmte, dass die für vertragliche Schuldverhältnisse geltenden Grundsätze auf einseitige Versprechen (Auslobung) entsprechend Anwendung fänden. Die Motive sprachen eindeutig aus, dass die Gewährleistungsvorschriften auch bei einseitigen Versprechen zur Anwendung kommen sollten (Motive, bei: Mugdan II 117). Der Berechtigte kann daher **Nacherfüllung, Schadensersatz** statt und neben der Leistung verlangen. Verspricht der Auslobende eine Sachleistung von bestimmtem Wert, so ist der Handelnde berechtigt den Differenzbetrag in bar zu verlangen, wenn die Sachleistung diesen Wert nicht hat (AG Baden-Baden 14. 5. 1968 – 3 C 21/68, MDR 1968, 1008: der versprochene Urlaub hatte nicht den versprochenen Wert). Entgegen der hM finden in Übereinstimmung mit Ehmann auch die Vorschriften über den **Rücktritt und die Minderung** Anwendung (so noch: Erman/Ehmann [11. Aufl 2004] § 657 Rn 3; **aA** vMayr, Die Auslobung 76; Enneccerus/Lehmann, Schuldrecht [15. Aufl 1958] § 159 IV 4, S 679 Fn 10; MünchKommBGB/Schäfer § 657 Rn 40; Oertmann Vorbem 4 vor § 657; Motive, in: Mugdan II 124, 291). Die hM stützt sich auf die Erwägung, dass sich die als Gegenleistung zu bezeichnende Handlung des Handelnden regelmäßig weder rückgängig machen noch dem Werte nach herabsetzen lasse (vMayr, Die Auslobung 76). Zutreffend ist das nicht. Für den Rücktritt bestimmt § 346 Abs 2 BGB, dass der Auslobende Wertersatz schuldet, wenn er die Leistung des Handelnden nicht zurückgeben kann. Auch die Minderung ist nicht ausgeschlossen. Sie hat in entsprechender Anwendung des § 441 BGB wie beim Tausch zu erfolgen (dazu: Staudinger/Schermaier [2024] § 480 Rn 22): Dem objektiven Wert, den die fehlerhafte Belohnung in mangelfreiem Zustand hätte, ist der Wert der die Gegenleistung bildenden Handlung des Handelnden gegenüberzustellen. Dann ist der tatsächliche Wert der fehlerhaften Belohnung zu ermitteln. Entsprechend dem Verhältnis zwischen dem Wert in fehlerfreiem Zustand und dem tatsächlichen Wert der fehlerhaften Belohnung ist die Gegenleistung herabzusetzen. Kann dies wegen Unteilbarkeit der Gegenleistung oder Unmöglichkeit der Herausgabe nur rechnerisch durchgeführt werden, schuldet der Auslobende den überschießenden Betrag in bar. Er muss also „aufzahlen“.

89 Eine Besonderheit gilt für den Fall, dass eine **Schenkung** Gegenstand der Auslobung ist (Rn 44), also die Belohnung nicht Gegenleistung für eine Leistung des Handelnden ist. Hier finden die §§ 523 f BGB Anwendung (Motive, in: Mugdan II 124, 291; Grunewald, Die Auslobung 86 f; vMayr, Die Auslobung 75; Enneccerus/Lehmann, Schuldrecht [15. Aufl 1958] § 159 IV 4, S 679; Oertmann Vorbem 4 vor § 657; Planck/Oegg § 657 Anm 4).

f) Verjährung

90 Der Anspruch aus § 657 BGB unterliegt grundsätzlich der regelmäßigen Verjährung (§§ 195, 199 BGB). Es bestehen keine grundsätzlichen Bedenken dagegen, dass in den Auslobungsbedingungen abweichende Bestimmungen getroffen werden (Staudinger/Jacoby [2024] § 202 Rn 10). Freilich bleiben insbesondere die §§ 305 ff BGB zu beachten (Rn 36).

g) Darlegungs- und Beweislast

91 Der Beweis der anspruchsbegründenden Tatsachen obliegt dem Handelnden. Insbesondere hat er darzulegen und ggf zu beweisen, dass er eine Handlung vorgenommen hat, die der Auslobung entspricht und – als zusätzliche Voraussetzung nach der hier vertretenen Vertragstheorie – sie durch rechtsgeschäftlichen Willensakt in Beziehung zur Auslobung gestellt hat. Sache des Auslobenden ist es, solange er die Leistung noch nicht angenommen hat, darzulegen und zu beweisen, dass trotz ihres äußeren Anscheins die Handlung doch nicht genügt (Elster ArchBürgR 18 [1900] 125, 182 f; Planck/Oegg § 657 Anm 2 f; vgl Rn 77 ff).

h) Ausschluss der Klagbarkeit („Der Rechtsweg ist ausgeschlossen")

92 In der gemeinrechtlichen Wissenschaft war die Frage der Klagbarkeit der Auslobung sehr umstritten. vSavigny behauptete noch ihre Unklagbarkeit (vSavigny, Obligationenrecht II 90 f). Heute wird dagegen die grundsätzliche Klagbarkeit der Auslobung nicht mehr in Frage gestellt (Crome, Die partiarischen Rechtsgeschäfte 512 Fn 3; Elster ArchBürgR 18 [1900] 125, 126, 142 ff; Grunewald, Die Auslobung 17 f). Probleme bereiten dem Rechtsanwender allerdings in der Praxis weit verbreitete Klauseln, in denen sich der Auslobende vorbehält, dass über die Zuerkennung des Preises und die Verteilung der Belohnung „unter Ausschluss des Rechtsweges" entschieden wird (dazu: Wiechmann, Der Ausschluß des Rechtsweges bei den öffentlichen Schenkungsversprechen; MünchKommBGB/Schäfer § 657 Rn 46; Soergel/vReden § 657 Rn 28; auch Kornblum JuS 1981, 801, 805). Es ist zu differenzieren. Auf einer ersten Stufe ist zu prüfen, ob der Auslobende überhaupt mit hinreichendem Rechtsbindungswillen arbeitet. Dies wird aber regelmäßig der Fall sein, da der Auslobende einen Anreiz zur Herbeiführung des gewünschten Erfolges setzen will (Wiechmann, Der Ausschluß des Rechtsweges bei den öffentlichen Schenkungsversprechen 75 ff; **aA** MünchKommBGB/Schäfer § 657 Rn 46). Weiter gilt: Findet sich die Klausel im Zusammenhang mit einem echten Preisausschreiben, so hat sie nur deklaratorische Bedeutung, weil sie nur den Inhalt des § 661 Abs 2 S 2 BGB mit anderen Worten wiedergibt. Ähnliches gilt für den Fall, dass – wie es gerade beim sog unechten Preisausschreiben (Rn 43; § 661 Rn 10, 48) der Fall ist – ein Spiel oder eine Wette den Gegenstand der Auslobung bildet. Hierbei handelt es sich kraft gesetzlicher Anordnung (§ 762 BGB) um Naturalobligationen, die einen Anspruch gar nicht erst begründen. Daran ändert sich auch nichts, dass sich Spiel und Wette der Form der Auslobung bedienen (Rn 40 ff). Schwierigkeiten ergeben sich, wenn die Klausel im Zusammenhang mit einfachen (absoluten) Auslobungen iSd § 657 BGB verwandt wird, die keine Preisausschreiben sind, eine Anwendung des § 661 Abs 2 S 2 BGB

also nicht in Betracht kommt. Im Regelfall wird darin weder die Vereinbarung einer „Schiedsklausel" noch einer Schiedsgutachtenklausel liegen (Wiechmann, Der Ausschluß des Rechtsweges bei den öffentlichen Schenkungsversprechen 30 ff, 41 ff). Manche nähern sich dem Problem aus materiellrechtlicher Sicht und stellen in den Mittelpunkt ihrer Überlegung den Gedanken, dass eine privatautonome Befugnis des Auslobenden, eine unvollkommene Verbindlichkeit (Naturalobligation) zu schaffen, nicht anzuerkennen sei (MünchKommBGB/Schäfer § 657 Rn 46; Wiechmann, Der Ausschluß des Rechtsweges bei den öffentlichen Schenkungsversprechen 79 ff, insbes 120 f; **aA** Ehrlich, Das zwingende und das nichtzwingende Recht im Bürgerlichen Gesetzbuch für das Deutsche Reich 88). Mir erscheint der prozessrechtliche Blick angemessener (auch: Wiechmann, Der Ausschluß des Rechtsweges bei den öffentlichen Schenkungsversprechen 122; **aA** MünchKommBGB/Schäfer § 657 Rn 46 [auf dem Boden der Pollizitationstheorie]). Dem Auslobenden geht es nicht um die Schaffung einer Naturalobligation, sondern um den Ausschluss der Klagbarkeit (zur Unterscheidung zwischen unvollkommener Verbindlichkeit und Ausschluss der Klagbarkeit: Stech ZZP 77 [1964] 161; Wiechmann, Der Ausschluß des Rechtsweges bei den öffentlichen Schenkungsversprechen 125 ff). Ob die Klagbarkeit eines Anspruchs durch Parteivereinbarung ausgeschlossen werden kann, wird uneinheitlich beurteilt (vgl Rosenberg/Schwab/Gottwald, Zivilprozessrecht [16. Aufl 2004] § 89 Rn 24). Während der BGH zunächst den Ausschluss des Rechtswegs zu den Zivilgerichten für nichtig erachtet hat (BGH 12. 2. 1971 – V ZR 115/68, LM BGB § 1018 Nr 19), hat er die Frage später offen gelassen (BGH 23. 11. 1983 – VIII ZR 197/82, NJW 1985, 669 f). Rechtskonstruktiv würde der hier vertretenen Vertragstheorie der privatautonome Ausschluss keine Schwierigkeiten bereiten. Und doch ist einer solchen Klausel die Wirksamkeit zu versagen: als unangemessene Benachteiligung hält sie einer Inhaltskontrolle gem §§ 307 Abs 2 Nr 1 BGB, **13 GVG** nicht stand (OLG Köln 10. 4. 2014 – 11 W 64/13, NJW-RR 2014, 1138; OLG Hamm 11. 10. 1996 – 12 U 187/94, OLGReport 1997, 1; Albers NJW 2017, 2380, 2381; Rn 36). Die Auslobung bleibt ohne die Ausschlussklausel entsprechend § 306 Abs 1 BGB wirksam (für die Wirksamkeit der Auslobung gestützt auf § 139: Wiechmann, Der Ausschluß des Rechtsweges bei den öffentlichen Schenkungsversprechen 143 ff; iE auch: Erman/Berger § 657 Rn 15). Der Anspruch kann vor den ordentlichen Gerichten geltend gemacht werden (OLG Köln 10. 4. 2014 – 11 W 64/13, NJW-RR 2014, 1138; ÖstOGH E 26. 4. 2007 – 2 Ob 251/06, EvBl 2007, 739: Ausschluss des Rechtswegs sei zwar im Rahmen der guten Sitten zulässig, aber dahin zu interpretieren, dass die Einhaltung des Versprechens kontrollierbar und der etwa entstandene Anspruch einklagbar sei; offen gelassen in: OLG Hamm 5. 1. 1999 – 29 U 26/99, OLGReport 2000, 238).

§ 658
Widerruf

(1) Die Auslobung kann bis zur Vornahme der Handlung widerrufen werden. Der Widerruf ist nur wirksam, wenn er in derselben Weise wie die Auslobung bekannt gemacht wird oder wenn er durch besondere Mitteilung erfolgt.

(2) Auf die Widerruflichkeit kann in der Auslobung verzichtet werden; ein Verzicht liegt im Zweifel in der Bestimmung einer Frist für die Vornahme der Handlung.

Materialien: E I § 582; II § 590; III § 645;
Mot II 521 ff; Prot II 347.

Systematische Übersicht

Alphabetische Übersicht

I. Inhalt und Dogmatik; rechtsvergleichende Hinweise

1 § 658 BGB regelt die Widerruflichkeit der Auslobung. Abs 1 normiert den Grundsatz, dass die Auslobung ieS frei widerrufen werden kann, schränkt diesen Grundsatz aber in zeitlicher Hinsicht dahin wieder ein, dass ein Widerruf nur bis zur Vornahme der Handlung möglich ist (S 1), und knüpft den Widerruf an eine bestimmte Form (S 2). Abs 2 stellt klar, dass in der Auslobung auf die Widerruflichkeit verzichtet werden kann (HS 1) und stellt insoweit die Vermutung auf, dass in der Bestimmung einer Frist für die Vornahme einer Handlung ein solcher Verzicht liegt (HS 2). – Die Kehrseite der freien Widerruflichkeit ist in § 658 BGB nicht ausdrücklich angesprochen: Bis zur Vollendung der Handlung macht der Handelnde seine **Aufwendungen auf eigenes Risiko**. Ein Ausgleich steht ihm nach der Regelung des BGB nicht zu (Rn 21; anders teilweise die Rechtslage in der österreichischen und der schweizerischen Rechtsordnung: Rn 5).

2 Die Frage der Widerruflichkeit der Auslobung und der sich ggf daran anknüpfenden Rechtsfolgen war der zentrale Punkt der großen gemeinrechtlichen Kontroverse um die Rechtsnatur der Auslobung (§ 657 Rn 7 ff; dazu: Elster ArchBürgR 18 [1900] 125, 156 ff, 172 ff; vMayr, Die Auslobung 36 ff; Sigmund, Bindung durch Versprechen oder Vertrag 77 ff; Motive, in: Mugdan II 291 f). Die klassische Pollizitationstheorie behauptete die Unwiderruflichkeit der Auslobung als notwendige Konsequenz ihrer Einseitigkeit, während die Vertragstheorie an der grundsätzlichen Widerruflichkeit der Auslobung – verstanden als Offerte *ad incertam personam* – festhielt (dazu § 657 Rn 7 ff). Die weiteren Einzelheiten waren selbst innerhalb des jeweiligen Meinungslagers sehr umstritten. Innerhalb der **Pollizitationstheorie** wollten einige (a) den Widerruf überhaupt nicht zulassen, während andere (b) den Widerruf nur gegenüber solchen Personen ausschließen wollten, die bereits Vorbereitungen zur Vollbringung der in der Auslobung bestimmten Handlung getroffen hatten. Innerhalb der **Vertragstheorie** herrschte zwar Einigkeit darüber, dass die Auslobung bis zur Annahme widerrufen werden konnte, doch war man sich uneinig über den genauen Zeitpunkt der Annahme: Einige sahen die Annahme (aa) bereits im Beginn der durch die Auslobung bestimmten Handlung, andere (bb) dagegen erst in ihrer Vollendung oder sogar (cc) noch später in der Geltendmachung des Anspruchs auf die Belohnung. Doch damit ist der Meinungsstand noch nicht erschöpfend dargestellt. Unter den Befürwortern der Widerruflichkeit herrschte weiterer Streit über die Rechtsfolgen des Widerrufs. Die einen wollten (1) den Auslobenden von jedem Anspruch befreien, während andere (2) nur den Anspruch auf die ausgesetzte Belohnung ausschließen wollten, den Auslobenden aber zum Ersatz des negativen Interesses verpflichtet sehen wollten.

3 Erst das BGB beendete den Meinungsstreit: Obwohl die Verfasser des **BGB** auf dem Boden der Pollizitationstheorie standen (§ 657 Rn 10), sahen bereits der Vorentwurf und später der § 582 E I die grundsätzliche Widerruflichkeit der Auslobung ohne Schadensersatzpflicht vor. Zur Begründung verwies man auf den (mutmaßlichen) **Willen des Auslobenden**: Der Wille des Auslobenden sei das tragende Element der Auslobung und es sei eben nicht anzunehmen, dass sich der Auslobende auf unbestimmte Zeit unwiderruflich binden wolle. Für die Statuierung einer **Schadensersatzpflicht** sah man keine Veranlassung: Der Handelnde werde auf eigene Gefahr tätig (Rn 21); etwas anderes gelte nur im Falle der Fristbestimmung (Motive, in: Mugdan II 292; Oertmann § 658 Anm 1).

4 Die Entscheidung des Gesetzgebers für den Widerruf hat ihm viel **Kritik** beschert (ELSTER ArchBürgR 18 [1900] 125, 173; SIGMUND, Bindung durch Versprechen oder Vertrag 77 ff): Es sei völlig verfehlt, aus der Pollizitationstheorie heraus die Widerruflichkeit der Auslobung zu folgern; § 658 BGB könne nur als gesetzliche Ausnahme zur Pollizitationstheorie begriffen werden. Auch aus Effizienzgesichtspunkten heraus sei eine Widerruflichkeit nicht zu befürworten. Der Auslobende sei der *cheapest cost avoider/bearer* (SIGMUND, Bindung durch Versprechen oder Vertrag 184 ff; § 657 Rn 6). Mittlerweile hat sich die Pollizitationstheorie mit der Gesetzeslage arrangiert und rechtfertigt die Widerruflichkeit aus dem Gedanken heraus, dass der Verpflichtungsgrund der Auslobung in der einseitigen Erklärung an die Öffentlichkeit liege, es daher an einer rechtlichen, besonderes Vertrauen schaffenden Bindung gegenüber einem bestimmten Vertragspartner fehle (MünchKommBGB/SCHÄFER § 658 Rn 1; GRÜNEBERG/RETZLAFF § 658 Rn 1; BGB-RGRK/STEFFEN § 658 Rn 1; dazu: vMAYR, Die Auslobung 36 ff). Recht pragmatisch zieht vREDEN zur inhaltlichen Rechtfertigung der grundsätzlichen Widerruflichkeit den § 659 Abs 1 BGB heran: Der Handelnde muss ja auch mit der Gefahr leben, dass ihm ein anderer bei Vollendung der Handlung zuvorkommt (SOERGEL/vREDEN § 658 Rn 3). Für die Vertragstheorie, der im Grundsatz auch die vorliegende Kommentierung folgt (§ 657 Rn 13 f), ist es rechtsdogmatisch einfacher, die Widerruflichkeit der Auslobung ieS im System der Privatrechtsordnung unterzubringen. Dies wird sofort klar, wenn man sich von der deutschen Besonderheit des § 145 BGB (Bindung an den Antrag) löst. Im englischen und französischen Recht sowie nach Art II. – 4:202 (1) des *Draft Common Frame of Reference* (DCFR) ist ein Angebot auf Abschluss eines Antrags bis zur Annahme durch den anderen grundsätzlich widerruflich, es sei denn, dass die Widerruflichkeit ausdrücklich oder stillschweigend ausgeschlossen wurde.

5 Das **österreichische** und das **Schweizer Recht** anerkennen ebenfalls die grundsätzliche Widerruflichkeit, halten aber in § 860a öABGB und Art 8 Abs 2 schwOR zugunsten des gutgläubig Handelnden Sonderregelungen bereit, mit denen sie in Abweichung zum deutschen Recht das Risiko, auf den Aufwendungen sitzen zu bleiben, teilweise dem Auslobenden zuweisen (§ 860a öABGB: „Bis zur Vollendung der Leistung kann die Auslobung in derselben Form, in welcher sie bekannt gemacht war, oder einer gleich wirksamen Form, oder durch besondere Mitteilung widerrufen werden, wenn anders darauf in der Bekanntmachung nicht ausdrücklich oder durch Bestimmung einer Frist verzichtet ist. Der Widerruf ist aber unwirksam gegenüber demjenigen, der die Leistung im Hinblick auf die Auslobung vollbracht hat, wenn er dartut, daß der Widerruf ihm zu dieser Zeit ohne sein Verschulden nicht bekannt geworden war."; dazu: GSCHNITZER, Die Auslobung 110 ff; SCHÜLGEN, Die Auslobung 68; Art 8 Abs 2 schwOR: „Tritt er zurück, bevor die Leistung erfolgt ist, so hat er denjenigen, die auf Grund der Auskündung in guten Treuen Aufwendungen gemacht haben, hierfür bis höchstens zum Betrag der ausgesetzten Belohnung Ersatz zu leisten, sofern er nicht beweist, dass ihnen die Leistung doch nicht gelungen wäre.").

II. Widerruflichkeit der Auslobung (Abs 1 S 1)

1. Freier Widerruf

6 Bis zur Vornahme der Handlung steht der Widerruf zur **freien Disposition** des Auslobenden (KRESSE, Die Auktion als Wettbewerbsverfahren 90; vMAYR, Die Auslobung 53 ff); an bestimmte Gründe ist der Widerruf ebenso wenig gebunden, wie er einer besonde-

ren Begründung bedarf (MünchKommBGB/Schäfer § 658 Rn 2; Soergel/vReden § 658 Rn 5). Der Versprechende kann, solange und soweit er zum Widerruf berechtigt ist, als **Minus zum „Vollwiderruf"** auch die Bedingungen der **Auslobung ändern** (Grunewald, Die Auslobung 113 f; LAG Bremen AP BGB § 657 Nr 1 18. 2. 1972 – 1 Sa 118/71; Planck/Oegg § 658 Anm 3). Ebenso wie der Auslobende von Anfang an die Möglichkeit hat, bestimmte Personen auszuschließen (§ 657 Rn 52), hat er auch bis zur Vornahme der Handlung die Möglichkeit, durch Widerruf bestimmte Personen oder Personengruppen nachträglich gezielt auszunehmen (BGH 28. 9. 2006 – III ZR 295/05, NJW-RR 2007, 392; Soergel/vReden § 658 Rn 9). Laukemann hat zuletzt vorgetragen, dass die auf ein **Unterlassen** gerichtete Auslobung nur in engen Grenzen widerrufen werden könne: Je mehr der vom Auslobenden anvisierte Erfolg eingetretene sei, umso eher sei ein Widerruf ausgeschlossen (jurisPK-BGB/Laukemann § 658 Rn 7; **aA**: Soergel/vReden § 658 Rn 13). Das ist nur teilweise zutreffend. Die auf ein Unterlassen gerichtete Auslobung muss befristet sein (§ 657 Rn 62). Dies bedeutet gem § 658 Abs 2 HS 2 BGB, dass die Auslobung im Zweifel unwiderruflich ist. Aber eben auch nur im Zweifel. Aus der Auslobung kann sich anderes ergeben. Ist das der Fall, wird der Unterlassende auf eigenes Risiko tätig (Rn 1; § 657 Rn 67, 76). Bedenken dagegen bestehen nicht: Der Unterlassende ist durch den Inhalt der Auslobung gewarnt. Er hat es in der Hand, den individuellen Vertragsschluss mit dem Auslobenden zu suchen, um sich sein Stillhalten honorieren zu lassen.

2. Rechtsnatur

Der Widerruf ist eine einseitige **Willenserklärung**; er unterliegt daher den allgemeinen Vorschriften über Willenserklärungen. Eine ausdrückliche Bezeichnung als Widerruf ist nicht notwendig, ausreichend ist die deutliche Erklärung, dass der Auslobende sich an die Auslobung ieS nicht länger gebunden fühlt oder dass für die Auslobung von nun an eine neue Bedingung gelten soll. Die **Auslegung** des Widerrufs bestimmt sich danach, ob der Widerruf durch öffentliche Bekanntmachung oder durch besondere Mitteilung erfolgt: Erfolgt er durch öffentliche Bekanntmachung, wird der maßgebliche Empfängerhorizont durch die Öffentlichkeit der Erklärung vorgegeben (§ 657 Rn 27 ff); erfolgt er durch besondere Mitteilung, kommt es darauf an, wie der Empfänger die Erklärung unter Anspannung der ihm zumutbaren Sorgfalt verstehen durfte bzw verstehen musste. Das Gesetz schreibt in § 658 Abs 1 S 2 BGB für den Widerruf eine **besondere Form** vor (Rn 12 ff). 7

3. Tod oder Verlust der Geschäftsfähigkeit

Der Verlust der Geschäftsfähigkeit oder der Tod des Auslobenden stehen dem Widerruf nicht gleich (Grunewald, Die Auslobung 113; Crome, Die partiarischen Rechtsgeschäfte 523; Grüneberg/Retzlaff § 658 Rn 1; Planck/Oegg § 658 Anm 2d; Soergel/vReden § 658 Rn 15; Motive, in: Mugdan II 292; **aA** war noch Soergel/Lorentz [12. Aufl 1991] § 658 Rn 2; dazu: vMayr, Die Auslobung 67 ff); das Widerrufsrecht steht vielmehr dem Erben bzw dem gesetzlichen Vertreter des Auslobenden zu. Natürlich kann sich in seltenen Fällen aus der Auslobung selbst ergeben, dass sie mit dem Tode des Auslobenden erlöschen soll. Das wird naheliegen, wenn die Handlung erkennbar nur dem Auslobenden höchstpersönlich zugutekommen soll. Allerdings wird in diesen Fällen regelmäßig schon die Vornahme der Handlung bzw die Herbeiführung des Erfolges unmöglich und damit der Bedingungseintritt unmöglich sein. § 326 Abs 2 BGB findet auf die 8

Auslobung ebenso wenig Anwendung wie § 162 BGB (§ 657 Rn 75 f). Nicht folgen will ich der Ansicht vREDENS, der für diese Fälle eine Bekanntmachung des Todes des Auslobenden in der Form eines Widerrufs verlangt (SOERGEL/vREDEN § 658 Rn 16). Denn rechtstechnisch liegt in diesen Fällen nichts anderes vor, als das stillschweigende Setzen eines Endtermins (§ 163 BGB), bis zu dem die Handlung spätestens vorgenommen werden muss (§ 657 Rn 34a, 70). Ein Endtermin entspricht einer auflösenden Bedingung. Einer Mitteilung des Eintritts des Ereignisses bedarf es nicht. Der Handelnde trägt wie auch sonst das Risiko, zu spät zu kommen (Rn 1). Allenfalls kann man sich fragen, ob den Auslobenden bzw dessen Erben oder gesetzliche Vertreter Informationspflichten treffen (§§ 280, 311 Abs 2, 241 Abs 2 BGB). Ich glaube das nicht (§ 657 Rn 75).

9 Tod und Verlust der Geschäftsfähigkeit des Handelnden haben regelmäßig keine Auswirkungen auf den Bestand der Auslobung (vMAYR, Die Auslobung 67). Stirbt der Handelnde vor Vollendung seines Werkes, so bestimmt sich nach den Auslobungsbedingungen, ob eine Fortsetzung und Vollendung des Werkes – und damit eine Bewirkung der Bedingung – durch seine Erben in Betracht kommt. Letzteres wird regelmäßig der Fall sein, da es zumeist auf die Qualität der Handlung ankommt und die Person des Handelnden prinzipiell gleichgültig ist. Etwas anderes mag ausnahmsweise dann gelten, wenn die Handlung nur von Personen mit spezieller Qualifikation vorgenommen werden kann oder sich die Auslobung nur an einen „bestimmten" Personenkreis wendet, die Erben diese Qualifikation aber nicht aufweisen (vgl CROME, Die partiarischen Rechtsgeschäfte 523). Deutet man die Auslobung als Vertrag, so bedarf der Handelnde natürlich für die Willenserklärung oder die Willensbetätigung, durch die er sein Werk in Beziehung zur Auslobung setzt, der Geschäftsfähigkeit. Ist der Handelnde nicht (voll) geschäftsfähig, so ist es am gesetzlichen Vertreter, die Annahmeerklärung im Namen des Mündels abzugeben bzw dessen Erklärung zu genehmigen (§ 657 Rn 26). Stirbt der Handelnde nach Vornahme der Handlung s § 657 Rn 82.

4. Zeitliche Schranken der Widerruflichkeit

a) Widerruf bis zur Vollendung der Handlung

10 Der Widerruf der Auslobung ist ausgeschlossen, wenn die Handlung vollendet bzw der Erfolg eingetreten ist. Das gilt selbst für den Fall, dass der Auslobende von der Vornahme der Handlung oder dem Eintritt des Erfolges keine Kenntnis hatte und ihm diese Unkenntnis auch nicht vorzuwerfen ist (SOERGEL/vREDEN § 658 Rn 12). Ein Widerruf nach Vornahme der Handlung kann dem Bewerber die entstandene Anwartschaft (§ 657 Rn 66 ff) auf die Belohnung nicht mehr nehmen (GRUNEWALD, Die Auslobung 109; vMAYR, Die Auslobung 36 f; Motive, in: MUGDAN II 292; MünchKommBGB/SCHÄFER § 658 Rn 6; OERTMANN § 658 Anm 4; PLANCK/OEGG § 658 Anm 2b; BGB-RGRK/STEFFEN § 658 Rn 2). Umgekehrt wird der Widerruf durch vorbereitende Handlungen oder den Beginn der Durchführung nicht ausgeschlossen; der Widerruf ist bis zur Vollendung der Handlung jederzeit möglich. Wie der Auslobende nach Vornahme der Handlung (Herbeiführung des Erfolges) die Auslobung nicht mehr widerrufen kann, ist er auch gehindert, nachträglich die Auslobungsbedingungen zu ändern (Rn 6) oder die in Aussicht gestellte Belohnung zu verringern, etwa unter Berufung darauf, dass die vorgenommene Handlung einen geringeren Wert habe als erwartet (OLG Frankfurt 14. 7. 1920, OLGRspr 41 [1921] 123; allerdings hat der Auslobende ggf die Möglichkeit der Irrtum-

sanfechtung). Eine mangelhafte Leistung kann der Auslobende allerdings zurückweisen und muss sie nicht als rechtzeitige Vollendung der Handlung gegen sich gelten lassen (§ 657 Rn 77 ff). – Ist eine Auslobung nicht mehr widerrufbar, so kann dem Auslobenden unter Umständen immer noch die Möglichkeit einer **Irrtumsanfechtung** gem § 119 Abs 2 BGB zustehen (§ 657 Rn 32).

Auf einen weiteren Punkt macht vREDEN aufmerksam (SOERGEL/vREDEN § 658 Rn 11): **10a** Der Widerruf ist nur gegenüber derjenigen Person unwiderruflich, die die Handlung vorgenommen hat. Nur ihr ist die Anwartschaft entstanden. Gegenüber anderen Personen wirkt der Widerruf dagegen sehr wohl. Dies kann Bedeutung haben, wenn die Handlung, für die die Belohnung ausgesetzt wurde, mehrmals vorgenommen werden kann und der Auslobende in Abweichung zu § 659 BGB bestimmt hat, dass die Belohnung nicht nur an denjenigen, der die Handlung zuerst vorgenommen hat, bezahlt werden soll, sondern auch an jeden weiteren (§ 659 Rn 3).

b) Beginn der Widerrufsmöglichkeit

In der Lehre wird vertreten, dass der Auslobende – mangels einer abweichenden Be- **11** stimmung in der Auslobung – nicht vor Ablauf einer **angemessenen Frist** berechtigt sein soll, sein Versprechen zurückzunehmen (vMAYR, Die Auslobung 65; so auch noch SOERGEL/LORENTZ [12. Aufl 1991] § 658 Rn 2; **aA** nunmehr SOERGEL/vREDEN § 658 Rn 14). Zu rechtfertigen ist diese Beschränkung der freien Widerruflichkeit nicht. Der Handelnde agiert bis zur Vollendung der Handlung stets auf eigenes Risiko (§ 657 Rn 67, 76). Diese Risikoverteilung ändert sich nicht dadurch, dass der Handelnde in unmittelbarer zeitlicher Nähe zur Auslobung tätig wird, wie er ja auch zu jedem Zeitpunkt damit rechnen muss, dass ihm ein anderer zuvorkommt (vgl § 659 Abs 1 BGB). Es ist deshalb daran festzuhalten, dass der Auslobende jederzeit zum Widerruf berechtigt ist.

III. Form des Widerrufs (Abs 1 S 2)

Das Gesetz hält in § 658 Abs 1 S 2 BGB eine besondere Formvorschrift für den Wi- **12** derruf der Auslobung bereit. Der Widerruf ist nur wirksam, wenn er in derselben Weise wie die Auslobung bekannt gemacht wird oder durch besondere Mitteilung erfolgt.

1. Widerruf durch öffentliche Bekanntmachung

Der Widerruf erfolgt grundsätzlich durch öffentliche Bekanntmachung. Die Art und **13** Weise des Widerrufs muss grundsätzlich derjenigen der Auslobung entsprechen (vgl § 171 Abs 2 BGB; Art II. – 4:202 (2) des *Draft Common Frame of Reference*); wobei man aber mit vMAYR jedes gleich wirksame, wenn auch nicht völlig gleichartige Mittel genügen lassen sollte (so ausdrücklich § 860a S 1 öABGB; GRUNEWALD, Die Auslobung 110; vMAYR, Die Auslobung 56; ENNECCERUS/LEHMANN, Schuldrecht [15. Aufl 1958] § 159 III, S 678 Fn 7; DERNBURG, Das bürgerliche Recht II 2 [3. Aufl 1906] § 335 III 1 S 545; MünchKomm-BGB/SCHÄFER § 658 Rn 4; PLANCK/OEGG § 658 Anm 2a; OERTMANN § 658 Anm 2). Man spricht von einem Symmetrieprinzip (SOERGEL/vREDEN § 658 Rn 7). Bei einer Auslobung durch die Presse ist der Widerruf, wenn möglich, im gleichen Blatt zu veröffentlichen. Dabei muss der nachfolgende Widerruf genauso auffällig in der Zeitung platziert werden wie die vorausgegangene Auslobung (Comment C zu Art II. – 4:202 DCFR). Erscheint etwa die Zeitung, in der die Auslobung bekannt gemacht wurde, nicht mehr, so genügt die Veröffentlichung des Widerrufs in einer Zeitung von ähnlicher Verbreitung. Erfolgt eine Auslobung auf einer Versammlung, so genügt der Widerruf durch die Presse (Soergel/vReden § 658 Rn 7).

2. Die besondere Mitteilung

14 Als Alternative zum Widerruf durch öffentliche Bekanntmachung sieht das Gesetz die besondere Mitteilung an eine bestimmte Person vor. Diese Option besteht für den Auslobenden auch dann, wenn er die Auslobung ausschließlich durch öffentliche Bekanntmachung verlautbart hat (BGH 28. 9. 2006 – III ZR 295/05, NJW-RR 2007, 392 f). Diese Möglichkeit des Widerrufs bietet sich an, wenn der Auslobende bestimmte Personen von der Auslobung unterrichtet hat, wenn er weiß, dass jemand beabsichtigt, die in der Auslobung bestimmte Handlung vorzunehmen oder er ganz gezielt – unter Aufrechterhaltung seines Leistungsversprechens im Übrigen bestimmte Personen von der Auslobung ausschließen will (OLG München 28. 7. 2006 – U[K] 1834/05, NJW-RR 2005: Ausschluss von der Teilnahme an Quizsendungen). Eingang in das BGB fand die ausdrückliche Erwähnung der Möglichkeit des Widerrufs durch besondere Mitteilung erst durch die Zweite Kommission (Protokolle, in: Mugdan II 940). Bei der besonderen Mitteilung handelt es sich um eine empfangsbedürftige Willenserklärung, die gem § 130 BGB erst **mit Zugang wirksam** wird (Grunewald, Die Auslobung 111; MünchKommBGB/Schäfer § 658 Rn 5; Planck/Oegg § 658 Anm 2a). Die besondere Mitteilung des Widerrufs an eine bestimmte Person entfaltet nur ihr gegenüber – und nicht auch gegenüber anderen Personen – Wirkung; das gilt selbst dann, wenn andere, vielleicht über Umwege, von der besonderen Mitteilung Kenntnis erlangt haben (vMayr, Die Auslobung 57; Oertmann § 658 Anm 2; Planck/Oegg § 658 Anm 2a; BGB-RGRK/Steffen § 658 Rn 3; Soergel/vReden § 658 Rn 8a; **aA**: Grunewald, Die Auslobung 111; Dernburg, Das bürgerliche Recht II [3. Aufl 1906] § 335 III 1, S 545; differenzierend: Crome, Die partiarischen Rechtsgeschäfte 521 f Fn 11). Denn diesen Personen gegenüber fehlt es, sofern der Auslobende nicht damit rechnen konnte, dass eine Willenserklärung auch die anderen Personen erreicht, an der Abgabe der Willenserklärung (BGH 11. 5. 1979 – V ZR 177/7, NJW 1979, 2032, 2033; **aA**: Wolf/Neuner, Allgemeiner Teil des Bürgerlichen Rechts [10. Aufl 2012] § 33 Rn 8).

3. Das Verhältnis von öffentlicher Bekanntmachung und besonderer Mitteilung

15 Ein in derselben Weise wie die Auslobung bekannt gemachter Widerruf (Rn 13) macht eine besondere Mitteilung an einzelne Personen stets überflüssig; das gilt selbst für den Fall, dass einzelne Personen von der Auslobung durch besondere Mitteilung in Kenntnis gesetzt wurden (vMayr, Die Auslobung 56 f; MünchKommBGB/Schäfer § 658 Rn 5; Oertmann § 658 Anm 2; Planck/Oegg § 658 Anm 2a; BGB-RGRK/Steffen § 658 Rn 3; Soergel/vReden § 658 Rn 8; **aA**: Erman/Berger § 658 Rn 3). Denn trug seinerzeit die gesonderte Aufforderung nicht den Charakter eines speziellen Vertragsangebots, sondern war sie nur die besondere Mitteilung einer öffentlich bekanntgemachten Auslobung, so wird allein durch diesen Akt persönlicher Höflichkeit eine Rechtspflicht (§ 241 Abs 2 BGB) zur besonderen Mitteilung des Widerrufs im Allgemeinen nicht begründet.

IV. Verzicht auf die Widerruflichkeit (Abs 2)

1. Wirtschaftlicher Hintergrund

Die freie Widerruflichkeit der Auslobung ist die gesetzliche Regel (§ 658 Abs 1 BGB). Mag dies auf den ersten Blick auch dem mutmaßlichen Willen des Auslobenden entsprechen (Rn 3), so kann er doch ein Interesse daran haben, von der in § 658 Abs 2 BGB gewährten Option Gebrauch zu machen und auf die Widerruflichkeit der Auslobung zu verzichten. Je kostspieliger nämlich die erforderlichen Aufwendungen und je größer die notwendigen Mühewaltungen des Handelnden sind, um die in der Auslobung bestimmte Handlung vorzunehmen, desto weniger wird sich jemand bereit finden, die Gefahr der Vergeblichkeit seiner Aufwendungen durch Widerruf in Kauf zu nehmen (vgl Elster ArchBürgR 18 [1900] 125, 174; Rn 1, 3). Bei der Tokenisierung von Rechtspositionen im Auslobungsmodell wird ein Verzicht auf das Widerrufsrecht der Regelfall sein (Kaulartz/Hirzle/Holl RDi 2022, 324 Rn 24). Kraft der Vermutung der §§ 658 Abs 2 HS 2, 661 Abs 1 BGB wird gerade bei Preisausschreiben (zB Architektenwettbewerb) die Unwiderruflichkeit der Auslobung vermutet. 16

2. Verzicht auf die Widerruflichkeit (Abs 2 HS 1)

Die Widerruflichkeit der Auslobung entfällt, wenn der Auslobende darauf verzichtet; die Auslobung ist nunmehr „unwiderruflich“. Der einmal erklärte Verzicht auf die Widerruflichkeit kann **nicht wieder zurückgenommen** werden. Ein Widerruf trotz Verzichts ist unwirksam und kann die Entstehung des Anwartschaftsrechts auf die Belohnung (§ 657 Rn 66) in der Person desjenigen, der die Handlung vornimmt, nicht mehr verhindern; der Handelnde ist nicht etwa auf das negative Interesse beschränkt (Elster ArchBürgR 18 [1900] 125, 176; Planck/Oegg § 658 Anm 4). Der Verzicht auf die Widerruflichkeit ist eine rechtsgeschäftliche Willenserklärung, die nicht nur mit ausdrücklichen Worten, sondern auch konkludent erfolgen kann (vgl § 658 Abs 2 HS 2 BGB). Er muss nicht zusammen mit der Auslobung erklärt werden, sondern kann auch noch später erfolgen (Grunewald, Die Auslobung 111; vMayr, Die Auslobung 55; Dernburg, Das bürgerliche Recht II 2 [3. Aufl 1906] § 335 III 2 S 545; MünchKommBGB/Schäfer § 658 Rn 8; Oertmann § 658 Anm 3). Der Verzicht erfolgt regelmäßig in Form der öffentlichen Bekanntmachung. Schließt der Auslobende **nur einigen Bewerbern gegenüber** die Widerruflichkeit aus, so reicht auch eine persönliche Erklärung an die Begünstigten (vMayr, Die Auslobung 58). 17

3. Auslegungsregel (Abs 2 HS 2)

Nach der materiellen Auslegungsregel des § 658 Abs 2 HS 2 BGB liegt in der Bestimmung einer Frist für die Vornahme der Handlung **im Zweifel** ein Verzicht auf die Widerruflichkeit der Auslobung. Der Auslobende kann sich jedoch auch im Falle der Fristbestimmung den Widerruf vorbehalten (Elster ArchBürgR 18 [1900] 125, 176; Grunewald, Die Auslobung 111; MünchKommBGB/Schäfer § 658 Rn 8; Planck/Oegg § 658 Anm 4; anders noch der Vorentwurf in § 4 „Einseitiges Versprechen“; dazu: Schubert/vKübel, Die Vorlage der Redaktoren für die erste Kommission zur Ausarbeitung eines Entwurfs eines Bürgerlichen Gesetzbuches, Recht der Schuldverhältnisse I 493). Die Widerruflichkeit einer befristeten Auslobung muss sich aber – ggf im Wege der Auslegung – aus der Auslobungserklärung 18 ergeben (Grunewald, Die Auslobung 111); *expressis verbis* muss der Vorbehalt der Widerruflichkeit nicht erfolgen (**aA**: Soergel/vReden § 658 Rn 20). Im Einzelnen hat der Auslobende Gestaltungsfreiheit. So müssen etwa Befristung und Unwiderruflichkeit der Auslobung nicht notwendig zeitlich zusammenfallen; der Auslobende kann zB für die Unwiderruflichkeit eine kürzere Frist bestimmen als für die Vornahme der Handlung (vMayr, Die Auslobung 60). – Für das Preisausschreiben ist die Bestimmung einer Frist Gültigkeitsvoraussetzung (§ 661 Abs 1 BGB); entsprechend ist ein Preisausschreiben im Zweifel unwiderruflich.

V. Rechtsfolgen des Widerrufs

1. Der unwirksame Widerruf

19 Ist die Widerruflichkeit der Auslobung ausgeschlossen, weil die in der Auslobung bestimmte Handlung bereits vorgenommen ist oder der Auslobende auf die Widerruflichkeit verzichtet hat, so ist ein dennoch ausgesprochener Widerruf des Auslobenden unwirksam. Der unwirksame Widerruf hat keine Wirkung, dh mit Vornahme der Handlung entsteht die Anwartschaft des Handelnden auf die ausgesetzte Belohnung; keinesfalls wird der Handelnde auf das negative Interesse beschränkt (Crome, Die partiarischen Rechtsgeschäfte 522; Elster ArchBürgR 18 [1900] 125, 176; vMayr, Die Auslobung 36 f; Motive, in: Mugdan II 292).

2. Der wirksame Widerruf

a) Keine Anwartschaft auf die Belohnung

20 Nach dem berechtigten Widerruf kann der Erwerber durch Vornahme der Handlung kein Anwartschaftsrecht auf die Belohnung mehr begründen (§ 657 Rn 66). Dies gilt nach BGB selbst dann, wenn der Handelnde vom Widerruf schuldlos keine Kenntnis hatte (vMayr, Die Auslobung 58; Planck/Oegg § 658 Anm 2c). Bis zur Vollendung seiner Leistung **handelt der Auslobende auf eigenes Risiko**. Andere Rechtsordnungen haben das Problem teilweise anders gelöst. Allen voran **§ 860a S 2 öABGB** (Rn 5; vgl auch Art 8 Abs 2 schwOR: Rn 5). Nach dieser Bestimmung ist der Widerruf demjenigen gegenüber unwirksam, der ohne sein Verschulden von der Widerrufserklärung keine Kenntnis erhalten und mit Rücksicht auf die Auslobung die Leistung erbracht hat. Die Beweispflicht für seine unverschuldete Unkenntnis legt das Gesetz dem Handelnden auf (Schülgen, Die Auslobung 69).

b) Kein Ersatz des negativen Interesses

21 Mit wirksamem Widerruf der Auslobung geht der Handelnde nach deutschem Recht nicht nur der Möglichkeit verlustig, durch Vornahme der Handlung ein Anwartschaftsrecht auf die Belohnung zu begründen und damit die Möglichkeit zur Amortisation seiner Bemühungen zu schaffen; er kann auch nicht Erstattung seiner Auslagen für etwaige Vorbereitungs- und Durchführungshandlungen verlangen und zwar selbst dann nicht, wenn der Auslobende beim Widerruf gewusst haben sollte, dass bereits Aufwendungen zur Vornahme der Handlung getätigt wurden (Motive, in: Mugdan II 292; Elster ArchBürgR 18 [1900] 125, 174 ff; Grunewald, Die Auslobung 112 f; Kresse, Die Auktion als Wettbewerbsverfahren 90; Crome, System des Deutschen Bürgerlichen Rechts II § 279 I 2 S 759 f; Enneccerus/Lehmann, Schuldrecht [15. Aufl 1958] § 159 III S 678; Esser/Weyers, Schuldrecht II/1 [8. Aufl 1998] § 37 4 S 332; Erman/Berger § 658 Rn 2; MünchKommBGB/Schäfer

§ 658 Rn 11; OERTMANN § 658 Anm 4; GRÜNEBERG/RETZLAFF § 658 Rn 1; PLANCK/OEGG § 658 Anm 2c; BGB-RGRK/STEFFEN § 658 Rn 5; dazu: vMAYR, Die Auslobung 42 ff; das Fehlen eines Ersatzanspruchs auf das negative Interesse war bereits im Vorentwurf vorgesehen: vKÜBEL, in: SCHUBERT [Hrsg], Die Vorlage der Redaktoren für die erste Kommission zur Ausarbeitung eines Entwurfs eines Bürgerlichen Gesetzbuches, Recht der Schuldverhältnisse I 493). Das Fehlen jeglichen Ersatzanspruchs ist konsequente Folge daraus, dass der Handelnde bis zur Vollendung der Handlung **auf eigene Gefahr** handelt (vMAYR, Die Auslobung 51 f; SIGMUND, Bindung durch Versprechen oder Vertrag 90 f; Rn 20 und § 657 Rn 66 f). Etwas anderes soll nur dann gelten, wenn der Auslobende arglistig handelt (§ 826 BGB), er es also von Anfang an darauf angelegt hatte, anderen Mühe und Aufwendungen zu verursachen (GRUNEWALD, Die Auslobung 113; MünchKommBGB/SCHÄFER § 658 Rn 11; OERTMANN § 658 Anm 4; PLANCK/OEGG § 658 Anm 2c; BGB-RGRK/STEFFEN § 658 Rn 5; SOERGEL/vREDEN § 658 Rn 22). Abweichend zum deutschen Recht ist die Regelung des Art 8 Abs 2 schwOR (Rn 5). Zwar gewährt auch das Schweizer Recht dem Auslobenden eine jederzeitige Widerrufsmöglichkeit, knüpft aber an den Widerruf die Verpflichtung des Auslobenden zum Ersatz solcher Aufwendungen, die auf Grund der Auslobung „in guten Treuen" gemacht wurden. Allerdings kann sich der Auslobende das Rücktrittsrecht ausdrücklich bis zur Vornahme der Handlung vorbehalten, wodurch seine Ersatzpflicht entfallen soll (SCHÜLGEN, Die Auslobung 79 ff), wie es ihm andererseits auch unbenommen bleibt, auf das Widerrufsrecht zu verzichten.

VI. Darlegungs- und Beweislast

Der Auslobende trägt die Darlegungs- und Beweislast für den Widerruf der Auslobung, der Handelnde seinerseits ist dafür darlegungs- und beweispflichtig, dass die Handlung vor dem Widerruf vorgenommen wurde oder der Auslobende auf die Widerruflichkeit verzichtet hat (GRUNEWALD, Die Auslobung 109). **22**

VII. Nachträgliche Änderung der Auslobungsbedingungen

Nachträgliche Änderungen der Auslobungsbedingungen enthalten einen mindestens teilweisen Widerruf der Auslobung und sind deshalb entsprechend den für den Widerruf der Auslobung geltenden Grundsätzen zu beurteilen (Rn 6). **23**

VIII. Anfechtung der Auslobung

Die Anfechtung der Auslobung aufgrund der Vorschriften über Willensmängel (§§ 119, 123 BGB) wird durch § 658 BGB nicht ausgeschlossen (ERMAN/BERGER § 658 Rn 4; PLANCK/OEGG § 658 Anm 5). Praktisch relevant wird diese Möglichkeit allerdings nur, wenn der Widerruf durch die Vornahme der Handlung (§ 658 Abs 1 S 1 BGB) oder durch den Verzicht auf Widerruflichkeit (§ 658 Abs 2 BGB) ausgeschlossen ist. Zur Anfechtung der Auslobung s § 657 Rn 32. **24**

§ 659
Mehrfache Vornahme

(1) Ist die Handlung, für welche die Belohnung ausgesetzt ist, mehrmals vorgenommen worden, so gebührt die Belohnung demjenigen, welcher die Handlung zuerst vorgenommen hat.

(2) Ist die Handlung von mehreren gleichzeitig vorgenommen worden, so gebührt jedem ein gleicher Teil der Belohnung. Lässt sich die Belohnung wegen ihrer Beschaffenheit nicht teilen oder soll nach dem Inhalt der Auslobung nur einer die Belohnung erhalten, so entscheidet das Los.

Materialien: E I § 583; II § 591; III § 648;
Mot II 523; Prot II 348.

Systematische Übersicht

Alphabetische Übersicht

I. Inhalt; dispositives Recht

1 Aufgrund der öffentlichen Natur der Auslobung kann es vorkommen, dass dem Auslobenden eine Mehrheit von Personen gegenüber steht; sei es, dass verschiedene Personen unabhängig voneinander die Leistung, für welche die Belohnung ausgesetzt wurde, vorgenommen haben, sei es, dass erst durch das bewusste oder unbewusste Zusammenwirken verschiedener Personen der Erfolg herbeigeführt wurde. § 659 BGB regelt den ersten Fall: **Nacheinander** (Abs 1) oder **gleichzeitig** (Abs 2) erbringen

mehrere Personen unabhängig voneinander und jeder für sich die Handlung oder führen den ganzen geforderten Erfolg herbei. § 660 BGB regelt den zweiten Fall: Der Eintritt des Erfolges beruht auf dem Zusammenwirken mehrere Personen (BGH 30. 10. 1986 – III ZR 55/86, BGHR § 659 Abs 1 Beweislast 1; Oertmann § 659 Anm 1; Planck/Oegg § 659 Anm 1). Für Preisausschreiben gilt die Sonderreglung des § 661 BGB.

Unausgesprochen fußt die gesetzliche Regelung des § 659 BGB auf dem Grundsatz, 2
dass trotz mehrfacher Vornahme der Handlung die Belohnung **nur einmal gezahlt** werden soll (Löhnig/Plettenberg ZEV 2016, 293, 294). Für das dadurch hervorgerufene Verteilungsproblem hält § 659 BGB ein einfaches Lösungskonzept bereit. Abs 1 beschreibt den Grundsatz: das **Prioritätsprinzip**. Ist die Handlung, für welche die Belohnung ausgesetzt wurde, mehrmals vorgenommen worden, so gebührt die Belohnung demjenigen, der die Handlung zuerst vorgenommen hat. Die Erste Kommission ging davon aus, dass dies dem **mutmaßlichen Willen des Auslobenden** entspricht (Motive, in: Mugdan II 292). Das Prioritätsprinzip versagt bei gleichzeitiger Vornahme. Hier sieht das Gesetz den **Teilungsgrundsatz** vor. Ist die Handlung von mehreren gleichzeitig vorgenommen worden, so gebührt nach Abs 2 S 1 jedem ein gleicher Teil der Belohnung. Auch hier wollte sich der Gesetzgeber wieder am mutmaßlichen Willen des Geschäftsherrn orientieren: Bei gleichzeitiger Vornahme entspreche es regelmäßig der Intention des Auslobenden, dass die Handelnden zu gleichen Teilen berechtigt werden (Motive, in: Mugdan II 293). Abs 2 S 2 schließlich betrifft den Sonderfall, dass sich die Belohnung nicht teilen lässt oder nach dem Inhalt der Auslobung nur einer die Belohnung erhalten soll. Das österreichische Recht enthält in § 860b öABGB eine § 659 BGB entsprechende Vorschrift (§ 860b öABGB: „Ist die Leistung von mehreren Personen vollbracht worden, so gebührt, falls nicht aus der Auslobung ein anderer Wille hervorgeht, die Belohnung demjenigen, der die Leistung zuerst vollbracht hat, und bei gleichzeitiger Vollendung allen zu gleichen Theilen“; dazu Gschnitzer, Die Auslobung 132 ff; Schülgen, Die Auslobung 66). Das Schweizer Recht kennt keine ausdrückliche Regelung (Schülgen, Die Auslobung 76 ff): Die Frage sei nach dem Inhalt der Auslobung und nach deren juristischer Natur zu beurteilen.

§ 659 BGB versucht dem mutmaßlichen Willen des Auslobenden Genüge zu tun 3
(Motive, in: Mugdan II 292 f; Rn 2). Eben darum stellt § 659 BGB auch nur **dispositives Recht** dar. Der Auslobende kann eine abweichende Bestimmung treffen, die der gesetzlichen Regelung vorgeht. So kann der Auslobende etwa bestimmen, dass die Belohnung nicht nur einmal gezahlt werden soll, sondern jedem ein Anspruch auf die volle Belohnung zustehen soll, der innerhalb eines bestimmten Zeitraums eine bestimmte Handlung vornimmt; der Auslobende kann sich auch die Entscheidung über die Zuteilung der Belohnung gem §§ 315, 317 BGB vorbehalten (RG 1. 8. 1914 – III 12/41, RGZ 167, 225, 234 f; OLG Karlsruhe 25. 7. 1980 – 14 U 228/78, Justiz 1980, 436, 437; Wiechmann, Der Ausschluß des Rechtsweges bei öffentlichen Belohnungsversprechen 65; Kaulartz/Hirzle/Holl RDi 2022, 324 Rn 25; Erman/Berger § 659 Rn 2; MünchKommBGB/Schäfer § 659 Rn 6; Planck/Oegg § 659 Anm 4; Soergel/vReden § 659 Rn 1).

II. Prioritätsgrundsatz (Abs 1)

1. Prioritätsgrundsatz

4 Nach dem gesetzlich typisierten Normalfall der Auslobung soll die ausgesetzte Belohnung nur einmal gezahlt werden. Die Verteilung folgt grundsätzlich dem Prioritätsprinzip: *qui prior est tempore, potior est iure* – wer zuerst kommt, mahlt zuerst (Grunewald, Die Auslobung 91 f; Oertmann § 659 Anm 1): Haben mehrere Personen die Handlung, für welche die Belohnung ausgesetzt ist, selbständig und zu verschiedenen Zeitpunkten vorgenommen, so erwirbt das Anwartschaftsrecht auf die Belohnung derjenige, der die Handlung zuerst vorgenommen hat. Es entscheidet ausschließlich der zeitliche Vorrang der Handlung; keine Rolle spielt es, ob der Handelnde gerade mit Rücksicht auf die Auslobung gehandelt hat (§ 657 Rn 69) oder wann der Auslobende davon erfährt (Soergel/vReden § 659 Rn 4). Wurde für die Vornahme der Handlung eine Frist bestimmt, steht die Anwartschaft demjenigen zu, der innerhalb des gesetzten Zeitraums die Handlung zuerst vorgenommen hat; Handlungen nach Fristablauf können per se kein Anwartschaftsrecht mehr begründen (Planck/Oegg § 659 Anm 2a; § 657 Rn 70).

2. Verzicht und Abtretung

5 Nach der hier vertretenen Vertragstheorie (§ 657 Rn 14) erwirbt der Handelnde mit der Vornahme der Handlung noch nicht den Anspruch auf die Belohnung (so aber die herrschende Pollizitationstheorie, vgl § 657 Rn 7 ff), sondern nur ein **Anwartschaftsrecht**. Erst wenn er durch rechtsgeschäftlichen Willensakt seine Handlung in Bezug setzt zur Auslobung (ieS) entsteht der Anspruch (§ 657 Rn 66). Der Handelnde hat daher die Möglichkeit, durch **einseitigen Akt** – Ablehnung der Auslobung (Offerte) – auf seine Anwartschaft zu verzichten (§ 657 Rn 13, 83; vgl auch Art II. – 4:303 des *Draft Common Frame of Reference (DCFR)*; **aA die hM** – zB Enneccerus/Lehmann, Schuldrecht [15. Aufl 1958] § 159 IV 2, S 679; Planck/Oegg § 659 Anm 2b, für die nur ein Erlassvertrag gem § 397 in Frage kommt). Allerdings hat der einseitige Verzicht nicht zur Folge, dass die Anwartschaft nunmehr in der Person des nach ihm Handelnden wirksam wird (Oertmann § 659 Anm 2; Planck/Oegg § 659 Anm 2b; Soergel/vReden § 659 Rn 5). Die Auslobung ist durch die Ausschlagung des Berechtigten entsprechend § 146 Alt 1 BGB erloschen (vgl § 657 Rn 83). Will dieser zugunsten des nach ihm Handelnden auf die Anwartschaft „verzichten“, muss er die Anwartschaft auf die Belohnung abtreten (§§ 413, 398 BGB). Eine solche Übertragung wird regelmäßig in dem Verzicht zugunsten des nach ihm Handelnden liegen (Planck/Oegg § 659 Anm 2b; BGB-RGRK/Steffen § 659 Rn 3).

III. Teilungsgrundsatz (Abs 2)

6 Ist die Handlung von mehreren gleichzeitig vorgenommen worden, erwirbt jeder ein eigenes Forderungsrecht, das bei Teilbarkeit der Belohnung auf einen entsprechenden Teil (S 1), im Falle der Unteilbarkeit auf Vornahme einer Verlosung und Auskehrung der Belohnung an den Gewinner gerichtet ist (S 2). Der gleichzeitigen Vornahme der Handlung durch mehrere ist der Fall gleichzustellen, dass sich nicht feststellen lässt, wer die Handlung zuerst vorgenommen hat (MünchKommBGB/Schäfer § 658 Rn 3; Oertmann § 659 Anm 1; Planck/Oegg § 659 Anm 3c; Soergel/vReden § 659 Rn 13; vgl Rn 10).

1. Teilbarkeit der Belohnung (S 1)

Ist die Belohnung teilbar, hat jeder Handelnde Anspruch auf einen gleichen Teil der Belohnung. Die Frage der Teilbarkeit bestimmt sich primär nach der Beschaffenheit der Belohnung. **Geldbelohnungen** sind nach Kopfanteilen unter den Handelnden aufzuteilen. Ist eine **Sache** Gegenstand der Belohnung, so ist im Zweifel anzunehmen, dass die Leistung eine teilbare ist; jeder Berechtigte kann dann die Übertragung eines Miteigentumsanteils und die Einräumung von Mitbesitz verlangen (MünchKommBGB/Schäfer § 659 Rn 4; Planck/Oegg § 659 Anm 3a; **aA** Soergel/vReden § 659 Rn 9). Ist die Belohnung ihrer Beschaffenheit nach auch eine teilbare, so kann ihre Unteilbarkeit noch daraus folgen, dass nach dem Inhalt der Auslobung nur einer die Belohnung erhalten soll (§ 659 Abs 2 S 2 Alt 2 BGB). 7

2. Unteilbarkeit der Leistung (S 2)

Ist die Belohnung wegen ihrer Beschaffenheit nicht teilbar oder soll nach dem Inhalt der Auslobung nur einer die Belohnung erhalten, entscheidet das **Los**. Der Auslobende kann das Losverfahren frei bestimmen. Die das Losverfahren kennzeichnende Entscheidung durch Zufall muss aber gewährleistet sein (Grunewald, Die Auslobung 94 f; Dernburg, Das bürgerliche Recht II 2 [3. Aufl 1906] § 335 V 1 S 545; MünchKommBGB/Schäfer § 659 Rn 5; Oertmann § 659 Anm 1b; Planck/Oegg § 659 Anm 3b). Grundsätzlich ist das Los vom Auslobenden alleine zu ziehen; wenn der Handelnde aber der Auslosung beiwohnen will, ist das Los vor dem Handelnden zu ziehen (Grunewald, Die Auslobung 94; Crome, System des Deutschen Bürgerlichen Rechts II § 279 I 2 a Fn 34 S 760). 8

IV. Irrtümliche Zahlung an den Nichtberechtigten; Hinterlegung

Nicht einheitlich wird der Fall beurteilt, dass der Auslobende an einen gem § 659 BGB nicht berechtigten Bewerber zahlt. Nach der heute hM wird der Auslobende durch die Zahlung nicht befreit, sondern bleibt dem wahren Berechtigten verpflichtet. Der Auslobende wird vielmehr darauf verwiesen, gem § 812 Abs 1 S 1 Alt BGB gegen den Nichtberechtigten vorzugehen. Ein unmittelbarer Bereicherungsanspruch des Berechtigten gegen den unberechtigten Bewerber wird explizit abgelehnt (MünchKommBGB/Schäfer § 659 Rn 7; Planck/Oegg § 659 Anm 2c). Zu folgen ist dieser Auffassung freilich nicht. Kober hat zutreffend darauf hingewiesen, dass für den Fall, dass der Auslobende **im guten Glauben** und auch nicht fahrlässig die Belohnung an einen Nichtberechtigten ausgezahlt hat, dem Auslobenden keine Pflicht zur Doppelleistung obliegt (Grunewald, Die Auslobung 92 f; Staudinger/Kober[10] § 659 Rn 4; vgl OLG Frankfurt 14. 7. 1920, OLGRspr 41 [1921] 123, 124; differenzierend: Soergel/vReden § 659 Rn 7). Dem Auslobenden obliegt es, sich im Rahmen des Zumutbaren um die Ermittlung der relevanten Tatsachen zu bemühen. Hat er aber diese ermittelt und musste er nicht auf weitere Bewerber stoßen, so darf er entsprechend des Verteilungsschlüssels des § 659 BGB leisten. In der Sache korrespondieren die Aufklärungspflichten bei der Möglichkeit der mehrfachen Vornahme (§ 659 BGB) denjenigen bei der Mitwirkung mehrerer (§ 660 BGB, § 660 Rn 16, 25). Es ist damit letztlich also am Berechtigten, unmittelbar beim Nichtberechtigten zu kondizieren. Der Anspruch folgt aus **§ 816 Abs 2 BGB** (vgl Erman/Berger § 659 Rn 1). Ist es für den Auslobenden nicht zu erkennen, wer von mehreren Anspruchsstellern der Berechtigte ist, so kann er die Belohnung gem § 372 hinterlegen (Grüneberg/Retzlaff § 659 Rn 1). Um diese Pro- 9 bleme zu vermeiden rät vReden dem Auslobenden dazu, in Abweichung von der gesetzlichen Regel in den Auslobungsbedingungen festzulegen, dass die Belohnung demjenigen gebührt, der die Vornahme der Handlung als Erster beim Auslobenden nachweist (Soergel/vReden § 659 Rn 2). Ich habe Zweifel, ob eine solche Bedingung der Inhaltskontrolle am Maßstab des § 307 BGB standhält (§ 657 Rn 36): Ohne Not wird vom einleuchtenden Gerechtigkeitsgehalt des Prioritätsprinzips abgewichen, denn die Gefahr einer Doppelleistung besteht nicht. Zur Auskehrung der Belohnung bei mangelhafter Leistungserbringung eines Handelnden s § 657 Rn 80.

V. Darlegungs- und Beweislast

10 Der Bewerber trägt die Beweislast dafür, dass er die Handlung vorgenommen hat. Dem Auslobenden obliegen dann die **substantiierte** Behauptung und der Beweis dafür, dass die Handlung von mehreren vorgenommen worden ist. Erst wenn feststeht, dass mehrere Personen die Handlung vorgenommen haben, trifft den Anspruchssteller, falls er (a) die volle Belohnung beansprucht, die Beweislast für die zeitliche Priorität seiner Handlung (BGH 30. 10. 1986 – III ZR 55/86, BGHR § 659 Abs 1 Beweislast 1; Grunewald, Die Auslobung 93; Crome, System des Deutschen Bürgerlichen Rechts II § 279 I 2 a S 760 Fn 31; MünchKommBGB/Schäfer § 659 Rn 8; Planck/Oegg § 659 Anm 2a; BGB-RGRK/Steffen § 659 Rn 5), falls er (b) nur einen Teil der Belohnung beansprucht dafür, dass er gleichzeitig (mit anderen die Bedingung) erfüllt hat. Wenn in der Lehre für diesen Fall gesagt wird, dass der Bewerber die Zahl der Mitberechtigten und damit die Größe seines Anteils nachweisen müsse, ist dies unzutreffend (so aber Planck/Oegg § 659 Anm 3a; BGB-RGRK/Steffen § 659 Rn 5). Die Anzahl der gleichzeitig Handelnden ist eine rechtshindernde Einwendung, die den Anspruch des Handelnden quantitativ kürzt. Der Auslobende hat die Zahl der Handelnden nachzuweisen, um die er die Belohnung des Anspruchsstellers gekürzt wissen will (Soergel/vReden § 659 Rn 15).

§ 660
Mitwirkung mehrerer

(1) Haben mehrere zu dem Erfolg mitgewirkt, für den die Belohnung ausgesetzt ist, so hat der Auslobende die Belohnung unter Berücksichtigung des Anteils eines jeden an dem Erfolg nach billigem Ermessen unter sie zu verteilen. Die Verteilung ist nicht verbindlich, wenn sie offenbar unbillig ist; sie erfolgt in einem solchen Fall durch Urteil.

(2) Wird die Verteilung des Auslobenden von einem der Beteiligten nicht als verbindlich anerkannt, so ist der Auslobende berechtigt, die Erfüllung zu verweigern, bis die Beteiligten den Streit über ihre Berechtigung unter sich ausgetragen haben; jeder von ihnen kann verlangen, dass die Belohnung für alle hinterlegt wird.

(3) Die Vorschrift des § 659 Abs. 2 Satz 2 findet Anwendung.

Materialien: E II § 591; III § 647; Prot II 348.

Systematische Übersicht

Alphabetische Übersicht

I. Inhalt; dispositives Recht

1 § 660 BGB betrifft den Fall, dass die erforderliche Handlung insgesamt nur einmal vorgenommen wurde, aber mehrere zu dem Erfolg (zB Ergreifung eines Verbrechers) beigetragen haben (BGH 30. 10. 1986 – III ZR 55/86, BGHR § 659 Abs 1 Beweislast 1; Grunewald, Die Auslobung 95; zur Abgrenzung zu § 659: § 659 Rn 1). Der Vorschrift liegt ein einsichtiger Gerechtigkeitsgehalt zugrunde: Wurde ein Erfolg durch die ineinandergreifende Tätigkeit mehrerer Personen – hier vom Gesetz als Beteiligte bezeichnet – herbeigeführt, so gebührt keiner dieser Personen die ganze Belohnung allein; vielmehr ist die Belohnung unter Berücksichtigung des Anteils eines jeden am Erfolg nach billigem Ermessen zu verteilen (vgl schon: RG 26. 9. 1883 – I 306/83, RGZ 11, 281, 283). Das Gesetz weist in Abs 1 S 1 die Aufgabe der Verteilung, wozu insbesondere die Bestimmung der einzelnen Anteile gehört, dem Auslobenden zu. Die Stellung des Auslobenden in diesem **Verteilungsverfahren** ist der eigentümlichen Stellung des leistungsbestimmungsberechtigten Dritten iSd §§ 317 ff BGB ähnlich: Seine Entscheidung ist nur dann unverbindlich, wenn sie offenbar unbillig ist (Abs 1 S 2); einen entsprechenden Rechtsstreit haben die Beteiligten unter sich auszutragen. Hieran anknüpfend gewährt Abs 2 HS 1 dem Auslobenden ein Leistungsverweigerungsrecht, bis die Beteiligten unter sich den Streit über ihre Berechtigung an der Belohnung ausgetragen haben; umgekehrt kann jeder von ihnen verlangen, dass der Auslobende die Belohnung für alle hinterlegt (Abs 2 HS 2).

2 Die Bestimmung des § 660 BGB ist ebenso wie § 659 BGB **dispositiver Natur**. Der Versprechende kann also in der Auslobung eine abweichende Regel treffen (Esser/Weyers, Schuldrecht II/1 [8. Aufl 1998] § 37 3 S 331; Erman/Berger § 660 Rn 1; Planck/Oegg § 660 Anm 3; Kaulartz/Hirzle/Holl RDi 2022, 324 Rn 34). Insbesondere kann die Verteilung einem Dritten überlassen werden. Möglich ist auch, dass ein gemeinsames Handeln mehrerer überhaupt ausgeschlossen sein soll; dann ist § 660 BGB vollkommen unanwendbar (Oertmann § 660 Anm 1; BGB-RGRK/Steffen § 660 Rn 1).

3 Seine Aufnahme in das BGB fand § 660 BGB erst auf Betreiben der **Zweiten Kommission** angesichts der in der Lehre am E I geübten Kritik (Protokolle, bei Mugdan II 941 f; vgl Planck/Oegg § 660 Anm 1). Im **internationalen Vergleich** ist die Vorschrift des § 660 BGB weitgehend einzig geblieben. Selbst das öABGB, das eine annähernd vergleichbare Regelung der Auslobung enthält, hält für den Fall, dass mehrere den Erfolg gemeinsam herbeiführen, keine besondere Vorschrift bereit (Gschnitzer, Die Auslobung 133 f; Schülgen, Die Auslobung 66 f; anders für die mehrfache Vornahme s § 659 Rn 2).

II. Die Verteilung nach billigem Ermessen (Abs 1 S 1)

1. Mitwirkung mehrerer

Das besondere Verteilungsverfahren des § 660 Abs 1 BGB steht unter der Voraussetzung, dass mehrere an der Herbeiführung des Erfolges oder der Vornahme der Handlung mitgewirkt haben. Die Vorschrift setzt also – anders als § 659 Abs 1 BGB, wo die Handlung mehrfach, von mehreren jeweils vollständig und unabhängig voneinander, vorgenommen wird – voraus, dass mehrere Personen erst durch ihr **Zusammenwirken**, gewollt oder ungewollt, den Erfolg herbeiführen (Erman/Berger § 660 Rn 1; Oertmann § 660 Anm 1; BGB-RGRK/Steffen § 660 Rn 1). Das Zusammenwirken kann gleichzeitig, aber auch in zeitlichen Schritten nacheinander geschehen; keine Rolle spielt es an dieser Stelle auch, ob einzelne Mitwirkende in Hinblick auf die Auslobung gehandelt haben (Soergel/vReden § 660 Rn 4). Entscheidend ist, dass erst durch das Ineinandergreifen der einzelnen Handlungsakte der Erfolg herbeigeführt wird. Hierher gehört etwa der Fall, dass jemand einer anderen Privatperson die zur Aufklärung einer Straftat notwendigen Informationen mitteilt und diese dann die Polizei informiert, die auf der Informationsbasis das Verbrechen aufklärt (OLG Köln 13. 7. 1904, RheinArch 101 [1905] I 50, 52 f). – Unberücksichtigt bleiben die Beiträge von Personen, die aufgrund der Auslobungsbedingungen **von der Verteilung ausgeschlossen** werden (§ 657 Rn 51). So soll etwa eine Auslobung für „Angaben, die zur Wiedererlangung der gestohlenen Ware führen", nicht für Polizeibeamte, den Dieb oder den Hehler gelten (KG 30. 9. 1912 – 16 U 5037/12, KGBl 1912, 132; **aA**: OLG Hamburg 27. 5. 1904, OLGRspr 10 [1905] 181, 182; LG Frankfurt 31. 3. 1954 – 2/1 S 857/53, NJW 1954, 1685; zur Auslobung von Behörden in Strafsachen: Brückmann DJZ 1903, 473; zur Auslobung zur Wiederbeschaffung gestohlener Sachen: Weimar MDR 1963, 272). 4

2. Verpflichtung des Auslobenden zur Verteilung

Mit der Bewirkung des Erfolges oder der Vornahme der Handlung ist das Anwartschaftsrecht auf die Belohnung entstanden (§ 657 Rn 66). Das Anwartschaftsrecht steht den Personen, die durch ihr Zusammenwirken den Erfolg herbeigeführt haben, **gemeinschaftlich** zu. Es ist damit am Auslobenden, quasi als neutralen Dritter, den Anteil eines jeden an der Anwartschaft nach billigem Ermessen zu bestimmen (vgl Planck/Oegg § 660 Anm 2a). Der Auslobende ist aber zur Verteilung nicht nur berechtigt, er ist den Handelnden auch zur Verteilung **verpflichtet** (§ 660 Abs 1 S 1 BGB: „... so *hat* der Auslobende die Belohnung unter Berücksichtigung des Anteils eines jeden an dem Erfolg nach billigem Ermessen unter sie zu verteilen"). Jeder Berechtigte kann von ihm die Vornahme der Verteilung verlangen (LG Frankfurt 31. 3. 1954 – 2/1 S 857/53, NJW 1954, 1685; Grunewald, Die Auslobung 103; Erman/Berger § 660 Rn 1; Oertmann § 660 Anm 2; Planck/Oegg § 660 Anm 2b; für den Fall, dass der Auslobende die Entscheidung verzögert, verweigert oder nicht treffen kann: Rn 13). Umgekehrt können die Berechtigten grundsätzlich nicht Herausgabe der Belohnung zur eigenen Verteilung verlangen (BGB-RGRK/Steffen § 660 Rn 2; **aA**: Soergel/vReden § 660 Rn 7), denn der Auslobende hat eben auch ein eigenes Interesse an der gerechten Verteilung der Belohnung. 5

Hat der Auslobende die Belohnungsanteile festgesetzt **(Verteilungsplan)** und haben die Beteiligten die Verteilung als verbindlich anerkannt, beschränkt sich seine Ver- 6 pflichtung den Beteiligten gegenüber auf die Erfüllung des Verteilungsplans. Dagegen ist er nicht verpflichtet, sich über die Höhe der Anteile mit den Beteiligten gerichtlich auseinander zu setzen, wenn ein oder mehrere Beteiligte dem Verteilungsplan **widersprechen**; solche Streitigkeiten müssen die Beteiligten untereinander austragen (Grunewald, Die Auslobung 99; Rn 18). Bis zur Beendigung der Auseinandersetzung kann er die Leistung verweigern und hat lediglich auf Verlangen die Belohnung zu hinterlegen (§ 660 Abs 2 BGB).

3. Verteilungsverfahren

a) Der Auslobende als neutraler Dritter iSd §§ 317 ff BGB

7 Der Gesetzgeber (Protokolle, bei Mugdan II 941) geht davon aus, dass sich die Stellung des Auslobenden im Verteilungsverfahren nach den Vorschriften der **§§ 317–319 BGB** (Leistungsbestimmung durch einen Dritten) bestimmt und nicht nach den §§ 315, 316 BGB (Leistungsbestimmung durch eine Partei). Dahinter steht der Gedanke, dass der Auslobende nicht wie ein Schuldner das (Gesamt-)Maß seiner eigenen Leistung zu bestimmen hat: denn dieses steht fest. Es geht vielmehr darum, dass er den Anteil eines jeden an der Herbeiführung des Erfolges Beteiligten festsetzt. Die zwei wesentlichen Konsequenzen der gesetzgeberischen Entscheidung kommen in § 660 BGB teils unmittelbar, teils mittelbar zum Ausdruck: (a) Der Ausspruch des Auslobenden kann wie der eines unbeteiligten Dritten nur wegen grober Unbilligkeit angefochten werden (§ 660 Abs 1 S 2 BGB); (b) die Bewerber haben den Streit über ihre Berechtigung untereinander – dh ohne den Auslobenden – auszutragen (vgl § 660 Abs 2 BGB).

b) Anwendung der §§ 317–319 BGB auf das Verteilungsverfahren

8 Der Gesetzgeber hat dem Auslobenden im Verteilungsverfahren die Rolle des neutralen Dritten zugewiesen. Seine Position ähnelt der eines leistungsbestimmungsberechtigten Dritten iSd §§ 317 ff BGB (Rn 7). Gesetzestechnisch ist das eigentümliche Verteilungsverfahren in § 660 sehr **lückenhaft** geregelt. Lediglich mit § 660 Abs 1 S 2 BGB hat der Gesetzgeber eine dem § 319 Abs 1 BGB entsprechende Vorschrift geschaffen und in Abs 2 ein besonderes Leistungsverweigerungsrecht für das laufende Verteilungsverfahren hinzugefügt. Von daher wird eine vorsichtige **Analogie zu** den Vorschriften der **§§ 317–319 BGB** in Blick zu nehmen sein (Grunewald, Die Auslobung 99). Deshalb vorsichtig, weil sich die Situation des § 660 BGB von derjenigen der §§ 317–319 BGB insoweit unterscheidet, als der Auslobende zur Verteilung verpflichtet ist, während eine solche Verpflichtung den Dritten im unmittelbaren Anwendungsbereich der §§ 317–319 BGB grundsätzlich nicht trifft (Oertmann § 660 Anm 2; Planck/Oegg § 660 Anm 1; natürlich kann sich der Dritte aber gegenüber den Parteien zur Vornahme der Leistungsverpflichtung vertraglich verpflichten: Staudinger/Rieble [2026] § 317 Rn 118 ff).

aa) Person des Verteilenden

9 Stirbt der Auslobende, verliert er seine Geschäftsfähigkeit oder will er seine Verteilungsentscheidung auf einen anderen **delegieren**, ist ein unbesehener Rückgriff auf die zu §§ 317 ff BGB entwickelten Grundsätze nicht möglich. Im unmittelbaren Anwendungsbereich der §§ 317–319 BGB gilt Folgendes: Ist der ursprünglich zur Entscheidung vorgesehene Dritte weggefallen, so kommt ein Übergang der Leistungsbestimmung auf den Rechtsnachfolger mangels abweichender Vereinbarung in der

Unterwerfungsvereinbarung nicht in Betracht, denn regelmäßig gibt die besondere Erfahrenheit und Expertise des Dritten den Ausschlag für seine Bestellung (Staudinger/Rieble [2026] § 317 Rn 82). In diesen Fällen erfolgt entsprechend § 319 Abs 1 S 2 BGB die Bestimmung durch Urteil (BGH 14. 7. 1971 – V ZR 54/70, BGHZ 57, 47, 52 f; str). Diese Grundsätze gelten im Rahmen des § 660 BGB nicht (Grunewald, Die Auslobung 100; Oertmann § 660 Anm 6; Planck/Oegg § 660 Anm 2c). Stirbt der Auslobende, so haben seine Erben, wird er **geschäftsunfähig**, so hat sein gesetzlicher Vertreter die Bestimmung zu treffen. Dies begründet man damit, dass der Auslobende im Rahmen des § 660 BGB zur Entscheidung verpflichtet ist, während den Dritten im Rahmen der §§ 317–319 BGB eine solche Pflicht gerade nicht trifft. Ob diese Begründung trägt, erscheint mir zweifelhaft. Denn eine richterliche Ersatzbestimmung entsprechend § 319 Abs 1 S 2 BGB würde hier nicht weniger Abhilfe schaffen. Besser ist der Hinweis darauf, dass die Person des Auslobenden für die Verteilungsentscheidung keine vergleichbare neutrale Vertrauensposition innehat wie der von den Parteien ausgesuchte Dritte im Leistungsbestimmungsverfahren nach §§ 317 ff BGB. Aus diesem Grund ist bei § 660 BGB auch die Überlassung der Verteilung an einen anderen – anders als im Rahmen der §§ 317 ff BGB – grundsätzlich zulässig. Gleichklang mit den §§ 317 ff BGB besteht immerhin insoweit, als die Wirksamkeit der Verteilungsentscheidung grundsätzlich nicht dadurch tangiert wird, dass die zur Entscheidung berufene Person in ihrer **Geschäftsfähigkeit beschränkt** ist (Staudinger/Rieble [2026] § 317 Rn 58). Denn die Verteilungsentscheidung ist als solche für den Auslobenden neutral (vgl § 165 BGB). Im Einzelfall muss aber die Auslobung nähere Auskunft darüber geben, ob der beschränkt Geschäftsfähige die Entscheidung allein treffen soll, ob er der Zustimmung seines gesetzlichen Vertreters bedarf oder ob der gesetzliche Vertreter die Verteilung vorzunehmen hat (vgl dazu Planck/Oegg § 660 Anm 2c).

bb) Verteilung durch mehrere (§ 317 Abs 2 HS 1 BGB)

In Ausnahmefällen haben mehrere Personen über die Verteilung zu entscheiden. **10**
Diese Situation kann eintreten, wenn die Auslobung von mehreren erfolgt ist oder wenn an die Stelle des Auslobenden mehrere Erben getreten sind. Die überwiegende Auffassung geht davon aus, dass in diesem Fall abweichend von § 317 Abs 2 HS 1 BGB die **Stimmenmehrheit** den Ausschlag gibt (Grunewald, Die Auslobung 100 f; Planck/Oegg § 660 Anm 2d; Enneccerus/Lehmann, Schuldrecht [15. Aufl 1958] § 159 IV 3 c S 679; **aA**: Dernburg, Das bürgerliche Recht II 2 [3. Aufl 1906] § 335 V 21 S 546; Oertmann § 660 Anm 7).

cc) Verkündung des Verteilungsplans (§ 318 Abs 1 BGB)

Zur Verkündung und Verbindlichkeit des Verteilungsplans s Rn 17. **11**

dd) Anfechtung des Verteilungsplans (§ 318 Abs 2 BGB)

Ausschließlich der **Auslobende** und nicht, wie es § 318 Abs 2 BGB nahe legt, die **12**
Handelnden, sind zur Anfechtung des Verteilungsplans wegen Willensmangels iSd §§ 119, 123 BGB berufen und berechtigt (Grunewald, Die Auslobung 102; Oertmann § 660 Anm 3; Planck/Oegg § 660 Anm 2e; BGB-RGRK/Steffen § 660 Rn 2; Soergel/vReden § 660 Rn 9). Denn der Auslobende hat ein eigenes Interesse an der gerechten und irrtumsfreien Verteilung.

ee) Nichtvornahme der Verteilung durch den Auslobenden (§ 319 Abs 1 S 2 HS 2 BGB)

13 Wenig klar ist, wie zu verfahren ist, wenn der Auslobende die Entscheidung **verweigert**, über Gebühr **verzögert** oder überhaupt **nicht** treffen **kann**. Eine entsprechende Anwendung des § 319 Abs 1 S 2 HS 2 BGB, der für diese Fälle eine Bestimmung durch Urteil anordnet, wird unter Hinweis auf die Berechtigung und Verpflichtung des Auslobenden zur Verteilung überwiegend abgelehnt. Für den Fall der Weigerung und Verzögerung geht die hM dahin, jedem Beteiligten das Recht zu geben, auf Vornahme der Verteilung zu klagen (LG Frankfurt 31. 3. 1954 – 2/1 S 857/53, NJW 1954, 1685; Grunewald, Die Auslobung 103; Erman/Berger § 660 Rn 1; Oertmann § 660 Anm 2; Planck/Oegg § 660 Anm 2b). Wird der Auslobende verurteilt, so soll die Zwangsvollstreckung nach **§ 888 ZPO** erfolgen (MünchKommBGB/Seiler [6. Aufl 2013] § 660 Rn 5; **aA**: Grunewald, Die Auslobung 104: Zwangsvollstreckung nach § 887 ZPO, da auch ein Dritter die Handlung vornehmen könne). Nur für den seltenen Fall, dass der Auslobende die Entscheidung nicht treffen könne (s auch Rn 9), sei § 319 Abs 1 S 2 HS 2 BGB entsprechend heranzuziehen (Planck/Oegg § 660 Anm 2g). Ist der Ansatz der hM auch im Grundsatz nachvollziehbar, so trifft er doch spätestens dann auf Schwierigkeiten, wenn sich der widerspenstige Auslobende auch nach Verurteilung weiterhin weigert, eine billige Verteilung vorzunehmen und die Zwangsvollstreckung nach § 888 ZPO keine Abhilfe verspricht. Man sollte daher einen Gedanken Dernburgs aufgreifen und den Beteiligten schon im Falle der Verzögerung der Verteilung die Möglichkeit geben, durch Klage gegen die übrigen Beteiligten eine Bestimmung der Verteilung durch das Gericht entsprechend **§ 319 Abs 1 S 2 HS 2 BGB** herbeizuführen (Dernburg, Das bürgerliche Recht II 2 [3. Aufl 1906] § 335 V 2 S 546; MünchKommBGB/Schäfer § 660 Rn 13; Planck/Oegg § 660 Anm 2g). vReden hat jüngst diesen Ansatz aufgegriffen, ihn aber dahin modifiziert, dass die Klage gegen den Auslobenden zu richten und nicht unter den Beteiligten auszutragen sei (Soergel/vReden § 660 Rn 6). Prozessökonomisch scheint dies auf den ersten Blick naheliegend. Und doch: Man entfernt sich damit über Gebühr von der – zugegeben recht komplizierten – Konstruktion des Gesetzes. Fordert das Gesetz, dass Streit über die Billigkeit einer getroffenen Bestimmung unter den Prätendenten auszutragen ist (§ 660 Abs 2 S 2, Abs 2 HS 1 BGB), dann liegt es nahe, auch die gerichtliche Ersatzbestimmung in diesem Verhältnis zu treffen. Dahinter steht ein richtiger Gedanke: Die Prätendenten bilden unter sich alles andere als eine einheitliche Front. Jeder versucht auf Kosten des anderen für sich einen möglichst großen Teil an der Belohnung zu sichern.

4. Verteilungsplan

14 Am Ende des Verteilungsverfahrens des § 660 Abs 1 S 1 BGB steht der Verteilungsplan. In ihm bestimmt der Auslobende die Verteilung der Belohnung unter den Beteiligten.

a) Geometrische Proportionalität und Beurteilungsmaßstab

15 Die Belohnung ist unter den Beteiligten, die an der Herbeiführung des Erfolges mitgewirkt haben, zu verteilen. Entsprechend den Grundsätzen der *iustitia distributiva* erfolgt die Verteilung nicht nach Kopfteilen, sondern nach **geometrischer Proportionalität**: Steht die Bedeutung des Beitrag des A im Verhältnis zur Bedeutung des Beitrags des B am Gelingen im Verhältnis 3:1, so ist A auch im Verhältnis 3:1 an der Belohnung zu beteiligen (Aristoteles, Ethica Nicomachea V 6 f [1131a f]). Die Verteilung

erfolgt also nach dem „Wert" der einzelnen Handlungen. Das ist im Grundsatz klar (BGB-RGRK/Steffen § 660 Rn 2; Soergel/vReden § 660 Rn 10). Schwierig und kaum fassbar ist aber – was Aristoteles schon in seiner Ethica Nicomachea andeutet –, wie der Wert der einzelnen Beiträge zu bestimmen ist (vgl OLG Köln 13. 7. 1904, RheinArch 101 [1905] I 50, 52 f). Der Verteilungsberechtigte hat sich insoweit um sachliche und nicht diskriminierende Kriterien zu bemühen.

b) Beurteilungshorizont; Aufklärungspflicht

Die Verteilung ist vom Auslobenden vorzunehmen. Maßgebend ist sein Horizont 16 zum **Zeitpunkt der Entscheidung**. Daher liegt keine Unbilligkeit der Verteilung vor, wenn der Auslobende den Sachverhalt im Rahmen des Zumutbaren ermittelt hat, aber einen zunächst unbekannten Beteiligten, von dessen Existenz er nichts wusste und auch nicht wissen musste, bei der Verteilung übergeht (so noch MünchKommBGB/Seiler [6. Aufl 2013] § 660 Rn 5; **aA** wohl: MünchKommBGB/Schäfer § 660 Rn 11; Soergel/vReden § 660 Rn 10: es komme alleine auf die objektive Billigkeit an). Im Gegenzug trifft den Auslobenden eben auch eine begrenzte **Pflicht zur Aufklärung** des Sachverhalts.

c) Kundgabe und Verbindlichkeit

Bei der Verkündung des Verteilungsplans des Auslobenden handelt es sich um eine 17 einseitige, empfangsbedürftige **Willenserklärung**. In entsprechender Anwendung des **§ 318 Abs 1 BGB** wird sie schon durch Mitteilung an auch nur einen der Beteiligten wirksam (Grunewald, Die Auslobung 102; Planck/Oegg § 660 Anm 2e; Oertmann § 660 Anm 3; wohl **aA**: BGB-RGRK/Steffen § 660 Rn 2). Der Verteilungsplan ist für die Beteiligten vorläufig solange verbindlich (Rn 18), wie er nicht durch Gestaltungsurteil wegen offenbarer Unbilligkeit auf Betreiben der Beteiligten aufgehoben wird (§ 660 Abs 1 S 2 BGB). Es besteht aber die Möglichkeit, dass der Verteilungsplan in einem Verfahren, das die Beteiligten unter sich austragen (§ 660 Abs 2 BGB; Rn 18), mit bindender Wirkung auch für den Auslobenden abgeändert wird. Der Auslobende läuft daher Gefahr, auf eine Nichtschuld zu leisten, solange die **endgültige Verbindlichkeit** nicht feststeht. Endgültig verbindlich ist der Verteilungsplan, wenn alle Beteiligten ihn als verbindlich anerkennen oder wenn die gerichtlichen Verteilungsstreitigkeiten der Beteiligten rechtskräftig beendet sind. Bis dahin kann sich der Auslobende auf folgende Art schützen: Er kann sich auf das Leistungsverweigerungsrecht des § 660 Abs 2 HS 1 BGB berufen oder gem § 372 BGB die Belohnung für alle Beteiligten hinterlegen. Erklären sich die Beteiligten nach Bekanntgabe des Verteilungsplans innerhalb einer angemessenen Frist nicht, so ist dies als Zustimmung aufzufassen (Grunewald, Die Auslobung 102 f).

III. Offenbar unbillige Verteilung (Abs 1 S 2)

1. Geltendmachung der offenbaren Unbilligkeit; Verteilung durch das Gericht – Prätendentenstreit

Der Verteilungsplan des Auslobenden ist grundsätzlich für die Beteiligten verbind- 18 lich (Rn 17). Sie können ihn nur mit der Behauptung gerichtlich angreifen, er sei **offenbar unbillig** (Abs 1 S 2 HS 1); wird der Plan des Auslobenden daraufhin aufgehoben, erfolgt die Verteilung durch Urteil (Abs 1 S 2 HS 2). Die offenbar unbillige Entscheidung als solche ist nicht ohne weiteres nichtig (**aA** für § 319: Staudinger/Rieble [2026] § 319 Rn 21). Die Beteiligten können bei ihr bleiben. Glaubt aber einer der Beteiligten sich durch die Entscheidung des Auslobenden benachteiligt, so muss er dagegen klagen (Grunewald, Die Auslobung 97). Den entsprechenden Rechtsstreit haben die Beteiligten (Prätendenten) nach dem Willen des Gesetzgebers (Rn 7; vgl § 660 Abs 2 BGB untereinander auszutragen; sog **Prätendentenstreit** [OLG Köln 13. 7. 1904, RheinArch 101 <1905> I 50, 52; LG Frankfurt aM 31. 3. 1954 – 2/1 S 857/53, NJW 1954 1685; Oertmann § 660 Anm 5; Planck/Oegg § 660 Anm 2 f; BGB-RGRK/Steffen § 660 Rn 3; Soergel/vReden § 660 Rn 12]). Die gerichtliche Entscheidung ergeht als Feststellungsurteil, soweit der Verteilungsplan bestätigt wird, soweit von ihr abgewichen wird, als Gestaltungsurteil (LG Frankfurt aM 31. 3. 1954 – 2/1 S 857/53, NJW 1954, 1685; Erman/Berger § 660 Rn 2; Oertmann § 660 Anm 5; BGB-RGRK/Steffen § 660 Rn 3). Die Entscheidung des Gerichts bindet auch den Auslobenden (Planck/Oegg § 660 Anm 2 f). Während des Streits unter den Beteiligten über die Verteilung kann der Auslobende die Erfüllung verweigern; während des Streites darf – und auf Verlangen eines Beteiligten muss – der Auslobende die Belohnung für alle hinterlegen; vgl § 660 Abs 2 BGB (Rn 20 ff).

2. Offenbare Unbilligkeit

19 Das Gericht darf die Entscheidung nur abändern, wenn sie offenbar unbillig ist (vgl RG 26. 9. 1883 – I 306/83, RGZ 11, 281, 284). Der Begriff der offenbaren Unbilligkeit ist § 319 BGB entnommen. Die dort entwickelten Grundsätze zur Leistungsbestimmung durch einen Dritten können allenfalls mit Vorsicht übertragen werden. § 317 BGB ist ein final programmierter Rechtssatz. Dem Bestimmungsberechtigten wird ein sog *Planungsermessen* eingeräumt. Der Berechtigte soll zur Fortschreibung oder Vervollständigung eines Vertrages schöpferisch tätig werden. Zu diesem Zweck werden Ziele formuliert und Belange (Interessen) festgelegt, die der Dritte in einem Abwägungsprozess zu gewichten und auszugleichen hat (Wolff/Bachof/Stober, Verwaltungsrecht I [11. Aufl 1999] § 31 Rn 59). Die Aufgabe des Verteilungsberechtigten bei § 660 BGB liegt anders; sie kommt der Stellung eines Schiedsgutachters nahe. Zwingend vorgegeben ist zunächst allein die Verteilung der Belohnung nach der Wertigkeit der einzelnen Beiträge zum Erfolg (geometrische Proportionalität). Offen ist alleine, wie der Wert der einzelnen Beiträge (zueinander) zu bestimmen ist. Der Verteilungsberechtigte hat sich insoweit um sachliche und nicht diskriminierende Kriterien zu bemühen (Rn 15). Gleichzeitig trifft ihn die Obliegenheit, sich um die Aufklärung des Sachverhalts zu bemühen, um eine sichere Tatsachenbasis für seine Entscheidung zu bekommen, damit nicht der Beitrag weiterer (noch unbekannter) Beteiligter übersehen wird (Rn 16). Vor diesem Hintergrund ist die offenbare Unbilligkeit iSd § 660 Abs 1 S 2 BGB zu bestimmen. Offenbar unbillig ist die Verteilung sicherlich immer, wenn der Grundsatz der geometrischen Proportionalität verletzt wird. Ebenso ist offenbare Unbilligkeit anzunehmen, wenn der Wert der einzelnen Beiträge nach eindeutig unsachlichen oder eindeutig diskriminierenden Kriterien bestimmt wurde. Hierbei handelt es sich um Rechtsfragen. Insoweit spielt es keine Rolle, ob die „Unbilligkeit" für den Verteilenden letztlich erkennbar war (vgl LG Frankfurt 31. 3. 1954 – 2/1 S 857/53, NJW 1954, 1685, 1886; Grunewald, Die Auslobung 96 f). Anders auf Tatsachenebene: Hier schließt ein gewisses Maß an Nachforschungen die Unbilligkeit der Verteilung auch dann aus, wenn ein (noch) unbekannter Beteiligter bei der Entscheidung übersehen wurde.

IV. Durchsetzung des Erfüllungsanspruchs während des Prätendentenstreits (Abs 2)

1. Der Erfüllungsanspruch; Leistung auf eigene Gefahr

Nachdem der Auslobende die Verteilungsbestimmung getroffen hat, kann jeder Beteiligte den auf sich entfallenden Teil der Belohnung verlangen (§ 657 BGB). Allerdings leistet der Auslobende zunächst **auf eigene Gefahr**, solange einer der Beteiligten eine gerichtliche Änderung des Verteilungsplans erreichen kann (§ 660 Abs 1 S 2 BGB; Rn 17 f). Wird die Verteilung durch Urteil geändert, so kann der bisher zu Unrecht übergangene oder nicht hinreichend gewürdigte Prätendent vom Auslobenden den ihm zustehenden (Mehr-)Anteil der Belohnung fordern. Es handelt sich hierbei weiterhin um seinen originären Belohnungsanspruch gem § 657 BGB. Dieser Anspruch richtet sich ausschließlich gegen den Auslobenden. Gegen die anderen Beteiligten kann er dagegen aus eigenem Recht nicht vorgehen; weder aus ungerechtfertigter Bereicherung noch etwa aus § 660 BGB folgt ein Anspruch gegen den anderen Beteiligten auf Herausgabe des vom Auslobenden zuviel entrichteten Betrages (LG Frankfurt 31. 3. 1954 – 2/1 S 857/53, NJW 1954, 1685 f; Oertmann § 660 Anm 5; Planck/Oegg § 660 Anm 2 f; Soergel/vReden § 660 Rn 13). Der Auslobende seinerseits muss gem § 812 BGB von den zu Unrecht begünstigten Prätendenten seine Leistung zurückfordern. – Um sich davor zu schützen, muss der Auslobende erst dann zahlen, wenn alle Beteiligten die Verteilung **als verbindlich anerkennen**. Zu diesem Zweck kann der Auslobende von den Beteiligten eine Erklärung darüber verlangen, ob sie der Verteilung zustimmen (Planck/Oegg § 660 Anm 2 f). Korrespondierend trifft die Beteiligten die Obliegenheit, sich innerhalb angemessener Zeit zu erklären. Tun sie dies nicht, gilt die Verteilung als von ihnen akzeptiert (Rn 17). Widerspricht einer der Beteiligten, so ist der Auslobende gem § 660 Abs 2 HS 1 BGB zur Leistungsverweigerung berechtigt (Rn 21). Zudem kann er die Belohnung gem § 372 BGB hinterlegen (Rn 22). 20

2. Leistungsverweigerungsrecht des Auslobenden (Abs 2 HS 1)

Wird die Verteilung des Auslobenden auch nur von einem Beteiligten als nicht verbindlich anerkannt, so ist der Auslobende berechtigt, die Erfüllung, dh die Zahlung der Belohnung, zu verweigern, bis die Beteiligten den Streit über die Verteilung unter sich ausgetragen haben (zum Prätendentenstreit Rn 18). Das Leistungsverweigerungsrecht wird durch **Einrede** geltend gemacht. Die Einrede steht dem Auslobenden so lange zu, wie nicht die Anerkennung seiner Entscheidung durch alle Beteiligten vorliegt oder im Fall des Rechtsstreites zwischen den Beteiligten ein rechtskräftiges Urteil ergangen ist (Rn 17 f). Der Auslobende kann also erst dann zur Zahlung an die Beteiligten gezwungen werden, wenn der Streit zwischen sämtlichen Beteiligten, sei es durch gütliche Einigung, sei es durch Gerichtsurteil, erledigt ist. Der nicht durch gütliche Beilegung oder Urteil aus der Welt geräumte Widerspruch auch nur eines Beteiligten hindert die Durchsetzung des Erfüllungsanspruchs eines jeden Beteiligten (OLG Köln 13. 7. 1904, RheinArch 101 [1905] I 50, 52; Planck/Oegg § 660 Anm 2 f). 21

3. Hinterlegung (Abs 2 HS 2)

22 Neben dem Leistungsverweigerungsrecht steht dem Auslobenden die Möglichkeit zu, den Leistungsgegenstand gem **§ 372 S 2 BGB** zu hinterlegen (Grunewald, Die Auslobung 99; Enneccerus/Lehmann, Schuldrecht [15. Aufl 1958] § 159 IV 3 a S 679; Esser/Weyers, Schuldrecht II/1 [8. Aufl 1998] § 37 3 S 331). Darüber hinausgehend ist der Auslobende zur Hinterlegung **verpflichtet**, wenn ein Prätendent die Hinterlegung für alle Beteiligten verlangt; § 660 Abs 2 HS 2 BGB. Voraussetzung ist allerdings, dass sich die Belohnung zur Hinterlegung eignet. Die Herausgabe an einen gerichtlichen Verwahrer bei fehlender Eignung zur Hinterlegung ist hier nicht vorgesehen (Planck/Oegg § 660 Anm 2 f). Die Vorschrift ist entsprechend anzuwenden, wenn der Auslobende die Verteilung nicht treffen kann oder will oder sie verzögert und die Beteiligten entsprechend § 319 Abs 1 S 2 HS 2 BGB untereinander eine gerichtliche Verteilung herbeiführen (Dernburg, Das bürgerliche Recht II 2 [3. Aufl 1906] § 335 V 2, S 546; Rn 13).

V. Die unteilbare Belohnung (Abs 3)

23 Ist die Belohnung unteilbar, weil sie sich wegen ihrer Beschaffenheit nicht teilen lässt, oder soll nach dem Inhalt der Auslobung nur eine Person in den Genuss der Auslobung gelangen, entscheidet unter den Beteiligten gem §§ 660 Abs 3, 659 Abs 2 S 2 BGB das Los (Grunewald, Die Auslobung 105; § 659 Rn 7 f).

VI. Darlegungs- und Beweislast

24 Hat derjenige, der die Belohnung in Anspruch nimmt, behauptet und bewiesen, dass seine Tätigkeit für den Erfolg ursächlich war, dann muss der Auslobende, um den Anspruch auf die gesamte Belohnung abzuwehren, behaupten und beweisen, dass der Erfolg ohne die Handlung eines Dritten nicht zustande gekommen wäre (BGH 30. 10. 1986 – III ZR 55/86, BGHR § 659 Abs 1 Beweislast 1).

VII. Gutgläubige Leistung

25 Das Problem der gutgläubigen Leistung stellt sich im Fall des § 660 BGB nicht. Zahlt der Auslobende, bevor die Beteiligten seine Verteilung als verbindlich anerkennen, so handelt er auf eigene Gefahr. Für den Fall, dass der Auslobende einen Beteiligten bei der Aufstellung irrtümlich übergeht, gilt Folgendes: Ist der Auslobende seiner Obliegenheit nachgekommen, den Sachverhalt im Rahmen des Zumutbaren **aufzuklären**, musste er aber auf weitere Beteiligte nicht stoßen und meldete sich der Übergangene nicht von sich aus, so ist der Verteilungsplan auch ihm gegenüber wirksam (Rn 16, 19). Ein Anspruch gegen den Auslobenden steht ihm nicht zu. Aber auch gegen die übrigen Beteiligten kann er keine Ansprüche geltend machen; insbesondere steht ihm kein Anspruch aus Eingriffskondiktion zu: Denn erst der wirksame Verteilungsplan konkretisiert das Anwartschaftsrecht auf die Belohnung, so dass durch Verteilung und Auszahlung in keine ihm zustehende Rechtsposition eingegriffen wird. Verzichtet der Auslobende auf eine Aufklärung der Verhältnisse und übersieht deswegen einen Beteiligten, so ist der Verteilungsplan unter Umständen wegen offenkundiger Unbilligkeit unwirksam (Rn 19). Da der Verteilungsplan für diesen Fall vom übergangenen Beteiligten erfolgreich angefochten werden kann, gelten die Grundsätze der Zahlung vor Verbindlichkeitsanerkennung aller Prätendenten (teilw

anders: OLG Frankfurt 14. 7. 1920, OLGRspr 41 [1921] 123, 124; GRUNEWALD, Die Auslobung 97 f; dazu auch: OERTMANN § 660 Anm 5; s auch § 659 Rn 9).

§ 661
Preisausschreiben

(1) Eine Auslobung, die eine Preisbewerbung zum Gegenstand hat, ist nur gültig, wenn in der Bekanntmachung eine Frist für die Bewerbung bestimmt wird.

(2) Die Entscheidung darüber, ob eine innerhalb der Frist erfolgte Bewerbung der Auslobung entspricht oder welche von mehreren Bewerbungen den Vorzug verdient, ist durch die in der Auslobung bezeichnete Person, in Ermangelung einer solchen durch den Auslobenden zu treffen. Die Entscheidung ist für die Beteiligten verbindlich.

(3) Bei Bewerbungen von gleicher Würdigkeit findet auf die Zuerteilung des Preises die Vorschrift des § 659 Abs. 2 Anwendung.

(4) Die Übertragung des Eigentums an dem Werk kann der Auslobende nur verlangen, wenn er in der Auslobung bestimmt hat, dass die Übertragung erfolgen soll.

Materialien: E I § 584; II § 592; III § 648; Mot II 523 ff; Prot II 350.

Systematische Übersicht

Alphabetische Übersicht

I. Begriff und Wesen des Preisausschreibens

§ 661 BGB enthält bürgerlichrechtliche Sondervorschriften für Auslobungen, die eine Preisbewerbung zum Gegenstand haben (Preisausschreiben). Das BGB versteht damit das Preisausschreiben – wie im Anschluss das österreichische (§ 860 S 2 ABGB) und das Schweizer Recht (Art 8 OR) – als **Unterart der Auslobung** (Grunewald, Die Auslobung 114; Motive, in: Mugdan II 293; Schubert/vKübel, Die Vorlage der Redaktoren für die erste Kommission zur Ausarbeitung eines Entwurfs eines Bürgerlichen Gesetzbuches, Recht der Schuldverhältnisse 489; vgl auch: vMayr, Die Auslobung 79). Dies wurde im gemeinen Recht auch anders gesehen; hier wurde partiell für eine gesonderte Betrachtung des Preisausschreibens plädiert. Durchsetzen konnte sich diese Lehre nicht. Allerdings verdankt ihr die Rechtswissenschaft die heute fest verankerte Erkenntnis, dass die Besonderheiten des Preisausschreibens einige Modifikationen im Vergleich zur allgemeinen (absoluten) Auslobung iSd §§ 657 ff BGB notwendig machen (Elster ArchBürgR 18 [1900] 125, 189 ff). Damit ist bereits das Konkurrenzverhältnis von § 661 BGB zu den §§ 657 ff BGB determiniert. Soweit § 661 BGB keine vorrangige Regelung enthält, kommen die allgemeinen für die Auslobung geltenden Grundsätze zum Zuge, soweit ihnen die Besonderheiten des Preisausschreibens nicht entgegenstehen. Insbesondere die **§§ 659, 660 BGB** finden auf das Preisausschreiben grundsätzlich **keine Anwendung** (Motive, in: Mugdan II 293). 1

Das Wesen des Preisausschreibens kommt im Wortlaut des § 661 BGB nicht unmittelbar zum Ausdruck. Auf materieller Ebene stellt sich das Preisausschreiben als **relative Auslobung** dar, die neben der sog **absoluten Auslobung** des § 657 BGB steht (vMayr, Die Auslobung 79; Heinsheimer DJZ 1904, 623, 624 f). Der Unterschied zwischen absoluter und relativer Auslobung liegt in der Natur der gestellten Aufgabe: Jene sind auf ein absolut erreichbares Ergebnis gerichtet, eine bestimmte Handlung, einen bestimmten Erfolg, der gelingen oder nicht gelingen kann, diese haben eine zB wissenschaftliche oder künstlerische Aufgabe zum Gegenstand, die relative und ver- 2 schiedenartige, aus der Sicht des Auslobenden vielleicht mehr oder weniger gute, aber eben nicht nur eine richtige und sonst nur falsche Lösungen kennt. Anders formuliert: Bei der absoluten Auslobung geht es um eine Tatsachenentscheidung; die zugrunde liegenden Tatsachen können ohne weiteres vom Gericht festgestellt werden. Die relative Auslobung hingegen ist ein Werturteil, welche von mehreren Lösungen den Vorzug verdient (vMayr, Die Auslobung 86 f; Oertmann § 661 Anm 1; vgl § 78 Abs 1 Vergabeverordnung [VgV]; **aA** Soergel/vReden § 661 Rn 11). Anders als bei der absoluten Auslobung des § 657 BGB kann die einfache Vornahme der Handlung die Anwartschaft auf die Belohnung nicht begründen, notwendig ist eine besondere **Zuerkennung des Preises**. Diese Besonderheiten des Preisausschreibens bedingen seine formellen Eigenarten: die Bewerbung um den Preis (Preisbewerbung) und seine Zuerkennung durch ein besonderes Verfahren, meist durch die Entscheidung eines Preisgerichts (BGH 7. 10. 1958 – I ZR 62/57, LM UWG § 1 Nr 71 – Italienische Note; Enneccerus/Lehmann, Schuldrecht [15. Aufl 1958] § 159 V S 680; Oertmann § 661 Anm 1a).

3 § 661 BGB findet diese Eigenarten der relativen Auslobung vor und hält anknüpfend daran einige besondere Vorschriften bereit, die weitgehend, aber nicht ausschließlich **dispositiver Natur** sind (vgl BGH 9. 6. 1983 – III ZR 74/82, LM ZPO § 256 Nr 129; BGH 6. 4. 1966 – Ib ZR 82/64, LM BGB § 661 Nr 2; Planck/Oegg § 661 Anm 7). Zwingender Natur ist einmal die Regelung des **Abs 1**: Eine Auslobung, die eine Preisbewerbung zum Gegenstand hat, ist nur dann wirksam, wenn in der Bekanntmachung eine Frist für die Bewerbung bestimmt wird. Im Zusammenhang mit § 658 Abs 2 BGB besagt diese Vorschrift zugleich, dass ein Preisausschreiben im Zweifel nicht widerruflich ist. **Abs 2 S 1 HS 1** enthält die Klarstellung, dass die Entscheidung darüber, ob eine fristgerechte Bewerbung der Auslobung entspricht oder welche von mehreren Bewerbungen den Vorzug verdient, durch die in der Auslobung bezeichneten Personen (Preisgericht) zu treffen ist. **Abs 2 S 1 HS 2** trifft die nicht selbstverständliche Anordnung, dass in Ermangelung einer besonders bezeichneten Person der Auslobende selbst entscheidet. Besonderer – und wie zu betonen ist: auch zwingender – Natur ist **Abs 2 S 2**, der die materielle Entscheidung über die Zuerkennung des Preises der gerichtlichen Nachprüfung entzieht. **Abs 4** betrifft ein häufig bei Durchführungen von Preisausschreibungen auftretendes Problem, nämlich die Frage, ob der Auslobende die Übertragung des Eigentums an den eingereichten Werken verlangen kann. **Abs 3** schließlich trifft eine Anordnung über die Zuteilung des Preises, wenn nach Auffassung des Preisgerichts mehrere Bewerbungen gleicher Würdigkeit vorliegen.

4 Entsprechend der hier vertretenen **Vertragsdeutung** der Auslobung (§ 657 Rn 13 f) ist auch das Preisausschreiben als Vertrag zu fassen. Rechtskonstruktiv bereitet dies keine Schwierigkeiten. Die notwendige Willenserklärung des Bewerbers liegt in der Preisbewerbung. Ob und mit welchem Bewerber ein Vertrag zustande kommt, bestimmt sich angesichts des besonderen relativen Charakters des Preisausschreibens nach dem Werturteil des Auslobenden oder Preisgerichts über die Preis- und Vorzugswürdigkeit der einzelnen Leistungen.

4a Einen der wichtigsten Anwendungsfälle des Preisausschreibens bilden die **vergaberechtlichen Wettbewerbe**. Es handelt sich hierbei nach der Legaldefinition des **§ 103 Abs 6 GWB** um Auslobungsverfahren, die dem Auftraggeber aufgrund vergleichender Beurteilung durch ein Preisgericht (Rn 2) mit oder ohne Verteilung von Preisen zu einem Plan oder einer Planung verhelfen sollen (Art 2 Abs 1 Nr 21 Richtlinie 2014/24/EU [über die öffentliche Auftragsvergabe]; Art 2 Nr 17 Richtlinie 2014/25/EU [über die Vergabe von Aufträgen durch Auftraggeber im Bereich der Wasser-, Energie- und Verkehrsversorgung sowie der Postdienste]). Die Einzelheiten zur Ausrichtung von Planungswettbewerben (§ 113 S 1 GWB) sind in den §§ 69 ff, 78 ff der Vergabeverordnung **(VgV)** und in den §§ 60 ff der Sektorenverordnung **(SektVO)** geregelt. Die Durchführung von Planungswettbewerben für Architekten- und Ingenieurleistungen erfolgt auf der Grundlage veröffentlichter einheitlicher Richtlinien (§ 78 Abs 2 S 1 VgV). Gemeint ist damit vor allem die Richtlinie für Planungswettbewerbe **(RPW 2013)**. In der VgV gehen die vormalige Vergabeordnung für freiberufliche Leistungen (VOF) und der bisherige Abschnitt 2 der Vergabe- und Vertragsordnung für Leistungen (VOL/A EG) auf. Im Hintergrund stehen die Vorschriften für Wettbewerbe der Art 78 ff der **Richtlinie 2014/24/EU** und der Art 95 ff der **Richtlinie 2014/25/EU**. Die vergaberechtlichen Vorschriften zur Durchführung der Planungswettbewerbe und die RPW 2013 konkretisieren an vielen Stellen nur die allgemeinen Grundsätze des Preisausschreibens (Burshille, Öffentliche Beschaffung durch Planungswettbewerbe 68 ff). Insoweit sind ihre Gedanken durchaus auch auf andere Preisausschreiben außerhalb des Vergaberechts oder bestehender sonstiger Wettbewerbsordnungen übertragbar. Die RPW 2013 richtet sich gerade auch an den privaten Auslobenden. Der RPW 2013 und anderen Wettbewerbsordnungen kommt zusätzliche Bedeutung zu, weil es insbesondere Architekten und Ingenieuren berufsrechtlich untersagt ist, an „schwarzen“ Wettbewerben teilzunehmen, die nicht auf Grundlage einer Wettbewerbsordnung, insbesondere der RPW 2013 durchgeführt werden (Burshille, Öffentliche Beschaffung durch Planungswettbewerbe 31 f). Aber nicht alles, was sich in Wettbewerbsordnungen und den vergaberechtlichen Vorgaben findet, lässt sich aus § 661 BGB ableiten. Viele Vorgaben sind Ausdruck gerade vergaberechtlicher oder berufsrechtlicher Besonderheiten, denen keine Rückwirkung auf das allgemeine Preisausschreiben des § 661 BGB zukommt. Eine Anwendung entsprechender Gedanken im Rahmen eines Preisausschreibens verbietet sich insoweit. Dies gilt insbesondere für den etwa in § 72 Abs 2 S 2 und S 3 VgV verankerten Grundsatz der Anonymität (§ 1 Abs 4 RPW 2013) und die weitreichenden Diskriminierungsverbote (§ 71 Abs 2 VgV, Art 80 Abs 3 Richtlinie 2014/24/EU). In ihrem Anwendungsbereich der Ausrichtung eines Planungswettbewerbs gehen die Vorschriften der VgV und der SektVO dem § 661 BGB natürlich vor. **Subsidiär** ist – ggf unter Berücksichtigung der vergaberechtlichen Grundsätze (§ 97 GWB) – auf § 661 BGB zurückzugreifen (Pünder/Schellenberg/Wegener/Pünder, Vergaberecht [3. Aufl 2019] GWB § 103 Rn 82; Soergel/vReden Vor §§ 657–661a Rn 21).

Eine Stiftungssatzung kann Destinatären Ansprüche auf **Stiftungsleistungen**, zB der Gewährung eines **Stipendiums** einräumen. Bestimmt die Satzung den Destinatär unmittelbar anhand objektiver Merkmale, so entsteht ohne weitere Zwischenschritte ein klagbarer Anspruch. Die Satzung kann aber auch einem **Stiftungsorgan** oder einem Dritten die Befugnis einräumen, die Destinatäre aus einem in der Satzung näher umschriebenen Kreis von **Personen auszuwählen**. Hier erhält der Dritte durch die Satzung lediglich eine „nicht rechtliche definierte“ Chance, aber noch keinen Rechtsanspruch. Der Dritte kann aber verlangen und gerichtlich überprüfen lassen, dass ggf in der Satzung, durch den Vorstand oder das zuständige Organ aufgestellte Auswahlkriterien und Vergabebedingungen eingehalten werden (OLG Hamm 17. 10. 1991 – 22 U 12/91, MDR 1992, 949, 950; Staudinger/Hüttemann/Rawert [2017] § 85 Rn 41; wohl auch: 4b

BGH 15. 12. 2016 – I ZR 63/15, BGHZ 213, 179, Rn 28 f, 36). Der BGH hat es abgelehnt, auf die Ausschreibung eines Stipendiums durch eine Stiftung die Vorschriften über das Preisausschreiben anzuwenden (BGH 15. 12. 2016 – I ZR 63/15, BGHZ 213, 179, Rn 23; Uhl EWiR 2017, 263, 264). Dem ist für den Regelfall zuzustimmen, insbesondere brächte eine Anwendung des § 661 Abs 2 S 2 BGB eine empfindliche Einbuße an Rechtsschutz mit sich: Denn eine gerichtliche Kontrolle, ob das zuständige Auswahlgremium die aufgestellten Kriterien beachtet hat, wäre grundsätzlich ausgeschlossen.

II. Tatbestand des Preisausschreibens

5 Der Tatbestand des Preisausschreibens setzt voraus, dass eine Auslobung vorliegt, die eine Preisbewerbung zum Gegenstand hat. Wirksamkeitsvoraussetzung des Preisausschreibens ist, dass in der Bekanntmachung eine Frist für die Bewerbung bestimmt wird.

1. Auslobung

a) Auslobung ieS

6 Das Preisausschreiben setzt zunächst das Vorliegen einer Auslobung ieS, also einer Willenserklärung *ad incertam personam* voraus (§ 657 Rn 48 ff). Besonderheiten zur allgemeinen Auslobung bestehen nicht. Es fehlt daher etwa noch an einer Auslobung (ieS), wenn lediglich in der Presse über Sitzungen eines Kuratoriums berichtet wird, in denen die Veranstaltung eines Wettbewerbs beschlossen wurde, denn gebunden wird der Verein dadurch nicht. Eine eigene Willenserklärung hat der Verein noch nicht abgegeben; es bleibt die Sache des Vorstands den gefassten Beschluss umzusetzen. Gleiches gilt, wenn der „Auslobende" lediglich eine unverbindliche Anfrage an mehrere Personen richtet. In einem solchen Fall ist der Auslobende auch nicht gehindert, ein Angebot anzunehmen, das zu spät eingereicht worden ist und auch sonst den „Auslobungsbedingungen" nicht entspricht (OLG Hamburg 24. 3. 1911, OLGRspr 24 [1912] 389, 390; Rn 15).

b) Öffentliche Bekanntmachung

7 Das BGB behandelt das Preisausschreiben als besonderen Fall der Auslobung (Grunewald, Die Auslobung 114; Motive, in: Mugdan II 293; Schubert/vKübel, Die Vorlage der Redaktoren für die erste Kommission zur Ausarbeitung eines Entwurfs eines Bürgerlichen Gesetzbuches, Recht der Schuldverhältnisse 489, vgl auch: vMayr, Die Auslobung 79). Der unmittelbare Anwendungsbereich des § 661 BGB setzt mithin voraus, dass die Preisbewerbung öffentlich bekanntgemacht wird (BGH 8. 5. 1967 – VII ZR 328/64, LM BGB § 661 Nr 2a; OLG Hamburg OLGRspr 24 [1912] 389, 390 243. 1911; zur öffentlichen Bekanntmachung: § 657 Rn 49 ff). Wichtige Anhaltspunkte über den (Mindest-)Inhalt der Auslobung gibt über seinen unmittelbaren Anwendungsbereich hinaus § 5 Abs 1 RPW 2013 (s auch Anl I RPW 2013). Der Auslobende hat Aufgabe und Wettbewerbsbedingungen, insbesondere die Art des Wettbewerbs (Rn 17a) klar und eindeutig zu beschreiben, Anforderungen und Zielvorstellungen zu definieren und die Kriterien für die Beurteilung der Bewerbungen festzulegen. Im Kern müssen alle Auslobungsbedingungen in der öffentlichen Ausschreibung enthalten sein. Nach Bekanntgabe ist eine Veränderung der Wettbewerbsbedingungen grundsätzlich nicht mehr möglich (vgl BGH 17. 2. 1999 – X ZR 101/97, NJW 2000, 137, 138 f; BGH 27. 6. 2007 – X ZR 34/04, BGHZ 173, 33, Rn 8 f; **aA** Müller InTeR 2017, 129, 133). Nach der Verkehrssitte soll es aber bei

kleineren Veranstaltungen genügen, wenn die näheren Bedingungen den Bewerbern erst später bekannt gegeben werden (vgl die mitgeteilte amtsgerichtliche Entscheidung in SeuffBl 65 [1900] 135 f). Treten Rückfragen auf oder tut eine Präzisierung der Aufgabenstellung not, so sind einen Dialog ermöglichende **Kolloquien** zwischen dem Auslobenden und den Bewerbern möglich. § 5 Abs 1 Unterabs 2 RPW 2013 erkennt diese Möglichkeit ausdrücklich an (Burshille, Öffentliche Beschaffung durch Planungswettbewerbe 127 ff). Das Protokoll wird Bestandteil der Auslobung und ist in der gleichen Weise öffentlich bekannt zu machen. Das Gebot der Chancengleichheit verlangt, dass das Protokoll allen Teilnehmern gleichzeitig zur Verfügung gestellt wird. Mit Blick auf die Art und Weise der öffentlichen Bekanntmachung bestehen im **Vergaberecht** Besonderheiten (Burshille, Öffentliche Beschaffung durch Planungswettbewerbe 102 ff). So muss etwa im Anwendungsbereich der §§ 69 ff, 78 ff VgV (§§ 1 Abs 1 VgV, 106 GWB) die Absicht, einen Wettbewerb durchzuführen, europaweit bekanntgegeben werden (§ 70 Abs 1 VgV, vgl Art 79 Richtlinie 2014/24/EU). Materiell unterliegen die Bewerbungsbedingungen einer Inhaltskontrolle, die je nachdem am Maßstab der §§ 305 ff BGB bzw des § 242 BGB erfolgt (§ 657 Rn 36; BGH 23. 9. 2010 – III ZR 246/09, BGHZ 187, 86 Rn 22 ff; Müller InTeR 2017, 129, 132).

8 In der Praxis besteht häufig die Besonderheit, dass Preiswettbewerbe **nicht öffentlich ausgeschrieben** werden, sondern die in Aussicht genommenen Bewerber unmittelbar angeschrieben werden (abzugrenzen von der besonderen Mitteilung einer öffentlichen Ausschreibung, § 658 Rn 13). Legt man das in § 657 Rn 53 entwickelte funktionale Verständnis der Öffentlichkeit zugrunde, ist dem Erfordernis der öffentlichen Bekanntmachung Genüge getan. Hängt man dem tradierten Begriffsverständnis an, so behilft man sich allgemein mit einer vertraglichen (Hilfs-)Konstruktion, auf die **§ 661 BGB entsprechende Anwendung** findet (BGH 14. 6. 1955 – V ZR 120/53, BGHZ 17, 366 Lt 1; BGH 9. 6. 1983 – III ZR 74/82, LM ZPO § 256 Nr 129; BGH 8. 5. 1967 – VII ZR 328/64, LM BGB § 661 Nr 2a; BGH 6. 4. 1966 – Ib ZR 82/64, LM BGB § 661 Nr 2; **aA** Dreiocker, Zur Dogmengeschichte der Auslobung 140 ff); dies soll insbesondere für § 661 Abs 2 S 2 BGB und den dort angeordneten Ausschluss der Nachprüfbarkeit der sachlichen Richtigkeit der Entscheidungen des Preisgerichts gelten (BGH 14. 6. 1955 – V ZR 120/53, BGHZ 17, 366, 373; BGH 6. 4. 1966 – Ib ZR 82/64, LM BGB § 661 Nr 2). Natürlich steht es den Parteien frei, ein von § 661 BGB **abweichendes Verfahren** zu vereinbaren (BGH 14. 6. 1955 – V ZR 120/53, BGHZ 17, 366, 369 f; BGH 9. 6. 1983 – III ZR 74/82, LM ZPO § 256 Nr 129; BVerwG 13. 4. 1999 – 1 C 11/98, NJW-RR 1999, 1542 f). Von dem in Abs 2 S 2 enthaltenen Rechtsgedanken kann allerdings auch durch vertragliche Gestaltung nicht abgewichen werden.

c) Gegenstand der Preisbewerbung

9 Das Wesen des Preisausschreibens als relative Auslobung (Rn 2) liegt in der Natur der gestellten Aufgabe. Anders als die einfache Auslobung iSd § 657 BGB ist diese nicht auf ein absolut erreichbares Ergebnis gerichtet, eine bestimmte Handlung, einen bestimmten Erfolg, der gelingen oder nicht gelingen kann, sondern die Preisbewerbung hat eine Aufgabe zum Gegenstand, die relative und verschiedenartige, vielleicht mehr oder weniger gute, aber eben nicht nur eine richtige und sonst nur falsche Lösungen kennt. Bei der Schaffung des § 657 BGB dachte der Gesetzgeber an Aufgabenstellungen auf dem Gebiete der **Wissenschaft**, der **Kunst**, der **Technik** (Motive, in: Mugdan II 293; vgl BGH 14. 6. 1955 – V ZR 120/53, BGHZ 17, 366: wissenschaftliche Fragestellung; BGH 27. 5. 2004 – III ZR 433/02, NZBau 2004, 540; BGH 8. 5. 1967 – VII ZR 328/64,

LM BGB § 661 Nr 2a und BGH 23. 9. 1982 – III ZR 196/80, LM BGB § 249 [A] Nr 65: Architektenwettbewerb). SCHOPENHAUER verfasste im Rahmen von Preisausschreiben bedeutsame philosophische Schriften (SCHOPENHAUER, Die beiden Grundprobleme der Ethik [2. Aufl 1860]). Der „Sängerstreit" spielt gerade in der Opernwelt RICHARDS WAGNERS (Tannhäuser, Die Meistersinger von Nürnberg) eine herausragende Rolle (KIRSCHBAUM MDR 1992, 1118). Heute finden gerade im Vergaberecht – aber nicht nur hier – Wettbewerbe statt, um dem Auslobenden auf den Gebieten der Raumplanung, der Stadtplanung, der **Architektur**, des Bauwesens oder der Datenverarbeitung einen Plan oder eine Planung zu verschaffen (§ 69 Abs 1 VgV; vgl Art 1 Abs 1 Nr 21 Richtlinie 2014/24/EU; SCHNEPEL BauR 2023, 355). Die RPW 2013 richten sich gerade auch an private Veranstalter (Rn 4a). Ein neues Phänomen sind sog **Innovationswettbewerbe *(idea challenge)*** im Internet. Unternehmen versuchen durch Preisausschreiben das Fachwissen ihrer Kunden zur Lösung von Fragen und Problemen im Innovations- und Produktionsprozess zu nutzen. Gegenstand solcher Preisausschreiben sind zB Neugestaltungen oder Neuausrichtungen in der Produktpalette (eingehend: MÜLLER/JANICKI/WICKER InTeR 2017, 129, 183). Diese Art von echten Preisausschreiben sind trotz ihres inhärenten Marketingcharakters nicht mit den unechten Preisausschreiben zu vermengen (Rn 48; § 657 Rn 40, 41 ff). Auch **wettbewerbsorientiertes Crowdwork** kann sich als Preisausschreiben darstellen (GÄRTNER, Koalitionsfreiheit und Crowdwork [2020] 53 f, 106 ff; RICKERT/KOCHER ZUM 2020, 833, 839 ff). Auch die meisten **sportlichen Wettkämpfe**, sofern es sich nicht im Einzelfall aufgrund des aleatorischen Charakters um ein unverbindliches Spiel im Gewand einer Preisbewerbung handelt (§ 657 Rn 43), gehören hierher (ERMAN/BERGER § 661 Rn 1; RG 30. 1. 1934 – VII 285/33, RGZ 143, 259 [Bundesschießen des deutschen Schützenbundes]; BGH 6. 4. 1966 – Ib ZR 82/64 [Galopprennen], LM BGB § 661 Nr 2; BGH 23. 9. 2010 – III ZR 246/09 [Reit- und Springturnier], BGHZ 187, 86, Rn 11; OLG Düsseldorf 19. 7. 2023 – U [Kart] 10/21, BeckRS 2023, 49016 Rn 48 ff [Bridgeturnier]; OLG Köln 30. 10. 2019 – 11 U 115/18 [Galopprennen], SpuRt 2020, 30; OLG Köln 5. 9. 1995 – 22 U 23/95, VersR 1997, 125 [ländliches Reitturnier]). Im mittelalterlichen *bravium*, der Auslobung einer Siegesprämie für den sportlichen Wettkampf, wird teilweise ein Beispiel für die frühe Anerkennung der Auslobung gesehen (krit DREIOCKER, Zur Dogmengeschichte der Auslobung 86 ff). Denn einmal ist die Beurteilung sportlicher Leistungen – deutlich wenn es wie beim Eiskunstlauf um eine Wertungsnote oder wie beim Fußballspiel um eine Schiedsrichterentscheidung geht – eine Wertungsfrage (WEISMANN AcP 72 [1888] 269, 309: Sieger ist nicht derjenige, der zuerst im Ziel ist, sondern wer es unter Beachtung der Regeln tut); zum anderen lässt sich erst mit relativem Blick auf die anderen Bewerber sagen, wer die Höchstleistung erbracht hat. Fehlt es aber an der Relativität der Auslobung, so liegt – worauf EHMANN vollkommen zu Recht hinwies – kein Preisausschreiben iSd § 661 BGB vor (so noch ERMAN/EHMANN [11. Aufl 2004] § 661 Rn 1). Das soll insbesondere für den **eSport** gelten, weil dort alleine objektive Kriterien maßgeblich seien (Score) und subjektive Wertungen keine Rolle spielten (RUPPERT CR 2019, 691, 695 f; RUPPERT SpuRt 2020, 106, 110). Das überzeugt mich nicht. Denn auch hier kann es unabhängig vom erreichten Score eines Bewerbers zu schwierigen Wertungsfragen wie einer Disqualifizierung wegen Verstößen gegen die Vorschriften über die Durchführung des Wettbewerbs kommen (vgl BGH 6. 4. 1966 – Ib ZR 82/64, LM BGB § 661 Nr 2 [Disqualifizierung wegen unzulässigen Einsatzes einer Reitklappe; OLG Köln 30. 10. 2019 – 11 U 115/18, SpuRt 2020, 30 [Disqualifizierung wegen Peitschenmissbrauchs]). Kommen unterschiedliche Lösungen nicht in Betracht, so liegt eine einfache Auslobung iSd § 657 BGB vor, die, wenn sie eine Preisbewerbung vorsieht, eine von § 659 BGB abweichende Bestimmung enthält. – Zu welchen **Zwecken** ein Preisausschreiben veranstaltet wird, tangiert seine Wirksamkeit nicht (§ 657 Rn 65). Altruistische **Motive** seitens des Auslobenden sind nicht notwendig. Auch eigennützige Motive sind legitim. So kann ein Innovationswettbewerb (Ideenwettbewerb) ausgeschrieben werden, um Lösungen bei der Optimierung von Betriebsvorgängen im Unternehmen zu finden (Müller InTeR 2017, 129, 132). Ein Preisausschreiben kann auch zu Werbezwecken veranstaltet werden. Eine etwaige Wettbewerbswidrigkeit des Preisausschreibens (Rn 48) steht seiner bürgerlichrechtlichen Wirksamkeit grundsätzlich nicht entgegen (BGH 7. 10. 1958 – I ZR 62/57, LM UWG § 1 Nr 71 – Italienische Note; Staudinger/Fischinger/Hengstberger [2024] § 134 Rn 475 ff; Staudinger/Fischinger [2024] § 138 Rn 123 ff). Gleichgültig ist, wie überhaupt bei der Auslobung, ob der Handelnde bei Herstellung der Lösung selbst mit Rücksicht auf das Preisausschreiben gehandelt oder auch nur davon gewusst hat (Oertmann § 661 Anm 1a). Die notwendige Verbindung zwischen Handlung und Auslobung wird durch die spätere Preisbewerbung hergestellt (Rn 4; § 657 Rn 83). Die Beweggründe des Bewerbers spielen dabei keine Rolle (§ 657 Rn 69; OLG Hamburg 27. 5. 1904, OLGRspr 10 [1905] 181, 182).

In Zeitungen und Illustrierten finden sich recht häufig mehr oder minder schwere **Preisrätsel** oder **Gewinnspiele**. Der Leser hat etwa eine kleinere Aufgabe zu lösen, auf einen Werbetext bezogene Fragen zu beantworten oder einfach eine Losnummer an den Auslobenden zu versenden. Unter den Einsendern wird dann der ausgelobte Gewinn verlost. Das alte Phänomen im neuen Gewand begegnet uns bei **Quizspielen im Fernsehen** oder Gewinnspielen in „sozialen Netzwerken". Der aleatorische Charakter und der Mangel eines ernsten wirtschaftlichen oder sittlichen Zwecks entscheiden über die Frage, ob sich hier ein Spiel oder eine Lotterie iSd § 762 BGB des formellen Gewandes einer einfachen Auslobung oder eines Preisausschreibens iSd § 661 BGB bedient. Ausführlich zur Problematik dieser sog **unechten Preisausschreiben**: § 657 Rn 43. 10

d) Preis

Ein Preisausschreiben setzt voraus, dass überhaupt ein Preis (Belohnung) ausgesetzt 11
ist (§ 657 Rn 57). Bei der Belohnung wird es sich regelmäßig um Geld oder einen sonstigen Vermögensvorteil handeln. Es kommt aber auch jeder andere **Vorteil** in Betracht, der Gegenstand eines Rechtsgeschäfts sein kann (Crome, Die partiarischen Rechtsgeschäfte 525 f; Elster, ArchBürgR 18 [1900] 125, 132; Grunewald, Die Auslobung 78; vMayr, Die Auslobung 74). Der **Preis** kann – wie bei Planungswettbewerben nicht untypisch – etwa darin liegen, dass der Preisträger mit der Durchführung des Bauprojekts beauftragt wird (Rn 12a; § 80 Abs 1 VgV; BGH 8. 5. 1967 – VII ZR 328/64, LM BGB § 661 Nr 2a). Man spricht insoweit von Realisierungswettbewerben. Daneben kennen das Vergaberecht und Wettbewerbsordnungen (§§ 79 Abs 1 VgV, 7 Abs 1 Unterabs 2 RPW 2013) **Anerkennungen** für Arbeiten, die zwar noch nicht zur Realisierung gelangen, aber bemerkenswerte (Teil-)Leistungen beinhalten. Missverständlich formuliert ist § 103 Abs 6 GWB sowie der daran anknüpfende § 69 Abs 1 VgV (aber auch: § 79 Abs 1 VgV), wenn sie vergaberechtliche Preisausschreiben (Wettbewerbe) als Auslobungsverfahren bezeichnen, die dem Auftraggeber mit oder ohne Verteilung von Preisen zu einem Plan oder einer Planung verhelfen sollen. Denn die auslobungsrechtliche Belohnung muss nicht materieller Art sein. Im Grundsatz genügen auch Vorteile **immaterieller** oder sozialer Art, wie zB ein Diplom oder ein Titel (BGH 9. 6. 1983 – III ZR 74/82, LM ZPO § 256 Nr 129; RG 30. 1. 1934 – VII 285/33, RGZ 143, 259: Titel des „Ersten Coloniameisters"; § 657 Rn 58). Ein solcher Vorteil ist aber eben auch der Ge-

winn eines Ideenwettbewerbs (BGH 9. 6. 1983 – III ZR 74/82, LM ZPO § 256 Nr 129; Burshille, Öffentliche Beschaffung durch Planungswettbewerbe 26, 48 f); selbst wenn der Gewinner hier – im Gegensatz zu Realisierungswettbewerben – nicht ohne weiteres mit einer Beauftragung rechnen kann (Rn 12a). Keinen allgemeinen Grundsatz des Preisausschreibens beinhalten die vergaberechtlichen Vorschriften, die dem Auslobenden vorgeben, Preise und Anerkennungen auszusetzen, die der Bedeutung und der Schwierigkeit der Aufgabe sowie dem Leistungsumfang gerecht werden (§ 79 Abs 1 VgV, 7 Abs 2 RPW 2013; Burshille, Öffentliche Beschaffung durch Planungswettbewerbe 73 ff). Ein Grundsatz des *iustum pretium* ist eben nicht Bestandteil des BGB geworden (Motive, in: Mugdan II 178); eine Ausnahme gilt für den Fall, dass die Wettbewerbsbedingungen vorsehen, dass auch das Eigentum an nicht preisgekrönten Arbeiten auf den Auslobenden zu übertragen ist (Rn 47). Es muss aber in jedem Einzelfall überprüft werden, ob der ausgesetzte Preis gegen zwingendes Preisrecht bestehender **Honorarordnungen** verstößt (BGH 10. 10. 1996 – I ZR 129/94, NJW 1997, 2180, 2181 – Architektenwettbewerb). Teilnehmer des Preisausschreibens verstoßen dann nicht nur gegen ihr Berufsrecht, sondern sie verhalten sich uU auch wettbewerbsrechtlich unlauter (§ 3a UWG), was gerade mit Blick auf § 8 Abs 3 UWG von Interesse sein kann. Sogar dem Auslobenden kann als Störer eine Inanspruchnahme drohen (BGH 15. 5. 2003 – I ZR 292/00, NJW-RR 2003, 1685 – Ausschreibung von Vermessungsleistungen; BGH 10. 10. 1996 – I ZR 129/94, NJW 1997, 2180 – Architektenwettbewerb). In der Praxis standen hier vor allem Architektenwettbewerbe im Mittelpunkt des Interesses. Hier hatte der BGH zunächst offen gelassen, ob § 7 Abs 3 HOAI aF (= § 4 Abs 2 HOAI aF) auf Preisausschreiben (Wettbewerbe) Anwendung finde (BGH 10. 10. 1996 – I ZR 129/94, NJW 1997, 2180, 2181 – Architektenwettbewerb). Das BVerfG hat sich in einer Kammerentscheidung klar dagegen ausgesprochen. Zu Recht: Denn die Gefahr der Qualitätsminderung durch ruinösen Preiswettbewerb unter Architekten ist bei Wettbewerben, die doch gerade den besten Vorschlag ermitteln sollen, zu vernachlässigen (BVerfG 26. 9. 2005 – 1 BvR 82/03, NJW 2006, 495, 496). Die Mindest- und Höchstsetze der HOAI verstießen gegen die (Dienstleistungs-)Richtlinie 2006/123/EG (EuGH 4. 7. 2019 – C-377/17, NJW 2019, 2529). Damit ist für eine überflüssig extensive Handhabung des § 7 HOAI aF in Altfällen kein Raum mehr (aber: BGH 2. 6. 2022 – VII ZR 174/19, BGHZ 234, 28 Rn 20 ff [keine richtlinienkonforme Auslegung von § 7 HOAI aF dahin, dass die Mindestsätze nicht verbindlich sind]). Mittlerweile hat der deutsche Gesetzgeber reagiert: § 7 HOAI nF stellt nunmehr klar, dass sich das Honorar ohne preisrechtliche Eingrenzung nach der Vereinbarung der Vertragsparteien richtet.

12 Der Anspruch auf die Belohnung entsteht erst mit der Entscheidung des Preisgerichts. Der Preis wird häufig für die beste Leistung ausgesetzt. Der Anspruch steht dann demjenigen Bewerber zu, dem der Preis vom Preisgericht oder hilfsweise vom Auslobenden selbst zuerkannt wurde (§ 661 Abs 2 S 1 BGB). Die anderen Bewerber gehen grundsätzlich leer aus. Neben einem ersten Preis kann natürlich die Vergabe eines zweiten oder dritten Platzes vorgesehen sein. Die Belohnung kann auch in dem Sinne dynamisch versprochen sein, dass eine bestimmte Gesamtbelohnung nach dem Verhältnis der Einzelleistungen zueinander in mehrere Preise abgestuft wird. Es kann aber auch vorgesehen werden, dass überhaupt kein Preis verteilt wird, wenn ein bestimmter Würdigkeitsgrad nicht erreicht wird.

12a Im Allgemeinen trifft den Auslobenden bei Preisausschreiben, die lediglich zum Ziel haben, einen Plan oder eine Planung zu verschaffen (**Ideenwettbewerbe**; § 3 Abs 1 S 2

RPW 2013), keine Rechtspflicht, nach der Entscheidung des Preisgerichts und der Zuerkennung des Preises den Plan des siegreichen Bewerbers ausführen zu lassen; dies selbst dann nicht, wenn die errungene Belohnung die Aufwendungen des Bewerbers nicht decken und dieser in Hoffnung auf den Folgeauftrag tätig geworden ist. Der Auslobende ist bei der Vergabe bzw der Gestaltung des weiteren Vergabeverfahrens frei. Er kann sich an der Reihung der Entwürfe durch das Preisgericht orientieren, er kann aber auch davon abweichen oder sich an einen Dritten wenden. Anders ist es, wenn der Auslobende sich in den Bedingungen des Preisausschreibens dazu verpflichtet hat (dazu: BGH 3. 11. 1983 – III ZR 125/82, BGHZ 88, 373, 382 f; BGH 27. 5. 2004 – III ZR 433/02, NZBau 2004, 450, 451; BGH 22. 1. 1987 – III ZR 271/85, NJW 1987, 2369, 2370), die Realisierung des Projekts dem Gewinner oder einem der Preisträger des Wettbewerbs zu übertragen (**Realisierungswettbewerb**; § 3 Abs 1 S 1 RPW 2013; OLG Nürnberg 31. 7. 2002 – 4 U 391/02, NJOZ 2002, 2588; OLG Düsseldorf 19. 12. 1996 – 12 U 220/95, BauR 1998, 163; eingehend zu Ideen- und Realisierungswettbewerben: BURSHILLE, Öffentliche Beschaffung durch Planungswettbewerbe 80 ff). Von seinem Versprechen darf der Auslobende nur dann abweichen, wenn wichtige Gründe einer Beauftragung entgegenstehen. Abweichende ästhetische Vorstellungen des Auslobenden gehören hier nicht hin. Von einem wichtigen Grund ist insbesondere für den Fall auszugehen, dass der Preisträger des Planungswettbewerbs keine Gewähr für eine einwandfreie Ausführung der zu übertragenden Leistungen bietet (BGH 3. 11. 1983 – III ZR 125/82, BGHZ 88, 373, 385; auch BGH 27. 5. 2004 – III ZR 433/02, NZBau 2004, 450, 451 f; BURSHILLE, Öffentliche Beschaffung durch Planungswettbewerbe 222 ff). Für vergaberechtliche Realisierungswettbewerbe für Architekten- und Ingenieurleistungen werden diese allgemeinen Grundsätze in § 8 Abs 2 RPW 2013 explizit ausgesprochen. Sie liegen auch § 80 Abs 1 VgV zugrunde (vgl § 17 Abs 1 VOF 2009; PÜNDER/SCHELLENBERG/MARTINI, Vergaberecht [3. Aufl 2019] VgV § 80 Rn 11; abweichend: SCHNEPEL BauR 2023, 355, 356 ff: § 63 VgV). Der BGH hat die Anforderungen an das Vorliegen eines wichtigen Grundes in mehreren Entscheidungen konkretisiert. Gegenstand waren jeweils Preisausschreiben seitens öffentlicher Auftraggeber auf Grundlage der GRW 1977. Auffällig ist, dass der BGH an das Vorliegen eines wichtigen Grundes weit weniger strenge Anforderungen stellte, als dies etwa im Anwendungsbereich des § 314 BGB angebracht wäre. Es genüge, dass der Auslobende hinreichend sachliche Gründe habe, von seiner Zusage in den Wettbewerbsbedingungen abzuweichen. Für öffentliche Auftraggeber wurde dies vom BGH angenommen, wenn wirtschaftliche Gründe wie das nachträgliche Streichen von einkalkulierten Subventionen oder das Wegbrechen von Steuereinnahmen es erforderten, von der Verwirklichung des preisgekrönten Entwurfs abzusehen und sich für einen alternativen, in der neuen Situation realisierbaren Entwurf zu entscheiden (BGH 3. 11. 1983 – III ZR 125/82, BGHZ 88, 373, 385 f; BGH 27. 5. 2004 – III ZR 433/02, NZBau 2004, 450, 451 f; OLG München 2. 7. 2009 – 29 U 4218/08, ZUM 2009, 971 – Pinakothek der Moderne: Wegfall des Bedarfs). Auf das allgemeine Recht des Preisausschreibens (§ 661 BGB) lässt sich diese vergaberechtliche Rechtsprechung nicht übertragen. Hat sich der Veranstalter in den Wettbewerbsbedingungen zur *unbedingten* Beauftragung des Preisträgers verpflichtet, so kann er sich nur unter den Voraussetzungen des § 314 Abs 1 S 2 BGB von seinem Versprechen lösen (vgl SCHNEPEL BauR 2023, 355, 361 f). Bei der Bestimmung, ob ein wichtiger Grund vorliegt, der es rechtfertigt, sich vom Realisierungsversprechen zu lösen, sind die beiderseitigen Interessen zu berücksichtigen. Umstände, die – wie etwa finanzielle Schwierigkeiten – alleine in der Risikosphäre des Auslobenden liegen, berechtigen grundsätzlich nicht zu einer abweichenden Beauftragung. Allerdings hat es der Auslobende in der Hand, in den Wettbewerbsbedingungen erleichterte Möglichkeiten zur Realisierung alternativer (nicht preisgekrönter) Entwürfe vorzusehen. Der vorsichtige Veranstalter kann etwa in den Auslobungsbedingungen nur die *Absicht* erklären, den preisgekrönten Entwurf umzusetzen. Eine Realisierungsabsicht wiegt schwächer als der unbedingte Realisierungswille. Auch hier kann der Veranstalter nicht ohne triftigen Grund von der Realisierung des siegreichen Entwurfs absehen, aber bereits gewichtige Gründe auf Seiten des Auslobenden können ein Abrücken vom preisgekrönten Entwurf rechtfertigen. Besteht nach alledem beim Realisierungswettbewerb eine Pflicht zur Weiterbeauftragung des preisgekrönten Entwurfs, so kann ein Verstoß hiergegen Schadensersatzansprüche des übergangenen Preisträgers auslösen (vgl BGH 27. 5. 2004 – III ZR 433/02, NZBau 2004, 450, 451 f; BGH 3. 11. 1983 – III ZR 125/82, BGHZ 88, 373; BGH 8. 5. 1967 – VII ZR 328/64, LM BGB § 661 Nr 2a; OLG Nürnberg 31. 7. 2002 – 4 U 391/02, NJOZ 2002, 2588; Rodegra NZBau 2000, 124). Häufig wird sich auch bei Realisierungswettbewerben der Auslobende die **Wahlmöglichkeit** offenhalten, welchen von mehreren Preisträgern er mit der weiteren Durchführung des Projekts betraut; an die Reihung des Preisgerichts ist er dann nicht gebunden. Er kann sogar verschiedene Preisträger mit unterschiedlichen Realisierungsleistungen beauftragen (§ 80 Abs 1 VgV; OLG Nürnberg 31. 7. 2002 – 4 U 391/02, NJOZ 2002, 2588, 2589 f; OLG Düsseldorf 19. 12. 1996 – 12 U 220/95, BauR 1998, 163, 166). Da in diesen Fällen nicht eindeutig ist, welcher von mehreren Preisträgern den Folgeauftrag bekommen hätte, können – etwa sofern ein Nichtpreisträger mit der weiteren Durchführung betraut wird – alle Preisträger (nur) gemeinschaftlich gegen den Auslobenden vorgehen oder einen aus ihrer Mitte hiermit bevollmächtigen (OLG Nürnberg 31. 7. 2002 – 4 U 391/02, NJOZ 2002, 2588). Hat sich der Auslobende die Wahlmöglichkeit nicht vorbehalten, ist grundsätzlich der Gewinner mit der weiteren Realisierung zu beauftragen. Hiervon darf er, wie gesehen, nur abweichen, wenn ein wichtiger Grund vorliegt (vgl § 8 Abs 2 Unterabs 1 S 1 RPW 2013).

e) Aufwendungsersatz

12b Es entspricht dem Wesen des Preisausschreibens, dass jeder Bewerber das **Risiko** der Vergeblichkeit seiner Aufwendungen trägt: Er bleibt ohne Ersatzanspruch, wenn das Preisgericht gegen ihn entscheidet (§ 657 Rn 67, vgl auch § 658 Rn 1, 20 f). Natürlich kann der Auslobende in den Wettbewerbsbedingungen etwas anderes bestimmen (zB § 7 Abs 2 Unterabs 4 RPW 2013 mit Anlage I Nr 18). Dies gilt – wie sich im Umkehrschluss aus § 77 Abs 2 VgV ergibt – grundsätzlich auch vergaberechtliche Planungswettbewerbe (OLG München 21. 7. 2015 – 9 U 1676/13 Bau, VergabeR 2016, 127).

2. Preisbewerbung

a) Preisbewerbung und Entscheidungsverfahren

13 Das Preisausschreiben hat eine eigenartige Natur (Rn 2). Wegen der Art der Aufgabenstellung, die unterschiedliche Lösungen zulässt, kann nicht bereits die Vornahme der Handlung eine Anwartschaft auf die Belohnung begründen. Vielmehr muss in einem besonderen Verfahren einem der Bewerber aufgrund eines Werturteils über die Preiswürdigkeit seiner Bewerbung der Preis **zuerkannt** werden. Das BGB verwendet hierfür den Oberbegriff der **Preisbewerbung**. Dahinter verbirgt sich die Preisbewerbung ieS (Rn 14) und das eigentliche Entscheidungsverfahren der Preiszuteilung (Rn 23 ff).

b) Preisbewerbung ieS

14 Das besondere Verfahren der Preisbewerbung (Rn 13) wird eingeleitet durch die ausdrückliche Bewerbung des Bewerbers um den Preis **(Preisbewerbung ieS)**. Hierbei handelt es sich um eine empfangsbedürftige Willenserklärung, durch die der Bewerber seine Handlung zur Entscheidung stellt. Mit der Preisbewerbung entsteht zwischen Auslobendem und Bewerber eine Sonderverbindung (§ 311 Abs 2 BGB) mit gegenseitigen Schutzpflichten iSd § 241 Abs 2 BGB (BGH 25. 10. 2012 – I ZR 169/10, NJW 2013, 2683 Rn 20 – Einwilligung in Werbeanrufe II; Rn 22). Dies bedeutet insbesondere für den Bewerber, dass seine Bewerbung **ehrlich** und wahr sein muss. Verlangen etwa die Teilnahmebedingungen, dass das Werk allein vom Einsender der Preisbewerbung stammen muss, so darf sich der Bewerber nicht als Urheber fremden Tuns aufspielen (vgl § 5 Abs 3 RPW 2013 mit Anlage 5 Nr 3). Der Verstoß hiergegen kann eine Haftung gem § 280 BGB begründen (vgl Grunewald, Die Auslobung 116 f).

15 Für **Art und Form der Bewerbung** sind der Inhalt des Preisausschreibens und die Auslobungsbedingungen maßgebend (Grunewald, Die Auslobung 116; MünchKommBGB/Schäfer § 661 Rn 15). Die Natur der Aufgabe und eine etwa bestehende Übung sind ggf zur Ergänzung und Konkretisierung heranzuziehen (Planck/Oegg § 661 Anm 2a). Nur frist- und formgerechte Bewerbungen sind zum nachfolgenden Entscheidungsverfahren zuzulassen (OLG Hamburg 24. 3. 1911, OLGRspr 24 [1912] 389, 390; Motive, in: Mugdan II 293; dass die gestellte Aufgabe innerhalb der gesetzten Frist gelöst wird, genügt nicht: Grunewald, Die Auslobung 118; Oertmann § 661 Anm 2; Planck/Oegg § 661 Anm 2b; Rn 19). Anders herum formuliert: Jeder Interessent, der sich frist- und formgerecht bewirbt, hat einen Anspruch auf Zulassung (MünchKommBGB/Schäfer § 661 Rn 41). Die Entscheidung, ob die Bewerbung frist- und formgerecht eingegangen ist, trifft im Rahmen einer Vorbereitungspflicht den Auslobenden (Rn 24). Dies kommt im Wortlaut des § 661 Abs 2 S 1 BGB deutlich zum Ausdruck: Das Preisgericht hat nur über solche Bewerbungen zu befinden, die innerhalb der Frist erfolgt sind (wohl **aA** Klein KGBl 1913, 117, 118). Bei Verschulden haftet der Auslobende gem § 280 BGB; überdies ist die Entscheidung des Preisgerichts unwirksam (Rn 35 ff). § 661 Abs 2 S 2 BGB steht dem nicht entgegen: Diese Vorschrift erfasst nur die sachliche Verbindlichkeit der preisgerichtlichen Entscheidung in ihrem Kernbereich, entzieht aber insbesondere Verfahrensfehler nicht der richterlichen Kontrolle (Rn 34 ff). Durch die Auslobungsbedingungen kann – was auch häufig geschieht – diese Aufgabe dem Preisgericht übertragen werden (zB RPW 2013 Anl VII Nr 3 lit c). Für ein Verschulden der Preisrichter bei der Prüfung der Fristwahrung haftet der Auslobende gem § 278 BGB (BGH 23. 9. 1982 – III ZR 196/80, LM BGB § 249 [A] Nr 65; Rn 24 f). Die Teilnahme kann von Geldzahlungen **(Startgeld**, Teilnahmegebühren) abhängig gemacht werden (BGH 6. 4. 1966 – Ib ZR 82/64, LM BGB § 661 Nr 2; Castendiek SpuRt 2023, 10, 13). Dahinter kann insbesondere der Gedanke stehen, Bearbeitungskosten auszugleichen oder nicht ernsthafte Interessenten abzuwehren. Handelt es sich hingegen um Einsätze, dh finanzieren die Teilnehmer die Preise ganz oder teilweise selbst, so kann die Veranstaltung genehmigungspflichtige Lotterie oder Ausspielung sein iSd § 763 BGB (MünchKommBGB/Schäfer § 661 Rn 7; § 657 Rn 43).

16 Der Bewerber kann bis zum Abschluss des Entscheidungsverfahrens seine **Arbeit zurückziehen** und damit das Urteil über sie ausschließen (Protokolle, bei Mugdan 942; Grunewald, Die Auslobung 117; Crome, System des Deutschen Bürgerlichen Rechts II § 279 II S 761; Dernburg, Das bürgerliche Recht II 2 [3. Aufl 1906] § 336 III, S 548; Oertmann § 661 Anm 3;

Planck/Oegg § 661 Anm 6). Für die Rückgabe des Werkes gelten die in Rn 45 ff aufgestellten Grundsätze. In der Auslobung können an einen Rücktritt des Bewerbers besondere, auch nachteilige Folgen geknüpft werden, zB Verlust der eingezahlten Beträge (MünchKommBGB/Schäfer § 661 Rn 27; Planck/Oegg § 661 Anm 6). Man wird grundsätzlich dem Auslobenden das Recht einräumen dürfen, sich **am eigenen Preisausschreiben zu beteiligen**, jedenfalls dann, wenn die Entscheidung über die Preiswürdigkeit von zu Preisrichtern ernannten Dritten getroffen wird (Grunewald, Die Auslobung 124). Lobt jemand ein Preisausschreiben über eine wissenschaftliche Streitfrage aus, dann darf er auch seinen eigenen Lösungsvorschlag einreichen. Die vergaberechtlichen Vorschriften der §§ 79 Abs 2, 69 Abs 2, 6 VgV sind auf das allgemeine Preisausschreiben (§ 661 BGB) nicht übertragbar.

c) Wettbewerb: Arten und Verfahren

17 Die „wirtschaftliche" Bedeutung des Preisausschreibens liegt darin, dass es zu einem Wettbewerb verschiedener um den Preis konkurrierender Arbeiten kommt. In der Tat trägt schon das Preisausschreiben als relative Auslobung – angesichts der Möglichkeit verschiedener, vielleicht besserer oder schlechterer Lösungen – die abstrakte Gelegenheit zur Konkurrenz in sich. Dass es aber tatsächlich zu einem Wettbewerb kommt, ist nicht erforderlich. Seine abstrakte Möglichkeit genügt (BGH 14. 6. 1955 – V ZR 120/53, BGHZ 17, 366, 372). Eine Ausnahme gilt allerdings im Vergaberecht bei nicht öffentlichen Planungswettbewerben, insbesondere bei Planungswettbewerben für Architekten- und Ingenieurleistungen (Rn 17a): Hier muss die Zahl der Bewerber, die zur Teilnahme aufgefordert werden, ausreichen, um den Wettbewerb zu gewährleisten (§ 71 Abs 3 VgV; Art 80 Abs 3 Richtlinie 2014/24/EU) und der Größe und Bedeutung des Wettbewerbs angemessen sein (§ 3 Abs 3 S 3 RPW 2013).

17a Anh I Nr 4 RPW 2013 gibt dem Auslobenden auf, in den Wettbewerbsbedingungen auch die Art des Wettbewerbs festzulegen (Burshille, Öffentliche Beschaffung durch Planungswettbewerbe 84 ff). Grundfall jedes Preisausschreibens ist sicherlich der **offene Wettbewerb**. Das Preisausschreiben wird öffentlich bekanntgemacht. Jeder interessierte Bewerber, der den persönlichen und fachlichen Anforderungen an die Teilnahme genügt, kann seinen Lösungsvorschlag einreichen und sich um den Preis bewerben (§ 3 Abs 2 RPW 2013). Offene Wettbewerbe geben theoretisch die größte Möglichkeit, den besten Plan oder die innovativste Planung zu erhalten. Dem korrespondiert aber die Gefahr, dass durch eine übermäßige Zahl gerade auch weniger geeigneter Vorschläge die eigenen Ressourcen des Auslobenden bei der Durchführung des Wettbewerbs über Gebühr gebunden werden. Daher besteht auch die Möglichkeit sog **nichtoffener Wettbewerbe** (§ 3 Abs 3 RPW 2013; vgl auch: § 71 Abs 3 VgV). Hier findet eine Vorauswahl statt. Der Auslobende legt in den Auslobungsbedingungen die angestrebte Zahl von Teilnehmern, die später Wettbewerbsarbeiten einreichen dürfen, und die Auswahlkriterien fest. Im Bereich des Vergaberechts müssen diese Kriterien diskriminierungsfrei, angemessen und qualitativer Art sein (§ 71 Abs 3 S 1 VgV). Die festgesetzte Teilnehmerzahl muss der Größe und Bedeutung des Wettbewerbs angemessen sein und einen echten Wettbewerb gewährleisten (§§ 71 Abs 3 S 2 VgV, 3 Abs 3 Unterabs 1 S 3 RPW 2013). In dem vorgeschalteten Verfahren wählt der Auslobende die späteren Wettbewerbsteilnehmer anhand der festgelegten Kriterien aus. Ist die Bewerberzahl auch nach der Vorauswahl zu hoch, schlägt § 3 Abs 3 Unterabs 3 RPW 2013 das Losverfahren vor. Dies ist im privaten Bereich sicherlich gut gangbar, im Vergaberecht hegt man angesichts des Leistungsprinzips Zweifel (Pünder/Schellenberg/Martini, Vergaberecht [3. Aufl 2019] VgV § 71 Rn 17, § 78 Rn 25; Burshille, Öffentliche Beschaffung durch Planungswettbewerbe 153 ff). Außerhalb des Vergaberechts kann ein privater Auslobender die Teilnehmer auch unmittelbar bestimmen (**Einladungswettbewerb**, § 3 Abs 3 Unterabs 3 S 2). Offene und nichtoffene Wettbewerbe können auch in **zwei Phasen** durchgeführt werden (§ 3 Abs 4 RPW 2013; zu den besonderen Wettbewerbsarten: Burshille, Öffentliche Beschaffung durch Planungswettbewerbe 94 ff). In der ersten Phase beschränkt sich der Wettbewerb zunächst auf grundsätzliche Lösungsansätze. Das Preisgericht wählt dann nach Beurteilung der eingereichten Lösungsansätze die Teilnehmer für die zweite Phase aus, in denen es nun um die endgültige Planung geht. Wiederum nur privaten Auslobenden zugänglich ist das sog **kooperative Verfahren**. Das Verfahren bietet sich an, wenn die Aufgabe oder die Ziele vom Auslobenden nicht eindeutig definiert werden können. Hier soll in einem offenen Meinungsaustausch zwischen allen Beteiligten eine schrittweise Annäherung an Aufgabe und Ziel erreicht werden (§ 3 Abs 5 RPW 2013). Entsprechend den preisausschreibungsrechtlichen Grundsätzen an ein faires Wettbewerbsverfahren ist der Auslobende verpflichtet, alle Teilnehmer jederzeit auf dem gleichen Informationsstand zu halten. Umgekehrt trifft die Teilnehmer eine echte Kooperationspflicht. Martini weist zu Recht darauf hin, dass bei der Durchführung des Verfahrens auf die urheberrechtlichen Interessen der Teilnehmer – gerade auch im Verhältnis der Bewerber untereinander – hinreichend Rücksicht zu nehmen ist (Pünder/Schellenberg/Martini Vergaberecht [3. Aufl 2019] VgV § 78 Rn 28). Vergaberechtlich sind kooperative Verfahren im Anwendungsbereich der VgV nicht angängig (§ 3 Abs 5 S 5 RPW 2013): Ihnen steht der in § 72 Abs 3 S 2 und 3 VgV verankerte Grundsatz der Anonymität entgegen.

3. Fristbestimmung (Abs 1)

a) Entscheidungszwang und Ausschlusswirkung

Gem § 661 Abs 1 BGB ist Wirksamkeitsvoraussetzung des Preisausschreibens, dass der Auslobende in der öffentlichen Bekanntmachung eine Frist für die Bewerbung festlegt. Der damit zwingend postulierte Entscheidungszwang auf den Veranstalter ist durch die Besonderheit der relativen Auslobung geboten (Rn 2), dass nicht schon die Vornahme der Handlung, sondern erst die Zuerkennung des Preises den Anspruch auf den Preis begründet. Ohne Fristbestimmung könnte der Auslobende die Entscheidung auf unabsehbare Zeit hinausschieben und im Blick auf die Konkurrenz der Bewerber (Rn 17) immerfort auf noch bessere Lösungen warten (BGH 9. 6. 1983 – III ZR 74/82, LM ZPO § 256 Nr 129; Motive, in: Mugdan II 293; Enneccerus/Lehmann, Schuldrecht [15. Aufl 1958] § 159 V 1 S 680; Larenz, Schuldrecht II/1 [13. Aufl 1986] § 55 S 407; Erman/Berger § 661 Rn 2; MünchKommBGB/Schäfer § 661 Rn 20; Planck/Oegg § 661 Anm 2b; BGB-RGRK/Steffen § 661 Rn 3; weniger streng: vMayr, Die Auslobung 80). Die Fristbestimmung muss sich nicht ausdrücklich in der Auslobung finden, sie kann sich auch mittelbar aus ihr ergeben (MünchKommBGB/Schäfer § 661 Rn 20). Der Fristbestimmung steht es – wie es gerade bei sportlichen Wettkämpfen üblich ist – gleich, wenn ein **fester Termin für die Konkurrenz** bestimmt wird. Enthält das Preisausschreiben keine Fristbestimmung, so kann – und muss – sie nachgeholt werden (Crome, System des Deutschen Bürgerlichen Rechts II § 279 II 1 S 761; Grüneberg/Retzlaff § 661 Rn 1; Soergel/vReden § 661 Rn 14, 16; Rn 21). Es wird auch für möglich gehalten, dass sich der Veranstalter die Fristbestimmung zunächst vorbehält und erst später nachholt (Planck/Oegg § 661 Anm 2b; MünchKommBGB/Schäfer § 661 Rn 21). 18

19 Der gesetzten Frist kommt eine **Ausschlusswirkung** zu. Nach Fristablauf eingehende Bewerbungen nehmen an dem Wettbewerb nicht mehr teil (OLG Hamburg 24. 3. 1911, OLGRspr 24 [1912] 389, 390; Motive, in: MUGDAN II 293; Rn 15). Die Preisbewerbung muss innerhalb der festgesetzten Frist erfolgen; dass die gestellte Aufgabe innerhalb der gesetzten Frist gelöst wurde, genügt nicht (GRUNEWALD, Die Auslobung 118; OERTMANN § 661 Anm 2; PLANCK/OEGG § 661 Anm 2b). Dem Auslobenden ist es grundsätzlich nicht möglich, einseitig die einmal gesetzte Frist nachträglich zu verlängern oder zu verkürzen. Nur wenn innerhalb der einmal gesetzten Frist keine Bewerbung erfolgt oder die eingereichten Arbeiten vom zuständigen Preisgericht (§ 661 Abs 2 BGB) nicht für preiswürdig erachtet werden, ist eine Verlängerung zulässig (GRUNEWALD, Die Auslobung 117). Ebenso hat der Veranstalter die Möglichkeit, nach Ende der Bewerbungsfrist und im Einvernehmen mit allen verbliebenen Bewerbern, die ihre Arbeiten fristgerecht eingereicht haben, die Wettbewerbsbedingungen zu ändern und diesen etwa zu einer Weiterentwicklung ihrer Entwürfe Gelegenheit zu geben (BGH 9. 6. 1983 – III ZR 74/82, LM ZPO § 256 Nr 129; GÄRTNER, Koalitionsfreiheit und Crowdwork [2020] 108 f; MünchKommBGB/SCHÄFER § 661 Rn 21).

b) Unwiderruflichkeit

20 Durch die Fristbestimmung wird die Auslobung zugleich im Zweifel unwiderruflich, § 658 Abs 2 HS 2 BGB (Motive, in: MUGDAN II 293; CROME, Die partiarischen Rechtsgeschäfte 522; ELSTER ArchBürgR 18 [1900] 125, 189; ENNECCERUS/LEHMANN, Schuldrecht [15. Aufl 1958] § 159 V 1 S 680; PLANCK/OEGG § 661 Anm 2b). Der Auslobende kann sich aber ein **Widerrufsrecht vorbehalten** (GRUNEWALD, Die Auslobung 117 f). Möglich bleibt immer eine Anfechtung nach den allgemeinen Regeln (ERMAN/BERGER § 661 Rn 2; GRÜNEBERG/RETZLAFF § 661 Rn 1; § 657 Rn 31).

c) Fehlende Fristbestimmung

21 Nach gängiger Auffassung ist ein Preisausschreiben ohne Fristbestimmung **unwirksam** (MünchKommBGB/SCHÄFER § 661 Rn 22). Glücklich ist diese Auffassung nicht. Sie gibt, wie ESSER/WEYERS zutreffend bemerken, den Bewerbern Steine statt Brot. SEILERS Vorschlag, ein Preisausschreiben nach Möglichkeit als einfache Auslobung aufrechtzuerhalten, ist nicht gangbar (MünchKommBGB/SEILER [6. Aufl 2013] § 661 Rn 10). Die §§ 657–660 BGB sind auf die absolute Auslobung zugeschnitten, für die relative Auslobung ist das Verfahren der Preisbewerbung konstitutiv (Rn 2, 13). Daher plädieren ESSER/WEYERS dafür, den Bewerbern Ansprüche aus *culpa in contrahendo* zu gewähren (ESSER/WEYERS, Schuldrecht II/1[8. Aufl 1998] § 37 5 S 332 f). Doch man sollte noch weiter gehen. Wenn man bedenkt, dass die Fristbestimmung ausschließlich die Bewerber schützen will (Rn 18) und die Versäumnis der Fristsetzung zu Lasten des Auslobenden geht, kann die Lösung nur lauten, den Veranstalter für verpflichtet zu erachten, nachträglich für die Zukunft eine angemessene Frist zu setzen (SOERGEL/vREDEN § 661 Rn 16; **aA** MünchKommBGB/SCHÄFER § 661 Rn 22).

III. Schuldverhältnis: Haupt-, Neben- und Schutzpflichten

22 Mit der Preisbewerbung ieS kommt zwischen dem Veranstalter und den einzelnen Bewerbern ein besonderes Schuldverhältnis zustande (BGH 25. 10. 2012 – I ZR 169/10, NJW 2013, 2683 Rn 20 – Einwilligung in Werbeanrufe II; BGH 9. 6. 1983 – III ZR 74/82, LM ZPO § 256 Nr 129). Den Auslobenden trifft die Hauptpflicht, das Entscheidungsverfahren entsprechend den Auslobungsbedingungen durchzuführen (OLG Köln 10. 4. 2014 – 11 W

64/13, NJW-RR 2014, 1138); die Bedingungen kann der Auslobende nicht einseitig ändern (BGH 9. 6. 1983 – III ZR 74/82, LM ZPO § 256 Nr 129). Dem korrespondiert auf Seiten der Bewerber ein durchsetzbarer Anspruch auf Durchführung des Wettbewerbs (Rn 23). Mit Zuteilung des Preises entsteht in der Person des Gewinners der **Anspruch auf die Belohnung** (Rn 11 ff). Im Rahmen der Preisbewerbung und der Durchführung des Entscheidungsverfahrens obliegen den Auslobenden neben einer „Vorprüfungspflicht" (Rn 15, 24 f) weitere **Schutzpflichten iSd § 241 Abs 2 BGB**, deren Verletzung Schadensersatzansprüche gem § 280 begründen können. Die Schutzpflichten äußern sich vor allem in **Fürsorge- und Obhutspflichten** bei der Durchführung des Entscheidungsverfahrens (BGH 23. 9. 2010 – III ZR 246/09, BGHZ 187, 86 Rn 12; OLG Dresden 10. 1. 2024 – 13 U 765/23, SpuRt 2024, 137 [notwendige medizinische Vorkehrungen bei Triathlon]; OLG Koblenz 17. 8. 2017 – 1 U 7/17, NJW 2017, 3310 Rn 15). So trifft etwa den Veranstalter eines Reitturniers die Pflicht, geeignete Wettkampfanlagen zur Verfügung zu stellen, die keine Gefahren aufweisen, mit denen die Teilnehmer nicht zu rechnen brauchen (BGH 23. 9. 2010 – III ZR 246/09, BGHZ 187, 86 Rn 15; OLG Jena 11. 9. 2013 – 7 U 691/12, RdL 2013, 334; OLG Köln 5. 9. 1995 – 22 U 23/95, VersR 1997, 125). Diese Pflichten können auch Schutzwirkungen zu Gunsten Dritter entfalten (BGH 23. 9. 2010 – III ZR 246/09, BGHZ 187, 86 Rn 13). So ist uU auch der nicht selbst am Wettbewerb teilnehmende Eigentümer des eingesetzten Pferdes in den Schutzbereich der Fürsorgepflichten des Veranstalters einbezogen. Während des Entscheidungsverfahrens treffen den Auslobenden bzw das Preisgericht die Pflicht, die selbst gesetzten Verfahrensregeln einzuhalten, insbesondere die **Gleichbehandlung** der Bewerber und die **Transparenz** des Verfahrens sicherzustellen (OLG Koblenz 17. 8. 2017 – 1 U 7/17, NJW 2017, 3310, Rn 15; Rn 25a). Auch nach erfolglosem Abschluss des Wettbewerbs können Rücksichtnahmepflichten fortbestehen: So ist es etwa nicht angängig, dass der Auslobende sich im Rahmen eines Architektenwettbewerbs Arbeiten zusenden lässt, aber später keiner der eingereichten Arbeiten den Preis zuerkennt, sondern sich aus den eingereichten Arbeiten einen eigenen Entwurf zusammenstellt. Überhaupt ist der Auslobende im Grundsatz verpflichtet, alle Entwürfe zurückzugeben (Rn 46; vgl § 661 Abs 4 BGB). Jede unbefugte Verwendung verpflichtet ihn zum Schadensersatz (vgl Oertmann DJZ 1908, 455 f; Rn 46). Den Auslobenden treffen auch **Informationspflichten**: Erfährt der Auslobende von Umständen – etwa Verfahrensfehler des Preisgerichts bei der Durchführung des Wettbewerbs – die die Wirksamkeit der Entscheidung des Preisgerichts und damit die erfolgreiche Teilnahme am Preisausschreiben gefährden können (Rn 35 ff), so ist er gehalten, die Wettbewerber hierauf hinzuweisen. Ein darauf gestützter Schadensersatzanspruch gem § 280 BGB kann auch für erfolglose Teilnehmer interessant sein, die nicht darlegen und beweisen können, den Wettbewerb ohne den Verfahrensfehler gewonnen zu haben (Rn 25). Sie können Ersatz ihrer Aufwendungen fordern, wenn und soweit sie darlegen und ggf beweisen, dass sie in Kenntnis des fehlerhaften Verfahrens weitere Aufwendungen nicht getätigt hätten (BGH 27. 7. 2007 – X ZR 34/04, BGHZ 173, 33 Rn 11 ff; BGH 27. 11. 2007 – X ZR 18/07, WM 2008, 494 Rn 37 ff). Den einzelnen Bewerber trifft im Wesentlichen die Pflicht, dass seine **Bewerbung ehrlich und wahr** sein muss. Bei einem berechtigten Interesse des Auslobenden können den Bewerbern in den Auslobungsbedingungen angemessene **Geheimhaltungspflichten** auferlegt werden (Müller InTeR 2017, 129, 134). Verlangen etwa die Teilnahmebedingungen, dass das Werk allein vom Einsender der Preisbewerbung stammen muss, so darf sich der Bewerber nicht als Urheber fremden Tuns aufspielen (vgl § 5 Abs 3 Unterabs 2 RPW 2013 mit Anlage V Nr 3; Grunewald, Die Auslobung 116 f). Auf der anderen Seite ist der Bewerber bis zum Abschluss des

Entscheidungsverfahrens berechtigt, seine **Arbeit zurückzuziehen** und damit das Urteil über sie auszuschließen (Protokolle, bei MUGDAN 942; GRUNEWALD, Die Auslobung 117; CROME, System des Deutschen Bürgerlichen Rechts II § 279 II, S 761; DERNBURG, Das bürgerliche Recht II 2 [3. Aufl 1906] § 336 III S 548; OERTMANN § 661 Anm 3; PLANCK/OEGG § 661 Anm 6).

IV. Das Entscheidungsverfahren

1. Pflicht zur Durchführung des Entscheidungsverfahrens; Pflichtverletzung

23 Der Auslobende ist dem oder den Bewerbern gegenüber verpflichtet, eine Entscheidung darüber zu treffen, ob eine innerhalb der Frist erfolgte Bewerbung der Auslobung entspricht oder welcher von mehreren Bewerbungen der Vorzug gebührt (§ 661 Abs 2 S 1 BGB). Kommt der Auslobende seiner Verpflichtung nicht nach, kann er von den Bewerbern auf Durchführung des Entscheidungsverfahrens verklagt werden. Wird er dazu verurteilt, erfolgt die Zwangsvollstreckung nach **§ 888 ZPO** (vgl ENDEMANN, Lehrbuch des Bürgerlichen Rechts I [9. Aufl 1903] § 177 3 S 1117 Fn 13; MünchKommBGB/SEILER [6. Aufl 2013] § 661 Rn 11; BGB-RGRK/STEFFEN § 661 Rn 4; SOERGEL/vREDEN § 661 Rn 19; **aA** DERNBURG, Das bürgerliche Recht II 2 [3. Aufl 1906] § 336 II S 547, der die Bewerber auf Schadensersatzansprüche verweist). Theoretisch ist auch ein Anspruch gem **§§ 280, 281 BGB** wegen Nichterfüllung möglich. Allerdings ist im Rahmen der Schadensprüfung zu beachten, dass der Auslobende oder ein von ihm bestimmtes Preisgericht die Entscheidung treffen kann, dass keiner der Bewerber den Preis verdient und dass die Entscheidung nach § 661 Abs 2 S 2 BGB verbindlich und unanfechtbar ist. Die Entstehung eines Schadens durch Unterlassen der Entscheidung wird daher nur schwer nachzuweisen sein (PLANCK/OEGG § 661 Anm 3a; Rn 25).

2. Vorbereitungspflicht des Auslobenden

24 Schon im Vorfeld der eigentlichen Sachentscheidung durch das Preisgericht treffen den Auslobenden bestimmte Vorbereitungspflichten (BGH 9. 6. 1983 – III ZR 74/82, LM ZPO § 256 Nr 129; BGH 23. 9. 1982 – III ZR 196/80, LM BGB § 249 [A] Nr 65). Hierher gehört insbesondere die **Prüfung der formellen Teilnahmevoraussetzungen**, also die Frage, ob die einzelnen Bewerbungen frist- und formgerecht eingegangen sind (Rn 15). Zuständig für die ordentliche Erfüllung dieser mehr verwaltungsmäßigen Aufgaben ist nach dem in § 661 Abs 2 S 1 BGB zum Ausdruck kommenden gesetzlichen Leitbild des Preisbewerbungs- und Entscheidungsverfahrens **der Auslobende** (**aA** KLEIN KGBl 1913, 117, 118 [Aufgabe des Preisgerichts]). Ein Verstoß begründet eine Haftung gem § 280 BGB und führt zur Unwirksamkeit der Entscheidung des Preisgerichts (Rn 35 ff). An dieser Einordnung ändert sich nichts, wenn der Auslobende die Prüfung der rechtzeitigen Einsendung – wie etwa im Anwendungsbereich der RPW 2013 (RPW 2013 Anlage VII Nr 3 lit c) – dem Preisgericht überträgt; ein Verschulden der Mitglieder des Preisgerichts muss er sich insoweit gem **§ 278 BGB** zurechnen lassen (BGH 23. 9. 1982 – III ZR 196/80, LM BGB § 249 [A] Nr 65). Von dieser besonderen aus § 661 Abs 2 S 1 BGB folgenden – auf den fristgerechten Eingang beschränkten – (formellen) Vorprüfungspflicht des Auslobenden ist die weitere Entscheidung des Preisgerichts zu unterscheiden, ob die einzelne Wettbewerbsarbeit **zur endgültigen Beurteilung zugelassen** wird („der Auslobung entspricht") oder als über das geforderte Maß hinausgehende Leistung (Mehrleistung) von der (weiteren) Beurteilung auszuschließen ist (vgl §§ 79 Abs 4 S 2 VgV, 5 Abs 2 RPW 2013; BURSHILLE, Öffentliche Beschaffung durch Planungswett-

bewerbe 130 ff). Ein Verstoß hiergegen führt zwar zur Unwirksamkeit der Entscheidung des Preisgerichts (Rn 35 ff), begründet aber keine Haftung des Auslobenden: Denn insoweit wird das Preisgericht nicht mehr im Pflichtenkreis des Auslobenden tätig.

Verletzt der Auslobende die ihm obliegende Pflicht und wird ein Bewerber trotz 25
fristgemäßer Bewerbung nicht zum Wettbewerb zugelassen, so ist die Entscheidung des Preisgerichts unwirksam (Rn 35 ff). Überdies kann dem zu Unrecht ausgeschlossenen Teilnehmer ein Schadensersatzanspruch gem **§ 280 BGB** zustehen. Er ist so zu stellen, wie er stehen würde, wenn die Pflichtverletzung nicht stattgefunden hätte. Unwirksamkeit und Schadensersatzanspruch ziehen zunächst die gleiche Rechtsfolge nach sich: Das Preisgerichtsverfahren ist mit der nunmehr zuzulassenden Arbeit neu zu eröffnen bzw fortzusetzen. In zahlreichen Fällen wird eine Wiederaufnahme aber nicht mehr in Betracht kommen: so etwa, wenn bei einem Realisierungswettbewerb der Folgeauftrag schon vergeben wurde. Hier gewinnt ein Schadensersatzanspruch an Bedeutung. Denn dem Bewerber steht der – allerdings nur schwer zu führende – Nachweis offen, dass er bei Zulassung zum Wettbewerb den ausgesetzten Preis errungen hätte (BGH 23. 9. 1982 – III ZR 196/80, LM BGB § 249 [A] Nr 65; MünchKommBGB/Schäfer § 661 Rn 42 f). § 661 Abs 1 S 2 BGB steht einer entsprechenden Beweiserhebung nicht entgegen: Denn Gegenstand ist nicht die Frage, wie das Preisgericht richtigerweise hätte entscheiden müssen, sondern wie es ohne den Ausschluss tatsächlich entschieden hätte. Im Bereich des Vergaberechts ist überdies die Vorschrift des **§ 181 GWB** zu beachten, die dem Unternehmen einen Anspruch auf Ersatz des Vertrauensschadens einräumt, wenn es eine echte Chance gehabt hätte, den Zuschlag zu erhalten (Burshille, Öffentliche Beschaffung durch Planungswettbewerbe 268 ff).

3. Gebot der Chancengleichheit; Anonymität des Verfahrens

Im vergaberechtlichen Wettbewerb spielt der Gedanke der Chancengleichheit eine 25a
herausgehobene Rolle (§ 97 Abs 2 GWB, noch ausdrücklich: § 15 Abs 5 VOF 2009). In § 1 Abs 3 RPW 2013 wird er ausdrücklich genannt (Burshille, Öffentliche Beschaffung durch Planungswettbewerbe 69). Das Gebot der **Gleichbehandlung** ist ein allgemeiner Grundsatz des Preisausschreibens. Der Gleichbehandlungsgrundsatz folgt schon aus dem Gedanken des fairen Wettbewerbs: Sind die vielleicht willkürlich gesetzten Zugangshürden zum Wettkampf erst einmal überwunden, soll kein Bewerber bevorzugt, soll kein Bewerber zurückgesetzt werden. Zwei Ebenen sind zu unterscheiden: Bei der **Formulierung der Wettbewerbsbedingungen** und der fachlichen wie persönlichen Anforderungen ist der Auslobende weitgehend frei. Ein zwingendes Gebot, sich etwa zur Auswahl der Bewerber nichtoffener Preisausschreiben (Rn 17a) nur aufgabenbezogener, qualitativer Kriterien zu bedienen, besteht nicht. Die weitgehenden Diskriminierungsverbote des Vergaberechts gelten im allgemeinen Privatrecht nicht (vgl §§ 71 Abs 3 S 1 VgV, 3 Abs 3 Unterabs 2 RPW 2013, Art 80 Abs 3 Richtlinie 2014/24/EU; Burshille, Öffentliche Beschaffung durch Planungswettbewerbe 149 ff); allenfalls gilt das allgemeine zivilrechtliche Benachteiligungsverbot des § 19 AGG. Der Auslobende kann den Teilnehmerkreis ohne weiteres regional begrenzen (§ 3 Abs 2 S 2 RPW 2013; Müller InTeR 2017, 129, 132). Anders sieht es bei der **Durchführung des Wettbewerbs** aus. Hier ist jede weitere – nicht schon in den Wettbewerbsbedingungen angelegte – Differenzierung zwischen den Teilnehmern, die nicht auf vernünftigen Gründen beruht, unzulässig. Im Kern bedeutet dies, dass die einmal gesetzten Aus-

lobungsbedingungen unterschiedslos auf die einzelnen Teilnehmer anzuwenden sind (OLG Koblenz 17. 8. 2017 – 1 U 7/17, NJW 2017, 3310 Rn 15). Auch sonst sind die Teilnehmer während des laufenden Wettbewerbs an jeder Stelle gleich zu behandeln: Alle Teilnehmer sind zum gleichen Zeitpunkt zu informieren; alle Teilnehmer müssen die gleichen Informationen erhalten; allen Teilnehmern sind die gleichen Fristen zu setzen, usw Eine hinreichende **Transparenz** des Verfahrens ist zu gewährleisten. Allerdings lassen sich nicht alle Gleichbehandlungsforderungen des Vergaberechts auf das allgemeine Preisausschreiben hochrechnen. Das Vergaberecht versucht eine nepotistische Auftragsvergabe zu verhindern. Es geht ihm daher auch um die **Beseitigung unfairer Startvorteile** eines Bewerbers (EuGH 3. 3. 2005 – C-21/03 ua, Slg 2005, I-1559 Rn 26 ff – Fabricom; OLG Düsseldorf 25. 10. 2005 – VII Verg 67/05, NZBau 2006, 466, 467 f). Dem allgemeinen privatrechtlichen Preisausschreiben des § 661 BGB sind solche Zielsetzungen fremd. Ihm geht es alleine um das Auffinden der besten Lösung. Den Auslobenden trifft daher keine Rechtspflicht, bestehende Ungleichheiten zwischen den Teilnehmern auszugleichen. Ungleichheiten in den Startvoraussetzungen der Wettbewerber, wie sie etwa aus einer Vorbefassung mit der Materie folgen können, sind grundsätzlich hinzunehmen; selbst dann, wenn die Vorbefassung im Auftrag des Auslobenden erfolgt. Auch Aufklärungspflichten gegenüber den anderen Teilnehmern über den Informationsvorsprung bestehen nicht. Die Grenze zieht alleine § 826 BGB. Viele „wettbewerbsrechtliche" Vorschriften der Verdingungsordnungen können daher auf Preisausschreiben, die ausschließlich den allgemeinen Regeln folgen, nicht übertragen werden. Dies gilt sicher für die vergaberechtliche Vorschrift des § 79 Abs 2 S 1 Alt 1 VgV (§ 4 Abs 2 S 1 Alt 1 RPW 2013), soweit auch solche Teilnehmer vom Wettbewerb ausgeschlossen werden, die alleine infolge ihrer Beteiligung an der Vorbereitung des Wettbewerbs bevorzugt sein könnten (Burshille, Öffentliche Beschaffung durch Planungswettbewerbe 136 ff). Nicht ganz so eindeutig verhält es sich mit der zweiten Alternative des § 79 Abs 2 S 1 VgV (§ 4 Abs 2 S 1 Alt 2 RPW 2013), die weiterhin solchen Personen den Zugang verwehrt, die an der Durchführung des Preisausschreibens beteiligt sind und daraus einen Vorteil ziehen oder Einfluss auf die Entscheidung des Preisgerichts gewinnen können. Diese Vorgaben dehnt § 79 Abs 2 S 2 VgV (§ 4 Abs 2 S 2 RPW 2013) auf Angehörige und wirtschaftlich verbundene Personen aus (dazu OLG München 11. 4. 2013 – Verg 2/13, NZBau 2013, 661, 663 f – Planungsauftrag Portalklinik C). Aber auch hier glaube ich nicht, dass § 661 BGB für sich den Ausschluss dieser Personen gebietet. Ein Teilnehmer ist also nicht alleine deswegen vom Verfahren auszuschließen, weil er mit dem Auslobenden oder einem bestellten Preisrichter verwandt ist (OLG München 11. 4. 2013 – Verg 2/13 – Planungsauftrag Portalklinik C, NZBau 2013, 661, 663 f). Es darf ja sogar der Auslobende selbst am eigenen Preisausschreiben teilnehmen (Rn 16). Es zählt alleine das Interesse des Auslobenden am besten Entwurf; zumal zu beachten ist: Dürfen diese Personen trotz ihrer Nähe zum Verfahren auch teilnehmen, eine Vorzugsbehandlung dürfen sie während des laufenden Wettbewerbs nicht erfahren. Sie sind etwa über den Verfahrensfortgang zu den gleichen Zeiten zu informieren wie die anderen Teilnehmer. Verstöße hiergegen können Schadensersatzpflichten begründen (Rn 22, 25). Ohne entsprechende Bestimmung in den Auslobungsbedingungen kann auch der Satz des § 5 Abs 2 S 1 RPW 2013, der die Preisbewerber auf eine Wettbewerbsarbeit beschränkt, keine allgemeine Geltung beanspruchen. Es zählt alleine das Interesse des Auslobenden an einer möglichst großen Zahl geeigneter Lösungsvorschläge. Das Interesse kleinerer Wettbewerber, größeren Teilnehmern auf Augenhöhe begegnen zu können, findet im allgemeinen Privatrecht keine Beachtung. Die Ungleichheit der Innovationsmacht ist keine Folge einer diskriminierenden Wettbewerbsdurchführung, sondern wird vom Auslobenden vorgefunden. Es bleibt beim Grundsatz: Eine Rechtspflicht zum Ausgleich solcher Nachteile trifft den Auslobenden nicht. Immer unbedenklich ist im privaten Bereich das **Losverfahren** (vgl § 3 Abs 3 Unterabs 3 S 1 RPW 2013); im Vergaberecht hegen hier manche Schriftsteller angesichts des dort geltenden Leistungsprinzips Zweifel (Pünder/Schellenberg/Martini, Vergaberecht [3. Aufl 2019] VgV § 71 Rn 17, § 78 Rn 25).

Kein allgemeiner Grundsatz des Preisausschreibens ist die im Vergaberecht zur Wahrung der Chancengleichheit stark betonte **Anonymität** des Verfahrens (§ 72 Abs 2 S 3 und 4 VgV; Art 82 Abs 2, Abs 4 Richtlinie 2014/24/EU). Der Grundgedanke ist recht einsichtig: Die Anonymität soll die Gefahr personenbezogener Diskriminierung mindern und sicherstellen, dass die Entscheidung des Preisgerichts für oder gegen einen Bewerber allein anhand aufgabenbezogener, qualitativer Kriterien erfolgt (Burshille, Öffentliche Beschaffung durch Planungswettbewerbe 70 ff). Private Auslobende können sich eines solchen Verfahrens bedienen, die RPW 2013, die sich ja auch an private Auslobende wenden, sehen ein anonymes Verfahren auch vor (§ 1 Abs 4 RPW 2013), aber gehen müssen sie diesen Weg, der einen nicht unerheblichen organisatorischen Mehraufwand mit sich bringt, nicht. Im allgemeinen privatrechtlichen Bereich darf man darauf vertrauen, dass Auslobende oder die von ihm bestellten Preisrichter sich nicht von persönlicher Sympathie oder Antipathie leiten lassen, sondern tatsächlich die beste Lösung der Aufgabe wollen. Im kooperativen Verfahren (Rn 17a), das privaten Auslobenden, aber nicht der öffentlichen Hand zugänglich ist, wird sich die Anonymität kaum einhalten lassen (§ 3 Abs 5 S 4, S 5 RPW 2013). 25b

4. Die Entscheidung (Abs 2 S 1)

a) Inhalt; Begründungspflicht

Der Bewerber ist der Entscheidung des Preisgerichts unterworfen; dies auch dann, wenn er keine Konkurrenten hat. Für diesen Fall ergeht die Entscheidung darüber, ob seine Leistung der Auslobung entspricht, dh eine **preiswürdige Leistung** vorliegt. Bei mehreren Bewerbern trifft das Preisgericht die weitere Entscheidung, welche von mehreren preiswürdigen Bewerbungen **den Vorzug** verdient und damit den Preis erhalten soll (Larenz, Schuldrecht II/1 [13. Aufl 1986] § 55 S 408; MünchKommBGB/Schäfer § 661 Rn 34; Planck/Oegg § 661 Anm 3a). Die Bedingungen des Preisausschreibens können auch vorsehen, dass mehrere Bewerber einen Preis erhalten sollen, etwa einer den ersten Preis, andere einen anderen Preis (Motive, in: Mugdan II 293). Für das allgemeine zivilrechtliche Preisausschreiben besteht gegenüber dem Bewerber keine **Begründungspflicht** (Müller InTeR 2017, 129, 134). Auf Verlangen muss aber eine Begründung erfolgen, um dem Bewerber eine – freilich sehr eingeschränkte (Rn 32 ff) – Überprüfung der Entscheidung zu ermöglichen (SaarlVerfGH 8. 7. 2014 – Lv 6/13, NVwZ-RR 2014, 865, 869). Für vergaberechtliche Planungswettbewerbe sehen §§ 72 Abs 3, 79 Abs 5 S 1 VgV (Art 82 Abs 3 Richtlinie 2014/24/EU) vor, dass das Preisgericht einen Bericht über die Rangfolge der ausgewählten Arbeiten zu erstellen hat. Darin muss eine Auseinandersetzung mit den einzelnen Wettbewerbsarbeiten und eine Begründung der abschließenden Reihung stattfinden (Burshille, Öffentliche Beschaffung durch Planungswettbewerbe 173 ff; Pünder/Schellenberg/Martini, Vergaberecht [3. Aufl 2019] VgV § 72 Rn 24, § 79 Rn 40). Ist eine Begründung vorgeschrieben, so können ihr vollständiges Fehlen oder evidente inhaltliche Brüche zur Unwirksamkeit der Entscheidung 26 des Preisgerichts führen (Rn 35 ff). Die Preisrichter haben bei ihrer Entscheidung grundsätzlich **§ 661 Abs 3 BGB** zu beachten: Bei gleichwertigen Bewerbungen ist der Preis mangels abweichender Angaben im Preisausschreiben nach den in § 659 Abs 2 BGB festgesetzten Grundsätzen zu verteilen (MünchKommBGB/Schäfer § 661 Rn 34). Genügt keine der eingereichten Arbeiten den in der Auslobung aufgestellten Anforderungen, so kann das Urteil des Preisgerichts auch dahin gehen, dass keine der Bewerbungen als preiswürdig anzusehen ist (Grunewald, Die Auslobung 115). Nach den Auslobungsbedingungen kann es aber auch ausreichen, dass die eingereichte Lösung zwar nicht in allen Punkten den Anforderungen entsprechen muss, den Vorstellungen des Auslobenden aber doch so nahekommen kann, dass sie vom Preisgericht für preiswürdig zu erachten ist (LG Dortmund 31. 10. 1974 – 2 O 413/73, BauR 1975, 143).

b) Preisrichter und Preisgericht; subsidiäre Zuständigkeit des Auslobenden; Maßstab der Entscheidungsfindung

27 Die Entscheidung darüber, ob eine Bewerbung der Auslobung entspricht und welche von mehreren den Vorzug verdient, erfolgt durch die in der Auslobung bezeichnete Person **(Preisrichter)** oder ein aus mehreren Personen bestehendes **Preisgericht**. Bisweilen wird ohne Unterschied in der Sache statt von Preisgericht auch von Jury gesprochen (Art 2 Nr 17 Richtlinie 2014/25/EU). In Ermangelung einer solchen Bestimmung bleibt die Entscheidung dem Auslobenden selbst vorbehalten (Motive, in: Mugdan II 293; Grunewald, Die Auslobung 119; vMayr, Die Auslobung 87; Heinsheimer DJZ 1904, 623, 624; Enneccerus/Lehmann, Schuldrecht [15. Aufl 1958] § 159 V 2 S 680). Die Aufgabe, über die Preiswürdigkeit und die Vorzugswürdigkeit zu befinden, ist damit grundsätzlich und **im Zweifel Aufgabe des Auslobenden**. Von einer besonderen Vorschrift, die Entscheidung stets „neutralen Dritten“ zu überlassen, um die Preisbewerber möglichst sicher zu stellen, hat das Gesetz abgesehen (Elster ArchBürgR 18 [1900] 125, 189 f; vgl schon: Schubert/vKübel, Die Vorlage der Redaktoren für die erste Kommission zur Ausarbeitung eines Entwurfs eines Bürgerlichen Gesetzbuches, Recht der Schuldverhältnisse 490). Maßgebend ist dabei die Erwägung, dass die Beteiligung an der Konkurrenz im freien Willen der Bewerber liege; wenn sie sich aber beteiligten, unterwerfen sie sich damit eben im Zweifelsfalle auch dem Willen des Auslobenden. Für vergaberechtliche Planungswettbewerbe bestehen wieder Sondervorschriften, die nicht verallgemeinert werden können (Burshille, Öffentliche Beschaffung durch Planungswettbewerbe 119 ff). Nach der Grundregel der §§ 72 Abs 1, Abs 2 VgV, Art 81, 82 Abs 1 Richtlinie 2014/24/EG darf das Preisgericht nur aus Preisrichtern bestehen, die von den Teilnehmern des Wettbewerbs unabhängig sind. Verschärft wird der Unabhängigkeitsgrundsatz bei Planungswettbewerben für Architekten- und Ingenieurleistungen. Hier muss die Mehrheit der Preisrichter auch unabhängig vom Auslobenden sein (§ 79 Abs 3 S 2 VgV). Aber selbst bei Bestellung eines „neutralen“ Preisgerichts verbleibt immer ein „Resteinfluss“, da der Auslobende die Preisrichter aussucht und bestellt. Das Vergaberecht verlangt zur Qualitätssicherung auch eine hinreichende **Qualifikation des Preisgerichts** (Burshille, Öffentliche Beschaffung durch Planungswettbewerbe 72 f, 117 f): Müssen die Teilnehmer bestimmten fachlichen Anforderungen genügen, so gilt dies auch für ein Drittel (§ 72 Abs 1 S 2 VgV, Art 81 S 2 Richtlinie 2014/24/EG) oder sogar die Mehrheit der Preisrichter (§ 79 Abs 3 S 1 VgV). Man spricht insoweit von Fachpreisrichtern (§ 6 Abs 1 Unterabs 3 RPW 2013). Für das allgemeine privatrechtliche Preisausschreiben gilt das mangels abweichender Bestimmung in den Auslobungsbedingungen nicht: Es steht dem Auslobenden frei, wie er das Preisgericht besetzt. Sein Eigeninteresse am besten Ergebnis wird faktisch dafür sorgen, dass er auf unabhängige Fachpreisrichter zurückgreift.

Der Preisrichter iSd § 661 Abs 2 BGB ist **kein Schiedsgutachter** (iwS) iSd § 317 BGB. 28
Die §§ 317–319 BGB finden weder unmittelbar noch analog Anwendung. Das meint vor allem: Eine Billigkeits- oder Unrichtigkeitskontrolle (§ 319 BGB) findet nicht statt. Auf verfahrensrechtlicher Ebene wird vor allem die Anwendung des § 317 Abs 2 BGB ausgeschlossen. Soweit die Auslobungsbedingungen nichts anderes vorschreiben, entscheidet bei mehreren Preisrichtern (Preisgericht) grundsätzlich die Stimmenmehrheit (§ 6 Abs 2 Unterabs 2 HS 1 RPW 2013; Grunewald, Die Auslobung 119 f; Enneccerus/Lehmann, Schuldrecht [15. Aufl 1958] § 159 V 2 S 680; Dernburg, Das bürgerliche Recht II 2 [3. Aufl 1906] § 336 I 4 S 547; MünchKommBGB/Schäfer § 661 Rn 33; Grüneberg/Retzlaff § 661 Rn 3; Planck/Oegg § 661 Anm 3a; BGB-RGRK/Steffen § 661 Rn 5; Soergel/vReden § 661 Rn 32; **aA** Oertmann § 661 Anm 4b: grundsätzlich Einstimmigkeit). Aus diesem Grund sieht § 6 Abs 1 Unterabs 4 S 2 RPW 2013 für Wettbewerbe öffentlicher Auslobender eine ungerade Zahl von Preisrichtern vor. Da all das an das Schiedsverfahren erinnert (vgl §§ 1052 Abs 1, 1059 ZPO), sagt man wohl allgemein, dass die Stellung des Preisrichters derjenigen eines **Schiedsrichters** angenähert ist (BGH 14. 6. 1955 – V ZR 120/53, BGHZ 17, 366, 372 f; BGH 8. 5. 1967 – VII ZR 328/64, LM BGB § 661 Nr 2a; Erman/Berger § 661 Rn 4; Grüneberg/Retzlaff § 661 Rn 2; Planck/Oegg § 661 Anm 3a; BGB-RGRK/Steffen § 661 Rn 5; Soergel/vReden § 661 Rn 32). Doch man muss vorsichtig sein. Die Stellung des Preisrichters folgt mehr eigenen Grundsätzen als dem Schiedsverfahrensrecht (Rn 35 ff). Die Entscheidung, ob und ggf welche von mehreren Preisbewerbungen den Vorzug verdient, trifft der Preisrichter nicht nach billigem oder gar freiem Ermessen. Wie ein Richter das Gesetz anwendet, wendet der Preisrichter die Auslobungsbedingungen an. Das Vergaberecht wiederholt nur einen preisausschreibungsrechtlichen Grundsatz, wenn es ausdrücklich festschreibt, dass die Entscheidung des Preisgerichts nur auf Kriterien gestützt werden darf, die in den Auslobungsbedingungen genannt sind (§ 72 Abs 2 S 2, 79 Abs 4 S 1 VgV, Art 82 Abs 2 Richtlinie 2014/24/EU; Burshille, Öffentliche Beschaffung durch Planungswettbewerbe 122 ff). Umgekehrt ist der Preisrichter alleine dem Inhalt der Auslobung verpflichtet und unterliegt keinen nachfolgenden Weisungen des Auslobenden (Elster ArchBürgR 18 [1900] 125, 190; Planck/Oegg § 661 Anm 3a). Gegenstand der Beurteilung durch die Preisrichter sind die Arbeiten in dem Zustand, wie sie tatsächlich vorliegen, und nicht der Zustand, in dem sie sich nach einer Überarbeitung befinden könnten; auch wenn die Überarbeitung noch so einfach wäre (Pünder/Schellenberg/Martini, Vergaberecht [3. Aufl 2019] VgV § 72 Rn 17). Freilich können die Auslobungsbedingungen für den Fall, dass keine Arbeit ohne Überarbeitung den Preis verdient, vorsehen, dass das Preisgericht vor abschließender Zuerkennung des Preises eine Überarbeitung von in die engere Wahl gezogenen Arbeiten empfehlen kann (§ 6 Abs 3 RPW 2013). – Zur Haftung der Preisrichter s Rn 40 ff.

Ein ernannter Preisrichter ist (vertraglich) allenfalls gegenüber dem Auslobenden, 29
nicht aber gegenüber den Bewerbern zum Tätigwerden **verpflichtet** (Oertmann § 661 Anm 4c); im Anwendungsbereich der RPW 2013 ist der Auslobende aber gehalten, (vertraglich) einen Abstimmungszwang der Preisrichter zu statuieren (§ 6 Abs 2 Unterabs 2 S 2 RPW 2013). Der **Wegfall** oder der Unwille eines oder aller Preisrichter führt keinesfalls dazu, dass die Auslobung (Preisausschreiben) ihre Rechtsverbindlichkeit verliert. Die Person des Preisrichters ist „aus rechtlicher Sicht“ mehr oder

weniger gleichgültig; an Stelle seiner Persönlichkeit steht das objektive Urteil (OAppG Lübeck 28. 2. 1852; ELSTER ArchBürgR 18 [1900] 125, 190). Keinesfalls erfolgt die Bestimmung des Siegers entsprechend § 319 Abs 2 S 2 HS 2 BGB durch Urteil eines staatlichen Gerichts (Rn 28, 33). Kann oder will das Preisgericht die Entscheidung nicht treffen, so fällt die Entscheidung entsprechend § 661 Abs 2 S 1 HS 2 BGB an den Auslobenden zurück (vMAYR, Die Auslobung 88; GRUNEWALD, Die Auslobung 119; ELSTER ArchBürgR 18 [1900] 125, 190 f; ENNECCERUS/LEHMANN, Schuldrecht [15. Aufl 1958] § 159 V 2 S 680; OERTMANN § 661 Anm 4b; PLANCK/OEGG § 661 Anm 3a; Rn 27); unter Umständen kann es aber Inhalt oder dem Sinn der Auslobung entsprechen, dass der Auslobende oder das verbliebene Preisgericht einen neuen Preisrichter bestellt; § 6 Abs 2 Unterabs 1 S 3 RPW 2013 sieht dies beim Wegfall eines Fachpreisrichters (Rn 27) bei Preisausschreiben in seinem Anwendungsbereich ausdrücklich vor.

30 Die Preisrichter – ebenso wie der zur Entscheidung berufene Auslobende – können sich eines Beirates und der Unterstützung anderer bedienen. Insbesondere kann sich der Preisrichter bei den Beratungen des Preisgerichts vorübergehend durch einen **Stellvertreter** vertreten lassen, solange er in den Meinungsbildungsprozess eingebunden bleibt und am Ende die eigenverantwortliche Entscheidung des bestellten Preisrichters steht. Bei der abweichenden Regelung des § 6 Abs 2 Unterabs 1 S 2 RPW 2013, die in ihrem Anwendungsbereich einen Anwesenheitszwang für Fachpreisrichter (Rn 27) statuiert, handelt es sich um keinen allgemeinen preisausschreibungsrechtlichen Grundsatz. Keinesfalls darf aber auch beim allgemeinen Preisausschreiben der Preisrichter sein Amt auf einen Dritten übertragen **(Substitution)**. Anders verhält es sich nur beim entscheidungsbefugten Auslobenden: Die gleichzeitige Funktion des Auslobenden als Preisrichter ist kein höchstpersönliches Amt. Der Auslobende kann daher nachträglich einem anderen die Entscheidung übertragen (GRUNEWALD, Die Auslobung 121; SOERGEL/vREDEN § 661 Rn 30).

c) Verkündung der Entscheidung

31 Eine entsprechende Anwendung des § 318 Abs 1 BGB kommt nicht in Betracht. Die Entscheidung des Preisgerichts ist durch einseitige Erklärung allen Bewerbern mitzuteilen (PLANCK/OEGG § 661 Anm 3a; MünchKommBGB/SCHÄFER § 661 Rn 35; **aA** OERTMANN § 661 Anm 4d; GRUNEWALD, Die Auslobung 122). Bei der Erklärung handelt es sich um keine Willenserklärung, sondern um eine **rechtsgeschäftsähnliche Handlung**, auf die die Vorschriften über die Willenserklärung entsprechende Anwendung finden (EBERTY ArchBürgR 39 [1913] 82, 86 ff). Bei vergaberechtlichen Planungswettbewerben für Architekten- und Ingenieurleistungen sehen die §§ 79 Abs 5 S 2 VgV, 8 Abs 1 RPW 2013 weiterhin vor, dass auch die Niederschrift des Preisgerichts mitsamt der Begründung der Reihung den Bewerbern mitzuteilen ist (Rn 26). Gleichzeitig hat bei vergaberechtlichen Wettbewerben eine europaweite Bekanntmachung der Entscheidung des Preisgerichts zu erfolgen (§ 70 Abs 3 VgV).

V. Überprüfung der Entscheidungen des Preisgerichts (Abs 2 S 2)

1. Anwendbarkeit

32 § 661 Abs 2 S 2 BGB gilt nicht nur für Preisausschreiben, die im Rahmen einer Auslobung öffentlich ausgeschrieben wurden. Die Vorschrift kommt ebenso zur Anwendung, wenn es am tradierten Begriffsverständnis der **öffentlichen Bekanntmachung**

fehlt (§ 657 Rn 49 ff), etwa weil die in Aussicht genommenen Bewerber im Sinne eines Einladungswettbewerbs (§ 3 Abs 3 Unterabs 3 S 2 RPW 2013) unmittelbar angeschrieben wurden (BGH 14. 6. 1955 – V ZR 120/53, BGHZ 17, 366, 373; BGH 6. 4. 1966 – Ib ZR 82/64, LM BGB § 661 Nr 2). Im **öffentlichen Vergaberecht** wird bei Planungswettbewerben (§§ 103 Abs 6 GWB, 69 VgV) bisweilen entgegen § 661 Abs 2 S 2 eine weitgehende Überprüfung auch preisgerichtlicher Entscheidungen (§ 72 VgV) gefordert (Burshille, Öffentliche Beschaffung durch Planungswettbewerbe 244 ff). Richtig erscheint mir das nicht. Die Gründe des § 661 Abs 2 S 2 BGB gelten auch hier: Vergabekammern und die ordentlichen Gerichte dürfen nicht zu Preisgerichten umfunktioniert werden (Rn 33).

2. Keine Überprüfung der sachlichen Richtigkeit

a) Rechtsgedanke des § 660 Abs 2 S 2 BGB; Kritik

In der Lehre wird § 661 Abs 2 S 2 BGB als **Rechtsschutzversagung** teilweise kritisch 33
gesehen: Angesichts der heutigen rechtsstaatlichen Mindestanforderungen sei die Versagung von Rechtsschutz selbst bei offenbar völlig willkürlichen oder grob unbilligen Entscheidungen nicht unbedenklich (Larenz, Schuldrecht II/1 [13. Aufl 1986] § 55 S 407; Medicus/Lorenz, Schuldrecht II [18. Aufl 2018] § 45 Rn 11 unter Hinweis auf § 1059 Abs 2 Nr 2 lit b ZPO; s aber Rn 35). Doch zu Unrecht. Die Berechtigung und Notwendigkeit dieser Vorschrift, die ihren Vorläufer in PrALR I 11 § 994 findet (PrALR I 11 § 994: „Dem Urtheile des Aussetzers, oder dem von diesem gleich bei Bekanntmachung der Aufgabe ernannten Richter, müssen sämmtliche Mitwerber sich ohne alle Widerrede und weitere Berufung unterwerfen"; dazu: RG 26. 9. 1883 – I 306/83, RGZ 11, 281), lässt sich nicht in Abrede stellen. Staatliche Gerichte sollen nicht mit der Klärung wissenschaftlicher Streitfragen etwa auf dem Gebiet der Naturwissenschaften, der Theologie oder der Philosophie behelligt werden. Dies ist weder ihre Aufgabe noch sind sie dazu überhaupt in der Lage. Der staatliche Richter ist Prozessrichter und nicht Preisrichter. Ein verständiger Gesetzgeber kann seine ordentlichen Gerichte nicht zur höchsten Instanz bei der Klärung wissenschaftlicher Streitfragen auf jedem beliebigen Wissensgebiet erheben (vgl nur den Sachverhalt von BGH 14. 6. 1955 – V ZR 120/53, BGHZ 17, 366). Eine unfreiwillige Komik müsste sich einstellen, wenn Gerichte über Probleme wie etwa die Quadratur des Kreises oder die Unsterblichkeit der Seele entscheiden sollen (Heinsheimer DJZ 1904, 623, 625; Kuhlenbeck JW 1908, 645, 646). Der Blick nach Österreich bestätigt den gewonnenen Eindruck: Obwohl hier eine ausdrückliche Bestimmung fehlt, beschränken die Gerichte die Anfechtbarkeit eines Bewertungsausspruchs beim Preisausschreiben auf die Fälle der Nichteinhaltung von Verfahrensvorschriften oder der ungerechtfertigten Aufnahme oder Ausschließung einer vorgelegten Arbeit (dazu Gschnitzer, Die Auslobung 122 ff).

b) Sachliche Verbindlichkeit der Entscheidung

Gem § 661 Abs 2 S 2 BGB ist die vom Preisgericht bzw vom subsidiär zuständigen 34
Auslobenden getroffene Entscheidung für die Beteiligten, auch für den Auslobenden, verbindlich (30. 1. 1934 – VII 285/33, RGZ 143, 259, 260; Motive, in: Mugdan II 293; zu dieser Vorschrift: Eberty ArchBürgR 39 [1913] 82; Klein KGBl 1913, 117). Eine gerichtliche Nachprüfung auf sachliche Fehlerlosigkeit oder Fehlerhaftigkeit findet im Grundsatz – sowohl im Verhältnis zwischen Auslobendem und Bewerber wie auch im Verhältnis der Bewerber untereinander – nicht statt; selbst dann nicht, wenn eine Partei geltend macht, dass die Entscheidung offenbar unrichtig ist; § 319 BGB findet keine

direkte oder entsprechende Anwendung (BGH 14. 6. 1955 – V ZR 120/53, BGHZ 17, 366, 373; BGH 9. 6. 1983 – III ZR 74/82, LM ZPO § 256 Nr 129; BGH 23. 9. 1982 – III ZR 196/80, LM BGB § 249 [A] Nr 65; BGH 6. 4. 1966 – Ib ZR 82/64, LM BGB § 661 Nr 2; Erman/Berger § 661 Rn 4; Grüneberg/Retzlaff § 661 Rn 3; Planck/Oegg § 661 Anm 3b; BGB-RGRK/Steffen § 661 Rn 7; Soergel/vReden § 661 Rn 34). Es kann also zB grundsätzlich nicht geltend gemacht werden, dass die Disqualifizierung eines Pferdes bei einem Turnier zu Unrecht erfolgt sei (BGH 6. 4. 1966 – Ib ZR 82/64, LM BGB § 661 Nr 2; OLG Köln 5. 6. 2007 – 3 U 211/06, SpuRt 2009, 79). Auch die staatlichen Gerichte sind – sofern es sich um eine Vorfrage in einem Rechtsstreit handelt – an den Spruch des Preisgerichts gebunden (RG 30. 1. 1934 – VII 285/33, RGZ 143, 259, 262).

3. Überprüfung auf Verfahrensfehler

a) Verbot der révision au fond; Schwerwiegende Verfahrensfehler; Verstoß gegen den ordre public

35 Eine Überprüfung des Ausspruchs des Preisgerichts auf seine sachliche Richtigkeit findet grundsätzlich nicht statt. Erst recht unterliegen Entscheidungen der Preisgerichte keiner Billigkeitskontrolle (SaarlVerfGH 68 8. 7. 2014 – Lv 6/13, NVwZ-RR 2014, 865, 8; Rn 28). Dies bedeutet freilich nicht, dass die Entscheidung des Preisgerichts in jeder Hinsicht der gerichtlichen Nachprüfung entzogen ist. Die allgemeine Auffassung arbeitet mit der Formel, dass nicht die sachliche Richtigkeit, sehr wohl aber das **Verfahren des Preisgerichts** auf schwerwiegende Mängel, die offensichtlich auch die Entscheidung des Preisgerichts selbst beeinflusst haben, überprüft werden darf (BGH 14. 6. 1955 – V ZR 120/53, BGHZ 17, 366, 374 f; BGH 9. 6. 1983 – III ZR 74/82, LM § 256 Nr 129; BGH 23. 9. 1982 – III ZR 196/80, LM BGB § 249 [A] Nr 65; BGH 6. 4. 1966 – Ib ZR 82/64, LM BGB § 661 Nr 2; OLG Düsseldorf 19. 7. 2023 – U [Kart] 10/21, BeckRS 2023, 49016 Rn 41 ff; OLG Hamm 21. 3. 2000 – 24 U 64/99, NJW-RR 2000, 1038, 1039; Grüneberg/Retzlaff § 661 Rn 3; BGB-RGRK/Steffen § 661 Rn 8; Soergel/vReden § 661 Rn 35; krit: Planck/Oegg § 661 Anm 3b). Dabei will man sich an den Regeln orientieren, die für die Aufhebung von Schiedssprüchen gelten. Der zentrale **§ 1059 Abs 2 Nr 1 lit d Alt 2 ZPO** bestimmt insoweit: Ein Schiedsspruch ist aufzuheben, wenn das Schiedsverfahren an gravierenden Fehlern leidet, die auch die sachliche Richtigkeit des Schiedsspruchs in Frage stellen (OLG Köln 30. 10. 2019 – 11 U 115/18, SpuRt 2020, 30). In der Tat ist der Gedanke einer Übertragung der Gründe, die zur Aufhebung eines Schiedsspruchs führen können, im Ansatz naheliegend. Denn sowohl für die Entscheidung des Preisgerichts als auch für den Spruch des Schiedsgerichts gilt ein Verbot der *révision au fond*. Im schiedsverfahrensrechtlichen Aufhebungsverfahren gilt: Nur der Fehler im Verfahren auf dem Weg zur Entscheidung, nicht dagegen ein Fehler in der Entscheidung selbst begründet die Aufhebung eines Schiedsspruchs. Oder anders gesagt: „Die Unvereinbarkeit des Schiedsspruchs mit dem angewendeten Recht begründet keine Aufhebung“ (Musielak/Voit ZPO § 1059 Rn 18). Für eine erste Orientierung ist dies auch bei der Kontrolle von Entscheidungen eines Preisgerichts hilfreich. Ohne Weiteres sind die Aussprüche eines Preisgerichts zu kassieren, das sich von den vorliegenden Bewerbungen kein genaueres Bild gemacht hat, das bei der Durchführung des Wettbewerbs gegen den Gleichheitsgrundsatz verstoßen hat oder das bei Feststellung seiner Entscheidungen die grundsätzliche Geltung des Mehrheitsprinzips übersehen hat (SaarlVerfGH 8. 7. 2014 – Lv 6/13, NVwZ-RR 2014, 865, 868; Erman/Berger § 661 Rn 4; Soergel/vReden § 661 Rn 35). Abweichend vom schiedsrichterlichen Regelverfahren (§ 1054 Abs 2 ZPO) sind Sprüche des Preisgerichts grundsätzlich nicht, sondern allenfalls auf Nachfrage zu begründen (Rn 26): Sehen die Auslobungsbedingungen aber einen Begründungszwang vor, so ist bei fehlender Begründung die Entscheidung des Preisgerichts unwirksam. Dagegen ist es – vorbehaltlich der gleich zu entwickelnden Einschränkungen – wegen des Verbots der *révision auf fond* ohne Bedeutung, ob die Gründe des Preisgerichts richtig sind und die Entscheidung tragen. Die Grenze ist erst dann erreicht, wenn die Begründung willkürlich oder in sich widersinnig ist (OLG Köln 30. 10. 2019 – 11 U 115/18, SpuRt 2020, 30; Erman/Berger § 661 Rn 4; für das Schiedsverfahrensrecht: BGH 9. 12. 2021 – I ZB 21/21, WM 2022, 676, Rn 51; OLG Frankfurt 25. 9. 2002 – 17 Sch 3/01, IHR 2003, 93, 96; OLG Karlsruhe 7. 3. 2006 – 9 Sch 2/05, SchiedsVZ 2006, 335, 336; Musielak/Voit ZPO § 1059 Rn 18). Anleihen können auch bei **§ 1059 Abs 1 Nr 2 lit b ZPO** genommen werden. Die preisgerichtliche Entscheidung ist auch dann unwirksam, wenn sie der **öffentlichen Ordnung** *(ordre public)* widerspricht (SaarlVerfGH 8. 7. 2014 – Lv 6/13, NVwZ-RR 2014, 865, 868; OLG Köln 30. 10. 2019 – 11 U 115/18, SpuRt 2020, 30; OLG Köln 5. 6. 2007 – 3 U 211/06, SpuRt 2009, 79; in diese Richtung: Medicus/Lorenz, Schuldrecht II [18. Aufl 2018] § 45 Rn 11). Deutlichstes Beispiel für gravierende Verfahrensmängel (verfahrensrechtlicher *ordre public*) ist sicherlich der Fall, dass die Entscheidung des Preisgerichts auf einem arglistigen Handeln der Preisrichter (Schiebung und Bestechung) beruht (BGB-RGRK/Steffen § 661 Rn 7; Soergel/vReden § 661 Rn 35; weitergehend: die mitgeteilte amtsgerichtliche Entscheidung in SeuffBl 65 [1900] 135 f, wo die Preisrichterentscheidung auch für unverbindlich erachtet wird, wenn die Preisrichter gegen Treu und Glauben verstoßen; in diese Richtung auch Grunewald, Die Auslobung 122). Hierhin gehört auch die Konstellation, dass dem Spruch des Preisgerichts ein klarer Tenor fehlt. Einen Verstoß gegen wesentliche Grundsätze des materiellen Rechts (materiellrechtlicher *ordre public*) wird man annehmen können, wenn die Entscheidung der Preisrichter nicht umgesetzt werden kann, etwa weil ein unteilbarer Preis zweimal vergeben wird (§§ 661 Abs 3, 659 Abs 2 S 2 BGB; Eberty ArchBürgR 39 [1913] 82 f; Klein KGBl 1913, 117, 118; MünchKommBGB/Schäfer § 661 Rn 38). Hierhin gehört auch der Fall, dass grundsätzliche Wertentscheidungen der deutschen Verfassungen nicht beachtet werden (SaarlVerfGH 8. 7. 2014 – Lv 6/13, NVwZ-RR 2014, 865, 868).

b) Die erschlichene Entscheidung

Ein Sonderfall ist die – durch das betrügerische Verhalten eines Wettbewerbers – **erschlichene Entscheidung** des Preisgerichts (Ruppert SpuRt 2020, 106, 110 [Doping]; für das Schiedsverfahren: Eckstein-Puhl, Prozessbetrug im Schiedsverfahren 2005; Gaul, in: FS Leipold [2009] 881; Rüssmann, in: FS Schlosser [2005] 785). Hierhin gehören nicht die Fälle der Täuschung über das Vorliegen der Teilnahmevoraussetzungen oder der Einhaltung zwingender Auslobungskriterien (zB Kostenrahmen). Diese folgen eigenen Kriterien (Rn 35a). Ich denke etwa an den Fall, dass ein Wettbewerber – ohne dass dies in den Auslobungsbedingungen besonders verlangt wurde – eine besondere Qualität seiner Wettbewerbsarbeit – etwa die Umweltverträglichkeit eines Bauvorhabens oder die ausschließliche Verwendung von Bioprodukten – behauptet und mit Rücksicht hierauf das Preisgericht zu seinen Gunsten entscheidet. Wegen der bisher erfolgreichen Anlehnung an § 1059 Abs 2 ZPO ist ein Blick auf den betrügerisch erwirkten Schiedsspruch zu werfen. Hier sind die Verhältnisse unerwartet schwierig. Natürlich liegt ein Verstoß gegen den *ordre public* in der Luft: Zur näheren Konkretisierung des § 1059 Abs 2 Nr 2 lit b ZPO greift die Rechtsprechung beim Schiedsbetrug auf die Restitutionsvorschriften der §§ 580 ff ZPO zurück. Der Betrug zu Lasten der Gegenpartei ist zwar Restitutionsgrund (§ 580 Nr 4 ZPO), aber die Rechtsprechung verlangt darüber hinaus, dass auch die Einschränkungen der §§ 581 f ZPO zu beachten 35a sind: Wegen der Straftat muss eine rechtskräftige Verurteilung erfolgt sein (BGH 2. 11. 2000 – III ZB 55/99, BGHZ 145, 376, 380 f; GAUL, in: FS Leipold [2009] 881, 917 ff; **aA** RÜSSMANN, in: FS Schlosser [2005] 785, 797 ff). Wegen § 1059 Abs 3 ZPO spielt diese Möglichkeit der Aufhebung keine große Rolle (mehr), § 1060 Abs 2 ZPO bietet bei feststellenden Schiedssprüchen, denen die Entscheidung des Preisgerichts am nächsten kommt, keine Abhilfe. Um den Prozessbetrug im Schiedsverfahren nicht Tür und Tor zu öffnen, hat der BGH in Analogie zu § 1059 Abs 2 ZPO einen neuen Aufhebungsgrund geschaffen: Die Aufhebung eines Schiedsspruchs ist auch dann möglich, wenn das Erschleichen des Schiedsspruchs eine vorsätzliche sittenwidrige Schädigung (§ 826 BGB) des Gegners darstellt (BGH 2. 11. 2000 – III ZB 55/99, BGHZ 145, 376, 382 f; RG 15. 5. 1928 – VII ZR 6/28, RG JW 1928, 1853; **aA** GAUL, in: FS Leipold [2009] 881, 912 ff). Es besteht die Schwierigkeit, diese Grundsätze auf die preisgerichtliche Entscheidung zu übertragen: Die in Bezug genommenen Rechtsprechungsgrundsätze zur Rechtskraftdurchbrechung bei unrichtigen Urteilen (dazu: STAUDINGER/OECHSLER [2021] § 826 Rn 629 ff) verlangen grundsätzlich, dass das Urteil objektiv materiell unrichtig ist. Aber über die Richtigkeit einer preisgerichtlichen Entscheidung kann ein staatliches Gericht nicht entscheiden, ohne zum Preisgericht zu werden (Rn 33). Doch das muss ein staatliches Gericht gar nicht tun: Es geht nicht darum, wie das Preisgericht (ohne die Täuschung) richtigerweise entschieden haben müsste, sondern ob es ohne die Täuschung – in welche Richtung auch immer – anders entschieden hätte (vgl BGH 23. 9. 1982 – III ZR 196/80, LM BGB § 249 [A] Nr 65: § 661 Abs 2 S 2 stehe dem Nachweis nicht entgegen, dass ein zu Unrecht ausgeschlossener Wettbewerber das Preisausschreiben gewonnen hätte). Keinesfalls muss ein Wettbewerber, der sich auf die Unwirksamkeit beruft, vortragen, dass er den Zuschlag bekommen hätte. Sein berechtigtes Interesse folgt schon daraus, dass die Entscheidung des Preisgerichts *per se* unwirksam ist und erneut über den Wettbewerb zu entscheiden ist.

c) Einschränkungen des Verbots der révision au fond

35b Allerdings ist die Orientierung an den Aufhebungsgründen des Schiedsverfahrensrechts nicht mehr als ein erster Fingerzeig: der kleinste gemeinsame Nenner. Denn die Reichweite und Grenzen der Unüberprüfbarkeit von preisgerichtlichen Entscheidungen sind ausschließlich aus § 661 Abs 2 S 2 BGB zu entwickeln. Das grundsätzliche Verbot der *révision au fond* preisgerichtlicher Entscheidungen ist enger als das vergleichbare Verbot im Schiedsverfahrensrecht. Die staatlichen Gerichte sind keine Preisgerichte (Rn 33). Insoweit stellt § 661 Abs 2 S 2 BGB klar und verlangt, dass der „sachliche" Kern, also die fachlich-subjektive (Wertungs-)Entscheidung des Preisgerichts, der über die Würdigkeit der Wettbewerbsbeiträge befindet, der gerichtlichen Kontrolle entzogen ist. Mehr ist aber nicht notwendig. Die weiteren Bestandteile des Ausspruchs des Preisgerichts, wie etwa die Entscheidung über die formale Zulässigkeit eines Beitrags, die persönliche Teilnahmeberechtigung eines Wettbewerbers oder die Frage, ob eine auszuschließende Mehrleistung vorliegt, können dagegen ohne weiteres von den ordentlichen Gerichten überprüft werden (vgl OLG Koblenz 16. 2. 2011 – 1 Verg 2/10, VergabeR 2011, 631 – Römisch-Germanisches Zentralmuseum). Ein staatliches Gericht wird noch nicht dadurch zum Preisgericht, dass es die Entscheidung über den formalen Zugang zum Wettbewerb kontrolliert. Die Rechtsprechung verfährt in der Sache ebenso, wenn sie etwa den Ausschluss eines Wettbewerbers wegen (angeblicher) Versäumung der Frist auf seine Berechtigung kontrolliert (BGH 23. 9. 1982 – III ZR 196/80, LM BGB § 249 [A] Nr 65). Dogmatisch behilft sie sich damit, dass sie solche Zulassungs- und Zugangsfragen als Verfahrensfragen betrachtet, um so den Gleichlauf zum Schiedsverfahrensrecht aufrecht zu erhalten. Angesichts des umfassenden Verbots der *révision au fond* bei Schiedssprüchen, ist diese Umwidmung von Sach- zu Verfahrensfragen rechtstechnisch fragwürdig: Denn bei Ausschluss oder Zulassung eines Bewerbers geht es – im weitesten Sinne vergleichbar mit der Zuständigkeitsentscheidung eines Schiedsgerichts – um eine vorgelagerte (Teil-)Entscheidung. Die Ausschlussentscheidung kann in der Sache aufgrund falscher Anwendung der Auslobungskriterien zwar rechtsirrig, aber verfahrenstechnisch trotzdem korrekt zustande gekommen sein. Ein Aufhebungs- oder Unwirksamkeitsgrund wäre das nicht. So kann etwa der (Prozess-)Schiedsspruch eines Schiedsgerichts, das darin seine Zuständigkeit zu Unrecht verneint, nur wegen eines eigentlichen Verfahrensfehlers gem § 1059 Abs 2 ZPO aufgehoben werden (BGH 6. 6. 2002 – III ZB 44/01, BGHZ 151, 79). Die Begründung der hM, die auch in diesen Fällen eine Kontrolle der preisgerichtlichen Entscheidung erreichen will, ist daher genauer zu fassen: Ein Gericht kann sehr wohl über Zugangsvoraussetzungen zu einem Preisausschreiben befinden, ohne dadurch zum Preisgericht zu werden. Weicht das Preisgericht bei Bewerbungen gleicher Würdigkeit vom Teilungsgrundsatz der §§ 661 Abs 3, 659 Abs 2 BGB ab und spricht es die gesamte Belohnung trotz ihrer Teilbarkeit einem Bewerber zu, so wollen einige Schriftsteller eine Kontrolle der Verteilung durch ordentliche Gerichte nicht zulassen: Hier stehe kein Verfahrensfehler im Raum (vgl MünchKommBGB/Seiler [6. Aufl 2013] § 661 Rn 14). Das mag so sein, dennoch ist die Verteilungsentscheidung des Preisgerichts nicht vollständig der gerichtlichen Kontrolle entzogen. Zwar ist die Frage, ob Bewerbungen von gleicher Würdigkeit vorliegen, ausschließlich Sache des Preisgerichts: Denn hier muss über die Würdigkeit der Leistung anhand wissenschaftlicher oder planerischer Kriterien entschieden werden; die weitere Frage aber, wie die Belohnung bei Bewerbungen gleicher Würdigkeit verteilt wird, ist es dagegen nicht.

Die übermäßige Fixierung auf das Schiedsverfahrensrecht und auf den Verfahrens- **35c**
fehler steht auch überzeugenden Lösungen in den häufigen Konstellationen entgegen, in denen das eigentliche Verfahren vor dem Preisgericht korrekt abgelaufen ist, die Begründung aber offensichtlich teilweise **von den Ausschreibungsbedingungen abweicht** (Esser/Weyers, Schuldrecht II/1 [8. Aufl 1998] § 37 5 S 332). In dem Wunsch, auch hier den Ausspruch des Preisgerichts zu kassieren, argumentiert man: In der Nichtbeachtung der bindenden Vorgaben des Auslobenden liege ein erheblicher Verfahrensfehler (SaarlVerfGH 8. 7. 2014 – Lv 6/13, NVwZ-RR 2014, 865, 868; Pünder/Schellenberg/Martini, Vergaberecht [3. Aufl 2019] VgV § 79 Rn 33). Und in der Tat hat das OLG Hamm einen schwerwiegenden Verfahrensfehler für den Fall angenommen, dass der Entwurf des Preisträgers den vorgegebenen Kostenrahmen um mehr als 100 % überstieg (OLG Hamm 21. 3. 2000 – 24 U 64/99, NJW-RR 2000, 1038, 1039). Aber die Analogie zu § 1059 Abs 2 Nr 1 lit d Alt 2 ZPO gibt das sicherlich nicht her. Im Schiedsverfahren sind nur Fehler im Verfahren auf dem Wege zur Entscheidung beachtlich: Die Unvereinbarkeit des Spruchs des Schiedsgerichts mit dem angewandten Recht begründet gerade keine Aufhebung (für das Schiedsverfahren: Musielak/Voit ZPO § 1059 Rn 18). Übertragen auf die Kontrolle preisgerichtlicher Entscheidungen hieße das: Griffe das Preisgericht überhaupt zu den vorgegebenen Richtlinien, legte es aber Kriterien zu eng oder zu weit aus oder setzte es sich gar über einzelne Kriterien – bewusst oder unbewusst – hinweg, so wendete es das einschlägige „Sachrecht" in seiner Entscheidung falsch an, aber ein Verfahrensfehler (auf dem Weg zur falschen Entscheidung) läge darin nicht. Die Überprüfung, ob alle Kriterien richtig berücksichtigt sind,

wäre eine verkappte Inhaltskontrolle, die das umfassende Verbot der *révision au fond* im Schiedsverfahrensrecht gerade ausschließt. Ein relevanter Verfahrensfehler läge wohl erst dann vor, wenn das Preisgericht zu Kriterien greift, die sich auch beim besten Willen aus dem Auslobungstext nicht mehr ergeben (OLG Koblenz 17. 8. 2017 – 1 U 7/17, NJW 2017, 3310 Rn 16). An diesem Ergebnis führt bei präferierter Orientierung an den Aufhebungsgründen des § 1059 ZPO kein Weg vorbei. Man muss nur genau hinschauen. Sicherlich ist es zutreffend, wenn im Schiedsverfahren die Verkennung der von den Parteien gesetzten Entscheidungsmaßstäbe oder das Übergehen der Rechtswahl der Parteien einen beachtlichen Verfahrensfehler darstellen. Diese Formulierungen klingen auf den ersten Blick verlockend. Aber damit wird doch nur auf die Fälle Bezug genommen, in denen ein Schiedsgericht ohne entsprechende Ermächtigung nach Billigkeit entscheidet (§ 1051 Abs 3 S 1 ZPO) oder eine andere als die gewählte Rechtsordnung zugrunde legt (BGH 26. 9. 1985 – III ZR 16/84, BGHZ 96, 40, 45; Rosenberg/Schwab/Gottwald, Zivilprozessrecht [16. Aufl 2004] § 178 Rn 49 ff). Gerade nicht gemeint ist die der preisgerichtlichen Teilabweichung von den Auslobungsbedingungen vergleichbare Konstellation, dass das Schiedsgericht die richtige Rechtsordnung heranzieht, aber einzelne Vorschriften nicht oder falsch anwendet. Und dennoch hat das OLG Hamm sicherlich Recht. Man muss sich aber an dieser Stelle von der Vorstellung der vollständigen Übertragbarkeit der Grundsätze des § 1059 Abs 2 ZPO auf § 661 Abs 2 S 2 BGB lösen: Das preisgerichtliche Verbot der *révision au fond* greift eben kürzer als das schiedsverfahrensrechtliche. Alle (Teil-) Entscheidungen, die ein ordentliches Gericht kontrollieren kann, ohne sich dadurch zum Preisgericht zu machen, sind der gerichtlichen Überprüfung zugänglich. Dazu gehört bei Planungswettbewerben auch die Frage, ob der in Auslobungsbedingungen vorgegebene Kostenrahmen eingehalten wurde.

d) Rechtsfolge; prozessuale Geltendmachung

36 Ein schwerwiegender Verfahrensfehler, eine arglistige Täuschung durch einen Teilnehmer oder eine falsche Anwendung der Auslobungsbedingungen durch das Preisgericht innerhalb desjenigen Bereichs, der einer gerichtlichen Kontrolle zugänglich ist (Rn 35 ff), kann unter der weiteren Voraussetzung, dass der Fehler für die Entscheidung des Preisgerichts kausal ist, dazu führen, dass die vom Preisgericht getroffene Entscheidung **unverbindlich** ist (BGH 9. 6. 1983 – III ZR 74/82, LM ZPO § 256 Nr 129; MünchKommBGB/Schäfer § 661 Rn 39; Grüneberg/Retzlaff § 661 Rn 3; **aA** nur Schadensersatz: Kuhlenbeck JW 1908, 645, 646). Einer besonderen Anfechtung oder gar eines (gerichtlichen) Aufhebungsantrags bedarf es dafür nicht. Auch hier zeigt sich ein Unterschied zum Schiedsverfahren (§ 1059 ZPO). An der Kausalität fehlt es etwa, wenn eine Arbeit zwar zu Unrecht wegen Verspätung nicht zum Wettbewerb zugelassen wurde, das Preisgericht die Arbeit aber hilfsweise bewertet und als nicht preiswürdig beurteilt (OLG Düsseldorf 31. 3. 2004 – VII-Verg 4/04). Der unverbindlichen Entscheidung des Preisgerichts kommt innerhalb des **vergaberechtlichen Primärrechtsschutzes** auch keine dem *wirksam* erteilten Zuschlag entsprechende Wirkung zu (§ 168 Abs 2 S 1 GWB; OLG Düsseldorf 31. 3. 2004 – VII-Verg 4/04 [nicht veröffentlicht]). Das OLG Koblenz will Entscheidungen des Preisgerichts unabhängig von der Frage ihrer Wirksamkeit eine dem Zuschlag vergleichbare Wirkung absprechen (OLG Koblenz 16. 2. 2011 – 1 Verg 2/10, VergabeR 2011, 631 – Römisch-Germanisches Zentralmuseum; Burshille, Öffentliche Beschaffung durch Planungswettbewerbe 256 ff). Dies ist bei Realisierungswettbewerben (Rn 12a) in der Tat nicht fernliegend, da hier der Auslobende noch die Wahl hat, welchen der Preisträger er mit der Durchführung des Projekts betrauen will. Ist die Ent-

scheidung des Preisgerichts unwirksam, ist das Entscheidungsverfahren fortzusetzen (OLG Koblenz 17. 8. 2017 – 1 U 7/17, NJW 2017, 3310 Rn 18). Es ist eine erneute, diesmal **verfahrensfehlerfreie Entscheidung herbeizuführen**; primär durch das Preisgericht, bei fehlendem oder nicht funktionsfähigem Preisgericht durch den Auslobenden selbst. Keinesfalls ist ein ordentliches Gericht zur Entscheidung berufen. § 319 Abs 1 S 2 BGB findet keine Anwendung (OLG Köln 30. 10. 2019 – 11 U 115/18, SpuRt 2020, 30; Rn 28 f, 33). Ist dagegen das Entscheidungsverfahren wegen Veränderung der zeitlichen oder räumlichen Voraussetzungen nicht fortsetzbar (§ 275 BGB), etwa weil die Chancengleichheit der Bewerbungen nicht mehr hergestellt werden kann, so ist der **übergangene Bewerber** auf Schadensersatzansprüche angewiesen (Rn 25; BGH 23. 9. 1982 – III ZR 196/80, LM BGB § 249 [A] Nr 65). Insoweit ist aber zu beachten, dass dem Auslobenden ein Verschulden des Preisgerichts nur insoweit zuzurechnen ist, als dem Preisgericht in den Auslobungsbedingungen Vorbereitungspflichten des Auslobenden übertragen sind (Rn 24). Nur insoweit ist das **Preisgericht Erfüllungsgehilfe**. Im Übrigen beschränken sich die Pflichten des Auslobenden darauf, ein ordentliches Preisgericht zu bestellen und ihm die Durchführung des Wettbewerbs zu übertragen (vgl ÖstOGH 4. 9. 1991 – 7 Ob 562/91, EvBl 1991/187). Über das Auswahlverschulden hinaus haftet er für Fehler des Preisgerichts nicht (vgl § 664 Abs 1 S 2). Im Grundsatz wird auch keine Überwachungs- und Kontrollpflicht des Auslobenden bestehen. Erfährt der Auslobende aber von Umständen, die zur Unwirksamkeit der Entscheidung des Preisgerichts führen können – etwa auf Grund einer Mitteilung der Vergabekammer –, so ist er verpflichtet, die Bewerber darüber zu informieren. Ein Verstoß kann eine Haftung nach §§ 280, 241 Abs 2 BGB begründen (Rn 22). Die Frage der Verbindlichkeit einer Entscheidung des Preisgerichts kann Gegenstand einer Feststellungsklage gem § 256 ZPO sein (BGH 9. 6. 1983 – III ZR 74/82, LM ZPO § 256 Nr 129). Das besondere Feststellungsinteresse für eine Feststellungsklage wird sich schon deswegen bejahen lassen, weil zum Zeitpunkt der Erhebung einer Klage nicht absehbar ist, ob sich zum Zeitpunkt des Urteils das Entscheidungsverfahren überhaupt noch fortsetzen lässt (BGH 9. 6. 1983 – III ZR 74/82, LM ZPO § 256 Nr 129).

4. Selbstkorrektur des Preisgerichts

a) Regelung in den Auslobungsbedingungen; Vergaberecht

Die Frage, ob eine Selbstkorrektur des Preisgerichts stattfinden kann oder muss, 37
wird gestellt, wenn nachträglich Tatsachen erkennbar werden, die die Richtigkeit der Entscheidung des Preisgerichts in Zweifel ziehen. Vor dem Hintergrund der weitgehenden Anonymisierung des Wettbewerbsverfahrens, die gerade eine Überprüfung der persönlichen Teilnahmevoraussetzungen erschwert, wenn nicht sogar unmöglich macht (Rn 25b), sehen das **Vergaberecht** und die RPW 2013 eine besondere Regelung vor: Stellt sich nachträglich heraus, dass einem Preisträger die Teilnahmeberechtigung abging oder er sonst gegen die Wettbewerbsregeln verstoßen hat, so ist ihm der Preis abzuerkennen. Soweit das Preisgericht in seiner Entscheidung nichts Abweichendes bestimmt hat, rücken die übrigen Preisträger und sonstigen Teilnehmer des Wettbewerbs entsprechend der Reihung des Preisgerichts (Rn 26) nach (§§ 79 Abs 5 S 4 VgV, 8 Abs 1 Unterabs 2 RPW 2013). In manchen Fällen sehen die Auslobungsbedingungen einen „Instanzenzug" vor. So besteht etwa bei Sportkonkurrenzen (Galopprennen) recht häufig die Möglichkeit, dass etwa gegen die Entscheidung einer Rennleitung frist- und formgerecht Protest beim Renngericht eingelegt werden kann. Die Entscheidungen der Renngerichte ihrerseits können unter

Umständen in einem „Revisionsverfahren“ vor einem Oberrenngericht angegriffen werden (BGH 6. 4. 1966 – Ib ZR 82/64, LM § 661 Nr 2; RG 30. 1. 1934 – VII 285/33, RGZ 143, 259, 261; OLG Köln 30. 10. 2019 – 11 U 115/18, SpuRt 2020, 30; OLG Köln 5. 6. 2007 – 3 U 211/06, SpuRt 2009, 79).

b) Freies Recht oder Pflicht zur Selbstkorrektur

38 Für den Fall, dass die Auslobungsbestimmungen keine besondere Regelung vorhalten, stellt sich allgemein die Frage, ob das Preisgericht nicht von sich aus ein sachlich unrichtiges Ergebnis korrigieren kann oder vielleicht sogar muss. Als Beispiel wird häufig der Fall genannt, dass sich das preisgekrönte Werk nachträglich als Plagiat erweist. Ergänzen kann man den Fall, dass der Teilnehmer eines Sportwettbewerbs des Dopings überführt wird. Ganz überwiegend wird angenommen, dass die Preisrichter – bei Geltung des Mehrheitsprinzips durch mit Stimmenmehrheit zu fassenden Beschluss – ihre Entscheidung wegen arglistiger Täuschung, Drohung (§ 123 BGB) oder auch Irrtums über eine entscheidungserhebliche Eigenschaft (§ 119 Abs 2 BGB) **anfechten** können (Brückmann DJZ 1905, 856 f; Eberty ArchBürgR 39 [1913] 82, 84 ff; Grunewald, Die Auslobung 122; Kuhlenbeck JW 1908, 645, 647; Enneccerus/Lehmann, Schuldrecht [15. Aufl 1958] § 159 V 2 S 680; Oertmann § 661 Anm 4d; Planck/Oegg § 661 Anm 3b). Betont wird zugleich, dass es sich hierbei um ein ausschließliches Recht der Preisrichter handele, eine Analogie zu § 318 Abs 2 also keinesfalls in Betracht komme (Grunewald, Die Auslobung 122; Oertmann § 661 Anm 4d; **aA** Soergel/vReden § 661 Rn 36: auch der Auslobende kann anfechten). Anerkennt man mit der hM die grundsätzliche Möglichkeit einer Selbstkorrektur des Preisgerichts, so schließt sich die weitere Frage an, ob das Preisgericht dem Auslobenden gegenüber verpflichtet ist, im Falle des Vorliegens eines Anfechtungsgrundes seine Entscheidung zu korrigieren bzw aufgrund neuer Willensbildung zu bestätigen, sowie umgekehrt, ob der Auslobende den Bewerbern gegenüber verpflichtet ist, auf eine Korrektur der Entscheidung hinzuwirken (vgl Eberty ArchBürgR 39 [1913] 82, 88 ff; Klein KGBl 1913, 117, 118).

39 Der Ansatz der hM ist nicht richtig. Es besteht weder die Möglichkeit noch eine Pflicht zur Selbstkorrektur. Größtenteils handelt es sich um ein Scheinproblem. Betrifft der Fehler das Verfahren oder den Bereich der Sachentscheidung, der dem preisgerichtlichen Verbot der *révision au fond* nicht unterliegt, so ist bereits der Ausspruch des Preisgerichts unwirksam (Rn 35 ff). Hier gehört etwa der Fall hin, dass ein Wettbewerber, der nach den Auslobungsbedingungen vom Wettbewerb ausgeschlossen ist, einen Preis erringt. Gleichgültig ist, ob er über seine Teilnahmeberechtigung getäuscht hat: Die objektive Unrichtigkeit bzw Fehlerhaftigkeit führt zur Unwirksamkeit. Die Auslobungsbedingungen können natürlich nach dem Vorbild der §§ 79 Abs 5 S 4 VgV, 8 Abs 1 Unterabs 2 RPW 2013 für diesen Fall vorsehen, dass die anderen Arbeiten an die Stelle des zu Unrecht prämierten Bewerbers nachrücken. Nicht per se unwirksam ist die Entscheidung des Preisgerichts nur in ihrem nicht überprüfbaren Kernbereich. Auch hier sind interne wie externe Fehler durchaus vorstellbar, etwa ein Irrtum über wesentliche Eigenschaften einer eingereichten Arbeit wie deren Umweltverträglichkeit, aber auch Täuschung oder Drohung seitens eines Wettbewerbers oder durch den Auslobenden. Schließlich kann das Preisgericht auch einfach seine Meinung ändern, weil es nunmehr den Wert einer Arbeit anders einschätzt oder sich von den politischen Anschauungen des siegreichen Wettbewerbers angewidert fühlt. Soweit die Entscheidung des Preisgerichts auf arglistiger Täuschung oder Drohung fußt, ist sie entsprechend §§ 1059 Abs 2 ZPO, 826 BGB *per se* unwirksam (RUPPERT SpuRt 2020, 106, 110 [Doping]; MünchKommBGB/SCHÄFER § 661 Rn 40; Rn 35 ff, 36). Einer Aufhebung bedarf es nicht. In den übrigen Fällen (Irrtum, Meinungsumschwung) kommt eine Selbstkorrektur nicht in Betracht. Auch ein Preisgericht ist an seinen Ausspruch gebunden. Weder das Preisgericht noch der Auslobende können die Entscheidung etwa wegen Irrtums über eine verkehrswesentliche Eigenschaft gem § 119 Abs 2 BGB anfechten.

5. Haftung der Preisrichter

a) Haftung gegenüber den Bewerbern

Rechtsgeschäftliche Beziehungen zwischen den Preisrichtern und den Bewerbern bestehen nicht (Rn 29). Die hM will den Bewerbern gegenüber den Preisrichtern daher nur im Falle der sittenwidrigen vorsätzlichen Schädigung einen Anspruch aus **§ 826 BGB** zugestehen (BGH 6. 4. 1966 – Ib ZR 82/64, LM BGB § 661 Nr 2; KUHLENBECK JW 1908, 645, 646; CROME, System des Deutschen Bürgerlichen Rechts II § 279 II 3 a S 762; ERMAN/BERGER § 661 Rn 3; MünchKommBGB/SCHÄFER § 661 Rn 48; BGB-RGRK/STEFFEN § 661 Rn 6). Allerdings entfaltet der Bestellungsvertrag zwischen Preisrichtern und Auslobendem unmittelbare **Wirkung zugunsten der Bewerber** (BGH 17. 1. 2013 – III ZR 10/12 [Schiedsgutachten], BB 2013, 385; SOERGEL/vREDEN § 661 Rn 33; **aA** MünchKommBGB/SCHÄFER § 661 Rn 48). Zwar sind die Preisrichter den Bewerbern gegenüber nicht zum Tätigwerden verpflichtet (Rn 41), aber entsprechend der Funktion und des Wesens der Preisrichterbestellung sind die Preisrichter – sofern sie ihre Tätigkeit aufnehmen – allen Bewerbern gegenüber zur ordnungsgemäßen Entscheidung verpflichtet: Die Preisrichter haben die Entscheidung nach bestem Wissen und Gewissen unter Beachtung der Verfahrensgrundsätze zu treffen. Bei Verletzung dieser Pflichten können den Bewerbern unmittelbare Schadensersatzansprüche gegen die Preisrichter zustehen. Das schiedsrichterliche Haftungsprivileg kommt den Preisrichtern selbstverständlich aber auch im Verhältnis zu den Bewerbern zugute (Rn 42). 40

b) Haftung gegenüber dem Auslobenden

Unmittelbare vertragliche Beziehungen bestehen nur zwischen Auslobendem und Preisrichtern. Dem Auslobenden gegenüber sind die Preisrichter verpflichtet, die Entscheidung im vorgesehenen Zeitrahmen und nach bestem Wissen und Gewissen innerhalb der aufgestellten Verfahrensgrundsätze zu treffen. Bei Verzögerung oder Ablehnung der Entscheidung machen sie sich ihm gegenüber schadensersatzpflichtig. Der Schaden kann etwa darin bestehen, dass der Auslobende andere Preisrichter bestellen muss. Eine Pflicht zur Entscheidung gegenüber den Bewerbern besteht grundsätzlich nicht. Diese können vom Auslobenden allenfalls verlangen, dass er die Preisrichter zur Entscheidung anhält und im Falle erfolgloser Bemühungen selbst entscheidet oder ein anderes Preisgericht bestimmt (PLANCK/OEGG § 661 Anm 3c; BGB-RGRK/STEFFEN § 661 Rn 6). 41

c) Verschuldensmaßstab

Die Haftung der Preisrichter ist entsprechend der Haftung von Schiedsrichtern beschränkt (GRÜNEBERG/RETZLAFF § 661 Rn 2; PLANCK/OEGG § 661 Anm 3c; SOERGEL/vREDEN § 661 Rn 33; vgl dazu: BGH 6. 10. 1954 – II ZR 149/53, BGHZ 15, 12: Schiedsrichter haften bei ihrer Spruchtätigkeit nicht für Fahrlässigkeit). Die Haftungsprivilegierung betrifft aber nur den **„Spruch“**. Bei Verweigerung oder Verzögerung der Entscheidung kommt eine Haftung für jedes Verschulden in Betracht (PLANCK/OEGG § 661 Anm c). 42

VI. Gleichwertige Bewerbungen (Abs 3)

43 Die Frage, ob verschiedene Bewerbungen von gleicher Würdigkeit sind, ist eine Sachentscheidung des Preisgerichts, die gem § 661 Abs 2 S 2 BGB der gerichtlichen Kontrolle entzogen ist. Erachtet das Preisgericht mehrere Bewerbungen als gleichwertig, so regeln §§ 661 Abs 3, 659 Abs 2 BGB das weitere Verteilungsverfahren unter den gleichwertigen Bewerbungen. Wird das Verfahren an dieser Stelle verletzt, ist die **preisgerichtliche Entscheidung unwirksam** (Rn 35; **aA** MünchKommBGB/Seiler [6. Aufl 2013] § 661 Rn 14). Im Einzelnen gilt: Grundsätzlich ist die Belohnung unter den gleichrangigen Bewerbern nach gleichen Teilen zu verteilen (§ 659 Abs 2 S 1 BGB). Ist die Belohnung aufgrund ihrer Beschaffenheit unteilbar (§ 659 Abs 2 S 2 Alt 1 BGB) oder soll sie nach dem Inhalt des Preisausschreibens nur einem Bewerber zuteilwerden (§ 659 Abs 2 S 2 Alt 2 BGB), entscheidet das Los (§ 659 Rn 8).

VII. Anspruch auf den Preis

44 Mit der Zuerkennung des Preises durch die Entscheidung des Preisgerichts entsteht der Anspruch auf die Belohnung (§§ 661, 657 BGB). Die anderen Bewerber, deren Arbeiten nicht prämiert wurden, haben – mangels abweichender Bestimmung in den Auslobungsbedingungen – keinen Anspruch auf eine Aufwandsentschädigung, eine irgendwie geartete Teilnahmeprämie oder einen Werklohn (Oertmann DJZ 1908, 455; Rn 12b); dafür behalten sie grundsätzlich ihr Eigentum am Entwurf, den sie spätestens mit Abschluss des Entscheidungsverfahrens zurückfordern können.

VIII. Eigentums-, Urheber- und Erfinderrechte (Abs 4)

1. Inhalt

45 § 661 Abs 4 BGB entscheidet eine vor Inkrafttreten des BGB äußerst strittige und zweifelhafte Frage. Die Übertragung des **Eigentums** an den eingereichten Arbeiten und Werken, selbst wenn sie preisgekrönt worden sind und der Gewinner den Preis entgegengenommen hat, kann der Auslobende nur dann verlangen, wenn das in der Auslobung vorgesehen ist (Crome, Die partiarischen Rechtsgeschäfte 516; Crome, System des Deutschen Bürgerlichen Rechts II § 279 II 4 S 762; Oertmann § 661 Anm 6; Planck/Oegg § 661 Anm 5). § 661 Abs 4 BGB gilt ebenso für **Urheber- und Erfinderrechte** (Dernburg, Das bürgerliche Recht II 2 [3. Aufl 1906] § 336 III S 548; Erman/Berger § 661 Rn 6; Oertmann § 661 Anm 6; Planck/Oegg § 661 Anm 5). Das Urheberrecht an geschaffenen Werken ist unabhängig von der Ablieferung der einzureichenden Lösungen: Wer eine Preisaufgabe stellt, wird damit nicht zum Urheber der Arbeiten der Bewerber (§ 7 UrhG).

2. Rückgabe

46 Ist in der Auslobung nicht bestimmt, dass der Auslobende die Rechte an den eingereichten Werken erhalten soll, so sind diese an den Bewerber zurückzugeben. Die Auslobungsbedingungen können aber vorsehen, dass die Rückgabe auf Kosten des Bewerbers erfolgt. Werden die Werke nicht zurückgefordert, so kann sich der Auslobende durch Hinterlegung nach Maßgabe der §§ 372 ff BGB befreien (Planck/Oegg § 661 Anm 5). Für Beschädigungen, welche durch ordnungsgemäße Prüfung zum Zwecke der Entscheidung durchgeführt worden sind, haftet der Auslobende nicht

(PLANCK/OEGG § 661 Anm 5). Die widerrechtliche Verwertung der eingereichten Werke macht den Auslobenden gem § 280 BGB **schadensersatzpflichtig** (OERTMANN DJZ 1908, 455 f; PLANCK/OEGG § 661 Anm 5; BGB-RGRK/STEFFEN § 661 Rn 12; SOERGEL/LORENTZ § 661 Rn 4); auch ein gezogener Gewinn ist herauszugeben, wobei der Anspruch entweder auf § 285 BGB (analog) oder wegen des Treuhandcharakters der Rückgabepflicht auf eine entsprechende Anwendung des § 667 BGB gestützt werden kann (und keinesfalls § 687 Abs 2 BGB, vgl BERGMANN, Die Geschäftsführung ohne Auftrag 474 f). Es ist daher nicht angängig, dass der Auslobende sich etwa im Rahmen eines Architektenwettbewerbs Arbeiten zusenden lässt, aber später keiner der eingereichten Arbeiten den Preis zuerkennt, sondern sich aus den eingereichten Arbeiten einen eigenen Entwurf zusammenstellt.

3. Anspruch auf Übertragung

Eine Pflicht zur Verschaffung der Eigentums-, urheberrechtlichen Nutzungs- oder Erfinderrechte an einem Werk besteht nur dann, wenn dies in der Auslobung bestimmt ist. Ausdrücklich muss die Bestimmung nicht erfolgen, sie kann sich aus dem Inhalt oder dem Zweck der Auslobung ergeben (MünchKommBGB/SCHÄFER § 661 Rn 50; GRÜNEBERG/RETZLAFF § 661 Rn 4; PLANCK/OEGG § 661 Anm 5). Die entsprechenden Bestimmungen unterliegen der **Inhaltskontrolle**. Nach der hier vertretenen Auffassung erfolgt sie unmittelbar am Maßstab der §§ 305 ff BGB (§ 657 Rn 36). Die Gegenmeinung muss auf § 138 BGB zurückgreifen, was wegen § 139 BGB – im Gegensatz zu § 306 Abs 1 BGB – nicht ungefährlich ist (ERMAN/BERGER § 661 Rn 6; MünchKommBGB/SCHÄFER § 661 Rn 50). Wenig Bedenken bereitet der Fall, dass der Sieger des Wettbewerbs gehalten ist, das Eigentum und weitgehende urheberrechtliche Nutzungsrechte auf den Auslobenden zu übertragen. Der Preis ist hier die Gegenleistung. Anders sieht es dagegen aus, wenn die Auslobungsbedingungen auch den Teilnehmern, deren Werk nicht preisgekrönt wurde, aufgeben, die zur Konkurrenz gestellten Werke dem Auslobenden zu übertragen (SOERGEL/vREDEN § 661 Rn 37). Der vormalige § 17 Abs 2 VOF 2009 positivierte hier in seinem Anwendungsbereich einen allgemeinen (ungeschriebenen) preisausschreibungsrechtlichen Grundsatz: Eine Nutzung nicht preisgekrönter Arbeiten kommt nur gegen eine angemessene Vergütung in Betracht (vgl § 80 Abs 2 VgV; GÄRTNER, Koalitionsfreiheit und Crowdwork [2020] 110 f ; MÜLLER InTeR 2017, 129, 134). Eine unentgeltliche Übertragungspflicht oder eine Pflicht zur Übertragung gegen ein unverhältnismäßig geringes Entgelt stellt daher eine **unangemessene Benachteiligung** gem § 307 Abs 1 S 1, Abs 2 Nr 1 BGB dar; § 307 Abs 3 S 1 BGB steht einer Inhaltskontrolle von Preis- und Leistungsbestimmungen nicht entgegen, wenn diese von Rechtsvorschriften abweichen (BGH 30. 10. 1991 – VIII ZR 51/91, BGHZ 115, 391, 395). Wurde in den Auslobungsbedingungen wirksam die Pflicht des Bewerbers verankert, seine Rechte am Werk auf den Auslobenden zu übertragen, so entsteht der entsprechende Anspruch des Auslobenden regelmäßig nicht schon mit der Preisbewerbung, sondern erst mit Entscheidung des Preisgerichts; andererseits kann etwa der Sieger des Wettbewerbs den Anspruch des Auslobenden nicht dadurch vereiteln, dass er den Preis nicht annimmt (vgl aber auch CROME, Die partiarischen Rechtsgeschäfte 527). Bis zur Entscheidung des Preisgerichts kann grundsätzlich jeder Bewerber sein Werk **zurückziehen**. Nach der Entscheidung des Preisgerichts kann er sich nicht mehr einseitig von seiner Pflicht zur Übereignung lösen. Jede Partei kann bis zur Erfüllung ihres Anspruchs durch die andere Seite die eigene Leistung verweigern. 47

IX. Unlauterer Wettbewerb

48 In Ausnahmefällen kann die Veranstaltung eines „Preisausschreibens" eine **unlautere geschäftliche Handlung** iSd § 3 Abs 1 UWG darstellen (Emmerich/Lange, Lauterkeitsrecht [12. Aufl 2022] § 15 Rn 62; Bloss, Die wettbewerbsrechtliche Zulässigkeit von Preisausschreiben und Gewinnspielen [2006]). Allerdings geht es hier meist um die tradiert als sog **unechte Preisausschreiben** bezeichneten Fälle, in denen sich ein Gewinnspiel, ein Preisrätsel oder eine Gratisverlosung der Form der Auslobung oder des Preisausschreibens bedient (§ 762 BGB; § 657 Rn 40, 41 ff). Solche Preisausschreiben sind ein beliebtes und grundsätzlich zulässiges Mittel der Aufmerksamkeitswerbung (OLG Düsseldorf 20. 3. 1951 – 2 U 312/50, GRUR 1951, 461, 462). Nur in Ausnahmefällen ist eine andere Beurteilung geboten. Die Rechtsprechung hatte zunächst **verschiedene Gruppen unzulässiger Preisausschreiben** herausgebildet: die Kopplung der Teilnahme am Preisausschreiben an den Warenabsatz (BGH 16. 3. 1989 – I ZR 241/86 – Gewinnspiel, NJW-RR 1989, 811, 812; BGH 17. 11. 1972 – I ZR 71/71, LM UWG § 1 Nr 256), der psychische Kaufzwang, das übertriebene Anlocken sowie das Irreführen des Verbrauchers über die Teilnahmebedingungen (BGH 11. 4. 2002 – I ZR 225/99, NJW-RR 2002, 1466, 1467 – Gewinnspiel im Radio; BGH 17. 2. 2000 – I ZR 239/97, NJW-RR 2000, 1136, 1137 – Space Fidelity Peep Show; BGH 5. 2. 1998 – I ZR 151/95, NJW-RR 1998, 1199, 1200 f – Rubbelaktion; BGH 26. 6. 1989 – I ZR 180/87, NJW 1989, 3013, 3014 – McBacon). Im Rahmen der Reform des UWG im Jahre 2004 wurden zwei Bestimmungen über die Unlauterkeit von Preisausschreiben in das Gesetz aufgenommen. **§ 4 Nr 5 UWG aF** kodifiziert das Transparenzgebot (Rn 50), **§ 4 Nr 6 UWG aF** das Kopplungsverbot (Rn 49). Auf eine ausdrückliche Regelung der anderen Fallgruppen hat der Gesetzgeber verzichtet: Im Einzelfall könne auf die Generalklausel des § 3 UWG zurückgegriffen werden (BT-Drucks 15/1487, 30 [Stellungnahme des Bundesrates], 41 [Gegenäußerung der Bundesregierung]). Die Gesichtspunkte des psychischen Kaufzwangs und des übertriebenen Anlockens spielten schon damals keine Rolle mehr. Insbesondere gehören sie auch nicht in den Anwendungsbereich des § 4a UWG (Emmerich/Lange, Lauterkeitsrecht [12. Aufl 2022] § 12 Rn 16). Eine etwaige Wettbewerbswidrigkeit des Preisausschreibens steht seiner **bürgerlichrechtlichen Wirksamkeit** grundsätzlich nicht entgegen (BGH 7. 10. 1958 – I ZR 62/57, LM UWG § 1 Nr 71 – Italienische Note; Staudinger/Fischinger/Hengstberger [2024] § 134 Rn 477 ff; Staudinger/Fischinger [2024] § 138 Rn 123 ff). – Zur lauterkeitsrechtlichen Beurteilung von **Gewinnmitteilungen** (Anhang Nr 17 zu § 3 Abs 3 UWG) s § 661a Rn 2.

49 Viel Aufhebens hat die Positivierung des **Kopplungsverbots in § 4 Nr 6 UWG aF** verursacht. Hinter dem Kopplungsverbot stand der Gedanke, dass unlauter agiert, wer die Spiellust und die Hoffnung auf einen leichten Gewinn für den Warenabsatz ausnutzt (BGH 5. 6. 2008 – I ZR 4/06, EuZW 2008, 542 Rn 13 – Millionen-Chance I). Insbesondere die Verknüpfung der Teilnahme an Gewinnspielen an die Inanspruchnahme von Mehrwertdiensterufnummern – wie heute bei TV-Quizsendungen nicht unüblich (§ 657 Rn 43) – ist in das Visier geraten (BT-Drucks 15/1487, 18; Gabriel/Barth VuR 2006, 301, 303 f). § 4 Nr 6 UWG aF untersagte generell und unabhängig von einer Gefährdung der Verbraucherinteressen im Einzelfall gekoppelte Preisausschreiben und Gewinnspiele (BGH 5. 10. 2010 – I ZR 4/06, BGHZ 187, 231 Rn 16 – Millionen-Chance II). 2005 wurde die **Richtlinie 2005/29/EG über unlautere Geschäftspraktiken** erlassen, die bis Ende 2007 umzusetzen war. Die Richtlinie strebt in ihrem Anwendungsbereich eine **Vollharmonisierung** des Lauterkeitsrechts an (Art 3 der Richtlinie 2005/29/EG). Dem nationalen Gesetzgeber ist es insoweit verwehrt, strengere Vorschriften aufrechtzuer-

halten oder zu erschaffen, selbst wenn mit diesen Maßnahmen ein höheres Verbraucherschutzniveau erreicht werden soll (EuGH 14. 1. 2010 – C-304/08, Slg 2010, I-217, Rn 41 – Plus; EuGH 9. 11. 2010 – C-540/08, Slg 2010, I-909 Rn 30 – Mediaprint; EuGH 23. 4. 2009 – C-261/07 [ua], Slg 2009, I-2949 Rn 52 – VTB; BGH 5. 10. 2010 – I ZR 4/06, BGHZ 187, 231 Rn 19 – Millionen-Chance II; BGH 5. 6. 2008 – I ZR 4/06, EuZW 2008, 542 Rn 17 – Millionen-Chance I). Die Richtlinie stellt in Anhang I eine erschöpfende Liste von Geschäftspraktiken auf, die unter allen Umständen als unlauter anzusehen sind. Ausschließlich und nur diese Geschäftspraktiken gelten – wie der EuGH wiederholt klargestellt hat – immer und ohne Anschauung des Einzelfalles als unlauter. Nicht im Anhang geführte Geschäftspraktiken können nur aufgrund einer Einzelfallprüfung anhand der Generalklausel des Art 5 Abs 2 oder der Konkretisierungen der Art 5 Abs 4, 6 ff der Richtlinie 2005/29/EG als unlauter gelten (Erwägungsgrund 17; EuGH 14. 1. 2010 – C-304/08, Slg 2010, I-217 Rn 42 ff – Plus; EuGH 9. 11. 2010 – C-540/08, Slg 2010, I-909 Rn 31 ff – Mediaprint). Anhang I der Richtlinie 2005/29/EG enthält keine dem § 4 Nr 6 UWG aF vergleichbare Vorschriften. Das unbedingte Kopplungsverbot des § 4 Nr 6 UWG aF war daher, wie der EuGH auf Vorlage des BGH entschieden hat, mit der Richtlinie 2005/29/EG **nicht vereinbar** (EuGH 14. 1. 2010 – C-304/08, Slg 2010, I-217 Rn 46 ff – Plus; Vorlagebeschluss: BGH 5. 6. 2008 – I ZR 4/06, EuZW 2008, 542 Rn 17 – Millionen-Chance I; vgl auch EuGH 7. 9. 2016 – C-310/15, NJW 2016, 3423 Rn 27 ff – Deroo-Blanquart/Sony [Frankreich]; EuGH 9. 11. 2010 – C-540/08, Slg 2010, I-909 Rn 42 ff – Mediaprint [Österreich]; EuGH 23. 4. 2009 – C-261/07 [ua], Slg 2009, I-2949 Rn 59 ff – VTB [Belgien]). Die §§ 3, 4 Nr 6 UWG aF wurden in der Folge vom BGH **richtlinienkonform** dahin ausgelegt, dass die Kopplung eines Preisausschreibens oder eines Gewinnspiels an ein Umsatzgeschäft nur dann unlauter ist, wenn sie im Einzelfall eine unlautere Geschäftspraxis im Sinne der Richtlinie darstellen (BGH 5. 10. 2010 – I ZR 4/06, BGHZ 187, 231 Rn 25 – Millionen-Chance II; BGH 12. 12. 2013 – I ZR 192/12, NJW 2014, 2279 Rn 11 – Goldbärenbarren). Nach Art 5 Abs 2 der Richtlinie 2005/29/EG **(§ 3 Abs 2 UWG)** ist eine Geschäftspraxis unlauter, wenn sie (a) den Erfordernissen der beruflichen Sorgfaltspflicht widerspricht und (b) in Bezug auf das jeweilige Produkt das wirtschaftliche Verhalten eines Durchschnittsverbrauchers wesentlich beeinflusst oder doch dazu geeignet ist, es wesentlich zu beeinflussen. Im Allgemeinen aber wird die Kopplung von Gewinnspielen und Preisausschreiben der **beruflichen Sorgfalt nicht widersprechen** (BGH 5. 10. 2010 – I ZR 4/06, BGHZ 187, 231, Rn 23 f, 26 – Millionen-Chance II; EuGH 7. 9. 2016 – C-310/15, NJW 2016, 3423 Rn 33 ff – Deroo-Blanquart/Sony [Frankreich]; EuGH 9. 11. 2010 – C-540/08, Slg 2010, I-909 Rn 46 – Mediaprint; Emmerich/Lange, Unlauterer Wettbewerb [11. Aufl 2019] § 12 Rn 43 ff). Damit hatte sich § 4 Nr 6 UWG aF im Kern erledigt und wurde entsprechend durch das Zweite Gesetz zur Änderung des Gesetzes gegen den unlauteren Wettbewerb v 2. 12. 2015 (BGBl I 2158) **Ende 2015** im Interesse der Rechtssicherheit **gestrichen** (BT-Drucks 18/4535, 8, 13, 14). Das OLG Frankfurt hat zuletzt keine Bedenken, dass die Teilnahme an einem Gewinnspiel von der **Einwilligung in Werbemaßnahmen** (§ 7 Abs 2 UWG) abhängig gemacht wird: Auch eine solche Einwilligung sei hinreichend freiwillig iSd Art 4 Nr 11 DS-GV (OLG Frankfurt 27. 6. 2019 – 6 U 6/19, WRP 2019, 1489 Rn 8 ff; krit: Schröder K&R 2019, 668). Möglich bleibt natürlich, dass sich die Kopplung als eine irreführende Geschäftspraxis iSd Art 5 Abs 4 lit a iVm Art 6, 7 der Richtlinie 2005/29/EG **(§§ 5, 5a UWG)** darstellt (EuGH 7. 9. 2016 – C-310/15, NJW 2016, 3423 Rn 43 ff – Deroo-Blanquart/Sony [Frankreich]).

Europarechtlich unbedenklich war dagegen das **Transparenzgebot des § 4 Nr 5 UWG** 50
aF (BGH 9. 7. 2009 – I ZR 64/07, NJW 2010, 616 Rn 11 – FIFA-WM-Gewinnspiel; BGH 14. 4. 2011 – I ZR 50/09, GRUR 2011, 629 Rn 15 – Einwilligungserklärung für Werbeanrufe). Anhang I der

Richtlinie 2005/29/EG enthält zwar keine dem § 4 Nr 5 UWG aF vergleichbare Vorschrift, doch die Vorschrift sprach kein generelles Verbot aus. Das Tatbestandsmerkmal „klar und eindeutig“ ermöglichte eine umfassende Würdigung des Einzelfalles. Inhaltlich hielt sich die Vorschrift im Rahmen der Art 7 Abs 1, Abs 2 der Richtlinie 2005/29/EG. Nichtsdestotrotz wurde auch § 4 Nr 5 UWG aF **Ende 2015** durch das Zweite Gesetz zur Änderung des Gesetzes v 2. 12. 2015 (BGBl I 2158) gegen den unlauteren Wettbewerb **gestrichen**. Das Transparenzverbot ist jetzt allgemein in §§ 3, 5, 5a UWG zu verankern (BT-Drucks 18/6571, 14; BGH 25. 11. 2021 – I ZR 148/20, GRUR 2022, 241 [Kopplungsangebot III]).

§ 661a
Gewinnzusagen

Ein Unternehmer, der Gewinnzusagen oder vergleichbare Mitteilungen an Verbraucher sendet und durch die Gestaltung dieser Zusendungen den Eindruck erweckt, dass der Verbraucher einen Preis gewonnen hat, hat dem Verbraucher diesen Preis zu leisten.

Materialien: RegE BT-Drucks 14/2658, 48 f; Stellungnahme BR BT-Drucks 14/2920, 7; Gegenäußerung BReg BT-Drucks 14/2920, 15; Beschlussempfehlung und Bericht des Rechtsausschusses BT-Drucks 14/3195, 33 f.

Schrifttum

Alexander, Vertrag und unlauterer Wettbewerb (2002) 167 ff
Baldus, Gewinnzusagen: Kann sich dem objektiven Empfängerhorizont etwas aufdrängen?, ZGS 2004, 297
Blobel, Isolierte Gewinnzusagen im europäischen Zivilprozessrecht, VuR 2005, 164
Brenn, Endgültig kein Verbrauchergerichtsstand bei irreführenden Gewinnzusagen nach § 5j KSchG ohne Warenbestellung, ÖJZ 2009, 845
Dörner, Haftung für Gewinnzusagen, in: FS Kollhosser (2004) II 75
Dörr, Verbraucherschutz. Die Durchsetzung von Recht aus Gewinnzusagen nach § 661a BGB, MDR 2006, 1141
Felke, Internationalrechtliche Fragen von Gewinnzusagen, IPRax 2004, 409
Fetsch, Grenzüberschreitende Gewinnzusagen im europäischen Binnenmarkt, RIW 2002, 936
Häcker, Europäisch-zivilverfahrensrechtliche und international-privatrechtliche Probleme grenzüberschreitender Gewinnmitteilungen, ZVglRWiss 103 (2004) 464
Hofmann, Verfahrensrechtliche Aspekte grenzüberschreitender Gewinnzusagen nach § 661a BGB (2007)
Köberl, Irreführende Gewinnzusagen nach § 5j KSchG (2004)
Koller, „Gewinnversprechen“ und das Bundesgericht – eine Gewinn versprechende Rechtsprechung?, in: FS Walter (2005) 377
Kühl, Die Gewinnzusage nach § 661a BGB (2007)
Leible, Luxemburg locuta – Gewinnmitteilung finita?, NJW 2005, 796
ders, Gewinnbestätigung aus Luxemburg – Zur internationalen Zuständigkeit bei Gewinnmitteilungen aus dem Ausland, IPRax 2003, 28
ders, Bingo! – Gewinnbestätigung jetzt auch aus Karlsruhe, NJW 2003, 407
Leipold, Der Anspruch aus Gewinnzusage

(§ 661a BGB) in dogmatischer Betrachtung, in: FS Musielak (2004) 317
Lindner, Irreführende Gewinnzusagen nach § 661a BGB (2007)
Lorenz, Gewinnmitteilung als „geschäftsähnliche Handlung“: Anwendbares Recht, internationale Zuständigkeit und Erfüllungsort, NJW 2006, 472
ders, Gewinnmitteilungen aus dem Ausland – Kollisionsrechtliche und international-zivilprozessuale Aspekte von § 611a BGB, NJW 2000, 3305
Meller-Hannich, Bestandsaufnahme und Bewertung der Ansprüche aus Gewinnzusagen, NJW 2006, 2516
Mörsdorf-Schulte, Autonome Qualifikation der isolierten Gewinnzusage, JZ 2005, 770
Oberhammer, Prüfung der internationalen Zuständigkeit durch das Revisionsgericht und Einordnung des auf BGB § 661a gestützten Anspruchs als vertraglich oder deliktisch, ZZP 117 (2004) 92
Oberhammer/Slonina, Grenzüberschreitende Gewinnzusagen im europäischen Prozess- und Kollisionsrecht, in: Studia in honorem Pelayia Yessiou-Faltsi (2007) 419
Rauscher/Schülke, Grenzüberschreitende Gewinnmitteilung: Anknüpfung und Internationale Zuständigkeit, ELF (European Legal Forum) 2000/2001, 334
Schäfer, Die Gewinnzusage nach § 661a BGB im System des Bürgerlichen Rechts, JZ 2005, 982
Schäper, Gewinnzusagen (2010)
Schmidt-Räntsch, Gewinnzusagen im Schuldrecht, in: FS Huber (2006) 575
Schneider, Erfüllungszwang bei Gewinnzusagen – verfassungsmäßig?, Eine Kritik an § 661a BGB, BB 2002, 1653
Schröder/Thiessen, Gewinnzusagen beim Wort genommen – zur Verfassungsmäßigkeit des § 661a BGB, NJW 2004, 719
Schwartze, Die Bestimmung des auf grenzüberschreitende Gewinnzusagen anzuwendenden Rechts nach Rom I und Rom II, in: FS Koziol (2010) 407
Staudinger, Internationale Zuständigkeit bei Klage eines Verbrauchers wegen einer Gewinnzusage nach § 661a BGB, JZ 2003, 852
Steck, Gewinnzusagen und Rechtsschutzversicherung, NJW 2003, 3679
Stieper, Anfechtbarkeit von Gewinnzusagen, NJW 2013, 2849
Wagner/Potsch, Gewinnzusagen aus dem Inland und Ausland, Jura 2006, 401
Wied, Gewinnversprechen von Versandfirmen (2003)
Witz/Reinert, Zur Behandlung von Gewinnzusagen im französischen Recht, ZEuP 2005, 136.

Systematische Übersicht

Alphabetische Übersicht

I. Inhalt und Hintergrund

1. Der Weg zu § 661a BGB

Durch Art 2 Abs 1 Nr 7 des Gesetzes über Fernabsatzverträge und andere Fragen des Verbraucherschutzes sowie zur Umstellung von Vorschriften auf Euro vom 27. 6. 2000 (BGBl I 897) wurde dem BGB im unmittelbaren Anschluss an die Vorschriften über die Auslobung (§§ 657–661 BGB) die weitere, mit der amtlichen Überschrift „Gewinnzusagen" versehene Vorschrift des § 661a BGB eingefügt. Man darf sich an dieser Stelle nicht täuschen lassen. § 661a BGB wurde zwar im Rahmen der Umsetzung der Fernabsatzrichtlinie (Richtlinie 97/7/EG des Europäischen Parlaments und des Rates vom 20. 5. 1997 über den Verbraucherschutz bei Vertragsschlüssen im Fernabsatz, ABl EG L 144 v 14. 6. 1997, 19) in das BGB aufgenommen, ist aber durch die Richtlinie selbst nicht vorgegeben; auch die Richtlinie 2005/29/EG vom 11. 5. 2005 über unlautere Geschäftspraktiken im binnenmarktinternen Geschäftsverkehr zwi- 1 schen Unternehmen und Verbrauchern verlangt keine § 661a BGB entsprechende Vorschrift (Rn 2). § 661a BGB bestimmt, dass ein Unternehmer, der Gewinnzusagen oder vergleichbare Mitteilungen an einen Verbraucher sendet und durch die Gestaltung der Zusendung den Eindruck erweckt, dass der Verbraucher einen Preis gewonnen hat, dem Verbraucher diesen Preis zu leisten hat. Mit der Einführung des § 661a BGB wollte der deutsche Gesetzgeber – offensichtlich im Anschluss an die Vorschrift des **§ 5c (5j aF) des österreichischen Konsumentenschutzgesetzes** (öKSchG) – der verbreiteten, aber wettbewerbsrechtlich unzulässigen Praxis (Rn 2) entgegenwirken, dass Unternehmen Verbrauchern Mitteilungen über angebliche Gewinne zusenden, um sie so zu Warenbestellungen, Vorabzahlungen oder Anwahl kostenintensiver Servicenummern (0190er-Nummern) zu veranlassen, die Gewinne auf Nachfrage aber nicht aushändigen (BGH 28. 11. 2002 – III ZR 102/02, BGHZ 153, 82, 90 f; BGH 15. 3. 2006 – IV ZR 4/05, NJW 2006, 2548 Rn 27; BGH 1. 12. 2005 – III ZR 191/03, NJW 2006, 230, 233; BGH 16. 10. 2003 – III ZR 106/03, NJW 2003, 3620; Dörner, in: FS Kollhosser [2004] II 75 f; Begründung RegE BT-Drucks 14/2658, 48 f; zu § 5c [§ 5j aF] öKSchG: ÖstOGH 19. 10. 2016 – 1 Ob 159/16p, ecolex 2017, 979; ÖstOGH 1. 7. 2003 – 1 Ob 118/03i; ÖstOGH 19. 12. 2001 – 7 Ob 290/01z; Regierungsvorlage BlgNr 1998 XX. GP). Die Versendung von Gewinnmitteilungen war für die beteiligten Unternehmen in Deutschland bis dahin weitgehend risikolos. Ein Anspruch des Verbrauchers auf den verkündeten Gewinn war kaum zu begründen (Alexander, Vertrag und unlauterer Wettbewerb 169 ff; Lindner, Irreführende Gewinnzusagen nach § 661a BGB 9 ff; Schäper, Gewinnzusagen 5 ff; Wied, Gewinnversprechen von Versandfirmen 19 ff; Kühl, Die Gewinnzusage nach § 661a BGB 5 f; Lorenz NJW 2000, 3305, 3306; Lorenz IPRax 2002, 192; Schneider BB 2002, 1653; Schröder/Thiessen NJW 2004, 719, 721). Ließ sich das Vorliegen einer Willenserklärung unter Hinweis darauf, dass es dem Unternehmer gerade darum ging, beim Verbraucher den Eindruck eines Gewinns zu erwecken (§ 116 S 1 BGB), weitgehend zwanglos begründen, so scheiterte doch die Annahme eines Schenkungsversprechens oder einer schenkungsweisen Erteilung eines abstrakten Schuldversprechens daran, dass es insoweit an der gem **§ 518 Abs 1 BGB** – auch bei Unternehmensgeschäften – gesetzlich vorgeschriebenen notariellen Beurkundung fehlte. Auch die Annahme eines Vertrages über ein Gewinnspiel half nicht weiter, da gem **§ 762 Abs 1 BGB** dadurch keine Verbindlichkeit begründet werden kann. Schließlich konnte auch der teilweise versuchte Rekurs auf die Vorschriften über die Auslobung nicht weiter führen, da in den Fällen, in denen – mangels einer nennenswerten Eigenleistung des Verbrauchers – ein Spiel oder eine Schenkung Gegenstand einer Auslobung ist, die Vorschriften der §§ 518 Abs 1, 762 Abs 1 BGB entsprechende Anwendung finden (§ 657 Rn 40 ff). Nachteilig für den Verbraucher wirkte sich zudem aus, dass es ihm lange Zeit nicht möglich war, ein etwaiges negatives Interesse – zB die beim Versuch der Durchsetzung des vermeintlichen Gewinns angefallenen Rechtsberatungskosten – gegenüber dem Versender der Gewinnmitteilung geltend zu machen. Obwohl das deutsche Wettbewerbsrecht gerade auch dem Schutz des Verbrauchers dient (§ 1 Abs 1 S 1 UWG), räumte es dem **Verbraucher** bei Wettbewerbsverstößen doch zunächst keinen **Schadensersatzanspruch** gegen den Unternehmer ein (§ 9 S 1 UWG aF). Da die Regelung des UWG insoweit als abschließend angesehen wurde, lehnt es die deutsche Rechtsprechung ab, die Gebote des UWG als verbraucherschützende Gesetze iSd § 823 Abs 2 BGB anzuerkennen (BGH 30. 5. 2008 – 1 StR 166/07, BGHSt 52, 227 Rn 87; Begründung zum RegE, BT-Drucks 15/1487, 22; Lindner, Irreführende Gewinnzusagen nach § 661a BGB 18 ff). Weiter war man an dieser Stelle bereits in Österreich, dessen Rechtsordnung mit § 5c (§ 5j aF) öKSchG das Vorbild des deutschen § 661a BGB lieferte. Der ÖstOGH gestattete bereits 1998 einem Verbraucher, der Opfer einer derartigen unlauteren Wettbewerbshandlung (Gewinnmitteilung) wurde, beim unlauteren Unternehmer seinen Vertrauensschaden zu liquidieren (ÖstOGH 24. 2. 1998 – 4 Ob 53/98t, WRP 1998, 789 – 1. Hauptpreis; eingehend: Kathrein, Verbraucherrechte im Lauterkeitsrecht [2023]). Aber auch in Deutschland haben sich mittlerweile die Vorzeichen geändert. In Umsetzung des nachträglich eingefügten Art 11a der Richtlinie 2005/29/EG über unlautere Geschäftspraktiken im binnenmarktinternen Geschäftsverkehr wurde ein neuer **§ 9 Abs 2 UWG** in das Gesetz aufgenommen, der Verbrauchern bei schuldhaften unzulässigen geschäftlichen Handlungen einen individuellen Schadensersatz gewährt (Köhler WRP 2021, 129). Zu den erfassten unzulässigen Handlungen gehört auch die **Irreführung über Preis und Gewinn** (§ 3 Abs 1, Abs 3, Anh 31 UWG; Rn 6).

2. Wettbewerbsrecht und Gewinnzusage

a) Versendung von Gewinnzusagen als unlautere Wettbewerbshandlung

Vor Inkrafttreten des § 661a BGB mit Ablauf des 29. Juni 2000 wurden Gewinnzusagen allgemein als **wettbewerbswidrig** eingestuft (Lindner, Irreführende Gewinnzusagen nach § 661a BGB 65 ff; Wied, Gewinnversprechen von Versandfirmen 40 ff; Lorenz NJW 2000, 3305, 3306; Meller-Hannich NJW 2006, 2516; ÖstOGH 24. 2. 1998 – 4 Ob 53/98t – 1. Hauptpreis, WRP 1998, 789; Rn 1). Das Inkrafttreten des § 661a BGB und die UWG-Reformen haben an der grundsätzlichen Unlauterkeit von Gewinnzusagen nichts geändert (Lindner, Irreführende Gewinnzusagen nach § 661a BGB 75 ff; Wied, Gewinnversprechen von Versandfirmen 57 ff, 71 ff; vgl dazu auch Kühl, Die Gewinnzusage nach § 661a BGB 32 ff). Gem § 3 Abs 3 mit Anhang Nr 31 UWG ist das Erwecken des (fälschlichen) Eindrucks, der Verbraucher habe einen Preis gewonnen, werde einen Preis gewinnen oder werde durch eine bestimmte Handlung einen Preis gewinnen, als aggressive Geschäftspraktik unzulässig, wenn es (a) den Preis in Wirklichkeit nicht gibt, oder (b) die Möglichkeit des Verbrauchers, Handlungen in Bezug auf die Inanspruchnahme des Preises vorzunehmen, wie etwa die Erkundigung nach der Natur des Preises oder dessen Entgegennahme, von der Zahlung eines Betrages oder der Übernahme von Kosten durch den Verbraucher abhängig gemacht wird (Anhang I Nr 31 der Richtlinie 2005/29/EG des Europäischen Parlaments und Rates v 11. 5. 2005 über unlautere Geschäftspraktiken im binnenmarktinternen Geschäftsverkehr). Dabei ist die Rechtsprechung bei der Handhabung des Verbots, dem Verbraucher Kosten aufzuerlegen sehr streng. Für die Beurteilung spielt es keine Rolle, dass die dem Verbraucher auferlegten Kosten, wie etwa die Kosten für eine Briefmarke, im Vergleich zum Wert des Preises geringfügig sind und dem Gewerbetreibenden keinen weiteren Vorteil bringen (EuGH 18. 10. 2012 – C-428/11, GRUR 2012, 1269 Rn 30 – Purely Creative). **„Aufrichtige" Gewinnzusagen** tatsächlich leistungswilliger Versender sind dagegen grundsätzlich nicht unlauter. Keine Rolle mehr dürften die früher unter § 4 Nr 1 UWG aF gefassten Gesichtspunkte des **moralischen Kaufzwangs** und des **übertriebenen Anlockens** spielen: Man ging lange davon aus, dass sich die Adressaten einer Gewinnzusage kaum dem Zwang entziehen könnten, angesichts des erzielten Gewinnes beim Versender zu kaufen (Köhler GRUR 2012, 1211, 1214; ÖstOGH 24. 2. 1998 – 4 Ob 53/98t, WRP 1998, 789 – 1. Hauptpreis; offen gelassen in: BGH 9. 6. 2005 – I ZR 279/02, NJW 2005, 3716, 3717 – Telefonische Gewinnauskunft). Mittlerweile sieht man das anders: Es sei heute **unvorstellbar**, dass bei denkenden Menschen die Rationalität ihrer Entscheidung von einer Gewinnzusage ernsthaft tangiert werde (Emmerich/Lange, Unlauterer Wettbewerb [11. Aufl 2019] § 12 Rn 26). § 4 Nr 1 UWG aF wurde Ende 2015 aufgehoben. Mit § 4a UWG (ag- 2 gressive Geschäftspraktiken) hat die aufrichtige Gewinnzusage jedenfalls nichts zu schaffen. Zur lauterkeitsrechtlichen Beurteilung von **Preisausschreiben**: § 661 Rn 48.

b) § 661a BGB und Wettbewerbsverstoß

3 Der Grund für die zahlreichen Missverständnisse und Probleme, die § 661a BGB der Rechtsprechung und Lehre bereitet, liegt darin, dass nicht deutlich zwischen dem Anlass zur Gesetzgebung *(causa impulsiva)* und dem gesetzgeberischen Mittel zur Erreichung des verfolgten Zieles unterschieden wird (vgl vSavigny, System des heutigen römischen Rechts I 220 f). Anlass und Ziel des § 661a BGB ist die Bekämpfung unlauterer Geschäftspraktiken (Rn 1). Hierzu wählte der Gesetzgeber aber ein dem Zivilrecht immanentes Mittel: Denn § 661a BGB beschränkt sich darauf, für einen engen Bereich einige besondere **zivilrechtliche Ausnahmevorschriften (§§ 518 Abs 1, 762 BGB)**, die der Klagbarkeit der Gewinnzusage entgegenstehen, für diesen Bereich aber aufgrund ihrer Schutzrichtung evident unpassend sind, außer Kraft zu setzen, und so die – im Grundsatz bereits vorhandene – rechtsgeschäftliche Möglichkeit wieder herzustellen, dass der Verbraucher den Unternehmer beim Wort nehmen kann. Es ist das besondere Verdienst des österreichischen Gesetzgebers im Gesetzgebungsverfahren zu § 5c (§ 5j aF) öKSchG diesen Gedanken, deutlicher als der deutsche Gesetzgeber es getan hat, herausgearbeitet zu haben (Regierungsvorlage BlgNr 1998 XX. GP). Erkennt man, dass § 661a BGB eine bereits im Schutzzweck der Ausnahmevorschriften der §§ 518, 762 BGB angelegte **teleologisch indizierte**, aber letztlich doch **systemimmanente Rückausnahme (Reduktion) zivilrechtlicher Ausnahmevorschriften** ist (vgl OLG Celle 5. 2. 2004 – 4 U 195/03, Rp 2004, 195; **aA** Wied, Gewinnversprechen von Versandfirmen 19 ff, 31 ff), verliert nicht nur der Einwand der Systemwidrigkeit des § 661a BGB an Gewicht (Rn 4), auch die **Abstrahierung des Tatbestandes** des § 661a BGB von seiner *causa impulsiva* tritt deutlich hervor: Das Vorliegen einer unlauteren Wettbewerbshandlung oder ein unmittelbarerer Zusammenhang mit der Anbahnung oder dem Abschluss eines Versandhandelsgeschäfts ist nicht zum Tatbestandsmerkmal der verbindlichen Gewinnzusage geworden (Schmidt-Räntsch, in: FS Huber [2006] 575, 577; Grüneberg/Retzlaff § 661a Rn 1). § 661a BGB gilt daher uneingeschränkt auch bei isolierten oder wettbewerbsrechtlich ausnahmsweise nicht zu beanstandenden Gewinnzusagen (BGH 7. 10. 2004 – III ZR 158/04, NJW 2004, 3555, 3556). Mit anderen Worten: Die Wettbewerbswidrigkeit begründet nicht den Anspruch aus der Gewinnzusage; die fehlende Unlauterkeit schließt ihn nicht aus (vgl Wied, Gewinnversprechen von Versandfirmen 71 ff). Diese Loslösung des zivilrechtlichen Erfüllungsanspruchs des § 661a BGB von den wettbewerbsrechtlichen Ausgangsüberlegungen des Gesetzgebers wird nicht immer hinreichend beachtet. Deutlich macht dies der Blick nach Österreich. Zwar anerkennt auch der ÖstOGH, dass der Erfüllungsanspruch des Verbrauchers aus § 5c öKSchG nicht voraussetzt, dass die Gewinnzusage unmittelbar an den Abschluss von Warengeschäften gekoppelt ist, verlangt aber im Gegenzug eine auf einer erkennbaren Gewinnabsicht beruhende unseriöse Gewinnzusage, mit der der Unternehmer das Verhalten von Verbrauchern am Markt unsachlich beeinflussen will, und macht damit letztlich das Vorliegen eines Wettbewerbsverstoßes zur anspruchsbegründenden Tatbestandsvoraussetzung (ÖstOGH 17. 2. 2005 – 8 Ob 14/05z; ÖstOGH 26. 2. 2004 – 8 Ob 13/04a; ÖstOGH 25. 11. 2003 – 5 Ob 264/03i; ÖstOGH 1. 8. 2003 – 1 Ob 132/03y; ÖstOGH 1. 7. 2003 – 1 Ob 118/03i). Aber auch der BGH betonte zuletzt den lauterkeitsrechtlichen Charakter des § 661a BGB, um über die Sonderanknüpfung des Art 34 EGBGB aF bzw Art 9 Rom I-VO (§ 661a BGB als zwingende Vorschrift) und die Verlegung des Erfüllungsortes an den Wohnsitz des Verbrauchers zur Be-

gründung der internationalen Zuständigkeit deutscher Gerichte bei Klagen aus Gewinnzusagen gem Art 5 Nr 1 EuGVÜ (Art 7 Nr 1 Brüssel Ia-VO) zu gelangen (BGH 1. 12. 2005 – III ZR 191/03, NJW 2006, 230, 232 f; Rn 57 ff).

3. Rechtspolitische Kritik

a) Systembruch und Überreaktion; Ruf nach Abschaffung

Der Gesetzgeber des § 661a BGB wollte eine Tendenz der Fernabsatzrichtlinie (Richtlinie 97/7/EG des Europäischen Parlaments und des Rates vom 20. 5. 1997 über den Verbraucherschutz bei Vertragsschlüssen im Fernabsatz [ABl EG L 144 v 14. 6. 1997, 19] und hier Art 9; s auch § 241a BGB) aufgreifen, **wettbewerbsrechtliche Verstöße allgemein-zivilrechtlich zu ahnden** (Oechsler/Dörrhöfer NJW 2019, 3105; zur Entstehung: Alexander, Vertrag und unlauterer Wettbewerb 171 f). Der BRat beanstandete dies im Gesetzgebungsverfahren als zivilrechtlichen und wettbewerbsrechtlichen Systembruch und plädierte seinerseits dafür, im UWG lediglich klarzustellen, dass Gewinnzusagen einen Wettbewerbsverstoß darstellen (Stellungnahme BRat, BT-Drucks 14/2920, 7). Durchsetzen konnte er sich damit nicht. Da das Wettbewerbsrecht und die Beschränkung wettbewerbsrechtlicher Rechtsbehelfe auf Mitbewerber und Verbände die aufgetretenen Missstände (Rn 1) gerade nicht hätten beseitigen können, sei es an der Zeit, wettbewerbsrechtliche Gebote mit zivilrechtlichen Ansprüchen zugunsten des Verbrauchers zu unterlegen und den Verbraucher in die Lage zu versetzen, den Unternehmer beim Wort zu nehmen und den Preis zu verlangen, den er laut Mitteilung des Unternehmens gewonnen habe (Gegenäußerung BReg, BT-Drucks 14/2920, 15; Beschlussempfehlung und Bericht Rechtsausschuss, BT-Drucks 14/3195, 33 f; BGH 28. 11. 2002 – III ZR 102/02, BGHZ 153, 82, 91; BGH 16. 10. 2003 – III ZR 106/03, NJW 2003, 3620). 4

Bereits im Gesetzgebungsverfahren hat der BRat Bedenken geäußert, ob die Reaktion des Gesetzes nicht **„zu streng"** sei (Stellungnahme BRat, BT-Drucks 14/2920, 7). Auch sonst wird kritisch gefragt, warum der Gesetzgeber mit der Gewinnzusage gerade eine verhältnismäßig marginale und harmlose Handlung aus der Vielzahl wettbewerbswidriger Praktiken zum Gegenstand einer zivilrechtlichen Sonderregelung gemacht hat (MünchKommBGB/Seiler [6. Aufl 2013] § 661a Rn 1). 5

Letztlich ist die Kritik am Tatbestand des § 661a BGB überzogen. Wenn auch sicherlich im Gesetzgebungsverfahren der Gedanke der Einspannung des Verbrauchers zur Verfolgung von Wettbewerbsverstößen *(Private Enforcement)* präsent war (Meller-Hannich NJW 2006, 2516; Oechsler/Dörrhöfer NJW 2019, 3105; Rauscher/Schülke ELF 2000/2001, 334; eingehend zum *Private Enforcement*: Janssen, Präventive Gewinnabschöpfung [2017] 44 ff; Österreich: ÖstOGH 19. 10. 2016 – 1 Ob 159/16p, ecolex 2017, 979; Rn 21 ff), so ist doch die **gesetzestechnische Abstrahierung** der Gewinnmitteilung von ihrer *causa impulsiva* zu beachten. Aus dieser Warte nämlich stellt sich § 661a BGB als eine teleologisch indizierte und systemimmanente Rückausnahme zu einigen zivilrechtlichen Ausnahmevorschriften dar (Rn 3). Letztlich wird nur die Reichweite bestimmter zivilrechtlicher Schutzvorschriften entsprechend dem ihnen zugrundeliegenden Zweck zurückgenommen. Aber auch wenn man die zivilrechtliche Ebene verlässt und sich ausschließlich auf die lauterkeitsrechtliche Perspektive konzentriert, erscheint die Anordnung des § 661a BGB vielleicht als überflüssig, aber doch **nicht überzogen** (Oechsler/Dörrhöfer NJW 2019, 3105 f). Im österreichischen Gesetzgebungsverfahren zu § 5c (§ 5j aF) öKSchG war auch über mögliche **Alternativen** nachgedacht worden. 6

Der Begutachtungsentwurf hatte zunächst vorgeschlagen, die Zusendung von Gewinnmitteilungen verwaltungsstrafrechtlich zu ahnden. Die im weiteren Verfahren eingegangenen Stellungnahmen gelangten aber zu der Überzeugung, dass diesen Missbräuchen mit den Mitteln des Verwaltungsstrafrechts nicht effektiv begegnet werden könne. So wurde befürchtet, dass die betreffenden Unternehmer die über sie verhängten Verwaltungsstrafen ohne größere wirtschaftliche Einbußen zahlen könnten, zumal sie solche „Kosten" schon in ihre Preisgestaltung einbezögen und so wieder auf die Verbraucher abwälzten. Hinzu komme, dass bei der verfassungsrechtlich gebotenen trennscharfen Fassung von Verwaltungsstraftatbeständen leicht die Möglichkeit bestehe, das gesetzliche Verbot durch eine entsprechende Gestaltung der Zusendung zu umgehen (vgl Regierungsvorlage BlgNr 1998 XX. GP). – Die Einführung des § 9 Abs 2 UWG nF (iVm § 3 Abs 1, Abs 3 mit Anh 31 UWG) wurde zuletzt zum Anlass genommen, die **Streichung** des § 661a BGB als „überflüssiges historisches Relikt" zu fordern (MünchKommBGB/Schäfer § 661a Rn 3).

b) Hinreichende Bestimmtheit

7 In der Tat bedenklich stimmt allerdings die **Fassung des § 661a BGB**. Schon der BRat hatte im Gesetzgebungsverfahren ernste Zweifel an der hinreichenden Bestimmtheit der Norm geäußert (Stellungnahme BRat, BT-Drucks 14/2920, 7). Dabei sollte man sich nicht an dem Merkmal der „vergleichbaren Mitteilung" oder der Wendung „durch die Gestaltung dieser Zusendungen den Eindruck erweckt, dass der Verbraucher einen Preis gewonnen hat" reiben; die Begründung zur österreichische Regierungsvorlage zu § 5c (§ 5j aF) öKSchG zeigt, dass gerade diese Merkmale einer hinreichenden Konkretisierung zugänglich sind (Regierungsvorlage BlgNr 1998 XX. GP). Zweifel sind vielmehr angebracht, wenn man den § 661a BGB in Vergleich setzt zu § 5c öKSchG, wo von Gewinnzusagen „an *bestimmte* Verbraucher" und von „*bestimmten* Preisen" die Rede ist (Rn 21). Unter dem Eindruck der Kritik der fehlenden Bestimmtheit durch den BRat wollte die BReg im deutschen Gesetzgebungsverfahren die Vorschrift auch zunächst präziser fassen (Gegenäußerung der BReg, BT-Drucks 14/2920, 15: „Ein Unternehmer, der Gewinnzusagen oder vergleichbare Mitteilungen an *persönlich bezeichnete* Verbraucher sendet und durch die Gestaltung dieser Zusendungen den Eindruck erweckt, dass der Verbraucher einen *bestimmtem* Preis gewonnen hat, hat dem Verbraucher diesen Preis zu leisten."). In einem für einen Rechtstaat durchaus ungewöhnlichen Akt wurden im Rahmen der Verhandlungen des Rechtsausschusses – im Sinne einer redaktionellen und inhaltlichen Verstärkung der Norm – die **Präzisierungen wieder zurückgenommen**: Der Wortlaut der Vorschrift solle nicht schon den Weg aufzeigen, wie die Vorschrift umgangen werden könne (Bericht Rechtsausschuss, BT-Drucks 14/3195, 34; dazu Rn 40, 42).

c) Vereinbarkeit mit höherrangigem Recht

8 Trotz dieser Bedenken ist § 661a BGB **verfassungskonform** (BGH 16. 10. 2003 - III ZR 106/03, NJW 2003, 3620 m Anm Lorenz LMK 2003, 217; dazu der Nichtannahmebeschluss des BVerfG 5. 1. 2004 – 1 BvR 2518/03, NJW 2004, 762; BGH 19. 2. 2004 – III ZR 226/03, NJW 2004, 1652, 1653; OLG Köln 24. 2. 2003 – 16 U 93/02, VuR 2003, 474; Kühl, Die Gewinnzusage nach § 661a BGB 83 ff; Lindner, Irreführende Gewinnzusagen nach § 661a BGB 121 ff; Schäper, Gewinnzusagen 115 ff; Schmidt-Räntsch, in: FS Huber [2006] 575, 576; Schröder/Thiessen NJW 2004, 719; Erman/Berger § 661a Rn 1; MünchKommBGB/Schäfer § 661a Rn 10; Soergel/vReden § 661a Rn 2; **aA** Schneider BB 2002, 1653; Schneider VuR 2003, 476, 477 ff). Auch für die österreichische Parallelvorschrift des § 5c (§ 5j aF) öKSchG hat der ÖstVfGH die Vereinbarkeit mit der **österreichischen Verfassung** festgestellt (ÖstVfGH 14. 6. 2005 –

G 20/05–8, Auszugsweise abgedruckt in ÖstAnwBl 2005, 525). Der teilweise behauptete Verstoß des § 661a BGB gegen den Grundsatz, dass jede Strafe Schuld voraussetzt *(nulla poena sine culpa)*, kommt nicht ernsthaft in Betracht (grundsätzlich zur Strafe und Prävention im Zivilrecht: SCHÄFER AcP 202 [2002] 397). Denn § 661a BGB begründet durch eine teleologisch indizierte und systemimmanente Rückausnahme zu zivilrechtlichen Ausnahmevorschriften einen rechtsgeschäftlichen Erfüllungsanspruch: Der Unternehmer kann sich nicht mehr hinter den §§ 518, 762 BGB verstecken, der Verbraucher darf den Unternehmer beim Wort nehmen (Rn 3; OLG Celle 5. 2. 2004 – 4 U 195/03, Rp 2004, 195). Der Wunsch, etwas gegen unlautere Geschäftspraktiken zu unternehmen, war sicherlich Beweggrund des Gesetzgebers; irgendwelche pönalen Elemente haben aber keinen Weg in den Tatbestand des § 661a BGB gefunden. Die Vorschrift ist von ihrer *causa impulsiva* abstrahiert (Rn 3, 4, 6). Vollkommen zutreffend hat daher der BGH erkannt, dass die Vorschrift deswegen insbesondere nicht in die Nähe der *punitive damages* des US-amerikanischen Rechts gerückt werden kann (BGH 16. 10. 2003 – III ZR 106/03, NJW 2003, 3620, 3621; ÖstVfGH 14. 6. 2005 – G 20/05–8, auszugsweise abgedruckt in ÖstAnwBl 2005, 525, 526; KÜHL, Die Gewinnzusage nach § 661a BGB 86 ff; SCHRÖDER/THIESSEN NJW 2004, 719 f; krit: SCHÄFER JZ 2005, 981, 982, 986; **aA** SCHNEIDER VuR 2003, 476, 477). Aber selbst, wenn man an dieser Stelle anderer Auffassung sein sollte: SCHÄFER hat zutreffend darauf hingewiesen, dass im Regelfall ein Verschulden des Unternehmers vorliegt; selbst ein Problem mit der Verhältnismäßigkeit der Strafe gäbe es nicht, da der Unternehmer sie unmittelbar selbst bestimmt (SCHÄFER JZ 2005, 981, 986). Nur unter Bestimmtheitsgesichtspunkten gibt die bewusst unscharf formulierte Norm Anlass zum Zweifel (Rn 7); aber da § 661a BGB eine zivilrechtliche Verpflichtung begründet, greift der strenge Bestimmtheitsgrundsatz des Art 103 Abs 2 GG nicht ein (BGH 16. 10. 2003 – III ZR 106/03, NJW 2003, 3620, 3621), so dass die Bedenken im Wege der korrigierenden Auslegung der Vorschrift berücksichtigt werden können (Rn 40, 42).

4. Praktischer Nutzen; Prozesskostenhilfe; Rechtsschutzversicherung

§ 661a BGB ist ein scharfes juristisches Schwert (BGH 23. 10. 2008 – IX ZR 111/07, ZIP 9
2009, 37, Rn 11). Der Anspruch kann grundsätzlich sogar im Urkundsprozess eingeklagt werden (AG Bremen 18. 11. 2010 – 25 C 0379/10, MDR 2011, 533; SOERGEL/vREDEN § 661a Rn 39). Nichtsdestotrotz ist der praktische Nutzen äußerst begrenzt. Spätestens mit Einführung des § 661a BGB und des § 5c (§ 5j aF) öKSchG und Bekanntwerden der ersten einschlägigen Gerichtsentscheidungen handeln die betroffenen Unternehmen faktisch nur noch aus dem (europäischen) **Ausland**. Selbst bei unterstelltem Gerichtsstand in Deutschland und Anwendbarkeit deutschen Sachrechts (Rn 58 ff, 65), ergeben sich bereits bei Klageerhebung immense Zustellungsprobleme. Selbst bei gewonnenem Prozess ist eine erfolgreiche Vollstreckung kaum möglich, da es – zumal bei reinen Briefkastenfirmen – an greifbaren Vermögenswerten, zumindest aber an diesbezüglichen Informationen fehlen wird. Daher weigern sich die meisten deutschen Gerichte zu Recht, für Klagen gegen im (europäischen) Ausland ansässige Briefkastenfirmen **Prozesskostenhilfe** zu gewähren (OLG Koblenz 30. 4. 2009 – 5 W 282/09, VersR 2009, 1426; OLG Dresden 23. 12. 2003 – 8 W 781/03, NJW-RR 2004, 1078; LINDNER, Irreführende Gewinnzusagen nach § 661a BGB 192 f; **aA** OLG Hamm 28. 12. 2004 – 8 W 64/04, NJW-RR 2005, 723; HOFMANN, Verfahrensrechtliche Aspekte grenzüberschreitender Gewinnzusagen nach § 661a BGB 140 ff); bei der Rechtsverfolgung gegen ein im Inland ansässiges Unternehmen kann dies natürlich anders sein (OLG Brandenburg 27. 1. 2012 – 6 W 122/11, ZfWG

2012, 144: Rechtsverfolgung gegen einen Radiosender). Aber auch hier ist zu beachten, dass in der **Insolvenz** des Versenders der Anspruch aus der Gewinnzusage gem § 39 Abs 1 Nr 4 InsO nachrangig ist. Leistungen des Versenders unterliegen der Insolvenzanfechtung gem § 134 InsO (BGH 31. 7. 2025 – XI 32/24, BGHZ 244, 309 Rn 52; BGH 29. 4. 2017 – IX ZR 252/16, BGHZ 214, 350 Rn 20; BGH 23. 10. 2008 – IX ZR 111/07, ZIP 2009, 37 Rn 3 ff; BGH 13. 3. 2008 – IX ZR 117/07, NJW-RR 2008, 1006 Rn 6 ff). Hinzukommt das Kostenrisiko: Als subsidiärer Kostenschuldner läuft der Verbraucher Gefahr, trotz erfolgreicher Klage die Gerichtskosten des faktisch nicht greifbaren Unternehmens tragen zu müssen (§§ 22, 31 Abs 2 GKG). Mankowski gibt daher den Rat: „Gewinnzusagen, die ins Haus flattern, gehören in den Papierkorb!" (Mankowski EWiR 2004, 275, 276; Lindner, Irreführende Gewinnzusagen nach § 661a BGB 190 f; Meller-Hannich NJW 2006, 2516; Erman/Berger § 661a Rn 1). Verbessern ließe sich die Situation des Verbrauchers, wenn er auch gegen die – regelmäßig im Inland ansässigen – Unternehmen vorgehen könnte, die hinter den ausländischen Briefkastenfirmen stehen. Insoweit bietet § 661a BGB aber keine Handhabe (Rn 46 ff).

10 Der Umfang von **Rechtsschutzversicherungen** erstreckt sich zunächst auch auf Ansprüche aus Gewinnzusagen: Denn § 661a BGB begründet zweifellos (Rn 12) ein (einseitiges) privatrechtliches Schuldverhältnis (§ 2 lit d ARB 2010). Eine Rechtsschutzversicherung kann daher bei Verweigerung einer Deckungszusage unter Umständen auf Schadensersatz haften (BGH 15. 3. 2006 – IV ZR 4/05, NJW 2006, 2548 Rn 20 ff für die ARB 1994; für Österreich: ÖstOGH 2. 7. 2008 – 7 Ob 17/08p). Allerdings hat die deutsche Versicherungswirtschaft reagiert und mittlerweile in ihre Musterbedingungen für Rechtsschutzversicherungen einen **Deckungsausschluss** für die Wahrnehmung rechtlicher Interessen im ursächlichen Zusammenhang mit Gewinnzusagen aufgenommen (§ 3 Abs 2 lit f ARB 2010).

5. Gewinnzusage und (unechtes) Preisausschreiben

11 § 661a BGB gibt dem Verbraucher nur dann einen Anspruch auf den Preis, wenn durch Gewinnzusage oder vergleichbare Mitteilung der Eindruck erweckt wird, dass er den Preis *bereits* gewonnen hat. Ergibt sich dagegen aus der Mitteilung mit hinreichender Klarheit, dass der Gewinner eines (unechten) Preisausschreibens (§ 657 Rn 43; § 661 Rn 10, 48) erst **noch** durch Ziehung oder auf andere Weise **zu ermitteln ist**, so lässt sich ein Anspruch auf den Gewinn nicht begründen (vgl Dörner, in: FS Kollhosser [2004] II 75, 77; Schneider BB 2002, 1653, 1654; ÖstOGH 10. 2. 2004 – 10 Ob 1/04a; ÖstOGH 1. 7. 2003 – 1 Ob 118/03i; Regierungsvorlage BlgNr 1998 XX. GP). Ob der Verbraucher einen Anspruch auf die Durchführung des Wettbewerbs, insbesondere auf die Ermittlung der Gewinner hat, bestimmt sich danach, ob es sich beim Preisausschreiben um ein Spiel bzw eine Lotterie iSd §§ 762 f BGB handelt (§ 657 Rn 43). Wurde das (unechte) Preisausschreiben aber durchgeführt und Gewinnmitteilungen an die Gewinner versandt, so findet § 661a BGB auf jeden unmittelbare Anwendung; auch dann, wenn der Gewinner die Durchführung des Preisausschreibens und seinen Gewinn wegen § 762 BGB nicht hätte fordern können.

II. Rechtsnatur und systematische Stellung

1. Die verschiedenen Problemebenen; Abstrahierung

Der Gesetzgeber wollte mit § 661a BGB bestimmten unlauteren Methoden des Wettbewerbs entgegentreten. Eingehendere Erwägungen über die Einordnung dieses Anspruchs nach den Kriterien der überkommenen Privatrechtsdogmatik hat er nicht angestellt (vgl für § 5c öKSchG: ÖstOGH 1. 7. 2003 – 1 Ob 118/03i). Allenfalls mittelbar aus der systematischen Stellung im Elften Titel des Achten Abschnitts im unmittelbaren Anschluss an die §§ 657–661a BGB kann man – entsprechend der tradierten Deutung der Auslobung iSd Pollizitationstheorie (§ 657 Rn 9 f) – den Schluss ziehen, dass dem Gesetzgeber eine ungefähre Einordnung als **einseitiges Rechtsgeschäft** vorschwebte. Von daher erstaunt es nicht, dass die Rechtsnatur des Anspruchs aus § 661a BGB lebhaft umstritten ist. Einigkeit besteht wohl lediglich insoweit, dass der Anspruch überhaupt dem Bereich des Privatrechts angehört. Als glücklich kann man den bisherigen Verlauf der Diskussion nicht bezeichnen. Die gesamte Auseinandersetzung krankt einmal daran, dass nicht deutlich herausgestellt wird, dass man sich auf zwei **inkongruenten Ebenen** bewegt. Die Rechtsnatur des § 661a BGB bereitet nicht nur Schwierigkeiten innerhalb des deutschen Sachrechts, sondern – angesichts der Tatsache, dass es die Versender von Gewinnmitteilungen zunehmend ins europäische Ausland zieht (Rn 9) – auch auf kollisionsrechtlicher Ebene: Es gilt die internationale Zuständigkeit und das anzuwendende nationale Sachrecht – bei § 661a BGB handelt es sich weitgehend um singuläres deutsches Recht – zu bestimmen; und dies hängt davon ab, ob man den Anspruch aus § 661a BGB als vertraglichen (Art 7 Nr 1 Brüssel Ia-VO = Art 5 Nr 1 EuGVÜ), vielleicht sogar als verbrauchervertraglichen (Art 17 Brüssel Ia-VO = Art 13 EuGVÜ), oder als deliktischen bzw deliktsähnlichen Anspruch (Art 7 Nr 2 Brüssel Ia-VO = Art 5 Nr 3 EuGVÜ) iSd Brüssel Ia-VO (EuGVÜ) bzw der daran angelehnten Art 3 ff Rom I-VO (Art 27 ff EGBGB aF) auffasst (Erwägungsgrund 7 zur Rom I-VO, Art 36 EGBGB aF, Rn 65). Die Brüssel Ia-VO (EuGVÜ) und Rom I-VO (Art 27 ff EGBGB aF) sind ein autonomes System mit eigenen Wertungen und eigener Begrifflichkeit (vgl Staudinger ZEuP 2004, 762, 776 f). Eine Einordnung der Gewinnzusage auf der Stufe des internationalen Privat- und Verfahrensrechts kann daher nicht unbesehen übertragen werden auf die privatrechtsdogmatische Einordnung auf sachrechtlicher Ebene (das Kollisionsrecht der Gewinnzusage wird unter Rn 57 ff behandelt). Zum anderen leidet die Diskussion auf der Ebene des Sachrechts daran, dass die weitgehende **Abstrahierung des § 661a BGB** von seiner *causa impulsiva* nicht wahrgenommen wird (Rn 3). Diese beiden Faktoren, mal allein, mal im Zusammenspiel, mal gepaart mit anderen Überlegungen, erklären die zahlreichen Blüten, die die Versuche einer zivilrechtsdogmatischen Einordnung bisher getrieben haben. 12

2. Das Meinungsspektrum

Von einem Konsens ist man weit entfernt. Das weitgestreute Meinungsspektrum lässt sich grob in zwei Lager einteilen (eine umfassende Aufarbeitung des Meinungsspektrums leistet: ÖstOGH 19. 10. 2016 – 1 Ob 159/16p, ecolex 2017, 979; ÖstOGH 2. 7. 2008 – 7 Ob 17/08p): ein Lager, dass die Abstrahierung der Gewinnzusage vom Tatbestand des unlauteren Wettbewerbs unbeachtet lässt und in irgendeiner Weise auf ein unlauteres oder sonst vorwerfbares Tun des Unternehmers abstellt, und ein anderes Lager, das im Kern zu- 13 treffend die Gewinnzusage vom Tatbestand der unlauteren Geschäftspraktiken löst. Mit großer Gelassenheit ging lange Zeit der **ÖstOGH** bei Anwendung des entsprechenden österreichischen Sachrechts (§ 5c öKSchG) vor: Die dogmatische Einordnung der Gewinnzusage bedürfe regelmäßig keiner umfassenden dogmatischen Vertiefung; die Klagbarkeit des Anspruches sei schließlich ungeachtet seiner exakten Rechtsfigur durch den Gesetzgeber ausdrücklich klargestellt (ÖstOGH 10. 2. 2004 – 10 Ob 1/04a; ÖstOGH 19. 12. 2001 – 7 Ob 290/01z). Erst in einer Entscheidung aus dem Jahre 2008 musste sich der ÖstOGH erstmals mit der Rechtsnatur des Anspruchs aus Gewinnzusage beschäftigen. Statt eines Ergebnisses steht Aporie: Der Anspruch aus § 5c öKSchG lasse sich weder als gesetzliche (deliktische) Haftpflichtbestimmung noch als vertraglicher Anspruch begreifen; auch ein Anspruch aus *culpa in contrahendo* komme nicht in Betracht (ÖstOGH 2. 7. 2008 – 7 Ob 17/08p: „dogmatische Unmöglichkeit"; dazu: Brenn ÖJZ 2009, 845, 848). Das kommt der Lehre einiger Autoren nahe, die eine überzeugende Einordnung des § 661a BGB überhaupt für unmöglich halten (Schäfer JZ 2005, 981, 986: man müsse einfach akzeptieren, dass § 661a BGB eine zivilrechtliche Vorschrift mit Strafcharakter sei) und sie als schlicht systemwidrigen Tatbestand (Wied, Gewinnversprechen von Versandfirmen 31 ff) zu einem gesetzlichen Schuldverhältnis eigener Art erklären (so noch Erman/Ehmann [11. Aufl 2004] § 661a Rn 1).

a) Anknüpfen an unlautere Geschäftspraktiken

14 Übergeht man die Abstrahierung der Gewinnmitteilung (Rn 3) und aktiviert ihren generalpräventiven Zweck und Präventionscharakter, so ist man – wie es auch der BGH in einer mittlerweile überholten Entscheidung zur internationalen Zuständigkeit für möglich gehalten hat (BGH 28. 11. 2002 – III ZR 102/02, BGHZ 153, 82, 91; ausdrücklich aufgegeben in BGH 1. 12. 2005 – III ZR 191/03, NJW 2006, 230, 231 f; allerdings spricht der BGH in derselben Entscheidung [233] von einer Nähe zum Deliktsrecht; BGH 13. 3. 2008 – IX ZR 117/07, NJW-RR 2008, 1006 Rn 9) – schnell dabei, in Parallelität zur Wettbewerbswidrigkeit der Gewinnzusage einen **deliktischen (wettbewerbsrechtlichen) Charakter** der Norm zu begründen (OLG Köln 24. 2. 2003 – 16 U 93/02, VuR 2003, 474, 475; Lindner, Irreführende Gewinnzusagen nach § 661a BGB 96 ff; Leible NJW 2003, 407; Rauscher/Schülke ELF 2000/2001, 334; Schneider VuR 2003, 476, 477; Staudinger JZ 2003, 852, 856 f; Staudinger ZEuP 2004, 762, 775; vgl Lorenz IPRax 2002, 192, 193; MünchKommBGB/Seiler [6. Aufl 2013] § 661a Rn 4; **aA** OLG Düsseldorf 23. 5. 2002 – 6 W 27/02, NJW-RR 2002, 1632, 1633; Hofmann, Verfahrensrechtliche Aspekte grenzüberschreitender Gewinnzusagen nach § 661a BGB 41 ff; Schäper, Gewinnzusagen 27 ff, 32 ff; Dörner, in: FS Kollhosser [2004] II 75, 80 f; Meller-Hannich NJW 2006, 2516, 2517; Mörsdorf-Schulte JZ 2005, 770, 772 ff; MünchKommBGB/Schäfer § 661a Rn 9). Die Folgen wären für den Verbraucher durchweg positiv: Gem Art 7 Nr 2 Brüssel Ia-VO (Art 5 Nr 3 EuGVÜ) wäre der internationale Gerichtsstand der unerlaubten Handlung (sein Heimatgerichtsstand) begründet; gem Art 6 Rom II-VO (Art 40 Abs 1 S 2 EGBGB) wäre deutsches Sachrecht und damit § 661a BGB anwendbar. Und auf sachrechtlicher Ebene konsequent fortgedacht, könnte der Verbraucher gem § 830 BGB das hinter der mittellosen Strohmanngesellschaft stehende Unternehmen als Mittäter in Anspruch nehmen. Zutreffend ist das alles nicht: Das Wesen des Deliktsrechts ist die Kompensation eines erlittenen Schadens; aber darum geht es der Norm, die einen Erfüllungsanspruch gewährt, gerade nicht (BGH 1. 12. 2005 – III ZR 191/03, NJW 2006, 230, 232; ÖstOGH 2. 7. 2008 – 7 Ob 17/08p; Kühl, Die Gewinnzusage nach § 661a BGB 49 ff; Schäfer JZ 2005, 981, 983). Nahe an der deliktischen Einordnung liegt es – vom BGH damals ausdrücklich für möglich gehalten (BGH 28. 11. 2002 – III ZR 102/02, BGHZ 153, 82, 91 f) –, § 661a BGB als besonderen gesetzlich geregelten

Fall der **culpa in contrahendo** zu begreifen (LG Braunschweig 10. 1. 2002 – 10 O 2753/00, IPRax 2002, 213; REGENFUS NJW 2018, 2225, 2226 [Haftung wegen Falschinformation über Gewinn]; krit: SCHÄPER, Gewinnzusagen 58 ff). Auch hier geht es um internationales Verfahrensrecht: Ansprüche aus *culpa in contrahendo* unterfallen dem internationalen Gerichtsstand der unerlaubten Handlung gem Art 5 Nr 3 EuGVÜ bzw Art 7 Nr 2 Brüssel Ia-VO (BGH 28. 11. 2002 – III ZR 102/02, BGHZ 153, 82, 91 f; EuGH 17. 8. 2002 – C-334/00, NJW 2002, 3159; **aA** allerdings das LG Braunschweig 10. 1. 2002 – 10 O 2753/00, IPRax 2002, 213, das die Einordnung des § 661a BGB als gesetzlicher Fall der culpa in contrahendo zur Begründung eines vertraglichen Anspruchs iSd Art 5 Nr 1, 13 f EuGVÜ benutzt). Zur Begründung ließe sich immerhin darauf hinweisen, dass Unternehmen Gewinnmitteilungen typischerweise einsetzen, um potenzielle Kunden zu ködern, es also letztlich um eine Vertragsanbahnung geht (LG Braunschweig 10. 1. 2002 – 10 O 2753/00, IPRax 2002, 213; vgl LORENZ IPRax 2002, 192, 193). Doch dies ist ebenso problematisch, wie der Hinweis, bei § 661a BGB handele es sich um einen Fall der **Rechtsscheinhaftung** (so etwa: OLG Koblenz 26. 8. 2002 – 5 U 202/02, MDR 2002, 1359; OLG Düsseldorf 23. 5. 2002 – 6 W 27/02, NJW-RR 2002, 1632, 1633; vgl LORENZ IPRax 2002, 192, 193; **aA** DÖRNER, in: FS Kollhosser [2004] II 75, 78 ff): Ein solcher Anspruch müsste auf das negative Interesse, einen eventuellen Vertrauensschaden gerichtet sein (SCHÄFER JZ 2005, 981, 983; **aA** LG Braunschweig 10. 1. 2002 – 10 O 2753/00, IPRax 2002, 213).

b) Vertrag, einseitiges Rechtsgeschäft oder geschäftsähnliche Handlung

Die andere Seite des Meinungsspektrums nimmt die Abstrahierung des § 661a BGB **15** von seinem wettbewerbsrechtlichen Hintergrund ernster und greift stärker das rechtsgeschäftliche oder doch geschäftsähnliche Moment auf. Nachdem der BGH zunächst auf der Ebene des internationalen Prozessrechts offen gelassen hatte, ob bei Gewinnmitteilungen der Gerichtsstand des Verbrauchervertrages (Art 13 EuGVÜ) oder der Gerichtsstand der unerlaubten Handlung (Art 5 Nr 3 EuGVÜ) eröffnet sei (BGH 28. 11. 2002 – III ZR 102/02, BGHZ 153, 82; mittlerweile überholt: BGH 1. 12. 2005 – III ZR 191/03, NJW 2006, 230), schwankte er seit BGH NJW 2003, 3620 (BGH 16. 10. 2003 – III ZR 106/03) zunächst zwischen einer **sachrechtlichen Einordnung** der Gewinnzusage als **einseitiges Rechtsgeschäft** oder geschäftsähnlicher Handlung (BGH 15. 7. 2004 – III ZR 315/03, NJW 2004, 3039, 3040; OLG München 5. 2. 2004 – 19 U 4690/03, NJW 2004, 1671, 1672: rechtsgeschäftsähnliche Handlung; OLG Düsseldorf 22. 12. 2003 – I-6 U 171/02, 6 U 171/02, OLGRep 2004, 159: einseitiges Rechtsgeschäft oder geschäftsähnliche Handlung); so auch weitgehend der Diskussionsstand in der Lehre (WIED, Gewinnversprechen von Versandfirmen 33; DÖRNER, in: FS Kollhosser [2004] II 75, 76: rechtsgeschäftlicher Charakter; LORENZ IPRax 2002, 192, 193: einseitiges Rechtsgeschäft; STIEPER NJW 2013, 2849, 2850 f; ERMAN/BERGER § 661a Rn 2 f: geschäftsähnliche Handlung; abweichend: MELLER-HANNICH NJW 2006, 2516, 2517: Erfüllungshaftung für Tatsachenbehauptung; SOERGEL/vREDEN § 661a Rn 8: Realakt). Nunmehr scheint sich der BGH auf eine Einordnung der Gewinnmitteilung als **geschäftsähnliche Handlung** festgelegt zu haben (BGH 13. 3. 2008 – IX ZR 117/07, NJW-RR 2008, 1006 Rn 9; BGH 1. 12. 2005 – III ZR 191/03, NJW 2006, 230, 232; REGENFUS NJW 2018, 2225, 2226; vgl auch ÖstOGH 2. 7. 2008 – 7 Ob 17/08p). Genauer formuliert: Die Gewinnmitteilung ist eine geschäftsähnliche Handlung, die ein gesetzliches Schuldverhältnis begründet. Soweit auf sachrechtlicher Ebene die rechtsgeschäftliche Einordnung favorisiert wird, vollzogen bisher nur wenige den weitergehenden Schritt, § 661a BGB als echten **vertraglichen Anspruch** zu begreifen (KÜHL, Die Gewinnzusage nach § 661a BGB Kap 48 ff, insbes 61 ff; HÄCKER ZVglRWiss 103 [2004] 464, 479 ff; KLAUSERS ecolex 2002, 574; unklar: FEUCHTMEYER NJW 2002, 3598, 3599; **aA** BGH 15. 3. 2006 – IV ZR 4/05, NJW 2006, 2548 Rn 23; BGH 1. 12. 2005 – III ZR 191/03, NJW

2006, 230, 232; BGH 28. 11. 2002 – III ZR 102/02, BGHZ 153, 82, 88 f; ÖstOGH 2. 7. 2008 – 7 Ob 17/08p; Hofmann, Verfahrensrechtliche Aspekte grenzüberschreitender Gewinnzusagen nach § 661a BGB 38 ff; Dörner, in: FS Kollhosser [2004] II 75, 76; Leible NJW 2003, 407; Schäfer JZ 2005, 981, 983; Wittwer ZEuP 2003, 847, 862 f; MünchKommBGB/Schäfer § 661a Rn 8). Auf **kollisionsrechtlicher Ebene** (Rn 58 ff) ordnet der EuGH – und nunmehr auch der BGH (BGH 1. 12. 2005 – III ZR 191/03, NJW 2006, 230, 231 f) – den Anspruch aus (isolierter) Gewinnzusage als „vertraglichen" Anspruch iSd Art 7 Nr 1 Brüssel Ia-VO ein (EuGH 20. 1. 2005 – C-27/02, JZ 2005, 782 Rn 48 ff – Petra Engler). Hier gilt ein weiter Vertragsbegriff. Maßgebend war für den EuGH in der Rechtssache Engler die Freiwilligkeit der Versendung einer Gewinnzusage. Ein Gedanke, der als *fait purement volontaire* auf der Ebene des französischen Sachrechts nunmehr auch von der *Cour de cassation* herangezogen wurde, um in Abkehr zu sonstigen Begründungsmodellen die – im französischen Recht in Art 1300 Code civil erhalten gebliebene – römischrechtliche Kategorie des **Quasikontrakts** zur Begründung des Erfüllungsanspruchs aus Gewinnzusagen zu aktivieren (Cass ch mixte, 6. 9. 2002, D 2002, 2963). In der Rechtssache Ilsinger wird der EuGH die Gewinnmitteilung sogar ausdrücklich als vor- oder quasivertraglich bezeichnen (EuGH 14. 5. 2009 – C-180/06, Slg 2009, I-3961 Rn 57 – Renate Ilsinger). Einen Verbrauchervertrag iSd Art 17 Abs 1 lit c Brüssel Ia-VO soll die Gewinnzusage für sich alleine hingegen grundsätzlich nicht darstellen (EuGH 14. 5. 2009 – C-180/06, Slg 2009, I-3961 Rn 52 ff – Renate Ilsinger). In Verbrauchersachen legt der EuGH ein enges, den traditionellen Vorstellungen des Vertragsmechanismus von Angebot und Annahme folgendes Vertragsbild zugrunde. Nur wenn die Gewinnzusage im Zusammenhang mit einer Warenbestellung steht, kann gem Art 17, 18 Brüssel Ia-VO der Anspruch auf Ausschüttung des Gewinns am Wohnort des Verbrauchers geltend gemacht werden (EuGH 20. 1. 2005 – C-27/02, JZ 2005, 782 – Petra Engler; EuGH 14. 5. 2009 – C-180/06, Slg 2009, I-3961 Rn 58 ff – Renate Ilsinger). Ausführlich dazu Rn 58 ff.

3. § 661a BGB als systemimmanente Rückausnahme: die Gewinnzusage als Rechtsgeschäft

16 Zuzustimmen ist im Kern der letztgenannten Seite des Meinungsspektrums. Bei dem Anspruch aus Gewinnzusage handelt es sich um einen **rechtsgeschäftlichen Anspruch** (Schäper, Gewinnzusagen 73 ff; Dörner, in: FS Kollhosser [2004] II 75, 76; Lorenz IPRax 2002, 192, 193; **aA** Hofmann, Verfahrensrechtliche Aspekte grenzüberschreitender Gewinnzusagen nach § 661a BGB 38 ff, 45 f; Lindner, Irreführende Gewinnzusagen nach § 661a BGB 84 ff; Leible NJW 2003, 407; Meller-Hannich NJW 2006, 2516, 2517; Regenfus NJW 2018, 2225, 2226; Schäfer JZ 2005, 981, 983; MünchKommBGB/Schäfer § 661a Rn 8; Soergel/vReden § 661a Rn 7; vgl auch BGH 1. 12. 2005 – III ZR 191/03, NJW 2006, 230, 232); § 661a BGB ist eine teleologisch indizierte, **systemimmanente** Rückausnahme (Reduktion) zu einigen besonderen Tatbeständen des BGB (vgl Alexander, Vertrag und unlauterer Wettbewerb 172 ff). Der Zusammenhang wird deutlich, wenn man sich vor Augen führt, warum in der Vergangenheit Klagen aus Gewinnzusagen erfolglos bleiben mussten: Sie scheiterten daran, dass Gewinnzusagen entweder mangels der notwendigen Form (§ 518 BGB) oder wegen ihrer Einordnung als Spiel (§ 762 BGB) keine Verbindlichkeit erzeugen konnten (Rn 1). Die erfolgreiche Geltendmachung scheiterte also an bestimmten zivilrechtlichen Schranken, die ihrerseits als Ausnahmevorschriften die Privatautonomie der Beteiligten einschränken. Zweck dieser Ausnahmevorschriften ist insbesondere der Schutz des Versprechenden vor leichtsinnigem oder unbesonnenem Tun; ein Schutz der beim geplanten und unlauteren Einsatz von Gewinnmitteilungen durch Unternehmen ge-

rade nicht geboten ist. Es liegt nahe, für diesen Bereich den Unternehmen diesen besonderen Schutz zu versagen und dem Verbraucher die Möglichkeit (wieder) zu geben, die er hätte, wenn sich der Unternehmer nicht auf §§ 518, 762 BGB berufen könnte: den Versender beim Wort zu nehmen und den Anspruch einzufordern.

Gängige Einwendung gegen die rechtsgeschäftliche Deutung ist, dass der Unterneh- 17
mer unabhängig vom Vorhandensein eines auf die Gewinnausschüttung gerichteten Willens und unabhängig davon haftet, ob der Empfänger die wahre Intention des Absenders erkannt hat oder nicht (BGH 1. 12. 2005 – III ZR 191/03, NJW 2006, 230, 232; Leible NJW 2003, 407; Schäfer JZ 2005, 981, 983). Zutreffend ist das nicht. Mit Recht hat Dörner darauf hingewiesen, dass es bei der Frage, ob eine Willenserklärung vorliegt, nicht allein auf den Willen des Erklärenden ankommt, sondern die Frage aus der Sicht des Empfängers zu klären ist; der geheime Vorbehalt ist gem **§ 116 S 1 BGB** unbeachtlich (Dörner, in: FS Kollhosser [2004] II 75, 80). Aus der maßgebenden Sicht eines Durchschnittsverbrauchers ist eine Gewinnzusage aber nicht mehr nur ein wertloses Stück Papier; § 661a BGB bestimmt den Empfängerhorizont mit: Der Durchschnittsverbraucher weiß nunmehr, dass der Unternehmer sich nicht mehr hinter bestimmten Form- und Schutzvorschriften verstecken kann. Er darf die Erklärung so verstehen, wie sie daherkommt. Selbst § 116 S 2 BGB hilft dem Unternehmer nicht (vgl Kühl, Die Gewinnzusage nach § 661a BGB 74 ff; **aA** Schäfer JZ 2005, 981, 984; vgl auch BGH 1. 12. 2006 – III ZR 191/03, NJW 2006, 230, 232): Da er den Verbraucher in irgendeiner Weise – und sei es mittelbar – zu Warenbestellungen oder Ähnlichem verleiten will, wird der Verbraucher auf die Seriosität und Ernsthaftigkeit des Willens des Versenders bauen (Rn 30).

4. Vertrag oder einseitiges Rechtsgeschäft

Erkennt man den rechtsgeschäftlichen Charakter der Gewinnmitteilung, so verbleibt 18
die Frage, ob es sich um ein einseitiges Rechtsgeschäft oder um einen Vertrag handelt. Die systematische Stellung im Elften Titel des Achten Abschnitts im unmittelbaren Anschluss an die §§ 657–661a BGB legt – entsprechend der tradierten Deutung der Auslobung iSd Pollizitationstheorie (§ 657 Rn 9 ff) – den Schluss nahe, dass dem Gesetzgeber eine Einordnung als einseitiges Rechtsgeschäft vorschwebte. Allerdings hat sich im Bereich der Auslobung die Konstruktion als einseitiges Rechtsgeschäft als undurchführbar erwiesen (§ 657 Rn 13 f). Auch für die Gewinnzusage ist eine **Vertragskonstruktion** ohne weiteres **möglich**. Nachteile entstehen für den Verbraucher dadurch nicht. Deutet man die Gewinnmitteilung als Vertrag, greift § 151 S 1 BGB; und hier gilt: Wegen des lediglich vorteilhaften Charakters des Angebots ist (im Prozess) der besondere Nachweis einer Annahme des Gewinnversprechens entbehrlich (BGH 12. 10. 1999 – XI ZR 24/99, NJW 2000, 276; vgl auch Ehrlich, Die stillschweigende Willenserklärung 232 ff). Allerdings ist die Interessensituation bei der Gewinnzusage insoweit eine andere, als den Empfänger – anders als bei der Auslobung (§ 657 Rn 13 f, 37 ff) – keine unmittelbaren Rechtspflichten treffen. Von daher bedarf es keines (rechtfertigenden) positiven Willensmomentes auf der Empfängerseite zur Begründung des Anspruchs. Jedoch kommt man nicht vollkommen ohne (negatives) Willensmoment auf Seiten des Verbrauchers aus. Denn niemandem darf etwas aufgedrängt werden, was er nicht will, und selbst am günstigen Anspruchserwerb können sich ungünstige (Rechts-)Folgen anknüpfen. Sonst müsste der Gewinner, der kein Interesse an seinem Preis hat, im Falle des leistungswilligen Unternehmers als-

bald gem § 304 BGB Ersatz für dessen Mehraufwendungen zur weiteren Aufbewahrung des Preises leisten. Daher wird man selbst dann, wenn man die Gewinnzusage als einseitiges Rechtsgeschäft betrachtet, dem Empfänger entsprechend den Vorschriften über das Vermächtnis die Möglichkeit zu geben haben, den Gewinn auszuschlagen (vgl § 2180 BGB, § 333 BGB; vgl § 657 Rn 13). Letztlich besteht zwischen einer Vertragskonstruktion oder der Annahme eines einseitigen Versprechens mit korrespondierendem negativem Willensmoment auf der Empfängerseite kein greifbarer Unterschied. Es ist Frage der individuellen Präferenz des Rechtsanwenders, welche Lösung er bevorzugt.

III. Europarechtlicher Hintergrund; rechtsvergleichende Hinweise

1. Europarechtlicher Hintergrund

19 § 661a BGB hat keinen unmittelbaren europarechtlichen Hintergrund (Schröder/Thiessen NJW 2004, 719, 720 f). Die Vorschrift wurde zwar im Rahmen der Umsetzung der Fernabsatzrichtlinie (Richtlinie 97/7/EG des Europäischen Parlaments und des Rates vom 20. Mai 1997 über den Verbraucherschutz bei Vertragsschlüssen im Fernabsatz, ABl EG L 144 v 14. 6. 1997 S 19) in das BGB aufgenommen, ist aber durch die Richtlinie selbst nicht vorgegeben gewesen. Auch die Richtlinie 2005/29/EG vom 11. 5. 2005 über unlautere Geschäftspraktiken im binnenmarktinternen Geschäftsverkehr zwischen Unternehmen und Verbrauchern, die zwar Gewinnmitteilungen ausdrücklich als Fall der unlauteren Geschäftspraktiken nennt (Rn 2), verlangt keine § 661a BGB entsprechende Vorschrift (ABl EG L 149 v 11. 6. 2005 S 22). Allenfalls eine mittelbare Beziehung lässt sich feststellen, wenn § 661a BGB – einem österreichischen Vorbild folgend: § 5c (§ 5j aF) öKSchG – eine **Tendenz** in Art 9 der Fernabsatzrichtlinie (vgl auch § 241a BGB) aufgreift, wettbewerbsrechtliche Verstöße allgemein-zivilrechtlich zu ahnden (vgl dazu: BGH 28. 11. 2002 – III ZR 102/02, BGHZ 153, 82, 90 f; Lorenz NJW 2000, 3305, 3306). S hierzu ausführlich Rn 1, 4.

2. Rechtsvergleichende Hinweise

20 Bei § 661a BGB handelt es sich weitgehend um singuläres deutsches Recht. Die anderen EG-Staaten gehen die Problematik überwiegend wettbewerbsrechtlich an. Nur vereinzelt werden Erfüllungs- oder deliktische Ansprüche aus den allgemeinen Regeln hergeleitet (ausführlich: Kühl, Die Gewinnzusage nach § 661a BGB 7 ff; Mörsdorf-Schulte JZ 2005, 770 mwNw).

a) Österreich

21 Die europäische Vorreiterrolle liegt bei Österreich. Der österreichische Gesetzgeber hat mit **§ 5c (§ 5j aF) des Konsumentenschutzgesetzes** (öKSchG) eine Regelung geschaffen („Unternehmer, die Gewinnzusagen oder andere vergleichbare Mitteilungen an bestimmte Verbraucher senden und durch die Gestaltung dieser Zusendung den Eindruck erwecken, daß der Verbraucher einen bestimmten Preis gewonnen habe, haben dem Verbraucher diesen Preis zu leisten; er kann auch gerichtlich eingefordert werden“; Gesetzesbegründung in: Regierungsvorlage BlgNr 1998 XX. GP; vgl Köberl, Irreführende Gewinnzusagen nach § 5j KSchG), an die sich § 661a BGB fast wortwörtlich anlehnt; ein rechtsvergleichender Zusammenhang, der in den deutschen Gesetzesmaterialien allerdings nicht erwähnt wird (vgl Lorenz IPRax 2002, 192). Bereits vor In-

krafttreten des § 5c (§ 5j aF) öKSchG hatte der ÖstOGH dem Empfänger einer Gewinnzusage unter lauterkeitsrechtlichen Gesichtspunkten den Ersatz jener Auslagen zugesprochen, die er im Vertrauen auf den vermeintlich gewonnenen Hauptpreis aufgewendet hatte (ÖstOGH 24. 2. 1998 – 4 Ob 53/98t, WRP 1998, 789 – 1. Hauptpreis; ÖstOGH 19. 12. 2001 – 7 Ob 290/01z). Das deutsche Recht kennt dagegen keine schadensersatzrechtlichen Ansprüche des Verbrauchers wegen Verletzung wettbewerbsrechtlicher Normen (Rn 1).

Da sie für das Verständnis von § 661a BGB von Interesse sind, sollen an dieser Stelle die **wesentlichen Erwäggründe zu § 5c (§ 5j aF) öKSchG** der österreichischen Regierungsvorlage zum „Bundesgesetz, mit dem Bestimmungen über den Vertragsabschluß im Fernabsatz in das Konsumentenschutzgesetz eingefügt und das Bundesgesetz gegen den unlauteren Wettbewerb 1984 sowie das Produkthaftungsgesetz geändert werden (Fernabsatz-Gesetz)“ wiedergegeben werden (BlgNr 1998 XX. GP): 22

„Seit einiger Zeit häufen sich Beschwerden von Verbrauchern, die in persönlich an sie adressierten **Zusendungen von angeblichen ‚Gewinnen‘** verschiedenster Art verständigt werden. Erst später stellt sich dann heraus, daß entweder lediglich eine Teilnahme an einem Gewinnspiel ermöglicht oder ein geringwertiger bzw sogar völlig wertloser ‚Gewinn‘ tatsächlich geleistet wird. Diese Formen des Wettbewerbs mittels ‚Gewinnspielen‘ können eine unsachliche Beeinflussung des Kaufverhaltens beim Verbraucher bewirken. Sie werden von den Verbrauchern zumeist als lästig und ungehörig empfunden, und sie lösen oft unberechtigte Erwartungen und Hoffnungen aus, auf die die Konsumenten zu Unrecht bauen. In den meisten Fällen verstoßen die betreffenden Unternehmer mit ihren – unterschiedlich geschickt gestalteten – Zusendungen gegen Bestimmungen des UWG 1984. Dennoch ist es der Bundeskammer für Arbeiter und Angestellte als Verbandsklageberechtigter bislang nicht gelungen, solche Praktiken abzustellen. In einigen Fällen haben Verbraucher (bzw Verbraucherschutzverbände) versucht, den versprochenen Gewinn gerichtlich einzufordern; die Gerichte haben diese Klagen freilich unter Hinweis auf die Bestimmungen der §§ 1271 ff ABGB abgewiesen. Der Oberste Gerichtshof hat allerdings bereits in einer Entscheidung den Ersatz des Vertrauensschadens, den ein Verbraucher durch derartige unlautere Wettbewerbsmethoden (als ‚Opfer unlauteren Wettbewerbs‘) erlitten hat, zugesprochen (OGH 24. 2. 1998, ecolex 1998, 497). 23

Der Begutachtungsentwurf hat vorgeschlagen, diese Zusendungen und die häufigsten Formen von unlauteren Gewinnspielen **verwaltungsstrafrechtlich** (im Rahmen eines § 28a UWG 1984) zu ahnden. Die im Begutachtungsverfahren eingelangten Stellungnahmen haben aber gezeigt, dass diesen Missbräuchen mit den Mitteln des Verwaltungsstrafrechts **nicht effektiv begegnet** werden kann. Einerseits steht zu befürchten, daß die betreffenden Unternehmer die über sie verhängten Verwaltungsstrafen ohne größere wirtschaftliche Einbußen zahlen können, zumal sie solche ‚Kosten‘ schon in ihre Preisgestaltung einbeziehen und letztlich wieder auf die Verbraucher abwälzen. Andererseits eröffnet die aus verfassungsrechtlichen Gründen erforderliche Abgrenzung der Verwaltungsstraftatbestände die Möglichkeit, das gesetzliche Verbot durch eine entsprechende Gestaltung der Zusendung zu umgehen. Letztlich wäre also mit einer solchen Lösung nicht viel gewonnen.

Stattdessen empfiehlt es sich, die **zivilrechtlichen Schranken** der Einklagung solcher Zusagen **zu beseitigen**. Die Gründe, die den Gesetzgeber bewogen haben, bestimmten Forderungen die Klagbarkeit zu verweigern, sollen nicht dazu missbraucht werden, sich im geschäftlichen Verkehr gegenüber Verbrauchern sittenwidrig zu verhalten und gegebene Zusagen nicht einzuhalten. Vor allem kommt der Gedanke, daß Wett- und Spielschulden grundsätzlich unklagbar sein sollen, weil die Rechtsordnung kein Interesse daran hat, Verträge, bei denen ‚oft Leichtsinn und Unbesonnenheit am Werke sind, unter den gleichen rechtlichen Schutz zu stellen wie andere Verträge' (vgl KREJCI, in: RUMMEL, ABGB[2] Rn 69 zu §§ 1267 bis 1274), in den hier maßgeblichen Fällen von ,Gewinnzusagen' von Unternehmern gegenüber persönlich adressierten Verbrauchern nicht zum Tragen.

§ 5j KSchG umfasst **Gewinnzusagen oder andere vergleichbare Mitteilungen** eines Unternehmers **an einen bestimmten Verbraucher** (der in aller Regel ,persönlich' angesprochen wird). Die Zusendung muss durch ihre Gestaltung weiter den Eindruck erwecken, dass der Verbraucher einen bestimmten Preis gewonnen habe. Das kann nun beispielsweise in der Form erfolgen, dass dem Verbraucher ein bestimmter Bargeldpreis in Aussicht gestellt wird; aber auch die Ankündigung eines ,Hauptpreises' (der freilich – wie sich erst in der Folge zeigt – später ausgespielt werden soll oder unter Umständen überhaupt nicht geleistet wird) wird darunter fallen (siehe die in § 28a UWG 1984 des Begutachtungsentwurfs vorgesehenen Fälle). Wesentlich ist immer, dass der Unternehmer beim Verbraucher den **Eindruck des Gewinns** hervorruft. Dabei wird ein objektiver Maßstab anzulegen sein, Maßfigur ist auch hier der **verständige Verbraucher**. Zusendungen, die schon von vornherein keine Zweifel offen lassen, dass der Gewinner eines Preisausschreibens erst in einer Ziehung oder auf andere Weise ermittelt werden muss, fallen nicht unter die Regelung. Zusendungen, bei denen dagegen erst im ,Kleingedruckten', an unauffälliger Stelle oder gar erst auf Nachfrage die Dinge klargestellt werden und bei denen selbst Fachleute in die Irre geführt werden, sollen dagegen klagbar sein. Dabei kommt es nicht darauf an, dass der bedungene Preis ,wirklich entrichtet oder hinterlegt worden ist' (§ 1271 ABGB). Die im Allgemeinen für die Wette oder ein Spiel geltenden Regelungen sollen – wie erwähnt – dort nicht gelten, wo ein Unternehmer auf unzulässige Weise und zum Nachteil der Konkurrenten und der Verbraucher diese Regelungen für sich ausnützen will.

Preisausschreiben, die im Wege einer Auslobung ,unter Ausschluß des Rechtsweges' veranstaltet werden, sollen von der vorgeschlagenen Regelung grundsätzlich nicht erfaßt werden. Ausnahmsweise wird § 5j KSchG für solche Preisausschreiben aber insbesondere dann anzuwenden sein, wenn der Verbraucher schon vor der Ausspielung den Eindruck haben muß, daß er gewonnen habe. Auch für **Glücksspiele** wird die vorgesehene Bestimmung im Allgemeinen keine Relevanz haben."

b) Frankreich, Schweiz

24 Auch die französische Rechtsprechung hat sich wiederholt mit dem Problem der Gewinnzusagen *(illusion d'un gain)* befassen müssen. Lange Zeit war die rechtliche Behandlung der Gewinnzusage umstritten. Man schwankte zwischen deliktsrechtlichen oder vertraglichen Lösungen oder nahm Zuflucht bei der – der deutschen Auslobung des § 657 BGB im Verständnis der Pollizitationstheorie (§ 657 Rn 9) vergleichbaren – Rechtsfigur des *engagement unilatéral de volonté*, einem einseitigen Willensakt, der, ohne dass er der Annahme bedarf, den Äußernden verpflichtet (MALAURIE/AYNÈS/STOFFEL-MUNCK, Droit des Obligations [13. Aufl 2024] n°664; § 657 Rn 23). In einer Grundsatzentscheidung vom 6. 9. 2002 hat eine *Chambre mixte* der *Cour de cassation* die zivilrechtlichen Grundlagen neu bestimmt (Cass ch mixte, 6. 9. 2002, D 2002, 2963; Cass 1re civ, 19. 3. 2015, Bull civ I n° 67; aus dem deutschsprachigen Schrifttum: LINDNER, Irreführende Gewinnzusagen nach § 661a BGB 184 ff; BEYSEN VersRAI 2003, 57; WITZ/REINERT ZEuP 2005, 132). Die *Cour de cassation* knüpft am Rechtsinstitut des **Quasikontrakts** an. Seit der französischen Schuldvertragsrechtsreform (Ordonnance n°2016-131 [10. 2. 2016]) ist er in art 1300 Code civil (vormals Art 1371 anc CC) geregelt. „Les quasi-contrats sont des faits purement volontaires dont il résulte un engagement de celui qui en profite sans y avoir droit, et parfois un engagement de leur auteur envers autrui". Der Veranstalter einer Lotterie, der eine Person namentlich und ohne Hinweis auf ein weiteres Risiko über einen Gewinn in Kenntnis setzt, habe sich durch diesen *fait purement volontaire* dazu

verpflichtet, den Gewinn herauszugeben. Durch das Versenden von Gewinnmitteilungen entstehe ein quasivertragliches Rechtsverhältnis zwischen Absender und Empfänger, im Rahmen dessen dem Empfänger ein Anspruch auf Herausgabe des gesamten Gewinns zustehe. Auf eine besondere Vorschrift zu Gewinnzusagen hat der französische Reformgesetzgeber verzichtet. In der Tat ist die gesetzliche Definition des art 1300 hinreichend weit, um darunter Gewinnzusagen zu fassen (vgl Rapport). – Zum Gewinnversprechen im **Schweizer Recht** vgl Lindner, Irreführende Gewinnzusagen nach § 661a BGB 181 ff; Koller, in: FS Walter (2005) 377.

IV. Der Tatbestand der Gewinnzusage

Der Tatbestand der Gewinnzusage setzt voraus, dass ein Unternehmer eine Gewinnzusage ieS oder eine vergleichbare Mitteilung an einen Verbraucher sendet und durch Gestaltung dieser Zusendung den Eindruck erweckt, dass der Verbraucher einen Preis gewonnen hat. 25

1. Gewinnzusage oder vergleichbare Mitteilung

a) Willenserklärung

Bei der Gewinnzusage ieS handelt es sich um eine **Willenserklärung des Unternehmers** (Rn 16 f), auf die die allgemeinen Vorschriften über Rechtsgeschäfte des Dritten Abschnitts des Ersten Buches (§§ 104 ff BGB) unmittelbar anwendbar sind (Dörner, in: FS Kollhosser [2004] II 75, 76 f; krit Schäfer JZ 2005, 981, 985; **aA** Meller-Hannich NJW 2006, 2517). 26

aa) Geschäftsfähigkeit

Auf die Gewinnmitteilung als Willenserklärung des Unternehmers finden die Vorschriften der §§ 104 ff BGB über die **Geschäftsfähigkeit** unmittelbare Anwendung. Nicht entscheidend ist die Deliktsfähigkeit (§§ 827 ff BGB) des Versenders. Zur Geschäftsfähigkeit des Empfängers s Rn 49. 27

bb) Auslegung und Vergabebedingungen

(1) Objektiver Empfängerhorizont eines Durchschnittsverbrauchers

Die Auslegung der Gewinnmitteilung folgt im Grundsatz den allgemeinen zu **§§ 133, 157 BGB** entwickelten Regeln. Es gelten die Prinzipien der normativen Auslegung: Die Erklärung gilt so, wie sie nach Treu und Glauben und der Verkehrssitte von demjenigen verstanden werden musste, für den sie bestimmt war. 28

Der für die Auslegung maßgebende **Empfängerhorizont** wird auch **von § 661a BGB mitbestimmt**. Musste der Verbraucher vor Inkrafttreten des § 661a BGB wissen, dass sich der Unternehmer hinter zivilrechtlichen Ausnahmevorschriften verstecken würde, so weiß er nunmehr sehr genau, dass er den Unternehmer beim Wort nehmen darf. Danach bereitet die Auslegung der Gewinnzusage im Grundsatz keine Schwierigkeiten (vgl Stieper NJW 2013, 2849, 2851: strikt am Wortsinn orientierte Auslegung). Die eigentlichen Probleme ergeben sich im Einzelfall dadurch, dass Gewinnzusagen in der Praxis derart gestaltet sind, dass dem Verbraucher zwar zunächst in großer Aufmachung mitgeteilt wird, dass er einen Preis gewonnen hat, aber an anderer Stelle des Schreibens – oder sogar auf der Innenseite des zur Versendung benutzten Briefumschlags – mit kleiner, schwächlicher Schrift und in schwer verständlichen Schach- 29 telsätzen der gewonnene Gewinn bis hin zu einem Nullum relativiert oder an weitere Bedingungen geknüpft wird. Aber die dadurch aufgeworfenen Fragen lassen sich mit Hilfe der allgemeinen Auslegungsgrundsätze befriedigend lösen. Lehrreich ist hierfür der Blick nach Österreich und die Behandlung des mit § 661a BGB identischen § 5c öKSchG (Rn 21), die weitgehend auf das deutsche Recht übertragen werden kann. Bei der Beurteilung, ob Zusendungen beim Verbraucher den Eindruck eines Gewinns hervorgerufen haben, stellt die **österreichische Rechtsprechung** auf den Horizont eines durchschnittlichen Erklärungsempfängers (ÖstOGH 19. 10. 2016 – 1 Ob 159/16p, ecolex 2017, 979), sprich auf die Figur des **verständigen Verbrauchers** ab (Koziol/Bydlinski/Bollenberger/Kathrein/Schoditsch KSchG [6. Aufl 2020] § 5c Rn 2). Von einem solchen verständigen Verbraucher wird erwartet, dass er es nicht bei einmaligem Durchlesen der Mitteilung bewenden lässt, sondern dass er danach trachtet, sich bei nochmaliger Durchsicht der auf verschiedene Stellen platzierten Informationen ein Bild darüber zu verschaffen versucht, ob und ggf unter welchen Voraussetzungen er bereits als Gewinner anzusehen ist. Verbleiben aber Unklarheiten, so gehen diese zu Lasten des Versenders (sog **Unklarheitenregel**); denn derjenige, der sich im geschäftlichen Wettbewerb mehrdeutiger Äußerungen bedient, muss stets die für ihn ungünstigste Auslegung gegen sich gelten lassen. Entscheidend ist damit aber letztlich nicht eine isolierte Auslegung der einzelnen widerstreitenden Textteile der Gewinnmitteilung, sondern der Gesamtzusammenhang und der dadurch vermittelte **Gesamteindruck**. Durfte danach ein verständiger Verbraucher bei durchschnittlicher Aufmerksamkeit und in dem Bemühen, den Sinn der Mitteilung des Unternehmers zu erfassen, den Eindruck gewinnen (oder es zumindest ernstlich für möglich halten), er habe einen bestimmten Preis (bereits) gewonnen, dann kommt es nicht mehr darauf an, ob als Ergebnis einer akribischen Textanalyse des Kleingedruckten ein anderer, für den Unternehmer günstigerer Sinn ermittelt werden könnte (ÖstOGH 24. 4. 2003 – 2 Ob 73/03d; ÖstOGH 1. 7. 2003 – 1 Ob 118/03i). Nur Zusendungen, die schon von vornherein keine Zweifel daran lassen, dass der Gewinner eines Preisausschreibens erst noch in einer Ziehung oder auf andere Weise ermittelt werden muss, fallen nicht unter § 5c öKSchG (Regierungsvorlage BlgNr 1998 XX. GP; ÖstOGH 10. 2. 2004 – 10 Ob 1/04a; ÖstOGH 1. 7. 2003 – 1 Ob 118/03i).

30 Dem entspricht in ihren Auswirkungen die deutsche Rechtsprechung. Der **BGH** hat klargestellt, dass der Anspruch aus Gewinnzusage voraussetzt, dass aus objektivierter Empfängersicht der Eindruck eines Preisgewinns erweckt wird, dass also die Zusendung – nach Inhalt und äußerer Gestaltung – abstrakt geeignet sein muss, bei einem **durchschnittlichen Verbraucher in der Lage des Empfängers** den Eindruck zu erwecken, er werde einen bereits gewonnen Preis erhalten (BGH 15. 3. 2006 – IV ZR 4/05, NJW 2006, 2548 Rn 26, 30; BGH 1. 12. 2005 – III ZR 191/03, NJW 2006, 230, 232; BGH 19. 2. 2004 – III ZR 226/03, NJW 2004, 1652, 1653; BGH 15. 7. 2004 – III ZR 315/03, NJW 2004, 3039, 3040; OLG München 5. 2. 2004 – 19 U 4690/03, NJW 2004, 1671; OLG Celle 5. 2. 2004 – 4 U 195/03, Rp 2004, 195; OLG Köln 7. 10. 2003 – 16 W 25/03, Rp 2003, 367; OLG Koblenz 26. 8. 2002 – 5 U 202/02, MDR 2002, 1359; Dörner, in: FS Kollhosser [2004] II 75, 77 f; Erman/Berger § 661a Rn 3). Wenig hilfreich ist allerdings, dass der BGH weiter ausführt, dass es – in teleologisch indizierter Einschränkung zu § 116 S 2 BGB – auf das subjektive Verständnis des **konkreten Empfängers**, und insbesondere auch darauf, ob der konkrete Empfänger dem Schreiben Glauben schenkt, gerade nicht ankommt (BGH 1. 12. 2005 – III ZR 191/03, NJW 2006, 230, 232; BGH 19. 2. 2004 – III ZR 226/03, NJW 2004, 1652, 1653; OLG Frankfurt 29. 3. 2005 – 22 U 196/03, NJW-RR 2005, 1366; Stieper NJW 2013, 2849, 2851; anders wohl die Rechtsprechung in

Frankreich: Cass ch mixte, 6. 9. 2002, D 2002, 2963). Dieser Ausführungen hätte es gar nicht bedurft. Der Verbraucher darf – jedenfalls mit Einführung des § 661a BGB – auf die Ernsthaftigkeit des Verpflichtungswillens grundsätzlich vertrauen: Der Unternehmer will den Empfänger in irgendeiner Weise – und sei es mittelbar – zu Warenbestellungen verleiten und will sich daher gerade, um dem Verbraucher etwas zu bieten, beim Wort nehmen lassen. Es besteht somit gar kein Grund anzunehmen, dass der Unternehmer das Gesagte nicht meint. Nur positive Kenntnis bewirkt nach **§ 116 S 2 BGB** die Nichtigkeit der Erklärung; ein Kennenmüssen reicht nicht aus. Im Kern unsubstantiierte, an keinen konkreten Tatsachen (Situation des versendenden Unternehmens, etc) festzumachende Vermutungen, die sich allein darauf beziehen, dass auch reger Missbrauch mit Gewinnmitteilungen betrieben wird, können aber der Kenntnis eines geheimem Vorbehalts des Unternehmers, das Erklärte nicht zu wollen, keinesfalls gleichgestellt werden (vgl Kühl, Die Gewinnzusage nach § 661a BGB 72 ff). Von daher kann auch einem Rechtsanwalt der Anspruch aus § 661a BGB zustehen (OLG Frankfurt 29. 3. 2005 – 22 U 196/03, NJW-RR 2005, 1366), ohne dass es des ausdrücklichen Ausschlusses des § 116 S 2 BGB auch nur bedürfte.

Unangefochten ist der eingeschlagene methodische Weg freilich nicht. Insbesondere Seiler und (Carsten) Schäfer haben früh Zweifel angemeldet, ob sich die Auslegungsformel der (deutschen) Rechtsprechung (Rn 30) überhaupt aus den normalen Auslegungsgrundsätzen der §§ 133, 157 BGB ergibt oder ob sich für den Auslegungsmaßstab mehr **der präventive Zweck der Vorschrift** verantwortlich zeichnet (Schäfer JZ 2005, 981, 984; MünchKommBGB/Seiler [6. Aufl 2013] § 661a Rn 10; jetzt: MünchKommBGB/Schäfer § 661 Rn 17). Gerade Seiler hält es für unangebracht, weitergehende Schlüsse aus dem objektiven Empfängerhorizont zu ziehen: Dies sei rein fiktiv, da der durchschnittliche Verbraucher oder aufgeklärte Normalverbraucher derartige Gewinnmitteilungen gerade nicht für seriös hielte. Zutreffend sind diese Bedenken freilich nicht: Sie übersehen die Rückwirkung des § 661a BGB auf die normative Auslegung (Rn 29, 30). 31

(2) Kleingedrucktes, Verstecktes und Vergabebedingungen

Entscheidend für die Auslegung der Gewinnmitteilung ist nach dem Vorstehenden (Rn 28 ff), wie ein durchschnittlicher Verbraucher unter Zugrundelegung durchschnittlicher Aufmerksamkeit bei maßgebender Berücksichtigung des vermittelten Gesamteindrucks und des Gesamtzusammenhangs die Mitteilung des Unternehmers verstehen durfte. Ein Verbraucher darf daher etwa dann auf den Erhalt eines bereits gewonnen Preises vertrauen, wenn sich das mit Stempeln und Beglaubigungsvermerken versehene Schreiben um einen offiziellen Anschein bemüht und davon spricht, dass nach nunmehr erfolgter Ziehung das „Bargeld-Guthaben" abgerufen werden könne (BGH 15. 3. 2006 – IV ZR 4/05, NJW 2006, 2548 Rn 30). Auf eine akribische Textanalyse der sich ggf widersprechenden Textteile der Gewinnmitteilung kommt es nicht an (Dörner, in: FS Kollhosser [2004] II 75, 77); Zweifel gehen zu Lasten des Versenders. Auf in der Gewinnmitteilung **verborgene „Vergabebedingungen"**, sei es, dass sie gestalterisch im Kleingedruckten versteckt sind, sei es, dass sie sprachlich geschickt verklausuliert sind, die etwa die Auszahlung des Gewinns an vorherige Warenbestellungen, Inanspruchnahme von Dienstleistungen, wie etwa den Anruf von 0190er-Servicenummern, oder eine besondere wie auch immer noch geartete Zuteilung koppeln, kann sich der Unternehmer nicht berufen. Der Annahme einer bindenden Gewinnzusage steht danach nicht entgegen, dass auf der Vorderseite einer Gewinnzusa- 32 ge in einem überdruckten Teil ein schwer eruierbarer Hinweis auf umseitige – in die Innenseite des Versendungsumschlags versteckt platzierte – Bedingungen gemacht wird, denen zufolge die Gewinnauszahlung noch von weiteren Voraussetzungen abhängig ist (ÖstOGH 1. 7. 2003 – 1 Ob 118/03i; ÖstOGH E v 19. 12. 2001 – 7 Ob 290/01z; Cass 1re civ, 19. 3. 2015, Bull civ I n° 67; LG Potsdam 29. 5. 2002 – 4 O 467/00, VersR 2003, 378).

33 Die deutsche instanzgerichtliche Rechtsprechung begründete dieses – als solches vollkommen unangefochtene – Ergebnis zunächst überwiegend mit einer „entsprechenden" Anwendung des **§ 305c BGB** oder des **§ 307 Abs 1 S 2 BGB** (OLG Rostock 14. 10. 2005 – 8 U 84/04, NJW-RR 2006, 209, 210; OLG Celle 5. 2. 2004 – 4 U 195/03, Rp 2004, 195; OLG München 5. 2. 2004 – 19 U 4690/03, NJW 2004, 1671, 1672; OLG Stuttgart 21. 1. 2004 – 4 U 171/03, NJW-RR 2004, 1063, 1064; OLG Oldenburg 7. 3. 2003 – 6 U 173/02, NJW-RR 2003, 1564; OLG Koblenz 26. 8. 2002 – 5 U 202/02, MDR 2002, 1359; LG Potsdam 29. 5. 2002, – 4 O 467/00, VersR 2003, 378; LG Braunschweig 10. 1. 2002 – 10 O 2753/00, IPRax 2002, 213; Schmidt-Räntsch, in: FS Huber [2006] 575, 580); übrigens deshalb entsprechend, weil der Anspruch aus Gewinnzusage nach hM kein vertraglicher, ja nicht einmal ein rechtsgeschäftlicher Anspruch sein soll. Methodisch korrekt ist das nicht (für unmittelbare Anwendung: Kühl, Die Gewinnzusage nach § 661a BGB 77). Des Rückgriffs auf AGB-rechtliche Vorschriften bedarf es nicht: Das Ergebnis folgt unmittelbar aus den **allgemeinen Auslegungsgrundsätzen** (Lorenz IPRax 2002, 192, 196; Schneider BB 2002, 1653, 1655; Regierungsvorlage BlgNr 1998 XX. GP; ÖstOGH 10. 2. 2004 – 10 Ob 1/04a; ÖstOGH 1. 7. 2003 – 1 Ob 118/03i; Erman/Berger § 661a Rn 3).

(3) Inhaltskontrolle von Vergabebedingungen, insbes Bindung des Gewinns an vorherige Warenbestellung

34 Daneben wird aber auch eine an materiellen Kriterien orientierte Inhaltskontrolle stattzufinden haben. Maßstab ist insoweit **§ 307 Abs 1, Abs 2 Nr 1 BGB**, je nach Präferenz (Rn 18) in direkter oder entsprechender Anwendung (§ 657 Rn 36; **aA** Meller-Hannich NJW 2006, 2516, 2517). Nicht in jedem Einzelfall kann eine Klausel, die die Gewinnausteilung etwa an den Anruf bei einer **Gewinnhotline** (0190er-Nummer), die Rücksendung eines Gewinncoupons oder eine besondere Anforderung des Preises koppelt, oder dem Anspruch überhaupt die Klagbarkeit nehmen soll (**„Rechtsweg ausgeschlossen"**; § 657 Rn 92), bereits im Wege der Auslegung ausgeschieden werden. Dennoch ist solchen Bedingungen die Wirksamkeit zu versagen (BGH 15. 3. 2006 – IV ZR 4/05, NJW 2006, 2548 Rn 28; Dörner, in: FS Kollhosser [2004] II 75, 77; Lorenz IPRax 2002, 192, 196; Schneider VuR 2003, 476, 477; Schneider BB 2002, 1653, 1654). Für die Geltendmachung des Anspruchs ist es daher nicht von Bedeutung, ob der Verbraucher die Gewinnmitteilung richtig ausfüllt und rechtzeitig zurücksendet und so seine personenbezogenen Daten bestätigt. Vollkommen zu Recht wird auch nicht für erforderlich gehalten, dass der Verbraucher, um seinen Anspruch aus der Gewinnmitteilung geltend machen zu können, eine gleichzeitige oder **vorherige Warenbestellung** vornimmt, wenn der Versender die Ausschüttung des Gewinns von einer vorherigen Warenbestellung abhängig gemacht hat; auch ist der Preis für die auszuführende Warenbestellung nicht etwa vom Gewinn abzuziehen (BGH 15. 3. 2006 – IV ZR 4/05, NJW 2006, 2548 Rn 26 ff; Lorenz IPRax 2002, 192, 196; Schneider VuR 2003, 476, 477; Schneider BB 2002, 1653, 1654; Soergel/vReden § 661a Rn 27; s aber auch Kühl, Die Gewinnzusage nach § 661a BGB 81 f). Begründet wurde dies überwiegend mit der Unlauterkeit der Wettbewerbshandlung (§ 4 Nr 6 UWG aF): Da es dem Gesetzgeber um die Sanktionierung wettbewerbswidrigen Verhaltens gehe, wäre es zweckwidrig, die Entstehung des An-

spruchs davon abhängig zu machen, dass der Verbraucher sich so verhalte, wie es der Versender wettbewerbswidrig fordere (BGH 15. 3. 2006 – IV ZR 4/05, NJW 2006, 2548, Rn 28 f; SCHMIDT-RÄNTSCH, in: FS Huber [2006] 575, 580). Tragen kann diese Begründung allerdings nicht; denn die Wettbewerbswidrigkeit ist eben nicht Tatbestandsmerkmal des § 661a BGB geworden (Rn 3). Auch ist es für diesen Begründungsansatz misslich, dass ein unbedingtes, generelles Kopplungsverbot nicht besteht (§ 661 Rn 48 f). Maßgebend ist folgender Gesichtspunkt: Wird auch der Anspruch auf den Gewinn letztlich von einer Bedingung abhängig gemacht, so ändert dies doch nichts daran, dass der Gewinn schon „gewonnen" iSd § 661a BGB ist. Dann aber ist die Gewinnzusage einer Inhaltskontrolle zu unterziehen, die – da letztlich ein gegebenes Leistungsversprechen eingeschränkt wird – nicht etwa entsprechend § 307 Abs 3 BGB ausgeschlossen ist. Zwar lässt sich die unangemessene Benachteiligung iSd § 307 Abs 1 BGB nun nicht mit Hinweis auf die wettbewerbsrechtliche Unlauterkeit begründen (vgl aber auch STAUDINGER/WENDLAND [2025] § 307 Rn 53b), so aber doch unter Hinweis darauf, dass durch die Kopplung an eine Warenbestellung der Gedanke der Unentgeltlichkeit (teilweise) aufgehoben wird (vgl § 307 Abs 2 BGB).

Im Grundsatz gilt: Die Wettbewerbswidrigkeit einer Gewinnmitteilung tangiert die zivilrechtliche Wirksamkeit der gekoppelten Warenbestellung grundsätzlich nicht (vgl BGH 7. 10. 1958 – I ZR 62/57, LM UWG § 1 Nr 71 – Italienische Note; STAUDINGER/FISCHINGER/HENGSTBERGER [2024] § 134 Rn 475 ff; STAUDINGER/FISCHINGER [2024] § 138 Rn 123 ff). Nur im Einzelfall kann der im Hinblick auf die Gewinnzusage zustande gekommene **Kaufvertrag über Waren** aus dem Sortiment des Unternehmers **gem § 138 BGB nichtig** sein (ERMAN/BERGER [14. Aufl 2014] § 661a Rn 7). Der BGH hat das in einem Fall angenommen, in dem eine ältere Verbraucherin unter bewusster Ausnutzung ihrer rechtlichen und geschäftlichen Unerfahrenheit durch die Zusendung einer Vielzahl von Gewinnzusagen in beträchtlicher Höhe, deren Erfüllung von der Bestellung von Waren abhängig gemacht wurde, und ständigen Appellen, (einschließlich der Bestellungen) auch alles „richtig" zu machen, zum Kauf von Gegenständen verleitet wurde, die sie ohne die Gewinnzusagen niemals erworben hätte (BGH 29. 6. 2005 – VIII ZR 299/04, NJW 2005, 2991, 2992 f; krit NASSAL NJW 2006, 127; dazu: SCHMIDT JZ 2007, 78, 83 f). 35

cc) Anfechtung, geheimer Vorbehalt, Scherzerklärung

Eine Anfechtung der Gewinnzusage durch den Unternehmer wegen Inhalts- oder Erklärungsirrtums ist gem **§ 119 Abs 1 BGB** grundsätzlich möglich, wobei an einen entsprechenden Nachweis aber nicht zu geringe Anforderungen gestellt werden dürfen (STIEPER NJW 2013, 2849, 2852, 2853; DÖRNER, in: FS Kollhosser [2004] II 75, 78; MünchKomm-BGB/SCHÄFER § 661a Rn 16; grundsätzlich ausgeschlossen: SCHÄFER JZ 2005, 981, 985). STIEPER weist zu Recht darauf hin, dass sich aber in diesen Fällen der Unternehmer am wirklich Gewollten festhalten lassen muss, der Empfänger hat daher Anspruch auf den Gewinn, den ihm der Unternehmer eigentlich mitteilen wollte (STIEPER NJW 2013, 2849, 2853). Nach der Rechtsprechung des ÖstOGH kann sich ein Unternehmen im Rahmen des § 5c KSchG nicht darauf berufen, dass die Gewinnzusage irrtümlich **(Beipacken in die falsche Sendung)** einem anderen, als dem intendierten Adressaten zugeht, sofern sich der Adressat aufgrund der Gesamtumstände als Gewinner fühlen darf (ÖstOGH 19. 10. 2016 – 1 Ob 159/16p, ecolex 2017, 979; Rn 38 ff). Das ist auf das deutsche Recht nicht übertragbar. § 661a BGB erfasst sowohl die ehrliche wie die wettbewerbswidrige Gewinnzusage. Die unlautere Absicht ist keine Tatbestandsvoraussetzung des Anspruchs aus § 661a BGB (Rn 3, 16 ff). Der Unternehmer muss sich behan- 36 deln lassen, wie ein ehrlicher Kaufmann. Dieser kann sich aber im Rahmen des § 119 Abs 1 BGB darauf berufen, statt einem Kunden, mit dem er vielleicht in Geschäftsbeziehungen steht, irrtümlich durch falsche Beipackung einem Dritten eine Gewinnzusage gesandt zu haben (Erman/Berger § 661a Rn 6). Keinen Inhaltsirrtum, sondern einen unbeachtlichen Irrtum über die mittelbaren Rechtsfolgen stellt es dar, wenn der Unternehmer geltend macht, er habe irrig darauf vertraut, dass zivilrechtliche Ausnahmevorschriften (§§ 518, 762 BGB) seine Haftung verhinderten (Stieper NJW 2013, 2849, 2851 f; Erman/Berger § 661a Rn 6). Nicht per se ausgeschlossen, aber schwer vorstellbar ist eine Anfechtung wegen Eigenschaftsirrtums gem **§ 119 Abs 2 BGB** (vgl Stieper NJW 2013, 2849, 2852 f). Auf **§ 118 BGB** wird sich der Unternehmer grundsätzlich nicht berufen können (vgl OLG Köln 24. 2. 2003 – 16 U 93/02, VuR 2003, 474, 476; Schneider VuR 2003, 476, 477). Denn selbst wenn der Unternehmer seine Erklärung nicht ernst meint, wird er sie typischerweise nicht in der Erwartung abgeben, dass der andere diese Haltung erkennt. Ein sog guter Scherz, wie ihn § 118 BGB voraussetzt, liegt nicht vor, da es dem Unternehmer gerade darum geht, dem Verbraucher einen echten Gewinn vorzuspiegeln, um ihn zu Warenbestellungen zu bewegen. Der böse Scherz aber – der Empfänger soll die Erklärung ernst nehmen – ist in **§ 116 S 1 BGB** geregelt: Eine Willenserklärung ist nicht deswegen nichtig, weil sich der Erklärende insgeheim vorbehält, das Erklärte nicht zu wollen (zu § 116 S 2 BGB vgl Rn 17, 30).

dd) Zugang und Widerruf

37 Als eine an einen anderen gerichtete Erklärung muss die Gewinnzusage des § 661a BGB dem Verbraucher (Empfänger) zugehen (Wied, Gewinnversprechen von Versandfirmen 89). Der Zugang der Gewinnmitteilung bestimmt sich nach § 130 BGB (Stieper NJW 2013, 2849, 2850). Bis zum Zeitpunkt des Zugangs der Gewinnzusage ist gem **§ 130 Abs 1 S 2 BGB** ein Widerruf möglich. Eine entsprechende Anwendung des besonderen Widerrufsrechts des **§ 658 BGB** – bei unbefangener Betrachtung aufgrund systematischer Nähe durchaus indiziert – kommt dagegen nicht in Betracht (Dörner, in: FS Kollhosser [2004] II 75, 78; Schmidt-Räntsch, in: FS Huber [2006] 575, 582; Erman/Berger § 661a Rn 6). Es fehlt an der vergleichbaren Interessenlage. Hinter § 658 BGB stehen kumulativ die Erwägungen, dass einmal der Auslobende erkennbar nicht für unbestimmte Zeit unwiderruflich an seine Erklärung gebunden sein soll, und zum anderen der Handelnde bis zum Zeitpunkt der Vollendung der Handlung, deren Vornahme Voraussetzung der Belohnung ist, keine schützenswerte Position erlangt hat (§ 658 Rn 3). Bei der Gewinnzusage sind die Verhältnisse genau umgekehrt: Eine unzumutbare Ungewissheit besteht für den Unternehmer nicht und der Verbraucher darf dem Sinn der Gewinnzusage entsprechend von Anfang auf die Endgültigkeit seines Gewinns vertrauen.

b) Inhalt

aa) Gewinnzusage und vergleichbare Mitteilung

38 Eine **Gewinnzusage** (§ 661a Alt 1 BGB) liegt vor, wenn der Unternehmer dem Verbraucher mitteilt, dass dieser eine als Preis oder Gewinn bezeichnete Leistung gewonnen hat, wobei „gewonnen haben“ meint, dass dem Verbraucher der Anspruch auf die Leistung schon sicher zusteht und nunmehr von ihm gefordert werden kann. Eine **vergleichbare Mitteilung** (§ 661a Alt 2 BGB) liegt vor, wenn gleich der Alt 1 beim Verbraucher der Eindruck erweckt wird, dass ihm eine Leistung bereits sicher zusteht und er diese Leistung nunmehr fordern kann, aber eine Gewinnzusage begrifflich nicht vorliegt, weil der Vorteil, der dem Verbraucher zuteil werden soll, nicht

ausdrücklich als Gewinn ausgewiesen ist (vgl Wied, Gewinnversprechen von Versandfirmen 87 f; etwas anderes akzentuiert Lindner, Irreführende Gewinnzusagen nach § 661a BGB 37 f: Gewinnzusagen unterscheiden sich von den vergleichbaren Mitteilungen durch die Vorgabe eines aleatorischen Moments). Tragend ist für beide Alternativen, dass die Mitteilung den Eindruck vermittelt, dass der Preis **bereits gewonnen** wurde. Relativierende Zusätze wie „Vielleicht sind Sie schon Gewinner" können im Einzelfall einen solchen Eindruck verhindern. Zusendungen, die schon von vornherein keine Zweifel daran lassen, dass der Gewinner eines (unechten) Preisausschreibens erst noch in einer Ziehung oder auf andere Weise ermittelt werden muss, fallen nicht unter die Regelung (ÖstOGH 10. 2. 2004 – 10 Ob 1/04a; Regierungsvorlage BlgNr 1998 XX. GP; Dörner, in: FS Kollhosser [2004] II 75, 77; Schneider BB 2002, 1653, 1654). Nicht ausreichend ist allerdings, dass erst im Kleingedruckten oder sonst versteckt der Eindruck eines bereits gewonnenen Preises beseitigt wird (Rn 28 ff, 32 f). Der verborgene Hinweis, wonach es sich bei dem angekündigten Gewinn lediglich um ein unverbindliches Gewinnspiel oder Ähnliches handele, kann daher den Eindruck des bereits gewonnenen Preises nicht mehr zerstören (LG Potsdam 29. 5. 2002 – 4 O 467/00, VersR 2003, 378).

Ob eine Gewinnzusage oder eine vergleichbare Mitteilung vorliegt, ist eine durch Auslegung zu klärende Frage des Einzelfalls (Rn 28 ff). Bezeichnet sich etwa ein Unternehmer in einer Zusendung als „beliebtester Geldgewinn-Versender" und spricht von einer „Gewinn-Bar-Auszahlung" auf Grund eines schon vorhandenen „Guthaben-Belegs" sowie von „vielen tausend Gewinnern", und fragt den Verbraucher, wie er in seinem „Gewinnfall" das Geld erhalten wolle, und bietet ihm bereits seine Unterstützung „bei der Anlage dieses vielen Geldes" an, und erläutert ferner, der Bargeldgewinn könne „neben dem Absenden eines Briefes auch erstmals telefonisch sofort beauftragt werden", so wird offenkundig der Eindruck vermittelt, der Verbraucher habe bereits gewonnen und müsse sich zur Gewinnauszahlung nur noch bis zu einem bestimmten Termin anmelden (ÖstOGH 1. 7. 2003 – 1 Ob 118/03i). Entsprechendes gilt, wenn die in einer auf der zugesandten Mitteilung enthaltenen Übersicht verschiedener Gewinne neben dem Geldgewinn abgedruckten Zahl mit der von dem Empfänger freigerubbelten Zahl übereinstimmt (ÖstOGH 18. 2. 2003 – 4 Ob 27/03d). Nicht notwendig ist aber, dass die Gewinnzusage oder die vergleichbare Mitteilung einen – und sei es auch nur mittelbaren – aleatorischen Charakter hat (**aA** Schneider BB 2002, 1653, 1654). Es ist daher nicht erforderlich, dass der Preis im Gefolge eines Gewinnspiels oder einer ähnlichen Aktion gewonnen wurde. Auch steht es der Anwendung des § 661a BGB nicht entgegen, dass die Gewinnmitteilung **im Rahmen einer langjährigen Geschäftsbeziehung** verschickt wurde. Daher kann etwa ein „Treuepaket" für einen langjährigen Kunden unter § 661a BGB zu subsumieren sein (vgl AG Bremen 10. 12. 2001 – 8 C 0211/01, NJW-RR 2002, 417). Der Unternehmer kann nicht etwa dadurch, dass er die Ausschüttung des Preises von einer Warenbestellung abhängig macht, den Eindruck zerstören, dass der Verbraucher einen Preis gewonnen hat (Rn 35). 39

bb) Individualisierung des Empfängers

Wenig klar ist, inwieweit der Empfänger in der Gewinnzusage individualisiert sein muss. § 5c öKSchG spricht davon, dass Gewinnzusagen an „*bestimmte* Verbraucher" versandt sein müssen. Auch die *Cour de Cassation* stellte in ihrer Entscheidung vom 6. 9. 2002 entscheidend darauf ab, dass sich die Gewinnmitteilung an eine „*personne dénommée*" richtet (Cass ch mixte, 6. 9. 2002, D 2002, 2963; Rn 24). In § 661a BGB heißt es 40 dagegen schlicht, dass auf Leistung des Preises in Anspruch genommen werden kann, wer Gewinnzusagen „*an* Verbraucher" sendet. Wollte die BReg § 661a BGB nach der Kritik des BRat, die Vorschrift sei zu unbestimmt (Stellungnahme BRat, BT-Drucks 14/2920, 7), mit der Wendung „an *persönlich bezeichnete* Verbraucher" zunächst noch präziser fassen (Gegenäußerung BReg, BT-Drucks 14/2920, 15), wurde diese engere Wendung im Rahmen der Verhandlungen des Rechtsausschusses wieder fallen gelassen. Zur Begründung dieser Aufweichung des Wortlauts des § 661a BGB hieß es lapidar, man solle nicht schon im Wortlaut der Vorschrift aufzeigen, wie man sie umgehen könne (Bericht Rechtsausschuss, BT-Drucks 14/3195, 34). In der Lehre wird daraus teilweise der Schluss gezogen, dass der Anspruch aus § 661a BGB eine namentliche Nennung des Kunden nicht voraussetzt (Schneider BB 2002, 1653, 1654). Überwiegend geht die Auffassung aber zu Recht dahin, dass zwar eine unmittelbare persönliche Adressierung der Gewinnzusage an den Empfänger nicht zu verlangen sei, dass es aber doch zumindest notwendig sei, dass sich der Empfänger aufgrund Gestaltung und Inhalt der Mitteilung aus seiner Sicht **persönlich als Gewinner angesprochen** fühlt. Eine gewisse Individualisierung muss stattgefunden haben (Schmidt-Räntsch, in: FS Huber [2006] 575, 581 f). Ausreichend ist es daher, dass eine für sich genommen nicht weiter individualisierte Gewinnzusage einer persönlich adressierten Sendung beigepackt ist (ÖstOGH 19. 10. 2016 – 1 Ob 159/16p, ecolex 2017, 979). Massenverteilungen mit allgemeinen Empfängerangaben durch Postwurfsendungen, Zeitungsbeilagen oder sonstige öffentliche Bekanntmachungen reichen daher nicht aus, einen Anspruch aus der Gewinnzusage zu begründen (OLG Brandenburg 27. 1. 2012 – 6 W 122/11, ZfWG 2012, 144; MünchKommBGB/Schäfer § 661a Rn 22; Grüneberg/Retzlaff § 661a Rn 2; enger: Wied, Gewinnversprechen von Versandfirmen 83 ff; Jauernig/Mansel § 661a Rn 5). Dies folgt letztlich schon aus den allgemeinen Auslegungsgrundsätzen: Nur bei einer hinreichenden Personalisierung und Individualisierung darf der Empfänger darauf vertrauen, einen Preis gewonnen zu haben. Nach einer Entscheidung des LG Köln soll ein Pop-up-Fenster mit dem Inhalt „Sie sind der 999 999 Besucher [...]. Sie haben gewonnen" den Bestimmtheitsanforderungen nicht genügen (LG Köln 27. 8. 2008 – 2 O 120/08, NJW-RR 2009, 1068, 1070; **aA** Soergel/vReden § 661a Rn 24). Ich halte das für unzutreffend. Der Vergleich mit dem Besucher, der ein Geschäftslokal mit einer vergleichbaren Werbetafel betritt, trifft nicht. Denn der Besucher des Geschäftslokals weiß, dass auch andere Besucher vor und nach ihm das Schild sehen, aber nicht jeder kann der 999 999. Besucher sein. Dagegen kann der Internet-Nutzer durchaus den Eindruck gewinnen, dass der Server die Aufrufe der Seite mitzählt und das Fenster nur ihm gilt. Dennoch hat das LG Köln im Ergebnis richtig entschieden: Ein Pop-up-Fenster ist keine hinreichende Perpetuierung der Gewinnzusage (Rn 45).

c) Der Preis

aa) Gegenstand

41 Der Gegenstand des Gewinns ist nicht begrenzt. Es kann sich um jede Art von Leistung handeln, zB die Lieferung eines Gegenstandes, Erbringung einer Dienstleistung, Begründung eines Anspruchs (OLG Koblenz 26. 8. 2002 – 5 U 202/02, MDR 2002, 1359: Mitteilung an den Adressaten, es sei ein Konto zu seinen Gunsten iHv 13.000 € eingerichtet worden), Einräumung einer Nutzungsmöglichkeit oder eine Kombination mehrerer Leistungen, wie etwa eine Reise (Grüneberg/Retzlaff § 661a Rn 2). Vermögenswert muss die Leistung nicht haben. Der Preis kann auch in einem immateriellen Vorteil liegen, zB einem Treffen mit einer hübschen Schauspielerin.

bb) Hinreichende Bestimmtheit

Der gewonnene Preis muss in der Gewinnmitteilung hinreichend bestimmt sein. Die 42
österreichische Korrespondenzregelung des § 5c öKSchG spricht ausdrücklich davon, dass der Verbraucher einen „bestimmten Preis" gewonnen haben muss (s auch ÖstOGH 10. 2. 2004 – 10 OB 1/04a). Auch in der Entwurfsfassung des § 661a BGB war von einem „bestimmten" Preis die Rede. Erst während der Verhandlungen des Rechtsausschusses wurde auf diesen Zusatz verzichtet, mit der rechtsstaatlich bedenklichen Begründung, dass man nicht schon im Wortlaut der Vorschrift aufzeigen dürfe, wie sie zu umgehen sei (Bericht Rechtsausschuss, BT-Drucks 14/3195, 34). Trotz der unklaren Gesetzesfassung des § 661a BGB bleibt allerdings die Notwendigkeit bestehen, dass der gewonnene Preis in der Gewinnmitteilung hinreichend bestimmt oder doch zumindest **bestimmbar sein muss**. Keinesfalls gibt die Vorschrift dem Verbraucher einen Anspruch auf einen – vom Richter zu bestimmenden – angemessenen Preis. Bei der Vorschrift handelt es sich um keine privatrechtliche Sanktionsnorm im Sinne der *punitive damages* des US-amerikanischen Rechts; Anknüpfungspunkt des Anspruchs aus Gewinnzusage ist nicht das wettbewerbswidrige Verhalten des Unternehmers (Rn 3). Der Anspruch aus Gewinnzusage ist originär rechtsgeschäftlicher Natur. Dem Verbraucher wird durch eine teleologisch indizierte, systemimmanente Rückausnahme zu den zivilrechtlichen Ausnahmevorschriften der §§ 518, 762 BGB die Möglichkeit gegeben, den Unternehmer beim Wort zu nehmen. Wo es allerdings an einem klaren Wort und damit an einem klaren rechtsgeschäftlichen Erklärungstatbestand des Unternehmers fehlt, ist für die Anwendung des § 661a BGB kein Raum. Allgemeine Zusagen wie „Tolle Preise warten auf Sie!" oder „Sie haben einen Koffer voller Bargeld gewonnen!" scheiden damit aus dem Anwendungsbereich des § 661a BGB aus (Dörner, in: FS Kollhosser [2004] II 75, 77; Meller-Hannich NJW 2006, 2516, 2518).

Die inhaltliche Bestimmung der Gewinnzusage erfolgt normativ am **Maßstab eines durchschnittlichen Verbrauchers** (Rn 28 ff), wobei allerdings an die Bestimmtheit des Preises keine übertriebenen Anforderungen gestellt werden dürfen (vgl ÖstOGH 10. 2. 2004 – 10 OB 1/04a). Die Ankündigung muss derart präzise sein, dass die in Aussicht gestellte Leistung aus der Sicht des Empfängers bestimmt werden kann (Schneider BB 2002, 1653, 1654); dabei gehen im Anschluss an die österreichische Rechtsprechung **Zweifel** bei der Auslegung zu Lasten des Versenders (sog Unklarheitenregel: ÖstOGH 19. 10. 2016 – 1 OB 159/16p, ecolex 2017, 979; ÖstOGH 10. 2. 2004 – 10 OB 1/04a; ÖstOGH 1. 7. 2003 – 1 Ob 118/03i; Rn 29). Der Versender muss im Rahmen seiner Gewinnzusage die für ihn ungünstigste, vernünftigerweise in Betracht kommende Auslegung gegen sich gelten lassen. Heißt es etwa in der Mitteilung, dass der Gewinner „Geldpreise bis zur Höhe von 10.000 € gewonnen hat", so hat der Verbraucher einen Anspruch auf die vollen 10.000 €; bei Bestimmung der Höhe des Preises ist immer von der größtmöglichen Summe auszugehen. Wurde der Gewinner im Rahmen einer Gewinnmitteilung hinreichend deutlich darauf hingewiesen, dass er nur Mitgewinner geworden ist, bleibt aber der Bruchteil im Unklaren, so geht dies zu Lasten des Mitteilers. Die Mitteilung ist dahin auszulegen, dass nur noch ein zweiter Gewinner vorhanden ist, sofern aus der Mitteilung nicht deutlich etwas Anderes folgt (Soergel/vReden § 661a Rn 25). Bei der Bestimmung der Anzahl der Mitgewinner ist immer die kleinstmöglichste Zahl anzusetzen (krit Meller-Hannich NJW 2006, 2516, 2518). Wird einer größeren Anzahl von Empfängern ein individuell aufgemachtes Gratulationsschreiben zugesandt, in dem zum Gewinn von 25.000 € gratuliert wird, so hat jeder Empfänger An- 43 spruch auf die 25.000 €, auch wenn er dem Kleingedruckten oder der Telefonansage entnehmen konnte, dass er nur Mitgewinner eines Gesamtpreises von 25.000 € geworden ist. Das folgt aus den in den Rn 32 f niedergelegten Grundsätzen. S auch noch Rn 49a.

d) Gewinnmitteilung und Wettbewerbsverstoß

44 Der Tatbestand der Gewinnzusage ist in § 661a BGB abschließend umschrieben. Der Anspruch auf den gewonnenen Preis wird alleine durch die Gewinnzusage begründet. Wurde der Gesetzgeber auch durch die Motivation bestimmt, wettbewerbswidrigem Handeln entgegenzuwirken, so handelt es sich bei § 661a BGB doch um **keine wettbewerbsrechtliche Vorschrift**, sondern um eine teleologisch indizierte, aber letztlich systemimmanente Rückausnahme (Reduktion) zu den zivilrechtlichen Ausnahmevorschriften der §§ 518, 762 BGB. Der Tatbestand des § 661a BGB setzt daher nicht als ungeschriebenes Tatbestandsmerkmal voraus, dass es sich bei der Versendung der Gewinnmitteilung um eine unlautere Geschäftspraktik handelt (Rn 3; Alexander, Vertrag und unlauterer Wettbewerb 175 f). Es ist daher für den Tatbestand des § 661a BGB gleichgültig, ob die Gewinnzusage mit der Aufforderung an den Kunden verbunden wird, **Warenbestellungen** (Rn 35) oder sonstige Gegenleistungen – wie etwa der Anruf einer gebührenpflichtigen Telefonnummer – vorzunehmen (vgl § 4 Nr 5, Nr 6 UWG aF, Rn 34, § 661 Rn 48 ff) oder ob eine sog isolierte Gewinnmitteilung vorliegt (MünchKommBGB/Schäfer § 661a Rn 9, 24). Nicht ganz so weit geht die Rechtsprechung des ÖstOGH zur österreichischen Korrespondenzvorschrift des § 5c öKschG. Ihr ist die Loslösung des Tatbestandes von seiner *causa impulsiva* (Bekämpfung von Gewinnzusagen) nicht ähnlich gelungen wie in Deutschland (Rn 3). Zwar anerkennt auch die österreichische Rechtsprechung, dass der Erfüllungsanspruch des Verbrauchers gem § 5c öKSchG eine unmittelbar mit der Anbahnung des Kaufs von Waren verknüpfte Gewinnzusage nicht voraussetzt, verlangt aber weiterhin eine auf einer erkennbaren Gewinnabsicht beruhende unseriöse Gewinnzusage, mit der der Unternehmer das Verhalten des Verbrauchers am Markt unsachlich beeinflussen will (ÖstOGH 17. 2. 2005 – 8 Ob 14/05z; ÖstOGH 26. 2. 2004 – 8 Ob 13/04a; ÖstOGH 25. 11. 2003 – 5 Ob 264/03i; ÖstOGH 1. 8. 2003 – 1 Ob 132/03y; ÖstOGH 1. 7. 2003 – 1 Ob 118/03i).

e) Form

45 Einer bestimmten Form muss die Gewinnzusage nicht genügen. Aber daraus, dass das Gesetz von Versendung spricht, wird allgemein geschlossen, dass die Gewinnzusage einer gewissen „Verkörperung" bzw „Verfestigung" bedarf (LG Köln 27. 8. 2008 – 2 O 120/08; MünchKommBGB/Schäfer § 661a Rn 23; **aA** OLG Brandenburg 27. 1. 2012 – 6 W 122/11, ZfWG 2012, 144 [öffentliche Nennung des individualisierten Gewinners in den Medien]; Soergel/vReden § 661a Rn 8). Eine mündliche Erklärung oder ein Telefonanruf genügen daher nicht (Dörner, in: FS Kollhosser [2004] II 75, 77; Schmidt-Räntsch, in: FS Huber [2006] 575, 583; Schneider BB 2002, 1653, 1654; Wagner/Potsch Jura 2006, 401, 402; **aA** LG Lübeck 3. 6. 2010 – 14 S 71/10 – nicht veröffentlicht; Soergel/vReden § 661a Rn 20). Auf der anderen Seite ist die Art der Perpetuierung und der Übermittlung gleichgültig, so dass eine Gewinnzusage durch Brief, Fax, SMS oder E-Mail den Anforderungen jedenfalls genügt (vgl § 126b BGB). „Pop-up-Fenster" genügen hierfür, wie das LG Köln überzeugend ausgeführt hat, nicht. Denn diese Einblendungen werden anders als SMS oder E-Mails nicht derart auf dem Computer gespeichert, als dass sie bestimmungsgemäß vom Nutzer jederzeit wieder aufgerufen werden könnten (LG Köln 27. 8. 2008 – 2 O 120/08, NJW-RR 2009, 1068, 1070; Erman/Berger § 661a Rn 4).

2. Versendung durch ein Unternehmen

a) Versender

46 Der Anspruch aus der Gewinnzusage richtet sich gegen ihren **Versender**. Für das richtige Verständnis des Begriffs des Versenders iSd § 661a BGB ist die Erkenntnis essentiell, dass es sich beim Anspruch auf den versprochenen Gewinn um einen echten rechtsgeschäftlichen Anspruch gegen den Erklärenden (Versender) handelt (Rn 16 f). § 661a BGB normiert keinen deliktischen (wettbewerbsrechtlichen) Anspruch oder stellt keine irgendwie geartete zivilrechtliche Sanktionsnorm dar, sondern setzt als teleologisch indizierte, systemimmanente Rückausnahme für einen engen Bereich lediglich bestimmte, insoweit evident unpassende zivilrechtliche Ausnahmevorschriften außer Kraft (§§ 518 Abs 2, 762 BGB), die bisher einem unmittelbaren Erfüllungsanspruch des Empfängers gegen den Versender im Wege standen (Rn 3, 16 f). Wer Versender ist, beurteilt sich daher unmittelbar nach denselben Grundsätzen wie die Frage, wem eine Willenserklärung zuzuordnen ist; wobei selbstverständlich die Regeln des Vertretungsrechts (insbes Vertretungsmacht) einschließlich der zum unternehmensbezogenen Geschäft entwickelten Grundsätze gelten (OLG Düsseldorf 22. 12. 2003 – I-6 U 171/02, 6 U 171/02, Rp 2004, 159; OLG Düsseldorf 23. 5. 2002 – 6 W 27/02, NJW-RR 2002, 1632; MünchKommBGB/Schäfer § 661a Rn 12). Versender einer Gewinnzusage ist derjenige Unternehmer, den ein durchschnittlicher Verbraucher in der Lage des Empfängers einer Gewinnzusage als Versprechenden ansieht (BGH 15. 3. 2006 – IV ZR 4/05, NJW 2006, 2548 Rn 32; BGH 7. 10. 2004 – III ZR 158/04, NJW 2004, 3555; BGH 9. 12. 2004 – III ZR 112/04, NJW 2005, 827; BGH 23. 6. 2005 – III ZR 4/04, NJW-RR 2005, 1365). In Anwendung der Rechtsgrundsätze des **Handelns unter fremden Namen** (dazu Staudinger/Schilken [2024] Vorbem 88 ff zu §§ 164–181) können Versender iSd § 661a BGB auch solche Unternehmen sein, die Verbrauchern unter nicht existierenden oder falschen Namen, Firmen, Geschäftsbezeichnungen oder Anschriften Gewinnmitteilungen zukommen lassen, bzw unter fremden Namen, dh unter dem Namen einer anderen – existierenden – (natürlichen oder juristischen) Person handeln (BGH 15. 3. 2006 – IV ZR 4/05, NJW 2006, 2548 Rn 32; BGH 8. 12. 2005 – III ZR 99/05, NJW-RR 2006, 701, 702; BGH 23. 6. 2005 – III ZR 4/04, NJW-RR 2005, 1365; BGH 9. 12. 2004 – III ZR 112/04, NJW 2005, 827; BGH 7. 10. 2004 – III ZR 158/04, NJW 2004, 3555, 3556; Lindner, Irreführende Gewinnzusagen nach § 661a BGB 30 ff; für § 5c öKSchG: ÖstOGH 24. 4. 2014 – 1 Ob 53/14x, ecolex 2014, 863). Im Einzelnen entscheidet die **Identitätsvorstellung** des Verbrauchers. Beim Handeln unter fremdem Namen ist zu unterscheiden, ob – aus der insoweit maßgeblichen Sicht des Verbrauchers – ein Geschäft des Namensträgers oder ein Eigengeschäft des Handelnden vorliegt. Sollte eine Verpflichtung des Namensträgers begründet werden und wurde eine falsche Identitätsvorstellung beim Gegner erweckt, sind die Grundsätze über die Stellvertretung (§§ 164 ff BGB) entsprechend anzuwenden, obwohl dem Handelnden der Vertretungswille fehlte. Hatte der Handelnde Vertretungsmacht, so wird der Namensträger aus dem Geschäft verpflichtet, ansonsten trifft den Handelnden die Haftung entsprechend § 179 BGB. Ein Eigengeschäft unter falscher Namensangabe, aus dem der Handelnde unmittelbar selbst verpflichtet wird, ist dann gegeben, wenn die Benutzung des fremden Namens beim Verbraucher keine Fehlvorstellung über die Identität des Handelnden hervorgerufen hat. Um ein solches Eigengeschäft wird es sich bei der Versendung von Gewinnmitteilungen im Regelfall handeln, da sich der Empfänger meist keine konkreten Vorstellungen über die Person des Versenders machen wird (BGH 8. 12. 2005 – III ZR 99/05, NJW-RR 2006, 701, 702; BGH 9. 12. 2004 – III ZR 112/04, NJW 2005, 827, 828).

47 Entsprechend diesen Grundsätzen ist Versender ausschließlich das Unternehmen, das „als Versprechender“ **nach außen** auftritt. Das sind nicht solche Personen, die lediglich – wie etwa die Post – an der Übermittlung der Gewinnzusage mitwirken (KG 6. 1. 2020 – 4 U 1/18, BeckRS 2020, 19502 Rn 25 ff; ÖstOGH 30. 8. 2018 – 9 Ob 51/18t, ecolex 2019, 318; ÖstOGH 12. 7. 2016 – 4 OB 7/16g, wbl 2016, 198). Auch die Hintermänner sind nicht Versender iSd § 661a BGB. Ein Unternehmen wird also nicht dadurch zum Versender, dass es ein mittelbares Interesse an dem Geschäft hat, das durch die Mitteilung gefördert werden soll (BGH 7. 10. 2004 – III ZR 158/04, NJW 2004, 3555, 3556); auch die bloße Beteiligung an der Abwicklung des Versandhandels (des Versenders) kann die Voraussetzungen des Senderbegriffs nicht begründen (BGH 8. 12. 2004 – III ZR 112/04, NJW 2005, 827, 828; ÖstOGH 12. 7. 2016 – 4 OB 7/16g, wbl 2016, 198). § 661a BGB eröffnet daher bei **echten Strohmanngeschäften**, bei denen eine dritte Person vorgeschoben wird und allein nach außen auftritt, keine Möglichkeit des Durchgriffs gegen die Hintermänner (BGH 15. 7. 2004 – III ZR 315/03, NJW 2004, 3039; OLG Düsseldorf 22. 12. 2003 – I-6 U 171/02, 6 U 171/02, Rp 2004, 159; Lindner, Irreführende Gewinnzusagen nach § 661a BGB 26 ff; Schmidt-Räntsch, in: FS Huber [2006] 575, 584; **aA** OLG Frankfurt 29. 3. 2005 – 22 U 196/03, NJW-RR 2005, 1366). De lege lata ist dieses Ergebnis weitgehend unbestritten; rechtspolitisch wird dieser Zustand aber erheblich kritisiert: § 661a BGB könne seinem Zweck, der missliebigen Praxis der Versendung von Gewinnmitteilungen ein Ende zu bereiten, nur dann effektiv nachkommen, wenn mittels der Vorschrift auf die hinter dem vorgeschobenen Strohmann stehenden Personen zugegriffen werden könne (Lorenz IPRax 2002, 192, 196; anders vielleicht wegen § 830 BGB bei wettbewerbsrechtlicher oder deliktischer Einordnung des § 661 BGB, Rn 14).

b) Unternehmer

48 Der Versender einer Gewinnzusage muss ein Unternehmer sein. Die Unternehmereigenschaft bestimmt sich unmittelbar gem § 14 Abs 1 BGB: Der Versender muss also in Ausübung seiner gewerblichen oder selbständigen beruflichen Tätigkeit handeln (BGH 15. 7. 2004 – III ZR 315/03, NJW 2004, 3039, 3040; LG Potsdam 29. 5. 2002 – 4 O 467/00, VersR 2003, 378; Wied, Gewinnversprechen von Versandfirmen 85; MünchKommBGB/Schäfer § 661a Rn 13). Versendet etwa eine GmbH Gewinnmitteilungen, so ist zunächst nur die Gesellschaft, aber nicht deren Geschäftsführer Versender. Der unmittelbare Anspruch aus der Gewinnmitteilung richtet sich daher ausschließlich gegen die Gesellschaft. Ein Haftungsdurchgriff auf die hinter der Gesellschaft stehenden Gesellschafter oder die Geschäftsführer kommt nicht in Betracht (BGH 15. 7. 2004 – III ZR 315/03, NJW 2004, 3039, 3040 f; Schmidt-Räntsch, in: FS Huber [2006] 575, 583). Dies folgt schon unmittelbar daraus, dass der Geschäftsführer einer Gesellschaft nicht Unternehmer iSd § 14 BGB ist: Geschäftsführung ist keine gewerbliche oder selbständige berufliche, sondern eine angestellte Tätigkeit. Aber auch aus Sinn und Zweck des § 661a BGB lässt sich ein Durchgriff nicht begründen: § 661a BGB will nur bestimmte zivilrechtliche Schranken aus den Weg räumen, die einem rechtsgeschäftlichen Anspruch des Empfängers gegen den Versender aus Gewinnzusagen entgegenstehen; es geht der Vorschrift nicht darum, einen zusätzlichen Anspruch auf die hinter der Person des Versenders stehenden Personen zu begründen (Rn 3).

3. Empfänger

49 Der Empfänger der Mitteilung muss Verbraucher sein. Die Verbrauchereigenschaft bestimmt sich unmittelbar nach § 13 BGB (ausführlich: Schmidt-Räntsch, in: FS Huber

[2006] 575, 584 ff; Koch/Friebel GPR 2019, 280, 281; krit Wied, Gewinnversprechen von Versandfirmen 78 ff). Ist eine natürliche Person auch als Unternehmer tätig, so richtet sich eine Gewinnmitteilung im Zweifel an ihn in seiner **Eigenschaft als Verbraucher** (ÖstOGH 1. 7. 2003 – 1 Ob 118/03i). Entgegen einer verbreiteten Auffassung ist die Frage der Geschäftsfähigkeit des Empfängers nicht gleichgültig (**so aber** LG Berlin 11. 7. 2003 – 36 O 560/02, NJOZ 2003, 2003, 2005 f; Grüneberg/Retzlaff § 661a Rn 2b). Als echte Willenserklärung wird die Gewinnzusage erst mit Zugang wirksam (Rn 37). Ist der Empfänger nicht voll geschäftsfähig, gilt § 131 BGB: Bei Geschäftsunfähigkeit muss die Erklärung dem gesetzlichen Vertreter zugehen; bei beschränkter Geschäftsfähigkeit genügt gem § 107 BGB der Zugang an den minderjährigen Verbraucher, weil die Mitteilung ihm einen rechtlichen Vorteil verschafft (Erman/Berger § 661a Rn 3).

Wird einer größeren Anzahl von Empfängern ein individuell aufgemachtes Gratulationsschreiben zugesandt, in dem zum Gewinn von 25.000 € gratuliert wird, so hat jeder Empfänger Anspruch auf die 25.000 €. Sie bilden keine Gläubigermehrheit. Anders ist es nur, wenn mehrere Gewinner (erkennbar) als **Mitgewinner** bezeichnet werden. Grundsätzlich steht ihnen dann der Preis zu gleichen Teilen zu. Entgegen Schmidt-Räntsch halte ich aber im Grundsatz die Annahme einer Teilgläubigerschaft iSd § 420 BGB für vorzugswürdig (**aA** Schmidt-Räntsch, in: FS Huber [2006] 575, 586). Jeder Gewinner kann nach eigenem Gutdünken entscheiden, ob er sein Stück vom Kuchen – mitsamt dem damit verbundenen Durchsetzungs- und Kostenrisiko – durchsetzen will (Rn 9): Tut er dies, so steht ihm der geltend gemachte Teil vom Gewinn aber auch alleine zu. Nur bei unteilbaren Leistungen ist auf § 432 BGB zurückzugreifen. S auch noch Rn 43. **49a**

4. Annahme; Ausschlagung

Deutet man die Gewinnmitteilung als **einseitiges Rechtsgeschäft**, so entsteht der Anspruch unmittelbar mit Zugang der Gewinnzusage (OLG Nürnberg 28. 2. 2002 – 4 U 641/02, NJW 2002, 3637, 3640; Dörner, in: FS Kollhosser [2004] II 75, 76; Grüneberg/Retzlaff § 661a Rn 4). Der Verbraucher muss selbst dann keine besonderen Handlungen mehr vornehmen, wenn Entsprechendes in den Preisbedingungen vorgesehen sein sollte (Rn 34). Allerdings hat der Empfänger die Möglichkeit, den Preis jederzeit auszuschlagen (Rn 18). Ein Ausschlagen des Preises ist aber nicht schon darin zu erblicken, dass der Verbraucher den Preis zunächst nicht entgegennehmen kann (OLGR 20. 2. 2004 – 15 W 3/04, Oldenburg 2004, 227: Der Gewinnanspruch scheitert nicht daran, dass der Verbraucher bei der Veranstaltung, auf der der Preis ausgehändigt werden soll, nicht anwesend ist, weil der vom Unternehmer organisierte Bustransport zu der Veranstaltung ausfällt und der Unternehmer den Ort der Preisausgabe nicht mitgeteilt hat). Eine abweichende Bedingung wäre unwirksam (Rn 34). – Deutet man die Gewinnzusage als Vertrag, ist die Annahme notwendig; allerdings ist gem § 151 BGB der Zugang der Annahme entbehrlich (Rn 18). **50**

V. Der Anspruch auf den Preis

1. Inhalt

51 Ist der Anspruch aus § 661a BGB entstanden, so hat der Unternehmer dem Verbraucher den versprochenen Preis zu leisten. Höhe und Inhalt des Anspruchs bestimmen sich nach der Gewinnzusage. Der Preis kann etwa in einer versprochenen Sache (Auto), einer Reise, einem Reisegutschein, Bargeld, etc liegen (Rn 41). Ist ein der Gattung nach bestimmter „nagelneuer" Pkw als Preis bezeichnet, so hat der Unternehmer dem Verbraucher Besitz und Eigentum an einem fabrikneuen Pkw dieser Gattung zu verschaffen (LG Wuppertal 19. 2. 2001 – 3 O 358/00, NJW-RR 2001, 1275, 1276). Erweckt die Gewinnzusage den Eindruck, man könne zwischen verschiedenen Preisen wählen, so ist dem Gewinner der von ihm gewählte Preis auszukehren (OLG Stuttgart 21. 1. 2004 – 4 U 171/03, NJW-RR 2004, 1063). Eine **Opfergrenze** für die Erfüllungshaftung gibt es nicht (Mankowski EWiR 2004, 275, 276).

2. Leistungsstörungen

52 Erbringt der Unternehmer die geschuldete Leistung nicht oder nicht wie geschuldet oder verletzt er eine Schutzpflicht (§ 241 Abs 2 BGB), bestimmen sich die Rechte des Verbrauchers nach den §§ 280 ff BGB. Im Falle des **Verzuges** ist eine Geldschuld entsprechend § 288 Abs 2 BGB mit neun Prozent über dem Basiszinssatz zu verzinsen. Der Verschuldensmaßstab bzgl der Hauptpflicht, den leistungsbegleitenden Nebenpflichten und der auf die Leistung bezogenen Schutzpflichten bestimmt sich nach **§ 521 BGB**. Ist eine übergebene Sache **mangelhaft**, bestimmen sich die Rechtsfolgen nach den §§ 523 f BGB, und nicht etwa nach den §§ 434 ff BGB (MünchKommBGB/Schäfer § 661a Rn 28; **aA** Schmidt-Räntsch, in: FS Huber [2006] 575, 587). War Gegenstand des Versprechens nur eine Gebrauchsüberlassung auf Zeit, bestimmen sich die Rechte des Verbrauchers nach § 600 BGB. Es gibt keinen Grund, den Verbraucher besser zu stellen, als er bei einer Schenkung oder einer Leihe stehen würde. § 661a BGB will nur gewährleisten, dass der Verbraucher den Unternehmer beim Wort nehmen darf; für eine weitergehende Haftungsverschärfung besteht aber kein Grund (Rn 3).

3. Fälligkeit, Verjährung

53 Der Anspruch wird mit seiner Entstehung fällig (§ 271 Abs 1 BGB). Er verjährt gem §§ 195, 199 BGB in drei Jahren. Abzulehnen ist dagegen eine in der Lehre vertretene Auffassung, der zufolge der Anspruch aus Gewinnmitteilung entsprechend **§ 11 Abs 1 UWG** in sechs Monaten verjähren soll (Wied, Gewinnversprechen von Versandfirmen 91 ff; vgl Rn 3). Der regelmäßig auf das negative Interesse gerichtete Schadensersatzanspruch des Verbrauchers gem § 9 Abs 2, 3, Anh 31 UWG (Rn 1) verjährt dagegen in der Frist des § 11 Abs 1 UWG (BT-Drucks 19/27873, 40 f).

4. Erfüllungsort

54 Der Erfüllungsort bestimmt sich nach den allgemeinen Vorschriften. Insbesondere bei Geldschulden liegt daher grundsätzlich gem §§ 270 Abs 4, 269 BGB eine **Schickschuld** vor (etwas anderes gilt nur dann ausnahmsweise, wenn in der Gewinnzusage

die Erfüllung am Wohnort des Verbrauchers zugesagt wird: OLG Nürnberg 28. 2. 2002 – 4 U 641/02, NJW 2002, 3637, 3640). Wegen der Bedeutung des Erfüllungsortes auf der Ebene des internationalen Prozessrechts (Art 5 Nr 1 EuGVÜ = Art 7 Nr 1 Brüssel Ia-VO) wird dem § 661a BGB nunmehr allerdings vom BGH unter Hinweis auf einen lauterkeitsrechtlichen Einschlag und einer Nähe der Norm zum Deliktsrecht ein von der Regel der §§ 270 Abs 4, 269 BGB abweichender Erfüllungsort entnommen: Der Erfüllungsort soll dort sein, wo der Verbraucher den Gewinn bestimmungsgemäß erhalten soll (BGH 1. 12. 2005 – III ZR 191/03, NJW 2006, 230, 234; Häcker ZVglRWiss 103 [2004] 464, 490; **aA** Mörsdorf-Schulte JZ 2005, 770, 778, die aber eine Ausnahme vom Grundsatz des § 269 für geboten hält, wenn in der Gewinnzusage ein deutlicher Hinweis auf den Sitz des Unternehmers fehlt). Dem ist nicht zu folgen: § 661a BGB als teleologisch indizierte, aber systemimmanente Rückausnahme (Reduktion) zu den zivilrechtlichen Ausnahmevorschriften der §§ 518, 762 BGB will, dass sich der Unternehmer beim Wort nehmen lassen muss (Rn 3); nicht mehr und nicht weniger. Einen abweichenden Erfüllungsort hat der Unternehmer nicht versprochen und er lässt sich aus § 661a BGB auch nicht herleiten (vgl Kühl, Die Gewinnzusage nach § 661a BGB 77 f; Lorenz NJW 2006, 472, 474 f). Der BGH übersieht in seinem Bemühen, die internationale Zuständigkeit deutscher Gerichte zu begründen, dass die Vorschrift des § 661a BGB von ihrer lauterkeitsrechtlichen *causa impulsiva* abstrahiert ist (Rn 3).

VI. Darlegungs- und Beweislast

Derjenige, der den Anspruch aus § 661a BGB geltend macht, hat seine Voraussetzungen darzulegen und zu beweisen. Insbesondere hat er bei Vertretergeschäften das Vorliegen einer Vertretungsmacht zu beweisen. 55

VII. Zeitliche Anwendbarkeit

Gem Art 229 § 2 Abs 1 EGBGB ist § 661a BGB anwendbar auf Sachverhalte, die **nach dem 29. 6. 2000** entstanden sind. Auf Sachverhalte, die vor diesem Datum liegen, ist weder eine unmittelbare noch eine analoge Anwendung der Norm möglich (Erman/Ehmann [11. Aufl 2004] § 661a Rn 1; **aA** AG Heinsberg 5. 12. 2000 – 18 C 173/00, NJW-RR 2001, 1274). 56

VIII. Internationale Zuständigkeit und Internationales Privatrecht

Um einer Inanspruchnahme durch § 661a BGB zu entgehen, erfolgt die Versendung von Gewinnmitteilungen überwiegend von Unternehmen aus dem (europäischen) Ausland. In diesen Fällen muss geklärt werden, ob **deutsche Gerichte** zu einer Entscheidung über den Anspruch international zuständig sind und – sofern man die erste Frage bejaht – ob **deutsches Sachrecht** zur Anwendung gelangt (nunmehr grundlegend BGH 1. 12. 2005 – III ZR 191/03, NJW 2006, 230; s auch Dörner, in: FS Kollhosser [2004] II 75, 82 ff; Häckel ZVglRWiss 103 [2004] 464; Lorenz IPRax 2002, 192; Lorenz NJW 2000, 3305; Staudinger JZ 2003, 852). 57

1. Internationale Zuständigkeit

Die internationale Zuständigkeit der deutschen Gerichtsbarkeit für Klagen aus Gewinnzusagen gegen im europäischen Ausland ansässige Unternehmen hängt davon 58 ab, ob der Anspruch des § 661a BGB als besonderer verbrauchervertraglicher (Art 17 f Brüssel Ia-VO = Art 13 f EuGVÜ), als „einfacher" vertraglicher (Art 5 Nr 1 Brüssel Ia-VO = Art 5 Nr 1 EuGVÜ) oder deliktischer bzw deliktsähnlicher Anspruch (Art 5 Nr 2 Brüssel Ia-VO = Art 5 Nr 3 EuGVÜ) iSd Brüssel Ia-VO (EuGVÜ) einzuordnen ist. Die Brüssel Ia-VO (EuGVÜ) folgt ihrer eigenen Begrifflichkeit. Die Rechtsnaturbestimmung der Gewinnzusage des § 661a BGB auf der Ebene des deutschen Sachrechts spielt daher unmittelbar keine Rolle (Rn 12). Auch wenn man mit der – freilich unzutreffenden hM – die Gewinnzusage auf (nationaler) privatrechtsdogmatischer Ebene als geschäftsähnliche Handlung begreift (Rn 15), die ein gesetzliches Schuldverhältnis zustande bringt, kann man sie auf der Ebene des Internationalen Zivilprozessrechts unter den weiten Vertragsbegriff des Art 7 Nr 1 Brüssel Ia-VO fassen und dabei gleichzeitig den Begriff des Verbrauchervertrages des Art 17 Abs 1 Brüssel Ia-VO den „echten", auf zwei korrespondierenden Willenserklärungen beruhenden Vereinbarungen vorbehalten.

a) Gewinnversprechen wird an eine Warenbestellung gekoppelt

59 Geklärt ist die internationale Zuständigkeit für Gewinnversprechen, die an eine Warenbestellung gekoppelt sind. Auf Vorlage des ÖstOGH hatte der EuGH in der Rechtssache Gabriel noch auf Grundlage der EuGVÜ entschieden, dass eine Klage, mit der ein Verbraucher Herausgabe des versprochenen Gewinns verlangt, am Verbrauchergerichtsstand geltend gemacht werden kann, wenn der Verbraucher eine Mitteilung erhalten hat, er werde einen Gewinn erhalten, sofern er für einen bestimmten Betrag Waren bestelle, und der Verbraucher diese Warenbestellung auch tatsächlich aufgegeben hat: Wegen der engen Verbindung (sog vertragsakzessorische Lösung) zwischen Gewinnzusage und Verbrauchervertrag (Warenbestellung) sei auch die Klage auf Herausgabe des versprochenen Gewinns eine Klage aus **„Verbrauchervertrag"** iSd Art 13 Abs 1 Nr 3 EuGVÜ (EuGH 11. 7. 2002 – C-96/00, NJW 2002, 2697 – Rudolf Gabriel; dazu: Feuchtmeyer NJW 2002, 3598; Staudinger ZEuP 2004, 762; Wittwer ZEuP 2003, 847, 861 ff). Entsprechend dem Gedanken der Kontinuität (34. Erwägungsgrund zur Brüssel Ia-VO) wurden diese Grundsätze vom EuGH auch auf Art 17 Abs 1 lit c Brüssel Ia-VO übertragen (EuGH 14. 5. 2009 – C-180/06, Slg I-2009, 3961 Rn 58 – Renate Ilsinger; Brenn ÖJZ 2009, 845, 847 f; vgl Hofmann, Verfahrensrechtliche Aspekte grenzüberschreitender Gewinnzusagen nach § 661a BGB 105 f; Staudinger ZEuP 2004, 762, 773 f).

b) Das isolierte Gewinnversprechen

60 Der BGH hatte zunächst auch bei isolierten Gewinnmitteilungen für eine auf § 661a BGB gestützte Klage die internationale Zuständigkeit deutscher Gerichte bejaht (BGH 28. 11. 2002 – III ZR 102/02, BGHZ 153, 82; dazu: Feuchtmeyer NJW 2002, 3598; Leible NJW 2003, 407; Lorenz NJW 2000, 3305; Mörsdorf-Schulte JZ 2005, 770, 772 ff; Staudinger ZEuP 2004, 762; Staudinger JZ 2003, 852; Timme JuS 2003, 638). Zur Begründung verwies er alternativ auf Art 13 Abs 1 Nr 3 (Verbrauchervertrag) oder Art 5 Nr 3 EuGVÜ (deliktischer Gerichtsstand). Von einer Vorlage an den EuGH hatte der BGH seinerzeit abgesehen. Auf Vorlage des OLG Innsbrucks geht jedoch der EuGH seit der Rechtssache Engler einen anderen Weg (EuGH 20. 1. 2005 – C-27/02, JZ 2005, 782 – Petra Engler; dazu: Leible NJW 2005, 796; Mankowski EWiR 2005, 387; Mörsdorf-Schulte JZ 2005, 770; Oberhammer/Slonina, in: Studia in honorem Yessiou-Faltsi 419, 425 ff; vgl schon Dörner, in: FS Kollhosser [2004] II 75, 83 f). Noch auf Grundlage der EuGVÜ entschied er für den Fall, dass der Verbraucher zwar den versprochenen Gewinn einforderte, nach dem Inhalt der Gewinnmitteilung die Auszahlung des Gewinns aber nicht von einer vorherigen

Warenbestellung abhing *und* der Verbraucher auch tatsächlich keine Bestellung aufgegeben hatte, dass der Verbrauchergerichtsstand des Art 13 Abs 1 Nr 3 EuGVÜ ausgeschlossen sei (auch KÜHL, Die Gewinnzusage nach § 661a BGB 116 ff): Da eine Bestellung eben nicht vorgenommen wurde, sei eben auch kein von Art 13 Abs 1 Nr 3 EuGVÜ vorausgesetzter Vertrag über die Lieferung beweglicher Sachen *geschlossen* worden. Vielmehr liege eine **einfache vertragliche Klage** aus **Art 5 Nr 1 EuGVÜ** (= Art 7 Nr 1 Brüssel Ia-VO) vor: Während die besonderen Zuständigkeitsvorschriften für Verbraucherverträge eben eng auszulegen seien, könne im Rahmen des Art 5 Nr 1 EuGVÜ (Art 7 Nr 1 Brüssel Ia-VO) auf einen weiten Vertragsbegriff zurückgegriffen werden, der jede freiwillig eingegangene Verpflichtung erfasse. Oder kurz: Es liege zwar keine Klage aus Verbrauchervertrag, aber eben doch eine aus Vertrag vor (HOFMANN, Verfahrensrechtliche Aspekte grenzüberschreitender Gewinnzusagen nach § 661a BGB 71 ff; **aA** LINDNER, Irreführende Gewinnzusagen nach § 661a BGB 151 ff, der den Weg über den Deliktsgerichtsstand des Art 7 Nr 2 Brüssel Ia-VO vorschlägt). Dem hat sich der BGH zwischenzeitlich angeschlossen (BGH 1. 12. 2005 – III ZR 191/03, NJW 2006, 230, 231 f).

Ist Art 5 Nr 1 EuGVÜ anwendbar – für Art 7 Nr 1 Brüssel Ia-VO gilt nunmehr nichts Anderes –, so sind die Gerichte des Staates zuständig, in dem die Verpflichtung aus der Gewinnzusage zu erfüllen ist. Der Erfüllungsort bestimmt sich nach dem Internationalen Privatrecht des angerufenen Gerichts (BGH 1. 12. 2005 – III ZR 191/03, NJW 2006, 230, 232). Auf dieser Basis erscheint es zweifelhaft, ob sich die internationale Zuständigkeit deutscher Gerichte begründen lässt (MÖRSDORF-SCHULTE JZ 2005, 770, 777 f), insbesondere dann, wenn sich das für die Lokalisierung des Erfüllungsortes maßgebende nationale Sachrecht nach dem wohl einschlägigen **Art 4 Abs 2 Rom I-VO** (Art 28 Abs 2 EGBGB aF) bestimmt (Rn 64). Dies kann zwar auf den ersten Blick für den Verbraucher vorteilhaft sein, weil nach manchen europäischen Rechtsordnungen der Leistungsort der Zahlungspflicht typischerweise der Wohnsitz des Gläubigers ist: Die Zuständigkeit deutscher Gerichte gem Art 5 Nr 1 EuGVÜ wäre zu bejahen. Allerdings wäre aber auch die Beantwortung der materiellrechtlichen Frage, ob dem Verbraucher ein Gewinnanspruch überhaupt zusteht, nach fremdem Sachrecht zu beurteilen, das meist ein Pendant zu § 661a BGB nicht kennt. Und in den Ländern, in denen der Erfüllungsort bei Geldschulden wie in Deutschland (§§ 269, 270 BGB) beim Schuldner liegt, ließe sich per se gem Art 5 Nr 1 EuGVÜ (Art 7 Brüssel Ia-VO) kein deutscher Gerichtsstand begründen. Der **BGH** greift nun unter Aktivierung einer lauterkeitsrechtlichen Dimension des § 661a BGB (Rn 3) zu einem doppelten Kunstgriff: Einmal begründet er über die Sonderanknüpfung des **Art 34 EGBGB aF** – für Art 9 Rom I-VO wird nichts anderes gelten (STAUDINGER/MAGNUS [2021] Art 9 Rom I-VO Rn 180) – für die Entscheidung über Ansprüche aus Gewinnmitteilungen die Anwendbarkeit deutschen Rechts (§ 661a BGB), zum anderen verlegt er in Abweichung zu den §§ 270 Abs 4, 269 BGB den Leistungsort für die Erfüllung der Verpflichtung aus der Gewinnzusage an den Wohnsitz des Empfängers (BGH 1. 12. 2005 – III ZR 191/03, NJW 2006, 230, 232 f; dazu: LORENZ NJW 2006, 472). Die Begründung des BGH ist bedenklich. Sie übersieht die Abstrahierung des § 661a BGB von seiner lauterkeitsrechtlichen *causa impulsiva*. § 661a BGB als teleologisch indizierte, aber systemimmanente Rückausnahme (Reduktion) zu den zivilrechtlichen Ausnahmevorschriften der §§ 518, 762 BGB will, dass sich der Unternehmer beim Wort nehmen lassen muss (Rn 3); nicht mehr und nicht weniger. Die Sonderanknüpfung des Art 34 EGBGB aF bzw die Qualifizierung als Eingriffsnorm 61 iSd Art 9 Rom I-VO oder die Verlegung des Erfüllungsortes an den Wohnsitz des Verbrauchers lassen sich aus § 661a BGB nicht herleiten (s auch Rn 54).

62 Die EuGVÜ wurde am 1. 3. 2002 durch die (mittlerweile neugefasste) **Brüssel Ia-VO** abgelöst. Art 17 Brüssel Ia-VO ist an die Stelle des Art 13 EuGVÜ getreten. Allerdings ist Art 17 Abs 1 lit c Brüssel Ia-VO allgemeiner und weiter gefasst, weil er nicht mehr auf Verträge beschränkt ist, die „die Erbringung einer Dienstleistung oder die Lieferung beweglicher Sachen zum Gegenstand haben". Mit anderen Worten: Art 17 Abs 1 lit c Brüssel Ia-VO erfasst unabhängig von ihrer typologischen Verordnung alle Verträge, die zwischen einem Verbraucher und einem Unternehmer *geschlossen* wurden. Auch einseitige Verträge lassen sich diesem Tatbestand zuordnen. Dies hatte Instanzgerichtsbarkeit und Schriftsteller zu der Auffassung verleitet, dass sich für isolierte Gewinnzusagen nunmehr der besondere Verbrauchergerichtsstand des Art 17 Brüssel Ia-VO begründen lasse (OLG Rostock 14. 10. 2005 – 8 U 89/04, NJW-RR 2006, 209; Hofmann, Verfahrensrechtliche Aspekte grenzüberschreitender Gewinnzusagen nach § 661a BGB 106 ff; Dörner, in: FS Kollhosser [2004] II 75, 82 f; Lorenz IPRax 2002, 192, 194; Lorenz NJW 2006, 472, 475; Mörsdorf-Schulte JZ 2005, 770, 779; Oberhammer/Slonina, in: Studia in honorem Yessiou-Faltsi 419, 432 ff; **aA** Dörr MDR 2006, 1141, 1143; Leible NJW 2003, 407, 408; Staudinger ZEuP 2004, 762, 774). Der **EuGH** geht diesen Weg aber nicht. Vielmehr hat er in der Rechtssache Ilsinger entsprechend des Gedankens der Kontinuität (34. Erwägungsgrund zur Brüssel Ia-VO) die Grundsätze der Rechtssache Engler (Rn 60) auf Art 17 Brüssel Ia-VO übertragen (EuGH 14. 5. 2009 – C-180/06, Slg I-2009, 3961, Rn 52 ff – Renate Ilsinger auf Vorlage des OLG Wien; **aA** Schäper, Gewinnzusagen 195 ff: Verbrauchergerichtsstand gilt für sämtliche Gewinnzusagen; Beig/Reuss EuZW 2009, 492 f: Begriff des Vertrages sei in Art 17 Brüssel Ia-VO in demselben Sinne zu verstehen wie in Art 7 Nr 1 Brüssel Ia-VO). Notwendig sei ein (echter) Vertragsschluss, also ein von Bindungswillen getragenes Angebot seitens des Unternehmers, dem eine entsprechende Annahme durch den Verbraucher korrespondiere (insbesondere GA Trstenjak hat in ihrem Schlussantrag [Slg 2009, I-3961 Rn 44 ff] den allgemeinen Vertragsmechanismus von Angebot und Annahme hervorgehoben). Die Beurteilung, ob im Einzelfall diese Voraussetzungen vorliegen, sei Sache des jeweiligen Gerichts. Sieht man mit mir (Rn 18) in der Gewinnmitteilung ein echtes Rechtsgeschäft (also: die Gewinnmitteilung ist eine echte, von Rechtsbindungswillen getragene Willenserklärung) und geht den Weg der Vertragskonstruktion, so wäre unmittelbar der Verbrauchergerichtsstand des Art 17 Brüssel Ia-VO eröffnet. Zieht man sich dagegen mit der hM auf den Standpunkt zurück, dass es sich bei der Gewinnzusage eben um keine echte, auf einen Vertragsschluss zielende Willenserklärung handelt, scheidet Art 17 Brüssel Ia-VO aus (Brenn ÖJZ 2009, 845, 847 f). Damit bleibt es beim einfachen „vertraglichen" Gerichtsstand des Art 7 Nr 1 Brüssel Ia-VO, der mit den Worten des EuGH auch eine als „vorvertraglich" oder „quasivertraglich" zu qualifizierende Gewinnzusage aufnehmen könne (EuGH 14. 5. 2009 – C-180/06, Slg I-2009, 3961, Rn 57 – Renate Ilsinger). Allerdings ist damit der Inhalt der Entscheidung Ilsinger noch nicht erschöpft. Der EuGH eröffnet dem Verbraucher nunmehr die Option, für sich den Verbrauchergerichtsstand des Art 17 Brüssel Ia-VO zu gewinnen: Denn auch wenn der Unternehmer die Gewinnausschüttung nicht von einer Warenbestellung abhängig mache, unterfalle die Klage des Verbrauchers auf Auszahlung des versprochenen Gewinns dem Gerichtsstand des Art 17 Abs 1 lit c Brüssel Ia-VO, sofern der Verbraucher nichtsdestotrotz tatsächlich beim Unternehmer eine Bestellung aufgegeben habe (EuGH 14. 5. 2009 – C-180/06, Slg I-2009, 3961 Rn 59 – Renate Ilsinger). Mit anderen Worten: Durch Vornahme einer Bestel-

lung kann der Verbraucher für sich den Verbrauchergerichtsstand auf jeden Fall begründen. Gerade dieser letzte Punkt wird in der Lehre kritisch gesehen: Denn so verhelfe die Judikatur des EuGH mittelbar wettbewerbswidrigen Vertriebstechniken zum Erfolg (Beig/Reuss EuZW 2009, 492). Folgt man bei isolierten Gewinnzusagen dem Weg des BGH über Art 9 Rom I-VO (Rn 61), kann sich der deutsche Verbraucher die Bestellung zur Gewinnung eines Gerichtsstands an seinem Wohnort sparen.

c) Die internationale Zuständigkeit außerhalb des Anwendungsbereichs der Brüssel Ia-VO (EuGVÜ)

Hat das Unternehmen keinen Sitz in einem Mitgliedsstaat, bestimmt sich die internationale Zuständigkeit nach dem einschlägigen nationalen Recht (Art 6 Brüssel Ia-VO), in Deutschland also nach den §§ 12 ff ZPO. Ob inländische Verbraucher vor deutschen Gerichten klagen können, hängt damit meist davon ab, ob sich ein **inländischer Erfüllungsort iSd § 29 ZPO** begründen lässt (Schäper, Gewinnzusagen 222 ff; Dörner, in: FS Kollhosser [2004] II 75, 84; Rn 61). Legt man die – freilich verfehlte – Rechtsprechung des BGH zugrunde (BGH 1. 12. 2005 – III 191/03, NJW 2006, 230, 233, dazu Rn 54, 61, 64), der mittels der Sonderanknüpfung des Art 34 EGBGB aF bzw Art 9 Rom I-VO für die Entscheidung über Ansprüche aus Gewinnzusagen zur Anwendung deutschen Rechts (§ 611a BGB) gelangt und in Abweichung zu den §§ 270 Abs 4, 269 BGB den Erfüllungsort bei Verpflichtungen aus Gewinnzusagen an den Wohnsitz des Empfängers verlegt, so kommt man – je nachdem, ob man die Gewinnzusage als einseitiges Rechtsgeschäft, Vertrag oder geschäftsähnliche Handlung einordnet – über eine unmittelbare oder doch zumindest entsprechende Anwendung des § 29 ZPO zur internationalen Zuständigkeit deutscher Gerichte. Einfacher wird es, wenn sich der Anspruch aus § 661a BGB im Einzelfall als **verbrauchervertraglicher Anspruch** geriert (Rn 58 ff). Hier schafft der neugefasste Art 18 Abs 1 Brüssel Ia-VO einen Klägergerichtsstand auch gegen Unternehmer mit Sitz in einem Drittstaat. 63

2. Internationales Privatrecht (Kollisionsrecht)

Wegen des im Vergleich der nationalen Rechtsordnungen weitgehend singulären Charakters des § 661a BGB ist es für den Verbraucher von besonderer Wichtigkeit, dass deutsches Sachrecht zur Anwendung gelangt. Ob dies im Einzelfall gelingen kann, erscheint zweifelhaft. Während einige Stimmen in Rechtsprechung und Lehre über eine **deliktische Anknüpfung** mittels Art 40 Abs 1 S 2 EGBGB bzw Art 4 Abs 1 Rom II-VO zur Anwendbarkeit deutschen Sachrechts kommen wollen (OLG Köln 7. 10. 2003 – 16 W 25/03, Rp 2003, 367; OLG Köln 24. 2. 2003 – 16 U 93/02, VuR 2003, 474, 475; Wied, Gewinnversprechen von Versandfirmen 107 ff; dazu: Lorenz IPRax 2002, 192, 195; Schwartze, in: FS Koziol [2010] 407, 409 ff, 417 ff für Art 6 Rom II-VO), greift die überwiegende Meinung auf die schuldvertraglichen Anknüpfungsregeln der Art 27 ff EGBGB aF bzw der Rom I-VO zurück, um dann über eine Einordnung der Gewinnzusage als Verbrauchervertrag gem Art 29 Abs 2 EGBGB aF bzw Art 6 Abs 1 Rom I-VO (OLG Nürnberg 28. 2. 2002 – 4 U 641/02, NJW 2002, 3637, 3639 f; OLG Hamm 28. 10. 2002 – 22 U 72/02, NJW-RR 2003, 717, 718; LG Braunschweig 10. 1. 2002 – 10 O 2753/00, IPRax 2002, 213; Dörner, in: FS Kollhosser [2004] II 75, 85 f; dazu: Lorenz IPRax 2002, 192, 195) oder einer Deutung des § 661a BGB als Eingriffsnorm gem Art 34 EGBGB aF bzw Art 9 Rom I-VO (Lorenz IPRax 2002, 192, 196; Lorenz NJW 2006, 272, 274; Rauscher/Pabst NJW 2007, 3541, 3546) zur Anwendung deutschen Rechts zu kommen. Der letztgenannten Auffassung hat sich nunmehr im Ergebnis auch der BGH angeschlossen, wenn er § 661a als zwingende 64

Regelung iSd Art 34 EGBGB aF (Art 9 Rom I-VO) ansieht (BGH 1. 12. 2005 – III ZR 191/03, NJW 2006, 230, 232 f; dazu LORENZ NJW 2006, 472).

65 Im Grundsatz ist es sicherlich zutreffend, den Anknüpfungspunkt im Rahmen der Art 27 ff EGBGB aF bzw der Rom I-VO zu suchen (**aA** SCHWARTZE, in: FS Koziol [2010] 407, 409 ff, 416 ff). Für die hier favorisierte rechtsgeschäftliche oder sogar vertragliche Einordnung der Gewinnzusage ist dies eine Selbstverständlichkeit (Rn 16 f). Aber auch bei einem (dogmatischen) Verständnis der Gewinnzusage als geschäftsähnliche Handlung ist der Rückgriff auf Art 27 ff EGBGB aF bzw die Rom I-VO naheliegend. Erwägungsgrund 7 zur Rom I-VO (Art 36 EGBGB aF) gibt einen Gleichlauf des Vertragsbegriffs von Brüssel Ia-VO und Rom I-VO vor. Der internationalverfahrensrechtlichen Einordnung (Rn 60 ff) des Gewinnversprechens zwischen Art 7 Nr 1 Brüssel Ia-VO (Art 5 Nr 1 EuGVÜ) und Art 17 Brüssel Ia-VO (Art 13 EuGVÜ) wird daher die vertragliche bzw verbrauchvertragliche Anknüpfung gem Art 5, 6 Rom I-VO (Art 27, 29 EGBGB aF) entsprechen (LORENZ NJW 2006, 472, 474; LORENZ IPRax 2002, 192, 195; RAUSCHER/PABST NJW 2007, 3541, 3546; vgl auch BGH 1. 12. 2006 – III ZR 191/03, NJW 2006, 230, 232). Ist man aber im Anwendungsbereich der Rom I-VO bzw der Art 27 ff EGBGB aF, so kann die Begründung der Anwendbarkeit deutschen Sachrechts doch erhebliche Schwierigkeiten bereiten. Nur bei der an eine Warenbestellung gekoppelten Gewinnzusage ist man bei Hochrechnung der EuGH-Rechtsprechung über Art 6 Rom I-VO (Art 29 EGBGB aF) sicher im deutschen Recht. Fehlt es daran, muss man sich angesichts des „engen“ Verbrauchervertragsbegriffs entweder zu einer „echten“ vertraglichen Konstruktion der Gewinnzusage im klassischen Sinne (Angebot und Annahme) durchringen oder – falls der Verbraucher nicht von sich aus eine Bestellung vornimmt – akzeptieren, dass gem Art 6 Abs 2 Rom I-VO (Art 28 Abs 1 S 1, Abs 2 S 1 EGBGB aF) das Recht des Ortes anwendbar ist, an dem der Unternehmer seinen gewöhnlichen Aufenthalt bzw seine Hauptverwaltung hat. Bedenken habe ich gegen den vom BGH und LORENZ unter Hinweis auf einen lauterkeitsrechtlichen Hintergrund des § 661a BGB beschrittenen Weg, § 661a BGB als Eingriffsnorm iSd Art 34 EGBGB aF bzw Art 9 Rom I-VO zu begreifen (BGH 1. 12. 2005 – III ZR 191/03, NJW 2006, 230, 233 f; LORENZ IPRax 2002, 192, 196; LORENZ NJW 2006, 272, 274; STAUDINGER/MAGNUS [2021] Art 9 Rom I-VO Rn 180; auch der ÖstOGH [29. 3. 2006 – 3 OB 230/05b] geht den Weg der Eingriffsnorm, um die Anwendbarkeit des § 5c öKSchG unabhängig von dem auf den Vertrag anzuwendenden Recht zu begründen). Er übersieht die Abstrahierung des § 661a BGB von seiner lauterkeitsrechtlichen *causa impulsiva*. § 661a BGB als teleologisch indizierte, aber systemimmanente Rückausnahme (Reduktion) zu den zivilrechtlichen Ausnahmevorschriften der §§ 518, 762 BGB will, dass sich der Unternehmer beim Wort nehmen lassen muss (Rn 3). Die Sonderanknüpfung des Art 34 EGBGB aF bzw des Art 9 Rom I-VO lässt sich aus § 661a BGB aber nicht herleiten (s auch Rn 61, 54).

Sachregister

Die fetten Zahlen beziehen sich auf die Paragraphen, die mageren Zahlen auf die Randnummern.

J. von Staudingers Kommentar zum Bürgerlichen Gesetzbuch mit Einführungsgesetz und Nebengesetzen

Übersicht vom 1. 7. 2026

Die Übersicht informiert über die Erscheinungsjahre der Neubearbeitungen der Kommentierungen (= Gesamtwerk STAUDINGER).

Die Übersicht ist zugleich ein Vorschlag für das Aufstellen des „Gesamtwerk STAUDINGER" (insbesondere für solche Bände, die nur eine Sachbezeichnung haben). Es wird empfohlen, die Austauschbände chronologisch neben den überholten Bänden einzusortieren, um bei Querverweisungen auf diese schnell Zugriff zu haben. Bei Platzmangel sollten die ausgetauschten Bände an anderem Ort in gleicher Reihenfolge verwahrt werden.

	Neubearbeitungen				
Buch 1. Allgemeiner Teil					
Einl BGB; §§ 1–14; VerschG	2004	2013	2018	2024	
§§ 21–79a	2005	2019	2023		
§§ 80–89	2017				
§§ 90–124; 130–133	2012	2017	2021		
§§ 125–129; BeurkG	2012	2017	2023		
§§ 134–138	2003	2011	2017	2021	2024
§§ 139–163	2003	2010	2015	2020	2025
§§ 164–240a	2004	2009	2014	2019	2024
Buch 2. Recht der Schuldverhältnisse					
§§ 241–243	2005	2009	2015	2019	2024
§§ 244–248; PrKG	2016	2021	2024		
§§ 249–254	2005	2017	2021		
§§ 255–304	2004	2009	2014	2019	2025
§§ 305–310; UKlaG	2006	2013	2019	2022	2025
Anh zu §§ 305–310			2019	2022	2025
§§ 311, 311a–c	2012	2018	2023		
§§ 312–312m	2012	2019	2024		
§§ 313, 314	*2028*				
§§ 315–326	2004	2009	2015	2020	2026
§§ 327–327u	2023				
§§ 328–345	2009	2015	2020		
§§ 346–354	2012	2022			
§§ 358–360	2016	2021			
§§ 362–396	2006	2011	2016	2022	2026
§§ 397–432	2005	2012	2017	2022	
§§ 433–480	2004	2013			
§§ 433–448			2023		
§§ 449–473; 480–487			2024		
Wiener UN-Kaufrecht (CISG)	1999	2005	2013	2018	2025
§§ 488–490; 607–609	2010	2015	2025		
§§ 491–512	2004	2012			
§§ 516–534	2005	2013	2021	2026	
§§ 535–556g	2011	2014	2018	2021	2024
§§ 557–580a; Anh AGG	2011	2014	2018	2021	2024
Leasing	2004	2014	2018	2023	
§§ 581–606	2005	2013	2018	2024	
§§ 607–610 (siehe §§ 488–490; 607–609)	./.				
§§ 611–613	2011	2016	2020	2022	2025
§§ 613a–619a	2011	2016	2019	2022	2025
§§ 620–630	2012	2016	2019	2022	2025
§§ 630a–630h	2021				
§§ 631–650h; §§ 650p–650t	2024				
§§ 650i–650o; §§ 650u–650v	2025				
§§ 651a–651y	2003	2011	2016	2024	
§§ 652–661a	2020	2026			
§§ 662–675b	2017				
§§ 675c–676c	2012	2020			
§§ 677–704	2015	2020	2025		
§§ 705–740	2003				
§§ 741–764	2002	2008	2015	2021	
§§ 765–778	2013	2020	2025		
§§ 779–811	2002	2009	2015		
§§ 779–782				2020	2026
§§ 809–811				2023	
§§ 812–822	1999	2007			
§§ 823 A–D	2017				
§§ 823 E–I, 824, 825	2009	2021			
§§ 826–829; ProdHaftG	2003	2009	2014	2018	2021
§§ 830–838	2002	2008	2012	2018	2022
§§ 839, 839a	2007	2013	2020	2026	
§§ 840–853	2007	2015	2023		
AGG	2018	2020			
UmweltHR	2002	2010	2017		
Buch 3. Sachenrecht					
§§ 854–882	2000	2007	2012	2018	2025
§§ 883–888	2002	2008	2013	2020	2026
§§ 889–902	2019	2025			
§§ 903–924	2002	2009	2016	2020	2025

§§ 925–984; Anh §§ 929 ff	2004	2011	2017	2020	
§§ 985–1011	1999	2006	2013	2019	2023
ErbbauRG	2021	2026			
§§ 1018–1112	2025				
§§ 1113–1203	2002	2009	2015	2019	
§§ 1204–1296; §§ 1–84 SchiffsRG	2002	2009	2019		
§§ 1–17 WEG	2018	2023			
§§ 18–49 WEG	2018	2023			

Buch 4. Familienrecht

§§ 1297–1352	2007	2012	2015	2018	2023
LPartG	2010				
§§ 1353–1362	2007	2012	2018	2024	
§§ 1363–1407	2017				
§§ 1408–1563	2018	2023			
§§ 1564–1568b	2004	2010	2018	2024	
§§ 1569–1586b	2014				
§§ 1587–1588; VAHRG	2004				
§§ 1589–1600d	2000	2004	2011		
§§ 1601–1615n	2000	2018	2022		
§§ 1616–1625	2007	2015	2020	2026	
§§ 1626–1633; §§ 1–11 RKEG	2007	2015	2020		
§§ 1638–1683	2004	2009	2016	2020	
§§ 1684–1717	2006	2014	2018	2023	
§§ 1741–1772	2007	2019	2023		
§§ 1773–1895	2004	2014	2020		
§§ 1896–1921	2006	2013	2017		

Buch 5. Erbrecht

§§ 1922–1966	2000	2008	2017		
§§ 1967–2063	2002	2010	2016	2020	
§§ 2018–2063					2025
§§ 2064–2196	2003	2013	2019		
§§ 2087–2196				2026	
§§ 2197–2228	2003	2012	2016	2021	
§§ 2229–2302	2022				
§§ 2303–2345	2015	2021			
§§ 2346–2385	2010	2016			
§§ 2346–2352			2022		
§§ 2353–2370			2023		

EGBGB

Einl EGBGB; Art 1, 2, 50–218	2005	2013	2018	2025	
Art 219–232	2016				
Art 233–248	2016				

EGBGB/Internationales Privatrecht

Einl IPR	2012	2019	2024		
Art 3–6	2013				
Art 3–4		2019	2025		
Art 7–12, 47, 48	2007	2013	2019	2024	
IntGesR	1998	2024			
Art 13–17b	2003	2010			
Art 18; Vorbem A + B zu Art 19	2003				
Haager Unterhaltsprotokoll (HUP)		2016	2021		
Vorbem C–H zu Art 19	2009				
EU-VO u Übk z Schutz v Kindern		2018			
IntVerfREhe 2	2016				
IntVerfREhe (Brüssel IIb-VO)	2015	2023			
Art 19–24	2008	2014	2019	2022	
Art 25, 26	2000	2007			
Art 1–10 Rom I-VO	2011	2016	2021		
Art 11–29 Rom I-VO; Art 46b, c; IntVertrVerfR	2011	2016	2021		
Art 1–3; 10–14 Rom II-VO	2023				
Art 38–42	2001				
IntWirtschR	2006	2010	2015	2019	2023
Art 43–46	2015				

Eckpfeiler des Zivilrechts	2014	2018	2020	2022	2024

Demnächst erscheinen

§§ 355–361				2026	
UmweltHR				2026	
§§ 1363–1390				2026	

Verlag Dr. Otto Schmidt und Walter de Gruyter Verlag OHG
Genthiner Str. 13, 10785 Berlin, Telefon (030) 2 60 05-0, E-Mail staudinger@degruyterbrill.com